中国社会科学院文库

哲学宗教研究系列

The Selected Works of CASS

Philosophy and Religion

中国社会科学院创新工程学术出版资助项目

中国社会科学院文库 · 哲学宗教研究系列
The Selected Works of CASS · **Philosophy and Religion**

世界佛教通史

A GENERAL HISTORY OF THE WORLD BUDDHISM

第四卷 中国汉传佛教（公元7世纪至10世纪）

魏道儒 主编

本卷 魏道儒 等著

中国社会科学出版社

图书在版编目（CIP）数据

世界佛教通史．第4卷，中国汉传佛教：公元7世纪至10世纪／魏道儒等著．
—北京：中国社会科学出版社，2015.12
ISBN 978 - 7 - 5161 - 7026 - 7

I.①世… Ⅱ.①魏… Ⅲ.①佛教史—世界 ②佛教史—中国 Ⅳ.①B949.1

中国版本图书馆 CIP 数据核字（2015）第 267542 号

出 版 人　赵剑英
责任编辑　黄燕生　韩国茹
责任校对　刘　娟
责任印制　戴　宽

出　　　版　中国社会科学出版社
社　　　址　北京鼓楼西大街甲 158 号
邮　　　编　100720
网　　　址　http://www.csspw.cn
发 行 部　010 - 84083685
门 市 部　010 - 84029450
经　　　销　新华书店及其他书店
印刷装订　北京君升印刷有限公司
版　　　次　2015 年 12 月第 1 版
印　　　次　2015 年 12 月第 1 次印刷
开　　　本　710×1000　1/16
印　　　张　48.25
插　　　页　2
字　　　数　832 千字
定　　　价　172.00 元

《中国社会科学院文库》出版说明

　　《中国社会科学院文库》（全称为《中国社会科学院重点研究课题成果文库》）是中国社会科学院组织出版的系列学术丛书。组织出版《中国社会科学院文库》，是我院进一步加强课题成果管理和学术成果出版的规范化、制度化建设的重要举措。

　　建院以来，我院广大科研人员坚持以马克思主义为指导，在中国特色社会主义理论和实践的双重探索中做出了重要贡献，在推进马克思主义理论创新、为建设中国特色社会主义提供智力支持和各学科基础建设方面，推出了大量的研究成果，其中每年完成的专著类成果就有三四百种之多。从现在起，我们经过一定的鉴定、结项、评审程序，逐年从中选出一批通过各类别课题研究工作而完成的具有较高学术水平和一定代表性的著作，编入《中国社会科学院文库》集中出版。我们希望这能够从一个侧面展示我院整体科研状况和学术成就，同时为优秀学术成果的面世创造更好的条件。

　　《中国社会科学院文库》分设马克思主义研究、文学语言研究、历史考古研究、哲学宗教研究、经济研究、法学社会学研究、国际问题研究七个系列，选收范围包括专著、研究报告集、学术资料、古籍整理、译著、工具书等。

中国社会科学院科研局

2006 年 11 月

总　序

魏道儒

　　2006 年底，在制订世界宗教研究所佛教研究室科研项目规划的时候，我想到国内外学术界还没有编写出一部佛教的世界通史类著作，就与几位同事商量，确定申报中国社会科学院重大课题——《世界佛教通史》。该课题于 2007 年 8 月正式立项，2012 年 12 月结项，其后又列选为中国社会科学院创新工程项目进行修改完善。呈现在读者朋友面前的这部书，就是当年同名课题的最终成果。

　　在申报《世界佛教通史》课题的时候，我们按照要求规划设计了相关研究范围、指导思想、撰写原则、主要问题、研究思路、预期目标等。八年多来，我们就是按照这些既定方案开展研究工作的。

　　"佛教"最早被定义为释迦牟尼佛的"说教"，其内容包括被认为是属于释迦牟尼的所有理论和实践。这个古老的、来自佛教信仰群体内部的定义尽管有很大的局限性，但由于强调了佛教起源于古代印度的史实，突出了释迦牟尼作为创教者的权威地位，符合了广大信众的崇拜需求，不仅长期获得公认，而且影响到现代人们对佛教的认识和理解。我们认为，"佛教"是起源于古代印度，在不同国家和地区流行了 2500 多年的一种世界性宗教，包含着不同国家和地区信教群众共同创造的精神产品和物质产品。我们这样理解"佛教"既与古老的定义不矛盾，又更符合这种宗教的历史发展事实，同时，也自然确定了我们这部《世界佛教通史》的研究范围和对象。

　　我们的《世界佛教通史》是一部佛教的世界通史，主要论述佛教从起源到 20 世纪在世界范围内的兴衰演变的主要过程。我们希望以辩证唯物主义和历史唯物主义为指导，坚持历史与逻辑相统一的原则，以史学和哲学方法为主，同时借鉴考古学、文献学、宗教社会学、宗教人类学、宗教心理学、宗教比较学、文化传播学等相关学科的理论和方法，在收集、整理、辨析第一手资料（个别部分除外）的基础上，全方位、多角度对世界范围内的佛教历史进行深入研究。

在考虑具体撰写原则时，我们本着"原始察终，见盛观衰"的史学原则，对每一研究对象既进行梳理脉络的纵向贯通，又进行考察制约该对象变化的多种因素的横向贯通。我们在论述不同国家和地区的佛教时，希望始终联系制约佛教兴衰变化的政治、经济、民族、科学技术和思想文化等因素，始终将宏观把握和微观探索结合起来，系统阐述众多的佛教思潮、派系、典籍、人物、事件、制度等，并且兼及礼俗、典故、圣地、建筑、文学、艺术等。我们强调重视学术的继承和规范，并且力争在思想创新、观点创新和内容创新三方面都取得成果。我们以"叙述史实，说明原因，解决问题"为研究导向和撰写原则，对纷繁复杂的研究对象进行实事求是、客观公正的阐述和评价。

我们在确定本课题的主要研究问题时已经注意到，在不同的国家和地区，在不同的历史阶段，同是佛教，甚至同是佛教中的某一个宗派，往往具有截然不同的内在精神和外在风貌。佛教在不同国家和地区中的政治地位、经济地位、法律地位，在当地思想文化体系中的位置和发挥的作用，在社会民众心目中的形象和价值，都是千差万别的。当我们综观世界范围内的佛教时，看到的不是色调单一而是绚丽多彩，不是停滞僵化而是变动不居。我们在研究不同的国家、地区和民族中的佛教时，一定会遇到特殊的情况、独有的内容和需要侧重解决的问题。对于各卷作者在研究中捕捉到的特殊问题，建议他们独立制订解决方案，提出解决办法。从本部书各卷必定要涉及的一些共同研究内容方面考虑，我们当时要求相关各卷侧重研究如下四个方面的问题。

第一，佛教的和平传播问题。

佛教从地方宗教发展成为亚洲宗教，再发展成为世界宗教，始终以和平的方式传播，始终与政治干预、经济掠夺和文化殖民没有直接联系，始终没有因为传教引发战争。我们可以看到，无论在古代还是在近代，无论在中国还是在外国，成功的、有影响的佛教传教者都不是以武力胁迫人们信教，都是以其道德高尚、佛学精湛、善于劝导和感化人而赢得信众。佛教的和平传播在世界宗教史上是独一无二的，可以说，这为当今世界各种文明之间建立联系提供了可资学习、借鉴的样板。关于佛教的和平传播问题，学术界虽然已经涉及，但是还没有推出结合佛教在不同国家和地区的具体情况进行集中论述的论著。我们希望本部书的相关各卷结合佛教在不同国家和地区的具体情况，比较全面系统地研究佛教和平传播的方式、过程，研究佛教传播与社会、政治、经济、文化等因素以及与自身教义之间的关联，探索佛教和平传播的内在规律。我们当时设想，如果能够对佛教和平传播问题进行更全面、更系统的考察、分析和评论，就会为学术界以后专门探讨佛教在不同文化中传播的方式、途径、过程、特点和规律建立更广泛的参照系统，提供更多的史实依据，确定更多的观察视角，列举更多的分析标本。我们认为，本部书有关各卷加强这方面的研究，对于加深认识今天全球范围内的宗教传播和文化传播具有重要现实意义。毫无疑问，这种研究也将会丰富文化传播学的内容。

第二，佛教的本土化问题。

佛教本土化是指佛教为适应所传地区的社会、民族、政治、经济和文化而发生的一切变化，既包括信仰、教义方面的变化，也包括组织、制度方面的变化。在有佛教流传的国家和地区，佛教本土化过程涉及社会的各个方面，从经济基础到上层建筑都会受到影响。从帝王到庶民的社会各阶层，包括信仰者和非信仰者、支持者和反对者、同情者和厌恶者都会不同程度地参与进来，对佛教本土化进程的深度、广度以及前进方向施加影响、发挥作用。正因为佛教本土化的出现，才使佛教在流传地有可能扎根、生长，才使当今世界各地区的佛教有了鲜明的民族特色。无论在任何国家和地区，佛教本土化的过程都是曲折反复、波谲云诡。如果只有温柔的相拥，没有无情的格斗；如果只有食洋不化的照搬照抄，没有别开生面的推陈出新，佛教要想在任何社会、民族和文化中扎根、生长都是不可想象的。学术界对佛教本土化问题虽有涉及，但研究还不够全面和深入，并且有许多研究空白。例如，对于19世纪到20世纪东方佛教的西方转型问题，就基本没有涉及。我们要求相关各卷把研究佛教的本土化问题作为一个重点，不同程度地探索各个国家和地区佛教形成本土特色的原因，描述佛教与当地社会、政治、经济和文化相互冲突、相互协调、相互适应的过程，分析导致佛教在特定区域、特定历史阶段或扎根生长、或蓬勃兴旺、或衰败落寞、或灭绝断根的诸多因素，以便准确描述佛教在世界各地呈现出的多种多样的姿态、色彩。我们相信，本书加强这方面的研究，一定会填补诸多学术空白，加深对各个国家和地区佛教的认识。

第三，佛教教义体系、礼仪制度和文化艺术的关系问题。

在世界各大宗教中，佛教以典籍最丰富、文化色彩最浓重、思想教义最庞杂著称。在以佛教典籍为载体的庞大佛教教义体系中，不胜枚举的各类系统的信仰学说、哲学思想、修行理论等，都是内容极为丰富、特点极为突出、理论极为精致、影响极为深远的。仅就佛教对生命现象的考察之系统全面，对人的精神活动分析之细致周密，为消除人生苦难设计的方案之数量众多，就是其他宗教望尘莫及的。无论在古代还是在近现代，诸如此类的佛教基本理论对不同阶层信仰者都有强大吸引力和持久影响力。各国家和地区的历代信仰者往往从佛教的教义体系中寻找到了人生智慧，汲取了精神营养，感受了心灵慰藉。相对来说，佛教的教义体系历来成为学术界关注的重点，研究得比较充分。但是，佛教是以共同信仰为纽带、遵守相同道德规范和生活制度的社会组织，所具有的并不仅仅是教义思想。除了教义体系之外，佛教赖以发挥宗教作用和社会影响的还有礼仪制度和文化艺术。相对来说，对于佛教的教义体系、礼仪制度、文化艺术三者之间的有机联系，各自具有的宗教功能和社会功能，三者在决定佛教兴衰变化中所起的不同作用等问题，学术界就涉及比较少了。我们希望本部书的相关各卷把研究佛教教义体系、礼仪制度和文化艺术三者有机结合起来，不仅重视研究三者各自具有的独特内容，而且重视研究三者之间错综复杂的相互关系，考察三者在决定佛教兴衰变化中所起的不同作用。这样一来，我们就有可能纠正只重视某一个方面而忽略其他方面的偏颇，有可能避免把丰富多彩的通史撰写成色调单一的专门史，从而使本部书对佛教的观察角度更多样，整体考察更全面，基本分析更客观。

第四，中国佛教在世界佛教中的地位问题。

中国人对佛教文化的贡献是长期的、巨大的和不可替代的。归纳起来，主要体现在三个方面。其一，中国人保存了佛教资料。从汉代到北宋末年，中国的佛经翻译事业持续了将近一千年，其间参与人数之多、延续时间之长、译出典籍之丰富、产生影响之巨大，在整个人类文化交流史上都是空前的、独一无二的。汉文译籍和中国人写的各类佛教著作保存了大量佛教历史信息。如果没有这些汗牛充栋的汉文资料，从公元前后大乘佛教兴起到公元 13 世纪古印度佛教湮灭的历史就根本无法复原，就会留下很多空白。其二，中国人弘扬了佛教。佛教起源于古印度，而传遍亚洲，走向世界，其策源地则是中国。中国人弘扬佛教的工作包括求法取经和弘法传经两个方面。所谓"求法取经"，指的是中国人把域外佛教文化传到中国。从三国的朱士行到明朝的官僧，中国人的求法取经历史延续了一千多年。历代西行者出于求取真经、解决佛学疑难问题、促进本国佛教健康发展、瞻仰圣地等不同目的，或者自发结伴，或者受官方派遣，怀着虔诚的宗教感情，勇敢踏上九死一生的险途，把域外佛教传播到中国。所谓"弘法传经"，指的是中国人把具有中国特色的佛教文化传到其他国家。从隋唐到明清的千余年间，中国人持续把佛教从中国传播到了日本、韩国、东南亚等地；近代以来，中国人又把佛教弘扬到亚洲之外的各大洲许多国家。中国人向国外弘法传经延续时间之长、参与人数之多、事迹之感人、成效之巨大，几乎可以与西行求法运动相提并论。中国人的弘法传经与求法取经一样，是整个世界佛教文化交流史上光辉灿烂的阶段，可以作为人类文明交流互鉴取得伟大成就的一个典范。其三，中国人直接参与佛教文化的丰富和发展进程。在两千多年的历史中，中国历代信众直接参与佛教思想文化建设，包括提出新思想、倡导新教义、撰写新典籍、建立新宗派、创造新艺术。可以说，没有中国固有文化对佛教文化的熏陶、滋养和丰富，当今世界佛教就不具备现在这样的风貌和精神。本部书旨在加强研究促成中国在唐宋时期成为世界佛教中心的历史背景、社会阶层、科技状况、国际局势等方面的问题，加强研究中国在促成佛教成为一种世界宗教过程中的作用和地位，加强研究中国在保存、丰富和发展佛教文化方面不可替代的作用。我们应该用世界的眼光审视中国佛教，从中国的立场考察世界佛教，对中国佛教在世界佛教中的地位、作用、价值有更全面、更深刻的认识。我们认为，加强这方面的研究，有利于为中国新文化走向世界提供重要的历史借鉴和思路，有利于我们树立对本民族文化的自觉、自信和自尊，有利于深刻认识佛教在当前中国对内构建和谐社会，对外构建和谐世界方面的重要性。

在收集、筛选、整理、辨析和运用史料方面，我们当时计划整部书切实做到把资料的权威性、可靠性和多样性结合起来，统一起来，从而为叙述、说明、分析和评论提供坚实的资料基础；计划整部书的所有叙述、所有议论以及所有观点都建立在经过考证、辨析可靠资料的基础上。对于能够运用什么样的第一手资料，我们根据当时课题组成员的研究方向、专业特长和发展潜力，确定本部书所采用的资料文本主要来自汉文、梵文、巴利文、藏文、西夏文、傣文、日文、英文、法文、越南文等语种，同时，也希望有些分卷在运用田野调查资料、实物资料方面做比较多的工作。

关于《世界佛教通史》的章节卷册结构，开始考虑并不成熟，仓促确定了一些基本原则。随着研究工作的深入，中间经过几次变动，最后确定本部书由十四卷十五册构成。第一卷和第二卷叙述佛教在印度的起源、发展、兴盛、衰亡乃至在近现代复兴的全过程。第三卷到第八卷是对中国汉传、藏传和南传佛教的全面论述，其中，作为中国佛教主体部分的汉传佛教分为四卷，藏传佛教为一卷两册，南传佛教独立成卷。第九卷到第十一卷依次是日本、朝鲜和越南的佛教通史。第十二卷是对斯里兰卡和东南亚佛教分国别阐述。第十三卷是对亚洲之外佛教，包括欧洲、北美洲、南美洲、大洋洲、非洲等五大洲主要国家佛教的全景式描述。第十四卷是世界佛教大事年表。对于各卷册的字数规模、所能达到的质量标准等，预先并没有具体规定，只是根据学术界的研究状况和我们课题组成员的具体情况确定了大致原则。当时我们清醒地认识到：本部书涉及范围广、时间跨度大，一方面，国内外学术界在研究不同时段、不同国家和地区佛教方面投入的力量、所取得的成果有很大差异，极不平衡。在这种情况下，有些部分的撰写者由于凭靠的学术研究基础比较薄弱，他们的最终成果难免受到这样或那样的制约和影响。另一方面，课题组主要成员对所负责部分的研究程度不同，有些成员已经在所负责方面出版多部专著，称得上是行家里手；有些成员则对所负责部分刚刚接触，可以说是初来乍到者。对于属于前者的作者，我们当然希望他们致力于捕捉新问题、提出新观点，得出新结论，拿出百尺竿头更进一步的著作；对于属于后者的年轻同事，自然希望他们经过刻苦努力，能够在某些方面有闪光突破，获得具有后来居上性质的成果。鉴于我们的研究工作是在继承、吸收、借鉴以往重要的、高质量的、有代表性的成果的基础上展开的，所以我们既要重视填补学术空白，重视充实薄弱环节，也要强调在重要的内容、问题方面有新发现和新突破。因此，我们要求各卷撰写者在不违背通史体例的情况下，对自己研究深入的内容适当多写一些，对自己研究不够、但作为史书又不能空缺的内容适当少写一些。总之，我们根据学术界的研究状况和课题组成员的能力，尽量争取做到整个《世界佛教通史》的各部分内容比例大体协调、详略基本得当。这里需要说明一下，本书各卷的定名并非完全意义上的现代国家概念，而是根据学术界的惯例来处理的。

当初在考虑《世界佛教通史》的学术价值、理论意义与现实意义方面，我们关注了社会需要、时代需要、理论发展需要、学科发展需要、培养人才需要等方面的问题，并且逐一按要求进行了论证。除此之外，我们也要求各位撰写者叙述尽量客观通俗，注意在可读性方面下些功夫，务使本部书让信教的和不信教的、专业的和非专业的绝大多数读者朋友都能接受，都能获益。

八年多来，课题组每一位成员都认真刻苦工作，为达到预期目标而不懈努力。可以说，每一位撰写者都尽了心、出了力、流了汗、吃了苦。但是，由于我们水平所限，时间所限，《世界佛教通史》不可避免地存在一些缺点、不足和错误，敬请读者朋友批评指正。我们将认真倾听、收集各方面的善意批评和纠错高见，争取本部书再版本错谬减少一些，质量提高一些。

目　　录

绪　　言

隋唐五代（581—960）这 379 年的历史，大体可以划分为两个阶段。第一个阶段，是从隋王朝建立（581）到安史之乱结束（763）的 182 年。隋唐两朝绝大多数帝王通过改革中央和地方的行政机构、制定各种制度加强中央集权，强化了中央对地方的有效控制，保证了各级行政机构正常、高效地发挥作用。在良好的政治环境下，社会长治久安，稳定和谐，科技发达，生产力水平提高，无论是城市经济还是农业经济都获得了高速发展。朝廷对外交流的范围也不断扩大，与周边国家、民族和地区的政治、经济、文化交往也越来越密切、频繁和深入。思想文化领域呈现出百家争鸣、百花齐放的空前繁荣局面，哲学、宗教、文学、史学、艺术、医学、建筑、天文、历法等各个领域都取得了超越前代、彪炳千古的辉煌成就。在这一阶段，王朝的综合国力持续保持蒸蒸日上的势头，无论是物质文化还是精神文化都处在一个发展的鼎盛时期。佛教在经历这个盛世的过程中，也焕发出勃勃生机，在理论创造方面达到了前所未有的顶峰。

第二个阶段，是从安史之乱结束到北宋王朝建立（960）的 197 年。安史之乱虽然很快平定，但是对后世的政治、经济、对外关系以及文化方面的影响很大，成为唐帝国由盛转衰的分界线。在政治上，中央的权力已经受到很大削弱，全国范围内的藩镇格局逐渐形成，社会从稳定进入动荡，国家从统一走向分裂。唐末的连年战争对北方经济造成的破坏尤其严重，人口减少，荒地增加。随着人口南迁，南方的经济、文化有了发展的势头。从总体上看，从安史之乱开始，贯穿唐代末年直到五代十国时期，泱泱大国的盛世气象逐渐不再。正是在这个历史阶段，佛教适应社会的变化，成功实现了具有划时代意义的转型，奠定了其在中国第二个千年里发展演变的大体格局。

隋唐五代期间，佛教经历了全方位的变革、多层次的创新，这个时期成为佛教在中国封建社会承上启下、发展转型最重要的历史阶段。其中最值得关注的内容，可以分为三个方面：其一，佛教在理论和实践的双重探索中建立了九个宗派，标志着中国佛教通过诠释外来经典进行理论创新的过程达到顶峰，标志着中国佛教经院哲学发展到极盛，标志着中国佛学整体框架基本形成。其二，禅宗产生、发展和壮大起来，成为最适应中国社会的佛教形态，成为中国佛教最鲜明的特色。直到今天，在这个阶段形成的佛教派系格局也没有发生根本性改变。其三，佛教深入中国文化的各个方面，在中国社会取得了前所未有的地位。

一

隋唐五代佛教昌盛的一个重要标志，就是形成了一些独具特色的佛教宗派，这已经是学术界的共识。但是，对于中国佛教有哪些宗派、宗派从哪个时期产生，学术界有不同的观点。我们采取比较通行的看法，认为佛教宗派产生于隋唐时期，主要的宗派有九个，即天台宗、三论宗、三阶教、唯识宗、华严宗、禅宗、律宗、净土宗和密宗。这九个宗派的理论和实践，几乎构成了中国佛教的全部，说清楚了这九个宗派的思想，也就概括了中国佛学的主体内容。

佛教宗派形成于这个时期，既与国内佛教自身的逻辑发展直接联系，也与域外佛教的持续输入密切相关。首先，隋唐佛教宗派的成立是南北朝以来佛教发展的必然结果。经过汉魏两晋数百年的发展，到南北朝时期，随着各种大小乘经论的不断传译及研习的蔚然成风，佛教在理论和实践的探索方面呈现多途拓展的局面，佛学呈现多样化的特点。隋唐社会的统一，为全国范围内佛教学风、实践的统一以及进一步发展提供了政治保障和有利的社会环境。隋唐时期形成的佛教宗派，就是从不同方面对南北朝佛教在理论和实践上的继承与发展。

其次，隋唐佛教宗派的形成，也与域外佛教持续输入的促动有直接关系。隋唐时期宽松的政治、发达的经济、繁荣的文化、畅通的国内外交流，为佛教诸宗派的萌生和成长提供了良好的条件。隋唐时代是域外佛教输入中土的最后一个高峰。唯识宗、密宗的成立，都与这个时期佛教新经典的输入有直接关系，而华严宗等多个宗派理论的持续发展，也与新经典的译介有重要关系。隋唐时期，域外佛教输入的新内容对整体佛教的发展有着重要影响。隋唐以后，尽管佛经翻译工作还在进行，尽管东来传法者和西去求经者络绎不绝，但是佛教新经典的输入已经不再成为影响中国佛学发展的重要因素。

隋唐时期产生的佛教诸多宗派，尽管在理论探讨和实践探索方面的侧重点有所不同，信仰的对象有差别，但是在政治态度、理论创造、基地建设、组织系统四个方面有明显的共性。第一，各宗派的领袖人物都有与统治阶级建立良好关系、为王朝服务，发挥本宗派善世利人效能的目的，因此，绝大多数创宗建派的人物都得到统治阶级特别是最高统治者的直接或间接支持。第二，各宗派都创立了相对完整和独立的教理体系，其内容既有承袭印度佛教的成分，更有融合中印民族宗教文化后的创新内容。各派理论家在通过判教抬高本派所信奉教义和经典的基础上，还努力用本派的思想解释其他经典或派系的思想。每一个宗派教义的完成，几乎都与继承南北朝佛学、吸收新译经典的内容、融合其他派系及儒道二家的思想等密切联系。第三，各宗派都建立了相对稳定的传法基地，一般以一处或数处大寺院为中心，具有一定的经济实力，不少这样的寺院被后代称为"祖庭"。同时，各宗派在形成过程中，也加强弘法宣传，争取社会各界民众的信仰、皈依和各种形式的支持。第四，在隋唐时期形成的主要宗派中，逐渐确立了祖师之间的传承系谱。总的来说，在这些宗派兴起的初期，当时的领袖人物并没有强烈的创宗建派意识。当时的"宗"意指这一派学者所奉经典的"宗趣"、"宗旨"，并没有宗派的意思。一些宗派在不断发展过程中，接受中国封建宗法制度的影响，逐渐编制出严格明晰并且得到公认的传法世系，上溯印度著名僧人，下接中国历代祖师。只有极个别宗派没有这种师徒亲传的法脉关系。建立这种法脉传承关系，主要是出于继承财产的需要，而不仅仅是学术思想继承的需要。

二

隋唐五代佛教第二个值得关注的方面，就是佛教成功实现了历史性的转型，找到了最适合中国社会的佛教形态——禅宗。

唐代中期以后的禅宗僧人虽然把南北朝时期的菩提达摩奉为初祖，但是禅宗作为宗派的形成，是在弘忍时期。从道信开始，聚集于黄梅的禅众属于一个地方僧团，远离政治中心、经济中心和文化中心，起初影响并不大。弘忍继承了道信以来的思想和实践传统，在生活方式、修行方式、传教方式等各方面与隋唐时期形成的各宗派拉开了距离，也与传统佛教拉开了距离，实现了佛教在中国化道路上前所未有的质变。当时被称为"东山法门"的弘忍理论与实践，就成为禅宗形成的标志。黄梅禅宗适应当时社会变革的需要，充满了生机。在以后半个世纪的时间里，走出黄梅的禅门领袖们到大江南北建立传法基地，或知名于野，或闻达于朝，使禅宗从流行于穷乡僻壤发展到盛行于通都大邑，具有了全国影响。

以《坛经》的出现为标志，后来被奉为禅宗六祖的惠能（亦作"慧能"）完善了禅宗的基本理论。《坛经》禅学不仅长期影响禅宗理论和实践的发展进程，同时也影响了整个中国佛教的理论和实践走向。从"东山法门"流衍出来的更有影响力的惠能一支迅速崛起，逐渐成为禅门唯一的派别。相应的，这一支派的禅学也逐渐弥漫于丛林，影响到整个佛教界，成为再也没有改变过的禅学正宗。

从安史之乱开始，佛教诸宗派就呈现不均衡发展的态势。唐武宗灭佛之后，这种态势有所加剧。在隋唐时期产生的宗派中，有些宗派传承两三代就衰落了，有些宗派则时断时续，有些一直流传了下去。从总的形势来看，佛教义学诸派全面走向衰落，这标志着通过注解翻译经典进行的理论创造工作结束，传统意义上的佛教哲学发展过程从此终结。在诸多派别中，只有禅宗逐渐发展成最兴旺的一个宗派。尽管一个宗派流传时间的长短由多方面原因决定，并且宗派延续时间的长短与其思想影响的广狭程度并不能直接画等号，但是，法系长远、枝叶繁盛的宗派总是具有更强大的适应社会变化的生命力。禅宗能够成为佛教主流，经久不衰，直到今天还有勃勃生机，就是很有说服力的案例。

唐武宗灭佛之后的整个唐末五代，禅宗的修行理论和实践向两个方面拓展。

第一个方面，一些丛林领袖努力突出本宗的个性，把本宗的独特教义推向极端，表现出与传统佛教格格不入的特点。整个唐末五代盛行于丛林的机锋棒喝，在机语酬对中生发出来的呵佛骂祖、非经毁教言行，把禅宗在自耕自食生产、生活基础上倡导的自证自悟教义推向极端。这种现象既有为扫除旧观念鸣锣开道、为树立新思想播鼓助威的功能，同时又有亵渎信众崇拜对象、损害佛教社会形象的严重弊端。佛学本来是一种多元结构，这种纯禅就否定了许多佛教自身固有的、必不可少的思想、信仰要素，既不利于佛教向不同社会阶层传播，也不利于禅宗自身的发展。正因为这样，诸如此类的现象可以新鲜、时髦于一时，不能疯狂、泛滥于长久。进入宋代，这种以极端言语行动为表现形式的狂禅就逐渐销声匿迹了。

第二个方面，一些禅门宗匠倡导全面继承佛学遗产，以禅学为基础统摄、吸收、改造、容纳各种佛教理论与实践，把此前禅宗前辈们否定、抛弃的内容再重新收集回来，使禅学成为整个佛学的集大成者。这种可以称为"综合禅"的思想和实践逐渐发展起来，到宋代就成为禅宗的主流。这种"综合禅"的进一步发展，就是禅宗不仅对内融合整体佛教的各个部分和各个门类，而且对外进一步融合儒家、道家的思想，使禅宗在成为集中华文化发展之大成的道路上不断行进。

唐末五代禅学发展的这两条路线，就成为禅宗实现转型的具体过程，也成为中国佛教转型的具体过程。禅宗在唐末五代转型所获得的结果，就是佛教在中国最终找到适应中华文化和中国社会的基本宗教形态，为此后千年的中国佛教发展奠定了派系组织基础，指明了学说思想演进的方向。换言之，中国佛教派系组织的主体就是禅宗，中国佛学的特色就是用禅学整合的佛学。从此以后，禅宗的派系演变基本代表了中国佛教的派系演变，禅学的发展也就基本等同于整个中国佛学的发展。当中国特有的禅思潮弥漫于佛教界的时候，中国佛教的基本面貌和内在精神就完全变革了，中国佛教与域外佛教的差别就更为明显。当经过禅学重新塑造、洗刷的佛教走出国门，影响到亚洲其他国家和地区的时候，中国佛教在世界佛教中的地位、价值和影响就进一步显示出来了。

三

隋唐五代时期，佛教信仰普遍流行于从帝王到庶民的各个社会阶层，佛教文化得到全面发展，佛教在中国社会奠定的新地位、确立的新形象，从此以后再也没有发生根本性变化。

隋唐五代时期，由于佛教寺院经济的膨胀、组织规模的壮大、社会信仰民众的增多，对佛教的管理已经不是国家事务中可有可无的事情了。从中央到地方的各级政权，都把对佛教事务的管理纳入议事日程。正是在这种情况下，佛教与政治应该具有什么样的关系、僧众与当政者应该如何相处，逐渐在社会各阶层获得共识。与前一个历史阶段相比较，隋唐五代时期王朝的佛教政策有了重要变化，为以后各朝代制定佛教政策定下了基调。

隋唐五代时期，佛教信仰在社会各阶层普及的内容之丰富、形式之多样、势头之强劲，都是前所未有的。尤其是民间佛教的兴起，成为这个时期佛教发展的另一个重要标志。由于佛教在社会各阶层中扎根和生长，由于佛教进入社会各阶层民众的精神生活，由于佛教进入社会生活的各个领域，佛教的社会基础进一步扩大。到了这个时候，任何国家政权无论通过什么样的政治、军事手段，都不能将佛教从中国社会彻底清除了。更为重要的是，佛教在维护社会稳定、促进社会和谐、扩大国际文化交流等方面发挥作用的空间越来越大，产生的影响越来越深远。

隋唐五代时期，佛教影响中华文化的深度和广度都进入了一个新阶段。应该说，从东汉开始，佛教就逐渐影响中国文化的诸多方面，此后不断有所拓展。但是，只有到观察隋唐五代佛教的时候，我们才发现，我们在列举佛教影响中华文化的具体领域、具体方面的过程中，尽管已经列举了诸如哲学、宗教、民间信仰、文学、艺术、建筑、中医、民俗、伦理方面，但总有列举不够详尽、不够全面的感觉。原因就在于，佛教的信仰、思想和观念已经进入相当多的中国人的精神活动领域，这样一来，具有中国特色的佛教印迹就遍布于中国人精神活动有关的各个方面，既包括物质文化，也包括精神文化。佛教经过与中国文化的水乳交融，几乎在中华文化的所有方面留下了印记。这种情况表明，中国佛教已经在改变中华固有文化的某些风貌甚至某些精神方面发挥了巨大作用，使整体中华文化更为厚重、更为多彩、更为博大。这是佛教文化在中华文化体系中所具有的"广覆盖"的特点。

佛教传入汉地伊始，就在与儒家、道家的相互斗争、相互协调、相互吸收、相互借鉴中发展。到了唐代，三教最终形成了在中国社会三足鼎立的格局。在这个阶段，佛教与儒家、道家虽然也有相互排斥、相互对抗的方面，但是斗争已经没有以前那么激烈、那么轰动，主基调是相互协调和相互适应。佛教对儒家和道家的重要思想自觉吸收、主动运用，已经是显著的现象和发展的趋势。当然，在这个阶段，从三教各自的教义内容上讲，还没有完全达到你中有我、我中有你的状态；从三者的社会关系来讲，还没有达到一荣俱荣、一辱俱辱的命运联系。

　　总的来说，隋唐五代时期，佛教理论创造之所以能够达到高峰，佛教之所以能够随着社会环境的剧烈变动实现自身转型，在于佛教生存的社会基础空前扩大、佛教的社会地位快速跃升以及佛教的社会新形象被成功塑造。

　　由于涉及内容方面的原因，本卷邀请的作者比较多，其中，张淼撰写第一和第二章，董平撰写天台宗，华方田撰写三论宗，张总撰写三阶教，杨维中撰写唯识宗，黄夏年撰写律宗，王公伟撰写净土宗，吕建福撰写密宗，魏道儒撰写禅宗、华严宗、绪言以及对个别章节进行必要增补删改，并负责全卷统稿。

第一章　隋唐五代社会与佛教

公元 581 年，北周外戚杨坚取代周静帝而称帝，建立隋朝。公元 589 年，隋朝灭亡偏安一隅的南朝陈，结束了自汉末魏晋以来三百多年的战乱纷争，南北分裂的局面也因此而结束，实现了中国的重新统一。隋代国祚短促，统治仅仅维持了 37 年便宣告结束。公元 618 年，隋朝重臣李渊从太原起兵，经过讨伐隋炀帝杨广的战争之后，建立唐朝。唐朝在政治、经济、文化、外交等诸多方面出现了长期的繁荣兴盛局面，直接影响了以后中国社会的走向，也成为以后历代王朝效法的楷模。907 年，节度使朱温结束了唐朝 289 年的统治，此后，中国北方先后有梁、唐、晋、汉、周五个王朝更替，史称"五代"时期（907—960）。而在中原之外的地区，从唐末到北宋初年，相继出现了十个统治时间长短不一、实力强弱不等和范围大小不同的割据政权，即吴、楚、闽、吴越、前蜀、后蜀、南唐、南汉、北汉、南平，史称"十国"时期（891—979）。本卷所讨论的内容，包括从 581 年隋王朝建立到 960 年北宋王朝建立这 379 年间佛教发展、演变的全过程。

第一节　社会状况与思想文化

一　政治格局及其变动

隋唐五代政治的发展在不同时期呈现不同的态势。隋朝二帝政治统治是一治一乱。唐代统治 289 年中，以安史之乱为界，大致可分为前期的政治稳定和后期的政治动荡两个阶段。五代十国时期，各政权的不同特点导致政治上的稳定与动荡不尽相同。

杨坚辅政伊始就开始着手改革北周政治上的诸多弊端。据史料记载：

"大象二年（580）五月……乙未，帝崩。时静帝幼冲，未能亲理政事。内史上大夫郑译、御正大夫刘昉，以高祖（杨坚）皇后之父，众望所归，遂矫诏引高祖入总朝政，都督内外诸军事……宣帝时，刑政苛酷，群心崩骇，莫有固志。至是，高祖大崇惠政，法令清简，躬履节俭，天下悦之。"①581年二月，杨坚废除周静帝而称帝，建立隋朝，改元开皇，仍然定都长安，是为隋文帝。经过八年统一全国的战争，隋朝将统治区域扩大到东至东海、西至塔里木盆地、南至南海、北至蒙古高原的广大地区。为了进一步巩固政权，加强中央集权，实现对全国的统治，隋文帝采取了一系列有效措施：改革中央机构，废除北周以来仿效《周礼》的六官制度，建立三省六部制；改东汉以来的州、郡、县三级制为州、县两级制，裁撤大批冗员，强化中央对地方的控制；废除魏晋以来实行的九品中正制，开创科举取士制度，通过考试来选取国家官吏；改革西魏以来的府兵制，加强中央对军队的控制，进一步建立强大的军事力量；减轻刑罚，修订法律制度，缓和官民之间的紧张关系。隋文帝在生活上厉行节俭，形成清正廉明的政治气氛，"躬节俭，平徭赋，仓廪实，法令行，君子咸乐其生，小人各安其业，强无凌弱，众不暴寡，人物殷阜，朝野欢娱，二十年间，天下无事，区宇之内宴如也"②。经过隋文帝的改革措施，隋初出现了相对稳定的政治局面。

隋炀帝继位后，一方面大兴土木营建东都洛阳，并迁徙数万家南北富商大贾到洛阳，既充实了洛阳的人口，又促进了洛阳的经济发展；他还役使民力开凿大运河，加强了南北政治、经济、文化的交流，促进南北人民的进一步联系。但另一方面，他生活奢侈、腐化，引起人民的不满；穷兵黩武使得民不聊生，政治统治出现严重危机，导致最终亡国，为唐朝统治者提供了反面教材。

唐初诸帝能够较好地吸取隋朝灭亡的教训，确立新的政治理念。从行政制度上来看，唐朝一方面继承隋朝的政治制度，另一方面又结合当时的实际情况做了调整和改变，进一步完善三省六部制，使其能够更好地适应新朝代的发展。

唐初从高祖到玄宗统治中期，加强中央集权是唐初统治者最重要的一

①　（唐）魏徵等：《隋书》卷一，中华书局1973年版，第3页。
②　（唐）魏徵等：《隋书》卷二，中华书局1973年版，第55页。

项政治任务。通过平定隋末农民起义和宫廷斗争，唐政权得以确立和稳定。以唐太宗为代表的唐代最高统治者采取了一系列具体措施，进一步巩固中央政权，巩固皇权的至上地位。

在中央官僚机构中，皇帝具有决定一切的权力，这一特权通过诏敕和符节制度得到保障。尚书省、中书省和门下省形成对皇权的适当制约，保证执政者尽可能少犯错误。同时，挑选年纪较轻和级别较低的官员参加政事堂会议，加强对三省权力的监督和控制。通过层层监督和限制，最高权力机构得以健康、正常地运转。地方行政体制沿袭隋代州县二级制。为了加强对地方的控制，从唐太宗开始，全国又分为数量不等的"道"，作为监察地方官员的重要机构。在监察制度建设方面，除了上面所述措施之外，还专门设置御史台作为最高监察机构，进一步监察官吏的行为和言论，这一制度发展到唐玄宗时期最为完备。在法律制度方面，进一步完善法律体制，制定了《武德律》《贞观律》《永徽律》等诸多法律，尤其是在《永徽律疏》的基础上多次修改而成的《唐律疏议》，进一步将儒家伦理思想与法律结合，使暴力统治与道德教化结合。《唐律疏议》涉及经济、民事等方面的立法内容，是唐代调整经济和民事关系最重要的一部成文法典，对宋元明清律法的制定起了指导性作用。该部经典一直留传至今。在官吏选拔制度方面，唐代进一步完善隋代以来的科举制度。通过这一制度，一些有才能但出身卑微的人有机会进入国家统治集团，为维护统治贡献自己的聪明才智。

唐太宗除了从制度上保证皇权的正常运转外，还非常注重吸取隋朝灭亡的教训，从多方面提高自己的执政水平。善于并重视"纳谏"和"任贤"是唐太宗最突出的表现。经过唐初的积极治理，唐代初年出现了唐朝第一个盛世时期——"贞观之治"。武则天称帝之后，能够继续唐太宗时期的一些政治措施，如十分注重选拔人才，整顿酷吏，任用贤相狄仁杰、张柬之，促进了政治的有序发展。唐玄宗登基之后，励精图治，使唐朝出现了历史上的第二个盛世时期——"开元盛世"。政治上，唐玄宗铲除诸韦和太平公主反对势力之后，确立了自己的统治地位。唐玄宗又召集群臣共商国是，确立了新的施政纲领，即采纳姚崇提出的"十事要"。由于玄宗初期能够正确采纳群臣的建议，实行比较开明的治国方法，到开元年间，唐朝国力达到鼎盛。从唐玄宗天宝元年（742）开始，政治统治出现危机，宰相李林甫和杨国忠相互排挤，聚敛财物，专权误国。边镇守将实力不断壮大，出现了"内轻外重"的局面。同时，由于唐玄宗穷兵黩武，导致国力消耗严重，引起边疆守将的不满，一些节度使乘机发动叛乱，终于导致了长达八年之久的"安史之乱"（755—763）。

"安史之乱"是唐朝从盛世走向衰落的重要转折点。"安史之乱"平定之后，唐朝政治形势发生了剧烈变化。中央政权实力受到严重削弱，地方藩镇割据局面形成，中央政权与藩镇之间的权力斗争异常激烈。而在唐王朝内部有宦官专政和朋党之争的祸乱。这两者有时交织在一起，出现错综复杂的局面，形成政治上的不治之症。它延续百余年，使中央政权的实力日渐削弱。由于边防空虚，周边少数民族经常侵犯，甚至都城长安一度被吐蕃攻陷，唐朝统治岌岌可危。尽管唐宪宗曾做过重振皇权、削弱藩镇的努力，出现了短暂的"中兴"，但是在纷繁变乱的矛盾中，内外交困终于使唐王朝日薄西山，奄奄一息，无法重现"贞观"、"开元"的盛世景象。从唐懿宗时期起，普通民众反抗唐王朝的斗争此伏彼起，加入到朝廷内部的朋党之争、地方藩镇反抗中央政权的洪流中。在诸多因素影响下，唐朝政权陷入名存实亡的绝境。地方藩镇之间又因为土地、财产、人口等相互争斗，兼并战争日益频繁，形成了新的瓜分格局，唐朝最终为后梁所取代。

"五代十国"时期，藩镇割据局面进一步恶化，政权更迭迅速，社会动荡，战争频仍。在唐朝统治过的中心地区相继出现后梁（907—923）、后唐（923—936）、后晋（936—947）、后汉（947—950）、后周（951—960）五个朝代。在中原之外的地区，出现了十个小的割据政权，即吴（892—937）、楚（896—951）、闽（897—946）、吴越（893—978）、前蜀（891—925）、后蜀（925—965）、南唐（937—975）、南汉（905—971）、北汉（951—979）、南平（907—963）。直到北宋建立，才最终实现全国的统一。

二　经济状况及其演变

隋唐五代经济的发展趋势与政治形势密切相关，盛衰景象交替出现，而且在全国各地的表现有所不同。

隋文帝统一全国后，在经济上采取了一系列措施，促进社会生产的发展。隋朝继续推行北朝以来的均田制，授给丁男丁女露田，男子另授永业田。死后露田归还国家，永业田可传给子孙。官员授给职分田，各级官府授给公廨田，所收地租充作办公费用。均田制的实行，在一定程度上限制了豪强地主对土地的兼并，使原来无地或少地的农民获得了一些土地，提高了农民的生产积极性，从而对推动经济的恢复、生产的发展起了一定的促进作用。在均田制的基础上，实行租调力役制度，减轻人民的徭役赋税，使广大农民能够安心生产，促进了经济的发展。针对东汉以来隐瞒人口的现象，隋文帝下令在全国范围内"大索貌阅"，检括人口，成千上万的隐瞒人口被重新编入户籍。通过"大索貌阅"和实行输籍法，大量隐漏逃亡的人口成为国家的正式编户，增加了纳税人口，保证了隋王朝的财政收入。为了促进农业生产的发展，隋文帝十分重视水利工程建设，开渠引水灌溉田地，便于农业生产的进行。为了积粮防灾，解决朝廷用度问题，政府设置许多官仓和义仓。官仓由官方设立和掌握，旨在增加粮食储备，以便供应京师和受灾地区。地方设置义仓，作为救灾之用。在收获季节，按贫富各出粮谷若干，就地造仓储存。平时委托乡官管理，不使腐坏；遇有灾害时，开仓自赈。义仓的设置对普通民众确有好处，特别是设在乡间的义仓，不受州官控制，遭灾时开仓较为方便。

隋朝由于国家统一，社会比较安定，经济发展很快，农业产量迅速提高，储存在仓窖中的粟帛数量惊人。据史载："隋文帝不怜百姓而惜仓库，比至（开皇）末年，计天下储积，得供五六十年。"[1] 库藏之多，前所未有。此外，隋文帝还下令统一货币和度量衡，促进商品经济的发展。经过隋文帝一系列促进经济发展的措施，隋朝人口得以迅速增加。反过来，人口增加又为农业生产提供了更多的劳动力，促进了农业生产的进一步发展，垦田面积不断扩大。《通典·田制》载，开皇九年（589），垦田面积为 1940 多万顷，到隋炀帝大业中（约 609），增至 5585 多万顷。[2] 二十年间增加了 3600 多万顷，增长率为 190% 左右。

除了农业迅猛发展之外，隋朝的手工业也十分发达，一些手工技术达到了很高水平。其中，造船业、造桥业和丝织业是典型代表。隋朝造船业空前发展，造船技术很高。隋文帝为了攻陈，命杨素在江南永安督造战船，规模之大、技术水平之高，均为历史所未见。隋炀帝游江都时所乘的"龙舟"，规模巨大，技术要求很高，达到当时的世界先进水平。民间工

---

① （唐）吴兢：《贞观政要》卷八，上海古籍出版社 1978 年版，第 256 页。
② （唐）杜佑：《通典》卷二，中华书局 1998 年版，第 28—29 页。

匠李春设计、建造了举世闻名的赵州安济桥，充分体现了我国古代建筑艺术的独特风格，是我国桥梁史上的伟大成就。丝织业方面，定州出产的绌绫和相州出产的绫纹细布都非常精美，是朝廷的贡品。蜀郡的绫锦、豫章的"鸡鸣布"很著名。苏州等地的缫丝、织锦、织绢非常发达。此外，雕刻、制茶、制盐、漆器、冶炼铸造等手工业都有所发展。

隋朝的城市与商业发展也非常突出，以西京大兴城和东都洛阳最有名。大兴城是在汉代长安城的基础上进一步扩建而成的，布局严整、规划整齐，是古代世界中罕见的巨大都城。在大兴城内设有繁华的商业集市，建立有专门管理市场的机构，保证商业的繁荣。在国内商业发展的同时，隋朝的对外贸易也较为频繁。南海的赤土（马来半岛）、真腊（高棉）和波利（婆罗洲）等国与中国有使节往来和贸易活动。从国外运来的商品有犀象、玳瑁、珠玑等，国内输出的商品有丝绸、铁器等。隋朝同东邻朝鲜、日本相互往来，促进了经济、文化的交流。

唐朝初年，受到隋炀帝暴政和隋末农民战争的影响，社会经济发展凋敝。以人口为例，到唐高祖晚年，全国户数不过300万，不足隋代盛时900万户的1/3。当时遭受破坏最严重的黄河下游地区，"崔莽巨泽，茫茫千里，人烟断绝，鸡犬不闻，道路萧条，进退艰阻"①。面对凋敝的社会经济，唐初统治者采取了一些有力措施，促进生产的恢复和发展。

唐初继续推行均田制和租庸调制。在唐太宗颁布的均田令中，受田分为口分田和永业田两种。永业田可传给子孙，口分田则在死后交还国家。其中特别规定，道士、和尚各分给口分田30亩，女冠、尼姑各分给口分田20亩。和尚、道士、尼姑、女冠都可以受田，反映了佛教寺院经济的发展。国家以法律的形式承认宗教寺院对土地占有的合法权利，保证了僧侣地主的既得利益。京城内外职事官按职位高低授给职分田，其地租作为俸禄的一部分。职分田属公田，官员离职时要移交后任。各级官署授给公廨田，以地租作为办公费用。唐朝通过严格的法律制度规定禁止土地买卖，如："诸卖口分田者，一亩笞十，二十亩加一等，罪止杖一百；地还本主，财没不追。"②但同时对一些例外情况做了特殊规定。均田制还鼓励人们迁往人烟稀少、地域宽广的地方开垦荒地。这样既扩大了耕地面

---

①　（唐）吴兢：《贞观政要》卷二，上海古籍出版社1978年版，第70页。

②　（唐）长孙无忌等：《唐律疏议》，刘俊文点校，中华书局1983年版，第242页。

积,又发展了边远地区的农业经济。从总体上看,与其他王朝相比,均田制在唐代的实施情况最好,它对唐初农业生产的恢复和发展起了积极的推动作用。

同隋代一样,唐代也在均田制的基础上实行租庸调制。这一经济政策基本上沿用隋制,但为了适应新的情况,在役期的最高限度和输庸代役的具体办法等方面做了一些补充修正,较隋代的租调力役制度更加完整严密。租庸调制既减轻了农民的经济负担,又可以保证唐代前期国家税收的正常来源,这对巩固政权和恢复农业生产起了很大的促进作用。此外,唐太宗还采取了俭省费用、轻徭薄赋、备荒救灾、不违农时等措施保证人民的生活稳定。通过以上经济措施,唐代初期经济有了明显的好转,"自贞观以后,太宗励精为理,至八年、九年,频至丰稔,米斗四五钱,马牛布野,外户动则数月不闭。至十五年,米每斗值两钱"[①]。由于农民辛勤劳作、积极生产,到贞观后期,社会经济已得到恢复。但是,随着政权的巩固和经济的恢复发展,贞观后期,唐太宗渐渐抛弃了轻徭薄赋的经济政策。同时,对外战争频繁导致农民徭役负担加重,引发了一些地区的农民起义。

武则天执政时期,在经济上比较重视农业生产的发展。她诏令全国劝农桑、薄赋徭,免除京畿地区徭赋,节省功费力役等。规定凡是做到耕地增加、家有余粮的地方,地方长官可以得到奖赏;如果户口减少,就要受到处分。武则天比较重视兴修水利,曾在曲沃东北、临汾东北、符离等地修渠筑堤,灌溉田地,促进了经济的发展,对后来唐玄宗"开元之治"的全盛时代起了承前启后的作用。

唐玄宗即位后,基本沿袭唐太宗时期的政策,但有所改变。尤其是针对富户强丁多削发入寺逃避徭役的情况,玄宗下令沙汰天下僧尼,迫令一万两千人还俗,编入国家户籍,并规定,自此以后,各地不得新建佛寺,旧寺颓坏,也要报请官府查实,才许加以修葺。通过打击佛教势力、抑制寺院经济,玄宗时扩大了政府税收。此外,唐玄宗还进行检括人口、实行均田、扩大屯田、兴修水利、赈灾济民等具体方法去促进社会经济的发展。"至(开元)十三年封泰山,米斗至十三文,青、齐谷斗至五文。自后天下无贵物,两京米斗不至二十文,面三十二文,绢一疋二百一十二

---

① (唐)杜佑:《通典》卷七,中华书局 1988 年版,第 149 页。

文。东至宋、汴，西至岐州，夹路列店肆待客，酒馔丰溢。每店皆有驴赁客乘，倏忽数十里，谓之驿驴。南诣荆、襄，北至太原、范阳，西至蜀川、凉府，皆有店肆，以供商旅。远适数千里，不持寸刃。"① 社会经济出现了普遍的繁荣，"开元盛世"的局面形成。

唐代前期的经济繁荣体现在诸多领域。农业方面，新式农业生产工具——曲辕犁出现并广泛使用，还出现了一种名为"筒车"的新型灌溉工具。政府设有专门机构和人员管理水利，在全国各地兴建农田水利灌溉工程。这些农业方面的新变化促进了农业生产的发展和人口的增加。手工业方面，从事手工业的地区分布广泛，如长安、洛阳、广州、青州等；行业种类繁多，有采矿业、铸造业、纺织业、印染业、造船业、制瓷业等。其中，造纸业已经有了很大成就。纸的产品种类多样，有宣纸、麻纸、竹纸等，现存敦煌藏经大部分由麻纸抄写。印刷业方面，现藏于英国的敦煌本《金刚经》印刷于公元868年，即唐懿宗咸通九年，是唐代印刷业发展的一个标志。另外还有制糖业、酿酒业、制茶业等。商业方面，城市发达并形成全国和地方的政治、军事、商业中心，以及水陆交通、物资交流的枢纽。大的城市有长安、洛阳、成都、广州、交州、兰州、凉州等。其中，长安是手工业和商业聚集的场所，市场店铺林立，有来自全国各地的商人，也有来自西域、波斯等国外的商人。交通方面，唐朝国内外水陆交通畅达，贯通南北的大运河是连接国内商业交通的大动脉；陆路交通则以长安为中心，有通往边疆地区和国外的多条道路。这些道路大多是商业往来最重要的通道，其中最著名的是横贯亚欧的"丝绸之路"。丝绸之路在历史上起到了促进欧亚非各国与中国的友好往来以及经济、文化交流的作用。

"安史之乱"的爆发对唐代经济造成了严重的破坏，尤其是北方黄河流域地区破坏更为严重，人口减少、户籍混乱、荒地增多。"夫以东周之地，久陷贼中，宫室焚烧，十不存一。百曹荒废，曾无尺椽，中间畿内，不满千户。井邑榛棘，豺狼所嗥，既乏军储，又鲜人力。东至郑、汴，达于徐方，北自覃怀，经于相土，人烟断绝，千里萧条。"② 不仅京畿之地，其他地区也同样遭受严重破坏，"自经逆乱，州县残破，唐邓两州，实为

① （唐）杜佑：《通典》卷七，中华书局1988年版，第152页。
② （后晋）刘昫：《旧唐书》卷一百二十，中华书局1975年版，第3457页。

尤甚"。"荒草千里"、"万室空虚"、"乱骨相枕"① 等是战乱遗留下来的惨状。就连没有直接遭到叛军破坏的江东地区，也出现了大片的闲置田地和荒芜耕地。"安史之乱"后，大规模的战争虽然结束，但藩镇割据局面日益严重，社会秩序不再如唐中期以前那样稳定。因战乱逃离家园的农民虽然重返故里，恢复农业生产，使社会经济得到一定程度的发展，但是这种经济恢复和发展速度缓慢，尤其北方地区更是如此。五代时，北方地区战争不断，经济遭到严重破坏而少有发展。与此相反，南方地区则因为"安史之乱"造成大量人口南迁，"天宝末，安禄山反，天子去蜀，多士南奔，吴为人海……"② 这些南迁的人口为南方经济发展提供了劳动力。同时，"安史之乱"对南方的战争破坏影响比北方小，使唐代后期经济重心南移，南方经济得到了比较快速的发展。十国时期，由于局部地区统一，各割据政权统治者大多推行保境安民之策，形成相对稳定的政治局面，因而使南方能在北方战乱频仍时，出现经济恢复和发展的情况。同时由于南方拥有便利的海上交通，增进了南方与周边国家的海上贸易，也促进了南方商品经济的发展。

三　民族外交政策

（一）民族关系

在隋唐五代时期，各王朝要处理的周边民族关系并不完全相同。就隋朝而言，主要是与突厥、高句丽、回鹘、吐蕃和南诏的关系。

隋文帝在位时，突厥国力、兵力最为强盛，沙钵略可汗经常率突厥兵进犯隋境，曾一度深入武威、天水、延安等地，劫掠人口、牲畜。为了抵御突厥的进攻，隋文帝主动出击，大败突厥。隋炀帝即位后，为打通西域的交通而与突厥发生冲突，结果隋炀帝被困雁门，数月后才得解围。此后，隋朝与突厥处于对峙状态。

隋朝与东边近邻高句丽王朝也发生过几次冲突。隋文帝派大军分两路进攻高句丽，无果而还。后高句丽王遣使谢罪，文帝不再对高句丽战争。隋炀帝为显示国威，对高句丽发动的三次战争，却均以失败告终，结果元

---

① （唐）元结：《新校元次山集》卷七，（台湾）世界书局1984年版，第99—100页。
② （唐）顾况：《送宣歙李衙推八郎使东都序》，载（清）董诰等编《全唐文》卷五百二十九，中华书局1983年版，第5370页。

气大伤，损失惨重，引起国内叛乱，隋朝政权覆亡。

唐朝建立后，周围分布着实力不等的各民族政权，主要有东北部的靺鞨，北部的突厥，西北部的回纥、吐谷浑、龟兹、于阗、高昌，西部的吐蕃，西南部的南诏等。为了保证政权的巩固并扩大对外联系，唐朝与上述诸民族政权存在着不同形式的交往关系。

北方的突厥不仅对隋朝曾经构成威胁，也一度在唐初对唐形成威胁。为了解除突厥的威胁，唐太宗于贞观三年（629）趁突厥内部分裂斗争之际，派兵大败东突厥，并册封降服的突厥首领。在唐朝的打击下，东突厥实力衰落，终于灭亡。唐朝在东突厥统治的今内蒙古地区设置都督府，管理突厥部落。突厥分裂后，西突厥控制了西域地区，高昌、焉耆、龟兹、于阗和疏勒五个地方政权受制于西突厥。这五个地方政权在西汉时期就已经归西域都护府管辖，与汉朝交往密切。唐王朝为了加强同西域诸政权之间的联系，必须解除西突厥的威胁。于是，在东突厥灭亡之后，唐朝与西突厥展开了争夺西域的斗争。它也成为唐代民族关系中的重要内容。贞观十四年（640）后，唐朝连续发动对西突厥的斗争，使西域诸国摆脱其控制。唐迁安西都护府到龟兹，统领龟兹、于阗、焉耆、疏勒四镇，统称为"安西四镇"。这四镇成为唐朝经营西域的重要军事基地，对西域的统一起了重要的保障作用。唐高宗时，西突厥又与唐朝发生冲突，遭到镇压。唐控制了西域以西包括碎叶在内的中亚部分地区，作为经营中亚的重要基地。武则天时期，在天山以北地区设置北庭都护府，与安西都护府共同构成管理西域以及中亚地区的最高统治机构。唐朝统一西域和中亚部分地区后，加强了同这些地区的联系。同时，西域和中亚地区不断有商旅来到唐帝国，带来了包括佛教在内的西域和中亚、南亚文化，成为"丝绸之路"上重要的交流内容。

回纥，又称"回鹘"，是西北地区另外一个重要的民族部落。在西突厥的控制下，回纥不堪残酷压榨，不时反抗。唐太宗时期，在回纥区域设立都护府负责管理回纥事务。唐玄宗时又册封回纥首领为可汗，回纥一度较为强大。回纥政权与唐朝一直保持着密切的联系。安史之乱期间，回纥曾两度出兵协助唐朝平定叛乱。回纥与唐王朝相互进行贸易往来。在吐蕃占领西域和河西时，回纥一度成为中西文化交流的中转站，促进了唐朝与西域、中亚乃至南亚的交通往来和文化交流。

西南部的吐蕃是雄踞青藏高原的民族。629 年，松赞干布继任赞普之后，吐蕃逐渐强大，并统一了西藏地区。松赞干布统治时期，一度与唐朝进行战争。被唐朝击溃后，吐蕃通过政治联姻与唐朝保持了很长时间的友好关系。内地的珠宝、蔬菜种子、经史医药方面的书籍、音乐、造纸墨技术等传到吐蕃，促进了吐蕃地区的文化和经济发展，加深了汉地与吐蕃人民的情谊。吐蕃赞普上书唐玄宗说："外甥是先皇帝舅宿亲，又蒙降金城公主，遂和同为一家，天下百姓，普皆安乐。"① 安史之乱后，吐蕃占领西域、河西和陇右等地的大片领土。唐代宗宝应二年（763），吐蕃曾一度攻入长安。唐德宗时期，唐朝与吐蕃就统治区域进行过几次和议，实现了边疆地区的安定。

隋唐五代时期，西南地区围绕滇池洱海居住着许多民族部落，其中以南诏政权最为强盛。南诏建立之初，与唐朝进行过两次大规模战争。南诏战败后，依附吐蕃。唐德宗贞元十年（794），南诏与唐朝订立盟约，恢复友好关系，并派遣贵族子弟到成都学习唐朝文化。唐朝文化对南诏产生了非常大的影响。通过南诏统治地区，唐朝同南亚诸国的交流变得便利，促进了彼此之间的文化往来。

（二）对外交往

隋唐时期的国际交往比较频繁，有来自亚非许多地区和国家的使臣、商人、学者、僧侣。同时，隋唐朝廷也有使臣、僧侣、学者、商人等与其他地区和国家进行多方面的交流。唐朝政府设置鸿胪寺专门接待外来使臣和其他来宾，设置互市监、市舶司管理对外贸易；政府机构中有供职的外国人，太学中有前来留学的外国学生；以长安为代表形成了许多国际化的大都市，对外交往大大加强了。出于国际交往的需要，隋唐五代时期的对外交通非常发达。陆路方面，以长安为中心，向西经甘肃河西走廊、出敦煌分为三条道路。"北道"循天山北麓，从敦煌出发经伊吾、蒲类海、西突厥可汗庭，转东罗马，出地中海；"中道"走天山南麓的北道，由敦煌起程往高昌、焉耆、龟兹、疏勒，越葱岭而到达波斯；"南道"走天山南麓的南道，从敦煌经鄯善、于阗，过葱岭及吐火罗至北婆罗国。通过这三条道路，可达欧洲、中亚、西亚和巴基斯坦、印度等国家和地区，这就是举世闻名的"丝绸之路"。它不仅是东西商贸往来的交通要道，而且也是东西方文化传播的重要交通枢纽。从长安出发，向东由河北经辽东可到达

---

① （后晋）刘昫：《旧唐书》卷一百九十六，中华书局 1975 年版，第 5231 页。

朝鲜半岛，这是佛教向东传播的重要通道，扩大了佛教在东亚地区的影响。海路方面，从广州出发，经南洋诸岛可到波斯湾；向东由登州、楚州、扬州、明州等地，可达朝鲜和日本。

隋代和唐初，曾经与朝鲜发生多次战争。675 年，新罗统一朝鲜半岛，与唐朝保持友好关系。新罗商人来唐进行商品贸易，带来朝鲜的牛黄、人参等物品，又将唐朝的丝绸、茶叶、瓷器、书籍等带回新罗。文化交流是朝鲜与唐朝交往的重要内容。新罗派遣留学生到唐朝学习文化，唐文宗开成五年（840），学成归国的学生一次就有百余人。新罗学生还参加唐朝的科举考试，考中者留在唐朝担任官职。新罗僧侣也常常到中国学习佛法，如慈藏于贞观十二年（638）率弟子到唐朝礼拜圣迹，学习佛法，归国时，他带走大量佛经、佛像，促进了新罗佛教的发展。新罗僧人元晓因仰慕玄奘、窥基之名，与另一僧人义湘结伴入唐学习佛法。元晓中途返回新罗，义湘独自一人到达长安，入终南山师事智俨，回国后建立浮石寺，对促进朝鲜华严宗的建立起了非常重要的作用。此外，新罗仿照唐朝的政治、经济、文化制度，改革本国的相关领域，仿照唐朝设立国学，实行以儒家经典为考试内容的科举制度，并根据汉字创造新罗文字，推动了新罗的文化普及。另外，唐代的诸子之书、诗歌、佛教文化也传入新罗，受到朝鲜人民的欢迎。

中日政治、经济、文化交流在唐代达到了空前繁荣。从贞观五年（631）至乾宁元年（894）的二百多年中，日本正式派遣遣唐使 19 次，每次少则 250 人，最多可达 550 人以上。这些遣唐使团组织完备，有大使、翻译、各类技师，还有数量可观的留学生、僧侣、艺术家等，他们来唐朝全面学习中国文化，对日本的政治、经济和文化产生了巨大的影响。其中，日本留学生在长安国子监学习各种知识，与中国诗人、学者结下了深厚的友谊。日本学问僧有 90 多人来唐学习，如日本留学生阿倍仲麻吕长期留居中国，官至秘书监，与王维、李白等大诗人交往甚密。高僧空海于贞元二十年（804）来到中国，在长安青龙寺跟随密宗传人惠果学习密宗，回国后在日本建立密宗。僧人圆仁于 838 年来中国求法，在大兴善寺、青龙寺等寺院学习密法、天台止观、梵语等与佛教有关的知识，归国时带走佛经、法器等，促进了佛教在日本的流传；他撰写的《入唐求法巡礼行记》成为研究唐代历史的珍贵资料。唐朝也有许多使臣、僧侣、商人东渡日本，在中日文化交流方面起了很大作用。如僧人鉴真十多年间经过六次努力，终于到达日本，不仅带去佛经，传播佛教，而且在建筑、雕塑、医学等的传播方面也起了积极作用。通过遣唐使、学问僧、使者等的交往，中日之间的文化交流扩大了，尤其是对日本文化的影响非常广泛、深远。

隋唐五代同南亚诸国的交流非常频繁。越南中部的林邑国与隋唐交往密切。隋文帝曾出兵攻陷林邑首都，"所获佛经合 564 夹，1350 余部，并昆仑书多梨树叶"。这些典籍后来经过彦琮编目，"分为七例，所谓经、律、赞、论、方、字、杂书"①。唐朝立国，林邑经常派遣使者来中国，带来训象、火珠等，唐朝回赠丝绸、织锦等。唐朝典章制度、诗歌艺术等也传入林邑。

6 世纪后独立的真腊与隋唐交往频繁。隋大业十二年（616），真腊遣使来隋。唐高祖到唐宪宗期间，真腊遣使来唐达 16 次之多，带来犀牛、训象等物产以及富有民族特色的音乐舞蹈。其时，真腊国"尚佛道及天神，天神为大，佛道次之"②，普遍流行佛教信仰。唐朝的金银、瓷器、麝香等行销真腊，中国佛教也传入真腊。

此外，隋唐与佛教盛行的骠国、室利佛逝、暹罗、尼婆罗、狮子国等南亚诸国也有频繁往来，促进了中国与南亚文化的交流。

在与南亚诸国的交往中，这时期最值得关注的是同印度、巴基斯坦、孟加拉国的交往。唐太宗时派遣王玄策出使印度，加强两国之间的贸易、文化交流；还派人去学习熬糖法，提高中国的制糖技术。高僧玄奘、义净到印度求法，极大地促进了中印佛教文化的交流。随着印度佛典的翻译，中国文学的题材、内容也大大丰富了印度的犍陀罗艺术风格，也深深地影响了中国的造像、雕塑、绘画艺术。

四　多元思想文化

隋唐五代时期是中国思想文化发展的一个高峰时期。人们对待思想文化表现出一种开放、包容、博采众长的胸襟和态度；思想文化的表现呈现出一种百花齐放、异彩纷呈的形式；从思想文化的普及和影响上来说，上至帝王官吏、下至贩夫走卒都受到各种思想文化的影响；从各种思想文化

---

① （唐）道宣：《续高僧传》卷二，《大正藏》第 50 册，第 437 页。
② （后晋）刘昫：《旧唐书》卷一百九十七，中华书局 1975 年版，第 5272 页。

之间的相互关系来看，不同文化相互吸收、相互影响，形成新的思想文化；从思想文化的国际化角度来看，通过国际交往，世界诸多地区和国家受到了中华文化的影响，有些影响甚至持续至今。

（一）思想方面

隋唐五代思想发展呈现出两个趋势，一是儒学发展缓慢，且以经学发展为主；二是儒释道三教思想既相互斗争、排斥，又相互吸收、融摄。

隋朝立国以后，隋文帝开始通过各种措施整顿、恢复和发展儒学。他首先下诏称赞儒学是治理国家的法宝："儒学之道，训教生人，识父子君臣之义，知尊卑长幼之序，升之于朝，任之以职，故能赞理时务，弘益风范。"[1] 因此，他通过设立学校，教授、学习儒家经典，传播儒学思想。隋初，文帝就广开门路，搜集儒学经典。"开皇三年，秘书监牛弘，表请分遣使人，搜访异本。每书一卷，赏绢一匹，校写既定，本即归主。于是民间异书，往往间出。"[2] 政府机构招募儒学之士，为国家统治提供有用之人。在隋朝统治者恢复儒学的政策之下，涌现了几位重要的儒学代表，如促进南北经学统一的刘焯、刘炫兄弟；致力于恢复周孔王道、提出"三教可一"思想的大儒王通；站在儒学立场上融合佛儒思想的颜之推。尽管隋朝较为注重儒学的政治功能，但是，由于佛教、道教势力的增长以及统治者对儒释道三教的不同态度，隋朝儒学的发展受到一定程度的限制。

唐代统治者对思想文化采取比较开明的包容态度，对儒学的发展也从政治上给予鼓励、扶植，促进了儒学的发展。

唐高祖武德元年（618）设置经学博士，重视通过科举考试招收儒学方面的人才。唐太宗继位后对儒学的发展采取了诸多措施。他在国学立孔子庙，恢复祭孔仪式，讲论儒家经义，一时间"儒学之兴，古昔未有也"[3]。太宗完善科举考试，其中"明经"和"进士"科是最主要的科目；并将儒家经典《礼记》《周礼》《仪礼》《周易》《尚书》《左传》《公羊》《穀梁》等重要经典作为考试的必读书目。这一时期涌现出一批儒学大家和重要的著作。颜师古对五经的文字进行校勘与考订。陆德明在

---

①　（唐）魏徵等：《隋书》卷二，中华书局 1973 年版，第 46—47 页。
②　（唐）魏徵等：《隋书》卷三十二，中华书局 1973 年版，第 908 页。
③　（唐）吴兢：《贞观政要》卷七，上海古籍出版社 1978 年版，第 216 页。

参考汉代以来诸儒训诂音训著作的基础上，以音释为主，注释《周易》《孝经》《论语》等儒家经典，完成了部头较大的《经典释文》一书，对儒家经典的传承起了非常重要的作用。国子祭酒孔颖达作为主撰人员联合儒生共同编撰成《五经正义》一书，以一种客观、公正的态度取舍保存了五经的注疏精华，统一了汉代以来儒经莫衷一是的局面，从思想上统一了儒家思想，为唐朝政治统一提供了理论资源。

中唐以后，儒学发展以韩愈、李翱、柳宗元、刘禹锡最具代表性。韩愈以复兴儒学为己任，发展孔孟思想，尤其是对孟子思想给予了充分的肯定和发挥，同时，为了使儒学发展有一个清晰的脉络，韩愈还为儒家发展编制出一个道统谱系。在坚持孔孟之道的同时，韩愈对佛道思想进行了激烈的批判，并采取了过激行为对抗佛教，结果被流放。李翱与韩愈一样，以阐扬和捍卫儒家思想为己任，在发挥《中庸》和孟子人性论的基础上写成了《复性书》，建构起儒家所特别重视的人性论。以文学见长的柳宗元和刘禹锡，从儒家政治思想的视角提出了各自的政治主张。柳宗元在批判和揭露当时社会黑暗的基础上，提出了要解除民间疾苦就应该实行孟子所提倡的仁政，是对孟子思想的发展。在永贞革新中，柳宗元与刘禹锡是运动的核心人物，他们通过推行新政来打击宦官专权、惩办酷吏、整顿财政，受到了人民的欢迎。这是在具体实践中履行着儒家的济世情怀和重民思想。

五代十国虽然处于割据状态，但是仍然有个别统治者对儒学比较认同。后唐明宗就听取儒生建议，关心民间疾苦，革除弊政，实现了短时期、小范围的"小康之局"。后周世宗也采取了恢复儒学的措施，在改革过程中也体现出一定的儒家精神。

（二）文学方面

隋唐五代文学是中国文学史、文化史上的一朵奇葩。尤其是唐代文学取得了巨大成就，不仅是当时世界文化史上的佼佼者，而且对后世影响非常深远。

隋朝建立之后统一了南北方，在文学上的典型表现是诗风的融合。北朝刚劲苍茫的诗风与南朝婉约细腻的诗风都在统一的隋朝得以展现，南北方相互影响，为唐朝文学的繁荣做了充分准备。

唐朝文学的繁荣则表现在更多领域，诗、散文、小说、词等均有全面的发展，尤其是唐诗更是成为唐代文学的代表。如此众多的文学作品出自数量可观的文学家之手，《全唐诗》收录作者 2200 多人，《全唐文》收录作者3000多人，由此可以看出此时文学的繁荣。

唐诗的发展经历了初、盛、中、晚四个时期，每一个时期都有各自的特点。总体上来说，有唐一代，出现了以王维、孟浩然为代表的山水田园诗人，把山水田园的静谧秀美表现得淋漓尽致；以高适、岑参为代表的边塞诗人，把边塞生活写得瑰奇壮伟、豪情慷慨。最重要的还有"诗仙"李白，把自然风光、人间世相表现得既飘逸洒脱，又诙谐戏谑；"诗圣"杜甫，表现出关心民间疾苦、控诉统治黑暗的思想倾向。还有王昌龄、崔颢、王之涣、孟郊、李贺、白居易、杜牧、李商隐等一大批著名诗人，写出了流传千古、风格各异的诗篇。

唐代散文经历了古文运动之后，矫正了六朝以来骈体文的弊端。唐代传奇、变文通俗易懂、故事性强，既能够反映社会生活状况，又有艺术特色。这些文学创作对后世均有深远的影响。

五代文学以词见长，尤其是以后蜀皇帝孟昶和南唐中主李璟、后主李煜父子最具有代表性，更是为宋词的繁荣奠定了基调。

（三）史学方面

重视史学是中华文化的传统。隋初就已经开始重视修史，到唐太宗时设立史馆，专门编修前代和本朝的历史，形成以后历代官修正史的传统。在二十四史中，有八部编撰于唐朝，如《晋书》《梁书》《陈书》等。除了编修正史之外，还有其他类别的史书，如刘知几编撰了我国第一部系统论述史学理论的专著《史通》，杜佑编撰了我国第一部记述典章制度的专史《通典》，李吉甫编撰了历史地理专著《元和郡县图志》等，数量之多，不胜枚举。无论是史书体裁的创新程度，还是史学家及其著作的数量，前代都无法与之相比。

（四）艺术方面

隋唐五代艺术的主要成就表现在绘画、雕塑、书法、音乐、舞蹈等方面。

隋唐的绘画不仅名家辈出，而且在绘画技法、题材内容等方面都较前代有了明显的进步。隋代著名画家展子虔的名作《游春图》流传至今，是山水画的代表作。初唐著名画家以阎立德、阎立本兄弟为代表，现存世作品《历代帝王图》和《太宗步辇图》便出自阎立本之手。盛唐以后著名的画家有吴道子、王维以及李思训、李昭道父子等，他们以人物画和山水画著称。其中，吴道子有"画圣"之称，《天王送子图》是其代表作，其人物画立体感极强，人物形象栩栩如生，衣带有随风飘动的感觉，故有"吴带当风"的美誉。另有著名画家以画花鸟禽兽为特长，如韩幹画马、韩滉画牛，均闻名于世。

隋唐五代留下了大量精美的石雕和泥塑作品。其中唐太宗墓前的浮雕"昭陵六骏"是石雕中的代表，六匹马神态各异，栩栩如生。此时更多的石雕和泥塑是与佛教题材有关的石窟艺术。在唐墓中出土的三彩陶俑，有表情生动的武士俑、文吏俑，有充满活力的骏马俑、骆驼俑，这些雕塑技法精致细腻、表情生动灵活，是雕塑中的精品。

此一时期的书法艺术也空前兴盛，书法名家层出不穷，初唐有欧阳询、虞世南、褚遂良等人，欧阳询的碑刻有《九成宫醴泉铭》，骨力劲健，自成一家，世称"欧体"。中晚唐的颜真卿、僧人怀素、柳公权书法成就很高。颜真卿的碑刻《多宝塔碑》独创一派，人称"颜体"，其字体圆润、醇厚，极富盛唐气象。柳公权的碑刻《玄秘塔碑》，融诸家笔法为一体，开创"柳体"。

由于中西文化交流的频繁，隋唐五代时期的音乐舞蹈吸收了很多西域和中亚地区的文化元素，为中国本土音乐舞蹈注入了新的生命力，促进了中原音乐舞蹈的发展。从西域输入的乐器较多，如箜篌、笛、笙、筚篥、琵琶等，这些乐器受到了中原人民的喜爱，在中原地区普遍流行。隋唐时期还设立专门管理音乐的机构——太常寺，负责宫廷音乐和民间音乐的管理。在宫廷中，参加音乐演奏的乐工数量很多，隋朝至少有三万人，盛唐时多达数万人。唐玄宗还专门设置梨园、教坊，专门教习乐舞，培养了一批艺人，被称为"皇帝梨园弟子"。舞蹈的种类很多，有健舞、软舞、字舞、花舞等。在宫廷祭祀和礼仪中会有大型舞蹈表演，著名的有《破阵乐》《善庆乐》《太平乐》《霓裳羽衣舞》等。

此外，隋唐五代在医学、建筑、天文、历法等方面也有突出的成就，体现了相关领域的发展盛况。

第二节　佛教政策的演变

隋唐五代时期，佛教蓬勃发展，与当时统治者的佛教政策有着密切的联系。隋文帝基于自身信仰以及维护政治稳定的需要而对佛教采取了鼓励和扶植的政策，奠定了隋唐五代佛教不断恢复、发展和壮大的基础。唐代

诸帝中，除了唐武宗采取了用极端手段灭佛的宗教政策之外，其余统治者
对佛教都或多或少地采取了宽容和鼓励的政策，无论是出于政治上的利
用，还是出于情感上的认同，这些政策都在客观上对佛教的发展起到了或
隐或显的推动作用。在这种佛教政策的推动下，隋唐五代时期形成了各具
特色、蔚为壮观的佛教宗派，民间社会的佛教信仰表现也异常突出。佛教
宗派的形成标志着佛教在中国本土的发展进入了一个新的阶段，这也是佛
教不断中国化的重要表现。但是，安史之乱以后，随着唐代社会的政治经
济发展出现了动荡和衰退的倾向，加之受到了唐武宗的灭佛政策、唐末农
民起义的打击和后周世宗的灭佛政策等一系列对佛教发展非常不利的政策
和排斥，佛教宗派的发展到唐末五代时期出现了衰微迹象，尤其是艰深晦
涩的义理性佛教受到冷遇，有的甚至消亡。作为理论浅显易懂、易于实践
的信仰性佛教对民众的影响却日渐深入，成为宋代以后中国民众社会生活
和精神生活的重要组成部分。

一　隋代佛教政策

（一）隋文帝的佛教政策

隋朝统一后面临的局势是：政治上存在潜在的危机，经济上发展缓
慢、民生凋敝，文化上少有建树甚至遭遇破坏。就佛教现状而言，北周武
帝灭佛造成的负面影响一直存在，"近遭建德周武灭时，融佛焚经，驱僧
破塔，圣教灵迹削地靡遗，宝刹伽蓝皆为俗宅，沙门释种悉作白衣，凡经
十年，不识三宝"①。可以说，经过北周武帝的灭佛行动，佛教遭受了重
创，大量佛经被焚毁，寺塔被破坏，寺庙被改造，寺僧被迫还俗。能够真
正了解佛教、熟悉佛教的人非常少。有鉴于此，隋文帝称帝之后最重要的
任务是恢复和发展佛教。

隋文帝复兴佛法原因有二：一是隋文帝自身的佛教信仰和对佛教与生
俱来的情结；二是出于维护政治稳定的需要。

隋文帝的出生及其家庭与佛教的因缘深厚，其父亲在北周时，就因自
己的佛教信仰而出资建造寺庙。"栖严道场者，魏永熙之季，大隋太祖武
元皇帝之所建立。"② 由于这种家庭的影响，隋文帝幼时即与佛教有不解

---

① （隋）费长房：《历代三宝纪》卷十二，《大正藏》第49册，第107页。
② （清）陆增祥：《八琼室金石补正》卷二十六，文物出版社1985年版，第172页。

之缘，他出生在般若尼寺就成为一件情理之中的事情。对于隋文帝佛教信仰的原因，陈寅恪的论述极为中肯，他说："……可注意者二事：一为隋高祖父母之佛教信仰，一为隋高祖本身幼时之佛教环境。夫杨氏为北周勋戚，当北朝灭佛之时，而智仙潜匿其家。则杨氏一门之为佛教坚实信徒，不随时主之好恶转移，于此益可以证明也。"①

隋文帝恢复和发展佛教也有政治上的原因。北周武帝灭佛对佛教造成了严重的冲击，"毁破前代关山西东数百年来官私所造一切佛塔，扫地悉尽。融刮圣容，焚烧经典。八州寺庙出四十千，尽赐王公，充为第宅。三方释子减三百万，皆复军民，还归编户"②。以一种极端的行政手段去限制、打击甚至摧毁佛教，在短时期内可以取得明显的社会效果，如扩大土地和税收人群，增加财政收入和军队人员。但是，就一种宗教信仰而言，这种手段和政策往往会引起信仰者心理上的强烈反感，更加坚定他们的宗教信仰，因此，隋文帝实行恢复和发展佛教的政策，短时期内吸引了众多的佛教信众。这一政策一方面能够满足信仰者的信仰需求，符合他们的心理愿望；另一方面，也加强了信仰者对隋文帝的认同，有助于隋文帝收拾人心，有利于维护社会统治。"隋文承周武之后，大崇释氏，以收人望。"③ 这从一个侧面反映出隋文帝复兴佛教有出于政治统治的原因。

另外，流民问题是自汉末以来一直存在的严重问题，因为流民的存在，为中国本土宗教——道教的产生准备了信众基础。流民问题的存在直接影响到一个地区人口数量的变化和经济的发展以及政权的稳定。经历南北朝之间的战乱，隋初的流民问题非常严重，"魏末丧乱……家无完堵，地罕苞桑，恒为流寓之人，竟无乡里之号"④。这不仅不利于经济的恢复和发展，而且对稳定统治也造成极大的威胁。隋文帝通过多次提出听任出家，甚至允许私度僧尼的政策，致使许多逃匿僧侣和流亡民众可以获得合法的僧籍，得到政府的认可，这对招揽、安抚流民起到了积极的作用，这种政策也具有比较明显的政治意图。

隋文帝复兴佛法的政策和主要措施有三个方面：

---

① 陈寅恪：《金明馆丛稿二编》，生活·读书·新知三联书店 2001 年版，第 158 页。
② （隋）费长房：《历代三宝纪》卷十一，《大正藏》第 49 册，第 94 页。
③ （北宋）宋敏求：《长安志》卷七，（台北）成文出版社 1970 年版，第 163 页。
④ （唐）李延寿：《北史·高祖文帝纪》卷十一，中华书局 1974 年版，第 416 页。

一是广度僧尼，听任出家。开皇元年（581），隋文帝即位伊始，就下诏令在全国范围复兴佛教，"高祖普诏天下，任听出家"①。开皇十年（590），隋文帝又"敕僚庶等，有乐出家者，并听"②。甚至还鼓励私度，"……因下敕曰：自十年四月已前，诸有僧尼私度者，并听出家，故率土蒙度者数十万人"③。

二是广建寺塔，修写佛经。建寺写经是自南北朝以来积累功德的重要手段，一般人认为建寺、写经越多，功德越大。南朝梁武帝就是一个典型。隋文帝继承北朝佛教传统，与建寺、写经积累功德的思想一脉相承。开皇元年，隋文帝便下诏令："……仍令计口出钱，营造经像。而京师及并州、相州、洛州等诸大都邑之处。并官写一切经，置于寺内，而又别写，藏于秘阁。"④隋文帝对佛舍利极其崇拜，曾先后三次下诏在全国各地建立舍利塔，数量达上百座之多。同时，隋文帝还修复被北周武帝破毁的佛像、经卷。在这种政策的引导下，出现了"天下之人，从风而靡，竞相景慕，民间佛经，多于六经数十百倍"⑤的局面。

三是广集名僧，统一南北。隋文帝政治上统一全国之后，在京城大兴城广建寺院，尤其是建造国寺大兴善寺。寺院的维持需要有僧众管理，基于北周以来僧才奇缺的状况，隋文帝下诏天下名僧来归大兴城，驻锡大兴善寺，先后大约有60位名僧入驻。除此之外，在大兴城内其他50多所寺院中，入住了数量不等的名僧、高僧，一时间，大兴城内寺院林立、僧众云集，成为当时佛教活动的重心，这也奠定了长安佛教的中心地位，是长安佛教发展过程中非常重要的一环。

统计隋文帝在位的二十年间恢复、发展佛教的成果，共"一百余州立舍利塔，度僧尼二十三万人，立寺三千七百九十二所，写经四十六藏，一十三万二千八十六卷，治故经三千八百五十三部，造像十万六千五百八十躯"⑥。这为隋唐五代佛教的进一步发展壮大打下了坚实的基础。

---

①　（唐）魏徵等：《隋书》卷三十五，中华书局1973年版，第1099页。

②　（唐）道宣：《续高僧传》卷十，《大正藏》第50册，第501页。

③　（唐）道宣：《续高僧传》卷十八，《大正藏》第50册，第573页。

④　（唐）魏徵等：《隋书》卷三十五，中华书局1973年版，第1099页。

⑤　同上。

⑥　（唐）道宣：《释迦方志》卷二，《大正藏》第51册，第974页。

(二) 隋炀帝的佛教政策

隋炀帝杨广对佛教也采取积极鼓励和扶持的政策。隋平陈时,杨广被封为扬州总管,便开始了以扬州为中心的弘法活动。首先,平定南朝陈之后,隋炀帝修建藏经处,搜集保存佛教经典,进行佛经整理,并使其流通后世。"四海平陈之日……深虑灵像尊经,多同煨烬;结鬟绳墨,湮灭沟渠。是以远命众军,随方收聚。未及期月,轻舟总至。乃命学司,依名次录,并延道场,义府覃思,证明所由,用意推比,多得本类。庄严修葺,其旧惟新。宝台四藏,将十万轴。因发弘誓,永事流通。仍书愿文,悉连卷后。"① 这些措施促进了佛经的整理和流通。其次,延请高僧入驻扬州寺院,扩大佛教的影响。"太尉晋王于江都建慧日道场,遍询硕德。"② 当时入驻该道场的名僧有智脱、吉藏、慧乘等十几位。这些名僧的到来,使慧日道场成为与北方大兴善寺同等重要的寺院,成为南方弘扬佛法的重心,进一步促进了佛教向南传播。在与隋炀帝交往的众多僧侣中,智𫖮是与其关系最为密切的一位。智𫖮授隋炀帝"总持菩萨"的法号,隋炀帝则赐智𫖮"智者"的称号;智𫖮为隋炀帝的政治统治进行佛教方面的教化,隋炀帝则为智𫖮的佛教事业提供政治上的保证。再次,组织译场,进行佛经翻译。最后,扩大佛教的对外传播和影响。

隋炀帝初年,外国学僧云集长安学习佛法,鸿胪寺成为教授外国学僧的主要地方。其中,大业三年 (607),日本国王派遣使者来华致书:"闻海西菩萨天子重兴佛法,故遣朝拜,兼沙门数十人来学佛法。"③ 从该致书中可以看出由于隋朝佛教的兴盛,吸引了外国僧人前来学习佛法,大业九年 (613),"召入鸿胪,教授东蕃"④。将外国学习佛法之人安置于鸿胪寺,并派人进行佛学方面知识的教授。在隋炀帝扶植佛教政策的指导下,佛教发展取得了很大的成就,新写佛经"六百一十二藏,二万九千一百七十三部,九十万三千五百八十卷。修治故像一十万一千躯,铸刻新像三千八百五十躯,所度僧尼一万六千二百人"⑤。

① (唐) 道宣:《广弘明集》卷二十五,《大正藏》第 52 册,第 257 页。
② (唐) 道宣:《续高僧传》卷二十四,《大正藏》第 50 册,第 633 页。
③ (唐) 魏徵等:《隋书》卷八十一,中华书局 1973 年版,第 1827 页。
④ (唐) 道宣:《续高僧传》卷十三,《大正藏》第 50 册,第 523 页。
⑤ (唐) 法琳:《辩正论》卷三,《大正藏》第 52 册,第 509 页。

二　唐代佛教政策

（一）唐代前中期诸帝的佛教政策

隋末战乱对佛教的冲击相当严重，"佛寺僧坊，并随灰烬，众侣分散，颠仆沟壑"①。唐朝建立后，唐初诸帝对佛教采取较隋朝更为理智和现实的态度和政策，极少出于纯粹宗教信仰原因而扶植发展佛教，更多是从维护统治的视角采取灵活的态度和政策。这就使得唐代佛教的发展呈现出与隋代不同的特点。

唐高祖早年对佛教有一定的兴趣和信仰，他曾经为儿子李世民祈福造像，即位之初也曾经设斋，进行佛事活动。但是，这些都终究不是他个人的信仰所致。武德四年（621），唐高祖下令限制佛教，"伪乱地僧，是非难识，州别一寺，留三十僧，余者从俗"②。因此，当傅奕上书反佛时，高祖下诏沙汰佛、道。但是，由于高祖的去世，沙汰佛道的政策没有真正得到贯彻和执行。

唐太宗本人对佛教没有真正的信仰，他当政期间对佛教始终采取严格抑制的政策，间或实行相当有限的扶植政策。这种佛教政策的制定与施行和当时社会政治、经济等状况有着密切的关系，尤其是以能否维护政治稳定、扩大政治影响为核心。唐太宗继位后的重要措施就是检括僧尼。"贞观元年，敕遣治书侍御史杜正伦，捡挍佛法，清肃非滥。"③ "贞观初年，下敕有私度者处以极刑。冲誓亡身便即剃落。时峥阳山多有逃僧避难，资给告穷。"④ "贞观三年，天下大括义宁私度，不出者斩，闻此咸畏。得头巾者并依还俗，其不得者现今出家。"⑤ 严格限制私度和检括逃亡僧尼的政策，致使唐初僧人、寺院数量发展缓慢。即使是度僧，数量也受到了严格限制，即不超过3000人，"其天下诸州有寺之处宜令度人为僧尼，总数以三千为限"⑥。而且，对出家僧人的资格和条件也有非常严格的限制，并不是每个人都适合出家，也不是每个人都有资格出家，唐太宗曾说：

---

① （唐）道宣：《续高僧传》卷十五，《大正藏》第50册，第542页。
② （唐）道宣：《续高僧传》卷二十四，《大正藏》第50册，第633页。
③ 同上书，第635页。
④ （唐）道宣：《续高僧传》卷二十五，《大正藏》第50册，第666页。
⑤ （唐）道宣：《续高僧传》卷二十，《大正藏》第50册，第606页。
⑥ （唐）道宣：《广弘明集》卷二十八，《大正藏》第52册，第329页。

"多有僧徒，溺于流俗；或假托神通，妄传妖怪；或谬称医筮，左道求财；或造诣官曹，嘱致赃贿；或钻肤焚指，骇俗惊愚……一于此大亏圣教，朕情深护持，必无宽舍。已令依附内律。参以金科具为条制。务使法门清整……伽蓝净土，咸知法味，菩提觉路，绝诸意垢。"① 唐太宗希望通过清整佛教戒律，肃清僧徒伪滥的现象，以使佛教能够正常发展。除了检括僧尼、控制僧尼数量之外，唐太宗初年还进行过一些佛事活动，但是，这些活动无一例外地具有明显的政治意义和功利性质。对于这一点，汤用彤做了非常精辟的总结："贞观三年之设斋，忧五谷之不登也。为太武皇帝造龙田寺，为穆太后造弘福寺，申孺慕之怀也。为战亡人设斋行道，于战场置伽蓝十有余寺……均为阵亡将士造福也。至若曾下诏度僧，想因祈雨而酬德也。"②

　　唐太宗初期实行严格限制佛教发展的政策是基于当时社会的实际情况而做出的选择，即限制出家人的数量和检括逃亡的僧人是为了保存和增加世俗社会中的劳动力，以便为社会经济的恢复和发展提供人力资源。通过这种措施，一方面增加了从事社会生产的劳动力，另一方面减少了对寺院、僧侣的经济支持，能够进一步增加国家财富并促进经济发展，可以收到一举两得的效果。这不能不说是一代明君唐太宗经过非常理智的思考后所作出的决定，这样做既能够吸引民众，又能够节省财政。

　　从政治层面来考虑佛教政策，在唐太宗对待玄奘的态度中看得更加明显。贞观初年对于出国者限制非常严格，尤其对像玄奘这样的僧人更是有严格的限制，唐太宗曾下令沙汰僧尼、严禁私度僧尼、严格限制僧尼私自躲藏不出。在这种禁令下，玄奘只有通过各种途径偷偷潜出国境，历经千难万险到达印度。然而，当玄奘在印度赢得声誉后回国时，唐太宗却采取了一种截然相反的态度和政策对待玄奘。贞观十九年（645），玄奘法师从印度经西域回到都城长安，受到了唐太宗的热情欢迎。但是，从唐太宗与玄奘的谈话中我们可以看出，唐太宗并不关心佛教的事情，而专注于印度世俗社会的一些情况，这表明唐太宗是从国家政治的角度来考虑这些问题，即如何加强同印度的交往，提高唐朝在国际上的影响力。因此，才有两年后王玄策再度出使印度，并联合吐蕃与尼婆罗平定印度国内乱局的事

　　① （唐）道宣：《广弘明集》卷二十八，《大正藏》第 52 册，第 329 页。
　　② 汤用彤：《隋唐佛教史稿》，北京大学出版社 2010 年版，第 10 页。

件出现。

玄奘归国后，唐太宗曾经两次劝其还俗，甚至一度希望玄奘跟随军队出征高句丽，这些都被信仰坚定的玄奘所拒绝。唐太宗的这些做法无疑反映了他的世俗政治观念，这绝非出自对佛教的信仰，因此，当玄奘请求在京城设立译场翻译佛经时，遭到了唐太宗的拒绝，他声称："法师唐梵具赡，词理通敏，将恐徒扬仄陋，终亏圣典。"① 唐太宗以一种委婉的借口拒绝了玄奘的请求，再次表明了他对佛教是一种政治性、世俗性和功利性的态度。

直到唐太宗去世之前，由于征服高句丽战争失败的打击、身体上的疾病迟迟未能痊愈、通过道教方式追求长生的愿望无法实现，以及玄奘的亲身教化等诸多原因，他才开始对佛教的态度发生转变，说出了"朕共师相逢晚，不得广兴佛事"②。这或许是他发自内心的话，但是，对于他一生执行严格限制佛教发展政策而言，已经无济于事，无法从根本上改变他对佛教一以贯之的政策。

（二）武则天的佛教政策

唐太宗以后，高宗、中宗、睿宗都采取了扶植、鼓励和利用佛教的政策。高宗李治为太子时，就能礼遇玄奘，赞助玄奘的译经事业，并为之作《述三藏圣教序》，赞扬佛教为"诸法之玄宗，众经之轨躅"③，为文德皇后建造大慈恩寺。其继位后，改玉华宫为佛寺，诏度窥基为僧，并敕令许敬宗、薛元超、李义府等人共同协助玄奘翻译佛经，成为玄奘所创唯识宗的有力支持者，使得唯识宗成为当时非常有影响的一个佛教宗派。中宗李显儿时玄奘便为他取法名"佛光王"。其在位时，"营造寺观，其数极多，皆务取宏博，竞崇瑰丽"④，"造寺不止，枉费财者数百亿；度人不休，免租庸者数十万"⑤。结果是"百姓劳弊，帑藏为之空竭"⑥。中宗对华严宗三祖法藏礼遇有加，并因法藏协助朝廷平定叛乱，敕其鸿胪卿一职。禅师神秀去世，出殡时，中宗还亲自为其送葬，"天子出龙门泫金衬，登高停

---

① （唐）道宣：《续高僧传》卷四，《大正藏》第50册，第455页。
② （唐）慧立、彦悰：《大唐大慈恩寺三藏法师传》卷七，《大正藏》第50册，第259页。
③ （唐）道宣：《续高僧传》卷四，《大正藏》第50册，第456页。
④ （后晋）刘昫：《旧唐书》卷八十八，中华书局1975年版，第2870页。
⑤ （后晋）刘昫：《旧唐书》卷一百一，中华书局1975年版，第3159页。
⑥ 同上书，第3155页。

踔，目尽回舆"①。睿宗继位后曾下诏普度僧尼，并请法藏授菩萨戒。

唐前中期，真正重视佛教，并把佛教推向一个新的发展高度的是女皇武则天。武则天对佛教的发展不遗余力，她的佛教政策及其对佛教的基本态度表现在五个方面，促进了佛教在唐代的全面繁荣。

一是为争皇帝正统名分而造经疏。高宗在位后期，朝廷政事都由武则天决断，她掌握了唐朝的政权。由于武承嗣等人的推波助澜，武则天称帝的愿望越来越强烈，并于 689 年改元载初。这年七月，沙门薛怀义、僧朗（明）等人进上《大云经》，并撰造了《大云经疏》，声称武则天是弥勒佛身，当得称帝，"东魏国寺僧法明等撰《大云经》四卷，表上之，言太后乃弥勒佛下生，当代唐为'阎浮提主'，制颁于天下"②。九月，武则天称帝，建立武周政权。面对李唐王室对武周政权的蔑视、否认和颠覆活动，武则天不仅利用弥勒佛下生转世来强调自己权力来源的合法性，而且，还进一步强化这种君权"佛授"的观念。武则天下令颁布《大云经》于天下，并且在两京各州设置大云寺，藏《大云经》，赐予撰写《大云经疏》的僧朗等人爵位、紫袈裟和银龟袋。长寿二年（693），从天竺来的僧人菩提流支重新翻译《宝雨经》，其中，新增加了佛授记"日月光天子"于"摩诃支那国……故现女身为自在主"③ 等内容。这段新增加的内容符合武则天的心理，能够从理论上解释武周政权代替李唐政权的合法性。

二是扶植华严宗，促进华严宗的发展。华严宗是武则天非常注重和扶植的一个佛教宗派。天授三年（692），武则天派军队收复西域四镇，此后，又派遣使臣到于阗，搜求八十卷本《华严经》的梵本并带回京城。证圣元年（695），实叉难陀于洛阳译出该经，武则天亲受笔削，并制序文，称该经"添性海之波澜，廓法界之疆域"④。圣历二年（699），法藏受武则天的诏请，在佛授记寺讲解新译的《华严经》，讲到《华藏世界品》华藏海六种十八相震动时，出现了灵异现象，洛阳城也随之震动。武则天听说此事，下诏云："昨请敷演微言，阐扬秘赜。初译之日，梦甘

---

① （唐）张说：《唐玉泉寺大通禅师碑铭》，载（清）董诰等编《全唐文》卷二百三十一，中华书局 1983 年版，第 2335 页。

② （北宋）司马光：《资治通鉴》卷二百四，中华书局 1956 年版，第 6581 页。

③ （唐）达摩流支译：《佛说宝雨经》卷一，《大正藏》第 16 册，第 284 页。

④ 《大周新译大方广佛华严经序》，《大正藏》第 10 册，第 1 页。

露以呈祥；开讲之辰，感地动以标异。斯乃如来降迹，用符九会之文；岂朕庸虚，敢当六种之震。披览来状，欣惕于怀。"[①] 武则天与法藏的交往，一方面提高了法藏的社会地位，他被武则天称为"康藏国师"，赐号"贤首"，扩大了华严宗的影响；另一方面，武则天借助于佛教的力量，提升了自己的政治地位，其帝王身份得以确认，能够获得人们的普遍认同，利于长久统治。

三是对禅宗的扶植，诏神秀入京讲法。除了扶植华严宗外，武则天对禅宗也格外重视。由于禅僧在当时佛教信众中的影响日渐扩大，长安年间（701—704），武则天下诏令请著名禅师神秀入京行道，"则天太后闻之，召赴都，肩舆上殿，亲加跪礼。内道场丰其供施，时时问道"[②]。神秀在武则天时期受到了极高的礼遇，当时许多官员都追随他学佛法，他被后世称为"两京法主，三帝国师"[③]。武则天还邀请禅宗六祖惠能进京，但是遭到拒绝，她竟然将惠能的得法袈裟取来，供养于内道场，显示出她对禅宗信仰的热情。

四是大规模地建造佛像，扩大佛教的社会影响。武周时期，大量建造佛寺和佛像，"铸浮屠，立庙塔，役无虚岁"[④]。她曾命僧怀义作夹纻大像，其小指足足能够容纳数十人，每天都要役使上万人，"所费以万亿计，府藏为之耗竭"[⑤]。最有名的就是在武则天的支持下，不断续开洛阳龙门石窟，所造佛像是在此之前的五倍之多。这些佛教造像大大地影响了民众对佛教的接受程度，也成为后代佛教信仰者尊崇、膜拜的对象。

五是实行开放政策，吸引西域、外国僧人来华传法、译经。武则天还进一步扩大唐代译场数量，迎请来自各地乃至外国的僧人，让他们参加佛经翻译，除菩提流支、实叉难陀外，还有来自于阗的提云般若、中印的地婆诃罗以及汉地僧人义净等，尤其是义净译场，更是跨越了武周和李唐两个时期，持续时间长达 11 年之久。这些僧人的到来进一步繁荣了唐代的译经事业，促进了佛教的普及。

从表面上看，武则天是唐代前期诸帝王中最崇佛的一位，但是，这种

---

① （北宋）赞宁：《宋高僧传》卷五，范祥雍点校，中华书局 1987 年版，第 90 页。
② （北宋）赞宁：《宋高僧传》卷八，范祥雍点校，中华书局 1987 年版，第 177 页。
③ （元）念常：《佛祖历代通载》卷十二，《大正藏》第 49 册，第 586 页。
④ （北宋）欧阳修等：《新唐书》卷一百二十五，中华书局 1975 年版，第 4398 页。
⑤ （北宋）司马光：《资治通鉴》卷二百五，中华书局 1956 年版，第 6498 页。

极度崇佛对佛教而言并不一定是件幸事，从客观实际上来看，也给佛教的发展带来了种种恶果。就这一点，汤用彤曾经指出："然武后一朝，对于佛法，实大种恶因。自佛教大行于中国以后，有高僧大德超出尘外，为天子之所不能臣……武则天与奸僧结纳，以白马寺僧薛怀义为新平道行军总管，封沙门法朗等九人为县公，赐紫袈裟银龟袋，于是沙门封爵赐紫始于此矣……前此啸傲王侯（如慧远）、坚守所志（如太宗请玄奘为官不从）之风渐灭，僧徒人格渐至卑落矣……帝王可干与僧人之修持，而僧徒纪纲渐至破坏矣。"① 这种朝廷过度扶植干预佛教所造成的负面效果显而易见，对以后佛教的发展造成了明显的不利影响。

与武则天的崇佛相反，唐玄宗对佛教实行严格控制政策，对佛教的控制又甚于唐太宗。他不断加强皇权对佛教的控制，发布一系列诏令禁止建立新的寺院，禁止俗人造像、写经，大量沙汰僧尼，仅对在思想、修行上有建树的密教代表人物善无畏、金刚智和不空给予一定程度的礼遇，客观上促进了密教在中国、朝鲜和日本的流传。

（三）唐代中后期诸帝的佛教政策

唐代后期，经历了安史之乱的冲击和破坏，政治局面更加混乱，宦官专权、朋党之争、藩镇割据，甚至农民的不断反抗斗争，都使唐后期的统治者感到治理国家力不从心。随着佛教在中国社会的影响日益深入，唐后期的多数统治者对佛教有着特殊的情感，希冀从中能够获得佛菩萨的护佑，使他们的统治长治久安。

肃宗（756—762年在位）继位之后，面临着严重的政治和经济危机，尤其是经济方面更显得捉襟见肘。为了消除安史之乱结束后的战乱局面，不得不保留大量军队，然而，由于经济凋敝，军用不足。为了能够增加军费收入，唐肃宗不得不同意裴冕提出的通过出售僧道度牒来获得额外财政收入的建议，并邀请当时禅宗领袖神会主持这一事务。因此，在收复两京的过程中，"（神）会之济用颇有利焉"②。神会因协助朝廷筹措资金而受到唐肃宗的称许。而禅宗则在神会的努力下，获得唐肃宗的支持，影响不断扩大。唐肃宗还接受密宗传人不空的"灌顶菩萨戒"，不空因此被称为

---

① 汤用彤：《隋唐佛教史稿》，北京大学出版社2010年版，第19—20页。
② （北宋）赞宁：《宋高僧传》卷五，范祥雍点校，中华书局1987年版，第180页。

"戒师"，"官至卿监，爵为国公，出入禁闼，势移权贵"①。

代宗（762—779 年在位）最初并不信佛，但是后来却发展到佞佛的程度，"常于禁中饭僧百余人；有寇至则令僧讲《仁王经》以攘之，寇去则厚加赏赐"②。从大历元年（766）起，又于每年七月十五日在内道场设盂兰盆会，解救饿鬼亡灵，中国盂兰盆节即滥觞于此。

德宗（780—805 年在位）时期，天灾人祸频繁，在这些灾祸面前，德宗的统治力不从心，因此，常常求助于佛菩萨的护佑。贞元六年（790）春，德宗下诏从岐州无忧王寺迎请佛骨于禁中，又送到其他寺院供众人观瞻，当时"倾都瞻礼，施财巨万"③。

宪宗（806—820 年在位）时期，崇佛风气达到极盛，发生了历史上最有名的迎佛骨舍利进长安城的事件。当佛骨舍利进京城时，"王公士庶，奔走舍施，唯恐在后。百姓有废业破产、烧顶灼臂而求供养者"④。这次迎请佛骨舍利的热潮受到了韩愈的抵制。

懿宗（859—873 年在位）是一位对佛教护持有加的皇帝，他采取积极扶植发展佛教的政策，进一步促进了佛教在中国的影响。唐懿宗积极有为的佛教政策主要有二：一是广度众僧，开坛讲经。咸通三年（862），唐懿宗"敕于两街四寺各置戒坛，度人三七日"⑤。另外，又"于咸泰殿筑坛为内寺尼受戒，两街僧、尼皆入预；又于禁中设讲席，自唱经，手录梵夹；又数幸诸寺，施与无度"⑥。经过这两次大规模、长时间的设坛受戒活动，剃度僧人的数量相当庞大。二是迎请佛指舍利。这次迎请规模不亚于唐宪宗时期，当佛指舍利迎到京城时，"自开远门达安福门，彩棚夹道，念佛之音震地。上登安福门迎礼之，迎入内道场三日，出于京城诸寺。士女云合，威仪盛饰，古无其比"⑦。规模之大、场面之壮观是历代迎请佛指舍利所罕见的。

（四）唐武宗法难

唐武宗继位后，他对佛教采取的政策是由限制到禁断，控制程度逐渐

---

① （北宋）司马光：《资治通鉴》卷二百二十四，中华书局 1956 年版，第 7315 页。

② 同上。

③ （北宋）司马光：《资治通鉴》卷二百三十三，中华书局 1956 年版，第 7642 页。

④ （后晋）刘昫：《旧唐书》卷一百六十，中华书局 1975 年版，第 4198 页。

⑤ （北宋）司马光：《资治通鉴》卷二百五十，中华书局 1956 年版，第 8220 页。

⑥ 同上。

⑦ （后晋）刘昫：《旧唐书》卷十九，中华书局 1975 年版，第 683 页。

加强。可以说，整个会昌年间（841—846），唐武宗一直执行的是较为严格的限制佛教的政策。

会昌二年（842），武宗下令僧尼中所有不符合佛教修行仪轨的人员，以及犯罪者和违戒者要还俗，其所有财产均被没收，如果确实有爱惜财物者，则其财物要充作徭役，成为编户。"天下所有僧尼解烧炼、咒术、禁气、背军、身上杖痕、乌文、杂工巧，曾犯淫养妻，不修戒行者，并勒还俗。若僧尼有钱物及谷斗、田地、庄园，收纳官。如惜钱财，情愿还俗去，亦任勒还俗，充入两税徭役。"① 接着，唐武宗更是严格限制佛教寺院经济的发展，会昌三年（843），"代州五台山及泗州普光王寺，终南山五台、凤翔府法门寺，寺中有佛指节也。并不许置供及巡礼等。如有人送一钱者，脊杖二十；如有僧尼等在前件处受一钱者，脊杖二十；诸道州县应有送供人者，当处捉获，脊杖二十。因此四处灵境，绝人往来，无人送供"②。

除了从经济方面控制佛教寺院的发展，唐武宗控制佛教的政策还逐渐发展到拆毁寺庙。起初，是拆除各地公私诸小寺庙、兰若及其斋堂。会昌四年（844）七月，敕"令毁拆天下山房兰若、普通佛堂，义井村邑斋堂等，未满二百间，不入寺额者。其僧尼等尽勒还俗，充入色役"③。发展到后来，一些大型的佛教建筑以及与之相关的经幢、墓塔等也遭遇厄运，被迫合并甚至被拆毁。"长安城里坊内佛堂三百余所，佛像、经楼等庄严如法，尽是名工所作，一个佛堂院，敌外州大寺。准敕并除罄尽。诸道天下佛堂院等，不知其数。天下尊胜石幢、僧墓塔等，有敕皆令毁拆。"④ 其余寺院财产也要全部清理，"天下废寺，铜像、钟磬委盐铁使铸钱，其铁像委本州铸为农器，金、银、鍮石等像销付度支。衣冠、士庶之家所有金、银、铜、铁之像，敕出后限一月纳官，如违，委盐铁使依禁铜法处分。其土、木、石等像合留寺内依旧"⑤。

① ［日］圆仁：《入唐求法巡礼行记》卷三，顾承甫、何泉达点校，上海古籍出版社 1986 年版，第 158 页。

② ［日］圆仁：《入唐求法巡礼行记》卷四，顾承甫、何泉达点校，上海古籍出版社 1986 年版，第 175—176 页。

③ 同上书，第 178 页。

④ 同上。

⑤ （后晋）刘昫：《旧唐书》卷十八，中华书局 1975 年版，第 605 页。

会昌五年（845），灭佛运动达到顶峰。是年三月，敕令不许天下寺院建置庄园，勘检寺院、僧尼、奴婢及其财产之数。四月，在全国范围内实施全面灭佛措施。五月，对僧尼进行了更为严酷的整顿，要求所有僧尼全部还俗，"如有僧尼不伏还俗者，科违敕罪，当时决杀者"①。这种强制手段收效极为明显，在一个月之内"城中僧尼还俗已尽。准敕每寺留三纲，勘检钱物。待官家收寺钱物已后，拟令还俗"②。这次整顿的对象不仅是对本国僧尼，而且还针对天竺、新罗、日本等外国僧人，"外国僧等，若无祠部牒者，亦勒还俗，递归本国"③。在这种高压政策下，来华的日僧圆仁也改换俗装，偷偷地离开长安回国。八月，朝廷宣布灭佛的结果："其天下所拆寺四千六百余所，还俗僧尼二十六万余人，收充两税户。拆招提兰若四万余所，收膏腴上田数千万顷。收奴婢为两税户十五万人。隶僧尼属主客。显明外国之教，勒大秦穆护袄三千余人还俗。"④

会昌灭佛给佛教以沉重的打击。此后，唐末农民战争爆发，再次对佛教造成严重冲击。由于寺院经济被剥夺，僧尼被迫还俗，寺庙遭到毁坏，经籍散乱亡佚，致使隋唐时期形成的佛教宗派失去了进一步发展的外部条件。有的宗派因此而衰落，甚至消亡；有的宗派则出现了新的发展方向，或从地域上进行转移，或从组织制度、生存方式上进行变革，进一步转变传播方式，形成能够适应中国社会的新的佛教形态。

三　五代十国佛教政策

（一）五代佛教政策概观

五代诸帝及诸大臣们对佛教的政策普遍倾向于限制甚至禁止，从后梁开始，就表现出这种政策导向。后梁龙德元年（921），首先就有祠部员外郎李枢上书，他恳请统治者对私度僧尼、妄求名号者进行严格限制，"禁天下私度僧尼，及不许妄求师号、紫衣"⑤。同时，对要求出家者进行严格审核与考察，对于要求还俗的条件和限制则有所放宽，"如愿出家受

---

① ［日］圆仁：《入唐求法巡礼行记》卷四，顾承甫、何泉达点校，上海古籍出版社1986年版，第184页。

② 同上书，第189页。

③ 同上。

④ （北宋）王溥：《唐会要》卷四十七，中华书局1955年版，第841页。

⑤ （北宋）薛居正：《旧五代史》卷十，中华书局1976年版，第146页。

戒者，皆须赴阙比试艺业施行，愿归俗者，一听自便"①。李枢的上书得
到了后梁统治者的许可，并下诏令限制佛教："两都左右街赐紫衣及师号
僧，委功德使具名闻奏。今后有阙，方得奏荐，仍须道行精至，夏腊高
深，方得补填。每遇明圣节，两街各许官坛度七人。诸道如要度僧，亦仰
就京官坛，仍令祠部给牒。今后只两街置僧录，道录、僧正并废。"② 这
一诏令的颁行，对佛教的发展无疑具有明显的限制作用。一者，严格限制
赐紫及名号，即使有空缺，也必须经过严格考核之后才予以补充；二者，
严格度僧程序、限制度僧数量，省并僧官。从名望与实际操作程序进行严
格的规范和限制，形成了后梁君臣对佛教采取较为严格的限制政策。这一
佛教政策直接影响了五代诸君臣佛教政策的价值取向，后唐、后晋、后汉
和后周基本秉承这一政策。

后唐庄宗同光二年（924），下诏对于没有敕额的小寺院采取一律合
并的态度和措施，使得后唐佛教寺院数量大为减少。明宗天成元年
（926）下诏，不得重新建造寺院，如果私自建造一律拆除、毁坏；不得
私自剃度出家，如有想出家为僧者，必须通过官方戒坛进行受戒，接受官
方的认可。"今日已前修盖得寺院，无令毁废，自此后不得辄有建造。如
有愿在僧门，亦宜准佛法格例，官坛受戒，不得衷私剃度。"③ 这一诏令
更为严格地限制了寺院的兴建和僧尼数量的增长，成为五代诸帝中严格限
制佛教发展的典型代表。后晋高祖天福二年（937）下诏令，对于违反规
定私自剃度出家的人，"并请重行决断发遣，归本乡里收管色役。其元招
引师主及保人等，先具勘责，违犯条流愆罪，亦请痛行决断"④。不仅对
剃度者本人实行还俗、监管的惩罚，而且，对于相关人员也严惩不贷。这
样的严厉措施沉重地打击了佛教在后晋的发展。后汉乾祐二年（949），
司勋员外郎李钦明也上《请汰僧人疏》，指出佛教存在的诸多问题，并奏
请朝廷沙汰僧尼；国子司业樊伦则上《禁僧尼剃度奏》，奏请严禁剃度僧
尼。这些上疏、奏章都主张严格限制甚至削弱佛教的发展。后周太祖郭威
自 951 年立国之后便对佛教进行严格控制，广顺三年（953），太祖下诏

---

① （北宋）薛居正：《旧五代史》卷十，中华书局 1976 年版，第 146 页。
② 同上。
③ （北宋）王溥：《五代会要》卷十二，上海古籍出版社 1978 年版，第 195 页。
④ 同上书，第 200 页。

废除都城开封没有敕额的僧尼寺院数十所。

总体来说，五代朝廷对佛教的政策变得越来越严格、越来越苛刻，最终出现了周世宗柴荣实行大规模的限佛政策，成为中国佛教史上有名的"三武一宗"毁佛运动之一。

（二）后周世宗的限佛政策

后周世宗的限佛政策既是当时社会经济发展形势使然，也是对前代帝王及大臣限佛、禁佛政策的延续，又是佛教本身出现种种弊端所致。

从当时经济状况来看，周世宗即位后就显示出他重整国威的雄心壮志，对外与后汉和辽进行抵御性战争，对内选贤举能，惩治贪污腐败，但这些措施并没有使国内经济实现好转，财政吃紧状况依然没有得到改善，因此，他希望通过没收寺产、收铜像以铸钱改变经济的窘况。为了避免冲突，周世宗结合佛教义理给出了一个让人们能够接受的理由："卿辈勿以毁佛为疑。夫佛以善道化人，苟志于善，斯奉佛矣。彼铜像岂所谓佛邪！且吾闻佛在利人，虽头目犹舍以布施，若朕身可以济民，亦非所惜也。"[1]

从前代佛教政策延续的角度来说，后周广顺三年（953），当柴荣还是开封府尹兼功德使的时候，便掌管佛教诸多事宜，如出家、度牒、试经，对佛教内部的情况比较熟悉，同时，由于他执掌佛教管理，对当时的佛教政策也比较熟悉，因此，他能够在结合佛教本身的状况，在前朝佛教政策的基础上执行限制佛教的政策，这也是历史发展的必然。

从佛教自身存在的种种弊端而言，佛教发展到五代时期自身出现了种种比较严重的弊端和问题。在当时，佛教僧团腐败、伪滥、不遵守戒律、作奸犯科的现象较为频繁，对社会产生的负面影响较大。"前代以来，累有条贯，近年已降，颇紊规绳。近览诸州奏闻，继有缁徒犯法，盖无科禁，遂至尤违，私度僧尼，日增猥杂，创修寺院，渐至繁多，乡村之中，其弊转甚。漏网背军之辈，苟剃削以逃刑；行奸为盗之徒，托住持而隐恶。将隆教法，须辨臧否，宜举旧章，用革前弊。"[2]

尽管五代时也有许多帝王大臣提出从政策上对佛教加以限制，但是，在政策实际落实过程中却并非完全如此。后唐庄宗李存勖的皇后刘氏，"自以出于贱微，逾次得立，以为佛力……惟写佛书，馈赂僧尼，而庄宗

---

① （北宋）司马光：《资治通鉴》卷二百九十二，中华书局 1956 年版，第 9662 页。

② （北宋）薛居正：《旧五代史》卷一百一十五，中华书局 1976 年版，第 1529 页。

由此亦佞佛。有胡僧自于阗来，庄宗率皇后及诸子迎拜之。僧游五台山，遣中使供顿，所至倾动城邑。又有僧诚惠，自言能降龙。尝过镇州，王镕不为之礼，诚惠怒曰：'吾有毒龙五百，当遣一龙揭片石，常山之人，皆鱼鳖也。'会明年滹沱河大水，坏镇州关城，人皆以为神。庄宗及后率诸子、诸妃拜之，诚惠端坐不起，由是士无贵贱皆拜之"①。由于皇帝佞佛，限佛政策并没有得到真正贯彻与执行；而皇帝佞佛导致一些僧人的行为违反佛教戒律，背离佛教的基本精神，引起人们的不满就在所难免。因此，从 954 年周世宗柴荣继位之初就开始对佛教采取普遍的规范和严格的限制政策。显德二年（955），周世宗正式下诏清整佛教。周世宗对佛教限制的政策及其实践，是针对上述所提到的佛教本身存在的诸多弊端而进行的，具体是从以下两个方面入手：

一是改革佛教旧俗陋规。是一些残害身体的行为、旁门左道的修行之法、不符合佛教戒律的行为都被禁止。"僧尼俗士，自前多有舍身、烧臂、链指、钉截手足、带铃挂灯、诸般毁坏身体、戏弄道具、符禁左道、妄称变现还魂坐化、圣水圣灯妖幻之类，皆是聚众眩惑流俗，今后一切止绝。"②

二是整顿佛教僧团的组织、寺院、僧尼制度。对寺院的整顿，主要是废除没有赐额的寺院及停止在该类寺院中一切相关活动，"诸道州府县镇村坊，应有敕额者一切仍旧，其无敕额者并仰停废。所有功德神像及僧尼，与限一月，腾并于逐处州军县镇合留寺院内安置。所有殿堂屋宇，仰封锁收管。所有资财、衣钵、斛斗、孳畜、什物，并仰分付本主"③。严格限制扩建、新建寺庙，对于违反者予以严厉的惩罚，同时连带处理相关人员。"两京诸道州府，除见留寺院外，今后不限城郭村坊、山林胜境古迹之地，并不得创造寺院兰若。如有僧尼、俗士辄违敕命者，其主首及同句当人，并徒三年，仍配役，其僧尼勒还俗。本州府录事参军、本判官、本县令佐，并除名配流。地分厢镇职员所由，当并严断。"④

①　（北宋）欧阳修：《新五代史》卷十四，中华书局 1974 年版，第 144 页。

②　（北宋）薛居正：《旧五代史》卷一百一十五，中华书局 1976 年版，第 1530 页。

③　（北宋）王溥：《五代会要》卷十二，上海古籍出版社 1978 年版，第 196 页。

④　同上。

对僧尼的整顿，主要是下令禁止私度僧尼，如有违反要予以重惩；严禁品行不端，甚至作奸犯科者出家，如背弃父母的人、逃亡的奴婢、奸人细作、恶逆徒党、逃命于山林没有被捕获的贼徒、负罪逃窜的人等各类违背礼制与法制的人，一律不得剃度出家，一旦发现私度出家，也要予以重罚；提高出家的条件，需要出家者应向有关部门奏请，经祠部给予凭由，才能剃头受戒。对于达不到条件和不适合出家而已经出家的僧尼则鼓励还俗。经过周世宗对佛教的清理和整顿，无论是寺院还是僧尼的数量均有了明显的下降，"所存寺院凡二千六百九十四所，废寺院凡三万三百三十六（所），僧尼系籍者六万一千二百人"①。这次限佛政策的实施，对于规范佛教组织制度和确立比较客观实际的佛教政策具有积极的意义和作用。

（三）十国佛教政策概观

晚唐五代十国时期，南北方出现了不同的发展态势。由于北方战乱频繁，大量人口南迁，不仅为南方带来了数量众多的劳动力，促进了南方经济的发展；而且，南迁人口本身所具有的生活习俗、文化观念和宗教信仰也随之南下，促进了南北文化的交流。就宗教信仰中的佛教信仰而言，随着人口和经济重心的南移，佛教也在南方得到了进一步的发展。以唐代中晚期最为盛行的禅宗为例，后世禅宗五家中，沩仰宗、曹洞宗、云门宗、法眼宗四家都发源并发展于南方。创立于北方赵州的临济宗，在其后继者风穴延沼（896—973）的努力下，也逐渐在江南地区扩大了影响。从这些情况来看，佛教中心由隋唐时期的北方地区向南方地区转移了。

十国的佛教发展状况不尽相同，其中，吴越、闽、南唐等国的佛教发展最具代表性。

吴越国是以杭州为中心的东南小国，其创始人钱镠年轻时信奉道教，后遇到禅僧洪諲，"諲有先见之明。武肃王家居石鉴山，及就成应募为军，諲一见握手，屏左右而谓之曰：'好自爱。他日贵极，当与佛法为主。'后累立战功，为杭牧，故奏署諲师号，见必拜跪，檀施丰厚，异于常数。终时执丧礼，念微时之言矣"②。洪諲认为钱镠将来会成为弘扬佛法的人主，之后，钱镠被后梁太祖封为吴越王，还创立了吴越国，应验了洪諲的

---

① （北宋）薛居正：《旧五代史》卷一百一十五，中华书局1976年版，第1531页。
② （北宋）赞宁：《宋高僧传》卷十二，范祥雍点校，中华书局1987年版，第284页。

预言，这就使得钱镠对佛教深信不疑，转而弃道信佛，尤其是其晚年更是十分笃信佛教。钱镠治吴越时，一方面，通过各种方式礼遇佛教僧人，对于因躲避战乱而南来的僧人文喜予以厚待，文喜去世后，钱镠派人重新修缮他的墓冢；对精通术数的僧昭，钱镠更是器重，称为国师；给僧人幼璋送去衣服香料、医药等，并且请入府中，向他请问佛法。① 另一方面，广建佛寺塔院，增加佛教活动场所，"寺塔之建，吴越武肃王倍于九国"②。对僧人的礼遇和寺院建设的增加提高了佛教的地位，扩大了佛教在吴越的影响，吴越之地因此成为东南佛教的重心。文穆王钱元瓘继承钱镠的佛教政策，仍然能够礼遇高僧，对雪峰义存的弟子道怤更是礼遇有加，"文穆王钱氏创龙册寺，请（道）怤居之，吴越禅学自此而兴"③。道怤驻锡龙册寺时，前来求法的僧侣络绎不绝，禅学之兴盛局面由此可见一斑。

以福州为中心建立起来的闽国，其立国者太祖王审知信奉佛教，尤其是对禅宗及禅师礼遇有加。其中，王审知对禅僧雪峰义存（822—908）执以师礼，凡是饭僧、斋会、建构寺院、增设佛像、铸钟等一切佛事活动都向义存咨询，并且为寺院提供了优裕的财物以充供养。他还经常请义存及其弟子玄沙师备到宫中宣讲佛法。为了保证义存在闽传法顺利进行，王审知还专门为义存建造房屋、法堂、丈室等佛教活动场所。义存在闽讲法四十余年间，"四方之僧争趋法席者不可胜算矣，冬夏不减一千五百"。及至义存去世之时，"尔日奔走，闽之僧尼士庶，巷无居人。闽王涟如出涕，且曰：'师其舍予，一何遽乎！'"④ 正是在王审知的鼓励和支持下，义存在闽的传法活动才得以顺利进行，并且能够不断扩大佛教在闽的影响。义存弟子师备在闽说法三十余年，也受到了闽国王公的礼遇，并且奏赐紫衣、师号。王审知之子王延钧也奉佛，曾"度民二万为僧，由是闽中多僧"⑤。

建都金陵的南唐，其统治者好佛程度在十国时期表现非常明显，尤其以后主李煜最为代表。李煜是十国中少有的兼具才艺和文学造诣的皇帝，但是，他并不是一位合格的统治者。他非常崇信佛教，造塔建寺，耗费大

---

① （清）吴任臣：《十国春秋》卷八十九，中华书局 1983 年版，第 1281—1282 页。

② （清）王昶：《金石萃编》卷一百二十二，光绪癸巳孟月上海宝善石印本。

③ （北宋）赞宁：《宋高僧传》卷十三，范祥雍点校，中华书局 1987 年版，第 310 页。

④ 同上书，第 288 页。

⑤ （北宋）司马光：《资治通鉴》卷二百七十六，中华书局 1956 年版，第 9152 页。

量资财，导致国力虚弱，以致灭亡。

第三节　三教关系及其影响

儒释道三教经过魏晋南北朝的激烈冲突与相互对抗之后，到了隋唐五代时期，儒释道都得到了不同程度的进一步发展，呈现出三家鼎立的发展局面。在巩固政权和维护政治稳定政策的前提下，隋唐诸帝对三教基本上都采取了突出重点、分别利用和相互制衡的政策。作为国家主流意识形态和官方正统思想的儒教，由于历史和现实的原因，始终受到隋唐五代统治者的重视，尤其是隋唐立国初期，诸帝都较为重视设立学校，传授儒学，优待儒士，整理、研究儒家经典来确立儒教在治理国家过程中的官方意识形态地位。对于本土产生的道教和外来的佛教，不同时代、不同帝王的态度则各不相同。隋代二帝偏重于对佛教的鼓励与扶植而较轻视道教的地位和价值。唐代则不同，因为追求一种正统的、合法的统治地位的需要，道教受到了相当程度的重视，尤其是唐玄宗和唐武宗更是极度推崇道教而贬低佛教。除了武则天极为重视佛教之外，唐代其余各帝基本上是道释同时重视，但重心稍微偏向于道教，这就使得道教从以前的民间状态一跃而成为官方的座上宾，受到了优待和尊崇，促进了道教的快速发展。佛教则由于自魏晋南北朝以来的不断发展壮大，在唐五代时期依然保持着明显的优势，尤其是诸如智𫖮、玄奘、法藏、道宣、惠能、神秀、神会等一大批佛门龙象的努力，使得佛教在唐代出现了前所未有的发展态势，无论其政治地位还是社会影响在中国历史、中国佛教史、中国思想文化史上的意义都非常重大。就儒释道三教关系来看，三教在此时期经过了从对立冲突、相互论争到相互吸收融摄、共同调适的发展历程，它们都在为各自政治上的地位和理论上的成熟寻求最佳发展方案，最终走向了三教融合、三教合一的发展路径，促成了宋代以后新的体系和形态的中国思想和民间信仰的形成。

一　隋代三教关系概观

隋朝建立，必然要从理论上寻找支撑，寻找能够适合自己统治的思想。儒释道三教在南北朝时期得到了充分的发展，各自显示出自己的特点和优势，但是，作为治国思想，如何选择和利用三教是统治者们经常思考的问题。隋文帝即位之初就表明了他对三教的态度："朕伏膺道化，念存清静，慕释氏不二之门，贵老生得一之义。"① 这种试图调和、利用三教的思想在隋文帝的执政过程中一直有所体现，这也为隋代社会处理三教关系确定了方向。同时，儒释道三教在魏晋南北朝的相互碰撞、相互激荡也促使三教重新考虑各自的定位及与其他二教的关系，能够以一种宽容、开放的态度对待彼此是隋代三教关系的主要表现形式。

（一）彦琮的三教观

彦琮（557—610）是隋代最重要的一位僧人，其一生历经北齐、北周和隋三个朝代。早在北齐之时，年少的彦琮就已经为世人所敬重，"名布道儒"②，誉满僧俗二众。北齐重臣敬长瑜、朝秀、卢思道、元行恭、邢恕曾一起邀请他讲《大智论》。后彦琮又受北齐皇帝之召，在宣德殿讲《仁王经》。北周武帝在位时，延请彦琮到宫中讲论，"与宇文恺等周代朝贤，以大易、老、庄陪侍讲论"③。彦琮对儒释道三教教理非常熟悉，所讲内容"深会帝心"④。因此，在北周武帝灭佛期间，彦琮能够"外假俗衣，内持法服"⑤，既保存了自身，又能够借方便之举宣扬佛法。隋朝立国，彦琮参与了隋代的首次佛道之争，同时，他做了一系列论文论证道教的虚妄不实和佛教的真实无欺。

从北齐、北周到隋代，中国北方尽管出现了许多各有专长的本土著名僧人，但是，像彦琮这样内外兼通、梵汉俱熟的学问僧极为少有。无论是从译经还是从撰著上来看，彦琮都是隋代当之无愧的领军人物。"沙门彦琮才华学问一时无双，实为玄匠。"⑥ 从其一生的学行来看，可以说，他是中国佛教史上为数不多的精通儒释道三教义理的优秀的译经家、佛学家和著作家。

《通极论》是彦琮阐释儒释道三教思想和三教关系的一篇重要论文。文中通过代表佛教的梵行先生和代表儒家的行乐公子之间的对话，借用老庄道家和儒家的思想阐述佛教的义理，最后行乐公子泣而对曰"请容剃

---

① （清）严可均：《全上古三代秦汉三国六朝文》，中华书局 1958 年版，第 4016 页。

② （唐）道宣：《续高僧传》卷二，《大正藏》第 50 册，第 436 页。

③ 同上。

④ 同上。

⑤ 同上。

⑥ 汤用彤：《隋唐佛学史稿》，北京大学出版社 2010 年版，第 53 页。

落，受业于先生之门也"①，接受了梵行先生的思想而皈依佛教。彦琮笔下的梵行先生实际上也是一个儒释道三教结合式的人物。从外在形态上看，其是道家代表。"高屏尘俗，独栖丘壑。英明逸九天之上，志气笼八宏之表。藉茅枕石，落发灰心。粪衣殊羊续之袍，绳床异管宁之榻。自隐沦西岳数十年矣。确乎不拔，澹然无为。"②是一副典型的道家隐士形象。从修行志向上看，其是儒家的代表。"每而叹曰：'穷则独善其身，达则兼济天下。但苍生扰扰，萦以爱罗。不可自致清升，坐观涂炭。复须弃置林薮，分卫人间。'"③"穷则独善其身，达则兼济天下"一语出自《孟子·尽心上》，是儒家积极治世的态度。从表达思想上来看，其是佛教的代表。因此，文中塑造的这一人物反映出彦琮融合儒释道三教的观念。

《福田论》是彦琮写的另一篇涉及儒释道关系的论文。关于《福田论》写作的动机，彦琮这样说："隋炀帝大业三年（607），新下《律令格式令》云：'诸僧道士等有所启请者，并先须致敬，然后陈理。'虽有此令僧竟不行。时沙门释彦琮不忍其事，乃著《福田论》以抗之。意在讽刺。言之者无罪，闻之者以自诚也。"④出家人是否礼敬王者的礼俗问题，从佛教传入伊始就开始有所争论，东晋对此问题的争论达到了白热化程度，最终僧众取得了争论的胜利。但是，在一个新的王朝建立之后，这一涉及儒家伦理道德问题以及皇权尊严问题的重大事件又会被重新提起。隋炀帝要求沙门致敬王者的《律令格式令》的颁布，引起了当朝僧众的不满，甚至出现拒不执行敕令的现象。彦琮为了从理论上做出说明，才撰著《福田论》以对抗维护皇权地位的《律令格式令》。《福田论》的问世以及书中的内容反映出了彦琮的三教观念，尤其是佛儒观念。文中的写作是以主客设问对答的形式展开，作者针对代表儒道思想的宾客的种种责难和疑惑展开了一系列的论证和回答。其中，在回答儒佛道三教差异和不同思想的时候，作者重新诠释了佛教的重要理论。

彦琮还著有《辩教论》一文，"辩教者，明释教宣真，孔教弘俗，论老子教不异俗儒，灵宝等经则非儒摄"⑤。从此材料中，我们可以看出彦

---

① （唐）道宣：《广弘明集》卷四，《大正藏》第 52 册，第 117 页。
② 同上书，第 113 页。
③ 同上。
④ （唐）道宣：《广弘明集》卷二十五，《大正藏》第 52 册，第 280 页。
⑤ （唐）道宣：《大唐内典录》卷五，《大正藏》第 55 册，第 279 页。

琼所持的三教关系的观念，即佛教宣扬的是真理，儒教主要在于治世济俗，而道教则是俗中之俗，道教经典非儒家思想所融摄。因该书现已亡佚，具体内容不详，我们无从探究其中细节，但是有一点可以肯定，即彦琼对三教之间的位次排列顺序是佛先儒后道末，尤其是对道教的批判比较激烈。此文反映出隋初三教关系的基本面貌，其意义不可低估。

彦琼对儒佛之间的关系也做了一定的阐述，他所作的《通学论》一文就有相关内容记载。所谓的"通学"，就是"劝诱世人遍师孔释，令知外内备识俗真。善知识者，是大因缘登圣越凡，不因知识无由达到。此劝于人广结知友，若善财焉"①。与其他宣扬佛教思想的著作不同，彦琼在这部书中劝导人们共习内外典籍，尤其是儒家典籍。同时，要广结善知识，扩大自己的知识面，进而可以增进佛智慧。

彦琼通过几篇重要文章，集中表达了他的三教关系观。这种观念影响到以后中国儒释道三教的发展趋势，也成为佛教对待儒道二教的基本观念。

（二）李士谦的三教观

隋代儒释道三教关系基本上是延续南北朝时期的风格发展下来的，尤其是有些儒士能够以一种开放、包容和平等的态度对待三教，他们都比较注重站在某一家的基础上，提倡三教相辅相成，促进了三教之间的进一步交往和融合。

李士谦（523—588）是隋代持三教融合观点的重要代表人物。他在当时以孝敬父母闻名乡里，因为其母去世，他便辞官守丧，其间，他的姐姐又病逝，使他感到很悲伤，于是"舍宅为伽蓝，脱身而出"②。李士谦虽然出家，但是他并没有剃度成为一名僧人，而是独居学舍进行文献典籍的研读，他博览群书，成为一位知识渊博之人。无论是在北齐还是在隋朝，朝廷都曾征召他去做官，但是他坚决拒绝，矢志终身不做官。李士谦自幼不曾饮酒食肉，言语中不谈论杀害之事，以一颗慈悲之心对待他人，即使是家中财货富足时，也是非常节俭，而且还经常施舍、赈济其他有困难的人。李士谦对佛教的因果报应思想非常推崇，有一次他对一位不信因果报应的人阐述了自己的思想，他说："积善余庆，积恶余殃，高门待

---

①　（唐）道宣：《大唐内典录》卷五，《大正藏》第 55 册，第 279 页。
②　（唐）魏徵等：《隋书》卷七十七，中华书局 1973 年版，第 1752 页。

封，扫墓望丧，岂非休咎之应邪？佛经云轮转五道，无复穷已，此则贾谊所言，千变万化，未始有极，忽然为人之谓也。佛道未东，而贤者已知其然矣。"① 用儒家经常强调的"积善之家必有余庆；积不善之家必有余殃"的观点来解释佛教的报应理论，显示出他对儒释二教思想的兼收并蓄。

对于三教之间的关系及其优劣问题，李士谦有非常明确的表述，他说："佛，日也；道，月也；儒，五星也。"② 其中特别突出佛教在三教中的核心地位。李士谦之所以这样强调当与他本人的佛教信仰有关，显示出他作为一名佛教护持者的基本立场和态度。尽管如此，被比喻为日月五星的佛道儒三者应当相互依存、并行不悖。他所提出的三教关系的观点对当时消除北朝以来灭佛的负面影响和佛道之间激烈排斥的言论有着积极的意义，对于其观点在这方面的意义后来学者也常常有所议论。元代学者刘谧对此曾做出这样的评论："隋李士谦之论三教也，谓佛日也道月也儒五星也，岂非三光在天阙一不可，而三教在世亦缺一不可。虽其优劣不同，要不容于偏废欤。"③ 元代僧人念常也说："士谦以日、月、星方三教，然乍观似有优劣。至若照明世界，运转生灵，则一德也。是三者阙一，则安立不成。故《易》曰：乾道变化，各正性命。贤哉李君！吾见其深于性命之大原也。"④ 这些评价可谓真是识得李士谦思想的精髓。

（三）王通"三教可一"论

隋代对三教关系提出更为圆融的思想并对后世影响巨大的是大儒王通。王通（580—617）不仅在儒学发展史上具有承前启后的作用，而且，他能够结合时代，从发展的眼光对三教关系做出正确的评价。

北朝的两次"法难"在隋代人们的心中记忆犹新，作为一位关心时事、关心政治的儒者来说，王通对此做了很好的总结和反思。如何看待北魏太武帝和北周武帝的"法难"，他在跟弟子的讨论中充分表达了自己的观点。"程元曰：'三教何如？'子曰：'政恶多门久矣。'曰：'废之何如？'子曰：'非尔所及也。真君、建德之事，适足推波助澜、纵风止燎

---

① （唐）魏徵等：《隋书》卷七十七，中华书局1973年版，第1753页。
② 同上书，第1754页。
③ （元）刘谧：《三教平心论》，《大正藏》第52册，第781页。
④ （元）念常：《佛祖历代通载》卷十，《大正藏》第49册，第559页。

尔.'"① 就三教关系来看，仅仅依靠行政打击、压迫的手段去对付佛教，不仅不能够从根本上解决问题，还会将问题变得更加复杂，而无益于统治。当时社会统治出现了种种弊端，也不能归于佛教的存在。因此，他仍然从三教关系的全局去做评价。他说："《诗》《书》盛而秦世灭，非仲尼之罪也；虚玄长而晋室乱，非老庄之罪也；斋戒修而梁国亡，非释迦之罪也。《易》不云乎：'苟非其人，道不虚行.'"② 从历史上看，国家的危机、灭亡都不是由儒释道中任何一种思想所引起的，问题出自执政者本身，无论废除儒释道中的哪一种思想，都不是治理国家的良策，因此，要想能够更好地治理国家，实现王道政治，就必须三教并用。

在总结历史经验教训的基础上，王通对儒释道三教采取了宽容、理解、并包的态度，他以儒士所特有的兼济天下的情怀提出了"三教可一"的思想。"子读《洪范谠义》，曰：'三教于是乎可一矣.'程元、魏徵进曰：'何谓也？'子曰：'使民不倦.'"③ 三教并用的目的是"使民不倦"。如何在社会中实施三教并用，王通并没有做明确的回答，但是他提出了一条基本的认识原则："或问佛，子曰：'圣人也.'曰：'其教何如？'曰：'西方之教也，中国则泥。轩车不可以适越，冠冕不可以之胡，古之道也.'"④ 在具体实施三教治理国家的过程中，王通认为还应该充分考虑到不同思想、不同宗教有不同的特点，应当根据这些特点具体应用。因此，王通指出："通其变，天下无弊法，执其方，天下无善教."⑤ 执政的过程中关键在于学会通变，学会权衡，如果有"圆机之士"、"皇极之主"能够融通三教，从三教中取长补短，实现王通追求的"王道"政治是完全可能的。

王通"三教可一"思想的提出是对儒释道三教纷争时代的理性反思，也是在更高层次上对儒释道三教对立思想的理论思考。他的这一观点的提出，虽然受到了一些排佛的儒家学者的批评和非议，在当时也没有受到足

---

① （隋）王通：《中说》，钦定四库全书荟要本，吉林出版集团责任有限公司 2005 年版，第 31 页。

② 同上书，第 24 页。

③ 同上书，第 31 页。

④ 同上书，第 24 页。

⑤ （隋）王通：《中说》，钦定四库全书荟要本，吉林出版集团责任有限公司 2005 年版，第 22 页。

够的重视，但是，一种富有生命力的思想往往是超前的，是它同时代的人所不能够企及和理解的，随着以后三教之间更加深入的交往、吸收和融合，人们逐渐认识到王通"三教可一"思想的意义和价值。

二　唐代三教关系之辨

（一）三教论衡

唐代三教关系的展开是由于傅奕上书反佛引起并扩大的，由此拉开了唐代旷日持久的三教论衡。

唐高祖武德四年（621），傅奕上书《废省佛僧表》，力陈佛教的种种弊端，请求高祖沙汰僧尼。针对傅奕上表排佛，僧人法琳等人也上书《对傅奕废佛僧事》，对傅奕排佛的言论及其理由逐条辩驳。结果是"高祖览法师对，竟亦无辞。法师频诣阙庭，不蒙臧否。但傅氏所陈之事，高祖未遣颁行"[1]。可是，傅奕却不顾高祖"未遣颁行"的意旨，私自到处散布反佛言论，以致"秃丁之诮间里盛传，胡鬼之谣昌言酒席。致使明明佛日翳以亏光，济济法流壅之无润"[2]，对佛教发展造成负面影响。武德七年（624），傅奕再次上书《请除释教疏》，指出佛教存在的问题，请求废除佛教。唐高祖召集群臣共同讨论佛教的存废问题，其中，中书令萧瑀与傅奕的争论最为激烈。武德八年（625），唐高祖亲自到国子学参加三教论辩。当时，参加三教讨论的人还有胜光寺慧乘、道士李仲卿以及当时的儒士、其他达官贵人等。这次讨论主要是围绕三教的位次展开，讨论异常激烈。最后的结果是道教代表李仲卿"周慞神府，抽解无地，忸怩无答。当时荣贵唱言，道士遭难不通……天子回光，惊美其辩，舒颜解颐而笑。皇储懿戚左右重臣并同叹重，黄巾之党结舌无报，博士祭酒张侯愕视束体辕门"[3]。这次辩论充分显示出慧乘的辩论才能，佛教取得了辩论的胜利。但是，此后关于儒释道三教关系的调整唐高祖基本上还是接受了傅奕的建议，准备废佛，并于武德九年（626）颁布《沙汰僧道诏》，结果，因唐高祖去世、太宗继位而没有真正执行，废佛不了了之。在这次由傅奕上书废佛引发的争论中，道士李仲卿撰《十异九迷论》、刘进喜撰

---

① （唐）彦琮：《唐护法沙门法琳别传》，《大正藏》第50册，第199页。
② 同上。
③ （唐）道宣：《集古今佛道论衡》卷三，《大正藏》第52册，第381页。

《显正论》支持傅奕的观点，对佛教进行了驳斥。而法琳又撰《辩证论》反驳李仲卿和刘进喜的观点。此后，又有太子中舍人辛谞撰《齐物论》驳佛教，法琳、慧净又撰文反驳。这些人的加入，使得唐初的儒释道三教之争变得非常激烈和复杂，成为此一时期三教论衡的焦点。

贞观十二年（638），皇太子组织大臣和三教学士在弘文殿举行儒佛道辩论，参加者有纪国寺慧净、道士蔡晃和国子祭酒孔颖达等人。这次辩论以佛教为一方，以儒道二教为一方，虽然言辞比较激烈，但是结果却非常诙谐，太子是"怡然大笑，合坐欢跃"并说："今日不徒法乐以至于斯。"① 这次论辩简直成了一场愉悦太子的娱乐活动，三教之间的关系也并没有出现异常紧张的情形。唐太宗虽然没有召开三教论衡的会议，但是，他的三教政策和三教位次问题引发了佛教的激烈反抗，尤其以法琳为代表，汇集京城众多僧人"咸诣阙庭上表"②，攻击道教"妄托老君之后，实是左道之苗"③。结果由于道士秦世英的告发，法琳遭到了太宗的质问，并被治罪流放。这次佛道二教的争论以佛教一方的失利宣告结束。

唐高宗曾经多次召集僧道入宫进行辩论，辩论气氛有时也比较激烈，但是，每一次的辩论最终都以道教的失败而告结束。唐代后期，诸多帝王都奉行崇信道教的政策，与道士的交往比较密切，他们往往是希望通过服食丹药、斋醮符录等方法获得长生或羽化登仙，而对道教的思想、道教的普及和民间化兴趣并不大。在同佛教的接触和交往过程中，他们并没有出于真正的信仰去与佛教论争或排挤佛教，更多是因为世俗社会的政治、经济等原因而采取崇道抑佛的措施，这对佛道二教的交流与融合所起的作用非常有限。尽管如此，在处理佛道二教的关系时，他们还是能够秉持一种和谐、平等的态度去对待。唐德宗贞元五年（789）三月下诏："释道二教，福利群生，馆宇经行，必资严洁，自今州府寺观，不得宿客居住，屋宇破坏，各随事修茸。"④ 贞元十二年（796）四月，德宗又重新召开三教论议的辩论会，"上（德宗）降诞日，命沙门、道士加文儒官讨论三教，

---

① （唐）道宣：《集古今佛道论衡》卷三，《大正藏》第 52 册，第 383 页。
② （唐）彦琮：《唐护法沙门法琳别专》，《大正藏》第 50 册，第 203 页。
③ （唐）道宣：《广弘明集》卷二十五，《大正藏》第 52 册，第 284 页。
④ 《修茸寺观诏》，载（清）董诰等编《全唐文》卷五十二，中华书局 1983 年版，第 564 页。

上大悦"①。唐武宗灭佛除了政治、经济原因之外，还有道士的推波助澜。唐武宗本人信奉道教，许多道士因此受到重用，其中道士赵归真在灭佛过程中起到了比较重要的作用。"（赵）归真乘宠，每对，排毁释氏，言非中国之教，蠹耗生灵，尽宜除去，帝颇信之。"②

五代十国时期，大多数的帝王对儒佛道三教采取了兼容并包的政策，尤其是对佛道二教更是如此。其中，周世宗信奉道教，对佛教采取了禁毁措施，严重地打击了佛教，但是，他对佛教的观点还比较客观中允，他说："释氏贞宗，圣人妙道，助世劝善，其利甚优。"③ 他承认佛教在济世利民、劝善救俗方面具有积极的作用。由于佛教本身出现了腐败、违戒、作奸犯科等诸多问题，他为了规整佛教才采取禁毁佛教的行为。

（二）位次之辨

唐高祖李渊之所以推崇道教与他争正统的思想有密切关系。李渊先祖具有少数民族血统，同中原的世家大族相比，无论是其出身地位还是政治地位都不具有贵族性和正统性。在比较注重出身门第和政治身份的时代，李渊是通过武力手段夺得了隋朝的天下，而非以一种传统意义上的正当方式登上皇帝宝座。上台之后，如何解决唐朝建立的合法性问题，是摆在唐高祖面前的一件大事。因此，他就从中国历史上选出道家道教的创始人老子作为自己的祖先，由于存在这一层关系，老子成为李唐王朝极度尊崇的对象，老子和道教的地位在唐朝发生了明显变化，一跃而成为三教之首。

武德二年（619），李渊下诏，命楼观令重新修葺老君殿。第二年，李渊又亲自来到这里，还声称："朕之远祖，亲来降此，朕为社稷主，其可无兴建乎！"④ 表达了他对老子以及道教推崇的原因。基于以上考虑，唐高祖武德八年（625）颁布诏书，明确表达了儒释道三教的先后顺序，诏曰："老教孔教，此土元基，释教后兴，宜崇客礼。今可老先次孔末后释宗。"⑤ 即按照道、儒、佛的先后顺序排列三者之关系，道教的地位要优于儒佛，通过这种方式凸显李氏家族出身地位的高贵，并证明李唐王朝

---

① （后晋）刘昫：《旧唐书》卷十三，中华书局1975年版，第383页。
② （后晋）刘昫：《旧唐书》卷十八，中华书局1975年版，第600页。
③ （北宋）薛居正：《旧五代史》卷一百一十五，中华书局1976年版，第1529页。
④ （南宋）谢守灏编：《混元圣纪》卷八，《正统道藏》第17册，第855页。
⑤ （唐）道宣：《集古今佛道论衡》卷三，《大正藏》第52册，第381页。

建立与维持统治的合法性。从此以后，老子和道教的命运便和政治紧紧地
联系在一起。有唐一代，儒释道三教之间关系的展开都与政治问题交织在
一起，密不可分。

　　唐太宗对儒释道三教的态度时常发生变化，他对三教的位次及其作用
的态度和政策主要是从政治方面进行考虑，因此，他继位之后首先提出了
自己的儒教观，他认为"下之所行，皆从上之所好……朕今所好者，惟
在尧、舜之道，周孔之教"①。这是从国家统治的角度着眼，沿袭了秦汉
以来历朝历代以儒教为官方意识形态的传统，提出治理国家的指导思想是
儒教，而且认为如果不能以儒教治国，则国家倾亡在所难免。因此，他在
执政之初便致力于儒学的复兴。唐太宗对道教的态度也十分明确，即大力
支持，这是出于为李氏家族争正统、争名分的需要制定的政策，作为李唐
先祖的道教教主老子理所当然地受到了尊崇。与尊儒崇道相比，唐太宗对
佛教却始终采取限制的政策，因此，在三教关系的位次上，佛教总是处于
末位。贞观十一年（637），唐太宗颁行《道士女冠在僧尼之上诏》，申
明："自今已后，斋供行立，至于称谓，道士女冠可在僧尼之前。"② 虽然
唐太宗从国家的角度确立了佛道位次关系，但是，仍然有僧人不能接受这
一诏令，其中，僧人智实上书《论道士处僧尼前表》，表达自己对这一问
题的不同看法。僧人法琳更是直言甚至攻击道教，这一做法涉及皇室的尊
严问题，触怒了唐太宗。结果智实受到杖刑，法琳遭到流放并死于流放
途中。

　　显庆元年（656），玄奘上奏高宗说："正（贞）观以老子名位在佛
先，曾面陈先帝，许从改正。"高宗答复道："佛道名位，事在先朝，尚
书平章。"③ 显庆二年（657），唐高宗召集佛道二教的代表进行佛道先后
顺序问题的讨论，佛教代表惠立与道教代表张惠先进行辩论，结果是道教
一方失败，朝中御史冯神德上《释在道前表》，对二教进行调和，他说：
"沙门者，求未来之胜果；道士者，信有生之自然。自然者，贵取性真，
绝其近伪之迹；胜果者，意存杜渐，远开趋道之心。诱济源虽不同，从善

---

①　（唐）吴兢：《贞观政要》卷六，上海古籍出版社 1978 年版，第 195 页。

②　（北宋）宋敏求：《唐大诏令集》卷一百一十三，学林出版社 1992 年版，第 537 页。

③　（南宋）志磐：《佛祖统纪》卷三十九，《大正藏》第 49 册，第 367 页。

终归一致。"① 佛道二教从根本上来说应当是一致的。因此，冯神德建议唐高宗，应该"包元建极御一飞贞，乘大道以流谦，顺无为而下济，因心会物教不肃成。今乃定道佛之尊卑，抑沙门之拜伏。拜伏有同常礼，未是出俗之因尊卑，物我之情岂曰无为之妙。陛下道风攸阐释教载陈，每至斋忌皆令祈福，祈福一依经教，二者何独乖违？"② 佛教辩论的胜利以及朝臣们的劝说，促使唐高宗重新考虑道先佛后的二教关系，在上元元年（674），高宗下诏说："公私斋会及参集之处，道士女冠在东，僧尼在西，不须更为先后。"③ 至此，佛道二教不分先后地位，形成平等的局面。这既是佛教方面以及护持佛教的朝臣们努力的结果，也是唐高宗对佛道折中、妥协的结果。唐高宗虽然对佛教表现出了妥协的倾向，但是，在尊崇道教方面还是有所加强。乾封元年（666），唐高宗追封老子为"太上玄元皇帝"，设立祠堂，置令丞管理，甚至还让王公官僚都学习《老子》。

武周政权的建立，佛教从中起了非常重要的作用，尤其是佛教徒薛怀义、僧朗等人更是不遗余力地为武周政权的建立和巩固、为武则天称帝做了非常充分的舆论准备。如此，武则天登基后对佛教大加推崇和发展就在情理之中了。同时，由于要确立武周政权的合法性，就必须否定李唐王朝存在的合法性，因此，从建立和稳定政权的角度来看，否定老子以及道教的政治地位是一件刻不容缓的事情。所以，武则天称帝后，就降低了老子的地位，称号由"皇帝"改为"老君"。在佛道地位问题上，天授二年（691），武则天下诏令："释教在道法之上，僧尼处道士女冠之前。"④ 在其诏令中，武则天大肆宣扬了佛教义理之高妙和佛教在现实生活中的积极贡献，尤其是能够开革命之阶，启维新之运。因此，她特别强调："自今已后，释教宜在道法之上，缁服处黄冠之前，庶得道有识以归依，极群生于回向。"⑤ 武则天这一诏令的颁布，是对以前道先佛后顺序的彻底颠覆，也是从政治上彻底否定道教的地位和价值，否定了李唐王室的统治地位，其意义不仅仅体现在宗教史、文化史、思想史等方面，更重要的是体现在

---

① （唐）道宣：《广弘明集》卷二十五，《大正藏》第 52 册，第 290 页。

② 同上。

③ （北宋）王溥：《唐会要》卷四十九，中华书局 1955 年版，第 859 页。

④ （后晋）刘昫：《旧唐书》卷六，中华书局 1975 年版，第 121 页。

⑤ （北宋）宋敏求：《唐大诏令集》卷一百一十三，学林出版社 1992 年版，第 538 页。

中国皇权政治方面。

神龙元年（705）唐中宗李显复位后，又以"老君"为"玄元皇帝"，下令贡举人依旧制学习《老子》，继续推行重视老子、道教的思想。唐玄宗时，推崇老子、重视道教达到一个新的高潮。开元年间，玄宗多次诏令官员、百姓要家家都有《道德经》；每年贡举人对策减《尚书》《论语》两条，加《老子》策。天宝年间，又为"玄元皇帝"老子配置庄子、文子、列子、庚桑子四位"真人"。在唐玄宗的倡导下，道教经典得以较大规模的收集、注释和传播，道教思想也得到了新的发展。这无疑对提高道教的社会地位起了非常重要的推动作用。

唐代后期诸帝，绝大多数对道教采取推崇和重视的政策，虽然没有明确给儒释道排列位次，但事实上还是以道为首位。尤其是到唐武宗时崇道氛围达到了顶点，在一定程度上导致了灭佛运动的出现。

（三）夷夏之辨

夷夏之辨是一个由来已久的争论话题。该论题涉及文化的中心与边缘、政权的正统与旁出等问题，核心问题是文化的合理性和政权的合法性问题。佛教传入中国以后，围绕这一问题展开了激烈而又长期的争论，从最初三教之间的相互排斥、相互指责到后来的相互认同、相互吸收，逐渐形成了文化上多元互补、政治上主辅相互回应的局面。佛教传入中国初期，其作为一种外来文化和异质文化，在中国流传的合理性和在中国政权中的合法性始终受到中国传统的儒道文化的质疑。尽管佛教传入伊始就努力改变自己的异域文化的特性，但是仍然受到许多人的质疑，夷夏之辨在儒释道三教之间展开，这一争论在早期佛教文献《牟子理惑论》中有比较全面的记载。到了魏晋南北朝时期，由于北方少数民族政权的建立和势力不断壮大，他们与中原地区以及南方的政权经常发生战争，从民族关系的角度来看，夷夏之间事实上的冲突变得频繁、激烈，与之相关文化上的夷夏之辨这一理论问题开始凸显出来，尤其是在南北朝时期，争论的激烈程度迅速上升，道士顾欢所作的《夷夏论》是引发这一时期夷夏之辨的滥觞，围绕这一文章展开了夷夏关系、儒释道三教之间的全面辩论。这一问题到了唐代发展到巅峰。

唐高祖时，傅奕从夷夏之辨的视角出发来排斥佛教。他认为从西域传来的佛教无非妖言惑语，假托之言。传到中国之后，佛教"演其妖书，述其邪法，伪启三途，谬彰六道，恐诱愚夫，诈欺庸品。凡百黎庶，通识者稀，不究根源，信其矫妄"①。结果是迷惑众生，以其浅薄乖谬之内容欺骗人们，因此，对于外来的佛教，作为正统的儒道文化应该时时注意夷夏之大防，他借用历史上的事例说明这种防范是相当有必要的。"自牺农至于汉魏，皆无佛法，君明臣忠，祚长年久。"没有佛教的时代，统治时间都很长，然而，"泊于苻、石，羌胡乱华，主庸臣佞，政虐祚短，皆由佛教致灾也"②。佛教传入中国之后，则导致国运衰微，统治时间短暂。因此，从政治的角度上来看，为了维护统治的稳定和长久，只有"共遵李、孔之教"，才能够实现"孝子承家，忠臣满国"③，才能够实现天下太平、社会大治。在太祖和太宗时期，傅奕和法琳等人参与了夷夏辩论，他们对这一问题争论得异常激烈。尤其是佛道二教的教主释迦牟尼和老子之间的关系，更是成为这场争论的焦点。双方围绕教主出生方式的优劣、身份的高低、出生地域的高下，甚至教主容貌等诸多方面展开了激烈的争论。从表面上看，这些问题无非一些外在的形象上的差异，无可厚非；但是，从根本上看，这些问题归根结底是由于中印文化差异导致不同认识的结果。与此相关，又引起了对政权统治所带来的危害等政治问题的争论。傅奕提出了激烈的排佛言论，他说："胡佛邪教，退还天竺。凡是沙门，放归桑梓。令逃课之党，普乐输租；避役之曹，恒忻效力，勿度秃小，长揖国家。"④ 这是希望用政治的强力手段来彻底清除佛教。中唐之后，对夷夏问题关注和讨论最激烈的人是韩愈，他继承前人的观点，仍然坚持儒佛之间有夷夏之大防。他认为，佛是"夷狄之人"，佛教是"夷狄之一法"，人是"夷狄禽兽之主也"。将佛、夷狄与禽兽等同起来，极力贬低佛教的地位。只有儒家的圣人才能够担负起教化夷狄、改造禽兽的任务，而人们相信佛教就是"举夷狄之法，而加之先王之教之上，几何其不胥而为夷也"⑤，这是人类的倒退，是以夷变夏的恶果。因此，他对唐宪宗迎佛骨一事表现出强烈的反对态度，并写了《谏迎佛骨表》，要求统治者对佛教"人其人，火其书，庐其居"⑥，彻底改造佛教，从而维护儒教正

---

① （元）念常：《佛祖历代通载》卷十一，《大正藏》第49册，第564页。
② （后晋）刘昫：《旧唐书》卷七十九，中华书局1975年版，第2716页。
③ （唐）道宣：《广弘明集》卷十一，《大正藏》第52册，第160页。
④ 同上。
⑤ （唐）韩愈：《韩昌黎文集校注》，马其昶校注，上海古籍出版社1986年版，第17页。
⑥ 同上书，第19页。

统地位。韩愈激烈反对佛教的行为引起唐宪宗的不满，结果，宪宗震怒，韩愈遭到流放。

夷夏问题中有一个争论比较激烈的焦点，即关于老子化胡说及《老子化胡经》真伪之争，这一问题从魏晋南北朝以来，就一直是佛道夷夏之辨中争论比较集中的一个题目，隋唐五代时期的老子化胡说及《老子化胡经》的争论是魏晋南北朝的延续。开皇三年（583），隋文帝巡视道坛，看见一幅老子化胡像，大生怪异。接着，文帝“敕集诸沙门道士，共论其本。又敕朝秀、苏威、杨素、何妥、张宾等，有参玄理者，详计奏闻。时琮预在此筵，当掌言务，试举大纲未及指核，道士自伏陈其矫诈。因作《辩教论》，明道教妖妄者。有二十五条，词理援据，宰辅褒赏”①。彦琮作《辩教论》的目的是指出道教中的虚妄之处，尤其是自晋代以来流传的老子化胡一事的虚妄。该书因其言之有据、论述缜密而获得了朝廷的赞赏。这是隋文帝时期一次典型的佛道交锋，这次佛道之争以道教承认失败而告终。

显庆五年（660），唐高宗召集僧人静泰、道士李荣在洛阳宫中就《老子化胡经》真伪问题进行讨论。这次讨论从文本真伪问题长久争论发展到佛道二教代表互相进行人身攻击，最后没有讨论出任何结果。高宗在总章元年（668），再次召集僧道讨论《老子化胡经》的真伪，最后，接受了佛教僧众的建议，下令“搜聚天下《化胡经》焚弃，不在道经之数”②。唐中宗继位后，恢复了老子“玄元皇帝”的称号，将道教和佛教放在同一地位来看待，中宗下令每州建立一座佛寺和一座道观，称为“中兴寺”和“中兴观”，后又将这些寺观名改称为“龙兴寺”和“龙兴观”。中宗提高道教地位的政策引起了道士的附和，他们又重提《老子化胡经》一事，并且在道观中画上老子化胡成佛的壁画。但是，这一举措却遭到了中宗反对，特别下《禁化胡经敕》，对《老子化胡经》再度禁绝。诏令曰：“朕叨居宝位，惟新阐政，再安宗社，展恭禋之大礼，降雷雨之鸿恩，爰及缁黄，兼申惩劝。如闻天下诸道观，皆画化胡成佛变相，僧寺亦画元元之形，两教尊容，二俱不可。敕到后，限十日内，并须除毁。若故留，仰当处官吏科违敕罪。其《化胡经》，累朝明敕禁断。近知

---

① （唐）道宣：《续高僧传》卷二，《大正藏》第 50 册，第 436—437 页。

② （元）念常：《佛祖历代通载》卷十二，《大正藏》第 49 册，第 582 页。

在外仍颇流行，自今后，其诸部《化胡经》，及诸记录有化胡事，并宜除削。若有蓄者，准敕科罪。"① 道士原本出于追随中宗的意图重提《化胡经》一事，却没想到中宗以一种比较严厉的方法禁绝了道士的行为，这无疑让道士们无法理解，也无法接受。于是大恒观主桓道彦等人又上表，他们声称，既然认定老子为道教教主，又是李唐王室的先祖，如果禁止《老子化胡经》，就等于既贬低道教，又不认可老子的先祖身份，这无异于有亏孝敬祖宗之义。针对这一声明，唐中宗又作了《答大恒道观主桓道彦等表敕》，文中指出："何假化胡之伪，方盛老君之宗……经非老君所制，毁之则匪曰孝亏；文是鄙人所谈，除之则更彰先德。"② 中宗从一种理性的角度对《化胡经》的真伪与是否有愧先祖问题做了说明，并且表现出了非常坚决的态度，严厉警告桓道彦等人"宜悉脱怀，即断来表"，以后不准再上表讨论此事。

（四）伦理之辨

佛教传入中国，首先遭遇的是儒家伦理观念的批评。《牟子理惑论》中就已经有这方面的记载，但是，这种批评主要集中在佛教明显表现出与儒家不一致的地方，如佛教的剃发与儒家的"身体发肤，授之父母，不敢毁伤"③ 之区别；佛教的独身与儒家的"不孝有三，无后为大"④ 之差异；佛教身穿袈裟与儒家服饰之不同；佛教无跪拜君臣之礼与儒家的重君臣之礼，等等。到了魏晋南北朝时期，佛儒之间因伦理价值观念之间的不同争论更为激烈。由孝亲问题引发了关于政治、经济、社会等方面问题的争论，概括起来就是"五谤"："其一，以世界外事及神化无方为迂诞也；其二，以吉凶祸福或未报应为欺诳也；其三，以僧尼行业多不精纯为奸慝也；其四，以糜费金宝减耗课役为损国也；其五，以纵有因缘如报善恶，安能辛苦今日之甲，利益后世之乙乎？为异人也。"⑤ 这一时期，参加争论的人也非常多，包括当朝帝王大臣、佛教僧侣、道士等，这些争论产生的影响也非常大。

---

① 《禁化胡经敕》，载（清）董诰等编《全唐文》卷十七，中华书局1983年版，第202—203页。

② （北宋）赞宁：《宋高僧传》卷十七，范祥雍点校，中华书局1987年版，第416页。

③ 汪受宽：《孝经译注》，上海古籍出版社2004年版，第2页。

④ 杨伯峻：《孟子译注》，中华书局1960年版，第182页。

⑤ （北齐）颜延之：《颜氏家训·归心篇》，诸子集成本，中华书局1954年版，第29页。

　　隋唐五代时期，佛儒之间的争论基本上是在以前的基础上展开的，所争论的核心观念也基本上围绕以前所争论的问题进行。唐高祖时期傅奕上书中就涉及这些内容，参加方主要是以佛教为一方，儒道为另一方，而且道教的表现更为突出。如就孝亲观念而言，道教认为："夫礼义成德之妙训，忠孝立身之行本。未见臣民失礼其国可存，子孙不孝而家可立。今瞿昙制法必令衣同胡服，即是人中之师；口诵夷言，便为世间之贵。致使无赖之徒因斯勃逆，箕踞父兄之上，自号桑门；傲慢君王之前，乃称释种。不仁不孝已著于家，无乐无恭复形于国。"① 甚至批评"释教弃义弃亲，不仁不孝，阇王杀父，翻得无愆，调达射兄，无闻得罪"②。涉及君臣之礼的时候，傅奕批评道："礼本于事亲，终于奉上，此则忠孝之理著，臣子之行成。而佛逾城出家，逃背其父，以匹夫而抗天子，以继体而悖所亲。"③ 傅奕针对统治中所关注的忠孝问题展开激烈批判。面对这些批判，佛教僧众也做了相应的回复，其中以法琳的回答最为系统和精彩。中唐以后，以韩愈为代表的儒家士人对佛教也提出了激烈的批判。他说："佛本夷狄之人，与中国言语不通，衣服殊制，口不道先王之法言，身不服先王之法服，不知君臣之义、父子之情。"④ 这一批判基本上是沿袭前代的观点，其创新性并不明显。

　　隋唐时期佛儒之间关于伦理观念的争论曾出现了互不相让、言辞激烈的现象，但是，从整个隋唐五代来看，这种争论属于个别现象，整体上来说伦理问题的争辩比较缓和，有些时候，佛教有意识地吸收儒家的一些伦理观念，既补充了自己调和世俗社会方面的不足，又能够减少来自世俗社会的批判，使佛教更容易为中国民众接受。隋代智颛在谈到"善根发相"时说："今略明善根发相，有二种不同：一外善根发相。所谓：布施、持戒、孝顺父母尊长、供养三宝，及诸听学等善根开发。此是外事……二内善根发相。所谓诸禅定法门善根开发……"⑤ 将儒家孝亲、尊长的伦理观念与佛教的布施、持戒、供养三宝协调起来，从而把儒家思想纳入了佛教思想中。唐代善导也吸收了儒家的孝亲思想对佛经进行解读，他在解释人

① （唐）法琳：《辩正论》卷六，《大正藏》第 52 册，第 531 页。

② 同上书，第 529 页。

③ （后晋）刘昫：《旧唐书》卷七十九，中华书局 1975 年版，第 2716 页。

④ （后晋）刘昫：《旧唐书》卷一百六十，中华书局 1975 年版，第 4200 页。

⑤ （隋）智颛：《修习止观坐禅法要》卷一，《大正藏》第 46 册，第 469 页。

生因缘的时候就完全是一种儒家式的解读，他说："若无父者，能生之因即阙；若无母者，所生之缘即乖。若二人俱无，即失托生之地。要须父母缘具，方有受身之处。既欲受身，以自业识为内因，以父母精血为外缘。因缘和合故有此身。以斯义故父母恩重。……父母者世间福田之极也，佛者即是出世福田之极也。"[1] 将孝亲与佛教的因缘观念结合起来既符合儒教的伦理观念，又不背弃佛教的基本思想，这种将儒佛思想吸收、融摄和互相解读的方法能够更好地为中国民众所理解和接受，扩大了佛教的影响。

　　围绕儒家忠孝等伦理道德问题，唐代发生了一件持续时间较长、争论较为激烈的事件——致拜君亲事件，这件事对以后佛教与政治的关系产生了深远的影响。隋炀帝虽然推崇佛教，但是，他对佛教的政策做了一些调整，即下令出家人要礼拜天子及诸长官，时诸僧道士持异议。当时彦琮就撰写《福田论》一文，针对隋炀帝提出的"诸僧道士等有所启请者，并先须致敬，然后陈理"[2] 进行驳斥。事实上，炀帝上朝时也并没有僧道行君臣跪拜之礼。贞观五年（631），唐太宗曾对大臣说："佛道设教，本行善事，岂遣僧尼道士等妄自尊崇，坐受父母之拜，损害风俗，悖乱礼经，宜即禁断，仍令致拜于父母。"[3] 于是诏令僧尼道士也要致拜父母，不可违反儒家礼教。唐高宗显庆二年（657），下诏令《僧尼不得受父母拜诏》，对于僧尼与父母君亲的关系做了说明："释典冲虚，有无兼谢，正觉凝寂，彼我俱亡。岂自遵崇，然后为法！圣人心，主于慈孝，父子君臣之际，长幼仁义之序，与夫周孔之教，异辙同归。弃礼悖德，朕所不取。僧尼之徒，自云离欲，先自尊高，父母之亲，人伦已极，整容端坐，受其礼拜，自余尊属，莫不皆然。有伤教名，实致彝典！自今已后，僧尼不得受父母及尊者礼拜。所司明为法制，即宜禁断。"[4] 这一诏令实际上对佛教不受儒家礼制约束的观念做了修正，间接地将佛教纳入儒教礼仪规范之中，进而在致拜君亲问题上与儒家思想保持一致。

　　龙朔二年（662）四月，唐高宗又颁布诏令《沙门等致拜君亲敕》，

---

① （唐）善导：《观无量寿佛经疏》卷二，《大正藏》第37册，第259页。
② （唐）道宣：《广弘明集》卷二十五，《大正藏》第52册，第280页。
③ （唐）吴兢：《贞观政要》卷七，上海古籍出版社1978年版，第226页。
④ （北宋）宋敏求：《唐大诏令集》卷一百十，学林出版社1992年版，第638页。

敕令中写道："君亲之义，在三之训为重；爱敬之道，凡百之行攸先。然释老二门，虽理绝常境，恭孝之躅，事叶儒津。遂于尊极之地，不行拜跪之礼，因循自久，迄乎兹辰，宋朝暂革此风，少选还遵旧贯。朕禀天经以扬孝，资地义而宣礼。奖以名教，被兹真俗，而濑乡之基克成天构，连河之化付以国王，裁制之由，谅归斯矣。今欲令道士女冠僧尼，于君皇后及皇太子其父母所致拜，或恐爽其恒情，宜付有司，详议奏闻。"① 这一敕令引起了僧团的不满，道宣、威秀等僧众二百多人到蓬莱宫上书《议拜君亲状》，拒绝接受高宗的致拜君亲的诏令，同时联系荣国夫人杨氏和其他权贵进行反抗。道宣再撰《列佛经论明沙门不应敬俗》、彦悰撰《沙门不应拜俗总论》等文章，反对拜俗一事。在这种情况下，唐高宗于五月召集群臣进行论议，道宣率三百人上书陈情，结果，赞同拜俗者有阎立本等三百五十四人，不赞同拜俗者有狐德业等五百三十九人。六月，高宗下诏："前欲令道士、女冠、僧尼等致拜，将恐振骇恒心，爰俾详定。有司咸引典据，兼陈情理，沿革二涂，纷纶相半。朕商榷群议，沈研幽赜，然箕颍之风，高尚其事，遐想前载，故亦有之。今于君处，勿须致拜。其父母所，慈育弥深，祇伏斯旷，更将安设？自今已后，即宜跪拜，主者施行。"② 要求僧侣、道士致拜君亲，结果遭到佛道二教的强烈反对，最后不得已停止执行这一敕令，此事后来不了了之。从唐玄宗以后，唐代政治中再也没有讨论过沙门拜俗的问题。但是，在唐肃宗上元元年（760）曾下敕令道："僧尼朝会、表奏，毋得称臣。"③ 废除了在此之前僧尼跪拜君亲的礼节。

---

① （唐）道宣：《广弘明集》卷二十五，《大正藏》第 52 册，第 284 页。
② 同上书，第 289—290 页。
③ （南宋）志磐：《佛祖统纪》卷五十一，《大正藏》第 49 册，第 454 页。

第二章　隋唐五代佛教发展概况

　　隋唐五代是佛教发展的鼎盛时期。由于受到政治、经济、文化、社会和外交等诸多因素的影响，此一时期佛教的发展呈现出许多不同于其他历史时期的新的特点；也由于这些因素的影响，佛教的发展在不同时间段内出现了整体盛衰不一和各宗派兴亡相异的特点。无论是从宏观还是从微观的视角来看，此一时期佛教的社会影响层面都非常广、社会普及程度非常高，几乎社会中各阶层、各等级的人都受到佛教的影响，他们与佛教有着或多或少的联系，尤其是在民间，佛教更是成为人们日常生活中的一部分，融入日常礼仪、习俗、节日、民风等中去。佛教的全面发展和高度繁荣也引起了支撑寺院存在的基础——寺院经济的变化，寺院受到上至统治者、下至平民百姓的大量财物以及其他各种布施，经济实力逐渐膨胀，因此也出现了一系列新的社会现象。作为一种宗教组织，佛教内部僧团管理与组织制度也逐渐完善，成为以后佛教管理、组织的基本样式。佛教的发达还表现为佛教典籍的大量出现和文化艺术的高度繁荣。从原典翻译到本土著述、从典籍体裁到表现内容，佛教典籍都出现了多样化的发展态势，无论是从数量上还是质量上来说，此时的佛教典籍都是佛教史上发展的一个高峰时期。与之相应，佛教在传播、推广和普及的手段运用上更加多样化和有效化，文学、艺术等多种方法的使用都促进了佛教的全面发展和繁荣。

第一节　社会普及与民间佛教

　　隋唐五代时期的佛教无论是从信众的数量、规模上，还是从佛教的表现形态上看，较前一时期都有了明显的变化。从社会普及的情况来看，诸帝对佛教的鼓励扶植和协调利用的政策，导致了社会各阶层都有信奉佛教、护持佛教和推广佛教的人士。帝王通过自己的政策从国家层面推动了佛教的普及，官僚贵族通过自己的社会地位和财富影响佛教的发展，士大夫则通过与僧尼的频繁交往促进了佛教在思想、文化、艺术等方面的全面发展，社会底层的普通民众基于自己的精神需求和利益诉求而认同、接纳并信仰佛教，作为社会特殊群体的女性也出现了数量可观的信仰者。可以说，几乎社会各阶层的人们都从各自的角度和需求信奉、普及佛教，扩大了佛教在中国社会的影响力。从民间佛教的表现形式上来看，佛教已经渗入、影响到人们生活的不同方面，信徒们通过写经、造像、斋会、拜佛，甚至撰造佛经等各种形式表达自己对佛教的虔诚信仰。在佛教与中国传统文化的不断碰撞、交融中，佛教已经融入中国民众的日常生活中，成为中国民众生活的一个重要组成部分，随着佛教全面深入中国社会，隋唐五代时期的佛教逐渐完成了中国化的历程。

一　佛教社会普及简况

（一）帝室奉佛

隋唐五代诸帝室对佛教的态度不一。其中有反佛的，如唐武宗和后周世宗；有崇佛的，如隋文帝和武则天；然而，大部分帝王是将佛教纳入国家政治生活中，围绕如何更好地治理国家这一核心问题对佛教采取因势利导和方便利用的态度。隋文帝杨广出生于寺院，加之家庭的佛教信仰，他在位期间对佛教采取了崇奉的态度，"普诏天下，任听出家"[1]。通过大规模的度僧，使隋初僧尼人数激增。隋文帝还大造佛像、广建庙宇、鼓励抄写佛经、建立舍利塔、加强南北佛教交流等，通过这些具体措施，促进了佛教的全面兴盛。隋文帝崇佛也影响到王室成员对佛教的态度，其第三子秦孝王杨俊"仁恕慈爱，崇敬佛道，请为沙门，上不许"[2]。皇子受到皇室家族信奉佛教的影响，请求出家，但是，由于种种原因最终没有出家。隋炀帝在扬州时，曾设"千僧斋"，还请智顗为其授菩萨戒，自称"菩萨戒弟子""皇帝总持"，通过度僧、造寺塔佛像、修缮故经等促进了佛教的发展。

---

① （唐）魏徵等：《隋书》卷三十五，中华书局 1973 年版，第 1099 页。
② （唐）魏徵等：《隋书》卷四十五，中华书局 1973 年版，第 1239 页。

　　唐太宗根据统治政策的需要适当地发展佛教。他为了报答母恩，以尽儒家之孝道，修造佛寺；为了安抚战争中的亡灵，建造佛寺；玄奘归国后，建造佛寺，开辟专门的译经场所翻译佛经，并且直接促成了唯识宗的创立。贞观二十二年（648），唐太宗多年以来的眼疾逐渐好转，他认为这是以往的福德因缘所致，于是下令京城以及其余各州寺度僧尼，共计"海内寺三千七百一十六所，计度僧尼一万八千五百余人"①。这是唐代立国之初规模最大的度僧活动，进一步扩大了佛教的影响和普及范围。高宗李治为太子时，为了给母亲荐福，修建大慈恩寺，并一次度僧300人。中宗李显刚出生时，即从玄奘受戒，法名"佛光王"，并且"造寺不止，枉费财者数百亿；度人不休，免租庸者数十万"②。睿宗李旦佛道并重，景云元年（710）一次度僧、道三万人，规定："每缘法事集会，僧尼、道士女冠等，宜齐行并进。"③ 武则天是有唐一代最重佛教的一位皇帝，她通过佛教来提高和巩固自己的统治地位，同时，她也通过为佛经制序、修建佛寺、建造佛像、广度僧尼来显示她对佛教的崇敬之意，促进佛教的繁荣。她尤其支持华严宗、禅宗等佛教宗派的发展。唐玄宗本人虽然不太重视佛教，但是，他亲自注《金刚经》，并且颁行天下；同时，还赋予僧尼以特权，即对违法僧尼按照佛教戒律而非世俗法律进行规约。唐玄宗能够礼遇"开元三大士"善无畏、金刚智、不空，促进了密宗的建立和发展，而且，唐玄宗还请不空进宫为之授灌顶法，成为菩萨戒弟子。唐代后期诸帝的崇佛活动主要以迎请佛指舍利最为有名。尤其是唐宪宗元和十三年（818）十二月，迎请法门寺佛指舍利一事影响最大。先将舍利迎至京师长安，在宫中供养三天，然后送到各大寺院供信众们观瞻礼敬，掀起了全国性佛教信仰激情，"王公士庶，奔走舍施，唯恐在后。百姓有废业破产、烧顶灼臂而求供养者"④。这种对佛指舍利的崇拜几近狂热，促使佛教进一步走向宫廷、走向民间。此后的穆宗、敬宗、文宗、宣宗、懿宗、僖宗、昭宗等诸帝都比较崇尚佛教，他们或者斋僧万众，或敕衔建寺，或广度僧尼等，都比较热衷于佛事活动。

① （唐）慧立、彦悰：《大唐大慈恩寺三藏法师传》卷七，《大正藏》第50册，第259页。
② （后晋）刘昫：《旧唐书》卷一百一，中华书局1975年版，第3159页。
③ （北宋）宋敏求：《唐大诏令集》卷一百一十三，学林出版社1992年版，第538页。
④ （后晋）刘昫：《旧唐书》卷一百六十，中华书局1975年版，第4198页。

五代时期，虽然由于朝廷限制佛教政策的延续，导致了后周世宗的法难，但是，其间也有部分帝王及其王室成员对佛教表现出友好的态度。尤其是在出现灾异、疾病等非常态的情况下，他们更容易求助于佛教，采取做佛事、奉佛等行为。后梁太祖朱温就曾修佛事以祈福、行香以祝寿、事佛以去疾等，显示出对佛教的宽容态度。后唐庄宗李存勖因皇后信佛而奉佛，他曾率领皇后、皇室弟子们迎请、拜见来自于阗的僧人，该僧人"游五台山，遣中使供顿，所至倾动城邑"①。对另一位僧人诚惠，李存勖也曾率皇后、诸子、诸妃去叩拜，甚至引发了随行人员除了郭崇韬以外全部叩拜的场景。后唐还能够采取三教论议的方式比较平等地对待佛教，曾多次召集僧道的代表人物到内殿进行谈论，甚至还会赐紫衣、师号等。尽管这是出于对唐朝的认可和追慕的政治目的，但是在客观上还是有利于佛教的进一步发展。

十国中以吴越、闽、南唐诸帝室奉佛最具代表性，尤其忠懿王钱俶是吴越诸帝中最为崇信佛教的一位。周世宗废佛之时，他曾制作八万四千铜塔，将印刷好的《宝箧印陀罗尼经》经卷藏在其中，颁布于境内。钱俶礼遇僧侣众多。钱俶任台州刺史时，对法眼宗传人天台德韶多有礼遇，向德韶"延请问道"，并声称："他日为霸主，无忘佛恩。"②当钱俶即位之时，即遣使迎请德韶，"伸弟子之礼，尊为国师"③。德韶的弟子永明延寿也受钱俶礼遇，钱俶重建灵隐寺时，请延寿住持该寺。钱俶还为延寿的著作《宗镜录》撰写序文，表达他对佛法以及儒释道三教关系的理解。天台宗僧人螺溪义寂也受到钱俶礼遇，钱俶特别为他在天台山建立螺溪道场，并召他"至金门建讲，问智者教义"④。钱俶重视天台宗，促进了其在东南地区的延续和发展。同时，他还重视禅师，礼遇禅师，迎请禅师道潜为其授菩萨戒，并请他任持杭州的寺院；请宗靖禅师住杭州龙兴寺，慧明禅师住杭州资崇院，并且向他们询问佛法。钱俶奉佛、对佛教不同宗派和三教关系的平等态度对以后宋明佛教的发展和三教交往及进一步融合奠定了基础，预示了中国佛教的新走向。

---

① （北宋）欧阳修：《新五代史》卷十四，中华书局 1974 年版，第 144 页。
② （元）念常：《佛祖历代通载》卷十八，《大正藏》第 49 册，第 656 页。
③ （元）觉岸：《释氏稽古略》卷三，《大正藏》第 49 册，第 855 页。
④ （南宋）志磐：《佛祖统纪》卷十，《大正藏》第 49 册，第 206 页。

（二）权贵崇佛

隋代除了文、炀二帝之外，在官僚贵族中也屡见奉佛者。尚书左仆射高颎曾在隋文帝的统治过程中起过非常重要的作用，他的夫人先他去世后，独孤皇后哀悯之，曾建言文帝劝说高颎另娶，高颎则流涕称谢曰："臣今已老，退朝之后，唯斋居读佛经而已。虽陛下垂哀之深，至于纳室，非臣所愿。"① 另外，有洛州刺史辛彦之"崇信佛道，于城内立浮图二所，并十五层"②。官僚贵族建立寺塔也是他们崇信佛教的重要表现。著作郎王劭专门负责撰写隋代历史以及皇帝起居注等，深受隋文帝的赏识和恩宠，他撰写成三十卷的《皇隋灵感志》。该书是王劭"采民间歌谣，引图书谶纬，依约符命，捃摭佛经"③ 而成，书成后受到文帝的赞赏，并予以颁行诵读和厚赏。仁寿中，文献皇后驾崩，王劭又引用佛经内容上言："佛说人应生天上，及上品上生无量寿国之时，天佛放大光明，以香花妓乐来迎之。如来以明星出时入涅槃。伏惟大行皇后圣德仁慈，福善祯符，备诸秘记，皆云是妙善菩萨。"④ 王劭搜罗佛经内容编撰成书，能够熟练引用佛经上言，这与他生活中受到佛教影响和阅读佛经分不开。

唐朝的官僚贵族中有不少人崇奉佛教。南朝梁武帝萧衍的后代萧瑀由于家庭信佛的原因，也非常崇奉佛教。在唐高祖时，他就"好释氏，尝修梵行，每与沙门难及苦空，必谐微旨"⑤。唐太宗曾送给他"绣佛像一躯，并绣瑀形状龄佛像侧，以为供养之容。又赐王褒所书《大品般若经》一部，并赐袈裟，以充讲诵之服焉"⑥。礼部尚书裴休对佛教也有非常虔诚的信仰，他由于受家庭奉佛风气的影响，自幼熟读佛经，精通佛教义理，尤其是精通禅宗义理。由于所居之处太原、凤翔等地附近多名山、僧寺，他在公事之余，常常游历山林，与义学僧人讲论佛理。中年以后更是不食荤血，常常斋戒，减少嗜欲。同时，身边常常伴有香炉和佛典，在卧室中以咏歌赞叹、称念佛法为乐。裴休还按照原始佛教的修行方法去修行，披着粗布衣服，手持钵盂到处乞食，这些行为举止都表现出他对佛教

---

① （唐）魏徵等：《隋书》卷四十一，中华书局 1973 年版，第 1182 页。
② （唐）魏徵等：《隋书》卷七十五，中华书局 1973 年版，第 1709 页。
③ （唐）魏徵等：《隋书》卷六十九，中华书局 1973 年版，第 1608 页。
④ 同上。
⑤ （后晋）刘昫：《旧唐书》卷六十三，中华书局 1975 年版，第 2398 页。
⑥ 同上书，第 2402 页。

的深度信仰。裴休与禅宗僧人交往比较密切，在洪州任职时，他将黄檗希运禅师迎入府邸，朝夕问道、请益佛法。后来到了宛陵，他再次迎请希运禅师到其住所，接受禅法的熏习。裴休还"与尚书纥干皋皆以法号相字。时人重其高洁而鄙其太过，多以词语嘲之，休不以为忤"①。裴休不但自己信佛，而且还让自己的儿女亲近僧人，接受僧人的法号，据文献记载：裴休"性慕禅林，往往挂衲，所生儿女，多名师女僧儿，潜令嬖妾承事禅师，留其圣种，当时士族无不恶之"②。这种极度崇佛的行为受到了时人的诟病。元载、王缙、杜鸿渐三人都曾经身为宰相，也都非常好佛，其中王缙好佛尤甚，常常不食荤血，他还与杜鸿渐出资建造了多所寺院。王缙的妻子李氏去世，他便"舍道政里第为寺，为之追福，奏其额曰宝应，度僧三十人住持。每节度观察使入朝，必延至宝应寺，讽令施财，助己修缮"③。唐代宗在五台山造金阁寺，"铸铜涂金为瓦，所费巨亿，缙给中书符牒，令五台僧数十人散之四方，求利以营之。载等每侍上从容，多谈佛事，由是中外臣民承流相化，皆废人事而奉佛，政刑日紊矣"④。作为朝廷重臣如此极度奉佛而忽视朝政，这也是导致晚唐时期政治急速衰落的重要原因。

　　五代十国的官僚贵族奉佛情况没有唐代兴盛，但是帝王的奉佛政策影响到了部分官僚贵族较认同佛教，并能够信仰佛教。也有因个人生活背景、经历的不同而对佛教产生好感，并进而信佛的情况。后唐宰相马裔孙为纯儒，他非常仰慕韩愈不信佛教的态度和维护儒家正统地位的行为。他在为政时并不信仰佛教，但后唐灭亡后，他被"废居里巷，追感唐末帝平昔之遇，乃依长寿僧舍读佛书，冀申冥报。岁余枕藉黄卷中，见《华严》《楞严》，词理富赡，由是酷赏之，仍抄撮之，相形于歌咏，谓之《法喜集》。又纂诸经要言为《佛国记》，凡数千言"⑤。人生经历的急剧变化导致他对佛教的态度发生了巨大的转变，由不信佛甚至排佛转变为信仰佛教，乃至抄写、编撰佛教文献，这是五代时权贵崇佛的一个典型表现。

---

① （后晋）刘昫：《旧唐书》卷一百七十七，中华书局 1975 年版，第 4594 页。

② （后蜀）何光远：《鉴诫录》卷二，中华书局 1985 年版，第 15 页。

③ （后晋）刘昫：《旧唐书》卷一百一十八，中华书局 1975 年版，第 3417 页。

④ （北宋）司马光：《资治通鉴》卷二百二十四，中华书局 1956 年版，第 7315—7316 页。

⑤ （北宋）薛居正：《旧五代史》卷一百二十七，中华书局 1976 年版，第 1670 页。

（三）文士学佛

隋唐五代士大夫是社会的一个特殊群体，他们对隋唐五代文化、思想、学术的繁荣、发展和社会普及起了非常重要的作用。他们绝大多数虽然以儒学为根基，但是往往会吸收佛教，甚至皈依佛教，促进了佛儒之间的进一步融合。这一时期的士大夫与佛教之间的关系非常密切，表现出或研究佛理或信仰佛教、或激烈排佛等不同的态度，无论从哪一方面来看，士大夫受佛教因素的影响成为当时一种普遍的社会现象。

士大夫与佛教僧侣之间的交往比较频繁，他们通过互相交往，一方面促进了僧侣的文学、思想水平的发展，另一方面也使士大夫接受了佛教思想、义理的影响。二者在交往中相互促进，使得这一时期的文化水平得到了整体提高。例如，号称为"香山居士"的白居易与佛教僧侣交往密切。他从佛光寺如满禅师接受斋戒并与之共同结社，与禅宗北宗禅师法凝、如信、智如等有密切的交往，这些直接导致他的修行具有北宗的风格。白居易晚年还将他的文集分别藏于几个寺院，他之所以这样做是因为："乐天，佛弟子也。备闻圣教，深信因果，惧结来业，悟知前非。故其集家藏之外，别录三本，一本写于东都圣善寺钵塔院律库中，一本写于庐山东林寺经藏中，一本写于苏州南禅院千佛堂内。夫惟悉索弊文，归依三藏者，其意云何？且有本愿，愿以今生世俗文字放言绮语之因，转为将来来世赞佛承转法轮之缘也。"[1] 除此之外，白居易还出资请人画《阿弥陀经》和《无量寿经》中的故事，甚至还希望自己去世之后能够往生弥勒净土，从这些方面可以看出佛教对他的影响非常深刻。"摩诘居士"王维熟读佛教经典，如《华严经》《维摩诘经》《坛经》等，尤其是受到《维摩诘经》的影响，故取字"摩诘"，他的许多诗文作品都能够反映出他对佛教的深入理解。因王维深受家庭影响，对佛教有特殊的感情。他和母亲、弟弟与大照禅师交往密切，深受禅宗的影响。妻子去世后三十年，他独居一室，不再续娶。尤其是到了晚年，他更是成为一名虔诚的佛教徒。"在京师日饭十数名僧，以玄谈为乐。斋中无所有，唯茶铛、药臼、经案、绳床而已。退朝之后，焚香独坐，以禅诵为事。"[2]

---

① （唐）白居易：《苏州南禅院白氏文集记》，载（清）董诰等编《全唐文》卷六百七十六，中华书局1983年版，第6909页。

② （后晋）刘昫：《旧唐书》卷一百九十，中华书局1975年版，第5052页。

　　中晚唐以后，由于朝廷内部争权夺利，社会动荡，士大夫常常遭遇来自政治上的打击，他们纷纷从佛教中寻求精神慰藉，甚至通过学佛来保身全生，这就进一步促使他们改变对佛教的认识，对佛教逐渐产生认同感，这方面典型的例子就是韩愈。被称为反佛斗士的韩愈为了维护儒家的正统地位，强烈反对朝廷迎请佛指舍利，结果遭到流放。在流放的过程中，他接触了岭南高僧大颠禅师，渐渐对南宗禅有了深入了解，认识到佛教与儒学在学理上具有共通之处，为佛儒之间的会通做出了理论上的贡献。

　　其他学佛的士大夫还有号称"青莲居士"的李白以及以佛教为题材进行文学创作的柳宗元、刘禹锡、李商隐、李绅、皮日休等，他们都与僧人有密切的交往，他们的诗歌、散文等文学作品中常常会显示出来自佛教方面的影响。士大夫除了与内地僧人交往外，还常常会与西域、吐蕃等地僧人甚至来华的外籍僧人交往，如沈佺期、张籍、皮日休、陆龟蒙等人的诗文中有与西域、吐蕃僧人交往的记述；刘禹锡的诗《赠日本僧智藏》，贯休的诗《送新罗僧归本国》《送僧归日本》等中记载了与外国来华僧人的交往情况。

　　寺院是文人士大夫旅游、休闲、读书、交友甚至谋生的重要场所。唐代科举考试结束后，中举的进士们就会到慈恩寺大雁塔题名留诗，以期名垂千古，"长安慈恩寺浮图起开元，至大和之岁，举子前名登游题记者众矣"①。这不仅是他们多年寒窗苦读成功的标志，而且还是一种享受别人尊重的极高荣耀。因此，中举者往往会争相到大雁塔题名。此外，也会有其他并非中进士的士大夫到寺院古塔上题名、题诗，虽非成功的荣耀，但是，可通过此种方法发泄一下自己的心情、抒发自己的情感。在寺院、寺塔等佛教场所题词、作诗逐渐成为当时的一种风尚，这既能够展现出士大夫的文学水平、学识素养，又有可能受到皇帝和权贵的赏识，以引起他们的重视，得到提拔和重用。李白一生游历名山古刹，在许多寺院写诗题名，在这些诗中也常常表现出他对佛教的理解，展示出禅的意蕴。如《与元丹丘方城寺谈玄作》写了人生不过是四大假合而已，唯有澄心静虑，通体观照，才能领略精要，获得怡然境界；《送通禅师还南陵隐静寺》除了描写景物外，还引入僧朗、杯度两位高僧，通过佛教术语的使用，反映了他对佛教思想的理解；《普照寺》则写道："天台国清寺，天

---

　　① （后蜀）何光远：《鉴诫录》卷七，中华书局 1985 年版，第 51 页。

下为四绝。今到普照游，到来复何别？楠木白云飞，高僧顶残雪。门外一条溪，几回流岁月。"① 这不仅是对天台寺院的描写，从中更能够体现出他对禅宗思想的领悟以及因此而表现出的禅意。寺院不仅仅是一所宗教活动的场所，由于寺院有大量藏书，也成为当时文化教育和传播的中心。加之寺院环境优美、宁静，也成为人们求知、休闲的好地方。有些士大夫专门寻找寺院暂住在那里读书，并与寺僧交流，促进了文化的多元化发展。例如，韦昭度"少贫窭，常依左街僧录净光大师，随僧斋粥。净光有人伦之鉴，常器重之"②。

（四）民众信佛

佛教传入中国以后，不仅受到帝室、官僚贵族和文人的青睐，而且也受到了普通民众的欢迎和接受。在隋唐五代整体佛教氛围比较浓厚的社会里，普通民众中的不同人群都有非常明显的信仰佛教的活动和行为表现。

贞观十九年（645），玄奘法师从印度求法归来，在尚未到达长安城的时候，就已经有"道俗相趋，屯赴阗闠，数十万众，如值下生。将欲入都，人物喧拥，取进不前，遂停别馆。通夕禁卫，候备遮断，停驻道旁。从故城之西南至京师朱雀街之都亭驿，二十余里，列众礼谒，动不得旋"③。而当玄奘法师将他从印度、西域等地带回来的佛经、佛像、舍利等佛教圣物带到长安时，将"诸经像送弘福寺，京邑僧众竞列幢帐助运庄严，四部喧哗又倍初至"④。受到了普通信众的热烈欢迎。唐高宗麟德元年（664），玄奘圆寂，是"京城道俗奔赴哭泣，日数百千"，埋葬到浐河以东的时候，"京邑及诸州五百里内，送者百余万人"⑤。人们对于玄奘法师的崇拜几乎超过帝王。这不仅是玄奘法师本人的魅力所致，也是当时人们认同佛教、信仰佛教的一种表现。

在唐代多次迎请佛指舍利的活动中，每次参与的信众数量都非常可观，活动场面也非常宏大，其中，最盛的一次是唐懿宗咸通十四年（873）迎请佛指舍利的活动。据史书记载："四月八日，佛骨入长安，自

---

① （唐）李白：《李白集校注》，瞿蜕园、朱金城校注，上海古籍出版社1980年版，第1722页。

② （五代）王定保：《唐摭言》卷七，中华书局1961年版，第74页。

③ （唐）道宣：《续高僧传》卷四，《大正藏》第50册，第454页。

④ 同上。

⑤ （唐）慧立、彦悰：《大唐大慈恩寺三藏法师传》卷十，《大正藏》第50册，第278页。

开远门安福楼，夹道佛声振地，仕女瞻礼，僧徒道从……长安豪家竞饰车服，驾肩弥路。四方挈老扶幼来观者，莫不蔬素以待恩福。时有军卒断左臂于佛前，以手执之，一步一礼，血流满地。至于肘行膝步，啮指截发，不可算数。又有僧以艾覆顶上，谓之炼顶。火发痛作，即掉其首呼叫。坊市少年擒之不令动摇，而痛不可忍，乃号哭卧于道上。头顶焦烂，举止苍迫，凡见者无不大哂焉……"① 这次活动中参加者除了僧人、贵族之外，更多的是一些普通信众。其中，一些人的举动已经是失去了理智，也违背了佛教的基本教义。

佛教之所以能够得到普通信众的认同、接受，并且在普通信众中广泛流行，除了与上层统治者的提倡有关之外，还与佛教自身的思想、传播方法及其与中国文化的结合程度等有着密切的关系。隋唐五代时期，佛教的大部分经典已经翻译过来，佛教中的"因果报应"、"惩恶劝善"、"轮回"和"地狱"等思想在结合中国本土文化的基础上得到了改进和完善，已经渗透了每个人的心，甚至出现了适应普通民众信仰心态的"疑伪经"，"疑伪经"中包含中国本土儒道二教及民间信仰的诸多成分，如孝亲观念、地狱信仰、十王信仰等，这又进一步促进了佛教的民间化和俗信化。佛教的不同宗派在此时都已经建立并且有所发展，各宗派的领袖通过自己宣扬佛法的努力，扩大了佛教的影响范围。一方面，他们通过与统治者的密切交往，获得帝王的支持，从上层来推动佛教的社会传播；另一方面，僧众个人的魅力吸引着众多信仰者，使这些信仰者不断坚定自己的佛教信仰。这一时期，佛教的传播手段和方法也更加灵活多样，一些俗讲、灵验记、宣佛小说等文学传播方法和手段出现并被广泛使用，这都促进了佛教向更深层次、更广泛的空间发展，从信仰者的角度来看，处于社会底层的普通民众成为中国佛教发展最重要的载体，这是当时佛教发展的必然趋势。

(五) 女性奉佛

女性是社会人口的一个重要组成部分。隋唐五代时期，随着社会风气不断开放，女性的地位、思想观念和自由程度都发生了许多变化，这使她们有机会、有权利去接触佛教、信仰佛教。对于上层社会的女性而言，由

① (唐) 苏鹗：《杜阳杂编》卷下，载《唐五代笔记小说大观》，上海古籍出版社2000年版，第1398页。

于她们本身处于社会地位较高、生活较为富裕的皇室家庭中，接受教育也较为系统，具有较高的文化素养。加上当时社会风气较为开放，这就使上层社会的女性有机会参加一些社会活动。因此，在具有极大影响的佛教活动中，常常会看到她们参与其中的影子，这种耳濡目染使她们更容易接受佛教、信仰佛教。佛教中吃斋、念佛、诵经、拜忏等一些简单方便的修行方法能够适合她们的需要，佛教具有的心理疏导和精神慰藉的功能容易得到她们的认同，因此，信仰佛教，甚至崇佛就成为她们生活中的重要内容。

对于后妃和宫女以及广大普通女性而言，家庭的影响、婚姻的变故、疾病的困扰等生活中的不如意和艰辛在不同程度上影响她们对佛教的认识和态度，这些影响又会促使她们寻求一种精神支柱，获得生命关怀，佛教关注生命、给人精神慰藉的功能就使她们更容易接受佛教、信仰佛教、皈依佛教。有些妇女在丈夫死后，往往会选择削发为尼的生活方式。幽州范阳人崔绘妻卢氏，原本为山东著姓。"绘早终，卢既年少，诸兄常欲嫁之，卢辄称病固辞。卢亡姊之夫李思冲，神龙初为工部侍郎，又求续亲。时思冲当朝美职，诸兄不之拒，将婚之夕，方以告卢，卢又固辞不可，仍令人防其门。卢谓左右曰：'吾自誓久已定矣。'乃夜中出自窦中，奔归崔氏，发面尽为粪秽所污，宗族见者皆为之垂泪。因出家为尼，诸尼钦其操行，皆尊事之。开元中，以老病而卒。"[1] 有一些女性由于受到家庭的影响选择信仰佛教。僧人智命，俗姓郑，名颋，"决心出俗，又劝妇氏归宗释教，言既切至，则依从之，更互剃发"[2]。张府君的"夫人少习诗礼，长闲音律，既阅道书，尤精释典"[3]。河东裴章在太原任职，将其妻子李氏独自留在洛中，而且，他还数次过家门不入，这使他的妻子感到备受冷遇，转而去读佛经寻求解脱，"李氏自感其薄，常褐衣鬌鬐，读佛书蔬食"[4]。萧瑀因为家庭信奉佛教，这也影响到他对女儿佛教信仰的态度，女儿三岁便送入佛寺为尼。还有的人是天生具有出家为尼的慧根，据文献

---

① （后晋）刘昫：《旧唐书》卷一百九十三，中华书局1975年版，第5147页。

② （唐）道宣：《续高僧传》卷二十七，《大正藏》第50册，第683页。

③ 《唐故处士张府君夫人梁氏墓志铭并序》，载周绍良《唐代墓志汇编》，上海古籍出版社1992年版，第453页。

④ （北宋）钱易：《南部新书》癸，载《丛书集成初编》，商务印书馆1936年版，第110页。

记载：“兴元城固县有韦氏女，两岁能语，自然识字，好读佛经。至五岁，一县所有经悉读遍。至八岁，忽清晨熏衣靓妆，默存牖下，父母讶移时不出，视之，已蜕衣而失，竟不知何之。”①

由于女性信仰佛教的现象比较普遍，社会上出现了与之相应的数量可观的尼寺。根据史料记载，盛唐时，“凡天下寺总五千三百五十八所。三千二百四十五所僧，二千一百一十三所尼”②。尼寺与僧寺的数量虽然有一定的差距，但是，从当时社会情况来看，有如此众多的尼寺必定有与之相应数量的出家妇女，据史载，妇女出家的人数在唐玄宗时期约为 50576 人。③ 从中可见当时女性出家已经成为一种重要的社会现象，而那些尚未出家的一般女性信众则要更多一些。

二　民间佛教的普遍流行

同官方的佛教信仰方式不同，民间佛教的流行则更多是从关注自身实际利益的角度出发，无论是其对佛经的研读、抄诵，还是在具体的修行方面，都能够表现出一种简约性、功利性、实用性、民俗性的特点。过于高深的理论和思辨性很强的逻辑论证对他们而言并没有多少吸引力。

（一）写经造像

佛法僧三宝是佛教得以存在和延续的三个基本要素。对佛的崇拜逐渐演化成对佛菩萨像的崇拜，对法的崇拜则主要表现为对佛教经典的抄写、读诵、流传等具体方式。从南北朝以来，佛教信众们就特别注重造像、画像，以此寄托、表达自己对佛教的虔诚信仰，希冀得到佛菩萨的护佑。

奉持、读诵《金刚经》《法华经》《观音经》《阿弥陀经》《弥勒上生经》《弥勒下生经》等经典是这一时期比较流行的现象。贞元十七年（801），“张镒相公先君齐邱，酷信释氏。每旦更新衣，执经于像前，念《金刚经》十五遍，积数十年不懈”④。不仅男性酷信佛教，而且还有信仰佛教的妇女也常常烧香、吃素、拜佛、诵经，表现出对佛教的虔诚信仰。公安漊陵村的普通百姓王从贵之妹“未嫁，常持《金刚经》。贞元中，忽

---

① （唐）段成式：《酉阳杂俎·续集》卷三，中华书局 1985 年版，第 194 页。
② （唐）李林甫等撰：《唐六典》卷四，中华书局 1992 年版，第 125 页。
③ （北宋）欧阳修等：《新唐书》卷四十八，中华书局 1975 年版，第 1252 页。
④ （唐）段成式：《酉阳杂俎·续集》卷七，中华书局 1985 年版，第 229 页。

暴疾卒，埋已三日，其家复墓，闻冢中呻吟，遂发视之，果有气，舆归数日能言，云：'初至冥间，冥吏以持经功德放还。'"① 开元十年（722）四月八日，幽州良乡县的"清信女仇二娘敬造《药师经》一卷"②，通过造《药师经》来达到消灾祈福的目的。敦煌出土的隋唐五代时期的佛经写卷非常多，例如，S.1893 号《大般涅槃经卷第卅七》（尾题）中写道："景龙三年（709）十二月十一日，李奉裕在家未时写了，十二月十日，清信女邓氏敬造《阿弥陀经》一部……"有些信徒为了表达自己的虔诚信仰，还手书血经，唐肃宗患病期间，张皇后就曾"自箴血写佛书以示诚"③。唐宣宗时，庐州人万敬孺，"三世同居丧亲庐墓，刺指血书佛经"④。

　　唐初，写经造像就已经职业化和商业化了。唐高宗龙朔三年（663），长安城内刘公信妻子陈氏应其亡母之请，抄写《法华经》，由于他们贪图省事，他的妹夫赵师子从专门抄经卖经的经生那里购得一部，"有一经生将一部新写《法华》未装潢……转向赵师子处质二百钱"⑤。被称为"经生"的抄经人抄写佛经、买卖佛经已经成为当时的一种普遍现象，敦煌出土佛经中的首尾题经常会看到有"经生"抄写的字样，表明许多佛经并非信仰者本人所抄写，而是通过职业抄经者完成，抄经人可以随意将为别人抄写的佛经转卖他人获得利益。开元二年（714）玄宗下诏曰："坊巷之内，开铺写经，公然铸佛。"⑥ 在京城长安公开设置商铺写经造像，说明写经造像在民间的流行已经发展为一种市场需求，大大地降低了佛教信仰的神圣性。

　　佛教造像起源于印度，但是，大规模地发展起来则是在佛教传入中国以后。尤其是从北魏开始，一直到唐中叶为止，是佛教造像的兴盛时期。这些佛教造像，从所造形象上来看，有释迦佛、弥勒菩萨、阿弥陀佛、观

---

① （唐）段成式：《酉阳杂俎·续集》卷七，中华书局 1985 年版，第 231 页。

② 北京图书馆金石组、中国佛教图书文物馆石经组：《房山石经题记汇编》，书目文献出版社 1987 年版，第 208 页。

③ （北宋）欧阳修等：《新唐书》卷七十七，中华书局 1975 年版，第 3498 页。

④ （元）觉岸：《释氏稽古略》卷三，《大正藏》第 49 册，第 840 页。

⑤ （唐）道世：《法苑珠林》卷五十七，周叔迦、苏晋仁校注，中华书局 2003 年版，第 1727 页。

⑥ 《禁坊市铸佛写经诏》，载（清）董诰等编《全唐文》卷二十六，中华书局 1983 年版，第 300 页。

音菩萨、罗汉等；从所用材质上来看，有石质、铜质、木质、泥质等；从造像位置上来看，有大的摩崖造像，有稍小一点的石窟造像，最小的造像甚至与手掌大小等同。隋唐五代时期的石窟造像发展比较迅速，出现了大规模开凿石窟造像的活动。隋代僧人灵裕"营诸福业，寺宇灵仪。后于宝山造石龛一所，名为金刚性力住持那罗延窟，面别镌法灭之相。山幽林竦，言切事彰。每春游山之僧皆往寻其文理，读者莫不歔欷而持操矣。其遗迹感人如此"①。在规模较大的敦煌莫高窟中，"从公元 589 年到 640 年之间的 50 多年中，莫高窟共营建了近 90 个洞窟，平均每年将近两个。这样的频率是莫高窟营造史上最高的"②。此后，敦煌莫高窟一直在续开，从 640 年至 767 年的近 130 年间，莫高窟崖面上共营造了 150 多个洞窟。综合隋唐莫高窟的开凿情况，莫高窟在隋唐时期得到了较快的发展，其中，有些石窟造像成为整个莫高窟的代表作品。

北魏时期开凿的龙门石窟，在隋唐时期得以续开，尤其是武则天统治时期，更是得到了大规模的开凿，最有名的卢舍那佛像龛窟群就是此一时期的杰作。值得一提的是，隋代佛教石刻的代表作是沙门静琬的房山石经，静琬又称智苑，据文献记载："幽州沙门释智苑，精练有学识，隋大业中，发心造石经藏之，以备法灭。既而于幽州北山凿岩为石室，即磨四壁而以写经，又取方石，别更磨写，藏诸室内。每一室满，即以石塞门，用铁锢之……朝野闻之，争共舍施，故苑得遂其功……苑所造石满七室，以贞观十三年卒，弟子犹继其功。"③ 有感于佛教末法的到来，静琬经过多年的艰苦努力，终于刻成石经，成为石刻佛经的典型代表。除了规模和造型较大的佛教造像之外，隋唐五代时期，由僧尼、普通信众或社邑出资雕凿的小型佛教造像也非常多，这些造像或为祈求福报，或为消灾祛病，或为追念亡灵等目的而雕凿，成为佛教造像中的一大特色。

（二）佛菩萨信仰

隋唐五代时期的佛菩萨信仰对象多元，内容也非常丰富，舍利信仰、弥勒、弥陀、观音、文殊、地藏、维摩、陀罗尼和十王信仰等诸多信仰形式在这一时期比较流行。

---

① （唐）道宣：《续高僧传》卷九，《大正藏》第 50 册，第 497 页。

② 马德：《敦煌莫高窟史研究》，甘肃教育出版社 1996 年版，第 73 页。

③ （唐）唐临：《冥报记》卷上，《大正藏》第 51 册，第 789 页。

　　弥勒信仰受到了人们的普遍欢迎，在这一信仰发展过程中，又出现了新的现象。武则天称帝的时候，僧人"怀义与法明等造《大云经》，陈符命，言则天是弥勒下生，作阎浮提主，唐氏合微"①。薛怀义等人撰造佛经，称武则天是弥勒下生，应当代替李唐做阎浮提主。这一事件显示了当时帝室已经普遍认可弥勒的下生信仰，所以以此为武周革命制造舆论。除了帝王、僧尼们信仰弥勒，在民间普通信众中也流行弥勒信仰。隋炀帝大业六年（610），华北地区就有以弥勒佛出世为旗号的起义，当时"有盗数十人，皆素冠练衣，焚香持华，自称弥勒佛，入自建国门，监门者皆稽首。既而夺卫士杖，将为乱，齐王暕遇而斩之。于是都下大索，与相连坐者千余家"②。大业九年（613），又有弥勒教徒唐县人宋子贤自称弥勒佛出世，举行无遮佛会，举兵袭击正在巡视的隋炀帝，结果事泄被杀，连坐者有千余家。同年，佛教徒向海明"于扶风自称弥勒佛出世，潜谋逆乱。人有归心者，辄获吉梦，由是人皆惑之，三辅之士，翕然称为'大圣'。因举兵反，众至数万，官军击破之"③。通过借用弥勒为旗号来发动起义，对身处生活困境中的普通民众具有比较强的吸引力，容易得到广大民众的认可，这从一个侧面反映出弥勒信仰在隋代普遍流传的状况。由于连续发生以"弥勒"为旗号的起义，到唐玄宗时，朝廷便下令严格禁止此类活动。"比有白衣长发，假托弥勒下生，因为妖讹，广集徒侣，称解禅观，妄说灾祥。或别作小经，诈云佛说；或辄蓄弟子，号为和尚；多不婚娶，眩惑闾阎；触类实繁，蠹政为甚。刺史县令，职在亲人，拙于抚驭，是生奸宄。自今已后，宜加捉搦。仍令按察使采访，如州县不能觉察，所由长官，并量状贬降。"④ 这种禁断弥勒教的政策直接影响到弥勒信仰在唐代的发展。此后，弥勒信仰出现了衰微迹象，到五代时期，弥勒的形象出现了重大的变化，面相慈善、笑容可掬的"布袋和尚"成为弥勒的标准形象，受到此后历代世人的认可和崇拜。而随着"布袋和尚"成为弥勒佛的唯一代表，人们对早期流行的弥勒菩萨形象渐渐忘却，对弥勒菩萨的崇拜也逐渐消失。

---

① （后晋）刘昫：《旧唐书》卷一百八十三，中华书局1975年版，第4742页。
② （唐）魏徵等：《隋书》卷三，中华书局1973年版，第74页。
③ （唐）魏徵等：《隋书》卷二十三，中华书局1973年版，第663页。
④ （北宋）宋敏求：《唐大诏令集》卷五，学林出版社1992年版，第539页。

　　阿弥陀信仰是净土信仰中最流行的一种，经过昙鸾、道绰和善导等诸位高僧的阐释、发挥和推广，弥陀净土逐渐成为后世民众佛教信仰的重要形态，越来越多的人们认可、接受和实践弥陀净土信仰。唐代有些女性信众通过念佛往生弥陀净土，贞观年间，洛州永安县般龙村"内有盲老母，姓梁。因师劝念阿弥陀佛，其老母宿有善根。一教以后，相续念佛。三年之后，双眼得开。既得眼已，倍加诵念。更满四年，阎浮报尽。舍命之时，合村共见诸佛菩萨幢幡宝盖下来迎之，便即寿终。合村敬仰，将用非凡，遂不许令葬，于村西共为起塔，塔今现在路露。塔前村人往来，莫不致敬，合村大小皆称诵佛"①。通过称念阿弥陀佛的名号获得现实利益是诸多信众所追求的主要目标。唐武宗虽然限制佛教的发展，但是，在他下令灭佛之前也曾支持弥陀净土信仰。"（唐武宗）又敕令章敬寺镜霜法师于诸寺传弥陀净土念佛教。廿三日起首至廿五日，于此资圣寺传念佛教。又巡诸寺，每寺三日。每日巡轮不绝。"②　在帝王的支持下，弥陀净土得到了更为有利的发展机会，能够进一步增进普通民众对它的接受。

　　观音信仰在隋唐五代时期也得到了进一步的发展，更加融入社会、走向民间，成为人们信仰和崇拜的主要对象。首先，观音形象逐渐增多，如千手千眼观音、马头观音、十一面观音、准提观音、如意轮观音、白衣观音、不空罥索观音、叶衣观音、水月观音、杨柳观音等。同时，观音形象逐渐出现了女性化倾向。其次，观音信仰出现了密教化倾向，一些密教类观音经典被翻译过来，如西天竺沙门伽梵达摩翻译的《千手千眼观世音菩萨广大圆满无碍大悲心陀罗尼经》，沙门三昧苏督罗翻译的《千光眼观自在菩萨秘密法经》等。再次，观音的灵验感应事迹屡屡见诸史料，有关观音的文学作品也不断出现。最后，出现了许多的观音造像和观音绣像，绘画作品也有不少是以观音形象为题材，并逐渐形成了以普陀山为中心的观音道场。这些观音信仰的新变化都促进了观音信仰的民间化、世俗化和大众化。

　　此时期的地藏信仰也被普通民众接受。地藏信仰最重要的三部经典《地藏菩萨本愿经》《地藏菩萨十轮经》（该经有两个译本，唐代有玄奘译

---

① （唐）迦才：《净土论》卷下，《大正藏》第 47 册，第 99 页。

② ［日］圆仁：《入唐求法巡礼行记》卷三，顾承甫、何泉达点校，上海古籍出版社 1986 年版，第 147 页。

本）和《占察善恶业报经》都已经被翻译或撰造出来，① 随着地藏信仰的不断流行，地藏信仰出现了许多新变化。撰造、诵读、抄写地藏经和雕凿、绘画地藏菩萨像成为广大信众寻求解脱的一种重要途径；地藏菩萨与地狱的关系更为密切，甚至逐渐成为掌管地狱的神灵；地藏菩萨的形象逐渐定型化，从新罗来华的王子金乔觉成为中国化地藏菩萨的唯一形象。这些变化都是地藏信仰深入民间的重要表现。

此外，在士大夫阶层中流行的维摩信仰，在帝王皇室中流行的舍利崇拜，在僧尼中流行的陀罗尼信仰，还有民间流行的十王信仰等对诸多佛菩萨以及圣物的信仰和崇拜，在隋唐五代时期都得到了不同层次信众们的支持，逐渐成为中国民众生活中的重要组成部分，成为影响中国民众生活的重要信仰对象。

（三）结社法会

北魏初年的北方地区兴起了一种民间佛教组织——"义邑"。"义邑"又称为"邑会"、"社邑"，是由在家佛教信仰者组成，它的主要功能是集合信仰者们从事共同出资造像、写经、进行斋会等佛教活动，这一民间性的佛教组织在隋唐五代时期依然流行和广泛存在。从现存资料来看，隋代义邑的活动主要是以造佛菩萨像和造石经为主。唐代义邑中的造石经活动也比较普遍，还形成了"幽州石经邑"、"莫州诸县石经邑"、"昌平县石经邑"等。除了造经像之外，唐代义邑还有其他一些佛事活动。唐初益州福寿寺僧人宝琼经常举行民间集会，"每结一邑必三十人，合诵大品，人别一卷。月营斋集，各依次诵。如此义邑乃盈千计，四远闻者皆来造欵"②。类似的义邑有上千个，集中的人数比较多，在这种义邑法会中会进行诵经、斋会等活动。唐玄宗时，在长安附近的民间常常会有聚集在一起进行佛事活动的情况，"同州界有数百家，为东西普贤邑社，造普贤菩萨像，而每日设斋"③。晚唐以后，义邑的活动组织在敦煌地区表现得比较集中，活动也比较频繁，组织比较完善，有社僧、社长、社子等组成人

---

① 《地藏菩萨本愿经》《占察善恶业报经》两部经典是翻译还是中国本土撰造，两种观点分歧较大。吕澂认为《地藏菩萨本愿经》虽题名为唐于阗高僧实叉难陀译，但不见明代以前藏经和经录的记载，应当是明初新得；日本学者羽溪了谛、小野玄妙认为是中土伪作。《占察善恶业报经》题为隋代外国沙门菩提灯译，但其历来被视为伪经，其中包含的地藏信仰影响比较大。

② （唐）道宣：《续高僧传》卷二十八，《大正藏》第50册，第688页。

③ （北宋）李昉：《太平广记》卷一百一十五，中华书局1961年版，第800页。

员。伴随着斋会、诵经活动，还有比较流行的俗讲活动。

　　另外一种具有民间性质的佛教组织是"法社"，参加者多数是官僚贵族、士大夫和一些僧尼。唐武宗时，白居易就曾经参加香火社之类的法社，"会昌中，请罢太子少傅，以刑部尚书致仕，与香山僧如满结香火社，每肩与往来，白衣鸠杖，自称香山居士"①。因为参加香山法社，白居易自称为"香山居士"，这一称呼成为白居易一生以及以后影响最为广泛的一个名号。法社活动的参加者们的主要目的是通过这一组织去了解佛教思想、义理，同时，也通过具体的修行活动，加强对佛教的理解和增强对佛教的信心。法社中的一项重要活动内容就是念诵佛经。唐德宗时，有开元寺僧人神皓"别置西方法社，诵《法华经》九千余部"②。在该法社活动中，以念诵《法华经》为主要修行方法。唐穆宗时，白居易参加了杭州龙兴寺的华严法社，该法社以专门念诵《华严经》为主要活动内容，由于参加华严法社的人数众多，逐渐形成规模较大的华严斋会。

　　在佛教的集体修行活动中，比较重要和常见的还有斋会、法会等大型的活动。如果说，法社的参加人数和影响范围较为有限的话，那么，以固定日期举行的斋会、法会无论是参加人数还是影响范围都比法社大得多。唐代宗大历七年（772），在河南宋州开元寺举行的八关斋会场面非常壮观，参加人数相当多，有僧众上千人，世俗信仰者七千多人，进行供斋活动。宋州刺史徐向"曾饭千僧于开元寺"，其于官民又各设一千五百人、五百人、五千人。当时"法筵等供，仄塞于郊埛；赞呗香花，喧填于昼夜"③。在斋会上，还要举行行香、读经、诵梵呗等具体活动。日僧圆仁还目睹和亲自参加了当时一次规模较大的法会。唐文宗开成三年（838），扬州开元寺举行了规模较大的行香法会活动，"国忌之日，从舍五十贯钱于此开元寺设斋，供五百僧……相公等引军至堂后大殿里吃饭。五百众僧，于廊下吃饭。随寺大小屈僧多少；大寺卅，中寺廿五，小寺二十，皆各座一处长列。差每寺之勾当，各令办供，处处勾当，各自供养。其设斋不遂一处，一时施饭，一时吃了。即起散去，各赴本寺。于是日，相公别

---

　　① （后晋）刘昫：《旧唐书》卷一百六十六，中华书局 1975 年版，第 4356 页。

　　② （北宋）赞宁：《宋高僧传》卷十五，范祥雍点校，中华书局 1987 年版，第 371 页。

　　③ （清）王昶：《金石萃编》卷九十八，《历代碑志丛书》第六册，江苏古籍出版社 1998 年版，第 71 页。

出钱，差勾当于两寺，令涌汤浴诸寺众僧，三日为期"①。从参加僧人、寺院的数量和持续的时间长短上来看，这无疑是一次规模较大、颇具影响的大型法会。

（四）佛教节日

佛教在中国化的过程中，逐渐与中国民俗相结合，一些重要的佛教节日也逐渐成为民俗生活中重要的节日。如上元节的燃灯、二月的佛诞或佛成道、四月的佛诞、中元节的盂兰盆会、腊月的施粥等民俗节日都与佛教有着密切的关系。

佛诞日原本是佛教的重要节日，到隋唐时期也成为中国民众普遍认可的重要的民俗节日。关于佛诞日的具体时间，不同资料有不同的记载，主要有二月八日和四月八日两种，其中，以四月八日影响更大。唐代初年，有的僧人就以二月八日为佛诞日，如僧人玄琬在长安时就"以二月八日大圣诞沐之辰，追惟旧绪，敬崇浴具，每年此旦，建讲设斋，通召四众，供含悲敬"②。唐代四川地区的僧俗二众将佛诞日定为两天，即二月八日和四月八日，"蜀土尤尚二月八日、四月八日。每至二时，四方大集，驰骋游邀，诸僧忙遽，无一闲者"③。而敦煌地区的佛寺将四月八日视为佛成道日，受到了僧俗二众的重视，是日举行布施、行像、讲经等诸多佛事活动，成为西北地区非常隆重的佛教民俗节日。与佛诞节密切相关的一件重要佛事活动是浴佛，敦煌出土文献 S.2832 号写卷就描写了敦煌地区浴佛时的情景："四月八日，时属四月维八，如来诞时。七步莲花，既至于日，九龙吐水，亦在兹辰。"不仅在西北地区如此，在唐诗中也常常会看到佛诞节时浴佛活动的描写，诗人张籍曾在《题清彻上人院》中写道："古寺临坛久，松间别起堂。看添浴佛水，自合读经香。爱养无家客，多传得效方。过斋长不出，坐卧一绳床。"④，顾况的诗中也有描写庆祝四月八日佛诞节的内容："四月八日明星出，摩耶夫人降前佛。八月五日佳气

---

① ［日］圆仁：《入唐求法巡礼行记》卷一，顾承甫、何泉达点校，上海古籍出版社 1986 年版，第 23—24 页。

② （唐）道宣：《续高僧传》卷二十二，《大正藏》第 50 册，第 616 页。

③ （唐）道宣：《续高僧传》卷二十五，《大正藏》第 50 册，第 661 页。

④ 《全唐诗》卷三百八十四，中华书局编辑部点校，中华书局 1999 年版，第 4320—4321 页。

新,昭成太后生圣人。"① 将四月八日定为佛诞日,而且还将佛诞日与中秋节并列,显示出人们对佛诞节的重视。因此,唐代将迎佛指舍利的重要活动定在四月八日也是有着特别意义的。

在佛教节日中,对中国民众影响最大的莫过于盂兰盆节。早在南朝时期,盂兰盆节就已经成为民俗生活中的一个重要节日,梁武帝经常于七月十五日设盂兰盆斋会,这一活动日成为官方认可的法定节日。唐代盂兰盆节最为兴盛,受到了唐代诸帝三的重视,其迎请仪式、供养内容都非常丰富和多样。唐高宗时设立送盆仪式,"国家大寺,如似长安西明、慈恩等寺……每年送盆献供种种杂物,及举盆音乐人等,并有送盆官人,来者非一"②。盂兰盆会有一套比较复杂的程序,节日送往寺院的有花、盆甚至乐人等,显示出统治者的高度重视。武则天时期的盂兰盆会规模非常盛大,参加人数非常多,而且还有辞藻华丽的赞文。"如意元年(692)七月望日,宫中出盂兰盆,分送佛寺,(武)则天御洛南门,与百僚观之。(杨)炯献《盂兰盆赋》,词甚雅丽。"③ 代宗时的盂兰盆盛会场面华丽,活动内容丰富,费资甚巨。"代宗七月望日于内道场造盂兰盆,饰以金翠,所费百万。又设高祖已下七圣神座,备幡节、龙伞、衣裳之制,各书尊号于幡上以识之,异出内,陈于寺观。是日,排仪仗,百僚序立于光顺门以俟之,幡花鼓舞,迎呼道路。岁以为常,而识者嗤其不典,其伤教之源始于缙也。"④ 到唐武宗时,日僧圆仁在山西太原府的一些寺院中亲眼观看了举办盂兰盆会的盛况。"十五日,赴四众寺主请,共头陀等到彼寺斋。斋后,入度脱寺巡礼盂兰盆会,及入州见龙泉。次入崇福寺,巡礼佛殿。阁下诸院,皆铺设张列,光彩映人,供陈珍妙。倾城人尽来巡礼,黄昏自愬。"⑤ 这一盛大而又隆重的节日在唐末五代时期都一直延续,远在边陲的敦煌地区也与中原一样重视。敦煌出土文献 P. 4536 号写卷题名为《七月十五日》,内容是:"十五日者,目连救母之晨……孟秋即月圆时,

---

① 《全唐诗》卷二百六十五,中华书局编辑部点校,中华书局 1999 年版,第 2944 页。

② (唐)道世:《法苑珠林》卷六十二,周叔迦、苏晋仁校注,中华书局 2003 年版,第 1826 页。

③ (后晋)刘昫:《旧唐书》卷一百九十,中华书局 1975 年版,第 5003 页。

④ (后晋)刘昫:《旧唐书》卷一百一十八,中华书局 1975 年版,第 3418 页。

⑤ 〔日〕圆仁:《入唐求法巡礼行记》卷三,顾承甫、何泉达点校,上海古籍出版社 1986 年版,第 133—134 页。

取众僧休夏之日，比丘自资，诸佛欢欣，以盂兰盆供养。请众地狱一切重苦，不日而得消除。"该写卷直接描写了七月十五盂兰盆节的盛况，反映出西北地区佛教活动中对盂兰盆节的重视。

盂兰盆节与中土传统七月十五鬼节的重合，反映了佛教观念与中土思想的进一步融合，尤其是体现出佛教与儒家孝亲观念的结合，正如陈寅恪所说："释迦之教义，无父无君，与吾国传统之学说，存在之制度，无一不相冲突。输入之后，若久不变易，则绝难保持。是以佛教学说，能于吾国思想史上，发生重大久远之影响者，皆经国人吸收改造之过程。"① 通过节日的重合将佛教与中土冲突最为激烈的一个观念——孝亲观念融合起来，极大地减少了佛教与中土文化的冲突，进而使其演变成中土文化中的重要补充和组成部分，是佛教中国化的重要体现。通过这种方式，佛教不再被视为一种外来文化而受到民众的拒斥，相反，它受到了广大普通民众的广泛认可和普遍接受，这既有利于佛教在中国的发展，又丰富了中国本土文化的内容，是外来文化成功中国化的典型。

第二节　寺院经济与僧团组织

隋唐五代社会经济的繁荣，促进了佛教寺院经济的发达，同南北朝时期的寺院经济相比，这一时期的寺院经济有了进一步的发展，是寺院经济发展的极盛时期。寺院经济的发展与寺院和僧尼数量的快速增加、寺院规模不断扩大有关。寺院的兴建、扩建、改造、维修和保护等都需要大量的资金支撑，僧尼的日常生活费用和一些重大的佛事活动也需要经济的保障，这些活动没有足够雄厚的经济实力很难完成，必须要有强大的经济作后盾。寺院在造像、写经以及举办各类法会方面的费用十分惊人。如此大量的经济消耗，必然有固定的收入才能够维持，帝王的赐予，贵族、官僚、士人乃至一般民众的资助都是其经济的主要来源。另外，寺院本身拥有广大地产，可以进行种植、养畜等经济活动增加收入；寺院也可以通过放高利贷、商品买卖、旅店业等世俗经济手段获得经济上的利益，保证寺院的正常运转。面对日益增多的僧尼，朝廷采取了设置僧官的办法来进行管理。从中央到地方形成了一整套较为完整的僧官制度，能够有效地控制

① 陈寅恪：《金明馆丛稿二编》，生活·读书·新知三联书店2001年版，第283页。

僧团，将僧团置于国家政权管辖之下。僧团内部也有不同的寺职人员对本僧团进行有效管理。无论是"十大德"还是"三纲"都较为有效地适应了当时社会，实现了僧团有序、正常的运转。僧团本身十分注重教育和知识水平的提高，其中，隋初设置的二十五众和五众是实现这一目标的有效途径，为僧团教育和佛教的推广做出了积极的贡献。

一　寺院经济

（一）寺院的经济来源

隋唐五代时期，寺院经济的来源比较广泛。通过政府行政命令敕建寺院并给予相当丰厚的财产，是寺院经济的重要来源。隋开皇（581—600）中，隋文帝下诏一次赐给少林寺土地一百顷；唐高祖武德八年（625），又"敕少林寺赐地四十顷"①。这就大大地增加了寺院的田产。除了赐予土地财产，还赐予与之相应的一些财物。开皇初年，隋文帝下令向僧人昙崇所住持的寺院赠送"绢一万四千疋，布五千端，绵一千屯，绫二百疋，锦二十张，五色上米，前后千石"②。皇后向寺院赠送"钱五千贯，毡五十领，剃刀五十具"③。开皇六年（586），隋文帝向僧人昙延住持的寺院"送米二十车……未几，帝又遗米五百石"④。开皇十三年（593），隋文帝为了表达他对佛教的虔诚信仰，发心忏悔，并准备重新修复故佛经像，"敬施一切毁废经像绢十二万匹。皇后施绢亦十二万匹。王公已下爱至黔黎，又人敬施钱百万"⑤。这样以帝王的祈愿行为为导向，上至王公贵族、下至平民百姓将大量的财物捐献给寺院，壮大了寺院的经济实力。

在唐代，屡见皇帝赏赐寺院大量的财物。被称为"开元三大士"之一的不空，曾受到唐代宗的巨额赏赐，包括：绢类 2280 匹，约等于 1140 名丁男一年的调绢。瑞锦褥十二领和绣罗幡三十二口，价值千万。就按一千万算的话，约等于 13193 名丁男一年的全部赋役额。这里还没有算大历六年赐的二十四口绣罗幡。造文殊阁赐钱三千余万。按三千万算，约等于

---

① （清）王昶：《金石萃编》卷七十四，《历代碑志丛书》第五册，江苏古籍出版社 1998 年版，第 487 页。

② （唐）道宣：《续高僧传》卷十七，《大正藏》第 50 册，第 568 页。

③ 同上。

④ （唐）道宣：《续高僧传》卷八，《大正藏》第 50 册，第 489 页。

⑤ （隋）费长房：《历代三宝纪》卷十二，《大正藏》第 49 册，第 108 页。

39587 名丁男一年的赋役额。① 这些数量巨大的财物无疑增加了寺院经济的实力，使得寺院经济能够成为左右国家经济、政治发展的一支重要力量。唐代对一些国家敕建的大寺院，往往会给予格外的优待，"国家大寺，如似长安西明、慈恩等寺，除口分地外，别有敕赐田庄。所有供给，并是国家供养"②。唐高宗除了赐予西明寺上百顷田园财产之外，还配以"净人百房，车五十辆"③，为寺院经济的发展提供了足够的劳动力。唐玄宗开元十八年（730），经金仙公主的奏请，玄宗将范阳的"麦田庄并果园一所及环山林麓"④，敕予云居寺使用。

除了皇室的直接赏赐之外，国家的土地政策对寺院经济的发展也起了一定的推动作用。唐代初期在全国实行均田制，受田的人不仅仅有官僚贵族、世家大族和普通民众，还有一类特殊群体——僧尼、道士女冠也依据均田制的相关规定得到了受田："凡道士给田三十亩，女冠二十亩；僧、尼亦如之。"⑤ 僧尼也因此获得了永业田和口分田。均田制普及僧尼，表明了国家正式承认寺院经济属于社会经济的一个部分，然而，寺院经济又与世俗经济有着明显的不同，即它享有免役和免赋的特权。唐肃宗至德二年（757）下诏曰：僧尼"既助国纳钱，不可更拘常格。其所有资财能率十分纳三分助国，余七分并任终身自荫，身没之后，亦任回与近亲"⑥。这种特权的实行产生的后果是，寺院经济急剧膨胀，引发了寺院经济与世俗经济的矛盾。为了逃避赋税，人口大量地涌入佛门，政府又不得不实行严格的度牒制度，控制度僧的数量，尽管如此，随着唐代中期以后政局的变化，无籍僧尼数量还是日益增多了。安史之乱以后，国家为了筹措军饷、充实国库，还不得不通过鬻卖度牒的途径来聚敛钱财。

拥有巨额财富的官僚贵族争相以田地财产资助寺院，乃至将整个庄园舍为寺院，进一步强化了寺院经济的实力。隋代司徒陈杲仁将他经营规模

---

① 王亚荣：《大兴善寺》，三秦出版社 1986 年版，第 61 页。

② （唐）道世：《法苑珠林校注》卷六十二，周叔迦、苏晋仁校注，中华书局 2003 年版，第 1826 页。

③ （唐）苏颋：《唐长安西明寺塔碑》，载（清）董诰等编《全唐文》卷二百五十七，中华书局 1983 年版，第 2597 页。

④ （清）王昶：《金石萃编》卷八十三，《历代碑志丛书》第五册，江苏古籍出版社 1998 年版，第 633 页。

⑤ （唐）李林甫：《唐六典》卷三，中华书局 1992 年版，第 74 页。

⑥ （唐）杜佑：《通典》卷十一，中华书局 1988 年版，第 244 页。

相当可观的"别业"舍入景星寺，该处"红沼夏溢，芰荷发而惠风香；绿田秋肥，霜露降而嘉禾熟"①。从中可以看出这是一个经济收入相当可观的田庄，这类田庄转归寺院，无疑会大大增加寺院的经济实力。隋代晋王杨广与三论宗僧人吉藏交往密切，当时有一名叫昙献的禅师请吉藏法师参加法会，讲解佛经，当时"七众闻风，造者万计。隘溢堂宇，外流四面，乃露缦广筵，犹自繁拥。豪族贵游皆倾其金贝，清信道侣俱慕其芳风。藏法化不穷，财施填积，随散建诸福田。用既有余，乃充十无尽，藏委付昙献资于悲敬"②。财力雄厚的豪贵们施舍给僧人、寺院的财物不可胜计，成为寺院经济的重要来源之一。到了唐代，帝室对佛教的支持、财物的布施，也引发了其他阶层人士的布施，结果造成了寺院经济异常发达的局面，当时就有人指出这一现象："沙门盛洙泗之众，精舍丽王侯之居。既营之于爽垲，又资之以膏腴。擢修幢而曜日，拟甲第而当衢。王公大人助之以金帛，农商富族施之以田庐。"③

(二) 寺院经济的劳动者

拥有大量田产的寺院需要有大量的劳动者进行耕作。唐代律宗创始人道宣在《量处轻重仪》一文中，把寺院劳动者分为三类：一是"施力供给"，二是"部曲客女"，三是"奴婢贱隶"。说明在唐代寺院就已经有了成分不同、地位各异、数量众多的劳动者。从寺院劳动者的名称上来看，有净人、家人、奴婢、部曲、常住奴等不同称谓；从寺院劳动者的来源来看，有朝廷赏赐、官僚布施、信众舍身、买入等不同方式。这些称谓多样、来源各异的大量寺院劳动者为寺院经济的发展做出了极为重要的贡献。

在皇室赏赐寺院田产的同时，往往会赠予一定数量的劳动力。杨广作晋王时，"钦敬禅林，降威寺檀越，前后送户七十有余"④。赐予寺院的民户除了为寺院进行洒扫、杂役等一般的服务活动之外，还负责寺院田产的劳动与耕作等，参与了寺院经济的积累，推动了寺院经济的发展。具体来说，这些从事寺院经济活动的民户有净人、佃客、奴婢等，此外也有部分

①　(唐) 德宣：《隋司徒陈公舍宅造寺碑》，载 (清) 董诰等编《全唐文》卷九百一十五，中华书局 1983 年版，第 9532 页。

②　(唐) 道宣：《续高僧传》卷十一，《大正藏》第 50 册，第 514 页。

③　(唐) 道宣：《广弘明集》卷十四，《大正藏》第 52 册，第 188 页。

④　(唐) 道宣：《续高僧传》卷十七，《大正藏》第 50 册，第 568 页。

寺院僧人进行土地劳作，尤其是唐中期以后的农禅经济主要是依靠僧人自身的劳动而发展起来。

净人是佛寺中的重要劳动力，他们负担寺院内部生活的整理和寺院田产的劳作，对推动寺院经济的发展起了非常重要的作用。中国佛教寺院中的净人最早出现在晋代，到了隋唐时期比较普遍地存在。陈末隋初，僧徒有名者尚有三千五百多人，"净人数千"①。隋末唐初京城清禅寺中"寺足净人"②。唐代长安西明寺一次就获得了唐高宗赐予的"净人百房"。这也表明当时寺院经济的主要劳动者是净人。

唐武宗灭佛时，没收、改造大量的寺院田产、劳力以及僧尼为世俗社会所利用，"收良田数千万顷，奴婢十五万人，僧尼归俗者二十六万五百人"③。可见，由于寺院占有大量的田地，需要有足够的劳动力进行耕种，当时从事寺院田产劳动的奴婢等劳动力的数量相当庞大，难怪有人惊呼："十分天下之财而佛有七八。"④

僧人从事劳动伴随农禅经济的发展而逐渐增多。他们参加寺院土地开垦，寺院建设和寺院园圃、田产的耕作等体力劳动。南泉普愿于贞元十一年（795）"挂锡池阳南泉山，堙谷刊木以构禅宇，蓑笠饭牛混于牧童。斫山畬田，种食以饶，足不下南泉三十年矣"⑤。实行一种自我耕种、自给自足的农禅经济生活。另外还有福清县灵石俱胝院住持元修，在他临死之时所留下的遗书中写道："吾初住庵，刀耕火种，造伽蓝，置庄田，供僧待客，未尝缘化。"⑥ 禅宗僧人通过自己亲身劳作来促进寺院的发展，躬行实践着"一日不作，一日不食"的农禅经济的宗旨。

（三）寺院财产的构成

寺院财产是构成寺院经济繁荣发达的基本条件，这些寺产的主要成分是田地。由于受到国家政策的保护和帝王的支持，寺院田地的数量增长很快，甚至形成当时寺院兼并土地的现象，这种兼并反过来又促进了寺院田

① （唐）道宣：《律相感通传》，《大正藏》第 45 册，第 878 页。
② （唐）道宣：《续高僧传》卷二十九，《大正藏》第 50 册，第 697 页。
③ （南宋）志磐：《佛祖统纪》卷四十二，《大正藏》第 49 册，第 386 页。
④ （后晋）刘昫：《旧唐书》卷一百一，中华书局 1975 年版，第 3158 页。
⑤ （北宋）赞宁：《宋高僧传》卷十一，范祥雍点校，中华书局 1987 年版，第 256 页。
⑥ （南宋）梁克家：《淳熙三山志》卷三十六，海风出版社 2000 年版，第 578 页。

地的急剧增长。据文献记载："寺观广占田地及水碾硙，侵损百姓。"① 这种侵夺普通民众土地的现象在唐代中后期时有发生，僧人慧范就"恃太平公主势，逼夺民产"②。贞元二十一年（805），寺院与世俗权贵结合，逼迫马燧之子马畅施舍田园第宅，"指使施于佛寺，畅不敢吝"，结果导致马畅"晚年财产并尽。身殁之后，诸子无室可居，以至冻馁"③。通过种种手段，寺院获得田地的数量大大增加。

伴随着寺院经济的不断膨胀，到武则天时，竟然出现了"所在公私田宅，多为僧有"④ 的局面。唐代宗时"凡京畿之丰田美利，多归于寺观，吏不能制"⑤。唐睿宗为昭成皇后追福，改建洛阳景云寺为昭成寺，此寺于河阴（河南荥阳与武陟之间）置有"僧朗谷果园庄"，从唐代宗广德二年（764）到德宗贞元二十一年（805）的四十一年中，施田买地及兼并周围土地计一千七百九十一亩。又据载，浙江阿育王寺有田十顷，系"陆水膏腴之沃壤"；⑥ 山东长白山醴泉寺有果园、庄园十五所。⑦ 占有大量田庄、园圃、山林等地产成为唐代特有的寺院经济格局。除了寺院建有大型庄园，有些僧侣还拥有自己的私有庄园，拥有丰厚的资产收入。如中唐僧人道标"置田亩岁收万斛，置无尽财，与众共之"⑧。又有释圆观，"居于洛宅，率性疏简，或勤梵学，而好治生。获田园之利，时谓之空门猗顿也"⑨。

除了拥有大量良田之外，皇室还赠送寺院劳动工具，甚至劳动者，随着寺院实力的增强，有些时候，寺院也会主动获取一些生产工具等。隋开皇十二年（592），文帝曾赐予妙显寺"水田二顷五十亩，将充永业。寺

① 《申劝礼俗敕》，载（清）董诰等编《全唐文》卷十九，中华书局 1983 年版，第 223 页。

② （北宋）司马光：《资治通鉴》卷二百十，中华书局 1956 年版，第 6783 页。

③ （后晋）刘昫：《旧唐书》卷一百三十四，中华书局 1975 年版，第 3701—3702 页。

④ （北宋）司马光：《资治通鉴》卷二百五，中华书局 1956 年版，第 6614 页。

⑤ （后晋）刘昫：《旧唐书》卷一百一十八，中华书局 1975 年版，第 3417 页。

⑥ （清）王昶：《金石萃编》卷一百八，《历代碑志丛书》第六册，江苏古籍出版社 1998 年版，第 278 页。

⑦ ［日］圆仁：《入唐求法巡礼行记》卷二，顾承甫、何泉达点校，上海古籍出版社 1986 年版，第 99 页。

⑧ （北宋）赞宁：《宋高僧传》卷十五，范祥雍点校，中华书局 1987 年版，第 374 页。

⑨ （北宋）赞宁：《宋高僧传》卷二十，范祥雍点校，中华书局 1987 年版，第 518 页。

侧近封五十户民，以充洒扫"①。唐太宗时期，在汾州、晋州等地为阵亡将士建寺，寺建成之后，"又给家人、车牛、田庄"②。增加了寺院的经济实力。到了后来，尤其是武则天到唐睿宗时期，还经常出现寺院宫观等主动侵夺百姓田产、强占田地为寺产的现象。

隋唐时期的"无尽藏"是寺院经济的重要组成部分。隋代由三阶教创始人信行创立的"无尽藏"影响最大，最初的目的是以一种布施财物的方式积累功德以消除前生的诸种业障，后来演变成放高利贷的机构。信行规定参加"无尽藏"的人们要向该组织布施一定数量的财物，具体来说，有钱和物两种，"无尽藏法曰舍一分钱或一合粟，一年不过卅六钱三斗六升粟"③。除了规定具体数量的布施之外，还有其他名目繁多的布施，"饮食、食器、衣服、房舍、床坐、灯烛、钟铃、香、柴炭、洗浴……造像、造经、诵经、讲经亦应有"④。衣食住行以及佛事活动各个方面的需要都可以向"无尽藏"布施。通过这种方式，"无尽藏"积累了雄厚的经济基础。其中，在化度寺设立的无尽藏为寺院积累了大量的财富。"武德中，有沙门信义习禅，以三阶为业。于化度寺置无尽藏。贞观之后，舍施钱帛金玉，积聚不可胜计……士女礼忏阗咽，施舍争次不得。更有连车载钱绢，舍而弃去，不知姓名。"⑤ 唐高宗以后，三阶教寺院出现了以"无尽藏"为名的聚敛财富的现象。唐玄宗曾下诏指出这一现象并进一步禁毁，"每年正月四日，天下士女施钱，名为'护法'，称济贫弱，多肆奸欺，事非真正"⑥。因此，命令将"化度寺无尽藏财物、田宅、六畜，并宜散施京城观寺"⑦。从此以后，以"无尽藏"聚集的财富渐渐减少以至断绝。

① （清）严可均：《全上古三代秦汉三国六朝文》，中华书局1958年版，第4187页。

② （唐）道宣：《广弘明集》卷二十八，《大正藏》第52册，第329页。

③ （隋）信行：《大乘法界无尽藏法释》，载张曼涛主编《现代佛学大系·三阶教残卷》，（台北）弥勒出版社1982年版，第163页。

④ （隋）信行：《大乘无尽藏法》，载方广锠主编《藏外佛教文献》第4辑，宗教文化出版社1998年版，第366—367页。

⑤ （北宋）李昉：《太平广记》卷四百九十三，中华书局1961年版，第4047页。

⑥ 《禁士女施钱佛寺诏》，载（清）董诰等编《全唐文》卷二十八，中华书局1983年版，第320页。

⑦ 《分散化度寺无尽藏财物诏》，载（清）董诰等编《全唐文》卷二十八，中华书局1983年版，第322页。

　　寺院还通过发展各种农业、手工业和商业的方法来进一步增加寺院的收入，这些都构成寺院财产的重要来源。僧人慧胄住持京城清禅寺，寺庙建筑宏伟壮观，"九级浮空，重廊远摄，堂殿院宇，众事圆成。所以竹树森繁，园圃周绕；水陆庄田，仓廪碾硙，库藏盈满，莫匪由焉。京师殷有无过此寺"①。除了寺庙建筑之外，寺院还拥有竹林、树木、水田、旱地，粮食充盈、财富广积，这样富庶的寺院经济即使是长安的官僚豪贵也不可与之相比。寺院拥有如此广大的田地，必然要种植一些农作物和经济作物，其中有胡麻、大豆、青菜等种类丰富的农作物和竹林、栗树、果树等收益可观的经济作物。此外，有些寺院设有制陶、制铁等手工作坊进行手工业方面的生产。有些寺院还进行商品买卖并放高利贷收取利润，唐高祖曾在一份诏书中指出寺院中存在比较普遍的商业现象。"猥贱之侣……嗜欲无限，营求不息；出入闾里，周旋阛阓；驱策田产，聚积货物；耕织为生，估贩成业。"② 寺院僧侣从事商业活动的频繁程度由此可见一斑。

　　（四）农禅经济

　　安史之乱和唐武宗、后周世宗灭佛促进了佛教发展的新变化。唐中期以前以大庄园、大地产为主要形式的寺院经济遭到严重破坏，寺院发展规模逐渐萎缩；国家敕建和供养的寺院因为国家财政凋敝而财力不足，新建、扩建的寺院数量相当有限，难以满足与日俱增的佛教信仰者的需要。更重要的是，依靠帝王扶植和鼓励发展起来的佛教宗派也逐渐衰微，信众减少，而远离朝廷与政治权力中心的禅宗逐渐发展起来。他们多数处于南方山林地区，在失去国家、皇室以及大官僚大贵族支持的情况下，形成了以规模小、僧众少、经济实力弱为特点的山林招提、兰若等小寺庙，僧尼来源也是以社会中下层普通民众为主体。为了适应新的环境，禅宗僧众以及佛教信仰者们不得不努力寻求一种适合当时社会政治、经济、地理发展状况的新的寺院经济模式，农禅经济遂应运而生。

　　农禅经济的兴起，最早开始于禅宗四祖道信，道信于湖北省黄梅县的双峰山建立正觉寺，该寺院地处深山密林之中，由此开始了自给自足的农禅经济和农禅并重的禅风。到五祖弘忍时，农禅经济已经具有相当规模，是农禅经济取得成功的重要标志。惠能得法南下，在南方将禅宗发扬光

---

① （唐）道宣：《续高僧传》卷二十九，《大正藏》第 50 册，第 697 页。

② （后晋）刘昫：《旧唐书》卷一，中华书局 1975 年版，第 16 页。

大，惠能本人"随众作务"，将农禅经济不断推广开来。8世纪中叶，马祖道一（709—788）在湖南、江西等长江流域一带提倡"农禅结合"、"农禅合一"的佛教生活模式，成为农禅经济的积极倡导者和实践者，他在南方各地建立农禅合一的禅林近二十处。由于南方地区的丘陵地带又特别适合农禅经济的发展，他的法嗣门徒等人便散居在南方山林，纷纷建立禅院，实行农禅经济。百丈怀海（720—814）制定了"上下均力"的"普请法"，倡导"一日不作，一日不食"的农禅经济理念，注重整顿佛教戒律，完成了禅宗的清规戒律——《敕修百丈清规》，成为其他禅寺争相效仿的楷模，以自给自足为特征的经营方法也开始渗透到其他寺院。9世纪中叶，江南农禅经济已有了长足的发展，其性质也出现重大变化，类似于世俗地主庄园的经营方式普遍形成，这种庄园的形成也改变了初期禅林经济的性质。据禅宗典籍记载，较早的禅林庄园是普愿的池州南泉庄。唐末著名的禅林庄园还有义存在福州的雪峰庄、智孚在信州的鹅湖庄、道膺在洪州的麦庄等。庄园的主管僧称"庄主"，他的主要职责是："视田界至，修理庄舍，提督农务，抚安庄佃；些少事故，随时消弭。"① 禅林庄园与世俗庄园有明显的田地界限，禅林庄园中的经营方式是一种租佃经营，即把土地出租给契约佃农，直接收取地租。如庐山东林寺通过出租荆州的田亩来收取地租，增加寺院的经济收入；大沩同庆寺，"僧多而地广，佃户仅千余家"② 。随着禅林经济实力的不断壮大，到后来农禅经济完全世俗地主化了。③

到唐末五代时期，随着农禅经济的壮大，大规模的寺院又纷纷创建和繁荣起来，禅宗独盛的局面已经形成。尽管农禅经济与传统官方支持建立起来的大庄园式的寺院经济都是当时社会经济的重要组成部分，但是，农禅经济从一开始就以一种独立的身份存在，独立存在、独立管理、独立经营始终是农禅经济的特点。农禅经济中的主要种植项目有稻谷、蔬菜、茶叶等农产品，为禅僧提供基本的生活物资，除了一些生活、农业必需品，如瓷器、刀具、食盐等无法自己生产而需要购买之外，在经济上其他方面极少，甚至不依附国家的资助或官僚的布施，也不需要进行大量和频繁的

① 《敕修百丈清规》，《大正藏》第48册，第1133页。
② （北宋）陶岳：《五代史补》卷三，影印《文渊阁四库全书》本。
③ 杜继文主编：《佛教史》，江苏人民出版社2006年版，第248—249页。

市场交换。禅林庄园在地理位置上远离城邑闹市，所以表现在教派风格上，往往游离于当时严酷的政治斗争之外，同皇室以及其他权贵显族保持一种疏散的甚至不合作的态度。这种远离政治控制的农禅经济使得佛门弟子能够有机会真正地去进行比较纯粹的佛事活动，也可以使僧众们能够真正放下外物的牵挂而进行宗教修行。同时，由于实行农禅经济的寺院又是一个独立性比较强的活动场所，加之地处风景秀丽、环境优美的山林之中，对于一些思想上有追求的文人墨客而言，又不失是一个休闲、修行乃至养心的好地方，他们的到来促进了中国传统文化与佛教思想的交流。

（五）寺院经济的影响

隋唐时期寺院经济急剧繁荣和膨胀，寺院僧侣们生活优裕，"不耕而食，不织而衣，一僧衣食，岁无虑三万，五夫所不能致。举一僧以计天下，其费不赀"[1]，对社会各方面都产生了程度不同的影响。其中，最明显的是直接造成了寺院僧侣地主与世俗地主之间的利益冲突，隋唐历代反佛者的理由中都有这一点，傅奕就指出："寺多僧众，损费为甚。"[2] 以后几乎历朝都有人以此为由排斥佛教。武则天在位时，宰相狄仁杰指出，寺院"膏腴美业，倍取其多，水碾庄园，数亦非少"[3]，寺院经济的发展无益于国计民生。宰相兼诗人李峤也指出，寺院经济的发展对国家、社会已经造成严重危害，如果能够将这些聚集在寺院的财富赈济灾民，其取得的效果恐怕比造佛像要好得多，"造像钱见有一十七万余贯，若将散施，广济贫穷，人与一千，济得一十七万余户。拯饥寒之弊，省劳役之勤，顺诸佛慈悲之心，沾圣君亭育之意，人神胥悦，功德无穷"[4]。唐中宗时，辛替否指出："今天下之寺盖无其数，一寺当陛下一宫，壮丽之甚矣！用度过之矣！是十分天下之财而佛有七八。"[5] 寺院经济的不断膨胀使寺院有能力改善寺院的建设和修缮条件，无论是新建寺院还是修复旧的寺院，都需要花费数量相当可观的费用。唐武宗灭佛前夕，扬州节度使李相公通过请法师讲经来为开元寺修建瑞像阁募捐费用，其中"相公施一千贯，此讲以一月为期，每月进赴听法人多数，计以一万贯，得修此阁。彼期国出

① （北宋）欧阳修等：《新唐书》卷一百四十七，中华书局 1975 年版，第 4758 页。

② （唐）道宣：《广弘明集》卷十一，《大正藏》第 52 册，第 163 页。

③ （后晋）刘昫：《旧唐书》卷八十九，中华书局 1975 年版，第 2893 页。

④ （后晋）刘昫：《旧唐书》卷九十四，中华书局 1975 年版，第 2994—2995 页。

⑤ （后晋）刘昫：《旧唐书》卷一百一，中华书局 1975 年版，第 3158 页。

千贯钱，婆国人舍二百贯。今国众计少人数，仍募五十贯者"①。不仅本国信众要为修缮寺庙而布施钱财，外国僧人同样也需要布施。通过这次讲经活动得到了大量的钱财，能够进行修缮。至于其他修建、修缮寺庙所需要的花费也很大。唐中宗景龙三年（709），韦嗣立就上疏陈述当时修建寺庙的花费太过惊人，他说："臣窃见比者营造寺观，其数极多，皆务取宏博，竞崇瑰丽。大则费耗百十万，小则尚用三五万余，略计都用资财，动至千万以上。转运木石，人牛不停，废人功，害农务，事既非急，时多怨咨。"②

　　寺院不仅花费大量资金进行寺院建设，而且，寺院的僧众们过着一种不耕而食、不织而衣的纯粹消费式的生活。不仅如此，僧众还享有免除徭役的特权，不向国家缴纳税赋，这就更加重了世俗经济的压力，尤其是普通民众的经济压力。唐玄宗天宝年间（742—756）以后，寺院这种纯粹的消费行为受到了世人的诟病。唐德宗时的彭偃就直接指出了这一弊端，他说："今天下僧道，不耕而食，不织而衣，广作危言险语，以惑愚者。一僧衣食，岁计约三万有余，五丁所出，不能致此。"③ 供养一名僧人一年需要花费五个丁口的劳动成果，这确实是一种比较沉重的负担。因此，彭偃针对这种现象，提出了对治办法，他说："僧道未满五十者，每年输绢四匹；尼及女道士未满五十者，每年输绢二匹；其杂色役与百姓同。"④他希望通过征收赋税的方法来缓解寺院经济对社会经济的压力，同时，还可以为社会增加收入，缓解国家经济紧张的状况。但是，由于唐后期诸帝对佛教普遍采取鼓励发展的政策，彭偃提出征收僧众赋税的建议没有得到真正落实，寺院经济状况基本保持不变。唐武宗继位后才对由寺院经济引发的种种社会问题做了裁决，即下令灭佛。寺院经济与世俗经济之间的矛盾始终是隋唐五代时期一对重要的经济矛盾，一方面，寺院经济的消长受制于世俗政治；另一方面，寺院经济的膨胀也引发世俗经济对其的反击和限制。唐五代两次灭佛行动无不与寺院经济的膨胀有着密切的关系。

---

　　① ［日］圆仁：《入唐求法巡礼行记》卷一，顾承甫、何泉达点校，上海古籍出版社1986年版，第26页。

　　② （后晋）刘昫：《旧唐书》卷八十八，中华书局1975年版，第2870页。

　　③ （后晋）刘昫：《旧唐书》卷一百二十七，中华书局1975年版，第3580页。

　　④ 同上书，第3581页。

二　僧团组织

（一）国家僧团管理制度的演变

隋代建立之后，随着僧尼数量的不断增多，如何管理僧团是隋朝政治中的一件重要事情。由于隋代是继承北朝政治传统建立起来的政权，因此在管理僧团的方法和机构设置上也基本沿袭了北朝的相关内容，这成为隋代管理僧团的主要制度。隋文帝沿用东魏以来中央管理僧团的机构——昭玄寺，改名为崇玄署，隶属于鸿胪寺。"鸿胪寺统典客、司仪、崇玄三署，各置令二人，崇玄则惟置一人。"① 同时设立昭玄统作为管理僧团的最高官职，辅之以昭玄都，"及隋一统，还准北朝。用统为正，以都为副"②。当时担任昭玄统的僧人有昙延、僧猛、昙迁三人，任昭玄都的有灵藏等人，"京城大德昭玄统沙门昙延，昭玄都大兴善寺主沙门灵藏等……"③ 隋代地方州的僧官有称为僧正，有称为沙门都，这是融合了南北朝时期不同地域的称谓而形成的僧官制度。他们都是负责地方寺院僧团事务的管理工作，维护僧众的行为符合律法并惩罚违犯律法的犯戒者。"大隋启祚，面委僧正，匡御本邑，而刚决方正，赏罚严平。绵益钦风，贵贱攸奉。前后州主十有余人，皆授戒香，断恶行善。"④ 郡县佛寺设置监丞，到隋炀帝时期，完善了监丞制度，"隋初，置崇玄署令、丞，至炀帝，改郡县佛寺为道场，置道场监一人；改观为玄坛，监一人"⑤，加强了政府对地方寺院的监督与控制。由于隋代外国来华僧人不断增多，尤其是以"开皇三大师"为代表的印度来华僧人，曾经在隋代佛教发展过程中起着举足轻重的作用。为了加强对这些来华的外籍僧人的管理，隋朝还专门设置了管理外国来华僧人的官职，称为"外国僧主"。其中，那连提黎耶舍"移住广济寺，为外国僧主。存抚羁客，妙得物心"⑥，成为隋代第一任中央级别的管理外籍僧人的僧官。到唐代，对外国来华僧人的僧籍

---

① （唐）魏徵等：《隋书》卷二十八，中华书局 1973 年版，第 777 页。
② （南宋）志磐：《大宋僧史略》卷二，《大正藏》第 54 册，第 244 页。
③ （隋）费长房：《历代三宝纪》卷十二，《大正藏》第 49 册，第 103 页。
④ （唐）道宣：《续高僧传》卷二十九，《大正藏》第 50 册，第 694 页。
⑤ （唐）杜佑：《通典》卷二十五，中华书局 1988 年版，第 704 页。
⑥ （唐）道宣：《续高僧传》卷二，《大正藏》第 50 册，第 433 页。

问题做了法律上的规定："新罗、日本僧人入朝学问，九年不还者，编诸籍。"①

唐朝建立之初，管理僧团的制度基本上沿袭隋朝，将管理僧尼和道士的权限归于鸿胪寺管辖之下的崇玄署。"皇朝又为崇玄署令。又置诸寺、观监，隶鸿胪寺，每寺、观各监一人，贞观中省。"② 该管理机构到唐太宗时期被废止。根据文献记载，崇玄署在官员设置、管辖范围、具体职责方面都有明确的规定："崇玄署，令一人，正八品下；丞一人，正九品下，掌京都诸观名数与道士帐籍、斋醮之事。新罗、日本僧入朝学问，九年不还者编诸籍。道士、女官、僧、尼，见天子必拜。凡止民家，不过三夜。出逾宿者，立案连署，不过七日，路远者州县给程。天下观一千六百八十七，道士七百七十六，女官九百八十八；寺五千三百五十八，僧七万五千五百二十四，尼五万五百七十六。两京度僧、尼、道士、女官，御史一人莅之。每三岁州、县为籍，一以留县，一以留州；僧、尼，一以上祠部，道士、女官，一以上宗正，一以上司封。"③ 从这段文献资料中我们可以看出，崇玄署的官员机构设置比较简单，只有两名官员；级别较低，相当于政府中的八品或九品官员；管辖的对象是佛道二教的出家人以及来自外国的僧人；其主要职能是对道观的名数、道士的帐籍以及僧尼寺院其他事务进行管理。唐初也继承了隋炀帝设置的监丞制度，并且将地方郡县实行的监丞制度进一步推广到中央，"大唐复置崇玄署，初又每寺观各置监一人，属鸿胪"④。进一步加强了对寺院、僧尼的监督和控制。

武则天延载元年（694），诏令："天下僧尼，隶祠部，不须属司宾（鸿胪寺）。"⑤ 诏令将崇玄署掌管佛道二教的职能做了分离，僧尼管辖权归祠部，道士女冠的管辖权归崇玄署。唐玄宗时期，又重新诏令分配佛道二教的管辖权归属问题。开元二十四年（736）七月二十八日，"中书门下奏：臣等商量，缘老子至流沙，化胡成佛法，本西方兴教，使同客礼，割属鸿胪，自尔已久，因循积久。圣心以元元本系，移就宗正，诚如天旨，非愚虑所及。伏望过元日后，承春令便宣，其道僧等既缘改革，亦望

①　（北宋）王溥：《唐会要》卷四十九，中华书局1955年版，第863页。
②　（唐）李林甫：《唐六典》卷十六，中华书局1992年版，第467页。
③　（北宋）欧阳修等：《新唐书》卷四十八，中华书局1975年版，第1252页。
④　（唐）杜佑：《通典》卷二十五，中华书局1988年版，第704页。
⑤　（北宋）王溥：《唐会要》卷四十九，中华书局1955年版，第859页。

此时同处分，从之"①。从历史上来看，僧尼的管辖权隶属于鸿胪寺，不应该隶属于祠部，道教的管辖权则应该归属宗正寺而非鸿胪寺，此次玄宗下令将僧尼管辖权重新划归鸿胪寺，道教的管辖权归宗正寺。但是，至开元二十五年（737）七月七日，朝廷又改制道："道士女冠，宜隶宗正寺，僧尼令祠部检校。"② 据文献记载，祠部设有相应的官员，有郎中、员外郎之职，其职责范围比较宽泛，负责管理祠祀、享祭、天文、漏刻、国忌、庙讳、卜筮、医药、僧尼等诸多事务，掌管僧尼只是其中的一个职能。具体规定为："凡天下寺有定数，每寺立三纲，以行业高者充。［诸州寺总五千三百五十八所，三千二百三十五所僧，二千一百二十二所尼。每寺上座一人，寺主一人，都维那一人。］凡僧簿籍，三年一造。凡别敕设斋，应行道并官给料。凡国忌日，两京大寺各二，以散斋僧尼。文武五品已上，清官七品已上皆集，行香而退。天下州府亦然。凡远忌日，虽不废务，然非军务急切，亦不举事。余如常式。"③ 通过这一政策，玄宗对道士女冠的管辖权做了调整，隶属于宗正寺，僧尼的管辖权却没有发生变化，仍然隶属于祠部。这是从政策上提高了道教的政治地位和社会地位。天宝二年（743），唐玄宗又下诏令："僧尼隶祠部，道士宜令司封检校，不须隶宗正寺。"④ 在儒道二教管辖权的归属问题上，唐玄宗时期政策多次改变。从总的情况来看，佛教的管辖权始终是归属于祠部，而道教的管辖权则经常发生变化，时而提高道教的地位，时而降低道教的地位，这也反映出了佛道二教在此一时期的地位关系和统治者对佛道二教的态度。这种态度的变化会影响到对佛道的管理机构、方法的变化。唐玄宗时期，还改祠部的名字为"职祠"，实质内容没有变化。唐玄宗统治晚期，这种情况发生了变化，一种新的官职——功德使出现，逐渐取代了祠部管理佛教事物的职责。

　　唐德宗贞元四年（788），功德使成为常设机构，分为左右两街功德使和东都功德使两种，并下令"总僧、尼之籍及功役"⑤，负责掌管僧尼户口的事务。唐武宗时期，僧尼管理机构又出现了一些变化，会昌五年

①　（北宋）王溥：《唐会要》卷四十九，中华书局 1955 年版，第 859 页。
②　同上书，第 859—860 页。
③　（后晋）刘昫：《旧唐书》卷四十三，中华书局 1975 年版，第 1831 页。
④　（北宋）王溥：《唐会要》卷四十九，中华书局 1955 年版，第 860 页。
⑤　（北宋）欧阳修等：《新唐书》卷四十八，中华书局 1975 年版，第 1253 页。

（845）七月，朝廷下诏令："僧尼不隶祠部，合系属主客，与复合令鸿胪寺收管，宜分析奏来者。天下僧尼，国朝已来，并隶鸿胪寺，至天宝二年，隶祠部。臣等据大唐六典，祠部掌天下宗庙大祭，与僧事殊不相及，当务根本，不合归尚书省，属鸿胪寺亦未允当。又据六典，主客掌朝贡之国，七十余番，五天竺国，并在数内。释氏出自天竺国，今陛下以其非中国之教，已有厘革，僧尼名籍，便令系主客，不隶祠部及鸿胪寺，至为允当，从之……六年五月制：僧尼依前，令两街功德使收管，不要更隶主客，所度僧尼，令祠部给牒。"① 日僧圆仁来华时记载了会昌法难时的一些情况，其中，涉及当时的寺院管理制度，"天下僧尼五十已上、无祠部牒者，尽勒还俗，递归本贯；有祠部牒者，委当州县磨勘，差殊者尽勒还俗，递归本贯。城中僧尼，委功德使准此例牒流者。中书门下准敕牒诸道讫。城里僧尼，功德使牒流甚严切"②。掌管度牒的权力归祠部，而检校僧尼的权力归功德使。在唐武宗时期，僧尼管理机构总是在祠部、两街功德使、鸿胪寺之间不断变化。

　　唐代还有专门管理僧尼名籍和僧官补任等事的僧录一职。僧录最初在十六国后秦时所创，隋代又废止，到了唐代重新设置，"至唐元和长庆间，始立僧录"③。僧录在唐代的地位要高于僧正。圆仁记载唐代佛教管理制度时写道："有僧录、僧正、监寺三种色，僧录统领天下诸寺，整理佛法。"④ 到文宗开成年间（836—840），僧录又分置左街僧录和右街僧录两种，负责掌管京城东、西街区的僧尼事务，是中央佛教管理机构的组成部分。但是，相比起功德使而言，僧录居于从属地位。"左右街自起置功德使所属。及置僧录，还用左右街也。僧置录以录之，功德又各辖焉。"⑤ 僧录要协助功德使的官员完成管理僧尼的事务。而且，僧录的管辖范围仅限于京城地区，"今国家罢统立两录，而司于京邑（僧录掌京城，外州别

　　① （北宋）王溥：《唐会要》卷四十九，中华书局 1955 年版，第 860 页。
　　② ［日］圆仁：《入唐求法巡礼行记》卷四，顾承甫、何泉达点校，上海古籍出版社 1986年版，第 182—183 页。
　　③ （南宋）志磐：《大宋僧史略》卷二，《大正藏》第 54 册，第 244 页。
　　④ ［日］圆仁：《入唐求法巡礼行记》卷一，顾承甫、何泉达点校，上海古籍出版社 1986年版，第 28 页。
　　⑤ （南宋）志磐：《大宋僧史略》卷二，《大正藏》第 54 册，第 243 页。

立僧正），其三纲特以德望求人也"①。僧录一职在五代时经常发生变化，"朱梁后唐晋汉周或置或省，出没不定"②。

唐代地方僧尼管理机构主要是由功曹之司功参军掌管，"司功参军掌官吏考课、假使、选举、祭祀、祯祥、道佛、学校、表疏、书启、医药、陈设之事"③。上州设司功参军事一人，从七品下；佐三人；史六人。中州设司功参军事一人，正八品下；佐二人；史四人。民户不满二万的下州，不设司功，由司仓参军兼掌司功事。上中下县都没有设置司功一职，而在京城的县和畿县要设置司功。④各个地方设置的司功都掌管相应地方寺院，形成一种上下有序的隶属关系，最后统一归中央管理。通过这样的设置，寺院管辖权力便被严格控制在世俗政权之下。

（二）僧团内部组织结构

唐高祖武德初年，在慈悲寺设立僧官十人，称为"十大德"，"武德之初，僧过繁结，置十大德，纲维法务"⑤。负责"统摄僧尼"，管理僧团的各项事务。"大德"一词原本是对高僧的一种敬称，在唐代时主要是指德行高洁、担任管理僧团职务的出家人。"道德高妙，为众所推"是选拔大德的根本标准，即要求当选者必须是德行表现非常好，能够受到大家认可。其基本程序是先由大众推选出来，后由国家任命。从现存资料来看，明确记载担任过十大德的僧人有：保恭、吉藏、法侃、慧因、海藏、智藏、明赡七位。保恭受到唐高祖的重视，高祖亲自任命其为大德。"及举十德统摄僧尼，京辇诸僧慑惮威严，遂不登及。高祖闻之曰：'恭禅师志行清澄，可为纲统，朕独举之。'既位斯任，诸无与对，遂居大德之右。"⑥法侃受任为十大德时的情形是："大唐受禅，情存护法。置十大德，用清朝寄。时大集僧众，标名序位。侃仪止肃然，挺超莫拟。既德充僧望，遂之斯任。恂恂善诱，弘悟繁焉。"⑦智藏则是"众以积善所归，

---

① （唐）神清：《北山录》卷八，《大正藏》第 52 册，第 623 页。
② （南宋）志磐：《大宋僧史略》卷二，《大正藏》第 54 册，第 244 页。
③ （唐）李林甫：《唐六典》卷三十，中华书局 1992 年版，第 748 页。
④ 同上书，第 745—747 页。
⑤ （唐）道宣：《续高僧传》卷十一，《大正藏》第 50 册，第 514 页。
⑥ 同上书，第 513 页。
⑦ 同上。

乃处员内"①，被列为十大德。十大德不仅要具有高尚的品德，还要精通义理，是当时佛教义学方面的佼佼者。从地域上来看，十大德多数是南方的义学沙门，是受到唐高祖的召请才北上京城长安，被安置在长安大禅定寺和大兴善寺，担任该寺一定的僧官职务。如果说隋代召请南方义学僧人入驻长安日严寺的事件是"佛教方面南北朝时代结束的一个标志"②，那么，唐初设立"十大德"制度则是隋代统一南北佛教政策的进一步延续，加速了南北方不同佛教学风的融合，为宗派之间的交融奠定了基础。但是，"十大德"制度并没有贯彻唐代社会的始终，到唐太宗时期，由于"十大德"凭借自身的声望和人格魅力调和佛教与政治、佛教与社会之间矛盾的任务基本完成，朝廷遂以鸿胪寺和州县功曹取而代之，以政府机构管理僧团事务，十大德政治方面的功能不复存在。到唐中宗时期，虽然也有"十大德"名称的出现，但这时"十大德"的内涵基本上仅包含有道德方面的意义，即是对道德品质非常好、修行水平比较高、能够为大众所认可和接受的一类僧人的尊称，其政治色彩已经被大大淡化。

在僧团组织内部，还设置"三纲"之职位，三纲是佛寺中管理僧团组织、职掌僧团具体事务的寺职。据史料记载："寺之设也，三纲立焉，若网罟之巨纲，提之则正，故云也。"③ 关于寺职的名称，在不同时代，称呼各有差异。概而言之，从北魏至隋代，寺职的名称有多种称谓，据《金石萃编》"北朝造像诸碑总论"中记载："和上、比丘、比丘尼、都维那、维那、典录、典座、香火、沙弥、门师、都邑维那、邑维那、行维那、左右箱维那、左右箱香火。其名目之繁如此。"④ 这些名目繁多的寺职中以上座、寺主、都维那为核心的"三纲"最为重要。"三纲"大约十六国后秦时期就已经形成，北朝一直沿用。"上座"负责统领僧众，由德高望重的僧人担当，是一座寺院中全体僧人的道德楷模。如隋代明赡就曾担任过上座。"（炀帝）下敕令（明赡）住禅定（寺），用崇上德故也。众以赡正色执断，不避强御，又举为知事上座。整理僧务，备列当时。"⑤

① （唐）道宣：《续高僧传》卷十九，《大正藏》第50册，第586页。

② 王亚荣：《长安佛教史论》，宗教文化出版社2005年版，第170页。

③ （南宋）志磐：《大宋僧史略》卷二，《大正藏》第54册，第244页。

④ （清）王昶：《金石萃编》卷七十四，《历代碑志丛书》第四册，江苏古籍出版社1998年版，第657页。

⑤ （唐）道宣：《续高僧传》卷二十四，《大正藏》第50册，第633页。

"寺主"，又称"道场主"，负责掌管寺院的全面事务，无论是民间还是官方建造的寺院都要设置寺主一职，是一座寺院必不可少的重要寺职。一般寺院的寺主由大众推选任职，官方寺院的寺主则多数是由帝王亲自任命。"都维那"，又称"维那"，负责寺院的杂务，协助寺主对寺院进行寺院建设和僧团事务的管理。隋代时，灵幹、慧因、法藏等人担任过上座，慧旷、保恭、童真等人担任过寺主。到了唐代，"三纲"的寺职依然存在。唐高宗显庆二年（657），长安西明寺建成，道宣担任上座，神泰担任寺主，怀素担任维那，三纲寺职具备，是唐代这一制度的代表。据文献记载，唐代寺院基本上实行三纲制度。"每寺上座一人，寺主一人，都维那一人，共纲统众事。"①

中唐以后，三纲的名称有所变化，或称寺主、知事、维那为三纲，"敕问崇圣寺三纲老宿，（寺主、知事、维那为三）"②。或称上座、寺主和都师为三纲，或称寺主、知事、上座为三纲。诸如此类名称上的变化，反映出当时朝廷对佛教寺院管理的不同政策和态度的演变，也反映出佛教受政治制约的因素非常明显。

（三）特殊的佛教组织——二十五众和五众

589 年，隋代结束了南北朝分裂的局面，实现了国家统一，对促进南北佛教的进一步交流和发展起到了非常重要的作用，从此以后，随着国家统一程度的不断加深，佛教内部的组织也不断增加和完善。隋文帝开皇七年（587），曾下诏延请徐州昙迁、洛阳慧远、魏郡慧藏、清河僧休、济阴宝镇、汲郡洪遵六位德行高洁的"六大德"和他们的弟子各十人进京，将他们都安置在隋朝国寺大兴善寺进行佛学讨论、研究和佛教的弘传。

开皇十二年（592），朝廷设置了一种特殊的佛教组织，即二十五众和五众。"开皇十二年，有敕令搜简三学业长者，海内通化，崇于禅府。选得二十五人，其中行解高者，应为其长。敕城内别置五众，各使一人晓夜教习，应领徒三百，于实际寺相续传业。四事供养，并出有司。声闻惟远。"③ 二十五众由国家下敕令、通过县崇选拔出来的二十五位在戒定慧三学方面均有所专长的僧人组成。"开皇伊始，广树仁祠，有僧行处，皆

---

① （唐）李林甫：《唐六典》卷四，中华书局 1992 年版，第 125 页。
② （南宋）志磐：《佛祖统纪》卷四十一，《大正藏》第 49 册，第 379 页。
③ （唐）道宣：《续高僧传》卷十九，《大正藏》第 50 册，第 580 页。

为立寺。召诸学徒，普会京辇。其中高第，自为等级。故二十五众，峙列帝城，随慕学方，任其披化。"① 由于他们都学有专长，如果有愿意求学的僧人，可以选择二十五人中任何一位学习、受教。据文献记载，曾经做过二十五众的人有：僧粲被任命为"二十五众第一摩诃衍匠"；僧琨被任命为"二十五众教读经法主"；慧影擅长大乘学，"亦为二十五众主"。②

如果说二十五众是一种面向大众的弘法组织，那么，五众则是面向有一定佛学基础的高级僧才进行的佛教高等教育。五众的众主应当是某一领域的权威人物。五众具体是指：慧迁擅长《十地经论》，"开皇十七年，敕立五众，请迁为十地众主，处宝光寺"③；法彦、宝袭是"大论众"，擅长讲习《大智度论》；智隐是"讲论众"，擅长讲习大小乘论书；洪遵擅长《四分律》，被称为"讲律众"，专门讲习戒律学；童真、法总、善胄是"涅槃众"，擅长讲习《大涅槃经》。二十五众教授的对象比较宽泛，所有僧众都可以向他们学习，教授方法也比较灵活。五众则教授对象比较有限，教授时间要求比较严格。由于资料的缺乏，有关五众更为具体的内容我们无从知晓，但是，五众的设立具有深远的历史意义。诚如蓝吉富所说："如果以之与历朝所设的儒家太学相比拟，则五众实为隋代专授佛家义理的国子学。而五众众主也就犹如太学里的五经博士。可惜该组织未能持续到唐朝，否则我国佛教哲学的发展，当必不只现存之诸宗而已。"④

第三节　佛教典籍与文化艺术

隋唐五代时期佛教文献典籍进入了一个新的发展阶段，大量的佛教文献出现并流传于世，成为中国佛教发展的一个独特现象。从文献来源看，有对印度佛经原典的翻译，也有中国人的注疏创作；从表达形式上来看，有文学作品、史地著作、总集类书等。这些卷帙浩繁、内容丰富的文献典籍不仅是佛教发展的必要文字载体，更丰富和促进了中国佛学、中国学术的繁荣和发展，成为中国佛教史、文化史上不可或缺的一部分。除了文献

---

① （唐）道宣：《续高僧传》卷十五，《大正藏》第 50 册，第 549 页。
② （唐）道宣：《大唐内典录》卷五，《大正藏》第 55 册，第 278—279 页。
③ （唐）道宣：《续高僧传》卷十二，《大正藏》第 50 册，第 520 页。
④ 蓝吉富：《隋代佛教史述论》，（台北）商务印书馆 1998 年版，第 102 页。

典籍之外，与佛教密切相关的文化艺术也得到了长足的发展和进步，呈现出繁荣和发达的景象。从表现手法上看，有石窟艺术、绘画、书法；从表现内容上来看，有佛、菩萨、罗汉等的画像、造像，以及抄写的佛经。这些艺术创作不仅是此一时期佛教信仰者的宗教情感的表达，同时，也是艺术创作者们艺术水平提高和审美创作意识的重要体现。

一　佛教典籍蔚为大观

（一）佛经翻译

隋唐五代时期中国佛教发达的一个最主要的表现就是佛经翻译规模大、数量多、影响远。隋代立国之初就下令建立国家译场进行佛经翻译，"（隋文帝）翻译道俗十有九人，所出经部垂五百卷。炀帝嗣录，卜宅东都。仍于洛滨上林园置翻经馆……今总一朝两代三十七年，道俗二十余人，所出经论传法等，合九十部，五百一十五卷"①。隋代先后设立五座译场，参加翻译的人员主要是以外国僧人"开皇三大师"的那连提黎耶舍、阇那崛多、达磨笈多和中土僧人彦琮为代表。其中，彦琮不仅将佛经翻译为汉语，还将中国的文献如《舍利瑞图经》《国家祥瑞录》等翻译成梵文，传入印度。他在中国翻译史上最大的贡献是在总结历代翻译成果、翻译方法的基础上提出了自己的译经原则和基本方法，成为以后译经者的楷模。

有唐一代是佛经翻译的高峰期，先后设立译场十三座，主要以波颇、玄奘、义净和不空四大译场为代表。唐代佛经的翻译大多数是在国家主持下进行。波颇译场是唐代设立的第一个译场，波颇受到唐高祖的礼遇，敕住大兴善寺，从贞观三年（629）开始设置译场进行译经，共译佛经 3 部 35 卷，由此开创了唐代大规模的国家译经事业。

玄奘译场是唐代规模最大、持续时间最长、译经数量最多的一个译场。玄奘受到了太宗、高宗、武则天等帝王的礼遇，在太子李治专门为纪念其母而营建的大慈恩寺中组织译场，从事翻译工作。后又移居玉华寺，继续翻译佛经。从贞观十九年（645）开始，到麟德元年（664）为止，译场持续时间共计十八年，译出经典涉及唯识类、阿毗达摩类和大般若类等诸多门类，总计译出各类经典 75 部 1335 卷。玄奘译经态度极为认真，

---

① （唐）道宣：《大唐内典录》卷王，《大正藏》第 55 册，第 274 页。

在翻译《大般若经》时，弟子们因该经卷帙浩繁，请求删节予以节译，玄奘考虑再三还是决定全部翻译。"翻译之日，文有疑错，即校三本以定之，殷勤省覆，方乃著文。审慎之心，自古无比。"① 玄奘译场的组织结构非常完善，也是唐代译场的杰出代表，译场中设有各类专职，分工明确，互相配合，其中有译主、助译、笔受、证义、缀文、正字、证梵语、书手等。因为玄奘译场属于国立译场，所译经典都属奉诏译经，故而在译出经典中通常有"奉诏译"字样。玄奘在译经过程中，总结历史上的译经经验，提出了译经中的"五不翻"原则，即，一是秘密故，如"陀罗尼"；二是含多义故，如"薄伽梵具六义"；三是此无故，如"阎净树，中夏无此木"；四是顺古故，如"阿耨菩提"；五是生善故，如"般若"。② 规定凡是汉文中没有可以与之相对应的佛教特有用语，只作音译而不进行意译，确立了佛经翻译的一条基本原则。玄奘梵汉兼通，注重直译，能够比较准确地翻译出佛经的原本意义。玄奘译经是佛经翻译史上的一个里程碑，后人为了区别以前的翻译，称为"新译"。

义净译场持续时间共十一年，往来于长安和洛阳两地。译场规格高，经历了武则天和唐中宗两个时代，人员和组织结构变化较多，翻译经典61 部239 卷。

不空译场以及善无畏、金刚智译场是以翻译密教典籍为主，持续时间十六年，译出经典 110 部 142 卷，促进了印度密教向中国的传播和佛教密宗的形成与流传。这些规格高、规模大的佛经译场从事的佛经翻译活动，使大量佛经得以出现和流传，不仅有利于佛教宗派的创立和发展，而且也有利于佛教的普及和推广。

唐代佛经翻译持续时间近二百年，到唐宪宗元和六年（811）朝廷终止译经，唐代共翻译佛经 372 部 2159 卷，是中国佛经翻译的高峰时期。

（二）经典注疏

域外佛教经典自汉代开始翻译成汉文以后，随之也逐渐产生了各类注经解经的著作。隋唐五代时期，以研究、阐发和弘扬外来经典为主的注疏大量涌现，其数量之多、影响之广在历史上任何一个时期都不曾出现。注解经典有不同的目的，或为阐发经义，或为另立新说，或为授徒传法，或

---

① （北宋）非浊集：《三宝感应要略录》卷二，《大正藏》第 51 册，第 843 页。
② （北宋）周敦义：《翻译名义集序》，《大正藏》第 54 册，第 1055 页。

为记录师言。注解经典的形式多种多样，或随文释义，常称为"义疏"；或概括经典核心思想，常称为"悬谈"；或划分经典章节段落，常称为"科文"；或记录祖师讲解经典，常称为"述记"。许多注疏著作成为建立宗派学说体系的基本典籍，各宗派的创始人以及重要传承者都有相关经典的注疏问世，成为这一时期典籍文化上的一个独特现象。这类典籍数量非常庞大，在各宗派中都有大量的经典注疏流传于世。如代表性的成果有：吉藏的《中观论疏》《百论疏》《三论玄义》通过对中观思想的解释和发挥，形成了三论宗思想的重要经典；智顗的《法华文句》《法华玄义》等通过解释《法华经》，奠定了天台宗的教理基础；智俨注释《华严经》的多种著作，基本完成了华严宗的核心教义；道宣注解《四分律》的多种著作，构建了南山律宗的理论体系等。

（三）僧传史籍

人物传记是中国史家书写史籍时非常关注的一类。无论是通史、断代史还是编年史、游记等著作，都有专门的部分书写人物传记，更有专门以人物为中心的著作。佛教史籍中也非常注重这类著作的编撰，在佛教僧尼传记中，有以一个群体为中心的总传，有以一类僧众为对象的类传，有以一位人物为中心的单传，也有附于其他重要人物之后的附传。在隋唐五代时期，涌现出各类僧传，成为当时史籍中的重要内容。

在隋代编撰的僧传中，代表性的有《隋天台智者大师别传》一卷，隋灌顶撰，该书成书于《续高僧传》之前，是一部关于智顗的单传。

唐代编撰的僧传比较多，代表性的有：

《释迦氏谱》一卷，道宣编撰，是一部关于释迦牟尼的传记。

《续高僧传》三十卷，道宣编撰。该僧传上承梁慧皎的《高僧传》，下启宋赞宁的《高僧传》，在僧传发展史上具有承前启后的重要作用，它所创作的编撰体例成为以后撰写僧传的模本。书中共收录正传485人，附传290人，共分十科，即译经、义解、习禅、明律、护法、感通、遗身、读诵、兴福和杂科。"《续高僧传》征采周富，叙载详赡，笔力纵放，词句绮丽，居诸部僧人总传之首。"①

《大唐西域求法高僧传》二卷，义净编撰。义净到印度及南海诸国游历过程中，感叹其他各国均在印度建立有寺庙供本国僧侣居住，唯独中国

---

① 陈士强：《大藏经总目提要》（文史藏一），上海古籍出版社2008年版，第300页。

没有在印度建立寺庙，于是他将所见闻到的前往印度和东南亚求法僧人的情况记载下来，汇集成册，通过归国僧人带到中国，上呈武则天，希望朝廷能够出资在印度建立寺庙以便于中国僧人到印度求学、游历。

《大唐大慈恩寺三藏法师传》十卷，慧立撰、彦悰笺。该书是一部关于玄奘法师生平事迹极为详尽的传记。玄奘从印度求法归来，唐太宗为了进一步了解印度和西域的具体情况，便告诉玄奘说："佛国遐远，灵迹法教，前史不能委详，师既亲睹，宜修一传，以示未闻。"① 于是玄奘口述游历过程中的所见所闻，由弟子笔受整理成书。

《唐护法沙门法琳别传》三卷，彦悰编撰，是一部关于法琳的个人传记。由于法琳在唐初儒佛道三教之争中表现突出，事迹较为丰富，但是在《续高僧传》中记载非常有限，为了将法琳在三教之争中的详细情况记录下来，彦悰编撰了此书。

《两部大法相承师资付法记》二卷，海云编撰。上卷记载金刚智的传承谱系，下卷记载善无畏的传承谱系，是密宗的传法谱系类书籍。

（四）总集类书

佛教文献中有一类收集数量较多、包含内容极其丰富的著作，称为总集类书，或纂集类书。这类著作是将不同的资料按照一定的宗旨和主题，分门别类地编撰起来，形成一种新的典籍。隋唐五代时期，这一类书的代表作有：

《广弘明集》三十卷，唐道宣撰。南北朝后期，由于战乱频繁、中原动荡，加之佛教受到儒道的排斥，为了能够弘法护教、促进佛教的进一步发展，道宣仿照僧祐《弘明集》将儒释道三教关系密切的相关论文汇编成册，形成《广弘明集》一书。该书收集了从魏晋至唐初各类文章二百八十多篇，分为十类，即归正篇、辩惑篇、佛德篇、法义篇、僧行篇、慈济篇、戒功篇、启福篇、悔罪篇、统归篇，是研究中国中古儒释道三教关系极其重要的资料。

《集古今佛道论衡》四卷，唐道宣编撰，收录唐代以及此前佛道二教进行论辩的有关内容，是研究佛道关系的重要资料。

《集沙门不应拜俗等事》六卷，唐彦悰编撰，是关于佛儒伦理之间差异而导致辩论的相关文章。

---

① （唐）慧立、彦悰：《大唐大慈恩寺三藏法师传》卷六，《大正藏》第 50 册，第 253 页。

　　《诸经要集》二十卷，唐道世撰，收集佛教基本仪式仪轨和善恶报应等方面的内容。

　　《法苑珠林》一百卷，唐道世撰，是一部内容庞大、卷帙浩繁、门类齐全的佛教类书。该书涉及佛教的基本义理知识、佛教的感应事迹等诸多内容。

　　另外还有唐李师政编撰的《法门名义集》一卷，专门收集佛教名词术语；唐百丈怀海编撰的《禅门规式》，又称《百丈清规》，专门收集佛教戒律方面的内容，此书后来有所散失，再加上时代的局限，元代时德辉重新编撰，形成了八卷本的《敕修百丈清规》，成为以后禅林最主要的律法制度；五代义楚编撰的《释氏六帖》二十四卷，收录佛教掌故、术语以及其他各种人文掌故和自然知识。

　　（五）经录音义

　　到隋代统一之前，佛经已经被大量地翻译出来，数量众多的佛经在流传过程中出现了增删、存亡甚至伪造的现象，为了更好地整理佛经、检索佛经、阅读佛经和防止伪经的流传，隋文帝在位期间就开始组织人员编写佛经目录。历经唐五代三百多年的整理、编目，佛经目录已经发展成为一种专门的学问，经录成为研读佛经的根本门径。

　　隋代有三部重要的佛经目录：法经《众经目录》七卷、费长房《历代三宝纪》十五卷和彦琮《众经目录》五卷。开皇十三年（593），法经等二十人奉敕撰写《众经目录》，次年七月完成。共收录大小乘三藏典籍2257 部，5310 卷。该书共七卷，分别录六卷，总录一卷，别录分别著录大小乘经律论三藏，每一录包含有众经一译、异译、失译、别生、疑惑、妄伪六部分。开皇十七年（597），翻经学士费长房编撰《历代三宝纪》，共收录大小乘经典 2146 部，6235 卷。该书共十五卷，按照年代顺序编排，相当于编年体佛教史，记载了历朝历代的国家和佛教大事，比较详细地记载了佛教经典的翻译状况和流传状况，对把握佛教发展脉络起了非常重要的帮助作用。仁寿二年（602），彦琮与其他翻经大德和学士奉敕撰写《众经目录》，又称《仁寿录》，共收录三藏经典 2109 部，5058 卷。该书共五卷，分为单本、重翻、别生、贤圣集传和疑伪五类。"这部经录的编纂与前两部不同，为实际审阅经本，然后勘定，是一部比较纯粹的经典的实录。就此而言，此录为隋代诸录中质量最好的一部。"①

---

　　① 王亚荣：《长安佛教史论》，宗教文化出版社 2005 年版，第 141 页。

唐代佛经目录众多，其中比较重要的有：麟德元年（664），西明寺僧人道宣编撰《大唐内典录》十卷，共收录经典 2232 部，7200 卷。全书分为十录，是上承隋代诸《众经目录》、下启唐智昇《开元释教录》的一部过渡性佛经目录。麟德二年（665），大爱敬寺僧人静泰撰《大唐东京大爱敬寺一切经论目》五卷，又称《众经目录》。靖迈撰《古今译经图纪》四卷。武周天策万岁元年（695），明佺奉敕撰《大周刊定众经目录》十五卷。

开元十八年（730），智昇撰《续大唐内典录》一卷、《续古今译经图纪》一卷、《开元释教录》二十卷和《开元释教录略出》四卷。《开元释教录》收录从汉明帝永平十年（67）至唐玄宗开元十八年（730）的佛教经典共 2278 部，7046 卷。分为总括群经、别分乘藏录和入藏录三大类。该经录因为考订详细、辨别精审而受到历代学者的好评，这也是历代佛教经录中编撰得最好的一部，成为后人学习、阅读佛典的必读书目。

此后，还有唐圆照编撰的《大唐贞元续开元释教录》三卷和《贞元新定释教目录》三十卷；五代十国南唐保大三年（945）恒安编撰的《大唐保大乙巳续贞元释教录》一卷。

除了佛经目录之外，还有解释佛经中疑难字词的读音和意义的撰著，称为"音义"类的书籍，这是研读佛经的基本语言类工具书。音义类书籍主要代表有：唐玄应的《一切经音义》二十五卷、唐慧苑的《新译大方广佛华严经音义》二卷、唐慧琳的《一切经音义》一百卷和五代后晋可洪的《新集藏经音义随函录》三十卷。其中，慧琳的《一切经音义》是中国佛教音义类书籍中的集大成者，该书搜罗一千多部佛经，从注音、释义、析字等几个方面对字词做了训诂学方面的解释，成为研究佛经的最基本工具书。

（六）禅宗文献

随着禅宗从唐末五代成为中国佛教最大的宗派，与禅宗相关的典籍大量涌现，逐渐成为中国佛教撰述的主体部分。禅宗典籍的种类很多，有传法谱系的记载，有弟子们对祖师说法内容、传禅机缘的记录等。

《楞伽师资记》一卷，又名《楞伽师资血脉记》，唐净觉撰于开元四年（716）。该书主要记载了上起南朝宋求那跋陀罗，下至唐代普寂、惠福等十三位八代楞伽师的禅学思想，是禅宗北宗师资相传的谱系记载，保存了禅宗早期的重要文献资料。

《传法宝记》一卷，唐杜朏撰。该书主要记载了菩提达摩、慧可、僧璨、道信、弘忍、法如、神秀等七人的生平事迹及其传说故事，是记载禅宗北宗传法世系的重要资料，部分内容与《楞伽师资记》相类似，但是其加入法如，与传统认可的传法谱系不太一致。

《历代法宝记》一卷，又名《师资众脉传》《定是非摧邪显正破坏一切心传》《最上乘顿悟法门》，唐代人编撰。该书主要记载了禅宗南宗的一个分支派别——净众—保唐派的传法谱系，前六祖从菩提达摩到惠能，后四祖是智诜、处寂、无相、无住四位禅师，是研究南宗禅的重要资料。

《双峰山曹侯溪宝林传》十卷（今存七卷），简称《宝林传》，唐智炬编撰。该书记载了禅宗西天二十八祖和东土六祖的生平事迹和思想，是关于禅宗历代祖师的传记和南宗禅的传承谱系，其在禅宗发展史上意义重大，它是"禅宗史惟一史料，《景德（传灯）录》及《传法正宗记》均取材于此"[1]。五代后梁开平四年（910），僧人惟劲撰《续宝林传》，但后来亡佚。

《祖堂集》二十卷，五代十国南唐静、筠二禅师编撰。该书记载禅宗诸多有名禅师的生平事迹和思想，是现存最早的禅宗灯录体著作。"灯录"又称"传灯录"，是禅宗创造的一种著作文体。因以禅法历代相传如同灯火相续为譬喻，故名。编撰灯录起源于唐代，以后历代都有仿效作品。最著名的灯录是北宋时期编辑的《景德传灯录》，这是禅宗历史上第一部官方参与编修的禅书，在宋代以后的禅宗历史上影响很大。灯录的特点，是以禅宗派系的师承关系为标准收录人物，按历史顺序分别记载其传法机缘略传。由于对人物派系分属有分歧，所以一些灯录著作常引起不同派系之间的法统之争、嫡庶之辨，聚讼纷纭。从唐代到清代的众多灯录，记载范围不同，或通载禅宗五家法脉，或选录一家法系，或汇集某个地区的禅门师承。有些著作虽不以"灯录"命名，但其性质同于灯录，可视为同类史籍。另有一些著作是集录历代祖师的重要语录、若干类作品，按世系排列，也属于灯录性质。禅宗之外的宗派，也有仿效"灯录"体裁，编辑本宗祖师的传记。[2]

---

① 陈垣：《中国佛教史籍概论》，上海书店出版社 1999 年版，第 85 页。

② 魏道儒：《中国汉文佛教典籍》，载《百科知识》总第 421 期，2009 年 10 月下，第 47—50 页。

禅宗语录的编撰起源于唐代，盛行于宋代。"语录"一般只记录禅师个人及其与师友、弟子的言论，编辑语录者，多为禅师的后学。语录原本重于记言，轻于记行，尤其侧重记录禅师在开示后学过程中流传广泛的名言警句。唐僧人法海集记的一卷本《六祖坛经》（又名《南宗顿教最上大乘摩诃般若波罗蜜经六祖惠能大师于韶州大梵寺施法坛经》），实际上就是惠能的"语录"。在唐代以后，语录内容有不断增加的趋势，包括小参、法语，禅师的书信、诗文，禅师的行状、塔铭，以及与禅师有关的他人著作，称为"全录"、"广录"，是研究禅师的重要文献资料。①

由于禅宗文献的大量出现，中唐以后，禅宗文献被集中编撰而形成禅藏。据中唐圭峰宗密（780—841）禅师记载："《禅源诸诠集》者，写录诸家所述，诠表禅门根源道理。文字句偈，集为一藏。"② 由于该禅藏已经亡佚，具体内容不详，甚至该禅藏是否存在都受到人们的怀疑。今人方广锠对敦煌出土禅籍研究后，认为禅藏确实在历史上存在，其卷数大约是一百三十卷，内容涉及禅宗西天、中土诸祖谱系及其传法因缘、达摩禅系以外其他禅学著作以及圆融禅教的诸经要抄等。它是经过宗密思考鉴别过的禅与禅宗的资料汇编，是研究中国禅学、初期禅宗的宝贵资料。③

（七）史地编著

历史地理著作中有一类是关于佛教方面的著作，有些僧人或世俗学者还亲自编撰有关佛教史地方面的著作，这方面的代表性的作品有：

《释迦方志》二卷，唐道宣撰。该书是综合西行僧人和其他人的游记，围绕释迦牟尼诞生、传法等活动地点编撰而成的史地类著作，是了解西域和印度佛教地理、人物风貌的重要书籍。

《古清凉传》两卷，唐慧祥撰，是关于五台山佛教、寺院、地理风貌、传说掌故等内容的记录。

《寺塔记》一卷，唐段成式撰。唐武宗灭佛使长安诸寺院遭到严重破坏，对照此前佛教的繁荣景象，段成式感慨万分，为了能够让人们了解过

① 魏道儒：《中国汉文佛教典籍》，载《百科知识》总第421期，2009年10月下，第47—50页。

② （唐）宗密：《禅源诸诠集都序》，《大正藏》第48册，第399页。

③ 方广锠：《敦煌遗书散论》，上海古籍出版社2010年版，第234—265页。

去长安寺院的一些情况，他将长安十三家寺院的风貌、传说等内容记录下来，是研究长安佛教的重要资料。

《大唐西域记》十二卷，唐玄奘口述，辩机笔受整理。这部著作是佛教史地类作品中的杰出代表。该书记载了玄奘西行求法过程中所见所闻的关于西域和南亚次大陆一百多个国家的风土人情、物产风貌、宗教信仰、佛教圣迹和奇闻趣事等，尤其详细记载了西域、印度的情况，是研究印度及其周边国家、地区的重要资料。

《悟空入竺记》一卷，唐圆照撰。记载了僧人悟空游历犍陀罗国、迦湿弥罗国、中天竺、乌仗那国和吐火罗等数国的历史、社会情况。

日本僧人圆仁编撰的《入唐求法巡礼行记》四卷，成书于日本承和十四年（847），该书记载了圆仁入唐九年间（839—847）的所见所闻，是研究唐代文宗、武宗时期政事、地理、民俗、佛教等方面的翔实史料。

二　佛教文化艺术精彩纷呈

（一）俗讲文学

佛教传入中国以后，为了能够得到中国大众的认可，让普通民众对比较深奥、抽象的佛教义理、思想有比较清楚、浅显的理解和认识，佛教信众们采用了不同的传播方式促进这一转变，具体的宣讲方式有转读、梵呗、唱导等。到了隋唐五代时期，佛教在传播方式上采用了更为灵活的、通俗化、大众化的方式进行，变文和俗讲等通俗化的文学传播方式和宣讲手段得以流行，成为这一时期佛教传播的主要形式和途径。

变文是宣讲佛经故事的文本，是中古佛教文学的一种艺术表达形式。"早在公元七世纪末期以前，我国寺院中盛行着一种'俗讲'，记录这种俗讲的文字，名叫变文。"[1] 对于作为通俗化、大众化的宣讲形式——"俗讲"而言，它必须以一种既有佛教经典内容又不同于传统佛经表达形式的文本为依据，在此文本的基础上进行现场演说、发挥，将佛教思想以一种大众容易接受的方式宣讲出来。

俗讲是南朝末年出现的一科融合转读、梵呗和唱导为一体的讲经形式。它是佛教信徒（包括僧尼和居士）根据佛教的基本教义和某部佛经的基本经义，用通俗化和大众化的语言宣讲出来，宣讲的内容有佛本生故

---

① 　王重民、周一良：《敦煌变文集·出版说明》，人民文学出版社 1957 年版，第 1 页。

事、神变故事、因果报应故事、地狱轮回故事等，在宣讲的过程中，还结合民间流传的相关内容对故事进行加工、改编，无论是从内容上还是从表现形式上看，都既有中国传统文化的因素，又有印度佛教的基本特色，适应了佛教中国化的发展趋势，成为当时文学中的一种重要表达形式。唐代已经形成了专门从事俗讲的一批僧人，唐文宗开成六年（841）正月九日，在长安七大寺院开俗讲，时文宗幸丹凤楼，"敕于左右街七寺开俗讲。左街四处，此资圣寺，令云花寺赐紫大德海岸法师讲《华严经》；保寿寺，令左街僧录、三教讲论、赐紫、引驾大德体虚法师讲《法花经》；菩提寺，令招福寺内供奉、三教讲论大德齐高法师讲《涅槃经》；景公寺令光影法师讲。右街三处：会昌寺令内供奉、三教讲论、赐紫、引驾起居大德文溆法师讲《法花经》。城中俗讲，此法师为第一"①。

　　俗讲从受众者的角度上来看，可分为"僧讲（尼讲）"和"俗讲"两种。这两种宣讲在名称上有着明显的区别，在具体内容上也有一定区分，"言讲者，唐土两讲：一、俗讲。即年三月就缘修之，只会男女，劝之输物，充造寺资，故言俗讲（僧不集也云云）。二、僧讲。安居月传法讲是（不集俗人类，若集之，僧被官责）"②。俗讲除了具有传播佛教思想的功能之外，还有担负起募捐集资用以充作寺资的任务。这就决定了宣讲者不能只专注于深奥的佛教义理，甚至不仅是佛教方面的内容，与佛教有关的儒道等传统文化均可以杂糅进去，目的是取悦听众，获得听众的认同，从而让他们布施、输物。

　　隋唐五代时期，这种故事性、趣味性比较强的俗讲在当时佛教寺院甚至皇家内道场普遍流行，许多寺院成为这类活动的场所。"长安戏场多集于慈恩，小者在青龙，其次荐福、永寿，尼讲盛于保唐，名德聚之安国，士大夫之家入道，尽在咸宜。"③都城寺院普遍流行俗讲的风气，这就使人们能够普遍接受佛教，推动佛教的流传与发展，进而形成了佛教发展的鼎盛局面。到唐末五代时期，这种宣讲流于形式，一些与佛教无关的民间故事也加入俗讲的内容中来，造成佛教俗讲文学的新的变化。

---

① ［日］圆仁：《入唐求法巡礼行记》卷三，顾承甫、何泉达点校，上海古籍出版社1986年版，第147页。

② ［日］圆珍：《佛说观普贤菩萨行法经记》卷上，《大正藏》第56册，第227页。

③ （北宋）钱易：《南部新书》戊，载《丛书集成初编》，商务印书馆1936年版，第46页。

（二）佛教医学

佛教是伴随着印度、西域的医药、神异等内容而逐渐在中国内地传播开来的，"藉医弘教"是早期佛教常用的传播方式。这一点，诚如陈寅恪指出的那样："自来宗教之传播，多假医药天算之学以为工具，与明末至近世西洋之传教师所为者，正复相类，可为明证。吾国旧时医学，所受佛教之影响甚深，如耆域（或译耆婆）者，天竺之神医，其名字及医方与其他神异物语散见于佛教经典，如奈女耆婆经温室经等及吾国医书如巢元方病源侯论王焘外台秘要之类，是一例证。"①隋唐五代时期，随着佛教受到中国民众的普遍认可，佛教医学也有了新的发展变化，尤其是针对佛教修行过程中出现的诸种病症，提出了对治的方法，形成了相关的佛教医学方面的记述。智颛在《摩诃止观》的第三观"病患境"中集中论述了与佛教医学有关的内容。有人身则必然有病，有病的时候如何去病是第三观中要解决的问题。具体的观法是："观病为五：一明病相，二病起因缘，三明治法，四损益，五明止观。"②从病的表现、起病的原因、治病的方法等几个方面进行修持。右论述"明病相"时，比较详细地描述了各种病相。"一病相者，若善医术，巧知四大。上医听声，中医相色，下医诊脉。今不须精判医法，但略知而已。夫脉法关医道，不可言具，略示五藏病相。……"③在明白了各种病症的表现形式之后，智颛从六个方面指出得病的原因。然后，通过各种方法，尤其是止观的修行方法治疗疾病，这是佛教中对医学论述比较详细的文献记载，反映了当时佛教信仰者们对医学的充分认识。

唐前期的佛教寺院中，可以保留的"重物"中包括医学类的器械、书籍和药物三大类。"初谓医术针灸、刀角、槌捍、疗疾之具。二谓诸方本草、明堂流注、脉经药诀之书。三谓对病四药，如上列名，余之三药如上入重。尽形药中，如后正断。已上三件资身正要，非常恒有，是病即须。初一治救刀铁，律文通许。既是小细机候，所宜准如十诵灌鼻个等，入轻所收。余有药筒药函诸器柜从分也。第二诸方本草既是俗习，宜从重收。尽形药中未捣治者入重，若已捣和合成汤丸膏煎异本药相者，及服残

---

① 陈寅恪：《金明馆丛稿初编》，生活·读书·新知三联书店 2001 年版，第 127—128 页。

② （隋）智颛：《摩诃止观》卷八，《大正藏》第 46 册，第 106 页。

③ 同上。

余分，此实非所幸，宜准僧祇人轻分之。"① 从中可以看出，佛教医学的发达程度可以与世俗社会相媲美。

此一时期，佛教僧众中也不乏精通医术者。唐代南康人法藏从小就"研寻史籍，而于医方明得其工巧，同支法存之妙用焉。有门僧卧疾，几云不救，藏切脉处方，信宿平复"②。法藏不仅阅读医学类著作，而且还能够具体实践所学的医学知识，成功救治危重病人。唐玄宗时，李宪病重，"僧崇一疗宪稍瘳，上大悦，特赐绯袍、鱼袋"③。由于治病成功，僧人受到了皇帝的赏识，获赐名誉与财物，如此一来加强了佛教与皇室之间的关系。东都福先寺僧思谷的师祖宁一公"尤善医活人"，思谷本人也"精通医道"，声名远播，当时人对他的评价是"采药活人心是佛，对花临帖笔如神"，甚至有人还称为"药师"。④

佛教僧众不仅阅读医书、提高医术、治病救人，而且还自己撰写医书，根据文献记载，中土僧人在医药方面的著作，隋代时曾经流传的医书有：《寒食散对疗》一卷，释道洪撰；《解寒食散方》二卷，释智斌撰；《释慧义寒食解杂论》七卷，亡佚；《解释慧义解散方》一卷，亡佚；《单复要验方》二卷，释莫满撰；《疗百病杂丸方》三卷，释昙鸾撰；《释僧匡针灸经》一卷。唐代也有三种由僧人撰写的医书：《诸药异名》十卷，行智撰；《调气方》一卷，僧鸾撰；《僧深集方》三十卷，僧深撰。诸如此类由僧人撰写的医药、医方著作很多，这无疑是当时佛教医学进步的体现。在敦煌遗书中也有与佛教医学有关的写本，S. 5598 "佛家神妙补心丸"、P. 3777 和 P. 3244 "佛家养心方"、P. 3930 "治妇人难产方"的咒法、P. 2665 "佛家医方"、P. 2637 和 P. 2703 "佛家辟谷方"、P. 3596 "不知名医方第九种残卷"等，⑤ 都是佛教医学类著作的代表。一方面，这是佛教在关注社会、关注生命的基础上，不断探索医学知识的结果，反映出佛教医学水平的发达；另一方面，佛教医学的发展是对社会医疗事业的一种积极和有益的补充。

① （唐）道宣：《量处轻重仪》卷一，《大正藏》第 45 册，第 842 页。

② （北宋）赞宁：《宋高僧传》卷二十，范祥雍点校，中华书局 1987 年版，第 520 页。

③ （后晋）刘昫：《旧唐书》卷九十五，中华书局 1975 年版，第 3012 页。

④ 吴钢主编：《全唐文补遗》第三辑，三秦出版社 1998 年版，第 3 页。

⑤ 陈明：《沙门黄散：唐代佛教医事与社会生活》，载荣新江主编《唐代宗教信仰与社会》，北京大学出版社 2003 年版，第 259 页。

　　佛教善于进行社会救济，在佛教的社会福利事业中有救济医患的事项。道宣在律条中曾记载道："若彼病者，慈心施食，随病所宜……婴儿、狱囚、怀妊等，慈心施之，勿望后报。""若和尚父母在寺疾病，弟子亦得为合药。又，父母贫贱，在寺内供养；净人兄弟、姊妹、叔伯及叔伯母、姨舅，并得为合药。无者，自有，亦得借用。不还者，勿责。"① 唐代设置各种病坊收治不同疾病的患者，武则天时期的僧人洪昉"于陕城中选空旷地造龙光寺，又建病坊，常养病者数百人。寺极崇丽，远近道俗归者如云"②。甚至还设立了对后世影响比较大的社会救助机构——悲田养病坊，扩大了佛教社会救济的范围。通过各种医疗救助，佛教实践了慈悲济度、关注众生的基本思想，也体现了佛是大医王、解除世人精神困惑的宗教情怀。

　　（三）绘画

　　隋唐五代时期，以佛教为题材的绘画也较为兴盛，尤其是佛教寺院的绘画所费财物极多，绘画质量上乘，狄仁杰曾对此做过这样的描述："今之伽蓝，制过宫阙，穷奢极壮，画缋尽工，宝珠殚于缀饰，瑰材竭于轮奂。"③ 与此相应，涌现出了许多擅长绘画佛菩萨、罗汉等佛教画像的画家。长安城内的寺院多有佛教题材的画像，而且画师多为当时画坛名人，诸如吴道子、韩幹、杨庭光、尉迟乙僧等人。在光宅寺东菩提院内北壁东西廊上，就集中有当时数位名画家的画作，其中有尉迟画降魔等变，殿内吴生、杨庭光画；又尹琳画西方变。菩提寺佛殿内东西壁，有吴道子画神鬼，东壁有董谔画本行经变。净域寺三阶院东壁有张孝师画地狱变，院门内外有王韶应画的神鬼。景公寺东廊南间东门南壁画行僧，转目视人；中门之东，有吴道子画的地狱经变图。安国寺西廊南头院西面堂内南北壁，并中三门外东西壁，有杨庭光画的梵王、帝释，院东北处有杨庭光画的涅槃经变和西方净土经变。云花寺小佛殿有赵武端画净土变。宝应寺有韩幹画东西二菩萨，院南门外，有韩幹画侧坐毗沙门天王等。④

　　盛唐画家吴道子擅长以佛教题材为主的绘画，"凡画人物、佛像、神

　　① （唐）道宣：《四分律删繁补阙行事钞》卷下，《大正藏》第 40 册，第 146—148 页。
　　② 《神僧传》卷六，《大正藏》第 50 册，第 990 页。
　　③ （后晋）刘昫：《旧唐书》卷八十九，中华书局 1975 年版，第 93 页。
　　④ （唐）张彦远：《历代名画记》卷三，中华书局 1985 年版，第 113—121 页。

鬼、禽兽、山水、台殿、草木皆冠绝于世，国朝第一"①。吴道子在长安菩提寺所绘的佛像"天衣飞扬，满壁风动……佛殿内槽东壁维摩变，舍利弗角而转膝"②。他所画的佛菩萨形象栩栩如生，富有生机。由于吴道子在佛寺所画的人物画像、佛菩萨像、地狱变相以及佛经变画都非常形象生动，富有活力，当时人称他的佛画样式为"吴家样"，影响极大。

　　中唐画家周昉擅长人物画，尤其是女性人物画，他所画的女性形象富贵、秾丽，颇具盛唐女性丰腴之相，其"画士女，为古今冠绝"③。史称"绮丽人物"，或称为"绮罗人物"。他也擅长用佛教题材作画，所画佛菩萨等形象栩栩如生，神情并茂，其中以观音画像最有特色，史称"水月观音"。周昉也经常到寺院作画，唐德宗时曾经修缮章敬寺，德宗召见周昉之兄周皓，对他说："卿弟昉善画，朕欲宣画章敬寺神，卿特言之。""经数月，果召之，昉乃下手。落笔之际，都人竞观，寺抵园门，贤愚毕至。或有言其妙者，或有指其瑕者。随意改定，经月有余，是非语绝，无不叹其精妙，为当时第一。"④

　　兼具有印度、西域和中国佛教艺术的于阗人尉迟乙僧是唐代佛教绘画中的一位特殊人物，他在"慈恩寺塔前功德，又凹凸花面中间千手眼大悲，精妙之状，不可名焉。又光泽寺七宝台后面画《降魔像》，千怪万状，实奇踪也"⑤。在他所画的《降魔变》中，当时人曾做这样的描述："尉迟画颇有奇处，四壁画像及脱皮白骨，匠意极险。又变形三魔女，身若出壁。"⑥ 这幅画并不是尉迟乙僧画得最得意的一幅，而且经过唐武宗灭佛，该画像受到了较为严重的破坏，但是，其画中人物形象的生动性不减，显示出画家高超的绘画技艺和绘画水平。

　　晚唐画家张南本"工画佛道鬼神，兼精画火。尝于成都金华寺大殿画八明王。时有一僧，游礼至寺，整衣升殿，骤睹炎炎之势，惊怛几仆"⑦。张南本不仅长于画佛道鬼神，而且他画火的水平几近于以假乱真

① （唐）朱景玄撰，温肇桐注：《唐朝名画录》，四川美术出版社1985年版，第3页。
② （唐）段成式：《酉阳杂俎》续集卷五，中华书局1985年版，第219页。
③ （唐）朱景玄撰，温肇桐注：《唐朝名画录》，四川美术出版社1985年版，第6页。
④ 同上。
⑤ 同上。
⑥ （唐）段成式：《酉阳杂俎》续集卷六，中华书局1985年版，第222页。
⑦ （北宋）郭若虚：《图画见闻志》卷二，中华书局1985年版，第59页。

的地步，以至于游方僧人见到他画的火感到胆战心惊。张南本还在宝历寺画水陆功德画，画的内容表现"曲尽其妙"。由于他的绘画水平很高，导致后来竟然有人模仿，甚至偷偷替换掉他的真迹。

　　在隋唐五代时期的许多寺院中，大都绘有佛菩萨、罗汉、祖师等与佛教内容有关的壁画，成都大圣慈寺的画像在当时极为兴盛，可以视为当时佛教寺院绘画的代表。大圣慈寺"总九十六院，楼阁殿塔厅堂廊庑，无虑八千五百二十四间，画诸佛如来一千二百十五，菩萨一万四百八十八，帝释梵天六十八，罗汉、祖僧一千七百八十五，天王、明王、大神将二百六十二，佛会经验变相一百五一八，诸夹神雕塑不与焉"①。所绘画的图像均以佛教神佛等形象为题材，数量也非常多，显示出当时佛教绘画已经达到了相当高的水平。

　　（四）石窟

　　我国石窟艺术的发展是从北魏、前秦时期开始，到隋唐五代进入鼎盛时期。此一时期，石窟开凿的数量多、造像丰富、雕塑绘画水平高。此后，石窟艺术虽然有所发展，但整体上呈现出逐渐衰落的趋势。从地域分布上来看，以北方地区居多，主要有新疆龟兹、焉耆、高昌等地的石窟，甘肃的敦煌莫高窟、炳灵寺石窟、麦积山石窟、安西榆林石窟，陕西彬县大佛寺石窟，山西大同云冈石窟，河南洛阳龙门石窟，山东济南千佛山石窟，等等，这些石窟在隋唐时期呈现出全面繁荣的景象。

　　敦煌莫高窟从前秦建元二年（366）开始开凿，经过一千多年的续开，成了中国石窟艺术中的杰出代表，现存 492 个洞窟中隋唐五代时期开凿的占四分之一强，尤其是从唐武德初年到唐德宗建中二年（618—781）保存下来的石窟就有 127 个之多。此一时期的洞窟中，多绘有佛经经变图，如《阿弥陀经变》《弥勒经变》《维摩诘经变》等，另外还有佛像、佛教史迹和供养人、飞天等图像，还有一些佛教题材的装饰图案等，这些都构成莫高窟壁画的主要部分。从佛教造像、绘画内容上来看，诸佛、菩萨、佛弟子、罗汉、天王、力士等造像、绘画多样，无论是面部表情还是衣着都表现得十分生动、细腻。炳灵寺石窟中多弥勒佛、阿弥陀佛、观世音菩萨等佛菩萨的造像，唐德宗贞元十九年（803）建造的跏趺坐弥勒佛摩崖大像，成为河西第一大佛。陕西彬县大佛寺石窟开凿于隋和唐前期，

---

① （北宋）李之纯：《大圣慈寺画记》，影印《文渊阁四库全书》本。

共有隋唐时期石窟 107 个，造像 1498 身，是关中地区最大的石窟艺术群。其中，唐代开凿的大佛窟有阿弥陀佛坐像、观世音菩萨、大势至菩萨、弥勒菩萨等诸佛菩萨的造像。[①] 洛阳龙门石窟是中原地区最大的佛教石窟艺术群，主要造像是北魏和隋唐时期开凿的。尤其是武则天时期，为了满足帝王、贵族、官僚等上层阶级祈福、求佛护佑等心理需求，在伊河两岸、东西两山的崖壁上开凿了数量众多的石窟，其中，以奉先寺卢舍那佛龛石窟群最有代表性，石窟中所雕凿的佛、菩萨、天王、力士等形象展示了艺术家对佛教思想的理解及佛教与中土文化的融合。可以说，奉先寺佛龛的"凿造规模、艺术设计，以及雕刻形象塑造等方面的成就，代表着唐代美术达到的高度的艺术水平"[②]。

南方地区石窟艺术流传下来较少，最著名的是剑南石窟造像艺术，该石窟造像的鼎盛时期是在唐后期的南诏国（738—902），从造像的数量、质量上来看，可以说是唐五代时期石窟艺术的代表。在诸多造像中，以乐山凌云寺的弥勒大佛为代表，该佛像背靠大山、面向三江，高 58 米，堪称"世界第一大佛"，集中体现了这一时期的佛教造像艺术水平。

（五）书法

中国传统书法艺术与佛教相互影响，形成了独特的佛教书法艺术，这种佛教书法艺术的形成与当时整体文化氛围有着密不可分的关系。

对于世俗社会中的文人士大夫而言，他们或出于练习书法，或出于佛教信仰的目的，抄写了一些佛经；对于普通信仰者而言，多数是出于虔诚的佛教信仰而抄写大量佛经，其中也不乏书法艺术水平较高的写经、抄经和碑刻等流传于世。武则天时期的太子太傅钟绍京"雅好书画古迹，聚二王及褚遂良书至数十百卷"[③]。他曾经抄写有楷书《转轮圣王经》和小楷《维摩诘经》等经卷并流传于世。唐肃宗时的僧人楚金既造佛塔，又抄写佛经，他曾经抄写《法华经》千余部放置在塔中供养。其他擅长书法的文人写经如擅长草书的书法家张旭曾手写《心经》，擅长行草的王知敬手写《金刚经》，韩愈叔父韩择木手写《心经》，书法家柳公权书写《金刚般若经》《清净经》《心经》，诗人元载书写《尊胜陀罗尼经》，南

---

① 张弓：《汉唐佛寺文化史》，中国社会科学出版社 1997 年版，第 572—573 页。

② 金维诺：《中国古代佛雕——佛造像样式与风格》，文物出版社 2002 年版，第 82 页。

③ （后晋）刘昫：《旧唐书》卷九十七，中华书局 1975 年版，第 3042 页。

唐后主李煜书写金字《心经》，五代江南人曾在一枚钱币上书写《心经》等。① 敦煌出土佛经全部是抄写而成，比较完整地保存并真实再现了隋唐五代时期佛经书法艺术，其中有些写卷的书法水平已经达到了相当的高度。对于这些抄写经卷，后人多有从书法角度去做评论。例如，BD14840.10《金刚般若波罗蜜多经》写卷，"大业四年隋人书《金刚经》残片，墨色沉厚，笔势隽逸"②。津艺 064《佛说佛名经》写卷，"此唐人所写千佛名经之残卷，纸越千年完好如新，笔意亦朴茂不俗，自是当时经生之善书者所作，至甚珍贵"③。启功先生也曾对其中一件唐人抄写《妙法莲华经》卷一《序品》后半和《方便品》前半作过高度评价："笔法骨肉得中，意态飞动，足以抗颜欧、褚，在鸣沙遗墨中，实推上品。"④ 从这些后人的评价中我们可以看出，当时敦煌地区的佛教书法艺术已经发展到与中原地区相当的水平，佛教书法艺术水平由此可窥一斑。

　　僧人们为了提高自己的文化修养也会加强书法艺术方面的锻炼，出现了一些书法水平较高的僧人，他们书写的一些书法作品成为当时佛教中具有较高书法艺术水平的代表。隋代僧人智楷、智永、智果，唐五代的怀仁、大雅、怀素、亚栖、贯休、齐己等人都有独到的书法创作和令人赞叹的艺术作品。他们的书法创作丰富了佛教的表现形式，书法也提升了僧众们的艺术修养，无论是对佛教还是对中国书法艺术的发展都起到了积极作用。

　　智楷和智永都是东晋"书圣"王羲之的七世孙，兄弟二人都擅长书法。其中，智楷的书法在当时非常有名，尤其是擅长草书。智楷之弟智永同样擅长书法，与南朝梁擅长隶书的丁觇齐名，被时人誉为"丁真永草"。其草书创作深得家传，"智永远祖逸少，历纪专精，摄齐升堂，真草惟命，夷途退鹢，大海安流。微尚有道（张芝）之风，半得右军之肉，兼能诸体，于草最优。气调下于欧、虞，精熟过于羊、薄"⑤。智永在书法上最重要的贡献是创造了练字的基本方法——"永字八法"。智永练字、钻研书法非常刻苦，他在吴兴永福寺时，曾三十年不出寺院，写坏的

① 田光烈：《佛法与书法》，河北人民出版社 1991 年版，第 17—24 页。

② 方广锠：《敦煌遗书散论》，上海古籍出版社 2010 年版，第 122 页。

③ 同上书，第 124—125 页。

④ 启功：《启功丛稿·题跋卷》，中华书局 1999 年版，第 298 页。

⑤ （唐）张怀瓘：《书断》，影印《文渊阁四库全书》本。

废笔头装满了十瓮，后来他将这些废笔头埋掉，号为"退笔冢"。由于智永的书法非常有名，常常有人来索求他的墨宝，几乎把门槛都踩破，他只好用铁皮把门槛包起来，人们称为"铁门限"。智永的书法代表作是《真草千字文》，其书法秀逸、流畅，别具韵味。由于智永书法在当时以及后世的影响非常大，出现了智永书法作品的仿作，敦煌出土文献中，P. 3561号写卷"智永真草千字文"的题记中写道："贞观十五年七月临出此本，蒋善进记。"从该写卷的书法艺术来看，可以说是仿作中非常成功的一件。智果曾经师事智永，其书法骨力劲健，擅长隶书、行书和草书，与智永的书法在风格上有着明显的区别，当时隋炀帝曾评价二人的书法特点："智永得右军肉，智果得右军骨。"智果在书法上主张要注意字体结构的疏密、虚实，讲求向背、取势，注重笔画变化以避免重复。他的《心成颂》是最早对字体结构进行分析的书法理论文章，对后世影响较大。僧人怀仁曾受京城佛教僧众委托，历时二十四年，从唐内府所藏王羲之行书遗墨中集字临摹，集成唐太宗所写《圣教序》，后世广为流传，其书法艺术可谓上乘。

中唐僧人怀素（737—799）的书法成就在僧人中最高。他自幼酷爱书法，因家贫无钱买纸，就常常用芭蕉叶来代纸练字。他还专门准备一块木板和一只盘子，经常在上面写字，时间长了将木板和盘子都写穿了。他师法二王，以草书见长，人称其为"狂草"。他曾观察白云随风瞬息变幻的情景，悟出了书法创作中的"草书三昧"。其书法特点是"如壮士拔剑，神采动人"[1]。对怀素的书法成就，历代人都赞叹不已，多有嘉评。"当时名流如李白、戴叔伦、窦臮、钱起之徒，举皆有诗美之，状其势以为若惊蛇走虺，骤雨狂风，人不以为过论。又评者谓张长史（旭）为颠，怀素为狂。以狂继颠，孰谓不可？"[2] 怀素的作品很多，流传于世的名作有《千字文》《圣母帖》《自序帖》《食鱼帖》等。僧人亚栖在唐昭宗时曾被两度"赐紫袍"，极受朝廷的恩宠，曾于光化年间（898—901）在殿庭书写草书。他的书法风格颇得"张颠笔意"，他对张旭书法既有继承又有创新，形成"笔势浓郁"的书法特点。其《论书》一文是重要的书法

---

① （北宋）朱长文：《续书断》，影印《文渊阁四库全书》本。

② （北宋）佚名著，顾逸点校：《宣和书谱》卷十七，上海书画出版社1984年版，第147页。

理论作品。僧人贯休不仅是诗人，而且在绘画、书法方面也有独特的造诣，他的书法兼及篆、隶、行、草等各种字体，尤其擅长草书，其草书书法可以"比之怀素"。

晚唐五代诗僧齐己（863—937）不仅创作了大量的诗，而且还长于书法绘画。齐己操行高洁，不逐门权贵，其在"学戒律之外，颇好吟咏，亦留心书翰，传布四方，人以其诗并传，逮今多有存者……笔迹洒落，得行字法，望之知非寻常释子所书也"①。北宋徽宗藏有他的《拟嵇康〈绝交书〉》《庐岳诗》等九件作品，可见其书法艺术也颇受世人瞩目。

（六）乐舞

佛教戒律中本有禁止视听歌舞的律条，但是，伴随着佛教的传入和西域乐舞的东渐，隋唐五代时期与佛教有关的乐舞也逐渐发达起来。其实，早在印度佛教时，就已经有这样的说法："若使人作乐，击鼓吹角贝，箫笛琴箜篌，琵琶铙铜钹，如是众妙音，尽持以供养，或以欢喜心，歌呗颂佛德，乃至一小音，皆已成佛道。"② 修行过程中如果使用歌赞、梵呗等音乐、歌舞之类的方法则有助于成就佛道。

经过曹植和梁武帝对梵呗的创作和推动，隋唐时期的梵呗已经成为佛教仪式活动中的重要组成部分，例如，在讲经活动仪式中，就有梵呗的参与，"夜集说法，座高卑无在，三千威仪，上高座读经。先礼佛，次礼经法及上座，后在座正坐，向上座坐，揵椎声绝，先赞偈呗，如法而说。若不如法问，不如法听，便止"③。除了梵呗之外，隋唐社会还流行佛曲。佛曲是在融合印度、西域和中原文化基础上形成的一种新的乐曲，在当时中国佛教中广为流行。"佛曲者，是由西方传入中国的一种乐曲，有宫调可以入奏。内容大概是颂赞诸佛菩萨之作，所以名为佛曲。大约为朝廷乐署之中所有，不甚流行于民间。"④ 当时流行的佛曲有《普光佛曲》《弥勒佛曲》《日光明佛曲》《大威德佛曲》《如来藏佛曲》《药师琉璃光佛曲》《卢舍那仙曲》等几十种之多。随着佛教的普及和流行，这种佛曲不仅在宫廷中流行，而且也传入民间，成为民间佛教活动中的组成部分。隋

---

① （北宋）佚名著，顾逸点校《宣和书谱》卷十一，上海书画出版社 1984 年版，第 85 页。
② 《法华经·方便品》，（后秦）鸠摩罗什译，《大正藏》第 9 册，第 9 页。
③ （唐）道宣：《四分律删繁补阙行事钞》卷下，《大正藏》第 40 册，第 138 页。
④ 向达：《唐代长安与西域文明》，彐活·读书·新知三联书店 1957 年版，第 279 页。

唐时期，佛教音乐也出现了大众化的趋势。在佛乐表演时，参加人数非常多，以致出现了"听者填咽"[1]的局面，听众们不仅感受到音乐带来的心灵上的愉悦感，而且还能够增加佛教知识。由于佛教音乐不同于世俗音乐，它具有宗教信仰方面的劝导作用和一定程度的弘法目的，某些时候，一些虔诚的信仰者会表现出比较狂热的宗教情绪。

与佛乐相关的还有戏曲、戏剧、舞蹈等佛教艺术，某些时候，佛寺就是这些艺术表演的舞台，佛寺本身也组织专门的戏剧、舞蹈演出。隋文帝时，曾经"造《中朝山》佛曲，见传供养"[2]给栖岩寺，这是以朝廷命令的形式将佛曲及与之有关的乐队送到寺院作为供养。唐代帝王也经常在寺院中进行乐舞演出。武则天长安二年（702），曾从宫中出"等身金铜佛像一铺，并《九部乐》、南北两门额，上与岐、薛二王，亲送至（招福）寺"[3]。除了赠送佛像、寺额等，还特意送大型乐舞团到寺院，显示出乐舞与佛教之间的关系已经相当密切。以后，随着盂兰盆节成为唐代重要的佛教节日，与之相关的乐舞活动就更加频繁，规模也更加庞大。唐代宗时的一次盂兰盆节，从宫中将盂兰盆送至各大寺院，欢迎过程中的"幡花、鼓舞、迎呼道路"[4]，场面热闹非凡，简直就是一场大型歌舞表演的民俗活动。

---

① （唐）赵璘：《因话录》卷四，上海古籍出版社 1957 年版，第 94 页。

② （唐）道宣：《续高僧传》卷八，《大正藏》第 50 册，第 489 页。

③ （唐）段成式：《酉阳杂俎》续集卷六，中华书局 1985 年版，第 224 页。

④ （后晋）刘昫：《旧唐书》卷一百一十八，中华书局 1975 年版，第 3418 页。

第三章　天台宗

经过魏晋南北朝时期三百多年的历史发展，至陈、隋之际，随着各种大小乘经论的不断传译及其研习的蔚然成风，佛教在其相对独立的发展过程中也呈现出多元性以及义学与实践上的多样性。由于南北朝的地域分割及南北所依经论的各有侧重，其学风也呈现出较为鲜明的各自特色，即所谓北方重禅定而南方重义学。就当时的佛教界而言，如何圆融呈现于各种经论中的佛学思想并使其获得根本的统一、如何兼摄南北的不同学风并使之成为僧伽内部的普遍共识，正是佛教在其发展过程中所面临的又一历史课题。智顗及其所创立的天台宗率先承担起了融会南北学风、统一释迦教义而为佛教别开生面的历史任务。这一任务的出色完成，使天台宗成为中国第一个大乘佛教宗派，成为中国佛教在其发展过程中一座崭新的历史坐标。

第一节　智顗与天台宗的创立

智顗（538—598），俗姓李，字德安，祖籍颍川（今河南许昌），后随晋室南渡，寓居荆州华容（今属湖北省）；智顗生于南朝梁武帝大同四年（538），卒于隋文帝开皇十七年（598）十一月。① 其 18 岁时双亲亡

---

① 关于智顗的生卒年，道宣《续高僧传》谓其寂时"春秋六十有七"，而灌顶《隋天台智者大师别传》则谓"春秋六十"，此从《别传》，见《大正藏》第 50 册。又据《别传》，智者入灭于开皇十七年十一月二十四日，以公历纪年应在 598 年 1 月 7 日。今研究者多以 597 年为智者入灭之年，误。

故，旋出家。出家以后，初依慧旷学律部①，兼通《方等》。又至湖南大贤山，诵《法华经》《无量义经》《普贤观经》。20 岁受具足戒。23 岁时，即陈文帝天嘉元年（560），智顗涉险北上，诣光州大苏山，师事慧思，证得法华三昧，慧思许之为说法人中最为第一，并常令代讲《大品般若》，闻者服之，由是闻名遐迩。

时慧思欲往南岳，智顗欲从之，而慧思戒之曰："吾久羡南岳，恨法无所委，汝初得其门，甚适我愿，吾解不谢汝，缘当相揖。今以付属汝，汝可秉法逗缘，传灯化物，莫作最后断种人也。"② 又云："汝于陈国有缘，往必利益。"③ 既禀承师命，智顗遂于南朝陈光大元年（567 年，时智顗30 岁）南下陈都金陵。

至金陵，智顗大展其宏富之辩才，深获道俗钦仰，又得一时名臣如仆射徐陵、尚书毛喜、尚书沈君理等人的推重，名动朝野，其辩说恢宏，闻者折服。陈宣帝太建元年（569），沈君理请居瓦官寺，开讲《法华经》，宣帝敕停朝一日，令群臣往听。自是至太建七年（575），智顗前后居瓦官寺八年，创弘禅法，宣讲《大智度论》、说《次第禅门》等，又为毛喜出《六妙门》。这是智顗一生弘法活动的一个重要时期。由于其精湛的佛学造诣及卓越努力，金陵不仅成为当时的佛教中心，而且以定慧双开为基本特征的南北禅风之统一的局面已基本形成。强调止观之不得偏废，以南方之义学与北方之禅法相互贯通，乃为智顗在金陵弘法的基本重点，其所创宏的禅法能够获得巨大成功，表明其融会南北之风的卓越努力实际上已开创出了新的佛学风貌。

但是事情的另一方面是，北方在周武帝建德三年（陈太建六年，574）发生了大规模的灭佛事件，金陵僧界的状况也不尽令人满意。智顗尝叹云："初瓦官，四十人共坐，二十人得法；次年百余人共坐，二十人得法；次年二百人共坐，减十人得法。其后徒众转多，得法转少，妨我自行化道，可知群贤各随所安。吾欲从吾志……闻天台地记，称有仙宫……若息缘兹岭，啄峰饮涧，展平生之愿也。"④ 北方的灭佛事件，无疑强化

---

① 慧旷（534—613），俗姓曹氏，《续高僧传》卷十有传，称其"律行严精，义门综博，道俗具瞻，纲维是寄"。
② （隋）灌顶：《隋天台智者大师别传》，《大正藏》第 50 册，第 191 页。
③ （唐）道宣：《续高僧传》，《大正藏》第 50 册，第 425 页。
④ （隋）灌顶：《隋天台智者大师别传》，《大正藏》第 50 册，第 191 页。

了他受慧思所熏染的末法情绪，"徒众转多，得法转少""各随所安"的教内现况，则激励他对佛教之整体及其本人之佛学思想做进一步的反思，因此之故，他遂不顾陈宣帝的敕书挽留以及徐陵的"泣涕请住"，辞别金陵而直指东川，于太建七年（575）秋九月入住天台山。

初至天台，智顗尝流连于幽谷飞瀑，往返于山涧鸣泉，凭吊支道林等往贤遗踪；旋止佛垄岭之北峰，创立伽蓝，栽植松竹，汲引清泉；复于次年在华顶峰独修头陀之行。头陀既竟，旋归佛垄。其所居之地，道路艰阻，舟车不至，适逢年岁不丰，匮于资供，其弟子皆散去，独与慧绰种植乌苣、采拾橡子以充饥，甘之如饴，安贫无戚。不久，即太建九年（577）二月，陈宣帝下诏云："智顗禅师，佛法雄杰，时匠所宗，训兼道俗，国之望也。宜割始丰县（即天台县）调，以充众费；蠲两户民，用给薪水。"① 于是其散去之徒众又皆返回。次年五月，陈宣帝敕智顗所止寺名为"修禅寺"，由毛喜题篆。

南朝陈后主至德二年（584），永阳王陈伯智出镇东阳州，尝致书三请，智顗遂往，昼讲义理而夜习禅定。至德三年（585 年，48 岁），在陈后主的多次敦请之下，智顗遂再往金陵，初止于灵曜寺。旋应诏赴太极殿，开讲《大智度论》及《仁王般若经》等，后主亲往听法。后以灵曜寺过于偏隘，遂迁光宅寺居住。至德四年（586）正月，诏赴崇政殿，为皇太子授菩萨戒，设千僧法会。祯明元年（587），于光宅寺讲《法华经》，弟子灌顶与听，记为《法华文句》。次年陈亡。

陈朝既亡，江南处于一片亡国的乱离之中，佛教也由于隋军的南下而遭受破坏，于是智顗遂离开金陵，杖策荆湘，备尝路途颠沛之苦，过江西而憩于庐山。隋开皇十年（590），隋文帝下诏敕问，对智顗于陈亡之际即离金陵而西行表示了明显的不快情绪。诏书虽存礼问，而其意亦在恐吓，目的在于敦促智顗与隋朝合作。时秦王杨俊镇扬州，复致书延请，而智顗对来使云："虽欲相见，终恐缘差。"不受其请。次年，即开皇十一年（591），晋王杨广代其弟杨俊总管扬州，复遣使奉迎，智顗一方面认为"我与大王深有因缘"，另一方面又再三予以推辞，"初陈寡德，次让名僧，后举同学"，然"三辞而不免"，于是与杨广约定四项条件，声明不会将他独有心得的禅法传授给杨广，并且他"若丘壑念起"，便即离

---

① 《太建九年宣帝敕施物》，载（隋）灌顶：《国清百录》卷一。

去，杨广不能以别种理由对他再行羁留①，体现了智顗崇高的独立人格。在杨广允诺此四项条件之后，智顗遂从庐山前往扬州，于开皇十一年（591）十一月二十三日于总管大厅设千僧会，为杨广授菩萨戒，取法名"总持"，杨广则号智顗为"智者大师"。授戒既毕，智顗即出居城外，同时坚请再赴荆湘。杨广固请，予以挽留，而智顗云："先有明约，事无两违！"②即拂衣而起，出扬州而溯江西去。

开皇十二年（592），智顗再经庐山，度夏毕，于八月至潭州，往衡山营建功德，报慧思之师恩。十二月至荆州，答地恩。次年于荆州当阳县玉泉山创立玉泉寺，又重修十住寺，并于玉泉寺讲《法华玄义》。开皇十四年（594）于玉泉寺讲《摩诃止观》。由此而完成天台宗思想体系的完整建设。荆州玉泉寺是智顗晚年弘法的重要场所，其一时法席之盛，不减于当年之瓦官。"荆州法集，听众一千余僧，学禅三百"，因此而招致州官的恼怒干涉，以为有乖"国式"，智顗对此遂有"世调无堪，不能谐和得所"之遗恨。③十五年春，杨广以久留京师，将还扬州，遣使奉迎，智顗遂顺流东下，再至扬州，止于禅众寺。六月，杨广奉书求学禅慧，智顗数辞不获，乃为撰《净名经疏》。

开皇十六年（596）春，智顗再还天台，当地人民迎于道次。自陈后主至德二年（584）离开天台山至此还归，其间已经一十二载，山寺久已废坏，人踪久断，竹树成林，然智顗雅好泉石，负杖闲游，自得于林泉之幽趣，尝自叹云："虽在人间，弗忘山野，幽幽深谷，愉愉静夜，澄神自照，岂不乐哉！"④但是这种山野闲云的优游之乐并未持续多久。开皇十七年四月，杨广遣使入山参问，并克期于是年秋天迎觐江都。未几，据《别传》记载，一月明之夜，智顗尝梦大风吹坏宝塔，又梦慧思令其说法，智顗即告其弟子，以为乃"死相现也"，遂对其弟子口授《观心论》。同年冬十一月十七日，杨广所遣使入山，敦促智顗赴江都。智顗遂散去各种什物，用施贫困，又对其山下拟建寺庙式样规模做了筹划，交代若后造寺，一依此法。次日，即随杨广来使出山。行至石城寺⑤，"乃云有疾"，

---

① （隋）灌顶：《天台智者大师别传》。

② （唐）道宣：《续高僧传》。

③ 《遗书与晋王》，载（隋）灌顶《国清百录》卷三。

④ （隋）灌顶：《天台智者大师别传》。

⑤ 即今浙江省新昌县大佛寺。

不复前行。对其首座弟子智越曰：“大王（指杨广）欲使吾来，吾不负言而来也。吾知命在此山，故不须进前也。”至十一月二十一日，乃口授与杨广之《遗书》①，并手书四十六字，略云：“莲花香炉，犀角如意，是王所施，今以仰别，愿德香遐远，长保如意也。”未几，命弟子洒扫净室，唱《法华经》及《无量寿经》，又索香汤漱口，说十如、四不生、十法界、三观、四无量心、四悉檀、四谛、十二因缘、六波罗蜜，一一法门摄一切法，皆能通心到清凉池。说竟，又答弟子之疑。遂作跏趺坐而入灭，如入三昧。时开皇十七年十一月二十四日（598 年 1 月 7 日），春秋六十，僧腊四十。其明年，杨广为建寺天台山麓，一依智顗生前所定之形制规模，寺初名天台，至炀帝（广）大业元年（605）改名国清。

　　智顗为弘扬佛法，毕生讲说，故著述极多，但大多为弟子灌顶所笔录。灌顶尝云：“智者弘法三十余年，不畜章疏，安无碍辩，契理符文，挺生天智，世间所伏。有大机感，乃为著文。”②就天台宗佛学思想的研究而言，则以“天台三大部”最为重要，即《法华文句》20 卷、《法华玄义》20 卷、《摩诃止观》20 卷，均为弟子灌顶笔录。

　　智顗的一生，是为弘传佛法而贡献其智慧的一生。他生当乱离之际，却信仰坚定，心系众生，对现实世界的苦难怀抱着浩大的悲悯情怀。作为一名佛教徒，他毕生持戒、布施、忍辱、精进、禅定、般若，实践着“六波罗蜜”，体现了其人格与僧格的光大高明；作为一名思想家，他精研覃思，基于大小乘佛法的精通以及佛教之根本精神的心领神会，以其广博的知识与深邃的智慧，兼综博会，独运孤明，建立了体大思精、圆融无碍的天台宗宗教哲学体系。智顗是中国最为伟大的宗教哲学家之一，而他所创建的天台宗，则为佛教传入中国以来所取得之思想成果在当时历史条件与思想条件下的总结，实集中国大乘佛学之大成，正因如此，天台宗以止观学说为核心的整体理论构成，实际上也在理论上预示、涵盖了此后中国大乘佛教诸宗派之基本的精神内核。

---

① （隋）灌顶《国清百录》卷三。
② （隋）灌顶：《天台智者大师别传》。

第二节　天台宗的判教体系

湛然曾概括天台教门宗旨云："一家教门，远禀佛经……所用义旨，以《法华》为宗骨，以《智论》为指南，以《大经》为扶疏，以《大品》为观法。引诸经以增信，引诸论以助成，观心为经，观法为纬，织成部帙，不与他同。"[1] 卓然可见天台宗以《法华经》为"宗骨"而对于佛教大乘诸经论的宏观统摄。而智颛之集大成的精神，首先即体现于其以《法华经》纲维释家一代时教的判教学说。

按天台宗的传统，天台宗的教判体系以"五时八教"之说为基本架构。所谓五时，即将佛成道以后所说各种教义之过程在总体上区分为五个基本时段：

（1）华严时。释迦初成正觉，即于寂灭道场现毗卢舍那身，说《华严经》，现出世之本怀，示真实之谛理，是专为利根人说法，令速悟入而成正觉。就说法之方式言，是为顿教，譬如日出，先照高山而未及平地幽谷；约味而言，犹从牛出乳。

（2）鹿苑时。第一时所说《华严经》为大乘顿教，然其意高远，微妙难知，于时座中皆小乘根性，未能契机而悟入，故游鹿野之苑，专为小乘人说四谛义，是为四《阿含经》。其教之形式乃为渐教，譬之日照，及于幽谷；约味而言，则从乳出酪。

（3）方等时。鹿苑虽说小乘，然仅为引钝根人入道之权法，故进而为说各种大乘经典，斥小弹偏，叹大褒圆，使不滞着于小乘，开其向大之志而学菩萨大道。《维摩》《楞伽》《金光明》《思益》《深密》等大乘经皆属之。其说法之形式乃为渐教，约一日而言，则当于食时；约味而言，为从酪而出生酥。

（4）般若时。说诸方等经后，又进而为说《般若经》，其基本精神为淘汰与融通，即淘汰一切相之滞着及大小乘之分别见，明了诸法缘生，即假即空，使统会融化于即空假处即是诸法实相之妙谛。就说法之形式言，《般若》也仍为渐教，约一日而言，此当日在巳时之"禺中"；约味而言，则从生酥而出熟酥。

---

① （唐）湛然：《止观义例》卷上，《大正藏》第46册，第452页。

（5）法华、涅槃时。是为佛说法之最后阶段，所说经典即《妙法莲华经》与《大般涅槃经》。向之所说，或显实而不开权，或隐实而立权，权实不同，大小相隔；此《法华经》则开权显实、废权立实、会权归实，统摄三乘而归极于圆满一乘，故为究竟圆满之教。就教法言之，《法华》非顿非渐，因其为一乘圆教故；然就开权显实之过程言，圆实之境的显示乃为渐，《法华》也可称为"渐圆"；然圆实既显，便无所谓渐而实归于顿，是圆即顿，顿即圆，圆顿合一；既臻圆顿，则又顿渐之义皆泯，由是法法皆实，一色一香，无非中道实相，故谓之非顿非渐。约一日而言，此犹日当正午，罄无侧影，平川幽谷，无不遍照；约味而言，则从熟酥而出醍醐。

五时判教是智颛依据其自身的佛学思想并按各经所说之基本要义而对其所作的一种主观安排，五个时段及所属各经之次第并不体现历史事实，但这一安排将各种大小乘经典都纳入一种统一的理论框架之内，消泯了其相互之间在理论上的某种不和谐性或矛盾性，从而使各经在某种统一的教理基础上获得合理的措置。五时说在体现智颛对大小乘经典恰当措置的圆融精神的同时，又强调了《法华经》的特别重要性，这一点自然与智颛本人的佛学思想有关，亦与《法华经》本身的"唯一佛乘"思想有关。《法华》云："舍利弗当知，诸佛语无异……佛以方便力，示以三乘教。"[1] "舍利弗，如来但以一佛乘故，为众生说法，无有余乘，若二若三……诸佛如来，言无虚妄，无有余乘，唯一佛乘。"[2] 佛之所以出现于世而为众生说法，乃为令一切众生开示悟入佛之知见这一"大事因缘"，故一切佛语皆真实不妄，其所异者，唯在以诸方便之力对众生之根机利钝而随宜说法而已，故究极而言，唯有一佛乘而无二乘三乘，《法华经》的这一基本思想即为智颛确立"五时五味"之说所依据的基本原则。《法华》阐明会三归一之旨，"无复枝叶，纯有贞实"，[3] 为究竟圆实一乘之教，天台宗奉之为最高经典，故判其为最终末后之教。而《涅槃经》之所以与之并列及五时判教与五味相参的经典依据，则依《大般涅槃经》云：

---

① 《法华经》卷一《方便品》，《大正藏》第 9 册，第 6 页。
② 同上书，第 7 页。
③ 同上。

　　　　诸大乘方等经典，虽复成就无量功德，欲比是经，不得为喻，百倍千倍百千万亿乃至算数譬喻所不能及。善男子！譬如从牛出乳，从乳出酪，从酪出生酥，从生酥出熟酥，从熟酥出醍醐；醍醐最上，若有服者，众病皆除，所有诸药，悉入其中。善男子，佛亦如是。从佛出于十二部经，从十二部经出修多罗，从修多罗出方等经，从方等经出《般若波罗蜜》，从《般若波罗蜜》出《大涅槃》，犹如醍醐。言醍醐者，喻于佛性，佛性者，即是如来。善男子！以是义故，说言如来所有功德，无量无边，不可称计。①

　　这里明言《大涅槃经》阐明佛性常住犹如醍醐，诸大乘方等经典皆不得与之比肩。智颛云："醍醐者，是众味之后也。《涅槃》称为醍醐，此经名大王膳，故知二经（《法华》与《涅槃》）俱是醍醐。"② 以《法华》与《涅槃》俱为后教后味，故而并列为第五时。在上引经文中，从乳至醍醐之五味，乃以比方从十二部经至《大涅槃》，其中明显含有时间先后之次第的意味，这对智颛的五时判释无疑是有启发的。

　　但是在智颛那里，五味除以比方五个时段以外，亦用以表示众生根机利钝之淳熟的程度。智颛云：

　　　　约行人心者，脱（说）《华严》时，凡夫见思不转，故言如乳；说三藏时，断见思惑，故言如酪；至方等时，被挫耻伏，不言真极，故如生苏；至《般若》时，领教识法，如熟苏；至《法华》时，破无明，开佛知见，受记作佛，心已清净，故言如醍醐。行人心生，教亦未转；行人心熟，教亦随熟。③

　　所谓行人之心，即行道者之根机的淳熟程度。依此阐述，牛乳至醍醐之五味，既约众生根机之利钝，亦约行道者佛学修养之功夫的浅深，而佛之随机说法，由《华严》至于《法华》《涅槃》的层层转进，乃与行人之心的"生""熟"程度及其根机之利钝与修养之浅深保持着充分的和谐统

① 《大般涅槃经》卷十四《圣行品》第七之四，《大正藏》第 12 册，第 449 页。
② （隋）智颛：《法华玄义》卷十下，《大正藏》第 33 册，第 808 页。
③ 同上书，第 810 页。

一。"初成道时，纯说圆顿为不解者，大机未浓；以三藏、方等、《般若》淘汰淳熟，根利障除，堪闻圆顿，即说《法华》，开佛知见，得入法界，与《华严》齐。"① 此表明佛之初说《华严》顿教，时领教者大机未浓，如聋如哑，故转以渐教启导，令其根机淳熟，及至堪闻圆顿之旨，即为演说《法华》，令开佛之知见。此即所谓"行人心生，教亦未转；行人心熟，教亦随熟"。谛观《天台四教仪》云：

> 问：将五味对五时教，其意如何？答：有二。一者但取相生次第；所谓牛譬于佛，五味譬教，乳从牛出，酪从乳生，二酥、醍醐，次第不乱，故譬五时相生次第。二者取其浓淡，此则取一番下劣根性，所谓二乘根性在华严座，不信不解，不变凡情，故譬其乳；次至鹿苑闻三藏教，二乘根性依教修行，转凡成圣，慕大耻小，得通教益，如转酪成生酥；次至《般若》，奉敕转教，心渐通泰，得别教益，如转生酥成熟酥；次至《法华》，闻三周说法，得记作佛，如转熟酥成醍醐。此约最钝根，具经五味，其次者或经一二三四；其上达根性，味味得入法界实相，何必须待《法华》开会！②

谛观在这里的概括是符合智𫖯本人思想的。五味之相生与五时之转进既有时序上展开的意义，又有取譬佛对应根机之浓淡、修养之浅深而随宜说法的意义。佛之五时说教，旨在令一切众生开佛之知见，其最劣根性者或须经五时而得悟入，而其上达根性者则在任一时皆可悟入。在总体上，五味之相生的次第既对应了五时之转进的过程，又对应了众生之心在不同阶段的受益程度及其修养之淳熟的程度。以五味而约五时，正是天台教观统一之圆融精神在判教上的体现。

五时之说已略如上述。八教者，传统上又将其区分为"化仪四教"与"化法四教"。所谓"化仪"、"化法"之别，灌顶《天台八教大意》云："前佛后佛，自行化他，究其旨归，咸宗一妙佛之知见。但机缘差品，应物现形，为实施权，故分乎八。顿、渐、秘密、不定，化之仪式，

---

① （隋）智𫖯：《法华玄义》卷十下，《大正藏》第 33 册，第 808 页。
② ［高丽］谛观：《天台四教仪》，《大正藏》第 46 册，第 775—776 页。

譬如药方；藏、通、别、圆，所化之法，譬如药味。"① 知顿、渐、秘密、不定为"化仪四教"，是为佛教化众生所用之仪式方法，故譬如药方；藏、通、别、圆为"化法四教"，是为佛以化仪四教化导众生的教理内容，故譬如药味。顿教者，即是当下直提大乘圆满教理，第一时说《华严经》即为顿教，所谓佛日初出，顿教先开。渐教则以种种方便权法，由小及大，渐次深入，诱引众生，令成正觉。鹿苑、方等、般若三时说教皆属渐教，然《阿含》为渐初，方等为渐中，《般若》为渐末。秘密教，是说在前四时中，佛以不思议力而以一音说教，于同一会中，听者虽同听而异闻，或得渐益，或得顿益，彼此互不相知，故谓之"秘密"。不定教，亦谓于同一会中，虽一齐听法而解悟各异，或于渐说中得顿，或于顿说中得渐，彼此相互知其得益之不同，故谓之不定。秘密、不定之实皆为同听而异闻异解，其别仅在相互知其异闻异解与否，故秘密可谓隐藏的不定，而不定即为显露的秘密。然化仪四教之所以有如此分别，总在众生根机利钝之不一，故谓"佛以一音演说法，众生随类各得解"。化仪四教仅贯穿于前四时，而不属于第五时的《法华》《涅槃》，因此二经皆非权法，废权显实，发迹显本，开前顿渐而会归于一乘，故非顿渐可摄，而为非顿非渐，非秘密非不定。

化法四教者，总在以言教而诠理，以化转物心，令一切众生转恶为善，转迷成悟，转凡成圣。第一藏教，即小乘经律论之三藏。智颛云："此教明因缘生灭四圣谛理，正教小乘，旁化菩萨。所言三藏教者，一修多罗藏，二毗尼藏，三阿毗昙藏……此之三藏教，的属小乘。"② 是藏教以说四谛十二因缘而化转小乘根性为主，其经典即四《阿含经》，其所化者，但有小乘得道而未有大乘之益，亦不说种种菩萨行，故以小乘为正而大乘为旁。第二通教。"通者，同也，三乘同禀，故名为通。此教明因缘即空无生四真谛理，是摩诃衍之初门也。正为菩萨，旁通二乘。"③ 通教乃通于大小二乘，然以大乘为主，与前藏教及后别、圆二教相贯，而为摩诃衍之初门，即可视为由小乘藏教而向大乘别教的过渡。其主要内容为阐明因缘即空，即一切法当体即空，并毕竟空，有别于前藏教之析体为空，

① （隋）灌顶：《天台八教大意》，《大正藏》第 46 册，第 769 页。
② （隋）智颛：《四教义》卷一，《大正藏》第 46 册，第 721 页。
③ 同上书，第 721—722 页。

其经典以《般若》为主。第三别教。"别者，不共之名也，此教不共二乘人说，故名别教。此教正明因缘假名无量四圣谛理，的化菩萨，不涉二乘，故声闻在座如聋如哑。"① 是别教专化菩萨而不与声闻、缘觉二乘相共，又其与前藏、通二教及后别、圆二教均有区别，故名别教。其主要内容为观三谛而得中道一切种智，以自行化他。然此中道一切种智并非初住发心即为具足，故与后圆教有别。别教虽较通教之内容为深入，然犹非圆境，"别虽异通，犹是未圆之名也"。其经典乃为《维摩经》等。第四圆教。"圆以不偏为义。此教明不思议因缘，二谛中道，事理具足，不偏不别，但化最上利根之人，故名圆教也。"② 圆教为佛陀教法之极致，宣说大乘究竟义理，一切圆满具足而又圆融无碍，即空即假即中，性相具足，无非实相，故圆以不偏为义，亦即圆满之中道义。诸经中《华严》《涅槃》《法华》皆圆教，然唯《法华》为究竟纯圆之教。

　　化仪四教与化法四教合称天台八教，然实际只以化法四教为重点。在化仪四教之中，真正为佛对应众生根机之利钝而为说法之方式的，实际只是顿、渐二门，秘密、不定实只为众生各以其根机而对佛之顿、渐说法的不同解悟方式，因此化仪四教的实际意义是可以为化法四教所涵摄的，说法的方式与说法的内容必相互统一而不得分割。

　　智𫖮藏、通、别、圆之四教判释确乎是以《法华经》一再阐明的唯一佛乘、余皆权说的思想为依据的。佛既随宜化导，而众生根性不一，随机悟入佛理之层次便亦有别，如此遂有四教之起。智𫖮论云：

　　　　佛以一音演说法，众生随类各得解。随类异解者，即是四教不同之相也。且诸经明义不同，自有说异解异，说一解一，说异解一，说一解异，无说无解，故此经云：其说法者无说无示，其听法者无闻无得。若达此意，四教点定立义，何所疑哉！问曰：四教从何而起？答曰：今明四教，还从前所明三观而起。为成三观，初从假入空观，具有析体拙巧二种入空不同。从析假入空，故有藏教起；从体假入空，故有通教起；若约第二从空入假之中，即有别教起；约第三一心中道

①　（隋）智𫖮：《四教义》卷一，《大正藏》第 46 册，第 722 页。
②　同上。

正观，即有圆教起。①

正因众生机缘不一，对佛说法解悟种种不同，故有藏、通、别、圆四教以各对其根机，而顿、渐之法则自然寓于其中。然四教之所以立，实亦原本于不同根性者悟入佛理之观门差别。从假入空观，有拙巧二种，析假入空为"拙"，即明诸法因缘所生，层层析之，都无自性，而入空观，是为藏教；体假入空为"巧"，即明因缘所生之法，当体即空，并毕竟空，是为通教；共约诸法之假、空二边而得中道实相，是为别教；明诸法之即假即空即中，原本具足无碍而入中道正观，是为圆教。此四教之中，前三教皆为方便权说，唯圆教为究竟实谛。智顗云：

> 权是暂用之名，实以永施为义。方便波罗蜜，随情近益，故名为权；智慧波罗蜜，称理究竟，故名为实也。是则三教暂赴物情，故名为权；圆教究竟利物，故名为实。②

但于通于圆教的各经之中，唯《法华》之地位最为殊胜，《涅槃》虽与之并列而入第五时，但以四教皆入佛性涅槃，仍未完全舍弃方便权法，故其为圆教实非纯圆；唯"《法华经》开权显实，正直舍方便，但一圆教"③。是为不思议圆顿之道。

五时八教（或五味四教）之判教学说不仅体现了天台宗以《法华经》为宗骨的宗门旨意，而且也充分体现了其"教圆"的基本精神。在五时八教之中，不仅五时与五味相互涵融，而且五时与八教相互涵融，化仪四教与化法四教相互涵融，化法四教又各相互涵摄兼融，而圆教"皆约真如实相、佛性涅槃"、"种种法门、行位阶级，无不与实相相应，摄一切法，从初一地无不具足一切诸地"④，故圆教又统约、涵摄了前三教，然"四教四名虽复互通，而研其理实，当教立名，不可混滥"⑤，故四教名仍需分立，既为权宜方便，亦各据其理实，但四教之中实际仍以圆教为核

---

① （隋）智顗：《四教义》卷一，《大正藏》第 46 册，第 723—724 页。
② （隋）智顗：《四教义》卷十二，《大正藏》第 46 册，第 766 页。
③ 同上书，第 768 页。
④ （隋）智顗：《四教义》卷一，《大正藏》第 46 册，第 723 页。
⑤ 同上。

心；而圆教之中又以《法华》之"但圆"为纯一无杂。因此就《法华》
之纯圆而论，它实际上是超出八教判释之外的，其法非顿非渐、非秘密非
不定，其所说教非藏非通非别，也非如《华严》《般若》《涅槃》等之
"偏圆"，皆非所摄，而独享有其杰出的崇高地位。

　　以上所略述的"五时八教"，历来皆以为是创自智顗的天台宗之教判
学说，经过灌顶及湛然的进一步发展与阐述，它已成为天台教学体系之整
体构成中不可分割的部分；而高丽僧人谛观撰《天台四教仪》，开卷即言
"天台智者大师以五时八教判释东流一代圣教，罄无不尽"，对五时八教
之说做了提纲挈领、脉络分明的诠释，历来被奉为天台宗入门之必读，更
对其流布产生了极为深远的影响。

第三节　一念三千的实相论

　　天台宗的实相论以"一念三千"为基本的理论表述。所谓"一念三
千"，乃谓众生在其刹那生起的介尔一念之中，即具足三千世界一切诸法
性相。这一命题的具体论证过程，则是以《法华经》关于诸法实相的
"十如是"说、《华严经》"十法界"说以及《大智度论》"三种世间"诸
观念的普遍联系与相互涵融为基本理论方法而展开的。《法华经·方便
品》云：

　　　　佛所成就第一希有难解之法，唯佛与佛乃能究尽诸法实相。所谓
　　诸法如是相，如是性，如是体，如是力，如是作，如是因，如是缘，
　　如是果，如是报，如是本末究竟等。

"如是相"至"如是本末究竟等"的十"如是"，即是《法华经》所阐明
的诸法实相。关于"十如是"的内涵，智顗在《法华玄义》卷二上及
《摩诃止观》卷五上均有解释。依其在《法华玄义》所作之"通解"：
"相以据外，览而可别，名为相；性以据内，自分不改，名为性；主质名
为体；功能为力；构造为作；习因为因；助因为缘；习果为果；报果为
报；初相为本，后报为末，所归趣处为究竟等。"则相即表相，是个体
（事物）自身表象显现的差别性；性为差别性之表象的内在依据或本质；
体为表象所借以呈现的质料或实体；力为实体的功能，是作为潜在的可能

性而存在的；作是其功能的实现，也即力的实际施用；因为导致结果的原因；缘为原因的条件；果为原因的结果；报是结果的结果，是在一定时间段内作为原因之结果的进一步合理延伸；本末究竟等，等为同一平等之义，从相之"本"到报之"末"皆为究竟平等一如。

此十如是或十种范畴，囊括了世间一切诸法在其可能的存在境域之中的存在相状，阐明了一切个体（事物）之自体存在的现实依据及其在生存的现实境域之中与一切其他个体及其所依存之各种环境之间的互动关系，同时也阐明了一切世界现象的普遍联系、交互涉入、圆融无碍。其中"本末究竟等"是最为重要的一个范畴，它所表达的即是实相的终极内涵；但是从相之本到报之末的究竟平等或同一，并不是作为法相本身的事物（或其现象）之间的简单同一，而恰恰是相、性、体、力等作为法相而存在的一切现象被终极还原以后的最终同一；这种终极还原的结果，即是实相，即是现象本身如其所是的存在相状。为阐明这一意义，智𫖮认为本末究竟等可以就三个方面来立论：

> 如是本末究竟等者，相为本，报为末，本末悉从缘生，缘生故空，本末皆空，此就空为等也。又相但有字，报亦但有字，悉假施设，此就假名为等；又本末互相表帜，览初相，表后报，睹后报，知本相，如见施知富，见富知施，初后相在，此就假论等也。又相无相，无相而相，非相非无相；报无报，无报而报，非报非无报，一一皆入如实之际，此就中论等也。[1]

就假论等、就空论等、就中论等，即是本末究竟等十种范畴在不同认知情境中所可能的三种结果，但三种结果之"如"，即一切法相被终极还原以后的如其所是的本来状态，却只能是究竟唯一的。由于就假、就空之论等未免皆入于有见，亦即是以某种先验的或超越的观念为前提的，因而其所得亦并非究竟；唯不执着于真俗二边却又不离散于二边并且共摄统一二边的中论，才可能使本末究竟"一一皆入如实之际"，是为实相的究竟之论，故智𫖮云："夫究竟者，中乃究竟，即是实相为等也。"[2] 显而易见，

---

① （隋）智𫖮：《摩诃止观》卷五上，《大正藏》第46册，第53页。
② （隋）智𫖮：《法华玄义》卷二上，《大正藏》第33册，第694页。

空假中之三种论等不同，实际上即是依三谛而论等不同；换句话说，"十如是"与"三谛"是纯粹共融、相互统一的，"十如是"之最终落实于"本末究竟等"，即是究竟中道第一义谛。

为进一步阐明十如是与三谛之统一互融，智颛对十如是之经文的句读作了不同处理，而有"十如三转"之说。"天台师云：依义读文，凡有三转。一云：是相如，是性如，乃至是报如；二云：如是相，如是性，乃至如是报；三云：相如是，性如是，乃至报如是。若皆称如者，如名不异，即空义也。若作如是相、如是性者，点空相性，名字施设，逦迤不同，即假义也。若作相如是者，如于中道实相之是，即中义也。分别令易解，故名空、假、中。约如明空，一空一切空；点如明相，一假一切假；就是论中，一中一切中。非一二三而一二三，不纵不横，名为实相。"① 是所谓"三转"，即是三种不同的句读方法。

第一种读法，作"是相如，是性如……是本末究竟等"。此读因循慧思而来，"南岳师读此文，皆云如，故呼为十如也"②。作此句读，"如名不异"，即是空义；十如乃阐明一切诸法之毕竟空，即是空谛。

第二种读法，作"如是相，如是性……如是本末究竟等"。作此句读，如亦空义，明一切诸法之相性体力作等，皆为"如"之空体的现象，是就空体之有的表象而立论，是即假谛。

第三种读法，作"相如是，性如是……本末究竟等"。作此句读，"如"犹同一，而"是"即实也。此明一切诸法之空假，自相之本至报之末，皆真实不妄，是即离空有而即空有的中道实相之是，是为中谛。

十如的三种转读方法切不能简单地视为一种文字游戏，三种句读方式在汉语中是完全可能的，而不同的句读方式所带来的文义则的确是不同的，智颛将三种不同句读所体现的意义分别对应于空、假、中三谛，则不仅排除了由于不同句读而造成经文的不同理解所可能带来的对其理论阐释的伤害，而且实际上还表明了其世界观与知识论、真理观与方法论的统一，显示了其哲学体系内部不同理论环节之间相互联系的完密性。然智颛所强调的是，前两种转读所显空、假二谛，仅仅是一种方便，是所谓"分别令易解故"，其究竟之义是"就是论中"的中道谛，唯中道谛为

---

① （隋）智颛：《法华玄义》卷二上，《大正藏》第 33 册，第 693 页。

② 同上。

"不纵不横，名为实相"。因此十如与三谛之所指向的最终理体是完全同一的。本末究竟等即是实相，而中谛的观照则是唯一能恰当地还原出这一实相的途径。由此看来，十如所标志的世界之存在及其一切现象之间的普遍联系即是实相之相，那么以中谛为核心的三谛说即要求主体以空慧之心按一切诸法之存在的原本相状去还原实相本身。作为方法论的中道观，因此实际上便是面向事情本身的现象学还原。

十如实相论是一念三千最为基本的理论前提，而将表述于《华严经》的十法界说与十如是相互连接，则是其重要的理论环节。

所谓十法界，是指地狱界、饿鬼界、畜生界、人界、修罗界、天界、声闻界、缘觉界、菩萨界、佛界；前六界称为"六凡"，后四界称为"四圣"。关于法界的意义，智颛在《法华玄义》的解释是：

> 以十如是约十法界，谓六道四圣也。皆称法界者，其意有三：十数皆依法界，法界外更无复法，能所合称，故言十法界也。二，此十种法，分齐不同，因果隔别，凡圣有异，故加之以界也。三，此十皆即法界，摄一切法；一切法趣地狱，是趣不过，当体即理，更无所依，故名法界；乃至佛法界，亦复如是。①

在《摩诃止观》中，这一解释有更为清晰的表述：

> 法界者三义：十数是能依，法界是所依，能所合称，故言十法界；又此十法，各各因各各果，不相混滥，故言十法界；又此十法，一一当体，皆是法界，故言十法界。②

由此看来，所谓法界，首先是指一切众生（约为十数）作为能依之主体及其所依存之环境（所依）的共相（能所合称）；十法界已然尽摄这种能所共依的一切可能的空间界域。其次是分界、限隔之义，法界与法界之间有明确的分界，不相混滥，这种分界的依据则是普遍的因果律。再次是就众生之"当体"立论，十法皆当体即是法界（当体即理，更无所依），此

---

① （隋）智颛：《法华玄义》卷二上，《大正藏》第33册，第693页。
② （隋）智颛：《摩诃止观》卷五上，《大正藏》第46册，第52页。

义实际上是对第一、第二义的遣约，以明法界之分野果然不可混滥，但众生之入于何种法界却是可变的，并且这种可变性亦是真实的。正是在法界之间虽有明确分野却又非绝对隔断这一意义上，智𫖮阐明了十界互具的思想。所谓"互具"，即是相互具足、相互涵融，"一一法界，皆具十界"①，亦即每一法界均具足其会九种法界，如是一一互具，即构成百法界。显而易见，法界之互具是关于法界之分隔的非绝对性观念。任何一种法界都与其他法界相互依存，不可脱离其他法界而单独存在，此其一；其二，对于某一法界中的众生而言，该种法界并不必然是其永久的居留之所，而是完全可以改变的。六凡与四圣之地位并非绝对，而可以相互转化，善与恶则虽相互敌对却又处于永远的统一之中，正是在这一意义上，如来不断性恶而地狱众生也不断善性。是故十种法界的互具共融是天台宗性具善恶、佛性通于染净之说的理论基础。

在一般意义上，十种法界是关于一切众生之空间处所的界定，显而易见的是，每一法界中之众生亦必有相性体力等十如，这一点正是为智𫖮所强调的。十法界之互具而有百法界，百法界各具十如即有百界千如。智𫖮云：

> 此一法界，具十如是，十法界具百如是；又一法界具九法界，则有百法界、千如是。
> 游心法界者，观根尘相对，一念心起，于十界中必属一界，若属一界，即具百界千法，于一念中，悉皆备足。②

百界千如悉皆备足于众生之一念，这是"一念三千"之前奏。

《大智度论》卷四十七云："世间有三种，一者五阴世间，二者众生世间，三者国土世间。"五阴世间为众生之身心现象之别相，众生之所以有种种区分，正以其所摄受之五阴不同，因此五阴世间也是构成十法界的共同要素；众生世间是众生所持正报之别相，即如饿鬼、人、天等；国土世间则众生所依存之环境的别相（如地狱依赤铁住、畜生依地水空住、人依地住等）。

---

① （隋）智𫖮：《法华玄义》卷三上，《大正藏》第 33 册，第 706 页。
② （隋）智𫖮：《法华玄义》卷二上，《大正藏》第 33 册，第 693 页。

此三种世间再与百界千如互具，即得三千世界，故谓"一念三千"；由是尽摄一切世间一切众生一切诸法，辗转无尽，是故湛然称之为"终穷究竟极说"。智颛论云：

> 夫一心具十法界，一法界又具十法界、百法界。一界具三十种世间，百法界即具三千种世间，此三千在一念心。若无心而已，介尔有心，即具三千。亦不言一心在前，一切法在后；亦不言一切法在前，一心在后。①

这是智颛关于一念三千的经典性表述。然于三千之数，我们盖亦不必拘执为定数，而实不妨视之为一切色法、心法之无尽差别相。按照智颛的理解，此三千种法即为众生之"介尔"一念心所具足，三千诸法与介尔一心无内外前后之别，不纵不横，不离不散，刹那一念，即三千具足。故以三谛观照三千世间一切诸法，皆一假一切假，一空一切空，一中一切中，体一互融，了无碍隔，是为"言语道断，心行处灭"的"不可思议境"。

由上述可知，一念三千这一概念是由十如是、十法界、三世间诸种观念的相互涵融而得到的，但数字的相乘与叠加绝非智颛之本意，以此来阐明其实相的观念才是其真意之所在。正是在一念三千的观念下，具足于众生之一念心的三千诸法，在作为实相自身展开形态之差别相的意义上，本质上即与实相不异，因为实相的展开与实相本身并不存在内外先后，更无因果粘连，其关系充其量只能说为"相即"。这种无内外的体一互融，即是三谛圆融的状态，亦即是实相之究竟的如是状态。以一念三千来表述实相，确乎表现了智颛之超拔的独创精神，同时亦充分体现了天台教学的圆顿之旨。湛然有云："十如只是《法华》实相，权实正体……既云实相，故十即实相。故使今解不与他同。于一念心，不约十界，收事不遍；不约三谛，摄理不周；不语十如，因果不备；无三世间，依正不尽。"② 是故一念三千之说，乃收事遍，无所不容；摄理周，圆融无漏；因果备，终始若环；依正尽，各得其所。

一念三千的实相论通常被称为"性具实相论"。性即法性，或称实

---

① （隋）智颛：《摩诃止观》卷五上，《大正藏》第 46 册，第 54 页。
② （唐）湛然：《止观辅行传弘决》卷五之三，《大正藏》第 46 册，第 294 页。

性、理性，亦即佛性。按照智𫖮对这一命题的阐释，或许称之为"心具实相论"更为恰当一些；但是在智𫖮那里，心性原是不二，心具、性具，其义为一。智𫖮有论云：

> 无明痴惑，本是法性，以痴迷故，法性变作无明，起诸颠倒善不善等……今当体诸颠倒即是法性，不一不异。虽颠倒起灭，如旋火轮，不信颠倒起灭，唯信此心但是法性。[①]

此明法性通于染净，并具有在染净两种向度充分展现其自身的可能性。在染的向度上，法性即是无明痴惑之本，一切颠倒起灭即是法性起灭；而在净的向度上，法性即是菩提，即是佛性本身，故若得"还源反本，法界俱寂"，即"一切流转皆止"，即得根本解脱。共于染净之法性在经验的现实世界中即与"此心"同一不二。因此在智𫖮的实相论中，"一念"或"一念心"即是法性在经验状态的自我表呈，它同样是通于染净的，具足一切善恶性相，故智𫖮尝称之为"一念无明法性心"[②]。《法华玄义》卷五上云：

> 但明凡心一念即皆具十界。一一界悉有烦恼性相、恶业性相、苦道性相。若有无明烦恼性相，即是智慧观照性相。何者？以迷明故起无明，若解无明即是于明……凡夫一念即具十界，悉有恶业性相，只恶业性相是善性相……凡夫一念，皆有十界识名色等苦道性相，迷此苦道，生死浩然。

关于"一念"的含义，没有比这里的解释更清楚的了。一念即是"凡心一念"、"凡夫一念"，是根尘相对、倏忽起灭的经验状态之下的一念之心。如是凡心一念，即具足三千世界一切善恶性相，这是一念三千的本意。正由于"一念无明法性心"之通于染净，既是无明痴惑之本，也是解惑成悟、得证菩提之本；既是生死浩然流转不已的依据，也是超出轮回臻于佛界的依据；因此在智𫖮那里，"观心"才显示出特殊的重要性。亦

---

① （隋）智𫖮：《摩诃止观》卷五上，《大正藏》第 46 册，第 56 页。
② （隋）智𫖮：《四念处》卷四，《大正藏》第 46 册，第 578 页。

只有在心或法性的这一意义上，所谓"烦恼即菩提，生死即涅槃"才是可以理解的。

"凡心一念"属于五阴中的识阴，"识阴者，心是也"①。它本身亦即是诸法中之一法，因此在智𫖮那里，"心"实际上并不具有世界现象之本体的意义，因此一念三千亦不是一个形而上学的本体论命题。这一观念的提出乃以经验事实为其依据，而其意义则仍然延展于丰富的经验世界。若将一念三千的实相论归结为主观唯心主义，则实际上是误入歧途的。

就理论来源上来考察，一念三千除了上述的十如是、十法界、三世间以及以《中论》的三谛偈为其基本理论方法以外，它还与《华严经》的"唯心偈"有直接关系。晋译《六十华严》第十《夜摩天宫自在品》云："心如工画师，画种种五阴，一切世界中，无法不造作，心如佛亦尔，佛如众生然，心佛及众生，是三无差别。"这一偈语曾被智𫖮多次引用，如："若依《华严》云，心如工画师，画种种五阴，界内界外一切世间中，莫不从心造。""不可思议境者，如《华严》云：心如工画师，造种种五阴，一切世间中，莫不从心造。"② 智𫖮对唯心偈的反复引用是应引起重视的，这不仅表明其一念三千之说的一种理论来源，而且也表明他对心物关系的一种理解。但是究实说来，《华严》唯心偈似乎更多地强调了一切诸法为心之所造作的意义，种种五阴乃是心的表达，因此心与种种五阴是存在某种因果粘连的，至少是包含主从关系的。但是在智𫖮那里，一念是具足三千，其中实际上不包含因果，也根本无所谓主从。虽然如此，唯心偈仍然是智𫖮用以传达其一念三千之观念的一种方便权法。在《摩诃止观》卷五上，他以四悉檀为因缘而"于无名相中假名相说"不可思议境，认为就方便而说"心具一切法"、"缘生一切法"、"因缘共生一切法"、"离生一切法"，而总明"心生三千一切法"等，皆未尝不可，是值得注意的。

但是在究竟意义上，一念三千即实相整体，是不可思议境。智𫖮云：

　　　亦不言一心在前，一切法在后；亦不言一切法在前，一心在后。例如八相迁物，物在相前，物不被迁；相在物前，亦不被迁；前亦不

---

① （隋）智𫖮：《摩诃止观》卷五上，《大正藏》第46册，第52页。
② 同上。

可，后亦不可，只物论相迁，只相论物迁。今心亦如是。若从一心生一切法者，此则是纵；若心一时含一切法者，此即是横；纵亦不可，横亦不可，只心是一切法，一切法是心。故非纵非横，非一非异，玄妙深绝；非识所识，非言所言，所以称为不可思议境，意在于此。①

这是《摩诃止观》中关于"一念"与"三千"之间关系最为清楚的表述。他所强调的无疑是一心与一切法之即时的共在共融；处于这种共时共在的共融状态，一念与三千不再有任何可以使两者得以拣别出来的相对界限。对于这种无先后内外亦无中间，非纵非横亦非一非异的心与一切法的即时共融俱在，不仅经验常识无能及之，而且实际上超越于任何语言之表诠能力，因为作为实相整体，一念之具足三千诸法是不可能被任何概念、范畴、关系等所限定的，因而亦是不可能以任何逻辑方法来进行分析的，故谓之玄妙深绝，非识所识，言语道断，心行处灭。它只能是它本身所自呈的样式，亦即是其本身所自是的状态。

智颛进一步阐明了一念心与三千诸法之关系："心与缘合，则三种世间三千相性皆从心起。一性虽少而不无，无明虽多而不有。何者？指一为多，多非多；指多为一，一非少。故名此心为不可思议境也。"② 按照他的观点，心本身即具足三千世界一切性相，不须另有依持，而心又只以其自身的本然存在为依据。因此所谓一念之具足三千世界，亦即是一念自我完满、自我充足地具有三千世界一切性相的可能性；若一念之未动，并不是无念，而只是念处于未表达的自存状态，是可谓之"一"。另外，"心不孤生，必托缘起"③，故当"心与缘合，则三种世间三千相性皆从心起"，可能性即获得其自身的充分实现，亦即原先处于未表达状态的心即时实现了其自身的充分表达，由是而展现为三千世界的多样性，一实现了多。因此之故，一念与三千之间并不存在时间上的先后，实际上亦没有因果关联，而是一种即时的共时共在共融。作为一念之所具足的可能性的即时实现，三千世界的一切差别相仍不过为一念的存在方式而已，多即是一；反之亦然，一即是多。被实现了的可能性仍然是可能性本身的存在方

---

① （隋）智颛：《摩诃止观》卷五上，《大正藏》第46册，第54页。

② 同上书，第55页。

③ （隋）智颛：《摩诃止观》卷一下，《大正藏》第46册，第8页。

式，犹如工画师的画幅乃是工画师之理念的存在方式一样，因此在究竟意义上，"心即实相"①，而作为实相之法性则"与一切法无二无别"，故谓"一色一香，无非中道"。②就天台宗一念三千之说所展开的理论内涵而言，我们同样可以认为，它实在也是对空、有二宗之实相论的圆摄。在理论上，天台宗的实相论绝不能被归结为某种"唯心主义"，恰恰相反，它包含了对先验唯心论的严厉拒斥。原因有二。

第一，智顗强调一念心之具足三千相性不须另有依持，这一观点即表明一念心的这种具足性没有除它本身以外的任何其他原因，它本身即是如其所是的本然实存，即所谓法尔自然。这种实相的如其所是的本然状态绝对没有来源可供进一步追溯，它只能是本自有之，本自如此，故智顗云："实相之境，非佛天人所作，本自有之，非适今也。"③"法性自尔，非作所成。"④如果一念三千即是一切世界现象之全体，那么智顗是反对在现象之现存境域以外去别求某种独一无二的现象之原因的。在他看来，任何以某种单一要素作为一切世界现象之最终本原的终极规定，即便不是不可能，却亦是有偏失的，充其量只是可思议境，而不是不可思议境。只有当拘执现象为幻而必另求其真或以现象为实而加以执着的两种偏向都被遮遣以后，而按照现象之现存相状去作如其所是的追索，实相，或现象存在的存在者自身，才有可能清晰地、如其所是地凸显出来。一念三千便是这种追索的终极端点，亦即是实相本身，是现象存在"法尔如是"的本然真实状态。因此，一念三千的简洁约括是"心即实相"，而"心即实相"的落实之处乃是《法华经》的"诸法实相"、"世间相常住"，故智顗不仅反复强调"一色一香无非中道"，而且亦是断然肯定"一切世间治生产业，皆与实相不相违背"的。⑤

第二，一念三千实为一个现象论命题而不是一个本体论命题。这一点在智顗的著作中本来是清楚的，但研究者往往倾向于从本体论的角度去对它进行分析，以为智顗是以心作为世界现象之本体或本原的。这其实是一种由来已久的误解。能有资格作为世界之本体的"心"，其本身就不可能

---

① （隋）智顗：《法华玄义》卷一上，《大正藏》第33册，第685页。
② （隋）智顗：《摩诃止观》卷一上，《大正藏》第46册，第9页
③ （隋）智顗：《法华玄义》卷二上，《大正藏》第33册，第698页。
④ （隋）智顗：《摩诃止观》卷五上，《大正藏》第46册，第51页。
⑤ （隋）智顗：《摩诃止观》卷一下，《大正藏》第46册，第10页。

是倏忽起灭的平常的一念之心，而只能是真实恒常的清净之心，宋代的
"山家"、"山外"之间的论争实即由此引发而来。但在智顗那里，在其关
于一念三千之学说的建构过程中，本体论的问题实际上是没有被牵涉的。
在一般形而上学之中，本体永远是思维的终极指向，而现象则是需要被
主体所消解、所超越的对象。但是显而易见的是，一念三千尽管是实相
论，是智顗关于世界现象之真实性的最终表述，但是其全部论证过程却
根本不是以现象与本体的二元分判为理论环节，而毋宁是以这种二元分
判的批判与拒斥为必要前提，以空、假之双遮双遣而凸显出中道实相。
在智顗看来，世界现象本身即是一个完满统一的整体，现象并不存在除
其自身之实存相状以外的另一个"本体"或"本原"，因为一切现象都
是本末究竟等，一空一切空，一假一切假，一中一切中，空假中以外并
不存在某种永恒不变、真实不妄的现象之本体。因此在一念三千的观念
当中，一切二元对立的观念，无论是心—物、主—客还是本体与现象
等，都获得最为彻底的消解，它所呈现出来的乃是一切现象处于究竟平
等之中的、如其本身所是的实存相状。如果必欲以本体与现象来说明一
念三千或心与物的关系，那么充其量只能说本体即是现象，心即是物，
反之亦然。在一念三千的本然意义上，实相即是主体之刹那心念获得其
恰当的、如其所是的表呈的状态；三千世界一切相性作为这种即时的表
呈状态是没有主—客之分的，表呈者即是被表呈的本身；一即一切，一
切即一，略无分际。

这是浑沦圆具的大全，而不是某种单一的实体。一切现象都在此浑沦
的大全之中得以如实地呈现其自身，无相不相；而浑沦之大全的本身却无
自相，不相无相；此即是妙有之虚空，一心之妙法，中道之实相，一切无
量之义皆由此而起。智顗论云：

> 《无量义》云：无量义者从一法生。其一法者，所谓实相。实相
> 之相，无相不相，不相无相，名为实相。此从不可破坏真实得名。又
> 此实相，诸佛得法，故称妙有；妙有虽不可见，诸佛能见，故称真善
> 妙色；实相非二边之有，故名毕竟空；空理湛然，非一非异，故名如
> 如；实相寂灭，故名涅槃；觉了不改，故名虚空；佛性多所含受，故
> 名如来藏；寂照灵知，故名中实理心；不依于有，亦不附无，故名中
> 道；最上无过，故名第一义谛。如是等种种异名，俱名实相、种种所

以、俱是实相功能；其体即圆，名义无隔。盖是经之正体也。①

此明实相之种种异名，种种所以，种种功能，皆纯一而圆具，名义无隔，为《法华》之正体。十分清楚的是，如此种种皆是就实相本身所自是的存在状态而言；一切法皆流转，皆坏灭，唯此实相为真实"不可破坏"，因为它本身原是一浑沦圆具之大全的虚空，根本没有可以被破坏的东西；实相原就是即空即假即中一实谛理，因此它亦绝不游离于空假中之外，空假中之外别无实相。故就实相之获得即时表呈的境域而言，一切法之当体并皆实相，并皆理事圆具。"诸法既是实相之异名，而实相当体；又实相亦是诸法之异名，而诸法当体。"②《法华经》之诸法实相说由是被智颛发挥到了极致。

不过这种实相并不是在常识中自明的，它需要有特殊的思维进路才能充分开显出来；阐明实相最终还原之进路的，便是圆融三谛的止观学说。

第四节　圆融三谛的真理论

世界现象之终极实相乃是一念三千的如实表呈，而按照智颛的阐释，一念三千是永远处在圆融三谛的状态之中的，因此圆融三谛便即是实相本身的规定性。它是表述实相本身之如是的实在状态的唯一可能方式，是为一实谛，中道第一义谛，是最高真理。圆融三谛学说构成天台宗哲学体系中之真理论的核心，而其内容的诠释则是通过三谛、三观、三智的圆成来实现的。

三谛之说来源于龙树的《中论·观四谛品》："因缘所生法，我说即是空，亦为是假名，亦是中道义。"因缘所生法的空、假、中，即是三谛。智颛云："《中论》云：因缘所生法，我说即是空，此即诠真谛；亦为是假名，即诠俗谛；亦是中道义，即诠中道第一义谛。此谒即是申摩诃衍诠三谛之理。"③ 在《中论》，它是思维之于因缘法之空性认识的渐次深化的表述，而在天台宗那里，空、假、中则被同时看作为"因缘所生法"

---

① （隋）智颛：《法华玄义》卷八下，《大正藏》第 33 册，第 783 页。
② 同上。
③ （隋）智颛：《四教义》卷二，《大正藏》第 46 册，第 728 页。

的某种存在状态，由此而开展出关于诸法之实相的特殊观门，体现为思维之三种不同维度的分别开展与同时开展。

三观源出《璎珞经·圣贤学观品》："从假入空名二谛观，从空入假名平等观，二观为方便，得入中道第一义谛观。"① 这是将《中论》所说空、假、中理解为三种不同的观门，这对智颢的三观之说是极有启发的。

三智源于《大品般若经》卷三："欲以道种慧具足一切智，当习行般若波罗蜜；欲以一切智具足一切种智，当习行般若波罗蜜；欲以一切种智断烦恼习，当习行般若波罗蜜。"道种智、一切智、一切种智，是为三智。龙树所作《大智度论》解释此段经文云："问曰：一心中得一切智、一切种智、断一切烦恼习，今之何言以一切智具足得一切种智、以一切种智断烦恼习？答曰：实一切一时得，此中为令人信般若波罗蜜，故次第差别品说，欲令众生得清静心，是故如是说。复次，虽一心中得，亦有初、中、后次第，如一心有三相，生因缘住，住因缘灭。又如心心数法，不相应诸行，及身业、口业。以道智具足一切智，以一切智具足一切种智，以一切种智断烦恼习，亦如是。"② 在龙树那里，般若三智，即道种智、一切智、一切种智是有小大浅深之差别的，虽云一切一时得，但其重心仍在"有初、中、后之次第"的"差别品说"。最早将三智与《中论》三谛相贯通而揭示一心三智的是北齐慧文，他认为既然三智可于一心中得，则初、中、后之次第分别便无必要，而三智一心也便是对一切因缘法有不定有、空不定空、空有不二之中道义的证悟。到了智颢那里，三智与三谛的融会达于极致，并从方便与究竟两种层面开出"隔历三谛"与"圆融三谛"之义。

所谓谛，即是真实不妄之理体。智颢云："审实不虚，名之为谛。""明所诠之理者，即是一谛一理也。何等名为一谛？谛名审实，审实之法，即是不二。"③ 此所谓不二，是指理与其所开显的"审实之法"之间的不二，也即理之所展现与揭示的本身即是实相。一切教义，作为"能诠"，其终极指向都是理本身的开显，因此理是所诠。"夫教是能诠，理是所诠，故因理设教，因教显理。即理非教，即教非理，离理无教，离教

---

①　《菩萨璎珞本业经》，《大正藏》第 34 册，《大正藏》第 24 册，第 1014 页。

②　《大智度论》卷二十七，《大正藏》第 25 册，第 260 页。

③　（隋）智颢：《四教义》卷二，《大正藏》第 46 册，第 728 页。

无理……所言理者，即是谛也。"① 实相的终极理体只能是唯一的，故所谓谛者，亦唯有究竟"一实谛"。在智颉那里，一实谛即是三谛圆融所显之终极理体。

三谛、三观、三智在智颉的论述中是相互贯通、相互圆具的。"所照为三谛，所发为三观，观成为三智"②，即是其关于此三者之间关系的最重要表述。

按照这种表述，三谛为观照的对象或所照之境，三观为主体所因之观门，三智为观照之所得；若将它理解为一个完整的知识过程，则三谛为主体之知识的对象或目的；三观为知识的途径或方式；三智为知识过程所实现的结果。在这一方便诠解的意义上，观照的对象或目的是同时决定其所取方式及其所可能实现之结果的，而观照活动的全部过程，实际上即是主体以其自身的本质力量而实现对其主体性之自身本质的确证，因此谛、观、智三者在本质上是一致的。取假观而观一切因缘法宛然若有，是即俗谛而得道种智；取空观而明一切法并毕竟空，会一切而入于一，是即真谛而得一切智；取非有非空中道观，非一非一切，是即中道谛而得一切种智；而中道观之极致则是以一心三观照了一心三谛而得一心三智。由于谛、观、智三者的相互连接及其圆具涵融，并且主体所发之观慧是直接包含了其所观之境的真理性的，因此在智颉那里，观是关键环节，谛是最终所证，慧是最终结果；在某种意义上，观也是主体性对于实相之境的最为便捷的切入处。因此以三观而论三谛并兼三智，乃是智颉用以开显出三谛圆融之终极理体的基本方法。

以三观而论三谛，便有"次第三观"或"隔历三观"，同时也有"一心三观"；前者为权，后者为实；前者为方便，后者为究竟；立权在为显实。然为明一心三观之究竟圆义，先略明次第三观。

第一，从假入空观。假谓一切因缘法。三界一切诸法，唯是一心所造，其体为空，然其相宛然在目，有情以妄见执之，名之为有，是即有谛、俗谛。"所言有谛者，二十五有世间众生，妄情所见，名之为有。如彼情见，审实不虚，名之为谛，故言有谛，亦名俗谛，亦名世谛者，如

① （隋）智颉：《四教义》卷二，《大正藏》第 46 册，第 725 页。
② （隋）智颉：《摩诃止观》卷五上，《大正藏》第 46 册，第 55 页。

《涅槃》云：如世人之所见者，名为世谛。"① 世谛之关于一切现象之有的执持，实际上皆缘无明情见、爱见，所谓有者，并非真实，故名之为假。"而此诸法皆名假者，无明爱见所起之法，皆由三假之所成也。三假者，一因成假，二相续假，三相待假。此三虚设，故云假也。"② 一切经验的以及可以被经验的世界现象，皆原本于因缘之离合，合则生而离则灭，并无其自身之质所固有的规定性，是即因成假；前念方断而后念复生，念念相续，飘忽无定，色心诸法因此而起灭无常，是即相续假；诸法皆原因缘，故皆相互对待而现种种名色，离此即无彼，并无不依存于它法而可独立自存的个体，是即相待假。三假之起，根源在于无明。这是佛教关于我们通常所说的经验世界的一般理解，在它看来，这是具有普遍真理性的。因此所谓从假入空观，即要求从世俗关于诸法之假有的执持之中超拔出来，而入于佛教真理所示的一切皆空，汇一切现象之宛然假有于一空相之中，由世俗认识转进于佛教的真理观，是即空谛。

入空之途，依智顗的阐释，盖有二法。一为析假入空，一为体假入空。析假入空，即对现象之存在依因缘之理而层层分析，如剥蕉叶，层层批离，最后都无，而入于无之空见。"修从假入空观时，先观正因缘法。此法内外亲疏隔别，若不殷勤乐欲，则所习不成，必须晓夜精勤，欣悦无斁。"③ 此为渐法，以其未可躐等而至，故谓之"拙度"。体假入空，则是对诸法之空相的直接悟入，体一切缘法，皆如幻梦，一切爱假，皆如泡影；此为顿法，故谓之"巧度"。拙巧之观门虽各有异，其最终之入于空谛则无异，这是就佛教的普遍真理性而言的。但是另一方面，拙度之法属于藏教，巧度则共属于通别圆教，智顗是更倾向于巧度之法的。

从假入空观，即是由俗谛而转进于空谛，因此智顗又据《菩萨璎珞本业经》而称之为二谛观：

> 从假入空名二谛观……所言二谛者，观假为入空之诠，空由诠会，能所合论，故言二谛观。又会空之日，亦但见空，亦复识假，如云除发障，上显下明，由真假显得是二谛观。今由假会真，何意非二

---

① （隋）智顗：《四教义》卷二，《大正藏》第 46 册，第 727 页。
② （隋）智顗：《三观玄义》卷上，《续藏经》第 2 编第 4 套第 1 册，第 77 页。
③ （隋）智顗：《法华玄义》卷一下，《大正藏》第 33 册，第 688 页。

> 谛观！又俗是所破，真是所用，若从所破，应言俗谛观；若从所用，应言真谛观；破用合论，故言二谛观。①

可见从假入空观之名为空观，即要求将一切世界现象之繁杂的差别相经过主体性的消解而融摄于一空谛的真理性之中；在这一消解与融摄的过程中，主体之空的理念实际上是先行的，并且是主体对一切法相之假实施观审所依据的根本原理，因此就现象方面而言，主体之空观的实现即是现象之所谓客体性的消失、差别性的泯亡及其在俗谛中之真实性的消解；而就能观之主体而言，空观的实现既是对一切世界现象的表相超越，也是对其本质之同一性的体悟，更是对其自身之本质存在的洞见以及对其原先作为先验理性而用以观审世界的空谛之真理性的再次确认。因此之故，"会空之日，亦但见空，亦复识假"，这种由空观所实现的俱彻空假的智慧，即是三智中的一切智；以其原为关于事物之假有的空慧的再次确认，故亦称为随智智，而空谛、真谛，也为"随智之理"。智颛云："若从假入空，空慧相应，能破见思惑，成一切智。智能得体，得真体也。"② "一切界入是一法界，即是真谛……若一切法即一法，我说即是空，空观也……若一切法一法，我说即是空，即随智一切智。"③ 所谓"一切界入是一法界"、"一切法即一法"，即是由空观所实现的主体对于现象之繁复的杂多性的超越，并由此而进入唯一之空性的境域。一是共相，是对一切之杂多的涵摄，是为"真体"。在知识论的意义上，我们可以说空谛的证悟标志着主体之认识的深化，达到了关于世界之本质的认识；但是在存在论的意义上，这更是标志着主体已然从其存在的非本真状态走了出来而跨进了存在之本真状态的疏明之地，这正是入于存在之本真境域的必要前提。

从假入空观，体得真谛，破见思惑，成一切智；能所合论，则境智合一，故观、谛、智亦为互融。具一切智，则不唯见空，亦复识假；识假之意，本在化物，由是而有次第三观之第二观。

第二，从空入假观。由从假入空观而证得一切因缘法之空性，在主体

---

① （隋）智颛：《摩诃止观》卷三上，《大正藏》第 46 册，第 24 页。

② 同上书，第 26 页。

③ （隋）智颛：《摩诃止观》卷五上，《大正藏》第 46 册，第 55 页。"随智之理"见《四教义》卷二。

而言，已断见思惑而得一切智，体得诸法之真体。"三乘出世之人，所见真谛，无名无相，故名为无；亘实不虚，目之为谛，故言无谛，亦名真谛，亦名第一义谛。"① 在小乘而言，既得真谛，已可自利，但对修大乘菩萨道者，小乘过于偏隘，必得自利利他，济世化物，破尘沙无知而利益众生，方显佛陀出世之本怀。这就要求既已入空之后的返假，重回世俗之假有，是即从空入假观。

智颛论入假之意云：

> 明入假之意者，此观正为观俗谛，破尘沙无知。若二乘不为化物，不须此观，菩萨弘誓，必须此观。所言从空入假者，若滞于空，堕二乘地……是故教道菩萨，从空入假，如空中种树，分别药病，化众生也。②

此明从空入假为观俗谛，其目的在化物、化众生，是大乘菩萨道区别于小乘的根本所在。"观俗谛"即要求不滞着于空，或从空谛之中暂时走出来，重返于世俗的经验世界之中，如此才能分别药病以化导众生；在这一意义上，从空入假观乃是对空谛的破斥，及对俗谛的肯定，亦即是"随情"。但是另一方面，从空入假之观俗谛，并不是在世俗意义上的对于俗谛的肯定，而是以既得之空谛为先导的对于俗谛的重新观审，其随顺世情而肯定俗谛，仅仅是为化导众生所取之权便，而世界现象之假有是已经被证明了的，因此，从空入假同时也是对于俗谛的破斥。以其既破空又复破假，故亦称为平等观。智颛云：

> 从空入假名平等观者，若是入空，尚无空可有，何假可入？当知此观为化众生，知真非真，方便出假，故言从空；分别药病而无差谬，故言入假。平等者，望前称平等也。前观破假病，不用假法，但用真法，破一不破一，未为平等。后观破空病，还用假法，破用既均，异时相望，故言平等也……从假入空随智之时，亦见二谛，而不

---

① （隋）智颛：《四教义》卷二，《大正藏》第 46 册，第 727 页。
② （隋）智颛：《三观玄义》卷上，《续藏经》第 2 编第 4 套第 1 册，第 81 页。

能用假……从空入假，亦具真俗，正用于假，为化众生。①

显而易见，从假入空观，实以智照而破执假之病，故其但用真法而不用假法，虽至观成而能见空识假，但却不能用假，故谓之"破一不破一"，即破假而不破空，实即破假而执空。从空入假观，则是以前观所得之空谛为体而以入假为用；就其既得而言，固知其所谓真者乃非真，入假乃为方便，是兼空谛而破假；就其入假而言，却又是兼俗谛而破空；是即所谓破用既均而兼具真俗。

但是从空入假观的所谓兼具真俗，同样是一种暂时性的权便而非究竟，其落实之重点在入假，即虽具真俗而正用于假。为化导众生而入假随情，乃是从空入假观的要义，它是在某种意义上包含了对于世俗谛的肯定的。但是毫无疑问的是，这种肯定并不是同流于世俗之对于假有的执持，而是以其已证之空谛为根本理体的对于世情的权宜随顺；换句话说，能够入假的必要前提乃是关于诸法皆空之真谛的证悟，而入假随情便是在真谛观审之下的一切诸法之平等无别，因而现象之假有是可以作"不妨如此"地肯定为有的。就从空入假的主体而言，前观所得之真谛乃为其心所系定之所，唯其如此，方能群于人而侔于天，顺世情而不同俗，于茫茫人间世而利生化物。

从空入假，即是假观，其所证之理为俗谛，或称随情之理，其所得为道种智，亦名随情智。智颉云："若从空入假，分别药病，种种法门，即破无知，成道种智。智能得体，得俗体也。"② "若法性无明合有一切法，阴界入等，即是俗谛……若一法一切法，即是因缘所生法，是为假名假观也……若因缘所生一切法者，即方便随情道种权智。"③ 道种智即是菩萨智，最能体现大乘普度众生之旨。在知识论的意义上，从空入假便是道种智之用于俗谛的重新观审，是知识形态在经验领域的延展与普遍施用，或者说是对知识本身之价值的现实贯彻与实现。道种智既是对一切智的提升，实际上亦是对一切智的扬弃，标志着认识过程的深化与知识境界的转进。但是更为重要的是，从空入假乃是主体之生存境界的升华，他不仅已

---

① （隋）智颉：《摩诃止观》卷三上，《大正藏》第46册，第24页。
② 同上书，第26页。
③ （隋）智颉：《摩诃止观》卷五上，《大正藏》第46册，第55页。

然超越于单纯俗谛所有的一切世情之羁縻，而且亦同时超越了必以空相为执的心累；他虽即菩萨之位而能入假随情，虽入假随情却不受世情之绊；他在这种空有的双边否定之中实现了其存在之本真的自由。

但是从空入假也仍非究竟。一个最为基本的理由是，若过分强调了入假随情，则没入于世情之流俗的可能性是仍然存在的，菩萨之位亦许有退转。因此之故，便有进一步超越于从空入假观而转进于第三观的必要。

第三，中道第一义谛观。从假入空观是以法性之空慧破斥俗谛之假有，从空入假观则以所证之空慧返照于俗谛之假有；前者破假而立空，后者破空而立假，破立有偏，义未称圆，故智𫖮云："从假入空观，即偏破生死；从空入假观，即偏破涅槃。"① 双遮其所立而双照其所破，遂有中道第一义谛观之起。智𫖮云：

> 中道第一义谛者，遮二边故说名中道。言遮二者，遮凡夫异见有边，遮二乘所见无名相空边；遮俗谛、真谛之二边；遮世谛、第一义谛之二边；遮如此等二边，名为不二，不二之理，目之为正。此理虚通无壅，名之为道；最上无过，故称第一；深有所以，目之为义；佛菩萨之所正见，审实不虚，谓之为谛。故言中道第一义谛，亦名一实谛，亦名虚空佛性法界如来藏也。②

可见中道观即是对前二观的双边遮遣或双边否定，是既破生死，亦破涅槃；而破即是立，故其双边否定的同时也即是对其双边的共相统摄。如此双亡双照，而得入中道第一义谛：

> 修观智者，若修此观，还用前二观为方便也。总前二观，则双亡双照之方便也。双亡方便者，初观知俗非俗，即是俗空；次观知真非真，即是真空。亡俗非俗，亡真非真，非俗非真，即是中道。因是二空观，入中道第一义谛。③

中道第一义观者，前观假空，是空生死；后观空空，是空涅槃；

---

① （隋）智𫖮：《法华文句》卷一上，《大正藏》第 34 册，第 6 页。
② （隋）智𫖮：《四教义》卷二，《大正藏》第 46 册，第 727 页。
③ （隋）智𫖮：《三观玄义》卷上，《续藏经》第 2 编第 4 套第 1 册，第 82 页。

双遮二边，是名二空观。为方便道，得会中道，故言心心寂灭，流入萨婆若海。又初观用空，后观用假，是为双存方便，入中道时，能双照二谛。故经言：心若在定，能知世间生灭法相。前之两观为二种方便，意在此也。①

"二空观"也即中道第一义谛观，它是以前二观之所破所立为前提的，立其所破而空其所立，是即所谓"双亡方便"、"双存方便"的双亡双照。这种双边同时扬弃与同时肯定，遂能开展出别一圆照之智境，即以中道观得入中道第一义谛而成就一切种智，断除无明。故智颛云："若双遮二边，为入中方便，能破无明，成一切种智。智能得体，得中体也。"② 在中道观的境界之中，能观之主体所照的中道第一义谛及其所证之一切种智，都是无待的绝对形态。就一切种智而言，它是在对于前二智，即一切智与道种智之同时遮照的基础上所实现出来的更高的知识形态；它既超越地出离于前二智，又内在地涵摄了前二智；它不再有偏破偏立的任何倾向，却能对一切法作如其所是的如如观照；它即是知识的绝对形态。在智颛那里，此即为三智的圆融，即三智是一智，一智即三智。

中道第一义谛实际上亦即一切种智所得之"中体"，它同样亦是对前二谛之超越的出离与内在的涵摄，是圆融三谛之初义或基本义。由于有中谛的建立，在中道观的观境之中，遂不再有空、假二谛之分立。空乃是假、中的涵融，假即为空、中的涵融，中则是空、假的涵融；空、假、中三者这种共时态的圆具涵摄，按照智颛的阐释，即是一切诸法实相之自身的实存状态。在他所强调的"智即是境，境即是智，融通无碍"的意义上③，所发之观、所照之谛与观成之智便是究竟同一的，因此，由中道第一义谛观所实现出来的中道第一义谛，亦就不仅仅是知识的绝对形态或绝对真理，而且同时亦是一切诸法的究竟实相；作为绝对真理的圆融三谛，仅仅就是实相的终极开显与揭示。因此由次第三观而通达于中道第一义谛，如果将它视为绝对真理的实现过程，那么它所阐明的便是主体在真理的求索过程中对其自身之认识结果的阶段性层层超越与转进，正是在这种

---

① （隋）智颛：《摩诃止观》卷三上，《大正藏》第 33 册，第 714 页。
② 同上书，第 26 页。
③ （隋）智颛：《法华玄义》卷三下，《大正藏》第 33 册，第 714 页。

不断的自我肯定与否定之中，认识实现了其自身的绝对形态。但与此同时，圆融三谛的终极意义是属于诸法实相的，次第三观的究竟目的是要使实相获得其本身的如如呈现，三观的最终结果，即是以圆融三谛为自身之基本规定性的实相的凸显。十分清楚的是，实相只能是唯一的，而不可能有二有三，因此在"审实不虚，名之为谛"的终究意义上，只有中道第一义谛才是究竟一实谛。前之二观二谛仅仅是为通达于此一实谛的方便施设，故真谛、俗谛，其实非谛。"谛名审实，审实之法，即是不二，岂有三谛二谛皆名审实？今明真、俗说为谛者，但是方便，实非谛也。"① 由此可见，次第三观之观门境界的层层转进与深化，乃是一个为实施权而又开权显实的完整过程，是主体为实现究竟实相而对一切诸法实施彻底观审的现象学还原。

这一实相的终极还原，在主体那里，既是绝对真理的实现，亦是其自身之最为内在的存在本质的实现。一切法的假象性、异己性、客体性、差异性、相对性等，都已被最终消解而还原为主体自身之存在的本真状态，这就是生命可在其中真正享有超绝的无限自由的神圣境域。

尽管次第三观最终导向圆融三谛之真理的终极实现，但智𫖯仍然认为它并非究竟，因而由它所实现出来的圆融三谛亦不算是圆融三谛的究竟圆义。在次第三观之中，三谛的圆融是通过从假入空、从空入假、非空非假中道三观而次第实现的，它体现为一个逐步深入的渐进过程，"各缘一境，各发一智，次第浅深，不相滥入"②，本质上是仍然属于渐法之"拙度"，而不能体现出《法华经》的"圆顿"之旨。其前二观之所缘所发，仅仅是最后之中谛中智的一种前导性的铺垫，即是施权而非显实；中观对前二观而成三观，中智亦对前二智而成三智，则是权实未融。在智𫖯看来，《法华》之本旨则恰在于开权显实、发迹显本，是最为究竟的圆实之教。依权实而判教，"若约三藏、通、别，三教是权，圆教为实；又诸教权实未融为权，既融开权显实为实。今《法华》是一圆，故为实；又开权，故为实"③。因此之故，历次第三观而臻于圆融三谛，在究竟意义上亦仍然是权，是粗法；唯依《法华》圆顿之旨，不经次第，发一心三观

---

① （隋）智𫖯：《四教义》卷二，《大正藏》第 46 册，第 728 页。
② （隋）智𫖯：《法华玄义》卷三下，《大正藏》第 33 册，第 714 页。
③ （隋）智𫖯：《法华玄义》卷七上，《大正藏》第 33 册，第 764 页。

而得一心三谛三智，方是开权显实之圆顿妙法，是为圆融三谛之究竟圆义。故智𫖮云："观心先空次假后中，次第观心也；观心即空即假即中者，圆妙观心也。""观因缘所生心，先空次假后中，皆偏觉也；观心即空即假即中，是圆觉也。"①"隔历三谛，粗法也；圆融三谛，妙法也。"②

　　故所谓一心三观，即是超越于将空、假、中作分别观之次第，而以此三观同时发于一心，直接照见圆融三谛之理体，而同时共得一切智、道种智、一切种智于一心。这是不可能以范畴来限定，亦不可能以语词概念来分析的一种纯粹超经验的心灵的综合观悟，因此智𫖮称之为不可思议境。在次第三观之中，诸法之空、假均分别经过肯定与否定的阶段而最终为中观肯定为非空非假，如诸法之假经过从假入空观之否定，复经从空入假观之肯定，最后由中观统摄为非空非假；空则经从假入空观之肯定、从空入假观之否定，而由中观统摄为非空非假。在这个循环之链中，中道观是超越于空、假以外的双遮双照者，它是既出离于此亦一是非彼亦一是非的纠葛却又同时照摄了这种是非之双边的，它即是绝对无待者。经由中观的同时非遣与照摄，空、假之间遂不再有任何差别，而呈现为究竟平等，由此而实现了空、假、中三谛的互摄涵融。

　　在这一圆融的统一体中，空、假、中三者已不可能舍弃任何其他两谛而独立，因为任何一谛都同时涵摄了其他二谛，于是形成三谛的相即，即所谓即空即假即中。这样，若取空谛，则假谛、中谛亦是空；取假谛，则空谛、中谛亦是假；取中谛，则假谛、空谛并是中。在一心三观的阐释之中，智𫖮即要求舍弃诸法之空假中的别相观，而直接切入于这种三谛相互间同时融摄的不离散状态。智𫖮云：

　　　　一念心起即空即假即中者，若根若尘，并是法界，并是毕竟空，并是如来藏，并是中道。云何即空？并从缘生，缘生即无主，无主即空。云何即假？无主而生即是假。云何即中？不出法性，并皆即中。当知一念即空、即假、即中，并毕竟空，并如来藏，并实相。非三而三，三而不三；非合非散，而合而散；非非合非非散，不可一异而

①　（隋）智𫖮：《法华文句》卷一上，《大正藏》第34册，第5页。
②　（隋）智𫖮：《法华玄义》卷一上，《大正藏》第33册，第682页。

一异。①

　　若非一非一切者，即是中道观。一空一切空，无假中而不空，总空观也；一假一切假，无空中而不假，总假观也；一中一切中，无空假而不中，总中观也。即《中论》所说不可思议一心三观，历一切法亦如是。②

由一心三观而直接切入于圆融三谛，证得一切诸法之即空即假即中，亦成就了"不思议三智"的共具于一心。略无可疑的是，一心三观实际上并不牵涉经验意义上的认识对象，而仅仅是主体关于诸法实相的心灵观悟与亲证，即所谓"圆妙观心"、"《法华》圆顿"，亦即是《摩诃止观》所阐明的"圆顿止观"。因此对行人而言，"起圆信"便成为实践一心三观的必要前提。"云何圆信？信一切法即空即假即中，无一二三而一二三。无一二三，是遮一二三；而一二三，是照一二三。无遮无照，皆究竟清净自在。"③ 既起圆信，乃得入圆顿观。"圆顿观，从初发心即观实相。"④ "即事而真，初发心时便成正觉。"⑤ 因此在智顗那里，不思议一心三观就是关于圆融三谛之实相的直接顿悟。

在这种不次第的圆顿观中，能观的主体、所照的对象以及观成的结果，实际上都是同一个。圆观之所观即是实相，而按照智顗所阐明的一念三千的基本原理，实相即是具足三千世界一切相性的一念心，一念心起即空即假即中即是实相；换句话说，实相即是圆融三谛，圆融三谛即是实相本身的自我开显。因此一心三观便即是圆妙观心，是主体以其本具的"实相之慧"，也即一切种智⑥，观照其一念心所起之三千世界的即空即假即中。这一观悟的圆成，便是一切诸法之究竟实相在主体自身的终极还原，实相之三谛圆融的本真状态便即以其本身所是的样式充分凸显于心灵之虚静的明觉。故智顗云："以心观心，由能观心，有所观境，以观契境

---

① （隋）智顗：《摩诃止观》卷一下，《大正藏》第 46 册，第 8—9 页。
② （隋）智顗：《摩诃止观》卷五上，《大正藏》第 46 册，第 55 页。
③ （隋）智顗：《摩诃止观》卷一上，《大正藏》第 46 册，第 2 页。
④ （隋）智顗：《法华玄义》卷十上，《大正藏》第 33 册，第 806 页。
⑤ （隋）智顗：《法华玄义》卷八下，《大正藏》第 33 册，第 782 页。
⑥ （隋）智顗：《四念处》卷四："实相之慧名一切种智，一切种智名为般若。"《大正藏》第 46 册，第 575 页。

故，从心得解脱故。"① 心是能观，亦是所观，境缘心起，契境由心，观既契境，便是解脱。

一心三观所照之圆融三谛，不仅体现为能照之主体的绝对知识，即具足一切种智的佛慧，而且体现为关于实相的绝对真理，是为究竟一实谛。而作为一实谛的绝对真理，圆融三谛又是实相本身之本真存在的如是状态，是最终所获得开显之实。因此在智𫖮那里，真理显然并不表示某种主观认识与其所相对之客观性的符合，在实相那里，这种主—客观的分判是根本没有的；而毋宁是终极实相本身之无蔽状态的揭示，或干脆即是实相本身。无论是次第三观还是一心三观，都是或开显、或揭示、或还原出这种绝对真理本身之无蔽状态的方法或途径，尽管在智𫖮的阐释中，他是以一心三观之圆顿为究竟的。

同样明显的是，作为绝对真理的圆融三谛，并不是隔绝于我们所处的这个经验世界的另一个世间，而原本是般若慧海的虚明，是心本身的灵觉。当三观圆成于一心，三谛圆融于一谛，主体便即从无明的掩蔽之中超然走出，而真正进入了其本身之真实存在的境域，即进入了实相。在这个实相里面，实际上主体亦是没有的，因为根本没有可与"主体"相对的客体，所有一切都仅仅是其本身即空即假即中的如实存在而已。一念所起之三千诸法，便即在这种意义上被还原为实相整体。"圆顿者，初缘实相，造境即中，无不真实。系缘法界，一念法界，一色一香，无非中道。"② "一色一香，无非中道"，便是已然照见实相的圆融三谛之心的自身发越的境界。经过主体心灵之艰苦卓绝的努力，实相已被还原为主体自身的本真存在，那么一切诸法，便也不再是与主体相对的存在，而毋宁即是实相，或主体的本真存在本身。

第五节　作为修行实践论的止观学说

实相论是关于世界现象与众生之存在及其本质的阐明，圆融三谛的真理论则是关于实相之相之本真状态的进一步揭示，作为绝对真理，它并不是实相的附加物，而是实相本身的本质，或说是其本身所固有的一种规定

---

① （隋）智𫖮：《法华玄义》卷一上，《大正藏》第 33 册，第 685 页。

② （隋）智𫖮：《摩诃止观》卷一上，《大正藏》第 46 册，第 1 页。

性。作为实相所自是的存在状态，圆融三谛即是实相本身。在上文的论述中，我们已经表明这样一点，即次第三观与一心三观在智顗的哲学架构内，实质上是通往实相或圆融三谛之绝对真理证悟的必要途径，亦即是撤除无明之障蔽而入于本真存在之无蔽境域的必要途径。但是另一方面，圆融三谛的实相规定及三观的对其切入，乃是主体之内在心思的自我展开，它本身并不必然地具有外向展现的形式或特征；而作为宗教，其终极理念的贯彻是需要有某些特殊的行为规范来作为保证的。

作为宗教修持的实践体系，智顗的止观学说，其就门类而言，盖有三种止观、四种三昧、二十五方便、十乘观法、十境等，各种宗教仪轨如忏仪、忏法等，亦应为其实践门的重要补充。但在种种止观法门之中，实以三种止观为核心而以四种三昧为基本轨范。

止观，即是定慧，亦即禅定与般若。止是摒除妄想，息心澄虑而入于正定；观则于心所系定之境集中观审以起智慧。故定慧相资，止观辅行；定为入道之机，慧为定之所发。作为佛教的修持方法，止观之相资为用是为各大小乘经论所共同重视的。如《中阿含经》卷十五云：

> 如是比丘比丘尼，以止观为车……成就止观以为车者，便能舍恶，修习于善。①

《成实论》卷十五《止观品》云：

> 止能遮结，观能断灭；止如捉草，观如镰刈；止如扫地，观如除粪……又世间众生，皆堕二边，若苦若乐；止能舍乐，观能离苦……止能断贪，观除无明。②

如《成实论》之所说，则以止为初地而以观为根本，唯观为能断灭，撤除无明之蔽，但观慧之发，必借止之正定以为前导，观无止而不起，故止观仍为相依而不得偏废。在《大般涅槃经》中，止观之互依而辅行更被视为明见佛性的必要前提。卷三十一《师子吼菩萨品》云：

---

① 《中阿含经》卷十五，《大正藏》第 1 册，第 519 页。
② 《成实论》卷十五，《大正藏》第 32 册，第 358 页。

> 善男子，十住菩萨智慧力多，三昧力少，是故不得明见佛性。声闻、缘觉三昧力多，智慧力少，以是因缘，不见佛性。诸佛世尊定慧等，故明见佛性，了了无碍，如观掌中庵摩勒果。①

"三昧力多"是偏于止，"智慧力多"则偏于观，均不得明见佛性；唯"定慧等"，止观不偏而双行，得明见佛性。如经论所说，止观双修以求定慧力等，是体现为佛教之修持的一个基本原则，但是在南北朝时期，由于政治上的分裂、地缘上的分割以及南北地不同的文化学术氛围及所习经典之重心不无歧异等原因，遂有所谓"南方重义学，北方重禅定"，也即南方偏于观慧而北方偏于止寂的一般局面。毫无疑问，南北方在宗教实践上的不同偏向其实是与佛典向来所说不相符合的，在现实中亦不利于佛教的整体发展。故于南北朝后期，重唱定慧双修已成为一种趋势，在天台宗的发展史上，慧文、慧思均唱止观双运，然必至智𫖮之出，止观之双修方在理论上获得体系化的表述，并成为天台宗哲学之整体建构的有机构成部分。智𫖮的止观学说，不仅体现为一种为匡正南北地学风之偏失的卓越努力，并且实际上使其深玄的佛学理论具有了实践上的可操作性，从而成为天台宗入门之枢要。

于是我们看到，作为修持实践之基本原则的定慧相资、止观双修遂在智𫖮那里重新获得了强调：

> 若夫泥洹之法，入乃多途，论其急要，不出止观二法。所以然者，止乃伏结之初门，观是断惑之正要；止则爱养心识之善资，观则策发神解之妙术；止是禅定之胜因，观是智慧之由藉。若人成就定慧二法，斯乃自利利人法皆具足。故《法华经》云：佛自住大乘，如其所得法，定慧力庄严，以此度众生。当知此之二法，如车之双轮、鸟之两翼，若偏修习，即堕邪倒……以此推之，止观岂非泥洹大果之要门，行人修行之胜路，众德圆满之旨归，无上极果之正体也！②

---

① 《大般涅槃经》，上海古籍出版社1991年版，第171页。
② （隋）智𫖮：《修习止观坐禅法要》，《大正藏》第46册，第462页。

此论止观之功用，为入涅槃之要门，达极果之正体，可谓无以复加。若止观之有偏废，则非愚即狂，不得见于佛性，故智顗之论止观，必两者兼摄。其略论止观之名义云：

> 法性寂然名止，寂而常照名观。
> 既知无明即明，不复流动，故名为止；朗然大净，呼之为观。
> 发菩提心即是观，邪僻心息即是止。①
> 法性常寂即止义，寂而常照即观义。②

在《摩诃止观》之"释名"章中，智顗更从相待、绝待、会异、通三德四个方面详论止观之名义。在相待止观之下，又开列止观各为三义。止之三义：一息义，"诸恶觉观妄念思想寂然休息"，此就所破得名。二停义，"缘心谛理系念现前停住不动"，此就能止得名。三对不止而明止义，即"别约谛理论相待，无明即法性，法性即无明；无明亦非止非不止，而唤无明为不止；法性亦非止非不止，而唤法性为止；此待无明之不止，唤法性而为止……是为对不止而明止也"。观之三义：一贯穿义，即以"智慧利用，穿灭烦恼"，此就所破得名。二观达义，乃谓"观智通达，契会真如"，此就能观而得名。三对不观而明观义，则"别约谛理，无明即法性，法性即无明，无明非观非不观，而唤无明为不观；法性亦非观非不观，而唤法性为观……是为对不观而明观也"。以上止观之所从三义，皆属相待止观，而绝待止观者，"即破前三相待止观也"。"今言绝待止观者，绝横竖诸待，绝诸思议，绝诸烦恼、诸业、诸果，绝诸教观证等，悉皆不生，故名为止。止亦不可得，观冥如境，境既寂灭清净，尚无清净，何得有观？止观尚无，何得待不止观说于止观，待于止观说于不止观，待止不止说非止非不止？故知止不止皆不可得，亦止非不止亦不可得……故非言说道，非心识境。既无名相，结惑不生，则无生死，则不可破坏，灭绝绝灭，故名绝待止；颠倒想断，故名绝待观。"绝待观即是不思议观，乃是圣境，故就会异而言止观，则止观不异，"止亦名观，亦名不止；观亦名止，亦名不观"。就通三德而论止观，则三德（法身、般若、涅槃）

---

① 均见（隋）智顗《摩诃止观》卷一上，《大正藏》第 46 册，第 5 页。
② （隋）智顗：《摩诃止观》卷二下，《大正藏》第 46 册，第 18 页。

只是一法，"涅槃即是三德，三德即是止观"。不仅止观各通于三德，止观亦共通于三德。①

由智顗的上述之论可见，止的基本含义是邪僻心息，法性寂然，是妄念妄想的止寂而不复流动；观则是于此止寂之境所起之空慧，寂而常照，朗然大净，澈见心源，洞达根本，即是至上之佛慧。止观之实践的现实起点是阴界入境，亦即是一切众生此在的基本境域，故相待止观所要求的即是于阴界入境的无明状态之中澄明出法性本身的清净，止息妄念而契会真如。绝待止观则是在遣遣相待止观的基础上所实现的更高境界，能观之心之智慧的通达与所观之境纯然冥合，心灵的清净澄明与实相之境的洞然朗现纯然为体一互融，亦即是圆融三谛之中道实相的充分而圆满的开显。止观实践在现实性上的可能性存在于心本身的能观，心即是能观之主体，故止观的实质是心在作为主体的同时又将其本身作为观审的对象，是心本身的自我措置。就止观之关系而言，我们一方面可以说止是观慧的前导，观由止发；另一方面却也可以说观慧是前导，止由观而能寂；两者其实一体而互依互动。所谓体者，即是心原。"乐寂者知妄从心出，息心则众妄皆静。若欲照知，须知心原，心原不二，则一切诸法，皆同虚空。"② 以心原而论，则止为入见心原之机，却亦原为心原之用；法性既寂的同时亦是无明之掩蔽的撤除，即是心原自体之大明的开显，即是一切种智的证取；故止寂之境的观慧原来就是心原本身在撤除无明之掩蔽以后的自我呈现，是其本身纤芥不减不增的本真存在状态。

止观之辅行，相依而互动，是同一个过程之完整性的体现，只要这个过程存在，止观就必同时存在，两者不可同时而离散。因此在根本上，止观是合一的。故智顗云：

> 举要言之，此心即具一切菩萨功德，能成三世无上正觉。若解此心，任运达于止观，无发无碍即是观，其性寂灭即是止，止观即菩提，菩提即止观。③

---

① 以上参见（隋）智顗：《摩诃止观》卷三上，《大正藏》第46册，第21—28页。

② （隋）智顗：《摩诃止观》卷五上，《大正藏》第46册，第58页。

③ （隋）智顗：《摩诃止观》，卷一下，《大正藏》第46册，第9—10页。

止只是智，智只是止，不动止只是不动智，不动智只是不动止。不动智照于法性，即是观皆得安，亦是止安；不动于法性相应，即是止安，亦是观安；无二无别。[①]

在智顗那里，止观之不得偏废，必相须而行，是作为中道实相最终还原在实践上的必要手段而予以强调的，故止观双修的极致乃最终体现于一心三观的圆顿中道实相。另外，止观之双修的突出强调，亦正是作为方法论的中道观的必然性要求。作为实践的中道，止观之辅行与合一即是实相之中道的实践。实践的中道与中道的实践在过程上是同一的，心得自在，即必然是定慧具足，即发根本之观慧一切种智。于是我们又可以清楚地看到，智顗关于止观双修与合一的论述，就不能不说是后来王阳明"知行合一"说之先行的理论形态了。

如上所述，止观为实践门之要义，为行人入道之机，是具有现实性上的可操作性的，而止观实践的目的，则是实现无明之掩蔽的根本消除，以彻照心原的虚静澄明，而还归人本身之存在的本来面目。止观之至境即是众生本具之佛性的朗然开悟，是一切诸法处于无蔽之开显状态的即空即假即中，亦即是中道实相的自我呈现。就过程的统一性而言，止观的修习同时即是对于中道实相的实践，无明的解蔽与实相的本然存在亦只能是在这一过程中被最终实现出来，因此作为实践的法门，止观即是一条彻上彻下的道路，它由此在的现存穿越无明的掩蔽而达于本真存在的澄明之境。无论钝根、利根、信行、法行，都可被接引入这条道路并循沿着它而开佛知见。因此之故，止观之实践法门尝被认为是天台宗的根本义旨。如宋释元照序《修习止观坐禅法要》，便以为"台教宗部虽繁，要归不出止观。舍止观不足以明天台道，不足以议天台教"[②]。

正因止观为导万法复归于其如实之际的根本途径，是超出无明之蔽而复归于心原之澄明的俱彻上下之途，智顗遂取与其教判学说相一致的原理而说三种止观，即渐次、不定、圆顿，既以接引不同根器之人，复以明其最终圆实一谛之旨。灌顶云："天台传南岳三种止观：一渐次，二不定，三圆顿。皆是大乘，俱缘实相，同名止观。渐，则初浅后深如彼梯磴；不

---

① （隋）智顗：《摩诃止观》卷五上，《大正藏》第 46 册，第 56 页。
② （北宋）元照：《修习止观坐禅法要序》，《大正藏》第 46 册，第 462 页。

定，前后互更，如金刚宝置之日中；圆顿，初后不二，如通者腾空。"①依灌顶此说，三种止观皆传自慧思，而且在总体上并无大的区别，"皆是大乘，俱缘实相，同名止观"；其所相异者，仅体现为接引行人之方式上的渐顿之别。以行人之根器有利钝，故以三种止观"为三根性说三法门"。

在智𫖮的著作中，《说禅波罗蜜次第法门》十卷是说渐次止观的代表作品。该书为智𫖮在金陵瓦官寺所说，由门人法慎私记，后由灌顶治定。全书十卷，标为十章，然第八至第十章有目而无文，盖未讲完；在前七章中，第六《方便》与第七《修证》乃为全书之核心。《释禅波罗蜜次第法门》强调禅门修证的渐次深入，因此在灌顶那里遂被视为渐次止观的代表作品。灌顶述渐次止观云：

> 渐，初亦知实相，实相难解，渐次易行。先修归戒，翻邪向正，止火血刀，达三善通；次修禅定，止欲散网，达色无色定道；次修无漏，止三界狱，达涅槃道；次修慈悲，止于自证，达菩萨道；后修实相，止二边偏，达常住道。是为初浅后深，渐次止观相。②

在《释禅波罗蜜次第法门》之中，作为亦世间亦出世间禅的一个修证阶段的"六妙门"，后来被智𫖮再加修订、扩充而单独出为《六妙门》一卷，并成为不定止观的代表。所谓六妙门，即一数、二随、三止、四观、五还、六净。智𫖮云："六妙门者，盖是内行之根本，三乘得道之要径。"所言妙者，其意乃多，"若论正意，即是灭谛涅槃……涅槃非断非常，有而难契，无而易得，故言妙也。六法能通，故名为门；门虽有六，会妙不殊。故经言，泥洹真法宝，众生从种种门入"③。可见法门虽分为六，然六门互通，任修一门皆可入于涅槃妙相。如果《释禅波罗蜜次第法门》所强调的是禅门修证之循序渐进的确定性及其必要性，那么《六妙门》所强调的却是这种修证的不次第性与随机性，即行人可对其根机任择一门进行修持，若无所得，则"当更随便转用余门"，"若偏于一法，增进之

①　（隋）智𫖮：《摩诃止观》卷一上，《大正藏》第 46 册，第 1 页。
②　同上。
③　（隋）智𫖮：《六妙门》，《大正藏》第 46 册，第 549 页。

时，当即善修之"①。故灌顶云："不定者，无别阶位，约前渐后顿，更前更后，互浅互深，或事或理，或指世界为第一义，或指第一义为为人对治，或息观为止，或照止为观，故名不定止观。"② 是又可见不定止观并不是舍渐次、圆顿以外而别有法门，其实亦仍不出渐顿，只是其修习无别阶位，前后浅深可以互更而已。

《六妙门》之述不定止观，乃以圆观、圆证作结。智颛论圆观云："夫圆观者……但观心源具足六妙门，观余诸法，不得尔乎！今行者观一心，见一切心及一切法；观一法，见一切法及一切心；观菩提，见一切烦恼生死；观烦恼生死，见一切菩提涅槃；观一佛，见一切众生及诸佛；观一众生，见一切佛及一切众生。一切皆如影现，非内非外，不一不异，十方不可思议，本性自尔，无能作者。非但于一心中，分别一切十方法界凡圣色心诸法数量，亦能于一微尘中，通达一切十方世界诸佛凡圣色心数量法门。"③ 如此圆观既成，便发圆证，能于一念心中，"数不可说微尘世界诸佛菩萨声闻缘觉诸心行数无量法门"，"随顺法界所有事业"，"入百千三昧及一切三昧，虚妄及习俱止息"，"觉了一切法相，具足种种观智惠"，"通达诸法了了分明，神通转变，调伏众生，反本还源"，"成就如上所说事，而心无染着，不为诸法之所染污故，亦能净佛国土，令众生入三乘道"。而其究竟圆证，则"得一念相应惠，妙觉现前，穷照法界，于六种法门究竟通达，功用普备，无所缺憾"，究尽诸法实相，"如是本末究竟等"。④ 显而易见的是，此述圆观圆证为六妙门修习的最后境界，它确乎比《释禅波罗蜜次第法门》中的论述更进了一步，而且有更为明显的以中道观心而摄一切法以通达于诸法实相的特色，这正是一心三观与一念三千的原初形态。从智颛思想的发展来考虑，《六妙门》标志着他已开始超越其原先以禅定为核心的思想模式，并开始转进于以观心为核心的思想结构。虽然圆顿观要到《摩诃止观》中才获得系统的成熟表述，但是在《六妙门》中，它确乎已经显露端倪。

正是从这种思想发展的历史性来考察，我们认为《修习止观坐禅法

①　(隋)智颛：《六妙门》，《大正藏》第 46 册，第 549 页。
②　(隋)智颛：《摩诃止观》卷一上，《大正藏》第 46 册，第 1 页。
③　(隋)智颛：《六妙门》，《大正藏》第 46 册，第 554 页。
④　同上书，第 555 页。

要》（亦称《小止观》）这部书也是由《释禅波罗蜜次第法门》过渡到《摩诃止观》的中间形态的作品。这部书的具体写作年代已无从详考，但大抵可断定为智𫖮于南朝陈太建七年（575）入住天台山以后的创作，它迟于《六妙门》而早于《摩诃止观》应无疑问。

在《释禅波罗蜜次第法门》中，智𫖮充分突出了定慧相资观念下的禅定先行，实以其为基础理念，故云："非禅不智，从禅发慧，能断结使。""一切功德智慧并在禅中。""欲具足一切诸佛法藏，唯禅为最。"而在《修习止观坐禅法要》中，我们看到这一观念已有了明确的修正，更突出了"均齐定慧修止观"。其论云：

> 行者于坐禅中因修止故，或因修观而入禅定，虽得入定而无观慧，是为痴定，不能断结。或观慧微少，即不能发起真慧，断诸结使，发诸禅门。尔时应当修观破析，则定慧均等，能断结使，证诸法门。行者于坐禅时因修观故，而心豁然开悟，智慧分明，而定心微少……尔时应当复修于止。以修止故，则得定心，如密室中灯，即能破暗，照物分明。

这一观念的修正是重要的，正是从这一修正中，我们看到了智𫖮关于止观的理念向《摩诃止观》之圆顿过渡的内在逻辑，也看到了其本身思想由早年的以禅定总束一切佛法转为以止观统摄一切佛法与修行的自我超越与转进的心路。亦正因为有了这层思想上的转进，我们还看到作为《摩诃止观》之基本理念的三止、三观、三智的相互连接与和谐在《修习止观坐禅法要》中已有了相当清晰的表述。其论三止（体真止、方便随缘止、息二边分别止）三观（从假入空观、从空入假观、中道正观）及其相互间的互动和谐的基本内涵已与《摩诃止观》完全一致，虽然尚未达到《摩诃止观》所展现的那种圆满程度。定慧双修已经获得充分强调，但还没有出现一心三观、圆融三谛等圆顿止观的核心概念。正因如此，我们可以说，《修习止观坐禅法要》代表了智𫖮向成熟的圆顿止观学说转变的一个重要的思想阶段，但它本身却不是圆顿止观的代表作品。圆顿止观的充分成熟的表述仍体现于《摩诃止观》之中。就智𫖮本人思想的历史进展而言，《摩诃止观》既是其晚年思想之极致，是其心灵境界之表呈，也是其一生学说之总结与精要之所在。

　　《摩诃止观》以"圆顿止观"的阐明为根本要义。圆顿止观是对诸法实相的圆融顿极，故灌顶云："圆顿者，初缘实相，造境即中，无不真实。系缘法界，一念法界，一色一香，无非中道。己界及佛界众生界亦然。"① 按照智颧的阐释，诸法实相之本身所是的本真存在状态乃是即空即假即中，亦即是既疏离于空假二边，同时又内在地涵摄了空假二边，因此它超越了空假的相对而成为无限的绝对。基于一念三千所阐明的基本原理，阴界入境中之一切众生，其平常一念即具足三千世界一切相性，是为言思道断心行处灭的不可思议境，而不可思议境之圆融三谛的状态即是诸法实相。因此所谓圆顿止观，即要求主体在发心之初即直接切入于即空即假即中的究竟实相理体，以一心三观俱彻三千相性而还原出圆融三谛之中道实相。缘于此故，则一念心所起之一切诸法皆无非中道实相之本身的自我呈现，并且本质上即实相本身，故谓"初缘实相，造境即中，无不真实"。而智颧云："圆顿止观相者，以止缘于谛，则一谛而三谛；以谛系于止，则一止而三止……所止之法虽一而三，能止之心虽三而一也。以观观于境，则一境而三境；以境发于观，则一观而三观。"② 是故圆顿止观，便即是能观之心、已止之念、所发之慧与所观之境、所照之理通体俱彻的圆具互融，一切殊相之差别均已消泯于无形，一切主客之疏隔均已通达而无碍，一切所照所现均已然是实相本身的澄明。在理论上，圆顿止观所展开的基本形态即是我们上文已有所论列的一念三千与圆融三谛，前者可谓实相之境，而后者则是实相之境的自身规定性。作为洞达实相究竟理体之基本方法的一心三观，则是在现实性上确保无明之根本掩蔽的撤除并使其本身获得最终澄明的必要途径。

　　上述三种止观，总以观心为其要义，是就行人之内在活动所作的阐述，是"心法"；而四种三昧则是关于止观之实践过程的外在活动所作的阐述，是"行法"；两者互依而互动，构成止观实践的完整过程。

　　四种三昧于《摩诃止观》卷二集中阐释，是五略中的第二修大行。智颧云："行法众多，略言其四。一常坐，二常行，三半行半坐，四非行非坐。通称三昧者，调直定也。《大论》云：善心一处住不动，是名三

　　① （隋）智颧：《摩诃止观》卷一，《大正藏》第 46 册，第 1 页。
　　② （隋）智颧：《摩诃止观》卷三上，《大正藏》第 46 册，第 25 页。

昧，法界是一处，正观能住不动。四行为缘，观心藉缘调直，故称三昧也。"① 显见四种三昧是智顗关于一切佛法修持之实践方式的总论，亦是确保其止观学说切实贯彻于行人之生活实践的仪式轨范，故其临终咐嘱，尤强调其弟子须以四种三昧为明导。如果三种止观所阐明的是通过观心以解除无明之蔽而实现中道实相的内在过程，则四种三昧便是这一过程的外在表现。因此之故，三种止观与四种三昧其实是通往中道实相之同一过程的不同表现方式，故智顗云："方便、正观，只是四三昧耳。"这同时亦表明，四种三昧的修持是必以某种止观的内在契悟为依据并以其为目的的，作为外在仪轨的四种三昧乃为方便之权，中道实相之在心灵的最后澄明才是究竟之实。正以此故，智顗之论行法，乃从"身开遮、口说默、意止观"三个方面分别立论，强调身口意，也即身心内外的充分和谐与一致。以心灵之自我观照活动为主体的三种止观，作为"心法"，与其外在之行为，即作为行法的四种三昧，处于一种互为促进、充分和谐的互动关系之中，从而呈现为一个体一互融的，或说是知行合一的完整的动态进展过程。

《摩诃止观》正修止观之十境以第一观阴界入境为其枢要。而所谓阴界入，即五阴（色、受、想、行、识）十二入（或称十二处，眼、耳、鼻、舌、身、意"六根"及色、声、香、味、触、法"六尘"或"六境"）十八界（六根、六尘与眼、耳、鼻、舌、身、意"六识"）。虽然阴界入之概念多有交互迭出，但作为一个概念系统之整体，则大致可以指称我们今天所说的经验世界及这一世界中的经验活动。按照佛教的一般阐释，阴界入境是一个由无明所主导的染污世界，佛道的根本证悟即在于实现对于这一染污之浊世的根本超越，此在的彼岸性是佛教的根本价值指向。但是在智顗看来，实现无明之超越的起点并不是此岸世界的抛弃，反而是对它的切入，因为染污与清净、无明与澄明并不是截然隔断的两个世界，而实为同一世界之心灵境界的不同呈现。染污去除即是清净，无明断灭即是澄明，烦恼消释即是菩提；由于阴界入境之污浊暗昧皆由心起，故其向澄明的转换亦仍须由心来承担。

因此智顗关于止观的实践学说在根本上是落实于阴界入境中的自我观心的。在他看来，这一点的必要性至少有三个方面的基本理由。

第一，心如工画师，造种种五阴，一切世间中，莫不从心造，因此心是惑本、病本、烦恼生死本。"阴界人即病本"，"界内界外一切阴人皆由心起，佛告比丘，一法摄一切法，所谓心是。论云：一切世间中，但有名与色，若欲如实观，但当观名色。心是惑本，其义如是。若欲观察，须伐其根，如灸病得穴。今当去丈就尺，去尺就寸，置色等四阴，但观识阴。识阴者，心是也"①。一切阴界人皆由心起，故"心是诸法之本，心即总也"②。然"夫心不孤生，必托缘起。意根是因，法尘是缘，所起之心是所生法。此根尘能所，三相迁动，窃起窃谢，新新生灭，念念不住，睒烁如电耀，遄疾若奔流"③，而起阴界人一切诸法，亦起一切苦集与生死烦恼。设若观心而解悟一切心数诸法皆由心起，"能生所生，无不即空，妄谓心起，起无自性、无他性、无共性、无无因性，起时不从自他共离来，去时不向东西南北去，此心不在内外两中间，亦不常自有，但有名字，名之为心。是字不住，亦不不住，不可得故，生即无生，亦无无生，有无俱寂"④，便能拔本塞源，犹灸病而得穴，在根本上实现对于一切名相假有之执持的超越，实现对于由这种执持而产生的一切烦恼的超越，同时亦即实现了对于阴界人境之本身的超越，而通达于菩提涅槃之道。

第二，假名之心既是一切迷惑烦恼之本，却亦是解迷成悟、去除无明之蔽之本。心佛及众生，是三无差别，故无明烦恼之心，原即是清净法性，"佛之知见，蕴在众生也"。⑤　"佛岂有别法，只百界千如，是佛境界。"⑥ 故心体之广大涵融，共具染净，一切法界，无非心造，"心能地狱，心能天堂，心能凡夫，心能贤圣"⑦，无明与法性、烦恼与菩提，原只是同一心体所开展的不同层面。修习止观而以观心为自我解悟的切入之途，证得此心原如幻焰，但有名字，"适言其有，不见色质；适言其无，复起虑想；不可以有无思度故"⑧，便即不执不滞不离不散于心识所起的

---

①　（隋）智顗：《摩诃止观》卷五上，《大正藏》第 46 册，第 52 页。

②　（隋）智顗：《法华玄义》卷一上，《大正藏》第 33 册，第 685 页。

③　（隋）智顗：《摩诃止观》卷一下，《大正藏》第 46 册，第 8 页。

④　同上。

⑤　（隋）智顗：《法华玄义》卷二上，《大正藏》第 33 册，第 693 页。

⑥　同上书，第 696 页。

⑦　（隋）智顗：《法华玄义》卷一上，《大正藏》第 33 册，第 685 页。

⑧　同上。

一切诸法，三千世界一切相性皆即空即假即中，是即烦恼之病本的拔除而转为菩提，无明之蔽源的堵塞而反归澄明。故云："心即实相"，"以心观心，由能观心，有所观境，以观契境故，从心得解脱故。若一心得解脱，能令一切数皆得解脱。"① 正是在这一意义上，"佛正法正行中，此心为最……举要言之，此心即具一切菩萨功德，能成三世无上正觉。若解此心，任运达于止观，无发无碍即是观，其性寂灭即是止，止观即菩提，菩提即止观"②。一切法皆即佛法，百界千如即佛境界，则佛法广大，无量无边，高妙深玄，难窥涯涘。若欲证入菩提，便须要有一下手切入之处。

第三，止观之以自观己心为枢要，乃以其最为切近而易行。"众生法太广，佛法太高，于初学为难。然心佛及众生是三无差别者，但观己心则为易。"③ 值得重视的是，这种以自观己心为方便的思想，实质上是继承于慧思的"末法思想"的体现。智颢云：

> 世间色心尚叵穷尽，况复出世，宁可凡心知？凡眼翳尚不见近，那得见远？弥生旷劫，不睹界内一隅，况复界外边表！如渴鹿逐炎、狂狗啮雷，何有得理！纵令解悟小乘，终非大道。故《大集》云：常见之人说异念断，断见之人说一念断，皆堕二边，不会中道。况佛去世后，人根转钝，执名起诤，互相是非，悉堕邪见。④

"佛去世后，人心转钝，执名起诤，互相是非，悉堕邪见"云云，无疑是智颢关于其时代之世道人心的一种基本判断，其中洋溢着对于现实人生的关切，充满着对于社会道德之普遍衰颓的忧患与恐惧，正是这种深刻的忧患意识与悲悯之怀，构成了智颢之"末法思想"的内在本质，并因此而使其将学说的核心落实于阴界入境，即众生之此在的现实境域，并以易于入手的自我观心为现实性上之可行的入道之途。

这一阴界入境的观心论是富有独创性的，同时亦是深刻的。通过这一理论的现实措置或转换，智颢实现了对于众生之此在的生存论分析、此在

① （隋）智颢：《法华玄义》卷一上，《大正藏》第 33 册，第 685 页。
② （隋）智颢：《摩诃止观》卷一下，《大正藏》第 46 册，第 9—10 页。
③ （隋）智颢：《法华玄义》卷二上，《大正藏》第 33 册，第 696 页。
④ （隋）智颢：《摩诃止观》卷五上，《大正藏》第 46 册，第 52 页。

之非本真存在状态的超越或出离及其最终返回于此在之现实境域的可能性的阐述，从而建构了一个以止观为核心、以无明之掩蔽的撤除而返归心体之原本澄明为目的的完整系统。

观心之被措置于阴界入境，首先即表明智颛无意在染污与清净、此在与彼岸、生死与涅槃之间设置任何人为的限隔；这是两个不同的世界，但并不是相互隔绝的，而是相互贯通的。在智颛的主要著作中，我们极少看到关于彼岸世界的纯粹描述，正所谓在"末法时代"，世间色心尚不可穷尽，遑论出世间？界内一隅尚不得分明，岂论界外边表？其思维所关切的始终是阴界入境之众生的现实生存状态。这一点同时即表明，智颛充分接受这样一种基本事实，即阴界入境以及属于此境的无明、烦恼、生死等，乃是一切众生之此在生存的基本情境规定，并且本质上即是此在人生的基本结构。但正是这一基本结构本身，构成了理解此在之生存的现实境域，同时也是佛法之普遍施用的广阔场所。处于阴界入境的一切众生，按照佛教的一般原理及智颛的阐释，乃处于一种根本无明的状态，由无明而导致种种烦恼，由无明、烦恼而进一步导致其存在之本真的疏离与掩蔽；换句话说，无明与烦恼使个体的现实生存处于一种疏离于其存在之本真的被抛状态，犹处于飞旋的轮缘，强大的离心力使其无法返回于那原本静寂的轮毂的核心原点。在繁杂的世间事务之中，个体越来越烦忙于假有的事象并将其存在之独立自由的本质消融于他性的意见与共在之中。毫无疑问，由无明与烦恼所主导的这种阴界入境的个体生存，是存在之本来面目被掩蔽的状态，亦即是非本真的状态，它是存在堕于暗昧的沉沦。

然而同样毫无疑问的是，个体之于阴界入境的生存，在其寓世的沉沦之中所丧失的仅仅是其存在的本真状态，而不是其存在本身，更不是重新获得其本真的可能性。所谓寓世的沉沦或存在之本真的失落，在处于阴界入境的众生那里原是没有被自觉到的，因此其中的个体同时亦未曾意识到其存在所应有的原来的本真样式，不过这一点恰恰构成了其本真之自觉的前提。因此在智颛那里，为一切众生"开佛知见"，实质上便即是将存在的本真状态及其神圣境域昭示于世人，使此在的生存出离于被抛的非本真状态而入于其原本如是的本真境界，无明的掩蔽将在这一过程中被纯然撤除而获得其自身的澄明，烦恼将被止息而不再是缠结心灵的累赘。

正是在这种阴界入境之此在人生的根本救度的意义上，我们看到了无明即法性、烦恼即菩提的特殊理论价值。无明之心便即是法性之心，烦恼之念乃实证菩提之资。凡心介尔一念，则百界千如一时具足，因此之故，超出无明掩蔽的暗昧而使其澄明出来，出离沉沦的烦恼之境而入于本真的绝对境域，便不得不落实于心体对其自身活动的观审，并在这种观审之中实现其原本如是的清净与澄明。因此，止观之被落实于阴界入境的自观己心，在哲学上显然还包含着这样的意义，即能观之心的本身即是无明的澄明者，亦即是本真存在的能在者；而无明之掩蔽的撤除及其澄明的全部过程，本质上即是此澄明者或能在者的自我呈现；这一自我呈现必须由个体在其此在境域中内在地、单独自由地进行，或者说是必须由其作为能在者的主体性来承担的。

第六节　性具善恶的佛性论

佛性指称佛的法性，亦即真如之体性，就众生而言佛性，则谓众生之所以能够成佛之内在的本质依据。在中国佛教中，自竺道生阐明涅槃佛性学说以后，一切众生悉有佛性，涅槃常住无有变易，便几乎成为人们所普遍接受的基本共识。天台宗同样主张一切众生皆有佛性，但却认为佛性并不仅仅是本具于善，同时亦本具于恶；佛性既共具于善恶，故诸佛不断性恶，而极恶之人亦不断性善。显而易见的是，性具善恶说之令人眩惑之处，不在于性具善，而实在于性具恶；佛亦有性恶，实纯粹为智𫖮本人的突出创见，除台家之外，诸宗无人及此。然其义果为何如？则智𫖮云：

> 问：缘、了既具性德善，亦有性德恶否？答：具。问：阐提与佛断何等善恶？答：阐提断修善尽，但性善在；佛断修恶尽，但性恶在。问：性德善恶，何不可断？答：性之善恶，但是善恶之法门。性不可改，历三世无谁能毁，复不可断坏。①

据此，则阐提虽为极恶，但只是断修善尽，而其性善仍在；佛则虽断修恶尽，而其性恶不断。性既不可改易，不可断坏，则佛与众生之性共具于善恶亦复不可断坏。然佛与众生，虽其性具不异，其于现实性上的表现却仍大相径庭。佛虽具性恶，却不起修恶。智𫖮云：

---

① （隋）智𫖮：《观音玄义》卷上，《大正藏》第34册，第882页。

　　问：阐提不断性善，还能令修善起；佛不断性恶，还令修恶起耶？答：阐提既不断性善，以不断故，还为善所染，修善得起，广治诸恶。佛虽不断性恶，而能达于恶，以达恶故，于恶自在，故不为恶所染，修恶不得起，故佛永无复恶。以自在故，广用诸恶法门，化度众生；终日用之，终日不染，不染故不起，哪得以阐提为例耶？若阐提能达此善恶，则不复名为一阐提也。①

　　这一问答，阐明了佛与众生之性共具善恶之基本界定下的生佛差别，是非常重要的。按照这里的阐释，众生之极恶如一阐提，虽断修善尽，但以其性善不断，故仍有可能起善修而达于佛境，此是应有之义，并无疑问；问题在于佛既不断性恶，是否仍有可能起修恶？智颛断然否定了这一点。在他看来，佛之性恶，仅仅是为佛能于一切界中为化度众生而广用诸恶法门提供了可能性。就诸佛而言，其已然证得一切诸法之中道实相，其所历一切诸法、所达一切诸境皆是即空即假即中，故诸佛虽为化度众生而用恶法，但其本身却无滞无缚，略无挂碍，仍然超离于任何恶法，是即所谓"自在"。正因佛能有此"自在"，因此便断然不为恶所染着而"永无复恶"。显而易见的是，智颛强调诸佛不断性恶，同时又断言其虽不断性恶却又决不起修恶，那么诸佛之所谓性恶，实际上就仅仅是逻辑的；这种逻辑上之性恶的设定，一方面为佛出于普度众生的目的而示现种种恶法造成了理论根据，另一方面，就恶法之"用"而言，其目的指向却仍然是善的。此犹良医为起病人之沉疴而投以蛇蝎之方，蛇蝎虽恶物，其应于起沉疴之用，却是善的。

　　不过究实而言，智颛特揭性具善恶之说的目的，并不在于就佛而论佛性之善恶，而更在于就众生之现实处境而论佛性之共具善恶，以明"佛如众生如一如无二如"的生佛毕竟平等观念，而为其开显生死即涅槃、烦恼即菩提之究竟中道一实谛理。因此在智颛那里，佛性与实相及其种种异名之所指理体，乃一而非二：

　　《无量义》云：无量义者，从一法生。其一法者，所谓实相。实

────────────

① （隋）智颛：《观音玄义》卷上，《大正藏》第 34 册，第 882 页。

相之相，无相不相；不相无相，名为实相，此从不可破坏真实得名。又此实相，诸佛得法，故称妙有；妙有虽不可见，诸佛能见，故称真善妙色；实相非二边之有，故名毕竟空；空理湛然，非一非异，故名如如；实相寂灭，故名涅槃；觉了不改，故名虚空；佛性多所含受，故名如来藏；寂照灵知，故名中道；最上无过，故名第一义谛。如是等种种异名，俱名实相；种种所以，俱是实相功能；其体既圆，名义无隔。①

由此显然可见，佛性与妙有、如来藏、中道、实相、第一义谛等，实为同体而异名；因此之故，众生本具之佛性的开明与诸法之中道实相的开显便必然是一个纯粹同一的过程，明见于佛性之妙有，即是洞达于中道第一义谛。故智顗又云："佛性即中道。因缘生法，一色一香，无不中道。此则从凡至圣，悉皆是中道第一义谛。"② 正由于佛性即中道，众生之本具佛性的自我觉知、开明及其在现实生命过程的充分显扬，便即是已然证悟诸法之中道实相的体现，其存在的意义便已然超离于生死苦海中的头出头没，而进于神圣的境域。就众生的现实处境而言，其生命原是秽浊的，由于无明的掩蔽而处于种种烦恼之障当中，甚至表现为一系列贪嗔痴之三毒的迁徙流转，生死浩然，辗转无已。从佛教的立场来看，这毫无疑问是生命本质的沉落；而要使生命重新焕发其本有的华彩而实现人生的根本救度，唯有撤除其无明之掩蔽而开明其本有佛性之一途。是故智顗盛倡无明即法性，烦恼即菩提，生死即涅槃，原其究竟，实为阴界入之一切众生在其此在境域而开显佛性所设。知无明之为无明，即已经是明；知烦恼之为烦恼，即菩提已显。

为阐明此义，智顗又据《大般涅槃经》而立三因佛性之说：

> 《大经》云：十二因缘名为佛性者，无明爱取既是烦恼，烦恼道即是菩提。菩提通达，无复烦恼；烦恼既无，即究竟尽；了因佛性也。行有是业道，即是解脱；解脱自在，缘因佛性也。名色老死是苦

---

① （隋）智顗：《法华玄义》卷八下，《大正藏》第33册，第783页。
② （隋）智顗：《法华玄义》卷六下，《大正藏》第33册，第761页。

道，苦即法身。法身无苦无乐，是名大乐；不生不死是常，正因佛性故。①

在《摩诃止观》中，智颛复重申其义：

> 若转无明为佛智明，从初发心知十二缘是三佛性。若通观，十二缘真如实理，是正因佛性；观十二因缘智慧，是了因佛性；观十二缘心具足诸行，是缘因佛性。若别观者，无明爱取即了因佛性；行有即缘因佛性；识等七支即正因佛性。②

三佛性说原阐述于《大般涅槃经》，智颛取之，而成为阐明其性具善恶之说的重要原理。通观其所论，盖以真如实相之理为正因佛性，能行观照之般若智慧为了因佛性，一切善行功德为缘因佛性。因此在《法华玄义》之中，智颛又以三轨而论三佛性：

> 类通三佛性者，真性轨即是正因性，观照轨即是了因性，资成轨即是缘因性。③

真性、观照、资成三轨，亦名三法，是智颛用以诠释《妙法莲华经》之"法妙"的。三轨之大意，略云："以真性轨为乘体，不伪名真，不改名性，即正因常住……观照者，只点真性寂而常照，便是观照，即是第一义空；资成者，只点真性法界含藏诸行，无量众具，即如来藏。三法不一异……若即尘沙障达无量法门者，即资成轨得显；若即见思障达第一义空者，观照轨得显；若即无明障达第一义谛者，真性轨得显。真性轨得显名为法身，观照得显名为般若，资成得显名为解脱。"④ 故以三轨通于三佛性而论，"法性实相即是正因佛性，般若观照即是了因佛性，五度功德资发般若，即是缘因佛性"⑤。然三轨之立，总释"法妙"，故"名虽有三，

---

① （隋）智颛：《法华玄义》卷二下，《大正藏》第 33 册，第 700 页。
② （隋）智颛：《摩诃止观》卷九下，《大正藏》第 46 册，第 126 页。
③ （隋）智颛：《法华玄义》卷五下，《大正藏》第 33 册，第 744 页。
④ 同上书，第 742 页。
⑤ （隋）智颛：《法华玄义》卷十上，《大正藏》第 33 册，第 1716 页。

只是一大乘法也"①。而三因佛性之义，亦复如是，名虽有三，其实则一，仅为众生即事以显理而设。

法性实相为正因佛性，故为佛性之正体；法性原本清净，不净不染；本来常住，不动不出。因此就一切众生所本具之佛性而言，一切众生皆涅槃相。般若智慧为了因佛性，以其能行观照故；然观照者，实为佛性正体之用，即用以显体，而体则以用显，两相圆具，不一不异；故观照得显，名为般若，能破无明，而为了因佛性，实为开显佛性之正体的充分条件。五度功德之善行，必以观照所得之知识为先行条件，故般若之智与五度功德，亦构成体用关系；功德以观慧为前导，而其现实之行，复又资发般若；名为缘因者，犹言其为明见佛性之正体的必要条件。体用互依，总是一原；佛性虽分三因而说，其得终极之中道实相则一。因此，三因佛性之说，实际上亦是开权，而开权即是显实；其根本之义，在为一切众生于无明烦恼之界而翻出无明以达于法性。明无明之为无明，即是于明；了达烦恼之为烦恼，即烦恼道断；故谓无明即法性，烦恼即菩提。三性之说，为众生于其生存的现实境域之中出离于无明之掩蔽而还原其本具之清净法性开示了权便之途。正是在这一意义上，智颛常说低头举手，皆成佛道；一色一香，无非中道；一切世间治生产业，皆与实相不相违背。

作为正因佛性的法性实相，从本以来即具清净性德，"法性之理，非古非今，非本非迹，非权非实"②。它原是一切诸法之本来如相，是一切诸法本体。本体之如相，仅用以表征一切诸法在充分剥离了一切纷纭繁杂之表象以后的如其所是的实存状态；这种状态的本身存在与一切可能的表象无关，一切诸法之表象的变化流转都无损于如相本身之不住不动不生不灭，但是另一方面，实相无相，是又必不可舍诸法之表象而另求实相。因此就众生而言，其契悟实相的基本背景便必然是其生命之此在的现实境域，亦即智颛所称之阴界入境；而所谓翻出无明以入于明，"从无明际发菩提心，修菩萨行，出离生死，入法性中"③，便即要求主体性穿越一切诸法之表象的丛棘而抵止于实相本身的那片疏明之地，唯此疏明之地，乃为法性清净之土，是为如实之际。显而易见的是，一切诸法之如其所是的

①　（隋）智颛：《法华玄义》卷五下，《大正藏》第 33 册，第 741 页。

②　（隋）智颛：《法华玄义》卷七下，《大正藏》第 33 册，第 770 页。

③　同上书，第 773 页。

实存状态，在作为诸法之正体的意义上，原是绝对绝待之境，因此亦就必然与经验上可分判的善恶之义毫无关涉，亦就是说，它是不与于善恶，或说是无善无恶的。因此之故，智颛尝以莲子喻正因佛性而释十如中之"如是体"云：

> 一切众生自性清净心亦复如是，不为客尘所染，生死重积，而心性不住不动、不生不灭，即是佛界如是相。《净名》曰：一切众生即菩提相，即其义也……譬如莲子，在淤泥中而四微不朽，是名莲子体。一切众生正因佛性亦复如是，常乐我净，不动不坏，名佛界如是体。①

是明正因佛性为佛界如是体，常乐我净不动不坏，故无善无恶。但是另一方面，缘、了二性却共具于善恶，因为缘、了二性通于众生现实所处的经验世界，而且是在此经验世界中获得现实表现的。无明爱取与般若正观，原只是一体之两面，资发般若之五度功德与一切秽业恶行亦复如是，因其落于经验世界之有相，故必落于相对之境而有价值上之善恶相对，亦即是有善有恶的。按照智颛所阐明的十界互具、三谛圆融的基本思想，三因佛性，毕竟体一互融，总为一性；故虽正因为无善无恶，然缘、了具于善恶；三因互具，乃得总说佛性为具于善恶。关于这一点，元代怀则尝云：

> 《法华》云，诸法实相，不出权实。诸法是同体权中善恶缘、了，实相是同体实中善恶正因。九界十如即恶缘因，佛界十如即善缘因……《涅槃经》中阐提、善人，二人俱有性善性恶，名为善恶缘因。三因既妙，言缘必具了、正，言了必具正、缘，言正必具缘、了。一必具三，三即是一。毋得守语害圆，诬罔圣意！若尔九界三因，性染了因，性恶缘因，染恶不二是恶正因，岂唯局修！佛界三因，性善缘因，性净了因，善净不二即善正因。②

按照怀则在这里的论述，佛界与九界乃各具正、了、缘三因，若分别观

---

① （隋）智颛：《法华玄义》卷七下，《大正藏》第 33 册，第 773 页。
② （元）怀则：《天台传佛心印记》，《大正藏》第 46 册，第 934 页。

之，则佛界三因不与于染恶，九界三因则与于染恶。然十界之相互圆具，亦犹实相与诸法之一体互融，故三因佛性非但必通于十界，且一性亦必兼摄其余二性，"一必具三，三即是一"；正是就三因之一一互具、相互含摄而言，佛性乃本具善恶净染。若以三谛说三因佛性，"则今三千即空，性了因也；三千即假，性缘因也；三千即中，性正因也"①。三谛互具，圆融无碍，故三因佛性亦一体互融，虽一而三，虽三而一。

由上述可见，在天台宗那里，性具善恶之说，实质上是其实相论之自然的理论延伸。一切言教皆为众生开示悟入佛之知见而方便施设，而一切诸法之实相究竟乃为即空即假即中的中道理体，佛之知见及此中道理体，必须在理论上设定为原本即存在于一切众生，那么其开示悟入才是可能的。智𫖮关于性具善恶之论证的首要一步，是在逻辑上设定佛性与实相，亦即佛之知见与诸法之中道理体的同一性。这种同一性的设定，为其三因佛性之说的成立确立了理论前提，因为正、了、缘三因实际上是分别与中、空、假三谛相对应的，这样就为三因的最后圆具奠定了理论基础，因为三谛圆融作为实相本身之实存状态的规定性是早已阐明了的。其分别说三因佛性，以正因佛性为清净法性自体，不与于善恶，其实即表明佛性之正体（亦即实相本身）是不可能落于善恶之相对价值的规范的。佛性正体超越于善恶之相对价值，这一点在理论上具有重要意义，它一方面使佛性与作为即空即假即中的诸法之究竟实相在存在性的绝对性上获得了同一，因为存在性的绝对性是不可能由善恶来界定的；另一方面，它亦使佛性通过三因互具而为呈现于经验之现实境域的有善有恶构成了理论上的必要前提。因此三因互具而一体圆融，实为性具善恶之说在理论上得以成立的关键环节，没有这种互具而圆融的论述，佛性之本具善恶在理论上就必然是不圆满的。正是三因互具的表述，才使天台宗的佛性学说达到了这样一种理论效果，即在存在性的究竟意义上，佛如、众生如，一如无二如，生佛交彻，毕竟平等；同时亦为众生于其生存的此在境域翻出无明而入于法性之本身的澄明境界构成了理论上的充分依据。

由于佛性之呈现于经验世界是善恶共具的，而知于恶的本身即是明于善，知于无明的本身亦即是达于法性，存在性的澄明原必须由此在的主体

---

① （唐）湛然：《止观辅行传弘决》卷五之三，《大正藏》第46册，第296页。

性本身来承担。诚如湛然所云："知苦集即是法性，以不知，故唯有苦集。"① 这样就为众生于阴界入境开辟了一条通过其实落为善去恶的修行实践而通达于佛界的现实途径。

天台宗的佛性论与诸宗不同，乃为其宗门特色之一，故天台后学皆固守其说。湛然辨本宗之异于他宗，立妙境有四，其四即为"佛本不断性恶法故"，谓"性恶若断，普现色身从何而立？但使分得常住法身，不动而动，遍应身土"②。宋代知礼云："问：九界望佛，皆名为恶；此等诸界，性本具否？答：只一具字，弥显今宗。以性具善，诸师亦知；具恶缘、了，他皆莫测。""若知善恶皆是性具，性无不融，则十界、百界，一千、三千。"③ 元代怀则云："只一具字，弥显今宗。以性具善，他宗亦知；具恶缘、了，他皆莫测。是知今家性具之功，功在性恶。若无性恶，必须破九界修恶，显佛界性善，是为缘理断九。"④ 明代传灯云："欲明如来出世一大事因缘者，苟不知性具善恶之旨，如无目夜游，何以为直指人心？何以为见性成佛？苟非天台一宗教观发明此旨，则圆顿教理几乎绝灭矣！"⑤ 诚然，性具善恶之说乃天台一家之言，为其区别于他宗的根本义旨之一，其宗门视之为家宝，是亦宜矣。

在一般哲学意义上，佛性是关于众生之本质实在性的界定，而实相则是关于世界现象之本质实在性的界定；佛性既然被确认为与实相同一不二、体一互融，那么也就确认了众生之存在的本质实在性与世界现象之本质实在性的同一不二。这一同一性的确认，既重新阐明了一切世间诸法皆归原于主体之心灵表象——所谓"三界唯心，万法唯识"，"一切世间中，莫不从心造"——这一佛学中国有的存在论命题，同时亦为主体在其此在的生存境域之中通过其本身之存在实在性的终极还原而实现世界全体之本质实在性的了达确立了可能性的充分前提。

正是在众生之生存境域之本质转换的意义上，我们遂可得而论性具善恶说的实践意义。

如上文所述，性具善恶说在理论上的最终归结是心佛与众生之究竟如

---

①　（唐）湛然：《法华玄义释签》卷九，《大正藏》第 33 册，第 877 页。

②　（唐）湛然：《止观义例》卷上，《大正藏》第 46 册，第 450 页。

③　（宋）知礼：《观音玄义记》卷二，《大正藏》第 34 册，第 905 页。

④　（元）怀则：《天台传佛心印记》，《大正藏》第 46 册，第 934 页。

⑤　（明）传灯：《性善恶论》卷一，《大正藏》第 101 册，第 844 页。

相的无差别，而证成无明即法性，烦恼即菩提。因此我们首先应看到，性具善恶说完全融通了十界，取消了六凡四圣之间的本质界限，从而赋予一切众生以平等成佛的权利，因此亦就在更为普遍的意义上提升了众生的主体性精神。

智顗曾论地狱界之有善恶之机云：

> 地狱有有善恶之机，关无垢三昧慈悲之应。论其恶者，即有黑业恶、见思恶、尘沙恶、无明恶；论善则有白业善、即空善、即假善、即中善；是名地狱机也。①

虽处恶界如地狱，其众生亦未丧善性而仍可起无垢三昧，则何况天人诸界！故论阐提之性，智顗断言"一切有心皆当作佛，阐提不断心，犹有反复，作佛何难"②！"阐提心智不灭，夫有心者皆当作佛，非定死人，治则不难。"③ 值得特别重视的是，智顗在性具善恶的理论背景之下论阐提皆得成佛与他宗所论阐提不断佛性，其理论内涵是不同的。他宗无性具善恶之义，故其论阐提不断佛性，乃指其真心不断，其实亦是在佛性之普遍性意义上对阐提成佛之可能性的一种断定。而智顗之论直指妄心而成佛，故所谓"一切有心皆当作佛"，阐提不断心智亦当作佛，是具有确定不移的现实性的。正因为有了"阐提不断性善，诸佛不断性恶"这一基本的理论设定，即妄成真，"魔界即佛界"、"行于非道，通达佛道，于一切法，无不是妙"④，才不仅仅是一种论说，而是具有现实的可实践性。

其次，在性具善恶的基本理论背景下，佛与众生的差别被还原为纯粹非本质的修习上的差异，行为实践上的善恶与否便成为佛界与众生界的基本分野，因此亦就充分强调了主体性在实践领域的能动性。

显而易见的是，智顗提出性具善恶之说，强调无明即法性，烦恼即菩提，便即消泯了佛与众生、无明烦恼与清净法性之间的本质差异，但是仍须指出，这种差异的消泯或其本质的同一，乃是在一切诸法、一切众生之

---

① （隋）智顗：《法华玄义》卷六上，《大正藏》第 33 册，第 748 页。
② （隋）智顗：《法华玄义》卷六下，《大正藏》第 33 册，第 757 页。
③ （隋）智顗：《法华玄义》卷九下，《大正藏》第 33 册，第 796 页。
④ （隋）智顗：《法华玄义》卷六下，《大正藏》第 33 册，第 758 页。

存在性的本来如相的意义上而言的，因此它绝不是要取消佛与众生、法性与无明之作为现象而呈现于经验世界的差异性，亦不是要取消善恶在经验领域的价值界限。在智颛那里，如相的唯一性是即空即假即中的三谛圆融；只有在这一基础上才可以说贪欲即菩提，无明即法性。就性具善恶本身而言，它仅仅是对众生成佛的现实的可能性的断定，而不是对这种现实性本身的断定，故智颛云：“恶即善性，未即善事；遇缘成事，即能翻恶。”“翻于诸恶，即善资成。”① 善性必须贯彻于经验活动之中才成为现实性的善事，只有在可经验的善事之中其本具善性才获得恰当的表达；而善性之表达的本身，是对于诸恶的出离，即所谓“翻”，故谓“翻于诸恶，即善资成”。由此可见，性具善恶之说非但不否定现实的修善，而且正是现实的修善才是能翻出无明、翻于诸恶的本有心体的如实呈现，亦即是本具善恶之佛性的如实呈现。因此之故，翻于诸恶之“翻”，便标志了众生于其现存境域之中心灵状态的某种转变，同时亦标志了其生命境界的一层转进。正是在这一点上，性具善恶说便又回转并落实于以观心为核心内容的修行实践。

再次，性具善恶说在现实性上与止观实践保持着纯粹同一的基本取向，并且实际上强化了止观修持的必要性。

观心之旨在超出无明，而观慧的切入则是实现无明之超越的必要环节；观心的圆成即证得一切诸法之即空即假即中，如此便得行于非道而通达佛道，不出此界而实证菩提。性具善恶说最终仍归原于现实性上的止观修持，而如前节所述，止观又必以主体之自行观心为切要。按照智颛的阐释，一切众生于此在生命境域中之凡心一念萌动，便即含具三千世界一切性相，故无明与法性、烦恼与菩提亦共为一心所含摄。心为一切语本、行本，亦为一切诸法之本，“一切法趣此心，一切心趣此法”②。故湛然云：“以心有故，一切皆有；以心空故，一切皆空。”③ 换句话说，一切诸法以及一切现行于经验世界的善恶，原本只是唯一之心体本身的显相，无明烦恼与法性菩提，尽管在经验上呈现为两者之间的对立，但是就其作为心体本身的呈现而言，两者又为一体之互融。因此，基于一念三千之实相论的

---

① （隋）智颛：《法华玄义》卷五下，《大正藏》第 33 册，第 743 页。

② （隋）智颛：《法华玄义》卷八上，《大正藏》第 33 册，第 779 页。

③ （唐）湛然：《止观辅行传弘决》卷五之三，《大正藏》第 46 册，第 293 页。

性具善恶说，实际上还表明这样一点，即以无明与烦恼为标志的恶的性质，乃是实相本身之本质的反本质；反本质也仍然是其本质的一种规定性，仍然属于本质自身，故性恶不可断坏。性恶虽不可断坏，却可有起伏，无明起即法性伏，法性起即无明伏；然如此起伏，皆就心用，亦即心体外向展现于此在境域而言。若就心体本身而言，则法性起、无明起皆是同一，因为心体本身之自存如相是无所谓起与不起的。正是就心体本身之存在实性于此在境域中的自我表呈而言，它是落于善恶二边的（当然也可以是无记，即非善非恶），故湛然谓："善恶无记，即是佛性。善恶无记，即三千也，故知三千非三千，具足三佛性也。"① 同时，亦正是心体于经验上所呈现出来的善恶之两歧，才为主体之观慧的切入并由此而洞达于心体本身的如是状态提供了契机。

无明是存在之本真被掩蔽的状态，处于无明之掩蔽状态的此在便处于存在的非本真状态，或说是一种寓世的沉沦。然无明之所以能起其掩蔽之用，正源于主体对无明的不自觉；若自觉无明之为无明，则无明之用便即消解，掩蔽便即撤除。正以此故，智顗云："观一念无明，即是明。《大经》云：无明明者，即毕竟空，空慧照无明，无明即净。"② 然所谓观慧，却并不是某种外来的东西，而仍然是心体之用，按照智顗的理解，乃是心体本身如其所是的一种自然的功能发越，故尝称之为"天心"："天心，通名慧性。天心者，天然之心也；慧性者，通达无碍也……当知天然慧性与六法相应，即能转变自在。"③ 观慧即是"天然之心"的本有慧性，是主体性的真正体现者，然慧性的自然发越，则以心体的自我观照为前提，主体之止观实践之所以必以观心为切要者，乃因此之故。观慧之起，一切无明烦恼便不复流动，便得所谓"朗然大净"之境界。在主体本身，这一境界的实现便标志着无明之掩蔽的根本撤除，此在的生存已穿越一切无明的乱惑④，而抵止于如其本身所是的疏明状态，亦即心体获得了其自身实相的还原，并由于其存在实性的开显而使此在的生存转进于本真的澄明之境。按照智顗的阐释，实相原本就是即空即假即中的三谛圆融之体，正

① （唐）湛然：《止观辅行传弘决》卷五之三，《大正藏》第46册，第296页。
② （隋）智顗：《法华玄义》卷二下，《大正藏》第33册，第700页。
③ （隋）智顗：《法华玄义》卷六上，《大正藏》第33册，第750页。
④ 智顗云："夫烦恼者，悉是乱惑。"见（隋）智顗《释摩诃般若波罗蜜经觉意三昧》，《大正藏》第46册，第626页。

是空假中三谛之相即而互融为一体，使它虽无相不相，却不滞着于任何一相，此即是所谓"自在"。以自在故，心体遂得自由；遂得身行于世间事务之中，心却无缚于世间事务之内；智颛之所谓"行于非道，通达佛道"、"世间一切治生产业皆与实相不相违背"，即其义也。是故又云：

> 修三谛一实之理，一念法界，系缘法界。若历缘对境，举足下足，无非道场，其心念念与诸波罗蜜相应。①

"举足下足无非道场"之所以是可能的，是因"修三谛一实之理"而得"其心念念与诸波罗蜜相应"故；在同样的意义上，智颛亦说"低头举手，歌咏散心，皆已成佛道"，"常以此乘引入于大，低头举手，皆成佛道"②。由此可以显见，性具善恶之说最终是落实于众生于其此在境域的止观实践的，唯有以观心为枢要的止观修持才使诸法之究竟实相获得终极开显并充分展示主体之存在实性本身。而这一展示，即表明主体已实现其生存境界的超越，此在已不再遭受无明的蔽覆而失其本真，而已然出离于寓世的沉沦，转归于存在之本有实性的本真境域。故所谓烦恼即菩提云云，亦是立足于诸法之中道实相而说，而非就现象界立论。

最后，我们认为，性具善恶之说实为开权、发迹，是就佛性或心体在经验世界的呈现上说的；若就佛性之自体的实存相状而言，则佛性非善非恶、无善无恶。智颛为论证佛性本具善恶而立三因佛性，然三因之立，亦为开权；此理实完全同一于为开显实相究竟之体而方便分说空、假、中三谛③，最后又必说三谛圆融究竟一实谛。如智颛云：

> 《大经》云：一实谛者，则无有二，无有二故，名一实谛。又一实谛，名无虚伪；又一实谛，无有颠倒；又一实谛，非魔所说；又一实谛，名常乐我净。常乐我净，无空假中之异，异则为二，二故非一实谛。若有三异，则为虚伪；虚伪之法，不名一实谛；无三异故，即

---

① （隋）智颛：《法华玄义》卷六下，《大正藏》第 33 册，第 760 页。
② 分别见（隋）智颛《法华玄义》卷九上、卷九下，《大正藏》第 33 册。
③ （隋）智颛：《摩诃止观》卷三下："圆教但明一实谛……实是一谛，方便说三。"《大正藏》第 46 册，第 28 页。

一实谛……常乐我净,名一实谛,一实谛者,即是实相。①

实相为究竟一实谛,即空假中而无空假中,因空假中浑沦圆具而为一体故。实相即是佛性,"实者,即是实相,中道佛性也"②。是故知中道佛性,亦即究竟一实谛;一实谛既为常乐我净,则中道佛性理体亦为常乐我净而无善无恶,故谓性具善恶及三因佛性之分立皆就佛性究竟一实理体于现象世界的呈现而言,是为开权、发迹。

然而在智颛那里,权实同体,本迹相依,开权即所以显实,发迹亦所以显本。"寻于俗迹,即显真本"③,故本迹之显相虽有不同,然其最终所开显之实体妙理则无有不同。"若开权显实者,达事法已,权意即息。亦不离权远求于实,权即是实,无复别权。故言开权显实也。"④ 是施权之用,在显本实,既达本实,权意即息;然权实原为一体,犹水月天月,毕竟一月,故谓"从本垂迹如月现水,拂迹显本如拨影指天"⑤。为显究竟中道一实谛而施权,分说为空假中三谛;而既得中道一实谛,一实谛亦即空假中三谛之圆融,即空假中而非空假中,是开权即是显实。佛性之中道理体与实相同一无二,故为开权而说为佛性具于善恶,究竟实相则非善非恶无善无恶。

智颛曾阐明《法华经》之开权显实云:

开一切爱见烦恼即是菩提,故云观一切法空如实相;开一切生死即涅槃,故云世间相常住;开一切凡人即妙人,故云一切众生皆是吾子;开一切爱见言教即佛法,故云若说俗间经书治生产业皆与实相不相违背;开一切众生即是妙理,故云为令众生开佛知见,示悟入等,亦复如是……⑥

正因权实一体,本迹互融,故毋须离世态事相而说毕竟空,亦毋须离毕竟

① (隋)智颛:《法华玄义》卷八下,《大正藏》第33册,第681页。
② (隋)智颛:《法华玄义》卷三上,《大正藏》第33册,第711页。
③ (隋)智颛:《法华玄义》卷七上,《大正藏》第33册,第764页。
④ (隋)智颛:《法华玄义》卷七下,《大正藏》第33册,第770页。
⑤ (隋)智颛:《法华玄义》卷七上,《大正藏》第33册,第767页。
⑥ (隋)智颛:《法华玄义》卷九上,《大正藏》第33册,第792页。

空而说世态事相，即空即假即中，便是此在世间一切法相的"真善妙色"，便是一切诸法之存在性的究竟实相。因此之故，此在生命境域的超越与转进，并不必然于出世间之际；只要自观心体而致得心体开明，证悟得一切诸法之即空即假即中实相之理，便犹云开月现，朗然明澈，此在的存在性便即获得其本真的澄明，其生存便亦由此而实现了本质转换，虽其身行于非道，而其心则通达于佛道；因为他已然出离于无明的掩蔽而转进于其存在实性本身如其所是的神圣境域了。

第七节　智𫖮学说的传承及湛然对天台宗的发展

天台宗之名，以智𫖮所住之山名而立。"天台宗"一名的最早出现，据汤用彤说，乃在湛然的《法华经大义》。"中唐湛然《法华经大义》云，此典'多有诸家，今暂归天台宗'，'天台宗'之名，始见于此，则天台宗固原为法华经师中之一家也。"① 虽天台宗之名迟至湛然方始出现，但作为一个具有中国特色的佛教宗派，天台宗的创立实际上在智𫖮那里就已经完成。

在《摩诃止观》中，灌顶上溯智𫖮之师承，直达印度之龙树，以为本宗之"高祖师"，表明灌顶实已有较为明确的法统观念，将智𫖮之师承上溯至龙树，则天台宗之传法的正统性亦由此而确立。故至中唐之世，天台宗确立宗门法统，亦准灌顶之说，而推印度龙树为初祖，并逐渐形成了一个相对明确的传法体系，即所谓九祖相承之说：龙树—慧文—慧思—智𫖮—灌顶—法华智威—天宫慧威—左溪玄朗—荆溪湛然。后世天台宗人述其法统，亦皆准此说。

印度龙树是中观学的大师，他与天台宗的关系，除了《中论》中的"三谛偈"确是对天台宗的创立及其思想学说的形成有重要影响以外，其以性空为基本特色的中观学说，与天台宗以性具实相为基本内核的理论结构并无实质上的直接关联，更不可能存在谱系上的先后继承关系。而北齐慧文与南岳慧思，则实开天台宗止观学说之先河，当为该宗思想的先驱人物。

然史料关于慧文的记载极少，其本人也无著述遗存。唐代道宣《续

---

①　汤用彤：《隋唐佛教史稿》，中华书局 1982 年版，第 210 页。

高僧传》未为慧文立传，而只在《慧思传》中提到：

> 时禅师慧文，聚徒数百，众法清肃，道俗高尚。（思）乃往归依，从受正法。①

灌顶在《摩诃止观》中提到智颢的师承关系时云：

> 南岳事慧文禅师，当齐高之世，独步河淮，法门非世所知，履地戴天，莫知高厚。文师用心一依《释论》，论是龙树所说，付法藏中第十三师。②

志磐著《佛祖统纪》，则综合诸家之记载，云：

> 二祖北齐尊者慧文，姓高氏，当北朝魏、齐之际（东魏孝静、北齐文宣）行佛道者……师在高齐之世，聚徒千百，专业大乘，独步河淮，时无竞化，所入法门非世可知。学者仰之，以为履地戴天，莫知高厚。③

此外湛然在《止观辅行传弘决》中也有类似记载。从这些简略的记载中，我们大体可以知道，慧文是主要活动于北朝魏、齐之际（534—558）的著名禅师，当北齐文宣帝时期（551—558年，即所谓"齐高之世"或"高齐之世"），其声誉最为隆盛，号称独步河淮。然以史料疏阙，于其学说及禅法精要，究难推详。唯据《止观辅行传弘决》及《佛祖统纪》的有关记载，约略可知其禅法"多用觉心"，"觉心"者，即用本然妙觉之性。是知慧文之禅法，重在以般若智慧的直接切入以观照一切诸法的平等无差别，并以本然妙觉之性的澄然朗现而实现最终的解脱，是即般若波罗蜜。由此推想，则慧文或许明显地受到竺道生佛性说的影响，而其禅法则更接近于菩提达摩之"理入"的路向，要求由定发慧，由慧而证悟本觉

---

①　（唐）道宣：《续高僧传》卷十七，《大正藏》第 50 册，第 562 页。
②　（隋）智颢：《摩诃止观》卷一上，《大正藏》第 46 册，第 1 页。
③　（宋）志磐著，释道法校注：《佛祖统纪校注》，上海古籍出版社 2012 年版，第 161 页。

之性，是即一切众生之同一真生，也即实相。正因其用觉心而求般若解脱，故对《大智度论》给予特别的重视，即所谓"文师用心，一依《释论》"。据《佛祖统纪》，慧文曾因读《大智度论》而亲证"一心三智"，又因读《中论》而有"空有不二"之悟，并因此而悟出独特的"一心三观"之法。

与慧文之史料疏阙相较，慧思的事迹则相对稍详，主要见于《南岳思大禅师立誓愿文》中的慧思自述、道宣《续高僧传》及志磐《佛祖统纪》。

慧思（515—577），俗姓李氏，武津（今河南上蔡县境）人。年 15 岁出家，专诵《法华经》及诸大乘，苦行精进。禀受具足戒后，深感诸法无常，立愿自证菩提，然后度人，遂持戒益精，苦行益厉，而又特别重视《法华经》，专业精勤，诵之千遍，甚至于以其用心之勤苦而感梦中有梵僧特为启导。"自斯以后，勤务更深，克念翘专，无弃昏晓，坐诵相寻，用为恒业。"[①] 即或坐禅苦修，或持诵《法华》，以为日常之专务。"由此苦行，得见三生所行道事"，又"因读《妙胜定经》，叹禅功德，便尔发心，修寻定支"。其因深深感叹于修持禅定之功德，遂愈加精进于禅修之实践。

然慧思究竟于何时参谒慧文而受其观心之法，实难详考。《立誓愿文》中未有一字提及慧文，而道宣的《慧思传》及志磐的《佛祖统纪》对此均语焉不详。慧思受具之后，曾有一个"遍历齐国诸大禅师学摩诃衍"的参学过程，而其遇慧文，或亦在此时欤？然其大抵可肯定者，则应在 20 岁以后 34 岁以前。参考《续高僧传》的有关记述，我们大抵可以知道，慧思从学于慧文的时间至少有两年。而慧文所授，盖为止观双修、理事兼摄的大乘法门。慧思依慧文的教导，勤勉修持，更加上他自己的慧悟，最终得证《法华》三昧。自此之后，慧思名行远闻，饮誉遐迩。但其生活的磨难却也自此开始，甚至曾数次为"恶僧"、"恶道"下毒加害。北齐天保五年（554），慧思至光州（今河南光山）开岳寺，讲《大品般若经》。次年，至光州大苏山，继续宣讲《大品般若》。北齐天保九年（558），慧思造成金字《大品般若经》及《法华经》二部，盛以琉璃宝函；其《立誓愿文》，当即此时所作。

---

① （唐）道宣：《续高僧传》，《大正藏》第 50 册，第 562 页。

　　此时光州为陈、齐边境，烽火数兴，不遑宁处，慧思遂率徒南移，于南朝陈光大二年（568）入居南岳衡山。又尝至南京瓦官寺，"遇雨不湿，履泥不污"，由是"举朝属目，道俗倾仰"。"及还山舍，每年陈主三信参劳，供填众积，荣盛莫加"。① 寂前于山顶下半山道场，广集门徒，连日说法不辍。陈太建九年（577）圆寂，世寿64岁。

　　自54岁至64岁去世，即陈光大二年至太建九年（568—577），是慧思佛学思想发展的成熟时期，其发展成熟于北方却不见容于北方一般禅僧的定慧双开法门，终于在南方造成浩大的声势并进一步获得发扬光大，而南方佛教界的风气也为之一变。慧思在佛教史上的地位正是由此而奠定的。道宣《慧思传》云：

> 　　自江东佛法宏重义门，至于禅法，盖蔑如也。而（慧）思慨斯南服，定慧双开，昼谈义理，夜便思择，故所发言，无非致远，便验因定发慧，此旨不虚，南北禅宗，罕不承绪。

江东佛法宏重义门而轻视禅法，北方佛学则重视禅定实践而轻视义学，慧思则互不偏废，坚持定慧双开，以至于"昼谈义理，夜便思择"，为统一南北学风作出了卓越的努力。或许正由于其止观双修、定慧兼摄的实践法门、其因弘阐《大品般若经》《法华经》等诸大乘义学而有"一心具万行"之说及其对于"《法华》圆顿"之旨的强调，与北方流行的修禅风气并不相合，他才屡屡受到诸"恶比丘"、"诸恶论师"的攻讦与陷害。其最终的成就是以其地域上的南移为契机的，这表明其重视义学恰与南方学风和谐而易于融洽，而其禅定的境界却又足以令人耳目一新，故能为佛学界另辟一片天地。"自陈世心学莫不归宗，大乘经论，镇长讲悟，故使山门告集，日积高名。"② 因此也就实际营造了陈朝的佛学新风。

　　就慧思本人的思想而言，其所依持的经典主要为《法华经》与《大品般若经》。由定发慧，止观双修是其一贯坚持的核心，而断灭独头无明，照见心性本空，无生无灭，具足万行，以证取法华圆顿三昧，得自度度人，乃是智慧的最高境界，也是慧思一生为之不懈追求的最高境界。慧

---

① （唐）道宣：《续高僧传》，《大正藏》第50册，第56页。
② 同上书，第563页。

思云：

> 《法华经》者，大乘顿觉，无师自悟，疾成佛道一切世间难信法门。凡是一切新学菩萨，欲求大乘超过一切诸菩萨，疾成佛道，须持戒忍辱精进，勤修禅定，专心勤学《法华》三昧。①

这就是证悟《法华》三昧与"持戒忍辱精进勤修禅定"之间的关系，也是顿觉与渐修之间的关系。正因顿觉必以渐修为前提，《法华》三昧乃是勤修禅定之果，因此慧思特别强调禅定的必要性，认为禅定的修习是学佛的第一要义，甚至"但使发心欲坐禅者，虽未得禅定，已胜十方一切论师，何况得禅定！"② 按照他的理解，一切佛法智慧及神通力都只能通过禅定才能获得，"三乘一切智慧皆从禅生"，"三智"、"三慧"也"皆是禅波罗蜜功德所成"，故若不坐禅，即平地颠坠；欲断烦恼，必先之以定，然后智拔。随着禅定工夫的不断转进深入，其所臻智慧的境界也不断高妙，故三种智慧实即代表了不同的禅定境界。如云："一切佛身，一切众生身，一念心中一时行，无前无后无中间，一时说法度众生，尔时禅定及神通波罗蜜，转名一切种智，亦名佛眼。""菩萨摩诃萨，以诸法无所有性，一念一心具足万行，巧方便慧，从初发心至成佛果，作大佛事，心无所著，总相智，别相智，辩说无碍，具足神通波罗蜜，供养十方一切佛，净佛国土，教化众生，尔时禅定，转名般若波罗蜜。"③ 修禅定之必要性的另一方面是，在慧思看来，虽然一切众生皆具清净本心，"一切众生具足法身藏，与佛一无异"，"但以乱心惑障，六情暗浊，法身不现"④，而要使法身开明，必以禅定为之先导，故云："众生虽有如来藏，不修戒定则不见；净戒禅智具六度，清净法身乃显现。"⑤ 是禅定不仅为智慧之由藉，亦为断除烦恼习而开佛知见的必要手段。

　　然止观之法，在慧思那里，乃以修四念处观为基本要义。四念处者，即身念处，以观身不净；受念处，以观一切皆苦；心念处，以观心性本

① （陈）慧思：《法华经安乐行义》，《大正藏》第46册，第697页。
② （陈）慧思：《诸法无诤三昧法门》，《大正藏》第46册，第629页。
③ 均见（陈）慧思《诸法无诤三昧法门》，《大正藏》第46册，第630—631页。
④ （陈）慧思：《法华经安乐行义》，《大正藏》第46册，第698页。
⑤ （陈）慧思：《诸法无诤三昧法门》，《大正藏》第46册，第630页。

空，无体无名，不断不常不在中间；法念处，以观一切诸法皆如虚空，非有非无，不合不散。其中以观心念处最为枢要，因为"身念受念及法念，觉了三念由观心。内假外假内外假，此三假名非实法，心念非假非真实，求了三假当观心。"唯观得一切色法及诸受"皆是心相之所造"，而心性本体却原本空明，无垢无净，寂然不异，"心不在内，不在外，不在中间，无生灭，无名字，无相貌，无系无缚无解脱"①，方得真正的大解脱。

在天台宗的发展史上，慧思是对其创立有过直接启导之功的重要人物，志磐赞云："南岳以所承北齐一心三观之道传之天台，其为功业盛大，无以尚矣！故章安有曰：思禅师，名高嵩岭，行深伊洛；十年常诵，七载方等，九旬常坐，一时圆证；师之自行，亦既勤矣！至于悟《法华》三昧，开拓义门，则又北齐之所未知。"②虽然在今存慧思的著作中我们未曾见到有关"一心三观"、"十如是"之类的论述，但智颛尝亲炙慧思是为事实，慧思之禅法以观心为枢要也为事实，而且在慧思那里，以"一心具万行"为"《法华》圆顿之旨"的观念已相当明显，同时也已然具备诸法实相的思想："而观诸法如实相者，五阴十八界十二因缘，皆是真如实性，无本末，无生灭，无烦恼，无解脱，亦不行不分别者。生死涅槃无一无异，凡夫及佛无二法界，故不可分别。"③在某种意义上，这些思想可视为"一念三千"、"十如实相"等天台宗核心观念的先声。

但是无论如何，慧文与慧思在天台宗史上都仅仅是起到发轫导源之功，即便是存慧思的融通南北学风及其定慧双开之倡导，也只是天台宗之思想的前奏，真正完成其思想体系的完整建构而使天台宗成为中国佛教史上的一座突兀高峰的杰出人物，乃是天台大师智颛。

然而继智颛而纲领天台山寺的却并不是灌顶，而是智越（543—616）。④但因灌顶追随智颛日久，不但笔录整理了智颛的大部分著作，而且探玄发微，独能弘宣智颛之教，如道宣《续高僧传》云："自（灌）顶受业天台，台又禀道衡岳，思、颛三世，归宗莫二。若观若讲，常依《法华》……且智者辩才，云行雨施，或同天网，乍拟璎珞；能持能领，唯

①　均见（陈）慧思：《诸法无诤三昧法门》，《大正藏》第46册，第640页。
②　（宋）志磐著，释道法校注：《佛祖统纪校注》，上海古籍出版社2012年版，第169页。
③　（陈）慧思：《法华经安乐行义》，《大正藏》第46册，第702页。
④　智越事见道宣《续高僧传》卷十七，《大正藏》第50册，第570—571页。

顶一人。"故后仍以灌顶为智顗法统之正宗。

灌顶（561—632），字法云，俗姓吴氏，祖籍常州宜兴（今江苏宜兴），其祖世因避乱而迁居于临海章安（今浙江临海县章安镇），遂为章安人，故亦称之为章安大师。其父早卒，至年 7 岁，依摄静寺慧拯出家，20 岁受具足戒。及慧拯圆寂，遂转而师事智顗。[①] 从南朝陈后主祯明元年（587）初智顗于金陵光宅寺直至智顗圆寂，十年期间，灌顶一直随侍智顗，亲聆说法，禀受教观，且为笔录成帙。[②] 智顗圆寂以后，灌顶于翌年（隋开皇十八年，598 年）正月亲赍"石城遗书"赴扬州，呈于杨广，杨广旋按智顗遗意而为建国清寺。仁寿元年（601），杨广入嗣为皇太子，时国清寺初成，灌顶遂出山参贺，颇受杨广优遇，"施物三千段，毡三百领"。仁寿二年，杨广下令灌顶入京，谓"禅师既是（智者）大师高足，法门委寄，今遣延屈，必希需然，并《法华》经疏，随使入京也"。灌顶遂"持衣负锡，高步入京。至夏阐宏，副君欣载，每至深契，无不申请"。可见其相遇之隆。大业七年（611），杨广方治兵，"亲总元戎"，然于兵机之际，仍遣使迎灌顶至于行所，"叙以同学之欢"。由这些记载可以看出，灌顶在当时的佛教界是具有崇高地位的，并且与统治者亦保持着较为密切的联系。尽管他与杨广的交往一方面是缘于智顗的关系，另一方面却亦缘于他本人的佛学造诣。"顶纵怀丘壑，绝迹世累；定慧两修，语默双化。"[③] 虽与世逶迤而绝于世累，纵怀丘壑却心中无滞，可谓能得天台中道实相之微旨。灌顶圆寂于唐贞观六年（632），年 72 岁。其生平著述，除笔录整理了智顗的大部分著作以外，自撰之重要者有《观心论疏》

---

① 参见《续僧传》卷十九。《灌顶传》传谓"即年七岁，还为拯公弟子"，而灌顶于《大般涅槃经玄义》卷下自云："余以童年，给侍摄静，摄静授《大涅槃》，诵将欲半。走虽不敏，愿闻旨趣，于是负笈天台……"由是知郭朋谓"灌顶于二十岁出家"之说误。见《中国佛教思想史》中卷，福建人民出版 1994 年版，第 76 页。

② 关于灌顶始师事智顗的时间，今存二说。道宣《续僧传》本传云："陈至德元年，（顶）从智顗禅主出居光宅，研绎观门，频蒙印可。"是以至德元年（583）为灌顶师事智顗之始。南宋淳熙十二年（1185），天台宗沙门戒应重刊《国清百录》，并制《智者大禅师年谱事迹》，则谓"至贞明元年，（智者）五十岁，于金陵光宅寺讲《法华经》。章安其时方年二十七岁，始听经文"（见《国清百录》卷末）。是又以祯明元年（587）为灌顶追随智顗之始。后志磐在《佛祖统纪》卷六《智顗传》中，也谓"祯明元年，于光宅讲《法华经》，时章安预听次"。按若以智顗住光宅寺时为灌顶师事智顗的开端，则据《国清百录》卷一、卷二所载有关史事，当在祯明元年。故此从戒应及志磐说。

③ 以上所引均见《续高僧传·灌顶传》。

五卷、《天台八教大意》一卷、《涅槃经疏》二十三卷、《大般涅槃经玄义》二卷以及《国清百录》《智者大师别传》等。

灌顶在理论上虽无卓越的自我创见，但是在天台宗的发展史上却起着非常关键的作用。首先，智𫖮弘法三十余年，然不畜章疏，正是由于灌顶的记录整理，才使其独特的佛学思想得以保存并流传于后世，后人才可以通过这些著作了解智𫖮的思想。微灌顶，则后世末由以窥天台之门户，天台之学说亦不可能成为卓有影响的宗派。其次，他致力于智𫖮之学说的宣扬，进一步扩大了天台之学说的影响，其所著《观心论疏》及《天台八教大意》等，均为宣讲智𫖮之学说而作，提纲挈领，阐明玄旨，颇有利于智𫖮之学说的流布及后学的领会；同时，他亦初步确立起了智𫖮的传法系统，这亦是宗派得以成立的一个必要条件。再次，他充分保存了智𫖮的生平史料，使后世不仅得以窥见智𫖮学说之堂奥，且亦得以领略其行历，因而考见智𫖮之思想进展的历史过程。以有此数端，则灌顶之有功于天台教门，良非细细！而其绍述智𫖮之学说，继往而开来，终致天台之学蔚为大观，便亦足慰智𫖮设教垂统之心愿。

被推为天台六祖的法华智威（？—680），俗姓蒋氏，处州缙云（今属浙江省）人。其家世业儒，年十八，主本郡学舍。后为避婚，径出家于国清寺，拜灌顶为师。唐贞观年间尝召补为朝散大夫。高宗永隆元年（680）圆寂。七祖慧威（634—713），字天宫，俗姓刘氏，婺州东阳（今属浙江省）人，幼年即入山，受业于智威。八祖玄朗（673—754），字慧明，俗姓傅氏，婺州东阳人。九岁出家于清泰寺，受具后来国清寺，从慧威求学，于台宗旨趣，解悟无遗。尝于浦阳县（今浙江浦江）一处面临翠峰、左萦碧涧的岩穴建寺，习头陀苦行，凡三十年，故自号"左溪"。三十年间，"每曰泉石可以洗昏蒙，云松可以遗身世，吾以此始，亦以此终……心不离定，口不尝药，或衣弊食绝，布纸而绽，掬泉而斋，如缯纩之温，如滫甘之饱"。玄朗圆寂，李华志其碑阴，称其"食不重味，居必偏厦；非披阅圣教，不空然一烛；非瞻礼尊仪，不虚行一步。其微细修心，皆循律法之制，是以远方沙门、邻境耆宿，拥室填门，若冬阳夏阴，不召而自至也"。[①] 故赞宁曰："天台之教鼎盛，何莫由斯也！"[②] 玄朗著

---

①　（元）念常：《佛祖历代通载》卷十三，《大正藏》第49册，第597页。

②　（北宋）赞宁：《宋高僧传》卷二十六《玄朗传》，《大正藏》第50册，第876页。

作有《法华经科文》二卷。

然自智威以至玄朗，诸师于台宗义学无甚建树，天台宗势不盛，似未足与华严、法相及禅宗相颉颃，故梁肃谓之"明道若昧"。然其法脉历历相承，祖述师说，使智颛之学说得以接续而不坠，则其传薪之功确不可没。正由于有诸师之学绪相承，才使湛然在学术思想上有所承接，而为其重振天台学说奠定了思想基础。

湛然（711—782），俗姓戚氏，常州荆溪（今江苏省宜兴南）人。其家本儒墨，然湛然少时即超然有迈俗之志。17 岁，尝访道于浙右。唐开元十八年（730），始从学于左溪玄朗，玄朗并授以天台止观法门，湛然遂以居士的身份而学佛传道，"学者悦随，如群流之趣于大川也"。后正式出家，于天宝七载（748）38 岁时受具足戒于宜兴净乐寺。后尝去会稽从昙一律师学律，复于吴郡开元寺演说止观，晚年则移居于国清寺。左溪玄朗圆寂以后，湛然慨然以复兴天台教观为己任，"挈密藏独运于东南"。尝谓门人曰："道之难行也，我知之矣！古先圣人，静以观其本，动以应乎物，二俱不住，乃蹈于大方。今之人或荡于空，或胶于有，自病病他，道用不振。将欲取正，舍予谁归！"于是乃祖述章句，对所传天台三大部均广作注疏，力加弘扬，而终于开辟出天台宗灿然中兴的局面。玄宗天宝末及代宗大历初，朝廷诏书数征，然湛然均以疾辞而不就。其声望日隆，学徒愈繁，湛然则"慈以接之，谨以守之，大布而衣，一床而居，以身诲人，耆艾不息"[1]。以建中三年（782）卒于天台佛陇道场，弟子奉全身起塔于智者大师茔域之西南隅。其嗣法弟子有道邃、行满、元浩等三十九人。

当湛然之时，中国佛教各主要宗派均已确立，而华严、禅宗、法相之学均已蔚为大观，相比之下，天台宗反显得势单力薄，教义消沉，未足与诸宗相抗衡。湛然在天台宗史上之所以被推为九祖，是由于他为天台宗中兴局面的开创付出了卓越的努力。

湛然中兴天台之功，约而言之，盖有两个主要方面。第一，他全面阐释了智颛的思想系统，使天台宗的基本学说广为流布且深入人心。他不仅为天台三大部分别注疏，而成《止观辅行传弘决》十卷（释《摩诃止

---

[1] 以上所引均见（北宋）赞宁《宋高僧传》卷六《湛然传》，并参考《佛祖统纪》卷七，《大正藏》第 50 册，第 739—740 页。

观》)、《法华玄义释签》二十卷（释《法华玄义》)、《法华文句记》三十卷（释《法华文句》)，而且还撰写了《止观义例》《止观大意》《始终心要》《法华五百问论》等，对天台教理进行综合性、概括性的系统诠释，使诸法实相、圆融三谛之旨更易于为时人所理解，从而使天台义学得以卓然独立于诸家之外而受到人们的普遍关注。第二，他以天台宗的学说为基点批评其他诸家之学，从而扩大了天台宗的影响；同时又吸取了《大乘起信论》中的某些思想而独倡新义，撰《金刚錍》，倡导"无情有性"之说，以破华严宗无情无性之论，从而在新的历史条件下发展了天台宗的佛性学说。志磐尝论湛然云："（然）每以智者破斥南北之后，百余年间，学佛之士，莫不自谓双弘定慧，圆照一乘，初无单轮只翼之弊。而自唐以来，传衣钵者起于庾岭（按，此指禅宗），谈法界（此指华严）、阐名相（此指法相）者盛于长安，是三者皆以道行卓荦，名播九重，为帝王师范，故得侈大其学，自名一家。然而宗经弘论，判释无归。讲《华严》者唯尊我佛，读《唯识》者不许他经，至于教外别传，但任胸臆而已。师（湛然）追援其说，辩而论之，曰《金錍》，曰《义例》，皆孟子尊孔道、辟杨墨之辞。识者谓荆溪不生，则圆义将永沉矣！"[①] 志磐此说虽未免门户之私，却亦约略写出了当时佛教界之大势以及湛然为复兴天台教观所做出的不懈努力。

湛然在《金刚錍》中开卷即云："自滥沾释典，积有岁年，未尝不以佛性义经怀。"可见他将佛性问题视为佛教中最为重要的一个基本问题，精研勤索，积有岁年，而无情有性之义的最终标揭，则是其关于佛性思想的成熟表述。

这一表述主要即体现于《金刚錍》一文。而所谓"无情有性"，是说佛性的存在并不仅仅局限于一切有情众生，而且还遍在于一切无情之物如墙壁瓦石之类。谓一切众生皆有佛性，一切有心皆得成佛，并不过于出人意表，而说一切无情之物亦具有佛性，乍听起来，毕竟显得突兀。因此在《金刚錍》中，湛然"假梦寄客，立以宾主"，反复论说，以明其义。今即据其所论，而约其要点如次。

第一，诸经论佛性，莫过于《涅槃》，故湛然设客问难，谓："薄究

---

① （南宋）志磐著，释道法校注：《佛祖统纪校注》，上海古籍出版社 2012 年版，第 196—197 页。

根源，盛演斯宗，岂过双林最后极唱究竟之谈，而云佛性非谓无情，仁何独言无情有耶？"即谓《涅槃经》为最后极唱究竟之谈，亦只谓一切众生悉有佛性，不谓无情有性，则无情有性之说，是否有背于经言？关于这一问题，湛然乃接过智𫖮三因佛性之说，认为有情有性是为入道方便而设的权教，是仅就正因以说佛性；但正因、了因、缘因皆是佛性，三因互具，通为一性；若正因性有，则缘、了俱有；故无情有性，乃是在三因互具因而一性体遍意义上的究竟实说。正因性既为遍一切处，则普遍涵摄一切有情无情，如《涅槃经·迦叶品》云："众生佛性，犹如虚空。非内非外。""虚空何所不收？故知经文不许唯内专外，故云非内非外等及云如空。既云众生佛性，岂非理性正因？"亦即是说，《涅槃经》虽谓有情有性，但同时亦在正因佛性的意义上说佛性为遍一切处有，故有"虚空"之譬，因此无情有性之说，不悖《涅槃经》义，而"善符经宗"。"虚空之言，何所不该？安弃墙壁瓦石等耶？"既谓佛性乃遍一切处有，非内非外，则一切内外尽皆收摄，故如墙壁瓦石等无情之物，亦必有佛性。正由于佛性有三因之别，其说有权有实，故"《涅槃》中佛性之言，不唯一种"，因此亦就有必要明了"《涅槃经》中带权说实"之意，不得以有情有性之权说而非难无情有性之实说。"若执权迷实，尚失于真；执权迷实，则权实俱迷。"若夫如此，则"大教心外无境"之旨必幽昧而不明。

第二，正为从心外无境之本原处立论，必须阐明一切唯心、心具一切之旨，"若不立唯心，一切大教全为无用；若不许心具，圆顿之理乃成徒施"。而若既谓一切世间唯心所作，却又怀疑木石无情是否具性，则实际上便是"疑己心之有无也"。"故知一尘一心，即一切生佛之心性"，是无情有性之义，原本于"心外无境"这一根本义旨。"余患世迷，恒思点示，是故瘝言无情有性。何谓点示？一者示迷元从性变，二者示性令其改迷，是故且云无情有性。"这是湛然以一切唯心、性具一切诸法为依据而对无情有性说的正面揭示。

第三，融会《大乘起信论》所阐明的真如有不变、随缘二义以论证无情有性。湛然认为："随缘不变之说出自大教，木石无心之语生于小宗。"故以大教立论，"万法是真如，由不变故；真如是万法，由随缘故。子信无情无佛性者，岂非万法无真如耶？故万法之称，宁隔于纤尘？真如之体，何专于彼我？是则无有无波之水，未有不湿之波；在湿讵间于混澄？为波自分于清浊。虽有清有浊，而一性无殊。纵造正造依，依理终无异辙。若许随缘不变，复云无情有无，岂非自语相违耶"？真如不变随缘义的援引，是湛然所提出的关于无情有性之最为有力的论据，而其关键则是将佛性同一于真如。按照《大乘起信论》的阐述，真如是一法界大总相法门体，亦即不生不灭一心之性体。依一心法而有二种门，一者心真如门，二者心生灭门，二门即总摄一切世间出世间法。真如之不变义，是对应于心真如门而言的，谓一切诸法皆由无明风动而现起，然如来藏心之清净体性却本自不变，一切诸法在剥离其殊相之差异之后皆归原于唯一之真如，故湛然谓"万法是真如，由不变故"。真如之随缘义，则对应于心生灭门而言，虽心性本自清净，然其识用却能随缘而变现一切诸法，虽一切心识之相皆是无明，但无明之相，却亦原本不离觉性；犹水波虽有清浊，而其湿性则无有殊异，因此亦就可以说，真如即普遍显现于一切万法，是即湛然之所谓"真如是万法，由不变故"。既称"万法"，便应不遗纤尘之微；既谓真如体遍，则当不隔主客之体；因此若谓无情之物如墙壁瓦石无佛性，事实上亦就否定了真如之存在遍于一切处的绝对性；若承认真如尽摄一切诸法，便亦必须随了义而谓无情之物具于佛性；若承认前者而否定后者，便是"自语相违"的矛盾之论。在湛然的这一论证之中，佛性显然是同一于真如的，若这种同一性能够确立，则无情有性之说便颠扑不破；若无由确立，则其说亦破。

正因此故，湛然又设客问难："仆曾闻人引《大智度论》云：真如在无情中但名法性，在有情内方名佛性，仁何故立佛性之名？"湛然对此断然加以否定，谓："亲曾委读，细检《论》文，都无此说。或恐谬引章疏之言，世共传之，泛为通之，此乃迷名而不知义。"他转引诸经，举出种种"法性之名不专无情中之真如"的例证，如引世亲《佛性论》云："《佛性论》第一云：佛性者，即人法二空所显之真如。当知真如即佛性异名。"真如即是佛性异名，"故真如随缘即是佛性随缘"，真如遍一切法即是佛性遍一切法，"能造所造既是唯心，心体不可局方所收，所以十方佛土皆有众生理性心种"。

第四，从色心不二、依正报不二及佛三身不二的层面进一步论证佛性遍具于一切法界，阐明无情有性之义。能造所造皆是唯心，故十方佛土皆众生理性心种，此义亦由色心不二门开出。一切诸法可大别为色、心二法，然色、心互融，相即相依，一一圆具。如言诸法实相，须十如共举，而"十如中，相唯在色，性唯在心，体、力、作、缘，义兼色心，因果唯心，报唯约色"①。亦即以十如而论诸法实相，虽诸法可别为色法与心法，然色法不离心法，一切色坛，就其本身的存在性而言，原本不离心性，因为十如共具于众生一念之中，一念心因此亦就可为约一切诸法之总相。故湛然又云："既知别已，摄别入总，一切诸法无非心性，一性无性，三千宛然。"② 在色心不二的意义上，一切色法的存在便即归原于心性的存在本身，或反过来说，心性普遍融入并示现于一切诸法。因此之故，一切无情之物便不可能脱离于众生之心性的渗透与涵摄而"其相宛然"，若说众生皆有佛性，便即已然肯定了无情之物同时也具有佛性。

第五，正由于一念三千，一切性相、因缘果报等均一时具足，由是"即知我心、彼彼众生、一一刹那，无不与彼遮那果德、身心依正，自他互融，互入齐等"。亦即众生一念所具足的一切诸法，其中自然而又必然地包含了由此所导致的依、正二报。正报是由过去业感所招致的身心性命之形态，而依报则是这种生命形态所依处的环境，如山河大地等。正、依二报不仅同样皆归原于心性，而且生命形态与这种形态之存在所得以显现的环境处所，无论如何都是不能分离的，而必然是"自他互融，互入齐等"。在这种依、正二报之不二的意义上，"一佛成道，法界无非此佛之依正。一佛既尔，诸佛咸然"。正因此故而有十界之区分。故若说一切众生皆有佛性，同时亦必说一切诸界皆可成佛界，佛性亦即因此而遍具于一切法界。故湛然云："我及众生皆有此性，故名佛性，其性遍造、遍变、遍摄。世人不了大教之体，唯云无情不云有性，是故须云无情有性。"既然正依二报互融互入圆具不二，既然佛性遍造遍变遍摄，那么便不可独将所谓无情之物游离于佛性之本身的普遍涵摄之外，而须云无情有性。

第六，湛然认为，佛具三身，即法身、报身、应身，三身相即，一体互融，故言佛性不可仅局限于应身性，而应共举三身。佛法身体遍，报、应二身亦随之体遍，是亦即佛性体遍，是故佛性不遗无情。湛然论云："一者约身。言佛性者应具三身，不可独云有应身性。若具三身，法身许遍，何隔无情？二者从体。三身相即，无暂离时，既许法身遍一切处，报、应未尝离于法身，况法身处二身常在，故知三身遍于诸法，何独法

---

① （唐）湛然：《十不二门》，《大正藏》第 46 册，第 703 页。

② 同上。

身？法身若遍，尚具三身，何独法身？"① 意即若就佛之三身而论佛性，无论是约身而言还是从体而论，佛性都应该是普遍存在于一切有情无情的。若约身而言，既然佛的法身是普遍的，则这种普遍性便不隔无情之物，不然即非普遍；若从体而论，佛三身相即，无时相离，法身体遍，报、应二身亦为体遍，同样亦不隔无情之物。总之，若确信己心具有佛性，便必须同时确信"此性非内外，遍虚空，同诸佛，等法界"。

湛然关于无情有性论证，实质上亦即是在本体论层面上所进行的关于本体存在之普遍性的论证。如上所述，这一论证具有相当的深刻性以及逻辑上的完密性。质而言之，在湛然那里，佛性已不仅仅是众生之成佛的本质依据，而已然转变为佛之存在的本质实在性，或者是佛法之本身的本质实在性，同时亦是一切现象之现在的本质实在性。在心佛众生三无差别的意义上，佛性即是心性，但此心性却非仅仅体现于含生之类，而同时亦展现于一切诸法，因为三界唯心，一切世间皆唯心造，故一切色法均得约归于心法，佛性因此亦就成为共摄色心而又遍行于一切诸法的、与真如同一不二的关于一切法性、心性的终极实性，亦即是一切世界现象之存在的究竟实在性本身。如果真如由于随缘而得普遍显现于一切诸法，佛性亦然，故不得谓无情无佛性，因无情亦为真如所摄；如果由于真如之不变而一切诸法均归约于真如，则佛性亦然，亦为一切诸法之总相的本体。正是在这种佛性遍行遍摄一切诸法的意义上，只有说无情有性，才是真正能体现其普遍性之绝对性的了义之说。

显而易见的是，湛然对《大乘起信论》所阐明的真如之不变随缘义的兼摄，在其关于无情有性的论证过程中是起到非常重要的理论杠杆作用的，但这一点却并不意味着湛然已经离开了天台宗的性具实相说。实际上，尽管智𫖮并未正面提出过无情之物亦具有佛性的主张，但这一思想确实是已经包含于性具实相说当中的，或者说，是可以合理地从中引导出来的。若说凡夫一念即百界千如一时具足，则成佛亦可在一念之际，故智𫖮尝云："以一念相应慧，断余残习气，而得成佛。"② 佛亦无别境界，只百界千如是佛境界，那么一念之性即必然遍行于三千世界一切诸法，而不隔于有情抑或无情。《法华经》言世间相常住，智𫖮往往以中道实相为释，

---

① （唐）湛然：《止观辅行传弘决》卷一之二，《大正藏》第46册，第151—152页。
② （隋）智𫖮：《法华玄义》卷七上，《大正藏》第33册，第766页。

而中道实相，即是佛性，世间栢之所以常住，正由于即空即假即中的佛性中道理体之普遍渗入。如智顗尝云："言有我，我即佛性，佛性即中道。因缘生法，一色一香，无不中道。此则从凡至圣，悉皆是中道第一义谛。"① 既言佛性即是中道，而一色一香，无不中道，亦即一色一香皆具有佛性。是故湛然的无情有性之论，实际上亦并未逸出智顗所固有的思想规模，而其最后的论证，亦确实是将无情有性说归结为智顗所阐明的一念三千的诸法实相论的。

尽管无情有性实际上并不是湛然的首创之说②，但只有经过湛然的竭力提倡，这一学说才真正引起了人们的普遍关注；又因为这一观点直接针对华严宗人而发，具有充分的现实性，而湛然又是将无情有性归结为天台圆教之所以别异于他宗的一个基本特点③，因此无情有性说的倡导亦扩大了天台宗的影响。天台宗在中虒时期的中兴，在很大程度上须归结为湛然无情有性说在当时佛学界所造成的影响。

就佛性学说在中国的发展而言，如果道生提出"一切众生悉有佛性"乃标志着中国佛学走向其自身之独立发展的一次理论建设上的革命性变革，那么湛然的"无情有性"之说便是在佛性学说上的再一次思想解放，它不仅对当时的佛教界产生强大的冲击力，而且对中国思想文化之整体运动亦产生重要而深远的影响。而就天台宗本身的发展而言，湛然为论证无情有性而将《大乘起信论》的真如不变随缘义整合于天台教观体系当中，则对后世天台宗产生极为深远的影响。真如具有不变、随缘二义，此后亦成为天台宗学说系统中所"固有"的一种基本原理，并在本体与现象的一般哲学意义上成为诠释此两者之间关系的基本理论模式。值得注意的是，湛然之论原对华严宗而发，而当他将真如的不变、随缘义摄入天台宗以后，这一原理却反过来成为天台宗同化华严宗说的一个重要的理论基点。

但是事情的另一方面是，尽管无情有性说是湛然以智顗中道实相学说

---

① （隋）智顗：《法华玄义》卷六下，《大正藏》第 33 册，第 361 页。

② 譬如吉藏在《大乘玄论》卷三中就曾认为"不但空为佛性，一切草木是佛性也"。禅宗的南阳慧忠亦认为"无情说法"，"草木瓦砾是古佛心"。究实而言，若以真如缘起为论，则在理论上极易导向佛性同于真如的结论，因此亦就必然会得出草木无情皆具佛性之说。

③ 如在《止观义例》卷上，湛然即以"于无情境立佛乘"作为天台宗之独有的"妙境"之一。

为基础的逻辑推衍，但佛性的极大泛化同时亦造成了足以消解佛教基本理论建构之目的指向的可能性，因为在无情有性的意义上，佛性已不再是众生独有的"觉性"；佛性既遍在于一切有情与无情，那么就不仅是一切众生平等，而且亦是众生与一切无情之物的平等。如果作为众生成佛之依据的佛性之义的确立是在本体论层面上对于主体性的一种建构，那么无情有性之说恰好又同样在本体论意义上解构了这种主体性。因此就无情有性之实质而言，它恰恰是对佛性学说之整体的一种本质消解。

第八节　隋唐时期天台宗与日本、朝鲜的关系

据《宋史》的记载，日本于钦明天皇十一年（南朝梁承圣元年，552年）从百济传入佛教。[①] 后圣德太子尝于隋开皇二十年（600）遣使求取《法华经》。隋大业三年（推古天皇十五年，607年），日本以小野妹子为大使，来隋求取佛法，其"使者曰：'闻海西菩萨天子重兴佛法，故遣朝拜，兼沙门数十人，来学佛法'"。炀帝于次年遣文林郎斐清为使，送小野妹子一行回国[②]，由此揭开中日两国正式邦交的序幕，而促成这种邦交的，正是在中国已高度发达的佛教文化。

唐代的中国文明在整体上达到一个辉煌的高度。日本的"遣唐使"亦络绎不绝，其中以传写经典、弘扬佛法为主要目的的学问僧，不仅是历次遣唐使团的主要成员，而且亦是民间文化交流的主要使者。日本来华僧人同时亦推动了中国高僧的赴海外弘法活动，最早将天台宗的主要典籍带往日本并进行弘传的就是著名律学高僧鉴真（687—763）。

应日本僧人荣叡、普照的诚挚邀请，又因日本乃为南岳慧思的往生之地，鉴真遂决意东渡日本弘法。自唐天宝二年至天宝十二年（743—753），十年间鉴真六次渡海，经历常人无法想象的磨难，矢志不渝，第六次渡海终告成功，止于日本东大寺，成为律学之祖。鉴真在国内依弘景律师出家并受具，是南山律祖道宣的三传弟子，然其所学并非局于律藏，

---

① 参见（元）脱脱等《宋史》卷四百九十一《东夷列传·日本传》，中华书局 1977 年版，第 14130—14137 页。

② 参见（唐）魏徵等《隋书》卷八十一《东夷列传·倭国传》，中华书局 1973 年版，第 1825—1829 页。

同时亦精通天台圆教，并将律仪、戒法与台教相结合。① 其东渡时携去日本的各种典籍中，天台宗的主要教典全部在内，除号称"天台三大部"的《摩诃止观》《法华玄义》《法华文句》以外，还有《四教义》十二卷、《次第禅门》十一卷、《行法华忏法》一卷、《小止观》一卷、《六妙门》一卷。② 在弘传律学的同时，鉴真亦畅演天台止观，《唐招提寺缘起略集》云：

> 从（天平宝字）三年〔759〕八月一日，初讲读《四分律》并《疏》等，又《玄义》《文句》《止观》等，永定不退轨则……兼和上（鉴真）天台教观，禀法进僧都、如宝少僧都、法戴、思托等和上，化讲天台，代代相承而于今不绝。③

正因为鉴真同时亦弘演台教，从而激起了日本僧人研习天台教观的兴趣，"后来传教大师（最澄）在东大寺得到鉴真和上带来的天台宗的教籍，此后深深皈依三谛一如的妙教，和徒弟义真一起入唐，求取天台宗没传到日本的经释典籍"④，从而正式开创了日本的天台宗。

最澄（767—822），俗姓三津首，幼名广野，近江滋贺人，据称其祖先是东汉孝献帝的后代。最澄幼年出家，后至南都（奈良）学习鉴真大师带来的天台教籍，因感于当时日本只有"权教"、"小乘教"，而没有彰显一乘圆义的教派，遂立志赴唐朝求取典籍。桓武天皇延历二十二年（803），最澄由其徒弟义真做翻译，搭乘遣唐使藤原葛野麻吕的船只，从难波（大阪）出发，然因遇风暴而折回；次年七月再从筑紫（今福冈）出发，九月二十六日抵达明州（今宁波），时当唐贞元二十年（804）。同行的还有弘法大师空海。

抵明州后，最澄等径至天台，从道邃、行满学习天台一乘圆教，又与义真一起从道邃受菩萨大戒，复从禅林寺翛然学牛头禅；旋至越州龙兴寺，遇顺晓阿阇梨，与义真同受三昧灌顶，得授法文、图样、道具

---

① 关于鉴真与天台宗的关系，可参见巨赞法师《鉴真大师的律学传承》、《东渡弘法的鉴真大师》二文，见《巨赞集》，中国社会科学出版社 1995 年版。

② ［日］真人元开：《唐大和上东征传》，中华书局 1979 年版，第 87 页。

③ 转引自《巨赞集》，中国社会科学出版社 1995 年版，第 234 页。

④ ［日］村上专精：《日本佛教史纲》，杨曾文译，商务印书馆 1981 年版，第 45 页。

等。因最澄在唐期间，其所传法门遍及圆、密、禅、戒四宗，故称为"四种传承"。最澄在唐一年，于德宗贞元二十一年（805）三月离华归国。此后矢志传教，大弘天台教观，正式开创日本天台宗，而尊道邃为初祖，以国清寺为祖庭。最澄圆寂于日本弘仁十三年（822）。至清和天皇贞观八年（866），被追尊"传教大师"之号，是为日本有大师称号之始。①

最澄在唐朝所师从的和尚道邃（生卒年不详），俗姓王氏，西京（长安）人，24 岁受具足戒。唐代宗大历年间（766—779）南下，师从天台九祖湛然，五年而毕，"洞悟幽玄，无所疑滞，荆溪嘉之曰：'吾子其能嗣兴吾道矣！'遂授以《止观辅行》"②。辞别湛然以后，道邃尝在扬州讲《法华》《摩诃止观》《法华玄义》各数遍。唐贞元十二年（796）入居天台山，"讲《法华》《止观》《玄义》等未尝有阙。六时行道，《法华》一部；大小乘戒，日常一遍，未尝不同"③，后被尊为天台宗第十祖。最澄于贞元二十年（804）九月至台州之时，先参谒台州刺史陆淳，"献金十五两、筑紫斐纸二百张、筑紫笔二百管、墨八挺、刀子一、兰木九、水晶珍一贯。陆公……以纸等九物达于庶使，返金于师（最澄）。师译言：请货金贸纸，用书天台止观。乃命大师门人之裔哲曰道邃，集工写之，逾月而毕"④。最澄在唐，以天台宗义未决十条请问于道邃，道邃悉为解答。其归国之际，台州刺史陆淳、明州刺史郑审则皆为撰"印记"，证明其"远求天台妙旨，又遇龙象邃公，总万行于一心，了殊途于三观，亲承秘密，理绝名言"。道邃则专为《付法文》，不仅"开宗示奥，以法传心"，示以一心三观、三谛圆融之旨，且以"共持佛慧，同会龙华"为期。⑤ 最澄在天台山

① 以上参见［日］村上专精《日本佛教史纲》，杨曾文译，商务印书馆 1981 年版，第51—53 页。

② （南宋）志磐著，释道法校注：《佛祖统纪校注》卷八，上海古籍出版社 2012 年版，第201 页。

③ 乾淑：《天台传法道邃和尚行迹》，见周琦、茅奉天《天台山发现一批唐代中日文化交流史料》，《东南文化》1990 年第 6 期。中国史料关于道邃历来都未载其姓氏居里，乾淑文的发现，遂可以解决这一问题。

④ 台州司马吴顗：《送最澄上人还日本国序》，见周琦、茅奉天《天台山发现一批唐代中日文化交流史料》，《东南文化》1990 年第 6 期。

⑤ 以上所引均见周琦、茅奉天《天台山发现一批唐代中日文化交流史料》，《东南文化》1990 年第 6 期。

所师从的另一和尚行满（735—822）①，万州南浦人，大历年中与道邃共学于湛然。最澄"不惮劳苦，远涉沧波"而"求妙法于天台"，行满尝"倾以法财，舍以法宝"，尽授其天台奥旨。最澄辞别之时，行满也为撰"印信"，并希望其"早达乡关，弘我教门……向一国土，成就菩提，龙华三会，共登三初首"②。

与最澄一同入唐的空海（774—835），法号遍照金刚，后追谥为弘法大师。空海入唐后，住长安西明寺，主要研习真言宗，唐宪宗元和元年（806）回国，创日本真言宗。然空海虽以传真言宗为主，实同时亦兼传天台。③

最澄一行入唐，不仅将天台宗的典籍再次携往日本，立教创宗，改变了日本佛教在当时的格局，而且亦开启了日本僧人参礼天台的传统。继最澄而入唐求法并与天台宗有特殊关系的日本僧人，有圆仁、圆载、圆珍等。

圆仁（794—864），俗姓壬生氏，下野（今栃木县）人。年 15 岁投入传教大师最澄的门下，彻悟圆教之旨，兼受传法灌顶。承和五年（唐文宗开成三年，838 年），乘遣唐使藤原常嗣的船只抵达扬州。圆仁入唐的目的，是要学习天台宗，并咨决日本台宗祖庭延历寺尚未解决的疑问三十条。故其既至扬州，即向当局提出申请，要求前往天台国清寺。在圆仁等待批复而滞留于扬州的时间里，天台山禅林寺主敬文（行满的弟子）尝于开成四年（839）正月赴扬州与圆仁相见，回忆了最澄参学天台时的情形，介绍了天台山弘传智者之教的盛况，并希望他早赴天台。尽管圆仁对天台山极其向往，数次奏请前往求法，但以其为"还学僧"身份，故均遭到拒绝，而与其同时入唐的"留学僧"圆载则被准许入天台山。圆仁不甘心与遣唐使一道回国，便打算潜往天台，兼往长安。后闻五台山为佛教圣地，多有奇特，且亦盛弘天台之教，于是就前往五台山，于开成五年（840）四月抵达，旋礼参大华严寺座主志远，随其研习天台教义，并

---

① 按行满的生卒年，《宋僧传》谓卒于开宝中，年可八十余岁；《佛祖统纪》谓卒于开宝中，年八十八岁；周叔迦已对此极示怀疑（见陈垣《释氏疑年录》卷五末按语）。日僧圆仁《入唐求法巡礼行记》载开成四年（839）天台禅林寺僧敬文往扬州见圆仁，提到"满和尚已亡化，经十六年"，则行满寂于 822 年无疑；取《统纪》八十八岁之说，则其生年在 735 年。

② 见周琦、茅奉天《天台山发现一批唐代中日文化交流史料》，《东南文化》1990 年第 6 期。

③ 王利器：《文镜秘府论校注》，中国社会科学出版社 1983 年版，前言。

缮写日本所未有的天台典籍。巡礼五台山以后，圆仁又往京师长安。会昌五年（845），唐武宗下令灭佛，外国僧若无祠部牒者亦勒令还俗，归还本国，圆仁亦在其例。遂改着俗装离开长安，于大中元年（847）从越州出发归国，带走各种天台宗、真言宗典籍800余卷。日本仁寿四年（854），圆仁被敕为延历寺座主。文德、清和两位天皇均从其受菩萨大戒。清和天皇贞观八年（866），在追谥最澄为"传教大师"的同时，追圆仁为"慈觉大师"。①

圆仁虽未能实现其赴天台山求法的宿愿，但其留学唐朝前后十年，与中国僧人有广泛的接触，增进了两国僧界的了解与友谊。其巡礼五台山，目睹了当时五台山弘传天台宗的盛况，并从志远学得台教，抄得天台文书，亦算得偿其学习天台宗的夙愿了。其归国以后，继承最澄法统，广弘天台之教，使日本的天台宗获得迅速发展。而其所著《入唐求法巡礼行记》，乃为其在唐经历与见闻的实录，足资考见当时中国佛教某些方面的基本情形，具有极高的史料价值。

与圆仁一起入唐的圆载（？—877），自幼入比叡山从传教大师最澄习学梵典及儒业，唐开成三年（838）与慈觉大师圆仁同时入唐，自扬州入天台山，师从道邃的弟子广修（771—843）。广修为天台宗第十一祖，俗姓留氏，东阳下昆人。"早预（道）邃师之门，研究教迹，学者云拥。日诵《法华》《维摩》《金光明》《梵网》《四分戒本》。六时行道弗休，弥年更笃。"② 圆载至天台山时，携来比叡山关于天台宗义所未决者五十条，咨请广修、维蠲为之决疑。会昌三年（843），圆载遣其弟子仁好、顺昌将"唐决"送回日本。大中七年（853），日本天台僧圆珍入唐，带来仁明天皇嘉祥三年（850）的敕牒，表彰其"勤求圣道"，特赐"传灯大师"称号。唐僖宗乾符四年（877），圆载携在唐期间所搜集到的各类经籍文书数千卷乘商船归国，却不幸于海上遇风暴而殁。

圆载是历次来华日僧中在中国滞留时间最长的一位。在唐四十年，他获得了僧俗各界的普遍尊重。唐宣宗尝诏其至宫中讲经，并赐以紫

---

① 以上参见［日］圆仁《入唐求法巡礼行记》，上海古籍出版社1986年版；［日］村上专精：《日本佛教史纲》，杨曾文译，商务印书馆1981年版，第80—83页。

② （北宋）赞宁：《宋高僧传》卷三十《广修传》，《大正藏》第50册，第895页。

袍①，说明他对天台宗义有深湛的造诣。与此同时，他与当时的著名诗人皮日休、陆龟蒙、颜萱等亦交往密切，其辞别归国之际，他们均作诗送别，深赞其佛学成就，表达惜别之情。②“会昌法难”以后，圆载虽有过还俗的经历，圆珍亦因此而与其大生嫌隙③，然其初心未改；其携归的数千卷经籍文书虽最终未达于日本，而与其共殁于波涛，然圆载之功，却永记于中日文化交流的史册。

唐大中七年（853）入唐的圆珍（814—891），是比叡山天台宗的第五代座主，俗姓和气，赞岐国（今香川县）那珂郡人，为弘法大师空海之侄。圆珍 15 岁投入义真门下。32 岁被推荐为比叡山真言宗的学头。日本文德天皇仁寿三年（853）乘唐朝的商船离开本国，从福州登岸，止开元寺习学密教，并得诸部经疏三百余卷。旋往天台，至国清寺，从物外和尚研习天台止观，并抄得台宗典籍文书三百卷左右。后又至越州开元寺，从物外的同门良湑（亦作湑）受学天台教旨。唐大中九年（855），赴长安。十年，复返回越州开元寺谒良湑，得经法文七十余卷。再往天台，建“止观堂”，题为“天台山国清寺日本国大德僧院”，圆珍亲为住持，沈欢为作《国清寺止观堂记》。唐大中十二年（858）六月，辞天台山，乘唐商船回国。日贞观十年（868），任天台宗座主，于宽平三年（891）圆寂。延长五年（927）追赐为“智证大师”。④

自鉴真首传天台教观于日本，尤其经最澄入唐回国后再传天台之教，天台宗遂作为一个独立而又特具“圆义”的宗派在日本正式成立，并由此改变了日本佛教的基本格局，在日本佛教史上产生了极为深远的影响。然由最澄所开创的日本天台宗，并不是中国天台宗的简单移植。

---

①　（北宋）赞宁：《大宋僧史略》卷下，《大正藏》第 54 册，第 248—249 页。

②　今《全唐诗》中犹保存三人关于圆载的诗作五首。

③　王勇、[日] 史敬泉：《圆载还俗与会昌废佛的关系》，《东南文化》1998 年增刊第 1 期。

④　以上参见 [日] 村上专精《日本佛教史纲》，杨曾文译，商务印书馆 1981 年版，第 83—85 页。按村上谓僧院既成以后，“僧清观为其住持”，盖未确。沈欢所作《国清寺止观堂记》，已收录于《国清寺志》第八章附录。其文谓止观堂“以（大中）十年九月七日建成矣。法师即住持此院，苦节修行，以无为心，得无得法”，则圆珍亲为住持此院甚明。清观住持此院，盖在圆珍回国以后。清观是与物外同时的天台高僧，《宋僧传》称其“台岭教文，洞明三观，兼得深定，神异通感，皆莫我知。少览百家，弥通三教，仍善属文，长于诗笔”。物外（813—885）俗姓杨氏，福建侯官人，久师事广修，得止观之旨，尤其以禅定闻名，被尊为天台宗第十二祖。

最澄被称为具备圆、密、禅、戒"四种传承",因此他在创教立宗之时,即以中国的天台教观为基础学说,同时又融合了禅、密二宗的思想及菩萨圆戒,密宗的成分尤其突出,遂导致"台密"的形成。此后圆仁、圆珍亦均在传台教的同时兼传密教,其在唐朝所集经典亦台、密兼备。

天台宗传入日本以后,对此后"日莲法华宗"的形成及其创立亦有深刻影响。该宗由日莲上人(1222—1282)所创立。日莲俗姓贯名氏,幼年出家,学真言宗,后尝至比叡山研究天台教典十余年。日莲对当时的日本佛教极示不满,对净土、禅、真言、律诸宗大肆攻击,以为"念佛是无边的地狱之业;禅宗是天魔的作为;真言是亡国的恶行;律宗是国贼的妄说",以此四句为"格言"。[①] 他一心顶礼《法华经》,以为唯有此经才是真正的佛教,因此亦对圆仁、圆珍将密部教义混入天台宗的做法大加挞伐,而要求恢复纯粹的天台教义。故其创宗,乃以《法华经》《无量义经》《观普贤经》为依据,然《无量义》为《法华经》的"开经",《观普贤经》则是《法华经》的"结经",因此实际上只以《法华经》为其根本经典而已。其判教方法,全取天台宗"五时八教"之说;而在其所谓"外相承"的法脉溯源上,亦以智者大师为其中国之祖。

唐乾宁元年日本最后一次派出遣唐使,但中日之间的民间商贸往来仍然存在,因此亦仍有来华的日僧。由于海上入华的北路为契丹所阻绝,故中日间的交通大多以明州(宁波)为口岸。明州地属吴越,而吴越王崇信佛法,护教尤力,杭州一带遂成为佛教中心;又因明州与台州相邻,天台山乃成为日僧瞻仰的第一名山。

五代时期中日交通与天台宗关系最为重大的一项内容,是天台典籍从日本的复归。会昌以后,复经唐末的战乱,天台典籍散亡太半,唯存断简零编,以至于传智者之教的螺溪义寂亦已无从充分领会其教义。义寂通过天台德韶而言于吴越王钱弘俶,请其遣使海外,求取天台典籍。钱弘俶遂于后汉天福十二年(日朱雀天皇天历元年,947 年),托商人蒋衮致书日本右大臣藤原实赖,赠黄金六百两,求写天台经卷,尽得其五百余卷以

---

① 〔日〕村上专精:《日本佛教史纲》,杨曾文译,商务印书馆 1981 年版,第 202 页。

归。实赖有回信，但未提及写经之事，而回赠沙金二百两。① 天台典籍从日本复还，是天台宗史上的重要事件，唯有借此典籍返回的契机，天台宗才得以于宋初重兴而绵延其法脉。

中国佛教传入朝鲜要比传入日本早得多，而中国天台宗僧人与朝鲜僧人发生事实上的交往亦有更早的文字记载。

新罗国玄光，专修梵行，愿度越沧海而求中国之禅法，遂于南朝陈时至中国，往衡山，投入慧思门下。慧思密授其法华安乐行，玄光禀受勤行，证法华三昧，得慧思之印可。辞别之时，慧思嘱其回本国以善权而行化度，云："汝之所证，真实不虚，善护念之，令法增长。汝还本土，施设善权，好负螟蛉，皆成蜾蠃。"玄光遂巡游江南，乘本国船舶而归。结茅茨禅室于新罗熊州之翁山，后成梵刹。其所化弟子，亦皆证三昧之门。② 玄光于陈朝入中国并师事慧思，是关于天台宗传入朝鲜的最早文字记载。志磐撰《佛祖统纪》，将玄光师事慧思的时间系于陈太建五年（573），记云："（太建）五年，海东玄光沙门受法华安乐行义于南岳禅师，归国演教，为海东诸国传教之始。"③

因慕智者大师之教而来华求法并有较详细记载的第一位朝鲜僧人是高句丽的波若（562—613）。波若于南朝陈时来华，在金陵听智颉说法，深契义味。陈亡后，游方参学。隋开皇十六年（596）入天台山，师事智颉，求授禅法。智颉知其为利根上智之器，遂指示其往华顶峰修习止观，谓："今天台山最高峰，名为华顶，去寺将六七十里，是吾昔头陀之所。彼山只是大乘根性，汝可往彼，学道进行，必有深益，不须虑衣食。"波若即于开皇十八年（598）禀旨往华顶，"晓夜行道，不敢睡卧，影不出山，十有六载"。大业九年（613），忽从华顶下山至于国清寺，不久坐化。④ 当时来华学于智颉的新罗僧人还有圆光（亦作缘光）。圆光（532—

---

① 此据李则芬的研究，见其著《中日关系史》，台北中华书局 1982 年版，第 109 页。按天台教籍因国内散佚而从海外返回，盖为确凿之史实，然究竟典籍是从日本还是从朝鲜求回，史载多歧其说，今学者亦莫衷一是，而成一大历史悬疑。今取自日本返回之说，有关史料及基本理由，可参见董平《天台宗研究》（上海古籍出版社 2002 年版）中的有关考辨。

② 《宋高僧传》卷八《陈新罗国玄光传》；《佛祖统纪》卷九《玄光传》。

③ （南宋）志磐著，释道法校注：《佛祖统纪校注》卷三十八，上海古籍出版社 2012 年版，第 869 页。

④ 波若事见《续高僧传》卷十七《智越传》，别参《佛祖统纪》卷九《波若传》。

630）俗姓朴氏，出身于世家名族，早习儒业，子史文章，称名于时。"但以生居边壤，正教未融"，遂于南朝陈时渡海至于金陵，三藏数论，遍所披寻。后遇智顗于金陵敷弘妙典，服膺其说，遂投其门下，勤学精修，数年之间，忽然有悟。智者尝令其讲《法华经》。后又于天台别院增修妙观。归国后大启法门，以诵《法华》为业，盛弘天台止观之教。①

唐时来华的朝鲜僧人更多，与天台宗的联系亦更为频繁。盛唐之时，有新罗僧人法融、理应、纯英，来学于天台八祖左溪玄朗。宗鉴云："新罗法融、理应、纯英，悉叶旧学，来传此道，流布海东。"② 与天台宗有较密切关系的新罗来华僧人还有道育（858？—938）。道育于唐昭宗景福元年（892）入天台山，住平田寺，后即卒于该寺。③

五代时，中国与朝鲜半岛的佛教交流达到一个新的高潮，不仅海东诸国有僧人来华求法，而且中国亦有僧人往其国传法。后唐清泰二年（935），四明沙门子麟曾往高丽等地传播天台宗。《佛祖统纪》卷四十二载："（清泰）二年，四明沙门子麟，往高丽、百济、日本诸国传授天台教法，高丽遣使李仁日送麟还，吴越王钱镠令于郡城建院，以安其众。"

永明延寿禅师所撰《宗镜录》，尝远播于海外。"高丽国王览师（延寿）言教，遣使赍书，叙弟子之礼。奉金线织成袈裟、紫水晶珠、金澡罐等。彼国僧三十六人，皆承印记，前后归本国，各化一方。"④ 这是由高丽国政府所组织的一次大规模的来华求法活动，虽其传习乃以法眼宗为主，但其中盖亦有习天台止观者。高丽国僧智宗（930—1018），尝于后周显德六年（959）奏请入华求法，至吴越国，先谒永明寺延寿禅师，受法眼宗之旨。北宋建隆元年（960），抵天台山国清寺，膜拜净光大师羲寂，从受《大定慧论》（按，应即是《摩诃止观》）及天台教观。智宗"是彝是训，如切如磋"，奉旨修习，无已时。开宝元年（968），宋僧

---

① 《弘赞法华传》卷三；《续高僧传》卷十三；《法华传记》卷三；《海东高僧传》卷二。圆光的生卒年此从《续高僧传》说。

② 《释门正统》卷二《左溪传》。《佛祖统纪》卷七《玄朗传》亦谓："新罗传道者，法融、理应、纯英。"然《佛祖统纪》卷五十所录晁说之《仁王般若经序》云："陈隋间，天台智者远禀龙树，立一大教，九传而至荆溪。荆溪之世，有新罗来学者，曰法融、理应、纯英，故此教播于海外诸国，与中原并盛矣。"是又以新罗三僧为湛然之弟子。未知孰是。

③ 详见《宋高僧传》卷二十三《晋天台山平田寺道育传》。

④ （南宋）普济：《五灯会元》卷十《延寿传》，《卍续藏经》第138册，第367页。另参《宋高僧传》卷二十八《延寿传》。

统赞宁及天台县宰任埴尝请其于螺溪教院讲《大定慧论》及《法华经》，智宗"率意而从，当仁不让"，慧辩滔滔，听者心折。开宝三年（970），智宗泛海而归，极受高丽国王的尊重，经历五朝，皆受恩幸而无以复加。[1] 智宗在华十一年，其中的绝大多数时间是在天台山度过的，虽其回国后仍以弘传法眼宗为主，但天台宗对其本人的思想产生深刻影响并通过他而使这种影响及于当时的高丽佛教界，其实亦是可以想象的了。

五代时期对中国天台宗的发展做出重大贡献的著名人物是谛观与义通。谛观的功绩，按照自志磐以来的传统说法，是他从高丽带来了国内已经散佚不传的天台宗教典，从而使天台宗在宋初的重兴成为可能，亦使天台宗法脉的绵延成为可能。关于谛观送回教籍的事迹，主要见载于《佛祖统纪》及明万历九年（1581）沙门知觉所撰写的《四教仪缘起》。《佛祖统纪》述谛观事迹云：

> 法师谛观，高丽国人。初，吴越王因览《永嘉集》"同除四住"之语，以问韶国师。韶曰："此是教义，可问天台羲寂。"即召问之，对曰："此智者《妙玄》'位妙'中文。唐末教籍流散海外，今不复存。"于是吴越王遣使致书，以五十种宝往高丽求之。其国令谛观来奉教乘，而《智论疏》《仁王疏》《华严骨目》《五百门》等，禁不令传。且戒（谛）观师，于中国求师问难，若不能答，则夺教文以回。观师既至，闻螺溪（羲寂）善讲授，即往参谒。一见心服，遂礼为师。尝以所著《四教仪》藏于箧，人无知者。师留螺溪十年，一日坐亡。[2]

在前节，我们曾据一些更早于《佛祖统纪》的材料，认为吴越王钱弘俶遣使求取天台教典的主要地方是日本（其中也不排除致书高丽求籍的可能性），而日本右大臣藤原实赖亦已于后汉天福十二年（947）通过商船

---

① 参《朝鲜金石总览·赠谥圆空国师胜妙之塔碑铭》，陈景富：《高丽僧智宗与〈宗镜录〉首传海东》一文附，《东南文化》1998 年·增刊第 1 期。

② （南宋）志磐著，释道法校注：《佛祖统纪校注》卷十，上海古籍出版社 2012 年版，第262 页。同卷《吴越王传》及卷四十三《法运通塞志》所述大同，后者系谛观还归教籍的时间于建隆元年（960）。晁说之《仁王般若经疏序》亦表达了教籍乃从高丽归来的意思。《四教仪缘起》所述亦大同。

送回教籍①，但谛观于北宋建隆元年（960）来华并送来天台宗的有关典籍，盖亦仍为事实。谛观撰写了《天台四教仪》一书，概括了天台宗判教学说的精要，对天台宗思想的传播起到重要作用，然则谛观之有功于天台教，亦良非细细。

义通是五代、北宋之间对天台宗的传承起过非常重要作用的高丽僧人。他是螺溪义寂的弟子。我们曾多次提到义寂，现就他的生平略缀数语。义寂（亦作义寂，919—987年），字常照，俗姓胡氏，温州永嘉人。12岁出家。19岁受具后，曾往会稽山学南山律三年。既通律义以后，便往天台山寻研止观。然智者所遗教文，于时唯存断简零编，义寂虽多方纠集，而仍无由得其全貌。遂言于天台山法眼宗传人德韶国师，德韶复言于吴越王钱弘俶，俶遂遣使日本，使一家教典复还中国，义寂亦因此而博闻多识，精通其义。"遂于佛陇道场、国清寺相继讲训"，吴越王亦屡次请其开演，并赐"净光大师"之号及紫袍。北宋乾德二年（964），居螺溪道场，"四方学侣，雾拥云屯"。义寂毕生以复兴天台教观为职志，是天台宗史上一个极为重要的关键人物。经过他的努力，天台教典才得以从海外归来而使法脉得以延续；经过他的大力弘畅，天台学说才得以影响远被而获得再度繁荣。当教典遗失、台宗衰微之际，义寂不惮艰辛，独力担当起了中兴教观的重任，故赞宁云："自智者捐世，六代传法湛然师之后，二百余龄，（义）寂受遗寄，最克负荷。""微（义）寂，此宗学者几握半珠为家宝欤！"②

义通（927—988）字惟远，俗姓尹氏，高丽国人。幼年出家，受具戒后学华严宗及《起信论》。后渡海来华，入吴越国，先访德韶禅师于天台山，忽有契悟。及谒螺溪义寂，闻一心三观之旨，乃深深叹服，遂留螺溪而受业于义寂。既禀圆顿止观之教，遂欲渡海重归高丽，至四明，郡守钱惟治（钱弘俶之子）请问观心之要，并请授菩萨戒；钱惟治同时又力加挽留，请其于四明弘法。北宋开宝元年（968），漕使顾承徽舍住宅为传教院，请义通住持，遂留四明；至太平兴国七年（982），敕赐传教院

---

① 正因为天台教籍从日本的回归比谛观来华早了十多年，所以螺溪义寂才得以研习而精通止观之教，以至于谛观来时，"一见心服，遂礼为师"；不然，义寂既不明"同除四住"之义，如何可能"善讲授"乃至于使赍教籍来华的谛观"一见心服"呢？

② 以上参见《宋高僧传》卷七《义（羲）寂传》，《大正藏》第50册，第752页。

为宝云禅院。义通住宝云寺,弘扬天台教观近二十年,登堂受业者不可胜数,而其最为著名者则四明知礼与慈云遵式。[①]

义通虽为来华的外国僧人,但他禀承了羲寂的法统,在四明大力敷演天台教观,进一步扩大了天台宗在当时佛教文化界的影响,亦使天台宗的中心地由天台山转移到了四明;而由于知礼与遵式皆出其门下,因此他实际上亦为天台宗的中兴培养了杰出人才。正以此故,义通乃被称为中兴天台宗的鼻祖,被尊为传承天台教观的第十六代祖师(羲寂是十五祖)。

虽然朝鲜半岛不断有僧人来华求法,中朝僧人之间的交往亦相当频繁,但真正将天台宗较为完整地传播到朝鲜并开创了朝鲜天台宗的著名人物,则是宋初的高丽国僧统义天。

上述天台宗向日本、朝鲜之传播及中日、中朝之间宗教文化的双向交流,虽仅为编缀有关史料而予以事实的陈述,但从中实可反观出天台宗之巨大的思想魅力及其广远的影响。非但如此,来华求法的日本、朝鲜高僧,在将天台佛学经典带回其本国的同时,往往亦将中国的其他学术思想,如儒道哲学、后来的宋明理学,以及诗歌艺文、建筑艺术乃至生活方式的某些方面等,带进其本国并予以传播,客观上拓展了中国文化的域外影响,有助于汉文化圈的形成。就此而论,天台宗向日本、朝鲜的传播,其意义亦就并不仅仅局限于宗教本身,而成为广义上的中国文化之对外交流的一个重要构成部分。

---

① 　参见《佛祖统纪》卷八《义通传》及《宝云振祖集》,见《四明尊者教行录》卷七,《大正藏》第 46 册。

第四章　三论宗

所谓"三论"，指的是《中论》《百论》和《十二门论》，三论宗即以此三部论书命宗，又称无相宗、中观宗、无德正观宗等。三论宗的理论是在我国般若学长期流行的基础上，在直接继承南北朝三论学发展成果的基础上形成的。该宗存在的历史不长，但其思想教理在中国佛学中影响深远。

第一节　六家七宗的般若学

无论是印度大乘中观学派的创立与发展，还是中国三论宗的研习与弘传，都与《般若经》有着千丝万缕的联系。所以，谈及三论宗的理论渊源，不得不首先提到《般若经》。

在印度，般若系经典是最早出现的大乘经典，形成于公元1世纪前后，被称为大乘佛教之母。般若经典的核心义理是说明诸法的"性空幻有"。公元2—3世纪，出现了以龙树为代表的大乘中观学派。中观学派系统地阐发了"缘起性空"的般若大义，并在此基础上提出了"缘起性空"、"八不中道"、"真俗二谛"、"实相涅槃"等一系列著名命题，使隐含在大乘经典（主要是般若经典）中的深奥哲理显现出来，奠定了大乘佛教的理论基础。

在中国，吉藏之前的中观哲学，主要可以分为两个发展阶段：一是鸠摩罗什来长安以前的早期般若学；二是从鸠摩罗什到吉藏之间的三论学。

般若经的传译自汉末的支娄迦谶始，中经支谦、朱士行、竺法护等人的持续努力，到两晋之际，中国的佛教学者已经开始结合传统的本土文化对般若义理进行阐释，加之受到当时占统治地位的官方思想——魏晋玄学的影响，般若学思潮终于蔚为风尚。

此时的般若学以《般若经》为主要研究对象，其主要特点，也就是它的普遍研究方法，是一种"格义"的方法。所谓"格义"，是援引中国的传统概念来解释外来的佛教概念。这种方法和佛典翻译中仅限于以名词概念相比附的方法不同，也和用几种不同的译本"合本"比较的研究方法不同。它不拘泥于片纸只语的训释，也不追求忠实于外来的《般若经》本义，而是着重于从义理的方面，去融会中外两种不同的思想，以便自由发挥，独标新解。这种"格义"之风，由竺法雅首倡，代表着两晋之际佛教般若学的普遍倾向。同时，由于这种风气的影响，中国早期般若学在某种程度上背离了《道行般若经》《放光般若经》等般若经典的本来意义，把魏晋玄学的论争带到佛学中来，从而引起了佛教般若学内部学派的分化，形成了有中国特色的般若学派。

关于当时佛教般若学分化的情况，相传有"六家七宗"之说。最早提出"六家"之说的，当为十六国后秦僧叡。他在《毗摩罗洁提经义疏序》中说："六家偏而不即"①，但没有具体指出六家的名称。僧肇的《不真空论》将其概括为心无、即色、本无三家。"六家七宗"的名称始见于南朝宋昙济的《六家七宗论》。唐元康《肇论疏》说：

> 梁朝释宝唱作《续法论》一百六十卷云，宋庄严寺释昙济作《六家七宗论》。论有六家，分成七宗。第一本无宗，第二本无异宗，第三即色宗，第四识含宗，第五幻化宗，第六心无宗，第七缘会宗。本有六家，第一家分为二宗，故成七宗也。②

据汤用彤③的考证，"六家七宗"的代表人物是：

---

①　(梁) 僧祐：《出三藏记集》卷八，《大正藏》第 55 册，第 59 页。

②　(唐) 元康：《肇论疏》，《大正藏》第 45 册，第 163 页。

③　汤用彤：《汉魏两晋南北朝佛教史》上册，中华书局 1983 年版，第 194 页。

六家	七宗	代表人物
本无	本无	道安
	本无异	竺法深　竺法汰（竺僧敷）
即色	即色	支道林　　（郗超）
识含	识含	于法开　　（于法威　何默）
幻化	幻化	道壹
心无	心无	支愍度　竺法蕴　道恒　　（桓玄　刘遗民）
缘会	缘会	于道邃

吉藏在《中观论疏》中说："什师未至，长安本有三家义。"第一本无义；第二即色义，即色又分为两家，关内即色与支道林即色；第三心无义。这种说法与《肇论》的提法大同小异。其实，一般来说，"六家七宗"的说法着眼于反映当时般若学说的全貌，而"三家"之说则重点强调了当时三个最有影响的般若学派。

从历史和逻辑的角度看般若学内部学派的分化和演变，可以看出，它与围绕着本体和现象关系问题而展开的魏晋玄学的分化和演变是分不开的。本无宗的尊崇本体而轻视现象，心无宗的尊崇现象而轻视本体，即色宗对本体和现象的折中综合，正与魏晋玄学中的贵无、崇有、独化三派相对应。当然，般若学是一种出世的宗教哲学，魏晋玄学是一种入世的世间哲学，前者通过对本体和现象关系的讨论，试图建立一种以否定现实社会秩序结合有无的本体论，后者则通过探讨有无、本末、体用的关系，企图把名教和自然统一起来，以达到一种既肯定社会伦理秩序又肯定个人本性的结论。二者讨论的问题虽然相同，但出发点和归宿却迥异。

从佛教哲学自身传播和发展的历程来看，六家七宗的般若学虽然通过适应中国思想文化、极力比附迎合魏晋玄学，使外来的般若思想在中国大地上站稳了脚跟，但也同时导致了佛学的玄学化，在一定程度上偏离了《般若经》的本来意义。

这种佛学的玄学化，最突出的表现便是"格义"。就连极力反对"格义"的道安，在他所创立的本无宗学说中，也依然无法避免堕入他自己所批判的格义的窠臼之中。

吉藏在《中观论疏》中说："一者，释道安明本无义。谓无在万化之前，空在众形之始。夫人之所滞，滞在未（末）有。若诧心本无，则异想便息。"① 就是说，道安的本无宗，把《般若经》里的"无"（空）理解为存在于宇宙间万事万物之先的，又是产生万物之本源的实体。这种意义上的"无"，几乎等同于道家的"天地万物生于有，有生于无"、"无，名天地之始"的"无"了。吉藏在《十二门论疏》卷上本中，曾对此本无义提出批评："本无义者，未有诸法，先有于空。空为其本，有为其末。此偈破云：因缘生法，性本自空。非是先空，后方是有。"② 引文中的偈，就是龙树《十二门论》中的一首偈颂："众缘所生法，是即无自性，若无自性者，云何有是法？"③ 吉藏这里所要说明的是，《般若经》中的"无"或"空"，并非本无宗所说的先于诸法而有的"无"或"空"，也不是能作为末有之根本的"无"或"空"，而是《十二门论》那首偈颂所说的"因缘生法"、"本性自空"的"无"或"空"。

由此可见，连极力反对"格义"的道安，都无法脱出他所反对的"格义"的窠臼，可以想象，六家七宗的其他各家也都不同程度地存在着"格义"的倾向。

心无宗的主要代表人物是支愍度。《不真空论》将心无宗的主要论点概括为："心无者，无心于万物，万物未尝无。"主张空其自心，而不空外色。僧肇对此观点的批评是："此得在于神静，失在于物虚。"④

在六家七宗中，比较接近《般若经》原义的当推支道林创立的即色宗。即色宗的主要观点是"色即为空，色复异空"。就是说，认识上所谓的色，是概念之色，即为非色，也就是空；同样，认识上的色既然是非色或空，这样的色又与空不同，因为空外还应有由概念组成的色。支道林撰有《即色游玄论》，阐明"即色是空"的道理。安澄《中论疏记》卷三末说：

　　其制《即色论》云："吾以为即色是空，非色灭空。"斯言矣，何者？夫色之性，不自有色，色不自有，虽色而空。知不自知，虽知恒寂。然寻其意，同不真空。正以因缘之色，从缘而有，非自有故，

---

①　（隋）吉藏：《中观论疏》，《大正藏》第 42 册，第 29 页。

②　同上书，第 183 页。

③　龙树：《十二门论》，《大正藏》第 30 册，第 159 页。

④　（后秦）僧肇：《不真空论》，《大正藏》第 45 册，第 152 页。

即名为空，不待推寻破坏方空。①

安澄认为，即色宗所理解的"空"，是因缘和合事物之本性空，并不是人们的主观推寻而使它们变成空的，并认为这一理解与僧肇的《不真空论》相同。

实际上，支道林的即色义在般若学的发展过程中，虽然超过了其他各家而接近于僧肇，却仍然没有达到僧肇《不真空论》的理论水平。僧肇对他的批评是："此直语色不自色，未领色之非色也。"就是说，他虽然指出了色不能自己成其为色，即"非有"的一面，却不理解色正是因为有其假有即"非无"的一面，才能成其空性。他虽然也试图从有无双遣的角度去掌握般若性空的原理，但由于理论准备上的不成熟，特别是没能全面领会缘起性空的义理和论证般若性空的特有方法，所以，仍然免不了出现理论上的漏洞。

在中观学说系统地传入中国以前，般若学各派无论是本无、心无还是即色，都不能用遮诠的方法，即彻底否定的方法来观察世界，探讨有无的关系问题。片面地肯定现象或肯定本体，必然会陷入顾此失彼的困境。对般若性空理论做出"非有非无"的正确表述，是僧肇在掌握了鸠摩罗什系统介绍到中土的龙树之学以后才达到的。经过鸠摩罗什及其弟子们对大乘中观学说的传译和弘扬，早期般若学的这种理论上的偏离才逐渐扭转过来，并逐步摆脱对玄学的依附，走上佛学自身发展的轨道。

第二节　三论宗的传承与谱系

三论宗是最早形成的中国佛教宗派之一，该宗以印度大乘中观学派创始人龙树、提婆的代表作《中论》《十二门论》《百论》为主要立宗依据，故名。三论宗在形成过程中，经历了从三论学到三论宗的转变，到隋吉藏时三论宗正式成为宗派，吉藏于是成为该宗的实际创始人。然而，在印度却没有三论并称的先例，及至鸠摩罗什法师于 404 年（译出《百论》）和 409 年（译出《中论》《十二门论》）将此三论传译中土，并盛加弘传，三论学风才由是蔚为风尚。

---

① ［日］安澄：《中论疏记》，《大正藏》第 65 册，第 94 页。

　　关于三论宗的传承与谱系，历来意见纷纭，莫衷一是。13 世纪的日本僧人凝然在其《八宗纲要》中提出，三论宗在中国自鸠摩罗什至吉藏的传承依次是：鸠摩罗什—道生—昙济—道朗—僧诠—法朗—吉藏，共经七传，此说在日本最为流行。前田慧云在其所著《三论宗纲要》里提出不同的看法：鸠摩罗什—道融、僧肇—道朗—僧诠—法朗—吉藏；境野黄洋在《支那佛教史讲话》中则又标新解：鸠摩罗什—僧嵩—僧渊—法度—僧朗—僧诠—法朗—吉藏。以上三家的意见，其分歧主要在于由鸠摩罗什至僧朗间的传承，而由僧朗到吉藏则无异议（有人对这个传承作出批判性的研究，认为道朗实为僧朗之误①）。其实，如果我们结合当时的历史背景作一透视，则不难看出其中的原因。自东晋末年鸠摩罗什及其弟子译传、弘扬三论以来，遂掀起了一股研习三论的风潮。鸠摩罗什门下弟子众多，四方义学沙门云集关中，可谓极一时之盛。然众弟子多以"务博为归"，不拘守于一家一宗。即使上面三家所列的三论宗系谱中人，也并没有以三论宗自命其学。正如有的学者所说："所谓'三论宗'，只不过是后人在对佛教各传统作整理时所安立的名辞，视为表示一思想潮流则无可厚非，若必要仿日后禅宗与日本佛教宗派成例，替它订定一先后相承的谱系，难免便会出现许多穿凿和争论。"②

　　但是，值得注意的是，中观学在中国的流传从一开始就显示出不同于印度的独特面貌。在印度，中观学的研究以《中论》为轴心，其发展与流变体现在数目繁多、风格各异的中论注释上。而在中国，鸠摩罗什在翻译《中论》时，不仅翻译了龙树的《中论》本颂，而且连同青目的注释一并译出。这样，龙树的《中论》本颂和青目的注释被合并在一起，形成一书，流传并普及于中土。因此，中国的中观学的发展，在中观学的代表作《中论》的翻译阶段，就已经步出了与印度中观派不同的研究史。后来，鸠摩罗什翻译的《中论》（青目释）被广泛研习、传播，成为最通行的译本，以至于《中论》（青目释）成为《中论》的代名词，中国人所说的《中论》实际上往往就是指《中论》青目释，而如果要论及龙树的《中论》，则须标明是龙树的《中论》本颂。随着中观学在中国的进一步发展，中国的《中论》研究又呈现出另一个显著的特点，那就是将同

---

①　汤用彤：《摄山之三论宗略考》，《汤用彤学术论文集》，中华书局 1983 年版，第 18 页。
②　廖明活：《嘉祥吉藏学说》，（台湾）学生书局 1985 年版，第 14—15 页。

样是鸠摩罗什翻译的《百论》《十二门论》与《中论》综合在一起作为一系列的文献来研究，形成了独具中国特色的三论学，进而发展成以此三论为立宗依据的三论宗。

三论学的特点是将上面所说的三论作为一个整体来传习和研究，他们把这三论看作大乘中观学说的代表作和理论核心。有关这一学风的起源，毫无疑问应该归于鸠摩罗什及其门人弟子。由于鸠摩罗什的译传和门人弟子的讲习，形成了一股以弘传三论为重心的三论学风。虽然鸠摩罗什的弟子们大多以"务博为归"，不见得有明显的学派意识，但以僧肇、僧叡等为代表的什门弟子对中观学和三论学在中国的传播无疑起到了开风气之先的作用。而且，后来三论学和三论宗学派及其宗派传承则无疑滥觞于他们师徒相传的过程中所自然形成的三论学统。

从学统的角度来说，三论学作为一个相对独立的学派，它形成的标志可以说是宋末齐初僧朗的南渡。在鸠摩罗什及其弟子的时代，关中自然是中观学的重镇，而在鸠摩罗什之后，弟子们遍布大江南北。但是，除僧肇之外，他们并不以专研中观、三论为务，而是兼善《法华》《成实》《涅槃》等。因此，什、肇之后，一直到摄山僧朗之间，中国三论学的传承难以确考。当然，在此期间，研究和讲说三论的传统在江南是保持着的，只不过这种三论的研究是与《成实论》的研究一起进行的，而且《成实论》的研究无疑是研究的重点，三论的研究被湮没在其中，沦为《成实论》研究的附庸。《成实论》自鸠摩罗什译出以后，颇受江南佛教界的重视，加之齐文宣王萧子良的提倡和僧柔（431—494）、慧次（434—490）的弘扬，《成实论》的研究逐渐风靡江南佛教界。到了南朝梁，产生了著名的《成实论》研究的三大法师，即开善智藏、庄严僧旻和光宅法云，《成实论》研究达到了鼎盛。

《成实论》研究的盛行和成实学派的发展，是南朝齐、梁时期三论及般若学衰退的主要原因之一，同时，也是促成后来三论学复兴的直接动因。三论和《成实论》都是鸠摩罗什译出的，所宣说的理论重心无非二谛与空，二者有相近相通的方面。因此，人们往往将二者结合起来一道研习，并没有作明确的分别。但是，随着时代的推移和研究的深入，二者的区别渐渐显露出来。而且这种区别被敏锐地意识到，并加以强化和利用，由此形成了三论与成实的争论、分裂和对立，最终导致了三论学的复兴和成实学的衰落。这其中的转折点，就是僧朗的南渡。僧朗于南朝宋末齐初来到江南，入住摄山，重振三论，梁武帝闻其声誉而敕僧受业，学有所成者是僧诠。僧诠受业朗公，顿迹幽林，唯明中观，与其师僧朗一样，一生不出摄山。这种隐居山林的学风，到僧诠的弟子辈时始有所改变。僧诠弟子众多，著名者被称为"诠公四友"，即所谓四句朗（或伏虎朗）、领语辩（或领悟辩）、文章勇、得意布。此四人除慧布继续留居摄山栖霞寺外，其余三人皆离开山野，进住京城，法朗住兴皇寺，慧勇住大禅众寺，智辩住长干寺，三论之学由此出山林而入京邑。法朗号称伏虎，对当时流行之学大加批驳，首当其冲者就是成实。吉藏在《大乘玄论》卷五中曾谈到其师法朗力批成实的原因：其一，成实本是小乘，而托谈空之名，极易乱大乘中观之正义；其二，自齐梁以来，成实最为盛行，实三论之巨敌。所以周颙嫉之于前，法朗直斥于后。而到法朗时，三论学势力弘大，与成实的争斗亦呈现出势均力敌、激烈异常的态势。成实自齐梁以来蔚为显学，盛行一时，成实师对于复兴三论学自然力加排斥，并指责三论学为标新立异。因此，法朗在破斥成实的同时，不得不屡屡申明三论学学有所宗，秉承的是鸠摩罗什的关河正义。吉藏《大乘玄论》卷五略出师意十条之六说："六者，前读关河旧序，如影、叡所作。所以然者，为即世人云：'数论前兴，三论后出。'欲示关河相传，师宗有在，今始构也。"《涅槃经游意》也说："大师云，今解释，此国所无，如何处得此义耶？云禀关河，传于摄岭。摄岭得大乘之正意也。"

实际上，三论宗的实际创始人嘉祥吉藏本人也非常重视家学师承。在他的著作中除了屡屡破斥《成实论》之外，还经常提到，他的思想是间接承继鸠摩罗什、僧肇等的"关河旧说"，而直接来自"摄岭诸师"。他在《大乘玄论》卷三中说："学问之体，要须依师承习。"[①]《百论疏》卷一说："若肇公可谓玄宗之始。"汤用彤对此有非常客观的分析，他说："欲示三论之学，南国所无，故言周颙作论，梁武造疏，均得之僧朗，以明斯学为摄山统系所独得。欲示关河相传，师宗有在，故复言高丽大师传法关中，以征实其正统。学者须知宗派之兴，或出乎师承，或仅由自悟。而学说演进，忽创新说，虽凭借古德，亦由于思想发达，时会所趋，自有程序。于成实分析空论进而谈三论之妙有空，非无其故。研究宗义者，对于师资传授，不可执著，视为首要。而三杂以附会之宗史，亦自当抉出之也。"可

---

①　（隋）吉藏：《大乘玄论》卷三，《大正藏》第 45 册，第 36 页。

以看出，无论是出于对抗成实，还是证明三论学师宗有在，吉藏一直以继承鸠摩罗什与摄岭僧朗以来的三论传统自居，在其意识深处，确实存在着鲜明的三论学统观念。因此，如果一定要替三论宗厘定一个理论上的传承的话，这个传承应该是鸠摩罗什—僧肇……僧朗—僧诠—法朗—吉藏。

第三节　摄论诸师与三论学的复兴

鸠摩罗什门下弟子众多，有的善《法华》，有的弘《涅槃》，有的传《成实》，等等。但以专弘三论来说，当首推僧肇。僧肇以后，一直到摄山僧朗之间，三论学的传承即无可考。唐代天台宗师湛然所作的《法华玄义释签》卷十九中说："自宋朝以来，三论相承，其师非一，并宗罗什。但年代淹久，文疏零落，至齐朝以来，玄纲殆绝。江南咸弘成实，河北偏尚毗昙。于时高丽朗公，至齐建武来至江南，难成实师，结舌无对，因兹朗公自弘三论。"① 此文记载了三论传承中断的情况。

三论学盛极而衰，有多方面的原因。由鸠摩罗什译出的《成实论》风靡一时，以致在梁代产生了成实三大家开善智藏（458—522）、庄严僧旻（467—527）和光宅法云（467—529）。许多善讲三论而兼弘成实的著名论师，如僧导、僧嵩及其弟子，也被归入成实论系统。另外，北凉昙无谶于公元421年译出《大般涅槃经》之后，由于道生等人的大力弘扬，研究涅槃之风日盛，当时在南朝的涅槃学者有"本三家，末十家"之数。三论学及与三论有关的《般若经》的研究则相对衰退了。直到摄岭僧朗法师重倡三论，才实现了三论学的复兴。

据《高僧传》载，僧朗是辽东人，"为性广学，思力该善，凡厥经律，皆能讲说，《华严》、三论最所命家"②。宋末齐初来到南方，后师事禅师法度。由于法度是一位虔信西方净土的禅师，与僧朗的学养不同，因此，僧朗的三论学当不是学自法度，而应另有师承。据日人安澄《中论疏记》卷一本说："高丽国辽东城大朗法师（摄山僧朗），远去敦煌郡县庆师所，受学三论。齐未（应为'末'）梁始来入摄岭山也。"③ 这说明

---

① （唐）湛然：《法华玄义释鉴》卷十九，《大正藏》第33册，第951页。

② 汤用彤：《摄山之三论宗略考》，《汤用彤学术论文集》，中华书局1983年版，第27页。

③ ［日］安澄：《中论疏记》，《大正藏》第65册，第22页。

僧朗所学三论系出自关河什、肇所传，至于昙庆师承何人，则不得而知了。

法度圆寂之后，僧朗继之成为栖霞寺的住持。他盛弘三论，力破成实，以无碍的辩才使当时盛极一时的成实诸师"结舌无对"。由于他的大力宣传，加上统治者（如梁武帝）的信奉和支持，三论学风终于再度兴盛，而成实师则由此衰落下去。僧朗也被誉为什、肇之后三论宗的第三代祖师。

梁武帝在僧朗的感化下，由信奉《成实论》和《毗昙》而改宗三论。他派遣智寂、僧诠等十人随僧朗法师学习三论，其中唯一学有所成的就是被称为三论宗第四代祖师的止观僧诠。僧诠的生卒年月不详，他后来驻锡摄山止观寺，故称"止观僧诠"，后人为了与"摄岭师"僧朗相区别，又称他为"山中师"。

僧诠据传是一位隐居修行的有道高僧，他在梁陈之交，以"直辔一乘，横行山寺，随机引悟"，而声震山外。"僧诠受业朗公，玄指所明，唯存中观"，"中观"是三论宗的核心概念之一，从僧诠时代已开始集中阐扬。他"顿（遁）迹幽林，禅味相得"，同南朝义学普遍崇尚高谈阔论的风气迥然不同。他教导自己的徒众说："此法精妙，识者能行，无使出房，辄有开示。故经云：计我见者，莫说此经；深乐法者，不为多说。良由药病有以，不可徒行。"① 这种行重于言、言必有对的主张，上承法度遁世修身的山风，下启三论宗强调"为人悉檀"的认识论和方法论，是很值得注意的。

僧诠门下有入室弟子四人，即兴皇法朗（507—581）、栖霞寺慧布（？—587）、长干寺智辩和大禅众寺慧勇。《续高僧传·慧布传》曰："时人为之语曰'诠公四友'，所谓口句朗、领语辩、文章勇、得意布。"②

"诠公四友"一改其师隐居修禅的学风，除慧布仍留摄山栖霞寺外，其余三人均住于扬都（今南京）各寺，大开讲席。而继承僧诠衣钵并发扬光大的是五祖法朗。《续高僧传》本传说他"少习军旅，早经行阵"，出家后，先学禅法、《成实》《毗昙》，后入摄山，就僧诠学四论及《华严》《大品》诸经。陈永定二年（558），奉陈武帝敕入住兴皇寺，大弘三

---

① （唐）道宣：《续高僧传》卷七《法朗传》，《大正藏》第 50 册，第 477 页。

② （唐）道宣：《续高僧传》，《大正藏》第 50 册，第 480 页。

论，言"往哲所未谈，后进所损略"，"听侣云会，挥汗屈膝"。其先后说法二十余载，影响日广，三论之学由是出山林而入庙堂。法朗号伏虎，勇于突破，他在讲三论时，敢讲人所不敢讲，发人所不敢发，斥外道，批毗昙，排成实，呵大乘，抉择同异，忘身而弘道，忤俗以通教，以其不可一世之气象，扭转了三论学的颓运。他的这种"弹他"与"显自"并重的学风，及其争强好辩的性格，对他的著名弟子，三论宗的实际创始人，被尊为三论宗第六代祖师的嘉祥吉藏产生了很大的影响。到吉藏时代，摄山三论学的这种好争善辩的风尚被进一步提炼为"破邪显正"、"但破不立"的真理观和方法论，并融汇到三论宗的基本精神——"般若无得"之中。

吉藏（549—623）俗姓安，西域安息国皇室后裔，生于金陵。7 岁随法朗出家，学习各类佛教典籍，19 岁即能够代法朗复讲经论。隋末社会动乱时期，吉藏勤于搜集保存各种佛教注疏著作，研究各种佛教经典，涉猎广博。因曾住会稽嘉祥寺，故称"嘉祥大师"。吉藏长于义学，立论精当，议论惊捷，辩才无碍。《续高僧传》的作者道宣对吉藏的辩才与学养有这样的描述："初，藏年位息慈，英名驰誉；冠成之后，荣扇愈远。貌象西梵，言实东华。含嚼珠玉，变态天挺，剖断区流，殆非积学。对晤帝王，神理增其恒习；决滞疑议，听众忘其久疲。"隋开皇年（581—600）吉藏受杨广之请，先后住扬州惠日寺和长安日严寺。唐朝建立，吉藏被征为统辖全国僧侣的十大德之一。吉藏晚年先后住长安的实际寺、定水寺和延兴寺。

吉藏一生博览群书，著作等身，治学精勤，立说玄妙，盛弘佛法，不遗余力。"讲三论一百余遍，《法华》三百余遍，《大品》《智论》《华严》《维摩》等各数十遍，并著玄疏，盛流于世。"他的注疏共计四十余种，现存尚有二十六部。隋炀帝大业四年（608），吉藏完成了其佛学思想体系的纲领性著作——《中论疏》《十二门论疏》和《百论疏》。《中论》《十二门论》和《百论》是中观学派的主要论著，也是三论宗所依据的主要典籍。"三论学"，顾名思义，就是有关"三论"的学问。吉藏倾全力撰写的三论疏的问世，标志着他所创立的三论宗思想体系的正式形成。

第四节　吉藏及其三论宗佛学思想

一　吉藏佛学思想的纲要——无得正观

（一）"无得正观"是中观学派和三论宗的传统精神

大家知道，吉藏以及三论宗人以中观学派在中国的继承者自命，而大乘中观学派的产生则受到《般若经》的直接影响。"无得正观"的思想正是自《般若经》而中观学派、目中观学派而三论宗一脉相传的基本精神。

般若系经典的出现标志着大乘佛教的兴起。般若经典的中心义理是所谓的"缘起性空"和由之而来的对缘起法的态度——"无得正观"。缘起法是整个佛教的理论基础，《般若经》主张，一切事物（法）都是因缘而起的，因此都是没有自性的，没有自性也就是"空"。这就决定了我们对于由缘起而产生的诸法的态度：既然万法都是自性空寂的，因此，我们对任何事物都不能执着，要做到"无得"、"无住"，这就是如其缘起而观之的正确观法——"无得正观"。

龙树系统地阐发了"缘起忄空"的般若大义，并把《般若经》"无得正观"的思想进一步提炼为"破邪显正"的方法论原则，将之贯彻到其整个思想体系之中。这是对"无得正观"的般若义理的有力发挥。

"般若无得"的思想也是自法朗以来摄山三论学的基本传统。吉藏在他的著作中提到，法朗经常以"无得"教诲门人。《胜鬘经宝窟》说："家师朗和尚每登高座，诲彼门人，常云：言以不住为端，心以无得为主。故深经高匠启悟群生，令心无所著。所以言者，以着是累根众苦之本。以执着故，三世诸佛敷经演论，皆令众生心无所著。以执着故，起决定分别；定分别故，则生烦恼；烦恼因缘，即便起业；业因缘故，则受生老病死之苦。"① 也就是说，法朗认为，言语应该以"不住"为根本，心应当以"无得"为主导。为什么这样说呢？因为执着之心是一切众生烦恼痛苦的根本。因为有了执着，于是产生了决定分别；因为有了决定分别，就会产生烦恼；因为有了烦恼，就会生起业因；因为有了导致轮回的业力因缘，则众生就要遭受生、老、病、死轮回之苦。所以，三世诸佛讲经说论，都是为了让众生去掉执着之心，而归于无

---

① （隋）吉藏：《胜鬘经宝窟》，《大正藏》第 37 册，第 5 页。

所得。

与龙树"破而不立"、"一空到底"的中观派精神相一致，法朗将"无得正观"的般若义理发挥得淋漓尽致。他认为，不仅对外道邪见要加以破除，即使对佛教正法也应一无所得，最后达到无得于"无得"的境界，吉藏在《净名玄论》卷三中引述法朗的话说："又我师兴皇和上，每登高座，常作是言：行道之人，欲弃非道，求于正道，则为道所缚；坐禅之人，息乱求静，为禅所缚；学问之徒，谓有智慧，为慧所缚。复云：习无生观，欲破洗有所得心，则为无生所缚。并是就缚之中，欲舍缚耳，而实不知皆是系缚。"①

三论宗创始人嘉祥大师吉藏近承法朗衣钵真传，远继龙树中观精髓，更是以"无得正观"作为三论宗佛学思想的基本精神，并将其贯穿于整个学说之中。

（二）"无得正观"是一切佛法之精义

吉藏认为，"无得正观"是一切佛法之精义所在，究极观之，一切佛说皆是在显示无所得之理，于无所得之外，别无佛法。

《中观论疏》卷二曰："佛虽说一切名教，意在无所得一相一味，谓离相、解脱相。"② 将一切佛说都归为无所得一相一味。

在吉藏看来，一切佛教经典都是在申明无所得之旨："得与无得，盖是众经之旨归，圣观之渊府。"他认为，不仅《大品般若经》是正明"无得正观"之义，"破众生有所得心"，《维摩经》也是"为泯生心动念，悟无得无依"；《法华经》讲"三谛圆融"、"借权显实"，为的是破除对大小、一三等的执着，"明无所得"；《涅槃经》既说常又说无常，归根结底也是以"无得为宗"。至于龙树、提婆所创立和倡导的大乘中观学说，更是以无得为旨归。他在《法华玄论》卷四中说："又龙树出世制作大意者，要先破洗一切有所得病，令毕竟无遗。莫问大乘小乘，内道外道，有文作义及无文构造，凡心有一毫依得，言有一句定相，皆悉洗之，令毕竟净。然不净既去，净亦无留也。"③ 也就是说，不仅要破除一切有所得病，而且，"不净既去，净亦无留"，不能执着于"有得"，也不能执着于"无

---

① （隋）吉藏：《净名玄论》卷三，《大正藏》第38册，第381页。
② （隋）吉藏：《中观论疏》卷二，《大正藏》第42册，第32页。
③ （隋）吉藏：《法华玄论》卷四，《大正藏》第34册，第391页。

得"。吉藏还在《百论疏》中以"无当"、"无住"、"无着"、"无依"、"无得"等来形容《百论》的宗旨:"论主言教也,无当者是无住、无着之异名,无依、无得之别称也。"①

吉藏认为,一切佛教经论之所以盛倡"无所得"之义,乃是因为心有所得、有所执着是一切有情烦恼和痛苦的总根源,所以,要消除烦恼和痛苦,首先就必须断除"有所得"之心。他说:"若有所著,便有所缚,不得解脱生老病死忧悲苦恼……故有依有得为生死之本,无依无着为经论大宗。"②

同时,"无所得"也是区别佛法与外道邪说的重要标准。佛陀虽然宣讲五蕴、十二处、四圣谛、八正道、十二因缘等,但所有这些皆是为了对治众生有所得病的方便教说,而不是如外道之执持"实相"、"安神好异"。吉藏说:"九十六术皆云:'天下唯我一人,天下唯我一道。'各谓己法实,余并虚妄。"③ 又说:"夫欲安神好异者,盖是入道之巨累,通教之尤毒,今当为子陈之失。心有所安,则情有所寄;情有所寄,则名有所得;有所得者,则有所缚。有所缚者,盖是众累之府藏,万苦之林苑。子欲安神,事招斯过。又云愿闻异说。若云求异,则异更有异,使异异无穷。古语云:真言归于竞辨,宗逾出于好异。可谓去城愈远,歧路愈多,乖之弥至,失之弥甚。"只有"一无所依"、"一无所住",既不执着"得",亦不执着"无得",才是真正的无所得之境。"若定用无得为是,还成有得,不名无所得。一无所依,乃名无得。无得通常、无常,何者?彼云生死无常涅槃常,如此常、无常并有所得。今明常明无常因缘假名字说,无有无常可有,亦无有常之可得,一无所住,故名无所得也。"④

(三)"无得正观"是吉藏佛学思想之总纲

"无得正观"的般若大义贯穿在吉藏的整个佛学思想之中。

在判教理论方面,吉藏主张,既然无所得乃三论教义之精髓,那么,若总体观之,佛教就是为了显示无所得之理,于此无所得之外,别无佛法。只是由于众生根机有别,时势不一,佛陀为了普度有情,故随缘显

---

① (隋)吉藏:《百论疏》,《大正藏》第 42 册,第 234 页。

② (隋)吉藏:《百论疏》,《大正藏》第 34 册,第 637 页。

③ (隋)吉藏:《百论疏》,《大正藏》第 42 册,第 123 页。

④ (隋)吉藏:《百论疏》,《大正藏》第 38 册,第 232 页。

示，因机说法，由此出现了种种不同的法门。法门虽然千差万别，但殊途同归，都是为了彰显无所得之理。据此，吉藏提出了他独特的判教宗旨，他在《大乘玄论》中说："诸大乘教，通为显道，道既无二，教岂异哉？但人有多门，故诸部差别。"《三论玄义》亦说："大小乘经，同明一道，以无得正观为宗。"吉藏认为，在"以无得正观为宗"的大前提下，一切佛说都是为了对治众生有所得之病，"病有种种之症，斯药不可无种种之别，然各各对其病症，而有特殊之效验，其间毫无优劣之差也"①。这样，吉藏一方面同意在教相上对佛理和佛教经典作大致的分类，另一方面又反对作出价值上深浅优劣的判别。同时，吉藏还对成实师的五时判教和地论师的三宗、四宗判教进行了严厉的批判，他认为，地论师和成实师判教的根本错误，在于执着有所得之见，而将"显道无二"的诸佛方便之说强分优劣。

基于"无得正观"的基本精神，吉藏从纵横两个方面提出了自己独特的判教主张。就横的方面来说，他将一代佛说大判为声闻、菩萨二藏；就纵的方面来说，吉藏根据释迦在不同时间、针对不同对象说法各有侧重，建立了根本法轮、枝末法轮和摄末归本法轮三种法轮。综合这两方面看，吉藏认为，所有这些不同种类的经典，都是佛陀为令人觉悟无所得而随缘施教的方便宣说，其间并无价值上之优劣深浅之别。

在方法论方面，与"般若无得"的基本精神相一致，吉藏佛学思想的主要方法论原则就是"破邪显正"。他认为，区别"正"与"邪"的唯一标准就是"无得"与"有得"。"有得"是邪须破，"无得"是正应申。也就是说，一般所谓的邪见，就是执着于某种固有的见解（有得），以图揭示事物的真相；而一般所说的正见，就是对任何东西都不执着（无得）。而且，通常人们总是在破斥了他所认为的邪见之后，随之建立起自己对真理的见解，并往往执为实有，这样，其实已经沦为有得的邪见了。因此，吉藏主张，昭示佛法的正确方法，应该是"唯破不立"、"破邪显正"，在破斥邪见中显现正理。

在真理观方面，吉藏认为，最高的真理"至道"是"未曾邪正"的，"诸佛所行之道未曾邪正，为对内外二邪，故立为正"②。真理本来无所谓

① ［日］前田慧云：《三论宗纲要》，朱元善译，商务印书馆1923年版，第24页。
② （隋）吉藏：《法华游意》，《大正藏》第34册，第639页。

"邪"，也无所谓"正"，之所以说邪说正，乃是为了破除有所得之邪见，而强名曰"正"。"有邪故有正，邪去正不留。"① 说"正"是为了破"邪"，"邪"既破除，"正"自然也就失去了其存在的价值。"为见于邪，强名为正；在邪既息，则正亦不留，故心无所著。"② 所以，无论是说邪还是说正、说破还是说立，最终还是归于"心无所著"的无得之境。

同时，吉藏还认为，这"未曾邪正"的最高真理又是超言绝相的，它不能用任何语言概念来形容或描述，说它是"有"、"无"、"亦有亦无"或"非有非无"，都是不正确的，都是有所得，只有"心无所著"、"无得"、"无依"才是佛教真理观的真精神。

在二谛观方面，与其"破邪显正"、"道非邪正"的方法论和真理观相一致，吉藏认为："二谛唯是教门，不关境理。"③ 既然"至道"无所谓邪正，邪正是相对而言的，"显正"在于破邪，"破邪"是为了"显正"。同样，真俗二谛也是相对而言的，谈"真"是为了治"俗"，说"俗"是为了显"真"。否则，如果认为二谛所表示的是实有所指的二境或二理，以某境理为俗，以某境理为真，那就是二见，是有所得。《二谛义》卷下曰："又若二谛有二理，即成有所得……众生既本有二见之病，诸佛若更说道理有二，便是故病不除，更增新惑。为是故诸佛随便众生，说有二谛，道理无二也。"④ 佛立二谛之方便，只是为了体悟不二之真谛："二谛非理，乃是方便教门……实无二谛，方便说二，令悟不二，故二谛是教门也。"⑤

最能体现吉藏之"无得正观"学说精神的，是其重重否定的"四重二谛"说。所谓四重二谛，即，第一，说有是俗谛，说空是真谛；第二，说有说空都是俗谛，说非有非空才是真谛；第三，说空有之二与非有非空之不二都是俗谛，非二非不二才是真谛；第四，以上三重二谛都是教门，超越了它们的无所得才是真谛。可以看出，吉藏的四重二谛观是有层次的、由浅而深的。之所以提出此四重二谛的主张，是为了依次破除凡夫（第一重）、小乘（第二重）和大乘人的偏邪之病而提出的方便教说。在

---

① （隋）吉藏：《百论疏》，《大正藏》第 42 册，第 234 页。
② （隋）吉藏：《三论玄义》，《大正藏》第 45 册，第 7 页。
③ 同上书，第 15 页。
④ （隋）吉藏：《二谛文》，《大正藏》第 45 册，第 108 页。
⑤ 同上书，第 88 页。

四重二谛中，由所批判的对象不同而建立起由低到高四个不同的真理层次。虽然从终极的意义上来说，每一个层次的真理都是不究竟的，都是方便教说，但是，相对于各自所对治的偏病而言，却有着一定的真理性。其中，前面一重二谛必须被后面一重二谛所否定，而后一重二谛通过对前一重二谛的否定，从而包含了更多的真理成分，也就向着最高真实迈进一步，这样，通过无限的重重否定，呈现出由低到高的序列，最后达到言忘虑息、无得无依的境界。

在中道观方面，吉藏认为，"中道"与"无所有"、"无住"、"无得"是相同意义的概念。他说："不真不俗，亦是中道，亦名无所有，亦名正法，亦名无住。"① 他认为，中道说是佛教的根本义理，甚至可以说，浩如烟海的佛教经论所阐明的都是"中道正观"："一切论通明中道明正观，故一切论皆是一论；一切经亦通明中道明正观，则一切经是一经。"② 对于龙树"八不中道"的理解，吉藏说，龙树提出"八不"的目的，是为了"遍破一切有所得心"，令"心无所行"，"无所行故无所得"。《大乘玄论》卷一曰："所以牒八不在初者，欲洗净一切有所得心，有得之徒无不堕此八计中。如小乘人言，谓有解之可生，惑之可灭，乃至众生从无明流来，反本还原故去。今八不横破八迷，竖穷五句。以求彼'生灭'不得，故言'不生不灭'。'生灭'既去，'不生不灭'、'亦生灭亦不生灭'、'非生灭非不生灭'五句自崩。"③ 吉藏认为，龙树之《中论》本颂之所以首先提出"八不"，是为了破除一切有所得心，虽然有情众生的有所得心多种多样，但都不出此八计的范围。

在佛性说方面，吉藏在回答什么是"正因佛性"的时候，首先对十一家佛性旧说进行了批判。他认为，通论十一家佛性旧说，其共同的特点就是承认有一"得佛之理"的存在。这样，无论是"假"、"实"、"真如"，还是"第一义空"等，都是以一定意义上的"有"为正因佛性，都是"有所得"，因而都不符合吉藏及其三论学说以"无所得"为宗旨的基本精神。吉藏主张，"非真非俗"的"中道"，才是真正的正因佛性，因为只有"非真非俗"之"中道"才是否定"有"、"无"、"非有非无"以

---

①　（隋）吉藏：《大乘玄论》，《大正藏》第 45 册，第 16 页。

②　（隋）吉藏：《百论疏》卷上，《大正藏》第 42 册，第 232 页。

③　（隋）吉藏：《大乘玄论》，《大正藏》第 45 册，第 19 页。

及"亦有亦无"等所有有所得之见，而达到"一无所得"、"平等无待"的绝待境界。如果从因、果、本有、始有方面来说，佛性又是"非因非果"、"非本有非始有"的。实际上，佛性是超四句、绝百非的，不可言真，不可言俗，亦不可言因果、本始。一切有所得义，都是方便说，而非究竟义。

总之，"无得正观"的般若大义是吉藏以及三论宗佛学思想的基本精神，是贯穿在吉藏佛学思想各个方面的总纲领。

二　二藏三轮的判教理论

所谓判教，又称"教相"、"教判"等，详称"教相判释"。是指对佛教经典进行分类。总的来说，判教主要有两种形式：其一，只对佛教诸经典进行分门别类，而不判其深浅优劣；其二，为调和佛教内部的不同说法，树立本派的正统和权威，对佛教诸经从形式到内容给予重新安排和估价，分别深浅、大小、权实、偏圆等，用以确定自宗所依经典之位置。在印度佛典里，已有类似判教的说法，如《法华经》谈三乘，《楞伽经》分顿、渐二教，《涅槃经》讲五味，《解深密经》说有、空、中三时，等等。佛教传至中国，大小乘佛教同时流行，到南北朝时，大小乘各类经典纷纷被介绍到中土，随之出现了许多不同的佛教派别，为了调和各家学说，判教之风遂乘时而起。

南北朝时有所谓"南三北七"诸种判教说，隋唐出现的中国佛教各个宗派也都有自己的判教理论。这些判教理论大多数属于第二种形式，即不仅分别诸经部类，而又判其深浅优劣，如天台宗的五时八教、法相宗的三时、华严宗的五教十宗等。吉藏的二藏三轮教判属于第一种，即只分别诸经之部类，而并不对其深浅优劣做出评判。这是吉藏判教理论的主要特点。

（一）判教之标准

吉藏三论宗的立论宗旨是无所得，与此精神相适应，吉藏主张"至道"，即所谓的最高真理是"未曾邪正"、不可言宣的。因此，若总体观之，可以说，一切佛教都是为了显示无所得之理，于此无所得之外，别无佛教。"理虽无二"，但由于众生根机有别，时势不一，佛陀为了普度众生，随缘显示，因机说法，因此出现了种种不同的法门。法门虽有八万四千之多，教相亦有千差万别之殊，但所彰显的道理却是一致的。从这一基本思想出发，吉藏提出了他独特的判教宗旨，在一系列论著中加以论述。如《大乘玄论》曰："诸大乘教，通为显道，道既无二，教岂异哉？但入有多门，故诸部差别。"《中观论疏》曰："一切大乘经，显道无二……假令小乘经意，亦终同此说。"《三论玄义》中也有类似的言说："大小乘经，同明一道，以无得正观为宗。"《法华玄论》也说："一切大乘经，明道无异，则显实皆同。"凡此种种皆表明，在吉藏的判教理论中，虽承认有大乘、小乘等诸种教相上的差别，但却没有权实真假深浅优劣之分判。

吉藏认为，在"以无得正观为宗"的大前提下，一切佛说皆是为了对治众生有所得之病。"病有种种之症，斯药不可无种种之别，然各各对其病症，而有特殊之效验，其间毫无优劣之差也。佛之说教，亦复如是。众生之烦恼，多如尘沙，故法门之别亦如尘沙。然一一法门，皆有特殊之功能，其间岂有优劣深浅之别……如佛一代之说教，在二乘之前，可谓《阿含经》优而《华严经》劣；在菩萨之前，可谓《华严经》优而《阿含经》劣。何则？以其无利益故也。如此则诸经固皆于一方面为优，于他方面为劣者。既各有优劣之二点，故平均论之，可谓诸经皆有同等之资格者也。是以本宗（指三论宗——引者注）判一代诸经各各具其等、胜、劣之三者，名之为胜劣等同互成门。"①

基于此种立场，吉藏虽同意在教相上对佛理和佛教经典作大致的分类，但反对作出价值的判断。在他看来，"至道未曾大小，为众生故说大小"②。因为最高真理"至道"是不可言宣的，所以，一切用语言文字表达的，包括浩如烟海的诸种佛典，都是为对治众生偏病的方便假说，其间并无高下优劣之分。

（二）二藏与三轮

如上所述，吉藏主张一切佛教经典就其根本精神而言都是一致的，没有上下高低之分。同时他也承认，由于佛陀应病与药，随机说法，因此在教相上可以将佛理和佛典作大致的分类，这就是他的二藏三轮说。

在《法华玄论》卷三中，吉藏引经据典证明二藏判教有经论可凭："释论云：'佛法有二道：一者声闻道，二菩提萨埵道。'《大品经》云：'字有二种：一半字，二满字。为声闻说半字，为菩萨说满字。'又《法

---

① ［日］前田慧云：《三论宗纲要》，朱元善译，商务印书馆1923年版，第24页。
② （隋）吉藏：《中观论疏》卷十，《大正藏》第42册，第160页。

华》云：'昔于波罗捺为声闻转小法轮，今始于拘尸那城为诸菩萨转大法轮。'……又以理推之，众生根有二种：一堪受佛道，二不堪受大道。堪受大道为说佛乘；不堪受者为说小乘。故知但应有二，不应立三也。"①

可以看出，所谓二藏，有几种不同的称谓，即声闻藏和菩萨藏；小乘藏和大乘藏；半字和满字；小法轮和大法轮。

二藏判教并不是吉藏的发明，而是他从菩提流支那里继承来的。他在《胜鬘经宝窟》卷一说："从菩提流支度后至于即世，大分佛教为半、满两宗，亦云声闻、菩萨二藏。"②《仁王般若经》卷上又说："今依菩提流支直作半、满分教。若小乘教，名半字，名声闻藏；大乘名满字，名菩萨藏。今寻诸经论，斯言当矣。"③ 菩提流支的半、满分教，是根据《涅槃经》提出来的，吉藏认为此说有经可依，并把它作为自己的判教标准。

吉藏常以大（菩萨）、小（声闻）二藏分判佛教，或大小对举，或贬小扬大。他曾对比小乘半字教和大乘满字教说："所言小乘半教者，若明其至理，但人、法二空；语其因果，但说有作四谛。斯乃教不尽宗，语不极义，说称小根，进成小行，有所缺德，名之为半。故云小乘，名声闻藏。大乘满字教者，若明其理，至极平等，无得正观，不二为宗；语其因果，即说无作四谛。斯乃教称大乘宗，语极圆旨，说称大根，进成大行，具足无缺，名之为满。故云大乘，名菩萨藏也。"④

吉藏虽然在教相上区别大小二乘，称小乘为半字教，为不了义教，称大乘为满字教，为了义教，但究其实际，说大说小都是为了对治烦恼，令人断惑得道。"夫为未识源者示之以流，令寻流以得源；未见月者示之以指，令因指以得月。穷流则唯是一源，亡指则但是一月。"⑤ 所以说，一切佛教经论，都是方便教说，都是"流"是"指"，目的是让人寻流得源，因指得月。举指为令得月，得月而忘指，若复执着于指，"守筌丧实"，是为有所得。《三论玄义》曰："道理为有大乘？为无大耶？如有其大，则是有见；若言无大，何所立耶？又若谓有大异小，则有小异大，名

---

①　（隋）吉藏：《法华玄论》卷三，《大正藏》第 34 册，第 382 页。

②　（隋）吉藏：《胜鬘经宝窟》卷一，《大正藏》第 37 册，第 6 页。

③　（隋）吉藏：《仁王般若经》卷上，《大正藏》第 33 册，第 315 页。

④　（隋）吉藏：《仁王般若经疏》卷上，《大正藏》第 33 册，第 315 页。

⑤　《大正藏》第 45 册，第 3 页。

为二见……又若实有大乘者，名有所得。有所得者，为魔眷属，非佛弟子。"① 就是说，如果执着于大小，则堕入二见，背离了无所得的宗旨，也就偏离了佛教的基本精神。吉藏认为，至道无二，非大非小，大小都是应病与药的方便法门，为的是对症下药，息患得悟。大乘小乘只有功用上的机缘之别，而没有本质上的高低优劣之异。《净名玄论》卷四对此有明确的解释："又此经所兴明解脱者，正明释迦一期出世，大小、凡圣有所得人诸缚悉令得解脱。原如来出世，赴缘施教，本令悟不凡不圣、不大不小不二法门。而有凡圣、大小者，皆是非凡非圣、非大非小，故能凡能圣、能大能小耳。虽有凡圣，无动无凡圣。大小亦然。但禀教之徒，闻凡作凡解，闻圣作圣解。大小亦然。故并成有所得，悉系属于魔，非佛弟子。"② 意思是说，释迦一代佛教都是为了使一切有所得人去缚得解脱，说凡说圣、说大说小都是"赴缘施教"，令众生因此觉悟"不凡不圣、不大不小不二法门"。虽然有凡有圣，"不动无凡圣"，但其最高境界则是"非凡非圣、非大非小"。

吉藏将一代佛说大判为声闻、菩萨二藏，这是从横的方面而立。从纵的方面来说，吉藏根据释迦在不同时间、针对不同对象说法各有侧重，建立了三种法轮说。

所谓"三种法轮"，即"根本法轮"、"枝末法轮"和"摄末归本法轮"。什么是"法轮"呢？"轮"是指转轮圣王（佛教的理想君王）的轮宝，"法"即佛法，"法轮"是说佛法像转轮圣王的轮宝一样，能摧破众生的一切烦恼。"转法轮"就是指佛的说法。"三种法轮"即"三转法轮"，指佛陀在不同时间、不同场合，对不同众生所作的三种不同的说法，这三种法轮包含了佛陀一生说法的所有法门。《中观论疏》卷一对"三轮"有如下的解释："如《法华经》总序，十方诸佛及释迦一化，凡有三轮：一根本法轮，谓一乘教也。二枝末法轮之教，众生不堪闻一，故于一佛乘分别说三，三从一起，故称枝末也。三摄末归本，会彼三乘，同归一极。此之三门，无教不收，无理不摄，如空之含万像，若海之纳百川。"③ 意思是说，根据《法华经》，十方诸佛及释迦牟尼的教化，有三种

①　（隋）吉藏：《三论玄义》，《大正藏》第 45 册，第 5 页。
②　（隋）吉藏：《净名玄论》卷四，《大正藏》第 38 册，第 875 页。
③　（隋）吉藏：《中观论疏》卷一，《大正藏》第 42 册，第 8 页。

法轮：第一，根本法轮，即佛乘教化，佛说法的根本目的是使众生成佛，故称根本法轮。第二，枝末法轮，佛转根本法轮可以使利根众生觉悟，但不能使钝根众生觉悟，为了使钝根众生逐步得到解脱，所以将佛乘分为三乘——声闻乘、缘觉乘和菩萨乘。这三乘是由一乘（佛乘，根本）而生起，所以称为"枝末"。第三，摄末归本法轮，将声闻、缘觉、菩萨三乘（末）同归于一乘——佛乘（本）。这三种法轮，没有任何佛的说教不收取在内，没有任何佛教义理不含摄其中，就像"空"一样包含万物，像大海一样容纳百川。

《法华游意》对此有更详细的解释，其文曰："欲说三种法轮，故说此经。言三种者，一者，根本法轮；二者，枝末之教；三者，摄末归本。根本法轮者，谓佛初成道，《华严》之会，纯为菩萨开一因一果法门，谓根本之教也。但薄福钝根之流，不堪于闻一因一果故，于一佛乘分别说三，谓枝末之教也。四十余年，说三乘之教陶练其心。至今《法华》，始得会彼三乘归于一道，即摄末归本教也。"① 从引文可知，三种法轮代表了佛陀一生说法的三大阶段。"根本法轮"指释迦初成道时，在菩提树下为菩萨宣说"一因一果"的一乘道理，即《华严经》。但"薄福钝根之流"不堪正教，佛于是分别说三，由浅入深，历时四十余年，自《阿含经》一直讲到《法华经》以前的《般若》《净名》等诸经，以"陶练其心"，这就是"枝末法轮"。经过枝末法轮的陶冶，众生根机已熟，佛再为其宣说"会三归一"的一乘道理，这就是"摄末归本法轮"，其代表经典是《法华经》。

三轮说的经典依据是《法华经》中《信解品》的"长者穷子之喻"及《譬喻品》的"火宅三车之喻"。《法华游意》说："问：此经何处有三轮文耶？答：《信解品》云：长者居师子坐，眷属围绕，罗列宝物，即指《华严》根本教也。唤子不得，故密遣二人，脱珍御服，着弊垢衣，谓隐一说三，谓枝末教也。如富长者知子志劣，柔伏其心，乃教大智，谓摄末归本教。又《譬喻品》云：如彼长者，虽复身手有力，而不能用之，但以殷勤方便，勉济诸子火宅之难，然后各与珍宝大车。初句谓隐根本，次句谓起枝末，后句谓摄末归本，即三轮分明之证也。"②

---

① （隋）吉藏：《法华游意》，《大正藏》第 34 册，第 634 页。
② 同上书，第 634—635 页。

综上所述，吉藏从"无得正观"的基本精神出发，主张一切佛教经典究极观之，"显道无二"，都是为了彰显无所得之理；但从教相上说，因为众生根机有别，故有种种不同的法门。既然一切佛说从本质上说并无高下优劣之别，为什么佛陀又要宣说如此多种不同的佛法呢？为什么又要作此横竖两种判教呢？如果我们将此横竖两种判教结合起来，不难看出，所有这些不同种类的经典，在不同的时机、不同的地点，对应于不同根器的众生，其说教的侧重点和效用是不同的。三种法轮的前后两种即"根本法轮"和"摄末归本法轮"，都属大乘藏；"枝末法轮"包括大乘、小乘两类。吉藏在《三论玄义》中将此两种判教结合起来，清楚地回答了这一问题。他说："问：若乃皆是菩萨藏者，《华严》《般若》《法华》《涅槃》此四何异？答：须识四句，众经焕然。一、但教菩萨，不化声闻，谓《华严经》也。二、但化声闻，不教菩萨，谓三藏教也。三、显教菩萨，密化二乘，《大品》以上《法华》之前诸大乘教也……四、显教声闻，显教菩萨，法华教也……四句之中，三义属菩萨藏内开之，但化二乘为三藏教矣。"① 意思是说，佛初成道时，宣讲《华严经》，此时大机已熟，故菩萨得悟，二乘如聋如盲，不堪大教，此即"但教菩萨，不化声闻"。及至佛游鹿苑，小根已成，故俯身就机，隐一说三，声闻蒙泽，而菩萨不化，此即"但化声闻，不教菩萨"。等到二乘慧眼日开，根器渐熟，佛陀方开始宣说《般若》《净名》诸大乘经，斥三乘为小，褒一乘为大。此是对小明大，抑小扬大，令人舍小趣大。可见，这些大乘经典，既适合于大乘菩萨，也能启迪小乘声闻，此即"显教菩萨，密化二乘"。到了"小执正倾，大机正熟"之时，佛陀即宣说《法华经》，示三乘为方便，一乘为真实，会三归一，开方便之门，显真实之义，开权显实，所以称为"显教声闻，显教菩萨"②。

三 "破邪显正"、"道非邪正"的方法论和真理观

（一）破邪与显正

吉藏在《三论玄义》中开宗明义地提出："夫适化无方，陶诱非一。考圣心以息患为主，统教意以通理为宗……但论虽有三，义唯二辙：一曰

---

① （隋）吉藏：《三论玄义》，《大正藏》第45册，第5页。
② 廖明活：《嘉祥吉藏学说》，（台湾）学生书局1985年版，第101页。

显正，二曰破邪。破邪则下拯沉沦，显正则上弘大法。故振领提纲，理唯斯二也。"① 就是说，大乘佛教认为，佛说法要根据受教人的不同根机，因人施教，所以对人的陶冶诱导没有固定的方式。佛陀的思想主要是为了破除一切错误、邪恶的见解，其说教以通达教理为根本宗旨。三论虽然分为三部，但义理只有两个：一是申明正确的观点，二是破除各种错误见解。破除邪见是为了拯救沉沦于苦海中的众生，申明正理是为了广弘佛法。所以，简单地讲，三论的道理只有"破邪"与"显正"两个方面。

在"破邪"与"显正"之间，吉藏显然更注重"破邪"。在上引书中，他接着又列举了三论中所破斥的诸邪见："三论所斥，略辨四宗：一、摧外道，二、折毗昙，三、排成实，四、呵大执。"② 其中，"外道"指"天竺异执"和"震旦众师"。"天竺异执"即印度传说中的九十六术；"震旦众师"即中国传统的儒、道两家学说。

吉藏在《大乘玄论》卷五中，曾提到龙树"破而不立"的传统，文曰："今（中）论不尔，唯破不立。所以然者，论主出世，唯为破颠倒断常，更无所立。"③《三论玄义》中亦说："末世钝根，迷佛立破，并皆成病，是以论主须并破之，然后具得申如来立破。"④ 在吉藏看来，一切佛经的根本宗旨都是"破"，《二谛义》卷中曰："问曰：经中有立有破，何得言皆破邪（耶）？解云：经中若立若破，皆为破病。何者？经中若说一色一香皆为显道。若不显道，可不破病。既若立若破皆为显道，故破立皆为破病也。"就是说一切佛经无论是立还是破，其目的都是"破邪"。

吉藏所谓的"破邪"与"显正"有一个基本前提或标准，那就是"般若无得"。"有得是邪须破，无得是正须申。"在吉藏看来，不但要破除"有得"和"邪"，对"无得"和"正"也不能执着。他所谓的"无得"，是既无得于"得"亦无得于"无得"的"无得"；他所谓的"正"，是既无得于"邪"亦无得于"正"的"正"。《中观论疏》卷一说："就说教意中，凡有二意：一者破邪，二者显正……此是对邪所以说正，在邪若去，正亦不留。"⑤ 意即，真正意义上的"破"，不但邪见须破，即使破

---

① （隋）吉藏：《三论玄义》，《大正藏》第 45 册，第 1 页。
② 同上。
③ （隋）吉藏：《大乘玄论》卷五，《大正藏》第 45 册，第 69 页。
④ （隋）吉藏：《三论玄义》，《大正藏》第 45 册，第 12 页。
⑤ （隋）吉藏：《中观论疏》卷一，《大正藏》第 42 册，第 16 页。

邪之后的正见，也同样不能执着。因为他所说的"正"，是通过对"邪见"的不断破斥、否定之中所自然显现的，并非在邪见之外别具一固定意义的正理。或者说，如果认为在破除了邪见之后，还有一正见存在，那么这一正见本身也就变成邪见了。

（二）至道无邪正

在中观学派的传统精神中，对最高真实的描述，总是通过对有无、生灭等种种极端的否定来反显的，这就是不落两边的"中道观"。如果说"中道观"是破除正反两边的偏见而执持中道正说，这也是不对的，因为中道本身也不能执着。中观学说虽然否认对世间万法的自性见，但也并不执着一切法之空性，否则将同样陷入自性见的陷阱不能自拔。正如龙树在《中论·观行品》中所说的："大圣说空法，为离诸见故；若复见有空，诸佛所不化。"

同样，吉藏所谓的"破邪显正"，是通过邪与正两个对立的概念，及对此对立概念的双边否定，以实现其破除一切有所得见，达到把一切归于无得的目的。"有邪故有正，邪去正不留"①，说正是为了破邪，邪既破除，正自然也就失去了其存在的价值。《三论玄义》说："难曰：'若无是无非，亦不邪不正，何故建篇章称破邪显正？'答：'夫有非有是，此则为邪；无是无非，乃名为正。所以命篇辨破邪显正。'难曰：'既有邪可破，有正可显，则心有取舍，何谓无依？'答：'为息于邪，强名为正；在邪既息，则正亦不留，故心无所著。'"② 可以看出，无论是说邪还是说正，说破还是说立，其最终归宿仍然是"心无所著"。

既然是"在邪若去，正亦不留"，以至于"心无所著"，那么，在吉藏心目中的最高真理必然是"未曾邪正"的。"所言具含多义者，然诸佛所行之道未曾邪正，为对内外二邪，故立为正。一者，九十六种所说之法，称之为邪；如来所说之法，目之为正。故对彼异道之邪，明佛道为正。二者，昔执五乘之异，乖于一道，名之为邪。所以然者，道尚无二，宁得有五？故执于五异，乖于一道，故称为邪；以对彼二邪，故明佛所行道称为正法。"③ 在《中观论疏》卷一中，吉藏指出，《中论》二十七品

---

① （隋）吉藏：《百论疏》卷上，《大正藏》第 42 册，第 234 页。
② （隋）吉藏：《三论玄义》，《大正藏》第 45 册，第 7 页。
③ （隋）吉藏：《法华游意》，《大正藏》第 34 册，第 639 页。

以"破邪显正"为主题，而最终的结论则是对邪、正的同时否定："二十七品双破大小二邪，俱申二正，惑者便起邪正二心，是故最后双泯二见，道门未曾邪正。"①

从"破邪显正"到"道非邪正"，吉藏三论学与中观学说有着极其相似的思维理路。"破邪显正"是贯穿其思想始终的主要方法论，"道非邪正"则是其整个佛学思想的最高境界。后者是前者的基础，前者是后者所引导出来的必然结论。因为"至道"既然是没有正、邪之分的——"未曾邪正"，那么，邪固然必须破除，同样，当邪见已被破除之后所显现的正理也必须放弃，否则便陷入有所得的邪见之中了。只有做到"邪正双泯"，才能合乎"未曾邪正"的"至道"标准。把握这两点，是如实理解吉藏整个佛学思想的关键所在。

四　重重否定的四重二谛说

二谛说是佛教最基本的理论之一。可以说，只有通达二谛的道理才能通达佛教理论，如果不了解二谛，就无法了解佛教。

（一）二谛是教

一般来说，二谛就是指真谛和俗谛。真谛又名第一义谛、胜义谛或空谛，指解脱的圣者所体悟的真理或境界。俗谛又称世谛、有谛，指世间凡夫所见到的道理或境界。二谛说是佛教最基本的理论之一，各宗无不盛谈二谛。上述关于二谛的解释，把二谛视为两种真实的道理或境界，这是一般佛教教派共同的主张。佛教各宗派对二谛的解释不一，吉藏在《大乘玄论》卷一中将其总结为四种：有人以真理为谛；有人以能观理境的智慧为谛；有人认为境、智都不是谛，而诠示理的言论是谛；有人则认为综合理、境、智、文才是谛。从摄山至嘉祥一脉相承的三论宗人，反对以境为谛的主张，认为二谛是教，不是境。吉藏《二谛义》卷上曰："有人言，以境为谛。若尔，一切牛马畜生亦应有谛。"意即，如果说二谛是指凡、圣等不同境界所对应的两种道理，那么，在凡境之中，又可分成牛、马等畜生的境界，岂非这些牛、马畜生也有对应的真理了吗？

吉藏强调，"二谛非理，乃是方便教门"②，"非真非俗为二谛体，真

---

① （隋）吉藏：《中观论疏》卷一，《大正藏》第 42 册，第 8—9 页。
② 《大正藏》第 45 册，第 88 页。

俗为用"①。也就是说，二谛是为了把唯一之境、唯一之理表达出来的方便教说，是针对众生迷执的不同情况而教化众生的两种手段。二谛从言教上可以说有二体，但不可以从理上说有二体；理只有一，不能有二。若从理上说，二谛是一理之用，而非多理之体。"如来常依二谛说法，一者世谛，二者第一义谛。故二谛唯是教门，不关境理。"② 这种关于二谛的理解，是与其般若无得的基本精神，"破邪显正"、"道非邪正"的方法论和真理观相吻合的。既然"至道"无所谓邪、正，邪、正是相对而言的，"显正"在于"破邪"，"破邪"是为了"显正"，那么同样，真、俗二谛也是相对而言的，谈真是为了治俗，谈俗是为了显真。没有独立于邪外之正，也没有超然于俗外之真。否则，如果认为二谛所表示的是二境或二理，以某境理为俗，以某境理为真，便是二见，是有所得。《二谛义》卷下曰："又若二谛有二理，即成有所得……众生既本有二见之病，诸佛若更说道理有二，便是故病不除，更增新惑。为是故诸佛随顺众生，说有二谛，道理无二也。"③ 佛立二谛之方便，只是为了体悟不二之真谛："二谛非理，乃是方便教门。如三车门外，门外实无三车，方便说三，令悟不三。今亦尔，实无二谛，方便说二，令悟不二。故二谛是教门也。"④

（二）两种二谛

所谓两种二谛，就是"于谛"和"教谛"。于谛和教谛的简别，是三论宗所特有的。三论宗二谛学说的基本特点，就是把真俗二谛分为于谛和教谛，并主张二谛是教。

三论宗关于"于谛"和"教谛"的理论，源自龙树《中论·观四谛品》中的两个偈："诸佛依二谛，为众生说法，一以世俗谛，二第一义谛。若人不能知，分别于二谛，则于深佛法，不知真实义。"吉藏认为，"诸佛依二谛，为众生说法"，说法就是"教"。诸佛说法所依的是二谛，说的法还是二谛，故二谛属"教"。青目解释这两首偈曰："世俗谛者，一切法性空，而世间颠倒谓有，'于'世间是'实'。诸圣贤真知颠倒性故，知一切法皆空无生，'于'圣人是第一义谛名为'实'。"三论宗人根

---

① （隋）吉藏：《二谛义》卷下，《大正藏》第 45 册，第 108 页。
② 《大正藏》第 45 册，第 15 页。
③ （隋）吉藏：《二谛义》卷下，《大正藏》第 45 册，第 108 页。
④ 同上书，第 88 页。

据这段解释和文中的两个"于"字而建立了"于二谛"。

那么，什么是"于二谛"呢？所谓"于二谛"，就是指诸佛在方便讲说二谛时，所依据的两种方便道理。也就是说，诸法实相，非空非有，二而不二，但是，迷惑的凡夫不了解这个道理，错以世间万法为实有。这种凡夫所认为的实有，对于世人来说是真实的，这一真实就是于二谛中的俗谛。而出世的圣者体悟了世间万法皆空，这空的道理，对于出世的圣者来说，是真实的，这一真实就是于二谛中的真谛。诸法实相既是非空非有、无所谓空有的，那么，对于执持有、空的凡、圣两种人来说，就成为或空、或有的两种真实，这两种真实，就是"于二谛"或"二于谛"。

什么是"教二谛"呢？吉藏《中观论疏》卷十有如下的说明："问：云何是二于谛？云何是教谛？答：所依即是二于谛。以于凡圣解（皆）是实，故称二于谛，亦是于二谛。谓色未曾空有，于二皆是实，故云于二谛……能依即是教谛，诸佛依此二谛为物说法，皆是诚谛之言，故称为实。"

三论宗建立于谛和教谛两和二谛，重要的在于说明和主张二谛是教。强调于二谛是佛陀说法的所依，教二谛则是能依。吉藏《二谛义》卷上曰："有两种二谛：一于谛，二教谛。于谛者，如《论》文：诸法性空，世间颠倒谓有，于世人为实，名之为谛。诸贤圣真知颠倒性空，于圣人是实，名之为谛。此即二于谛。诸佛依此而说，名为教谛也。"① 也就是说，固然诸法实相非空非有，不可言说，但是，佛陀为了随顺众生，因机说法，往往方便宣说万物的实有，这一方便而说的实有，自然有别于凡夫的执为实有（于二谛中的俗谛），而是教二谛中的俗谛。同样，佛陀为了破除对有的执着，方便讲说万物皆空，这种方便讲说的空，自然也有别于圣者的执为真实的空（于二谛中的真谛），这就是教二谛中的真谛。

三论宗人分别于谛和教谛的目的，在于说明佛陀盛扬二谛并非为表二理，而是希望人们觉悟因二悟不二的道理。

二谛是教非理，这是三论宗二谛观的基本思想，那么，什么是教呢？吉藏在《十二门论疏》中对教的意义做了这样的解释："教有三义：一、破除迷倒，二、能显正理，三、发生观解。""破除迷倒"是指释迦教说的主要目的是破除众生断、常、有、无等颠倒妄见，正如《大智度论》

---

① （隋）吉藏：《二谛义》卷上，《大正藏》第 45 册，第 86 页。

所说的"为着有见众生说第一义谛，为着无见众生说世俗谛"。"能显正理"是就说教的作用而言，指释迦说教为的是显现正确的佛理。所谓"诸法实相，言忘虑绝……体绝名言，物无有悟，虽非有无，强说真俗"，以此真俗言教令凡夫众生、二乘贤圣悟解"离四句、绝百非"的中道实相。《二谛义》卷上说："二谛者，乃是表中道之妙教，穷文言之极说。道非有无，寄有无以显道；理非一二，因一二以明理。"也就是说，真俗二谛是用来表现中道实相的言教，而言教本身并不是理。教的第三个意义是"发生观解"，指众生贤圣听闻二谛言教，便能发生如实的观解。《三论玄义》说："悟斯正理，即发生正观，正观若生，则戏论斯灭。"这就是吉藏所阐述的"教"的三个基本意义。

（三）四重二谛说

吉藏的重重否定的四重二谛说，是他的特殊的真理观和方法论的集中体现。通过对这一学说的分析，我们可以清楚地看到，吉藏"未曾邪正"的真理观和"破邪显正"的方法论，是怎样与其二谛学说融为一体的。

先谈三重二谛。

吉藏的三重二谛说，集中在《二谛义》卷上。他说："凡夫之人，谓诸法实录是有，不知无所有，是故诸佛为说诸法毕竟空无所有。言诸法有者，凡夫谓有，此是俗谛，此是凡谛；贤圣真知诸法性空，此是真谛，此是圣谛。令其从俗入真，舍凡取圣。为是义故，明初节二谛义也。次第二重，明有无为世谛，不二为真谛者，明有无是二边，有是一边，无是一边，乃至常、无常，生死、涅槃，并是二边。以真俗、生死涅槃是二边故，所以为世谛；非真非俗、非生死非涅槃不二中道，为第一义谛也。次第三重，二与不二为世谛，非二非不二为第一义谛者，前明真俗、生死涅槃二边是偏，故为世谛，非真非俗、非生死非涅槃不二中道，为第一义，此亦是二边。何者？二是偏，不二是中。偏是一边，中是一边，偏之与中，还是二边。二边故名世谛，非偏非中乃是中道第一义谛也。然诸佛说法，治众生病，不出此意，为是故明此三种二谛也。"[①]

可以看出，所谓三重二谛：第一重，"有"为俗谛，"空"为真谛；第二重，"有"、"无"都是俗谛，"非有非无"不二才是真谛；第三重，说有无"二"或"不二"是俗谛，"非二非不二"是真谛。

---

① （隋）吉藏：《二谛义》卷上，《大正藏》第45册，第90—91页。

　　什么是四重二谛呢？吉藏《大乘玄论》卷一曰："他但以有为世谛，空为真谛。今明，若有若空皆是世谛，非空非有始明真谛。三者，空有为二，非空有为不二，二与不二皆是世谛，非二非不二名为真谛。四者，此三种二谛皆是教门，说此三门，为令悟不三。无所依得，始名为理。"①

　　所谓四重二谛，前三重与三重二谛一致，第四重是对前三种二谛的否定和超越，认为前三重二谛只是方便教说，只有超越了它们才是真谛。

　　由此可见，吉藏的四重二谛说是与他的般若无得的基本精神相一致的。因为根据其三论教学的基本精神，诸佛菩萨说有说无、说真说俗，都是荡相遣执之教，说有为表不有，说二为表不二，从而引导人们悟入无所得的境界。这里所说的"空"（"不有"）和"不二"，都只是为对治执"有"、执"二"之病所下的药，病破药亦不留，否则，如因此而执着"空"和"不二"，则是服甘露而成毒药。所以，吉藏在提出了三重二谛说之后，又主张废除三重二谛。《二谛义》卷上曰："所言废者，约谓情边，即须废之……此则用空废有，若更着空，亦复须废。何者？本由有故有空，既无有，何得有空？故《中论》云：若使无有有，云何当有无？又云：若有不空法，可有于空法，不空法尚无，何得有空法？此之空有，皆是情谓，故皆须废。乃至第三节，谓情言有，亦皆须废，何者？并是谓情，皆须废之也。"② 只有由立三重二谛进而否定三重二谛，才能真正达到无住、无依的无得境界。

　　在《十二门论疏》中，吉藏指出了建立四重二谛说的目的，他说："初重二谛为凡夫，次重为二乘，后二为菩萨。"③ 又说："又为渐舍，破众生病，故作此四重。"④ 也就是说，之所以提出四重二谛的主张，是为了依次破除凡夫、二乘和菩萨等众生的偏邪之病，而提出的方便教说。四重是有层次的，由浅而深，第一重为对治凡夫的愚痴而设，是最简单的道理；第二重为对治小乘的偏执而设，虽较第一重深入，但终不究竟；第三重为对治大乘人的虚妄分别而设，比第二重又深了一层；第四重是对前三重的否定，认为前三重所说的都是方便教说，而最高的真理是超言绝

---

① （隋）吉藏：《大乘玄论》卷一，《大正藏》第 45 册，第 15 页。
② （隋）吉藏：《二谛义》卷上，《大正藏》第 45 册，第 91 页。
③ （隋）吉藏：《十二门论疏》，第 184 页。
④ 同上。

相的。

　　吉藏的四重二谛理论是与其特殊的真理观和方法论相一致的。根据他的真理观，最高真理——"至道"是"未曾邪正"的，是超出一切语言概念的，所以，在他看来，即使是第四重二谛，也不是真理的究竟，而只是对真理的方便宣说。与此相应，真理既然是不可言传的，昭示佛法究竟的特殊的方法论原则也只能是"破邪显正"，在对诸邪见的破斥中显现自己的正确理论，而并不正面提出自己的主张。在四重二谛中，由于所批判的对象不同而建立起由低到高四个不同的真理层次，虽然从终极的意义上说，每个层次的真理都是不正确的，但是，相对于各自所对治的偏病而言，却有一定意义上的真理性。其中，前一重二谛必须被后一重二谛所否定，而后一重二谛通过对前一重二谛的否定，从而包含了更多的真理成分，并向最高真实迈进一步。这样，通过无限的重重否定，呈现出由低到高的演进序列，最后达到言亡虑绝、无得无依的境界。

　　从一般的意义上说，四重二谛说是为了对治凡夫、小乘和大乘等的偏执而发，如果联系到吉藏时代的中国佛学界，就会发现，四重二谛说有更为具体的批判对象。《大乘玄论》卷一说："何故作此四重二谛耶？答：对毗昙事理二谛，明第一重空有二谛。二者，对成实师空有二谛，汝空有二谛是我俗谛，非空非有方是真谛，故有第二重二谛也。三者，对大乘师依他、分别二为俗谛，依他无生、分别无相不二真实性为真谛。今明若二若不二，皆是我家俗谛，非二非不二方是真谛，故有第三重二谛。四者，大乘师复言，三性是俗，三无性非安立谛为真谛。故今明汝依他、分别二，真实不二是安立谛。非二非不二、三无性非安立谛，皆是我俗谛，言亡虑绝方是真谛。"①

　　由此看来，四重二谛说乃是针对当时中国佛学界的四个学派——毗昙师、成实师、地论师和摄论师而提出来的，是对此四派学说的批判。

五　不落两边的中道正观

　　"中道"是大乘中观学派的核心概念，在吉藏的思想体系中，"中道"与"二谛"有着同等重要的位置。既然三论宗主张二谛是教，非指境理，那么，说有说无、说真说俗都不过是为了教化众生的方便教说，而诸法实

---

① （隋）吉藏：《大乘玄论》卷一，《大正藏》第45册，第15页。

相本身则是非有非无、非真非俗的。这种超越有无、真俗的最高真实，便是本章所要阐述的不落两边的中道观。

(一) 理论之渊源

"中道"思想由来已久，自佛陀首倡中道义以来，佛教各个宗派无不盛弘中道以为旨归，其中最能体现不落两边之中道精神的是以龙树、提婆为代表的印度大乘中观学派。

龙树对"中道观"的解释，集中在其代表作《中论》之中。《中论·观四谛品》对"中道"下了一个定义："众因缘生法，我说即是空，亦为是假名，亦是中道义。未曾有一法，不从因缘生，是故一切法，无不是空者。"[①] 在这两首偈颂之中，龙树指出，一切从因缘和合而产生的事物，都是"空"无所有的，也可以说是"假名"，又可称之为"中道"。为什么"因缘生"的事物一定是"空"的呢？为什么"空"又可以称为"假名"和"中道"呢？对此，青目作注曰："众缘具足，和合而生物；是物属众因缘，故无自性；无自性，故空。空亦复空。但为引导众生故，以假名说。离有、无二边，故名为中道。是法无性，故不得言有；亦无空，故不得言无。"[②] 这就是说，第一，因缘所生的事物，都没有它们自己的内在本质——"自性"，因为由各种条件（因缘）而产生的事物，当它所依存的条件发生变化时，它也必然跟着产生变化，所以不可能有它自己内在的、真实不变的本质。事物既然是没有自性的，也就是"空"的，没有自性就是空。第二，虽然一切事物自性空寂，但是这种空并不是存在论意义上的空无所有，并不是否定一切，"空"只是空其自性，事物作为没有自性的"假名"、"施设"还是存在的。"假名"，梵文"Prjnapti"的意译，有教说、报导、训示、约定等意思，汉译有时也译成施设、假安立等。鸠摩罗什译为"假名"，特指那些暂时借用名字来称呼，而实际上却空无自性的事物，亦即现象界的一切事物。第三，所谓"中道"，是指对缘起法，不仅要看到它无自性（空）的一面，又要看到它假设（假有）的一面。二者是相互联系的，因其无自性才是假施设，因为是假施设才是空。这种既不偏于有（实有），也不偏于空（虚无的空）的方法，就是龙树所极力宣传的"中道观"。

---

① 《中论·观四谛品》，《大正藏》第 30 册，第 33 页。
② 同上。

根据龙树的中道观，现象界的一切事物既然都是空无自性的，也可以说都是假名施设，那么，我们就要用不偏不倚的中道方法去对待它们，既不偏于有，也不偏于无；既不偏于这边，也不偏于那边。然而，宇宙间的事物是无穷无尽的，执着各个极端的偏见邪执也是多种多样的，不可能逐个加以批判和否定。龙树将所有的偏见概括起来，归纳为四对八个方面，然后一一加以否定，这就是《中论》开篇所提出来的"八不"偈："不生亦不灭，不常亦不断，不一亦不异，不来亦不出。能说是因缘，善灭诸戏论，我稽首礼佛，诸说中第一。"

在龙树看来，生灭、常断、一异、来去八个方面，代表了佛教内外各个派别在现象的因果关系问题上存在的一切迷见。真正的缘起说，对这八个方面都不能执着，否则就是戏论。只有彻底否定由生灭、常断、一异、来去所代表的一切偏执，离开各个极端，超出所有戏论，才能达到对中道实相的体认。

（二）吉藏与八不

吉藏作为龙树、提婆学说在中国的正统继承者，对龙树所提倡的"中道"说和"八不"理论自然非常重视。他认为："一切论通明中道明正观，故一切论皆是一论；一切经亦通明中道通明正观，则一切经是一经。"①

对于龙树的八不缘起说，吉藏更是推崇备至。他在《大乘玄论》中说："八不者，盖是诸佛之中心，众圣之行处也。"② 把八不看作是诸佛用心之所在，众圣行事之所由。又认为八不"竖贯众经，横通诸论"，意义深远广大："所以竖入群经之深奥，横通诸论之广大也。明经之深处，即是八不。不则不于一切法也，以不而明义，故知其深奥也。"③ 《中观论疏》卷二亦说："八不为众教之宗归，群圣之原本。"④ 并认为如果不懂得八不的道理，就不理解二谛的理论；不理解二谛，就不会产生二种智慧；二慧不生，就会产生诸多烦恼，并导致六道轮回，不得解脱。其文曰："以不悟八不，即不识二谛；不识二谛，即二慧不生；二慧不生，即有

---

① （隋）吉藏：《大乘玄论》，《大正藏》第 45 册，第 232 页。
② （隋）吉藏：《大乘玄论》，《大正藏》第 45 册，第 25 页。
③ 同上。
④ （隋）吉藏：《中观论疏》卷二，《大正藏》第 42 册，第 20 页。

爱、见、烦恼。以烦恼故，即便有业；以有业故，即有生老病死忧悲苦恼。故知失于八不，有六趣纷然。"①

吉藏在《大乘玄论》卷一中分析了《中论》开篇提出"八不"的原因，他说："所以牒八不在初者，欲洗净一切有所得心，有得之徒无不堕此八计中。如小乘人言，谓有解之可生，惑之可灭，乃至众生从无明流来，反本还原故去。今八不横破八迷，竖穷五句。以求彼'生灭'不得，故言'不生不灭'。'生灭'既去，'不生不灭'、'亦生灭亦不生灭'、'非生灭非不生灭'五句自崩。"② 这就是说，吉藏认为，龙树之《中论》本颂之所以首先提出"八不"，是为了破除一切有所得心，以求归于无所得。他认为，虽然有情众生的有所得之心多种多样，但都不出此八计的范围。

在吉藏看来，龙树所创立的"八不"理论不仅包括了对一切异执的破除，而且他所主张的"不"与"非"和小乘人特别是成实师所说的"不"与"非"有着迥然的差异："如《成论》等释，虽言'百非'、'百不'及与'绝'等，而有理存焉，谓得还成失。即是小乘观行有所得，不离断常心，非关经之深远也。"③ 也就是说，譬如《成实论》，明真谛为表"不有"，以俗谛为表"不无"，其学说也可以说有"不生不灭"的含义，但是，成实师主张的真俗二谛表实有之理，故其"不"与"非"在他们的学说体系中都是对存在状态的表述，属于一种特殊的义理。

以吉藏为代表的三论宗人认为，龙树的"八不"理论并非是对存在状态的表述，更不是一种特殊的理论，而恰恰是对一切确有定见的排斥和否定。他在《中观论疏》卷二中，曾祖述其师兴皇法朗对"八不"的见解："师云：标此八不，摄一切大小、内外。有所得人，心之所行，口之所说，皆堕在八事中。今破此八事，即破一切大小、内外有所得人，故明八不。所以然者，一切有所得人生心动念即是'生'，欲灭烦恼即是'灭'，谓己身无常为'断'，有常住可求为'常'，真谛无相为'一'，世谛万像不同为'异'，从无明流来为'来'，返本还原出去为'出'。裁起一念心，即具此八种颠倒。今一一历心观此无从，令一切有所得心毕

---

① （隋）吉藏：《中观论疏》卷二，《大正藏》第 42 册，第 21 页。
② （隋）吉藏：《大乘玄论》卷一，《大正藏》第 45 册，第 19 页。
③ 同上书，第 25 页。

竟清净，故云不生不灭，乃至不来不出也。"① 法朗认为，一切有所得人生心动念，于是产生"生"、"灭"、"断"、"常"等诸种计执。龙树提出此"八不"理论的目的，无非为了破除这些执着，因此，"八不"只是为对治偏执所下之药，病除药亦不留，如果误以为"八不"为表实理，而对此"八不"产生执着之心，则药复成为患。

（三）中道之界定

在吉藏的著述中，有多处论及"中道"的定义，他在不同的场合，从不同的角度对"中道"作了不同的界定。

《中观论疏》卷一以"非世非出世"为中道："今明求世间、出世间毕竟不可得，即是非世非出世，乃名中道。"②

《大乘玄论》卷五以"双遣两边"为中道："以沤和宛然波若故，不着于有；波若宛然沤和故，不滞于无。不累于有，故常着冰消；不滞于无，故断无见灭。寂此诸边，故名中观。"③ "沤和"是梵文的音译，汉译作"方便"。"波若"是"般若"的异译。意即，因为"方便"离不开"般若"智慧，所以不执着于有；"般若"也离不开"方便"，故不滞碍于无。"不累于有"，所以，对"常"的执着就消失了；"不滞于无"，所以，"断无"之见就灭除了。这种否定、超越各种偏见的观法，就叫中观。

"双遣两边"又可名之曰"不二"，所以吉藏又常常以"不二"来表中道。《大乘玄论》卷一曰："不二而二，二谛理明；二而不二，中道义立。"④《净名玄论》卷一亦曰："不二之门，则中实之理。以一道清净，故云不二；远离二边，目之为中。"⑤

中道说与二谛说紧密相连，"不二而二，二谛理明"，"二"即二谛，"不二"即中道，虽然"不二"之中道是不可宣说的，但为了教化众生之方便又不得不强不二以为二，遂有二谛之教说："二而不二，中道义立"，虽盛唱真俗二谛，然究竟的真理却是非真非俗的中道，说二为表不二。所以，中道乃是二谛的本质，宣说二谛只是为了显现"中实之道"。在吉藏

①　（隋）吉藏：《中观论疏》卷二，《大正藏》第 42 册，第 31 页。
②　（隋）吉藏：《中观论疏》卷一，《大正藏》第 42 册，第 9 页。
③　（隋）吉藏：《大乘玄论》卷五，《大正藏》第 45 册，第 55 页。
④　（隋）吉藏：《大乘玄论》卷一，《大正藏》第 45 册，第 19 页。
⑤　（隋）吉藏：《净名玄论》卷一，《大正藏》第 38 册，第 855 页。

的著作中，对中道的讨论总是与二谛联系在一起的，《大乘玄论》卷一曰："（二谛）立名者，不真不俗，亦是中道。"①《二谛义》说："所以明中道为二谛体者，二谛为表不二之理。如指指月，意不在指，意令得月。二谛教亦尔，二谛为表不二，意不在二，意在不二，为令得于不二，是故以不二为二谛体。"②

　　吉藏认为，一方面有真俗二谛教用"二"，另一方面有中道实谛正体"一"，因此，真谛与俗谛只是"方便二谛"，而真正的"中道"则是既非真谛亦非俗谛的"唯一实谛"，也就是超越真俗二谛的第三谛——"中道谛"："今意有第三谛，彼无第三谛。彼以理为谛，今以教为谛。彼以二谛为天然之理，今明唯一实谛，方便说二。如唯一乘，方便说三。"③既然吉藏及其三论宗人以主张教二谛为其二谛学说的殊胜所在，极力反对对定然之理的执着，为什么又主张存在着一个"第三谛"？这是否与其三论学说的一贯思想相矛盾？回答是否定的。因为吉藏虽然明确指出存在着一个"第三谛"——"中道谛"，或称为"唯一实谛"，但是他却并不以为存在着一个游离于真俗二谛之外的中道实理。他所谓的"中道谛"或者"唯一实谛"，既不是常人所认为的居于两偏之中的较温和的中立之道，也不是包容有无、真俗、断常、一异等对立面的兼收并蓄的原理，而只是为了消解和排除一切偏执，昭明最高实相的不可言传罢了。有关这一点，《中观论疏》卷二说得很明白："问：云何真谛虽无而有，俗谛虽有而无？答：此由是不坏假名，而说实相，故有宛然而无。不动真际，建立诸法，故无宛然而有。二谛生二慧者，以悟有宛然而无，故生沤和波若；了无宛然而有，故生波若沤和。沤和波若，即波若宛然而沤和；波若沤和，即沤和宛然而波若。以沤和宛然而波若，故不着常；波若宛然而沤和，故不滞断。不断不常，名为正观。然离二谛，无别中道，即因缘二谛，名为中道。"④

　　所谓"不坏假名而说实相"，"不动真际建立诸法"，"离二谛无别中道，即因缘二谛名为中道"，就是说，"中道"并不是脱离真俗二谛之外

---

① （隋）吉藏：《大乘玄论》卷一，《大正藏》第 45 册，第 16 页。
② （隋）吉藏：《二谛义》，《大正藏》第 45 册，第 108 页。
③ 同上书，第 19 页。
④ （隋）吉藏：《中观论疏》卷二，《大正藏》第 42 册，第 20 页。

的定然实理，而是非真非俗又亦真亦俗的"双遣两边"。正如三论宗所谓的"诸法实相"，虽"非有非无"、"非真非假"，以至于无法用语言来表述，但却并不是超然于假名之外，而是"即假成空"的。因此，在吉藏的三论学说中，"中道"与"无所有"、"无住"、"无得"是相同意义的概念："不真不俗，亦是中道，亦名无所有，亦名正法，亦名无住。"①

（四）三种中道说

吉藏在《二谛义》《大乘玄论》及《中观论疏》等著作中多处论及三种中道的学说，此说亦为后人所乐道。

第一，所谓三种中道，即"世谛中道"、"真谛中道"和"二谛合明中道"。三种中道说的提出，当推南北朝时成实师为始。《二谛义》卷下曰："然彼（成实师）有三种中道……一、世谛中；二、真谛中；三、二谛合明中。"②《三论玄义》卷下在论及"成实明中"时亦说："成实人明中道者，论文直言离有离无，名圣中道。而论师云：'中道有三：一、世谛中道；二、真谛中道；三、非真非俗中道。'"③三论宗人一向有抑成实而扬三论的传统，在对待三种中道学说方面亦不例外。既然成实师曾提出此说，三论师便不能视而不见，因此，三论宗人从止观僧诠到嘉祥吉藏均对三种中道说多有论述，由此又有新、旧二义的三论学三种中道说。

吉藏认为，三论师的三种中道说是建立在"八不"与"中道"的结合之上的，并以"无所得"为其旨归。他说："今大乘无所得义，约八不明三种中道，言方新旧不同，而意无异趣也。"④

三论师三种中道说有新、旧二义，旧义为止观僧诠所立，新义为吉藏所立。吉藏认为虽有二义之分，然基本精神是一致的。《大乘玄论》卷二述及旧义三种中道说："山中师对寂正作之。语待不语，不语待语，语不语并是相待假名。故假语不名语，假不语不名不语。不名不语不为无，不名语不为有，即是不有不无世谛中道。但相待假故，可有说生，可无说灭，故以生灭合为世谛也。真谛亦然，假不语不名不语，假非不语不名非不语，不名非不语，不为非不无，不名不语，不为非不有，则是非不有非

①　（隋）吉藏：《中观论疏》卷二，《大正藏》第42册，第16页。
②　（隋）吉藏：《二谛义》卷下，《大正藏》第42册，第108页。
③　（隋）吉藏：《三论玄义》卷下，《大正藏》第45册，第14页。
④　同上书，第27页。

不无真谛中道也。相待假故，可有说不灭，可无说不生，即是不生不灭，故合为真谛也。二谛合明中道者，假语不名语，假不语不名不语，非语非不语，即是非有非不有、非无非不无，二谛合明中道也。生灭不生灭合明，类此可寻也。"①

可见，旧义三种中道是以"生灭合"为世谛中道，以"不生不灭合"为真谛中道，以"生灭不生灭合"为二谛合明中道。此旧义三种中道是建立在"相待假名"的理论之上的，因为"语不语并是相待假名"，所以"语待不语，不语待语"，也就是说，一切语言概念均是方便假说，说有、说无或者说非有非无都是相对的，并没有本质上的对立。而且，生灭、一异、断常、来去八计包括了所有一切迷见，对八计的否定即所谓不生不灭、不一不异、不常不断、不来不去，也便是对一切异执的破除。不仅如此，根据"相待假名"的原理，此破除一切异执的"八不"也不是绝对的，而是相对而言、互为因缘的，对所有这些都不执着，才是中道。

吉藏的三种中道新义，原则上与僧诠的旧义并无二致，只是在表述方式上有所不同而已。第一，"不生不灭，名为世谛中道"。吉藏在《大乘玄论》卷二中说："今则不尔，无有可有，以空故有。无生可生，亦无灭可灭，但以世谛故，假名说生灭。假生生非定生，假灭灭非定灭。生非定生，灭外无生；灭非定灭，生外无灭。灭外无生，由灭故生；生外无灭，由生故灭。由灭故生，生不独存；由生故灭，灭不孤立。此之生灭，皆是因缘假名，因缘生生而不起，所以不生；因缘灭灭而不失，所以不灭。故不生不灭，名为世谛中道也。"② 此新义世谛中道显然是针对他宗的"性实有无"和"实生实灭"而发的。所谓"性实有无"和"实生实灭"者，乃是被吉藏屡屡当作批判对象的成实等诸师的见解，具体指以"有"、"无"、"生"、"灭"为某些体性相反的对象或义理。在成实等师的思想体系中，所谓"有"是实有所指的"实有"；"无"是与此相对的"实无"。"生"、"灭"亦如此。如此，其所说的有和无是"有有可有"、"有无可无"的有和无。正因为"有"和"无"在他们的体系中是实有所指，"有"不是"无"，"无"亦不作"有"，二者互不相关，所以，这样的"有"是"不由无故有"，这样的"无"是"不由有故无"。与此相

① （隋）吉藏：《大乘玄论》卷二，《大正藏》第 45 册，第 27 页。
② 同上。

反，吉藏提出"无有可有，以空故有，无生可生，亦无灭可灭"，在吉藏的学说体系中，说"有"说"无"并非指谓两种体性互异的存在，说"有"是为了对治"空"见，说"无"是为了对治"有"见，"有"和"无"并不是各有所指的"实有"、"实无"，而是为了对治偏病方便提出的"因缘有无"，这样的"有"、"无"是相互依存的，没有"有"见便不必陈"无"，没有"无"见则无须明"有"。吉藏名之曰"无有可有，以空故有"。同理，在吉藏的世谛中道中，所谓"生"、"灭"乃是"假名说生灭"。假名生灭，则非"定生"、"定灭"，非"定生"、"定灭"，则"生"与"灭"互相依待，互为因缘，有生故有灭，不离生而独有灭；有灭故有生，不离灭而独有生。这样的生灭，都是"因缘假名"，称为"无生可生，无灭可灭"。"无生可生"称为"不生"，"无灭可灭"称为"不灭"，不生不灭，远离生灭二边，名之曰"世谛中道"。

第二，"非不生非不灭，为真谛中道"。《大乘玄论》卷二说："次明对世谛有生灭故，名真谛不生不灭。所以空有为世谛假生假灭，有空为真谛假不生假不灭。此不生不灭，非自不生不灭，待世谛假生灭，明真谛假不生灭，世谛假生灭，即非生灭；真谛假不生灭，亦非不生灭。故非不生非不灭，为真谛中道也。"① 意思是说，在阐明世谛生灭以后，为了使人们不要因此而对世谛之生灭有所执着，而误以为性实生灭，进而"对世谛生灭故，名真谛不生不灭"。因为说世谛是为了对治"空"见而讲生灭"有"（"空有"），这样的"生"、"灭"是"假名生灭"，即假生假灭，说"生"实无所谓"生"，说"灭"也无所谓"灭"；同样，说真谛是为了防止人们对世谛生灭有所偏执而陷入新的"有"，故而为对治此"有"见而说不生不灭"空"（"有空"）。此真谛"不生不灭"，也不是实不生实不灭，而是相对于世谛的"假生灭"而说"假不生灭"，即所谓"待世谛假生灭，明真谛假不生灭"。"假不生"实无所谓"不生"，不堕"不生"边；"假不灭"实无所谓"不灭"，不堕"不灭"边；离此二边，即为"非不生非不灭"真谛中道。

第三，"非生灭非不生灭，是二谛合明中道"。吉藏《大乘玄论》卷二在"真谛中道"之后，接着明二谛合明中道："次明二谛合明中道者，有为世谛有生有灭，空为真谛不生不灭。此不生灭即是生灭不生灭，此生

---

① （隋）吉藏：《大乘玄论》卷二，《大正藏》第45册，第27页。

灭即是不生灭生灭。不生灭生灭，是则非生灭；生灭不生灭，是即非不生灭。故非生灭非不生灭，是二谛合明中道也。"① 可以看出，引文中第一句 "有为世谛有生有灭，空为真谛不生不灭"，是僧诠的旧义世谛中道与真谛中道。接下来的 "不生灭生灭" 或称 "非生灭" 和 "生灭不生灭" 或称 "非不生灭"，则是吉藏的新义世谛中道和真谛中道。此二种中道（新义世谛中道与真谛中道），虽真、俗相对为二，但由于无论是真是俗都是为教化众生而设的方便假名，所以此世谛中道的 "非生灭" 与真谛中道的 "非不生灭" 实为二而不二的，从根本上讲更无所谓 "真"，亦无所谓 "俗"。无所谓真，则不落 "真" 边；无所谓俗，则不落 "俗" 边，"非真非俗" 或称 "非生灭非不生灭" 即为二谛合明中道。

　　对比新旧义三种中道说，不难发现，新义三种中道正是旧义三种中道的否定。由对旧义世谛中道（生灭合）的否定，而得到新义世谛中道（不生不灭）；由对旧义真谛中道（不生不灭合）的否定，而有新义真谛中道（非不生非不灭）；由对旧义二谛合明中道（生灭不生灭合）的否定，而有新义二谛合明中道（非生灭非不生灭）。不仅如此，就新、旧义三种中道本身来看，其中，后面的一重正是对前面一重的否定，如对旧义世谛中道（生灭合）的否定，而有旧义真谛中道（不生不灭合）；对旧义真谛中道的否定，而有旧义二谛合明中道（生灭不生灭合）。新义三种中道亦如此，它只是比旧义三种中道更高一层而已。

　　这种重重否定的中道义，是与吉藏特殊的真理观和方法论分不开的。因为，在吉藏的三论宗佛学体系中，最高的真理是不可言宣的。任何正面的表述都只能是对真理的歪曲，而堕入新的偏执。所以，只能通过否定的方式，从对众生 "迷见" 的否定中反显最高的真实。由对世人执 "实生实灭" 的否定，而有第一重 "假生假灭" 的中道义。此第一重 "假生假灭" 的中道义理只是最基本的真理，它必须为第二重即更高的一重 "不生不灭" 所否定。此第二重 "不生不灭" 的中道义同样不是真理的究竟，因此也必须用更加高深的第三重 "生灭不生灭" 来否定。同样，第三重 "生灭不生灭" 的中道义又必须用更高的一重即第四重 "非生灭非不生灭" 来加以否定，从而无限地向最高的真理接近。在这重重否定之中，每经过一次否定，便向着最高的境界迈进一步。必须注意的是，由于在吉

---

① 　（隋）吉藏：《大乘玄论》卷二，《大正藏》第 45 册，第 27 页。

藏的三论教学中，最高的真理是"未曾邪正"的，是"超四句"、"绝百非"的"言亡虑绝"的境界，他所谓的"中道"，也只不过是那种"双遣两边"、"无住无依"的"无得正观"的基本精神。因此，即使是第四重新义二谛合明中道的"非生灭非不生灭"的中道义，也不是绝对的真理，也同样需要否定和超越。如果对它误为实有而产生执着也同样会走向真理的反面。于是，这种否定便被无限地延续下去，在无限的否定中，达至那"一无所住""一无所依"的无得境界。

六　非真非俗的中道佛性

佛性问题是南北朝时佛教涅槃学说探究和讨论的中心问题。在佛教发展史上，无论是印度还是中国，"佛性"一词往往被视为与大乘有宗有着天然的不可分割的联系，而与大乘空宗"破而不立"的立场相冲突。实际上，从龙树、提婆一直到鸠摩罗什、僧肇的中观学者，并没有将佛性学说看成特别重要的问题。吉藏生活的时代，正是涅槃佛性学说广为流行的时代，作为三论学集大成者的一代佛门宗师，吉藏对佛性问题给予了足够的重视，并从中观立场出发，对当时流行的各种佛性说做了批判性的总结，提出了自己的中道佛性说。

（一）正因佛性说

要探究吉藏的佛性学说，检讨南北朝时代围绕着佛性问题所出现的各种殊说异唱，首先就必须对"佛性"的基本含义有一个大致的了解。

佛性，又称佛界、佛藏、如来藏等。"佛者觉义"，"性是种子因本义"。所谓佛性，就是指众生的觉悟之因，众生成佛的可能性，也就是众生所具有的内在的成佛依据。这是中国佛教界对佛性的基本理解。另外，佛性亦可理解为佛之体性。在印度佛教中，佛性之"性"原为"界"字。《瑜伽师地论》又将"界"字解释为"因义"、"本性义"。可见，将佛性理解为佛之体性也是符合印度佛教本意的。这两种对佛性基本含义的理解，即以因性释佛性和以体性释佛性，成为各种佛性理论长期争论不休的重要原因之一。

中国的佛性理论来源于印度佛教，各种有关佛性学说的印度佛教诸种经论的汉译和在中土的传播，是中国佛性理论产生的直接原因。由于印度佛教经论对佛性的解释各异，即使在同一部经论中也往往从不同的角度进行阐释，加之中国佛教各派所依据的典籍各不相同，探讨的角度又互有区别，这许多原因汇集在一起，造成了中国佛性思想无论是在定义的解释上，还是在思想内容上，都呈现出纷纭杂陈的局面。

首先，各种佛教典籍对“佛性”的称谓不同，异称甚多。如吉藏在《大乘玄论》中说：“经中有明佛性、法性、真如、实际等，并是佛性之异名。何以知之？《涅槃经》自说佛性有种种名，于一佛性亦名法性、涅槃，亦名般若、一乘，亦名首楞严三昧、狮子吼三昧。故知大圣随缘善巧，于诸经中说名不同。故于《涅槃经》中名为佛性，则于《华严》名为法界，于《胜鬘》中名为如来藏自性清净心，《楞伽》名为八识，《首楞严经》名首楞严三昧，《法华》名为一道一乘，《大品》名为般若法性，《维摩》名为无住实际。如是等名，皆是佛性之异名。”①

其次，不仅佛教诸经论对佛性有不同的称谓，而且，这些不同的称谓所蕴含的意义也各不相同。吉藏于上引书中，在列举了佛性的各种异名之后，紧接着又对这些不同的名称一一加以释义。他说：“平等大道，为诸众生觉悟之性，名为佛性。义隐生死，名如来藏。融诸识性，究竟清净，名为自性清净心。为诸法体性，名为法性。妙实不二故，名为真如。尽原之实故，名为实际。理绝动静，名为三昧。理无所知，无所不知，名为般若。善恶平等，妙运不二，名为一乘。理用圆寂，名为涅槃……”②

再次，佛教诸经论常常从不同角度去谈论佛性，例如，从因地谈佛性，而有“因佛性”；从果地谈佛性，而有“果佛性”。这种从不同角度对佛性的理解，又往往成为后来关于佛性问题的各种争论（如本有、始有之争）之重要依据。

吉藏所面对的就是这样一个各种佛性学说纷然杂呈的繁杂局面。在对佛性的释义方面，也就是关于什么是正因佛性这个问题上，吉藏在《大乘玄论》卷三曾介绍了关于这个问题的十一家不同见解：

（1）以众生为正因佛性。代表人物是庄严寺僧旻和招提白琰公等。

（2）以六法为正因佛性。代表人物是定林寺僧柔。

（3）以心为正因佛性。代表人物是开善智藏。

（4）以冥传不朽为正因佛性。代表人物是中寺（小）安法师。

（5）以避苦求乐为正因佛性。代表人物是光宅寺法云。

① （隋）吉藏：《大乘玄论》，《大正藏》第 45 册，第 41 页。
② 同上书，第 41—42 页。

（6）以真神为正因佛性。代表人物是梁武帝和灵味宝亮。

（7）以阿赖耶识自性清净心为正因佛性。代表人物是地论师。

（8）以当果为正因佛性。代表人物是竺道生、白马寺爱法师。

（9）以得佛之理为正因佛性。代表人物是瑶法师和零根僧正。

（10）以真如为正因佛性。代表人物是和法师、灵味宝亮。

（11）以第一义空为正因佛性。代表人物是摄论师（北地摩诃衍师）。①

吉藏在介绍了关于"正因佛性"问题的十一种主张之后，又进一步将其归结为三类：一是以假实为正因（第1、第2两家），二是以心识为正因（第3—7家），三是以理为正因（第8—11家）。② 他认为，通观十一家佛性旧说，可以看出，它们都有一个共同的特点，那就是都主张有一"得佛之理"的存在。因此，不管是"假"、"实"也好，"心识"也好，还是"真如"或"第一义空"等，都是以一定意义的"有"为正因佛性，都是"有所得"，不符合"一切皆空"的"无所得"义理。

那么，吉藏所主张的"正因佛性"是什么呢？《大乘玄论》卷三说："问：破他可尔，今时何者为正因耶？答：一往对他，则须并反。彼悉言有，今则皆无。彼以众生为正因，今以非众生为正因。彼以六法为正因，今以非六法为正因。乃至以真谛为正因，今以非真谛为正因；若以俗谛为正因，今以非俗谛为正因。故云非真非俗中道为正因佛性也。"③ 吉藏认为，所谓"正因佛性"，既不是"众生"、"六法"，也不是"真谛"或"俗谛"，只有"非真非俗"的"中道"，才是真正的正因佛性。

以"中道"为正因佛性的主张，吉藏自称是继承了河西的涅槃古学。他说："但河西道朗法师，与昙无谶法师，共翻《涅槃经》，亲承三藏，作《涅槃义疏》，释佛性义，正以中道为佛性。"④

吉藏的中道佛性说确实是承自昙无谶和河西道朗的主张，但他并不是机械地因袭，而是将这一学说与"般若无得"的三论学宗旨结合起来，并作了进一步的阐释和发挥，将其纳入自己中观佛教的体系之中。

---

① （隋）吉藏：《大乘玄论》卷三，《大正藏》第45册，第35页。

② 同上书，第35—36页。

③ 同上书，第37页。

④ 同上书，第35页。

　　首先，从释义方面看，吉藏认为，佛教诸经论中虽然对佛性的称谓不同，但实际上都是指"无二之性"的"中道"。在《大乘玄论》卷三"佛性义"一节中，吉藏列举了诸经论中关于佛性的种种异名——法性、真如、实际、如来藏、般若、涅槃等，并一一加以解释，最后，他总结说："虽有诸名，实无二相。以是故云：名字虽异，理实无二也。"① 他所说的"无二之理"无疑是指"中道"。

　　其次，从思想内容方面看，吉藏认为，佛经中所明之佛性，是"非有非无"、"非中非边"的。中道即佛性，佛性即中道。"若了如是中道，则识佛性；若了今之佛性，亦识中道。"他还以《涅槃经·狮子吼菩萨品》为据，证明中道佛性义。吉藏指出，《涅槃经》对佛性的解释，是以"不着空有"、"不着中边"的"中道"为本质的。虽然经中也曾提到"佛性者名第一义空，第一义空名为智慧"，但若从究极的立场观之，则所谓"智慧"不是别的，它正是"第一义空"的通达无碍之妙用；而"第一义空"亦不是别的什么，它就是"中道佛性"那不住于"空"与"不空"、"非空非有"的平等精神之显现。因此，从这一意义上可以说，所谓"第一义空"、"智慧"等，都是为表不二中道的方便大用。

　　再次，既然超越有无两边的中道才是正因佛性，为什么不以"非有非无"表正因佛性，而要以"非真非俗"之中道来表正因佛性呢？这是因为，在吉藏看来，"非有非无"仍有可能被理解为某种意义上的"无"，从而不能真正体现三论宗"无住无依"、"平等无待"的无得精神，只有通过进一步否定"有"、"无"、"亦有亦无"以及"非有非无"等所有有所得之见，而达到的"一无所得"的"非真非俗"之"中道"，才是真正的正因佛性。

　　（二）非因亦非果

　　关于从"因"、"果"方面对佛性的解释，吉藏首先列举了《涅槃经》中所谈到的因、因因、果、果果四种佛性，然后总结了以往诸师以因果释佛性的三种主张，即其一，认为佛性是因非果，把"佛"、"性"二字都看作因名；其二，认为佛性是果非因，把"佛"、"性"二字皆看作果名；其三，认为佛性既是因又是果，即把"佛"字视作表果，"性"字视为表因。最后，吉藏站在中道佛性的立场上，认为上述这些关于因果

_____

① （隋）吉藏：《大乘玄论》卷三，《大正藏》第 45 册，第 42 页。

佛性的说法，都把因、果分割为二，违背了"平等不二"的中道佛性义，因此都是傍因，不是正因。只有"因果平等不二"的"非因非果"之"中道"，才是真正的"正因佛性"。

首先，吉藏根据《涅槃经》中有关因、因因、果、果果四种佛性的说法，提出了自己的主张。《大般涅槃经·狮子吼菩萨品》说："佛性者，有因，有因因，有果，有果果。有因者，即十二因缘；因因者，即是智慧；有果者，即是阿耨多罗三藐三菩提；果果者，即是无上大般涅槃。"①

第一，关于因佛性，吉藏说："所言因者，即是境界因，谓十二因缘也。"② 也就是说，所谓因佛性，是指十二因缘。它是修行者所必须用智慧观察的"境界"，体悟了这一境界，就能觉悟不二之中道佛性，因此，称十二因缘为因佛性，吉藏称之为"境界因"。

第二，关于因因佛性，吉藏说："所言因因者，即是缘因，谓十二因缘所生观智也。境界已是因，此之观智，因因而有，故名因因。"③ 意思是说，所谓因因佛性，是指观照十二因缘的智慧。而此观智是因观照十二因缘而生，而十二因缘（境界）已是因，此之观智，因十二因缘而有，所以称为"因因佛性"。

第三，关于果佛性，吉藏说："所言果者，即三菩提。由因而得，故名为果。"④ 意思是说，所谓果佛性，是指"阿耨多罗三藐三菩提"。它是以智慧（因因）观照十二因缘（因）而证得之佛果，因此称为"果佛性"。

第四，关于果果佛性，吉藏说："所言果果者，即是大般涅槃。由菩提故，得说涅槃以为果果。菩提即是智，涅槃即是断，由智故说断也。"⑤ 意即，所谓果果佛性，是指大涅槃，它是由菩提之后，进一步达至的断绝一切烦恼与生死患累的境界，是由菩提果而显现之果，故名之为"果果佛性"。

其次，吉藏又根据《涅槃经》中所谈到的另一种关于因果佛性义的说法，提出了自己的见解，并将之与前面所述的四种佛性结合起来。他

---

① 《大般涅槃经》，《大正藏》第 12 册，第 524 页。
② （隋）吉藏：《大乘玄论》卷三，《大正藏》第 45 册，第 37 页。
③ 同上。
④ 同上。
⑤ 同上。

说："一者'是因非果',即是境界因。故经言:'是因非果,如佛性。'二者'是果非因',即是果果性。故经言:'是果非因,如大涅槃。'三者'是因是果',即如了因及三菩提,斯即亦因亦果。望后为因,望前为果。"① 意思是说,《涅槃经》中所说的"是因非果",相当于十二因缘之境界因;所言"是果非因",相当于大涅槃之"果果佛性";而所说的"是因是果",则相当于"了因"和"阿耨多罗三藐三菩提"。"了因"即观照十二因缘之"智慧",此智慧以十二因缘为因,而以"菩提"为果,所以为"是因是果"。"菩提"以"智慧"为因,而以"涅槃"为果,所以也是"是因是果"。

最后,吉藏提出,前面所说的因、因因、果、果果,乃至是因非果、是果非因、是因是果等,都不是正因,"非因非果"才是"正因佛性"。

《大乘玄论》曰:"问:先明四句,后说三句,有正因不? 答:未有正因。问:若前明四句,后说三句,既并非正因者,未知何者为正因耶? 答:前四句所明因果,因是傍因,果是傍果义。所以然者,因则异果,果则异因,岂非是傍义? 故先言有因、有因因、有果、有果果,皆未是正因。若言非因非果,乃是正因耳。后说三句,是因非果、是果非因、是因是果,皆未名正。若言非因非果,此乃是正……故非因非果,即是中道,名为正因。故以中道为正因佛性。"②

总之,中道佛性是超越一切有无、真俗、因果等对立的不二法门,任何基于相对观念对它的描述,都不能道出其中的真谛。其实,从究竟的意义上说,称"非因非果"的"中道"为正因佛性,也只是方便假说,因为真正的佛性无所谓"因",也无所谓"果",无所谓"正因",也无所谓"中道"。吉藏说:"故当有以超然悟言解之旨,点此悟心,以为正因。付此观心,非言可述,故迦叶每叹不可思议也。"③

（三）本有与始有

《涅槃经》中对于一切众生是否都有佛性的问题,有正反两方面的论述,而吉藏和其同时代的僧人们一样,都信奉"一切众生皆有佛性"的说法。问题是,众生是本来就有佛性,还是始有佛性呢? 这一佛性"本

①　(隋)吉藏:《大乘玄论》卷三,《大正藏》第 45 册,第 37—38 页。

②　同上书,第 38 页。

③　同上书,第 39 页。

有"和"始有"的争论，是南北朝时讨论佛性问题的另一个重要的方面。

在《大乘玄论》和《涅槃经游意》等著作中，吉藏曾将当时争论的各家分为三类：第一，本有说，主要指地论师的主张，但也包括其他各家的主张；第二，始有说，代表人物是竺道生；第三，折中说，代表人物是开善智藏和地论师。

对于这三家佛性说，吉藏先以三家义自相难破，指出其"若执本有则非始有，若执始有则非本有"的偏执。然后根据三论宗不落任何定见的中道立场，提出自己"非本非始"的佛性说。

吉藏认为，若主张佛性本有，则如始有论者所指出的，是卖乳索酪价，卖马索驹值；又真神力大，何故住烦恼中而不得出，而待修道断惑方得出耶？若主张佛性始有，始有是作法，作法无常，非佛性也。若主张佛性本有于当，本有有始有，则本有是常，始有是无常，常法中有曾有今，则又成无常，非本有义；反之，若主张始有于本有，则本有是常，常法中无始有义。

吉藏既反对"本有"说，又反对"始有"说，并且对"本有于当"的折中说也提出了批判，那么，他自己的主张是什么呢？"今一家相传，明佛性义，非有非无，非本非始，亦非当现。故（维摩）经云：但以世俗文字数说故，说有三世，非谓菩提有去来今。以非本非始故，有因缘故，亦可得说故。如《涅槃经·如来性品》明佛性本有，如贫女宝藏。而诸众执教成病，故下文即明始有。故知佛性非本非始，但为众生说言本始也。"① 在吉藏看来，佛性是"非本非始"的中道，是不可言宣的不二法门。《涅槃经》中虽然有关于佛性"本有"或"始有"的说法，但那只是为教化众生的方便教说，而后人不明究竟，于是"执教成病"，"各执一文，不得会通经意"。

> 问：若言佛性非本始者，以何义故说本始？答：至论佛性，理实非本始。但如来方便，为破众生无常病故，说言一切众生佛性本来自有，以是因缘，得成佛道。但众生无方便故，执言佛性性现相常乐。是故如来为破众生现相病故，隐本明始。至论佛性，不但非是本始，亦非是非本非始。为破本始故，假言非本非始。若能得悟本始非本

① （隋）吉藏：《大乘玄论》卷三，《大正藏》第45册，第39页。

始，是非平等，始可得名正因佛性。"①

　　既然佛性非本非始，为什么《涅槃经》中又有本、始之说呢？针对这一提问，吉藏回答说：《涅槃经》说佛性本有，乃是因为看到众生执持"无常"偏病，而对成就佛道丧失信心。有感于此，经主乃广说一切众生本来自有佛性，以此本有佛性为因缘，最终都能得成佛道，这本是为对治众生无常之病的方便说。而众生执方便为实有，以为佛性是指"性现相常乐"的实有本体，于是，《涅槃经》乃"隐本明始"，说佛性在众生为"始有"，即众生本自不具，而经过修行以后将来当有，这也是为对治众生"现相病"的方便之说。因此，吉藏得出自己的结论："至论佛性，不但非是本始，亦非是非本非始。"它是超越一切相对的、不可言诠的"不二中道"。

　　总之，吉藏的佛性理论，自始至终都体现着般若无得的精神。究极而论，一切法都不可得，佛性亦然。因此，论及佛性，不能说是真是俗、是因是果、是本是始。"至论佛性，不但非是本始，亦非是非本非始。"它是超越一切相对的、不可言诠的不二中道。至于经中说因佛性、果佛性、本有佛性、始有佛性等，以及吉藏本人对佛性的"非真非俗"、"非因非果"、"非本非始"之表述，都只不过是为对治众生偏病的方便教说罢了。

七　吉藏的《华严游意》

　　吉藏除了宣讲"三论"之外，也宣讲多种"经"，比如《法华》《华严》《涅槃》《维摩》等，同时也写作了不少解释这些"经"的著作。这是吉藏弘扬三论学的另一个重要工作，就是用三论宗的思维模式来解释这些经典，是借用不同的经典来宣扬三论宗的思想。我们分析吉藏对《华严经》的研究，就可以看到吉藏这种研究工作的内容、性质和目的。

　　吉藏讲过几十遍《华严经》，且有这方面的著作。吉藏曾"别置普贤菩萨像，帐设如前，躬对坐禅，现实相理"②。对普贤的崇拜源自《华严经》，吉藏面对普贤所"观"（思考）的"实相"之理，却是三论宗主要理论"中道实相"之理，与《华严经》的理论毫无关系。吉藏研究《华

---

　　①　（隋）吉藏：《大乘玄论》卷三，《大正藏》第 45 册，第 39 页。
　　②　（唐）道宣：《续高僧传》卷十一《吉藏》，《大正藏》第 50 册，第 513 页。

严经》的代表作是《华严游意》，由此可以看出三论宗人对《华严经》的看法。

《华严游意》是吉藏在扬州慧日道场所述，作于隋开皇末年（600），一卷。在该文开头，吉藏简要叙述了三论系僧人宣讲《华严》的历史，表明他作该文具有总结三论宗人华严学的集大成性质。然后概括《华严经》的主要内容，认为"然此经义，正开二佛、两教门、净土、三十（千）心、十地等"，而《华严游意》仅"略明净土义"。关于"净土义"可以分为四项内容：一化主，指《华严》所崇奉的佛，具体指释迦佛和卢舍那佛；二化处，指佛所教化的地方，具体指莲花藏世界和娑婆世界（现实世界的代名词）；三教门，指对佛所说教法的分类判释，具体指三乘教或一乘教，半教或满教；四徒众，指佛的信徒，具体指声闻和菩萨。《华严游意》则仅辨四项内容中的"化主"一项。

《华严游意》全篇正文围绕"以此经为是释迦所说耶，为是舍那所说耶"这句问话展开，集中论证释迦佛与卢舍那佛的关系。其所以要围绕这句问话，是因为"兴皇（法朗）大师开发初即作此问，然答此之问，便有南北二解"。法朗有此问，可见解决释迦与卢舍那关系问题的重要；"有南北二解"，则是在批判各种异说的基础上提出自己的观点。吉藏的理念多在论战中产生，他的观点也是在反驳相互对立的各种观点中提出来的。《华严游意》也保持着这种风格，先列异解，分别反驳，最后提出自己的结论。

按照吉藏的介绍，南方论师的见解是：佛的全部教法分为顿、渐和无方不定三类，都是释迦的说教，所以《华严经》也是释迦所宣讲。从这个角度观察，释迦与卢舍那不是"异"，而是"一"。北方论师的见解是：共有三佛，一法身佛，无形无体，无行无作，无言无说，自然没有一部具体的经是该佛所宣讲；二报佛，即报身佛，佛自身应具有的特定形体和状态，具体指卢舍那佛，《华严经》即为该佛所宣讲；三化佛，即化身佛，为满足众生信仰需要而示现的佛身，形象可以有多种，这里具体指释迦佛，《涅槃》《般若》等经为该佛所宣讲。从这个角度观察，释迦和卢舍那不是"一"，而是"异"，"舍那为释迦之报，释迦为舍那之化"。

吉藏在反驳双方的见解过程中，旁征博引，找出许多经典依据，而且对每个问题都涉及许多方面，表面上看来很复杂，实际上运用的方法却很简单。他首先站在北方论师的立场上反驳南方论师的观点，指出释迦与卢舍那不是"一"，这叫作"借北异弹南一"。但他并不同时肯定北方论师的观点，而是又反过来站在南方论师的立场上反驳北方论师的观点，指出释迦与舍那不是"异"，这叫作"借南一破北异"；同样，他也并不肯定南方论师的观点正确。

通过这样的反驳，在达到"既斥南北一异，两家皆非"之后，便正面论证自己的观点。吉藏论证的方法是"四句皆非"，所谓"四句"，指释迦和舍那是一，是异，亦一亦异，非一非异。也就是说，从一和异两方面立论，无论是肯定回答还是否定回答，都是不对的（非），此即为"四句皆非"。但是，"非四句而不失四句，因缘无碍也"。这是说，认识两佛的关系，既不能用"四句"，又不能离开"四句"，正确的认识应在把握"因缘"方面。由此他得出结论："不得言一，不得称异。不得言一，亦得因缘一；不得称异，亦得因缘异。故非一非异，亦得因缘一异。"

何谓"因缘"？这就涉及三论宗的核心理论——"中道实相"。吉藏在《中论·因缘品疏》中说：

> 一者因缘是空义，以因缘所生法即是寂灭性，故知因缘即是空义；二者因缘是假义，即无自性故不得言有，空亦复空故不得言空，为化众生故以假名说，故因缘是假义；三者因缘是中道义，即此因缘离于二边，故名为中道。

"得因缘"即是符合中道实相之理。对两佛关系不说一异等"四句"，就是获得"因缘四句"（中道实相）。在吉藏看来，释迦和卢舍那的真正关系具有不可知性，任何名言概念，包括一异都不能如实表达，所以只能通过"非四句"的方式达到符合"因缘四句"，所谓"非一非异，亦得因缘一异"。

综观吉藏的论证，他先把要反驳的各种观点归纳概括为相互对立的两方面，然后分别予以否定，再运用三论宗的特有思辨方式，得出符合中道实相说的结论，这个结论总是套在"非四句亦不失四句"的模式中。吉藏的《华严游意》，实际上是借《华严经》而游三论之意，是用三论宗的理论改造华严经学。

第五节 吉藏门人与三论宗的衰落

一 吉藏门人

《续高僧传》的作者道宣曾评论吉藏说："御众之德，非其所长"，这一评论应该是符合事实的。因为在吉藏之后，其门下并没有涌现出能够光大三论宗的优秀人才，以致三论宗在很短的时间内迅即衰落。下面，我们把吉藏的主要弟子慧远（兰田悟真寺）、智拔、智凯、智实、智命、慧灌等作一简要介绍。

慧远（597—647），是《续高僧传·吉藏传》中所提到的唯一的吉藏弟子。其中说："慧远树绩风声，收其（指吉藏）余骨，凿石瘗于北岩，就而碑德。"① 又说："慧远依承侍奉，俊悟当时，敷传法化，光嗣余景。末投迹蓝田之悟真寺，时讲京邑，亟动众心。"② 唐朝惠详所著的《弘赞法华传（卷三）·释慧远传》对此有较为详细的介绍。文中称慧远 10 岁投吉藏出家，受具足戒后开讲《法华经》，并自作章疏。晚年居住在蓝谷（今陕西省蓝田县），继续讲说《法华经》，"频有灵感"。唐贞观二十一年（647）圆寂。

智拔（573—640），《续高僧传》卷十四《智拔传》载，俗姓张，襄阳人氏，"幼年清悟，雅好道法"，6 岁出家，先师从润法师，后就学于哲法师。"初诵《法华》，日通五纸"，对《法华经》有独到的见解和领悟，并受到吉藏的赞许。后南返荆襄，专弘《法华》之学。

智凯（？—646），《续高僧传》卷十四有传，姓冯，丹阳人，幼时听吉藏讲说《法华经·火宅品》而有所感悟，遂"诣藏出家"。因"身相黑色，故号乌凯"。13 岁时，就能复述吉藏所讲说的佛教经论，纵横开阖，不拘检约。跟随吉藏住在会稽嘉祥等寺，"门人英达，无敢右之"。等到吉藏进入京城之后，智凯才回到静林寺"聚徒常讲"。吉藏圆寂后，智凯继续在浙江各地弘法。唐武德七年（624），"剡县（今浙江省嵊县西南）立讲，听徒五百。贞观元年（627），往余姚县小龙泉寺，常讲《三论》《大品》等经，誓不出寺，胁不亲席，不受供施"。"至十九年（645），

① （梁）慧皎等：《高僧传合集》，上海古籍出版社 1991 年版，第 194 页。
② 同上书，第 195 页。

齐都督请出嘉祥，令讲三论，四方义学，八百余人，上下僚庶，依时翔集，用为兴显"。百有余日，日论十人，答对冷然，消散无滞"。贞观二十年（646）七月二十八日，"依常登座，手执如意，默然不语，就殓已终"。

在吉藏的弟子中，还有一位同名的智凯。《续高僧传》卷三十一载，俗姓安，江表杨都人，家世大富，及至学年，跟随吉藏学习三论。三论宗有关初章、中假、复词等深奥难懂的义理，普通学人皆"苦其烦挐，而凯统之，冷然顿释"。但是，当吉藏入京以后，智凯却"义业通废，专习子史"，后来专以念唱为业，成为著名的唱导师。

《续高僧传》卷二十五《智实传》记载了长安大总持寺的智实（601—638），曾与吉藏有过些许因缘。智实俗姓邵，雍州万年（属今陕西省）人，幼年即显露出对佛法的兴趣和领悟，"童稚儿聚，谲诡超异，预有谈论，必以佛理为言"。智实 11 岁出家，住大总持寺，对于《涅槃经》《摄论》《俱舍论》《阿毗昙》等经论，他都能"镜其深义，开其关钥"，而且"思力坚明，才气雄毅"。唐武德元年（618），秦王李世民邀请慧乘、道宗、辩相三大法师以及"京邑能论之士二十余僧，在弘义宫通宵法集。实年十三，最居下座。上（指秦王）命令对论，发言清卓，惊绝前闻。新至诸僧，无敢继响"。秦王及诸王交口称赞，认为他以后必当"绍隆三宝"。智实天生异禀，眉间长有数寸长的白毫（眉间白毫是佛陀三十二相之一），吉藏曾"摩其顶，捋其毫曰：子有异相，当蹑迹能仁。恨吾老矣，不见成德！"时年吉藏已年近七十，智实年方十三，能有缘相见，已是难得，至于智实后来是否师从吉藏则不可知。不过，从他擅长的经论来看，他好像不是三论宗人。

《续高僧传》中记载的另一位吉藏弟子是智命。智命，俗姓郑，荥阳人。早年官拜隋羽骑尉，大业初年拜见仆射杨素，受到杨素的赏识，后来得到杨素的提拔，官至五品。隋皇泰初年（618），升为御史大夫。智命多年来一直信受佛法，任羽骑尉时，就曾"逃官流俗，备历讲会，餐寝法奥"，后来更"游听三论、法华，研味积年，逾深信笃"。《续高僧传》中提到，智命曾经从吉藏法师听讲，所学《三论》《法华》应当是传自吉藏。时当隋末唐初，天下大乱，智命"弊斯纷梗，情慕出家"，并"频请郑王（王世充）为国修道"。智命的出家请求被王世充拒绝后，他便"夜则潜读方等，昼则缉理公政"，不顾可能受到的惩罚，一门心思只想着剃度。四十天后，终于与妻子一起互相剃发，私自出家，并对妻说："吾愿满矣。"郑王"不胜愤怒，下敕斩之"。智命闻听，喜曰："吾愿又满矣。"临刑之时，智命"遍礼十方，口咏《般若》，索笔题诗曰：幻生还幻灭，大幻莫过身；安心自有处，求人无有人"。

二 吉藏的贡献与影响

吉藏一生创宗立说，著述巨丰，广设讲席，盛弘三论。他所创立的三论宗佛学思想，以及宗重《般若经》的风格，保留了印度大乘中观学说的传统精神，对中国早期佛教学者关于般若中观学说的错误理解做了批判与澄清，对中国佛教的未来发展，特别是禅宗、华严宗、唯识宗等的成立和演变都产生了深远的影响。概括起来说，吉藏对中国佛学思想的贡献主要表现在如下几个方面。

（一）创宗

自鸠摩罗什及其弟子们译介、弘传三论以来，一直到"摄岭诸师"复兴三论之学，虽然也曾掀起研习三论学的高潮，但却始终没能形成真正的佛教宗派。到了吉藏时代，由于他的努力，才实现了从三论学到三论宗的转变，创立了中国佛教最早的佛教宗派之一的三论宗。吉藏以印度大乘中观学派的中土继承者自命，以继承和发扬关中鸠摩罗什、僧肇及"摄岭诸师"以来的三论学传统为己任，在思想深处存有鲜明的三论学统观念。他争强好辩，广破异说，树立了自宗的权威，提高了自己的声望，并得到了隋、唐两代统治者的敬重和支持。他著书立说，为"三论"作了注疏，并对"三论"的核心义理作了系统的阐发，为三论宗的创立奠定了理论基础。

（二）著述

吉藏学识渊博，勤于著述。现存他所著的二十六种著作，是中国佛教文化宝库的重要组成部分。而且，他博览群书，著述时又喜欢广征博引，在他的著作中保存了很多重要的佛教资料。印顺《三论宗史略》说："祥师每于讲学之余，关于三论之经论，一一著述。其著作中多引三论宗祖如罗什、僧肇、僧叡、兴皇朗等之语句，为集三论宗之大成者。嘉祥之著作，不但只为本三论宗所重，而在整个佛教中，亦甚重要，因为祥师的著述，都是网罗从晋魏以至当时的学说，无不研究与批评。吾人今日苟欲研究探索晋魏以降南北朝时代的佛教，舍嘉祥大师著作，难有资料可取。祥师著述之丰富，在当时有'嘉祥文海'之美称，于此可想见其伟大也。"①
如他的《百论疏》里所引用的僧叡《成实论序》中，就保存了有关马鸣、
龙树年代的珍贵资料。

（三）弘法

吉藏一生广设讲席，盛弘三论。他讲《三论》一百余遍，《法华》三
百余遍，《大品》《智论》《华严》《维摩》各数十遍。他所创立的三论宗
佛学思想，博大精深，保留了印度中观学说的传统精神，对中国早期佛教
学者关于中观学说的一些错误理解做了批判和澄清。

（四）影响

吉藏一生致力于破邪，扫荡了当时佛教界的一些流行看法，如《成
实论》是大乘经典、《般若经》是不了义经等。他所创立的三论宗佛学思
想以及盛弘三论、宗重《般若经》的风格，对中国佛教的未来发展，特
别是禅宗、华严宗、唯识宗等的成立与流传都产生了深远的影响。

三　三论宗盛极而衰的原因

吉藏圆寂以后，三论宗盛极而衰。考之三论宗衰落的原因，大概有如
下几个方面：其一，《续高僧传》的作者道宣曾批评吉藏没有"御众之
德"，故藏师寂后，继起无人，虽然吉藏门下也有弟子慧远（兰田悟真
寺）、智拔、智命、智实、智凯（嘉祥寺）、慧灌等人，但没有出现能够
绍隆其说的优秀人才。其二，吉藏的三论学说偏于义理，忽略行持。其
三，时新宗突起，如天台、唯识、华严大盛，三论遂受冷落。其四，受社
会环境的影响。魏晋南北朝时，玄风极盛，三论遂乘时而起，至唐时尊重
儒术，社会思想界亦由崇玄远而趋实际，三论学遂趋于式微。其五，受禅
宗的影响。禅宗独盛之后，许多三论大师转而归入禅宗（如元康），这也
是唐代三论所以不盛的重要原因。到唐会昌灭佛之后，三论宗在中国彻底
消亡了。

直到 20 世纪初叶，有中国近代佛教之父的杨文会从日本寻回了散佚
已久的三论宗典籍，绝响千年的三论学才得以重回故里。

---

① 张曼涛主编：《现代佛教学术丛刊》第 47 册《三论宗之发展及其思想》，（台北）大乘
文化出版社 1978 年版，第 15 页。

四　三论宗在日本的传播

三论宗虽在中土迅即衰微，但吉藏的弟子慧灌将之传入日本，并在日本传播了很长一段时间。

据日人师炼《元亨释书》卷一《慧灌传》记载："释慧灌，高丽国人。入隋受嘉祥吉藏三论之旨，推古三十有三年乙酉春正月，本国贡来，敕住元兴寺。其夏，天下大旱，诏灌祈雨，灌着青衣，讲三论，大雨便下。上大悦，擢为僧正。后于内州创井上寺，弘三论宗。"慧灌是高丽人，是嘉祥吉藏的弟子，他于推古天皇三十三年（625）从朝鲜来到日本，后大弘三论，是日本三论宗的传播之始。因此，慧灌被认为是日本三论宗的第一代传人。村上专精在其所著《日本佛教史纲》中说："在慧灌僧正以前传入日本的佛教虽然不清楚其宗派，但据当时中国、三韩的情况来推测，大部分应属于三论、成实二宗。到慧灌僧正讲演'三论'的时候，才可以说日本开始有了一个佛教宗派。因此，三论宗是日本有佛教宗派的开端。"① 在这里，需要指出的是，日本佛教所谓的"宗"与中国佛教的"宗派"是有区别的，南北朝时产生于中国的佛教各家师说，如成实、俱舍，传到日本后，都一概被称为"宗"。明白了这一点，也就明白了村上专精这段话的意思，他说的是，在慧灌之前，日本虽然已经有三论学和成实学的传入，但作为真正的佛教宗派，慧灌所传入的三论宗是第一个。也就是说，慧灌不仅是日本三论宗的第一人，而且也是日本创立和传播宗派佛教的第一人。

慧灌的门人很多，其中影响最大的是福亮。据《三国佛法传通缘起》记载，福亮是慧灌的弟子，曾出任僧正，据说他本是中国吴人，到日本后出家为僧，曾师从慧灌学习三论。据《元亨释书》卷一《智藏传》称："释智藏，吴国人，福亮法师俗时子也。谒嘉祥，受三论微旨。入此土，居法隆寺，盛唱空宗。白凤元年为僧正，道慈、智光皆藏之徒也。"② 智藏被称为日本三论宗的第二代传人。

日本三论宗的第三代传人是道慈。据载，道慈从智藏学习三论，曾留学中土十五年，向吉藏门人硕法师的弟子元康学习过空宗义旨，他兴趣广

① ［日］村上专精：《日本佛教史纲》，杨曾文译，商务印书馆1992年版，第16页。
② ［日］师炼：《元亨释书》卷一，《大藏经补编》第32册，第173页。

泛，经律论多有涉猎，尤善三论，养老初年回到日本，后住大安寺，盛弘般若三论。《续日本纪》载："大宝元年，随使入唐，涉览经典，尤精三论。养老二年归朝。"道慈于圣武天皇天平十六年（744）圆寂。其著有《愚志》一卷，将日本佛教和唐朝的佛教做了比较，感叹日本佛教的落后和弊端。他还在奈良参考长安的西明寺营造大安寺，并在大安寺转读《大般若经》，以护寺镇国，为日本佛教的健康发展做出了很大的贡献。

日本三论宗形成于公元 7 世纪，公元 8 世纪时，由于道慈等的融会新说而得以进一步发展，到公元 8 世纪后期，日本三论宗出现了许多优秀的人才和成果。

智光、礼光同住元兴寺，都师从智藏学习三论宗，是日本三论宗元兴寺派的著名代表。据传，他们建立了仙光院，传布三论宗，崇奉阿弥陀佛西方净土信仰，创立了极乐房，并安置有西方极乐依正图，即所谓"智光曼荼罗"。智光的著作很多，有《般若心经述义》《净名玄论略述》《大般若经疏》《中论疏记》《初学三论标字义》《无量寿经论释》《观无量寿经疏》等。

智光、礼光之后，有弟子灵睿、药宝等续传其学，此派以元兴寺为中心，所以被称为"元兴寺派"。道慈传于善议，善议再传安澄、勤操，以大安寺为中心弘传三论，故被称为"大安寺派"。

第五章　三阶教

信行（540—594）所创的三阶佛法，在中国佛教史上揭开了新的一页。三阶教与净土宗思想基础相似，命运却迥异，它曾遭隋唐朝廷四次禁限，终致湮灭，然而其在中国佛教史上的影响却可以和许多派别相提并论。①

第一节　创立与初禁

隋代佛教汇融南北的义理与禅观，开始创宗立派，迎来了中国佛教成熟期。隋唐宗派中最早的天台与三论宗，其实都与三阶教相伯仲，均由南北朝佛教潮流发展而来。天台与三论都多源于南方，而三阶则主要源自北方。

一　教主信行

三阶教是信行创立的。信行是北朝至隋时僧人，一生活动于北方豫晋与京城大兴。他提出了独特的佛教主张，设定独特的修行方法，撰写了大量三阶教经典，设立无尽藏为财政运作方式。其佛学观念基于末法观念，讲对根起行，以时勘教若以病验人，所撰经典是对大乘经典的有意识抄集。修行方法有特定的六时与相续礼忏规制，学常不轻菩萨拜俗人，具有

① 三阶教的研究史颇具传奇色彩，且近百年。由于被禁，此派情形一直如在五里雾中。敦煌藏经洞文书发现后，日本学者矢吹庆辉赴英法调查，获知其中最有学术价值的藏外佛经，以其中自成系统的三阶经典著成《三阶教之研究》，被汤用彤评价为"美矣备矣"。约70年后日本西本照真亦作同题研究，将敦煌写本等材料挖尽。美国贾梅·哈伯亦有一著《绝迷深误、至善佛性——中国佛教异端的沉浮》。近年国内方广锠、李裕群等分别从文献与考古角度加以探讨。

印度佛教原本倾向。隋唐时多有门人弟子追随，以三阶立寺建院也不少。凡此种种，无论在佛教内部还是在社会上，都产生了相当大的影响。虽然其身后有僧邕继承，领导着三阶教的僧人，但是其后诸师在理论与实践方式上并无多少建树，所以信行在三阶教的地位绝对重要，是当之无愧、开宗立派的大师。前此日人的研究也都将信行作为研究三阶的重头戏。以下，即结合创立三阶的关键转折点，对信行的生平作一叙述。

（一）信行出身

信行生于东魏兴和二年（540），卒于隋开皇十四年（594），54 岁。①本姓王，魏州卫国人②，或曰魏郡人（《续高僧传》）③。《塔铭碑》的"俗世豪宗，茂叶于九区之上。释门贵种，盘根于三界之中"应是赞颂之词，并非出身豪贵的确据。而且，从其童年泣牛等事来看，似应出身较低社会阶层。

信行资料有生前自述文字，含在他撰述的《大乘无尽藏法》（原题《信行遗文》）中④；其圆寂后门徒所立的塔铭碑、唐道宣《续传》中本传、越王李贞撰《兴教碑》（僧圆照曾收集过信行碑表集三卷，可惜无存）虽然还不够详尽，但已可知其生平大貌，并可推论分析他创立三阶佛法过程等情况。

《续传》与《冥报记》中有其出生得于神力或观音之助说，或是后来追附。

信行童年就表现出慈悲与聪慧的特征。年仅 4 岁时，见牛车陷泥沼中难出，他竟然哭泣悲伤。《释氏蒙求》中"信行泣牛、昙猷扣虎"即此。⑤《续传》等还记其 8 岁巧妙答问。但关于他出家等的情况，仅费长房（《历代三宝纪》）有语焉不详句：

---

① 隋开皇十四年正月《铭塔碑》记其春秋五十五。道宣《续传·信行》逝年同，却是 54 岁。昙噩《六学僧传》沿袭。开皇七年信行自述说其 48 岁。古人计虚龄，可知信行出生于东魏兴和二年（540），故寿 54 岁。

② 据考卫国在现在河南省清丰县，范寿铭则考此处为河南观城县。《循园金石文字跋尾》，《石刻史料新编》第二辑第 20 册，（台北）新文丰出版公司 1985 年版，第 14465 页。

③ 《大正藏》第 50 册，第 559 页。《续高僧传》以下简称为《续传》。

④ 敦煌写本 S. 2137 号与 S. 9139 号《大乘无尽藏法》中。详见张总《中国三阶教史》第六章第一节。社会科学文献出版社 2013 年版，第 554 页。

⑤ （清）灵操：《释氏蒙求》，《续藏经》第 87 册，第 230 页。

少而落采，博综群经。

据僧传等材料类比，此处"落采"是出家之义，与"落发"略同。信行无疑少年出家，但他8岁仍在家中，所以《释氏蒙求》称其4岁出家必不成立。由此可论其出家约在9岁或更晚。

从信行一生撰述来看，他对佛教经典确实下过功夫。藏经内相当一部分是其立宗与撰集经典的基础。结合《塔铭碑》中"誓欲洞达十二之文，和会百家之说"，费长房说其少年"博综群经"应属不误。因为大乘佛典分为十二种，佛学流派学说纷纭，可比战国百家诸子。信行对佛教典籍切下"洞达、和会"的苦功，是在他的青少年时代，但是他阅藏通经的目的或追求何在呢？

信行自述说17岁就开始寻找善知识，这是很给力的一个说明。他的寻求，不是一般意义上的参师访尊、请益求教，而是寻找志同道合——教义佛学上能共同行事的僧俗人士，结果三十二年仅得四人，能够顿舍身命财行无尽藏法。尽管此言为多年后，即开皇七年追述[①]，但对了解其创教开宗过程很有意义。信行特立独行的佛教观念行为至少从17岁就萌发了。此后信行经历了寻师与舍戒的复杂风波，信徒追随他礼拜影塔、学常不轻菩萨拜俗人等，开皇三年至七年（583—587），与所寻得四善知识行无尽藏事等。[②] 所以，至少可以将其17岁——北齐天保六年（556）作为其草创开教的起点。

关于信行创教后的事迹，各种材料的事与时仍不明朗且有抵牾处。但可知的至少有礼拜影塔、礼拜道俗、曲折的师承、舍戒风波，及行无尽藏、上书与入京等。

（二）舍戒与师承

信行舍戒，其实是他创教中的大事，在佛门内部引起很大影响，当时"四远英达"上门诘问，结果是很多人听其阐释，反而师从于他，"禀为父师之礼也，未拘于法岁"。舍戒必是受具足戒之后，受戒又与师承相

---

① 信行自述说开皇三年至七年，三十二年来寻得四人随他共施无尽藏法。S. 2137号、S. 9139号。

② 事见《大正藏》第50册，第559、575页，《续高僧传》的信行、慧瓒本传以及上述信行自述等材料。

关。现知信行的师承较奇。由于本传不载，很多学者从宽泛角度对信行师承作了探讨。但慧瓒传里明说他不受求师礼，指其弟子明胤为信行师。信行舍戒师承等事，在僧传等材料中俱列，但语焉不详，时序先后亦颇有矛盾不一之处。

受具足戒后再舍去，是非常少见的特殊举动。若是僧人不守戒律、为所欲为而近俗，或已破戒，则不得不舍。但如信行这样舍戒而不近俗，只图做沙弥劳役者，确实稀罕，虽然类似情况并非绝对没有。① "与先旧德解行弗同"，所以导致四方高僧多来质询。而《三宝纪》与《续传》明言，信行为彻底行菩萨行，舍去声闻戒；并宣扬实行其独特的宗教观。《续传》说：

> ……未全声闻，兼扬菩萨……后于相州法藏寺，舍具足戒，亲执劳役，供诸悲敬，礼通道俗单衣节食，挺出时伦。冬夏所拟偏过恒习。故四远英达者皆造门而诘问之。行随事直陈，曾无曲指。诸闻信者莫不顶受其言。通舍章疏从其化及。禀为父师之礼也。未拘之以法岁。

此事何时发生呢？或以为是开皇六年（586）。因舍戒在相州法藏寺，唯有一条题记涉此法藏寺，即李盛铎原藏敦煌写经（卖至日本兵库县西尾家族，现藏大阪杏雨书屋）《明诸经中对根浅深发菩提心法》，题记"大隋开皇六年岁次丙午四月十五日在相州法藏寺撰"②。西本照真由此推论信行开皇六年舍戒。不过依此仅为一种可能，该题记仅说撰于法藏寺，未自称法藏寺僧。此事在开皇六年恐失之过晚。开皇三年、七年其自述都称相州光岩寺僧，若此，则信行舍戒年余，开皇七年上书时仍为"沙弥"身份，两年后赴长安仍此。另一种可能是，信行舍戒后又曾拜师，即舍戒前后两度拜师。一般而言，少小出家者，至 20 岁成年可受具足戒，其后

---

① 《大唐西域记》载一沙弥为保护佛塔圣地，舍去具足戒，执劳役供养，因而形成一特殊寺庙——沙弥伽蓝。《大正藏》第 51 册，第 902 页。

② 王重民：《敦煌遗书总目索引》，《敦煌遗书散录》四，中华书局 1982 年版，第 323 页。李氏此目原稿藏北京大学图书馆善本部，抄写者移录时多有遗失删节。据笔者与原件核对，此题记即漏"大"字。又此件敦煌写经在李氏目录中录为 411 号，王重民《索引》录李氏散录起之 190 号，其中又将一些经卷合并，因将此卷录成 537 号。

可以舍戒。信行 17 岁就形成独特意识，受具后舍戒确也符合其创教过程中举动。信行追随慧瓒"重斯正业，从受十戒"，应是舍戒后再次寻师，舍戒与悲敬、礼通道俗都应是其草创立宗的表现。其时段跨度约在北齐，《塔铭碑》言其弟子追随已二十余载，依信行舍戒时得受一批弟子，则可推到北齐武平年间（570—574）。

信行师承见于《续传·慧瓒》而非其本传。信行追随慧瓒希望拜师，慧瓒却没有首肯，只授意其弟子明胤代为其事，所以，信行实受业于明胤。但慧瓒与信行较一般师祖与徒孙关系更紧密。此中难解怪异处，应关乎信行舍戒事。

> 沙弥信行，重斯正业从受十善，瓒不许之，乃归瓒之弟子明胤禅师，尊崇行法，晚还邺相方立部众。[1]

这里沙弥身份，"重斯正业、从受十善"，明显符合信行舍戒后状况，否则何用"重斯正业"。信行 17 岁出家（566），比慧瓒还要早十年。很难想象信行一直是沙弥直到近 30 岁才追寻慧瓒。如果依此，信行初受具足已年近而立，开皇六年"晚还邺相，方立部众"时才舍戒，不太合情理，也不利开宗创教。总之，信行成年受具，舍戒后再追求师承，较符合其草创立教过程。

信行舍戒后以沙弥身求拜师慧瓒于何时，仍然莫解。日本道端良秀曾考为开皇元年至三年之时，[2] 而西本照真则认为是慧瓒赴南朝陈（577）之前，[3] 笔者则以为应在其后。[4]

虽然塔铭碑与僧传都未涉师承，但僧传载纪渊源确切：慧瓒—明胤—信行。正如汤用彤所指出，三阶教虽兴于隋，然实北朝流行信仰所产生之结晶。如末法时代说、时阶根机教义与复位戒之行、施立无尽藏等莫不如此。慧瓒颇显以戒为主、以律治众，修禅入定且住兰若行头陀，与三阶行

---

① （唐）道宣：《续高僧传》卷十八，《大正藏》第 50 册，第 575 页。

② ［日］道端良秀：《道绰与三阶教》，《大谷学报》第 15 卷第 1 号，1934 年。收入其所著《中国净土教史的研究》，法藏馆 1980 年版，第 114—130 页。山本佛骨也有论述。

③ ［日］西本照真：《三阶教研究》，春秋社 1998 年版，第 70 页，注 53。

④ 慧瓒仅年长信行 4 岁且出家晚，受具迟。信行 17 岁（556）出家，比慧瓒早十年。慧瓒承光元年（577）避乱南朝前要学习并受具；回北方封龙山后才"引摄学徒，安居结业"。

止有些相关；有趣的是徐文明指称净土道绰与三阶信行皆师出慧瓒，然而净土三阶相视若仇寇，其间关系或可深思。①

此外，西本照真还在师承图中将道凭、灵裕、静渊一系划为信行师承的辅线，且以虚线连接灵裕与道凭。② 丁明夷曾说信行以道凭为师、与灵裕有同门之谊，全无根据。③ 而李裕群认为信行与道凭、灵裕、僧稠一系都有密切关系，说涉过宽。④ 东魏裂出寺僧由洛迁邺，北齐初年邺都大寺林立，讲席迭出。地论系高僧从慧光、法上、道凭；再接灵裕、静渊、智正、智俨；其间灵裕着意末法时序及礼忏拜佛，虽然所著未传，但所造大住圣窟内外刻经，却有贴近于信行的教说，所以，灵裕确可作为信行的先导师渊之一。

（三）宣教

信行创立三阶佛法，实在来说，并无鲜明的标志起点。由上述可知从17 岁（555）寻善知识，或为草创之始。开皇三年至七年施无尽藏法，三阶教似已创立。开皇九年（589）时，信行得朝中大臣高炯荐推而入京，是三阶教发展壮大的标志。其宣扬的佛法得到国家承认。虽然信行殁后数年，三阶教又遭国家禁止，但经过入京发展，三阶教在京城有五寺为基础，各地也有信奉，或遵随其布施无尽藏方式。如此已在中国佛教史上留下了重重的印记。

《塔铭》《三宝纪》《续传》对其创教宣说都有些叙述，如关于拜影塔、拜道俗、乞食等。但信行自述却很少，仅有寻求四善知识、施无尽藏及上书事。

　　　　所以随远近处。凡有影塔。皆周行礼拜，绕旋翘仰。因为来世敬佛之习。用斯一行通例余业。其克核详据，率如此也。⑤

_____

① 净土三阶皆以末法三时说为基础，但慧瓒却不是重视末法学说之人，而两派都有大师出其门下。

② 西本注引常盘大定撰《三阶教的母胎——安阳宝山寺》（《宗教研究》新 4 卷 1 号，1927年）；同作者《隋代灵裕与三阶教的七阶佛名》《支那佛教研究》，春秋社 1938 年版。

③ 丁明夷：《北朝佛教史的重要补正——析安阳三处石窟的题材》，《文物》1984 年第 4期。《中国美术全集雕塑 13》，文物出版社 1993 年版。

④ 李裕群：《邺城地区的石窟与刻经》，《考古学报》1997 年第 4 期。

⑤ （唐）道宣：《续高僧传》，《大正藏》第 50 册，第 360 页。

　　头陀乞食，日止一餐。在道路行。无问男女率皆礼拜。欲似法华常不轻行。①

　　拜影塔（具像之塔）且以此为中心，来统领其余法门。环绕佛塔而礼拜，每天乞食一餐，都是天竺佛教旧俗，这些方式似多有详据出处。但不知绕影塔而拜是否入塔观像、六时礼拜。因为《七阶佛名经》与"昼夜六时忏悔法"所说都是如此，可能从绕影塔与拜忏也有一些发展。而学《法华经》常不轻菩萨，在道路上无论遇到僧人还是俗人，都要行礼敬拜。这确实是将佛经里描述的场面体现在当时实际生活中了。

　　信行寻求善知识多人，当然情况不尽相同。慧瓒、明胤是其追随的师辈，僧邕可称同道，慧定、道进、王善性与王善行为弟子。此四人又非一般的弟子，是常乐我净行能行人，三阶佛法无尽藏法的核心与骨干，信行用32年时间才寻求得，与信行寻觅师尊部分时段重合。慧瓒曾在河北元氏封龙山、山西太原开化寺驻停传教，而相州慧定、并州道进、魏州王善性、赵州王善行或与此有交叠。赵州瘿陶县（今河北宁晋县）王凤邕下王善行，其地距赵州封龙山不算太远。并州严净寺道定可与山西武乡县故城镇大云寺相连，此寺古名严净，宋代治平才改今名。② 而王善行所在魏州贵乡县（今河北省大名县东北）距信行家乡魏州卫国（今清丰县）不远。相州光严寺则为信行属寺。由32年来追随信行顿舍身命财的四人所在地之分布恰好可以契合信行初萌草创期的活动范围。

　　信行未提及者，至少还有相州慈润寺禅师灵琛，其塔铭明说："后遇信行禅师，更学当根佛法。"其寂灭亦林葬，已至唐初。③ 安阳宝山寺的塔林还有一些奉三阶教的比丘尼，尼僧顺奉三阶教约在隋仁寿元年（600）以后，葬时亦至唐代。④

　　慧定、道进、善行与善性四位追随信行主要是做什么呢？既非坐禅，

---

　　① （唐）道宣：《大唐内典录》，《大正藏》第55册，第277页。
　　② 据最新的录考之文，即方广锠所用S.3919号敦煌写经《大乘无尽藏法》。且武乡确属并州，因而释道进原来就应该在此并州严净之寺。原先引述均用《信行遗文》和"相州严净寺"之名，实误。
　　③ 灵琛寿七十五，起塔已至贞观三年。《八琼室金石补正》卷二十九，文物出版社1985年版，第93页。
　　④ 河南省古代建筑保护研究所：《宝山灵泉寺》，河南人民出版社1991年版。

又非讲经，而是常乐我净行无尽藏、礼佛忏拜。佛教有南朝重讲经说法义理、北朝重开窟造像禅修的分别，而信行由于自小患心劳损，不堪坐禅，亦不堪讲经，因而创出另一条道路，即为过去、现在、未来三世皇帝及臣僚百官、诸师父母、一切众生，顿舍身命财属十六种，即布施"十六种无尽藏"：

> 一者愿施礼佛无尽，日日不断，乃至成佛。
>
> 二者愿施转经无尽，日日不断，乃至成佛。
>
> 三者愿施众僧无尽，日日不断，乃至成佛。
>
> 四者愿施众生无尽，日日不断，乃至成佛。
>
> 五者愿施坐禅无尽，日日不断，乃至成佛。
>
> 六者愿施十二头陀无尽，日日不断，乃至成佛。
>
> 七者愿施饮食无尽，日日不断，乃至成佛。
>
> 八者愿施食器无尽，日日不断，乃至成佛。
>
> 九者愿施衣服无尽，日日不断，乃至成佛。
>
> 十者愿施房舍无尽，日日不断，乃至成佛。
>
> 十一者愿施床坐无尽，日日不断，乃至成佛。
>
> 十二者愿施灯烛无尽，日日不断，乃至成佛。
>
> 十三者愿施香无尽，日日不断，乃至成佛。
>
> 十四者愿施钟铃无尽，日日不断，乃至成佛。
>
> 十五者愿施柴炭无尽，日日不断，乃至成佛。
>
> 十六者愿施洗浴无尽，日日不断，乃至成佛。[1]

布施的方式分为常乐我净相续行与苦空无常不相续行，常乐我净行是每天都要布施、终其一生的，而无常行则随意或有选择地布施，当然常乐我净行的功德更大。十六布施内其实也分为两类，前六种是原则性的礼佛、法、僧、众生、头陀行等，甚至包括坐禅在内；后十种是具体的，包括饮食及食器、房屋床具、灯烛香铃甚至柴炭及洗浴等。这些具体而微的实物器具，特别是洗浴不由得使人考虑其与僧人生活的联系。如果我们再看其

---

① 英藏敦煌文书 S. 9139 号与 S. 2137 号。参见方广锠《大乘无尽藏法》，《藏外佛教文献》第四辑，宗教文化出版社 1997 年版，第 366—367 页。

礼佛法就可知，十六种布施特别是十种具体无尽藏，与其礼佛法的需求全然吻合，是三阶教团的礼佛生活所需要。

具体而论，三阶教团的宗教生活至少要三间屋：一间礼佛，一间坐禅，一间休息。一般而言，民以食为天，在此更是如此，没有饮食，任何活动都难以为继。在此信行首先问及当地官府是否允许乞食。如不允许即得依靠供养布施。此外香火灯烛是拜佛及坐禅所需，而洗浴更是拜佛所需，因为在此间拜佛，一天须洗浴三次，更衣洁净，否则是对佛的不敬。三阶教拜佛人也分两种，一是六时行道，一是全天相续拜佛行道。前者一天六时拜佛，后者一天十二时拜佛，仅中夜可休息一时。这在三阶僧制的《制法》（敦煌写本 P. 2489 号 R1）中有明确表述。①

总之，至少有五个人的三阶教团于开皇三年至七年（583—587）间，有常乐我净行的宗教修行。从十六种无尽藏的分析可知，他们顿舍身命财属，但其也可能接受末十种无尽藏，用以维持这种宗教生活。

（四）入京

开皇九年（589）时，或经宰相高颎向皇帝荐举，文帝将信行召入京城。其中间环节，很可能是得到了相州官吏的上书，虽然从信行的进言到最终呈报有一两年的间隔。信行入京携有多少弟子不明，而林虑山中的僧邕是必有的，因信行专门写信召其同修，共至京都。入大兴城后，三阶教蔚成大观，共有真寂、光明、慈门、慧日、弘善五所寺院成为三阶寺院，或者说成为三阶佛法的实行之地。

真寂寺，开皇初年或三年（583）高颎建于熙光坊。光明寺在怀远坊东南隅，开皇四年文帝为沙门法经立②。慈门寺在延寿坊南门之西，开皇六年刑部尚书李圆通立。弘善寺在常乐坊隅，开皇三年独孤皇后为父赵景公立，开皇十八年改赵景公寺。慧日寺在西京长安怀德坊东门之北，隋开皇六年立，本富商张通宅。③

真寂寺是三阶教的大本营，唐武德时改名化度寺。一般介绍都据韦述《两京新记》，说此寺是高颎舍宅专赐信行而成。其实并非如此。三阶教

---

① 《制法》即信行在山东的《众事制法》。P. 2489 号 R1 为《制法》内容。P. 3035 号为《麻禅师行状》，麻禅师或河西僧，在河东也有实行。

② 开皇十四年文帝敕法经作《众经目录》，时法经已在大兴善寺。

③ 徐松：《唐两京城坊考》，中华书局 1985 年版。

入京后所得五寺，没有一所是新建或专赐的，全是已有的寺院转化为三阶用寺。真寂寺所造时日并不清楚，但法琳《辩正论》描述其始造时就华丽无比，有慧崇禅师与道彦法师参与建设，"又延信行禅师别起禅院，五众云集三学星罗，道俗归依莫斯盛也"①。可见此寺的兴盛及信行只据一禅院。由于大兴城初造时允许一部分人领寺额建寺，高颎也是总监管，所以当时将其宅与寺筑于一处。② 当然，信行入驻后宣教的成功使此寺成为三阶教首寺，即便经过开皇禁敕、唐代改名，仍是如此。

慈门寺三阶僧人见载不少，有本济、善智、道训和道树、孝慈③等。慧日寺本是富商张通宅舍，《两京新记》说通妻陶氏常于此舍粥，时人呼为陶寺。陶氏开皇十七年（597）卒，墓志清乾隆时出土，其中提到庄严供养慧日寺，与史载相合。④ 弘善寺即赵景公寺，开皇三年隋文帝独孤皇后为其父赵景武公独孤信祈冥福建构，初名弘善或宏善，开皇十八年改名。⑤

独孤信家与高颎家为世交。高颎之父高宾自东魏叛西魏，即投独孤信门下为官，得赐姓独孤。因而文帝称高颎时都叫作"独孤"，皇后对其关爱有加，"后以高颎是父家客，甚见亲礼……每往来其家"⑥。由于这层关系，赵景公寺得高颎及三阶僧人贴近也很自然。而且还有塔铭记载。总章元年（668）寂于赵景公寺禅院的道安云：

> 童子出家，头陀苦行。学三阶集录，功业名成。

因而，虽然此寺名也载为"宏善寺"（《长安志》、《城坊考》均引段成式《酉阳杂俎·寺塔记》），但"宏"与"弘"应有通用，且《寺塔记》也

---

① （唐）释法琳：《辩正论》卷四，《大正藏》第 52 册，第 519 页。

② 《隋书·高颎传》载其任新都大监，制度多由其出。《隋书·帝纪》等之中也有相应记载。

③ （唐）僧祥：《法华传记》卷九，《大正藏》第 51 册，第 92 页。（唐）怀信：《释门自镜录》，《大正藏》第 51 册，第 806 页。

④ 可知陶氏名贵。张通曾作昌乐府小官。《八琼室金石补正》等有考订。

⑤ 独孤信在西魏曾任大司马、柱国大将军。北周初（557）为宇文护逼死。隋文帝即位后，追赠以赵国公，谥曰景。

⑥ 《隋书·高颎传》、《隋书·文献独孤皇后传》。因太子废立等事对高颎不满已是较晚的事。

有版本作"弘善"①。但矢吹庆辉仅居道安塔铭就推定此为三阶属寺。

此外高炯妻所建熙光坊积善尼寺，也可略属在内。还有些侵广之寺，则名额难明。

总之，三阶教在隋都大兴城中以五寺为基础发展壮大，其影响达于其余各寺，僧人行仪为：

> 自尔余寺赞承其度焉。莫不六时礼旋乞食为业，虔慕洁诚如不及也。②

僧人们非常虔慕洁诚，六时礼忏、旋绕礼拜、乞食头陀行事为多寺僧人传习。

（五）信行逝葬

信行入京后三阶蔚成教派，不过仅四年多时间信行病重不治。信行确实自小身体不好，此时也才 54 岁。但他坚持观像，先是"勉力佛堂，日别观像"，病重后不能坚持，便将佛像请入于室中，"气衰渐弱，请像入房"，直至"卧视而卒"。

信行寂后，弟子徒众三百余人，由法师净名与禅师僧邕带领，护送灵柩到终南山下施行林葬，《塔铭碑》云：

> 舍身血肉，求无上道。生施死施，大士有苦行之踪；内财外财，至人有为善之迹。呜呼哀哉……遂依林葬之法。敬收舍利，起塔于尸陀林下。③

《续传》言"有居士逸民裴玄证制文"，"树塔立碑在于山足"。这位裴玄证本是出家于真寂寺的僧人，后来又还俗，但信行所撰经文多是由他执笔。"塔铭碑"也出其手笔，可见文采斐然。他生前即为自己制好碑文。

---

① 段成式：《寺塔记》，人民美术出版社 1963 年版，第 8 页。此据毛晋《津述秘书》本"弘善寺"处作"弘"。而《学津讨源》本则作"宏"。

② （唐）道宣：《续高僧传》，《大正藏》第 50 册，第 560 页。

③ 隋《故信行禅师塔铭碑》，唐代贞元年间有复刻，存河南鹤壁西石林村寺中，民国时仍存。美国学者 Jamie Hubbard 有较近研讨。*International Salvation in the Final Period of theDhram：The Inexhaustible Storehouse of the San－Chich－chiao.* Ph. D diss., University of Wisconsin.

据《续传》，慈门寺善智于隋大业三年（607）、本济于大业十一年（615），陪葬于信行灵塔之左右。唐代这种现象更为集中，僧俗弟子信徒附葬更多。从现存资料中看不出信行有遗愿或付嘱弟子如此，但是三阶信徒身后多送葬于信行塔周，聚塔成林，终获百塔之名。

概而言之，三阶教采取林葬、聚塔成林为两大基本特点。不过这两个特点并非三阶教唯一独具，三阶教徒自身也并未以林葬为规制，以区别诸余教派。百塔前期用林葬者不少，但后来也渐取毗昙火葬。由附近终南龙池寺等一些寺址及僧传中所列，可知林葬方式在隋代相当普遍，与其称派教特点，不如说是时代特征。聚塔成林在很多寺庙都有，但是聚成一宗领袖之围，也是少见，所以也是自然而非刻意形成的特点。

信行以后的三阶领袖僧邕原是禅门大师僧稠的高足，但为信行所招，竟成了三阶教的接班人。① 开皇初年信行闻知僧邕名望及避世幽居的情况，遣人劝说：“修道立行，宜以济度为先，（独）善其身，非所闻也。宜尽宏益之方，昭示流俗。”僧邕禅师乃出山，同修苦行。开皇九年信行被征，乃相随入京。京师道俗，莫不遵奉。

二　禁敕及攻判

隋开皇二十年（600）、信行圆寂仅六年时，三阶教就遭到第一次禁断。学者多指此与开皇十九年高炯失势有关。此说有理，但具体情况还应细辨。

《历代三宝纪》说，“开皇二十年敕断不听流行，想同箴勖”。经六十四年，《大唐内典录》说“然其属流广，海陆高之”，即三阶寺僧不但流布范围更广大，各方人士还都赞赏认同，证明其禁而不止，确实令人诧异。

既然开皇敕令没有起到作用，那么当时禁敕情况究竟如何呢？

首先，经录中所说“敕断不听流行”，主要是指三阶典籍。《历代三宝纪》即先列三阶典籍及作者等情况以后（对根起行杂录三十二卷。三阶位别集录三卷。右二部合三十五卷，真寂寺沙门释信行撰。行魏州

---

① 僧邕生卒在东魏武定元年至贞观五年（543—631），僧腊七十六，世寿 89 岁。俗姓郭，太原介休人。少年聪慧，因戏成塔，仁心救蚁。13 岁从邺城西云门寺僧稠禅师出家，得其禅法亲授。数年之内，精通五停四念之法，修行于林虑山。北周武帝平齐后，又遁于白鹿山中。

人……），再加评论：

> 此录并引经论正文，而其外题无定准的。虽曰对根起行幽隐，指体标榜于事少潜。来哲傥详。幸知有据。

这里指信行撰述，多是大段密集摘引，题目也不太明了，虽说从"对根起行"出发，标题指事也不太理想。应注意的是，《历代三宝纪》开皇十七年成书，年底敕颁流通。禁断事已逾其后，此言应是续补。总括来看，长房认为信行所行，仍为八万四千法门之一，持肯定态度。但对信行撰经的文体及表达确有批评保留，且应反映出时人的观点。

道宣生于开皇十六年（596），敕断三阶时尚虽年幼，却也不是隔世之事，载纪应无错失。

朝廷禁断三阶教究在人事还是典籍，现代很多著述混淆不明，或说是禁断三阶教，或说是禁断三阶教典。总之，现从经录记载分析，开皇禁断，主要是不听三阶教典流行，而非更大程度与范围的禁断。开皇禁断或与隋文帝重视佛典或有关联，其间三作经目[1]，缮写新经 46 藏共 132086 卷（平均每藏 2870 卷余）、修治故经 3853 部（《辩正论》卷三），在大举抄定新经修治故经时，有可能清理三阶之类典籍。

隋代对三阶教说的批评驳难或微词评议之外，也有理论性著述，即道正所著《凡圣行法》，唐大觉《四分律行事钞批》卷十二《忏六聚法篇》第十六：

> 隋末关中有道正禅师，作凡圣行法六部，有五十卷。广破信行禅师三阶法。

道正在《续高僧传》有本传[2]，其著述也有详释，《大唐内典录》卷五、十列有其事其著。[3]　道正是沧州僧人，开皇七年（587）著成后来大兴城。

---

① 隋有开皇十四年《法经录》、十七年《长房录》、仁寿二年（605）《彦琮录》三种佛经目录存世。

② （唐）道宣：《续高僧传》，《大正藏》第 50 册，第 558 页。说其著作合为极略本只一卷，广本为二十卷。

③ （唐）道宣：《大唐内典录》，《大正藏》第 55 册，第 274、332 页。

他虽有追随者但人数较少，也未师名僧，从官府递状呈进。高炯当时正在执政，护教公允，安排京中名僧讨论。结果京城耆老摆架子，竟说：难道京城无人了，还要边隅人来说法？道正应声辩道，这是讲佛理，不应说什么京城京外，"夫道在通方，固须略于祖述"。众人无言以对。但大僧不愿听从，会议无果而散。道正留下所著的文本后返回，此后骊山一带仍有人遵其法行。

有趣的是，道正对信行持有批判态度，但其行事作为与信行颇为相似。他上书官府，以伸张其佛教观念与修行方式。所著《凡圣六法》六部①，其学说也有门徒追随修行，只不过他的诉求未得京城大僧支持，所以影响很小。

第二节　屡禁屡起

三阶教在唐代最大特点是屡禁屡起。初唐无尽藏富惊天下、百塔聚葬，且有刻经凿窟、流布法门之事，三阶教在唐代的兴盛有过于隋。武周时无尽藏曾被迁洛利用而未成，遂遭限禁，玄宗两敕查止，其后仍有贞元复兴。武宗灭法对所有宗派都形成打击，至唐末宋初三阶余绪才湮灭不存。

一　无尽财藏

贞观年间无尽藏财施风行，说明初唐三阶教的重盛。韦述《两京新记》曾详述义宁坊的化度寺，如寺僧来历、无尽藏风行、裴玄智盗取、开元毁禁等事②，其说非常著名。

> 武德中，有沙门信行习禅、以三阶为业……（化度寺）寺内有
> 无尽藏院。即信行所立。京城施舍，后渐崇盛。贞观之后，钱、帛、

---

① 凡圣六行一部（二十卷）/六行法一部（十卷）/六行门一部（七卷）/六行要一部（五卷）/六行略一部（三卷），六行录一部：凡夫罪、凡夫福、小乘人、小菩萨、大菩萨、佛果。《大正藏》第 50 册，第 558 页。汤用彤也指出，道正的行事著作，乐禅法与重乞食与信行相似。参见汤用彤《汉魏两晋南北朝佛教史》，中华书局 1983 年版，第 589 页。

② 《太平广记》有相似记载。法国谢和耐（Jacques Gernet）《中国五—十世纪的寺院经济》有引用研究。

金、绣积聚不可胜计，常使名僧监藏，供天下伽蓝。修理藏内所供。天下伽蓝修理，燕、凉、蜀、赵咸来取给。每日所出，亦不胜数。或有举便，亦不作文约。但往至期还送而已。

《太平广记》的记载近似：

> 武德中，有沙门信义习禅、以三阶为业。于化度寺置无尽藏。贞观之后，舍施钱帛金玉，积聚不可胜计。常使此僧监当。分为三分，一分供养天下伽蓝增修之备、一分以施天下饥馁悲田之苦。一分以充供养无碍。士女礼忏阗咽，施舍争次不得。更有连车载钱绢、舍而弃去不知姓名。

贞观以来无尽藏发展盛大，动产捐赠、金钱绣帛数量十分可观，目的用作三份，修天下寺庙、慈善救济、供养佛教。其范围达于全国多处，所有阐释三阶教无尽藏的文著条目都会引此，但是唐代原说并非如此清楚，而且韦述所言还带有借钱性质①，不用文书，说明信誉极好。但是也缺督察保护环节，后来果然出了问题。

化度寺无尽藏（包括洛阳福先寺）虽重要，但并非唯一。会昌寺三阶教僧德美曾师从僧邕、（静）默禅师，静默原从道善禅师处得传福田事业，用途分敬田与悲田，前指法事，后指慈善，各寺功德处与盂兰盆节的普盆钱也属悲田。

《太平广记》说武德中沙门信义于化度置无尽藏并监察，矢吹虎辉、谢和耐等着都采用此话②，实不可靠。韦述原所说创于信行，唐代兴盛，常使名僧监察③。无尽藏财数额大，因请名僧监察，武则天曾派大荐福寺主法藏至洛阳福先寺、长安化度寺检校此事。《广记》"常使此僧监

---

① 从"咸来取给"句意，似乎天下伽蓝修理也有还钱。

② ［日］矢吹庆辉：《三阶教之研究》，岩波书店1927年版，第48—51、96页。（以下简称矢吹著作）。谢和耐认为无论如何信义可算三阶教徒。［法］谢和耐：《中国五一十世纪的寺院经济》，耿昇译，甘肃人民出版社1987年版，第258页。西本也将其列入三阶教徒表，著作96页。

③ 《两京新记》原文为："化度寺……高熲宅。开皇三年熲舍宅，奏立为寺。时有沙门信行，自山东来，熲立院以处之。乃撰三阶集录卅余卷。……"

当……"明显篡改原句①，不合史实。所以笔者认为所谓信义根本不应列入三阶教徒。

韦述说化度寺无尽藏院财施，渐至崇盛，贞观后达于极盛。武则天移其于东都，就呈衰落之像，开元时停毁。但述其盛时贪腐：贞观中有裴玄智，入寺洒扫十数年，寺徒以其行无玷缺，使守此藏。但他密盗黄金，前后略不知数，寺众莫知。众惊观其寝房，内题诗云："将军派遣狼，放置狗头前。自非阿罗汉，谁能免作偷。"竟不知所之。《太平广记》载略同。②

此事给人印象深刻。无尽藏应有监管，"常使名僧监之"，即其制度，有名僧大德管理此事。慈善事严格戒律最为重要，声誉有损，事业会毁于一旦。但的确有人钻了空子，其名僧监管制度存有漏洞，至少有个别欺骗现象，或是僧俗从中汲取了教训，此后才有监管制度。

《大乘无尽藏法》说，每日都施钱者为常乐我净行，偶然施钱为苦空无常行。日施一两文，很少钱也可以。信行入京后，真寂寺禅院后来很可能成为三阶院，但隋代贵族官吏大举财施似无踪迹，德美之师静默致力三创财施，不属三阶教的昙献、吉藏，③ 也很有大影响。唐代兴盛后，贵族豪富与皇亲国戚等每年一两次的布施反而成为重要来源。如开元敕令说及，每年正月四日信行祭日，天下士女施钱。敦煌文书及德美传说，每年七月十五盂兰盆节，"所在州县造功德处，皆得普超，随喜助成，不必要须送化度寺"，也即各个州县都有代表化度寺无尽藏院的功德处（S.721号）。

至夏末，诸寺受盆，随有盆处，皆送物往，故俗所谓普盆钱也。④

唐初以来化度无尽藏施的进展渐转崇盛非常突出，无论如何，是三阶教事业上突出的一笔。

---

① 《两京新记》："常使名僧监藏，伏天下伽蓝。"
② 《广记》说其据《辩疑志》，于贼人诗作处更有润色。"放羊狼颔下，置骨狗头前。自非阿罗汉，安能免得偷。"
③ 《续高僧传·吉藏附慧远》《续高僧传·德美附静默、昙献》，《大正藏》第50册，第508、691页。吉藏所营亦为无尽藏。
④ 此条虽为谢和耐所用，其实混同于盂兰盆节的斋僧。或者说是从斋僧馆食发展而成。

二　护法与初期弟子

宋国公萧瑀可谓唐初大外护。他推崇信行弟子慧了，也尊崇大庄严寺慧因，与玄奘颇有因缘。武德九年傅奕排佛时他极力反对，朝堂上当面争执不下。[①] 晚唐李德裕评说，高祖始欲排佛，被萧瑀利用职权，"废格明诏"地阻挡了。[②] 他本属南朝萧氏，家世佛缘，其三女一子及孙女，并出家为僧尼。但将他定为三阶教派的护法，则有失之过窄之嫌。与高炯相似，他对佛教的护法并未专于一宗一派。

三阶弟子现在可知有信行创教地、隋唐京城及附近等处。隋代开始在河南、邻近的冀晋等地。最著者为僧邕，信行禅师寂灭之后，他领持徒众，直至贞观五年寂灭。相州还有灵琛，贞观三年逝。宝山塔林还有比丘尼慧静、海德、及普相等。

入京大兴城后也有发展。唐代以来在长安及凤、岐州等外围多地，还有河东晋地等处。其中有淳化三阶教刻经窟与敦煌写经 P. 3035 号《麻禅师行状》等新材料辅助。

《续传·信行》末叙至相寺北岩之前三塔铭碑，信行外一为护送信行灵柩的净名法师，武德三年（620）之前葬信行塔侧[③]，碑文仍由裴玄证撰文。他是三阶教中法师，可能有部分精力专心于讲经说法。而贞观八年正月的《唐逸民裴高士碑》，文即裴玄证自先撰成。

贞观五年（631）僧邕施行林葬并起塔于信行塔右。僧邕是信行的大弟子并继承信行在教派中的领导地位。其舍利塔铭极为有名，撰文书丹皆非平常之人：左庶子李百药撰文，率更令欧阳询书。僧邕塔铭与《续高僧传》其本传十分相近，唯"备极哀荣"方面更有过之。其逝灭惊动人主，有"崇敬情深、赠帛追福"的眷顾，其待遇明显超过了教主信行。至此，高官撰文家书丹也就不奇怪了。

武德（618—626）初年信行弟子慧如，卒于真寂寺禅坊，《冥报记》说入冥见到同宗僧人变成龟（可能影射信行），或受火刑大苦。《法华传

---

① 唐武德七年（624）高祖曾想发京寺骁悍僧充军御突厥，因萧瑀与智实的谏阻而罢停。
② （唐）李德裕：《会昌一品集》卷二十，上海古籍出版社 1994 年版。
③ （宋）陈思：《宝刻丛编》卷七，武德三年，唐裴玄证撰：《化度寺净名法师之塔碑》，《石刻史料新编》第 1 辑第 24 册，第 18206 页。

记》《法苑珠林》也载有他入地狱观光故事，而且脚被烫伤。慧如是僧传中反面形象，说明着教派斗争的激烈。

光明寺慧了法师铭①例证其与三阶僧人的交往，慧了与内道场大德为萧瑀所召集，与帝王谈佛法，很获好评："……敕令太子太保宋公瑀，大德僧内铨简三人，所以辟召。法师方拟对扬宸极，宋公共论法相，鄙吝便□②，似遇天亲，如逢无著。"

僧审，是慈门寺的僧人，他在公元 7 世纪上半叶，曾教导惠恭达十年之久。惠恭后来回到法门寺，领徒教众，或创三阶禅院。高宗显庆元年（656）时主持建造了五级木塔，得到敕封"检校佛塔大德"之尊号。武周永昌元年（689）所树《法门大德惠恭之碑》，铭文中溯及惠恭年十四就来慈门依从审禅师，听受三□□□。③ 所学就应是三阶佛法。其下文中"将时验质""上根下根""以果收因""虔奉四依"等，足见其是三阶禅师，慈门寺本也为三阶寺院。所以三阶佛法就此传授出徒顺理自然。此铭文同时还列有一僧同为惠恭之师，且比审禅师有更高的地位，可惜残泐不清了。④

梁殊，则是梁寺（师暕）与梁师亮的祖父一辈。无论梁寺或梁师亮，碑文中都有说，祖上两代，大父或祖父名殊，葬在信行塔侧。梁殊是梁师亮与师暕的祖父。特别是梁寺志，非常清楚明了。梁师亮志则有些含糊，但其父祖名很是相近，同出一族的可能性很大。⑤

海禅师俗姓刘，生当隋开皇九年（589），其 5 岁时信行已逝。作为化度寺僧，应是僧邕等人属下的再传弟子。其逝在唐永徽五年（654）。方坟记已有很多引有用。但有不少翻刻本。⑥

真行法师高宗永徽元年（650）卒于光明寺，铭文曰：

大唐光明寺故真行法师/之灵塔师以永徽元年岁次庚戌/正月辛丑

---

① 陆耀遹：《金石续编》卷五，[清] 陆增祥《八琼室金石补正》，文物出版社 1985 年版。
② 原铭文有残缺。
③ 原碑文有残伤。
④ 《法门惠恭大德碑文》《法门寺志》《法门寺文化史》等有载。
⑤ 另有一种可能即梁师亮墓志为伪造，因为比附梁寺墓志而编，所以将族属籍贯列为不同。
⑥ 而其"原石"铭刻，居然也有两件。一为张伯英 1950 年捐赠陕西博物馆，一为美国劳弗尔 1919 年之前为芝加哥富地博物馆购藏。

朔七日丁／未酉时薨于本寺时／年七十有七即以其年二月庚午朔廿六日乙未建／塔树铭于此

此碑铭为历代金石著作未录，确显重要①。

法旷于贞观七年（633）示寂，《续高僧传》载："勖诚门人惟存离着，以未代根机染俗尘也。"完全是三阶教的术语。他的头陀行也很有名，更有激烈的舍生，身施之行。在终南山的炭谷之中，引刀自裁。不太合乎三阶思想的地方，是背诵《无量寿经》。但是并不一定矛盾得很厉害。德美传中也有口诵弥陀，专固西方，总之，他虽曾从荣师、道安学《大智度论》并诵净土经，仍可归三阶教徒。

静默，是信行直传弟子道善禅师的神足。《续高僧传·德美》

道善、静默与德美承续了三阶无尽藏财施事业。德美师从了信行直弟子道善、再传弟子静默，大弟子信行僧邕。贞观十一年（637）附葬信行塔侧。道善就继承信行的普功德主，静默续接，德美礼忏勤苦，感动众人。静默禅师殁时，将普福田事业托付给德美。德美竭力继行，每年于悲田与敬田多有布施者，衣服、粮食、凡有乞求通皆施给。每年中元节时又给各寺送盂兰盆施物品，因被俗称名为"普盆钱"。武德元年（627）敕建会昌寺，请十大德，德美在寺中造忏悔堂。常行忏悔。德美常年光脚徒步，怕踩虫蚁。安居三月不坐以行观想，三年不言以止口过。学习常不轻菩萨礼拜七众。尸身虽在终南林葬，碑铭却仍然留竖在会昌寺内。

裴玄智，或为河东裴氏，先出家再还俗。化度寺无尽藏的贪盗者②。

神昉，约证圣元年（695）仍在世，长安慈悲寺、慈恩寺僧。著名僧人，曾随玄奘译经。《释净土群疑论探要记》有载。

明观，长安荐福寺。（？—约798）仍在世《湛大师经幢铭》。幢铭中没有提到卒灭年代，但云贞元十四年（798）时，其弟子惠澄（号湛口），担大责，任主持等事。

三阶大德，原在长安荐福寺（小雁塔）。碑上只有一块碑额题写"皇唐三阶大德禅师碑"，碑面无字。碑阳开龛造像。《雍州金石记》。实物现在碑林博物馆。

---

① 笔者就曾拜访隆和法师，并蒙允摄影。
② 至于《太平广记》中的信义，应是误植并不存在的人物。《两京新记》本无此人。

善才，长安化度寺僧。贞元十六年（800）向朝廷进三阶典籍入藏。日本所传《贞元释教录跋》中有载。

谂大师，《三阶佛法密记》中有谂法师，说《涅槃经》，讲第一、第二、第三阶等论。

孝慈是慈门寺僧，自幼就随信行苦行乞食。后来到岐州，宣讲三阶佛法，力劝不诵念大乘经典。结果念诵《法华经》的信众，眼见三阶禅师遭神打。《释门自镜录》在此条下，又讲神都福先寺某乙命终于业道中，见到信行变成大蛇之身，身上还有千口。学三阶的人死后都向蛇身上口中去，最终莫知去向结果。某乙返活来长安将此事告知僧静，僧静并不相信。这个故事是宗派人身攻击最猛烈的。①

岐州法门寺惠恭。1987 年法门寺塔遗址出土《法门惠恭大德之碑》，武周永昌元年（689）镌，碑文经陈景富《法门寺史略》②、李发良《法门寺志》③、韩金科《法门寺文化史》④ 等数位研究者移录，但关键地方由杨维中先生释读，比定其与三阶教之关系，还及于慈门寺中审禅师等三阶教人事。⑤ 虽然惠恭最大成就是建成法门寺木塔，但其碑铭具有三阶特有名词确可重视，其师徒在三阶教传播中也有一定的位置。

昭陵澄心寺有比丘尼优昙禅师，是一位三阶教教徒。她是礼泉县当地人，俗姓费。唐高宗仪凤三年（678）逝灭，时间与金川湾刻经窟的凿造时间相近。因此窟推断为龙朔二年到咸亨元年（662—670），开凿至少可知距石窟不远之处有三阶教徒比丘尼活动。优昙尼诞于隋仁寿元年（601），现知此窟凿造年代相当于其 61—69 岁，其弟子门人或会参与。更有意思的是，高炯之墓也相距不远。高炯被杀在隋大业三年（607），《隋书》等未言其归葬处，由《唐昭陵图》可知其墓即在礼泉县城旁，可惜现无踪迹。墓旁还有菩提、香积、惠明寺。

敦煌文献的 P.2550 号 A《当根破病药》讲三阶某禅师，其语录中可

---

① 怀信：《释门自镜录》，《大正藏》第 51 册，第 806 页。

② 陈景富：《法门寺史略》，陕西人民教育出版社 1989 年版。

③ 李发良：《法门寺志》，陕西人民教育出版社 1994 年版。

④ 韩金科：《法门寺文化史》，五洲传播出版社 1998 年版，第 275—278 页。

⑤ 杨维中：《唐初三阶教大德惠恭行历及其佛学思想——〈法门惠恭大德之碑〉考释》，《世界宗教研究》1999 年第 1 期。

摘出事迹、包括生平行状。① 唐高宗咸亨三年（672）示寂，生前在河东（山西东南部）修行，初于蒲州悲田寺，后移百梯山。

禅师说，欲在悲田寺禅院所建立正法，为凡夫罗刹僧多，恐畏失命不敢通法，故舍寺入山寂静之所再建。其处号曰百梯，其费用、功夫、财钱物等千余贯，造成即舍，如弃涕唾。在百梯下寺更造一处，所费功夫、财钱物等计当千余贯。其修处或时有千人来饮食亦足……畜生或五百三百，皆悉草粟备足，更不向外求。造成即舍，如弃粪土。圣人无有执著，禅师在虞乡崇净寺造一所，计功亦当数百余贯，造成即舍弃之。禅师在安邑县善根寺说法，回得一禅师名蒋，为造院及修有为功德，无有价量。所修功德之人，皆悉顿舍财色五欲，一如《众制》方法十二时行道。

百梯禅师行三阶佛法，侧向世俗人物，又重视妇女，解行体现无余。可以说三阶其中原教旨与反传统的倾向并存。反传统是在末法旗帜下进行的，法传俗人妇女。这有违于僧宝之说与女人不成佛说。净土宗紧紧抓住一点，从出世死后到净土，有理论建构，有简易方法，靠他助之力；而三阶教的重点却移向俗人，朝向下层普通俗人及世俗妇女，也依赖神事、神迹来教化劝导。

《法华经传记》卷八列"绛州孤山西河道场僧"，② 其中说河东绛州孤山，有西河道场，内有两僧，一奉三阶名为僧行；一行法华三昧名为僧法。二人约定，先逝者必要告诉对方转生到了何处，就像是天竺国的无著与世亲那样。结果僧行先亡，可是僧法等三年仍无消息，最后断食而祈祷观音，五天后有了结果：梦见僧行在地狱受苦，身体烧烂如黑炭一般。僧行流泪泣诉，说及受苦原因（信三阶），并请僧法救其出于地狱苦海。僧法为其一天抄出《法华经》才救其出苦海。

P. 3035 号《麻禅师行状》很是特别，文后附有佛教词语阐释。其事迹多少与上述百梯禅师相似。文中说及他的事迹行为，有鲜明的见解，也体现出了三阶教的特征。他最大特点是穿麻衣，且食麻麦。又有段落是山东某大臣向皇上推荐这位麻禅师的表文，及皇帝答复之语句，对禅师行迹多有概括赞颂褒扬。文体也颇别致，其说教、事迹

---

① P. 2550 号抄本中有符号，意指上下两字颠倒，应反过来。依此可顺读。以下依例改订不注出。抄本中多有空两格处，在此均再起行另一段，以符其意。

② （唐）僧祥：《法华传记》卷八，第十三则故事，《大正藏》第51册，第86页。

占了大半，与上述百梯禅师行状也有某些相似之处，虽然其表达不同。文后所附的佛教名词解释，实有很强的三阶色彩，如阐释维摩经八法。

总之，P. 3035 号是重要文献，可以见出一位在下层民众中很有影响的传教僧人。其处山东民间数十年，为某官吏所重，向帝王荐举，希图他到京城，弘法利生。这位僧人的行迹与言说之中确有一些三阶色彩，很可能是三阶教在受抑状态下发展所形成的一种情况，或是唐中后期三阶教比较边缘化的状态。

三　长安寺院

隋代五寺，唐代沿之。唐临《冥报记》信行条目已述：

> 初，信行徒众居京城五寺，后虽侵广，今犹号五禅师。老僧及临舅说云尔。[②]

从唐临自注可知，此条目得自于老僧与其舅；因高炯就是其外祖父，所以他的舅父——高炯之子与信行及徒众必相熟悉。三阶教的信向曾从五寺扩展，风行一时，其首寺义宁坊南门之东化度寺即隋真寂寺。[①] 敬宗赐化度经院金字额，大中六年（852）改为崇福寺。《两京新记》卷三说义宁西北隅有积善尼寺，是高炯夫人贺跋氏舍别宅而立，时在开皇十二年（592）。《长志安》卷十言其原在修真坊，武德二年才迁到义宁，但不知何据。1956 年西安市土门附近曾出土一批泥石材质佛像，其中有具六道轮回的模制地藏泥像。此遗址略当于义宁坊西北隅，所以很可能是此积善尼寺之遗品。[②] 光明寺位于怀远坊东南隅，其寺名所由有数说。慈门寺在延寿坊南门之西，神龙元年改名（《长安志》卷十）。有普旷[③]和无及[④]卒于此寺。陕西扶风法门寺 1987 年维修宝塔，出土碑中有武周永昌元年

---

① 韦述：《两京新记》卷三《长安志》云其化度之名是初唐武德二年（619）所改。
② 《西安西郊清理出一批唐代造像》，土门附近出土《文物参考资料》1957 年第 2 期。李健超《增订唐两京城坊考》指出这一联系。三秦出版社 1996 年版，第 222 页。
③ （唐）道宣：《续高僧传》卷十一，《大正藏》第 50 册，第 512 页。
④ S. 2637 号法华经跋。

（689）《法门惠恭大德之碑》①，碑文中讲其 14 岁入慈门寺，从审禅师习学佛法十年，所以慈门审禅师也应为三阶教中人物之一。怀德坊慧日寺建于隋，但内有 150 尺九层浮图，贞观三年（639）沙门道说立。赵景公寺在唐代主要是有吴道子地狱画迹。

此外长安初唐时相关寺庙列有八寺，有僧尼涉入三阶信徒，见表5－1②：

表 5－1　　　　　　　　　　　　相关僧尼及寺

僧尼	德美	神昉	坚行	嗣泰、定持	法藏	思言	明观	总静
寺	会昌寺	慈悲寺	宣化寺	弘福寺	净域寺	崇义寺	荐福寺	直心寺

其中除了直心寺位于长安县，应在百塔寺附近，余七寺都在长安城中。此外，洛阳福先寺与长安外围如澄心寺、法门寺，则反映了更大范围三阶教的流布。

其他诸寺，有些可以依从一些僧人的记载来展述，有些可能资料并不多，仅可以知其相关于三阶而已。

（一）百塔寺与刻经窟

淳化县位于陕西中部偏西泾水之阳，在西安市西北方向约 100 公里处。唐代云阳曾属泉州、雍州与鼎州辖制。从武德二年至天授二年（619—691），云阳属县内所置的泉州统辖。③ 金川湾石窟得名于口镇附近的石桥乡金川湾村，其位置在村西侧冶峪河南岸。康熙版县志地图中将此窟标为"石佛堂"。④

1981 年文物普查时发现金川湾刻经窟。淳化县文化馆姚生民，续有

① 李发良《法门寺志》、陈景富《法门寺与佛教》、韩金科《法门寺文化史》均有录文，但杨维中《初唐三阶教大德惠恭行历及其佛学思想》始识其中三阶教关系。《世界宗教研究》1999 年第 1 期，第 81—91 页。

② 据［日］西本照真《三阶教研究》，春秋社 1998 年版。第 128、129 页。

③ 姚生民编：《淳化县文物志》，陕西人民教育出版社 1991 年版，第 1 页。

④ 《淳化县志》曾有康熙四十八年、乾隆三十二年直至民国二年版。康熙版志县地图已标此窟为"石佛堂"。

报道①与论作②，还有丁明夷的论文③、李淞的著作均提到此窟情况④，国外日本⑤、德国学者在笔者调查后亦加注重，但多以目测观察刻经或转叙情况，没有科学测录数据与准确录摄。2000 年前后经过科学考古清理发掘工作后，才将情况勘明并刊布于《文物》2003 年第 5 期。

此石窟由一个石质窟室构成，其窟形结构单纯，口小内大，平面为矩方形，顶部为平顶。正壁造像、两侧满壁刻经。其原窟口由于早期山洪冲毁，导致残缺不齐。现存窟口宽 9.5 米，内宽 10 米。窟高度为 7.1 米，进深为 10 米。南壁为正，中有一尊大佛坐像，"文革"中被炸，石块碎落，现已修复。主像两侧有石台，台上东侧二、西侧一具三个小佛龛。东西两壁均为刻出的佛经文字，全部为正楷，阴刻手法。笔画刚劲有力，字形端严，为典型的初唐楷书。分布系据佛经卷次横排多层，每层文字竖列，逐层向上刻出。因窟口残毁，两壁北端刻经均毁泐不全。由东西两壁来看，自然是东壁为起首、西壁为结尾。东壁起首先刻三经，均是信行禅师所撰：

（1）《明诸经中对根浅深发菩提心法》一卷。

（2）《明诸大乘修多罗中世间出世间两阶人发菩提心同异法》一卷。

（3）《大集月藏分经略抄出》一卷。

东壁上面还刻有八卷本《大方广十轮经》。每层一卷共 11 层，共高 7 米有余。西壁所刻亦四经，但分量不同。第一层刻出了三部经，依北端起为：第一，《七阶佛名经》；第二，《金刚般若波罗蜜经》；第三，《如来示教胜军王经》。西壁上刻《添品妙法莲花经》全文，七卷（层）经文直达

①　姚生民：《淳化唐代刻经石窟》，《中国文物报》1997 年 2 月 23 日。

②　淳化县政协文史组编：《金川湾刻经石窟》，《淳化文史》第五集刊，1990 年 11 月。并上注《县文物志》。同作者《金川湾：佛教经籍的宝库》，《咸阳师范学院学报》2005 年第 3 期。

③　丁明夷：《北朝佛教史的重要补正》，《文物》1988 年第 4 期。丁明夷：《巩县天龙响堂安阳数处石窟寺》，载《中国美术全集雕塑编 13》，文物出版社 1989 年版，第 19 页。所录经名不全。

④　李淞：《陕西古代佛教美术》，陕西人民教育出版社 2000 年版，第 108—109 页；《陕西佛教艺术》，台湾艺术家出版社 1999 年。

⑤　［日］西本照真：《西安近郊の三阶教史迹——百塔寺と金川湾唐刻石窟石经》，《印度学佛学研究》第四十八卷第一号。德国学者温狄娅有文，Clandia Wenzel，"Voneinem Leeren Ort des Dharma and dem Wiederaufleben der Drei-Stufen-Lehre：Das Hundert Pagoden-Kloster Baitasi am Berg Zhongnan"．《圣典、尊像与发菩提心——陕西淳化金川湾石窟寺的信行（540—544）刻经》，Oriens Extremas，第 44 卷，2003/4，Harrassowitz：pp. 143 – 154.

窟顶。

此窟现存没有凿造题记。仅有的珍贵线索，是东壁下层的《金刚经》与《如来示教胜军王经》的标题下，有两条"左戎卫兵曹参军……施手书"的题记，仅知这位小官员布施书丹写经。其官职名仅存于高宗麟德至咸亨年（662—670），因可推定其凿造时段。

（二）百塔寺僧俗齐聚

百塔寺也可属长安，但与一般寺庙有别，开始只是塔林并无寺庙，甚至隋代之时塔也很少，初唐渐多，公元8世纪中后大历年间才有塔院，其年代当然晚于五寺及上表诸寺。此后其性质也没有超过塔庙性质。

其他唐僧人渐增，后来则僧俗齐聚，汇成百塔之势。

百塔寺之地后来特别体现了僧俗并葬齐聚的特点，且显示出家族血脉之延续。数个世俗家族都不止一代，如管家、梁家与裴家。裴家女眷事迹特别突出。即裴行俭妻库狄氏，其子裴庆远妻贺三氏皆葬此。库狄氏曾受武则天重视。

在武周时期曾有特别地位，玄宗朝婆婆库狄氏媳贺兰氏几乎同时逝而儿媳葬于婆婆前一年。①

百塔寺陪附信行墓塔的僧俗信众一向被称为很有三阶教特色，不分男女僧俗而设。但是实际上，从隋代至初唐以来，多为僧侣陪附，所谓俗人仅有玄证一人，而且他是先出家后来还俗的。公元6世纪末与公元7世纪上半叶，以正统派僧侣为主。其中应注意的是，三阶塔林中也有并非三阶教徒的塔，而三阶教徒也有赴余寺之旁林葬而起塔者。到了公元7世纪下半期，世俗信众明显增多，而且有好几个家族，世代续有信仰跟从者。从僧俗对比表格，可见各个历史阶段的变化。由于诸塔主事情烦，此处从略简列。

王公，字孝宽，生卒为开皇四年至显庆元年（584—656），寿73岁，终南百塔出土砖塔铭。所谓砖塔，是王公的骨塔为砖构筑成。《王居士砖塔铭》并非刻在砖上，仍为石铭，其文虽简洁，书法颇为有名。

管均，开皇十八年至乾封元年（598—666），寿69岁。曾任绵州万安县令（《大唐故绵州万安县令管府君之墓志》），他是管家的长者，信奉三阶。影响所及，后代多人都奉三阶，且施身林葬，最后聚于百塔信行

---

① 张总：《中国三阶教史》，社会科学文献出版社2013年版，第415页。

葬地。

管真，贞观二年至显庆四年（628—659），寿 32 岁。祖父曾任营州都督上柱国渔阳县开国公等职（《大□□□□□上柱国□□郡开国公孙管真墓志》）。

管俊（655—677），13 岁夭折（《大唐故营州都督渔阳县开国公孙管墓志》）。管真与其同辈，应为堂兄弟。

嗣泰，长安弘福寺僧，为管氏后人即管均之子。他们是城阳人。调露元年（679）时，他将管家三人起塔葬于百塔之地，三墓志铭可证。三人都是林葬后收取遗骨起塔，但年代颇久。长者已逝十三年，管真已逝二十年，管俊逝去两年。或应有二次葬。

成肃，梁君妻，贞观十七年至麟德元年（643—664），梁某是大唐功曹参军。其妻不过 22 岁即逝去，若非家庭有信仰，难以如此施葬。

道安，大业四年至总章元年（608—668），世寿 61 岁，童子出家，习三阶集经，为三阶五寺的赵景公寺僧。逝后一年又四月，在百塔寺起塔而葬。

尚直，仁寿三年至调露元年（603—679）（《大周故居士卢县巢县令息尚君之铭》）。长安弘福寺僧定持，是尚直的外孙。长安三年（703）时，即其逝后三年多，为尚直起塔，

梁寺，贞观二十二年至垂拱四年（648—688），41 岁。妻唐氏永徽四年至垂拱四年（653—688），36 岁。两人并于垂拱四年十一月葬在百塔。

梁师亮，永徽元年至万岁通天元年（650—696），47 岁。时隔九月，第二年三月六日葬百塔。

思言，贞观十八年至延和元年（644—712），69 岁，原在长安崇义寺。《塔铭》载其于近两年后，由其侄哲收施身之骨起塔，葬百塔地。

法藏，贞观十一年至开元二年（637—714），世寿 78 岁。驻长安净域、化度、荐福寺，洛阳福先寺。奉武皇命检校无尽藏。《塔铭》载其逝后约一年半，起塔于百塔地。

师利，长安大兴善寺僧，撰造《示所犯者瑜伽法镜经》。《校量数珠功德经》跋、《开元释教录》卷十八对其伪撰经事鉴别，判其出藏。

贺兰氏，咸亨四年至开元四年（673—716），44 岁。裴庆远妻、裴行俭儿媳（《大唐太常协律郎裴公故妻贺兰氏墓志铭》）。由张说《裴行俭神道铭》，可知丈夫为裴庆远，是裴行俭第三子，其弟裴光庭曾为唐相。此

铭不仅文存《全唐文》《张燕公集》，神道石柱仍在山西闻喜县裴氏族墓，唯年久石泐，字迹模糊不清。

库狄氏，开元五年（？—717），裴行俭继室。由张说撰《裴行俭神道铭》，可知其卒年等情况。其逝世反较其儿媳贺兰氏晚一年。她曾被武则天召入宫，颇受重用。库狄氏与贺兰氏均为裴家眷属，都奉三阶教。

比丘尼坚行，贞观二十三年至开元十二年（649—724），世寿 76 岁。长安宣化寺尼，遗言舍身供养。其弟子大云寺僧志叶、弟子四禅、贤道、法空、净意等送葬，起塔于百塔地。距其逝灭已八年有余。

惠澄，即湛□大师。约长庆元年（821）葬于百塔寺地。《金石萃编》收录《湛□大师经幢铭》，宝历元年（825）时，弟子门人立起陀罗尼幢。

总静，大历十三年至大和五年（778—831），世寿 54 岁。葬百塔寺地，逝后一年有余，弟子门人等为起陀罗尼幢。

四 武周禁抑

从唐初高祖以来 60 余年的发展，三阶教复起发展良好。道宣评为"其道流广海陆高之"。武则天时转变"道先佛后"政策为"举佛抑道"，佛教获得更好的发展平台，但三阶教却遭到了女皇的禁令：一是刊定经目判三阶教典籍入伪，制止其流传；二是限定三阶教徒活动方式，促其回归佛教正统。迁移无尽藏，抑制了其发展之势。

（一）证圣敕令

武则天天授元年（690）以周代唐，登上女皇宝座。五年后证圣元年（695），将三阶教典作伪经之举；再过四年于圣历二年（699），又发布敕令规范三阶教徒行事。明佺《大周刊定众经目录》卷十五有载：

> 右三阶佛法二十二部二十九卷。
> 奉证圣元年恩敕。令定伪经，及杂符箓等遣送祠部进内。前件教门既违背佛意，别构异端，即是伪杂符箓之限。又准圣历二年敕，其有学三阶者，唯得乞食长斋绝谷持戒坐禅。此辄行皆是违法。幸承明敕，使革往非，不敢妄编在于目录。并从刊削以示将来。[1]

---

① （唐）明佺：《大周刊定众经目录》卷十五，《大正藏》第 55 册，第 475 页。

武周期禁三阶教均由此得到反映。研究者多以定女皇两次禁断。但是细审其意，最后一句非常有趣。明敕是圣历二年禁三阶，什么是"往非"呢？"妄编在于目录"。"革非"即刊削目录中三阶典籍。三阶目录如何在编呢，只有一种解释，证圣二年武皇下敕定伪经，但僧人没有将三阶典籍削出。[①]

综合考查《大周录》编撰与时间等，可知大周录编时特复位真伪。现却将三阶典籍目录，虽然列在伪经目中，却第一次详列其目入藏。

历来对《大周录》评价不高。如《开元录》卷十中更具体指为："当刊定此录，法匠如林，德高名重，未能亲览。但指末学，令缉撰成之。中间乘失，几张大半。"[②]《大周录》编辑阵容空前强大，高僧达七十余位，由署名职衔知特重甄定真伪。领衔之明佺，身为：都检校刊定目录及经真伪佛授记寺大德僧明佺[③]。

再下六十余人仅署"刊经目僧"。为什么会出现这种情况呢？第一即女皇制令有此义项。《大周录》序言中说得很明白："乃下明制，普令详择，存其正经，去其伪本。"可见女皇关于编目的敕令中，存正去伪居有重要地位。六名高僧专注于此，女皇敕令要求在先，可见辨伪是其编目方针所在。此卷中就列出了二十二部、二十九卷：

> 三阶集录一部四卷
> 三阶集录一部二卷
> 大乘验人通行法一卷
> 对根浅深发菩提心法一卷
> 末法众生于佛法内废兴所由法一卷
> 对根浅深同异法一卷
> 学求善知识发菩提心法一卷
> 广明法界众生根机法一卷

---

① 还有一种阐释即将"幸承明敕使革往非"不作编目事解。但如此则是以三阶僧人的口气而说。

② （唐）智昇：《开元释教录》卷十，《大正藏》第 55 册，第 565、579 页。

③ 其下还有五人此名衔：检校刊定经目录及经真伪大福光寺大德僧道宣；大平寺刊定真伪经僧上座福庆；刊定真伪经大德僧思言；天官寺刊定真伪经僧昙懿；大福先寺刊定真伪经僧玄奉。

略明法界众生根机法一卷

世间出世间两阶人发菩提心法一卷

十种恶具足人回心入道法一卷

行行同异法一卷

当根器所行法一卷

明善人恶人法一卷

就佛法内明一切佛法一切　师外道法二卷

三十六种对面不识错法一卷

根机普药法二卷

十大段明义二卷

大乘无尽藏法一卷

略发愿法一卷

人情所行行法一卷

大众制一卷①

从我们上述讨论可知，武则天直接敕定三阶教典为伪经事，应该并不存在。定三阶经说为伪，应出于明佺等僧人。再细审其"令定伪经，及杂符录送祠部（祠部，礼部下属四曹机构之一，应掌管祭祀文件等）进内"文意更是如此。① 如果皇帝明白什么藏中是伪经、什么是杂符录，直接敕定就好了，又何用"进内"呢？天册元年十月二十六日完成的《大周录》进内情况如何呢？肯定是敕令颁行了，但具体时间不得而知。从第十五卷后提及圣历二年（699）而言，至少第十五卷之刊行可能晚于其后。且似从圣历二年又有敕令后，明佺等才采取行动，刊削出目录。由此推论，前次所说的五次禁令其实不太准确的。证圣元年敕令直接禁经应该不存在，但其三阶教典被定为伪经又公布详目一事，确是由敕编《大周录》的刊行实现。其中刊伪出应出自僧人之手，且与圣历二年敕令有关了。

（二）圣历纠偏

相较上述证圣敕定，圣历二年敕令才是明确的禁止。不过《大正藏》

---

① 《大正藏开元录》于此一段意似谓将"伪杂符录"送祠部集中。"我唐天后证圣之元有制令定伪经及杂符录，遣送祠部集内。"不过这个字有问题，其本身校勘已说宋元明本都是"进"，即使为集也无关紧要。皇上下制要求定伪经是明确无误的。

所刊《大周录》于此少了一字，而《开元录》就较完整：

> 又准圣历二年敕。其有学三阶者。唯得乞食长斋绝谷持戒坐禅。
> 此辄行皆是违法。（《大周录》）
> 此外辄行皆是违法。（《开元录》）

依前说则乞食、长斋、绝谷、持戒、坐禅皆是违法了，必是传抄错漏。依后说，三阶教徒只能行这五种事，此外才是违法。应以此为准。有趣的是，一般禁令是说不准作什么，此处相反，只说准做什么，此外皆不准。

乞食三阶教徒本来实行较多，是印度佛教原始就有，头陀苦行就是乞食。但因寺院经济的发展，有寺院做地主，也有寺僧当农民，都不需乞食。托钵乞食不太适合中国国情，实际上愈来愈少。

"绝谷"是何指呢？谷是粮食，绝谷自是不吃粮食。道教中久有辟谷食气之法①，所以绝谷也有些道教色彩。佛教经典却认辟谷为五种邪命中的内容，如五邪命中第一的诈现异相之内涵，就是以辟谷、得道、神通等博取信仰。僧人绝谷另有二说。一是绝食而寂。如《续高僧传》卷七有南朝三论宗僧人慧布绝谷之事。"年七十，自绝谷粒，遂寂。"②再一为《摩诃止观》卷四中举出食有三种：以松柏等果实及溪水资养身命，坐禅思惟而无余事者是上士；住阿兰若处分卫乞食者是中士；不能绝谷以果为食，不能头陀乞食，而由外护檀越供养而食者称为下士。

显然此处天台智者大师《止观》中的"绝谷"即应与敕令所云同义。指仅食果粒等而绝谷修行之事。

敕令对不准作什么没有说明，可能有不念诵三阶教典、不许施无尽藏、不许聚三阶院吧。就无尽藏一事，从此敕令所言而推论，必应是在禁止的范围之内。但是其时洛阳大福先寺中，还有武则天如意元年（692）移来的无尽藏院，其经营情况不说，但移还长安已到了长安年间（701—

---

① 宋代《嘉泰普灯录》卷三与《五灯会元》卷十四有东京天宁芙蓉道楷禅师，"自幼学辟谷，隐伊阳山。后游京师，籍名术台寺，试法华得度"，即是先学道教，再入佛门之例。《卍续藏》第 79 册，第 303、291 页。

② （唐）道宣：《续高僧传》卷七，《大正藏》第 50 册，第 480 页。

703）。归纳而言，女皇的禁令只是一些纠偏措施，将三阶教徒拉回到"正统"佛。应该其学三阶者讲如何，说明仍在允许范围。

由《大周录》的刊行至少我们可以肯定，读诵传弘三阶教典应属不许做之事。再从有关于三阶教之禁敕诏令仅见于《大周录》来说，圣历二年发布的敕令很可能与《大周经》伪经目的编定有互动关系。不知圣历二年有何事件引发、刺激了这一诏敕的发布，由我们上面的讨论试作一推测，即证圣元年敕令修官藏刊目录定真伪。明佺等多名僧人终将三阶教籍划为伪经，削出经目，并且送呈祠部，进于皇宫。女皇看了这些信行撰著后，对三阶之事之行有了更多的了解。虽然其利用无习藏事还在进行，但是从指导的角度来纠偏异端，于朝廷维护正统佛教形象大有好处。因而，在关注华严新译进行过程之中或完成之后（《八十华严》圣历二年十月十八日在佛授记寺译毕），女皇发布了规范三阶教徒之行为的敕令。

另外对此敕还存有一种释读，可将停三阶典籍置禁其行止之后。①

（三）移无尽藏

显庆二年（657）高宗宣定东都、武则天移居洛阳，麟德二年（665）帝后常住以直至神龙元年（705）中宗继位，洛阳一直实为政治中心。如意元年（692）当女皇两年的武则天诏令将长安化度无尽藏迁移到东都洛阳大福先寺，这相当于全国性的佛教慈善机构之建制，并加派名僧检校。但《两京新记》卷三说，移藏以后，其财施盛况不复为继了：

> 武太后，移此藏（化度无尽藏）移于东都福先寺。天下物产，遂不复集。乃还移旧所，开元元年，敕令毁除。②

开元二年（714）《大唐净域寺故大德法藏禅师塔铭并序》中②，既有他奉女皇敕东赴洛阳检校的时间，也有其回还长安检校的时间。

> 如意元年（692），大圣天后闻禅师解为精最，奉制请于东都大

① 还可将敕令中"幸明旨，使革前非"理解为明佺等前此并没有将三阶典籍视为伪经，仍入正目，知此敕令后，才改正前非，削刊其入伪经目录。
② 《金石萃编》卷七十一，第一条，中国书店1985年版，神田、矢吹、西本等都用过。也刊过拓本。

福先寺检校无尽藏。长安年中（701—703），又奉制请检校化度寺无
尽藏。①

此时间与韦述所说迁回无尽藏对应。如若法藏不是继某大德而任福先寺无
尽藏检校，那么如意元年就是其迁移无尽藏之年。此前天授二年定佛前道
后，再前即女皇登基之年。《两京新记》说过无尽藏常使名僧监藏，似有
制度，但不知僧人推举还是官府荐指。无论如何，皇帝制命遣僧又不同，
看来女皇似要利用无尽藏，她本人也有施藏行为。宋道诚《释氏要鉴》
卷下说：

> 又则天经序云。将二亲之所蓄。用两京之旧邸，莫不总结招提之
> 宇。咸充无尽之藏。①

谢和耐认为此"则天经序"是显庆三年（658）的《大唐圣教序》，显然
有误，此序并非则天所作，圣历二年八十华严序，确其作却无此言。则天
所制经序应较多，如义净所译二十部经，"天后制圣教序令标经首"②，此
经序未知某篇，但说施财无尽则仍可信。

无论武则天采取了什么措施，这次迁移都难逃失败的厄运，天下物产
难聚无尽了。原来年初（一月四日）信行寂日可得到一年重要所施，但
洛阳无尽藏却无此现象了。洛阳虽为武皇爱居的东都，可是无尽藏布施却
没有风行起来，后来又退回化度，结果不得而知，或许有所复兴，但开元
初年就被玄宗毁除了。大致上化度寺的无尽藏从贞观时就发达起来，虽然
出了裴玄智贪盗丑闻，但并未阻止其发展的势头。贞观后至玄宗初即止。
化度寺无尽藏似乎败于女皇的来回折腾。

不过，全国此风仍盛，如各县的功德处，或延伸至盂兰盆节当时僧人
利用例。《续传·道会》讲其困难时致信无尽藏，即得物衣资助。道会本
是犍为武阳人（今四川彭山），初出家于益州寺，曾入京访经十余年，又
回蜀弘法。唐初曾改隆山县道观为寺，复因僧人牵累而入狱。道会在狱言

_____

① ［宋］道诚《释氏要览》，《大正藏》第 54 册，第 304 页。此为《释氏要览》寺院长生
钱下的阐释，此释使人误会无尽藏具利钱性质。

② 《宋高僧传·义净》，此为久视元年至长安三年（700—703）所译的 20 部经。

笑如常，讲释经论。当时狱中有十数沙门，衣衫褴褛，难以过冬，他们都知道"京师有无尽藏，恒施为事"，所以道会为大家写信，[①] 结果"书达即送裘鞋给之"，随后得到送来的施舍。皮裘鞋袜看来是小事，但是说明其运转机制的有效。但不知是从京师送来，还是从四川蜀地的代理机构送来，从三辅名僧送，看来拘狱是在京师。

又汤用彤曾指出，营无尽藏为一时代之风气，并不局限于三阶僧人一门所为。初唐律门高僧玄琬（贞观十年卒）曾撰有《无尽藏仪》，是他所撰九种论之一，著录于《大唐内典录》卷十。[②] 据僧传载他也整理过经藏，整理应"典出有据"[③]。义净亲教师善遇、轨范师慧智，俱为泰山郎公谷神通寺高僧，他们曾在齐州（今山东济南）设无尽藏，供养无碍。[④] 所营无尽藏，偏重于食物，不加蓄积，受施即舍。这与信行所营颇有不同，可以说明无尽藏的广泛。

武则天禁三阶前后，曾有不少崇佛兴教之举，其中真伪混杂。垂拱三年（686）春到四年（687）正月，就有于东都毁乾元殿建明堂，造佛光寺立夹纻大像事。《朝野金载》卷五说这夹纻像高九百尺，鼻如十斛船，小指中容数十人并坐，夹纻以漆之，为空前绝后之巨。更重要的是其重视神瑞，用"天授之邪三宝"。即用薛怀义造经疏，借《大云》以登基，用《宝雨》而巩固。女皇喜听佛经，学华严金狮子章，也组织新译华严，还编定皇家官藏，刊出真伪目录，抑三阶教徒行事，以规范其事。并欲利用推行无尽藏。其组织支持新译华严过程（从证圣到圣历），恰与三阶禁敕事相连。而移动无尽藏在洛阳，则历时十余年之久。我们认为，武周用佛教以服务政治，多面复杂，主要是其为有利于武周代李唐，不惜利用宗教服务于政治，取薛怀义等假僧所造之经疏之说。但宗教有其本身规律，所以武则天也在学习佛教，采取不同的措施来实行抑道兴佛。

细审此段所说敕禁情况，可知所谓的证圣敕断三阶教典并不存在。女

---

① （唐）道宣：《续高僧传》卷二十四《护法正传附见》中"道会"，《大正藏》第50册，第642页。

② （唐）道宣：《大唐内典录》卷十，《大正藏》第55册，第333页。

③ 《续高僧传·玄琬》说他隋代就曾经经四藏。唐代入内道场德业寺为皇后写经藏。随即受命在其本寺延兴监造藏经。玄琬集义学沙门整理校勘，咨辩疑义，排别滥伪。所以道宣评价很高："昔育王再集于周时，今琬定宗于唐世。"见《大正藏》第50册，第617页。

④ （唐）义净：《南海寄归内法传》，《大正藏》第54册，第231页。

皇所敕只是"令定伪经",联系《大周录》编目宗旨"定其真伪"就可明了。定三阶教典为伪应为明佺等所为,而且是否有敕令断定,全无消息。至圣历二年限定三阶教徒行为的敕令,才将三阶教典扫地出门。官方禁断三阶教,应为四禁说。

五　树碑造经

(一)《信行兴教碑》

越王李贞撰、薛稷书丹的《随大善知识信行禅师兴教碑》十分重要,反映出禁停之后三阶教仍然兴旺发展。此碑神龙二年(706)立石,今虽早已不存,但有珍贵宋拓传世,可与裴玄证《故大信行禅师碑》并称双璧。日本大谷大学就此两拓出有《宋拓遗珍》。

此碑撰文与书丹,恰好跨越武周禁纠三阶教,为三阶教禁后复起的鲜明例证,越王在女皇称帝前垂拱四年(688)起兵反武而败死,而薛稷则罪涉谋逆,于先天二年(713)为玄宗处死。此碑还有张庭圭书丹,约可推定至开元初。[①] 总之,李贞撰文可见隋开皇禁教以后情况,而薛稷书丹立石则是武周禁纠之后情况。张庭圭书丹碑,约为玄宗禁停之前情况。

越王李贞是太宗八子,少善骑射,颇涉文史,兼有吏干。贞观五年(631)封汉王,十年改封越王、扬州都督。则天临朝时加官太子太傅。他曾出任过很多地方的官吏,如徐州、扬州、安州都督,蔡州、豫州刺史,还两任相州刺史。此碑文以何因缘而撰、写于何时、在其生前是否立碑上石等均不明朗。

自则天称制以来,李唐宗室极为不满,李贞与其长子率先起兵,但事败。

碑中涉及三阶教理者也为数不少。如对症下药与根机、善恶之说:

> 仰惟禅师,识洞初几,照逾机之科,对药病之理,定邪正于波扰,决疑似于雷同……若乃三阶演法,五位腾恶而成性,徇迷惑而为习,信恶之诚且笃,忘善之志亦深。紊善恶而冈分,杂正邪而靡悟……遇善诣性,叶胜缘而自臧;逢恶为情,蕴凶德而成否。固可广

---

① 　其人开元初年后历外官。

存并学，甄明别机，粗迷二阶之宗，式标其趣矣。[①]

越王李贞的地位在则天以后有所复回。神龙初年，敬晖等奏李冲父子死社稷，请复爵土，为武三思所阻。直至开元四年才复爵位，谥曰敬。五年以其从孙李琳继爵位。

此碑在金石著录中较稀见。北宋欧阳棐《集古录目》卷五、南宋陈思《宝刻丛编》卷七、近代罗振玉《雪堂金石文字跋尾》卷四著录其名。清光绪九年（1883）魏锡曾《绩语堂碑录》则录有此碑全文。

贾似道、何绍基曾藏的宋拓，后来流至日本京都大谷大学。《宋拓遗珍》有专文介绍信行与僧邕，还有书法史家中田勇次郎等人文著。

薛稷名列初唐四大书法家之一，上接褚遂良，下开宋徽宗的瘦金书。《信行禅师兴教碑》是其代表作，他还善画人物、佛像、树石、花鸟。

薛稷宦海起伏恰在武周以后，玄宗之前。则天朝举进士，累迁礼部郎中、中书舍人。中宗景龙末年（709）任谏义大夫、昭文馆学士。睿宗李旦登基前与薛稷关系很好，其女仙源公主嫁给薛稷之子薛伯阳。景云元年（710）李旦甫登帝位，即升薛稷为太常少卿，以后累迁中书侍郎，转工部、礼部尚书，复以翊赞之功，封晋国公，赐实封三百户，加赠太子少保，因称"薛少保"。睿宗还常召薛稷入宫参赞政事，恩遇群臣莫比。可惜好景不长，玄宗时因太平公主与窦怀贞等人密谋政变，事泄被杀。薛稷以知情不报，亦被赐死，卒年 65 岁。

政治风云与宗教波动有着微妙的关系。种种迹象表明，武周禁纠三阶以后，至中宗睿宗时，因高官赏识，三阶教曾短暂得势，至玄宗初又生变数。除薛稷书丹外，还有师利造《瑜伽法镜经》等可证。

（二）师利译造《示所犯者瑜伽法镜经》

智昇《开元录》卷十八还分析了《瑜伽法镜经》，此经是三阶僧师利撰集，说明信行后三阶教典又有新撰。敦煌藏经洞所出的英藏 S.2423 号写经，就是此经残件所存。师利撰集此经已得充分注意，矢吹研究在先，富安敦又有专文。最新为复旦大学刘震之文[①]。矢吹研究了智昇评说、敦

---

① 《赞法界颂》源流考，《中古世界的佛法与王法国际学术研讨会论文集》，复旦大学文史研究院 2013 年版，第 348—363 页。

煌本内容及题记，还侧重《像法决疑经》与《瑜伽法镜经》及三阶教的关系，并探讨其制作动机。富安敦（Antonino Forte）文《中国佛教相对之正统观——智昇对师利之指控与瑜伽法镜经的禁断》①，集中于分析智昇对师利的指控，注重中国"疑伪经"概念之内涵，勾画出了武周后至玄宗前，三阶教势力复起增长的微妙局面。

智昇《开元释教录》卷十八录：

> 瑜伽法镜经二卷（或一卷兼有伪序）②
> 右一经，即旧伪录中像法决疑经前文增加二品共成一经。初云佛临涅槃为阿难说法住灭品，此品乃取奘法师所译佛临涅槃记法住经，改换增减置之于首。次是地藏菩萨赞叹法身观行品。后是常施菩萨所问品。此品即是旧经。据其文势次第不相联贯。景龙元年三阶僧师利伪造。

智昇说此经是将《像法决疑经》（已定伪）前增二品而成。第一品是将玄奘译《佛临涅槃记法住经》变换、改名为《佛临涅槃为阿难说法住灭品》而成③；第二品称为《地藏菩萨赞叹法身观行品》（智昇并未指出此品来源，现可比定于不空译《百千颂大集经地藏菩萨请问法身赞》④）。第三品常施菩萨所问品即《像法决疑经》，因其内容为佛与常施菩萨的问答，所以，此经实为伪经加上真经中部分章品偈颂而成。

矢吹对此表述却错将"常施菩萨品"与"地藏菩萨赞叹品"混同，又将"常施菩萨品"与《像法决疑经》分开。⑤ 以为此经首品改玄奘译

---

①　"The Relativity of Concept of Orthodoxy in Chinese Buddhism: Chihshengs. Indictment of shih-li and the Proscription of the Dharme Mirror Sūtra," In *Chinese Buddhist Apocrypha*. Edited by Robert E. Buswell. Honolulu: University of Hawaii Press, 1990.

②　（唐）智昇：《开元释教录》卷十八，《大正藏》第 55 册，第 672 页。

③　实即玄奘译《大阿罗汉难提密多罗说法住记》，《大正藏》第 49 册，第 12 页。

④　虽然不空译经年代较晚，但据此可知，此品实有梵本原典。《大正藏》第 13 册，第 790 页。

⑤　矢吹云：景龙元年三阶僧师利，取玄奘译佛临涅槃记法住经，题曰佛临涅槃为阿难说法住灭品之首品，更取旧经常施菩萨所问品，题曰地藏菩萨赞叹法身观行品之次品，加上旧伪经中像法决疑经，全糅成为一经，题曰瑜伽法镜经二卷或一卷，加上伪序。见墨禅译《三阶教之研究》，《海潮音》第 16 卷第 4 号，第 71 页。

经、次一品改《常施菩萨品》题《地藏菩萨赞叹法身观行品》，加上《像法决疑经》，加伪序合糅成一。但若充分利用敦煌写本，就会有更明确的发现。

《开元录》判伪后，诸藏都不收此经。如果没有藏经洞 S. 2423 号残件，那就无从睹知此经具体面貌。第二品《地藏菩萨赞叹法身观行品》实与不空译《百千颂大集经地藏菩萨请问法身赞》文意蕴含相同①，仅偈句形态有别，前者七言，后者五言。

表 5 - 2　　　　　　　　　　师利集经与不空译者对比

师利译《示所犯者瑜伽法镜经》	不空译《地藏菩萨请问法身赞》
譬如日光明相现，黑暗障目并蠲除。	以日光明威，破坏众翳膜。
令彼愚痴无智人，烦恼锁灭慧光净……	令彼作利益，积渐令清净……
随诸众生示神变，犹如明月水中现。	彼彼人现化，安住如水月。
邪智生盲恶众生，佛对面前而不现……	烦恼搅扰心，不见于如来……
譬如生盲无目人，明珠对前而不见。	如于生盲手，安以最胜宝。
谁能有力令观彼，无垢清净妙法身。	云何而能见，无上之法身。

虽然前者残损不少，但偈赞后有小段长行述说此经功德："佛告地藏菩萨……汝能善说是妙伽他，若有人能受持读诵系念思惟……故不久于三界中。即得解脱。既自解脱。亦令一切众生而得解脱。能令听者依我教行。"这应是此经的流通分，所以此品原来也有较完备的佛经形态。智旭《阅律知津》概括其内涵有：赞法身、法界、菩提、涅槃、十地、等、妙、功德。现存《瑜伽法镜》第二品中约存最后两三项内容。此经虽然不长但内涵丰富，涉及大乘佛教空有、显密多项原理。②

智昇未明来源的《地藏菩萨赞叹法身观行品》先于不空所译，那么，不空译经是否参考《瑜伽法镜经》中此品呢？确有可能。不过不空本《地藏菩萨法身赞》只有偈赞，不具三分（序、正、流通分），只是将大部头的《大集经》中偈颂摘出。现据不空与师利译本的题名与对照情况，

---

① （唐）不空：《百千颂大集经地藏菩萨请问法身赞》，《大正藏》第 13 册，第 791—792 页。

② 张总：《地藏信仰研究》，宗教文化出版社 2003 年版，第 22 页。

推测其很大的一种可能，就是这两种内容相同，是出自一种梵本大集经的先后异译。刘震就认为其具梵文原本。①

总之，师利所造《示所犯者瑜伽法镜经》第一品是利用玄奘法师所译《法住记》改成，第三品是利用原有伪经《像法决疑经》改成。第二品为"真经"，应是当时所译，出自经后题跋言及的译者室利末多（妙惠）。此经残本无首有尾，原伪序无存，但题后署名者高官大僧很多。

（三）高官大僧

智昇对《瑜伽法镜经》及师利有严厉批判，其原序有菩提流志、宝思惟等名僧，经后有译者。受写者及详定鉴定诸高官，说明参与此经译进者均非凡辈。

> 序中妄云。三藏菩提流志三藏宝思惟等，于崇福寺同译。师利云有梵夹，流志曾不见闻。以旧编入伪中。再造望蠲疑录。伪上加伪讹舛尤多。目阅可知不劳广叙（撰录者曰，余曾以此事亲问流志三藏。三藏□云吾边元无梵夹，不曾翻译此经。三藏弟子般若丘多，识量明敏，具委其事。恐时代绵远，谬滥真诠，故此指明，以诫于后。其僧师利，因少斗讼，圣躬亲虑，特令还俗，岂非上天不佑，降罚斯人，又临终之时，腹大如瓮，恶征遄及，可不惧欤）。①

智昇将此经之序言定为伪序。说其中云三藏菩提流志、三藏宝思惟在崇福寺同译，而且师利说此经有梵夹原本，但流志不曾听说与见过。因为此中《像法决疑经》部分已入于伪录，所以他称此经为"伪上加伪"。其错讹多到一目了然，不需要仔细说了。但又加有注解。说智昇（撰录者）曾问菩提流志，三藏说我那边原无这个梵夹本，也没有翻译过此经。未提宝思惟，应是其开元九年（721）已圆寂之因。但流志也于开元十五年（727）圆寂，智昇访其必在此前，又因开元录撰成已至开元十八年（730），所以特强调了流志弟子般若丘多。被赞为器识明敏的般若丘多具体证实了此事，免于历史绵远带来的谬误传滥。最后即皇责天谴，说师利本人因为诉讼，玄宗亲自令其还俗了，且其临死前肚腹肿膨，情形很惨，

_____

① 刘震：《赞法界颂源流考》据梵本查出其应有早期梵本随时代变迁而有变化。据作者言，《像法决疑经》的也有梵本。实际上，这部分经应是编集而成。

是天降惩罚了。

富安敦将智昇批判列为三点：①目录上的证据。②师利在其序言中的伪说。③皇帝与上天的惩诫。目录情况上文已述。而皇帝上天惩诫，富安敦说不予以论考。他主要关注了智昇论为伪序中事。但玄宗对师利的亲罚是智昇对其经籍判伪的重要动力与原因。不论何因，师利被审惊动上皇，令其还俗了。此事出在何时并不清楚，师利身份是三阶僧，开元九年与十三年对三阶教禁断敕停，其间一定有些关系。师利死时也无从详考，但应在《开元录》撰成之前。所以智昇有关三阶教典（信行撰述）的判伪等与此也有关联。

富安敦没有简单相信智昇所说（亲自询问菩提流志梵夹如何），联系敦煌写本题记中译者署名等，实际上这两者间有些矛盾。此经题跋说是崇福寺三藏法师室利末多译，大兴善寺翻经大德师利笔受并缀文，大慈恩寺翻经大德道安等证义，还有大首领安达摩译语，已是一个规格不低的译经阵容，而经序中则说是三藏菩提流志与宝思惟译经。如若从署名再加上菩提流志与宝思惟，译经者的地位就更高了。因为菩提流志与宝思惟都是武周长寿二年来华的印度高僧，流志来华即译出《宝雨经》，其实经中已有伪，但被树为正统的典型代表，其权威一直保持下来。

此经题署为景龙元年（707）十二月二十三日译成，景云二年（711）三月十三日奏行。太极元年（712）四月正议大夫、太子洗马、昭文馆学士张齐贤奏进。而后帝王敕令昭文馆高官进行审阅详定，参与此事人员阵容相当豪华。最后于延和元年（712）六月二十日由师利校写定讫，入藏流行。这一连串年号变化，反映出武周后玄宗前急剧的政治动荡。译事起于武周后中宗李显治下第三年，隔两年余中宗即为韦后所弑，宫中变幻中宗、殇帝睿宗，睿宗定位后奏进，即得敕令诸官详定，随之入藏流行。题记署名颇多：

　　景龙元年岁次景午十二月二十三日三藏法师室利末多（唐云妙惠）于崇福寺翻译

　　大兴善寺翻经大德沙门师利笔受缀文

　　大慈恩寺翻经大德沙门道安等证义

　　大首领安达摩译语

　　至景云二年三月十三日奏行

太极元年四月　日正议大夫太子

洗马昭文馆学士张齐贤等进

奉敕　太中大夫昭文馆学士郑喜王详定

奉敕　秘书少监昭文馆学士韦利器详定

奉敕　正议大夫行太府寺卿昭文馆学士沈佺期详定

奉敕　银青光禄大夫太子右谕德昭文馆学士延悦详定

奉敕　银青光禄大夫黄门侍郎昭文馆学士上柱国李又详定

奉敕　工部侍郎昭文馆学士上护军卢藏用详定

奉敕　左散骑常侍昭文馆学士权兼检校右羽林将军上柱国寿昌县

开国伯贾膺福详定

奉敕　右散骑常侍昭文馆学士权兼检校左羽林将军上柱国高平县

开国侯徐彦伯详定

奉敕　银青光禄大夫行中书侍郎昭文馆学士兼太子右庶子崔湜

详定

奉敕　金紫光禄大夫行礼部尚书昭文馆学士上柱国晋国公薛稷

详定

延和元年六月二十日大兴善寺翻经沙门师利检校写

奉敕　令昭文馆学士等详定入目录讫流行①

　　此昭文馆学士十一名，张齐贤通礼制，累进于评议大夫也做太子洗马，流志所译《不空罥索经》也是由他领衔进上。沈佺期是著名诗人，与宋之问创律诗。徐彦伯工文章，预修三教珠英。李又也以文章闻。卢藏用也载《唐书》传中。薛稷是书法家兼画家，为越王所撰《信行禅师兴教碑》书丹，薛道衡是其曾祖，魏徵是其舅父。昭文馆诸学士，为中宗、睿宗朝士，得睿宗重用，至玄宗即位，多不得志。

　　特别是崔湜与薛稷。薛稷曾任礼部尚书，崔湜是睿宗朝中书令，玄宗时参与太平公主谋反策划，谪岭外赐死。薛稷在睿宗时为黄门侍郎参与机密。玄宗因其知太平公主与窦怀贞等谋反事不报而赐死。崔与薛都是睿宗时得意而玄宗时失意，且遭亡身之祸。

　　这些高官地位迁变矢吹多有指出，但对高僧如室利末多与道安曾说无

---

① 《大正藏》第 85 册，第 1244 页。系采用英藏敦煌写经 S. 2423 号经录文。

考。富安敦则侧重于政教关系查考，又熟悉盛唐译经人背景，指出室利末多并非无其人，题李无谄译《不空胃索陀罗尼经》中第十七品或为其译。无论其经真伪如何，至少此经译出及呈进入藏的情况不虚。联系菩提流志与宝思惟参知此事，应为史实。认定所谓师利的伪序，实际不可能为伪。菩萨流志与宝思惟这样的高僧，于佛教译经有代表正统之象征。所以武则天也用其译《宝雨经》。至中宗与睿宗再至玄宗时代，其情形有变，三阶僧地位遭遇较大的起伏变化，所以菩提流志与宝思惟的态度也会有些变化。而且至《开元录》叙出之时，宝思惟与流志都已故去，所以智昇写上流志的弟子般若丘多，以免天下之议。

（四）《像法决疑经》

《像法决疑经》虽非译出，但其强调布施，行悲田，济孤独，应与无尽藏等三阶行为密切相关。《像法决疑经》于公元6世纪即南北朝晚期至隋代时流行，产生了很大影响，著名僧人也引用此经。经末云："此经名为《像法决疑》，亦名《济孤独》，如是受持。"经中极力申说布施功德，强调了济助贫穷孤老的重要性：

> 善男子，我今成佛，皆因旷劫行檀布施、救济贫穷困厄众生。十方诸佛亦从布施而得成佛。是故，我于处处经中，说六波罗蜜皆从布施以为初首……善男子，此布施法门，三世诸佛所共敬重。是故四摄法中，财摄最胜。[1]

由此可见，经中阐明布施为成佛的法门，凸显布施在六度、四摄中的重要地位。对佛教事业的悲田与敬田做了划分，且特别强调了布施贫穷孤老的"悲田"，远胜于施与佛法僧的"敬田"：

> 善男子，我于处处经中，说布施者，欲令出家人、在家人修慈悲心，布施贫穷孤老乃至饿狗。我诸弟子不解我意，专施敬田，不施悲田。敬田者即是佛法僧宝，悲田者贫穷孤老乃至蚁子。此二种田，此田最胜。[2]

---

[1] 《像法决疑经》，《大正藏》第85册，第1336页。

[2] 同上。

以处悲田胜敬田的观念确使人吃惊。佛教一向重视对佛法僧宝的施舍,三宝是佛教的基础,所以施舍三宝就是保证佛教的传承。但是此经却明确地强调说,悲田胜敬田。而且将悲田的范围申明得很是清楚。

> 善男子,若复有人,多饶财物,独行布施,从生至老,不如复有众多人众,不同贫富贵贱、若道若俗,共相劝他各出少财聚集一处,随宜布施贫穷、孤老、恶疾、重病、困厄之人,其福甚大。①

这种教化直接推动了南北朝佛教徒从事慈善事业。僧人居士们一直面向社会,致力于各种慈善事业。

《高僧传》卷十一记载,南朝高僧法颖(416—482)"以从来信施,造经像及药藏"。药藏即指药局。《续高僧传》卷二十九载,南朝末年慧达和尚也曾设立"大药藏",以济百姓。"有陈(557—589)之日,疠疫大行,百姓毙者殆其过半。达内兴慈施,于杨都大市建大药藏,须者便给,拯济弥隆。"《南史》载齐文惠太子和其弟竟陵王子良奉佛,设立"六疾馆",收容病人给衣施药。

《开元释教录》卷六及《续传》卷二载,北印度乌场国沙门那连提黎耶舍,于北齐天保七年(556)来华,住太平寺中。"好起慈惠,乐兴福业。设供饭僧,施诸贫乏,狱囚系畜咸将济之。市廛闹所多造义井,亲自漉水,津给众生。""又收养疠疾(麻风病),男女别坊。四事(衣服、饮食、卧具、汤药)供承,务令周给。"

《续传》卷二十五载智岩和尚贞观十七年(643),"往石头城疠人坊住,为其说法,吮脓洗濯,无所不为。永徽五年(654)二月二十七日,终于病所"。另有记载,鉴真大师也曾在扬州开悲田而救济贫病,设敬田而供养三宝。

三阶教的无尽藏,实行了接受布施而施行悲田之事。

六　开元双纠

开元、天宝是中国封建社会鼎盛并转衰时代。初励精图治,整顿吏治

---

① 《像法决疑经》,《大正藏》第 85 册,第 1336 页。

发展农业，政教上抑佛崇道，开元二年即沙汰僧尼万余人。玄宗禁停三阶教的措施较武周更为严厉，毁除无尽藏并拆院禁传、毁三阶教典。虽然《大周录》已将三阶教典列为伪经削刊，但开元十八年（730）智昇撰《开元录》，对明佺等僧所甄出的三阶经典详目加以补充，列出 35 部 44 卷，是三阶教典最全的经目。还列出了隋唐武周对三阶教的禁令。所以，开元敕令，自然更有价值了。

武则天与唐玄宗的禁教政策各有侧重点。武周时对无尽藏并无查禁，只有迁移，或含"有意推行"之意。① 三阶教典方面，《大周录》既然已布为伪，又列出详目［其大敬爱寺（武周时名佛授记寺）皇家官藏中应已排除］，所以似无必要再敕毁，但仍有敕令断《三阶集录》。《开元录》查明《大周录》失检的三阶经目种，一并列出，最重要的方面自是对三阶教徒的规范与禁止。玄宗时期更为具体严苛，规劝的色彩较淡了。

（一）收财入国

上文已述，《两京新记》记开元元年（712）玄宗毁除化度寺无尽藏：

> 开元元年，敕令毁除。所有钱帛，供京城诸寺，修缉毁坏。其事遂废。

其时实为开元九年之误。关于禁三阶无尽藏事，现知有两道敕令。对比内容及题目可知，其中一道是针对化度与福先两寺，一道仅针对长安化度寺无尽藏。

《禁士女施钱佛寺诏》曰：②（开元九年）

> 闻化度寺及福先寺三陛（阶）僧创无尽藏。每年正月四日，天下士女施钱，名为"护法"。称济贫弱，奸欺事真。正即宜禁断。其藏钱付御史台、河南府勾会知数，明为文薄（簿）。待后处分。

---

① 林子青认为武则天虽两度禁止三阶教的活动，但对无尽藏却有意推行。林子青：《三阶教》，载《中国佛教》第一辑，东方出版社 1980 年版，第 356 页。

② （清）董诰等编：《全唐文》卷二十八，开元元年四月壬寅日、《册府元龟》卷一五九，明说为开元九年事。

此诏令说化度与福先两寺，其下文说要将钱交付御史台与河南府，登记造册，等待处理。没有涉及其他财物，重在禁止社会各界布施现钱，似特别强调了女性及每年正月四日的布施。理由无非是无尽藏打着"护法"的旗号，实际上却有奸欺之事。如裴玄智事就授人以柄了。

由诏令所涉可知，武皇实行迁移无尽藏返回长安后，福先寺仍留无尽藏院及布施事。再从此诏题目"禁士女施钱佛寺"，又是一个很宽泛的指向，似可及全国一般佛寺普通布施。所以这道诏令究竟是仅针对两京两寺的无尽藏还是全国的无尽藏，或为全国一般布施，似可细究。谢和耐认为此项禁令还涉及全国无尽藏事。他结合了敦煌文书中 S. 721V 号《大乘法界无尽藏释》中说法，认为全国各县的功德处都造办此事。由于这项诏指，"各州的大官吏们都在从事对铜钱和由他们在自己的地区所占有的财产的清算"①。不过从这道诏令的具体内容可知，并无全国性无尽藏的财产清算。因为文中明确"（无尽）藏钱付御史台、河南府，清点造册"。很明显，因在西京长安，化度寺的藏钱交御史台清点；因处东都洛阳，福先寺的（无尽）藏钱交河南府清点。御史台从秦汉以来即具，并无全国性的分支，元代才具两分支——江南与陕西诸行道御史台。所以此诏绝不是取缔全国无尽藏机构财产之令。

《分散化度寺无尽藏财物诏》曰：

> 六月丁亥，诏化度寺无尽藏，财物、田宅、六畜并宜散施京城寺观。先用修理破坏尊像、堂殿、有余入常住，不得分与私房，从贫观寺给。②

此诏令处分化度寺中无尽藏之财物，包括有动产的财物、六畜，不动产的田宅，但无现钱。可见这个诏令是接续上一诏令，对无尽藏财产做进一步的处理。两道诏令一为四月壬寅日、一为六月丁亥日，应是同年所为，如《册府元龟》所录，尽管有些载记将前者录为开元元年，法国谢和耐著并用元年与九年，日本学者则认同《册府元龟》开元九年说。笔者从干支

---

① ［法］谢和耐：《中国五—十世纪的寺院经济》，耿昇译，甘肃人民出版社 1987 年版，第 260 页。

② （清）董诰等编：《全唐文》卷二十八。

月日即四月壬寅与六月丁亥的角度进行查证，也有助于说明开元九年发布之诏更为合理。①

化度寺无尽藏院毕竟是三阶教此藏的大本营，须详加处理，将其散分于京城之内，而且原则与此前大略相同，用于修理破坏的尊像、殿堂；先从贫穷寺观给付，若有剩余，可入寺院常住财产。但不能入僧人私产。其中须注意者是"观"，即道教宫观也可分得其财产。"常住、私产"则是佛教内部说。

信行倡导的无尽藏对其含义有所提升，含有重要修行内涵，产生了一定的社会影响。从其发展曲线来看，高潮的高宗与武后阶段，未受打压，至女皇似欲利用时，于两京之间的迁移，使无尽藏的运行大受折损，最后收财入国了。

（二）禁令所止

智昇《开元录》卷十八有玄宗敕止三阶的禁令：

> 我开元神武皇帝。圣德光被普治黎元。圣日丽天无幽不烛。知彼反真构妄出制断之。开元十三年乙丑岁六月三日。敕诸寺三阶院并令除去隔障。使与大院相通众僧错居不得别住。所行集录悉禁断除毁。若纲维纵其行化诱人，而不纠者，勒还俗。②

这是最为严厉的敕令，也不过除隔障、毁集录、勒还俗。玄宗认为其事"反真构妄"，所以"出制断之"。智昇于玄宗所敕评为："既乘反圣旨，复冒真宗"，较《大周录》"违背佛意，别构异端"的口气稍重，与《三宝纪》与《内典录》具有同情意味的批评已很不同。但从佛教内部而言，三阶与净土的矛盾更激化明显。善导时，三阶与净土已成冲突之势，法相宗窥基就从净土立场批判过三阶教；高宗与武周朝更为明显，但从《历代名画记》内记载，光明寺既有三阶院又有净土院。佛学著作之中批驳较多。如怀感与怀晖的《释净土群疑论》，集中破斥三阶、摄论、唯识学

---

① 借助于万年历软件功能，查得开元九年即721年，四月无壬寅六月无丁亥，但前推一个月，则3月27日为壬寅日，五月十一日为丁亥。而开元元年即713年的三月九日为壬寅，四月二十三日为丁亥，相隔仅44日。

② （唐）智昇：《开元释教录》卷十八，《大正藏》第55册，第679页。

说与净土不合之处，其中批驳三阶教说占有很大分量。《释净土群疑论》重在驳斥三阶教以净土宗第二阶佛法之论点，其中至少从现世时机正当念佛与第三阶众生不等于五逆罪人两个方面发挥而论。当然这都是基于佛教理论的探讨。但是其中批驳者唯有信行能济度众生，而佛无法济度第三阶众生的说法，很容易上升到三阶教说背佛意、构异端，即反真构妄的程度。现在我们不知唐玄宗是否了解这些佛学理论之争，但从这些争斗说法多产生在玄宗之前的情况大约可知，武周时唱导佛教，虽然也纠偏异端，但其程度则较轻；而到玄宗时代再次扬道抑佛，他的查禁佛教异端就更为严酷了。

玄宗禁停之敕非常简单，不过三点：一是拆除寺中三阶院隔障或壁，与别僧混杂错居，实质不允许三阶僧人聚住。二是将三阶教典全部毁掉除净。三是不许传播三阶教说。并且这些政策落实到寺院僧官系统，如果出现，要勒令这些寺主、僧官还俗。

不过，即使严格执行，也只是要求这些僧人回复正统，继续在寺院中延续宗教生活，对于信仰三阶俗众则无具体说及。相较而言，这只是一种严厉的纠偏，抹去三阶色彩，不行其事，不念教典。如若返归净土或其余特色应该不会有碍。

（三）智昇判伪全目

开元十三年（725）六月三日敕令，禁断且除毁《三阶集录》，分明显示《大周录》刊伪 22 部以来，还没有被禁停，或者说仍在某种程度受到欢迎。

玄宗敕令禁毁三阶全部教典，智昇的《开元释教录》公布了一份最为详尽、共 35 部 44 卷的三阶经籍细目。这也是信行撰述目录，当然还有三阶僧师利又造的《瑜伽法镜经》。

开元十八年（730）《开元录》卷十八专撰伪经，包括多种。就此三阶教典说明，包括《长房录》《内典录》《大周录》及李贞撰《兴教碑》中卷数，总数 35 部 44 卷，属"三阶法"与"杂集录"两类。

> 以为三阶法及杂集录。总 35 部 44 卷。隋真寂寺沙门信行撰（长房录云总三十五卷，内典录云都四十卷，大周伪录但载二十二部二十九卷并收不尽其三阶兴教，碑云四十余卷而不别列部卷篇目，今细搜括具件如下）。

三阶法及杂集录：

三阶佛法四卷（内典录云三阶别集四卷者即此是）

十大段明义三卷（长房录云三阶别集三卷者即此是）

根机普药法二卷（大周录中除此之外更有三阶集录二卷者误）

三十六种对面不识错法一卷（明一切三十六种对面不识错）

右三阶法都有四部。初是四卷三阶。次是三卷三阶。三是两卷三阶。后是一卷三阶。后之三本入集录数。

大乘验人通行法一卷

对根浅深发菩提心法一卷（上加明诸经中四字）

对根浅深同异法一卷（同前加四字）

末法众生于佛法内废兴所由法一卷（上加明诸经中对根浅深八字）

学求善知识发菩提心法一卷（明世间五浊恶世界末法恶时十恶众生福德下行于此四种具足人中谓当三乘器人依诸大乘经论学求善知识学发菩提心一卷）

广明法界众生根机法一卷（广明法界众生根机上下起行浅深法）

略明法界众生根机法一卷（略明法界众生根机上下起行浅深法）

世间出世间两阶人发菩提心法一卷（明诸大乘修多罗内世间出世间两阶人发菩提心同异法）

世间十种恶具足人回心入道法一卷（明十种恶具足人内最恶人回心入道者断恶修善法也）

行行同异法一卷（明世间出世间人行行同异法）

当根器所行法一卷（明佛灭度第二五百年以后一切最大颠倒最大邪见最大恶众生当根器所行法）

明善人恶人多少法一卷（明佛灭度一千五百年以后善人恶人多）

就佛法内明一切佛法一切六师外道法二卷（就一切佛法内明一切佛法六师外道法同异）

明大乘无尽藏法一卷

明诸经中发愿法一卷

略发愿法一卷

明人情行法一卷

大众制法一卷

敬三宝法一卷（明诸经中对根起行浅深敬三宝法）

对根起行法一卷（明一切众生对根上下起行法于内有五段）

头陀乞食法一卷（依诸经论略抄头陀乞食法）

明乞食八门法一卷

诸经要集二卷

十轮依义立名二卷（大方广十轮经学依义立名）

十轮略抄一卷（大方广十轮经入集录略抄出）

大集月藏分依义立名一卷（大集月藏分经明像法中要行法人集录略抄依义立名）

大集月藏分抄一卷（大集月藏分经明像法中要行法人集录略抄出）

月灯经要略一卷

迦叶佛藏抄一卷（明一切出家人内最恶出家人断恶修善法如迦叶佛藏经说）

广七阶佛名一卷（观药王药上菩萨经佛名一卷）

略七阶佛名一卷（已上三阶法等于中多题人集录字其广题目具如脚注）①

智昇在列出目录后，对三阶教典的特点与性质也有评说：

> 信行所撰虽引经文皆党其偏见妄生穿凿，既乖反圣旨复冒真宗。

他认为信行撰述虽然引用了很多经文，但全纳入了自己的偏见体系中，还以自己的私意去附会穿凿了佛说，因而既违反了圣旨，又冒充了真正佛教。这里"圣旨"是喻指佛说还是世间帝意，值得探讨。

> 开皇二十年有敕禁断不听传行，而其徒既众蔓延弥广。同习相党朋援繁多（即以信行为教主别行异法似同天授立邪三宝），隋文虽断流行不能杜其根本。我唐天后证圣之元有制令定伪经及杂符录，遣送祠部集内。前件教门既违背佛意别称异端，即是伪杂符录之限。又准

---

① （唐）智昇：《天元释教论》卷十八，《大正藏》第55册，第678页。

天后圣历二年敕。其有学三阶者唯得乞食、长斋、绝谷、持戒、坐禅，此外辄行皆是违法。逮幸承明旨使革往非，不敢妄编于正录。并从刊削以示将来（其广略七阶但依经集出虽无异义，即是信行集录之数，明制除废不敢辄存，故载斯录）。①

三阶教典屡禁屡行的情况在此也得到相当清楚的反映。从开皇二十年禁断以来，其徒众反而更多，"同习相党、朋援繁多"。道宣的"海陆高之"的褒说在此变成了贬词。智昇特意说明，"似同天授立邪三宝"，就是信行的教派如同印度佛教中提婆达多的教团，对释迦教团造成破坏，不是正统的三宝。"天授"在汉文佛典里是"提婆达多"的一种意译。矢吹曾误为武则天天授年号，将邪三宝归为武周大云革命之事。汤用彤已指明，其著《武周与大云经忏》事极富趣味，但出发点有误，此不赘言。

智昇最后还广略两种《七阶佛名经》情况稍加阐明。说《七阶佛名经》虽全是依照经佛经编成的，但出于信行之手，集录中有名，属于皇帝制中明令须除者，所以也不敢辄存，将其定为伪经载此。

七　净土僧诤

三阶教发展在佛教内部有强烈的反响，特别是净土宗。三阶教与净土宗有相近的理论基础，都以末法思想为立论的基石，但提出了完全不同的解决方案。净土宗倡导引领众生往生，走一条易行的解脱道路，具体方法是称名念佛。而三阶教走不但是难行道的老路，而且具有"原教旨"倾向，有"三阶佛法甚苦"之评。净土与三阶在教内外都有竞争冲突，教理方面的相互驳难最为鲜明。毋庸讳言，这个争论在三阶教的成败上也起了重要的作用。

善导倡导与发展了净土昙鸾、道绰大师的传统，净土与三阶的对立，初唐已成水火之势。善导的弟子辈对三阶教理论展开了严厉批判。当然他们同时也批评应对唯识学、摄论师等多种质疑，怀感与怀恽《释净土群疑论》为代表作，还有《西方要诀释疑通规》可能是窥基作的、道镜与善道《念佛镜》等。飞锡《念佛三昧宝王论》对三阶与净土取了调和的态度，而怀信《释门自镜录》中，则以地狱受报、蜕变大蛇等行状事迹

---

① 《大正藏》第 55 册，第 679 页。

对信行及其弟子进行了人身攻击。

（一）《释净土群疑论》

怀感与怀恽《释净土群疑论》共七卷，问答体，破斥三阶在卷三卷四。代表三阶观点的问难至少有八则：如信行以第二、第三阶众生释《无量寿经》与《观无量寿经》的差别，《大集经月藏分》中有五个五百年的末法年代时序说。三阶学者依此说十六观与念佛三昧只合于定慧阶段、不合于多闻坚固以后之时流行。第三阶人不合得生净土，《法华经》与《观无量寿经》矛盾，念佛三昧可见阿弥陀佛，及临终时佛与圣众持花来迎。但凡夫既然不能脱离邪三毒，那么如何才能证明所见不是神鬼魔，等等。

信行禅师说《维摩经》八法是第三阶人往生之法。《观经》等经是第二阶人往生之法。今天既然多是三阶之人，为何要学第二阶佛法求生净土呢。

怀感对三阶之说一一提出批判，主要有第三阶众生不等于五逆罪人、末法时机正当念佛等。①

他说：诸余大德容可误解经文，信行禅师说是四依菩萨，宁容于此圣教亦有错解。信行对此两经差别的解释说，《观无量寿经》不排除五逆罪人，所取的是指第二阶众生；《无量寿经》所排除的五逆罪人，是指第三阶众生。三阶之说据其基本理论，第三阶人"并是纯邪无正、纯恶无善之人，无始迄今有愆犯"。《无量寿经》"唯除五逆及诽谤正法"，就是除一切第三阶众生。所以，第三阶众生不得往生，他们是被排除在净土之外的。

怀感对此驳斥说，第三阶众生与"五逆人"是不能相等的。如果说第三阶众生造五逆，难道第二阶众生中没有造五逆人吗？难道第三阶众生全都造五逆吗？三阶禅师说，第三阶众生没有全造五逆，但能造五逆。都具五逆之根机。那么，第二阶众生难道没有造五逆根机吗？第三阶众生即使有造五逆根机，但未现造逆罪，怎么能叫"造逆人"呢？《观无量寿经》允许五逆罪者往生，指的是已经造罪的，为何仅具造逆根机，《无量寿经》便不许往生？法藏比丘发四十八愿接引有缘极恶众生，为什么只接引第二阶人，不肯接引第三阶人？难道法藏与第三阶众生无缘，仅有信

---

① 陈扬炯：《中国净土宗通史》，江苏古籍出版社 2000 年版，第 374—378 页。

行禅师与第三阶众生有缘，所以付与信行救度？大唐众生遇逢信行，可得
救度，而东西二洲，五天竺国，三千刹土，百亿四天下之人，不得逢遇信
行禅师，又如何得救？诸如此类的问题，三阶教是很难自圆其说的。怀感
由此得出结论：净土并不排斥第三阶众生，正是为了救度众生而设的。

（二）末法时机正当念佛

三阶教自称为"当根佛法"、"当根法门"。所谓"当根"，一依时、
二约处、三准人。佛灭一千五百年后，时为第三阶，所处世界为秽土，一
切众生为恶人。根据这种时、处、人而立的三阶佛法，即所谓普真普正佛
法；而以念佛等别真别正佛法，为不当根佛法。

怀感则广引经论，证明净土念佛之法，正是当根佛法。三阶教与净土
宗的理论基础是相当一致的，都是建立在末法观念的基础上。唯三阶教将
末法时序明确为三个阶段，而净土虽未明确提出阶段说，但对诸种经论里
末法时序都是承认的，而且从净土宗的角度加以解说，认为在末法以后，
唯有净土教说合于时机，唯有念佛法门才能救众生。因而对上文所列第二
问、第四问等问题，都从这个角度进行了解说阐发。强调了在末法以后的
时机，正是适合施行净土念佛的法门。

怀感在此整理了净土宗或者是他自己关于末法时序的看法。依照
《大悲经》与《法住记》之说，排出正法、像法、末法又留住百年、十六
罗汉；独觉、弥勒、阿弥陀佛、《无量寿经》留住百年。这里排列出了释
迦教与净土教，以独觉为联结点，前为释迦教法，后面弥勒、弥陀都属于
净土教，十方诸佛也都劝修净土。在此有一个重要的问题即末法说究竟为
佛法终结还是循环。从时间维度上佛法的出现与灭亡是单向的，这符合于
佛教基本缘起观念"有生就有灭"，也符合于诸经典中有关末法的种种说
法。但是佛法灭尽以后会如何呢？释迦佛的教法会永远灭尽，但是净土教
呢？这个地方实际上有点模糊，因为阿弥陀佛的寿量是无穷无尽的"无
量阿僧祇劫"。但是如果强调坚持说阿弥陀佛的寿命无尽，净土教因而寿
量无尽，这实际上是与佛教中原则说法有抵触的，虽然佛经中没有明确地
定出这个原则。因而怀感于此仍然说出了阿弥陀佛的灭度，而后还有
《无量寿经》的留住百年。但是无论留住多少年，依理来推的话，净土教
也会灭尽。所以必须走向循环论。如果对经典中各种说法加以归纳的话，
佛经诸说实际上必会走向循环论。怀感此处也正是如此，"如是辗转"。
从贤劫千佛至以后诸佛，都会渐次兴起并灭亡。原则上说，每个佛陀都有

寂灭，其佛法也会渐次灭亡，但以后又会有新佛陀出世或下生，如此循环无尽，所以佛法也无尽。

怀感对三阶教的批判、对信行的指责，往往是在大原则相同的情况下做出的。他批评三阶教的当根佛法，焦点在信行所宣的当根"普法"并不是唯一的，净土念佛也是当根或更是当机的，以此来宣教净土。

怀感与怀恽的《释净土群疑论》，应该说产生了很大的影响。其涉及面之广、分析推理之深入，都达到很高的程度，有"净土百科全书"之称。当时就有僧人讲解此论，如为香积寺主二十余年的净业，就以善讲《观无量寿经》与《释净土群疑论》著称。① 可推《释净土群疑论》批驳三阶教的部分也为净土僧人宣讲不辍，而不限于能阐经论者。

八　贞元复兴

经玄宗严厉禁教，三阶教活动已经沉寂。但此次禁停仍然不能彻底。约经 40 年，安史之乱后，晚唐代宗（762—779 年在位）时就有复兴迹象，约经 60 年德宗治下（780—804），三阶教活动尤为昌盛。标志性事件即三阶教典籍重新入藏、教主信行迹的碑表传集等也被编集，玄宗敕令拆除的三阶院复建竖立，数量还颇可观；终南百塔之地也建院立寺及并竖立经幢。隋唐两代三主四禁之后，三阶教以如此规模与气势复起，很值得深思。

（一）敕命典籍入藏

贞元十六年（800），化度寺僧善才等状请三阶典籍入藏获准，于是信行《三阶集录》等 35 部 44 卷，被圆照编入《贞元新定释教目录》，入藏流行。此事在三阶教复兴的潮流中极具代表性。因为前此帝王禁绝特别集中于三阶典籍。经多次反复，特别是声誉很高的《开元录》详说细列，三阶教典、信行所撰属伪，应是广为人知。但晚唐时竟又出现反复，即《贞元录》的入藏。

贞元十六年德宗敕命长安西明寺律宗僧圆照编定《贞元新定释教目录》共 30 卷，较《开元录》多 10 卷，增加《开元录》后 71 年新译百余部经典。② 依例配合着皇家官藏的修订。"新定"贞元录，特别重视新译

---

① 陈扬炯：《中国净土宗通史》，江苏古籍出版社 2000 年版，第 307 页。
② 此据《中华佛教百科全书》之释，据《宋高僧传圆照》中说，实际上是 65 年。

经典，首列"特旨承恩"即皇上敕命译典，反映出了中国帝王干预大藏经编撰。已有制度性的变化。括及三阶教典的入藏，都是经过帝王批准的。虽然宋至清历代刊印大藏都未收入《贞元录》，《高丽藏》才始收此录，但这种帝王恩准的色彩应予特别重视。

据方广锠考察，中国大藏受帝王干预，正是由唐玄宗开其端，而代宗、德宗继其后。高宗时《静泰录》不收中国撰述杂藏、《大周录》不收《大云经疏》即其例。唐玄宗屡下限制佛教之诏，但开元十八年（730）他召僧道辩论，《开元佛道论衡》曾入藏。[①] 开元二十三年（735）他为《金刚经》作注，"便请颁行天下，写本入藏，宣付史馆"。

此后入藏帝王恩准渐次重要。三阶教典有化度寺僧人善才积极请求，虽非新译新撰，主管编藏的圆照亦遵皇家旨意，才能增添藏经内容，编成包括三阶教典之藏。总之，贞元年间三阶教典籍的入藏，是依由藏经体制的变化，帝王朝廷的恩准，有皇权的权威性。圆照还亲自编成了《信行碑表集传》，更可充分说明其对三阶教的态度。不过，《贞元录》后代没有流行，待其再度流通之时，内中三阶教典也被删除。幸得日本寺院藏有贞元录的古写本完整展现了这一状况，矢吹专著于此早有展示。但也有学者对此不查，竟说《贞元录》前后自相矛盾，自说收列三阶目录，实际没有。[②]

（二）三阶复院立幢

据日本所传古写本《贞元释教录》卷二十八，当时京城内55所寺各有三阶禅院，其住持相续达200余年，僧尼二众有千人以上，都奉三阶教法。唐末才日趋衰微，终于湮没不传。

唐临《冥报记》说长安三阶五寺"后有侵广"，意即三阶教在五寺外又有发展。确实又有更多的寺院奉三阶教或具三阶院，或有更多三阶僧人。据有限材料，有三阶教僧人的寺院略知还有：会昌寺德美，慈悲寺神昉，宣化寺坚行，弘福寺嗣泰、定持，净域寺法藏，崇义寺思言，荐福寺明观，直心寺尼总静，澄心寺优昙尼[③]、法门寺惠恭等。上文已及，高炯

---

① 僧胜道负。

② 王文颜：《佛教疑伪经典研究》，（台北）文津出版社1997年版，第23页。

③ 矢吹也说到了慈悲寺神昉等，见王文颜《佛教疑伪经典研究》，（台北）文津出版社1997年版。但西本照真《三阶教的研究》有更详尽的考证。此处寺僧情况对此即有参照。春秋社1998年版，第93—114页。

妻贺跋氏所舍建的积善尼寺等也在内。

三阶五寺之中也有三阶院。如化度寺中就有三阶院，金石铭刻证明此称沿用颇久；光明寺与赵景公寺中也有。五寺本属三阶，为何其中还有三阶院呢？似应考虑三阶教遭禁后至贞元之"复兴"情况，据日本龙谷大学图书馆藏古本《贞元录释教录》载，其时具三阶院之寺竟达 55 所之多，但具体情况却很难考索了。

明确现知三阶院的寺庙仅有六所，即：崇福寺、净域寺、福先寺、化度寺、光明寺、赵景公寺。

此中后三者属三阶五寺，包括前者及于东都洛阳的大福先寺，多有名画。

关于三阶寺与三阶院关系，《两京新记》等云此寺有无尽藏院之载。在武则天时曾将化度此院移至洛阳大福先寺，后又迁回，开元九年（721）时敕令毁除。毁除无尽藏院当是散除无尽藏的财物，而建筑构制未必要拆除。福先寺无尽藏院财物移回的情况应也类似。此无尽藏院与三阶院并存的可能不是没有，但可能性很小。所以可考虑此三阶院即寺中无尽藏院呢？笔者认为，无论化度寺、福先寺，其中三阶院应即原先的无尽藏院。

又西安市碑林博物馆现藏一通造像碑。早有金石著录，其原属寺院可知，如毕沅《关中金石记》卷四著录：[1]

> 三阶大德禅师碑额正书，在咸宁荐福寺。

此不知何碑之额，今存寺中碑犹存，半截却无一字可见。

可惜碑面无字，所以难知此大德姓名行历。其碑阳开有八龛。碑首精雕螭龙，后爪反向上推云中宝珠。碑额圭形龛内刻观音像，戴高冠斜披衣衫，取左舒相半跏坐姿，右臂直扶岩座左臂抚膝。上方三圆拱龛之主龛，一佛二菩萨跌坐束腰莲台。佛双手结胸前，右胁侍手中持剑，左菩萨拿大莲枝。侧龛供养菩萨均双手合掌于胸前，一胡跪、一全跪于莲台上。下层竖列四龛护法像，着盔着甲，执托塔、剑、杵、棍，属东南西北方四大天

---

① 林荣华校编：《石刻史料新编》第 2 辑第 14 册，新文丰出版公司 1985 年版，第 10684 页。

王。整碑龛像具密宗意味，水准一般。

又有一种石刻资料著录，即《陕西石刻文献目录集存》，对此有些别样说法，即：又名唐大德檀法师碑，塔铭，唐年月不详，《石墨镌华》载姜立佑撰文，无书者名，行草笔法。存考载正书，原刊不详，后入荐福寺。全文据存考见《金石萃编补遗》，著录见《镌华》《存考》《陕志》《续通》。①

此处所说"大德檀法师"以及姜立佑撰文等，不知是否有据。若实则可对此碑探考提供一些线索。

（三）化度百塔幢立

代宗大历二年（767）以来，百塔信行禅师林所建造塔院，当与佛教得宠的大环境有内在关系。其时建寺造院蔚然成风，持三阶教说者与行持僧人在这种境况下，也采取建塔院之举，使其圣地得到一定的发展。

公元9世纪时经幢流行，陀罗尼经幢有四，两柱在长安城化度寺，两柱却在百塔寺。时段相互交迭（公元800、825、832、842年），最晚者只略及于会昌灭佛的前端。

《宝刻丛编》有录："唐化度寺三阶院尊胜陀罗尼经石柱唐方琬撰赞序并书贞元十六年。"《京兆金石录》卷三十六下著录："唐化度寺三阶院尊胜陀罗尼经石柱僧惟则撰序并书会昌二年。"贞元十六年即恰为圆照奉德宗之命编定经目之时，此录中收入了三阶教经籍。上文以及古本《贞元录》反映了贞元年间三阶教的活跃，其时京城有三阶院的寺庙已达55所之多，僧尼千人以上，但可惜因材料缺乏不能尽知。而百塔寺自大和五年（631）就有尼总静经幢等。这些幢铭清楚地说明公元7—9世纪上半期会昌灭法之前化度寺中三阶院等情况。尊胜陀罗尼并非三阶教推重的经典，建幢自然也非三阶教习用，所以由此也可见出三阶教演进中，尤其在数次受禁后，追随与靠近潮流的一面。

前者正是圆照撰《贞元释教录》之时，其中讲到了化度寺三阶僧善才进上教典。其时三阶教有些回复兴起之势，但撰序者方琬事迹无考。后

---

① 李慧主编：《陕西金石刻文献目录集存》，三秦出版社1990年版，第192页。

者在武宗灭佛事起时，僧惟则是长安奉慈寺的高僧①，以敬观佛像而闻名。

《金石萃编》中"湛大师经幢"，文为"有大师俗姓员，释号湛□……"② 可知他法名实为惠澄，号为"湛□"。也可称《大德惠澄经幢》，他是追随荐福寺的明观和尚为三阶教徒的，其幢为唐宝历元年（825）弟子门人 20 余人所竖，书丹者为曹□□。刘淑芬指出其应为墓幢③，即以具陀罗尼咒之幢代替了原来的塔铭，但是咒文之前，往往加序或幢铭，此处实为湛□大师的行状，等同塔铭。

> 因过荐福寺，大德明观和尚开三阶之奥理，示一性之法王。敷普□［敬］之□，演收慈之本。乃悟六入趣□□□□，遂舍□□。方就普刊□□，传受无我无人。食任精粗，一衣一纳。

惠澄显然是受教而入其门下。此后由于由师"观公"说"吾久住皇州，欲□汝法流外"。很明显，明观和尚要传其法于长安之外。他即随侍师父，离开长安，赴蒲城等地。其后似乎师年老迁化，他为师"送终"。以后声誉渐隆，于贞元十四年（798）被推举为三教大德，在某寺当主持。日往月来二十三载，"内观实想，外博经文"，造诣颇高。此后则葬于百塔之地。由贞元十四年又加 23 年，时在长庆元年（821），其时或寂灭，或老病，总之他的归葬，是附百塔、终南林下。大德明观与大师惠澄是为三阶师徒，传教且到蒲城（长安东北约百余公里处）等地，殆为事实。

《金石萃编》同卷著录《僧无可书幢》，于唐大和六年（832）四月刻竖，是徒弟门人比丘尼愿证、循定、扎雅、元雅、启元与同辈之伯氏尼总宁为尼总静所立。僧睿川撰文，僧无可书。《关中金石记》记此曾云僧

---

① （北宋）赞宁：《高僧传》卷二十七，《大正藏》第 27 册，第 880 页。《景德传灯录》所记天台岩窟惟则，元和后法席渐盛，年代虽近地望不同，应非此人。《大正藏》第 51 册，第 231 页。此后还有僧名惟则者，不赘。

② 王昶：《金石萃编》卷六十六，唐二十六，九页，中国书店 1985 年影印。

③ 刘淑芬：《灭罪与度亡——佛顶尊胜陀罗尼经幢研究》，上海古籍出版社 2008 年版，第 164—165 页。

无可为贾岛从弟，字法学柳公权。① 无可以幢铭中自称为"白阁僧"，而睿川则是内供奉僧。铭曰：

> 于戏！行律比丘尼愿□，三阶教大禅祖荼毗林畔，先大师荼毗所，哀恸树是明幢……师姓耿氏，讳总静，年五十四，夏卅四。大和五年正月廿六日长安县群贤里直心寺□灭，灰舍利必是下……三阶佛法甚苦，习法华等大乘经、大小乘戒……。铭曰：
> 不尔塔万砖，懿尔幢②石一。资粮尔师，圣地之力，而佛昭格。

由此"佛顶尊胜陀罗尼幢铭"可知，长安县群贤里直心寺，有比丘尼总静，生于大历十三年至太和五年，年五十四岁，僧腊三十四，出家恰为二十岁。于逝后年余在三阶教大禅祖荼毗林畔（信行尸陀林畔），火化余骨葬于幢下。总静实际上也重于律学，其门徒也称行律比丘尼。同时他还重视《法华》等大乘经，这些情况与信行门徒若孝慈宣讲行三阶法不应诵念法华大乘经已经不可同日而语，毕竟时间已迁流数百余年了。

此两幢在百塔寺遗地，是其最后的余响。

九 法难、画迹与海外遗音

（一）会昌法难

唐武宗灭佛在历次毁法事件中最重，其背后有着深刻原因。佛教势力极大膨胀，寺院经济与国家税赋及世俗地主争益，社会矛盾尖锐、朝政腐败、国势衰微，都对佛教遭遇行政禁没埋下了种子；而藩镇贪利以及佛道之间的斗争，成为这场政令灭佛的导火索。

据《唐大诏令集》《唐会要》《新唐书》等著所计，这次灭佛拆寺4600余所③，还俗僧尼260500人收充两税户；收奴婢转为两税户者15万人；拆兰若绍提4万余所，收膏腴上田数千万顷（或亩）。事后宰相李德

---

① 王昶进尔考之，贾岛曾出家名无可。贾岛以诗名、无可以书名。且《文献通考》说无可也得诸人赠诗，看来不独有书名也。

② 此处刘淑芬断为："不尔塔万，砖尔幢。"显然有误。塔可以砖构筑，幢则不能。虽然其释意为"不为您建塔，为您建幢了"无误。

③ 《旧唐书·职官志》据开元中的统计，云此寺数为5358所。

裕上《贺废毁诸寺表》，朝臣刘蜕、杜牧对武宗此举评价都很高。[①]

　　会昌法难对中国佛教诸宗影响很大，以后大多宗派没有再度兴起。三阶教本来就几经兴衰，经过此番劫难后，再要复起，已极为困难。会昌六年（846）佛法复兴时，化度寺改为弘福寺，意味着三阶教标志性或者说祖庭式的寺庙已不存，这可能是其走向衰败的一个标志。不过，这并不等于三阶教即刻已经败亡。画史所载，即使法难以后，仍有不少寺庙具备三阶院并有精美壁画。所以三阶教仍略有垂续，不过只是在局部持续。但这种情况并非一宗一派，而是佛教宗派的整体状况。

　　诸宗并盛、争奇斗艳的场景，从会昌灭法至唐末以后再也没有出现。三阶教随着中国佛教整体趋势的下滑，才真切地走向湮灭。

　　（二）画迹

　　三阶寺与三阶院在画史著作中颇为突出。会昌三年（843）《寺塔记》、大中二年（847）《历代名画记》两著都在开元禁令百年之后，时间恰在会昌五年（845）排佛法难的前后，大师的杰出画作，明确的三阶院之说，说明三阶教仍有一定程度的流行。

　　《酉阳杂俎·寺塔记》云：

　　　　赵景公寺南中三门里东壁上，吴道玄白画地狱变，笔力劲怒，变状阴怪，睹之不觉毛战。吴画中得意处。三阶院西廊下，范长寿画西方及十六对事。宝池尤妙色，谛视之，觉水入浮壁……

光明寺中，有鬼子母及文惠太子塑像，举止态度如生，是李迪所作。

　　《历代名画记·记两京外州寺观壁画》中有载：

　　　　化度寺　殷仲容题额，杨庭光、杨仙乔画本行经变。卢棱伽画地狱变，今残两头少许耳。

　　　　懿德寺　三门楼下两壁神，中三门东西华严变，并妙。三门西廊东静眼画山水。大殿内画极妙。

　　　　崇福寺　壁碾陈积善画山水。三阶院蔡金刚、范长寿画。

---

① 刘蜕，咸通时官中书舍人，著有《遗史馆书》见《刘蜕集》五卷。杜牧《杭州新造南亭子记》说武宗之举为"仁圣天子之神功"。

大云寺　东浮图北有塔，俗呼为七宝塔。隋文帝造。外边四面，杨契丹画本行经……三阶院窗下旷野杂兽，似是张孝师。西南净土院，绕殿僧像至妙。

净域寺　三阶院东壁，张孝师画地狱变，杜怀亮书榜子。院门内外神鬼①。

东都福先寺　三阶院，吴画地狱变，有病龙最妙。寺三门两头亦似吴画。

唐代佛教艺术颇盛，多有名家高手绘壁。其题材多样，但地狱变相等较为突出，如五寺之中化度、赵景公，以及净域、福先寺都有地狱变相。而且几位画地狱高手——较早的张孝师、最杰出的吴道子、其弟子卢楞伽，都有作品绘于三阶相关寺院。其实吴道子代表作即在赵景公寺壁。老僧说因此画，京师诸屠沽都惧报应，不敢持业了。净域与光明寺张孝师所绘、福先寺吴道子绘，都在三阶院的壁面上。此外的两京地狱画仅有慈恩寺塔外张孝师、宝刹寺廊陈静眼画等一二处。

洛阳大敬爱寺是唐中宗为高宗、武后所置，张彦远对此寺壁画描述的深入细致程度超过了所有的寺院。他自己说："游西京寺院不得遍，唯敬爱寺得细探讨，因而详备。"与三阶教奉行经典密切的有《月藏经变》与《十轮经变》。

（大敬爱寺大殿）西壁十六观及阎罗王变。刘阿祖描……其禅院之内西廊壁画，开元十年吴道子描。日藏月藏经变及业报差别变。吴道子描，翟琰成。罪福报应是杂手成，所以色损也……东禅院内十轮变。武静藏描。大院纱廊壁行僧……其日藏月藏经变，有病龙，又妙于福先寺者。殿内则天真，山亭院十轮经变，华严经，并武静藏画。龙王面上蜥蜴及怀中所报鸡，尤妙。①

其大殿内"十六观"与《阎罗王变》画在一处，东壁又有西方净土变，

---

① 据《寺塔记》，净域寺在宣阳坊，本是高祖李渊太穆皇后窦氏家宅，舍出为寺。《长安志》则说此寺为开皇五年（585）立，恭帝禅位后死于此。三阶名僧法藏居此，内有三阶院与禅院。

内容对应。①

　　在黑水城西夏遗址有《业报差别经》扉画，强调表现六道轮回，可对应吴道子画《业报差别变》②。而《日藏月藏经变》所据即《大集经》的《日藏分》与《月藏分》，后者中详述末法事件，与三阶教思想密切。安阳大住圣窟铭刻大集月藏分的末法时序说，③ 而金川湾石窟的《大集月藏分经略抄出》，将"法灭尽品"偈文全数刻出。④ 包括武静藏所画两处《十轮经变》，说明敬爱寺壁画之题材，较三阶院的壁画内涵更值重视。《十轮经》属三阶所依基本经典，金川湾窟中全数刻出。而敦煌莫高窟第321 窟现推定为高宗时十轮经变（原定初唐武周期《宝雨经变》）⑤，画面宏大，具七八十种情节，第 74 窟壁画亦同，有一二十种画面。前者有条题记，可识读比定为《十轮经》第四轮灌顶大王如何如何之文。⑥

　　敦煌写本有《十轮经》中五本二十三件，三阶典籍更多。这些情况反映出敦煌或有三阶教流行，甚至有三阶教窟像等。矢吹庆辉最初使用敦煌编为 20 号（种）残卷⑦有些同类或同经被编入一个号，实际上约 30件。其中有少许错误，内容上包括三阶佛法、三阶佛法密记等。西本照真，利用法、俄等国所藏新刊等进一步调查。中日学者如方广锠、里屋德雄等也发现并写文介绍。后续所得的敦煌文书共有 28 件，其中多人发现有 10 件，西本发现有 18 件。⑧ 总之敦煌有关文献共约 60 件，其中有些是信行撰述，有些是教团僧制《制法》，有些是信行弟子所作的注疏，有师利所编撰造伪经，有三阶禅师的行状，等等。这些典籍的年代判断及使用状况的研考则仍很少。

---

① 《地狱变》发展多与地藏及十王有关，现知约晚唐五代才出现，如敦煌插图经本《十王经》。

② 《俄藏黑水城文献》③，TK137 号经，彩图十二，上海古籍出版社 1996 年版。

③ 李玉珉：《宝山大住圣窟初探》，《故宫学术季刊》第 16 卷第 2 期，台北故宫 1999 年，第 1—51 页。

④ 张总、王保平：《陕西淳化唐代三阶教刻经窟》，《文物》2003 年第 5 期。

⑤ 王惠民：《敦煌 321 窟、74 窟十轮经变考释》，《常书鸿诞辰 100 周年学术讨论会论文集》。《艺术史研究》2004 年第 6 期，并有日文修订版，刊早稻田大学《奈良美术研究》总第 7号，2008 年。

⑥ 英藏 14 件、法藏 5 件，日本龙谷大学 1 件。

⑦ 矢收著作之别篇。

⑧ ［日］西本照真：《三阶教文献综述》，《藏外讲教文献》第尢册，宗教文化出版社 2003年版。

（三）海东遗音

自公元 8 世纪至 13 世纪，日本和韩国都有三阶教传入的痕迹。其后也有一些踪迹。

新罗璟兴约为入华习唯识的僧人，目前仅知藏经目录留存一些其所著注疏。① 他在净土疏注中，对三阶教说稍有批判。璟兴《无量寿经连义述文赞》疏云：

> 有说除即第三阶造五逆者、生即第二阶造逆者。此亦不然。众生有三非圣教故。设有圣说，亦违自许第三阶人不行普法，有逆无逆皆不得生。若如所言，应说唯除第三阶而言，除逆唯有虚言故。②

《无量寿经连义述文赞》此说围绕《观无量寿经》的五逆罪人可入净土的聚讼而展开。对第二、第三阶五逆人能不能入净土略有批驳。有种说法讲第三阶五逆罪者不能生净土，而第二阶造逆者可以生净土。璟兴驳之。且不论圣教三非等事，三阶教自说，第三阶人不行普法，无论有逆无逆，皆不得往生。如果这么说，就应说唯除第三阶人不得往生净土，而不涉及其中有逆无逆。

相关的问题在怀感驳难三阶教说里也有论及，但璟兴所议的论题更为细小。③

义天是韩国高丽王朝名僧，其父为高丽文宗王徽。他幼年出家，遍学释儒老，承当大任，位高丽僧统。他曾于宋代元丰末、元祐初（1085—1086）时入华求法，成绩卓著，在中韩两国的文化交流史上具有重要地位。

高丽义天的《新编诸宗教藏总录》的：

---

① 《大正藏·东域传灯目录》，日本藏俊《注进法相宗章疏》等。

② ［新罗］释璟兴：《无量寿经连义术文赞》卷中，《大正藏》第 37 册，第 151 页。

③ 《东域传灯目录》卷上，有《观无量寿经同略记》一卷等约 18 种注疏，法相唯识著作不少。《大正藏》第 55 册，第 1150 页。［日］藏俊：《注进法相宗章疏》有《金刚经料简》三卷、《三弥勒经赞》三卷、《无量寿经注疏》三卷、《瑜伽论略纂》下同论三十六卷。成唯识论下贬量 25 卷。《大正藏》第 55 册，第 1143 页。

入道出世要法二卷（或一卷），　三阶集录四卷　已上　信行述①

（四）日本经抄

日本则有一些古本抄经以及疏解，说明公元 8 世纪时三阶典籍已传入日本，且有一些研究阐说。但具体活动难知其详。又日本 13 世纪时，僧人道忠（？—1281）《释净土群疑论探要记》就载《贞元录》三阶教籍四十四卷。② 此后元亨元年（1321）凝然作《五教通章记》有三阶集录五。至宽政三年（1791）南部基辨作《西方要决科注》，引用《三阶集录》。次年曾上寺宽亦涉《三阶集录》。

日本古寺中一些珍贵的古写本也含有三阶教的典籍。如法隆寺藏《三阶佛法》卷一与卷二、东大寺正仓院圣语藏《天平写经》——（公元 8—12 世纪）写本，其中有《三阶佛法》的卷二、卷三与卷四。还有些注疏，如天平十九年（747）的《明三阶佛法》二卷，同年的《三阶律周部》则有九卷之多，天平二十年（748）则有《三阶律》三卷。此外还有天平十九年的《略明法界众生根机浅深法》。③

兴圣寺则藏有《三阶佛法》卷一至卷五。④ 1925 年大屋德城曾经影印刊行。⑤ 后来又发现了七寺本，其中亦有卷一至卷五。这是敦煌写卷之外的珍贵古本抄经，保存着三阶教的主要思想，一些疏解还反映出了日本僧人的部分看法。

结　语

三阶教是中国佛教史上一个独特的宗派，又是湮灭于历史长河中的唯

①　[高丽] 义天：《新编诸宗教藏总录》卷一，《大正藏》第 55 册，第 1178 页。

②　日本《净土宗全书》卷六，第 279、299、306、313 页。《释净土群疑论探要记》卷六、卷七。

③　《奈良朝现在一切经疏目录》，第 94 页。[日] 西本照真《三阶教研究》，春秋社 1998 年版，第 188、234 页。

④　[日] 西本照真：《三阶教研究》，春秋社 1998 年版，第 170 页，第 230 页注 63。但后来在《三阶教文献综叙》有补充。《藏外佛教文献》第九辑，宗教文化出版社 2003 年版，第 367—368 页。

⑤　大屋德城校定：《三阶佛法》上、下册，京都便利堂印刷所 1925 年版。

一教派。虽然佛教史多论为隋唐八大宗派，即天台、华严、唯识、三论、密、律、禅、净土，但从宗派角度而言，三阶教比起隋唐诸宗任何一派都不逊色，甚至较三论、净土等更有论为宗派的理由。其从创始人、传授者、教义、教规、信徒等方面，无不具备。[①] 三阶教立为中国佛教一宗的合法性，其实汤用彤早有探讨定论此：如隋唐时的天台宗、禅宗、三阶教以及后来的白莲教等。用现代的话说，都是宗教的派别，实际上的所谓宗派者指此。[②]

　　虽然三阶教多次遭到禁断，确实也没有流传下来，但是三阶教在隋唐佛教史上的印痕与地位是毫无疑问的。三阶教确有中国佛教异端的色彩，但绝不是邪教。三阶教的开宗立教在中国佛教史上是很有意义的。中国佛教接受外来传输，经过汲取走向成熟的标志就是宗派的出现。三阶在此方面是走在前列的。其创教思想的基础是末法观念，与净土宗相仿，但其提出的解决方案不同，很多方面变动程度较大，并非倚念佛借佛力的"易行道"，而是"难行道"且"三阶佛法甚苦"。其头陀乞食、多时礼忏及无尽藏等方式，有不少印度佛教原本的特质。由此，三阶教在佛教中国化的方向道路某些方面上并不成功。虽然其无尽藏财施在初唐曾盛极一时。

　　信行在个人的宗教领袖方面也走得较远，其以四依菩萨身份出现，以其撰作替代佛说。因而，三阶教在佛教内部与社会上都有反对与制约之声音，所以隋唐朝廷四度禁限。但官方的禁限也只是要求停止其走得较远的部分，如遵信行操作的经典、不念大乘佛典等，处三阶院中依靠无尽藏属，并收回无尽藏财施等。尽管如此，从事实上看，三阶教没有真正被禁停过，其从来都是禁而不止。三阶教的湮灭，实际上更受武宗会昌灭法与唐末战乱的影响，此后由于没有信行撰经三阶典籍可用，修行方式也难比禅宗中国化农禅的生命力，其在北宋仅有一点余绪随即走向了湮灭。

　　通过比较可知，三阶教不是一个单独的宗教，其方方面面都与中国佛教本身密切关联，渊源主要来自北朝佛教，发展与净土相反相成。总之，如果拨开迷雾，可知三阶教并不奇特怪异，只是中国佛教走向成熟的过程中一个不太成功的努力与尝试。

---

① 《中国佛教宗派问题补论》，《汤用彤学术论文集》，中华书局1983年版，第372页。
② 同上。

附录：

一、三阶教徒谱系

（隋代至公元 6 世纪后半期）

1. 信行的师承

（1）慧瓒—慧进—志超—明胤

（2）道凭—灵裕—静渊

2. 信行的弟子

直传—王善行—王善性—道进—慧定

3. 公元 7 世纪前半期

善智—慧了—慧如—裴玄证—净名—道善—僧邕—本济—灵琛—静默—道训—道树—僧顺

唐临—某禅师—尚直—管氏—王居士—僧海—德美—裴玄智—梁殊—僧审

智达—阿相—定持—嗣泰

4. 公元 7 世纪后半期

道感—道安—神昉—谂—梁寺—梁唐氏—梁师亮

5. 公元 8 世纪前半期

僧行—僧静—贺兰氏—库狄氏—坚行—思言—师利—法藏

6. 公元 8 世纪后半期以降

明观—光教

惠澄—善才

总静

二、相关僧俗人物

六世纪后［高炯］（555—607）　　大觉

七世纪前半萧瑀（575—648）

唐临（600—659）僧彻《冥报记》《续高僧传》

李百药、撰化度寺僧邕碑，欧阳询，书化度寺碑（贞观五年，632）

慧静（641），裴氏，道静、道善《念佛镜》　　大行

智觊《净土十疑论》　　法琳

智俨（668），华严祖师，《华严五十要问答》58 岁完成，660 年。七世纪中期

作者《西方要决》（632—682）

怀感与怀恽（640—701）《释净土群疑论》（成书）约七世纪后半期

怀信《释门自镜录》

飞锡（念佛三昧宝王论）（742年成书）

法界，化度寺，S.1450号法华经跋

无及，慈门寺，S.2637号法华经跋

李贞，688年，撰信行兴教碑，薛稷（书信行碑者）

道感，697年以前，化度寺道感法师塔铭（《宝刻丛编》）

普寂，776年，化度寺普寂禅师，光教塔铭（《宝刻丛编》）

八世纪前期，圆照撰《贞元录》与信行塔铭

普相，嘉运、昙元

善谌，昙行

第六章　唯识宗

从历史的顺序而言，由玄奘创立的法相唯识宗是唐代佛教建立的第一个宗派。因为创宗者玄奘、窥基师徒长期住于长安大慈恩寺，故该宗通称为"慈恩宗"。此宗崇奉印度大乘佛教中从弥勒、无著、世亲相承而下，直到护法、戒贤的瑜伽一系的学说，以《瑜伽师地论》为本且以《百法明门论》《五蕴论》《显扬圣教论》《摄大乘论》《杂集论》《辩中边论》《二十唯识论》《三十唯识论》《大乘庄严经论》《分别瑜伽论》为支的所谓"一本十支"为典据，阐扬法相、唯识的义理，因此又称"法相宗"或"唯识宗"。一般而言，与隋唐其他宗派如在其之前的天台宗以及在其之后形成的华严宗、禅宗相比较，唯识宗继承印度佛教的比重稍大一些，但并非一无创造。与其将这一宗派的佛学思想当作印度佛学的直接移植，毋宁将其当作印度唯识学在中国的继续发展。一个最为明显的证据就是护法对于《唯识三十颂》的解释其完整形态的文本是直接传授给玄奘的。

第一节　唯识宗的创立

玄奘西行求法归来，通过翻译经典和传授学徒等方面的工作，将当时印度唯识学的最新成果介绍到中土，最终创立了以佛教义学见长的法相唯识宗。玄奘在翻译佛典的过程中，为中国佛教培养了一代精通唯识、因明学说的高僧，特别是其高徒窥基继承光大其学说，留学僧人圆测将玄奘之学传播到新罗国，对于唯识学说广泛传播产生了深远影响。说玄奘是法相唯识宗的创始人，是由于他把法相宗的主要经典都翻译成汉语并做了初步的宣传；说窥基是法相宗的实际创始人，是因为窥基在玄奘所奠定的基础上，扩大了这一宗派的理论影响。公正地说，法相唯识宗是玄奘、窥基两代高僧共同努力创立的。

一　玄奘与唯识宗的创立

依照现今学术界、佛教界的普遍认识，玄奘西行的时候，中国佛教已经处于学派佛教与宗派佛教交替发展的时期。玄奘先后礼拜了十二位老师，但其中并不包括被认定为佛教宗派的天台宗僧人，也没有礼拜三论宗的祖师吉藏为师。玄奘西行的动机之一就是为消弭学派佛教差别诠释所带来的混乱。回国之后，他全身心地投入佛教经典的翻译活动；在其弟子们的继续努力下，一个新的佛教宗派终于创立了。

玄奘在国外时，中土佛教界存在和发生的争论，在其翻译过程中不可避免地表现出来了。历史上传说，道宣甚至包括法藏都曾经参与过玄奘译场，① 但因故退出。其中的原因之一就是南北朝时期地论学派、摄论学派所传承的唯识之学与玄奘传回国内的护法系唯识之学，在若干问题上有重大差别。玄奘将这种差别彰显出来并且极力证明自己所传播的学说才是瑜伽行派的"正义"。这一排外性的学说体系的强化本身就是建立宗派的方法，这是玄奘为法相唯识宗立宗所奠定的基础。另外，玄奘以自己所具有的个人魅力和良好的政教关系以及精进的努力，为法相唯识宗的成立建立了一个广阔的平台。尽管现在的学术界倾向于认定，法相唯识宗是玄奘与窥基共同创立的，但这主要是由于玄奘在其有限的生命存在中未曾有时间进行创立宗派的"宗派活动"。但玄奘大师在成立唯识宗上的卓越贡献是不可磨灭的。

玄奘回国之后，得到了太宗李世民和高宗李治两代皇帝的尊敬和大力支持。高宗时期已经掌握朝廷实际权力的武后也对玄奘很尊重。可以说，玄奘回国之后，得到唐王朝最高统治者以及朝廷重臣的崇信。借助于这一良好的政教关系，玄奘不但能够顺畅地翻译出大量的佛教经典，而且为其推崇的学说的传播开辟了广阔的道路。

在玄奘回国译经之时，产生于隋代的天台、三论宗甚至三阶教都处于

① （北宋）赞宁：《宋高僧传》卷五《法藏传》。法藏出生于贞观十七年（643），玄奘大师圆寂时，法藏年仅22岁，且尚未出家，《宋高僧传》记载显然有误。但此资料可反映当时新旧译之间的竞争与冲突。

活跃期。道宣也在长安研习律本，逐渐形成了南山律的传承体系。作为一位佛教大师，玄奘归国之后具有的社会地位在当时的佛教界是无与伦比的，借此形势，创立一个独立的宗派应该是没有什么困难的。尽管现在还不能完全确证玄奘内心是否持有明确的"宗派意识"，但他的翻译以及翻译中的宣讲经论活动，都无疑灌注了他在印度所学以及对于佛法的抉择与诠释。

玄奘去印度十七年，除去中途往来的两三年以外，游学时间长达十四年。一般以为，玄奘正式修学是在那烂陀寺戒贤门下的五年，以及最后在杖林山胜军处的两年，因为从这两位大师那里他学到了梦寐以求的瑜伽行派学说。戒贤被当时人看作护法的嫡传，而胜军又是从安慧受学的，在唐人著述中，就时常拿胜军的名字和难陀并举，现存的安慧著书所说又很多与唐人所知道的难陀学说相混同，大概胜军这一家是继承难陀、安慧两系的，自然和戒贤立说有异了。[①] 胜军擅长《唯识抉择论》，玄奘当然认真地跟随胜军学习过。到了那烂陀寺，戒贤就让玄奘给大众解说。可见玄奘对胜军和戒贤的学说是兼收并蓄的。

此外，在大乘佛学中与瑜伽行派对峙的《中论》和《百论》学说，玄奘也先后在北印度及那烂陀寺反复学习了许多遍。对于小乘的学说，如"有部"的《杂心》《婆沙》《俱舍》各论，玄奘在国内就研究有素，而于入印途中，经过"有部"流行的各地，他都充分利用机会学习。对于"有部"以外的"大众"、"正量"、"经部"等派的学说，玄奘也旁搜博探，备闻无遗。

尽管玄奘在印度广博研习大乘佛教各派经论以及小乘各部学说，但他很明确地以瑜伽行派护法系为核心统摄佛教教义。"他对大乘佛学的看法是以为龙树、无著的两家前后没有异辙的。这显然依着护法的议论，通过了无著学说去理解龙树，也就是将无著学看做龙树以后推进一步的发展，或者说经过了中间分歧而重新得着辩证的统一。"[②]

关于玄奘在印度融合"空"、"有"两宗的事实，以吕澂的考证最为翔实。在游学初期，玄奘于鹫岭北听到了《广百论释》的解说，就觉得很有契合而随闻随译。此论释在唐高宗永徽初年玄奘又翻译了一次，大概

<hr>

① 参见吕澂《慈恩宗》，《中国佛教源流略讲》附录，中华书局 1979 年版，第 337 页。
② 同上。

是润饰旧稿而成，并非彻底的重译。在此论释的最后一品有一大段对中观家的辩论，解释有关二谛的疑难，代表了护法对于空宗的反驳。

相传清辩与护法由于见解不同，而想与护法面决是非，但护法避而不见。但在《广百论释》中，护法对与清辩的歧见做了书面响应。中观与瑜伽行派的分歧主要在于对"二谛"的解释不同。中观家是用"一重二谛"来作权衡的，以为瑜伽说"俗谛"是"无"而"真谛"是"有"，中观却说的是"俗有真无"，二者根本不同。而瑜伽行派则以为"二谛"也有层次，到了"见道"阶段以后，在实证中间的"俗谛"是方便、施设，随顺真实的，也就是真实的具体显现。由这样的理解来做沟通中观、瑜伽学说，就可以见出二者是殊途同归的。后来，玄奘在那烂陀寺依据护法的这一看法，著述《会宗论》，破斥师子光对瑜伽行派的指责，融汇了中观、唯识。

与融汇大乘佛教不同，玄奘对待小乘学说，特别是对当时得势的"正量部"做了激烈批评，他作《制恶见论》一千六百颂，评破此部学者般若毱多（智护）的异说，而阐明了唯识的真义。此论虽然不传，但其核心"真唯识量"，传说在十八日无遮大会上没有人能改动一字，是佛教史上的佳话。

至于他以独到的见解对印度佛学做出的贡献，则主要在于他学成将返之时（约当641年），连续用梵文写出了三部论著——《会宗论》《制恶见论》和《三身论》。的确，玄奘三论所发挥的思想，对于当时印度佛学的阐扬有其重要意义，而玄奘最后获得很大的荣誉也是与"三论"的写作分不开的。

玄奘去印度的目的之一就是寻求统一佛学的途径。他回国之后，自然将这一意图贯彻到翻译活动中去了。从这一角度观之，玄奘的翻译就是他展现自己所学以及宏愿的过程。因此，他的翻译实际上也可以看作创立宗派过程。正如吕澂所总结的，"慈恩宗学说的特色，首先在于所用资料的完备和精确，这不能不归功于玄奘的翻译"。

玄奘在去印度之前，就怀疑旧传的《俱舍》《地论》《摄论》一定有错误，所以他回国后的翻译从根本上解决了这些问题。从贞观十九年（645）到永徽元年（650）的六年间，他从瑜伽学的"一本十支"论书穷原竟委地介绍了地论、摄论说的真相。这期间最重要的一大部译籍就是《瑜伽师地论》一百卷。不过玄奘所理解的瑜伽学说是经过唯识一阶段发展了的。尤其是到了戒贤以后，唯识学导入了"法界"范畴，发挥了"转依"精义，要用大乘来涵盖小乘，就不只是原来那样简单的大小次第的看法了。这些见解具体表现在《佛地经论》里面，此论即以戒贤的注解为依据。[①] 他译完了《瑜伽师地论》以后，随即译出《佛地经论》，无异是替瑜伽学说做了一个总结。这样的翻译顺序，体现了玄奘统一中土唯识学于一系的意旨。

另外，玄奘对俱舍学说与毗昙学所反映出来的问题，也通过翻译给予根源性的解决。从永徽二年（651）到显庆四年（659），玄奘共九年的翻译都着力于此。此期大部译本是《俱舍论》和《大毗婆沙论》等有关论典，译本的数量在四百卷以上。然而，玄奘所学的俱舍学说，也是经过后世所发展了的。玄奘门下的新旧两系神泰、普光和法宝等对于《俱舍》的解释会发生种种分歧，就导源于玄奘的传译与真谛的系统有所差别。

玄奘译场的"宗派化"倾向，也反映在其弟子与执守先前所学的助译僧之间的此消彼长。玄奘第一期译场参与者大多是各地各学派的义学高僧，后来这批人逐渐淡出，而由年轻的完全接受玄奘教诲的弟子代替。神昉、嘉尚、普光、窥基这奘门四哲的出现，标志着玄奘的着眼点已经发生转移，窥基的入场更加强化了这一做法。以《成唯识论》的翻译为肇端，于短短的五六年间，就以其为中心，汲取了护法《广百论释》和戒贤等《佛地经论》的精华，同时又贯穿《辨中边论》所说的"中道"精神，形成了严密的教义体系。吕澂经过研究得出结论：这时候，玄奘的翻译因学说而来的变动原本的地方最多，如《大般若经》的翻译也深深地染上"唯识说"的色彩。

玄奘忙于翻译，无暇自己著述，因此，他的思想资料大多散见于其弟子的各种著述之中。譬如《瑜伽师地论记》卷十九就记载有玄奘对于"三性"的解释："且如奘法师出《三性义章》，最明为好。彼立三性以三门分别：一、情事理门。二、尘识理门。三、染净通门。"[②] 此外，还有备受重视的"三类境"，更是玄奘在印度有关经论基础上的重大创造。

---

① 吕澂通过比较西藏的译本得出这一结论。参见《慈恩宗》,《中国佛学源流略讲》附录。

② （唐）遁伦:《瑜伽师地论记》卷十九,《大正藏》第 42 册, 第 758 页。

二　玄奘的著述

玄奘大师的著述几乎没有完整地流传下来，甚至文献中也仅有几部著述著录。他在印度撰述的三部论典，尽管未曾流传下来，但无论对中国佛教还是对于印度佛教来说，都是弥足珍贵的精神财富。

《会宗论》是玄奘奉命撰写的以和会中观与瑜伽行两派争端的作品。玄奘师事的戒贤是瑜伽行派护法的嫡传，而持反对议论的师子光则属于中观派清辩一系。他们各趋极端的见解，在那烂陀寺似已无人再作调和之想了。

玄奘到此寺，与师子光当面辩论。辩论几次，师子光哑口无言，徒众离散。但这次辩论仍然是从不同处着眼的，玄奘接着还作了会通，写成《会宗论》。《大唐大慈恩寺三藏法师传》说："法师又以《中》《百》论旨，唯破遍计所执，不言依他起性及圆成实性，师子光不能善悟，见论称'一切无所得'，谓《瑜伽》所立圆成实等亦皆须遣，所以每形于言。法师为和会二宗言不相违背，乃著《会宗论》三千颂。论成，呈戒贤及大众，无不称善，并共宣行。师子光惭报，遂出往菩提寺。"① 据此，好像玄奘简单地应用"三性"的观点就和会了两派，这显然不够全面。因为《瑜伽》的三性理论，清辩早在他的著作里反复驳斥了。瑜伽宗徒如护法等也曾做过辩解，但并未得着定论。玄奘与空宗辩论，自然需要提出新的论证才能取胜。很遗憾，文献阙载。吕澂指出，可从护法的《广百论释》里得到启示，可谓的论。

护法会通中观、瑜伽行派的方法是重新解释"中道"。对护法的看法，玄奘大为欣喜。他在鹫岭北初次听讲此论时，即大感兴趣，随听随译，还自庆成功，做了两个偈颂。《大乘广百论释论》卷十结尾说："三藏法师于鹫岭北得闻此论，随听随翻，自庆成功，而说颂曰：'圣天护法依智悲，为挫群邪制斯论。四句百非皆殄灭，其犹劫火燎纤毫。故我殉命访真宗，欣遇随闻随译讫。愿此速与诸舍识，俱升无上佛菩提。'"② 这几

---

① （唐）慧立本、彦悰笺：《大唐大慈恩寺三藏法师传》卷四，《大正藏》第50册，第244页。

② （唐）慧立本、彦悰笺：《大唐大慈恩寺三藏法师传》卷五，《大正藏》第50册，第250页。

乎是他对自己不顾生命，表示危险来到印度求法，就以得闻护法之说而感到满足。因此，他在调和两派的论著中很可能以此来做指导。作为护法嫡传弟子的戒贤对玄奘大加赞赏，再自然不过了。

唐人靖迈在《古今译经图纪》卷四附有玄奘小传，谈到此论时就说：玄奘"并造《会中论》，融会《瑜伽》《中论》之微旨，以静大乘之纠纷"①。靖迈将论名写作《会中》，不一定就是笔误，可能依据他的所知，论文的主要内容是以"中道"理论来做会通的。

玄奘撰写《制恶见论》是受命与小乘佛教学者辩论，由此也成就了玄奘在印度的最大传奇，千古传颂。

关于《制恶见论》的写作与传播经过，《续高僧传·玄奘传》《行状》《慈恩传》等都有较为详细的记载，且大同小异。今引《行状》文字给予说明。先有小乘正量部学者、南印度摩腊婆国王师般若毱多作《破大乘论》七百颂，东印的乌荼国小乘信徒即用其向大乘信众挑战。当时中印度的统治者戒日王恰好带军队路过，乌荼国的小乘学者请求戒日王派大乘师前来辩论。戒日王于是请那烂陀寺派遣四位大德来乌荼辩论。海惠、智觉、师子光及玄奘法师入选。在要成行时，恰有顺世外道向佛教学者挑战，玄奘应命与外道辩论，折服外道。此位外道自愿侍奉玄奘。于是，玄奘与其一起准备前往乌荼国，"乃访得彼论披寻，数处有疑。谓所伏婆罗门曰：'汝会听此义不？'答曰：'会听，我于时善。'法师遣说一遍，备得其旨。遂寻其谬，即申大乘义破之，为一千六百颂，名《制恶见论》。将呈戒贤及德众，咸悉称善曰：'以此穷究，何敌不已？'法师善得彼宗，乃放所伏婆罗门，随意所之"②。这就是《制恶见论》写作的过程。

写完此论，玄奘并未如约前往乌荼国，而是受邀至拘摩罗王处。戒日王看了玄奘所造《制恶见论》，很高兴，对其门师等弟子说："光既出，萤烛夺明。师等所宝之宗，他皆破讫，试救看。"小乘诸僧没有敢言者。王说："师论太好。在此诸师，并皆信伏。恐余国小乘外道，尚守愚迷。望于中印度曲女城，为师作一会。命五印度沙门婆罗门外道等，发显大乘，使其改耶从正，不亦大哉！"③

---

① （唐）靖迈：《古今译经图纪》卷四，《大正藏》第 55 册，第 367 页。

② （唐）冥详：《大唐故三藏玄奘法师行状》，《大正藏》第 50 册，第 217 页。

③ 同上。

　　根据《大唐西域记》卷五的记载，此会是一年一度专门讨论佛学的集会，其年恰逢五年一度的无遮大会，于是两会就合并举行了，唐人因此称它为"九旬大施"，也称其第一阶段为"十八日无遮大会"。此会约集了十八国国王和各国的大小乘学者、婆罗门、耆那教徒等，连同那烂陀寺的一部分僧众，共六千余人。《行状》如此叙述大会的情况："王先令造殿，容千余人，于中安尊像，陈香花音乐，设食行施讫。请法师升座，标举论宗，命诸众征击。竟十八日，无一人敢问。王赞叹，施法师银钱三万、金钱一万、上氎衣一百具。又令大臣将法师袈裟，巡众告唱云：'支那法师论胜。十八日来，无敢问，并宜知之。'诸众欢喜，为法师各立美号，大乘众号为摩诃那那提婆，此云大乘天。小乘者号为木叉提婆，此此解脱天。烧香散花，礼敬而去。自是德音遐振。"① 这些记载是真实可靠的。当代学者以为说会期十八天中无人发问有些夸张，其实这话是有所指的。

　　窥基《成唯识论述记》记载："此即南印度罗罗国正量部僧名般若毱多，此名惠藏，安惠之学徒，三代帝王师，造七百颂诽谤大乘，论中作如此说。"② 而后"戒日王三度往唤般若毱多，欲令共我大师论议，辞不肯来。一度辞不能乘马，一度辞舆热，复将母象往迎，即辞年老。遥叹大师深生敬伏，但以智穷海性，学尽玄源，故所出言千古模范"③。如果将这一说法与上述记载参照可知，这一法会本来的起因是惠藏所作的《破大乘论》，但在戒日王召集大会时，惠藏却三请而不露面，因此才有玄奘回国之后转述由弟子写下来的十八日无敢问者的记述。由于主角不愿出场，不得已而由惠天等代替。

　　《制恶见论》的内容可能很广泛。可惜，原文未曾翻译过来，全貌已不可知。据现存资料，仅仅考辨以下内容：

　　第一，玄奘《制恶见论》的宗旨是以瑜伽行派的立场对于小乘佛教非议大乘的反驳。此据窥基《成唯识论述记》的相关记载即可看出。窥基在解释《成唯识论》卷三"阿陀那识甚深细，一切种子如瀑流。我于

<hr>

① （唐）冥详：《大唐故三藏玄奘法师行状》，《大正藏》第 50 册，第 217 页。
② （唐）窥基：《成唯识论述记》卷四，《大正藏》第 43 册，第 351 页。
③ 同上。

凡愚不开演，恐彼分别执为我"① 时叙述了玄奘于戒日王召集的无遮大会上辩论的情况。其后窥基说："然观凡、愚俱愚法故，故不为说。若不愚，法虽决定性，亦为说之。然后有难'如外道等，虽为不说有阿陀那，亦有分别我法障生，此何不为说'者，不然。彼妄计我沈沦恶趣，冀其修无我而得断除。今更为说，返增重病。彼便执为实体别有，分别我法，深增恶趣，故不为说。虽有种姓可闻信解，根未熟故，亦不为说。如一乘法信根若熟，即便为说。此中约全五姓作论，非约少分，故不说言。虽有种姓，根未熟者，生诽谤故，不为他说深细等义。"② 值得注意的是所引用的一"难"——"如外道等，虽为不说有阿陀那，亦有分别我法障生，此何不为说"，不见于《成唯识论》。是否有可能引自玄奘《制恶见论》所转引的惠藏《破大乘论》原文呢？

第二，《成唯识论述记》卷四在解释《成唯识论》卷三"真异熟识极微细故，行相所缘，俱不可了，是引业果一期相续，恒无转变，是散有心，名生死心"③ 时，窥基说："我今此识既非转识，体极微细，生死虽有，行相所缘，俱不可知。非同粗识，可知之识，故六转识违于正理。此中所以惛昧为因，解生死时无转识义，诸贤共禀，众教同说。次难陀论师等无量论师正法藏，胜军师等时以为住，恒用阐扬，殊增智虑，名光月氏，誉美方今。无识之俦，同遵南指。唯我大师至生微破，及其披此更益前非。如次论下及《制恶见》中正陈其义。今诸释既备，胜义云集，群贤叙之盛当所指。"④ 由这一例子可知，玄奘《制恶见论》也论述了"异熟识"的转舍问题。

第三，《制恶见论》引用《大乘庄严经论》所举成立大乘为佛说的七种理由，而对每一理由分别做了七个比量广为论证。对于这一问题，吕澂在《玄奘与印度佛学》一文中说："现存窥基的《成唯识论述记》批注那七种理由的大段里也有一些比量，或即出于玄奘之所立亦未可知。"⑤ 笔者遵从这一指引，仔细对照了《大乘庄严经论》《显扬圣教论》《成唯识

① 《成唯识论》卷三，《大正藏》第 31 册，第 14 页。
② （唐）窥基：《成唯识论述记》卷四，《大正藏》第 43 册，第 351 页。
③ 《成唯识论》卷三，《大正藏》第 31 册，第 16—17 页。
④ （唐）窥基：《成唯识论述记》卷四，《大正藏》第 43 册，第 364 页。
⑤ 黄夏年编：《近现代著名学者佛学文集》之《吕澂集》，中国社会科学出版社 1995 年版，第 290 页。

论》，证实吕澂的推测是有道理的。

第四，玄奘在反驳"正量部"内心可以亲缘外境如手取物一般等观点时，阐明了"带相"说。

"真唯识量"是《破恶见论》的重要内容。关于这一比量，窥基《因明入正理论疏》卷二记载说："且如大师周游西域，学满将还。时戒日王，王五印度，为设十八日无遮大会，令大师立义，遍诸天竺简选贤良，皆集会所，遣外道、小乘，竞申论诘。大师立量，时人无敢对扬者。"① 玄奘所立的比量就是："真故极成色，不离于眼识——宗。自许初三摄，眼所不摄故——因。犹如眼识——喻。"这一比量不但在印度影响很大，传至中土在玄奘弟子中也引起充分讨论，有多种不同的理解。甚至玄奘的弟子新罗顺璟法师归本国之后，即"破三藏比量，作决定相违过也。量云：'真故极成色，是有法。定离于眼识，有故——宗。因云：自许初三摄，眼识不摄故。同喻：如眼根。'即寄此比量与慈恩来，请为解释"②。窥基作了反驳，《因明入正理论疏》也有记载。此问题很复杂，一时难以说清楚，此处从略。

关于《三身论》的撰写经过，现存有关玄奘的传记资料都有所叙述。《行状》记载：当时与玄奘辩论失败后帮助玄奘阅读《破大乘论》的外道辞别玄奘后，"往东印度，向拘摩罗王谈法师之德。王闻甚悦，发使来请。王使再三，乃去。是时正欲归还，已并装束。那烂陀大德及徒众咸皆劝住。法师念此经论少阙，本意取以流通，不能建某宿心，确然不许。于是辞别，将经像赴拘摩罗王所。其国先来未行佛法，多信外道婆罗门教。法师至止，异党云□，请王击论，验其胜负。法师妙辨既开，邪徒草靡，王加崇重，卑词请问诸佛功德，愿示所由。法师为王述赞如来三身利物，因即为造《三身论》三百偈。王乃欢未曾有，顶戴受持"③。依据这一记载推测，此论是赞颂佛德的著述。

三 窥基与唯识宗的创立

玄奘译经传法十几年，门下弟子云集，俊杰贤才如林，而专事述作、

---

① （唐）窥基：《因明入正理论疏》卷二，《大正藏》第 44 册，第 115 页。
② （唐）从芳述：《百法论显幽钞》卷二，《续藏经》第 48 册，第 252 页。
③ （唐）冥详：《大唐故三藏玄奘法师行状》，《大正藏》第 50 册，第 217 页。

弘扬其瑜伽唯识之学、光大其门庭的，举世公认为窥基。如古人所说的
"奘师为瑜伽唯识开创之祖，基乃守文述作之宗"①，此可谓确论。

窥基（631—682）的生平事迹，除《宋高僧传》本传记载较为详细
外，其余资料散见于各种文献中。现存史籍中，关于窥基出家过程的细节
之记载歧义很多。重要的有："三车和尚"之诬、出家为沙弥的住寺、受
具足戒的时间、入玄奘译场的时间，如此等等，都需要辨析。而其家世虽
然明确，但其父的生平却不清楚。

窥基，戒名大乘基，俗字洪道，俗姓尉迟，宗出鲜卑族尉迟部，祖籍
是山西省朔州善阳（今山西省朔州市），后居京兆长安（今陕西省西安
市）。祖尉迟罗迦为隋代州西镇将，父尉迟宗为唐左金吾将军、松州都
督、江由县开国公，母亲河东裴氏，伯父即唐开国功臣鄂国公尉迟敬德。
因其著述常题名"基"或"大乘基"，特别是现存的塔铭等未曾出现"窥
基"的法号，因而引起后人的怀疑。如汤用彤说《开元释教录》始作窥
基，② 吕澂说："'窥'字是宋人加上去的，原名'基'上是何字，不
详。"③ 问题可能出在赞宁《宋高僧传》卷四的一段话，赞宁罗列了大乘
基、灵基、乘基等说法，现今通行本《大唐故三藏玄奘法师行状》所用
的两处"窥基"用例，今人怀疑是唐以后改的。而赞宁所引《慈恩传》
卷十的文字确实也有版本做"乘基"。

史籍中记载，窥基的父亲为唐初的开国公，但其生平却没有多少记
载。窥基在《成唯识论掌中枢要》卷一中说："基夙运单舛，九岁丁艰。
自尔志托烟霞，加每庶几缁服，浮俗尘赏，幼绝情分。至年十七，遂预缁
林，别奉明诏得为门侍。"④ 这段话跨度很大，但属于窥基自述，弥足珍
贵。然而，此文中关键词句的真实含义，颇难捉摸。如"九岁丁艰"确
切含义不明，究竟是其母亡故，还是其父亡故，难以确定。窥基自叙至亲
亡故之事，是在表达后来出家的原因，从他所说"自尔志托烟霞，加每
庶几缁服，浮俗尘赏，幼绝情分"来看，亲人亡故对其打击很大，使其
幼小时就未曾享受"情分"，因而对远离尘世、身披"缁服"抱有向往之

① （北宋）赞宁：《宋高僧传》卷四，《大正藏》第 50 册，第 726 页。

② 汤用彤：《隋唐佛教史稿》，中华书局 1982 年版，第 148 页。

③ 吕澂：《慈恩宗》，《中国佛学源流略讲》附录，中华书局 1979 年版，第 341 页。

④ （唐）窥基：《成唯识论掌中枢要》卷一，《大正藏》第 43 册，第 608 页。

念。17 岁时，得以剃度成为沙弥。

然而，蹊跷的是，后世以"三车和尚"的传闻来叙述窥基出家的因缘。笔者没有查阅到唐代文献记载此事。如唐李乂撰《大唐大慈恩寺法师基公碑》记载："玄奘法师哀像教侵微，佛灭之久。先游天竺，大俘真记，训译属授，必待其人。以师天假至聪，幼入深慧，钟鼓亏宫而闻外，桃李不言而自蹊，乃请于鄂国，求以为弟子，方托以金牒之言，传其玉箱之教。遂特降恩旨，舍家从释。"① 而唐李宏庆撰《大慈恩寺大法师基公塔铭并序》记载："道身长六尺五寸，性敏悟，能属文，尤善于句读，凡经史皆一览无遗。三藏法师奘者，多闻第一，见道，颇加竦敬曰：'若得斯人，传授释教，则流行不竭矣。'因请于鄂公。鄂公感其言，奏报天子，许之。时年一十七。既脱儒服，披缁衣，伏膺奘公。未几而冰寒于水矣。"② 这两种文献都是唐代朝臣所写。其中，李宏庆对撰文经过有一叙述："大和二年二月五日，异时门人安国寺三教大德赐紫法师美林，见先师旧塔摧圮，遂唱其首，率东西街僧之右者，奏发旧塔，起新塔，功未半而疾作。会其徒千人，尽出常所服玩，洎向来箕敛金帛，命高足僧令捡，俾卒其事。明年七月十三日，令捡奉行师言，启其故塔，得全躯。依西国法，焚而瘗之，其上起塔焉。又明年十月，赍行状，请宏庆撰其铭。予熟闻师之本末，不能牢让。"③ 大和二年为 828 年。

也许有人会说，上述碑记、塔铭未曾记载"三车"之说，是因为其文性质不允许，但应该注意的是，玄奘见到的并非窥基的父亲尉迟宗，而是"伯父敬德鄂国公"。赞宁称此说为"诬"，着眼点也在于认定"九岁丁艰"为丧父。吕澂在《中国佛学源流略讲》中说："他在晚年讲《法华经》，和天台家有了正面的冲突，以致他对于经喻三车为实的解释，也被论敌们歪曲了来诬蔑他为三车法师。这是说他外出的时候有饮食、女眷的后乘相随，完全不守清规；其实不是这一回事。"④《释氏稽古略》提及时人称其学派为"三车法相显理宗慈恩教"⑤，"三车"当指他在法华观上主张"三车说"，日本学者的研究也印证了这一说法更可能近真。

---

① （唐）李乂：《大唐大慈恩寺法师基公碑》，《续藏经》第 88 册，第 381 页。
② 同上。
③ 同上书，第 88 页。
④ 吕澂：《中国佛学源流略讲》，中华书局 1979 年版，第 344 页。
⑤ （元）觉岸、宝洲：《释氏稽古略》卷三，《大正藏》第 49 册，第 816 页。

《宋高僧传·玄奘传》载："至年十七，遂预缁林。及乎入法，奉敕为奘师弟子。始住广福寺，寻奉别敕选聪慧颖脱者，入大慈恩寺，躬事奘师，学五竺语，解纷开结，统综条然。闻见者，无不叹伏。凡百犍度跋渠，一览无差，宁劳再忆。"① 窥基 17 岁时，为贞观二十二年（648）。此年，在玄奘的请求下，唐太宗下诏令天下诸州寺院各度五人，玄奘所在的弘福寺度五十人。窥基应该是在这一次剃度为沙弥的。奇怪的是，赞宁说，窥基开始住广福寺。当代学者直接改为弘福寺。窥基在《成唯识论掌中枢要》自叙说："至年十七，遂预缁林，别奉明诏得为门侍。"② 暗示自己得以成为玄奘法师的"门侍"是经过皇帝批准的。这是符合唐代佛教管理制度的，僧人的寺籍要经过官方核准，而跟随玄奘的僧人都要由皇帝下诏确定。由此可见，窥基刚出家为沙弥，需要接受各方面的训练，而玄奘这时在弘福寺译经，作为沙弥的窥基不大可能立即跟随玄奘。至于窥基何时成为玄奘的"门侍"，有一些线索可寻。

仔细揣摩赞宁所说"寻奉别敕选聪慧颖脱者，入大慈恩寺，躬事奘师，学五竺语"，其后"年二十五应诏译经"。可见，25 岁之后，窥基才正式参与翻译工作。一般而言，做沙弥几年并且年满 20 岁之后即可受大戒成为比丘，但窥基受具足戒的时间也有不明确的地方。赞宁说窥基的"法腊无闻"，而依《佛祖历代通载》所记，永徽五年（654）"特旨，度沙弥窥基为大僧，入大慈恩寺，参译经正义"③，这年窥基 23 岁。将这些材料结合起来可推知，窥基大概是在 23 岁时入住慈恩寺，成为玄奘"门侍"的，几年之后参与了翻译活动。

《宋高僧传·玄奘传》等都记载，窥基 25 岁正式进入玄奘译场，参与佛典翻译。时为高宗显庆元年（656）。窥基进入玄奘译场三年之后方才有机会担任笔受，起点就是《成唯识论》的翻译。而在玄奘的大弟子中，在此年之前，普光为笔受二十五次，嘉尚三次。由显庆五年（660）开始至玄奘圆寂期间，玄奘共译出经典十三部（其中《阿毗达磨发智论》二十卷于显庆三年开始翻译，完成于显庆五年），窥基参与笔受六部。可见，窥基在奘门后来居上，承担重任，是在显庆四年（659）开始的。

---

①　（唐）道宣：《续高僧传》卷四，《大正藏》第 50 册，第 725 页。
②　（唐）窥基：《成唯识论掌中枢要》卷一，《大正藏》第 43 册，第 608 页。
③　（元）念常：《佛祖历代通载》卷十二，《大正藏》第 49 册，第 577 页。

　　关于《成唯识论》的翻译时间，《开元释教录》卷八记载说："《成唯识论》十卷，见《内典录》，护法等菩萨造，显庆四年闰十月于玉华寺云光殿译，沙门大乘基笔受。"①而有关《成唯识论》糅译的实情，窥基于《成唯识论掌中枢要》卷一中说："初功之际，十释别翻，昉、尚、光、基四人同受，润饰、执笔、捡文、纂义，既为令范，务各有司。数朝之后，基求退迹，大师固问，基殷请曰：'自夕梦金容，晨趋白马，英髦间出，灵智肩随。闻五分以心祈，揽八蕴而遐望，虽得法门之糟粕，然失玄源之淳粹。今东出策赍，并目击玄宗，幸复独秀万方，颖超千古，不立功于参糅，可谓失时者也。况群圣制作，各驰誉于五天，虽文具传于贝叶，而义不备于一本，情见各异，禀者无依。况时渐人浇，命促惠舛，讨支离而颇究，揽初旨而难宣。请错综群言以为一本，捃定真谬，权衡盛则。'久而遂许，故得此论行焉。大师理遣三贤，独授庸拙。"②依据此说，玄奘本来欲将解释《唯识三十颂》的十家论书全部译出，神昉、嘉尚、普光、窥基分别担任笔受工作，但窥基不久心生退意，因为他认为各家解说有异，全部译出会使汉地读者不知所从，掌握不到适切意旨。窥基的看法颇合于中土人士的思维惯性，玄奘经过思考同意了这一设想。于是以护法一家为中心而统合其他各家论说，并由窥基独自担任笔受工作。这就是《成唯识论》十卷本的由来。窥基的著述中未曾标出具体翻译时间，而《开元释教录》记载的显庆四年（659）闰十月可能是完成时间。

　　玄奘带回的十家《唯识三十颂释》是各自流通的。关于《成唯识论》的成因，可以借助窥基自己的叙述作一总结："此论也，括众经之秘，苞群圣之旨。何滞不融？无幽不烛，仰之不极，俯之不测，远之无智，近之有识。其有隐括五明，披扬八藏，幽关每权，玄路未通，嘱犹豪毳岳盈，投之以炎烁；霜冰涧积，沃之以煴景。信巨夜之银辉，昏旦之金镜矣。虽复本出五天，然彼无兹糅释，直尔十师之别作，鸠集犹难，况更擵此幽文，诚为未有。斯乃此论之因起也。"③其实，此论以一种特殊的方式完成，特别是窥基在其中所起的作用，都足以说明，早在此时，窥基已经以鲜明的宗派化理路来设计自己弘扬瑜伽行派的道路了。而窥基之所以能够

---

①　（唐）智昇：《开元释教录》卷八，《大正藏》第55册，第556页。
②　（唐）窥基：《成唯识论掌中枢要》卷一，《大正藏》第43册，第608页。
③　同上。

在奘门弟子和众多参与玄奘译场的僧人中脱颖而出，并且被当作慈恩宗的二祖，这一气质和胆略恐怕是首要原因。

玄奘于唐高宗麟德元年（664）圆寂于玉华寺，译业中止。窥基时年33 岁，他回到大慈恩寺继续从事著述。由麟德元年至永淳元年（682）共十八年，窥基独立地弘扬自己所学，维护了玄奘所持护法系唯识学的完整性与纯正性，为唯识宗的繁荣做出了卓越贡献。窥基独立弘教十八年，以地域变迁为线索可分为三个时期。

第一时期，慈恩寺初期，即窥基由玉华寺扶柩回长安。在其师葬礼之后，驻锡慈恩寺。这一时期大致七年多，窥基的大部分著述应该是于此时完成的。从情理上推测，这七八年时间，正是窥基大显身手、夯实唯识宗根基、培养弟子的辉煌时期。但现存文献中记载的事情不多。

第二时期，东行弘教时期。这一时期，窥基离开长安向东，到达太原、五台山以及定州。然而，关于他离开长安的原因，从古至今一直猜测不断，确实是难解之谜。

窥基《说无垢称经疏》卷六附有《后记》，其文如下："基以咸亨三年十二月二十七日，曾不披读古德章疏，遂被并州太原县平等寺诸德迫讲旧经。乃同讲次，制作此文，以赞玄旨。夜制朝讲，随时遂怠，曾未覆问。又以五年七月，游至幽明蓟地，更讲旧经，方得重览。文虽疏而义蜜，词虽浅而理深，但以时序忽迫，不果周委言。今经文不同之处，略并叙之，诸德幸留心而览也。"[①] 此文明确说，窥基于咸亨三年（672）在今太原平等寺宣讲鸠摩罗什翻译的《维摩诘经》，而至咸亨五年则在今河北保定宣说《无垢称经》。

离开太原，窥基即游历五台山，时间在咸亨四年（673）。关于窥基东行，宋代清凉山大华严寺沙门延一重编《广清凉传》记载得最详细："于三藏大师终后数年，来游五台山，礼文殊菩萨，于花岩寺西院安止。法师常月造弥勒像一躯，日诵菩萨戒一遍，愿生兜率，求其志也。感通之应，绰然可观。又复亲书金字《般若经》毕，有神光瑞云，萦拂台宇，辉耀函笥，曰：'我无坚志，灵应何臻？'从游山讫，旋之京师慈恩寺。"[②] 上述引文的要点是：窥基在玄奘圆寂几年之后前往五台山，并且住于华严

---

① （唐）窥基：《说无垢称经疏》卷六，《大正藏》第 53 册，第 392 页。

② （宋）延一重编：《广清凉传》卷下，《大正藏》第 51 册，第 1119 页。

寺西院，于此寺造弥勒造像一躯，由其亲自以"金字"书写《般若经》。写经完毕即回长安住慈恩寺。

第三时期，慈恩寺后期。窥基独立弘教的最后几年是在慈恩寺度过的。永淳元年（682），窥基示疾，至十一月十三日，圆寂于慈恩寺翻经院，春秋五十一。以其年十二日四日葬于樊村北渠，附三藏奘师茔陇焉。太和四年（830）七月，迁塔于平原。根据赞宁《宋高僧传》记载：迁塔时，"大安国寺沙门令俭检校塔亭，徙棺见基齿，有四十根，不断玉如。众弹指言：'是佛之一相焉。'凡今天下佛寺图形，号曰'百本疏主'"[1]。赞宁说，当时有高宗或者玄宗所制像赞流行。可见，在当时朝野信众中，窥基备受尊崇。

在玄奘门下，窥基勤于记述，长于疏释。参译之际，凡玄奘有所宣讲，均详作记录，并加疏释，撰为述记。史载玄奘每于黄昏二时讲新译经论，译寮僧伍竟造文疏、笔记、玄章并行于世。而窥基记述释文最勤，功亦最著。窥基《唯识二十论述记》称："我师不以庸愚，命旌厥趣，随翻受旨，编为《述记》。每至盘根错节之义，叙宗回复之文，旨义拾释，以备提训，更俟他辰。"[2] 因此，窥基之作大多亲受于玄奘，玄奘的意旨多保存于他的著作中，后来玄奘圆寂后，时人多以他的记释为依据和标准。尽管有些记释后出，他也是以当初听讲记录为根据的。如窥基《杂集论述记》"归敬颂"中说："微言咸绝杳无依，随昔所闻今述记。"[3]

关于窥基的著述，汤用彤考证出能知其名的著作四十八部，现存二十八部。[4] 现根据汤用彤的考证，作分类排列。

第一类，佛经注疏：《无垢称经疏》六卷，现存四卷；《法华经略记》一卷已佚；《妙法莲花经玄赞》十卷，现存；《法华音训》一卷已佚；《法华为为章》一卷，现存；《法华经文科》一卷；《般若心经幽赞》二卷，现存；《般若心经略赞》一卷；《大般若理趣分述赞》三卷，现存；《金刚般若述赞》二卷，现存；《金刚般若玄记》一卷；《金刚般若经论会释》三卷，现存；《药师经疏》一卷；《十手经疏》三卷（或二卷）；《六门陀

① （北宋）赞宁：《宋高僧传》卷四，《大正藏》第50册，第726页。

② （唐）窥基：《唯识二十论述记》卷一，《大正藏》第43册，第978页。

③ （唐）窥基：《杂集论述记》，《续藏经》第48册，第1页。

④ 汤用彤：《隋唐佛教史稿》，中华书局1982年版，第148—150页。

罗尼经疏》一卷；《观无量寿经疏》一卷；《阿弥陀经疏》一卷，现存；《阿弥陀经通赞》三卷，现存；《胜鬘经述记》二卷，现存；《弥勒上生经疏》（亦名《瑞应疏》）二卷，现存；《弥勒下生成佛经疏》一卷；《天请问经疏》一卷，现存敦煌本。

第二类，论典注疏：《摄大乘论抄》十卷；《辩中边论述记》三卷，现存；《百法论玄赞》一卷，现存；《百法明门论决颂》一卷；《观所缘缘论疏》一卷；《杂集论述记》（亦名《对法钞》）十卷，现存；《瑜伽略纂》十六卷，现存；《瑜伽论劫章颂》一卷，现存；《二十唯识论述记》二卷，现存；《成唯识论述记》二十卷，现存；《成唯识论掌中枢要》四卷，现存；《成唯识论料简》（亦名《唯识开发》）二卷，现存；《成唯识论别抄》十卷，现存一、五、九、十共四卷；《因明入正理论疏》六卷，现存；《因明正理门论述类记》一卷；《婆沙论钞》，卷数不明；《俱舍论疏》十卷；《异部宗轮论述记》一卷，现存。

第三类，个人著述：《大乘法苑义林章》七卷，现存；《二十七贤圣章》一卷；《见道章》一卷；《西方要诀释疑通规》一卷，现存；《弥陀通赞示西方要义》一卷，现存；《西方正法藏受菩萨戒法》一卷；《胜论十句义章》一卷；《出家箴》一卷，现存。

上述四十八种著作中，日本学者望月信亨认为《阿弥陀经通赞》三卷为伪作，境野黄洋认为《金刚般若赞述》二卷、《阿弥陀经疏》一卷、《西方要诀释疑通规》一卷也并非窥基所撰。判定为伪托的标准是窥基对待弥陀净土信仰的态度当不致如斯，这些著作中对弥陀净土的看法与窥基其他著作中的表述有重大差异。

窥基著述颇多，涉及面很广，而以瑜伽唯识之学为重点，举凡玄奘所译的有关经论都有注释，并且对照真谛旧译经论加以解释评判。在这些著述中，窥基以护法一系学说为重心解释印度瑜伽行派经典。他不仅提议编译了以护法注释为主的《成唯识论》，而且再三注释此论，有关《成唯识论》的注释就有四种，部头多达三十六卷。其中《述记》二十卷，为所有释著中卷数最多者。《别抄》也有十卷之多，《掌中枢要》有四卷，《料简》有二卷。

窥基也注释玄奘所译的二部因明论典，一为《因明入正理论疏》六卷（亦有八卷本），一为《因明正理门论述类记》一卷，对因明学多有发展。

　　窥基的佛学思想异常丰富。然而，由于学术界一直以为唯识宗是以移植印度瑜伽行派为特色的，加之对于印度瑜伽行派的真实面目，特别是流派发展并未完全搞清楚，因此，对于现存窥基著作中的哪些内容是承袭印度佛教的，哪些又带有若干独创性，无法进行清晰界定。另外，玄奘大师没有专门著述论述自己的思想，其许多思想创造也有赖于窥基著述得以保存。现在的问题是，很难分清楚窥基著述中的哪些思想来源于玄奘，哪些又是窥基自己的独创。出于上述原因，当代学术界严重低估了窥基的思想贡献，加之后来流传的对窥基僧格的诋毁性传闻，更加模糊了窥基的真实面目。在笔者看来，窥基在唯识宗教义体系化、系统化方面的贡献，截止到目前在汉传佛教系统中仍然是后无来者的。换言之，如果没有窥基的著书立说，如果没有窥基的不懈努力，印度的瑜伽行派思想是不可能发展为中土的慈恩宗的。

第二节　唯识宗基本教义

　　以第一节所述经典为基本依据，玄奘、窥基两代佛学大师创立了既大同于印度唯识学的基本面貌，又在许多方面迭有创新的法相唯识宗。法相唯识宗基本教义可从四个层面去归纳：其一，以八识为内容的"心识论"；其二，以"识变说"为基础的"唯识无境"论；其三，以"识体、理体两分"为特色的佛性论；其四，以"转识成智"为归趣的"五重唯识观"。限于篇幅，在此仅将玄奘、窥基两位祖师独特的学说叙述如后。

一　"三类境"

　　为了更细致地论"识变论"，唯识宗在"三能变"基础上立"四分"说。"四分"即相分、见分、自证分和证自证分。唯识师对此有不同解释。据《成唯识论述记》记载，安慧仅立自证分，难陀立见分和相分，陈那立见分、相分、自证分，护法则立"四分"。玄奘传承护法之说而倡的"四分"说成为中国法相唯识宗的共识。玄奘法师在印度时为了平息"见、相同种异种"之争而提出了"三类境"的说法，进一步完备了"唯识无境"的论证过程。这是中土僧人对于佛学思想的重大贡献，使"四分"说更趋严密。

　　唯识宗并不将其关注重点放在认识主体如何形成对客观事物的正确反

映上，而是深入细致地探究认识主体的心理过程。但由于其侧重的偏差，特别是以"相分"为认识活动的起点，以主体的个体感受性的差异为根由而得出"境不离识"的结论，使人类的认识活动变成了对由识变现出的"内境"的认识。由玄奘所阐发的"三类境"之论，使唯识宗的这种"唯心论"倾向进一步加深了。

唯识师坚持认为，"境"尽管有一部分是可能有"质碍"的，但其所依的"相分"仍然是第八识中所藏的种子。换言之，若无"种子"，此"境"便不能被"识"所证实其确实存在。既然不能被证实，那么，此"境"就是"假有"或根本不存在。然而，当玄奘去印度时，当时印度佛学对于"见、相"二分是同一种子所生还是不同种子所生产生争论。为了统一这些见解，玄奘法师作过这样一颂："性境不随心，独影唯从见，带质通情本，性种等随应。"① 在此，玄奘将"识"之对象——境分为三类：性境、独影境、带质境。

性境指具有真实体性的境界。窥基将其定义为："诸真法体名为性境，色是真色，心是实心。"② 性境有三种特征：其一，从自体各别的真实种子生起；其二，有实体实用，不像虚构之空花、兔角等体、用皆无；其三，各守自性，不随从能缘心，而能缘心亦不改变性境的性质而仅取其自相而识别它。如眼识等前五识及五俱意识的见分所缘取的色、声、香、味、触五境，第八识的见分所缘取的种子、器界、根身，如此等等都是性境所包含。不过，相分、见分不同种的性境，虽然是从"真色"而有，但是"真色"仍须变现为"相分"才能被识所缘取。性境仍是相分，不过"真心"在"构画"此"相"时，妄执即想象、虚构的成分少一些罢了。这是一方面。另一方面，作为见分的"心"对此"相分"的影响力产生了一定的限制，这就是"性境不随心"的意思。依照窥基③和慧沼④的解释，"不随心"的情况有四种：其一，此境是非善非恶的无记性，不随从能缘心的善恶而起变化，这叫"性不随"；其二，不随从心而系属于同一"界"，这叫作"界不随"；其三，由于相、见别种，所以性境不随

---

① （唐）窥基：《成唯识论掌中枢要》、《大乘法苑义林章》及慧沼《成唯识论了义灯》均载有此颂。慧沼言此颂为玄奘撰。日本传说其为窥基作，恐难尽信。

② （唐）窥基：《成唯识论掌中枢要》卷上，《大正藏》第 43 册，第 620 页。

③ 同上。

④ （唐）慧沼：《成唯识论了义灯》卷一，《大正藏》第 43 册，第 578 页。

从心而跟从同一种子生，这叫"种不随"；其四，第八识的见分是异熟性，而其所缘取的五尘之相分却和它不同，这叫"异熟不随"。从这四种"不随"中，玄奘注意到了作为认识对象的"境"之客观实在性，但却从唯识学立场对其进行了有利于"唯心论"的解释。

独影境指由能缘心之强分别力变现而无客观实在性的境界。窥基称：独影境"皆是随心，无别体用，假境摄故，名为独影"①。从这些解释可以看出，独影境就是由见分的妄分别所变现出来的相分。此相分与能缘的见分属于同一种子所生，所以其相分没有实在的体用和本质。此境可分为两种：其一为"无质独影"。此境在客观上完全不存在，只是众生主观上的颠倒计度所变现的影像，如龟毛、兔角、梦境等。其二为"有质独影"。它虽然有本质，但是，由于此"本质"为"不生法"（真如法界），所以相分仍然不能依托其生起，如第六识缘取无为法就不会生起相分。这一情状也可以作为独影境。总括而言，独影境是由见分的虚妄构划而变生的相分，因为相分本身没有自己的种子，只能从属于见分，故称为"独影唯从见"。

带质境指主观能缘心所缘取的境界，虽然有可以依托的本质，然而变现出的相分却与此境的自相不符。窥基解释说："带质之境，谓此影像有实本质，如因中第七所变相分得从本质，是无覆无记等；亦从见分是有覆所摄，亦得说言从本质种生，亦得说言从见分种生，义不定故。"② 能缘之心缘所缘之境时，此时的相分（境）可以是依仗本质而生，但并不依此"质"而得此"相"。这种相分（境）性质不定，或从属于能缘之心，或从属于所缘之境。种子亦不定，或与其"质"同种而生，或与见分同种而生，或与见分别种而生，这就是"带质通情本"之义。"情"指主观作用的见分，"本"是指客观的本质。因此，带质境具有两个特征：其一，客观对象的相分必定是本质存在；其二，主观能缘的见分不得直观境之自相。带质境之所以能成立，赖于玄奘对于"带"义的新诠释。据《成唯识论述记》③ 载，"带"有二义：一是挟带，二是带似。能缘心缘取此境的本质时，挟带着此"质"或带似此"质"而异相的分别，依靠

---

①　（唐）窥基：《成唯识论掌中枢要》卷上，《大正藏》第 43 册，第 620 页。

②　同上。

③　（唐）窥基：《成唯识论述记》卷七，《大正藏》第 43 册，第 500 页。

识之自力变现一种和此"质"的自相不符的境界，这便是带质境。如第七识以第八识的见分为本质变起"我法"的相分，所缘取的本质并不是"我法"。但是因为它没有转易间断一类，相续无常似常，所以与无明相应的第七识误认作实我而缘取。它确实有本质可托，不是完全由能缘心的分别而生，因而和独影境不同。然而其所托的本质虽然有实体的性境，所起的相分却和它的自相不符，因而此"境"与性境亦不同。[①] 总而言之，带质境确实是依托本质而有，所以不是"唯从见"；也并非仅仅依照本质原样反映，所以也不是完全"不随心"。它一方面可判依从能缘之心，另一方面也可判依从本质，因而其"性"有两面，种子、界系也有两面。具体而言，带质境是在见分的妄情和本质的性境之间所起的一种相分，其共通"情"与"本"的情形有三种：其一，性通情本。即带质境的善、恶、非善非恶的"三性"不定，例如第七识缘取第八识之见分而生之"相分"，可以随从本质（第八识）判定其为无覆无记，也可以随从见分判它为有覆无记性所摄。其二，种通情本。即带质境因为本质和相分并起而形成的境界又熏成相分和本质的种子，所以，可以说它是从本质的种子生，也可以说是从见分的种子生，当然也可以说二者共生。其三，界通情本。此相分的界系，可以随从见分说，也可以随从本质判定。

将境分作三类，只是玄奘从类型学原理上做的分判，要概括复杂多变的宇宙万有，仅使用性境、独影境、带质境三个范畴是不够的。为了使其更有涵盖性，玄奘法师在此偈颂的第四句"性种等随应"中，特意说明相分与见分在性质、种子等方面之同、别，以及三类境在复杂的认识过程、识变过程中的组合情形，必须依照以上说明的几种关系，具体地分析判定，不能一概而论。

唯识宗以"四分论"与三类境合起来说明唯识学的基本原理。八识各别的自体各各变现出见、相、自证及证自证分；而作为识变的最终成果及认识对象的相分，与其主体——见分又具有三种不同的关系，即"三类境"。总括而言，境乃由识变现，因此，认识活动也就是主体对于识自体所变现出来的相分的认识。唯识宗的境不离识即唯识无境之说大旨便是

---

① 参见黄忏华撰"三类境"辞条，《中国佛教》第 4 册，知识出版社 1987 年版，第 376 页。

如此。

二　"一分无性"

所谓"一分无性"论是说，有一类"一阐提"众生即使累世修行也不能成佛。但是，关于"一阐提"有无佛性，经论中有不同说法。然而，自从竺道生首倡"一阐提"也有佛性，特别是北本《涅槃经》流行以后，"一切众生悉有佛性"的思想已经风行。在此情况下，法相唯识宗仍旧想坚持"一分无性"论，自然就需要提出新的理据来。

窥基首先在"一阐提"的定义上寻求突破，其文说："第五姓合有三种：一名一阐底迦，二名阿阐底迦，三名阿颠底迦。一阐底迦是乐欲义，乐生死故。阿阐底迦是不乐欲义，不乐涅槃故。此二通不断善根人，不信、愚痴，所覆蔽故，亦通大悲菩萨大智大悲所熏习故。阿颠底迦名为毕竟，毕竟无涅槃姓故。此无性人亦得前二名也。前二久久会当成佛，后必不成。"① 《入楞伽经》有二种阐提的说法，但又说其也有"以佛威力故，或时善根生"② 的可能。窥基为了会通《楞伽经》等诸经的此类说法，在二种阐提之外再加一种"毕竟无涅槃性"以成"一分无性"之说。看似可通，实际少有说服力。倒是他提出的理佛性、行佛性之说，可算作有所创发。

窥基在《唯识枢要》卷一说明三种阐提之别时说："一、因成果不成，谓大悲阐提；二、果成因不成，谓有性断善阐提；三、因、果俱不成，谓无性阐提。"③ 在此段话之后，窥基接着有句结语："总而言之，涅槃据理性及行性中少分一切唯说有一。"这是窥基著述中仅见的理、行佛性之语。从其上下文看，理佛性似乎指"因"，行佛性似乎指"果"而言。此"因"到底指真如抑或种子，难以确言。但"果"指佛果则是明确的，如"有姓断善阐提"尽管断灭善根但因为佛力加持而生善根，因而仍旧可以成就佛果。窥基弟子慧沼则将这两个概念加以明确界定，在《能显中边慧日论》中将议论中心放在理佛性与行佛性有无必然相应的关系上，所论自然就深了一层。

---

① （唐）窥基：《成唯识论掌中枢要》卷上，《大正藏》第 43 册，第 610—611 页。
② 《大乘入楞伽经》卷二，《大正藏》第 16 册，第 597 页。
③ （唐）窥基：《成唯识论掌中枢要》卷上，《大正藏》第 43 册，第 611 页。

　　唯识宗五种姓论及其"一分无性"说一经提倡，便遭天台、华严诸宗的反对。两种心性思想的差异是明显而深刻的，其根本处在于唯识宗将众生之心性与真如理体加以分离，使得众生之本识只作为有为法的本体而不作无为法的体性。无为法是以理体即客观真理为自体的。既然真如理体并非有为法之本体，那么其自然是"凝然"而不能随缘的。天台、华严宗诸中国化的佛教宗派与唯识宗在真如观上的差异，其根本原因在于是否将真如作为本体。唯识宗以藏识即种子识为本体，真如只是客观真理之代名词，众生只要修得此理体便可成佛。真如理体作为理佛性遍在于众生，因此，从理论上每位有情众生均有成佛的可能性。这是唯识宗也认可的。[①] 但实际上，由于有一类众生心性本体中未含有足以引发真如理体的无漏种子，因而从结果上言此类众生永远无法成佛。这就是中土唯识宗津津乐道的理佛性皆有，行佛性阿颠底伽（阐提）独无的主张，使佛与众生的关系有了一定程度的疏离。天台、华严及禅宗在各具特色的"心、佛、众生是三无差别"的立场上，当然会对其提出批评。此外，还有一个难解的理论问题，即无漏种子虽是法尔本有且可经熏习而增强，但唯识宗坚持阿赖耶识识体妄染而无漏种子呈"客居"状态而不能改变识体的性质。从心性论角度看，接受的是有部的心性本不净的模式，而这一理论模式最大的理论难点就在于如何说明本不净的心如何可能变为净。唯识宗坚持无为法生无为法、有为法生有为法的割裂立场，唯一可以联系二者的是有为识体所贮藏的无漏种子。心体之无漏种子如何可以舍弃识体而"转依"至真如法界确实是一大疑难。有学者将此"转依"质疑为有为法生无为法，也是有道理的。

三　唯识境、唯识行、唯识果

　　在《大乘法苑义林章》卷一揭示了"五种唯识"之后，窥基又说："或束为三：谓境、行、果。如《心经赞》具广分别。"[②] 依据此说，如果存在一个唯识学的体系的话，其只能归结为"修行门"，而诸佛所言圣

---

　　① 大致而言，玄奘所传印度护法系唯识学是以无漏种子为佛性的，此佛性"客居"于藏识之中。由于坚持真如与正智的区分，所以，严格地说，此一唯识学统中，真如并不是佛性。窥基以真如为"理佛性"，在某种意义上改变了护法系唯识学的佛性观，因此笔者才作此概括。

　　② （唐）窥基：《大乘法苑义林章》卷一，《大正藏》第 45 册，第 260 页。

教，归根结底不出"境"、"行"、"果"三种。因此，以"唯识境"、"唯识行"、"唯识果"三方面概括唯识宗教义，也是窥基很看重的。

对于"唯识"的所观境界，窥基解释说："谓初观察：从缘所生一切色心、诸心所等，似空花相，诳惑愚夫，名依他起。愚夫不了于斯妄执为我，为法，喻实空花，性相都无，名计所执。依他起上我法本空，由观此空所显真理，譬若虚空，名圆成实。诸所知法，不越有无，无法体无，但可总说名计所执，横遍计心之所执故，有法体有理，应分别。诸有为法名依他起，缘生事故。一切无为，名圆成实，法本理故。或有漏法名依他起，性颠倒故；诸无漏法名圆成实，非颠倒故。"① ——此处是从"三性"入手去"观"的，属于此引文前所提示的"略说"部分，须以窥基在其他著述中的归纳补充理解才是。

关于"唯识行"，窥基说："知境界已应修正行：一因闻所成，二因思所成，三因修所成。此三虽通福慧二种一切功德，然行根本甚深纲要，胜义易入，应时无等。离诸过者，遍观详审，唯识为最。渐悟顿悟小乘大乘，无不依说此深理。故华严经说……《智度论》说：菩萨复作是念：三界所有，皆心所作。以随心所念，皆悉得见。以心见佛，以心作佛，心即是佛，心即我身。心不自知，亦不自见。若取心相，悉皆无智。心亦虚妄，皆从无明出。因是心相，即入诸法实相。故唯识观最为第一：识者心也。由心集起，彩画为主，独立唯名，摄所余法。唯言为遮所执我法离心而有，识言为表因缘法性皆不离心。显法离心，决定非有，名为唯识。非谓一切，唯一识心，更无余物。善友恶友诸果诸因，理事真俗，皆不无故。计所执性，唯虚妄识。依他起性唯世俗识，圆成实性唯胜义识。是故诸法皆不离心。"② ——这一段话是从"中观"之"观"诸法实相说到《华严经》的"心佛及众生，此三无差别"以及"一切从心转，心造诸如来"等，最后引申出最为殊胜的"唯识观"。

窥基在《般若波罗蜜多心经幽赞》卷一叙述"唯识行"时说："今详圣教所说唯识，虽无量种，不过五重"，即"遣虚存实"、"舍滥留纯"、"摄末归本"、"隐劣显胜"、"遣相证性"。——此即一般所说的"五重唯识观"。

---

① （唐）窥基：《般若波罗蜜多心经幽赞》卷上，《大正藏》第 33 册，第 526 页。

② 同上。

关于"修行果相"，窥基说："有漏修者，能感世间一切妙果。无漏修者，永灭诸障，得大菩提，穷尽未来广生饶益。此说别得，若互相资，容得一切。"① 应该注意的是，窥基在此强调说，修行唯识观所带的"果"，可从有漏和无漏角度两个层面去说明。

以上是窥基《般若波罗蜜多心经幽赞》对于"唯识境行果"的简略说明。此书还从"广修"去说明唯识修行："此亦有三：一、所学处。二、修学法。三、能修学。最初应知所学之处，次应依彼如是而学，然后方成能修学者，故三皆是菩萨行摄。"② 总观此著所说，窥基实际上将大乘菩萨行的几乎所有内容以瑜伽行派学说作了重新组织。文繁，姑且略之。然其在此内容论说完毕之后总结时又说："如上所说若所学处，若所学法，若能修学，皆菩萨行。勇猛炽然，依前修学，不见行相，是名为行。"③ 此后的文字中有三点内容属于窥基的创新。

窥基所撰《般若波罗蜜多心经幽赞》贯穿始终的一个介绍方法是，处处以"胜义空者"和"如应者"的对照来解释此经。前者大概是指中观学者或中土三论宗学者对此经的解释，后者则是窥基自己所持的观念。在叙述"此所行法云何名深"时，窥基做了对照："胜空者言，妙理玄邈，不可思议，二乘不能晓，凡夫所不测，故名为深。如应者言，真谛智境，超言议道，非喻所喻，微妙难知。备三无上，具七大性。体业利乐一切殊胜，白法溟海妙宝泉池，非大菩提为法界主，无由相称，故所修学皆名为深，应勤趣证。"此后又有文说："或此一切诸菩萨行，真如实相，难可圆证，智慧观照，难可获得。诠教文字，难可悟说。万行眷属，难可成就。有空境界，难可通达。以慧为首，余性或资，皆名般若，故并名深。"④ 此中镶入了窥基所极力主张的"五般若"思想。

关于"五般若"，《般若波罗蜜多心经幽赞》卷上有一解释："般若慧义，古释有三：一、实相谓真理。二、观照谓真慧。三、文字谓真教。今释有五，第四眷属，谓万行；第五境界，谓诸法。福智俱修，有空齐照，寻诠会旨，究理解生，慧性慧资，皆名般若。能除障习，证法真理，众德

① （唐）窥基：《般若波罗蜜多心经幽赞》卷上，《大正藏》第 33 册，第 527 页。
② 同上。
③ （唐）窥基：《般若波罗蜜多心经幽赞》卷下，《大正藏》第 33 册，第 535 页。
④ 同上。

之首，万行之导。虽独名慧，摄一切法。"① 这一思想虽说不是窥基最先提炼出来的，但是他在几部著作中都以此解释般若，并且以此将自宗的般若思想与三论学区别开来。

更值得注意的是，窥基对于修行唯识观的"时"的解释。

"胜空者"说："若依世俗，信学修证，求照达空。若依胜义，悟法体空，修行般若。事绪究竟，总名为时。"② 而"如应者"则认为："无上菩提，广大深远，非少积因，可能证获。于前所说十二住中，若日夜等时分算数，一一住中经多俱胝百千大劫，或过是数，方证方满。若以大劫超过一切算数之量，总经于三无数大劫方得证满。经初无数大劫于一行中修一行，故证极喜住。经第二无数大劫于一行中修一切行，证无功用无相住，以意乐净决定勇猛，后经第三无数大劫一切行中修一切行，证如来住。此常精进非不尔者，若上勇猛如翘足等。或有能转众多中劫或多大劫，决定无转无数大劫，故知因位决定经三无数大劫修行圆满方证菩提，五种彼岸皆能到故。"③ 依据此中所说，"如应者"是以"修五般若三劫分位"来说明《瑜伽师地论》所说的"十三住果位"的。对此，窥基总结说："或随自心变作，分限事绪，究竟总立时名。若达空时，唯正智证。既修学位，通摄所余，独觉利根，尚经百劫，况求作佛无多劫因？"④ 由此可见，唯识宗所说的修行成佛，需要累劫方才可以完成。

四　五重唯识观

"五重唯识观"是简择一切法而渐次实证唯识之理的观行法门，它包含了遣虚存实识、舍滥留纯识、摄末归本识、隐劣显胜识、遣相证性识。这是窥基按照《摄大乘论·入所知相分》的框架，结合《解深密经》《瑜伽师地论》和《成唯识论》的义理组织而成的。五重唯识观的核心是"唯识三性观"，即"简去"（此为"唯"的本义）遍计所执性而执持圆成实性，如《成唯识论》卷九所释：遍计所执性，唯虚妄识；依他起性，唯世俗识；圆成实性，唯胜义识，是故诸法皆不离心。窥基由此义理而将

---

① （唐）窥基：《般若波罗蜜多心经幽赞》卷上，《大正藏》第 33 册，第 524 页。
② （唐）窥基：《般若波罗蜜多心经幽赞》卷下，《大正藏》第 33 册，第 535 页。
③ 同上。
④ 同上。

"唯识三性观法"开为从粗至细的五重观法，是为"五重唯识观"。此五重观法"所观体"是"以一切法而为自体，通观有、无为唯识故"[1]，这是包含一切诸法即有为、无为法在内的；"能观体"则是"以别境慧而为自体"[2]。也就是说，"五重唯识观"是指以所观之境界即一切法为对象，简择分别、断除疑惑以去妄存真，证得"唯识性"——圆成实性。以下依照窥基《大乘法苑义林章·唯识义林》及《般若波罗蜜多心经幽赞》所论略加评述。

第一重，遣虚存实识。"遣"即排遣，"虚"即虚妄执着，"实"指圆成实性。这是先就诸法之三性以空、有相对而确立遍计所执因其"空"而需"遣"，依他、圆成因其"有"而需"存"。遍计所执的实我实法，皆从心之虚妄分别而生起，体、用都不实，所以应当遣其为"空"。依他起性是依托众缘而生起的事相，是后得智的境界，圆成实性是圆满成就的真实体性，是根本智的境界，此二者都不离识，所以应当暂时将其当作"有"。这是第一重空、有相对的观法。

第二重，舍滥留纯识。依他起的八识中，有相、见、自证、证自证四分，相分是所缘境，后三分是能缘心，心存于内，境则内、外皆有，所以只说"唯识"而不言"唯境"。不过，所谓外境只是遍计所执，亦即独影境，所以尽管其为"外境"，但却是识所变而并无实体。既然作为相分的内、外境均为识所涵摄或为识所变，因而修习唯识观时恐心境杂滥无法正观，就可舍去所缘之相分，专门观习见分、自证分和证自分。这是心、境相对的第二重观法。

第三重，摄末归本识。唯识宗以为，见、相二分都是依自证分生起，是所变，故称其为"末"；自证分则是能变，是"体"，是"本"。若离开作为"本"的自证分，就没有作为"末"的相、见二分，所以摄末归本即是摄用归体，只就在自证分观察唯识理。这是体、用相对的第三重观法。

第四重，隐劣显胜识。八识的自体分各有心王和心所的分别。而"心"是所依，是主；心所是能依，是臣。所以说，心王为胜，心所为劣，只说唯心而不说唯心所。如此而隐蔽心所彰显心王，只集中于心王之

---

① （唐）窥基：《大乘法苑义林章》卷一，《大正藏》第 45 册，第 258 页。
② 同上书，第 259 页。

自体观察唯识理。这是王、所相对的第四重观法。

第五重，遣相证性识。八识心王的自体是依他起的事相，而其"体性"则是我、法二空所显的圆成实性。"遣相证性"就是遣除依他起性的事相证得圆成实性的真如理体。这就是事、理相对的第五重观法。

以上所述的"五重唯识观"是唯识宗悟解证成"唯识理体"的五个层次，其由浅入深，层层递进，渐入精髓。如窥基在《般若波罗蜜多心经幽赞》卷上所总结："如是所说空有、境心、用体、所王、事理，五种从粗至细，展转相推，唯识妙理，总摄一切。以闻、思、修所成妙慧而为观体，明了简择，非生得善。若欲界观，唯有闻思。色界观中，通闻修慧。无色界观，但修无余。无漏观修，义通前二。"① 第一重空、有相对而观，遣除遍计所执性，暂时存在依他起和圆成实性。第二重心、境相对而观，舍去相分，暂时存在见、自证和证自证分。第三重体、用相对而观，摄相、见二分归于自体分（自证分和证自证分）。第四重王、所相对而观，隐灭心所彰显心王。第五重则是此宗所言"转依"的最终完成，是以事、理相对而观，遣去所有依他起的事相而证得圆成实的真如理体。

"五重唯识观"是从方法的角度对修行解脱之道的说明，而从主体所舍、断及所得、证的角度对修行法门的说明则称为"修行五位"。

五　判教

判教问题在隋唐佛教宗派中有特殊的意义，唯识宗也不例外。玄奘在印度曾经作《会宗论》，其内容可能与判教有关，可惜未曾流传下来，现存的文献中没有玄奘的相关说法。作为创宗的大师之一，窥基的判教思想自然属于唯识宗教义体系的重要组成部分。窥基有许多著作涉及判教问题，其中以《法苑义林章》《法华玄赞》和《说无垢称经疏》论述较为详细。《法苑义林章·总辨诸教》以瑜伽行派教义为根据，对印度和中土主要判教说作了综合评述。《法华玄赞》《说无垢称经疏》则在论说《法华经》和《维摩经》经义时，提及判教说。

早在南北朝时期，真谛已经引入了印度瑜伽行派的"三法轮"（三时）判教说。作为对印度瑜伽行派学说较为忠实的引入者，玄奘、窥基所创立的法相唯识宗自然是以此为判教说的核心理念的。

---

① （唐）窥基：《般若波罗蜜多心经幽赞》卷上，《大正藏》第33册，第527页。

窥基在《法苑义林章》卷一"时利差别门"评述前人的"一时教"、"顿渐二教"、"五时"等判教主张后，举出"三时"说法，为依时序分判佛法的正义。

《法苑义林章》在申述其"三时"说法前先引用了《解深密经》这一段经文作为依据之一，然后又举出《金光明经》的"转"、"照"、"持"三种法轮观念，并在《说无垢称经疏》中陈述"三时"分类经典依据。而唐法藏《一乘教义分齐章》卷一记述说，玄奘曾有"三法轮"的说法："依大唐三藏玄奘法师，依《解深密经》《金光明经》及《瑜伽论》，立三种教，即三法轮是也。一转法轮，谓于初时鹿野园中，转四谛法轮，即小乘法。二名照法轮，谓中时，于大乘内密意说言诸法空等。三名持法轮，谓于后时，于大乘中显了意说三性及真如不空理等。"① 有学者推测，窥基关于上述"三轮"的解释可能得之于玄奘，这是有可能的。

窥基在《成唯识论述记》中也有较长的文字论述"三轮说"②，其文说，如来以"三时"设教，是由于众生根机有三品分别，佛陀针对如此根机，教以不同义理以教化众生。关于"三时"的具体内容和特点，归纳如下：第一时，佛陀于成道之始，见众生妄执有我，以至多造惑业，生死轮回不断，于是在鹿野苑演说《阿含经》，以四谛教义，对治有我之执见。此一"时"针对的是下品根器众生。第二时，众生得闻四谛之说后，虽不再内执我为实有，但仍然执诸法为实有。佛陀于是在灵鹫山演说《大般若经》等，以法空教义，对治其法有之执见。此"时"针对的是中品根器的终生，其实抛弃小乘法，趣入大乘道。第三时，众生得闻佛陀法空之说，却不理解佛陀说空破有的密意，以致执取法空之义为无上正理，未能契悟中道。佛陀有见及此，遂于第三时演说《解深密经》等，说示万法唯识的道理，指出心外之法皆为心识所变，非是实有，以破除初时之有执；又指出内识并非不存在，非是实无，以排遣后时的空执；而舍离有和空这两边，也便是处于中道。

上述窥基所说的"三时"，与前述《解深密经》所说的"三时"及玄奘所说的"三种法轮"内容大致相同，但也有一些重要区别③：其一，

①　(唐)法藏：《一乘教义分齐章》卷一，《大正藏》第 45 册，第 481 页。
②　(唐)窥基：《成唯识论述记》卷一，《大正藏》第 43 册，第 229 页。
③　廖明活：《窥基的判教思想》，《台湾大学佛学研究中心学报》1998 年第 3 期。

《解深密经》所说"三时"和玄奘所说"三种法轮"的教学对象（前者为"修小乘法者"、"修大乘法者"、"修一切乘者"，后者为"三乘人"和"大乘人"）之间的关系并不明确；而窥基则称"三时"之教学对象为"三品根机"其阐述又清楚显示其所谓"三品根机"，并非三组根机上、中、下不同的众生，而是相同众生在接受佛陀教化过程中其知解自下至中、自中至上的三重转变。又窥基的阐述把"三时"教学的前浅后深，说为是对应这知解自下至上的升进，这使"三时"分类在《解深密经》里原有的应机含义更形突出。其二，《解深密经》所述的第二、第三两时，在教学内容方面并没有不同（同是讲说"一切法皆无自性性，无生无灭，本来寂静，自性涅槃"），其不同在于教学方法上前者为"隐密"，后者为"显了"。玄奘和窥基分别以讲说法空和讲说瑜伽行学派所祖述的观念（玄奘举出三性观念，窥基举出唯识中道观念），为第二、第三时段教学的特点所在；其所述的第二、第三两时的不同地方，主要是在教学内容。又玄奘和窥基高举瑜伽行教学最重视的"唯识"、"三性"等观念为佛陀说法最后一时所开示的究极教说，比起《解深密经》的分析，更清楚地表现出推尊瑜伽行思想的意图。其三，窥基"三时"说的宗派意识很明显。窥基在其著作中一再批评中观学者误解龙树之意，以致生起空见，并且屡屡强调能契会中道为瑜伽行的唯识教义的优点。如窥基在《成唯识论述记》卷七阐述唯识教义时说："无心外法，故除增益边；有虚妄心等，故离损减边……唯识义成，契会中道，无偏执故。"[1] 此外，在论说"第三时"之时，窥基对玄奘论说第三"持法轮"时所标举的不偏取"有"和"空"的教旨作出进一步铺陈，指出佛陀所以在第三时讲演唯识的道理，是鉴于有些众生不了解他之所以在第二时提出法空之说无非是要破斥法有之见，以致执着法空之教，视之为至高无上真理；又表示唯识教理有叫人"离有、无边，正处中道"的作用，显然是以"三时"判教确立瑜伽行派的最高地位。

　　窥基"三时"判教还有一项重要内容就是将其与"渐、顿"二教结合起来。尽管"渐、顿二教"的判教说从南朝宋时期的慧观起，承袭论述者不断，但窥基对此说也有独特的解释，并且对于此前的各家学说做了分析批评。

――――――――――

　　[1]　（唐）窥基：《成唯识论述记》卷七，《大正藏》第43册，第488页。

　　窥基首先征引"古来大德"的"顿渐五时判",窥基接受了"大不由小起"为"顿教"、"大由小起"为"渐教"的基本定义,但不赞成将一部经论的全体义理一定判入"顿教"或"渐教"的说法。他说:"古德说有顿渐,理虽可然,定判诸经为顿渐者,义即难解。只如《华严经》中《入法界品》,五百声闻在于会坐,列名叹德。又舍利弗将六千弟子从自房出,文殊师利为说十法,即发无上正等觉心。《楞伽经》中亦列声闻在于会坐。《法鼓经》中说穷子喻与《法华经·信解品》同。《胜鬘经》说三种意生身一乘之义,《摄大乘》云:'引摄一类不定性故。'非为顿教。《华严》等经未必从首至末皆是为彼大根行说,名为顿。定说五时所说之经为渐教者,后当叙非。"① 被古来大德判为顿教的经典,也有引导渐教根机者之处;同样的,被判为渐教的经典,也含有顿教的成分。《华严经》与《楞伽经》中的声闻弟子就是渐教根机。《法华经》"穷子喻"述说渐次引导声闻弟子使修学一乘之事,《法鼓经》也引到这个譬喻。《胜鬘经·一乘章》说有阿罗汉、辟支佛、大力菩萨三种意生身,即是三乘,所谓的"三乘即是一乘",意思是说"声闻、缘觉乘皆入大乘",窥基引《摄大乘论》说明这是引导不定性根机,属于渐教。所以这些经典不是自始至终完全属于顿教的内容。此外,被判入渐教五时的经典,也不是全无顿教的内容。

　　窥基所持的"顿教"和"渐教"的定义,在《法华玄赞》中有更清楚的说明。《胜鬘经》和《法华经》说的都是最高的法义,也同样述及一乘,但窥基以两部经分别作为顿教和渐教的代表,渐教的主要意义是必须经由小乘再转向大乘,《法华玄赞》中又提到两种渐悟的意义,一种较为严格,必须证到小乘果;另一种较宽松,只要发过二乘心,修过二乘行者都包含其中:"菩萨亦二:一者,顿悟;二者,渐悟。渐悟有二义:一者,若从得小乘果发心向大,名为渐悟……若从二凡而归于大,即顿悟摄。未曾悟证二乘果故……二者,但从曾发二心、曾修二行来归大者,皆名渐悟。具彼姓故,修彼行故。闻思悟解,亦名为悟,何必证悟?"② 窥基将悟分成"证悟"和"解悟"两种,对于小乘法曾有过证悟或解悟,再转向大乘的实践,都属渐悟。前者就"退菩提心声闻"而言,后者指

　　① (唐)窥基:《大乘法苑义林章》卷一,《大正藏》第 45 册,第 247 页。
　　② (唐)窥基:《妙法莲花经玄赞》卷一,《大正藏》第 33 册,第 653 页。

一般的"渐悟菩萨",《法华玄赞》引《摄大乘论》说:"《摄论》十义解一乘云:'为引摄一类,及任持所余。'所引摄一类,即退菩提心声闻;及任持所余,即渐悟菩萨。"① 退菩提心声闻与渐悟菩萨都属不定种性。渐悟菩萨转向大乘的意义尚容易了解,为何已证小乘果位的退菩提心声闻也能转向大乘呢?窥基将声闻分为"决定种性"及"退已还发大菩提心"两种,前者无法再发起菩提心,必然证入无余涅槃;后者属不定种性,过去已发过菩提心行大乘道,中途因实践艰苦而退回小乘行,后来值遇佛陀而重新唤起菩提心。

　　总体言之,窥基对于"渐顿"的理解并不拘泥于一个标准和角度。如也将自己宗派的"宗经"《解深密经》判作渐教,将《华严经》判为顿教;将《胜鬘经》说一乘判归顿教,《法华经》说一乘判入渐教。

　　对于"渐"、"顿"二教的分判,窥基的特别之处在于认为同一佛经可以同时判属"顿教"和"渐教"。他不是只依一部经的教理来判顿渐,还要结合经中所述的众生入道历程共同来判释。而且所谓一部经典是顿是渐,是就其大部分内容而论,《法苑义林章》说:"多分顿渐,无别教门,随一会中所应益故。"② 一部偏于顿教的经典中通常只有大部分的内容是顿教,而非全经皆是顿教;反之,偏于渐教的经典亦然。因此,顿教的《华严经》中也教化渐悟的人,渐教的《法华经》中也引导顿悟的众生。"约其多分即初成道,《华严》等中说唯心是。多分顿、渐无别教门,随一会中所应益故。《华严》说有声闻在会,《深密》亦有声闻发心,《胜鬘经》中亦说一乘意生身等,《摄大乘》说为不定人说一乘故。《法华经》中《分别功德品》言佛说《如来寿量品》时,有八世界微尘数众生发菩提心。如是等文,上下非一。故知《法华》亦被顿悟,《华严》亦有渐悟之人。若依觉爱定唯一时,无渐次者,即违《深密》说有三时。"③ 《法华经》中有部分众生不经小乘法的学习而发菩提心,是顿悟的历程;《华严经》中亦出现声闻行者,他们是渐悟的根机。所谓的"无别教门",是说不论顿教还是渐教第三时的教理,所说的都是最高法义,这点是无差异的,差别是在众生因根机不同而显现的入道历程。窥基所讲"顿"、"渐"

---

① (唐)窥基:《妙法莲花经玄赞》卷一,《大正藏》第 33 册,第 653 页。
② (唐)窥基:《大乘法苑义林章》卷一,《大正藏》第 45 册,第 249 页。
③ 同上。

的区别，一再强调其应机方面的意义。他说，"渐教"三时的分立，乃为了对应那些根机次等、需要从小乘教渐次进入大乘教的众生，这就是他所说的"若据众生机器及理，可有顿、渐之教"的含义。然而，在教授那些根机上等、不用渐次入道的众生时，佛陀的教说并没有前小乘、后大乘的阶次。

窥基在《法苑义林章》的"诠宗各异门"中，又分"自立"和"异宗"两方面对佛教内外各宗派所宣扬的教旨作出分判。所谓"自主"是指自身所主张的，"异宗"则指与自身所主张殊异的宗义。而他又将"异宗"划分为"外道"和"小乘"两类。"外道"指佛教之外而在印度广泛流行且为佛教所反对的教说。于"小乘"一类，他是以玄奘翻译的《异部宗轮论》为据，把传统所说的小乘佛教二十部派归纳为十一宗，并举出这些宗的一些独特教义。

对于"自主"方面，窥基的划分尤其应该引起注意。窥基说，"自主"有"边主"和"中主"之风。所谓"边主"是表示其"主"张偏向一"边"，跟佛陀所发扬的中道精神不吻合。窥基这样状述"边主"的宗义："列边主者，谓清辩等，朋辅龙猛、《般若经》意，说诸法空……乃至有为、无为二法，约胜义谛体虽是空，世俗可有……此由所说胜义谛中皆唯空，故名为'边主'。"[①] 窥基这里举出清辩为"边主"的代表。清辩乃是中观学派的自立论宗一系的创立人。可见，窥基心目中的"边主"是指中观思想。根据窥基所说，清辩以《般若经》和龙树的教旨为根据，主张一切法，无论是有为或是无为，虽然依世俗层面看可以说是"有"，就胜义层面观则原来是"空"。由于其教说"唯"以"空"为真实义，有所偏尚，故形容之为"边"。至于"中主"，窥基有以下一段话："列中主者，谓天亲等辅从慈氏、《深密》等经，依真俗谛说一切法有空不空……此即建立三性唯识，我法境空，真俗识有，非空非有中道义立。即以所明说一切法非空非有中道之义，以为宗也。"[②] 窥基以世亲为"中主"的代表。可见，他所说的"中主"是指瑜伽行思想。窥基指出世亲依《解深密经》和弥勒的教旨，建立三性和唯识的教义，就"我"和"法"两种境为心识活动所变现，是遍计我执的对象，说它们是"空"；就

①　（唐）窥基：《大乘法苑义林章》卷一，《大正藏》第 45 册，第 249—250 页。

②　同上书，第 251 页。

"真"和"俗"两种识分别为依他起和圆成实的实然存在，说它们是"有"。由于其教说兼具"有"和"空"两面，既不偏取有的一边（"非有"），亦不偏取空的一边（"非空"），能体现佛说的中道精神，故名之为"中主"。

上述"异宗"和"自主"两门为总纲的判教体系，包括了对印度外道教派以及小乘各部派、大乘两大思想派别三大部分，涵盖广泛。此中最值得注意的是他将小乘部派归入"异宗"一门，与外道并列，显示出极其强烈的贬低小乘的意向；而在"自主"中将中观列入"边主"，有些故意抑评中观学派的倾向。这都反映了窥基明确的宗派化意图。

第三节 唯识宗的兴盛及其传承

学术界和教界公认，法相唯识宗是玄奘和窥基共同创立的。玄奘圆寂于麟德二年（665），窥基圆寂于永淳元年（682）。如第五章所论，玄奘弟子以及助译僧的佛学倾向很复杂，真正继承玄奘思想和弘法方向的唯有窥基而已。窥基圆寂之后，其大弟子慧沼忠实地继承了其师的事业，批驳不忠于玄奘一系的奘门弟子及其他助译僧对唯识学的诠释。与此同时，新罗圆测也在不懈地弘扬唯识学，并且建立了被后世称为"西明唯识学"或者"新罗唯识学"的系统。历史上曾广泛传播窥基与圆测不和之事。事实上，窥基系与圆测系确实在许多问题上有分歧，然而，正是这两大系统的并兴，才使得法相唯识宗渐趋兴盛。本书以为，此宗的兴盛是从《成唯识论》的翻译和流通开始的，至慧沼弟子智周弘法时期则为其兴盛期之末。

一 圆测与西明"别派"

新罗圆测在唐代唯识宗史上具有特殊地位。尽管他和窥基承传的唯识学有所不同，但无论是在当时还是后世，圆测在中国唯识宗史上都应该占据重要位置。特别是，圆测的唯识著述传到新罗，奠定了新罗唯识学的基础，在其弟子及其后继者的大力弘扬下，形成了"新罗唯识宗"。

圆测（613—696），讳文雅，生于隋大业九年（612）、新罗真平王三十四年。其3岁时出家，15岁时（唐贞观二年，628年）离开新罗，到达长安。宋复《塔铭》记载："初于常、辩二法师听论，天聪警越，虽数千万言，一历其耳，不忘于心。正（贞）观中，太宗文皇帝度为僧，住京元法寺，乃览《毗昙》《成实》《俱舍》《婆沙》等论。"① 可见，圆测早年受教于法常、僧辩师。而从文中的表述推测，他跟从二师的时间似乎是在受具足戒之前。如 20 岁受戒，应为贞观七年，而将"贞观中"理解为"贞观中间"，则受大戒时间为贞观十一年或十二年。贞观五年（631），法常住于普光寺；贞观九年，兼知空观寺上座。"新罗王子金慈藏，轻忽贵位，弃俗出家，远闻虔仰，思睹言令，遂架山航海，远造京师。乃于船中梦瞩颜色，及睹形状，宛若梦中，悲涕交流，欣其会遇，因从受菩萨戒，尽礼事焉。"② 慈藏来长安的时间是贞观十二年（638），此时圆测也在长安受学。法常圆寂于贞观十九年（645）。贞观八年之后，僧辩住于弘福寺，直至贞观十六年（642）卒于此寺。如第五章所论，法常、僧辩都是当时的摄论大师，传播的是真谛之学。

圆测受大戒后的住寺应该为长安玄法寺。上述文献写为元法寺应该是清代避康熙的讳而改的，依据《长安志》以及圆仁《入唐求法巡礼记》来看，长安城中有玄法寺而无元法寺。

现存文献说，圆测天资聪明，不但精于《毗昙》《成实》等诸论，还通梵语、西域语等六国语言。法常、僧辩精通古唯识学，而从圆测的思想来看，应该受二师影响很大。玄奘贞观元年再至长安，曾跟从法常、僧辩二师学习《摄论》，就此推断，圆测法师与玄奘法师虽未同时参学于二师，但实有同门之谊。

玄奘贞观十九年（645）从印度归来，而在此之前，圆测应该是在长安城诸寺中学习，时年 33 岁。但此年设置弘福寺译场，圆测并未被征召。《塔铭》说："奘公一见，契合莫造，即命付《瑜伽》《成唯识》等论，兼所翻大小乘经论，皎若生知。"③ 此记载大而化之，不能以其中提及的经典的翻译时间来确定玄奘与圆测相识的时间。但圆测入西明寺似乎暗示二师很大可能于此时此寺相识。显庆三年（658）西明寺落成，秋七月，高宗敕玄奘法师徙居西明寺，并选拔当世大德五十名入住西明，辅佐玄奘弘法。圆测也许于此时进入西明寺，但他并未充任玄奘译场职事，而是随

① （北宋）宋复：《塔铭》，《续藏经》第 88 册，第 384 页。
② （唐）道宣：《续高僧传》卷十五，《大正藏》第 50 册，第 541 页。
③ （北宋）宋复：《塔铭》，《续藏经》第 88 册，第 384 页。

玄奘学习的。有学者强调这一情节，认为这说明玄奘并未将圆测当弟子看待。但须注意，跟从玄奘的僧人有两类，一类是助译僧，一类是拜师学习的弟子。前者的名单见于所译经典的署名中，后者则不见。从现存文献所叙述的圆测与玄奘及窥基之间交往的深度和广度揣度，圆测应该是跟从玄奘去了玉华寺。果真如此的话，圆测在寺籍隶属于西明寺的情形下，是以什么名目去玉华寺的呢？综合这些情况，圆测是严格意义上的玄奘弟子。现今学者强调圆测是"自学"成才的，缺乏证据支持。古代文献明确说，他跟从当时长安的两位真谛系统的摄论大师学习过，后来跟从玄奘学习。这些都是不易之论。至于圆测在思想方面忠实于古唯识学而与窥基不同，并不能说明是"自学"的结果。

　　玄奘大师圆寂之后，圆测从玉华寺回到长安，依照僧籍管理的惯例，应该归于西明寺。而宋复撰《塔铭并序》记载："法师性乐山水，往依终南山云际寺，又去寺三十余里，阒居一所，静志八年。西明寺僧徒，邀屈还寺，讲《成唯识论》。时有中天竺三藏地婆诃罗，至京奉敕，简召大德五人，令与译《蜜》《严》等经，法师即居其首。"[①] 关于圆测至云际寺的时间，依照《塔铭》等的叙述顺序看，应该是在参与地婆诃罗译场之前。

　　根据《开元释教录》等记载，从仪凤四年（680）五月至垂拱末年（688），朝廷为地婆诃罗在长安西太原寺和洛阳东太原寺建立译场，圆测始终参与翻译，为时九年。在地婆诃罗译场结束之后，圆测受诏至东都洛阳宣讲经论。而翻译新《华严经》的事情是从证圣元年（695）开始的，如《开元释教录》卷九说："天后明扬佛日，敬重大乘。以《华严》旧经处、会未备，远闻于阗有斯梵本，发使求访，并请译人。实叉与经同臻帝阙，以天后证圣元年乙未，于东都大内遍空寺译《华严经》。天后亲临法座，焕发序文；自运仙毫，首题名品。南印度沙门菩提流志，沙门义净，同宣梵文。后付沙门复礼、法藏等，于佛授记寺译，至圣历二年己亥功毕。"[②] 而圆测已于万岁通天元年（696）七月二十二日圆寂了。可见，圆测未译完《八十华严经》就先圆寂了。

　　圆测圆寂之后，当年七月二十五日火葬于龙门香山寺北谷，祀于

---

① （北宋）宋复：《塔铭并序》，《续藏经》第 88 册，第 384 页。
② （唐）智昇：《开元释教录》卷九，《大正藏》第 55 册，第 566 页。

白塔。

圆测在中土传法多年，颇得高宗、武则天崇信，弟子众多，只是现今所知者不多，仅有慈善、胜庄、道证，其中，胜庄、道证是新罗僧人。慈善未见于其他文献记载，但从《塔铭并序》所说的"西明寺主"的头衔看，应该是很有地位的僧人。胜庄，生平不详，仅知其参与过菩提流志、义净译场，任证义，有《成唯识论决》《杂集论疏》《梵网戒本述记》等著述。

圆测的弟子道证，新罗国人，武周如意元年（692）归新罗，著有《成唯识论要集》十四卷、《般若理趣分疏》一卷、《大般若经笈目》二卷、《辨中边论疏》三卷、《因明正理门论疏》二卷、《因明入正理论疏》二卷、《圣教略述章》一卷，均佚失。

道证的弟子太贤，自号青丘沙门，也是新罗国人。他的著述现存有《起信论内义略探记》一卷、《成唯识论学记》八卷、《菩萨戒本宗要》一卷、《梵网经古迹记》二卷，佚失的著作还有三十余种。《三国遗事》卷四说他是"海东瑜伽之祖"，曾应请为景德王讲《金光明最胜王经》，以南山茸长寺为中心修行与讲授唯识教义，为时人所重。

圆测的著述很多，当代学者依据现存的各种目录得出不同归纳，少者14 部，多者共有 23 部 108 卷的。在此，依据韩国学者金煐泰《韩国佛教史概说》略作说明。①

圆测现存著作三种：《解深密经疏》十卷、《仁王经疏》六卷、《佛说般若波罗蜜多心经赞》一卷。依现存的著作看，《解深密经疏》十卷是在《成唯识论疏》之后所写，而《解深密经疏》完成之后，再著《仁王经疏》。《成唯识论疏》为圆测之代表作，可惜已散佚不存。

圆测散佚著作很多，主要有十六种：《般若心经疏》一卷、《无量义经疏》三卷、《无量寿经疏》三卷、《阿弥陀经疏》一卷、《弥勒上生经略赞》二卷、《俱舍论释颂钞》三卷、《广百论疏》十卷、《成唯识论疏》二十卷或十卷、《成唯识论别章》三卷、《二十唯识论疏》二卷、《瑜伽论疏》《百法论疏》一卷、《观所缘缘论疏》二卷、《大因明论疏》二卷、《因明正理门论疏》二卷、《六十二见章》一卷。

---

① ［韩］金煐泰：《韩国佛教史概说》，柳雪峰译，社会科学文献出版社 1993 年版，第 66—67 页。

各类史书中都记载圆测是玄奘的弟子，但今人有一些学者认为圆测与玄奘不是师徒关系，而在早期是"同学"关系，在后期是同道关系。这一说法似乎有些理由：其一，圆测与玄奘都曾经跟随法常、僧辩学习过。其二，圆测并未完全接受玄奘的思想。但是，前一个理由并不能推出"同学"关系，因为圆测跟从法常、僧辩时，玄奘已经西行，而且当时圆测是沙弥，并未受大戒，身份不同，且玄奘跟从二僧学习，仅仅是一般的参学关系，不是严格的师徒关系。后一个理由同样不能推出圆测不是玄奘弟子的结论。许多文献证明，圆测在第一时点接触到玄奘所传译的经典和学说，因此，他应该是跟随玄奘的僧人。玄奘到玉华寺时，京城僧人随意旁听的条件已经不具备，圆测到玉华寺的理由只有三个：一是成为玄奘弟子，二是隶属于玉华寺，三是成为助译僧。如前所述，现存文献中没有圆测任玄奘译场助译僧的记载，也没有被改僧籍至玉华寺的记载。综上所述，圆测是玄奘的高足，没有任何怀疑的余地和理由。如此，圆测与窥基便成为师兄弟关系。

现存文献中关于窥基与圆测有矛盾的记载很多，真伪难辨。一般以为，圆测与窥基的分歧在圆测生前不是很显著，证据就是现存的圆测著作中并没有驳难窥基的痕迹。但入唐日本僧人圆仁在《入唐求法巡礼行记》卷三中记载，窥基曾经在童子寺宣讲过"唯识"。其文说："从石门寺向西上坂，行二里许，到童子寺。慈恩基法师避新罗僧玄测法师，从长安来，始讲唯识之处也。"从这一记载来看，至迟在唐开成年间（936—840），已经有窥基与圆测不和的传闻。而从圆仁的这一说法看，似乎是窥基处于下风因而离开长安。

在玄奘弟子中，窥基是很特殊的。在与圆测的关系上，窥基有两大不利要素会起作用：一是年龄和僧腊的劣势，窥基比圆测小十八岁，永徽五年（654）窥基才受大戒，而此时圆测已经至少有十几年的僧腊。而且，进入奘门时，窥基在佛学方面的"知解"，窥基与玄奘身边的弟子和助译僧无法相比。然而，窥基在玄奘门下之所以脱颖而出、后来居上，恰恰是这两种要素起了重大作用。

玄奘译场的助译僧有些接受了玄奘的思想，有些不但没有接受，还与奘门弟子发生争论。即便是玄奘弟子中的佼佼者，对于玄奘所传播的思想也并非全盘接受并继承。对比之下，窥基的特别和成功就在于完全接受了玄奘所着力弘传的护法系唯识学。圆测之所以与窥基不和且被慧沼等所批评，原因就在于圆测所代表的正是以真谛所传唯识学来评判、融摄护法系唯识学的做法——这自然会被判属为"别派"。窥基圆寂较早，现存著作中未见直接批评圆测的文字，而其弟子慧沼则直接批评圆测。如慧沼在《成唯识论了义灯》卷一中说："亲承三藏执笔缀文糅唯识人传，定不谬。余非执笔，纵时咨问，多意定之。所有判文，论大纲纪非可为定。"对此，日本僧善珠《成唯识论了义灯增明记》卷三说："西明、慈恩共我一师，何决是非偏破西明？慈恩人室，糅论文人。西明不然，故今破耳。"窥基弟子慧沼撰《成唯识论了义灯》驳斥西明之说，圆测法师曾亲自答问，对此，日本僧信叡在其所撰《成唯识论了义灯抄》卷三中提及："解云：此灯家难西明矣。西明法师自答灯主云。"从这个角度看，宋代文献中所记载的有关窥基和圆测在玄奘在世时就发生纠葛的事情，都应该是二僧圆寂之后的传闻。尽管属于空穴来风，但却是事出有因的。

二　三祖慧沼及其传承

从唯识宗发展史而言，窥基的嗣法弟子慧沼应该是一位承前启后的人物。窥基圆寂之后，慧沼继承了窥基的事业。但他的处境是艰难的。在唯识学内部，他要面对奘门弟子的"离心"倾向。对外，唯识宗面临其他的宗派强有力的挑战和冲击。从唐代佛教发展的大势可知，在武周时期，武则天重视的不再是玄奘所传的唯识学，而是转向崇信法藏及其《华严经》，而此时的禅学，则有北宗神秀被征为"国师"以及惠能禅法在南方的崛起等事件。以此背景反观唯识宗，则可明显看出，慧沼的地位和受重视程度，根本不能与正在创宗的法藏及其弟子澄观相比，与北宗禅的神秀也不能比肩。一言以蔽之，在如此激烈的宗派竞争中，慧沼艰难地发扬光大玄奘、窥基所开创的事业，尽力完成了自己的使命。

释慧沼（650—714），讳玄①，俗姓刘氏，其法号又作"惠沼"或"惠照"。关于慧沼的行历，所知有限，仅有唐代李邕所撰《唐故白马寺主翻译惠沼神塔碑》和《宋高僧传》卷四《唐淄州慧沼传》，前者大概在北宋时期就已经失传，赞宁并没有看到此碑文，如赞宁说"释慧沼，不知何许人也"，而李邕碑则明确地记载了慧沼的籍贯。

李邕《神塔碑》记载，慧沼祖籍彭城（今属江苏省徐州市），"曾祖

---

① 日本有传闻说，慧沼本讳惠玄，为忌玄奘三藏改为惠沼。

秦随音州北海县宰，因家住淄川"。① 依据《神塔碑》记载，慧沼的曾祖至北海县（今山东潍坊西南）任县宰，后家住淄川（今山东省淄博市淄川区）。唐武德四年（621），置淄州，领淄川、长白、莱芜三县。可见，笼统地说，慧沼籍贯为淄州也是可以的。在现存文献中，慧沼被称为"淄州沼"、"沼阇梨"、"山东一遍照"、"淄州大师"，都与其祖居住于淄州有关。

依据《神塔碑》记载："五岁，执继亲丧，悲恸过礼，识者以为至性所致。"文中说，在他 5 岁时，父母接连去世。12 岁，"即求出俗。十有五，属睿宗降诞，有制度"僧，遂入道。唐睿宗李旦生于龙朔二年（662）六月，而此时慧沼是十二三岁，并非十五岁。因此，上述记载应理解为在睿宗三周岁的诞日，高宗下诏全国度僧，而慧沼承蒙得度，为沙弥。慧沼"尝读《金光明经》，双见王子救虎，尸毗代鸽，悦然有舍身之志，遂赴山岩"，应众人请求才放弃。"年廿，下问要言，博通经藏。"依照常理，此时即可受具足戒成为比丘，《神塔铭》应该是暗示此事。此年应是咸亨元年（670），"寻讲《法华》《般若》《涅槃》等经，皆智发宿报，缘通前佛"。在受大戒之后，慧沼开始宣讲经论，计有《法华经》《般若经》和《涅槃经》等。《神塔碑》记载说："廿□□，图华草系之时，人我俱去。浮囊之际，□□两忘。梦吐地身，便登山顶，智者谓云：'去五欲之毒，处万法之高。'"② 此是说明慧沼在二十余岁时已经达到了很高的修行境界。

慧沼剃度、受大戒的地点都不详，而赞宁《宋高僧传·慧沼传》说："自奘三藏到京，恒窥壶奥。"③ 从上述事实推断，慧沼亲自拜见过玄奘的可能性不大。玄奘圆寂于麟德元年（664）二月，慧沼时为十四五岁，尚未剃度为沙弥，且其家远在淄州，而玄奘在坊州。依照当时的惯例，慧沼十二岁发心出家而为"童行"，除非他是在长安寺院作童行，否则是无缘会见玄奘的。参照《宋高僧传·义忠传》的记载则可知，师徒二人是一同进长安入窥基之门的。

---

① （唐）李邕：《神塔碑》，《续藏经》第 88 册，第 383 页。
② 同上。
③ （北宋）赞宁：《宋高僧传》卷四，《大正藏》第 50 册，第 728 页。

《神塔碑》记载：慧沼于"咸亨三年，服膺长安基、光二师"①。如本着前文所论，窥基于咸亨三年（673）之后数年曾经离开长安至太原、五台山、博陵等地弘法，后来又应召回慈恩寺；那么从慧沼忠实于窥基的思想看，他应该是跟随窥基出长安至外地弘法的。否则其跟随窥基学习时间太短，想必不会有后来如此巨大的成就。

关于慧沼在窥基门下所学，《神塔碑》记载："因号山东一遍照。又瑳切《法华》《无垢称》《金刚般若》《上》《下》等，《瑜伽》《杂集》《唯识》《因明》《俱舍》，大小幽旨，因见道义，交激累日，述作万言，因见道章。二师叹曰：'法门后进，此一人也。何□□而云惠照耶?'"②此碑记载，慧沼同时跟随窥基和普光学习，且精通《法华经》《无垢经》《金刚般若》《弥勒上生经》《弥勒下生经》等，以及《瑜伽师地论》《杂集论》《成唯识论》《因明论》《俱舍论》。这些经论都是窥基所重视的，且窥基大多有著述行世。从所引文表述看，慧沼是在其师的直接指导下撰写的大量著述。慧沼的表现令窥基和普光刮目相看，由此奠定了他在玄奘所创唯识宗中的祖师地位。

大概在窥基圆寂之后，慧沼行化各地。如《神塔碑》记载："后行化诸郡，敷演群经。冰释而蛰户启明，雷作而为芽花出。栴檀园绕，咨禀萌奔者，不可胜计，谚曰：'河南照天下'。少自此传授，廿余年。"③窥基圆寂于公元 682 年，慧沼在各地行化二十余年，宣讲经论，弘扬唯识学说，成就非凡。如《神塔碑》所说："始自下国，终闻上京"④，意思是，慧沼在外地弘法，终于被朝廷注意到，被征召到京师。

《宋高僧传·慧沼》记载："及菩提流志于崇福寺译《大宝积经》，沼预其选，充证义。新罗胜庄法师执笔，沙门大愿、尘外皆一时英秀、当代象龙，于时武平一充使，卢藏用、陆景初总预斯场。中书侍郎崔湜因行香至翻经院，叹曰：'清流尽在此矣！岂应见隔?'因奏请，乞同润色新经。"⑤ 这一叙述是说，慧沼进入菩提流志译场是中书侍郎崔湜举荐的结果。根据《大宝积经》的译后可知，此经从神龙二年（706）于长安崇福

①　（唐）李邕：《神塔碑》，《续藏经》第 88 册，第 383 页。

②　同上。

③　同上。

④　同上书，第 384 页。

⑤　（北宋）赞宁：《宋高僧传》卷四，《大正藏》第 50 册，第 728 页。

寺开始翻译，以先天二年（713）六月八日完成，而现存的详细署名中并没有慧沼的法号。查考当时译场的设置可知，与菩提流志同时进行的还有其他译场。现存文献显示，慧沼参与义净译场的时间很长，因此，赞宁这一记载相当可疑。智昇在《续古今译经图纪》卷一中对于菩提流志、义净翻译的参与者记录颇为详细，但文中并无慧沼法号。其实，菩提流志翻译《大宝集经》时，慧沼正在义净三藏译场。

智昇在《开元释教录》卷九对义净翻经做了记录，但都未出现慧沼的法号，但《佛说一切功德庄严王经》卷一所附的名录中却有慧沼："大唐神龙元年七月十五日，三藏法师义净奉制于洛州大福先寺新译并缀文正字，翻经沙门婆罗门大德盘度读梵文，翻经沙门荆州大唐龙兴寺大德弘景证文，翻经沙门大总持寺上座大宜证文，翻经沙门大荐福寺大德胜庄证义，翻经沙门相州禅河寺大德玄伞笔受，翻经沙门淄州州大云寺大德慧沼证义，翻经沙门大唐龙兴寺大德智积证义，中大夫检校兵部侍郎臣崔湜润文，大中大夫行给事中上柱国臣卢灿润文正字。"① 将上述资料联系起来考虑，如果慧沼不是从义净译场一成立就加入的话，那么也至少从神龙元年（705）起就正式成为"翻经沙门"。而就《神塔碑》所说慧沼于窥基圆寂之后在外地行化二十余年来看，其于神龙元年前后至长安成为翻经沙门是可信的。

神龙二年（706），义净随驾至长安，中宗敕于大荐福寺为义净三藏别置翻经院。神龙三年，中宗召义净进入皇宫，"并同翻经沙门九旬坐夏"，"因命法徒，更令翻译，于大佛光殿译成二卷，名《药师瑠璃光七佛本愿功德经》。帝御法筵，手自笔受"②。慧沼法师作为证义僧，应该跟随参与。至景龙四年（710），义净三藏在大荐福寺译出《浴像功德》《数珠功德》等经以及《根本说一切有部苾刍尼毗奈耶》等律，并《唯识宝生》《观所缘释》等论。已上二十部八十八卷，沙门文纲、惠沼、利贞、胜庄、爱同、思恒等证义，沙门玄伞、智积等笔受。此书卷九说："又至睿宗景云二年辛亥，于大荐福寺复译《称赞如来功德神咒》《佛为龙王说法印》《略教诫等经》《能断般若论颂》及《释因明理门》《观总相颂》《止观门颂》《手杖》等论，及《法华》《集量百五十赞》，合一十二部二

---

① 《佛说一切功德庄严王经》，《大正藏》第 21 册，第 894 页。
② （唐）智昇：《开元释教录》卷九，《大正藏》第 55 册，第 568 页。

十一卷，沙门曷利末底乌帝提婆等读梵本，沙门玄伞、智积等笔受，沙门
慧沼等证义，太常卿卫国公薛崇胤监护。"①

根据上述记载，义净三藏共翻译出经典 56 部 230 卷，慧沼至少从神
龙元年（705）起至景云二年（711）为止，协助义净三藏翻译出 36 部
115 卷经典。

义净三藏着力翻译的经典在戒律方面，但主译的《成唯识宝生论》
五卷是护法解释《二十唯识论》的书，算是接续了玄奘未竟之业。慧沼
所作著述大多以玄奘译本为底本，但他疏《金光明最胜王经》即采用了
义净的新译本。

对于慧沼与朝廷的关系，《神塔碑》有一总结："首上四朝，绵旷一
纪，且驿征者三，谒诏讲者两，开恩补纲维大德者六员，敕翻积经论者
四。至结坛降雨者，一日入内，坐夏也。如雾□□然飞，依人而表。"②
此中，"首上四朝"是指慧沼历经四代皇帝，生平曾被驿征三次，诏讲二
次，补纲维大德六次，敕译经论四次，并且被召结坛降雨。这些事迹，大
多不可考，被征召翻译经论四次现今可知一次或两次，而"补纲维大德"
指被朝廷下诏任大寺"三纲"，"六员"也就是先后任过六所大寺的"三
纲"，然慧沼住过的寺院，见于文献记载的仅有淄州大云寺，而淄州当地
从故相传普照寺为慧沼住寺。另外，《因明入正理论续疏》署名"正等寺
沙门慧沼续"，但此寺不悉所在，而慧沼弟子中有正等寺惠嵩，可证慧沼
确实在正等寺驻锡过。

总之，作为玄奘、窥基的嫡传弟子，无论在发扬光大师说，还是在社
会影响等方面，慧沼都是无愧于法相三祖称号的。

关于慧沼的著述，根据文献著录统计，共计二十余种，现存有十种，
共四十卷：《金光明最胜王经疏》十卷、《十一面神咒心经义疏》一卷、
《法华玄赞义决》一卷、《成唯识论了义灯》十四卷、《因明入正理论续
疏》二卷（仅存下卷）、《因明入正理论义断》一卷、《因明入正理论义
纂要》一卷、《大乘法苑义林章补阙》八卷（现存卷四、卷七、卷八）、
《能显中边慧日论》四卷、《劝发菩提心集》三卷。此外，慧沼佚失的著
作有《能断金刚般若经疏》二卷、《仁王般若经疏》一卷、《温室经疏》

①　（唐）智昇：《开元释教录》卷九，《大正藏》第 55 册，第 569 页。
②　（唐）李邕：《神塔碑》，《续藏经》第 88 册，第 384 页。

一卷、《盂兰盆经疏》一卷、《二十七贤圣章补阙章》三卷、《发菩提心论疏》三卷、《法华经纂要》一卷、《法华经略赞》五卷、《因明入正理论略纂》四卷（日本《东域录》认为可疑）等。

玄奘弟子众多但思想倾向复杂，其中数窥基忠实地继承了其师着力弘传的印度护法系唯识之学。玄奘开创的唯识宗教义中，最难以被中土人士所接受的是五种性说。窥基在玄奘圆寂之后，不懈地弘扬、会通这一学说。然而，同为奘门弟子的法宝却不接受玄奘所弘扬的佛性观，且专门撰写《一乘佛性究竟论》批驳窥基维护师说的立场。慧沼则专门撰写《能显中边慧日论》反击法宝的观点。①

关于慧沼的弟子，《神塔碑》有一概略说明：“弟子惠冲、微惠、胜说耶含朏，惠日福琳、无著、法山、惠融，龙兴寺上座惠祥，彼微寺惠光，大云寺惠灯、法通、徒藏、惠明，正等寺惠嵩，法济寺惠仙等，住持五部。”② 此引文中，“弟子惠冲、微惠、胜说耶含朏”句殊难标点，恐有脱误。而“惠日”似为长安惠日寺，龙兴寺、大云寺于唐代较多，难于确指所在。此中所说“大云寺”应该是慧沼驻锡过的淄州大云寺，正等寺也是慧沼曾经住过的，唯不知所在。

不过，上述《神塔碑》漏列了慧沼最重要的弟子智周和义忠、道巘、道邑、如理。智周为唯识宗四祖，下文专论，在此将道巘、道邑、如理等略作叙述。

慧沼的弟子道巘、道邑、如理的事迹失传，仅从日本、高丽僧人编集的求法获得的中土撰述目录中得知一鳞半爪。道巘撰有《因明入正理门论义心》一卷，道邑撰有《因明入正理门论义范》三卷、《成唯识论疏义蕴》五卷。从日本的记载看，道邑属于密州开元寺僧人。

如理撰有《成唯识论疏义演》十三卷、《唯识谈微钞》二十卷、《金刚经疏》一卷、《唯识枢要演秘释》五卷、《因明入正理论纂要记》一卷，常住于福寿寺。

三　四祖智周以及义忠对唯识宗的贡献

一般而言，慧沼的弟子智周是公认的唯识宗嫡传祖师，一般以其为四

---

① 关于慧沼与法宝的争论，参见张志强《初唐佛性诤辩研究——以窥基、慧沼与法宝之辩为中心》，《中国哲学史》2002 年第 4 期。本章参照此文处甚多，限于体例，恕不一一注出。

② （唐）李邕：《神塔碑》，《续藏经》第 88 册，第 384 页。

祖。然而，慧沼的另外一位弟子义忠在长安大慈恩寺几十年，对于唯识宗的贡献应该是很大的。因而特将其与智周并列叙述。智周、义忠处于盛唐时期。① 这一时期的佛教，华严宗仍然兴盛，而密宗更是如日中天，南宗禅在安史之乱后迅速崛起。在这种形势下，唯识宗能够保持良好的发展势头已经是不错的成绩了。佛教史称智周为大师，评价很高。后代以之为慈恩宗四祖。但遗憾的是，赞宁在《宋高僧传》竟然未为其立传，且文字中也未曾提及。现在的资料来源是日本求法僧回国之后的一点传闻以及敦煌文献中的一点文字。

释智周（668—723），俗姓徐，濮阳（今河南省濮阳市）人，19 岁受戒，23 岁入慧沼门下，得慈恩宗嫡传。学成后，行化诸郡。曾在濮阳报城寺、定水寺传播法相宗的教义，以恢弘师承，提携后学，史称"濮阳大师"。后世尊其为中国法相宗第四祖。

关于智周，西明寺僧人昙旷在《大乘入道次第开决》卷一中说："大唐开元初，有朴阳大德身号智周，我大唐三藏曾孙弟子，慈恩大师之孙弟子，河南法师之亲弟子，即是青龙大师异方同学，内穷三藏，外达九流，为学者师宗，作词场雄伯，工手著述，妙手赞扬，所撰章钞，凡十数部，即《法华摄释》《唯识喧秘》《因明决择》，皆所造也。虽不至长安，而声闻遐被，关辅诸德，咸仰高风。然观其述作，文约义着，究其所志，既慈具悲实，谓间生英贤，传法菩萨者也。"② 上文说智周 23 岁跟随慧沼学习，时为 691 年。而慧沼在窥基于 682 年圆寂之后，在各地行化二十余年，可见，唐代西明寺昙旷说智周未曾至长安是可信的。如前文叙述，慧沼至迟在神龙元年（705）进入长安，受征召进入义净译场助译。从 691 年至神龙元年，也已经有十四五年，因而智周未跟随其师进京而选择独立传法也在情理之中。

────────

① 根据日本僧人凤潭《因明论疏瑞源记》记载，智周之后至唐末，传至日本的因明著作有十余种：开元寺道邑《因明义范》三卷，道巘《因明义心》一卷，安国寺利涉和北川传量、恒州明量分别写成的《因明论疏》，新罗青丘太贤所集的《古迹记》一卷，天台清幹编的《因明注钞》二卷，章敬寺择邻撰的《因明论疏粰钞》三卷，智颖、慧首、福聚寺如理、安国寺清素的《纂要记》各一卷，金城俊清所集《义断记》一卷，北川茂林、天台崇俊、惟阳法清、总持寺从芳等各撰写的《因明疏记》，云俨的《因明疏钞》八卷。这些唯识师代表了唯识宗在盛唐之后的流传状况。

② （唐）昙旷：《大乘入道次第开决》卷一，《大正藏》第 85 册，第 1206—1207 页。

上文所引是沙门昙旷为自己的著作作的序。昙旷《大乘入道次第开决》是在智周相关著作的基础上作的发挥。此文中的"青龙大师"所指不详，依据文中的表述，此大师与智周是"异方同学"，即同为慧沼大师的弟子。"青龙"应该是指长安著名的寺院青龙寺。武周之后，青龙寺在长安佛寺中的地位骤然升高，寺中大师迭出，而现存史料中，找不出与此文所说对应的慧沼弟子。但可以肯定的是，这位青龙大师与慈恩寺义忠一起在长安弘扬玄奘、窥基一系所传法相唯识之学，与濮阳智周大师遥相呼应，共同推动着慈恩宗继续发展并且使其保持一定的繁荣景象。

关于智周的著述，据《东域传灯目录》《法相宗章疏》《注进法相宗章疏》《新编诸宗教藏总录》《华严宗章疏并因明录》所载有十六种，现存十一种：《成唯识论演秘》十四卷、《大乘入道次第》一卷、《法华玄赞摄释》四卷、《梵网经菩萨戒本疏》五卷、《成唯识论掌中枢要记》二卷（现存上卷）、《成唯识论了义灯记》二卷（现存下卷）、《注成唯识论卷十七》、《因明入正理论疏前记》三卷、《因明入正理论疏后记》三卷、《因明入正理论疏抄略记》一卷、《大乘法苑义林章决择记》四卷。智周遗失的著作还有五种：《般若心经疏》一卷、《二十七贤圣章记》一卷、《瑜伽论疏》四十卷、《因明义断记》一卷、《因明入正理论义纂要记》一卷。

智周的著述虽多从慧沼禀受而来，但也包含一部分由玄奘传来而未经前人记述的印度学说。例如，《枢要记》中释"相见影质种子"的异解，又如《演秘》卷四释《述记》所引和《瑜伽》卷五十二说"出世间法由真如所缘缘种子生"一义有关的天竺三释。又如《枢要记》述《能断金刚般若》用杜行颛梵本的经过，都可见智周著述是另有亲闻依据的。

玄奘传授给窥基的，是以陈那、护法为主的唯识思想。窥基之后有慧沼力排众议，使法相宗盛极一时。智周继承慧沼的思想，努力从事唯识和因明的著述，继续阐扬窥基的学说，并继慧沼《劝发菩提心集》之后，阐论法相宗修行的境行果，成为《大乘入道次第》。此《大乘入道次第》为智周著作中很受日本法相宗重视的一部。

智周中土弟子见于记载得不多，日本方面的有些文献说，如理是智周弟子，但也有文献说其是慧沼弟子。日本和新罗传说智周为中土法相唯识宗三祖或四祖。但在智周之后，再也没有文献指明智周在中土的嗣法弟子是何人了。相反，智周以及慈恩宗诸祖师的著述和学说在日本却绵延不绝。

　　智周最重要的贡献是对日本求法僧的培养。日本僧人随智周学习法相教义，将智周及其先师的著述及思想传入新罗和日本。这不仅加强了中国和日本的佛教文化交流，而且使奘门诸师的著述典籍得以保存并留传不绝，智周也就成为日本法相宗北寺传的祖师。

　　遗憾的是，唯识宗在智周之后，作为宗派标志的代际的封闭性、排他性传承已经湮没无闻。见于文献记载的唐代后期僧众中很难找到纯粹以唯识之学名世的僧人。会昌法难，唐代佛教遭到沉重打击，隋唐佛教甚至整个中国佛教由此发生转折，而对于经典和师承都很倚重的唯识宗，其原本的发展线索被中断。会昌法难之后的唐末五代时期，面对禅宗和净土宗的迅猛发展，唯识宗是否有一个完整的富有成效的恢复活动，都无从证实。从赞宁《宋高僧传》中很少且很简要的传记中，已经很难找到如智周之前的唯识宗僧人般专心致志弘扬唯识经典的例子。僧传所叙述的几位弘扬唯识经典的僧人，其活动的主要时段都在五代时期，有几位僧人参学阶段是在唐末，这也就间接证明，唐末时期，唯识宗僧人仍然在不懈地弘扬唯识经典。从五代时期的唯识师看，不专弘唯识是一个特点，从公认的对唯识之学在北宋的恢复贡献巨大的永明延寿的思想体系之分析中可知，如玄奘、窥基诸师所弘扬的纯正的护法系唯识学说已经让位于《大乘起信论》学了。从"法系"以及佛教"教学"的纯粹性角度说，至此已经表明，唯识宗已经消失。延续于后世的唯识经典的宣讲、弘扬，已经不再具有"宗派"意义，而仅仅是"唯识学"，更确切地说，这种"唯识学"是摄论、地论、起信论传统的"唯识学"。

第七章　华严宗

第一节　华严诸派融合与华严初祖

华严宗奉《华严经》为最高经典，其宗派理论也主要是在诠释《华严经》的基础上形成，以经命宗，称为"华严宗"。①

华严类经典始译于东汉，支娄加谶所译的《佛说兜沙经》是第一部华严类汉译典籍，其后续出新译者历代不断。从东晋开始，佛教界对华严类经典逐渐展开多途创用的过程，僧众分别依据华严单行本或集成本来考校经典、树立信仰、确定修行内容和探索义理。从北周末年至唐初，也就是在被后代奉为华严初祖的法顺的活动时期，南北各地的华严诸派代表人物云集长安，各种思潮相互交流、相互冲撞、相互促动，在终南山下至相寺形成了全国华严学的中心，华严宗的理论最终在这里诞生。

在法顺时代，构成至相寺僧众主体或与至相寺来往甚密的华严学僧已经有数派。其一，出自普圆系的普安，是由苦行头陀派向义学派靠拢的一支。其二，出自地论义学派的三支：有昙衍系的灵辨，师承灵幹；有昙遵系的智正，师承昙迁；有道凭系的彭渊，师承灵裕。其三，长安义学名僧慧藏，研究《华严》，圆寂后葬至相寺。其四，法顺系，是由游荡神异禅僧派向义学派转化的一支。至相寺僧众并非只研究《华严》，而是以华严为主。修行方式、理论见解不同的华严诸派会聚至相寺，使它成为全国华严学的中心，成为创宗建派的基地，也成为弘教传法的据点。在诸派融合过程中，各派僧众表现出向义学名僧靠拢、以义理研究为主的倾向。华严

---

① 由于该宗以"法界缘起"为核心理论，因此也被称为"法界宗"。该宗公认的传承是"华严五祖"，即法顺、智俨、法藏、澄观、宗密。

诸派的融合过程，也就是义学成为华严学主导潮流的过程，从一定意义上说，法顺兼具神异禅僧和义学法师的双重品格，正是这种融合过程的集中体现。

一 法顺生平与著作

关于法顺的生平事迹，道宣的《续高僧传》、杜殷的《杜顺和尚行记》、法藏的《华严经传记》均有详略不同的记述。道宣生活的年代略迟于法顺，法藏是法顺的再传弟子，以他们的记载为据，可以了解法顺行事和学说的基本情况。唐中期以后，法顺被奉为华严宗初祖，晚出史书增加了不少内容，许多所谓的事迹并不可信。

根据《续高僧传》卷二十五本传，法顺（557—640）俗姓杜，世称杜顺，雍州万年（今陕西长安）人，18 岁出家，师事因圣寺僧珍禅师，"受持定业"。僧珍俗姓魏，是一位"志存俭约，野居成性"的游僧。他重视禅定修习，有神异事迹，从而首先在民间引起"四远响从"，由此又知名于隋代朝廷，"隋高重之，日赐米三升，用供常限"。法顺的品格颇类其师，也是一位居无定所的游荡僧人。他常游化于庆州（今甘肃庆阳）、清河、骊山、三原、武功等地，一生的活动范围不大，大约以今天陕西关中一带为中心。法顺所教化的主要对象是普通农民。他曾在庆州"劝民设会，供限五百"。从举办法会的规模来看，法顺与地方豪富也保持着联系。

法顺传教弘法于民间，首先是以神异引起关注。道宣把他列在《感通篇》，将其视为神异僧人，法藏则直呼其为"神僧"。到宗密的时候，法顺就被塑造成文殊菩萨的化身了。早期各类传记对其事迹有不同的记述，但在突出他的神异事迹方面基本一致。法顺神异事迹的主要特点，是把从禅定修习中获得的诸种有益于众生的所谓神秘能力，用于民间宗教信仰方面，以扩大佛教的影响。据说，他能通过"示语慈善"而"导发异类"，如驯服牛马、驱除虫蚁。另外，还能治疗天生聋哑等。但是，对于非佛教信仰的民间宗教活动，法顺一概采取激烈的行动予以扫除，"神树鬼庙，见即焚除；巫觋所事，躬为并傥。祯祥屡见，绝无障碍"。"祯祥"之所以"屡见"，在于他的这些做法被认为是"奉正"驱邪之举。法顺"言教所设，多抑浮词，显言正理"，其所谓"浮词"，当属巫婆神汉之语；所谓"正理"，应为佛教的学说。

法顺以"感通幽显，声闻朝野"，引起唐太宗的重视，后引入内禁，隆礼崇敬，"储宫王族懿戚重臣，戒约是投"。唐朝统治者眷顾法顺基于两点：其一是仰其"神"，指为法顺的诸多神异功能所吸引；其二是奉其"德"，指他"言不涉世，全不留心；随有任用，情志虚远；但服粗弊，卒无兼副；虽闻异议，仍大笑之。其不竞物情，又若此也"。不与世争，生活从简，超然大度，此即为其"德"。从隋至唐初，南北各地佛教僧人云集长安，各种思潮相互激荡，争辩论战，互较长短，乃是硕学高僧的护教卫法之"德"。法顺的"德"，是成功地在民间弘教的下层僧人的特有品质。法顺此后无多事迹，卒于长安南郊义善寺。

法顺与《华严》、与义学中心至相寺的关系，可以从道宣对其弟子的记述中看到。道宣谓："弟子智俨，名贯至相。幼年奉敬，雅遵余度，而神用清越，振绩京皋。《华严》《摄论》，寻常讲说，至龛所（指埋葬法顺处）化导乡川，故斯尘不绝矣。"道宣比智俨年长6岁，当时均活动于长安城南同一地区，此段记述尤为重要和可信。

智俨27岁完成他的代表作《搜玄记》。说他当时"名贯至相"、"振绩京皋"，完全不是溢美之词。明确说智俨是法顺的弟子，并且"幼年奉敬，雅遵余度"，表明法顺对智俨影响之深刻。智俨到法顺藏身处说法化导，可见他唯尊法顺为师，且以继承其思想自居。智俨讲说《华严》和《摄论》，被认为是"斯尘不绝"，暗示这些经论以前也为法顺所重。法顺逝世时，智俨已经38岁，其全部学说体系是在法顺生前完成的。智俨概括其独特学说的《华严一乘十玄门》，标有"承杜顺和尚说"，至少显示出法顺在智俨思想形成过程中的重要作用。

法藏在《华严经传记》卷三《智俨》中记载，法顺见到12岁的智俨，带其出家，"即以俨付上足达法师，令其顺诲。晓夜诵持，曾无过问"。按此记述，智俨虽是法顺的弟子，但未受其教诲，在思想上两人没有多少关系，这是与道宣所记不相符合的方面。另外，这里又提到法顺的另一位义学弟子达法师，住于至相寺，充分表明法顺对培养义学弟子的重视，这又是对道宣记述的补充。智俨从学于法顺的"上足"，也是间接从学于法顺。

法顺还有个居士弟子樊玄智，泾州人，16岁离家，在长安城南投法顺禅师，"习诸胜行，顺即令诵读《华严》为业，劝依此经修普贤行"。樊玄智后来"又服膺至相寺整（大约指智正）法师，入终南山，温习斯典（指《华严经》），遂得一部周毕"。樊玄智后来居住坊州赤沙乡一石窟，二十余年间，"昼诵《华严》，夜修禅观"①，卒于唐永淳元年（682），年七十余。此述有三点值得注意：第一，法顺是依《华严》修行的，所重视的是"普贤行"，他如此教人，自当如此行事。第二，各类传记均未明言法顺教禅观的具体内容，从樊玄智习"胜行"重义学的情况分析，其禅观应以重视抽象思辨、不注重对具体形象的观想忆念为特征。这也是法顺华严禅观的特点。第三，樊玄智多年"昼诵《华严》，夜修禅观"，这是当时大多数依经修行者的习惯，也反映了法顺的修行方式。

综合上述资料考察，法顺华严学的师承关系虽然不明确，但他是位依《华严》修行的僧人，既有禅僧、神僧的品格，又有"显言正理"、重视培养义学弟子的法师品格，他所重的《华严》义理研究，与至相寺有着密切关系。

宗密在介绍法顺时说："姓杜，名法顺，唐初时行化，神异极多，传中有证，验知是文殊菩萨应现身也。是《华严》新旧二疏初之祖师，俨尊者为二祖，康藏国师为三祖。"② 这是法顺被奉为华严初祖之始。法顺没有晋译《华严》的注疏著作，所谓"《华严》新旧二疏初之祖师"没有根据。但是，宗密的说法也表明，奉法顺为华严宗"祖师"，主要以奉其华严学说为标准，并非主要以师承关系为根据，要确定法顺的学说，首先要确定他的著作。

关于法顺的著作，历来争论不少。除智俨的《华严一乘十玄门》标有"承杜顺和尚说"外，到法藏时还没有人提到过法顺的著作。从澄观开始，有了法顺著作的注疏，至宋代，标为法顺的著作不断增加。《佛祖统纪》卷三十九谓法顺劝人念阿弥陀佛，著《五悔文》"赞咏净土"，此说是为附会法顺"路逢神树鬼庙，即焚毁之"的事迹。又记法顺有《妄尽还源观》一卷，这是宋代天台宗人的普遍看法。华严宗人净源针对孤山智圆的这个观点，经过考证后认为此文为法藏作品。日本僧人目录中记法顺有《十门实相观》一卷、《会诸宗别见颂》一卷，《大正藏》卷四十五所收《华严五教止观》后附《终南山杜顺禅师缘起》，谓法顺著《十玄止观》《文海》等。此类晚出说法难以为据。

---

① （唐）法藏：《华严经传记》卷四，《大正藏》第 51 册，第 166 页。
② （唐）宗密：《注华严法界观门》，《大正藏》第 45 册，第 684 页。

澄观认为《华严法界观》是法顺的著作，并著《华严法界玄镜》二卷注解。后宗密又作《注华严法界观门》一卷予以发挥。《华严法界观》原为法藏《华严发菩提心章》的一部分。法藏书分为四大部分："发心第一"，"简教第二"，"显过第三"，"表德第四"。最后一部分"表德第四"又分为五门，即"第一真空观"、"第二理事无碍观"、"第三周遍含容观"、"第四色空章十门止观"、"第五理事圆融义"，其中的前三观被澄观和宗密认作法顺的《华严法界观》。在法藏的书中，这三观与后两部分相呼应，构成整体，专讲理事关系，而且行文体例也一致。前三观的内容为细致分析理事的十方面关系，并以理事阐述法界缘起。从华严学思想发展史的角度考察，这些思想不可能出现在智俨之前。因此，《华严法界观》应看作法藏《华严发菩提心章》的一部分，而不大可能是法顺的独立著作。

现存的《华严五教止观》（简称《五教止观》）一卷，可以认定是法顺的唯一著作。由于此书部分内容见于法藏的《华严游心法界记》，所以也曾引起研究者的怀疑。从整体上看，《五教止观》与《华严游心法界记》的性质完全不同。《五教止观》讲从低到高、由浅入深的五重止观，即在修习禅观中所应思考的各种具体内容，是一部禅法性质的书。《华严游心法界记》接受了前书的分类名目，指出其各自的经典依据，是从对全部佛教经典和学说分类的角度论述华严宗思想，是一部判教性质的书。很明显，法藏是把法顺的五重止观说予以改造，形成了判教学说。至于法顺的华严思想，以及兼重禅观与义理探讨的特点，都在《五教止观》中得到了集中体现。

二　《五教止观》与法界缘起

《五教止观》吸收了大小乘佛教的主要禅观内容，在分析批判的基础上，把它们统统作为"入道方便"，为达到"华严三昧"的禅观认识和体验服务。它以讲禅法为主，体现了法顺重禅定修习的禅僧本色；它强调"思之可知"，又体现了法顺的义学特点。

《五教止观》开头言："行人修道，简邪入正，止观法门有五。""止观法门"指修禅观的方法，要求修行者（行人）在情绪稳定、精神专注（止）的状态下，认识、思考特定的教义（观），达到相应的体验（入道）。"简邪"是批判不正确的禅观，"入正"是认识和思考正确的教义。

简邪是手段，入正是目的，它们又是同一修禅过程中的两个方面。法顺（又称杜顺）接受佛教关于禅修的一般观点，认为：“为病既多，与药非一，随机进修异，所以方便不同。”① 由于人们的错误认识（病）多种多样，人们的天生素质（机）也有差别，所以采取的修禅具体方法（方便）可以灵活变化。就法顺讲的五门止观中各门关系而言，前四门都是方便，为了消除特定的错误认识而设立，只是最后的“华严三昧”才是真正的“入正”。

第一，“法有我无门”。

今偏就五停心中，为众生着我者，说界分别观。

“五停心”观是小乘佛教禅法中的一种，包括五种观想（认识和思考内容）：“不净观”，具体思考自己和他人身体中的诸多污秽和不干净，从而消除对身体的贪恋，坚定树立从事佛教修行的决心；“慈悲观”，思考一切众生值得怜悯同情的各个方面，以清除对外界一切嗔恚；“因缘观”，思考十二因缘的道理，懂得一切生死痛苦源于对佛教的不理解和不信仰（无明）；“界分别观”，思考一切物质和精神现象（十八界）均有地水火风空识六大（六种物质和精神要素）聚合形成，处于生灭无常变动之中，以消除“我见”；“数息观”，思考呼吸次数，以消除不良念头，达到精神集中的目的。这种“五停心”观，既有思考具体事相的内容，又有思考抽象义理的内容。法顺在这里不要求修“五停心”的全部内容，而是选取了“界分别观”，是要求修习其中最具抽象意义的部分。修习界分别观的目的，是消除“我见”、“着我”或“我执”，即消除认为有支配人自身的精神主宰（“我”，相当于灵魂，又称“神我”）的错误观念。这种观法的特点是“人我虽去，法执犹存”，即认为客观外在事物（法）是实在的错误观念不能消除（法执犹存）。法顺分析：“若行者观此十八界，断前等烦恼，得离我、我所，此即解脱能观之心。”② 就是说，“界分别观”虽然不是最终真理性的认识，虽然有局限性，但它毕竟消除了“我执”，获得这种认识，即是“解脱能观之心”。就此而言，“界分别观”可以作为入道的“方便”手段之一。

法顺所述“界分别观”的主要内容承自佛教典籍中的传统说法，并

---

① （唐）杜顺：《华严五教止观》卷一，《大正藏》第 45 册，第 509 页。
② 同上。

无新意。但是，他在具体分析十八界没有"我"时，采用了"总相"概念，并从"名"、"事"、"体"、"相"、"用"、"因"六个方面观察。这种"六种简之"的认识方法也运用于"华严三昧"的分析中，明显受了"六相"说的影响，使他对小乘禅法的复述带有了华严学的浓重色彩，具有了注重思辨的倾向。在他所述的五门止观中，从一开始就没有给观想具体事相留下位置，从始到终强调"思之可知"，把认识和把握抽象义理放在第一位。

第二，"生即无生门"。

前一门讲"人我空"，论述人的存在并非真实存在；这一门则提高认识，论证"人法二空"，即认为一切事物和现象都不是真实存在，分为两方面论述。其一是"无生观"。"法无自性，相由故生，生非实有，是则为空。空无毫末，故曰无生。"① 一切事物（法）由各种因素、条件组合而存在（生），自身没有保持其独立性的内部主宰（我或自性），当因缘离散，具体事物即不存在，所以这种存在（生）不是真实的存在（实有），此即"无生"。其二是"无相观"。具体的事物有特定的相状，由于它们的存在是虚假的存在，不是真实的存在，所以"相即无相"，有相状的本质是"无相"。由此得出"生即无生"的结论。从"无生"和"无相"的论述来看，法顺在这一门主要是接受了空宗的思想。第一门和第二门所论述的主要问题，是客观事物并非真实存在的问题，用佛教用语表述，即是思考"空"的问题。

第三，"事理圆融门"。

在法顺看来，思考"空"理并没有错，但局限性在于没有和"有"结合起来考虑，因此，第三门则以理事关系立论，讨论空和有的关系。他所论述的理事或空有关系，完全是依据《大乘起信论》。据杜继文《大乘起信论全译》，"《起信论》的面世，只能在548年到588年的四十多年内"，它的思想本于《楞伽经》，在地论师中，净影慧远对此论最为重视，法顺在唐初也受到这股思潮的影响。《大乘起信论》提出了一个世间和出世间的本体，称为"一心"，这是一切众生都具有的。这"一心"又分为两门："真如门"是不生不灭，永恒存在的；"生灭门"是变化无常的。法顺全盘接受了这种说法，并认为"心真如门者是理，心生灭门者是

---

① （唐）杜顺：《华严五教止观》卷一，《大正藏》第45册，第510页。

事"，从理事的圆融方面论述空有关系，"所谓空有二见，自在圆融，隐显不同，毫无障碍"。这样一来，法顺把空有问题安置在"一心"本体上考察，如同理事均统一于"一心"一样，空有也统一于"一心"，由此得出空有圆融的结论。在这里，"空"和"有"实际上已被赋予"新真如门"和"心生灭门"的含义。无论空与有，无论事物是"因缘有"还是"无性空"，都体现"一心"。所以，法顺对此门观法的总结是："双离双失，顿绝百非，见心无寄，故名观也。"

第四，"语观双绝门"。

> 夫语观双绝者，经云："言语道断，心行处灭"者是。即于上来空有两门，离诸言论、心行之境，唯有真如及真如智。何以故？圆融相夺，离诸相故；随所动念，即真如故。①

这一门并无新意，没有增加新的思想内容，只是讲前一门空有圆融的境界是不能以语言文字描述（离诸言论），不能以思维来把握（离心行之境）。这种不能心思口议的境界，即是真如境界，即是真如智慧的体现。从理事关系上描述这种境界的特点，就是："此意在言外，勿执言思理；理不出言，莫捐而求理。"中国哲学中讨论的"言意之辨"也在这里得到运用。法顺强调空有圆融境界的特点，在于论证这种境界"唯证相应，岂关言说"，鼓励僧众去践行、体验。如果说前一门是法顺创造性地运用了当时佛教义学界最时髦的新理论，表明了他的义学僧品格，那么这一门的论述，则反映了他重体验（证）的禅僧本色。

第五，"华严三昧门"。

此门要求认识、思考和体验"法界缘起"境界。"若直见色等诸法从缘，即是法界缘起也，不必更须前方便也。"修华严三昧，认识了法界缘起，前四门的方便修行也就不必要了。

"直见（观想、体验）色等诸法从缘"，就是入法界缘起。法顺反复强调，"见眼耳等事，即入法界缘起中也"，"见法即入大缘起法界中也"。所以，华严三昧所要求思考的直接对象是"事"，而不是"理"。由于理事圆融，对"事"的完全把握即为对理的完全把握。

---

① （唐）杜顺：《华严五教止观》卷一，《大正藏》第 45 册，第 511 页。

法界缘起"境界者，即法，明多法互入，犹如帝网天珠，重重无尽之境界也"。"帝网"又称"因陀罗网"，指帝释天宫悬挂的一张结满无数宝珠的网，《华严》和《梵网》等经都有记述。按法顺的解释，这张网上的任一颗宝珠都"能顿现一切珠影，此珠既尔，余一一亦然。既一一珠一时顿现一切珠既尔，余一一亦然，如是重重，无有边际。有边即此重重无边际珠影皆在一珠中，炳然高现，余皆不妨此"①。这是说，因陀罗网上的每一颗明珠都映现其他一切明珠，也映现一切明珠中所反映的一切明珠，每一颗明珠都有这个特点，一一类推下去，就是重重无尽，没有边际。但是没有边际又与有边际相统一，重重无尽的珠影反映在一颗明珠中，这就是有边际。这是因陀罗网之喻能说明的全部内容，但并不是法界缘起的全部内容。法顺从"喻"与"法"的关系方面来补充说明法界缘起的全部内容：

> 如斯妙喻，类法思之。法不如然，喻同非喻；一分相似，故以为言。何者？此珠但得影相摄入，其质各殊。法不如然，全体交彻故，以非喻为显现真实义。②

如果因陀罗网的比喻与法界缘起教义（法）毫无共同点，比喻就失去了意义（喻同非喻）。这个比喻与法界缘起教义有一致之处（一分相似），表现在"影相摄入"方面。但是，这个比喻也有不能说明法界缘起内容的方面，即"全体交彻"。具体来说，一颗明珠映现一切明珠，它所映现的只是那一切明珠的影子，并不是把那一切明珠本身全部摄入，那一切明珠还独立存在（其质各殊），这就不是"全收"。法界缘起的"真实义"在于讲"全体交彻"、"全收"，即作为"一"的明珠不仅能摄入作为"一切"明珠的影相，也能摄入其"体"。也就是说，"一"不仅是指具体的事物，也具有本体、共性的意义。

华严三昧所要求体验的法界缘起境界，是以"明多法互入"为核心，明显带有《华严经》所描述的菩萨"一身入多身"、"须弥纳入芥子"之类神通境界构想的成分。法顺所讲的"法界"，指由佛法身所实现的整个

① （唐）杜顺：《华严五教止观》卷一，《大正藏》第45册，第513页。
② 同上。

世界，所讲的"法界缘起"，指作为整体的部分存在的一切现象均处于"彼中有此，此中有彼"的状态，这即是"全体交彻"。法顺对一与一切、一与多没有明确定义，没有从理论上论证它们的关系，只是联系因陀罗网的比喻来说明。值得重视的是，法顺在这里提出了一个重要思想：经典中讲述的比喻再好再妙、寓意再深刻，都不能与真正的佛法画等号，所以他倡导从"喻"（原经叙述）到"法"（华严教义）的变革。此后其弟子智俨把法顺的理论终点作为自己理论的始点，进一步论证，把认识一与一切的关系作为把握法界缘起的关键。

第二节　智俨与华严宗创立

一　智俨生平与著作

智俨一生经历简单明晰，幼年进入至相寺，先随多位法师学习各类佛教典籍，后独立研究《华严经》，在吸收慧光以来华严学发展成果基础上，融汇当时各派学说，基本完成了华严学说体系的整体框架和核心内容，实现了从华严经学说到华严宗学说的过渡。他终生以至相寺为主要活动基地，其学说影响却远达新罗。

据《华严经传记》卷三，智俨（602—668）俗姓赵，申州（今河南信阳）录事参军赵景之子，天水（今属甘肃）人。12 岁遇法顺，随其出家，入至相寺，就学于法顺另一弟子达法师。时隔不久，有两位梵僧游至相寺，智俨随其学梵文。14 岁，从法常习《摄大乘论》，"未盈数岁，词解精微"。在与辨法师（灵辨）的"往返征研"过程中，得到"天纵哲人"的称誉。受具足戒后，智俨广泛学习各种大小乘经律论，有《四分》《迦延》《毗昙》《成实》《十地》《地持》《涅槃》等。智俨在随静琳（一说法琳）学习期间，有"索隐探微，时称得意"之语。此后，他树立了专门研究和弘扬《华严》的志向，师从智正法师，"虽阅旧闻，常怀新致"。一方面表明他此前曾随其他人学习过此典，另一方面表明他又有新的体会和见解。

但是，智俨并不满意在智正处所学，所谓"炎凉既改，未革所疑"。于是他带着疑问开始独立研究，"遂遍览藏经，讨寻众释"，比较全面地研究前人的注疏著作，对智俨影响最大的是慧光的著作。他对慧光所讲的"别教一乘，无尽缘起，欣然赏会，粗知毛目"。这里的"别教一乘"，指有别于其他佛教诸派的独特华严学；这里的"无尽缘起"，是对华严核心内容的总概括。以后，"别教一乘"成为华严宗的代名词，"无尽缘起"也与"法界缘起"成为同类概念。

据说，后来有位"异僧"告诉智俨："汝欲得一乘义者，其《十地》中六相义慎勿轻也，可一两月间，摄静思之，当自知耳。"① 在智俨以前，净影慧远对"六相"的研究有特色，确定了六相的"体义"。智俨以后认为"六相"乃是"从相入实"。② "实"与"体"是相同概念，两人对六相的观点十分相近。这个"异僧"指点迷津的神话，大约反映出智俨从整体理论方面接受了净影慧远的影响。智俨经过这样的学习和研究之后，开始"立教分宗"，全面注解晋译《华严》，于27岁撰成《大方广佛华严经搜玄分齐通智方轨》十卷（简称《搜玄记》），基本完成了他的华严学说体系。

智俨大半生以研究和著述为主，不求闻达，"栖遑草泽，不竞当代"，安住于终南山下至相寺。他开始弘扬《华严》，讲说于高官王公之前，知名于社会，是到了晚年。"及乎暮齿，方曲弘宣。皇储往封沛王，亲为讲主。频命府司，优事供给。故法轮无辍，是所赖焉。"③ 稳定的研究场所，特别是官方"优事供给"的经济资助，是促进包括华严在内的整体佛教义学发达的重要保障条件。

智俨以"藻思多能"著称，曾"造《莲花藏世界海》一铺，盖葱河之左，古今未闻也"。这个图自然是依据《华严经》的描述所造，用于观想修行方面。同时，智俨也把这个"莲花藏世界"作为修行的最终归宿。他在逝世前告诉门人："吾此幻躯，从缘无性，今当暂住净方，后游莲花藏世界。"④ 所谓"净方"，指西方净土世界。"暂住西方"，表明智俨一方面未对西方净土信仰采取完全否定的态度，另一方面又不认为它是修行的最终目的地。在依据《华严》修行的僧人中，有否定西方净土信仰者，有提倡念佛往生西方者，智俨把"净方"视为通往"莲花藏世界"的桥梁。这个这种方案，此后为大多数华严宗信徒所

---

① （唐）法藏：《华严经传记》卷三，《大正藏》第51册，第163页。
② （唐）智俨：《搜玄记·世间净眼品》，《大正藏》第35册，第19页。
③ （唐）法藏：《华严经传记》卷三，《大正藏》第51册，第163页。
④ 同上。

接受。

《华严经传记》《宋高僧传》等载，智俨的弟子有怀齐、法藏、薄尘、慧晓、道成、慧招、慧佑、义湘等人。法藏后被奉为华严宗三祖，义湘是新罗国人，曾赴唐求学后回国，弘传《华严》，后被尊为"海东华严初祖"。在促进华严学发展以及社会普及方面，其余弟子没有什么突出的事迹。

法藏谓智俨"所撰义疏，解诸经论，凡二十余部，皆简略章句，剖曜新奇"①。汤用彤《隋唐佛教史略》著录智俨著作十三种，其中，《华严玄明要诀》一卷、《华严供养十门仪式》一卷、《华严六相章》一卷、《无性摄论疏》四卷、《大乘起信论义记》一卷、《大乘起信论疏》一卷、《入道禅门秘要》一卷，均已不存。另外，智俨有《楞伽经注》七卷，现存两卷；《金刚般若经略疏》两卷，现存。

华严方面的著作，现存四种：

第一，《搜玄记》十卷，是逐句注解晋译《华严》，包含了智俨华严学的基本内容。但是，现存的另三种华严类著作均成书于此书之后，在若干重要问题上有不同程度的发挥和引申。因此，从《搜玄记》可以看到智俨学说的形成脉络、主要特点和基本内容，而要研究智俨的定型思想，还需要参考下面三种著作。

第二，《华严一乘十玄门》（简称《华严十玄门》）一卷。此书虽很简短，却是智俨系统论述自己的独特观点、精练概括自己学说的核心内容。此书是对《搜玄记》的继承、发展和完善。

第三，《华严五十要问答》二卷。采用回答 53 个问题的方式阐述华严宗的基本思想。所阐述的 53 个概念、命题均采自《华严经》，并在每条下注所出品名。释文大多列"小乘教"、"三乘教"、"一乘教"三项分述，间或论述三者的关系。这种判教分类法仿自《摄论》。该书曾引玄奘于 659 年译出的《成唯识论》，一般认为此书在智俨 58 岁以后完成。

第四，《华严经内章门等杂孔目章》（简称《华严孔目章》）四卷，分 144 个题目解释《华严经》中出现的名词、概念并介绍经文大意，具有普及《华严》基础知识的性质。由于此书引《华严五十要问答》的某

---

① （唐）法藏：《华严经传记》卷三，《大正藏》第 51 册，第 163 页。

些内容，一般认为是现存四种书中撰成最晚的。

在智俨之前，诸派华严僧人已经建立了稳定的研究基地和传教基地，到了智俨，基本完成了自成体系的学说，并为后继者所接受。从这个意义上讲，智俨是华严宗的实际创立者。被奉为华严初祖的法顺，则是华严宗最主要的先驱者。

二　诠释经典与十玄新说

在智俨的著作中，《搜玄记》是系统注解华严经的代表作，《华严十玄门》则是系统总结新思想的集大成之作。根据晋译《华严经》，智俨通过注解经文、解释名相、概括宗旨大意等形式来发挥自己的创新思想。这个理论创新过程，始终在探索和开发原经中蕴含的"玄"理的指导原则下进行。无论是《搜玄记》还是《华严十玄门》，都不例外。

智俨把佛的真理性活动看作"玄"的体现，[①] 认为经典中包含容摄的"玄"，本质上有着离言绝相、不可心思口议的特点。[②] 他把自己系统诠释《华严经》的第一部著作定名为"搜玄"，把最具创新意义的学说定名为"十门玄"或"十玄门"，正体现了他是在探索"玄"的思想支配下诠释经典。东晋僧卫在注解《十住经》时，就认为该经"文约而致弘，言婉而旨玄"，[③] 具有探求经典"玄"妙宗旨的主观意图。智俨正是对这种思想的继承。

作为中国哲学用语的所谓"玄"，来源于《老子》。在道家哲学中，"玄"是能够体现万物无穷变化作用的幽深微妙、高远莫测的"道"。智俨所要搜的"玄"，用《华严十玄门》中的用语，就是"一乘缘起"或"法界缘起"。[④] 这个"法界缘起"所要阐明的道理，就是作为佛自体（也称为"十佛境界"、"如来藏自性清净心"、"一真法界"、"佛性"等）作用和表现的万事万物之间本来存在着圆融无碍的理想关系。所以，佛家

---

① （唐）智俨：《搜玄记》卷一谓："夫如来大圣，自创悟玄踪，发轸于无住。融神妙寂，志崇于菩提。故能殖道种于先际，积善业于无我。晕正智于金刚。"见《大正藏》第35册，第13页。

② （唐）智俨：《搜玄记》卷一谓："斯之玄寂，岂容言哉，但以大悲垂训，道无私隐，故致随缘之说。"见《大正藏》第35册，第13页。

③ （梁）僧祐：《出三藏记集》卷九《十住经合注序》，《大正藏》第55册，第61页。

④ （唐）杜顺说，智俨撰：《华严一乘十玄门》，《大正藏》第45册，第514页。

讲的"玄"乃是佛家自己的"道",与道家的用语虽然相同,含义却不同。这就是所谓"借语用之,取意则别"。①

智俨在开发"玄"理思想指导下的具体诠释经典过程,分为两个阶段或步骤,这就是在"约教就自体相辨缘起"时所开的两门。所谓"约教就自体相辨缘起",就是从经典文字("教")出发,根据佛智慧本体("自体")的作用和表现("相")来论证法界缘起("辨缘起")。

第一门称为"举譬辩成于法",即通过分析来自经典中的譬喻来理解佛法,阐述法界缘起的道理。《华严十玄门》谓:

> 所言举譬辩者,如《夜摩天会菩萨云集品》说云:譬如数十法,增一至无量,皆悉是本数,智慧故差别也。②

这里的引文同于今本六十卷《华严》卷十《夜摩天宫菩萨说偈品》。原经文使用这个比喻,是为了说明一切法由于在"性"上没有差别,所以"一"与"十"的差别也只不过是人们世俗智慧分别的结果,实际上并没有差别。③

按照这个比喻,智俨又分两门论述"一"与"十"的关系。首先是"异体门",即从差别、部分的角度讲缘起。分别采用《华严经》中已经有的"一中多,多中一"、"一即多,多即一"的说法,经过论证,证明"一"和"多"是相互联系、相互依存的,没有"一",就没有"多",反之亦然,最后得出"一"和"多"在缘起法的范围内可以完全等同。

然后是"同体门",即从共性、整体的角度讲缘起,论述方法与"异体门"相同,也是借用"一中多,多中一"、"一即多,多即一"的说法,经过论证,证明"一"就是"多","多"就是"一"。

---

① (唐)澄观:《华严经随疏演义钞》卷一,《大正藏》第 36 册,第 2 页。这是佛教学僧的一贯做法,正如后来澄观所指出的,对儒道哲学用语,是"借语用之,取意则别"。《华严经疏》开头也用"众妙"一词,澄观在《随疏演义钞》中解释说:《老子》中"玄之又玄,众妙之门"中讲的"众妙",是"以虚无自然以为玄妙",他所讲的"众妙",是"以一真法界为玄妙体,即体之相为众妙矣"。就是说,"众妙"都是指一切事物,《老子》所指的一切事物来自"虚无自然",他讲的一切事物是"如来藏自性清净心"的作用。

② 上引均见(唐)杜顺说,智俨撰:《华严一乘十玄门》,《大正藏》第 45 册,第 514 页。

③ 《大正藏》第 9 册,第 465 页:"诸法无差别,唯佛分别知。一切无不达,智能到彼岸。如金及金色,其性无差别……譬如数法十,增一至无量,皆悉是本数,智能故差别。"

　　然而，经中的比喻并不能表达佛法的真正含义，这一点法顺在《华严五教止观·华严三昧门》中已经讲过。智俨的"举譬辩成于法"这一门，正是对法顺"以非喻显真实义"思想的继承和创造性总结。

　　在继承法顺思想提出"举譬辩成于法"的基础上，智俨又完全创造性地提出了第二门："约法以会理。"即从佛教名相概念分析（"约法"）来探究华严玄理（"会理"）。这种"会理"，就是展开论述"十玄门"。这表明，智俨不仅认为诠释经典应该有从"喻"到"法"的过渡，还要有从"法"到"理"的过渡，即要求把所揭示的佛"法"用特有的概念予以论证，才能获得真正的"玄理"。所谓"十玄门"，是从十个方面论述法界缘起的"玄妙"道理，并不是十个玄理。由于"十玄门"是讲法界缘起的，所以也称为"十玄缘起"；由于它讲的是不同于其他缘起说的华严缘起，所以也称为"一乘缘起"。

　　十玄门最显著的特点，是运用十对概念（"十会"、"十对"）来论证教理，从而建立起华严学的概念体系。所谓"十会"，指的是教义、理事、解行、因果、人法、分齐境位、法智师弟、主伴依正、逆顺体用、随生根欲性（半满）。① 这十对概念并不是原封不动地抄自《华严经》，而是智俨在诠释经典过程中逐步概括、总结和归纳出来的。《搜玄记》在随文释义过程中，往往运用一些概念归纳原典各部分的内容。例如，卷五上（解释《入法界品》）中说："二约法者有十：一因，二果，三行，四理，五教，六义，七事，八人，九法，十解。"② 值得重视的是，《华严十玄门》中讲的这十对概念，定义明确、完整，而且未见于其他处，可以说是智俨在总结以往研究成果基础上提炼出来的。"十会"的提出和运用，不仅大大丰富了华严宗的概念体系，同时也丰富了整个佛教的思想内容。这十对名相，从狭义上讲，是概括一切佛法；从广义上讲，是概括一切世间或出世间现象。每一门所讲的关系，都是讲这"十会"的关系。

　　智俨首创的十玄门，是从十个方面讲教义等十对各自之间的关系。由于十会中每一会之间的关系是相同的，所以十玄门的每一门都是以其中一

---

　　① 这十对概念后来又经过了法藏的整理：《华严经探玄记》谓："就初门中有十义具足：一教义具足，二理事，三境智，四行位，五因果，六依正，七体用，八人法，九逆顺，十应感具足。"《大正藏》第35册，第123页。

　　② （唐）智俨：《搜玄记》卷五之上，《大正藏》第35册，第87页。

会为例来说明，讲一会之间的关系，也就是讲了一切现象之间的关系。

第一，"同时具足相应门"，"即具明教义、理事等十门同时也"。智俨在这一门是以"因果"为例阐述。他认为，小乘佛教讲"转因以成果，因灭始果成"，即因果有时间上的先后之分，并不是"同时"。大乘佛教讲因果"同时"，"而不彰其无尽"，即认为特定的因成特定的果，不是一因成一切果，即不"相应"。华严讲的因果同时具足，系指"如舍成时，一切法皆一时成，若有一法不成者，此舍亦不成"。从狭义上讲，作为整体存在的佛法，虽然分有许多法门，但它们的形成没有时间先后，而且没有欠缺（具足），彼此联系（相应）。从广义上讲，就是作为整体存在的世界，虽然有千差万别的事物，但是它们的形成也没有时间先后，没有欠缺，彼此联系。智俨为此门下的注释为："此约相应，无先后故。"此门重在讲现象之间的彼此联系，论证它们的产生没有时间上的先后。此门中心要说明的，就是一切佛法、一切世间或出世间现象产生时间没有先后（"同时"），数量没有增减变化和遗漏（"具足"），相互依存而不相妨碍（"相应"）。就"因果"一门的联系讲，智俨强调了因中有果、果中有因，但又否定了因前果后。此后的九门论证方法与此门完全相同，但所要强调的方面互有不同。

第二，"因陀罗网境界门"，此门是"约譬说"。举《梵网经》中讲的因陀罗珠网之喻，说明佛教的各种法门、世间的一切现象之间互相映现包容，重重无尽，都处于你中有我、我中有你的浑然一体状态。比如，"一微尘中现无量佛国、须弥金刚围"，极小的事物中可以荣摄极大的事物。智俨强调，这不是讲神通变化场面，"若是大乘宗所明，即言神力变化，故大小得相入；或云菩萨力故入，又言不二故入"。他所讲的"相入"，"不论神力，乃言自体常如此"。"此即是其法界缘起，如智如理，实德如此"。大小相入不是神力所为，也不以人的意志为转移，乃是佛智慧实体（自体）的固有作用和表现。这种"大小相入"说，在否定事物客观性的前提下，强调一切现象的绝对平等。任一事物都可以包容其他一切事物，没有高低贵贱之分。

第三，"秘密隐显俱成门"。智俨注云："此约缘说"，即从所具备的条件方面讲。"又如《月喻品》云：此方见半，他方见满，而彼月性实无亏盈"，所以"常半常满，隐显无别时"。由于观察的地方不同，时间不同，也就是条件（缘）不同，所观察到的现象也不一样，或处于隐藏状态（假象），或处于显露状态（真象）。但无论是"隐"还是"显"，都反映同一本质，此即"俱成"。所谓"秘密"有两层含义：其一，"同时俱成故，所以称秘密也"。"隐"和"显"同时反映本质，即叫"秘密"。其二，"而此隐显，体无前后，故言秘密"。"隐"和"显"没有本质差别（体无前后），即叫"秘密"。实际上，"秘密"即指现象反映本质的神奇，也就是作为本体的佛智慧之作用的神奇。

第四，"微细相容安立门"。智俨注云："此约相说"，即从事物的相状方面论述。"如一微尘，此即是其小相，无量佛国、须弥金刚围等，即其大相，直以缘起实德，无碍自在，致使相容。"这是讲大小事物可以彼此兼容。此门与"因陀罗网境界门"实际上是重复的，但是智俨又强调两者的区别，认为前者强调一切现象"隐显互相显发，重重复重重，成其无尽"；此门强调一切现象"一时俱显不相妨碍"。

第五，"十世隔法异成门"。"此约世说"，即从时间上讲。"十世"指过去、现在、未来三世中各有三世，共成九世，"三世为一念，合前九位十世也"。客观的时间进程加上主观的时间概念，形成所谓"十世"。"十世"本来是有区别的"隔"，现在不等于未来，但又能在人们的思想中统一起来，所谓"无尽无数劫，能作一念顷，非长亦非短，解脱人所行如是"。"异成"是指有差别的统一，"如以五指为拳，不失指"。此门是从时间上讲圆融，谓极短的时间可以容纳极长的时间，极长的时间可以容纳极短的时间。"一念"可作为表达极短时间的概念，这里的"一念"也有这层意思。"一念"又指人的一个念头，这里的"一念"也指"解脱人"的一个念头。

第六，"诸藏纯杂具德门"。"此约行说"，即从修行规定方面讲。智俨又注云："此约诸度说"，即从修行分类（度，如六度、十度）规定上讲。"如似就一施门说者，一切万法皆悉名施，所以名纯。而此施门即具诸度善行，故名为杂。如是纯之与杂，不相妨碍，故名具德。"如果有人践行"施舍"这一门（施度），那么他的一切活动都可以称为"施"，此为"纯"；而他在践行"施舍"这一门时，又完全获得了修行其他一切法门（诸度）的善行功德，此为"杂"。"纯"与"杂"不相妨碍，叫作"具德"。这是说明，佛教各法门相互荣摄，修行一门，等于修行了一切法门。这是"一即一切"观点在修行上的贯彻。

第七，"一多相容不同门"。"此约理说"，"以一入多，多入一，故名相容，即体无先后，而不失一多之相，故曰不同。此约缘起实德，非天人所修"。由于此门是从"理"（体）上立言讲一多关系，不纯粹是就"事"或"相"而言，所以，这里的一多关系是本体与作用、本质与现象的关系。"一入多"，本体产生作用；"多入一"，现象体现本质。由于本体与作用、本质与现象有差别，所以叫"不同"。这是讲本体与作用的不相妨碍，本质与现象的不相妨碍。

第八，"诸法相即自在门"。"此约用说"。此门与第七门相对，是从"事"（用）上讲，不是就"体"或"理"立论。此门阐述统一整体中某一部分与其他部分的关系。在缘起法中，作为任一部分的"一"，即可容纳作为其余部分的"一切"。从修行阶位上讲，就是"一地即摄一切地功德"，"初心即成佛"。

第九，"唯心回转善成门"。"此约心说"，此门是从"心"体上讲一切佛法的由来及其转化。"所言唯心回转者，前诸教义等（指十会），并是如来藏性清净真心之所建立，若善若恶，随心所转，故云回转善成，心外无别境，故言唯心。"

第十，"托事显法生解门"。"此约智说"，即从佛智的角度讲。"言托事者，如经中举金色世界之事，即显始起于实际之法，此中以事即法，故随举一事摄法。"《华严经》中所讲的均是"事"，以"事"比喻佛法。对佛经记述的这种认识，就为在解释和创新中探其"玄理"提供了信仰保障。由于《华严经》中形象比喻（事）可以比喻佛法之理，那么，任举一事，即可见理。

"十玄门"是从十个方面揭示《华严经》的"玄"理，实际上是从十个方面讲法界缘起的内容，从而塑造了一个世界存在模式。它的核心内容是：作为佛自体或如来藏自性清净心的表现的世界万有，同时产生，圆满无缺，均处于相互依存、相互等同、相互荣摄的和谐统一之中。这个世界既是轮回世界又是解脱世界，本体界和现象界在这里是重合的。因此，对现实世界的态度即是对彼岸世界的态度。这个世界本质上是凝固的、静态的，瞬间即永恒，没有发展变化。值得注意的是，佛教固有的苦难观、厌世情绪以及悲观格调，差不多快被塑造这种世界模式的学说洗刷干净了。在智俨之后，华严僧俗学者不断提出新的学说来丰富法界缘起的内容，有不少方面的变化，但是，法界缘起的这个核心内容从来没有受到挑战，从来没有被怀疑。

智俨在探索"玄"理原则指导下诠释经典，不仅继承了以往华严学僧的成果，而且有自己不可替代的创造，使华严经学哲学化、概念化的过程不断深入。探索玄理的过程形式上是诠释经典的过程，实际上是提出新思想的过程。这个过程经过了从喻到法，再从法到理的两个阶段过渡。既然把佛所说的经看作"喻"，看作"譬"，其蕴含的真正佛"法"、佛"道"、佛"理"须待挖掘，须待哲学发挥和处理，这就为解经注经者大胆变革、勇敢创新提供了信仰保障和精神鼓舞。从《华严十玄门》可以看到，华严概念体系的建造、新思想的提出，正是在这种中国文化中固有的不迷经、崇理性的人文精神驱动下进行的。

三　一与一切的内容与特点

智俨把"法界缘起"作为《华严经》的宗旨，并用以概括其全部理论。在《华严十玄门》开头，智俨就明确指出了法界缘起与佛教传统缘起说的本质区别，并概括了法界缘起的核心内容：

> 明一乘缘起自体法界义者，不同大乘、二乘缘起，但能离执常、断诸过等。此宗不尔，一即一切，无过不离，无法不同也。[1]

缘起说是佛教最重要的基本理论，大乘（菩萨乘）、二乘（声闻乘，缘觉乘），也就是传统佛教所讲述的缘起说有许多种，各种缘起学说之间虽然互有差异，但有一个共性，即都是说明世界、人生及各种现象生成、变化和毁灭的理论。总的来说，各种传统缘起学说在承认事物和现象均依据特定条件而产生、变化和消亡方面是一致的。在智俨看来，传统缘起理论的价值和作用，是要消除（离）人们认为事物或断灭（断）、或永恒（常）等错误认识和观念（诸过）。但是，华严宗所讲的"一乘缘起"，也就是"法界缘起"，却不是关于世界、人生及各种现象起源的理论，不是侧重于解决宇宙生成论或本体论方面的问题，而是关于世界、人生和各种现象理想存在状态的学说，重点说明事物或现象之间本来具有的理想关系，说明修行解脱所要达到的理想境界。

"一乘缘起"或"法界缘起"的名目自然都不是智俨所创，但是，智

---

① （唐）智俨：《华严一乘十玄门》，《大正藏》第45册，第514页。

俨在这里把它与传统缘起学说进行比较，指出了创新理论的特点，并赋予其新的内容。"一"和"一切"① 可以相互等同（一即一切），尽管作为"一切"的事物或现象可以多得不可计数，但是没有存在于"一"之外的任何个体，也没有存在于"一切"之外的"一"（无过不离），任何事物或现象都是可以相互等同的（无法不同）。这三句简明且具有创新意义的概括，成为华严哲学思想的总纲。《华严十玄门》中讲的"十玄门"，就是对这个总纲的具体论述。

这种"一"与"一切"的关系，与智俨所引用的《华严经》中的"数十"比喻含义不同。原经是对十个数字在"性"相同的意义上讲没有差别，所讲的"一"、"十"（包括"多"、"一切"、"无量"、"无尽"）都是具体的数字，是具体的"一"和"多"。然而，《华严十玄门》所讲的一与一切的关系，有更深刻的多重含义。

其一，一与一切是处理整体与部分的关系，在整体与部分相互依存、不可分割的基础上讲两者可以相互等同。这里的"一"，是指与部分相互依存的整体，即所谓"缘成一"。这是抽象的一。一即一切，是把整体与部分相等同。在这层意义上使用"一即一切"，强调了整体与每一部分的依存关系。组成一个整体的部分哪怕多得无法计数，缺少其中任一部分也意味着没有那个整体的存在。

其二，一与一切是处理本质与现象、本体与作用、共性与差别的关系，在它们彼此不可分离的基础上讲相互等同。在这方面，"一"指"理"、"心"、"体"、"佛性"等，是抽象的"一"，是生起万有的本原，同时又是一切现象的本质规定。"一切"指"事"、"法"、"用"、"众生"等，是无穷无尽的个体、现象。"一即一切"，表明没有离开本体的作用、离开本质的现象、离开共性的差别，从而强调本体就是作用，本质就是现象，共性就是差别。在这层意义上使用"一即一切"，强调了轮回世界与解脱世界的合一，现实世界与理想世界的合一。不要希望在轮回世界之外寻找解脱世界、在现实世界之外寻找理想世界。

其三，一与一切是处理现象与现象之间的关系。在这方面，"一"指统一整体中的某个部分，是具体的"一"；"一切"指整体中除去为

———————

① 在《华严一乘十玄门》及在此前后的华严学僧著作中，"一切"与"多"、"十"、"无量"、"无尽"等是同类概念，含义相同，这是继承了《华严经》的内容。

"一"的部分之外的其余所有部分,是具体的"一切"。"举一为主,余即为伴。主以为正,伴即是依。"① "一"与"一切"的关系,即是现象或事物间"主伴"、"正依"的关系,即主从关系。在这层意义上使用"一即一切",既强化了每个部分相互依存、不能分离的整体意识,又突出了有主次之分的各部分本质上一律平等的观念,从而强调了部分与部分之间关系的协调、和谐。

《华严十玄门》对法界缘起核心思想的概括,在中国哲学史上有着重要价值和影响。以道家和儒家为主的中国传统文化,历来强调理解"一"的重要性和深刻内涵,在对数字"一"进行理论抽象的基础上,形成了对"一"的特别尊崇。作为哲学概念的"一",可以指天地万物一成不变的本原、共同的本质,也可以指事物的同一和统一。中国传统文化还重视对"一"的掌握和运用,"抱一"、"得一"、"执一"、"知一"② 等,被作为认识和实践的最高原则。但是,中国传统哲学在强调"一"的同时,普遍缺乏把"一"作为与"多"不可分离的范畴来同时考虑,没有相应地把"一"与"多"作为同等重要的范畴来对待,对"一"的强调实际上已经成为对"一"的孤零零的独尊。智俨的"一即一切,无过不离,无法不同",明显改变了这种情况。因此,中国哲学对"一"的理论抽象和独尊,为华严学僧接受《华严经》中的一多关系奠定了思想基础,而《华严十玄门》为"一"与"多"在哲学层面确定的新关系,则是对中国哲学的丰富和发展。

《华严十玄门》在接受《华严经》某些内容的同时,始终坚持着拒绝神异、排斥神通的态度:

> 又云:如一微尘所示现,一切微尘亦如是。故于微尘现国土,国土微尘复示现,所以成其无尽复无尽。此即是其法界缘起,如智如理,实德如此,非即变化,对缘方便故说。若是大乘宗所明,即言神力变化,故大小相得入;或言菩萨力故入,又言不二故入,不同一

---

① (唐)智俨:《华严一乘十玄门》,《大正藏》第45册,第515页。

② 《老子·二十二章》:"圣人抱一为天下式。"《老子·三十九章》:"昔之得一者:天得一以清,地得一以宁,神得一以灵,谷得一以盈,万物得一以生,侯王得一以为天下贞。"《管子·心术下》:"执一而不失,能君万物。"《吕氏春秋·大乐》:"知一则明,明二则狂。"

乘说。①

关于"微尘现国土"、"大小相得入"之类的描述，是充斥于整部《华严经》各个部分的，智俨反对一般大乘用"神力变化"来解释，不承认是菩萨的神通力量所变现，也不用"不二"法门之类的学说去解释，而是用世界本来具有的理想状态来予以说明。"此宗明相入，不论神力，乃言自体常如此"②，已经成为当时人们普遍了解的思想。最大程度地拒绝原经典中的神异灵迹或神通变化，是《华严十玄门》在理论创新过程中表现出的理性精神。

四　华严菩萨信仰的过渡形态

《华严经》主要由早出的文殊类经典和后出的普贤类经典构成，因此，文殊、普贤成为该经树立的两位最重要的菩萨。但是，在该经中，并没有明文排定两大菩萨的位置。所以，在奉持华严的历代学僧中，出现了或重文殊或重普贤的现象。

但是，到了宗密（780—841）的时候，法顺就被塑造成文殊的化身了，③ 此后的佛教史籍大都沿袭了这种说法。影响较大的《佛祖统纪》卷二十九记载，法顺于长安南郊义善寺逝世后，"有弟子谒五台，抵山麓见老人，语曰：文殊今往终南山，杜顺和上是也。弟子趋归，师已长往。至今关中以是日作文殊忌斋"④。这些后出的记述，给人一种法顺重文殊的印象。实际上，这与实际情况不符。在早期的传记中，法顺劝人修"普贤行"，明确是重视普贤。而到了智俨的时候，明确为轻文殊、重普贤的倾向提供了理论根据。《华严十玄门》指出：

今且就此华严一部经宗，通明法界缘起，不过自体因之与果。所言因者，谓方便缘修，体穷位满，即普贤是也。所言果者，谓自体究竟，寂灭圆果。十佛境界，一即一切，谓十佛世界海及《离世间

---

① （唐）智俨：《华严一乘十玄门》，《大正藏》第 45 册，第 516 页。
② 同上。
③ （唐）宗密：《注华严法界观门》，《大正藏》第 45 册，第 684 页。
④ （南宋）志磐：《佛祖统纪》卷二十九，《大正藏》第 49 册，第 292 页。

品》，明十佛义是也。①

从因果方面来解释《华严》的宗旨，并不是智俨的创造，地论师系统就提出以因果来概括华严经宗。但是，智俨讲因果，却有着重新安排华严菩萨位置的用意。智俨在这里把"果"定义为"十佛境界"，自然是没有异议的。但是，认为"因"只指"普贤"，就与此前华严学僧的见解不同，所以引发疑问：

> 问：文殊亦是因人，何故但言普贤是其因人耶？答：虽复始起发于妙慧，圆满在于称周。是故隐于文殊，独言普贤也。亦可文殊、普贤据其始终，通明缘起也。②

很明显，智俨的答辩是针对地论师的观点而发的。慧光的《华严经义记》在解释为什么十大菩萨的队列是以文殊为首时指出：

> 文殊为首者，欲明始发于妙实也。
> 就此菩萨中，初明文殊者，始证真性波若，根本妙慧故也。③

慧光（468—538）的这些议论影响很大，法藏的《探玄记》中也有引用："光统师以因果理实为宗，即因果是所成行德，理实是所依法界。"④ 在这里，"理实"与"妙实"所表达的意义相同；在慧光的著作中，"妙实"、"真性波若"、"根本妙慧"等是同类概念，相当于指佛性、法身、诸法本性等。既然强调文殊象征"妙慧"，自然是首重文殊，把象征"行"的普贤放在第二位，这是重理论的官僧的特点。智俨所说的"虽复始起发于妙慧"，就是针对慧光的理论而来。在智俨看来，慧光所说的一切万法、一切修行都来自"妙实"（理体）是没有错的，但是，"圆满在于称周"。所谓"称周"，指"称理周遍"，只有"称理周遍"才算"圆满"。这就

---

① （唐）智俨：《华严一乘十玄门》，《大正藏》第 45 册，第 514 页。
② 上引均见（唐）智俨：《华严一乘十玄门》，《大正藏》第 45 册，第 514 页。
③ 上引均见惠光《华严经义记》，《大正藏》第 85 册，第 234 页。
④ （唐）法藏：《探玄记》卷一，《大正藏》第 35 册，第 120 页。

是说，根据"理"而进行了圆满的修行（实践了"普贤行"），其境界会周遍法界。正是在这个意义上，才"隐于文殊，独言普贤也"。如果从缘起的角度讲，才可以说"文殊、普贤据其始终"。智俨的论述，完全代表了法顺一派重"行"的华严学僧的观点。

智俨的弟子法藏后来全盘接受了智俨的观点，在不否认文殊象征"妙慧"的同时，概括华严宗旨时仍然始终专用普贤象征"因"，完全抛开了文殊。所谓："夫华严宗旨，其义不一，究其了说，总明因果二门，因即普贤行愿，果即舍那业用。"① 不仅如此，法藏在《华严经探玄记》开头的总结性偈文中，还把普贤排在文殊的前面，所谓"普贤文殊等，海会大菩萨"。②

那么，从法顺开始的这种重普贤、轻文殊的倾向是不是此派在隋唐之际的独有特点呢？当然不是。从北周开始，认为《华严经》主要讲普贤行，是许多依此经修行僧人的共同认识。智俨在《华严十玄门》中的论述，为重普贤的僧众提供了理论依据。同时，又与地论师系统和五台山地区的信仰者尊崇文殊形成明显对立。

与五台山地区有联系的一批华严信仰者和研究者尤其尊重文殊。按照法藏的记载，张谦之、灵辨这两位早期最有名的华严研究者，都与文殊有不解之缘。刘谦之能造出六百卷的华严注疏来，一是受到北齐王子烧身供养文殊菩萨行为的感染，从而萌发造论的决心；二是不但自己对此经下了"昼夜精勤，礼忏读诵"的功夫，而且"心祈妙德（指文殊），以希冥佑"③。北魏沙门释灵辨（477—522）是因为"求文殊师利菩萨哀护摄受"，才能够著论一百卷。④ 像净影寺慧远（523—592）、相州休法师，都是"博瞻宏富，振古罕俦"的人，或者注疏《华严经》不能成功，或者用功研究此经"文理"却"转加昏漠"，原因就在于他们没有刘谦之那样

---

① （唐）贤首：《华严策林》，《大正藏》第 45 册，第 597 页。

② （唐）法藏：《探玄论》卷一，《大正藏》第 35 册，第 107 页。

③ （唐）法藏：《华严经传记》卷一，《大正藏》第 51 册，第 156 页。关于刘谦之造《华严论》六百卷的记述："昔北齐大和初年，第三王子，于清凉山求文殊师利菩萨，烧身供养。其王子有阉官刘谦之，既自慨形余，又睹王子焚躯之事，乃奏乞入山修道。有敕许焉。遂赍此经一部，昼夜精勤，礼忏读诵，并心祈妙德，以希冥佑。绝粒饮水，垂三七日，形气虽微，而丹抱弥着。忽感发鬓尽生，复丈夫相。神彩超悟，洞斯幽指。于是覃思研精，爰造前论。始终纶综。还以奏闻，高祖信敬由来，更增常日。华严一经，于斯转盛。"

④ （唐）法藏：《华严经传记》卷一，《大正藏》第 51 册，第 157 页。

幸运，得"大圣冥传"。① 这里的"大圣"，是指文殊，而不是普贤。所以，在地论师系统和与五台山地区有联系的华严信仰者中，文殊菩萨的地位要比普贤更显赫。离开了文殊菩萨的护佑、"冥传"，就不可能深入理解《华严经》的文理，更不能造出《华严经》的注疏之作来。这种认识的产生，大约与文殊菩萨以五台山为道场，常到此地讲《华严经》的传说有直接关系。②

总之，《华严十玄门》从因果方面论述菩萨信仰，为重视普贤的僧众提供了理论根据，构成了华严菩萨信仰格局形成过程中的一个过渡形态。这与地论师和五台山地区的华严信仰者、研究者重视文殊形成区别。或重文殊或重普贤，与倡导者的佛学思想和修行实践有直接联系，并且体现出浓重的地域色彩。此后，李通玄提出"三圣一体"说，澄观在他的基础上进一步倡导"三圣圆融"，就确立了华严佛菩萨的最终信仰格局，或重文殊或重普贤的争论也就成为历史。由此我们可以看到，佛学中国化是分阶段进行的不断深化的过程。

第三节　法藏与华严学的新进展

公元 7 世纪下半叶，华严学一跃成为佛教中的显学，它在社会上的普及范围及受朝廷的重视程度，都是其他诸派义学所不能比拟的。当时，盛行于北方京邑的华严学与勃兴于南方山野的禅学，成为左右中国佛学发展趋向的两支重要力量。华严学能够蓬勃发展，原因是多方面的，其中，与智俨弟子法藏的努力也是分不开的。

---

① （唐）法藏：《华严经传记》卷一，《大正藏》第 51 册，第 156 页。"隋净影寺慧远法师，晚年造此经疏，至《回向品》，忽觉心痛，视之，乃见当心毛孔流血外现。又梦持鎌登大山，次第芟剪，至半力竭，不复能起。觉已，谓门人曰：吾梦此疏必不成。于是而止。相州休法师，听华严五十余遍，研讽文理，转加昏漠。乃自喻曰：斯固上圣至言。岂下凡所抑度哉！详二贤博瞻宏富，振古罕俦，于此陶埏，莫能穷照。而谦之寻阅，未尽数旬，注兹鸿论。何其壮哉。盖是大圣冥传。不足多怪。"
② （唐）法藏：《华严经传记》卷一："文殊师利菩萨，常于彼讲《华严经》故，自古以来，迄乎唐运，西域梵僧，时有不远数万里而就兹顶谒者；及此土道俗，亦尘轨相接，或遇神僧圣众。"见《大正藏》第 51 册，第 157 页。

一　生平与著作

关于法藏（643—712）生平事迹的资料较多。《华严经传记》所述虽然零碎不系统，但其内容或为法藏自述，或为身边弟子追记补续，是最直接的资料。《大方广佛华严感应传》（简称《感应传》）所述虽为标榜神异，但所反映的历史真实不容忽视。阎朝隐的《大唐大荐福寺故大德康藏法师之碑》（简称《法藏碑》）虽然系统，又嫌太简略。新罗崔致远的《唐大荐福寺故寺主翻经大德法藏和尚传》（简称《法藏传》）所述最详细，但少数记载与史实有出入。此为，《宋高僧传》《佛祖统纪》《法界宗五祖略记》等后出史书的某些记述，也有补前代记述遗漏或纠正一些讹误的参考价值。

法藏祖籍康居（今中亚撒马尔罕一带），故以康为姓。祖父辈迁居长安，其父受赠左卫中郎将。根据《法藏碑》，唐显庆三年（658），法藏到岐州（今陕西省扶风）法门寺内的阿育王舍利塔前，燃一根手指，以申供养，表明他树立坚定的佛教信仰。第二年，他游学终南山中的太白诸山，学习佛教典籍，其中包括《华严经》。约 20 岁时，法藏到云华寺师从智俨。智俨赞法藏"此贤者注意于《华严》，盖无师自悟，绍隆遗法，其唯是人"。法藏则"殚俨之妙解，以为真吾师也"。法藏当时以童子（指未正式出家者）身份入寺求学于智俨，颇类禅宗中慧能求学于弘忍的情况。

总章元年（668），有西域梵僧至，法藏请受菩萨戒。当梵僧得知"此童子诵得《华严》大经，兼解其义"时，认为"若有人诵得《华严·净行》一品，其人已得菩萨净戒具足，不复更受菩萨戒"①。由此可知，法藏在智俨逝世时（668）尚未正式出家。据说，智俨逝世前曾将法藏托付于弟子道成、薄尘。

咸亨元年（670），武则天为其母荣国夫人追荐冥福，舍长安私宅建太原寺，同时令度僧。法藏于此时正式出家，受沙弥戒，入太原寺，以后常住于此寺。《法藏碑》未记其何时受具足戒，《法藏传》谓其"僧夏未息"。戴京曾就《法界宗五祖略记引》指出，一般认为法藏于登封丙申年（690）才受具足戒，但当时他已经 57 岁，名满天下，于此时受大戒，

---

①　《华严感应缘起传》卷一，《卍续藏经》第 77 册，第 643 页。

"恐无是理"，因此同意《法界宗五祖略记》所述，谓上元元年（674）有旨命京城十大德为法藏授大戒，赐号"贤首"。此说不知所本，但法藏成为大僧的时间较晚应该是事实。入太原寺后的几十年中，法藏的主要活动有参加译场、讲经授徒和著书立说。

《法藏传》谓："藏本资西胤，雅善梵言；生寓东华，精详汉字。故初承日照，则高山擅价；后从喜学，则智海腾功。"法藏数次参加译场，其中与《华严》关系密切的，是参与地婆诃罗（日照）和实叉难陀（喜学）的译事。据《华严文义纲目》，地婆诃罗于永隆元年（680）三月到长安，奉敕于太原寺（魏国西寺）译经，有道成、薄尘等十大德参加。法藏以前在研究《华严》过程中，发现《入法界品》内有缺文，即前往请教。闻听地婆诃罗带来梵本，"遂与三藏对校，遂获善财善知识天主光等十有余人，遂请译新文，以补旧缺。沙门复礼执笔，沙门慧智译语"①。所补《入法界品》中脱文两处，第一处是从摩耶夫人后至弥勒菩萨前一段，中间加入了天主光等十人；第二处是从弥勒后至普贤前一段，"脱文殊伸手案善财顶等半纸余文"②。法藏由此参加了地婆诃罗译场，"更译《密严》等经论十有余部，合二十四卷，并皇太后御制序文"③。

实叉难陀翻译八十卷《华严》，始于证圣元年（695），终至圣历二年（699），法藏曾任笔受。新译经也缺地婆诃罗的补文，于是法藏不仅以"宋（实为晋）唐两翻对勘梵本"，而且"持日照之补文，缀喜学之漏处"④。久视元年（790），他又奉诏与实叉难陀译《大乘入楞伽经》七卷等。

除参加上述两个译场外，法藏于公元 691 年参与了提云般若译《法界无差别论》；久视元年，参加义净译场；神龙元年（705），奉诏遂与吐火罗僧人弥陀山合作翻译《无垢净光大陀罗尼经》。从神龙二年（706）开始，他常参加菩提流支《大宝积经》一百二十卷的翻译，曾奉命任证义。法藏数度参与《华严》及其他唯识等类典籍的翻译，掌握佛学的最新进展，有利于拓展研究视野。在华严学僧中，他是从注解晋译《华严》

---

① （唐）法藏：《华严经传记》卷一，《大正藏》第 51 册，第 154 页。
② （唐）阎朝隐：《法藏和尚传》，《大正藏》第 50 册，第 282 页。
③ （唐）法藏：《华严经传记》卷一，《正大藏》第 51 册，第 154 页。
④ （唐）阎朝隐：《法藏和尚传》，《大正藏》第 50 册，第 282 页。

到注解唐译《华严》的过渡人物。

讲经授徒是法藏一生中的重要活动。他先讲晋译《华严》，唐译《华严》翻译出来之后，立即接着宣讲，前后讲新旧两经三十余遍。法藏讲经，或奉朝廷之命"承旨"而讲，或应僧众求学而讲，或应地方官吏之请而讲，有时僧俗听众达千人，对促进《华严》的流行和华严宗学说在朝野的流布起了重要作用。他的许多著作是讲经的记录稿，或是为讲经而准备。

在讲经过程中，他培养了一批弟子。《法藏和尚传》谓，他的弟子"从学如云，莫能悉数，著名者六人"，有宏观、文超、智光、宗一、慧苑、慧英。其他史籍提到名字的还有胜诠（新罗人）、惠谅、惠云、玄观、如琼等。

除奉旨讲经外，法藏还为唐王朝作各种佛教法事。垂拱三年（687），法藏奉召于西明寺立坛祈雨。神功元年（697），唐王朝出师讨伐契丹，他"建立十一面道场，置光音像行道"，"依经教遏寇"，得武则天"忧诏劳之"。长安四年（704），他奉召至法门寺，迎佛舍利。

法藏晚年还介入唐宫廷的权力之争。中宗神龙元年（705）正月，张柬之诛杀张易之、张宗昌等人，助中宗复位。中宗登基后又依靠武三思、韦后等诛杀张柬之。此后中宗谓法藏在这一系列事件中"预识机兆，诚恳自哀，每有陈奏，好回既矜，功效居多"[1]，故赏其三品官爵，法藏不受，又转授予其弟宝藏。中宗、睿宗皆请法藏为菩萨戒师。至玄宗先天元年（712），法藏圆寂，唐王朝赠"鸿胪卿"。

法藏著作种类很多，汤用彤《隋唐佛教史稿》考证，现存 23 部，知名已佚 20 余部，在现存 23 部著作中，与《华严》有关的 15 部。从内容上看，大致可分为五类。

第一类，系统注解《华严经》的著作，即《华严经探玄记》（简称《探玄记》）二十卷。此书体例仿智俨的《搜玄记》，对每品基本分四门解释，即"释名"（解释各品品名）、"来意"（关于本品与其他品的关系）、"宗趣"（本品的主要思想）、"释文"（逐句解释经文）。该书的篇幅约为《搜玄记》四倍多，不少注解直接采自后者，但注重发挥，理论性更强。崔致远曾将《搜玄记》与《探玄记》进行多方面比较，

---

① （唐）阎朝隐：《法藏和尚传》，《大正藏》第 50 册，第 283 页。

并有一个总的评价："举要言之，《搜玄》者索隐之离辞，《探玄》者钩深之异语。隐能心索，深可力钩，十义之圆科月满。""十玄门"是智俨的独创学说，并为以后的华严宗人所继承，自然引起重视，所以崔致远谓"十玄之妙旨霞张"。法藏没有提出任何独创学说，主要是在智俨已有学说基础上对一些小问题进行补充、修正或发挥，使整个理论更系统。法藏无论提示经典大意还是解释某个概念、范畴或命题，总是以"开十门"论述，"十义之圆科月满"的评论比较恰当。《探玄记》是法藏为研究撰写的著作，全面阐述华严宗的教理，除此之外，他的绝大多数著作是为讲经准备的，或为回答学僧或在家信徒提问而作，有些则是由弟子整理的讲经记录。

第二类，概述《华严》内容、结构、特点以及解释经中名相的著作，有四部，篇幅都不大：《华严经文义纲目》一卷，《华严经旨归》一卷，《华严经关脉义记》一卷，《华严经明法品内立三宝章》二卷。

第三类，举例或比喻说明华严宗的教义，属于普及华严宗基本知识的著作，有两部：《华严经义海百门》一卷，《华严金师子章》一卷。

第四类，侧重论述某些方面问题的著作，有七部：《华严策林》一卷，《华严问答》一卷，《华严一乘教义分齐章》（又名《五教章》）四卷，《华严经普贤观行法门》一卷，《华严游心法界记》一卷，《华严发菩提心章》一卷，《修华严奥旨妄尽还源观》一卷。

第五类，系统记述华严类典籍翻译、传播的史实和传说的著作，即《华严经传记》五卷。

上述15部著作中的大部分，是从不同方面论述华严教义，重复内容很多。大体来说，能够反映法藏思想概况、形成脉络和主要特点的著作有《探玄记》《五教章》《华严问答》《华严旨归》《妄尽还源观》等。

法藏圆寂后，其众多弟子一度活跃于京畿地区，是研究和弘扬华严学的重要力量。其中，宗一续写法藏注释唐译《华严》的遗稿，文超曾著《随闻要科自防遗忘集》《华严关键》等，慧英和慧苑整理完成法藏的《华严经传记》。

在法藏的所有弟子中，引起争议最大的是慧苑。他常住佛授记寺，以法藏后继者自居，并被称为"上首门人"。他在《续华严经略疏刊定记》中提出多种新说，尤其是把十玄分为"十种德相"和"十种业用"，倡导"双重十玄"。他的学说后来被澄观予以批判，在佛教界也就基本销声匿迹了。大约与慧苑同时，李通玄系统诠释唐译《华严经》，其学说在中唐以后的华严学历史上产生了极大影响。

二　性起学说的产生和完善

在法顺的著作中，就明确以"法界缘起"概括其全部理论，智俨予以重点发挥。法藏在继承法界缘起学说的同时，着重发挥的是性起学说。他把《性起品》对佛形象的叙述与《普贤品》对禅定状态的描述结合起来，用《起信论》的理论予以改造，最终使性起说成为说明世界和人生起源、论证解脱根据和过程的总理论。正是从法藏开始，性起学说成为华严宗理论中最具特色的部分之一。

（一）"性起" 源流

"性起"语出晋译《华严·宝王如来性起品》的品名，后出唐译《华严》将此品改为《如来出现品》，不再用"性起"一词。澄观对此有一个解释："晋经名性起，性字虽是义加，未爽通理……今以起义多含，直云出现。"（《华严经疏》卷四十九）所谓"义加"，指梵本原文无"性"字的对应词，是晋经译者根据该品的主要思想而创用的。又因为"起"字有多重含义，所以唐经译者改"性起"为"出现"。

"性起"一词缺乏经典依据，实际上也不符合该品的"通理"，但"性起"思想从未被华严学者否定。造成这种现象的原因，在于性起说比法界缘起说更注重从人的心性方面探讨问题。法界缘起说首先重视的是外在佛境界，而不是人的内心世界。相反，性起说则从一开始就注重从人的先天本质上立论。

重视"性起"，并且运用它说明多种问题，始自智俨。他在解释《宝王如来性起品》中"性起"一词含义时说："性者，体；起者，现在心地耳。"作为精神本体的"佛性"始终存在于一切众生心中，但是它的显现有"始终"之别和"广狭"之分。所谓"始终"，指众生修行的过程，"初始发心至佛性起，终至大菩提、大涅槃、流通舍利也"。这是说，原本存在于众生心中的"佛性"，只有在众生开始"发心"（树立佛教信仰）修行时才能"起"（显现），并且一直显现到遗骨中，此即为"性起"的"始"和"终"。所谓"广狭"，指可以显现佛性的众生范围，包括"顿悟及三乘始终，出世至声闻、缘觉，世间下至地狱等诸位也，仍起在大解大行大见闻心中"①。尽管包括地狱众生在内的世间、出世间众生都有显现佛性的可能性，但佛性又只能显现于修菩萨行者心中。

智俨在《十地品》第五地的注文中说："性体本无分别，修智亦无分别。故智顺理不顺诸缘，故知修生即从本有，同性而发，故《性品》云：名菩提心为性起故。"② 智俨所说的"性起"，指本有的佛性如何在众生心中显现，是联系修行阶位（十地）讲众生实现成佛的过程。佛性显现的始终，也就是个人修行成佛的全过程。智俨的这种理解与净影慧远在《大乘义章》中联系十地讲佛性的思路相同。这种性起思想的建立以"一切众生皆有佛性"为前提，它从规定人的先天本质入手，探讨人如何在修行过程中实现自我解脱，是在心性论和解脱论的范围内探讨问题。

智俨对"性起"的这些理解，完全与《如来性起品》的原意相违。查该品所述，是讲作为外在崇拜对象的佛以何种可视形象出现在世人面前，是以"三身"还是以"十身"出现教化芸芸众生。晋译《华严》虽以"如来性起"为品名，但文中却用"如来出现"表述，与唐译《华严》该品所述内容一致。这一点也为澄观看到："三佛圆融，十身无碍故，辨应现即显真成，是以晋经名性起。"③ 澄观对"性起"的这种解释是符合该品中心思想的。

但是，澄观既指出两部《华严》该品均讲外在崇拜对象——佛的"应现"问题，又完全接受了智俨、法藏以来讨论另一方面问题的性起说。因此，从《华严经》的"性起"到华严宗的"性起"，经历了从认识外在崇拜对象到探讨人心本质的转变过程。这种转变是华严宗学僧为探讨心性问题、为消除法界缘起的浓重客观色彩而进行的理论创造。

（二）一体二用

法藏在继承智俨全部理论成果的基础上，侧重发挥了性起学说。他把《性起品》对佛形象的叙述与《贤首品》对禅定状态的描述结合起来，并用《起信论》的理论予以改造，最终使性起说成为阐述世界和人生起源、论证解脱根据和过程的总理论。

在《探玄记》卷十六，法藏认为《如来性起品》以"性起法门"为

①　（唐）智俨：《搜玄记》卷四，《大正藏》第35册，第79页。
②　（唐）智俨：《搜玄记》卷三，《大正藏》第35册，第63页。
③　（唐）澄观：《华严经疏》卷四十九，《大正藏》第35册，第871页。

宗旨，可见他对"性起"的重视。他首先结合"如来性起"四字释"性
起"：

> 不改名性，显用称起，即如来之性起；又真理名如、名性，显用
> 名起、名来，即如来为性起。

他把"如来性起"四字来回搭配，得出了"性起"的两重含义，或为
"如来之性起"，或为"如来为性起"。紧接上文，他又"开十门"释
"性起"，是把性起与因果、理行等概念搭配作解，但还是没有讲清他的
性起说的主要内容和特点。然而，法藏在这里毕竟具有把"性起"规定
为体用关系的倾向，所谓"不改（体）名性，显用称起"，这是其性起学
说的立论基础。法藏成熟的性起思想，不是反映在《探玄记》中，而是
反映在《妄尽还源观》中。

《妄尽还源观》谓："依体起用，名为性起。"从体用关系方面立论，
是法藏性起说最显著的特点。他的性起说，是讲本体与作用、本质与现象
的关系。他所谓的"体"和"用"，具体指"一体"和"二用"。他对
"一体"的说明是：

> 一、显一体者，谓自性清净圆明体，然此即是如来藏中法性之
> 体。从本已来，性自满足；处染不垢，修治不净，故云自性清净。性
> 体遍照，无幽不烛，故曰圆明……亦可在圣体而不增，处凡身而不
> 减……《起信论》云："真如自体，有大智慧光明义故，遍照法界义
> 故，真实识知义故，自性清净心义故。"①

这里用《起信论》的"心真如门"来塑造佛性。"体"是"自性清净
心"，与《起信论》中讲的"真如自体"是同义语。它是产生世间和出世
间一切现象的本原，是包含一切佛教功能的母体，是众生心所具有的本质
方面。这种实存的精神本体的特征，是具足一切，常恒不变，绝对静止，
遍在于一切现象中，成为一切现象的本质。它是智慧实体，遍知世间和出
世间的一切。《起信论》特别强调真如自体的智能功能，讲"真实识知

---

① （唐）法藏：《修华严奥旨妄尽还源观》卷一，《大正藏》第 45 册，第 637 页。

义"。"识知"原指六识之知。即人们通过六种感官（眼耳鼻舌身意）所获得的认识和知识。佛教历来否定人们通过感觉、语言和思维所获得的知识的真实性和可靠性，所以六识之知被认为是人们产生谬误的原因之一。但是《起信论》把"识知"与真如自体结合起来，意味着六识之知与真如契合具有真理性，此即为"真实识知义"。这样，作为佛性的"体"，即是众生心的一个本质规定，一切现象由"体"所产生，也就是由人心所产生。

通过创造性解释《贤首品》中所讲的"海印三昧"和"华严三昧"，法藏提出了"体"的"二用"：

> 依体起二用者，谓依前净体起于二用。一者，海印森罗常住用。言海印者，真如本觉也，妄尽心澄，万象齐彰……经云：森罗及万象，一法之所印。言一法者，所谓一心也。是心即摄一切世间、出世间法。即是一法界大总相法门体。唯依妄念而有差别，若离妄念，唯一真如，故言海印三昧也……二者，法界圆明自在用，是华严三昧也，谓广修万行，称理成德，普周法界而证菩提。①

"海印三昧"是《华严经·贤首品》中所讲的一种佛的禅定，在其他地方也有论及。据说进入这种禅定状态，即可见到世界的一切现象，如同平静的大海水面映现一切物象一样，所谓"一切示现无有余，海印三昧势力故"。② 法藏有时也用"海印三昧"来概括华严宗的全部教义，《五教章》开首即言："今将开释如来海印三昧一乘教义，略作十门。"在这里，法藏则把"海印三昧"解释为"体"的一种作用或表现。

法藏把"海印"释为"真如本觉"，释为"一心"（"自性清净心"），这样就把《华严经》对禅定状态的神通境界构想改造成心生万法的宇宙起源理论。"一心"包含一切世间及出世间现象，并成为"一法界"的"大总相"。"总相"指整体、共相，这是强调世界万有作为一个整体存在，毫无例外是"一心"所产生，为"一心"所包容。另外，"一心"作为共相，又成为一切现象的本质。从上下文看，这里的"一法界"与

---

① （唐）法藏：《修华严奥旨妄尽还源观》卷一，《大正藏》第45册，第637页。
② （唐）法藏：《华严经》卷六，《大正藏》第9册，第433页。

"一心"含义相同，只是没有明确界定。在《大乘起信论义记》卷上，法藏就明确指出："一法界者，是一心也，异彼余法，故言法界。"这样，作为表述世界存在状态的"法界"，就不仅仅是外在的佛的境界，而首先是人心的本来境界。世间的一切现象都是"一心"的表现，本来没有区别，其所以有凡圣差别、净染区分、善恶对立，只是人有"妄念"的结果。消除妄念，"唯一真如"，是说一切存在的现象本质上都是契合"真如"的，都是合理的，肯定"真如"，也就是肯定作为"真如"表现的"森罗及万象"。

法藏论述的海印三昧这一"用"，从理论形态上说，是讲本体与作用的关系，强调本体就是现象。从宗教信仰的角度看，其突出特点是把外在崇拜与自我崇拜紧密结合起来。

"华严三昧"也出自《贤首品》，与"海印三昧"在同一段落。据说，进入这种禅定状态，就具有佛教的一切修行功德，具有从事一切修行的能力，所谓"一切自在难思议，华严三昧势力故"①。法藏所讲的这一"用"，是在解脱论的意义上阐述。心体具有成佛的一切，那么从逻辑上讲，修心即可达到解脱。更为重要的是，法藏以"广修万行，称理成德"来定义"华严三昧"。"万行"是《华严经》所述普贤行的别称，概指达到成佛解脱的一切修行法门。这样，法藏就在"一体二用"这种新的理论框架下，把《华严经》列举的一切佛教修行规定全部接受下来。

实际上，《起信论》所讲的"真如用"也是"二用"，其一是讲依分别事相的认识所见的佛身，即"应化身"，其二是依于业识所见的佛身，即"报身"，最后又把真如的作用完全归结到"一心"，说明真如的作用即是"心"创造佛的过程。法藏所讲的"二用"，其经典依据是《贤首品》讲的两种禅定，所论述的问题与原经已毫无关系。

（三）性起缘起

佛教用以说明世界、人生及各种现象起源的理论称为"缘起"说，佛教各主要派别的缘起说不完全相同。一般来说，缘起说讨论本体界与现象界的关系，兼有宇宙生成论和本体论的双重内容，这是所有缘起理论的一致处。法藏以性起说明世界、人生及各种现象的起源，与以往的缘起说涉及同一类问题。这样，他的性起说与以往的缘起说有何异同，就为当时

---

① 《华严经》卷六，《大正藏》第 9 册，第 433 页。

学僧关注。法藏曾多次就此问题作答，其中之一是：

　　问：性起及缘起，此二言有何别耶？
　　答：性起者，即（自是言）本具性不从缘；言缘起者，此中入
之近方便，谓法从缘而起，无自性故，即其法不起中令人解之。其性
起者，即其法性，即无起以为性故，即其以不起为起。①

"法从缘而起"，可以说是对以往缘起理论的恰当概括。"缘"指事物或现
象（法）赖以产生的条件，"起"指产生或生起。一切现象均依据一定的
条件而产生和变化，处于普遍的因果联系之中。在法藏看来，这个理论只
是一种"方便"之谈，是为了让人们懂得性起之理的手段。他所说的
"性起"，乃是"以不起为起"，与以往的缘起说完全不同。

　　上引解性起文中的"自是言"三字是衍文。性起的意思是"本具性
不从缘"。这是说，依本体而显现的一切现象不需要任何条件（不从缘），
它们的产生即是"法性"的表现，不需要任何外在因素促动。从这个意
义上讲，性起也就是"不起之起"。因为，凡言现象的生"起"，总是与
认为此"起"是有条件的前提相联系，否则就成了佛教一贯反对的无因
论，与早期佛教就确立的"有因有缘集世间，有因有缘世间集；有因有
缘灭世间，有因有缘世间灭"的原则相违。既然"本具性不从缘"，那么
这个"起"也就等于"无起"。

　　法藏的上述论证，是在把本体与现象绝对等同的前提下立论。本体
"一心"是绝对的永恒存在，不需要任何条件，而作为"一心"所显示的
"法"，也就成了永恒绝对的存在，不需要任何条件。法藏并非只讲"性
起"，不讲"缘起"，他是以性起的观点解释缘起："明缘起者，如见尘
时，此尘是自心现。"② 既然此"尘"是一"心"的示现，那么它的产生
（起）也"不从缘"，也是"无起之起"。因此，法藏所讲的"缘起"实
际上是"性起"，相对于以往的缘起说，这种缘起说是"无起之起"。

　　使用同样的"缘起"一词，却是截然不同的两个概念，表达完全不
同的两种思想，必然造成混乱。于是，法藏就把"缘起"分为"三乘"

---

① （唐）法藏：《华严经问答》卷上，《大正藏》第 45 册，第 610 页。
② （唐）法藏：《华严经义海百门》卷一，《大正藏》第 45 册，第 627 页。

和"一乘"两种:

> 问:三乘缘起,一乘缘起,有何别耶?
>
> 答:三乘缘起者,缘集有,缘散即无。一乘缘起即不尔,缘合不有,缘散不无故。①

用"不有"和"不无"表述缘起,不是华严宗的创造,而是承自从大乘中观派建立的三论宗认识论。法藏在这里讲的"缘合不有,缘散不无",不是强调"诸法皆空",而是说明现象不待缘(条件)而产生,是强调本体及本体所显的现象的绝对实在,绝对不变。

法藏所讲的"性起",以及由此形成的"缘起"说,是在"即体即用"、"一即一切"认识原则指导下形成的。离开"一即一切",他的"性起"、"缘起"之说都失去意义。他在多次回答提问中表述这个观点:

> 问:一人修行,一切人皆成佛,其义云何?
>
> 答:此约缘起之人说故,一人即一切人,一切人即一人故。修言亦尔,一修一切修,一切修一修,故同云也。
>
> 问:现一人修而余不修,亦一人非余人,何得为尔也?
>
> 答:汝所见但是遍计耳,不知缘起之法,不足言也。②

华严宗所说的"人"和"修",是在缘起法的范围内谈"人"谈"修",以"一即一切"为认识前提。如果离开"一即一切,一切即一",追问为什么一个人修行就能使其余一切人成佛,这是"遍计所执性"的认识,即承认现象的客观实在性,就与缘起之法无关。

总之,性起说与以往缘起说在方法论上的关键区别,是性起说把本体与现象完全重合为一,在这个前提下论述世界、人生和一切现象的起源。在这种学说看来,一切事物或现象是本体直接的、全部的显现,它们的生起是无条件的、绝对的,既不以人的意志为转移,也不以佛的意志为转移。作为世界本原的"佛性"或"一心"是真实的、永恒的、无条件的

---

① (唐)法藏:《华严经问答》卷上,《大正藏》第 45 册,第 606 页。
② 同上书,第 600 页。

存在，作为它的作用或表现的一切现象同样也是真实的、永恒的、无条件的存在。性起学说所描述的世界，既是现象界又是本体界，既是轮回世界又是解脱世界，既是现实世界又是理想世界。解脱世界所具有的神圣、圆满、合理等一切特征，都被赋予轮回世界。人们热爱前者即是热爱后者，人们在现实世界里"广修万行"，就是解脱的表现。这是性起学说鼓励依《华严经》修行的号召。

三　六相圆融

法藏重视用"六相"说明统一整体中各种现象之间的关系，阐述法界缘起。他不仅运用"六相"分析各种问题，而且把它作为自己学说的四个重要内容之一。

在《华严金师子章》中，法藏以金师子为喻，简单概括了"六相"的大意：师子是总相，五根差别是别相；共从一缘起是同相，眼、耳等不相滥是异相；诸根合会是成相，诸根各住自位是坏相。

"总相"指整体（师子），"别相"指组成整体的部分（五根，即眼耳鼻舌身），"总相"和"别相"是整体与部分的关系。"同相"指组成整体（师子）的各部分（五根）的同一（共从一缘起），"异相"指各部分（五根）的差别（不相滥），"同相"与"异相"是讲同一与差异的关系。"成相"指各部分（五根）是组成整体（师子）的必备条件，"坏相"指各部分（五根）在整体（师子）中保持各自独立，"成相"与"坏相"是讲对立面相互转化的问题。这里的比喻仅是对三对范畴的简单定义，并不是法藏"六相圆融"说的全部内容。在《五教章》卷四，法藏对"六相圆融"加以集中论述，并有一个总结：

> 总即一舍，别即一缘；同即互不相违，异即诸缘各别；成即诸缘办果，坏即各住自法。别为颂曰：一即具多是总相，多即非一是别相；多类自同成于总，各体别异现于同；一多缘起理妙成，坏住自法常不作。唯智境界非事识，以此方便会一乘。[1]

"总相"是整体（房子），是"一"，"别相"是部分（诸缘，指椽、

---

① （唐）法藏：《华严一乘教义分齐章》卷四，《大正藏》第45册，第500页。

瓦等），是"多"。从总与别的关系讲，"若不别者，总义不成，由无别时，即无总故。此义云何？本以别成总，由无别故，总不成也。是故别者，即以总成别也"。如果没有部分（别），就没有整体（总），这叫"以别成总"。另外，没有整体（总），也就无所谓部分（别），因为部分（别）只有在整体（总）存在的前提下才是部分（别），这叫"以总成别"。这样，"以别成总"和"以总成别"，明确指出了整体与部分之间相互联系、相互制约、相互依存的关系。

总是"一"，别是"多"，这个规定必然引起人们对作为"多"的"别"的深入探讨，即对部分与部分之间关系的探讨。法藏正是在回答部分与部分关系问题中论证了"总"与"别"的另一重关系。

> 问：何者是总相？答：舍是。问：何者是舍耶？答：椽即是舍。何以故？为椽全自独能作舍故。若离于椽，舍即不成，若得椽时，即得舍矣。问：若椽全自独作舍者，未有瓦等，亦应作舍？答：未有瓦时，不是椽，故不作，非谓是椽而不能作。今言椽能作者，但论椽能作，不说非椽作。

"别"是包括"椽"、"瓦"等在内的具体的"别"，它所组成的"总"也是具体的"总"。这样，属于整体（总）的部分（别）之间也发生了关系。换言之，整体中的某一部分不仅与整体有联系，受整体制约，同时也受这个整体中其他部分制约，所谓"未有瓦时，不是椽"。"椽"不仅相对于"舍"才成为"椽"，而且也是相对于"瓦"才能为"椽"。这就进一步论证，当"椽"存在时，"舍"是完满无缺存在的。一方面，组成"舍"的所有部分都不是"舍"（此但椽等诸缘）；另一方面，它们又都分别和"舍"相等同（如"椽即是舍"）。因为，当说"椽"时，"瓦"等组成"舍"的一切都包括无遗了。这种某一部分即与整体相等同的关系，叫"总别相即"。法藏说："若不相即，总在别外，故非总也；别在总外，故非别也。思之可解。"整体不能脱离部分，部分不能脱离整体，这是正确的。华严宗的特点在于：它从整体与部分不可分割的联系中得出了部分即是整体，整体即是部分的结论。

在"六相"中，"总别"一对最重要，其余"同异"、"成坏"均从"总别"中引申出来。"同"指构成整体的各个部分有同一性（互不相

违），"异"指构成整体的各个部分彼此有差异（诸缘各别）。同一与差别
是一个事物的两个方面，"同"与"异"之间也同样存在着"相即"
关系。

各个部分是构成整体的必要条件（诸缘办果），叫作"成相"；各个
部分保持自己独有性质（各住自法），而这些特有性质均与整体（舍）形
成对立（常不作），叫作"坏相"；"成相"和"坏相"是一个事物的两
个方面，它们也是"相即"关系。

"六相圆融"说的目的，是"为显一乘圆教，法界缘起，无尽圆融自
在，相即无碍熔融"。这种学说要求人们从总别、同异、成坏三个方面看
待一切事物，认识到每一事物都处于"总别相即"、"同异相即"、"成坏
相即"的圆融状态。对这种状态的认识，即是佛智；对这种状态的体验，
即是对佛境界的体验。这种学说在承认差异的基础上讲同一，是促进社会
和谐的倡导。由于把事物间相互依存、相互制约的关系绝对化为"相即"
关系，最终引出了消除一切矛盾、否定一切差别、取消一切事物客观规定
性的"圆融自在"理论。

四　五教十宗

智俨奉《华严》为众经之首，视华严教义为佛的真正圆满之说，并
创立了新的理论体系。但是，在对全部佛教学说的分类上，他没有形成完
全固定的看法。也就是说，他没有自己独特的贯彻始终的判教理论，在智
俨之前，已有数种奉《华严》为至上经典的判教说，建立以抬高《华严》
为目的的判教理论已经不是迫切需要，已经不是建立创新理论所必需的前
提条件，这大约是他轻视判教的一个重要原因。

智俨在解释名相概念时，注意从比较的角度加以阐明，用分别引述不
同派别的意见以凸显自己的独特思想。但是，他在论述中并不固定地运用
某一种分类，而是根据情况需要，随机采用已有的立教分类名目。他最常
用的是采自《摄论》的"一乘、三乘、小乘"的三分法，其中，"一乘"
常用来指本派教理（华严义理）。他这样做，是基于各种分类都有其合理
性的认识。

相对于智俨，法藏的学说更有系统性，这个特点也表现在判教问题
上。法藏的判教是"五教十宗"，在多种著作中有论述。按《探玄记》卷
一记，"五教"是"就法（佛的具体说法内容）分教"而来，"十宗"是

"以理（义理）开宗"而来。两者中以"五教"更为重要，"十宗"只是"五教"从"义理"方面的细分。法藏在简略介绍自己的判教学说时，一般只讲"五教"，不讲"十宗"，《华严金师子章》中仅列"论五教"，就说明这种情况。

法藏集中论述"五教"的著作有《探玄记》卷一、《五教章》卷一和《华严游心法界记》，以比喻简要概括各"教"的中心思想，则是在《华严金师子章》中。综合这些记述，可以了解法藏"五教"说的基本内容。

（1）小乘教，又称"愚法二乘教"。这是给小乘声闻、缘觉讲的教义。其学说有"四谛"、"十二因缘"等；其典籍有《阿含经》《发智论》《俱舍论》《婆娑论》等。用"金狮子"比喻其教的中心思想和特点则是："师子虽是因缘之法，念念生灭，实无师子相可得，名愚法声闻教。"① 这是说，认识一切现象均由各种条件或因素聚合而成，处于生灭变化过程中，没有永恒存在的事物，即是获得小乘教理。

（2）大乘始教，亦称"权教"。这是大乘佛教开始阶段的教义，其典籍有《般若经》《中论》《唯识论》《解深密经》等；其学说内容是："即此缘生之法，各无自性，彻底唯空。"② 一切因缘聚合构成的事物，不仅其相状是空，而且没有保持自身本质的独立实在性，作为事物的本原及作用都是空。

（3）大乘终教，亦称"实教"。这是大乘佛教的终极教义，其典籍有《胜鬘》《涅槃》《密严》《起信论》《法界无差别论》等；其学说内容是："虽复彻底唯空，不碍幻有宛然，缘生假有，二相双存。"③ 法藏还强调，此教以讲"空有双陈无障碍"④ 为主。事物的虚幻存在（有）与因缘所生造成的"各无自性"的本质"空"，不相妨碍，这是一个事物的两个方面，既是"假有"，又是"真空"。

（4）顿教，讲不依言辞、不设修行阶位而顿悟教理的教义，其典籍有《楞伽》《维摩》《思益》等；其学说内容和特点是："即此二相，互

---

① （唐）法藏著，方立天校释：《华严金师章校释》，中华书局 1983 年版，第 29 页。

② 同上。

③ 同上。

④ （唐）法藏：《华严游心法界记》卷一，《大正藏》第 45 册，第 642 页。

夺两亡，情伪不存，俱无有力，空有双泯，名言路绝，栖心无寄。"①
"空"和"有"均依赖于对方而存在（"有力"指两方之中一方可以代
替、决定另一方），人们执着于"空"或执着于"有"均不对，只有对两
者均不执着（情伪不存，空有双泯），即达到一种语言无法确切描述（名
言路绝）、思维无法把握（栖心无寄）的体验境界。法藏强调，此教重在
讲"离相离性"②，对作为"相"的"有"和作为"性"的"空"，均不
能执着。

（5）圆教，包括被称为"别教一乘"的《华严经》和"同教一乘"
的《法华经》。前者指《华严》教义超越诸教，并为诸教之本；后者指
《法华》教义混同于诸教。法藏一般讲的"一乘圆教"大多特指本宗派
教义。

南北朝以来，判教已经有许多种，法藏站在正统佛教立场上再作教相
判释，提出"五教"说，并没有超出前代的理论窠臼。就华严内部而言，
有两点值得注意：其一，法藏把法顺讲的五重止观予以改造，使其变为判
教理论，这从其《华严游心法界记》中可以反映出来；其二，他的五教
名目是整理智俨的"依教有五位差别不同"中的"五位"名目而来，这
只要对照《孔目章》卷一即可看清。就与别宗派关系而言，"五教"受到
天台宗"八教"的影响，这是其弟子慧苑首次提出来。这些情况表明，
法藏的五教说没有多少创新内容，是在改造或吸收此前各家学说基础上形
成的。

与五教联系的"十宗"是：我法俱有宗，法有我无宗，法无去来宗，
现通假实宗，俗妄真实宗，诸法但名宗；一切皆空宗，真德不空宗，相想
俱绝宗，圆明具德宗。上述"十宗"是"五教"的展开或细分，其中前
六宗属于小乘教，后四项分别对应"五教"中的后四教。这个"十宗"
说，是在改造唯识宗窥基"八宗"说的基础上形成的，历来被认为绝少
创新。

法藏的"五教十宗"判教，不像慧观的"二科五时"那样，直接反
映当时佛教主流思潮的走向；不像天台宗的"五时八教"那样，有统一
的分类标准和严整的逻辑体系；不像禅宗的"宗门教门"之说那样，把

---

① （唐）法藏著，方立天校释：《华严金师子章校释》，中华书局1983年版，第30页。
② （唐）法藏：《华严游心法界记》卷一，《大正藏》第45册，第642页。

本宗与以往的一切佛教学说泾渭分明。法藏运用"五教"分类说明其他问题（如讲佛性、心识等）时，也没有提出任何新见，其结论没有超出法顺的"华严三昧观"、智俨的"十玄门"以及他自己讲的"性起"等学说的范围。

第四节　李通玄的教外华严学

武则天对《华严》的推崇、"八十华严"的译出、法藏成功的传教活动，使该经不仅受到义学僧人的普遍重视，也激发起有佛教信仰的知识阶层的研究兴趣。李通玄就是其中的著名代表。

李通玄在多方面继承了智俨、法藏的华严思想，他的独创成就集中在三个方面：其一，倡导和完善把经文结构、修行阶段、佛果体现三者统一起来的学说；其二，为华严经学向华严宗学的过渡进一步明确方向；其三，建立三圣一体的佛菩萨信仰格局。李通玄的学说既有与华严宗理论完全不同的方面，又有构成从法藏到澄观理论过渡的重要内容。他的学说既是华严学的重要分支，又是华严学发展过程中不可或缺的环节。

一　生平与著作

大历五年（770），照明因"访道君子"询问李通玄生平事迹之"始末"，就本着"不敢不言"的态度，作《华严经决疑论序》，概要介绍其事迹。其后的《释华严经论主李长者事迹》（简称《李长者事迹》）、《唐李长者通玄行迹记》（简称《行迹记》）、《宋高僧传·法圆》《隆兴佛教编年通论》等，所记史实与照明的记述有明显出入。对于诸种异说的来源已难详细考察，鉴于照明与李通玄来往甚密，曾"亲承训授，屡得旨蒙"，因此可以主要依据他的记述了解李通玄的生平事迹。

据照明介绍，李通玄是北京（今山西太原）人，李唐王室后裔，卒于开元十八年（730）三月二十八日。照明没有说李通玄的生年和年龄，从他讲述李通玄在则天朝之前就年过四十分析，后出史书谓李通玄卒时九十六岁的说法基本可取。以此推断，李通玄当生于唐贞观九年（635）。

李通玄年轻时"学非常师，事不可测。留情《易》道，妙尽精微"。对《周易》的精通，也体现在他以后注解《华严》的著作中。他"放旷林泉，远于城市"，一直过着游荡求学的生活。"年过四十，绝览外书"，从注重儒家经典转向佛教典籍。"在则天朝，即倾心《华严经》"。他首先接触的是晋译《华严》，并且"寻诸古德义疏"。当时他能看到的"古德义疏"，也都是晋译《华严》的注疏之作。

李通玄对以往的注疏著作并不满意，"每掩卷叹曰：经文浩博，义疏多家，惜哉后学，寻文不暇，岂更修行?"《华严经》本来就因为篇幅长而不易学，加上有多家注释，各自发挥一家之言，学者理解都很困难，修行更无所适从。这是促动他进一步研究《华严经》的原因，同时也表现出他力图统一华严理论的意愿。"幸会《华严》新译，义理未备"，李通玄即以注解唐译《华严》建立自己的理论。新经于圣历二年（699）译出，在李通玄之前还没有系统注释此经的著作。新译经与旧译经的差别，对他提出独到见解无疑有启发作用。

李通玄隐居著述始自开元七年（719），距新经译出已有 20 年。据《宋高僧传》卷二十二《法圆》后附所记，李通玄携带新译《华严》从定襄（今山西境内）到并州（今太原）孟县西南同颖乡大贤村高山奴家，开始撰述，三年足不出户。后又隐居神福山原下的土龛（太原寿阳方山土龛），继续从事著述，直到逝世。他在隐居著述期间，"每日食枣十颗，柏叶饼一枚，余无所须"，所以后世称他"枣柏大士"。

李通玄的首部著作是《新华严经论》四十卷，照明谓此书乃是"考经八十卷，搜括微旨，开点义门，上下科节"。《新华严经论》体例仿自《搜玄记》，可分为两部分。第一部分是前八卷，具有序说概论性质，即所谓"悬谈"性质。其中前七卷分十门释经，实际上是提出十个方面的问题，从总体上论述他的华严学说，而并不是结合经文的注释。卷八是讲对全经的分段及注解形式。第二部分是卷九至卷四十，逐品解释经文，属于"随文释义"性质。尽管李通玄的后出著作在某些方面有发挥和补充，但此论基本可以反映他的全部学说内容。

李通玄完成《新华严经论》之后，"犹虑时俗机浅"，[1] 不懂此论，又著多种篇幅较短的文章，均具有简要叙述和补充说明的性质。其中最重要的是《略释新华严经修行次第决疑论》（简称《决疑论》）四卷，侧重从有利于学僧修行的角度释经。李通玄认为，《华严经》乃是"一乘圆教

---

[1]　以上引文未注出者，均见（唐）照明《华严经决疑论序》，《大正藏》第 36 册，第 1011 页。

佛果之门",①《决疑论》"但略叙纪纲，广伸难尽，意令行者顺辙，不枉其功。于此一部之经，略立十门，以知进修之轨"。② 他把全部经文分成十部分，也是作为修行的十个阶段，同时又视为佛果的十种表现。这样，经文结构、修行过程和佛果体现这三者就紧密结合在一起了。后代佛教史书谓此论乃"绾十会果因之玄要，列五十三位之法门"。③ 实际上，李通玄在此论中对修行阶位的说法有多种，或五位，或六位，对"五十三位"也没有固定的说法。宋代张商英认为："五十三胜友者，五十则五位也，三则文殊、普贤、弥勒也。"④ 因此，"五十三"有两个来源，也有两重含义：其一，指善财所参访的五十三位善知识；其二，指修行的阶位，即"十住"、"十行"、"十回向"、"十地"、"十一地"，这是"五位"，每位各有十个阶位，合为"五十"，然后再加上文殊、普贤和弥勒三位，共计五十三位。这虽然属于后起的总结，但李通玄在使修行过程条理化方面做了许多努力是很明显的。

李通玄的现存著作还有《大方广佛华严经中卷卷大意略叙》（简称《华严经大意》）一卷，介绍该经各卷的大意、主要内容或特点，每卷一般仅用二十余字概括。《十二缘生解迷显智成悲十明论》（简称《华严十明论》）二卷，取材自《入法界品》和《十地品》等处所述的十二因缘，从新的角度解释，认为十二缘生既是众生"逐妄迷真"、随生死流转的大苦海，同时又是一切诸佛众圣贤的"宝庄严大城"。这个一切诸佛的"功德海"，重重无尽，与一切众生犹如光影，没有障碍。迷于十二缘生者即为众生，悟十二缘生者即是佛。修行者只要用戒定慧观照的"方便"力，照见（认识、体验）自身心境体相都是"自性空"，即众生心就是"全佛智海"。这样，修行者的求解脱过程，最终归结为"无劳远求，但自净其心"。从李通玄的论述可见，他是运用"此阎浮提即是莲华藏世界"的旧理论重新解释十二因缘，并突出强调唯心思想。从华严学发展的角度讲，此说并没有创新内容。到了宋代，此论为禅宗僧人所重。

除了上述四种现存著作外，照明说李通玄还著有"《十玄六相》《百

---

① （唐）李通玄：《决疑论》卷一之上，《大正藏》第 36 册，第 1012 页。
② 同上。
③ （北宋）赞宁：《宋高僧传》卷二十二，《大正藏》第 50 册，第 854 页。
④ （北宋）商英：《决疑论后记》，《大正藏》第 36 册，第 1049 页。

门义海》《普贤行门》《华严观》及诸诗赋，并传于世"。①"十玄""六相"是华严宗人普遍重视的，从李通玄现存著作的论述看，虽然对此两说在某些方面有小改动，但所反映的思想实质没有超出法藏的学说范围。

在李通玄的所有著作中，以《新华严经论》和《决疑论》流通较广。唐代宗大历九年（774），僧人广超见到上述两书，请人抄写。唐宣宗大中年间（847—859），福州开元寺志宁将《新华严经论》的注疏部分附于经文之下，合成一百二十卷。北宋乾德五年（967），惠研又予以整理，题名为《华严经合论》，"人所贵重焉"。②

从唐代开始，李通玄的著作与华严诸祖的著作并行于佛教界，历宋元明清而不变。特别在明末清初，重视李通玄著作的人尤多，既有佛教界的宗师，也有信仰佛教的著名士大夫，出现了李通玄的著作比华严诸祖著作更流行的现象。这种情况反映了李通玄学说的历史价值，其中也有许多值得研究和探索的问题。

二　经文组织与判教之争

李通玄对《华严》经文组织提出多种划分新见解，主要是认为此经应是十处十会十品。提出这种新说有两方面的原因：其一，晋译经与唐译经在品会上不一致，促使他重提被智俨否定的意见，并且予以发挥；其二，为了适应教义的需要，特别是为了适应重新划分修行阶位的需要。

在《新华严经论》卷七，李通玄集中论述《华严》应有的经文结构问题：

> 此经在晋朝之译，有三十四品，今于唐朝再译。为三十品。又检《菩萨璎珞本业经》云……佛子，第四，十一地者，名入法界心……此即在第十一地等觉位。计此品名还名《佛华品》，为依法为名故……如《璎珞本业经》，即是说《华严经》意，化诸三乘众生，诣菩萨树下，二重叙初成正觉时所说华严五位法门，具如彼经说。为《华严经》少十一地一品经，今将彼配勘，方知次第。后有闻者，不须生疑，但去彼经勘验，可知皂白。今以第三禅中说十一地《佛华

① （唐）照明：《华严经决疑论序》，《大正藏》第 36 册，第 1011 页。
② （北宋）赞宁：《宋高僧传》卷二十二，《大正藏》第 50 册，第 854 页。

品》，即总有十处十会十品……此处说十一地法门，地位行门，广如
《璎珞经》说，此以当《华严经》来文未足。①

晋译经有七处八会三十四品，唐译经有七处九会三十九品。正是这种差
别，使李通玄认识到两经都不完备。认为《华严》有缺文，并非新见解，
也不会受到批评，因为法藏就指出过两部译经都有缺文。但是，认为
《华严》的缺文要由《璎珞本业经》来补充，认为《璎珞本业经》也是
讲华严教义，这就不仅是要把该经与《华严》并列，而且是要把该经置
于《华严》之上。这种具有取消《华严》至上地位倾向的见解，自然要
受到抵制和批评。但是，他认为华严学的发展是多途径的，不仅反映在
《华严》中，也反映在《璎珞本业经》中；他认为《华严》的编集和翻
译是有发展阶段的，汉译《华严》的缺文是"来文不足"所致，这些观
点都很深刻，符合华严类典籍形成的历史真实。

　李通玄把《璎珞本业经》作为最重要的一品纳入《华严》，使该经成
了四十品，然后又对处（佛说法地点）和会（佛说法次数）重新划分，
使原经的七处九会变成十处十会：第一，菩提场会；第二，普光明殿会；
第三，升须弥山顶会；第四，升夜摩天会；第五，升兜率天会；第六，升
他化自在天会；第七，升三禅天会；第八，给孤独园会；第九，觉城东大
塔庙处会；第十，于一切国刹及尘中一切虚空法界会。

　与唐译《华严》相比，李通玄增加了三"处"，即"升三禅天"，依
《璎珞本业经》加；"觉城东大塔庙"和"于一切国刹及尘中一切虚空法
界"，是把原九会中《入法界品》分为两"处"。在原"九会"中，李通
玄将其中"普光明殿"的三"会"合为一，再把所分的"三处"也作
"三会"。这样，就形成处、会相当的"十处十会"。

　李通玄对"十处十会"说有多种论证，论据之一，是认为《华严》
以"十"为圆数，所以"此经中诸法，皆以十为圆数，不可但言七处九
会之说"。论据之二，是认为《璎珞本业经》与《华严》有相同处，可以
用其补《华严》之不足。的确，《璎珞本业经》在论述教义形式方面、在
叙述修行阶位方面、在包容的某些学说方面，都与《华严》有相同之处，
属于"华严眷属经"之类。这类经典很多，并不限于此一部。但是，把

---

① （唐）李通玄：《新华严经论》卷七，《大正藏》第 36 册，第 761—762 页。

此类经典与《华严》集成本并列，则是华严宗人一贯反对的。

关于《璎珞本业经》及《梵网经》与《华严经》的关系，早就引起华严学僧的注意。智俨在《孔目章》卷四专列"释《璎珞本业》《梵网》二经显《华严经》一乘分齐义"一节，集中说明两经与《华严经》的异同。在《璎珞本业经》和《华严经》的关系方面，他认为："依大经本（指《华严》）所显义门相，即容融理事自在，所有教义，一即一切，一切即一，如帝网喻，无尽不同。"① 《华严经》是讲"一即一切，一切即一"及"无尽缘起"教义的，这是其他经典所不具备的本质内容。所以，"《华严经》是一乘摄"，《璎珞本业经》是"二乘摄"，性质不同，不能把它们同等看待。在涉及为什么《璎珞本业经》"会数具十，《华严经》本但有七八（指晋译《华严》的七处八会）"的问题时，智俨专门论述了对"十"的看法：

> 十数之义，含有二门，一成圆教门，二不成圆教门……《璎珞》等十数，即是单别，不具一切圆故，入三乘摄。不具十义数，亦有二种，一目彼三乘，令人分解；二目彼一乘，就彼下机。相对以显一乘，分据相显发门故，用不满十数教，入一乘摄。②

在智俨看来，"十"虽然是"圆数"，但是它既可以用来论述圆教教义，也可以用来论述不是圆教的教义。《璎珞本业经》虽然讲"十会"，运用"十"来论述教义，但它讲的"十"不具备"一即一切，一切即一"的圆教性质，是三乘教义中所使用的"十"。同样，不用十数，也是既能论述圆教教义，又能论述不是圆教的教义。对于三乘教的经典，使用不足十的数字论述教义，是让人逐一理解；对于圆教的经典，使用不足十的数字论述教义，是为了照顾素质低下的人，便于他们理解。用十数或用不足十的数，具有相互对照显示一乘（即圆教，均专指《华严》教义）的作用。智俨所述自然都是为维护《华严》的独尊地位，但他认为同一种教义内容可以根据条件具有不同的表述形式，同一种形式可以在不同条件下表述不同的内容，作为形式的圆数与作为内容的圆教既有区别又有统一，

---

① （唐）智俨：《华严经内章门等杂孔目》卷四，《大正藏》第 45 册，第 587 页。
② 同上书，第 587—588 页。

等等，都比李通玄把圆数（"十"）与圆教（华严义理）简单等同更有说服力。

李通玄的"十处十会"之说，在此后的佛教界有褒有贬，《宋高僧传》卷二十二评论："或曰：李《论》中加乎十会，经且缺焉。依梵字生解，可非迷名耶？何长者说法之有！通曰：十会理有，宜俟后到之经。"①《宋高僧传》作者认为"十会"之说有其合理因素。

天台宗除反对李通玄的"十处十会"说外，主要站在本宗立场上，反对他贬抑《法华》的判教学说。《佛祖统纪》卷二十九谓，李通玄"用新译《华严经》造释论四十卷，其立论以十处十会盛谈法界，与藏法师（指法藏）疏旨不同。又以教主、请主等十别对胜《法华》，而不知《法华》是开权显实之谈，不识《华严》是兼别说圆之典，故多为吾宗所斥"②。

这里的"教主"，指宣讲经典的佛，"请主"又称"请法主"，指请佛讲经的人。所谓"教主、请主等十别"，指李通玄在判教过程中对《法华》和《华严》所做的十个方面的比较。而关于《法华》的评价，正是李通玄判教与法藏判教的一个重要区别。

李通玄指出，他通过"参详""藏法师等前诸大德"的理论，认为"《法华经》引权器以归真；《华严》者，顿大根而直受。虽一乘名合，法事略同，论其轨范，多有差殊"。法藏推崇《法华经》，称其为"同教一乘"，地位仅次于被称为"别教一乘"的《华严经》。虽有"同教"、"别教"的区分，但它们同属"一乘"。李通玄在承认两经"一乘名同"的同时，重点找他们的"差殊"。他"略举十门，用知纲目"。"十门"也就是"十别"，其中，"教主别"列为十别之首。李通玄认为："此《法华经》即是化身佛说……如《华严经》则不然，教主则是毗卢遮那为教主者，即是法报理智真身。"③ 这就是说，《法华经》是方便之谈，《华严经》是真实之理。"请法主之别"列在十别第四位。李通玄认为："说《法华经》时，请法主者是舍利弗，以为劝请之首；说《华严经》时，佛令文殊、普贤随位菩萨各自说自位法门，为说法首……文殊、普贤，表因

① （北宋）赞宁：《宋高僧传》卷二十二，《大正藏》第 50 册，第 854 页。
② （南宋）志磐：《佛祖统纪》卷二十九，《大正藏》第 49 册，第 294 页。
③ （唐）李通玄：《新华严经论》卷一，《大正藏》第 36 册，第 725 页。

位可说，说佛果法，示悟众生。"① 舍利弗是小乘阿罗汉，只是听佛讲经；文殊、普贤是大乘菩萨，不是听佛讲经，而是自己讲佛法，孰优孰劣，自然很清楚。这些说法，都是为了贬抑《法华经》，指出它虽与《华严》同享"一乘"之名，但相差很远。

李通玄的判教是"十宗十教"，不同于华严宗法藏的"五教十宗"的名目。李通玄在"依教分宗"时说："已上分宗，皆是乘前先德所立宗旨，设有小分，增减不同，为见解各别。大义名目，亦多相似。"② 通过评判佛教各派学说抬高本宗所尊奉的经典，进而抬高本宗的地位，对李通玄来说，的确没有必要。他的判教内容对其学说构成也没有重要影响。不过，相对于法藏的判教言，他贬抑《法华》的倾向还是明显的。在"十教"判释中，《法华》列在《华严》《涅槃》之后；在"十宗"判释中，《法华》列在《华严》《涅槃》和《大集经》之后。然而，《法华》《涅槃》同属有宗系统经典，学说无实质性差异，孰先孰后，并不反映李通玄的佛学思想有什么变化。天台宗人对李通玄的批评，主要还是从维护本宗利益角度提出来的，并不涉及有理论性质的义理之争。而在李通玄方面，宗派意识是很淡薄的，他贬抑《法华》的主要原因，不过是针对法藏"同教一乘"之说提出一点小分别而已。

三　取象表法与得意忘象

以《周易》（包括经和传）释《华严》，是李通玄注经的显著特点，其中既有牵强附会的内容，又有为改造华严经学提供的新依据，在更广阔的范围里实现了佛学与中国传统思想的交融。

《华严》以"十方"指代所有空间，李通玄则以八卦比附，进而用华严宗的理论改造。他在释《华严·入法界品》中指出：

> 主方神随方回转者，震、巽、离、坤、兑、乾、坎、艮、上、下二方为十方，皆有神随逐回转而行……十方之法难量，一方之法具有十方，互体参差，卒申难明，但随世法及出世法，随事回转……以明

---

① （唐）李通玄：《新华严经论》卷一，《大正藏》第 36 册，第 725 页。
② 同上书，第 721 页。

　　法无定体，随事变通。①

　　"十方"是八卦所指代的八个方位加上下两方，这是用《周易》比附《华严》。"主方神"指《华严经》描述的居于某一方的具体的神，随方位不同而神不同，这里指难得行神。它随方位变换移动，使十方均有神跟随。用"一即十，十即一"、"重重无尽"的理论注解这幅形象画面，就得出了一方中具有十方，方位无尽神也无尽的结论。这样，《华严》所描述的有可视形象的神及其他在各方的游动，就被认为蕴含着"法无定体，随事变通"的义理。这里的"法"指佛的"果法"，即佛的不可言说、不可名状的境界。这个境界也就是最终要认识的真理。因此，李通玄也是通过揭示《华严》形象描述的象征含义来改造华严经学，提出自己的理论，走着与地论师以来的华严学僧相同的思维路线。所不同的是，他更侧重用《周易》来沟通华严经学说与他要论证的学说之间的联系。他先用《周易》比附《华严》，再通过这种比附来发挥，提出自己的学说。仅从下面一例中即可看到他这种注经特点。

　　用八卦加上下两方配"十方"，贯穿于他对整部经的解释中。《入法界品》讲善财童子一路南行，寻访善知识。李通玄解释"南"行之意："明托方隅而表法，以南为正、为离、为明，以离中虚，以中虚故，离为明，为日，为九天，在身为头、为目、为心，心达虚无智。"② 李通玄以离卦解"南"行，赋予南方以《周易》的含义，但这种比附只是手段，目的在于说明善财南行要获得"心达虚无智"，最终又使《周易》具有佛教的含义。他所引用的《周易》内容，最终要以与自己的华严学说相协调为原则。

　　李通玄把《华严》中所有形象描述都归结为"取像以表法"，把所有的叙事都归结为"托事以显像"。如他在解释一些形象时说："如鸠盘荼王所除恶鬼趣者，以此大囊垂下如冬瓜，坐以踞之，行以置之于肩，取像表法，以大悲垂俗担负众生，无辞劳倦。摩睺罗伽王者，此是腹行大蟒之类，取像表法，以胸腹行是恭敬义。"③ 鸠盘荼王携大囊的形像，象征他

　　① (唐)李通玄：《决疑论》卷三之上《十行位》，《大正藏》第 36 册，第 1031 页。

　　② (唐)李通玄：《新华严经论》卷三十四，《大正藏》第 36 册，第 954 页。

　　③ (唐)李通玄：《新华严经论》卷三十三，《大正藏》第 36 册，第 949 页。

担负着救度众生的重任；摩睺罗伽王爬行，象征着恭敬。在李通玄的注经中，常用"取之以像，表之以法"，"故取之像，表其道也"，"是故如来取象世间法则用表其法，令易解故"。把《华严》的一切叙述，都视为具有"像"的性质，认为其中蕴含着有待发掘的佛"道"、佛"法"，这就为大胆发挥、努力创造提供了可靠的信仰保障。

实际上，这是把《华严》视为与《易经》性质相同的书。《系辞传下》谓："古者包牺氏之王天下也，仰则观象于天，俯则观法于地，观鸟兽之文与地之宜，近取诸身，远取诸物，于是始作八卦。"《易传》认为制作八卦的圣人是取象于天地万物，李通玄则认为《华严》是如来"取象世间法"而作成，取象范围不同，性质没有不同。他的释经方法，继承了玄学家注经的传统；他的释经根据，来自易学中义理派处理言、象、意三者关系的理论。

王弼《周易略例·明象》说："故言者所以明象，得象而忘言；象者所以存意，得意而忘象。""言"是卦爻辞，是语言文字；"象"是卦爻象，指所有物象；"意"即玄妙的义理。"言"是明象的工具，"象"是得"意"的工具。研究的目的是从言象中探其所蕴含的义理，"搜玄"、"探玄"一直是华严学僧的追求，这与"得意忘象"的思路一致。李通玄则说得更直截了当：

> 今如来以方隅而显法，令启蒙者易解故，若不如是彰表令生信者，启蒙何托？有言之法，皆是托事以显像，故得意者，法像俱真也，言默皆契。[1]

这样，出自佛之口的《华严》只是一种方便施设，《华严》中的所有记述都是"世间法"，同于《周易》中的言和象，释经的过程即为"得意"的过程，也就是"搜玄"、"探玄"的过程。然而，在"得意"之后，又是"法像俱真"，从另一方面肯定了《华严》字字句句都蕴含着真理。这与只讲"得意忘象"又有所不同。

李通玄在以《易》释华严过程中，望文生义的曲解、比附之处不少，这是他受到多方批评的重要原因。如他以离卦解释"南方"的同时，把

---

① （唐）李通玄：《新华严经论》卷十五，《大正藏》第36册，第816页。

"南无"一词中的"南"也当成指方位的"南"，大加发挥："是故礼佛皆云南无，明南方虚无也。但虚无之理，是南方之义……又南无者，为明正顺，正顺虚无之理，故号南无。"①

以《易》解《华严》并非李通玄首创，此前华严学僧也是致力于吸收《周易》内容改造华严经学，把儒家思想纳入佛学。法藏解释善财童子"南"行时说："其南有四义：一是正义，如指南之说等，表所向非耶故；二是背暗向明义，表舍障向理故；三是离增灭义，如日东出西没是增灭相，南离二边，表中道法界；四是生义，谓南主其阳，是其生义。"②法藏把"南"释为"正"、"明"、"生"、"阳"，明显是受了《周易》的影响，在吸收《周易》内容的基础上发挥本宗教义。

李通玄之后的澄观，对"南行"的解释基本承自法藏，但又增加了新内容，仅举其中一条："二者，明义，表舍暗向智故。南方之明，万物相见，圣人南面听政，盖取于此。"③《周易·说卦传》解离卦时说："离也者，明也，万物皆相见，南方之卦也。圣人南面而听天下，向明而治，盖取诸此也。"一望而知，澄观在法藏释文基础上所增加的部分，正是抄自《说卦传》的内容，只是个别字有改动。仔细对照，华严宗人的许多释经内容都和李通玄所述一样，是采自《周易》的。差别在于，华严宗人像避讳一样，并不明提该书，只是不声不响地将其中的内容搬进自己的著作。自然，这些都是次要问题，重要的是他们都和李通玄一样，把《华严》所述视为"托事显法"，"取像表法"，在搜探玄理的思想指导下改造华严经学，建立中国的华严理论。他们的释经方法，同于易学义理派的释经方法。

在李通玄的注释中，《华严》提到的佛菩萨和诸神，提到的名相、概念，大多数都与《周易》发生了关系。过多的牵强附会搭配，把佛学与儒学的融合变成了佛学与儒学的等同，产生了适得其反的结果。但是，李通玄所明确的释经理论，既为改造华严经学说提供了新依据，又揭示了华严学一个重要方面的内容，表明华严学始终在中国固有思想文化的制约、诱导下发展演变。

---

① （唐）李通玄：《新华严经论》卷十四，《大正藏》第 36 册，第 814 页。

② （唐）法藏：《探玄记》卷十八，《大正藏》第 35 册，第 453 页。

③ （唐）澄观：《华严经疏》卷五十五，《大正藏》第 35 册，第 920 页。

四　三圣一体

在树立佛菩萨信仰方面，李通玄以前的华严学僧有自己的独特学说。就法顺系而言，法顺劝人依经修普贤行；智俨主张"隐于文殊，独言贤普"；法藏在用"因果"概括华严教义时，专以普贤代表"因"而与佛"果"相对。李通玄提出"三圣一体"说，彻底改变了此系重普贤轻文殊的倾向，为以后华严宗人建立新的佛菩萨信仰体系开辟了道路。

李通玄不再专用"因果"说明佛菩萨之间的关系，也不再专用"因"指普贤，他提出了佛和文殊、普贤三位一体的崇拜对象格局。他在概括《华严》全经宗旨时说："说此一部经之问答体用所乘之宗大意，总相具德有三：一佛，二文殊，三普贤。"① 这是说，《华严》对佛菩萨诸种问答的形象描述，所要表达的根本宗旨，从总体而言是讲佛、文殊和普贤，这三者既是《华严》所树立的具体崇拜对象，也象征《华严》中所蕴含的全部义理。

李通玄之所以提出这三者，首先出于适应修行的需要。"修行者，常以文殊师利、毗卢遮那、普贤三法为始终之体。如修道者，虽有拟成佛之意，多有滞一法，不知进修之路。"② 佛代表修行的目的，最终的觉悟解脱，文殊象征佛的智慧，普贤指代具体的修行实践。在整个修行过程中，不能"滞一法"，即不能对其中任一个或专重或专轻，即不可偏废。因为，佛果、佛智慧和作为佛智慧体现的各种实践法门，是贯穿于整个修行过程的，此"三法为始终之体"。三圣之所以能被结合在一起，关键就是在"体"相同上。

李通玄专门详细分析了对三者有偏废的危害："三身一时，法合如是，废一不可。若废文殊存普贤，所有行门属有漏；若废普贤存文殊，所证寂定是二乘；若废佛存文殊、普贤，佛是觉也，无觉者故。以是义故，三人不可废一，若废一，三不成故。"这种从宗教修行角度的分析表明，在整个修行过程中，偏废其中任何一个都不能获得解脱，所谓"若废一，三不成"。等于说，偏废其中任何一个即等于偏废了一切。在李通玄看

① （唐）李通玄：《新华严经论》卷三，《大正藏》第36册，第739页。
② （唐）李通玄：《决疑论》卷一之上，《大正藏》第36册，第1013页。

来，"三人一体，寄安五位，用接凡迷"。① 在修行的五个阶段（五位）中的每一个阶段，都有佛果、佛慧和佛行的统一。

从当时华严学发展的状态观察，这种不可偏废说是直接针对华严学僧而发的。从用普贤行和佛果概括《华严》到用三圣概括，这个转变的特点是抬高文殊的地位。李通玄指出："以文殊主法身根本智之妙慧，为一切诸佛启蒙之师，有一切处文殊师利，亦乃一切众生皆自有之，皆从此法初入圣智也。"② 以文殊代表佛的"妙慧"，并把它作为"入圣智"之"始"，这种观点不是李通玄的创造，早期研究《华严》的地论师就是这种认识，华严宗人也接受了这种认识，并运用它说明多方面的问题。但是，以同样的认识立论，却有不同的结论。李通玄把文殊视为佛"妙慧"的象征，便抬高文殊的地位，把它与佛、普贤并列。智俨则因此贬低文殊，认为文殊"虽复始起发于妙慧，圆满在于称周，是故隐于文殊，独言普贤也"。③ 法藏也不否认文殊象征"妙慧"，但他全盘接受智俨的观点，认为："夫华严宗旨，其义不一，究其了说，总明因果二门，因即普贤行愿，果即舍那业用。"④ 专用普贤象征"因"，完全抛开了文殊。李通玄的三圣不可偏废说，首先就是针对这种观点而发。

李通玄把三圣并列，要说明三点：其一，三圣代表佛教的全部；其二，文殊与普贤相对于佛是完全平等的；其三，它们各有分工，共同组成一个整体。

为了说明这三个方面的问题，李通玄进行了烦琐论证，既有牵强附会，又有结合佛学、儒学的理论分析。概括起来，有三个方面：

第一，用三宝说明三者关系。李通玄指出："如《华严经》三宝者，佛为佛宝，文殊为法宝，普贤为僧宝，是古今佛之旧法故。若合既一切皆同。"⑤ "三宝"原指教主释迦牟尼（佛）、教义（法）和出家信徒（僧）。三者的完备，标志了佛教的建立。后来，其中的"佛宝"含义广泛，可以指一切佛。用"三宝"概括全部佛教，的确是"旧法"。李通玄则用三宝比附一佛二菩萨的关系，即是用三圣概括全部佛教，而不是仅仅概括它

---

① 上引均见（唐）李通玄《新华严经论》卷五，《大藏经》第 36 册，第 747 页。

② （唐）李通玄：《新华严经论》卷三十四，《大正藏》第 36 册，第 954 页。

③ （唐）智俨：《华严一乘十玄门》，《大正藏》第 45 册，第 514 页。

④ （唐）贤首：《华严策林》，《大正藏》第 45 册，第 597 页。

⑤ （唐）李通玄：《新华严经论》卷六，《大正藏》第 36 册，第 754 页。

的全部教义。

第二，用因果说明三者关系。李通玄谓："佛表果德无言，当不可说、不可修、不可得、不可证，但因成果自得；文殊因位可说，以此说法身果德劝修；普贤自行可行，行其行海，充满法界故。用此三德，将为利乐众生。"① 佛果是佛的境界，离言绝相，不可言说。可以言说的只是文殊的"慧"和普贤的"行"。无论文殊的"慧"还是普贤的"行"，相对于佛果而言，都由于处在同样的"因"位而完全平等。"慧"和"行"的平等无高下，表明既要重义理探讨，也要重具体践行。一方面，作为佛果有不可言说、不可仿修、不可获得和不可亲证的性质；另一方面，由于"因成果自得"，那一切"不可"又通过文殊和普贤而转化为"可"。因此，文殊与普贤在本质上又与佛平等。

第三，用三智说明三者的关系。这是李通玄"三圣一体"说中最有特色的部分，是他的立论基础，他的大多数议论由此展开。李通玄说：

> 此经具明此无相法身、根本智、差别智三法，是一根本智之无相无作神用之源，皆遍周法界、虚空界也。此一部经，以文殊师利，此云妙德，明无相法身智慧门；毗卢遮那佛，此云种种光明遍照，以根本智光遍照种种众生。同行济生，名曰普贤。②

李通玄所讲的"三智"是法身智、根本智和差别智，三者以根本智为主。所谓"根本智"是佛独具的智慧实体，作为万有的本原而存在（神用之源），并且是万法的本质规定（周遍法界、虚空界）。这个"根本智"有两重特性：其一是"无相"，不可言说；其二是"无作"，不可仿修。这个"根本智"由毗卢遮那佛表示。"法身智"本是佛的智慧，以因位的文殊象征法身智，说明这个"法身智"是处于世间的佛智慧，是可以言说的，是"有相"的。文殊象征的法身智是"明无相法身智慧"，即要以"有相"表"无相"，这样就解决了根本智的"无相"方面的问题。普贤象征"差别智"，指具体的修行，佛的根本智通过世间的具体实践表现出来，有"行"即"有作"，普贤行即以"有作"体现根本智的"无作"，

① （唐）李通玄：《新华严经论》卷三，《大正藏》第36册，第739页。
② （唐）李通玄：《决疑论》卷一之上，《大正藏》第36册，第1013页。

这样就解决了根本智在"无作"方面的问题。这种论证表明，法身智与差别智的统一，是实现"根本智"的必要条件。在这种宗教议论中，包含着强调理和行统一、认识和实践统一的思想。用三智说明三者关系，反映了三者既有对立又有统一，共同组成一个不可分割的整体。

在论述三圣关系中，李通玄也重视文殊和普贤之间的关系，曾指出了他们的两重关系。首先，文殊表"因"、"体"，普贤表"果"、"用"，这是两者关系具有的确定性的一方面。另外，文殊和普贤可以互为体用，互为因果，这是两者关系具有的不确定性的一方面。李通玄通过描述两者关系既确定又不确定的两方面，论证了文殊与普贤的绝对平等。

然而，文殊与普贤的真正关系，是建立在"三智"基础上的，是在与佛发生联系中体现出来的。李通玄谓：

> 文殊为小男，普贤为长子，二圣合体，名之为佛；文殊为法身妙慧，普贤为万行威德，体用自在，名之为佛。文殊为小男者，为信证法身根本智慧，为初生故，因初证本智法身能生佛家故；普贤为长子者，为依根本智起行，行差别智，治佛家法，诸波罗蜜事自在故。[①]

此段糅进了用《周易》比附两者关系的内容，但并不妨碍李通玄在"三智"基础上论证两者关系。在体现根本智的"无相"和"无作"两方面，文殊和普贤的关系始终是确定的。李通玄从多方面说明两者的这种关系，并且搭配运用了多种成对概念，使文殊和普贤的关系义理化。从其著作中挑选出一小部分，列如下：

根本智——毗卢遮那
法身智——文殊——妙慧——体——因——理——小男
差别智——普贤——万行——用——果——事——长子

"三智"是佛智慧的三种不同表现，用"三智"说明三圣关系，最终是三者的平等合一。李通玄谓："文殊、普贤、毗卢遮那三法，体用平

① （唐）李通玄：《新华严经论》卷四，《大正藏》第 36 册，第 745 页。

等，名为一乘。"① 三者不仅在"体"上平等，而且在"用"上也平等，这是在承认三者有差别的基础上又将其完全等同。

李通玄的三圣说，建立了不同于此前华严宗人的佛菩萨崇拜格局。文殊和普贤的结合就是佛，强化了菩萨崇拜意识。三圣说既是讨论有可视形象的具体神灵，又是讨论纯思辨的抽象义理。对于思见菩萨求护佑的重灵迹者，对于追求心理体验的重禅观者，对于皓首穷经的重义理研究者，三圣说都有被接受的条件。

三圣说的产生，首先是华严学自身发展的必然结果，而它产生于五台山地区，又与该地佛教的特殊情况不无关系。五台山聚集着从事各种修行的僧众，有隐居深山一隅的依经修禅者，有身处名山大寺研究经典者，有以从事生产活动为修行者，有重念佛者，有重做法事者，更有不远千里而来朝圣的僧人和教外信仰者。一定程度上讲，李通玄的三圣说正是对这种佛教综合体的理论概括。

李通玄是否认定五台山即是《华严经·菩萨住出品》中讲的清凉山，从他本人的著作中还不能断定。他说过："东北方，此清凉山是也，经推在震旦国，亦曰支提那国。"② 但他没有像其后的澄观那样明言："清凉山，即代州雁门郡五台山也。"③ 根据《续高僧传》的记载，道宣把文殊显圣于五台山追溯到北齐，说明至迟在唐初，人们已经认为文殊与五台山有联系。④《宋高僧传》记，开元二十三年（735），牛云因"闻台上恒有文殊现形"而到五台。他说："吾虽为僧，自身昏钝，不能诵念经法，此来欲求见文殊，只乞聪明果报。"⑤ 这个后出的记载，反映了李通玄那个时代的情况。从三圣说抬高文殊地位这一点，也透露出一些文殊与五台山的关系。总之，李通玄学说的地方色彩是不可忽视的一个方面。

第五节　华严学的定型与禅化

从公元 8 世纪中叶到五代十国时期，促使佛教发生重大变化的历史事

① （唐）李通玄：《决疑论》卷一之上，《大正藏》第 36 册，第 1014 页。
② （唐）李通玄：《新华严经论》卷十四，《大正藏》第 36 册，第 814 页。
③ （唐）澄观：《华严经疏》卷四十七，《大正藏》第 35 册，第 859 页。
④ （唐）道宣：《续高僧传》卷二十五《明隐》，《大正藏》第 50 册，第 665 页。
⑤ （北宋）赞宁：《宋高僧传》卷二十一《牛云》，《大正藏》第 50 册，第 843 页。

件有二：其一是安史之乱，其二是武宗灭佛。华严宗的变迁也与这两大事件息息相关。在安史之乱发生到唐武宗灭佛的约 90 年间，华严学僧遍布南北各地，就总体而言，以长安、五台山和杭州集中的专业华严学僧较多。在这一时期，推动华严学发生实质性进展的代表人物是澄观和宗密。他们的学说代表了整个华严宗理论发展的最后定型和禅化阶段。会昌年（841—846）之后，与中国佛教义学步入低谷的形势相适应，以诠释《华严经》的形式，融合外来文化因素与中国传统思想从而提出新理论的过程结束。后代编排的华严宗祖师传法系谱到宗密也就完结了。

一　澄观行履与著作

据《宋高僧传》卷五本传，澄观俗姓夏侯，越州山阴（今浙江绍兴）人，卒于元和中（806—821），享年七十余岁。[1]

澄观 11 岁依本州岛宝林寺霈禅师出家，习《华严经》。自唐肃宗乾元（758—759）之后的近二十年间，他"遍寻名山，旁求秘藏"，游学南北，几乎涉猎了当时全国范围内流传的各种经律论典籍，接触了当时禅教律各派著名僧人，他的求学经历几乎反映了当时佛教界的基本情况。澄观以"多能"著称，研习范围包括"经传子史，小学苍雅，天竺悉昙，诸部异执，四围五明，密咒仪轨"[2] 等。澄观了解南北佛教界的情况，精通中印佛学及中国传统典籍，为他继承和发展华严宗的理论奠定了基础。

大历十一年（776），澄观游历五台山，接着又去四川峨眉山，"求见普贤，登险陟高，备观圣像。却还五台，居大华严寺"。此后近二十年间，澄观主要活动于五台山及周围地区，以行方等忏法，应请讲经和独处著述为主。他的代表作《大方广佛华严经疏》六十卷，自唐德宗兴元元年（784）正月动笔，至贞元三年（787）完成。第二年，他应寺主贤林之请讲新著。贞元七年（791），他又应请到太原崇福寺宣讲。

贞元十二年（796），澄观奉诏到长安崇福寺，参加"四十华严"的翻译。直到逝世，澄观一直在长安地区参加佛经翻译、从事著述和讲经活动。贞元十四年（798）新经译出后，德宗命其造疏，于是他在终南山草

---

① 《广清凉传》卷下、《华严玄谈会玄记》卷一、《隆兴佛教编年通论》卷二十五等有不同说法，且相差比较大。现代学者考证的结论均感到证据不足，今以《宋高僧传》所记为准。

② （北宋）赞宁：《宋高僧传》卷五本传，《大正藏》第 50 册，第 737 页。

堂寺撰成《贞元新译华严经疏》十卷。书成进呈，德宗命其两街各讲一遍。这表明，他的注疏已成为钦定著作。贞元十五年（799），德宗授澄观"镇国大师"号。澄观还参加了《守护国界主陀罗尼经》的译事。唐顺宗曾诏澄观讲《了义》一卷、《心要》一卷及《食肉得罪因缘》。元和五年（810），唐宪宗诏澄观入内殿讲华严法界宗旨。澄观自入长安后，与诸多朝臣和地方官吏有往来。澄观的弟子有"一百许人，余堪讲者千数"①。华严宗的影响因此在佛教界和社会上迅速扩大。

澄观的全部著作据称有四百余卷，故有"华严疏主"之誉。他系统注解"八十华严"的著作是《大方广佛华严经疏》（简称《华严经疏》）六十卷。《宋高僧传》谓，澄观因感到《华严》旧疏"文繁义约"而撰此书，实际上，澄观的注疏篇幅超过以往的任何同类著作。按澄观自己的说法："晋译幽秘，贤首颇得其门；唐翻灵编，后哲未窥其奥。"② 法藏系统注解了晋译《华严》，但是注解唐译《华严》的工作没有完成。注解唐译《华严》的有李通玄、慧苑等人。澄观是因为对唐译《华严》的注疏著作不满而撰此书，表明了他继承法藏学说的意图。总的来说，此书虽有不少发挥，而且接受了李通玄的影响，但继承法藏学说，并使之系统化、定型化的特点十分突出。

《大方广佛华严经随疏演义钞》（简称《演义钞》）九十卷。在澄观宣讲《华严经疏》过程中，众多听讲者不断提出问题，此书即是为回答这些问题而作。同时，此书也对《华严经疏》做了系统解释。从一定意义上讲，此书有系统整理、归纳澄观全部学说思想的性质。

《贞元新译华严经疏》（《普贤行愿品疏》）十卷，注解"四十华严"。其主要内容与《华严经疏·入法界品》的释文相同，对"四十华严"独有的"普贤菩萨十大愿"部分详加注释。

《华严法界观玄镜》（《华严法界玄镜》）二卷，注解传为法顺所作的《修大方广佛华严法界观门》。此文原夹杂在法藏《华严发菩提心章》中，未指明是法顺撰。自澄观开始认为其是法顺著作，但他未讲原因。《华严法界玄镜》当作于澄观晚年，其注文反映了他的成熟学说，特别反映出他此时有关"四法界"的学说已经定型。

①　（北宋）赞宁：《宋高僧传》卷五本传，《大正藏》第50册，第737页。
②　（唐）澄观：《演义钞序》，《大正藏》第36册，第1页。

《三圣圆融观门》（《三圣圆融观》）一卷。因有人问及《华严经》"以二圣（指普贤和文殊）表法之二义"，遂著此书，论述三圣（毗卢遮那如来、普贤和文殊）的关系。"三圣圆融"是澄观受李通玄影响，在华严学僧内部创立的新说。

此外，澄观还著有《大华严经略策》（简称《华严略策》）一卷，《新译华严经七处九会颂释章》（简称《华严经七处九会颂》）一卷，《华严经入法界品十八问答》一卷，《五蕴观》一卷，《华严心要法门》（《答顺宗心要法门》）一卷等。已佚著作有《十二因缘观》《法华经》《楞伽经》《中观论》等经论的疏钞。

二　澄观华严思想内容与特点

（一）扶持正宗与诸宗融合

澄观在《演义钞》卷二末指出自己研究《华严》、制造经疏的目的："使造解成观，即事即行；口谈其言，心诣其理。用以心传心之旨，开示诸佛所证之门。会南北二宗之禅门，摄台（天台）衡（南岳）三观之玄趣，使教合亡言之旨，心同诸佛之心。无违教理之规，暗蹈忘心之域。"调整佛教内部各宗关系，纠正各派在修行方面的偏差，在崇奉华严教义的前提下，使禅教各宗融合，是澄观学说的特点。就属于"教"门的华严、天台等派僧人言，他们的修行弊端是"不详至理，不参善友，但尚寻文，不贵宗通，唯功言说"。这是以禅宗的长处批评教门的短处。在澄观时代，正值南宗马祖道一和石头希迁两派兴盛发展。他们虽然强调遍参寻访（参善友），提倡证悟自心，但又轻视佛教经典，轻视戒律（有违教理之规）。所以澄观要求他们应克服"不能以圣教为明镜，照见自心；不能以自心为智灯，照经幽旨"的弊端。澄观最终主张把信奉经典教条与观行体验结合起来。

澄观在继承法藏思想，批判吸收各宗学说的过程中，把注意力主要集中于禅宗、天台宗和华严宗支派三个方面。全面吸收禅宗心学理论，将南宗和北宗平等看待，统统列为"顿教"，是他对禅宗的基本态度。澄观在给唐顺宗讲"心要法门"时，很精练地概括了"心"的特征及证悟自心的手段："至道本乎心，心法本乎无住；无住心体，灵然不昧。性相寂默，包含德用；该摄内外，能广能深；非有非空，不生不灭。求之不得，弃之不离。迷现量则惑苦纷然，悟真性则空明廓彻，虽即心即佛，唯证者方知。"① 澄观劈头所讲的"心要"，与其说是华严宗的"心要"，不如说是禅宗的"心要"，此后《景德传灯录》卷三十亦收此文。

又《演义钞》卷八谓：

> 顿诠此理，故名顿教……若诠三乘，即是渐教……若诠事事无碍，即是圆教……达磨以心传心，正是斯教。若不指一言以直说即心即佛，何由可传？故寄无言以言，直诠绝言之理，教亦明矣。故南北禅宗，不出顿教。②

把禅宗纳入教门，把南北禅宗列为顿教，使其居于作为"圆教"的华严宗之下，一般都接受澄观的这种看法。

否定"无情有性"，吸收"性恶"说，是澄观针对天台宗学说而提出的。"无情有性"是天台宗僧人湛然提出的新说，其中的"性"指"佛性"。这是说，不但有思维活动的众生可成佛，无思维（无情识）的众生也可以成佛。澄观反对"无情有性"，并不是依据独创的新说，而是依据《涅槃经》和《大智度论》中已有的论述。他在《华严经疏》卷三十中说："况经（指《涅槃经》）云：佛性除于瓦石。论（指《大智度论》）云：在非情数中，名为法性；在有情数中，名为佛性。明知非情非有觉性，故应释言：从性从缘则情非，情异为性亦殊。"一切万法，一切事物，包括有情与无情，都是"真如"的体现，从这点上看，有情众生和无情众生均有"性"。因此，"无情有性"也是合乎逻辑的结论。但是，澄观依据已有的经论，把有情所具有的"性"称为"佛性"，这是成佛的内在依据；把无情所具有的"性"称为"法性"，并不作为成佛的依据。由于"性从缘"不同（或处有情众生，或处无情众生），分为"佛性"和"法性"，实际上均指"真如"。这种说法与"无情有性"在立论基础上没有不同，差别在于它把成佛范围限定在友情众生之内。

"性具善恶"是天台宗智颛所创的学说，《观音玄义》卷上记："问：缘了既有性德善，亦有性德恶否？答：具。问：阐提与佛，断何等善恶？答：阐提断修善尽，但性善在；佛断修恶尽，但性恶在。"众生与佛的本

---

① （唐）澄观：《答顺宗心要法门》，《卍续藏》第58册，第426页。
② （唐）澄观：《演义钞》卷八，《大正藏》第36册，第62页。

性中同样具有善恶两种性质，阐提人之所以是恶人，是因为他从恶，使本性中善的一面没有表现出来；佛之所以为"善"，是他修善，把本性中恶的一面没有表现出来。"性具善恶"，是把众生与佛在先天本质上完全等同。澄观并不主张佛性有恶的一面，但是他又认为佛与性恶有联系。

《华严经疏》卷二十一记：

> 如世五蕴从心而造，诸佛五蕴亦然。如佛五蕴，余一切众生亦然，皆从心造。然心是总相，悟之名佛，成净缘起；迷作众生，成染缘起。缘起虽有染净，心体不殊。佛果契心，同真无尽，妄法有极，故不言之。若依旧译（指晋译《华严》）云：心、佛与众生，体性皆无尽。以妄体本真，故亦无尽。是以如来不断性恶，亦犹阐提不断性善。①

澄观是依据《华严》讲的心、佛与众生三者关系而立论的。众生与佛，都是心之所造，心体为"真"不变，迷之为众生，悟之为佛。这样，作为"妄"的众生和作为"真"的佛都统一于"心"，代表心的两个方面，这实际上又是套用《大乘起信论》"一心二门"的模式。因此，他所说的"如来不断性恶"，是说佛与"性恶"有联系，并非指佛性具有恶的一面。他所说的"阐提不断性善"，是说阐提与"性善"有联系，不是说阐提本性中兼具善恶。实际上，澄观讲的是"性"是"真"，并不具有善恶之别，"性善"与"性恶"的使用，是受了天台宗人的影响，造成了表面上的混乱。他并不主张性具善恶，而是主张佛与恶有联系，众生与善有联系，但他们的本性中均没有恶。

在对待华严宗方面，澄观以批判慧苑学说为主，以继承法藏学说自居，此即为"扶持正宗"。他批驳慧苑主要有两点：一是"四教"说，一是两重"十玄"说。澄观在《演义钞》卷三说："而《刊定记》主（指慧苑），师承在兹虽入先生（指法藏）之门，不晓亡羊之路……破五教而立四教，杂以邪教，使权实不分，渐顿安辨？析十玄之妙旨，分成两重，徒益繁多，别无异辙。"

在澄观看来，判教是判释佛说，即判"圣教"，不能把不是佛说的理

---

① （唐）澄观：《华严经疏》卷二十一，《大正藏》第 35 册，第 658 页。

论概括进来。但是，慧苑的"四教"第一个是"迷真异执教"，讲不识"如来藏"的"凡夫"的理论，所谓"初教谓诸外道，迷于真理，广起异计"。① 这是在判教中杂以邪教，所以"四教"之说不能成立。"权实不分"和"渐顿安辨"则指慧苑的"四教"判释不能突出华严宗教义的独特之处，不能把华严教义和其他各宗派教义区分开来。澄观对慧苑的双重十玄做了多处批判，而其主旨，则是认为把十玄划分为德用二重，只是增加了名目，其思想内容与原十玄没有不同。所谓"历门备举，便成二十，今明德相业用虽异，不妨同一十玄，无不该摄"②。在澄观看来，"文华尚犹翳理，繁言岂不乱心？科文过碎，已杂尘飞；重叠经句，但盈笔墨"③。这就是说，慧苑的双重十玄只是增多了名目，"乱心"的"繁言"，没有存在的必要。澄观对慧苑学说批判的目的，是要将其驱逐出正宗的华严学。

（二）事理范畴与四法界

智俨在论述十玄门时，用"十会"（十对）概括一切佛法，进而概括一切现象。法藏的十玄门完全继承了这个说法，只是对"十对"的个别名目有改变，澄观认为："然上十对，皆悉无碍，今且约事理，以显无碍。"他特别重视"事理"一对，用事理关系概括十对所要表达的"无碍"关系。从澄观整个著作中对"事理"范畴的论述来看，其并没有超出智俨、法藏学说的实质内容。他只是进行了一番整理，使之条理分明，更有系统。比如，他在《华严经疏》卷二分十门论述理事关系，就是这种情况。

然而，他对事理一对的重视，却是与他建立"四法界"说相联系的。《演义钞》卷十谓："今约事理者，事理是所诠法中之总故，又诸处多明理事故，分成四法界故。""所诠法"即所定义的诸多概念和范畴，"总"即把理事作为其概念体系中的总范畴。这既不违背以前华严学僧多论理事关系的传统（诸处多明理事），也是为了适应建立"四法界"说的需要。这是澄观重视理事一对的原因。

在澄观的著作中，"四法界"只是他对法界的一种分类，他常讲的有

① （唐）澄观：《华严经疏》卷二，《大正藏》第35册，第509页。
② （唐）澄观：《演义钞》卷十，《大正藏》第36册，第76页。
③ 同上书，第17页。

三类。《演义钞》卷一指出："法界类别者，略有三意，一者约三法界，初句事法界，次句理法界，第三句无障碍法界。"这种"三法界"说，源于传为法顺作的《华严法界观》。因为法顺讲三重观法，澄观予以发挥，配为"三法界"说。他在《华严法界玄镜》卷上说："真空观"就是"理法界"，"理事无碍观"即"理事无碍法界"，"周遍含容观"就是"事事无碍法界"。"二者约四法界，为事法界，理法界，理事无碍法界，事事无碍法界。"① 四法界的名目可以在法藏的著作中找到，但将其归纳起来，是澄观的创造。同时，澄观不仅因重视理事一对而组成"四法界"说，而且把十玄门纳入其中的"事事无碍法界"。"三者，约五法界。"澄观对他的"五法界"说也比较重视，在《华严经疏》卷五十四中有集中说明："统唯一真无碍法界，语其性相，不出事理，随文别显，略有五门：一有为法界，二无为法界，三俱是，四俱非，五无障碍。"五法界的名目虽然与前两种分类名目全异，但是从事理关系上立论的意图是明显的。

　　总之，澄观在重视理事范畴过程中建立了"四法界"说，他对四法界还没有系统论述，只是把它作为诸种法界分类中的一种。此后经过宗密整理，"四法界"才成为从总体上论述法界缘起的完备学说。

三　宗密生平概略

　　宗密（780—841）俗姓何，果州西充（四川西充）人，少年时代，精通儒书，曾树立过"欲干世以活生灵"的志向，也有过"负俊才而随计吏"的经历。唐玄宗元和二年（807），他随南宗禅师随州道原出家，具有了禅僧的身份。元和五年（810），宗密游学襄汉，一度随澄观弟子灵峰习澄观著作。不久，其北上长安，师从澄观，又具有了华严教僧的身份。在佛教史上，宗密以后既被奉为禅宗祖师，又被奉为华严宗祖师。自元和十一年（816）起，宗密先后住终南山智炬寺及长安城南诸寺院，晚年常住终南山草堂寺圭峰兰若，故被称为"圭峰禅师"。唐文宗太和年间（827—835），宗密数次应诏入内殿讲佛法。

　　无论在社会活动还是在佛学研究方面，宗密都是一位引起争议的人物。他自随澄观后而知名朝野，关心宗教事务，参与社会活动，结交朝廷

---

① （唐）澄观：《演义钞》卷一，《大正藏》第 36 册，第 2 页。

官吏，所以士庶归崇者颇众。反对者谓其"游名邑大都，以兴建为务"；赞扬者称其"穷子不归，贫女不富，吾师耻之"，"忠孝不并化，荷担不胜任，吾师耻之"①。宗密支持朝廷官吏打击宦官势力。唐文宗开成年间（836—840），李训等人谎称"甘露祥瑞"，借机捕杀权重宦官的密谋败露，宗密也受牵连，为大宦官仇士良所囚，几遭诛杀。宗密少年时代受儒家伦理观念熏陶，出家后信奉"遇苦即救，不爱身命"的"本师教法"，这些是激励他积极入世的精神动力。与宗密关系密切的裴休赞其"以阐教度生，助国家之化"。

宗密自谓："数十年中，学无常师，博致内外，以原自身。"② 可见他以治学广博、兼通儒释（内外）为手段，以完善自我、发掘自我的能力（原自身）为目的，焕发出禅宗的精神。宗密始从学于南宗禅师，在注重师承法系的人眼里，他自然应该专务禅业。但宗密广治经论，大力倡导禅教融合乃至三教融合。反对者斥其"不守禅行而广讲经论"；支持者赞曰："二乘不兴，《四分》不振，吾师耻之。"当有人问"密师为禅耶、经论耶"时，他回答："夫密者，四战之国也，人无得而名焉，都可谓大智圆明自证利他大菩萨也。"③ 他并不偏重某一方面，而是禅教律经论兼弘，以振兴全部佛教为己任。宗密的著作所涉及范围，正是遍及禅律经论各方面。

据说宗密的著作有二百余卷，其中有影响的著作可分为三类：第一类是关于禅学方面的，重要的有《禅源诸诠集》（有《都序》现存）、《禅门师资承袭图》等。第二类是研究和发挥《圆觉经》的，有《圆觉经大疏》《大疏释义钞》等。由于宗密重视《圆觉经》，唐以后华严学僧专就该经与华严义理的关系展开广泛讨论。第三类是关于《华严经》和华严宗人著作的，有《普贤行愿品别行疏钞》六卷、《华严原人论》（简称《原人论》）一卷、《华严纶贯》五卷、《华严心要法门注》一卷、《注华严法界观门》一卷等，就总体而言，宗密在研究禅籍方面远比澄观广博，所接触和研究的华严典籍则比澄观少得多。在华严学方面，宗密以发挥澄观个别观点为主，以用禅学再塑华严学为特色。在上述宗密的华严类著作

---

① （北宋）赞宁：《宋高僧传》卷六《宗密传》，《大正藏》第50册，第741页。

② （唐）宗密：《原人论序》，《大正藏》第45册，第707页。

③ 上引均见（北宋）赞宁《宋高僧传》卷六《宗密传》，《大正藏》第50册，第741页。

中，现存的《注华严法界观门》最能反映他的华严学说特点。

四　宗密的"一心"与"四法界"

赞宁在评论宗密所有著作主导思想特点时说："皆本一心而贯诸法，显真体而融事理；超群有于对待，冥物我而独运。"① 这个评论比较准确地概括了宗密学说的特点，既是禅学的特点，也是华严学的特点。在宗密的学说中，"心"、"事"、"理"是讨论一切问题的最重要的三个范畴。

在当时佛教诸派中，普遍以"心"为世间和出世间的本源。宗密所讲的"心"，是融合禅学和华严学之后又予以创造性解释的新范畴。根据《禅源诸诠集都序》，宗密把"心"界定为"知"，说"知即是心"，"知之一字，众妙之门"。这个"知"有两方面的含义：一是"空寂"，没有任何规定性，故谓非有非无，非净非浊，非善非恶，非佛非众生。这是借用中观派论证方式说明实存本体的特征，是禅宗和华严宗都有的内容。二是"灵明"，又名"自然常知"，既包括佛教诸圣所证之"理"、能证之"智"，又是六道众生情识之所依。"空寂灵明"为"真体"，也称"灵性"。它作为产生万事万物的本原或本体，又名"不变"；由于菩提、涅槃或生死流转都本于此"知"，是其作用或表现，所以又名"性灵"，亦名"随缘"。这样，"心"也就融摄了华严宗"不变随缘"和"随缘不变"的理事圆融说法。宗密讲的"一心"、"真心"即有如上内容。他的四法界学说，即建立在这样的"心"学基础上，并在《注华严法界观门》中加以集中说明。

澄观的《华严法界玄镜》在涉及《华严法界观》的作者法顺时仅注："其制作人名，德行因缘，具如传记。"宗密的《注华严法界观门》则谓："姓杜，名法顺……是华严新旧二疏初之祖师，俨尊者为二祖，康藏国师为三祖。"这是明确的华严三祖说，可视为华严宗定法统之始。

在注"法界"一词时，宗密指出："清凉《新经疏》云：统唯一真法界，谓总该万有，即是一心，心融万有，便成四种法界。"四法界说始于澄观，是从法界分类和用理事关系概括法界缘起的角度提出来的。宗密虽然名义上承澄观《华严经疏》之说，实则从本体（心）和现象（万有）的关系方面提出四法界，是"本一心而贯万法"的思路。"一真法界"即

---

① （北宋）赞宁：《宋高僧传》卷六《宗密传》，《大正藏》第 50 册，第 742 页。

"一心"，是产生万有的本质；它又"融"入万有之中，成为一切现象的共同本质。作为"心"的表现，有四种相状，即为"四法界"。这样，宗密把四法界完全建立在"一心"的基础上。这是澄观没有清楚表述的内容。

至于宗密四法界的名目，完全本自澄观，而各项的具体内容则是在澄观学说基础上整理而成。

其一，"事法界，界是分义，一一差别，有分齐故"。"事法界"是现象界，其特点是事物各有分位，具有无限差别。人们的认识总是从认识具有个性的具体事物开始。宗密则认为，"事法界"不能成为观想（思考、认识）的对象，他在解释法顺不谈事法界时说："事不独立故，法界宗中无孤单法故。若独观之，事情计之境，非观智之境也。"事法界是作为"一心"的表现而存在，如果孤立地认识"事"，就不是认识"智之境"，得不到佛教特有的正确认识。孤立地认识事，是认识"情计之境"，只能产生错误的认识。华严宗人讲的"观"（思考、认识），是在"理"的指导下开始，不是遇到什么"事"就观想认识什么事。在不把"事法界"孤立作为认识对象方面，宗密同于澄观，但所述理由不同。澄观在《华严法界玄镜》中涉及此问题时说："其事法界历别难陈，一一事相，皆可成观，故略不明。"事物的差别是无限的，一个事物一个事物地认识，获得正确认识将无有穷期，所以观想不能从事法界开始。华严宗人的这种观点，在号召人们全面认识事物、认识事物的本质方面有积极意义，但是这种认识一开始就与唯心观法相联系。

其二，"理法界，界是性义，无尽事法，同一性故"。理法界是本体界。理存在于一切事物之中，成为"无尽事法"的共同本质。宗密在解释"真空观"时说："理法界也，原其实体，但是本心。今以简非虚妄念虑，故云真；简非形碍色相，故云空也。"理没有"形碍色相"，表明它不是物质的，而是精神的；理没有"虚妄念虑"，表明它与任何事物精神活动都不同。实际上，这个"理"就是佛智、真如。对"理"的观想属于认识"智之境"，不属于"情计之境"，因此是高一级的认识。而对于华严宗人的认识言，这是真正的观想开始阶段。

其三，"理事无碍法界，具性分义，性分无碍故"。"无碍"指相互交融，"以理融事，事与理而融合也"。理遍在于事中，事无不全摄理，故称"理事无碍"。对这种理事关系的认识是更高一级的认识，认识"事"

不脱离"理"，认识"理"也不脱离"事"。

其四，"事事无碍法界，一切分齐事法，一一如性融通，重重无尽故"。由于一切相互独立有差别的事物均含有相同的"理"，所以它们之间也可以相互融通。这是佛的境界，也是最高级的认识。华严宗人不孤立地以"事法界"为认识对象，但通过对理事关系的认识，最后要达到对事与事关系的认识。世间一切事物作为"一心"的产物，处于相互交融的无矛盾联系之中，即是华严宗描述的世界（法界）画面。这些说法没有超出智俨以来的学说范围，只是经过宗密整理，条理更清晰了。另外，通过宗密对"一心"的界定，华严学禅化的倾向更明显了。

宗密建立在"一心"基础上的"四法界"说，无论在佛教史上还是在中国哲学史上都有重要影响。它把"心"、"理"、"事"三范畴摆在突出位置，强调三者之间的联系。就佛教内部言，晚唐五代产生的禅宗各派，大都联系"心"而以"理事"关系立论，建造自己的禅法体系。

第八章　禅宗

　　兴起于南方山林的禅宗，原本是一个地方派系，与起源于京城的各宗派在修行理论和实践方面都有很大差别。到了唐代中后期，禅宗壮大为诸宗派中影响最大的一派。整个唐末五代，禅宗的修行理论和实践向两个方面拓展：一方面是努力突出本宗的个性，把本宗的独特教义推向极端，表现出与传统佛教格格不入的特点；另一方面，努力用禅学统摄、吸收此前的一切佛教教义和实践，以佛教发展集大成者的姿态出现，由此完成了佛教在中国的转型。禅宗在唐末五代演变所取得的成果，标志着佛教在中国最终找到了适应中华文化和中国社会的基本宗教形态，为此后千年的整个中国佛教发展奠定了派系组织基础，指明了学说思想演进方向。

第一节　从菩提达摩到禅宗创立

　　禅宗[①]用"禅"来概括其全部教理和修行实践，故以"禅"命宗。禅宗成立于湖北黄梅，弘忍为其实际创立者，"东山法门"为禅宗形成的重要理论标志。[②] 禅宗的形成过程，是菩提达摩禅系经过几代发展，最终形成黄梅禅系的过程，是北方禅僧团从游动转向定居的过程。在禅宗形成之后很久，菩提达摩、慧可、僧璨、道信、弘忍、慧能的祖师传承系列才

---

　　① 因为该宗奉菩提达摩为初祖，故也称"达摩宗"；又因自称"传佛心印"而称"佛心宗"或简称"心宗"；还因自称与"教门"诸派对立，故称为"宗门"。

　　② 关于禅宗的实际创立者历来有不同的说法。在唐代中后期前后，关于禅宗的创立者主要有两种说法，即求那跋陀罗和菩提达摩，在有些场合，还把菩提达摩与《达摩多罗禅经》中的达摩多罗相混淆，称为菩提达摩多罗。宋代以后，菩提达摩作为中国禅宗的创立者就成为定论，其中"摩"字多作"磨"。现代学者或认为禅宗成立于道信、弘忍时期，或认为慧能是禅宗的实际创立者。我们以弘忍为禅宗的实际创立者，以"东山法门"为禅宗形成的理论标志。

获得公认。在这个六代祖师单丝孤线的传承系谱中，既有模糊不清的传说，又有根据确凿的事实。同时，在此后的禅宗发展历史中，每一位祖师的思想和实践都在不同历史时期产生了程度不同的影响。尤其是后来被封为禅宗东土初祖的菩提达摩，影响尤为久远。

一　菩提达摩及其"二入四行"

根据《续高僧传》卷十六本传记载，菩提达摩是"南天竺"人，出身于婆罗门种姓，南朝宋（420—479）末年到达南越（今广州），后来渡江北上，到北魏嵩洛一带弘教传法。他当时自称 150 岁，以游化为务。在道宣之前，北魏杨衒之的《洛阳伽蓝记》卷一曾提到菩提达摩，说他是来自波斯的游僧，专以膜拜佛寺、神像而闻名当地，"自云一百五十岁，历涉诸国"。这里所记述的菩提达摩并没有禅僧的特征，是否为同一个人也很难确定。

菩提达摩北度至魏，随其所止，以禅法教人。当时佛教界"盛弘讲授，乍闻定法，多生讥谤"。对菩提达摩讲的定法，也就是禅法，佛教徒是有抵触情绪的。当时有道育、慧可随达摩学习四五年。达摩"感其精诚，诲以真法"。这个"真法"，就是"二入四行"理论。这个禅法不仅仅传授两位弟子，也是他在北魏传禅的主要内容，所谓"摩以此法开化魏土。识真之士，从奉归悟。录其言诰，卷流于世"。从道宣的整个记载来看，这个"二入四行"禅法有三项主要内容。

第一，以四个"如是"概括其禅法的内容和目的：

> 如是安心，谓壁观也；如是发行，谓四法也；如是顺物，教护讥嫌；如是方便，教令不着。[①]

所谓"安心"，就是禅定所要达到的精神专注、杂念消除心绪宁静的状态。"安心"和禅定经常讲的"摄心"、"凝心"、"空心"实际上没有大的区别。而要达到"安心"，方式就是"壁观"，即面壁而观想，就是对着墙壁坐禅。以后宗密曾解释："达摩以壁观教人安心：外止诸缘，内心

---

① （唐）道宣：《续高僧传》卷十六，《大正藏》第 50 册，第 551 页。

无喘，心如墙壁，可以入道。"① 把"壁观"当作譬喻，解释成"心如壁立"，与原意不符。在获得良好的宁静心理状态方面，面壁是形式，安心是目的。而这个目的仅仅是就获得特定的心理状态而言，并不是就修习整个二入四行禅法的目的而言。相对于整个禅法体系实践而言，"安心"只是第一步。

所谓"发行"，就是根据教理所从事的生活过程、修行过程、解脱过程，具体内容就是下面要讲的"四行"。达摩禅法是从面壁安心开始，然后进入社会实践。所谓"顺物"，指通过获得良好的精神训练之后，有了具体的社会实践之后，能够很好地待人接物，顺畅地处理人际关系，避免惹起嫌疑是非。所谓"方便"，指对一切得失、是非等都能够看得透，认得清，不盲目执着，对遇到的各种利害相关问题能够用灵活、智慧的方法去应对和解决。这四者既是"入道"（正确修道，并不是悟道）的前提，又是"入道"所要达到的目的。总之，四个"如是"可以作为"二入四行"禅法的核心内容和目的来看待。

第二，关于"理入"的要求，即对认识与体验的要求。

> 然则入道多途。要唯二种；谓理、行也。藉教悟宗，深信含生同一真性，客尘障故，令舍伪归真，疑住壁观，无自无他，凡圣等一。坚住不移，不随他教。与道冥符，寂然无为，名理入也。②

悟道可以有多种方式多种途径，最重要的有两种途径，即从理的方面悟道（理入）和从行的方面悟道（行入）。所谓"理入"指的是通过面壁坐禅的方法，实现对佛教经典中讲的"理"的内证、实证。"理入"有三个方面的重要内容。首先，"藉教悟宗"。"教"指经教，具体指宋译四卷《楞伽经》。达摩特别重视此经，《续高僧传》卷十六《僧可传》记载："初达摩禅师以四卷《楞伽》授可曰：我观汉地，惟有此经，仁者依行，自得度世。"③ "宗"是宗旨，指真如实相，第一义谛，也就是《楞伽经》中所说的"如来藏自性清净心"，"佛性"或"净心"。所谓"悟宗"，就

---

① （唐）宗密：《禅源诸诠集都序》卷一，《大正藏》第 48 册，第 403 页。
② （唐）道宣：《续高僧传》卷十六，《大正藏》第 50 册，第 551 页。
③ 同上。

是证悟真如实相,明见佛性。"藉教悟宗"就是通过学习经典通晓佛教的道理,认识佛教的真理,最后证悟经典中讲的佛教道理。证悟不能离开学习佛教经典,学习佛教经典的目的是宗教的特殊实践,前者是手段,后者是目的。在达摩的几代后继者中,"藉教悟宗"的原则只在以后的禅宗中一直被信守和遵从。其次,认识《楞伽经》中讲的核心教义,并且通过面壁观想的方式来直观体验。所谓"深信含生同一真性,客尘所覆故",指的是相信《楞伽经》中讲的佛教道"理"。该经指出:"虽自性净,客尘所覆,犹见不净。"① 这里的"含生同一真性",就是众生都有佛性,这是绝大多数大乘经典的共同看法。"真性"与"自性"、"佛性"是同类的概念,都是指众生成佛的可能性。自性本来清净,由于世俗的污染而不能显露出来,修行的目的就是把世俗的污染消除,使本来清净的佛性显露出来。要达到这样的目的,即要能达到"舍伪归真"的目的,就要精神专注,凝神注视墙壁,观想经典讲的佛教之理,体验到"无自无他,凡圣等一"的境界,并且把这种体验和信念牢固树立起来,绝对不改变,不被别的认识所干扰。当这种经典中讲的佛教的"理"通过静中的沉思(观想),彻底转化为修行者绝对不动摇的自觉认识的时候,直观体验的理与从经典中获得的认识完全契合的时候,就是"与道冥符"的时候,也就是修行者自己与离言绝相的真如实相、佛性、法身等相契合的时候。这就是坐禅面壁达到的最高目标。这是对教理的直观体验,是对佛教道理的内证,是对佛教真理性境界的实证。这种内证、实证不是靠逻辑推理来获得,只能通过冥想思维来体验,只能靠特有的一套精神训练法来把握。

第三,关于"行入"的要求,即对社会实践的要求。

行入四行,万行同摄。初报怨行者,修道苦至,当念往劫,舍本逐末,多起爱憎,今虽无犯,是我宿作,甘心受之,都无怨对。经云;逢苦不忧,识达故也。此心生时,与道无违,体怨进道故也。二随缘行者,众生无我,苦乐随缘,纵得荣誉等事,宿因所构,今方得之。缘尽还无,何喜之有。得失随缘,心无增减。违顺风静,冥顺于法也。三名无所求行,世人长迷,处处贪着,名之为求。道士悟真,理与俗反。安心无为,形随运转。三界皆苦,谁而得安。经曰:有求

① 《楞伽阿跋多罗宝经》卷四,《大正藏》第 16 册,第 510 页。

皆苦。无求乃乐也。四名称法行，即性净之理也。①

所谓"行入"，就是把通过壁观形式内证、实证的经典中讲的佛理进行社会实验，也就是把修行者那种自觉的认识在社会实践中变为自觉的行动，让佛教道理通过修行者在现实社会中的言语和行动表现出来，使本来是凡俗的修行者通过这些表现而真正成为解脱者，在现实社会中实现从凡到圣的转变。"行入"分为四个部分，即"四行"。这"四行"乃是"万行同摄"，实际上是对整个佛教修行的总概括。这样，佛教的全部理论和实践实际上用"禅"来整合了，"禅法"与"佛法"实际上成了相同的概念。前三行，即"报怨行"、"随缘行"、"无所求行"可以归为一类，是要求修行者坚定认识自己前生有罪过，因果报应不可避免，自己和世人一样处于"迷"的状态，所以，要"甘心"忍受修道过程中一切"苦"难，任何时候、任何情况下都无怨无怒，无爱无憎，无得无失，无喜无悲，一切随缘，别无他求，绝无奢望。最后是"称法行"，这是总结，完成了前三行，就是与内证的"理"的一致，就是真正的如理践行，就是把禅的体验运用到社会实践中去。

《楞伽师资记》补充了《续高僧传》中"称法行"的内容。《楞伽师资记·第二》谓："第四称法行者：性净之理，因之为法。此理众相斯空，无染无著，无此无彼。经云：法无众生，离众生垢故；法无有我，离我垢故。智若能信解此理，应当称法而行。法体无悭于身命，则行檀舍施，心无吝惜。达解三空，不倚着，但为去垢。摄众生，而无取相。此为自复地，亦能庄严菩提之道。檀度既尔，馀五亦然。为除妄想，修行六度，而无所行是为称法行。"②

这里补充的内容，是用般若观点看待一切，实践般若行。"法无众生，离众生垢故；法无有我，离我垢故"，即出自《维摩诘经》。这样一来，"含生同一真性"中的"真性"就具有了"空"的特征，所谓"此理众相斯空"。这样，通过几种佛教思想的融合，达摩讲的"理"就具有了"真"、"净"、"空"的多重性质。"修行六度"，本质上是行"无所行"，正是大乘般若学对修行的总看法。

①　（唐）道宣：《续高僧传》卷十六《菩提达摩传》，《大正藏》第50册，第551页。
②　（唐）净觉：《楞伽师资记》卷一，《大正藏》第85册，第1285页。

二　禅宗成立之后的达摩形象

根据禅宗产生之前的资料分析，可以看到，在高僧林立的南北朝时期，菩提达摩只是众多来华传教的印度僧人之一，既没有显赫的地位，也没有辉煌的业绩，知名度是很一般的。尤其值得注意的是，在他的禅法思想中，即便能找到一些后世禅宗吸收、借鉴的内容，也并没有蕴含属于后世禅宗核心理论的成分。但是，随着菩提达摩被奉为禅宗的初祖，随着禅宗成为中国佛教中最有影响的一派，围绕菩提达摩的传说和神话越来越多，他逐渐被塑造成中国禅宗史上具有特殊地位和影响的人物。

进入唐代，菩提达摩开始被多个禅派塑造为禅宗的祖师，其中特别重要的事件有二。其一，法如（638—689）在少林寺首次确定禅宗的传法系谱，把菩提达摩奉为禅宗东土初祖。由于这是第一次确定东土祖师，并且与少林寺作为祖师圣地相联系，所以很有影响。其二，慧能南宗把达摩奉为东土初祖，并且写在禅宗最重要的经典《坛经》中。由于慧能一系成为后世禅宗众多支派繁衍的总源头，所以，这里的说法以后也就不能更改了。

随着禅宗逐渐成为最有影响的佛教派别，中唐以后署名达摩的著作逐渐增多，编撰达摩论著的过程直到宋代也没有结束。传为达摩的著作有《达摩论》（有一卷、三卷之别），《二入四行论》《无心论》《观门》《证心沦》《悟性论》《安心法门》《血脉论》《修心要论》《息诤论》等。

北宋初年，在塑造达摩祖师形象的过程中，有两个事件至为重要。其一，《景德传灯录》全面收集了有关菩提达摩的各种历史资料和传说，撰成《菩提达摩传》，成为记录达摩作为祖师的最全面、最权威的资料库。后代有关达摩的公案、故事，几乎都从这里获取。其二，契嵩对达摩作为祖师进行了超出前代任何人的论证，最终奠定了达摩在中国禅宗史和中国佛教史上不可替代的地位。

契嵩曾作《传法正宗记》《传法正宗论》和《传法正宗定祖图》，以厘定禅宗传法世系为主要目的。同时，他也在这些著作中煞费苦心地论证达摩的地位，通过颂扬达摩的传法功德，确定禅宗在佛教中的正宗地位，并且最终适应中国佛教发展的需要，为后代禅宗的传法宗师们确定在佛教中的正宗地位。

　　到契嵩时代，禅宗已流行了两三个世纪，关于菩提达摩到慧能的禅宗东土六祖说已成公论。但是，关于禅宗在西土传承的神话仍有异议。天台宗僧人"颇执《付法藏传》以相发难，谓所传列二十四祖，至师子祖而已矣，以达摩所承者，非正出于师子尊者"①。针对"虽一圆颅方服之属，而纷然相是非"的局面，契嵩决心"推一其宗祖，为天下学佛辈息诤释疑，使百世而知其学有所统"。于是他"力探大藏，或经或论，校验其所谓禅宗者，推正其所谓佛祖者"②。他依据《宝林传》等，确定了禅宗"西天二十八祖"的传法系谱，而后这一系谱成为禅门定论。实际上，确定禅宗传法系谱的一个关键内容，就是要重新塑造达摩的形象并确定他在佛教史上的地位。

　　在契嵩看来，达摩西来传法，其影响和价值要超过传说中最初把佛教传入中土的摄摩腾、竺法兰。他在《传法正宗记》卷五指出：

　　　　佛法被震旦四百八十四年至乎达磨，而圣人之教益验，其道益尊，故曰：菩提达磨之功德，抑又至于摩腾、法兰。曰：何以然？曰：教虽开说者万端，要其所归，一涅槃妙心而已矣。夫妙心者，虽众经必使离乎名字分别而为之至，然而后世未尝有能如此而为之者。及达磨始不用文字，不张门户，直以是而传之，学者乃得以而顿至，是不亦教之益验乎！其心既传，而天下知务正悟、言性命者，皆推能仁氏之所说为之至当，不亦其道益尊乎！③

达摩的功德之所以超过摄摩腾和竺法兰，在于他是不立文字，传佛心印。这是契嵩的一贯认知。契嵩重视《坛经》，于元和三年（1056）完成《坛经》校订。他在所著《坛经赞》一文中，坚持禅宗"教外别传"之旨，认为"以佛后摩诃迦叶独得大法眼藏为初祖，推而下之，至于达摩为二十八祖，皆密相付嘱，不立文字，谓之教外别传者"。而别传的核心就是"传佛心印"。他之所以重视《坛经》，就在于"《坛经》者，至人之所以

　　①　（北宋）契嵩：《传法正宗论》卷上，《大正藏》第51册，第773页。

　　②　（北宋）契嵩：《在书上仁宗皇帝》，见《镡津文集》卷九，《大正藏》第52册，第691页。

　　③　（北宋）契嵩：《传法正宗记》卷五，《大正藏》第51册，第743页。

宣其心也。何心耶？佛所传之妙心也”①。此“妙心”，正是他融合三教的哲学基础。这也就是说，在数百年的佛教传播中土历史中，只有菩提达摩所传是正宗的佛法，是究竟的佛法。所以，他的功德不仅是其他来华传教的高僧所无法相比的，而且也不亚于有首创之功的第一批传法僧人。

契嵩认为，达摩传佛心印对佛教的贡献，就如同孟子对儒教的贡献：“余尝以是比夫孟子之有德于儒者。夫孟子之前，儒之教岂无道哉！盖其道蕴而未着，及轲务专传道，而儒益尊显。”把达摩比作儒家的孟子，实际上是说，达摩在整个佛教中的地位仅次于释迦牟尼。我们可以看到，从北宋开始，在众多的禅师语录中，就往往把“释迦老子”（或称“释迦文”等）与“达磨大师”（或称“金色老子”等）并列。这种突出的现象表明，契嵩的此类说法已经成为宋代禅师们的共识。

在《续高僧传》的《菩提达摩传》中，道宣还没有把达摩作为祖师来看待，道宣当时所重视的，是达摩的传法事迹，以及禅法的主要内容和特点。但是，契嵩所关注的，则是达摩的正宗祖师地位和其传佛心印的至上禅法。对《续高僧传》中有违达摩地位的记载，契嵩逐一进行修正：

> 或曰：《续僧传》以壁观、四行为达磨之道，是乎？非耶？曰：壁观婆罗门者，盖出于流俗之语也。四行之说，岂达磨道之极耶？夫达磨之徒，其最亲者慧可也，其次道副、道育。古今禅者所传可辈之言，皆成书繁然盈天下，而四行之云，亦未始概见，独昙琳序之耳。然琳于禅者，亦素无称，纵昙琳诚得于达磨，亦恐祖师当时且随其机而方便云耳。若真其道，则何祇以慧可拜已归位而立，云汝得吾髓。此验四行之言非其道之极者也。②

“二入四行”禅法，是道宣记载的达摩禅法最主要、最核心的内容，以后也基本没有大的变化。但是，契嵩却认为，这并不是达摩“其道之极者”，即不是达摩的真谛、究竟，原因在于，“二入四行”是祖师禅，他要证明达摩禅法是更高一等的“如来禅”：

---

① （北宋）契嵩：《辅教编·坛经赞》，《大正藏》第 48 册，第 346 页。
② （北宋）契嵩：《传法正宗记》卷五，《大正藏》第 51 册，第 743 页。

> 夫达磨之道者，乃四禅中诸佛如来之禅者也。经曰：观如来禅者，谓如实入如来地故，入内身圣智相三空三种乐行故，成办众生所作不可思议。若壁观者，岂传佛心印之谓耶？然达磨之道，至乎隋唐已大着矣，为其传者自可较其实而笔之，安得辄从流俗，而不求圣人之宗？斯岂谓善为传乎！①

契嵩的论证方式有自己的特点，但是，在这方面的结论与宗密在《禅源诸诠集都序》中的说法一样，都是以如来禅解释达摩之禅、达摩之道。

契嵩反对把达摩禅与曹溪禅割裂开来，只把他们看作是禅宗一家的祖师。在他看来，达摩作为东土初祖，不仅是慧能南宗的祖师、整个禅宗的祖师，同时也是整个佛教的祖师：

> 古者命吾禅门谓之宗门，而尊于教迹之外殊是也。然此禅要，既是吾一佛教之宗，则其传法要者，三十三祖，自大迦叶至乎曹溪，乃皆一释教之祖也。而浅识者妄分达磨、曹溪，独为禅门之祖，不亦甚谬乎。②

很显然，把达摩以及西天、东土的历代祖师奉为整个佛教的祖师，所谓"皆一释教之祖"，就是树立了禅宗在整个佛教中的正宗地位。

祖师崇拜实际上是中国社会宗法制度在佛教中的反映，是中国佛教发展的需要。树立达摩这样的初祖，实际上是为后代禅宗的传法宗师们争取正宗地位。契嵩当时已经清楚地看到了这一点。

> 曰：子谓必世世传受心印，永以为标正印验，何古之相承者，至乎曹溪而其祖遂绝耶？曰：祖岂果绝乎？但正宗入震旦，至曹溪历年已久，其人习知此法，其机缘纯熟者众，正宗得以而普传。虽其枝派益分，而累累相承，亦各为其祖，以法而递相标正印验，何尝阙然？亦犹世俗，百氏得姓，各为其家，而子孙相承，继为祖称，则未始无

---

① （北宋）契嵩：《传法正宗记》卷五，《大正藏》第51册，第743页。
② （北宋）契嵩：《传法正宗论》卷下，《大正藏》第51册，第781页。

也。但此承法虽有支祖，而不如其正祖之盛也。①

从达摩到慧能，都是祖师单传。在慧能之后，不是没有祖师了，而是因为正宗禅法广泛普及，能够作祖师的人更多了，所以，此前单丝孤线式的祖师递传，变成了"普传"。"普传"时代这些"承法"的众多"支祖"，自然没有以前"正祖"那样盛大，所以更需要证明传法的正宗性质。很明显，强调前代"正祖"的正宗地位，正是为了证明后代的众多"支祖"们弘扬的是正宗佛法。祖师崇拜的盛行，正是适应了禅师弘禅传法的需要。

总之，截止到宋代契嵩，菩提达摩被塑造成正宗佛法的唯一传播者，他在佛教中的地位仅次于释迦牟尼，可以与儒教中的孟子相提并论；他的禅法思想以教外别传，不立文字，直指人心，见性成佛为究竟，并且成为衡量禅法或正或邪、或对或错的唯一标准。菩提达摩的这种地位和影响，这种特殊的形象，在以后的禅宗史上始终没有大的改变。

三　慧可与僧璨

根据《续高僧传》卷十六《僧可传》的记载，僧可又名慧可（公元487—593），俗姓姬，虎牢（今河南荥阳）人，少年时代为儒生，"外览坟素，内通藏典"②，是儒道释三教经典兼通的博学之士。到魏都（京都洛阳）出家之后，虽然他"独蕴大照，解悟绝群"，并且有深厚的学问根底，但由于没有显赫的师承关系，受到权贵的非议和排斥。年过四十时，慧可遇到菩提达摩游化嵩洛，遂奉以为师，从学六载，"精究一乘"。达摩逝世后，慧可开始弘教传禅，在僧俗信众中产生很大影响，所谓"使夫道俗来仪，请从师范。可乃奋其奇辩，呈其心要，故得言满天下"。慧可作为一位禅师，是擅长演说，能言善辩的，与其师达摩的风格完全不同。

东魏天平（534—537）之初，慧可到国都邺（今河南省安阳县境），"盛开秘苑"。慧可在讲经弘法过程中受到"滞文之徒，是非纷举"。可见他讲经比较灵活，善于发挥，遭到比较严谨的义学僧人的批评。更为严重

---

① （北宋）契嵩：《传法正宗论》卷下，《大正藏》第 51 册，第 782 页。
② （北宋）道宣：《续高僧传》卷十六，《大正藏》第 50 册，第 551 页。

的是，他遭到道恒禅师的反对和迫害。道恒当时"王宗邺下，徒侣千计"，是邺都佛教界的领袖人物，弟子数以千计。道恒认为慧可讲的"情事无寄"，"是魔语"。他多次派人扰乱慧可说法没有成功，遂产生嫉恨，以致"货赇俗府，非理屠害。初无一恨，几其至死。恒众庆快，遂使了本者绝学浮华，谤黩者操刀自拟。始悟一音所演，欣怖交怀。海迹蹄滢，浅深斯在"。

所谓"情事无寄"，实际上是要求人们对世俗间的一切善恶是非，一切世间和出世间的现象采取不执着的态度，这实际上是佛教的一种基本人生态度、基本人生观，并没有什么严重的离经叛道之处。仅凭这一点教义理解上的分歧，还不至于引发道恒禅师勾结贿赂官府与他性命相搏、生死恶斗。显然，这是佛教内部上层僧人与下层僧人的权力斗争，思想的分野、理论的差别、学风的不同，并不是斗争的主要原因，只是导火索。从菩提达摩到僧璨，始终贯穿着上层与下层的斗争。达摩一系弟子始终是佛教队伍中的下层，是受压迫、受迫害的群体。

经过这样的变故，慧可开始"纵容顺俗，时惠清猷，乍托吟谣"。他创作一些歌谣小品，来表达自己的禅法思想。慧可一度流落于邺卫（今河南安阳、卫辉一带）之间。

慧可继承了菩提达摩重视《楞伽经》的传统，所以，慧可弟子们被称为"楞伽师"。不过，慧可倾向于对经文作自由解释，崇尚领会经典的宗旨大意，并不拘泥于文句。这种重视口头讲说，而不重视注疏文记和名相分析的传统，为以后禅宗僧人们所继承。这种对待经典的态度是与一般义学僧人不同的。

慧可的佛学思想可以从他和向居士的书信问答中表现出来。向居士"幽遁林野木食"，是一位潜心隐修的人士。北齐天保（551—559）之初，向居士致书慧可：

> 影由形起，响逐声来。弄影劳形，不知形之是影；扬声止响，不识声是响根。除烦恼而求涅槃者，喻去形而觅影；离众生而求佛，喻默声而寻响。故迷悟一途，愚智非别。无名作名，因其名则是非生矣；无理作理，因其理则诤论起矣。幻化非真，谁是谁非。虚妄无实，何空何有？将知得无所得，失无所失。未及造谈，聊伸此意。想

为答之。①

向居士并不是提出什么自己不懂的问题，希望得到回答，而是阐述自己的见解，希望得到慧可的印证。向居士是从般若空观的角度来看待一切现象和事物，认为一切现象本质上都是虚幻不真实的，所有表面看来是千差万别的现象，甚至是根本对立的现象，由于它们具有"幻化"、"虚妄"，或者"非真"、"无实"的本质，是可以把它们无差别的、等量齐观看待的。因为，无论是执着于从世俗观点看来多么正确的一方而抛弃另一方，都是错误的。比如离开众生去求佛，就是不正确的。正确的认识是无差别地看待一切，把"得无所得，失无所失"作为处理现实问题的原则，作为修行要达到的目标，作为要获得的禅的最高境界。这些说法实际上并不是什么新鲜见解，般若类经典中都有这种说法。对于这种在般若无所得思想指导下的认识，慧可当然是不反对的。他指出：

　　说此真法皆如实，与真幽理竟不殊。本迷摩尼谓瓦砾，豁然自觉是真珠。无明智慧等无异，当知万法即皆如。愍此二见之徒辈，申词措笔作斯书。观身与佛不差别，何须更觅彼无余。②

慧可的回答，实际上并没有否认向居士的所有观点，但是，他有一个重要的补充。由于可以无差别看待一切事物和现象，那么，那些"幻化非真"、"虚妄无实"，同时又可以与"真"和"实"完全等同。这样，一切虚幻的"万法"，实际上都真实反映"如实"的"理"。当无差别地看待众生与佛的时候，众生实际上也可以与佛画等号，当无差别地看待自身与佛的时候，自身本质上也可以与佛平起平坐了。人们不需要再去追求其他任何东西了。当把"真理"、"真如"融进虚幻不实的"万法"之中时，般若学与佛性论就实现了结合。人们可以从般若的角度去看待一切现象，认识它们是虚幻不真实，从而对一切都不执着，同时，人们又可以通过无差别地看待这一切，从一切虚幻中得到解脱。慧可既没有离开达摩的"虚宗"而不用般若的方法论、世界观看问题，同时又把众生皆有佛性的

---

① （唐）道宣：《续高僧传》卷十六，《大正藏》第 50 册，第 551 页。
② 上引均见《续高僧传》卷十六《慧可传》，《大正藏》第 50 册。

大乘思想贯彻起来。认识前者，在于消除执着，消除得到后的轻狂和失去后的消沉；认识后者，在于提高自信和自尊。

慧可对菩提达摩的思想有所发展。他吸收了大乘中观派的学说和《维摩诘经》所宣扬的"不二法门"的思想，认为"无名"与"智慧"并没有本质的区别，众生与佛也是不二的，解脱与否，完全系于个人的迷悟之间。慧可更强调自证自悟，这是对菩提达摩倡导的众生皆有佛性思想的发展。

北周武帝建德三年（574）下诏灭佛。建德六年（577）北周灭北齐，继续推行灭佛政策。当时有林法师与慧可是同学，"共护经像"。大约就是在灭佛期间，慧可"遭贼斫臂"①。慧可晚年隐居于舒州皖公山（在今安徽潜山县），接收了弟子僧璨。其他门人有惠、威、那、端、满诸禅师，均无大的建树和影响。

关于僧璨的资料很缺乏，其出生地、俗姓、家庭背景等情况都不知晓，早年的游学经历也不清楚。唐代玄赜的弟子净觉所撰《楞伽师资记》在记载僧璨生平事迹和禅学思想方面，有两个重要内容。

第一，僧璨与道信的关系及其所传禅学思想。

> 可（指慧可）后粲（指僧璨）禅师，隐思空山，萧然净坐，不出文记，秘不传法，唯僧道信，奉事粲十二年，写器传灯，一一成就。粲印道信了了见佛性处。语信曰：《法华经》云，唯此一事实，无二亦无三。故知圣道幽通，言诠之所不逮；法身空寂，见闻之所不及。即文字语言，徒劳施设也。大师云；余人皆贵坐，终叹为奇异。余今立化，生死自由。言讫遂以手攀树枝，奄然气尽。②

从这一段记述可以知道，僧璨从学于慧可之后，隐居于思空山（司空山，皖公山，在今安徽省潜山县），以坐禅修行为务，既没有著书立说，也没有公开传禅授徒。所以，传说僧璨作《信心铭》，就不可靠了。道信跟随僧璨十二年，成为后者唯一的弟子。僧璨认为道信已经"了见佛性"，实际上是承认了他作为接班人的地位。这里记述的僧璨引用《法华经》对

---

① 《续高僧传》卷十六《慧可传》，《大正藏》第50册，第551页。

② （唐）净觉：《楞伽师资记》，《大正藏》第85册，第1286页。

道信的教导，具有临终遗言的性质，可以说反映了僧璨思想的核心内容。所谓"唯此一事实，无二亦无三"中的"此一事实"，就是多种大乘佛教经典讲的"一大事因缘"，而在《法华经》中，"一大事因缘"就是获得"佛知见"，所有的修行都是为了"开示悟入""佛知见"，而不是"佛知见"之外的任何二乘、三乘"知见"。而要"了见佛性"，也就是以后禅宗讲的"明心见性"，就应该懂得，需要直观体验的佛教"圣道"，是语言不能确切描述的；离言绝相的"法身"，是人的感官所不能把握的。在修行成佛的道路上，文字语言并不能解决根本问题。所以，在其他人崇尚"坐"禅的形式，把"坐"视为"奇异"的大背景下，他也是通过站着往生（立化）这种形式，来表现自己达到不受生死轮回支配（生死自由）的成佛解脱。从这里可以看出僧璨的两个特点：首先，僧璨并不是一个不读经的人，他是用经典来教育弟子的。获得佛的知见，了见佛性，是他提出的修行目标。其次，僧璨本人重视坐禅，并把坐禅作为解脱的重要手段。他反对抛开直观体验空谈佛教的道理，反对企图通过文字语言来解决解脱问题。

第二，僧璨通过注释北周惠命（531—586）的《详玄赋》来论述自己的思想。

对照《广弘明集》所收的惠命《详玄赋》，可以看到，《楞伽师资记》中所引内容与该文并不完全一致，既有多出来的句子，又有漏掉的句子。由此可见，《楞伽师资记》是有删节的引用，同时，现在传世的《详玄赋》也不是完整的本子。但是，仅从《详玄传》中可以判定的两段注文来看，可以反映僧璨的两种思想，其一是华严思想，其二是对戒和定的看法。

　　　　注云：此明秘密缘起，帝网法界，一即一切，参而不同。所以然者，相无自实，起必依真，真理既融，相亦无碍故。巨细虽悬，犹镜像之相入；彼此之异，若殊色之交形。一切即一，缘起无碍，理理数然也。①

《详玄赋》是对《华严经》思想的论述和说明，僧璨的《详玄传》是对

---

① （唐）净觉：《楞伽师资记》卷一，《大正藏》第 85 册，第 1286 页。

前者的注释。上面所引的注文，是在《详玄赋》中"惧斯言之少信，借帝网以除疑。盖普眼之能嘱，岂或识以知之"一句之下。在僧璨看来，一切现象纷繁复杂，从表面看来是有差异的，但是，由于所有的现象（一切）都是"真性"、"理体"、"一"中生发产生的，所以，一切相中都包含了"理"，从"理"的角度看，"相"无论有多么大的差别（巨细虽悬），都能够彼此相互融通，像镜中的影像一样相入、无碍。这种无碍缘起，就是"理"的表现。从这段注文来看，僧璨超出了用理事圆融的关系来论述《华严经》的思想，可以说是对惠命华严思想的发展。僧璨在这里用"一即一切"、"一切即一"来说明法界缘起，在那个时代还是没有的。可见僧璨对《华严经》的思想是有独到见解的。

应该看到，与此后华严宗初祖法顺、二祖智俨相比，僧璨的华严思想还是相当不深刻、不彻底和不系统的。主要表现在两个方面：其一，僧璨所理解的大小事物或现象的相入关系，仅仅停留在"镜像之交涉"、"殊色之交形"层面。他接触到了理事无碍的思想，并且已经有了事事无碍思想的萌芽，但是，没有从"体"上认识"事事无碍"的真正含义。在华严宗初祖法顺那里，认为"镜像交涉"之类只是一种比喻的说法，并没有揭示真正的佛法含义。真正的"事事无碍"，应该是事物与事物、现象与现象的"全体交涉"，而不仅仅是其影像的"交涉"，或者不同的"色"的"交形"。其二，僧璨虽然已经开始用"一即一切"、"一切即一"来论证法界缘起，接触到从本体与作用、整体与部分、本质与现象等方面来论证法界缘起，但是，他还没有像华严二祖智俨那样，结合"无过不离，无法不同"来系统、全面地论证"一即一切、一切即一"，其理论的粗糙、不彻底、不深入是很明显的。

从《详玄传》我们可以看到，达摩一系楞伽师把《华严经》的思想纳入了禅门，是从僧璨开始的。在华严宗兴起以后，华严思想就更进一步进入了禅门。

僧璨把持戒与禅定作为同等重要的"制心"手段，这是很有特点的。

　　　　注云：猴着锁喻戒制心。蛇入筒喻定息乱。《智度论》云：蛇行性曲，入筒即直。三昧制心，亦复如是。[1]

----

[1]　（唐）净觉：《楞伽师资记》卷一，《大正藏》第85册，第1286页。

这个注文是在"如猴着锁而停躁，蛇入筒而改曲。涉旷海以戒船，晓车幽以惠烛"句之下。在他看来，戒可以"制心"，"定"、"三昧"同样可以"息乱"、"制心"，目的是一样的。这反映了僧璨把戒与禅定放在同样重要的地位，与后世禅宗一度出现的轻视戒律的倾向完全不同。

从菩提达摩到僧璨，此系禅师奉持严格的头陀行，居无定处，衣食随处而乞。他们还没有建立有衣食保障的稳固的经济基地。还没有形成相对稳定的僧团组织，创宗建派的条件还不具备。

四　道信的念佛禅修法门

从道信①开始，达摩一系禅僧在生活方式、修行方式和传教方式等方面都开始发生重要变化，禅思想也完全突破了达摩以来的樊篱，增加了新的内容，为后世禅学的发展奠定了更为厚重的基础。道信时期，是达摩一系禅僧团开始本质变化的时期。

据《续高僧传》卷二十六本传和《楞伽师资记》记载，道信（580—651）俗姓司马，是河内（今河南沁阳）人。道信 7 岁出家，遇到"戒行不纯"的师父，在多次劝谏不听的情况下，他秘密持守斋戒五年，表现出了出淤泥而不染的品质。道信后赴舒州皖公山，随两位僧人②修习禅法十年。后其师往罗浮山，不许道信跟随，命其继续住此山。不久，道信蒙国家许可，得度出家，编籍贯于吉州（治所在今江西省吉安市）的一所寺院。后来在前往衡岳途中，"江州（治所在今江西九江）道俗留止庐山大林寺"。又过了十年，大约在唐武德三年（620），应请到蕲州黄梅县（今湖北黄梅县），在黄梅西北的双峰山（原名破头山）建造寺院，传禅授徒。三十多年里，"诸州学道，无远不至"。道信终于唐永徽二年（651）。

从达摩到僧璨，三代禅僧奉行头陀苦行，避世离群，游动乞食，法匠潜运，学徒默修。采取这样的修行方式和生活方式，根本无法建立规模的稳定僧团，无法在社会民众中产生广泛影响，同时也不便于普及禅法。从

---

① 记载道信事迹和思想的主要资料有《续高僧传》本传、《楞伽师资记》、《传法宝纪》。另外，《历代法宝记》、《景德传灯录》本传也可参考。

② 《传法宝纪》记这两位僧人是僧璨和其同学定禅师。

道信开始，禅僧们放弃了头陀行，改变了参禅方式，把居无常处的游动生活转变为常住一地的聚居生活。尤其是道信倡导的"作坐"并重，即劳动与坐禅并重，更是一个史无前例的创造，把劳动引进禅门，把劳动转化为修行的重要内容，与传统的乞食生活告别。

《传法宝纪》载，道信"每劝门人曰：努力勤坐，坐为根本。能作三五年，得一口食塞饥疮，即闭门坐。莫读经，莫共人语，能如此者，久久堪用"。这里的"作"，或名"作务"、"作役"，泛指一切生产劳动。通过垦荒耕种，自己动手解决衣食问题，是聚集起来的僧众的共同任务，以后的僧团领袖也就是劳动的领头人。道信最得意的弟子弘忍，就是以身作则的劳动者。"能作三五年，得一口食塞饥疮"，强调了解决吃饭问题是前提，只有解决了生活问题，才谈得上作为修行"根本"的"坐"。

这里的"坐"是指坐禅。但把"禅"归结为"坐"，倡导"努力勤坐"，倡导"闭门坐"，把"坐"当作"根本"，就与达摩以来提倡的"理"、"行"并重的禅风有了差别。为了强调"坐"，甚至要求徒众"莫读经，莫共人语"，这是与把"坐禅"作为超脱生死轮回唯一手段的思想完全一致的。这是为了强调坐禅而来讲"莫读经"，并不是对"读经"的限制。在道信讲述禅法过程中，几乎每一个观点都要引用佛教的经典文字来证明，充分显示了道信始终坚持达摩倡导的"藉教悟宗"的原则。同时，道信本人也是重视"坐"的典范，《历代法宝记》说他"昼夜常坐不卧，六十余年胁不至席"。

根据《楞伽师资记》记载，道信曾做《入道安心要方便法门》，论述自己的禅法。

> 及制《入道安心要方便法门》，为有缘根熟者说我此法。要依《楞伽经》诸佛心第一，又依《文殊说般若经》一行三昧。即念佛心是佛，妄念是凡夫。[①]

从形式上看，道信是随意解释经文，把《楞伽经》和《文殊说般若经》中本来意思不相干的句子糅合在一起，论述自己的思想。但是，经过这样的解释，道信在坚持般若空观思想方法的同时，又把《楞伽经》宣扬的

---

① （唐）净觉：《楞伽师资记》卷一，《大正藏》第85册，第1286页。

"自性清净心"坚持下来，把空建立在"佛"、"心"上。《文殊说般若经》中讲的"一行三昧"是证悟般若空观的一种禅定，也叫"常坐三昧"，属于实相念佛法门。原来修习这种禅定与念佛有关系："专心一佛，称念名字，随佛方所，念念相续，即与念中见一切佛。"这就是说，由于佛与佛之间是相通的，因此在修习这种禅定过程中，专心称念一位佛的名字，就可以直观到一切佛。所谓"佛"，经中的解释是"不生不灭，不来不去，非名非相，是名为佛"。① 佛被认为是离言绝相的。所以，《文殊说般若经》所倡导的一行三昧是一种实相念佛法门。道信除重视《文殊说般若经》外，依然坚持菩提达摩以来的传统，重视《楞伽经》。把"一行三昧"与《楞伽经》的"诸佛心第一"一句结合，就把念佛与念心结合了起来。

　　在道信看来，离开心没有"佛"，没有任何"佛"是存在于"心"之外的，从这个意义上说，念佛就是念心，求佛就是求心。因此，道信讲的"佛"就是"法身"，讲的"心"，就是可以和佛、净土等画等号的，其性质都是"无相"的。道信讲的念佛，就是这样的一种"实相念佛"法门。他所讲的心和佛的关系，实际上与《华严经》中讲的"心佛与众生，是三无差别"是同样的思路。道信倡导的"安心"入道，提倡的坐禅念佛，都强调要懂得这些道理。然而，要懂得"心"就是"佛"的道理，还需要认识五个方面的内容，才能把思想认识和禅修实践结合起来：

　　　　是心作佛，当知佛即是心，心外更无别佛也。略而言之，凡有五种；一者，知心体，体性清净，体与佛同。二者，知心用，用生法宝，起作恒寂，万惑皆如。三者，常觉不停，觉心在前，觉法无相。四者，常观身空寂，内外通同，入身于法界之中，未曾有碍。五者，守一不移，动静常住。能令学者，明见佛性。早入定门。②

第一，认识"心"的本源是清净的，与佛的本源完全相同；第二，认识"心"的作用是产生真理性认识的，处于静"寂"的状态；第三，认识一切现象和事物本质上是无相的，这才是正确的认识（觉）；第四，认识自

---

① 上引均见《大正藏》第 8 册，第 128 页。
② （唐）净觉：《楞伽师资记》卷一，《大正藏》第 85 册，第 1287 页。

身本质上是"空"、是"寂"，与虚空法界融通无碍；第五，认识无论在静中还是在动中都要坚守心体，就能够达到明见佛性。这五种认识，同时也是禅修中的体验，既是思想认识，又是直观体验的境界。认识和实践了这五点，不仅认识了心与佛的关系，解决了思想认识问题，而且能够体验禅境，明见佛性，解决了修行解脱问题。

在道信倡导的如何观"心"理论中，实际上是有两种方法的，这就为以后神秀与慧能禅学思想的分野埋下了种子。实际上，这两种方法是因为学者的根机不同而制定的。在道信看来，并不是什么重要的分别处，看与不看，并不是什么大不了的问题，并没有原则区别。

> 问：何者是禅师？信曰：不为静乱所恼者，即是好禅用心人。常住于止，心则沉没。久住于观，心则散乱。《法华经》云：佛自住大乘，如其所得法，定惠力庄严，以此度众生。云何能得悟解法相，心得明净？信曰：亦不念佛，亦不捉心，亦不看心，亦不计心，亦不思惟，亦不观行，亦不散乱，直任运。亦不令去，亦不令住，独一清净，究竟处心自明净。或可谛看，心即得明净，心如明镜。或可一年，心更明净；或可三五年，心更明净。或可因人为说，即悟解，或可永不须说得解……故为学者取悟不同，有如此差别。①

如果说心与佛一样是无相之实相，那么，"心"就不能用思维来把握，不能用语言来描述，不能在修习禅定中去观"看"。如果"心"是可以在禅定中"看"的，那它就是"有相"了，就不是无相之实相了。道信一方面说"亦不看心"，另一方面又说"或可谛看"。两种主张，自相矛盾。实际上，在道信看来，这并不是什么重要问题，看与不看，都是方便，是因为学者取悟方法不同才有这样的差别。

这种实相念佛法门，实际上也否定了西方有相净土的存在：

> 又曰：用向西方不？信曰：若知心本来不生不灭，究竟清净，即是净佛国土，更不须向西方。《华严经》云：无量劫一念，一念无量劫。须知一方无量方，无量方一方，佛为钝根众生说今向西方，不为

---

① （唐）净觉：《楞伽师资记》卷一，《大正藏》第85册，第1287页。

利根人说也。①

道信从"止"与"观"的关系角度,具体讲了"亦不看心"、"或可谛看"两种表面上看来是相互矛盾的方法。实际上,对于初学者,方便手段是非常多的。初学者可以从观察具体有相的事物中,从思考佛教基本教理中,体验到对无相法身的观想:

> 若初学坐禅时,于一静处,真观身心,四大五荫,眼耳鼻舌身意,及贪嗔痴,若善若恶,若怨若亲,若凡若圣,及至一切诸状,应当观察,从本以来空寂,不生不灭,平等无二;从本以来无所有,究竟寂灭;从本以来清净解脱。不问昼夜,行住坐卧,常作此观,即知自身犹如水中月,如镜中像,如热时炎,如空谷响。若言是有,处处求之不可见;若言是无,了了恒在眼前。诸佛法身,皆亦如是。②

另外,初学者如何明心见性,如何见佛性从而超脱生死轮回,达到这样的最高级的修行目的,也是从最简单的观想开始的,而且并不神秘:

> 初学坐禅看心,独坐一处,先端身正坐,宽衣解带,放身纵体,自按摩七八翻,令心腹中嗌气出尽,即滔然得性清虚恬净,身心调适然,安心神则,窈窈冥冥,气息清冷,徐徐敛心。神道清利,心地明净。观察不明,内外空净,即心性寂灭。如其寂灭,则圣心显矣。性虽无形,志节恒在。然幽灵不竭,常存朗然,是名佛性。见佛性者,永离生死,名出世人。③

道信把禅定作为解脱生死的唯一手段,重视坐禅。他的禅学是在达摩基础上的发展。在道信的禅学中,达到"永离生死"的"见佛性者",也就是达到最高修行阶段的人,只能靠自己的努力,没有外力的拯救。这种强调自求解脱,不祈求和不依赖他力拯救的禅学理论,是与当时禅僧团生存方

---

① （唐）净觉:《楞伽师资记》卷一,《大正藏》第85册,第1287页。
② 同上书,第1290页。
③ 上引未注出者均见《楞伽师资记》。

式的变化直接联系的。

在道信活动时期，达摩一系的禅僧团发生了多方面革命性变化，其主要表现有三个方面：第一，道信在湖北黄梅的双峰山传教弘禅数十年，弟子 500 余人，禅僧由此从分散流动转向聚众定居，稳定的传教基地随之建立起来。第二，把劳动纳入修行范围，农禅并重，自耕自食，佛教通过游走乞食解决衣食来源、通过接受供养筹集经费的传统生存方式，从此发生了彻底转变。第三，随着禅众有了新的生活方式、修行方式和生产方式，以自信自立、自求解脱为特点的新教义也应运而生，这就是道信的实相念佛禅修法门。

在道信的弟子中，知名者有荆州法显（577—653），常州善伏（？—660）、玄爽（？—652）等。他们均没有什么特殊建树。道信临终传法给弘忍。正是弘忍继承和发展了道信禅学，使中国禅宗最终形成。

五 弘忍的"东山法门"

弘忍（601—674）的生平事迹简单明了，其一生都是在黄梅度过。他俗姓周，其先祖寻阳人，生于黄梅，7 岁奉事道信，13 岁出家。"其性木讷沈厚，同学轻戏，默然无对。常勤作务，以礼下人。昼则混迹驱给，夜便坐摄至晓，未常懈倦。"道信倡导"作坐"并重，弘忍白天带头劳动，晚上坐禅摄心，是道信理论的一位出色实践者。他"三十年不离信大师左右"。[①] 后来他在冯茂山建寺，该山在双峰山的东面，也称为"东山"。

按《楞伽师资记》的记载："其忍大师，萧然净坐，不出文记，口说玄理，默授与人。在人间有禅法一本，云是忍禅师说者，谬言也。"从这个记载可以看出，弘忍没有任何著作。所谓"口说玄理，默授与人"，是通过口耳相传把自己的思想"默授"给弟子。这种做法，在《六祖坛经》记述的他传法给慧能的故事中可以得到证实。

在弘忍时期，各方来请教的僧俗信徒很多，所谓"四方请益，九众师模，虚往实归，月逾千计"。东山并不邻近通都大邑，对于"学道何故不向城邑聚落，要在山居"这个问题，弘忍这样回答：

---

① 《历代法宝记》卷一，《大正藏》第 51 册，第 182 页。

　　大厦之材本出幽谷，不向人间有也。以远离人故，不被刀斧损
斫，一一长成大物后，乃堪为栋梁之用。故知栖神幽谷，远避嚣尘，
养性山中，长辞俗事，目前无物，心自安宁。从此道树花开。禅林果
出也。①

《楞伽师资记》引玄赜《楞伽人法志》描述弘忍个性、品质、功绩和思想
的一段话，是比较全面了解弘忍的纲要。

　　（弘忍）缄口于是非之场，融心于色空之境。役力以申供养，法
侣资其足焉。调心唯务浑仪，师独明其观照。四仪皆是道场，三业咸
为佛事。盖静乱之无二，乃语默之恒一。②

　　第一，他"缄口于是非之场，融心于色空之境"。远离是非，不造口
业，这是他在现实生活中的为人处世原则。所谓"色空之境"，指的是色
即是空、空即是色的常谈。"融心于色空之境"就是强调保持心无是非牵
挂的良好状态。这既是弘忍自我保护的手段，也是修行达到的精神境界。
　　第二，"役力以申供养，法侣资其足焉"。他能通过自己的劳动来满
足僧团生活需要，说明他是这个禅僧团中卓越的生产经营者和生活组织
者。这可以说是对道信"作"、"坐"禅法的进一步发挥。
　　第三，"调心唯务浑仪，师独明其观照。四仪皆是道场，三业咸为佛
事。盖静乱之无二，乃语默之恒一"。这是对弘忍禅法思想的一个精练概
括。就坐禅调心而言，一般禅师大多强调修禅的仪轨，重视外在的威仪。
但是，弘忍只强调坐禅过程中的冥想实践、观想过程，或者说禅境体验，
对于其他一些传统修禅过程中强调的规则并不重视。所谓"四仪"，指人
的行、住、坐、卧；所谓"三业"，指身、口、意的诸种活动。作"道
场"、"佛事"，体验禅的境界，不限于寺院那样的特定场所，也不限于供
奉膜拜佛菩萨等特定的僧侣律仪，而是要贯穿在行禅者的全部日常生活
中。这样一来，所谓禅修，所谓行禅，就是在禅理指导下的全部日常生
活、全部日常活动。在这里，弘忍已经不像达摩倡导的"理入"和"行

---

　　①　上引均见（唐）净觉《楞伽师资记》卷一，《大正藏》第 85 册，第 1289 页。
　　②　（唐）净觉：《楞伽师资记》卷一，《大正藏》第 85 册，第 1289 页。

入"那样，强调进入世俗社会，而是强调把禅贯穿于日常的劳动生产。弘忍用"静乱无二"、"语默恒一"把劳动生产和禅修统一起来，使道信提出的"作坐并行"彻底没有分裂痕迹了。

弘忍的禅法思想与其师道信是一脉相承的。他对初习禅定者讲的方便之法，包括观想方法、体验内容、感受状态和印证标准等，都与道信所讲的内容有很相近的思路。

> 尔坐时平面端身正坐，宽放身心，尽空际远看一字，自有次第。若初心人攀缘多，且向心中看一字，证后坐时，状若旷野泽中，迥处独一高山，山上露地坐，四顾远看，无有边畔，坐时满世界。宽放身心，住佛境界，清净法身，无有边畔。其状亦如是……又云：虚空无中边，诸佛身亦然。我印可汝了了见佛性处，是也。①

这是指导初学禅者怎样通过从"看一字"起步，获得一些相应的体验和感受，逐渐进步，从观想具体的事相发展到实相观佛，达到"了了见佛性处"。在这里，弘忍讲的具体内容与道信有不同，但是，整个思路是完全一致的。

弘忍晚年，他的弟子已经遍布大江南北，形成了全国性影响。弘忍临终时这样总结："如吾一生，教人无数，好者并亡，后传吾道者，只可十耳。我与神秀论《楞伽经》，玄理通快，必多利益。资州智诜，白松山刘主簿，兼有文性。莘州惠藏，随州玄约，忆不见之。嵩山老安，深有道行。潞州法如、韶州惠能、扬州高丽僧智德。此并堪为人师，但一方人物。越州义方，仍便讲说。又语玄赜曰：汝之兼行，善自保爱。吾涅槃后，汝与神秀，当以佛日再晖，心灯重照。"② 这个记载自然有抬高玄赜的意义，但是，与《六祖坛经》中讲的传衣钵于慧能一人，而且叙述那样惊险的争夺袈裟故事来比较，自然更接近事实。在中国佛教史上，此前还没有哪个派别形成这么广泛的影响，既在下层群众中有深厚的社会基础，又能得到王朝最高统治者和地方官僚的普遍支持。

关于中国禅宗的创立，佛教界和学术界历来有三种观点。其一，把菩

---

① （唐）净觉：《楞伽师资记》卷一，《大正藏》第 85 册，第 1290 页。

② 同上。

提达摩作为中国禅宗的创立者。这种观点认为，禅宗不是产生于唐代的中国佛教宗派，而是起源于释迦牟尼时期，然后由达摩传到中国的印度佛教宗派。其二，认为慧能是禅宗的实际创立者。这标志着学者跳出了禅宗是由达摩从印度传来的认识误区，把禅宗作为印度佛教与中国文化在长期冲突、融合中孕育的产物来考察。这种观点更接近历史真实，体现了学术研究的进步。与此相应，慧能主要传教地区的广东韶关也就被视作禅宗发源地。其三，认为禅宗创立于道信、弘忍时期，"东山法门"是禅宗创立的标志，道信和弘忍师徒为禅宗的创立者。这是因为，学者们认识到慧能之前禅宗作为宗派已经形成，慧能只是整个禅宗中南方一支——"南宗"的创始人，而不是整个禅宗的创始人。这种观点的提出，反映了学术研究的又一个深入。

我们认为，如果把"东山法门"作为禅宗成立的一个理论方面的标志，那么禅宗的创始人应该是弘忍，而不包括其师道信。因为，根据唐代文献的记载，"东山法门"是特指弘忍的禅法思想和实践。

到弘忍继承道信的事业，在东山建成弘教传禅基地，"东山法师"、"东山净门"、"东山法门"等名称的相继出现，标志着弘忍在当时已经被公认为是禅派的缔造者和实际创立者。《历代法宝记》记载，弘忍"居凭茂山，在双峰山东西相去不遥，时人号为'东山法师'"[①]。"东山"是特指弘忍的，并不包括道信。《楞伽师资记·弘忍传》载："忍传法。妙法人尊，时号为'东山净门'。又缘京洛道俗称叹蕲州东山多有得果人，故曰'东山法门'也。"由此可见，所谓"东山净门"，是人们认为弘忍所传禅法深"妙"，并且"净"而无秽，所以尊称为"东山净门"，这是对弘忍禅学思想的一般性赞誉称谓。但是"东山法门"虽然也是指弘忍的禅法思想，但性质就发生了改变，是把弘忍禅法作为悟道解脱的门径看待。所谓"法门"，是指修行者超凡入圣的门户，证悟解脱的途径和方法。"东山法门"就是指弘忍开辟的明见佛性的门径，就是指弘忍的禅法思想和实践。由于按照弘忍禅法修行获得证悟、有所收获的人多，所以把他的禅法称为"法门"，这比称"净门"，比只赞扬他的禅法高"妙""净"而无秽又更高了一层。《楞伽师资记·神秀传》说：唐大足元年（701）神秀应诏到东都，武则天问："所传之法，谁家宗旨？"神秀回答：

---

① 《历代法宝记》卷一，《大正藏》第 51 册，第 182 页。

"禀蕲州东山法门。"① "东山法门"作为弘忍的禅法代称，实际上承认了弘忍禅法思想是真正的佛法，是引人证悟的佛法，而且也确立了弘忍创宗建派的宗师地位。这些是弘忍第一代弟子时期佛教界的共同认识，并且也得到朝野认可。

在后出的著作中，有些也是在这个意义上使用"东山法门"的。比如《宋高僧传》卷八《弘忍传》说："入其趣者，号东山法门欤。"但是，也有把"东山法门"作为道信和弘忍共同创造的门派的。《宋高僧传》卷八《神秀传》说："忍与信俱住东山，故谓其法为东山法门。"不能否认，弘忍直接继承道信的禅学，在他的思想中，包含了许多道信的思想成分，这是毫无疑问的。但是，"东山"毕竟不是"忍与信俱住"，而是弘忍独自开辟。把"东山法门"作为禅宗成立的一个重要标志，其实际创造者只能是弘忍，这一点并不能因为弘忍思想中继承道信的思想而有所改变。

第二节　弘忍门下与南北分宗

一　弘忍诸徒的分道弘化

弘忍门下人才济济，大家辈出，先后走出黄梅，到大江南北建立传法基地、分道弘扬东山法门的著名弟子很多。他们或者知名于野，或者闻达于朝；或者辉煌于当代，或者光耀于后世。在弘禅方面做出重要贡献、在禅宗史上占有重要地位的弘忍弟子有法如、老安、玄赜、智诜等人，而神秀和慧能则影响更大，所创派系分别被称为禅门中的南宗和北宗。

（一）法如

潞州法如（638—689）是弘忍门下成名最早的弟子，他离开黄梅后，把东山法门弘扬到嵩山少林寺，并且引起皇室重视。

根据《唐中岳寺沙门释法如行状》等记载，法如俗姓王，山西上党（今山西长治市）人，19 出家，游方求学，博穷经论。显庆三年（658），到弘忍处咨受三昧，此后十六载，直至咸亨五年（674）弘忍灭度，一直跟随学习。在弘忍的弟子中，追随左右十六年的，恐怕只有法如。弘忍对他特别看重，"祖师默辩先机，即授其道，开佛密意，顿入一乘"。这实

① （唐）净觉：《楞伽师资记》卷一，《大正藏》第 85 册，第 1290 页。

际上是承认了法如的嗣法地位。以后法如以第六代祖师自居，也是有一定根据的。弘忍圆寂后，法如由淮南北游中岳，在少林寺三年，深藏不露，人们都不知道他的底细。垂拱二年（686），"四海标领僧众，集少林精舍，请开禅法"。法如应请"再振玄纲"，"光复正化"，组织和主持了这次少林寺集会，由此也确立了他在少林寺的法主地位。

法如发起的这次少林寺集会，有两个内容不仅在弘扬东山法门、树立弘忍禅学正宗地位方面有重要影响，而且在整个禅宗史上具有重大意义。

第一，首次公开制定出禅宗传法宗谱。僧众在集会上"金曰：始自后魏，爰降于唐，帝代有五，年将二百，而命世之德，时时间出，咸以无上大宝，贻诸后昆"。在将近两百年的五个朝代，六代祖师依次传禅，即"南天竺三藏法师菩提达摩"，入北魏"传可，可传粲，粲传信，信传忍，忍传如"。这些把佛教的"无上大宝"传递给后世子孙的六代祖师，都代表着正宗的法统，任何其他禅门弟子都没有他们这样的神圣权利。这种一代一人的单丝孤线的传承，显示了传承的纯洁性和排他性。不管一代人中有多少弟子，被定为嗣法弟子的，就具有了其他同门所没有的代表正宗的权力。在以后的禅宗史上，这种六代祖师单线传承的说法始终没有变，并且得到禅宗各派的承认。其中的变化只有一点，就是当慧能一系统一整个禅门之后，第六代祖师不可更改的是慧能，而所有禅派提出的第七代祖师都被认为是非法的，得不到大家的公认。禅宗的这种法统模式，也为后来儒家的"道统"说提供了可仿效的先例。

第二，确定了禅门的师徒传授方式。《法如行状》说："天竺相承，本无文字，入此门者，唯意相传。"从印度开始，禅门的传承就没有文字记录，也没有文字记载的内容，而是传递"意"。这里面包含了以后禅宗定祖传法说的三项原型内容：其一，禅门相承本自"天竺"，应该是后世禅宗"释迦拈花、迦叶微笑"公案的最早依据；其二，"本无文字"，可能是后世禅宗"不立文字"、"教外别传"的原型；其三，"唯意相传"，此处的"意"应该是"心"的原型，"唯意相传"应该是"以心传心"的最初表达。这里讲的祖师传承方式，以后经过不断的修改和加工，成为禅宗公认的传禅嗣法模式，成为固定不变的方法。这种传授方式不仅是形式上与其他佛教宗派的师徒传授方式不同，而且表现了禅宗不同于其他宗派的神圣性、优越性，成为整个"宗门"与"教门"的区别。

法如的禅学思想有两个特点：其一，强调"顿悟"，所谓"开佛密意，顿入一乘"。这里的"顿入"就是"顿悟"的意思。这种顿悟禅法与神秀的"渐悟"形成区别，成为以后南宗的最显著禅法标志。其二，强调认识"本心"。

> 观乎至人之意广矣，大矣，深矣，远矣。今唯以一法能令圣凡同入波（应为彼）定，勇猛当应谛受。如人出火，不容中断；众皆屈申臂顷，便得本心。①

法如用"至人之意"表达佛家思想，可见其受庄老道家影响较深。在他看来，佛教道理虽然很广大、很深远，但是，无论凡圣，禅定修习所要达到的目的，就是"得本心"，认识"本心"。他在这里讲的"一法"，也就是"一心"。这里的"得本心"可以看作后来"明心见性"的初期表达。

（二）老安

老安（581—708），法名道安，亦称慧安。他是弘忍弟子中年龄最大者，比其师年长20岁，另外，他世寿超过120岁，所以被称为"老安"。现存有《大唐嵩山会善寺大德道安禅师碑并序》及《故大德道安禅师碑》，所记内容与《宋高僧传》《景德传灯录》中的《慧安传》颇有出入。

按照碑文记载，老安俗姓李②，荆州人。大业年（605—618）中，朝廷发丁开通济渠，饥殍相枕，老安通过乞食救济许多难民。为躲避隋炀帝的征召，他潜入太和山。到隋炀帝幸江都，海内扰攘，老安杖锡登衡岳寺，行头陀行。可见老安对当政者采取不合作的态度。老安在隋唐之交"或建功华阳，或授手边难"，可能是加入唐军，立有战功。按照《景德传灯录》的说法，大约在唐贞观年中（627—649），老安因慕蕲州弘忍禅风而到黄梅，当时与神秀为同学。麟德元年（664）游终南山石壁，最后止于嵩山会善寺。碑文也记有弘忍的嘱咐，说："学人多矣，唯秀与安"；"今法当付，付此两子"。《楞伽人法志》引弘忍的话说："嵩山老安，深有道行。"可见弘忍是比较器重老安的。

---

① 上引均见《金石续编》卷六《唐中岳沙门释法如禅师行状》。

② 《宋高僧传》本传载，老安俗姓卫。

据碑文记载，老安认为达摩所开"禅门要宗"，在"纳众流以成海，总群妙以立身"。老安把达摩的说教看作是佛教的集大成，这是达摩产禅的特点，也是禅者"立身"的保证。他认为弘忍倡导"令一切俱如妙门，获所安乐"。享受"安乐"不必到西方世界去寻求，而是可以在现实世界获得，人们在现实世界的一切活动中都可以体验"安乐"。这种倡导兼容并蓄接受一切佛教经典和理论的主张，倡导西方安乐世界就在眼前的主张，与他的禅风特点是完全一致的。碑文称他"反经而合权，恢理而约喻"，他把权宜方便本身就作为原则，并不受经典文句的束缚，一切从现实需要出发，一切从世俗生活需要出发。这种禅风也可以从《景德传灯录》卷四记录的禅语问答中透露出几分。据说坦然、怀让两人参见老安，问："如何是祖师西来意？"老安回答："何不问自己意？"又问："如何是自己意？"回答："当观密作用。"又问："如何是密作用？"老安"以目开合示之"①。要想知道菩提达摩从西天到中土是为了什么，首先要知道自己是为了什么。自己为了什么，正是佛性本心的作用或表现，而领会这个道理，认识自己的本心，也就是"自己意"，只靠语言文字是不能确切表述的。在老安看来，适应众生的需要，大约就是达摩禅门的精髓。老安的这种禅法在当时影响很广，所谓"始于山门，遍于天下"。同时，反对的声音也比较大。老安知名的弟子人数不多。中唐时期宗密撰《圆觉经大疏抄》，谓老安有弟子四人，即腾腾、自在、破灶堕和陈楚章，"皆道高名"。

（三）玄赜

玄赜是弘忍晚年招收的弟子，生卒年不详。玄赜俗姓王，太原祈县人。据《楞伽师资记》，玄赜于咸亨元年（670）来到黄梅双峰山，跟随弘忍学习，前后有五年时间。弘忍告诉他：《楞伽》"唯心证了知，非文疏能解"②。就是说，《楞伽经》是用于证心的，不能指望通过文字注疏来真正理解。这不仅反映了弘忍对《楞伽经》的重视，也反映了对明心的禅体验的重视。对于玄赜而言，弘忍更是以楞伽师自居。

弘忍临终时对玄赜说："汝之兼行，善自保爱，吾涅槃后，汝与神

---

① （北宋）道原：《景德传灯录》卷四，《大正藏》第 51 册，第 231 页。
② （唐）净觉：《楞伽师资记》卷一，《大正藏》第 85 册，第 1289 页。

秀，当以佛日再晖，心灯重照。"① 弘忍在承认玄赜是合法继承人的同时，还把他与神秀并列，可见对他的器重。玄赜参与了弘忍后事安置，包括运石构塔、改宅为寺等工作。

玄赜后住安州寿山寺。弟子净觉在《楞伽师资记序》中说："大唐中宗孝和皇帝景龙二年（708），有敕召入西京，便于东都广开禅法。净觉当即归依，一心承事。两京来往参觐，向有余年。"② 表明玄赜当时是"两京法主"地位，很有影响。所以净觉称他"形类凡僧，证同佛地，帝师国宝，宇内归依"③。他和神秀、老安一样，是闻达于朝的弘扬东山法门的主要人物。玄赜弘扬的禅学思想，大体不出弘忍的思想范围。在其弟子净觉之后，玄赜一系就没有著名人物了。

（四）智诜

据《历代法宝记》的记载，智诜（609—702）俗姓周，汝南人，随祖至蜀。年13岁，"辞亲入道场，初事玄奘法师学经论"。后舍经论，投弘忍门下。后归资州（四川资中）德纯寺，"首尾三十余年，化道众生"。弘忍说他"兼有文性"，不仅是对他跟随玄奘学习经历的肯定，也是对他有著作行世的认同。智诜撰写有《虚融观》三卷、《缘起》一卷、《般若心疏》一卷。这种有"文性"的禅师在弘忍门徒中并不多见。

据说在万岁通天二年（697），武则天敕张昌期请智诜禅师赴京内道场供养；久视元年（700），又分别请神秀、玄赜、玄约、老安等人入京，"则天咨问诸大德，和上等有欲否？神秀、玄约、老安、玄赜等皆言无欲。则天问诜禅师，和上有欲否？诜禅师……答有欲。则天又问：何得有欲？诜答曰：生则有欲，不生则无欲。则天言下悟"。④"不生不灭"本是般若空观的第一命题，这里以有生则有欲、不生则无欲，否认任何活着的人能够达到"无欲"状态。有一种强调众生在"有欲"方面一律平等的观念，这是很有特点的，也是少见的话语。

智诜有弟子处寂，绵州浮城县人，俗姓唐，年10岁，父亡，投智诜出家，住资州德纯寺，人称唐和尚。他传法给净泉（众）寺的无相禅师，

① （唐）净觉：《楞伽师资记》卷一，《大正藏》第85册，第1289页。
② 同上。
③ 同上。
④ 《历代法宝记》卷一，《大正藏》第51册，第184页。

无相又传保唐寺无住禅师，形成中唐著名的净众保唐禅系。

二　神秀北宗系

在弘忍之后约半个世纪的时间里，禅宗最兴盛的一派是神秀系。该系从神秀开始受到朝廷重视，无论政治地位还是社会地位，都是其他派别不能相比的。该派在继承弘忍禅学的同时，也有了一些新的变化。在神秀之后，此系被称为禅宗的"北宗"。

神秀（606—706）俗姓李，陈留尉氏（今河南尉氏县）人，少年时代学习经史，博览多闻。隋末战乱，神秀遇善知识出家后，游历江左、闽西、浙东、岭南等地的多处名山。于万里求学行程中，他通晓了"《老》《庄》玄学，《书》《易》大义，三乘经论，《四分》律仪"，成为精通儒释道、融通内外学的博学专家。他 46 岁到黄梅东山参见弘忍，服勤六年，不舍昼夜，深得器重，弘忍感叹："东山之法，尽在秀矣"，命神秀为上座，担任"教授师"。弘忍圆寂后，神秀到荆州。仪凤中（677—679），荆楚大德数十人请神秀住当阳玉泉寺，从此开始，神秀在佛教界和社会上的影响迅速扩大，皈依者甚众，所谓"就者成都"，"学者如市"。①

久视元年（700），武则天遣使迎神秀入京，神秀受到"跌坐觐见，肩舆上殿。屈万乘而稽首，洒九重而宴居"的待遇。每当说法之时，"帝王分座，后妃临席"。神秀当时受崇敬之盛，仅次于太宗之对于玄奘，被"推为两京法主，三帝国师"。神秀作为全国禅僧的代表，把弘忍一系在朝廷中的地位、在社会上的影响，都推到了顶峰。神秀的弟子中著名者如普寂、义福，先后成为国师。神秀一系所传的"东山法门"随之上升为官禅，而达摩法系也被公推为禅宗的正统所在。直到安史之乱后的五十年左右，神秀系一直兴旺发达，声名显赫。

早期的各种文献都记载神秀没有撰写任何著作，从敦煌经卷中发现的一些署名神秀的著作，如《大乘无生方便门》《观心论》等，应该是后人的托名作品，不足凭信。从早期文献的记载中可以看到，神秀是以传播"东山法门"为己任，在经典方面比较重视《楞伽经》和《文殊说般若经》，直接继承弘忍的禅学。弘忍曾说："我与神秀论《楞伽经》，玄理通

---

① 上引均见《荆州玉泉寺大通禅师碑铭并序》，《全唐文》卷二百三十一。

快，必多利益。"① 明确强调神秀精通《楞伽》，继承了达摩以来的传统。神秀进京见到武则天时，"则天大皇后问神秀禅师曰：所传之法，谁家宗旨？答曰：秉蕲州东山法门。问：依何典浩？答曰：依《文殊说般若经》一行三昧。则天曰：若论修道，更不过东山法门。以秀是忍门人，便成口实也"②。神秀在继承弘忍禅学的同时，也增添了新的内容，形成了自己的特点。宗密曾把神秀一系的禅法概括为"拂尘看净，方便通经"，这是很确切的，概括了神秀禅法的特点，也表明神秀禅法的两个主要内容。

其一，"拂尘看净"，强调静坐观心。

张说曾概括神秀的"开法大略"：

> 专念以息想，极力以摄心。其入也，品均凡圣；其到也，行无前后。趣定之前，万缘尽闭；发慧之后，一切皆如。特奉《楞伽》，递为心要。过此以往，未之或知。③

所谓"专念以息想，极力以摄心"，是为了达到"止"或"定"，达到排除一切杂念、注意力集中的精神状态。这实际上是所有禅定的共同要求。在神秀看来，进入这种状态，对于凡圣都是一样的，没有区别。而要达到这种"定"的状态，无论采取什么样的方法，最终需要的前提就是"万缘尽闭"，即内心排除了一切干扰。在这种精神状态下获得的智慧叫"发慧"；运用这种智慧观察现实世界，就会看到世界的真实面貌，即"一切皆如"，与所获得的智慧、所证悟的理完全一样。

因此，神秀禅法的核心是静坐观心。但他不是直证心源以安心，而是观妄心之为幻，通过磨垢而去掉世俗尘埃，最后达到安静以明照。《坛经》曾记载神秀作偈："身是菩提树，心如明镜台，时时勤拂拭，莫使有尘埃。"这是符合神秀禅法特点的。

其二，"方便通经"，重视经典的作用。

宗密所记北宗普寂等弘扬的"五方便门"，④ 也就是从神秀以来该系

① （唐）净觉：《楞伽师资记》卷一，《大正藏》第85册，第1289页。
② 同上。
③ 《荆州玉泉寺大通禅师碑铭并序》，《全唐文》卷二百三十一。
④ 《圆觉经大疏释义钞》卷三，《卍续藏》第9册，第532页。

禅法的一个主要内容。"五方便门"如下所述。

第一门，依《大乘起信论》总彰"佛体"。此门为总纲，其余四门是根据这一门的展开。这是成佛的根据："佛"即是"觉"，觉"谓心体离念"，故"自觉"即是"离心"，"觉他"即是"离色"，心色俱离，就是觉满成佛。具体说，"离念故无心，无心故无色；色心清净，五蕴常空，故名一相"，"一相者即无相"。如此则"身心总不见，身心总是佛"。反之，"瞥起心即有心色"，对境而动，有爱有憎，是破坏"法身"，即非如来。

第二门，依《法华经》，"开示悟入佛智见"，即开发本有的佛智见。无念不动，"即能从定发慧"，所谓"意根不动智门开，五根不动见门开"，譬如眼虽见色而"不被色尘碍"，六根不为诸尘所动，"即是圆满大菩提"。此等知见，必须"以证为先"，由于是"以证为根本"，所以"知见不染六尘"而于"六尘中得自在"。

第三门，依《维摩经》，"显不思议解脱"。用"瞥起心是缚，不起心是解"的标准衡量，"厌喧住寂"，是二乘人"贪着禅味"的表现；"在定不能说法"和"住不动中无自在智见"，也是二乘观念。菩萨并不是这样，于"定中有慧，自在知见"；也于"不动中说法"，因为"不动是方便，说法是慧"。

第四门，依《思益经》，"明诸法正性"。重论心"不起即无心，无心即无境性"。要求从无心无境方面观察一切现象。

第五门，依《华严经》，"了无异，自然无碍解脱"。以"无差别"的智慧，观察和处理周围事物和事变，就是"无碍道"、"解脱道"。"无碍道"属"等觉"，"解脱道"属"妙觉"，"等觉智照，依性起相；妙觉慧照，摄相取性；智能照理，慧能照事"。

"方便通经"指的是依经说法，依经悟解。与道信、弘忍的"作坐"并重比较起来，经典的地位提高了，作用扩大了。尽管不能说禅的地位下降，至少讲经的"说"，超过了"作"。与朝廷和地方官僚关系密切的官僧群体，和自耕自食的山林僧团比起来，在社会地位、政治地位和日常生活等方面都发生了巨大变化，因此，山林禅僧团的"作坐"并重，就转变成为"讲坐"并重，即把习禅和学习经典结合起来，而不是把习禅和劳动结合起来。神秀一系"方便通经"的做法，正是这种变化的体现。

神秀和他的第一代弟子，代表了唐代极盛时期禅宗的气象。神秀的弟子很多，活跃于两京，多数人受到帝王官僚的优礼，声名显赫。净觉在《楞伽师资记》中将普寂、敬贤、义福、惠福并列为神秀的继承者，其中最著名的两位弟子当推普寂和义福。

普寂（651—739）被公认为神秀的第一高足。李邕所撰《大照禅师塔铭》说："四海大君者，我开元圣文神武皇帝（指唐玄宗）之谓也；入佛之智，赫然为万法之宗主者，我禅门七叶大照和尚（指普寂）之谓也。"俗世的帝王是唐太宗，佛门的领袖是普寂，这样的并列评价很少见，足以显示普寂在朝野上下和佛教界的地位，同时也反映了神秀系的影响力。

普寂俗姓冯，长乐信都人，原游学儒典，后受戒学律，隐居嵩山半岩，"布褐一衣，麻麦一食"。后到荆州见神秀，前后七年，得到神秀的特别器重。神秀圆寂后，中宗诏令普寂继神秀"心宝"，"统领徒众，宣扬教迹"。普寂被钦定为释迦正宗，神秀嫡传，在三十多年里，一直是京派禅系中的当然领袖，也是全国禅众的领袖。就普寂的禅法思想而言，主要是继承自神秀，并没有大的创造。普寂本人比较重视戒律，这与其重视经典也是有联系的。

普寂弟子众多，《景德传灯录》记有法嗣二十四人。在其再传弟子中，仍有位居"国师"者。另外，此系还远传朝鲜。

义福（658—736）俗姓姜，上党铜鞮（今山西沁县）人，少年出家，好《老》《庄》《书》《易》之说。曾到嵩岳师事法如，后到荆州玉泉寺见神秀，居约十年。神秀圆寂后，义福自嵩岳寺应邀至长安，于终南山化感寺栖置法堂，开演神秀禅慧之业。开元十年（722），受敕住京城慈恩寺；十三年（725），皇帝东巡河洛，特令赴都，居福先寺；十五年放还京师；二十二年有旨，复令入都，止南龙兴寺。义福也和普寂一样，主要是弘扬神秀禅法，比较重视戒律。义福的弟子众多，《景德传灯录》列名八人。其中有禅师智通（683—751）、比丘尼惠源（662—737），在当时都是比较知名的。

三 惠能与《坛经》

惠能（638—713）或作慧能，是后世公认的禅宗六祖。根据现存资料记载，惠能生卒年代比较明确，但是，关于他的行事系年，各种资料却有很多不同的说法。惠能俗姓卢，其父名行瑫，曾在范阳（今河北涿县）

为官，后被贬到岭南新州（今广东新兴县）。惠能出生在新州，幼年丧父，家境贫寒，以卖柴维持生活，与老母相依为命。大约于咸亨年间（670—674），他慕名到湖北黄梅谒见弘忍，以没有正式出家的"行者"身份从学。

在记述惠能早期生平的各种传记中，突出强调惠能不同于弘忍其他弟子的特异之处有二。第一，惠能不但没有任何显贵的家族背景，并且生长在穷乡僻壤，目不识丁，不具备阅读佛教经典的能力。反复强调这一点，显然有着为禅宗教义服务的用心，同时也是着力塑造源于最下层的宗教领袖。没有文化，百分之百的文盲，成就不可挑战的荣耀。这种情况只有在禅宗中才出现，在其他佛教宗派中没有出现过。第二，强调惠能的"南人"身份。惠能初见弘忍，即禀告："弟子是岭南人，新州百姓，今故远来礼拜和尚，不求余物，唯求作佛（法）。"① 弘忍接着惠能的话问："汝是岭南人，又是葛獠，若为堪作佛？"惠能回答："人即有南北，佛性即无南北；葛獠身与和尚不同，佛性有何差别！""一切众生皆有佛性"的佛性论思想，自昙无谶译出《大般涅槃经》以后，几乎为中国所有佛教派别所接受，到了唐代已经成了老生常谈。但是，这个在当时没有任何新意的佛学思想，在这里却有了不同的意义，成为树立地位低下的南人成为宗教领袖的重要理论根据。这种理论对于禅宗的重要性，相当于《大云经》中女子可当帝王对于武则天的重要性。这里所传递的信息，不仅是南方禅众拥有足够的经济和政治优势，足以取代北方禅系在全国的权威地位，而且进一步昭示出，中国佛教的发展中心将历史性地向南方转移。

据《坛经》记载，弘忍让众多弟子以呈偈的形式比试悟解的高低，当时任教授师的神秀呈上的偈子是："身是菩提树，心如明镜台，时时勤拂拭，莫使有尘埃。"惠能认为这首偈子没有明见本性，就写了两个偈子，其一是"菩提本无树，明镜亦非台，佛性常清净，何处有尘埃"；其二是"心是菩提树，身为明镜台，明镜本清净，何处染尘埃"②。于是弘忍印可惠能，秘密传法授衣（袈裟），惠能遂成为禅宗真正嫡传的"六祖"。

---

① 《六祖坛经》，宗教文化出版社 2001 年版，第 8 页。下引同。
② 此据敦煌本《坛经》。以后惠昕本把法海本所记的惠能的两个偈子压缩为一个，即："菩提本无树，明镜亦非台，本来无一物，何处有尘埃。"这个偈子后来最为流行。

　　惠能获得传法祖师资格以后，遵弘忍所嘱，回到岭南。十几年里，他生活于农商劳侣之中，没有公开传教。在这段时间里，惠能接触的全是低层民众。《历代法宝记》说他"恐畏人识，常隐山林，或在新州，或在韶州，十七年在俗，亦不说法"。

　　大约垂拱年（685—688）中，惠能在广州听印宗法师讲《涅槃经》时，提出问题，印宗回答不上来，就向他请教。听了惠能讲解之后，印宗心悦诚服，称惠能是"化身菩萨"，并为他举行正式出家仪式。惠能后来到韶州曹溪宝林寺传禅授徒，韶州刺史请他到州城大梵寺说法，并传授"无相戒"。他的弟子以这次说法内容为基础，结合他的传禅事迹，整理成他的言行录，成为现在我们看到的《坛经》。后来惠能终老于曹溪。

　　惠能的思想保留在传世的《坛经》中，这部篇幅不大的经典奠定了禅宗的理论基础，成为禅宗的"宗经"，影响着唐代以后禅宗乃至整个中国佛教理论的走向。

　　按照佛教的规定，只有记录佛的言行的著作才能被称为"经"，其他人的弘法著作，包括各派祖师的著作，都不能冠以"经"名。惠能的言行录被称为"经"，在他生前是不可能的事情。《坛经》的流行，也自然是在惠能圆寂之后。至于《坛经》成书的具体时间，现在还不能确定，只能笼统地说是在他的第一代弟子弘教传法时期。

　　在《坛经》流行过程中，一方面由于辗转传抄造成某些内容变动，另一方面由于传承者的禅学见解不同而进行一些增删修改，于是就在不同地区和不同禅众中形成了内容不完全相同的本子。这种情况在惠能第一代弟子时期就出现了，也就是在《坛经》刚开始流传时就出现了。逝于唐大历十年（775）的惠能弟子南阳慧忠就看到了这种情况，他说：在聚集了三五百人的禅宗僧团中，一些禅师"目视云汉"，自称传承"南方宗旨"，把"《坛经》改换，添糅鄙谭，消除圣意，惑乱后徒"。他因此感叹"吾宗丧矣！"[1] 从唐代到清代，都有人因为不满意当时的《坛经》流行本，提出各种批评意见。也有人围绕《坛经》进行争论，并且对书中的某些内容进行重新解释和发挥。

　　迄今为止，主要经过中国和日本学者的搜集、整理，已经发现了二三

十种内容不完全相同的《坛经》抄本和印本。经过学者们的研究，这些抄本和印本可以归纳为四个系统，以四个本子为代表。这四个本子分别在唐、宋、元三个朝代编订。

第一，敦煌本。

1923 年，日本学者矢吹庆辉在伦敦大英博物馆整理该馆收藏的敦煌文献时，发现了《坛经》的一个唐代手抄本，全名为《南宗顿教最上大乘摩诃般若波罗蜜经六祖惠能大师于韶州大梵寺施法坛经》，署名是惠能的弟子法海"集记"，一卷本，有五十七节，不分品目。由于这个本子署名法海编集，所以也被称为"法海本"，由于发现于敦煌文献中，又称"敦煌本"。这个本子是我们今天能看到的最早的手抄本，但是，并不能说这就是最古老的原本，也不能说是最早的流行本。

第二，惠昕本。

晚唐僧人惠昕改编，故名。根据《文献通考》的记载，这个本子原来分为"三卷十六门"，但现在的本子仅存二卷十一门。南宋绍兴年间（1131—1162），晁子健翻刻，流传到日本，由兴圣寺再进行翻印，所以又称"兴圣寺本"。名为《六祖坛经》。

第三，契嵩本。

据北宋吏部侍郎郎简的《六祖坛经序》记载，当时禅僧契嵩得到曹溪古本《坛经》，校勘之后，编成一个三卷的本子。现存的这个本子是一卷，共十品，有两万多字，全称《六祖大师法宝坛经曹溪原本》，习称《曹溪原本》。不过，也有学者认为这是元代僧人德异于至元二十七年（1290）的刊印本，简称"德异本"。

第四，宗宝本。

元至元二十八年（1291），禅师宗宝改编成书，题《六祖大师法宝坛经》，一卷，共十品。这是从元代以后最流行的本子。

从现有各本《坛经》的内容来看，都是南方禅宗已经相当稳定、成熟了的产物。各本《坛经》主要由三部分组成：第一部分是惠能于大梵寺说法部分，是南宗禅思想的主体；第二部分是惠能平日与诸弟子辈的机缘语；第三部分是嘱咐语。

如何看待这四个《坛经》版本，有两点需要强调。首先，各种本子在一定程度上反映了不同时期、不同禅派对惠能思想的认识和理解，一定程度上反映了禅宗历史发展，特别是禅派兴衰的历史演变。学者们通过研究发现，在涉及禅学理论方面，尤其是核心理论方面，各本《坛经》的内容是比较一致的；在涉及禅派关系和历史方面，差别是比较显著的。所以，现存任何一种《坛经》版本，都不会对我们理解禅宗基本理论有大的误导。其次，现存的任何一个《坛经》本子，都不能看作是百分之百忠实记录惠能思想和事迹的信史，也不能认为比较后期编订的本子一定加入了更多伪造的成分。可以说，它们都既保留了惠能思想的核心内容，又增添了许多惠能之后才形成的禅学思想，加入了后代附会的一些宗教神话。如果我们不把《坛经》仅仅看作惠能个人思想的记录，而是看作禅宗在长期发展过程中形成的获得广泛共识，是比较稳定的禅学思想，可能更符合历史真实。

《坛经》的产生，是禅宗思想史上的大事，也是中国佛教思想史上的大事。它以简明的文字，将此前涌现的各种新禅系做了相对系统的理论概括，标志着禅宗的活动已全部纳入心学的范围。中国佛教早已开始向自心探求解脱之路的尝试，至此已成熟定型。

《坛经》的理论特点十分鲜明，坚定主张传统佛教的所有崇拜对象无不存在于人的心中。传统佛教是以"皈依三宝"为信仰佛教的入门誓词，"三宝"指佛、法、僧，原本都是信徒本所不具的外在因素。《坛经》则解释说："佛者觉也，法者正也，僧者净也。""觉"为本有，"正"即"念念无邪"，"净"为"自性不染"，所以"佛法僧"都是人们自心之中本有之事。这样一来，所以，"受三归依戒"，只是皈依"自心"而已，并非皈依于成佛的外在因素。所以，《坛经》充分强调个人的价值。倡导自证自悟，自我解脱。对外无所求，对内无执着，一心向善，不生恶念。所谓成佛，不过是自我本心或本性的显现，解决个人解脱和一切社会问题的关键在于自我心理调节，一切修行活动完全可以归结为毫无执着而随缘任运的生活。

就《坛经》中所讲的禅法总纲而言，是要求人们从主观上超越一切差别对立，保持对一切事物和现象既无贪恋又不厌弃的心理状态。这就被认为是自我本心或本性的显现。如果人们能够始终保持这种心态，他的一言一行、一举一动，就都体现佛的教化，都是成佛的表现。至于是否按照传统佛教的要求去坐禅习定、研究经典、做功德善事等，与明心见性并没有直接联系。

《坛经》涉及禅宗的根本禅法修习和社会实践，并在各个版本中均无大的变动，这可以用它的三句话概括，即所谓"无念为宗，无相为体，无住为本"。

"无念"一词，在佛教其他经典中偶尔也用，集中加以发挥的则是《大乘起信论》。《起信论》将"无念"作为心本体和最高境界的同义语，用以突出心的本然状态为"不动"的静态。《坛经》的解释是：

> 无者，无何事？念者，念何物？无者，离二相诸尘劳；念者，念真如本性。真如是念之体，念是真如之用。自性起念，虽即见闻觉知，不染万境而常自在。①

这里是把"无念"一词分开来解释，说明"无念"首先是消除一切有无、是非、善恶、染净等不正确的想法、认识（二相诸尘劳），因为这些不正确的想法和认识是覆盖在"真如本性"上的，使其不能显现。当做到这一点的时候，"无念"这种修禅过程就会使人们体验到"真如"。这个禅修过程的基本特点在于，并不通过强制性地隔断人们与认识对象的联系来获取正确、获得真理性体验，而是要求不要为外在认识对象牵着鼻子走，即"不染万境而常自在"。

《坛经》还对"无念"一词进行整体解释，并指出了"无念"的功能和地位。所以，"无念"并不是意味着"百物不思，念尽除却"。因为"一念断即死，别处受生"，就谈不上顿悟成道之类的禅问题了。"无念法者，见一切法，不着一切法；遍一切处，不着一切处……悟无念法者，万法尽通；悟无念法者，见诸佛境界；悟无念顿法者，至佛地位。"② "无念"是面对世俗世界的一切事物或现象而不受其束缚，在认识一切事物或现象的过程中不对它们产生执着，不产生错误的认识。如果顿悟了"无念"法，也就是掌握了整个真理，也就是达到了佛的认识境界和解脱境界。所以，"无念"是对修禅的总体要求，是契合无相之体、达到佛境界的具体要求，是禅修要遵循的宗旨。

对于"无相为体"，《坛经》指出："但离一切相，是无相；但能离

---

① 《六祖坛经》，宗教文化出版社 2001 年版，第 19 页。
② 同上书，第 37 页。

相，性体清净，此是以无相为体。"①"法体"是指一切事物和现象的本体，因为"法"的含义很广，不仅可以指有生有灭的世俗间的事物和现象，也指没有生灭变化的"出世间"的现象。《坛经》中的"法体"基本上都是侧重与佛本性相同的人的本性讲的。所谓"无相"，就是能够达到"离相"（达到"于相而离相"，不受任何"相"的束缚），清净的性体就显现出来了。《坛经》在这里对"无相"作为心体的本来状体进行了说明和规定，这里的规定与"无念"达到的境界是一样的。这种心体的本来状态，就是成佛的状态，所以，这种"无相"是要贯彻到一切修行实践中去的。《坛经》也正是在这个意义上运用"无相"，比如"无相戒"、"无相忏悔"、"无相三归依戒"、"无相偈"等。这种在"戒"、"忏悔"等前面加上的"无相"限定词，就在于表明，它们是达到明心见性、达到佛境界的正确修行规定，尽管它们的内容已经与传统佛教的原有内容有了很大的差别。这样一来，对于信守传统的戒律、忏悔、皈依等具体条文，就提供了较大的可以灵活掌握、灵活取舍的空间。

"无住为本"的命题，最早出自《维摩诘经》的一段问答："身孰为本？答曰：欲贪为本。又问：欲贪孰为本？答曰：虚妄分别为本。又问：虚妄分别孰为本？答曰：颠倒想为本。又问：颠倒想孰为本？答曰：无住为本……无住则无本……从无住本立一切法。"② 这段话是讨论人生本源的，把包括人在内的物质世界（身）的存在原因归结到意识方面，而且是错误的意识方面，这里的"欲贪"、"虚妄分别"、"颠倒想"等都是不正确的精神活动，而这些精神活动的来源，就是人"心"，正如僧肇本经注疏所解释的，"无住为本"就是"以心初动为本"。《坛经》讲的"无住为本"中的"无住"，也是在这个意义上使用的。

《坛经》对"无住为本"进行了详细说明："无住者，为人本性。于世间善恶好丑、乃至冤之与亲，言语触刺欺争之时，并将为空，不思酬害。念念之中，不思前境。若前念、今念、后念，念念相续不断，名为系缚。于诸法上，念念不住，即无缚也。此是以无住为本。"③

---

① 《六祖坛经》，宗教文化出版社 2001 年版，第 19 页。
② 《维摩诘所说经》卷二，《大正藏》第 14 册，第 547 页。
③ 《六祖坛经》，宗教文化出版社 2001 年版，第 19 页。

　　"无住"是联系"无念"和"无相"对"心"的运行的具体指导，是把禅修中体会到的人的本心本性贯彻到一切社会实践中去的具体要求，也就是把心体的本质特征转化为社会实践原则。人的本性是"于相而离相"的"无相"，所以在禅修中要不执着于一切现象，即"无念"。这种认识和体验要时时贯彻于日常生活中，并且要"念念相续不断"，即思想上一直保持这种不执着的状态。这里的"念念相续不断"是从认识活动是否正确的角度讲心念，而不是在解释"无念"时从是否有意识活动的角度讲心念，所谓"一念断即死，别处受生"。如果时时保持这种认识、这种心态、这种为人处世的原则，就是自我本性的显现。在现实社会中，无论遇到什么情况，无论别人对你怎么样，都不要想着去报复（不思酬害），都要采取宽容的态度。如果在遇到的这一系列问题上都能"念念"不执着，没有错误的认识和态度，就是达到没有"系缚"的自我解脱。相反，如果思前想后，"前念、今念、后念"都执着，就都是有碍于解脱的烦恼（系缚），就是自我束缚了。这是无念、无相、无住禅法在现实社会中的应用。这种禅法的总目的，就是养成心无所住（不执着）、情无所寄（无爱憎）的心理状态，把这种心理始终保持下去，形成稳定不变的思想状态和精神状态，就是趋向解脱、趋向成佛的修持过程。

　　《坛经》的核心内容和根本任务，就是要把人们向外的崇拜转变为对内的自信，所以，对于传统佛教倡导的一切外在追求活动，都进行了否定，而用自我的内心修养来取代。《坛经》反对外觅诸佛，把佛看作是内在的存在。《坛经》反对把"建塔造寺供养"等佛事看作有助于自我解脱的"功德"，认为这只是"修福"，所谓"功德全在法身，非在于福因"。在这种思想指导下，历史上极力扶植佛教、一生举全国之人力、财力和物力进行"造寺布施供养"的梁武帝，就成了"不识正法"的人，受到批判。《坛经》的这种主张，是佛教内部对于以建寺造像为主体的佛教扩展的最有力抑制，在佛教经济畸形发展的时代，这种主张无疑是有利于社会，也有利于佛教自身健康发展的。

　　《坛经》对净土信仰的批判也很有影响。净土信仰者认为，"常念阿弥陀佛"，死后可"往生西方"（净土）。《坛经》认为："迷人念佛生彼，悟者自净其心"，所以"东方人但净心无罪，西方心不净有色"。净土不在东西，而在自心的净与不净。"东方人造罪，念佛求生西方；西方人造

罪，念佛求生何国？"① 这一思想本于《维摩诘经》所说"随其心净则佛
土净"，后来成为"唯心净土"的经典根据之一。在肯定唯心净土的同时
否定西方有相净土，是与《坛经》基本思想一致的，但是，西方净土信
仰无论在佛教内部还是在社会各阶层，都有着广泛的信众基础，彻底否定
西方有相净土世界的外在实际存在，等于是要把许多传统佛教信众从佛教
信仰中排除，这是对禅宗的发展极端不利的。在以后的禅学发展中，唯心
净土和西方净土进行了多种形式的融合，以便消除矛盾，消除分歧，让更
多的信众接受。

　　在反对外在崇拜对象的存在方面，《坛经》除了反对外在佛的存在、
贬斥建寺造像、破除西方净土信仰等以外，还反对把出家当作修佛的必要
条件。《坛经》认为："若欲修行，在家亦得，不由在寺。""但愿自家修
清净，即是西方。"这类思想有利于家庭内部佛教活动的展开，让佛教信
仰连同一系列佛事渗透到社会基层细胞。这就开辟出一条推动佛教在中国
社会扎根更深、产生影响更深远的发展道路。

四　神会与南北分宗

　　据《坛经》记，惠能于"韶、广二州行化四十余年"，僧俗门徒"三
五千人，说不（可）尽"，直接受法者为"十弟子"。《景德传灯录》录
其有名的法嗣四十三人，立传者十九人。惠能圆寂之后，众多著名弟子分
别活跃于南北各地，或因新颖的思想知名于禅林，或因建立传禅基地而领
袖一方。总的来说，他们每个人在惠能系组织规模发展、禅学思想普及、
社会影响扩大等方面所起的作用是不一样，各有所重。其中，神会致力于
向北方神秀系挑战，为惠能系争夺禅宗正统地位，拉开了禅宗派系第一次
巨变的序幕。

　　《宋高僧传》卷八本传记载，神会（684—758）俗姓高，襄阳人，少
年时代先学"五经"，次寻《老》《庄》，有比较好的传统文化素养。因
为读《后汉书》，知道佛教，产生了信仰，没有了走仕途的意向，便辞别
亲人，投本府国昌寺出家，习经律。据宗密所说，神会曾经跟随神秀学习
三年，然后往岭南投奔惠能。神会在惠能那里修学四年，劳动方面的情况
与惠能当年在弘忍处修学比较类似，在寺院中勤于从事各种劳作，所谓

---

① 《六祖坛经》，宗教文化出版社 2001 年版，第 44 页。

"行门增上，苦行供养，密添众瓶，斫冰济众，负薪担水，神转巨石"。但是，神会还"策身礼称，燃灯殿光，诵经神卫，律穷五部，禅感紫云"，[①] 这就与惠能不一样了。正是由于能苦行般劳动，加上在诵经、习律和禅修方面的神奇，神会得到了惠能的器重。

神会一度离开慧能，遍寻名迹，行踪不详。直至开元八年（720），神会配住南阳龙兴寺，影响逐渐扩大。当时在两京地区，神秀的弟子普寂等成为禅门的主流派，被认为是东山法门的正宗，在佛教界和社会各阶层都有着很大影响。普寂，也是以从菩提达摩以来的第七代祖师自居。据独孤沛集《菩提达摩南宗定是非论》序，神会于开元二十二年（734）在滑台（今河南滑县东）大云寺设无遮大会，"为天下学道者辨其是非，为天下学道者定其旨见"。通过与名播两京的山东崇远法师的辩论，神会着重驳难神秀的门徒嵩岳普寂和东岳降魔的主张，公开指责神秀一系"师承是傍，法门是渐"。由此可以看到，神会发起的论战，有两个方面的原因：其一，争夺禅宗的正统地位，是神会代表惠能一系向神秀一系宣战，认为神秀不是达摩以来的禅宗正宗，正宗是惠能，只有惠能是禅门六祖。所谓"师承是傍"是说弘忍是传法给惠能，不是传给神秀，惠能是正统，神秀是旁支。应该说，这是两系争斗的主要原因。其二，是禅学理论的分歧，神会代表惠能一系宣称本派的禅学是讲顿悟，神秀一系是讲渐悟的。说神秀一系"法门是渐"，就是认为北宗禅学不究竟。实际上，真正的六祖之争，谁是正统之争，在神秀和慧能生前根本就没有发生。挑起两派系之间争夺正统的斗争，应该是从神会开始，是后起的南方禅派向京城禅派发起的挑战。

神会此后历经坎坷，几番起落，据说与他挺身而出与神秀一系争夺正统地位有关。天宝四年（745），兵部侍郎宋鼎请入东都，至天宝十二年（753），神会"被谮聚众，敕黜弋阳郡（今河南潢川），又移武当郡（今湖北襄阳西北），至十三载，恩命量移襄州（今湖北襄阳），至七月，又敕移荆州开元寺。此北宗门下之所毁也"。[②] 天宝十四年（755），安禄山反，"两京版荡，驾幸巴蜀"，郭子仪用裴冕计，"大府各置戒坛度僧，僧税缗谓之香水钱，聚是以助军须"。当年直接提出放逐神会的御史中丞卢

---

① （唐）宗密：《圆觉经大疏钞》卷三之下，《卍续藏》第 9 册，第 532 页。
② 同上。

奕"为贼所戮，群议乃请会主其坛度"。神会将度僧"所获财帛，顿支军费，代宗、郭子仪收复两京，会之济用，颇有力焉"。① 肃宗因此为其造禅宇于荷泽寺。

当时在禅宗内部，神会是公认的惠能嫡传弟子，在中唐文人士大夫中也名声很大。王维所撰的《六祖能禅师碑铭》中，只称神会为惠能弟子，已含有嫡传的意思。杜甫（712—770）的《秋日夔州府咏怀》中有："身许双峰寺，门求七祖禅"，这七祖禅的第七祖，指的就是神会。刘禹锡（772—842）的《送宗密上人归草堂》诗，有"自从七祖传心印，不要三乘入便门"句，这七祖也是神会。神会在安史之乱时忠于唐王朝，并且为平定叛乱做出了贡献，赢得了肃宗，特别是代宗的好感。以此为契机，加上有南方禅众日益壮大，他的弟子辈多方经营，最终使南宗得到唐王朝的支持。神会时代，成为神秀北宗与慧能南宗在京城地区势力消长的分水岭。经过神会"敷演显法能祖之宗风，使秀之门寂寞矣"，② 天下禅宗归一的局面逐渐形成了。

神会的门徒很多，《禅门师资承袭图》记十九人，《景德传灯录》本传记十八人。主要分布在两京、四川、湖北、江苏、陕西、山西、山东等地。荷泽系中于后世名声最大的一支，是磁州（今河北磁县）法如（或名智如，723—811 年）。据《禅门师资承袭图》，智如传益州南印，南印传遂州（今四川遂宁）道圆，道圆传宗密，由此形成禅宗与华严宗汇流的一大派。另外，神会有弟子五台山无名禅师，再传至五台山华严澄观，澄观为宗密的华严宗师，遂形成禅宗与华严宗汇流的多层次关系。

第三节 南岳和青原两系的初期发展

怀让、行思建立的南岳系和青原系，逐步成为惠能南宗的两大支脉，进而发展为唐末以后禅宗所有支派的两大发源系统。这两系的发展壮大，标志着中国佛教的派系格局最终从诸派并立演化为禅宗独盛，此后的主要禅宗派系都从这两系生发出来。这两系禅学的初期发展，标志着禅宗突出本宗理论个性的运动发展到了极端。

---

① （北宋）赞宁：《宋高僧传》卷八《神会传》，《大正藏》第 50 册，第 757 页。
② 同上。

一　南岳系的初期发展

（一）怀让及其禅思想

南岳怀让（677—744）是金州安康（今陕西省安康地区）人，俗姓杜。15 岁时到荆州玉泉寺依恒景律师出家，学习律藏典籍。据《祖堂集》记载，久视元年（700），怀让感叹："我受戒今经五夏，广学威仪而严有表，欲思真理而难契焉。"① 受具足戒五年之后，怀让对于自己掌握了丰富的戒律知识，并且持戒严谨感到不满足，产生了寻找能够契悟真理法门的念头。另外，张正甫的《衡州般若寺观音大师塔铭并序》对怀让从律学转向禅学的原因也有说明，认为怀让"厌离文字，思会宗元，周法界以冥搜，指曹溪而退举"。联系怀让日后强调文字语言在表述禅境体验方面的局限性，这种说法也可以参考。

怀让接受同学坦然禅师的建议，到嵩山寻访弘忍的弟子慧安。慧安对他有所指教之后，又劝他到曹溪参谒慧能。怀让留住慧能处十二年。大约在唐景云元年（710）前后，也就是慧能逝世前一二年，怀让离开曹溪，曾到武当，"穷栖十霜"，然后辗转到南岳衡山的般若寺（观音台）修行和传教。

按照张正甫《塔铭》的记载，"能大师方弘法施，学者如归……师（指怀让）以后学弱龄，分为末席。虚中而若无所受，善闭而惟恐有闻。能公异焉，置之座右……同授密印，目为宗师"②。然而，较早的《坛经》本子中，还没有提到怀让的名字，这就足以证明，怀让在慧能的众多弟子中，还不是突出的人物。由于张正甫是受怀让的再传弟子惟宽、怀晖之请而作《塔铭》，所以对怀让在慧能处的待遇、地位，以及离开慧能之后独立传法的影响等方面的记述，不可避免有夸张渲染，但在基本史实方面，其记述是可靠的。例如，在这段叙述中，诸如"置之座右"、"目为宗师"说法，并没有别的资料证明，但是，对照其他书的记载，《塔铭》记述怀让"以后学弱龄"到慧能处求学，并不能说是出于"攀龙附凤"的捏造。联系到怀让出身于律学名门，本人戒行严谨，像"虚中而若无所受，善闭而惟恐有闻"之类的记述，也很难说是溢美之词。

---

① （南唐）释静、释筠：《祖堂集》卷三《怀让传》，《大藏经补编》第 25 卷，第 370 页。
② 《全唐文》卷六百一十九，第 6246 页。

根据《宋高僧传》卷九《怀让传》的记载，怀让的弟子有道峻、道一；《景德传灯录》卷五《怀让传》记其弟子有常浩、智达、坦然、神照、严峻、道一。在这些弟子中，著名者唯有马祖道一。宗密指出："南岳观音台和上，是六祖弟子，本不开法，但山居修道。"[①] 律学出身的怀让重视戒律，专注于个人修行，并不致力于网罗徒众，广收弟子，也没有留下什么著作。

综合分析各种记载，可以看到，青年时代的怀让，在曹溪僧团中只是一般的弟子，并不是出类拔萃者；中老年时代的怀让，在佛教界没有显赫地位，在社会上也没有广泛影响，远不是一位闻名遐迩的大"宗师"。

怀让被奉为禅宗一大支派的宗师，是在其弟子道一之后。元和（806—820）中，道一的弟子惟宽、怀晖"至京师，扬其本宗，法门大启，传灯百千"。元和八年（813），衡阳太守令狐权舍衣财为怀让作忌斋，形成每年的"观音忌"。"宝历（825—827）中，敕谥大慧律师。"[②]

能够集中体现怀让独特禅学思想，并能够反映其学禅经历和传禅事迹的著名公案有不少，其中，"说似一物即不中"这则公案流传较广。据《景德传灯录》卷五《怀让传》的记载，怀让初见慧能时：

> 祖（指慧能）问：什么处来？曰：嵩山来。祖曰：什么物怎么来？曰：说似一物即不中。祖曰：还可修证否？曰：修证即不无，污染即不得。祖曰：只此不污染，诸佛之所护念。汝既如是，吾亦如是。[③]

当惠能知道怀让来自嵩山慧安处之后，希望了解他的修行情况。所谓"什么物怎么来"，是问从嵩山来的人（怀让）修禅达到什么程度或境界，并不是问来的人是谁。这里的"物"，在禅典籍中可以兼指禅者所要体验的对象（所谓"体"，即本心佛性等）和体验的禅境界状态（所谓"用"，即无念等）。按照慧能南宗的基本观点，修禅者对禅境界的体验，就是对本心佛性的体验，也就是"明心见性"的过程。从这个意义上讲，

---

① （唐）宗密：《圆觉经大疏钞》卷三之下，《卍续藏经》第 9 册，第 534 页。
② 上引均见（北宋）赞宁《宋高僧传》卷九《怀让传》，《大正藏》第 50 册，第 761 页。
③ （北宋）道原：《景德传灯录》卷五《怀让传》，《大正藏》第 51 册，第 240 页。

佛性是"体"，参禅者的体验是这个本体的作"用"。例如，《坛经》在解释"无念"禅法时，就贯穿着这个思想。"无者，无何事？念者，念何物？无者，离二相诸尘劳；念者，念真如本性。真如是念之体，念是真如之用。"① 由此，就不难理解怀让的答语。他是直接针对问话而答，指他所体验的禅境（或者说"本心佛性的显现"）是不能用言语确切描述的，即"说似一物即不中"。

慧能又问，这种禅悟境界是可以凭借修行证得的吗？怀让的回答是肯定的：通过修行就能证得这种境界，所谓"修证即不无"。由于所谓禅境体验就是对本心佛性的体验，就是"明心见性"的过程，所以，如果不修行，就得不到这样的体验，就不能明心见性，也就是对本来清净的本心佛性的污染。慧能对他的回答十分满意，认为正是这个对佛性的"不污染"，就是诸佛和禅宗僧人们所要时刻追求和保持的。

通过这段问答可以看到，怀让首先强调禅境的体验不是语言文字所能表达和描述的，也就是强调本心佛性是超言离相的。其次，他强调有"修"有"证"，所要体验的禅境界，也就是本心佛性的显现，是要通过修行才能获得。所谓"不污染"，就是对修行的强调。这种见解符合怀让的律师出身。

实际上，尽管这些议论的言语很新颖，但是所反映的思想并非完全是怀让的首创，《神会语录》在讨论修行"无念"时，也涉及其中的一些问题。② 不过，此段问答的确语言表述更精练，思想表达更明确。怀让的这番对答，涉及对南宗禅学核心内容的认识、理解和实践。对南宗禅学的理论作出这样的概括，对自己的禅行体验作出这样的表述，应该是一位不仅具有深厚禅学理论素养，而且具有长期禅修践行工夫的禅师。宋代禅僧就很推崇这番机语酬对，慧洪在引用了《景德传灯录》记载的这段问答之

---

① 这些内容在各种《坛经》本子中是相同的，没有出入。

② 张燕公问："禅师日常说无念法，劝人修学。未审无念法有无？"答曰："无念法不言有，不言无。"问："何故无念不言有无？"答："若言其有者，即不同世有；若言其无者，不同世无。是以无念不言有无。"问："唤作是没物？"答："不唤作物。"……问："既若如此，作没生时得？"答："但见无。"问："既无，见是物？"答："虽见，不唤作是物。"问："既不唤作是物，何名为见？"答："见无物，即是真见、常见。"杨曾文：《神会和尚禅话录》，中华书局 1996 年版，第 68—69 页。

后评价："大哉言乎，如走盘之珠，不留影迹也。"①

　　然而，怀让当时刚刚步入禅门，无论从禅学素养还是禅行实践方面讲，都难以与慧能进行这种程度的对话。日本禅史研究学者也注意到这种情况，并且提出了怀疑："让龄仅过弱冠，参玄日犹浅，何以得如斯师子吼耶？"② 对照成书略早于《景德传灯录》的《祖堂集》，就发现了一些问题。《祖堂集》的相关内容是：

> 祖问：子近离何方？对曰：离嵩山，特来礼拜和尚。祖曰：什摩物与摩来？对曰：说似一物即不中在。于左右一十二载。至景云二年，礼辞祖师。祖师曰：说似一物即不中，还假修证不？对曰：修证即不无，不敢污染。祖曰：即这个不污染底，是诸佛之所护念，汝亦如是，吾亦如是。③

怀让初见慧能，只能认识到禅的体验不能用语言来确切描述，等到修行了十二年之后，才在慧能的进一步启发下，讲到禅的体验要经过修行才能证得，并且对清净的本心佛性采取"不敢污染"的严谨态度。《祖堂集》的这段记载，加上了怀让参学的史实和禅语问答产生的原因和背景，这正是《景德传灯录》所缺少的内容，也可以说是后者删除的内容。

　　然而，对照成书晚于《景德传灯录》的《天圣广灯录》，又出现了新的变化：

> （怀让）谒嵩山安禅师，安启发之，不契。乃直诣曹溪，礼六祖。祖问：什么处来？师云：嵩山安禅师处来。祖云：什么物与么来？师无语。经于八载，忽然有省，乃白祖云：某甲有个会处？祖云：作么生？师云：说似一物即不中。祖云：还假修证也无？师云：修证即不无，不敢污染。祖云：只此不污染，是诸佛之诸（护）念，

---

　　① （北宋）慧洪：《石门文字禅》卷二十五《题让和尚传》，《大藏经补编》第21册，华宇出版社1976年版，第280页。

　　② ［日］忽滑谷快夫：《中国禅学思想史》，朱谦之译，上海古籍出版社1994年版，第150页。

　　③ （南唐）释静、释筠：《祖堂集》卷三《怀让传》，《大藏经补编》第25册，第370页。

吾亦如是，汝亦如是。①

根据这里的记载，怀让初见慧能，并不能理解慧能的问话并对答，这可能更符合实际情况。因为，怀让是律学出身，刚刚下决心习禅，对于有关南宗禅法核心内容的提问，很难提出自己有体验的独到见解。尽管《天圣广灯录》晚出，但它与《祖堂集》和《景德传灯录》相比，更注重记载怀让的求学经历，以及他的禅学思想形成过程。通过比较，可以说《天圣广灯录》不仅补充了《祖堂集》所缺少的历史内容，而且使人更清楚地了解到《景德传灯录》怎样不顾历史事实剪裁编排禅师机语的具体做法。

《景德传灯录》是把怀让与慧能不同时期的问答编排在一起。组成一个前后连贯、思想完整的单元。通过对历史资料和思想资料的加工整理，使禅书更具可读性。其所以会出现这样的情况，与杨亿编改《景德传灯录》时所确定的原则有关。杨亿认为，禅师的"参游之辙迹，此已标于僧史"，所以，《灯录》要删掉僧史传方面的内容，主要记下禅师的"启投针之玄趣，驰激电之迅机"。这样一来，《灯录》主要成为禅师的语录集锦，完全忽略禅语酬对的历史背景。同时，杨亿还强调对禅语问答进行加工，所谓："或辞条之纠纷，或言筌之猥俗，并从刊削，俾之纶贯。"②《景德传灯录》对怀让和慧能的这一段形式完整的问答记录，明显就是本着"俾之纶贯"的思路进行编排的结果。它的意思完整了，思想内容清楚了，但由于删除了传主的"参游之辙迹"，距离历史的真实也就相对遥远了。从表面上看，这段问答可以用来概括怀让一个方面的思想，但是，由于它不能反映怀让的求学经历，不能反映怀让禅思想形成的过程，所以，完全按照《景德传灯录》的记载研究怀让的思想，有很大的局限性。

《祖堂集》等还记慧能向怀让说，"西天二十七祖般若多罗"曾为其谶记，谓从怀让向后，"马驹踏杀天下人"，预示其弟子马祖道一的禅法将称雄于天下；而正是从道一开始，中国禅宗进入了新的重要发展时期。

(二) 马祖道一及其禅系

马祖道一开创的江西禅系通称洪州宗，奉怀让为本系始祖，经过贞元

---

① (北宋)李遵勖：《天圣广灯录》卷八《怀让传》，《卍续藏经》第 78 册，第 477 页。
② (北宋)杨亿：《景德传灯录序》，《大正藏》第 51 册，第 196 页。

（785—805）、元和（806—820）的几十年发展，名师辈出，成为当时禅宗中群众基础最为深厚、势力最大的一个宗系。

道一（709—788）俗姓马，被尊称为马祖，汉州什邡（今四川什坊县）人。据《道一塔铭》《圆觉经大疏钞》和《宋高僧传》等记载，道一开始从智诜门下的处寂出家学禅，再受具足戒于渝州（治所在今重庆市）圆律师，曾从学于无相（683—762）和尚，最后入衡岳师事怀让。离开怀让后，道一认为，"法惟无住，化亦随方"，便在今天的江西各地传禅授徒。他先后住在临川（唐时属抚州）西里山、南康（今赣县田村东山村）龚公山，两地共三十余年（742—773）。唐代宗大历八年（733），移居钟陵（今进贤县）开元寺，地近洪州（今南昌），随后一直以洪州为中心广泛地开展弘法活动，后世把他的禅学称为"洪州禅"。他圆寂之后，唐宪宗元和年间谥号"大寂禅师"。

道一弘教传禅得到江西官僚的支持，很快成为当时禅宗中最大的一支。《景德传灯录》记载有139人，依《祖堂集》有88人，各自弘化一方，以江西为主，遍及大半个中国。

道一没有著作留世，他的思想行事都是后人追记出来的。其中，道一的思想重点有三项内容。

第一，强调不执着于坐禅，坚持《坛经》中的"无住"法。

据《马祖道一禅师广录》记载，道一在开元年间到衡岳传法院修习禅定：

> 遇让和尚，知是法器，问曰：大德坐禅图什么？师曰：图作佛。让乃取一砖于彼庵前磨。师曰：磨砖作么？让曰：磨作镜。师曰：磨砖岂得成镜？让曰：磨砖既不成镜，坐禅岂得成佛耶？师曰：如何即是？让曰：如牛驾车，车不行，打车即是，打牛即是？师无对。让又曰：汝为学坐禅，为学坐佛？若学坐禅，禅非坐卧，若学坐佛，佛非定相。于无住法，不应取舍。汝若坐佛，即是杀佛。若执坐相，非达其理。师闻示诲，如饮醍醐。①

这则公案流传很广，是怀让教导弟子不要执着于坐禅，应该以"无住"

---

① 《马祖道一禅师广录》，《卍续藏》第69册，第2页。

法为主，也是继承《坛经》以来的传统。

第二，用自心把一切统一起来，除了"心"之外，一切皆空。

《祖堂集》记道一经常教诲大众的是："汝今各信自心是佛，此心即是佛心"①，"心外无别佛，佛外无别心"。"自心是佛"就成了道一禅的基础和出发点，这也是对禅宗固有思想的强调。那么，"心"又从哪里"见"到呢？道一认为，"见色即是见心"："凡所见色，皆是见心；心不自心，因色故有。""于心所生，即名为色，知色空故，生即不生。"这是吸收的法相宗的主张：人的认识不可能把握物自体，而只能认识自身挟带的映象。因此，所见色相，只能是自心的现显；有什么样的认识，必有什么样的色相，色相依识而转。道一正是从色由心生的角度上判定色无自性，故曰色即是空，生等于无生；而"心"之所以能够表现为存在，又全在于有色的生起，所以说，"心不自心，因色故有"。这样，道一就把心、佛、色、空统一起来。这样一来，"触境皆如"就成了容易理解的观念。因为，任何"境"相都不外是心的产物，自性是空，故名为"如"。

第三，把禅的精神推进到世俗生活中。

在道一看来，坐禅不能执着，心是统领一切的，而心又只能在色中体现其存在。那么，禅的精神道理，最终体现在人们的日常生活中。所以，道一认为："若体此意，但可随时着衣吃饭，长养圣胎，任运过时，更有何事！""随时言说，即事即理，都无所碍。""着衣吃饭"的过程，就是"长养圣胎"的过程，就是修行的过程。从不执着于坐禅，到树立"自心是佛"的坚定信念，再到以般若空观观察一切，看待一切，通过倡导"触境皆如"、"随处任真"，把禅推进世俗生活之中，使禅生活化，这就是道一禅学自己的逻辑发展，从修禅开始，到任运自然的生活结束。

在马祖道一的众多弟子中，以百丈怀海最为著名。据陈诩于元和十三年（818）撰《唐洪州百丈山故怀海禅师塔铭》，怀海（749—814）俗姓王，福州长乐县人。早年落发于西山慧照，进具于衡山法朝，到庐江（安徽）后，足不出户学习藏经多年。后至洪州师事道一，"尽得心印"。道一圆寂后，先依其塔所，居止石门，重宣上法。不久，移新吴（江西新奉）大雄山之人烟四绝处，号"百丈"。由于得到当地居士的经济支持，徒众逐渐增多。《景德传灯录》载其弟子三十人，以灵佑、希运为上

---

① （南唐）释静、释筠：《祖堂集》卷十四，中华书局 2007 年版，第 610 页。

首，大多分布在江西、湖南、浙江、福建和江苏各地。

作为禅林宗师，百丈怀海最主要的特点，是"日给执劳，必先于众"，即每天都参加劳动，有"有一日不作，一日不食之言，流播寰宇"。① 带领门人共同劳动，成为他独有的品格和禅风。他在禅宗历史上的最大贡献，是制定《禅门规式》，把禅众共同生活、共同劳动的制度巩固下来。

在现存记载的《禅门规式》中，有几点重要内容：

第一，别立禅居，为新生的禅宗群体建立新的规章制度、新的弘教传法基地，使禅宗与其他传统佛教宗派在制度上彻底独立出来。怀海为禅宗僧人创制前所未有的适合禅僧的集体居住地，这是禅宗与其他宗派彻底独立出来的重要标志，也是禅宗与以往传统佛教宗派拉开距离的标志。建立新型的禅宗寺院，所遵循的寺院戒律，就既不是纯正的小乘戒律，也不是完全意义上的大乘戒律。所谓："吾所宗非局大小乘，非异大小乘，当博约折中，设于制范，务其宜也。"② 正是在这种改变传统戒律的基础上，建立新的禅宗寺院才成为可能。戒律完全是为适应僧人的群居生活，依据教义需要、环境等制定出来的。无论是以禁欲为核心、以繁苛为特征的小乘佛教戒律，还是为纵欲行为辩护、含有浓厚排他性质的大乘戒律，都明显不适合生活方式、生产方式发生重要变化的禅宗群体。所以，必须对大小乘佛教戒律都进行变革。但是，传统戒律必定有很多东西以维系僧团生活的基础，所以也不能完全废除，整个推倒重来。正是在这个意义上，怀海对原有的戒律进行"博约折中"，进行适合现实的改造。改造的结果，使禅宗的寺院废除了僧路贵族的特权，废除了寺院中的等级制度。消除了寺院的寄生生活，结束了以乞食为主要方式的僧团存在基础。一个新型的、全体僧众一律平等的中国独有的僧侣群体出现了。

第二，"不立佛殿，唯树法堂者"，适应禅宗把外在信仰彻底转化为内在信仰的要求。传统寺院，无论规模大小，其中都有供养诸佛菩萨等偶像的佛殿。尤其一个地区的中心寺院，佛殿往往是寺院中最豪华、最富丽的所在，标志着寺院所能达到的规格，所能拥有的财富。在怀海看来，废除佛殿，不是对佛菩萨的不恭敬，而是为了"表佛祖亲嘱授，当代为尊

① 《百丈怀海禅师语录》卷一，《卍续藏》第 69 册，第 7 页。

② （北宋）道原：《景德传灯录》卷六，《大正藏》第 51 册，第 250 页。

也"。也是就是说，不立佛殿，只建法堂，正表明了禅宗传佛心印的独特职责。禅宗最需要崇拜的，不是佛殿中的偶像，而是佛的心印。法堂并不是禅宗独创的场所，作为僧人集中讲经说法的地方，在传统佛教中就有。这里的变化在于，把法堂作为替代佛殿的唯一重要场所，则是一个重要变化，反对偶像崇拜的意义是很明显的。而重视法堂，又直接与禅宗新的弘禅传法形式相联系，与过去在法堂中的讲经说法完全不同。"其阖院大众，朝参夕聚，长老上堂升坐，主事、徒众雁立侧聆，宾主问酬、激扬宗要者，示依法而住也。"①

第三，"行普请法，上下均力"，以共同劳动为基础，建立寺院全体僧众同吃、同住、同劳动的制度。所谓"普请"，指集体劳动；"上下均力"，指寺僧不分职务高低，一律出力。普请的范围包括了生产和生活劳动的各个方面、各个环节，这是每一个僧人都要参加的活动。在同劳动的基础上，还有同吃，即"斋粥随宜"。"斋"指素食，"粥"是主食，每天所吃要根据寺院的情况而定，不能违背"节俭"原则，即谓"随宜"。每天只有两餐，每个人都不例外，即"二时均遍"。除了同吃之外，就是"同住"。寺院中的僧人无论多少，无论地位高下，"尽入僧堂中，依夏次安排"，没有特殊待遇，"设长连床"，集体同睡。这种严格的同吃、同住、同劳动制度，是以全寺禅众共同劳动为基础的，始终贯彻着除"长老"之外所有人在一切方面一律平等的原则。

第四，为了维护寺院稳定，建立严密的组织制度和处罚制度。在《禅门规式》中，禅寺内有必要的分工，其中"长老"是通晓禅理（道眼）、德高望重的人，负责演说佛法、对答禅问，属于思想领袖。全院置十"寮舍"，各用"首领"一人，将所有禅众分别组织到有关生产劳动和生活服务的岗位上。对于那些不适合在寺院居住的人，也有相关的清除处罚措施。"或有假号窃行混于清众，并别致喧挠之事，即堂维那检举，抽下本位挂搭，摈令出院者，贵安清众也。或彼有所犯，即以柱杖杖之，集众烧衣钵道具遣逐，从偏门而出者，示耻辱也。"这些措施，保证了寺院的稳定。

怀海制定的禅门规式，是山居禅众的典型模式，影响很大，多为后世山门所因袭。以后，中国禅宗的涉及面更广、内容更复杂的治理寺院制度

---

① （北宋）道原：《景德传灯录》卷六，《大正藏》第 51 册，第 250 页。

就是在这种规式的基础上逐渐形成的。

二 青原行思系的初期发展

行思（671—740）俗姓刘，吉州安城（今江西省吉安市）人，幼年出家，受具足戒后游方参学，曾住吉州青原山静居寺，故后人多称"青原行思"。行思慕名参访惠能大师，深得器重，在惠能众多的弟子中，行思居首。后受惠能嘱咐，回到青原山，他传禅授徒，建立禅宗基地。在行思的弟子中，以石头希迁最为有名，青原系的发扬光大也是从希迁开始的。

希迁（700—790）俗姓陈，端州高要（广东肇庆市）人，曾往新州礼惠能，惠能预言其"当绍吾真法"，劝令出家。开元十六年（728）于罗浮山受具戒。按照惠能临终所嘱，到青原山跟随行思修学，直到行思圆寂。天宝初（742），希迁到达衡岳，于南台寺东之石台上结庵，时人遂号为"石头和尚"。希迁在这里行化近半个世纪，弟子众多，影响广泛，成为当时与马祖道一齐名的禅林宗师。在江西、湖南等地行脚参禅的禅众多来往于门下。《景德传灯录》列石头法嗣二十一人，对后世影响较大者，有丹霞天然（739—824）、药山惟俨和天皇道悟三支。

《祖堂集》载有希迁所撰《参同契》全文，一般都把它视作石头禅系的理论基石，后世的疏解颇多，影响也大。《参同契》是专为"参玄人"写的，将"参禅"正式命名为"参玄"，应该是自希迁开始。那么，把"参禅"解释为"参玄"，也反映希迁更多地接受了老庄的思想。通过"参"这个手段而要达到"同契"的目的，自然是倡导把有矛盾、有分歧的事物和见解调和起来、一致起来。在当时的禅林，最大的分歧是南北宗、顿渐门的矛盾和分歧，这自然也就成了宗师要调和的重点所在。《参同契》开首就说："竺土大仙心，东西密相付，人根有利钝，道无南北祖。"[1] 禅宗是从古印度传来的，东土和西天历代祖师都是秉承释迦佛的以心传心宗旨，密相嘱咐。人的根器有不同，天生素质有高下，并不能因此认为可以有什么经典或衣钵相承。利、钝，南、北是存在的，但"道"一以贯之，没有差别，所谓顿门、渐门都不能成立，能够成立的就是以心传心。在关于"心"的说明上，《参同契》相当集中地表达了石头的本体

---

[1] （南唐）释静、释筠：《祖堂集》卷四，中华书局 2007 年版，第 200 页。

论和认识论：

> 灵源明皎洁，枝派暗流注；执事元是迷，契理亦非悟。门门一切
> 境，回互不回互；回而更相涉，不尔依位住。①

禅宗所传的心（灵源）是明洁清净的，多种多样的事物和现象（枝派）
与心是相同的，也就是说，一切事物和现象都是心的显现。心和物原来是
一体，理事本来是圆融，所以就不应该偏执于任何一方。如果把理和事分
开，执着于事是迷，只追求契理也不是悟。应该把两者结合起来，既不执
着于事，也不执着于理。希迁吸收了华严宗十玄门的基本思想，认为每一
门都有一切境界存在。尽管门类繁多，但各门之间的关系只有两类，即
"回互"与"不回互"。所谓"回互"，是指彼此之间相互融通，相涉相
入；所谓"不回互"，是指彼此独立而保持自身特点，这两种表现也是相
对的，而不是绝对的。希迁较多地接受了华严思想的影响。主张理事、心
物的融通。同时，他又把心物、理事统一于虚玄无相而又灵明不昧的人
"心"。一切都是心的体现，一切事物中都有理的存在。只要触目会道，
便能运足之路，也就是说，先要解决思想认识问题，这是正确实践的前
提。希迁更多地接受了华严思想，比较侧重于从理事关系方面立论，心、
理、事是三个重要概念。

在石头希迁时期，禅林中参禅行脚、问答酬对之风逐渐兴起，在禅僧
师徒和师友间如何运用语言也逐渐受到重视。《参同契》从理事方面立
论，论述了运用语言的艺术，也就是禅语的艺术：

> 本末须归宗，尊卑用其语。当明中有暗，勿以明相遇；当暗中有
> 明，勿以暗相睹。明暗各相对，譬如前后步。万物自有功，当言用
> 及处。②

在禅宗师徒或师友之间的禅语问答酬对过程中，不论讲"本"（心）、讲
"末"（物），都须汇归自家宗旨，遣言用语要符合身份。也就是说，在禅

---

① （南唐）释静、释筠：《祖堂集》卷四，中华书局 2007 年版，第 200 页。
② 同上书，第 201 页。

语问答中，既要注意禅理的问题，也要注意问答双方的身份问题。那些看起来很浅显直白的句子中可能含有深意，不要对这样的句子只从字面来理解，不去理解其中的深意。有些句子看起来好像很难懂，实际上，其中蕴含的道理十分简单，不要在难懂的语言表面太费工夫，要理解其中很简单的道理。无论是讲话的人还是听话的人，都要明白语句本身与其中蕴含道理的关系，如同走路时的前后步伐一样，不能偏废。世间的事物都有各自的功能，如果掌握了用语的明暗关系，就能充分发挥语言的效力，充分获得启悟的功能。

《参同契》最后予以总结：

> 事存函盖合，理应箭锋拄。承言须会宗，勿自立规矩。触目不见道，运足焉知路？进步非远近，迷隔山河（固）。①

"事"就像盒子的盖子，与"理"是完全相合的。就是说，没有事外之理，也没有理外之事，"事"本身就可以完全表达整个的"理"、所有的"理"。如果与禅"理"相应，不违背"理"，那么，言来语去就像箭锋相拄，双方的语言都是与"理"不相违背的。要从言语中明了宗旨，不要另外立一些衡量禅语问答的标准和规矩。只有懂得了关于理事的这些道理，并将其运用于机语酬对中，就能"触目""见道"，不会走错路，否则就会迷失修行的方向。

《参同契》从理事关系的角度对语言运用技巧的论述，在禅宗史上有特殊意义。自禅宗参禅之风盛行，早期"离言语道"的默坐禅风退居次要地位，"言下便悟"逐渐成为主流，运用语言的艺术日益受到重视。《参同契》中提出的一些原则，对如何认识禅语酬对产生了很大作用。分析此后兴起的禅宗五家的"宗风"、"宗眼"、"宗旨"等，可以发现，他们大多不同程度地受到了希迁思想的影响。

三 机锋棒喝与呵佛骂祖

当道一和希迁分别在江西和湖南建立两大禅宗传法基地的时候，禅宗的修行方式和传教方式也开始了一个大的变化。在当时的南方，在不同寺

---

① （南唐）释静、释筠：《祖堂集》卷四，中华书局 2007 年版，第 202 页。

院中的禅僧们往往不是长时间的居住于同一个寺院，或者同一个地方，而是经常四处流动，到不同的寺院中去学习禅学。造成这种四处流动的原因很多，有经济上的原因，由于某些寺院生活出现问题，只好到别的寺院去住；有的是出于寻访名师的原因，到各地大的寺院去拜师学艺；也有的是为了扩大见闻，建立联系，或为寻找进身之阶。总之，原因是多方面的。这样一来，在江南的禅宗中，从中唐开始，兴起了"行脚参禅"的风气。禅僧们四处游动，不长期居住一个寺院，就逐渐成为一种时尚，有的僧人甚至终生都在游动中。追求长时间的到各地学习，在很长时间里在禅宗界流行。

生活方式的改变必然引起修行方式的改变，教禅、习禅，乃至弘禅传法都出现了新的形式。禅的体验已经不仅仅是参禅者个人的事情，不仅仅是静坐观想的事情。在流动中参禅的僧人，每到一地，遇到禅师总有交流，产生关于禅学体检、禅学见解，以及评判优劣、考虑高下的问答。这样一来，禅宗师徒之间或师友之间的相互交流、相互切磋，以及关于禅学理论和实践的所有勘验、启迪、评判，都在问答酬对中进行。参禅僧人每到一个地方，总是要和住持寺院的禅师有一番问答，如果言语不契合，意见不一致，相互之间认为没有缘分，便要离开这个地方，到别的寺院找其他的禅师。相反，如果言语投机，意见一致，相互之间认为有师徒缘分，就住下来。

师徒之间或师友之间的这些相互问答酬对，被称为"斗机锋"，表明宾主之间的言语往来如同上阵交锋，短兵相接。这种问答酬对，逐渐成为禅林中教禅学禅的一种重要方式。在这种问答中使用的语言，被称为"机语"。在问答中，有时也配上动作，被认为也是有启悟功能的。

机语有的是正面讲的语句，是直接针对问话讲的，有的则是一些含蓄的句子，更有一些是很隐晦的话，不能直接从字面来理解。使用机语的目的，或者是交流彼此的禅学体验和见解，或者是试探对方是否理解，或者是旁敲侧击启发参禅者醒悟。有时候双方见面之后并不说话，而是用推、打、踏的动作来表示，或者用高声喝叫来表示。这些就被总称为"棒喝"。有些禅师甚至以或打或骂作为自己教禅、弘禅的特点。运用机锋与运用棒喝的目的是一样的。

机锋棒喝盛行于中唐到五代末年。在此之后，虽然机锋棒喝仍然行于丛林，但是已经度过了黄金期。机锋棒喝的盛行首先与禅僧生活方式和修行方式有关，同时，其所以采取这种方式，与禅宗对禅境的体验有关。认为自心佛性都是离言绝相的，不能用思想来确切把握，不能用语言确切描述，只能凭借自己的亲身体验。对于禅宗的理论，重要的不是记住此句，而是要贯彻在修行实践中。这样一来，对于参禅僧人问到的司空见惯的问题，就不能总是用现成的、正面的、同样的话来作答。使用机锋棒喝的目的，一来是要表达那些无法确切表达的内容，二来是要因材施教，从解决具体问话者的实际问题来作答。同样的问题可以有不同的回答，不同的人可以有同样的回答。

大体来说，禅宗僧人的问答机语可以分为三类，第一类是对问题的正面解答，是正面说理或讲解教义，是完全可以从字面来解释的参禅问答。第二类是介于可解释与不可解释之间的问答机语，大多用语比较含蓄，带有暗示的意义，目的是启发问者领悟言外之旨。这些问答的真正含义不能完全从字面上来解释，而是要联系问答双方当时的情景，联系双方的基本禅学思想来解释。第三类是答非所问的句子，完全不能从字面来解释，其中的含义只有问答双方才有可能理解，外人是无法理解的。在此后的禅宗语录中记录了大量的禅宗机语，大体不出这三个方面的情况。

禅师使用机锋棒喝，虽然有着同样的主观目的，但是，由于每位禅师的文化修养不同，启悟方式有别，问答时的情境也不一样，机锋棒喝的方式也就形形色色，五花八门，有的含蓄生动，有的粗俗率真，有的是正面词语，有的则是反语、隐语或答非所问的话，所谓嬉笑怒骂，皆蕴禅机。由于禅林中逐渐盛行师徒间或师友间通过问答酬对来交流思想，启悟、勘验，所以，才思敏捷、善于运用机语，也成为宗师们必备的本领，正如同在义学法师那里必须善于讲解经论一样。这种斗志弄巧的机语酬对，也逐渐引起文人墨客的兴趣。

在机锋棒喝盛行的情况下，某些禅师也出现了呵佛骂祖、非经毁教的言行。石头希迁的弟子丹霞天然曾说："佛之一字，永不喜闻。"他在遇到天气寒冷的时候，把木佛像也搬来烧了取暖。"人或讥之，师曰：吾烧取舍利。人曰：木头何有？师曰：若尔者，何责我乎？"①

此类言行在武宗灭佛之前还只是极为个别的现象，而其后整个晚唐五

---

① （北宋）道原：《景德传灯录》卷十四《邓州丹霞天然禅师》，《大正藏》第51册，第301页。

代，就明显多起来了。沩山灵佑问弟子仰山慧寂："《涅槃经》四十卷，多少佛说，多少魔说？"慧寂回答："总是魔说。"灵佑听了十分满意，夸奖他"已后无人奈子何①！"这样的呵佛骂祖、非经毁教言论，已经算是比较文雅、比较斯文了。像"杀佛杀祖"、"烹佛烹祖"这样的话，是比较普遍使用的，而且一直在禅门流行久远。还有一些禅师，比如对释迦牟尼佛、达摩祖师、十地菩萨等的咒骂，对佛教追求的涅槃、菩提以及各类经典的用词，完全到了不堪入耳的丑恶程度。当然，即便在唐末五代时期，有此类言行的禅师人数也并不多；在整个禅宗语录中，记录此类言行数量也很少，但是此类出于一些宗师之口的极端言论和行为，不仅在佛教中影响大，在社会上也形成影响。

这种极端言行，也被解释为是一种教禅方式、启悟手段，而且是只有那些信仰坚定、佛学精湛、道德高尚的"大善知识"才能够使用的。临济义玄说："夫大善知识，始敢毁佛毁祖，是非天下，排斥三藏教，骂辱诸小儿，向逆顺中觅人。"② 但是，"骂辱诸小儿"的做法可能适应当时流入禅门信众的素质，能够为他们所接受，的确在一定的情境中有启发人们证悟的功能。我们当然不能仅仅依据"毁佛毁祖，是非天下，排斥三藏教"之类的言行，就认为禅宗发展到了佛教的对立面，判定这时的禅宗就不是佛教了，但是，诸如此类的言行的确有损于佛教的形象。这种现象的出现表明，禅宗把反对偶像崇拜、轻蔑教条戒规、强调自证自悟的教义已经推到了极端的程度，实际上也是有违于佛教基本教义的。

禅宗坚持般若空观，认为一切有形象的东西都是出于生灭之中，都是不实在的，按照《金刚经》"凡所有相，皆是虚妄"的观点看待一切，那么所有经典佛像，无论或圣或贤，当然都属于生灭之列，不代表正常如实之道。同时，禅宗的主流派系，大约从来没有承认过"心"外有"佛"，否定一切外在的崇拜对象。从禅宗这样的认识论和心性论出发，自然会强调明心见性，走向内寻求解脱的道路。但是，从整个佛教教义来考察，佛教不仅强调向内解脱的方式，也开辟了向外寻求解脱的道路。当佛教强调信仰者时，是走向内解脱的道路；当佛教强调信仰对象的时候，是强调走

---

① （北宋）道原：《景德传灯录》卷九《潭州沩山灵佑禅师》，《大正藏》第 51 册，第 265 页。

② （南宋）赜藏：《古尊宿语录》卷四，《卍续藏》第 68 册，第 26 页。

向外解脱的道路。凭借自力解脱和仰仗他力拯救总是相互结合的。禅宗在强调自我解脱、强调唯心净土的时候，彻底否定崇拜对象的存在，否定西方有相净土，否定他力解脱的合法性，实际上也是对整体佛教的片面接受，而不是全面继承。在禅宗把本宗的理论个性无限扩大的同时，实际上是违背了佛教的整体思想。把自我解脱和他力拯救结合起来，把唯心净土与西方净土结合起来，把基本原则与权宜方便结合起来，才能使禅宗从片面接受佛教遗产走向全面接受佛教遗产，从突出一种思潮、振兴一个宗派，走向融合各种思想、振兴整个佛教的道路。而这种思潮也在唐末五代出现了，与那种极端言行的流行始而并驾齐驱，继而成为主流。尤其在以后五家宗派的法眼宗中，表现更为明显。

第四节　禅宗五家及其初期发展

武宗灭佛之后的晚唐五代，由于社会动荡，战乱频仍，许多失去土地或躲避战乱的农民皈依佛教，也就是走进禅门。这样一来，涌入佛教中的人数增多，也就进一步加快了整个佛教的禅宗化步伐。禅宗在晚唐五代生机勃勃，繁荣昌盛，与其他派系或湮没无闻或衰落不振形成鲜明对照。这个时期发生了禅宗派系的第二次巨变，其结果是后世禅门主要派系都先后形成。同时，禅宗在突出理论个性的同时，也开始有意识地融汇佛教的其他各种法门，开始走上集佛教发展之大成的理论发展道路，尤其以法眼宗在这方面的成就最为突出。禅宗在晚唐五代的发展，标志着佛教在中国最终找到了适应社会的成熟形态——集佛教发展之大成的禅宗。这种发展趋势在晚唐五代只是开端，进入宋代以后，就成为中国佛教不可改变的发展潮流。

晚唐五代时期禅宗中山头林立，派系众多，从《五灯会元》以来，把慧能禅系归结为南岳、青原两系，下分沩仰、临济、曹洞、云门、法眼五宗，可以看作是对当时有代表性的、影响较大派系的概括，而并不是对当时所有派系的概括。不过，这种概括成为禅门定论，习称为"禅宗五家"或"禅门五宗"，再也没有变动过。在南岳一系，怀海门下有沩山灵佑居潭州沩山、其弟子慧寂居袁州大仰山，师徒共建"沩仰宗"；希运弟子义玄于河北镇州滹沱河边建临济院，创"临济宗"。在青原一系，良价居高安洞山，其弟子本寂住抚州曹山，共建"曹洞宗"；文偃住韶州云门山，创"云门宗"；文益住金陵清凉寺，创"法眼宗"。这五个宗派的兴衰变化，深刻影响着整体禅学的发展趋向。

总的来说，禅宗五家在基本理论上都是祖述惠能，并没有大的区别，然而在融合不同教派的思想方面、在接引学者的禅语使用方面、在教禅和学禅的理论方面，形成了各家的不同特点。诸如此类的不同内容，被称作门庭施设，或者被称作"宗旨"、"宗风"或"宗眼"，这是各派新禅风的具体体现。

各派新禅风的出现，是与佛教在晚唐五代的整体发展态势相联系的。进入晚唐，尤其是会昌年之后，社会动荡更加剧烈，佛教内部争取生存空间和势力范围的斗争也激烈起来。四处流动的行脚僧人空前增加。禅宗经历了缄默静坐、不立文字、农禅兼行、寓禅于作等各种变化，到了必须适应行脚天下、接应四方的新形势时期，由此创造出新的行禅方式，也就是形成了各派新的"宗旨"、"宗风"、"宗眼"。

一　沩仰宗

从灵佑在沩山开始弘教传禅到本派的传承系谱不可确考，前后有 150 年左右，是五家宗派中历史最短暂的一家。但是，作为五家中第一个形成的宗派，其禅风影响则比较久远。

（一）灵佑与慧寂的创宗建派

灵佑（771—853）是福州长溪（今福建省霞浦）人，俗姓赵。关于他的生卒年代，各种资料的记载是一致的，但是，关于他出家、受具足戒年代的记载并不完全一致。其中，学者常引用的《宋高僧传》卷十一《唐大沩山灵佑传》中，就有两个说法。本传说灵佑"享年八十三，僧腊五十九"。由此推算，灵佑受具足戒应该是 25 岁时。但是，本传同时又说灵佑"冠年剃发，三年具戒"。"冠年"为 20 岁，那么灵佑受具足戒的年龄就应该是 23 岁。另外，《宋高僧传》本传所述灵佑去江西并在途中遇到寒山、拾得等事迹，又与《祖堂集》卷十六《灵佑和尚》所载的"年二十三"时的事迹一致。因此，23 岁是灵佑到江西投奔百丈怀海的时间，而不是受具足戒的时间。灵佑受具足戒应当在 23 岁之前，因为，从神异僧人拾得预言他将成为宗门领袖、怀海对他的重视等记述来看，灵佑当时不可能是没有受过戒的人。

根据《景德传灯录》卷九《潭州沩山灵佑禅师》记载：灵佑"寿八

十三，腊六十四"。按照这种说法推算，灵佑应该是 20 岁受具足戒。综合其他资料分析，《景德传灯录》卷九本传的记载比较可信。因此，结合《祖堂集》卷十六《灵佑和尚》的记载，我们可以认为，灵佑 15 岁辞亲出家，依本郡建善寺法常律师剃发，20 岁在杭州龙兴寺受戒，学习大小乘经律。23 岁时，他对只学习佛教经典感到不满足，认为"诸佛至论，虽妙理渊深，毕竟终未是吾栖神之地"[1]，于是游方参学，辗转到江西参见百丈怀海。

灵佑在百丈怀海处参学，顿了祖意。元和末年（820 年前后），随缘到潭州（在今湖南长沙），庵于大沩山（今湖南宁乡县）。这里山高林密，灵佑最初是独自修行和生活。不久，得到远近山民的帮助，建立了寺院。当时襄阳连率李景让统摄湘潭，乃奏请山门，号"同庆寺"。十数年后，在他身边的徒众多达五百余人，其所住处成为重要的禅宗基地，所谓"言佛者天下以为称首"。可以说，到会昌五年（845）灵佑离开寺院之前，已经完成了建立宗派的过程。

灵佑创宗建派的过程并不是一帆风顺的，其间也经历了波折。大约在会昌五年，武宗毁佛命令在这一地区推行，灵佑用布裹头充当普通老百姓，藏匿民间，众多弟子也星散各处。大中元年（847），唐宣宗下诏恢复佛教，裴休把灵佑请出来弘法。大约在这段时间，传说裴休为灵佑建立了密印寺。同时，灵佑还得到湖南观察使崔慎由的支持。因此，灵佑一生弘教传法，既得到了一般民众的拥戴，也得到了地方军政官员的帮助。灵佑主张垦荒开田，传说寺院僧众最多时达一千五百人。

灵佑于大中七年（853）圆寂，大约两年后，卢简求为他撰碑，李商隐撰写碑额。咸通四年，懿宗赐谥"大圆禅师"号。《祖堂集》记载灵佑弟子五人，《景德传灯录》记四十三人，十一人见录。到灵佑的第二代弟子，沩仰宗传播的范围就很广泛了，弟子已经分布于今天的湖南、广东、江西、福建、浙江、江苏、湖北、陕西、河南等地。

慧寂（807—883）俗姓叶，韶州怀化人，17 岁在南华寺。行脚参禅数年后，投到灵佑门下，大约住了十四五年。慧寂 35 岁时，也就是会昌元年（841）左右，离开沩山，到袁州的仰山（今江西宜春县）传

---

[1] （南唐）释静、释筠：《祖堂集》卷十六《灵佑传》，中华书局 2007 年版，第 721 页。

法。很快他在那里建成了大的传法基地，成为灵佑弟子中最有影响的人物。慧寂对沩仰宗的发展壮大有两个方面的贡献：其一，把灵佑的禅法传到袁州、洪州和广州等地，前后被诸州府节、察、刺史相续十一人礼为师，扩大了本宗派的影响；其二，他在弘禅过程中运用圆相以"表相现法，示徒证理"。关于慧寂的嗣法弟子，《景德传灯录》卷十二列出十人，其中著名的有光穆、景通、文喜、光涌、新罗顺之（了悟）等人。仰山慧寂到仰山光涌时期是沩仰宗的兴盛时期，光涌之后，沩仰宗逐渐衰落。

在禅宗五家中，唯有沩仰宗是在会昌年之前就形成宗派组织规模，与临济宗在内其他四家相比，沩仰宗的禅法更多衔接此前禅学的发展，更多保留了传统佛教的内容，更多体现了大乘佛教的处世之道。

（二）灵佑禅法特点与沩仰宗风

灵佑注重从体用、性相和理事关系方面驱迷启悟、教导僧众、表述思想，并且把体用一致、性相常住、理事不二作为修行的最高境界。

《景德传灯录·灵佑》记载，有一次，"普请（集体劳动）摘茶。师（指灵佑）谓仰山曰：终日摘茶，只闻子声，不见子形，请现本形相见。仰山撼茶树。师云：子只得其用，不得其体。仰山云：未审和尚如何？师良久。仰山云：和尚只得其体，不得其用。师云：放子二十棒"[1]。

慧寂以"撼茶树"作答，灵佑认为他"只得其用，不得其体"，是对他的批评。而灵佑以沉默不语应对慧寂的问话时，慧寂认为他"只得其体，不得其用"，也是对他的不肯定。最后，灵佑以"放子二十棒"斥责，表明自己并不是追求"只得其体，不得其用"，即他不承认只得其"体"就是正确的。在他们看来，只得体与只得用都有偏差。"体"是抽象的存在，没有定相，不可言说的，"用"是可以言说的。这一段问答，目的是要说明灵佑主张体用一致。

性相、理事与体用属于同一类概念，主张体用一致，必然强调"性相常住"和"理事不二"。灵佑正是特别重视这一点，并以此论证佛境界，也就是解脱境界。灵佑所强调的佛境界就是理事结合、性相结合、体用结合的境界。慧寂在沩山时请教灵佑："如何是真佛住处？"灵佑回答：

---

①　（北宋）道原：《景德传灯录》卷九《灵佑传》，《大正藏》第 51 册，第 264 页。

"以思无思之妙，返思灵焰之无穷，思尽还源，性相常住，理事不二，真佛如如。"①

"如何是佛"的问题，就是佛境界是什么状态的问题，也是间接地问如何成佛的问题。这里的"无思"，也就是"无念"、"无心"，观想达到"无思"的程度，就是灵性的显现，也就是自我本来面目的显现。思与无思实际上是不可分开的，共同作为人的灵性表现而存在。灵佑答语的大意是："思"的归宿应该是"无思"，这个无思就是心的本源。当思成为无思时，就返到了本源。而这个本源是性相常住、理事不二的。据说慧寂正是听了这个说教而"顿悟"。以后他给弟子说法，经常宣讲这样的内容，并且直接引用灵佑的话。

作为五家中最早形成宗派的创立者，灵佑的禅学思想有着进一步解决慧能禅学中的问题，或者说接续其学说发展的特点。其中，关于顿悟与修行两者的关系问题，就是一个典型的例子。南宗倡导顿悟，慧能主张"本性顿悟"，"一悟即至佛地"。但是，顿悟之后还要不要修行，在慧能那里并没有现成的明确答案。禅宗的所谓"悟"，是有多层含义的，概括起来主要有两个主要内容：其一，它指对教理、教义的认识，理解和领会，这也被称为"解悟"；其二，是指对禅境的特殊直观体验，是解决心理感受问题，这也被称为"证悟"。然而，无论是解悟还是证悟，相对于在现实生活中的实践而言，"悟"只是解决思想认识问题和心理体验问题，并不是解决与外在世界相关的实践问题。"悟"是对"理"、"性"、"体"的认识和体验，"修行"是对"事"、"相"、"用"的对待和处理。因此，悟与修行的问题也就成为禅僧们经常要请教的问题。在灵佑那个时代，对这个问题还没有被禅僧广泛接受的权威答案。灵佑对这个问题的回答，则成为影响深远的思想。

当时有僧人问："顿悟之人，便有修否？"他回答：

> 若真悟得本，他自知时，修与不修，是两头语。如今初心虽从缘得，一念顿悟自理，犹有无始旷劫习气，未能顿净，须教渠净除现业流识，即是修也。不道别有法，教渠修行趋向。从闻入理，闻理深妙，心自圆明，不居惑地。纵有百千妙义，抑扬当时，此乃得坐披衣

---

① （北宋）道原：《景德传灯录》卷十一《慧寂传》，《大正藏》第51册，第282页。

自解坐伙计。以要言之，则实际理地，不受一尘；万行门中，不舍一法。若也单刀趋入，则凡圣情尽，体露真常，理事不二，即如如佛。①

这是对顿悟与修行关系问题的经典性论述，反映了沩仰宗的思想特点。这段话的大意是：对于那些真正顿悟自性真理的人，他自己知道如何契合时机行动，说他的行为是修行或者不是修行，都属于不正确的见解。也就是说，在悟道的先圣那里，并没有修与不修的区别。对于一般的修行者，即便他因为因缘巧合，在"一念"之间顿悟了自性真理，那无数劫以来积累的宿业习气也并不能因为一念之悟而全部消除。还应该不断地修行，逐渐改变与生俱来的染污心识。也就是说，获得"顿悟"的一般参学者，还要下唯识宗所讲的"转染还净"、"转识成智"之类的工夫。这种消除与生俱来的宿业的过程，就是修行的过程。修行并没有什么别的奇特方法，只是要从理解禅宗的道理开始。透彻理解了禅宗的道理，自然心地圆明，不会再有迷惑。但是，任凭道理有千条万条，要真正在现实生活中运用，还是自己要下一番工夫的，这是只懂得了"理"、体验了"理"所无法代替的。并不是顿悟了"理"就一了百了了，就完全解脱了。总的来说，在理的方面，是彻底清净的，不受世俗的尘埃污染，但是，对于修行来说，不能舍弃任何一种修行法门。如果按照禅宗直接探究心源、明心见性的方法修行，那就要消除一切执着于凡圣差别的错误观念，这样，清净的心体就显现出来。这也就是做到理事不二，就是成佛。所谓"理事不二"，就是既顿悟了"理"，又能按照"理"来处理"事"。达到这个境界，也就是佛的境界。

灵佑针对当时禅宗界还没有形成共识的问题，从理事关系上立论，给出了解决顿悟与修行关系的明确答案。他的论述，既没有违背禅宗历来倡导的"顿悟"说，又通过保留更多的传统佛教内容，为禅僧提出了把解决思想问题与实践问题结合起来的成佛道路。总之，灵佑教人不要以顿悟为终极目标，既没有违背慧能以来强调顿悟的传统，又没有把禅宗与传统佛教的修行规定完全斩断。

---

①　（北宋）道原：《景德传灯录》卷九《灵佑传》，《大正藏》第 51 册，第 264 页。

灵佑注重从体用、性相、理事关系方面立论，是继承了华严宗的传统。从影响上来讲，以后的临济、曹洞、云门、法眼各宗，都重视从理事关系方面来组织其禅法思想。我们不能说后来的宗派是受了沩仰宗的直接影响，但至少可以说，沩仰宗在这方面是开风气之先的。

沩仰宗使用圆相这种特殊形式来表达思想，交流禅学见解和禅体验，在禅宗历史上是独树一帜的，并且影响深远。从灵佑开始，就通过画圆相的方式来表达思想。根据《景德传灯录》记载，韦胄曾向灵佑乞"偈子"，以指示"漕溪宗旨"。灵佑认为这种深奥的道理不可言说，就拿张纸画圆相（○）（满月相）并在圆里面写字来表示。并且说："左边思而知之落第二头，右边不思而知落第三头。"这是在表达慧能一系"无思"的宗旨，但是，用这种画圆相中间夹字的形式来表示，并且再用这种话语来解释，实际上是很难理解其中含义的。到了慧寂，画圆相的频率就更高了。比如，有人问："如何是祖师西来意？"他用手作圆相，圆相中写一个"佛"字。这种作圆相写字的方法，在慧寂的弟子辈中进一步发展。到宋代编成的《人天眼目》中，概括了更多的圆相图形，成为一种作图示意的系统。这种被称为"表相现法，示徒证理"的做法，不经过解释是不能理解的。

法眼文益在《宗门十规论》中，把沩仰中的"宗眼"概括为"方圆默契"，即禅者交流的时候画圆中有方的图案，相互不说话（默），由此达到心领神会（契）。这也正如慧寂所主张的："诸佛密印，岂容言乎？"[1] 把"圆相"视为神秘的符号，用以表达语言不能准确描述的禅境体验，正是运用这种作相示意的原因。沩仰宗的这种做法，与《周易》中的"立象以尽意"，最后达到魏晋玄学所倡导的"得意忘象"的思维模式是比较相似的。

二　临济宗

临济宗形成于会昌法难之后不久，是禅宗五家中唯一起源于北方的宗派，并且在百年之后逐渐成为禅宗中支脉最繁、人数最多的一系。这种情况一直到现代也没有改变。

临济宗的创立者是义玄（？—866），俗姓邢，曹州（今山东菏泽）

---

① （南宋）智昭：《人天眼目》卷四，《大正藏》第48册，第322页。

南华人。出家受具足戒之后，曾先居讲肆，"精究毗尼，博赜经论"，是对经律论三藏经典都同样重视学习和研究的。继之，他"更衣游方"①，先参访百丈怀海的弟子黄檗希运，以"行业第一"闻名。后来三次参问"如何是佛法的大意"，三次遭黄檗打，未领深旨，遂向高安（今江西高安）滩头的大愚请教，大愚说："黄檗与么老婆心切，为汝得彻困。"义玄于言下大悟。义玄常参加普请劳动，又为希运作信使，与径山、沩山多有往来。离开黄檗以后，义玄继续行脚参禅，后到镇州（今河北正定县），于城东南隅临滹沱河的小院住持，因号"临济"。他在道一的另一法孙普化的帮助下，在一般社会民众中产生了影响，也获得了当地官僚的支持。不久，义玄到大名（属魏州，河北省大名东），住兴化寺，终于此寺。

据《景德传灯录》载，义玄有嗣法弟子二十二人，其中十六人见录，主要分布在河北三镇，以镇州的宝寿沼、三圣慧然和魏州的兴化存奖为代表；有个别人在江南传禅，即潭州的灌溪志闲。

义玄禅学的主体，依然是继承了慧能以来的南宗思想，倡导自证自悟，不假外求。他说：

> 无佛可求，无道可成，无法可得。外求有相佛，与汝不相似。欲识汝本心，非合亦非离。道流，真佛无形，真道无体，真法无相。三法混融，和合一处。辨既不得，唤作忙忙业识众生。②

在他看来，"真佛"、"真道"、"真法"三者混融和合而为一，是世间与出世间的本源，是人们树立自信的根本。这三者不存在于本心之外，都是人的本心和本性所具有的，因此，修行的目的就是认识自己的"本心"，除此之外的所有追求，都是与解脱、与转凡成圣没有关系的。所以，他强调参学者要"求真正见解"，而所谓的"真正见解"，说到底，就是牢固树立"自信"，信仰"即心即佛"。他倡导和鼓励参学者，"大器者要不受人惑，随处作主，立处皆真，但有来者，皆不得受"。他所要求的、倡导的，就是唤起人们的自信、自尊、自由、自主、自有定准，不受外界环境

① （唐）慧然：《镇州临济慧照禅师语录·行录》，《大正藏》第 47 册，第 506 页。
② 同上书，第 502 页。

的支配，做到立处皆真。

既然一切都不假外求，那么，解脱之道在于"无心"；实现"无心"的途径是"歇念"或"息念"，就是不要"无事"找事。所以，他说："佛法无用功处，只是平常无事，屙屎送尿，着衣吃饭，困来即卧。"义玄早年参访的是江西的各位著名禅师，他的思想也来自这一系。他把江西的禅思想弘扬到了北方。

从义玄开始，临济宗总结了不少主客间应对的方法，概括出了不少教禅和学禅理论，把禅宗历来重视的"机辩"又推进了一步。南宋临济宗杨岐派僧人智昭著《人天眼目》六卷，曾对五家宗派的禅法思想和传法特点进行了总结和归纳。其中，该书卷二对"临济门庭"的总结是：

> 临济宗者，大机大用，脱罗笼，出窠臼，虎骤龙奔，星驰电激，转天关，斡地轴，负冲天意气，用格外提持，卷舒擒纵，杀活自在。是故示三玄、三要、四宾主、四料拣、金刚王宝剑、踞地师子、探竿影草、一喝不作一喝用、一喝分宾主、照用一时行……大约临济宗风，不过如此。要识临济么？青天轰霹雳，陆地起波涛。①

从义玄开始，应机接物、教禅启悟就以峻烈著称。这里所谓的"脱罗笼，出窠臼"，"卷舒擒纵，杀活自在"，是说其所用禅语不合常规，以人们意想不到的方式或语言来应对参禅者，并且没有一点造作，没有一点感情用事，纯属天然。这里的"虎骤龙奔，星驰电激，转天关，斡地轴"，是形容义玄总是以迅雷不及掩耳之势来彻底剿绝情识，彻底扭转参学者的本来思路。义玄的棒喝交加与呵佛骂祖，就是这种所谓"用格外提持"的样板之作，并且影响久远，在以后的禅宗史上没有哪位宗师超过他。

《祖堂集·义玄传》说义玄"以喝、打为化门"，十分贴切。用"喝打"方式启悟参禅者、表达禅学见解，并不是从义玄开始，也不是到义玄结束。但是，使用"喝打"之频繁和彻底，赋予"喝打"的意义之复杂和神秘，似乎没有任何人超过义玄。他经常讲自己"在黄檗处三度发问，三度被打"，这成了样板。就其中的"喝"而言，到底在不同的场合

---

① （南宋）智昭：《人天眼目》卷二，《大正藏》第48册，第311页。

表示什么用意，很难分析清楚，义玄自己就"喝"这种行为本身进行了解释：

> 有时一喝，如金刚王宝剑；有时一喝，如踞地金毛师子；有时一喝，如探竿影草；有时一喝，不作一喝用。①

按照智昭的解释："金刚王宝剑者，一刀挥尽一切情解；踞地师子者，发言吐气，威势振立，百兽恐悚，众魔脑裂；探竿者，探尔有师承无师承，有鼻孔无鼻孔；影草者，欺瞒做贼，看尔见也不见。"②

从智昭的解释我们可以了解，"喝"有时候是为了消除"情解"，有时候是为了消除错误观念，有时候是为了试探对方有没有师承，有没有正确见解，有时候是为了试探对方的见解深浅。"喝"在不同场合、不同情境下的多种含义、多种使用目的，实际上是把"喝"的行为神秘化了，让人无法理解和把握。对于"棒打"而言，与"喝"的情况也没有多大的区别。

义玄的"格外提持"禅机不仅表现在行棒行喝上，还表现在呵佛骂祖、非经毁教的言行上。他说：

> 十地满心，犹如客作儿；等妙二觉，担枷锁汉；罗汉、辟支，犹如厕秽；菩提涅槃，如系驴橛。③
>
> 大善知识始敢毁佛毁祖，是非天下，排斥三藏教，辱骂诸小儿，向逆顺中觅人……自古先辈到处人不信，被递出，始知是贵；若到处人尽肯，堪作什么？④
>
> 莫受人惑，向里向外，逢着便杀。逢佛杀佛，逢祖杀祖，逢罗汉杀罗汉，逢父母杀父母，逢亲眷杀亲眷。⑤

义玄在滹沱河畔弘教传禅正是佛教经历会昌法难之后，佛教在社会民众中

---

① （唐）慧然：《镇州临济慧照禅师语录》，《大正藏》第 47 册，第 504 页。
② （南宋）智昭：《人天眼目》卷二，《大正藏》第 48 册，第 311 页。
③ （唐）慧然：《镇州临济慧照禅师语录》，《大正藏》第 47 册，第 497 页。
④ 同上书，第 499 页。
⑤ 同上书，第 500 页。

的形象处于亟待提升的时期。无论怎么解释义玄这些出格的禅语，都无法否认，这是破坏传统佛教的因素，是不可能在佛教中长期存在的现象，并且是不能为虔诚的佛教信徒所接受和容忍的言行。但是，从分析呵佛骂祖的现象就得出禅宗不是佛教、禅宗走到了佛教的反面等结论，也是过高估计了呵佛骂祖现象在佛教中的地位和影响。

除了棒喝交加和呵佛骂祖之外，义玄还有一套有关教禅和学禅的理论，正是上面智昭总结的"三玄、三要、四宾主、四料拣"以及"四照用"。

关于"三玄三要"，义玄指出："一句语须具三玄门，一玄门须具三要，有权有用。"① 三玄是指三种原则，三要是指三个要点，一句话中要具备三种原则，一种原则中要具备三个要点。三玄三要是针对讲者和听者两方面来说的，对于讲者，要求讲话要含蓄、富于多重含义，尽量使话语玄妙，给人以咀嚼回味的余地。对于听者，要求不执着于话语的表面意思，要去领略言外之旨。义玄对灵活使用语言酬对非常重视，指出："道流，如禅宗见解，死活循然，参学之人，大须子细。如主客相见，便有言论往来；或应物现形，或全体作用，或把机权喜怒，或现半身，或乘师子，或乘象王。"② 在言语往来中，有时要根据对方根机素质有针对性地讲话（应物现形），有时要讲出禅学真谛来（全体作用），有时要把嬉笑怒骂都作为慈悲接引的方式（把机权喜怒），有时说话要留有余地（或现半身），有时要表现出文殊般的智慧（乘狮子），有时要拿出普贤样的行动（乘象王）。

义玄提出"三玄三要"，反映了禅宗追求宣言妙语、追求语言艺术的倾向。义玄本人并没有讲"三玄"是什么、"三要"是什么，到宋代禅僧那里才进一步演绎出来，从而使在参禅酬对中追求宣言妙语成为时尚和潮流。

义玄对"四宾主"有一个讲解：

> 如有真正学人，便喝，先拈出一个胶盆子。善知识不辨是境，便上他境上作模作样。学人便喝，前人不肯放，此是膏肓之病，不堪

---

① （唐）慧然：《镇州临济慧照禅师语录》，《大正藏》第 47 册，第 501 页。

② 同上。

医。唤作客看主。

或是善知识不拈出物，随学人问处即夺。学人被夺，抵死不放。此是主看客。

或有学人，应一个清净境出善知识前，善知识辨得是境，把得抛向坑里。学人言：大好。善知识即云：咄哉，不识好恶。学人便礼拜。此唤作主看主。

或有学人，披枷带锁出善知识前。善知识更与安一重枷锁。学人欢喜，彼此不辨。呼为客看客。[①]

所谓"客"，也作"宾"，是指禅学外行、不懂禅学的人，与或为禅师或为参学者的身份无关；所谓"主"，是指禅学行家、懂禅学的人，也与或为禅师或为参学者的身份无关。在"看"字的前面是禅师的位置，后面是参学者的位置。如果"看"字前面是"主"，意味着禅师是行家，否则，禅师是不懂禅的外行。

"客看主"，是说师父是外行，参学者是懂禅学的行家，所以，这个为人师表、承担启悟学人职责的禅师已经是病入膏肓无药可治了，即这样的人不配当启悟参学者的老师。

"主看客"，是说禅师是行家，有针对性地指导参禅者，但是参学者不堪造就，固执自己的错误见解不改正。

"主看主"，是说酬对双方都是禅学专家，相互激励，相互交流，相互肯定。

"客看客"，是说酬对双方都是外行，不懂禅学，问答越多，在错误的道路上走得越远，不但消除不了双方的谬见，反而增加谬见，所谓"枷锁"上面再套一重"枷锁"。

义玄的"四宾主"理论说明，在参学过程中，并不一定禅师就一定比学者高明，要根据具体情况具体分析。这里包含着教学相长的思想。

"四料拣"是讲根据不同情况而灵活施教，具体内容是："有时夺人不夺境，有时夺境不夺人，有时人境俱夺，有时人境俱不夺。"义玄自己对这四句都有一个解释，但是使用的是不能从字面来理解其含义的句子，无法强为之解。这里的"夺人"，指消除以自我为实有的错误观念，"夺

---

① （唐）慧然：《镇州临济慧照禅师语录》，《大正藏》第 47 册，第 501 页。

境"，指消除以客观世界为实有的错误观念。在接引具体的参学者过程中，要根据他们的根机和具体情况，灵活施教，有什么样的错误就有针对性地予以消除（夺）；没有相应的错误认识，当然就不用消除（不夺）。夺与不夺、夺什么与不夺什么，完全根据参学者的根机和当时的具体情况而定。

《人天眼目》卷一所记载的"四照用"是：

> 师一日示众云：我有时先照后用，有时先用后照，有时照用同时，有时照用不同时。先照后用，有人在；先用后照，有法在；照用同时，驱耕夫之牛，夺饥人之食，敲骨取髓，痛下针锥；照用不同时，有问有答，立主立宾，合水和泥，应机接物。若是过量人，向未举时撩起便行，犹较些子。[①]

"照"是指般若空观，"用"是承认假有。"四照用"与"四料拣"的主旨是一致的，都是强调要根据不同情况灵活施教。"先照后用"，指首先讲真空观的同时并不否定观照主体的存在（有人在）；"先用后照"，指首先讲假有的同时也肯定了假有就是真空的表现（有法在）；"照用同时"，指把真空和妙有结合起来讲，就完全破斥了人们的所有错误观念；"照用不同时"，指针对某些问题有针对性地往返酬对。如果遇到真正的开悟人（过量人），根本用不着讲什么真空妙有之类的东西，什么言语酬对都用不着了（向未举时撩起便行）。因为，这些都是言语施设，与真正的解脱、真正的明心见性没有必然联系。

从义玄的"三玄三要"、"四宾主"、"四料拣"、"四照用"可以看出，他特别重视研究教与学双方，在讲禅师如何说法时，总是要联系参禅者如何去听；在讲教学过程时，总是强调教学相长的原则。

三　曹洞宗

禅门五宗中，曹洞宗在组织规模、传播地区和社会影响等方面比不上临济宗，但是，其流传时间之长堪与临济宗相比，是其他三宗所不及的。

曹洞宗是以良价、本寂师徒的主要弘法地命宗。根据《宋高僧传》

---

① （南宋）智昭：《人天眼目》卷一，《大正藏》第 48 册，第 304 页。

卷十二本传、《景德传灯录》卷十五本传等记载，良价（807—869）俗姓
俞，越州诸暨（今浙江诸暨）人，于本村寺院出家，学念《心经》，因问
经中"无眼耳鼻舌身意"的意思，院主吃惊其不凡，遂引去婺州（今浙
江金华）五泄山剃度。20 岁，至嵩山受具戒。继之行脚游方，首参南泉
普愿，受到称赞。后因沩山推举，投于云岩昙晟门下。大中末年（860），
居新丰山，后转豫章高安（今江西高安）之洞山，聚众五百，见于《传
灯录》的嗣法弟子二十六人。其中曹山本寂最为知名。

《宋高僧传》卷十三本传、《景德传灯录》卷十七本传记载，本寂
（840—901）俗姓叶，泉州莆田（今福建莆田）人，少年时代受儒学影响
较深。19 岁入福州云名山出家，25 岁受戒后，游方参学，拜见多名禅师，
见良价得契，跟随数年，因受请到抚州（今江西抚州）住曹山，继之又
居荷王（玉）山，"处法席二十年，参学常有二三百人"，建立了比较有
影响的弘法基地。

洞山良价的另一位弟子云居道膺（848—902）俗姓王，玉田（在今
河北）人，于洪州（治所在今江西南昌）云居山创真如寺，弘法 30 余
年，影响遍及海内外，徒众达到 1500 多人，包括多名外国弟子，其中新
罗利严（870—936）归国后创须弥山派。

关于曹洞宗门庭施设，最权威的资料应该是南宋智昭于淳熙十五年
（1188）著的《人天眼目》。从历史的角度考察，这些内容应该有一个历
史的形成过程，并不是全部完成于良价和本寂时期，但是在反映曹洞宗思
想的整体面貌方面，这是最好的材料。

《人天眼目》对曹洞宗的宗风有一个总结：

> 曹洞宗者，家风细密，言行相应，随机利物，就语接人。看他来
> 处，忽有偏中认正者，忽有正中认偏者，忽有兼带，忽同忽异。示以
> 偏正五位、四宾主、功勋五位、君臣五位、王子五位、内绍外绍
> 等事。①

把曹洞门庭的特点归纳为"细密"，是有道理的。所谓"细密"，就是根
据参学者的问答语，从多方面、多角度来随机诱导、启发和点化，并不是

---

① （南宋）智昭：《人天眼目》卷三，《大正藏》第 48 册，第 320 页。

单方面地说问题、讲道理。尤其是注重从理事关系的角度入手，联系五个方面相互配合来酬对，则是显著的特点，是反映"细密"家风的主要部分。文益在《宗门十规论》中总结曹洞宗的宗风特点是"敲唱为用"。是说曹洞禅师以五位相互配合来说法，来启悟参禅者，如同有唱后伴奏一样，人的歌声与音乐伴奏声和成一片，使参学者从中分辨出偏正、明白禅理。智昭列举的曹洞宗具体教禅理论包括"偏正五位、四宾主、功勋五位、君臣五位、王子五位"五项内容，在所谓"五位之法"中，"偏正五位"是最基本的，其他四位是在此基础上改换另外一对相同属性的概念之后演化出来的，以便说明另一领域的问题。

"五位之法"的内容，是讲成对概念相互之间存在的五种关系。从认识这种不同的关系逐步提高认识，达到对核心教义的理解、对修行实践的把握。不同的五位中，所使用的成对概念基本上是两种属性，列举如下：

正——空、理、体、君、真

偏——色、事、用、君、俗

分别使用这些成对概念，就形成了不同的五位，而其中的"正"和"偏"是最基本的，可以运用于各种五位之中。相对来说，其他多对概念都可以看作是比喻的说法，为了进一步说明"正"和"偏"以及其中的五种关系。本寂说：

> 正位即属空界，本来无物；偏位即色界，有万形像；偏中正者，舍事入理；正中来者，背理就事；兼带者。冥应众缘，不随诸有，非染非净，非正非偏，故曰虚玄大道，无着真宗。[1]

"正"属于"空界"，是真空，并且相当于"理法界"，是现实世界的本来面目；"偏"属于"色界"，是假有，相当于"事法界"，是展现在人们面前的现实世界。从"正"和"偏"这一对概念及其关系，就可以说明其他三对概念及其关系。只考察"正"和"偏"，两者似乎是不发生联系的孤立存在，很难说明认识的对与错。如果结合两者的关系来考察，无论是"舍事入理"，还是"背理就事"，都是片面的认识。只有在纠正前两种错误认识的基础上，达到"兼带"的认识和体验，即达到"冥应众

---

① （南宋）智昭：《人天眼目》卷三，《大正藏》第48册，第313页。

缘，不随诸有，非染非净，非正非偏"，才是合乎"大道"的"真宗"。
这是最正确的认识，也是修行的最高境界。

把"宾主"搭配到"正偏"及其关系方面，并把"四料拣"杂糅其
中，则形成了不同于临济宗"四宾主"的曹洞宗的教禅学禅理论：

> 正中偏，乃垂慈接物，即主中宾，第一句夺人也。偏中正，有照
> 有用，即宾中主，第二句夺境也。正中来，乃奇特受用，即主中主，
> 第三句人境俱夺也。兼中至，乃非有非无，即宾中宾，第四句人境俱
> 不夺也。兼中到，出格自在，离四句，绝百非，妙尽本无之妙也。①

在这里，要根据禅师和习禅者两者是内行（主）还是外行（宾）来辨别。
很明显，曹洞宗讲的"宾主"不同于临济宗的"宾主"，前者是就师徒关
系讲"宾"和"主"，后者是从"体用"方面讲"宾"和"主"。实际
上，是把临济宗的四宾主讲烦琐了，不好理解了。这种把简单问题变复
杂，也是曹洞宗的一个特点。

本寂有时用"五相"来表示这五种关系，用一个圆，中以黑白二色
的形状加以显示，更配以诗偈作出解释，结果，使本来不难明白的一些道
理反而变得隐晦不清。有时又配以《周易》的卦象，称"五位旨诀"，向
越发玄妙的方向推进。如"正中来"，相当"大过"；"偏中至"，相当
"中孚"；"正中偏"，相当"巽卦"；"偏中正"，相当"兑卦"；而"兼
中到"，即是"重离"。假若结合《周易》对于这些卦象的释文加以发挥，
那就可以运用于任何一个领域，反而使本来清楚的主张模糊起来。

可以说，在曹洞宗的诸多五位之法中，除了正偏五位是根本、基础之
外，最能反映曹洞宗创立者学说本质的，莫过于"君臣五位"。把儒家的
君臣之道融进禅学中，并发挥得淋漓尽致，是曹洞宗的一个创造。下面一
段是对"君臣五位"详尽系统的解释：

> 从上先德，推此一位，最妙最玄，要当详审辨明。君为正位，臣
> 为偏位。臣向君是偏中正，君视臣是正中偏，君臣道合是兼带语。时
> 有僧出问：如何是君？云：妙德尊寰宇，高明朗太虚。如何是臣？

---

① （南宋）智昭：《人天眼目》卷三，《大正藏》第 48 册，第 315 页。

云：灵机弘圣道，真智利群生。如何是臣向君？云：不堕诸异趣，凝情望圣容。如何是君视臣？云：妙容虽不动，光烛本无偏。如何是君臣道合？云：混然无内外，和融上下平。又曰：以君臣偏正言者，不欲犯中，故臣称君不敢斥言是也。此吾法之宗要也。[①]

在本寂看来，君臣五位讲述的是最玄妙的道理，必须认识透彻。"君"相当于正，也相当于理、空、体；"臣"相当于偏，也相当于事、色、用。在处理君臣关系中，若仅有君主一方发挥作用，相当于"舍事入理"，是不对的；反之，若只有臣民一方发挥作用，就是"背理入事"，也是不对的。只有"君臣道合"，才是"事理俱融"，才是理想化的君臣关系。到这里，是侧重于理论上的说明，侧重于讲君臣五位是在偏正五位基础上形成的，那么，接下来，就是对几乎脱离禅学的纯粹世俗的君臣关系的说明了。

君主是世界上最尊贵者，好比太阳照乾坤。曹洞宗对"君"的说明，是明确主张君王至高无上，丝毫不含糊。作为"臣"，主要是两方面的职责，对上是费尽心机弘扬君主之道，贯彻圣旨；对下是竭尽才智为黎民百姓服务。臣子对于君王要忠心耿耿，不走邪路，没有二心；君王对于臣下要一视同仁，秉公无私。君臣之间理想的关系、理想的状态，就是浑然一体，没有彼此隔阂的协调、和谐状态。

在君臣五位之中蕴含的最主要、最关键的道理，就是在处理两者关系中，不能"犯中"，就是臣子不能在任何时候、任何情况下有损于君主，不能对君主不恭敬，也就是"臣称君不敢斥言"。就君臣两者关系最理想状态讲，当然是"君臣道合"，但是同时不能忘了，这两者不是平等的关系，而是一种主从关系。懂得这种主从关系，在曹洞宗人看来，比懂得"君臣道合"还要关键，因为没有后者，是达不到前者那个境界的。

曹洞宗的创立者把儒家政治伦理吸收到禅学中，与良价、本寂师徒有良好的入学修养有关，更与他们接受佛教与儒家在精神生活中水乳交融有关。如果说"君臣五位"强调的是"忠"，那么良价在出家时写的《辞北堂书》，就继承和发挥了东晋慧远的主张，强调了佛教的"孝"。在他看来，"诸佛出世，皆从父母而受身；万汇兴生，尽假天地而覆载。故非父

---

① （南宋）智昭：《人天眼目》卷三，《大正藏》第48册，第313页。

母而不生，无天地而不长，尽沾养育之恩，俱受覆载之德"。报这些恩德的一个重要方式，就是出家修道："一子出家，九族生天。"①

良价要报的"恩"，是"三有四恩无不报"。但是在"四恩"之中，他所强调的是位列第一的"父母恩"，是突出"孝"，从而把佛教伦理与儒家伦理结合起来。自中唐以来，以《心地本生观经》的问世为标志，报母恩的思想已经在丛林流行。良价把报父母恩、让家族享受利益作为出家修行的动力，作为严谨持戒、精勤修道的动力。

四　云门宗

云门宗以创始人文偃的主要弘禅地点云门山命名。云门山位于韶州(今广东省乳源县)，文偃的法系传承是石头希迁递传天皇道悟、龙潭崇信、德山宣鉴、雪峰义存。文偃在传禅弘教过程中始终得到南汉高祖、中宗的支持和辅助。云门宗成立之后，在北宋时期比较流行。进入南宋则逐渐湮没无闻。

记录云门文偃生平事迹和禅学思想的典籍，现存主要有文偃弟子守坚集《云门匡真禅师广录》（简称《云门广录》）三卷，南汉大宝元年(958)雷岳撰《大汉韶州云门山广泰禅院匡真大师实性碑并序》（见《唐文拾遗》卷四十八），南汉大宝七年（964）陈守中撰《大汉韶州云门山大觉禅寺大慈云匡圣宏明大师碑铭并序》（见《全唐文》卷八百九十二），还有《祖堂集》卷十一《云门和尚传》《景德传灯录》卷十九《文偃传》等，其详略有差别。

文偃（864—949）俗姓张，姑苏嘉兴（今浙江嘉兴市）人，童年出家于本地空王寺，随志澄律师学习，后到常州戒坛受具足戒。初习小乘，次通中观。外出游方参学，首参仰慕已久的道踪禅师，即陈和尚（陈宿尊）。道踪是希运的弟子，当时住睦州（治所在今浙江建德）龙兴寺，素以禅风峻险著称，并且不轻易接引参学者。文偃在道踪门下参禅数年，颇受赏识，后遵道踪所嘱，到福建象骨山雪峰广福禅院，投到义存（822—908）门下。

当时义存住持的寺院规模很大，身边有僧千余人。一天，有位僧人用希迁《参同契》中"触目不见道，运足焉知路"一句请教义存，义存回

---

① 　［日］慧印校订：《筠州洞山悟本禅师语录》，《大正藏》第 47 册，第 516 页。

答："苍天、苍天。"这位僧人不懂，就问文偃，文偃回答："三斤麻，一匹布。"僧人仍然不知道什么意思，文偃又回答："更奉三尺竹。"① 此番问答后被义存知晓，对文偃大加赞赏。离开义存之后，文偃又在今江西、湖南、浙江、福建、广东等地参访。文偃自己曾在《遗表》中讲到自己的游学生涯："忘餐侍问，立雪求知，困风霜于十七年间，涉南北于数千里外。"②

文偃最后来到韶州灵树如敏（？—917）门下。如敏为百丈弟子西院大安的门徒，曾在岭南弘教传法四十年，以"道行孤峻"著称，深得当地儒士敬重，南汉小朝廷赐"知圣大师"号。文偃追随如敏八年，曾任首座，深得器重。如敏逝世后，南汉高祖刘岩命文偃住持灵树寺，并请其于韶州为军民开堂说法。癸未年（923），文偃领众开辟云门山，"构创梵宫，数载而毕"，"层轩邃宇而涌成，花界金绳而化出"，雕楹珠网，装严宝相，合杂香厨，赠额"光泰禅院"。

文偃当时在社会信众中颇有声望，"抠衣者岁溢千人，拥锡者云来四表"。戊戌岁（926），被诏入阙，赐号"匡真"。后返本院，朝廷频加赐赉。南汉中宗刘晟即位的乾和元年（943），复诏文偃入内殿，经月供养，赏赐财物甚多。赐其塔院为瑞云之院，宝光之塔。至其死后，"诸国侯王，普天僧众，竞致斋羞"。

正由于这个原因，文偃的弟子百余人都得到南汉的赏赐。其上足门人四十余，"散在诸方，或性达禅机，或名高长者"；另有六十余人在京，"或典谟法教，或领袖沙门"。正如《匡真大师塔铭》所总结的："师一生道场三十余载，求法者云来四表，得心印者叶散诸山。"文偃的知名门徒很多，《景德传灯录》记有六十一人，主要分布在岭南和湖南、江西、江苏等地，进入北宋，云门宗仍然有一定的影响。

文偃跟随雪峰的时间远没有跟随如敏的时间长，并且也是直接因为受如敏器重而成名。但是，文偃"据知圣（如敏）筵，说雪峰法"，坚持嗣法雪峰义存。

关于云门宗门庭施设的特点，智昭《人天眼目》卷二曾有一个比较

① （唐）云门文偃撰，（北宋）守坚集：《云门广录》卷三《游方遗录》，《大正藏》第47册，第573页。
② 同上书，第575页。

概括的总结和一个比较细致的分析：

> 云门宗旨，绝断众流，不容拟议，凡圣无路，情解不通……大约
> 云门宗风，孤危耸峻，人难凑泊，非上上根，孰能窥其仿佛哉。详云
> 门语句，虽有截流之机，且无随波之意，法门虽殊，理归一致。①

云门宗在接引学者时，所使用的应答酬对语目的非常明确，就是要阻止参学者按照原来的思路来继续思考问题，坚决消除错误的观念，纠正错误认识，这就是"绝断众流"。另外，禅师给出的答语完全不能从字面上来解释（凡圣无路，情解不通），也没有办法继续讨论下去（不容拟议）。比如，有僧问："如何是雪岭泥牛吼？"回答："天地黑。"问："如何是云门木马嘶？"回答："山河走。"问："如何是透法身句？"回答："北斗里藏身。"问："如何是教外别传？"回答："对众问将来。"诸如此类的问答语在文偃的语录中随处可见，都是一些明确的"断流"语，不能从字面来解释，也难以根据问话来推测答话的确切意思。

　　正因为如此，这种机语酬对方式就被称为"孤危耸峻，人难凑泊"，一般参禅者听了这些答语之后根本就搞不懂。同时也说明，对于一般参禅者来说，这些"孤危耸峻"实际上起不到什么驱迷开悟的作用，使用的范围是十分有限的。只有那些素质特别好的所谓"上上根"的人才可能接受得了。对云门文偃的语录进行总体考察，"截流"的目的是十分明确的，绝大多数答语都蕴藏着这种禅"机"，但是，考虑参禅者的具体素质而因人施教、因材施教的意愿并不强烈，也就是"无随波之意"。当然，突出一个方面而忽视另一个方面，强调了"截流"而顾不上"随波"，并不影响它适应一些参禅者的需要，并不影响它是一种符合禅理的接引方式。从《云门广录》三卷所记录的云门文偃的机语来看，难以从字面了解其含义的"断流"语占了绝大多数。总的来说，《人天眼目》的这种归纳和分析是有一定道理的，可以作为深入理解文偃禅机和云门宗风的参考。

　　就文偃和云门宗禅师具体的门庭施设而言，《人天眼目》主要总结了"三句话"和"一字关"。

---

① （南宋）智昭：《人天眼目》卷二，《大正藏》第 47 册，第 313 页。

从现存的文偃语录来考察，所谓"三句话"的教禅理论可以说起源于文偃，完善化是在其弟子时期。文偃一次示众，提出问题："函盖乾坤，目机铢两，不涉万缘（也有作'春缘'，似不通），作么生承当？"大家听了以后都无法回答，文偃自己代答一句："一镞破三关。"①

联系文偃重视禅学和华严学的实际情况，从字面来解释文偃的话，"函盖乾坤"是天地宇宙无论范围多么大，其中容纳的一切事物无论数量多么多，都是本体的作用和表现。这个本体可以是"心"、是"理"，等等。就"心"而言，一切万法都是"心"的作用和表现；就"理"而言，一切事都是理的作用和表现。所以，当人们孤立地观察万法、观察万事的时候，人们完全可以仔细分别，区分细致，看到万法各有差别，看到万事完全没有雷同，明察秋毫（目机铢两）是人们具备的世俗能力，完全可以发挥这种能力。但是，"目机铢两"的目的并不是要执着于分别，执着于差别，因为差别而使人乱了方寸，无所适从。明察秋毫的目的是不受一切差别的束缚、迷惑和限制，要达到身处万缘中又不被万缘所牵制，达到禅者追求的"于相而离相"的境界，按照文偃的用语，就是达到"于万缘而离万缘"的境界。后面文偃的自代答语，实际上属于可解与不可解之间的断流语。

文偃的这"三句话"实际上是并不明确的。后来其弟子德山缘密将其分为三句话，即"函盖乾坤句，截断众流句，随波逐浪句"。这是以后在禅林中流传更广、影响更大的三句话，成为"云门三句"的代表。在《云门广录》中附有《颂云门三句语》，注明是德山缘密所述，而在《人天眼目》卷二，同样的颂文表明是"普安道颂三句"。到底是何人所作，难以下判断。

关于"函盖乾坤句"的解释是："乾坤并万象，地狱及天堂，物物皆真现，头头总不伤。"② 很明显，这是根据华严宗"法界缘起"学说进行的解释。大意是说，宇宙万有毫无例外都是一"真"法界（心、理、体等）的作用（不起为起），而宇宙万有，无论是天堂还是地狱，无论它们在表面上看来差别是多么巨大，都毫无例外反映一"真"法界（理事无碍），所以万有虽然千差万别，但是又和谐并存，相互之间并没有滞碍阻

① （南宋）智昭：《人天眼目》卷二，《大正藏》第48册，第312页。

② 同上。

隔（事事无碍）。

关于"截断众流"的解释是："堆山积岳来，一一尽尘埃，更拟论玄妙，冰消瓦解摧。"① 大意是说，不论参禅者能够想到多少千奇百怪的问题，能够拿出多少文字注疏，对于证悟解脱本质上是没有任何价值的，统统可以视为"尘埃"。如果参禅者始终执着于谈玄说妙，绕在语言文字圈子里出不来，就一定要彻底摧毁他原有的思维方式。这里的解释，很符合"截断众流"的原意。

关于"随波逐流"的解释是："辨口利词问，高低总不亏，还如应病药，诊候在临时。"② 一般来说，"截断众流"强调阻断参学者的固有思维方式，需要的是智慧，并不需要能言善辩的口才和文采飞扬的语言，断流语本来就是无法解释的句子，用不着下遣词造句的功夫。然而，"随波逐流"是要求针对不同的人、不同的情况而有的放矢地进行启发和引导，就要讲究口才、文采，还有灵活的方式。"随波逐流"是对"截断众流"的补充。就文偃的弘禅实践来看，他是"截流"有余，"随波"不足，他倾向于走上层路线，忽视下层禅众。

"一字关"是从文偃开始的云门宗的另一个接引参禅者的特点，尤其是文偃表现得更为突出。所谓"一字关"，是说文偃在回答参禅者的问题的，无论问题简单还是复杂，也无论来者的根器素质，总是用一个字来回答。这一个字的机语如同参禅者在证悟的道路上必须过的关卡一样，所以称为"一字关"。比如，有僧问："如何是云门剑？"回答："祖。"问："如何是正法眼？"回答："普。"问："三身中那身说法？"回答："要。"问："如何是祖师西来意？"回答："师。"不仅回答别人问话时用一个字，就是代答语时，也是用一个字。比如，一日示众说："会佛法者如恒河沙，百草头上，代将一句来。"自己代答："俱。"《人天眼目》总结："师凡对机，往往多用此酬应，故丛林目之曰一字关云。"③ 这种"一字关"更为突出地显示了要"截流"而不是要"随波"的特点，反映了文偃的教禅风格。对于一般禅人的问题，文偃都拒绝正面回答，含有让学者转变思路，转移注意力，转移修行方向，不要错用心思的意思。

① （南宋）智昭：《人天眼目》卷二，《大正藏》第 47 册，第 312 页。
② 同上。
③ 同上。

这种禅机风格的形成，与文偃对语言文字的态度是相一致的。在他看来，演说是必要的，但是不要执着，对于禅悟而言，文字实际上起不到什么作用。

师上堂，良久云：夫唱道之机，固难谐剖。若也一言相契，犹是多途。况复叨叨，有何所益……若向衲僧门下，句里呈机，徒劳伫思。门庭敲磕，千差万别……且问汝诸人：从来有什么事，欠少什么？向汝道"无事"，已是相埋没也。须到者个田地始得。亦莫趁口乱问，自己心里黑漫漫地，明朝后日大有事在。尔若根思迟回，且向古人建化门庭，东觑西觑，看是什么道理。尔欲得会么？都缘是汝自家无量劫来妄想浓厚，一期闻人说着，便生疑心。问佛问法，问向上问向下，求觅解会，转没交涉。拟心即差，况复有言，莫是不拟心是么？[①]

在文偃看来，参禅问答是很难说清楚的事情，个人的证悟，本质上与问答语句没有什么必然联系。所以，在问答酬对上面下工夫，在各家门庭施设上用心思，是没有任何益处的，是徒劳无益的。到处无休止地参禅行脚，到处问东问西，本身就是"妄想浓厚"的表现。

五　法眼宗

法眼宗是以创始人清凉文益的谥号命宗，在禅宗五家中成立最晚，存在时间也不长。由于在初期得到南唐和吴越统治者的支持，本宗成为五代末期影响最大的宗系之一。进入北宋之后，法眼宗逐渐湮没无闻。在该派的前三代祖师中，倡导禅门融合戒律，重视学习佛教经典，是十分突出的现象。

文益（885—958）俗姓鲁，余杭（今浙江余杭）人，7 岁依新定智通院全伟禅师落发，受具戒于越州（今浙江绍兴）开元寺。从希觉习律于明州（今宁波）鄮山阿育王寺，并且"傍探儒典，游文雅之场"，颇受希觉律师称赞。因为对禅学感兴趣，文益游方参学，先于福州见长庆慧

---

① （唐）云门文偃撰，（北宋）守坚集：《云门广录》卷上，《大正藏》第 47 册，第 545 页。

棱，后到漳州（治所在今福建漳浦）偶遇罗汉桂琛，参接之际，有"豁然开悟"之感。离开桂琛后至临川（今江西抚州），州牧请住崇寿院，由此开始弘禅传法。大约在李景（888—943）建立南唐（937）之初，文益受请住金陵之报恩院，获赐号"净慧禅师"。再迁清凉寺弘禅，直至圆寂。《景德传灯录》对文益一生在三个寺院传法有一个总结：

> 师缘被于金陵，三坐大道场，朝夕演旨。时诸方丛林，咸遵风化；异域有慕其法者，涉远而至。玄沙（指玄沙师备）正宗，中兴于江表。师调机顺物，斥滞磨昏，凡举诸方三昧，或入室呈解，或叩激请益，皆应病与药，随根悟入者，不可胜纪。①

文益一生住持了三处大的寺院，在每一个地方都是勤于弘法。尤其是在金陵报恩、清凉两院传教时，影响了各地的寺院。当时门下聚集的僧人很多，既有国内的参禅者，也有来自朝鲜半岛的僧人。他被认为是玄沙师备、罗汉桂琛一系禅宗的中兴者。文益在弘教传禅、接引参学者方面有自己的特点。他在与参学者讨论各种公案（诸方三昧）时，无论在任何场合、以任何方式进行（或入室呈解，或叩激请益），都本着"应病与药"的原则进行，就是根据参学者的具体境况来因材施教。实际上，这种"应病与药"也就是法眼宗的"宗风"。这与云门文偃的重于"截流"、忽略"随波"恰好形成了鲜明对比。

智昭在总结法眼门庭施设时说：

> 法眼宗者，箭锋相拄，句意合机。始则行行如也，终则激发，渐服人心。削除情解，调机顺物，斥滞磨昏。种种机缘，不尽详举。观其大概，法眼家风，对病施药，相身裁缝，随其器量，扫除情解。②

法眼宗是产生最迟的一派，在门庭施设方面，实际上没有提出任何有创新性质的内容。这里把法眼的"家风"归纳为"对病施药"之类，实际上也是其他宗派谈到过的，没有任何新意。唯一不同的是，法眼把因材施教

---

① （北宋）道原：《景德传灯录》卷二十四《文益传》，《大正藏》第 51 册，第 399 页。
② （南宋）智昭：《人天眼目》卷四，《大正藏》第 48 册，第 325 页。

作为唯一的手段，此外再没有任何发明创造。在运用机语方面，强调"箭锋相拄，句意合机"，是要求答语要与问话有关系，是承问而答，答语可以理解，不是运用答非所问、从字面无法解释的话来应对，用所谓"截流"目的来搪塞一切。截流是必要的，但如果不区分一切情况，只用"截流"，实际上使机语酬对在绝大多数情况下失去了意义。

文益重视"三界唯心，万法唯识"，认为宇宙万有都不过是"心"或"识"的产物。当把这两句话并列看待的时候，所谓"心"或"识"都是作为产生万有的精神本体存在，两者之间的差别就忽略不计了。懂得了唯心、唯识的道理，并不意味着就能解决现实中遇到的一切问题。文益恰恰是在联系这个思想回答问题时遇到了麻烦，同时又是因为对这个问题的解决而开悟。

据说文益辞行之时，桂琛送到门外，指一块石头问："上座寻常说三界唯心，万法唯识，且道此石在心内，在心外？"文益回答："在心内。"又问："行脚人着什么来由，安片石在心头？"文益窘无以对，便不再到别处去了，住下来求抉择。在一个多月的日子里，文益每天都把自己的见解讲说出来，桂琛告诉他："佛法不恁么。"文益承认："某甲词穷理绝也。"桂琛告诉说："若论佛法，一切见成。"文益"于言下大悟"。①

文益撰写《宗门十规论》，对当时禅林的弊端进行批判。他把当时的混乱情况分为十项：第一，"自己心地未明，妄为人师"；第二，"党护门风，不通议论"；第三，"举令提纲，不知血脉"；第四，"对答不观时节，兼无宗眼"；第五，"理事相违，不分触净"；第六，"不经淘汰，臆断古今言句"；第七，"记持露布，临时不解妙用"；第八，"不通教典，乱有引证"；第九，"不关声律，不达理道，好作歌颂"；第十，"护己之短，好争胜负"。文益的《宗门十规论》首先具有史料价值，在列举当时禅门乱象时，客观地反映了当时禅门实况；其次也反映了他自己的禅学思想和治理禅门的主张。比如，在第十项中，他指出："盖有望风承嗣，窃位住持，便为我已得最上乘超世间法，护己之短，毁人之长；诳惑于廛蚕，咀嚼于屠贩。声张事势，矜托辩才。以讦露为慈悲，以佚滥为德行。破佛禁戒，弃僧威仪；返凌铄于二乘，倒排斥于三学。况不检于大节，自许是其

① （明）语风圆信、郭凝之编集：《金陵清凉院文益禅师语录》，《大正藏》第47册，第588页。

达人？"① 文益早年有学律的经历，对于禅林中不守戒律的现象深恶痛绝。他对于多种违反戒律行为的批判，反映了他对戒律的重视。文益佛儒兼通，对当时禅林存在的"不通教典，乱有引证"的现象予以批判。这是对佛教经典学习的重视和倡导，与那些反对读经、非经毁教者形成鲜明对照。

文益圆寂后，谥"大法眼禅师"。在其嗣法弟子中，有德绍、文遂、慧炬（高丽国师）等十四人"先出世，并为王侯礼重"。有龙光、泰钦等四十九人，"后开法，各化一方"②。其中，在吴越扩大法眼宗势力的首推德韶。

德韶（891—972）俗姓陈，缙云（今浙江缙云）人。17 岁时于本州岛出家，18 岁受戒于信州（今江西上饶）开元寺。梁开平中（909）游方，历参 54 位善知识，终至临川谒文益，成为其嗣法弟子。钱俶继位（947）的次年，遣使迎德韶至杭州，申弟子礼。又曾接受天台宗名僧螺溪义寂的提议，请钱俶遣使到新罗国写回散落于海外的智颢论疏，成为天台中兴的重要契机，也是禅宗与天台宗相互融合的一个标志。德韶传法弟子有永明延寿、长寿朋彦、大宁可弘等百余人，同时他兴建天台智者道场数十所，对江浙的禅宗发展和天台复兴都起到重要作用。

在德韶的弟子中，最著名的是延寿。从法眼宗的范围考察，延寿代表着法眼宗的禅教融合倾向，是该宗最后一位有影响的禅师；从整个禅宗的发展态势观察，延寿的理论和实践标志着纯禅时代的结束，新的综合禅时代的开启。

延寿（904—975）俗姓王，字冲元，余杭人。16 岁作《齐天赋》献吴越王钱俶，曾为余杭库吏。28 岁任华亭（今江苏松江）镇将，亏累巨万，被判死刑，为吴越王所赦，后跟随居龙册寺的雪峰弟子翠岩出家，勤于劳作。不久，延寿到天台山天柱峰习定九旬，参礼德韶，抉择所见。后于国清寺结坛修"法华忏"，再到金华天柱峰诵《法华经》三年。952年，延寿住明州（今浙江宁波）雪窦山，学侣臻凑。宋太祖建隆元年（960），钱俶请延寿到杭州，重建灵隐寺。翌年，移居永明道场，度弟子一千七百人。开宝七年（970），入天台山又度戒约万余人。同年，奉敕

---

① 上引均见（唐）文益《宗门十规论》，《卍续藏》第 63 册，第 38 页。
② （北宋）道原：《景德传灯录》卷二十四《文益传》，《大正藏》第 51 册，第 400 页。

于钱塘江建造六和塔，用以镇潮。

延寿著作很多，以《宗镜录》一百卷、《万善同归集》六卷影响最大，另有《唯心诀》《定慧相资歌》《神栖安养赋》《警世》等。其中，《宗镜录》是集中精于法义的贤首、慈恩、天台三家学者参与讨论，由延寿以"心宗"为准绳审定编辑之作。该书所引西天此土资料约三百家，经论六十部，以及若干语录，总一百卷，"证成唯心之旨"。

整体考察延寿的思想，有两个方面的特点。

第一，从前所未有的广大范围倡导用禅宗理论整合其他所有佛教法门，包括倡导禅教融合，禅诵无碍，禅净并修，禅戒均重，内省与外求兼行等。

延寿所作《宗镜录》尽管洋洋百卷，广征博引，多番问答，但仍不出"举一心为宗，照万法如镜"的范围。延寿将禅宗归为"心宗"或"一心宗"，而这"一心"包容了一切。他在《宗镜录》的自序中称："此识此心，唯尊唯胜。此识者，十方诸佛之所证；此心者，一代时教之所设。唯尊者，教理行果之所归；唯胜者，信解证入之所趣。"[1] 唯心唯识，真源觉海，既然是"十方诸佛之所证"，是"一代时教之所设"，就完全确立了禅宗"明心见性"的权威地位；既然是"教理行果之所归"，"信解证入之所趣"，那就不仅仅是树立"明心见性"的权威，而且要把佛教的一切修行法门（信解证入）作为禅宗的实践手段。所以，延寿在《万善同归集》中强调："万法唯心，应须广行诸度，不可守愚空坐。"[2] "广行诸度"，指以六波罗蜜为中心的一切佛教实践，延寿也称之为"万事齐兴"。延寿要以"心"为宗，以"识"为宗，关键在于他在"心"和"识"中融进了唯识、天台和华严的三宗理论，融进了佛教的万行，一切修行实践。延寿对于传统佛教的诵经、念佛、行香礼佛等全部给予肯定。这样一来，禅宗彻底接纳了佛教其他修行法门，容纳了佛教的一切经教，将全部佛教和各家禅旨糅为一个系统。这样一来，他使禅宗成为佛教的集大成者。

第二，他彻底批判禅宗把本宗从整体佛教中割裂开来的一切理论

---

① （北宋）延寿：《宗镜录》卷一，《大正藏》第 48 册，第 516 页。
② （北宋）延寿：《万善同归集》卷一，《大正藏》第 48 册，第 958 页。

和实践，强调禅宗容纳一切善行，并把行一切善作为禅宗的最终目的。

延寿的《万善同归集》，核心内容就是批判禅宗轻蔑佛教善行的一切言行。他列举了当时丛林中流行的十个观点，逐一进行驳斥。这十个观点是：第一，"万法皆心，任之是佛；驱驰万行，岂不虚劳？"第二，"祖师云，善恶都莫思量，自然得入心体；如何劝修，故违祖教？"第三，"万善统唯无念；今见善见恶，愿离愿成，疲役身心，岂当是道？"第四，"泯绝无寄，境智俱空，是祖师普归……若论有作，心境宛然，凭何教文广陈万善？"第五，"拟心即失，不顺真如，动念即乖，违于法体"；为何广说世间生灭缘起？第六，"若得理本，万行俱圆；何须事迹而兴造作？"第七，"无心合道；岂须万行、动作关心？"第八，《金刚经》说"若以色见我，若以音声求我，是人行邪道，不能见如来；如何立相标形而称佛事"？第九，"众生不得解脱者，皆为认其假名，逐妄轮回；云何循斯假名，转增虚妄？""名字性空，不能诠说诸法"；何必"听闻诵读？"① 第十，"即心是佛；何须外求？"② 包括"唱他佛号，广诵余经"，念佛息罪，生彼净土等。诸如此类，对于禅宗中已经习以为常，甚至成为公理的观点，延寿一一做了解析批驳。而批判的目的，就是要求禅宗不要把自己与整体佛教割裂开来，要吸收一切佛教的法门，把它们用于"行善"。

在延寿看来，制恶行善、大悲度人、积累福德，是成佛的条件。所谓"世出世间，以上善（指十善）为本。初即因善而趣入，后即假善而助成，实为越生死海之舟航，趣涅槃城之道路，作人天之基陛，为祖佛之墙垣，在尘出尘，不可暂废"③。甚至引经言"因积善故乃得成佛"履行万善。关于万善，延寿讲了许多种类，最重要的一条是恢复持戒，尤其是强化内心的自我禁约机制。他说："戒为万善之基，出必由户。"若不持戒，不但不能"开发菩提心"，且"与禽兽无异"。这是对禅门不遵守戒律的批判。

延寿所倡导的"万善"，不仅仅包括佛教的一切修行理论和实践，

---

① （北宋）延寿：《万善同归集》卷一，《大正藏》第 48 册，第 961 页。
② 同上。
③ 同上书，第 960 页。

而且也要包括儒家的伦理规范。延寿认为，称得上"第一福田"的善行，乃是"尽忠立孝，济国治家；行谦让之风，履恭顺之道"。这种把"尽忠"放在"立孝"之前、把"济国"放在"治家"之前的排列，反映了禅宗向往成为辅政工具的自觉。总之，在延寿这里，不仅强调要容纳佛教的一切成果，而且也要容纳中国本土文化的一切成果。这种要让禅宗成为佛教的集大成者，成为中国文化集大成者的追求、向往和实践探索，成为以后禅宗发展的主流方向。

第九章　律宗

　　律宗是以研究、弘传戒律为主的宗派，实际创始人是唐代的道宣。律宗的产生经历了漫长过程，它是在历代僧人根据中国社会和佛教界的现实情况，通过长期研究、弘扬和变革《四分律》基础上创立的宗派。从东晋南北朝以来的律学发展到唐代的律宗，对后世佛教产生了广泛而深远的影响。

第一节　律宗产生前的律学运动回顾

　　佛教初传，中国人致力于吸收印度佛教的思想理论，产生了译经运动。最早的译经活动，主要是在思想理论方面译出了很多经典。但是佛教是一个整体，由佛、法、僧三宝组成，佛教的藏经也是一个整体，由经、律、论三种构成，中国人接受了佛教，组建了僧团，出家之后要执行佛教的戒律，于是佛教戒律的经典开始陆续进入。十六国后秦弘始六年（404）鸠摩罗什与弗若多罗三藏共译萨婆多部之《十诵律》，但是没有译完，以后昙摩流支与卑摩罗叉续译，最终完成六十一卷，这是我国有广律之始。弘始十二年（410），佛陀耶舍与竺佛念等又将昙无德部的《四分律》分五次译出六十卷。法显法师感慨律本不全，于是到印度取经，在印度居住六年，带回了摩诃僧祇律本。东晋安帝义熙十四年（418），由法显与佛陀跋陀罗共译大众部四十卷《摩诃僧祇律》。南朝宋景平元年（423），罽宾佛陀什和智胜共译三十卷弥沙塞部的《五分律》。中国佛教的戒本渐臻完善。

　　早期中国佛教没有完整的戒律文本，但是有传戒的活动。三国魏文帝黄初三年（222）昙摩迦罗到洛阳，看见出家僧人只是剃除须发，身穿缦衣，守戒方面却没有按律法的规定执行，于是他发誓要弘传律法，于魏少帝嘉平二年（250）译出了僧祇戒本一卷。昙摩迦罗礼请十位来中国的外域僧人建立共修议事的羯磨法，开了由十位比丘僧共传戒本的先例，成为我国传授戒法之始。此时中国僧人也根据已有的戒典，加上自己对佛教的理解，编纂了自己的律本，如东晋道安法师编纂了《僧尼轨范》。当中国佛教僧团与制度渐趋完善之后，大量律本传入中国，促使中国人开始对律本进行研究，在中国产生了以研究律本为特点的律学运动。

印度佛教与中国有关系是五部律，这是盛行于西北印度的小乘五部所传持的律典。

第一是法藏部的戒本，亦名昙无德部的《四分律》六十卷，戒本为《四分僧戒本》一卷、《四分律比丘戒本》一卷、《四分比丘尼戒本》一卷。

第二是萨婆多部的戒本，亦名说一切有部的《十诵律》六十一卷，另有《根本说一切有部毗奈耶》五十卷异本。戒本为《十诵比丘波罗提木叉戒本》一卷、《十诵比丘尼波罗提木叉戒本》一卷、《根本说一切有部戒经》一卷、《根本说一切有部苾刍尼戒经》一卷。

第三是弥沙塞部的戒本，亦名化地部《五分律》三十卷，戒本为《弥沙塞五分戒本》一卷、《五分比丘尼戒本》一卷。

第四是摩诃僧祇部，亦名大众部的《摩诃僧祇律》四十卷，戒本为《摩诃僧祇律大比丘戒本》一卷、《摩诃僧祇比丘尼戒本》一卷。

第五是迦叶遗（Kasyapiya）部，亦名饮光部。其广律《解脱律》在中国没有译出，但是戒本《解脱戒经》一卷由北魏般若流支译出。

此外，还有婆蹉富罗（Vatsi-putriya）部，亦名犊子部。这一派的律本在中国没有译出。

上述几个部派的佛教律典都在我国有过弘扬，最早流行的是十六国后秦鸠摩罗什与弗若多罗译出的《十诵律》，后来有人认为"《僧祇》与先戒本文理相合，乃舍《十诵》多演《僧祇》，唯《四分》《五分》曾未弘通"，[①] 故有"律本流行，随方不同。关内僧祇，江左十诵，四分一律，由在藏中"[②] 的说法。北魏法聪律师，"方悟前非，于即罢讲《僧祇》，

①　（北宋）元照：《四分律行事钞资持记上一上（并序）》。《大正藏》第 40 册，第 169 页。
②　《四分律搜玄录》，《卍新续藏》第 41 册，第 865 页。

首传《四分》"①。以后六十卷昙无德部的四分律对我国佛教影响最大。

第二节 《十诵律》在隋唐时期的流传

《十诵律》是最早从龟兹传入中国的律本之一。龟兹作为塞外佛教的重镇，除了发扬佛教讲经说法、建寺造像的传统之外，在戒律学方面也有特色。《高僧传》载，龟兹著名的高僧鸠摩罗什大师在家乡，"至年二十受戒于王宫，从卑摩罗叉学十诵律"②。鸠摩罗什学律的师父卑摩罗叉律师在《高僧传》里有载："卑摩罗叉，此云无垢眼，罽宾人。沈靖有志力，出家履道，苦节成务，先在龟兹弘阐律藏，四方学者竞往师之，鸠摩罗什时亦预焉。"③ 这些说明龟兹佛教流传过《十诵律》，而且受到佛教徒的追捧，许多人都前往龟兹国跟从卑摩罗叉学习律藏。

一 《十诵律》的产生及其特点

佛经记载："大圣如来愍悼群有，示生迦夷树王成道，四十九年随缘化物，临涅槃时以此律藏付优波离。如来灭后，尊者大迦叶匡究三宝，简得五百大阿罗汉，在王舍城结集三藏。当时优波离一夏之中八十度升高坐，具足诵出大毗尼藏，有八十诵，悉以嘱大迦叶。"④ 这是说释迦牟尼圆寂以后，优婆离长老在王舍城举行的第一次结集活动上，复诵出佛陀生前讲说的律藏，前后一共八十诵。这是佛教三藏中律藏最早的由来。佛教又载："昔大迦叶具持法藏，次传阿难，至于第五师优波掘，本有八十诵，优波掘以后世钝根不能具受，故删为十诵。以诵为名，谓法应诵持也。自兹以下，师资相传五十余人。"⑤ 这是说八十诵律藏复诵出来后，由佛陀的大弟子大迦叶传给了阿难长老，复由阿难再传给优波掘长老，优波掘以后的僧人因为理解不了这么多律诵，就将八十诵整合成十诵，以后就变成了以"十诵"为名的律本。"十诵律"在印度佛教里传衍了五十余人，最后传到了中国。这就是"十诵律"的由来。

---

① （北宋）元照：《四分律行事钞资持记上一上（并序）》，《大正藏》第 40 册，第 169 页。
② （梁）慧皎：《高僧传》卷二，《大正藏》第 50 册，第 331 页。
③ 同上。
④ 《四部律并论要用抄》卷上，《大正藏》第 85 册，第 691 页。
⑤ （梁）僧祐：《出三藏记集》录中卷三，《大正藏》第 55 册，第 20 页。

戒律是出家人的行为准则，通用于所有的大小乘信徒。唐道宣律师说：

> 礼者出乎忠信之薄，律亦起自防非。是故随有犯缘，乃制篇目。迄乎双树，在迹为周。自金河灭影，迦叶嗣兴，因命持律尊者优波离比丘，使出律藏。波离乃手执象牙之扇，口诵调御之言。满八十反，其文乃讫。于是题之树叶，号曰《八十诵律》。是后迦叶、阿难、末田地、舍那波斯、优波掘多，此五罗汉，次第住持。至掘多之世，有阿育王者。王在波咤梨弗多城，因以往昔见佛，遂为铁轮御世。而猜忌不忍，在政苛虐，焚荡经书，害诸得道。其后易心归信，追悔前失，远会应真，更集三藏。于是互执见闻，各引师说。依据不同，遂成五部。而所制轻重，时或不同，开遮废立，不无小异，皆由如来往昔，善应物机。或随人随根，随时随国，或此处应开，余方则制，或此人应制，余者则开，五师虽同取佛律，而各据一边，故篇聚或时轻重，纲目不无优降。依之修学，并能得道。故如来在世，有梦迭因缘，已悬记经律，应为五部。

道宣律师追述了佛教戒律之律藏的形成，尤其重要的是指出自八十诵律以后，佛教律本有过重新整理与编纂的情况。由于阿育王对佛教的打击，佛教经书传世受阻。后来阿育王改皈佛教，召集第二次结集活动，三藏重新得到更集，但是教团内部因为"互执见闻，各引师说"，戒律也受其影响，重新编纂，最后分为五部戒律同时流行在佛教界内。

因为《十诵律》是最早的佛陀涅槃后结集之作，后人将其判为小乘佛教的律。宋元照律师说："一代圣教，不过大小，人理教行，一一不同。然须略识浅深之相，且就一家。约本受体，则分三位。一者十诵多宗，名当分小乘教也。二者四分、成实，正小兼大，名过分小乘教。三者圆教，全是大乘。"[①] 元照律师将佛陀圣教分为小乘教、过分小乘教和大乘教三种，其中"过分小乘教"是处在小乘与大乘之间过渡阶段的教乘，这是按照戒律的特点与佛教理论形态所作出的抉择，有一定的理论基础。

佛陀涅槃后，统一的佛教僧团开始分裂，到了佛陀身后"三百年初，

① （北宋）元照：《芝苑遗编》卷上，《卍新续藏》第59册，第26页。

有少乖诤，分为两部：一说一切有部，亦名说因部。二即本上座部，转名雪山部。后即于此第三百年，从说一切有部流出一部，名犊子部。次后于此第三百年，从犊子部流出四部：一法上部、二贤胄部、三正量部、四密林山部。次后于此第三百年，从说一切有部，复出一部，名化地部。次后于此第三百年，从化地部流出一部，名法藏部，自称我袭采菽氏师。至三百年末，从说一切有部，复出一部，名饮光部，亦名善岁部。至第四百年初，从说一切有部，复出一部，名经量部，亦名说转部，自称我以庆喜为师。如是上座部七破或八破，本末别说成十一部。一说一切有部、二雪山部、三犊子部、四法上部、五贤胄部、六正量部、七密林山部、八化地部、九法藏部、十饮光部、十一经量部，如是诸部，本宗末宗，同义异义"①。这是说，一切有部是印度部派佛教里面影响较大的派别，主要活动在印度西北部地区，又因其在理论上有独自的特点，受理解不同的影响，所以才分裂出这么多的支派。这些派别歧出的原因，还在于理论的解释有区别，这是佛教发展以后必然出现的规律，特别是受地域文化的影响，佛教徒对原始佛教的理论产生了不同看法，他们各自标明自己的观点，以此来诠解佛陀的理论，以在佛教界里取得一席地位。

《十诵律》亦名《萨婆多部十诵律》。佛经言："萨婆多部者，梁言一切有也。所说诸法，一切有相。学内外典，好破异道，所集经书，说无有我所，受难能答，以此为号。"② "说一切有部"以"说三世有故，许说一切有"③ 为其理论特点，即是说整个世界都是存在的，过去现在与未来皆是有法，故称"三世实有"。元照律师指出："西土传教，流派非一。此方所弘，空有偏盛。机执既异，教旨须分。言有部者，即《十诵律》，主萨婆多师所计三世等法，悉有实性，故名一切有部。又号实法宗，即《婆娑》《俱舍》《杂心》《婆多》等，同其流也。"④ 印度佛教派别众多，每个派别除了理论的不同之外，还在律制上各有特点，《十诵律》即是小乘律，也是说一切有部的律本。

律本是记录戒律的条文，也是解释戒律的著作，属于三藏之一，称为

---

① 〔古印度〕世友：《异部宗轮论》，(唐)玄奘译，《大正藏》第 49 册，第 15 页。

② (梁)僧祐：《出三藏记集》录中卷第三，《大正藏》第 55 册，第 20 页。

③ 〔古印度〕世亲：《阿毗达磨俱舍论》卷二十，(唐)玄奘译，《大正藏》第 29 册，第 104 页。

④ (北宋)元照：《芝苑遗编》卷上，《卍新续藏经》第 59 册，第 629—627 页。

"毗尼藏"。"毗尼"是梵文 Vinaya 音读，亦名毗奈耶。佛典称"毗尼藏者，此翻言灭。佛说作、无作戒灭身口之恶，是故云灭。即是八十诵律也（因从果得名也）"①。小乘佛教最基本的戒是别解脱戒，以"作戒"和"无作戒"为两大内容，意在灭身、口、意之恶。《十诵律》梵文本原有八十四诵，但是传到中国以后成为"十诵"。《十诵律》的梵文本现在已经没有了，我们所能见到的是汉译本，一共六十一卷。该律的内容是，初诵至三诵为犯戒时的界定与惩罚等；四诵为出家人受戒与寺庙生活的集体生活规定等；五诵为对出家人的私人要求规定；六诵是处理与外道和杂事的关系，以及对比丘尼的规定；七诵是对比丘尼的规定；八诵是在前面所说的戒法上再予以增补完善的一些补充规定；九诵是优婆离向佛陀问法的记录；十诵是法事仪轨的一些唱诵，以及对犯戒者的惩罚规定。最后还附有讲述十诵律由来的历史，以及关于寺院生活的规定，等等。总之，《十诵律》将与出家人有关的各种规定都纳入其内，包括衣、食、住、行，并以"十诵"的形式分别论述出来。《十诵律》内容较为混乱，缺少结构与秩序的安排，故学术界有学者认为这种特有的混乱结构说明《十诵律》应是一部古律，② 并与其他结构完整、中心突出的律本有很大区别。

　　说一切有部最有名的经典是《俱舍论》，这是佛教辞书之作。《十诵律》的很多内容都在《俱舍论》里得到了体现。历史上曾有人指出了这一点：

　　　　《十诵律》是萨婆多宗，同《俱舍》第十四、律毗婆沙，并《杂心论》及《顺正理》，显宗《大毗婆沙》。《十诵律》云：佛在竹园，告诸比丘，十种受具足。一自然得。谓佛、独觉，尽智心位，自然得之。问：何故许有罗汉、沙弥得通无戒，不许独觉亦通无戒？皆自然得，以利根故。二见谛得。《俱舍》等云，谓入正性离生，即五苾刍。问：何故苾刍初入见道，有初得戒。诸尼初得，无见谛者？胜劣异故。若尔，即应由佛胜故，见谛时得。弟子劣故，无学时得。何故？佛及独觉，唯尽智时得。初转法轮，见谛时得。彼初解法，信法

---

① （隋）智顗：《维摩经玄疏》卷三，《大正藏》第 38 册，第 531—532 页。
② 百度百科"十诵律"条云："《十诵律》较现行的根本说一切有部各律更为原始，这由原始佛教的流传状况也可以加以推定。"http：//baike.baidu.com。

增故。余则不尔。三善来得。《俱舍》等云，佛命善来，谓耶舍等，
唯佛自作，非余所能。满道被故。四自誓得。《俱舍》等云，信佛为
大师，谓大迦叶，何故四分？迦叶自云：佛建立善根，上受具足，以
宗别故。余人何故不自誓得？信不增故。五论议得。《俱舍》等云，
善巧酬答所问，谓苏陀夷，其年七岁。佛问言：汝家何在？彼答佛
言：三界无家。佛叹聪明，善答所问。虽年未满，令僧为受。非由答
时，即便得戒。何故鹙子，不令尔耶？命善来故。《西域记》中，目
连、鹙子皆善来得。六受重法。《俱舍》等云，敬受八尊重法，谓大
生主。《十诵律》云，优婆离问：波阇受重法，即是出家成比丘尼，
余尼云何？佛言：应现前作白四羯磨。若尔，于时众既未满，诸尼云
何后时得戒？若许初受八尊重法，更有余尼，便违《十诵》，令作
羯磨。①

《俱舍论》所记述的《十诵律》涉及的是"五得"和"六受重法"，
其中心就是关于人性平等的讨论。佛与众生得到解脱，可以有不同的办法
和方式，与个人的根机与认识水平，其所在的地位有关，《十诵律》通过
解答这些问题，反映了当时人们对佛教解脱之路的不同疑问与看法。例
如，"自然得"是因为出家之人有利根，可以直接悟入，"尽智心位"，不
需要外力加持，自然得到解脱。"见谛得"之"谛"是见解或真理，就是
通过正当的见解而获得解脱。"见谛得"的提出，是因为人有"胜劣异
故"，像比丘与比丘尼，因为性别的不同，会有见道与非见道之不同，但
是更重要的是见道，要有正性，这个正性就是"离生"，所谓"离生"就
是指出家学佛，远离世俗生活，由于有了"离生"，才能获得"见谛"，
刚入佛门出家之人，需要建立信心，即为"信法增故"，如此才能得到见
谛。"善来得"是指众生本来就有成佛之性，能帮助你获得解脱。佛陀自
作成佛，已经获得"满道"，所以可以善来解脱。"自誓得"是通过发愿
的行为而在最后得到解脱，所以"信不增故"者，是不能得到解脱的。
这里的"信"是指正信，就是要有对佛教的自信与坚定的信仰。"论议
得"是通过议论与答问的形式，获得启发和提示，而获得正确的见解，
正像佛问苏夷陀："汝家何在？"苏夷陀用"三界无家"为回答，因为出

---

① （唐）窥基：《大乘法苑义林章》卷三，《大正藏》第 45 册，第 303—304 页。

家事佛，就要离开原来的世俗家庭，出家人以众生为父母，以整个大千世界为家，不以小家为己家，这样大的胸怀，就是佛教的崇高境界，所以苏夷陀的回答准确地描述了佛教的家庭观，把小我融入大我之中，这让佛陀非常感慨，赞叹他的聪明，授记他得到正解，"虽年未满，令僧为受"。"五得"是为众生解答了入佛解脱之路，其意在于众生可以有不同的方式与方法来获得见谛之门，人生并不是只在一条路上走到头，你可以选择多样的方式来表达对佛的尊重与见道，就可以为众生广开解脱之门，让每个事佛之人都可以进入解脱的境界。佛陀创教是在反对印度种姓制度、提倡人性平等的社会环境下创立的，但是也不免带有印度社会不平等的痕迹，如前面提到了"六受重法"，如果不受"八尊重法"（八敬法）者，女性出家人将不能得戒，要"应现前作白四羯磨"，"羯磨"是忏悔，这是说女性出家要作忏悔方能得戒。这明显地表示了对妇女的歧视。不过，随着社会的进步与妇女地位的提高，在佛门里面针对比丘尼的"八尊重法"基本上被废除了。

《十诵律》在中国最早被译出来，并且曾一度流行在佛教界，但是，一二百年后就不再被中国佛教徒奉行，这既是因为它是小乘律，不适合中国大乘佛教国家的国情，也与它的结构混乱、条理性不够有关，所以《十诵律》的产生与特点是应契当时印度社会情况，是与印度部派佛教有关的律条，中国人对印度佛教的奉行同样也有一个鉴别过程。

二　《十诵律》在汉地的翻译过程

《十诵律》传入汉地后之译出，与龟兹佛教有着重要的关系。卑摩罗叉律师在龟兹弘阐《十诵律》，影响很大，鸠摩罗什也从其学。罗什聪明悟入，对戒学必有深刻认识。僧传载："时什母将什至月氏北山，有一罗汉见而异之，谓其母曰：'常当守护，此沙弥若至三十五不破戒者，当大兴佛法，度无数人，与优波掘多无异。若戒不全，无能为也。'正可才明，携诣法师而已。"[①] 《十诵律》在龟兹的影响伴随着佛教东传进入汉地，直接影响到《十诵律》在江南地区的流行。

道宣说：

---

① （梁）慧皎：《高僧传》卷二，《大正藏》第50册，第330页。

《十诵》凡经三译，一部方全。先明初译多罗，罽宾国人。姚秦时至此土，弘始六年十月七日，秦主请诵出梵本，什公译之，未终，多罗奄逝，故言遇患卒也。

晋下次明续翻。远师栖止庐岳三十余年，传中多有同名，故以处简之。远闻多罗入灭，常慨未备，及流支入秦，乃遣弟子昙邕致书，请什公更出余分。罗什，具云鸠摩罗什，此云童寿，天竺人。弘始三年至长安，秦主礼为国师，广有翻译，盛行于世。流支，西域人，以律学驰名。弘始七年至此土，远亦遣书辟请，遂与什共译，部文已毕，成五十七卷。

至下三明，后翻卑摩，罽宾国人，先在龟兹，弘阐律藏，后至长安，与什相遇，乃讲《十诵》，又出《善诵》四卷，共上，成六十一卷。寿春长安坊，名石磵，乃坊中寺号。

但下示翻，传文体。什公恨言者，临终告众曰：自以昧暗，谬充传译，凡所出经论三百余卷，唯《十诵》一部，未及芟夷，在其本旨，必无差（芟夷谓删治。芟音衫）。①

这是介绍《十诵律》在中原译出的基本情况，详细考证如下：

弗若多罗律师，僧传有载："弗若多罗，此云功德华，罽宾人也。少出家以戒节见称，备通三藏而专精十诵律部，为外国师宗，时人咸谓已阶圣果。以伪秦弘始中，振锡入关。秦上姚兴待以上宾之礼，罗什亦挹其戒范，厚相宗敬。先是经法虽传，律藏未阐，闻多罗既善斯部，咸共思慕。以伪秦弘始六年十月十七日，集义学僧数百余人于长安中寺，延请多罗诵出《十诵》梵本，罗什译为晋文。三分获二，多罗构疾，庵然弃世，众以大业未就而匠人殂往，悲恨之深，有踰常痛。"②"罽宾"是西北印度地区，现在的克什米尔，为说一切有部的基地。弗若多罗为教授《十诵律》的巨匠、外国师宗，他到中国受到官方的热烈欢迎，"多罗既至止，姚兴即召，常安名德六百余僧，延请多罗，憩于中寺"③。但是多罗未通汉文，

---

① （唐）道宣撰，（北宋）元照述《四分律含注戒本疏行宗记》第 1 卷，《卍新续藏经》第 39 册，第 729 页。

② （梁）慧皎：《高僧传》卷二，《大正藏》第 50 册，第 333 页。

③ （隋）费长房：《历代三宝纪》卷八，《大正藏》第 49 册，第 77 页。

虽应众人之请，也无法译成汉语，最后在鸠摩罗什的帮助下，才完成了这项工作，可惜的是他只译出三分之二就圆寂了，致使工作搁置。

继续完成这项译事的是昙摩流支。他是在庐山慧远的要求下，又得到了罗什的帮助后才完成的。僧传载昙摩流支，"此云法乐，[1] 西域人也。弃家入道，偏以律藏驰名。以弘始七年秋，达自关中。初，弗若多罗诵出《十诵》未竟而亡，庐山释慧远闻支既善毗尼，希得究竟律部，乃遣书通好曰：'佛教之兴，先行上国，自分流以来，四百余年。至于沙门德式，所阙尤多。顷西域道士弗若多罗是罽宾人，甚讽《十诵》梵本，有罗什法师通才博见，为之传译。十诵之中文始过半，多罗早丧，中途而寝，不得究竟大业，慨恨良深。传闻仁者赍此经自随，甚欣。所遇冥运之来，岂人事而已耶。想弘道为物，感时而动，叩之有人，必情无所恡。若能为律学之徒，毕此经本，开示梵行，洗其耳目，使始涉之流，不失无上之津，参怀胜业者，日月弥朗，此则慧深德厚，人神同感矣。幸愿垂怀，不乖往意，一二悉诸，道人所具。'流支既得远书及姚兴敦请，乃与什共译《十诵》，都毕。研详考核，条制审定"[2]。虽然昙摩流支在罗什的帮助下完成了《十诵律》的翻译工作，"而什犹恨，文烦未善"。[3] 从罗什角度来看，译文质量还应进一步提高，可惜罗什还没有来得及修改就去世了，这给已经译就的《十诵律》修改带来了难度。

最终完成这项工作的还是罗什的老师卑摩罗叉。卑摩罗叉听说罗什在长安，"又欲使毗尼胜品，复洽东国。于是杖锡流沙，冒险东入。以伪秦弘始八年，达至关中"[4]。罗什在长安接待了罗叉。罗什圆寂后，卑摩罗叉到寿春石涧寺居住，又应众人请求，将罗什已经译过的五十八卷《十诵律》之最后一诵译出，增加为六十一卷，最终完成了《十诵律》译介工作。

《十诵律》是我国佛教界最早译出的佛教律本之一。在此之前，"沙门法显，以义熙二年，从外国还，得《僧祇》《弥沙塞律》二部，止获胡文，未得宣译。义熙九年，有弗若多罗至长安，与童寿共出《十诵律》。

① （隋）费长房：《历代三宝纪》卷八云："秦言法希。"《大正藏》第49册，第77页。
② （梁）慧皎：《高僧传》卷二，《大正藏》第50册，第333页。
③ 同上。
④ 同上。

到十二年，佛陀耶舍与竺佛念①共出《四分律》。其年佛驮跋陀罗，又出《僧祇律》。宋景平元年，沙门佛驮什与智胜，共出《五分律》。余迦叶维一部未传中国。自兹迄今，法流稍广，四部律律学，处处成群，谅足导扬前纵，嗣徽后代，其声业尤著者，并为之传（云云）"②。由此可知，《十诵律》传入中国虽晚于《僧祇》《弥沙塞律》二部律，但它是最早被译出的，故有"于后此土有律，《十诵》为初也"③。或"律仪大备，自此而始"④ 的说法。

《十诵律》在汉地译出，经历曲折，先后有多人参与才最终完成。在此期间，除了来自罽宾的弗若多罗律师、西域的昙摩流支律师做出重大贡献之外，自龟兹来的鸠摩罗什法师是非常重要的人物，整个译经过程就是由他主导的，包括译梵为晋，以及后期加工整理。罗什的老师卑摩罗叉律师对《十诵律》的完善起到过重要作用。这两位来自龟兹的佛学家，对《十诵律》在汉地完译和弘宣功不可没。此外，汉地慧远法师在《十诵律》的续译工作上也起过推动作用，时人曾经指出："故《十诵》一部，具足无阙，晋地获本相传至今，葱外妙典关中胜说，所以来集兹土者，远之力也。"⑤ 正是在中外佛教僧人的努力合作下，《十诵律》开始进入中国佛教界。

三　《十诵律》在江南地区的影响

东晋南北朝时期，正是汉地佛教发展的上升期，佛教发展必将促使戒律学说的需求。由于印度律本尚没有传入中国，中国佛教发展受到牵制，东晋道安为了解决律制问题，曾经自订佛教仪轨，开创佛教中国化的第一个时代。法显大师也正是为了要解决戒律问题，而首创中国僧人到印度取经留学的范例，且是在六十岁以后。慧远是生活在中国南方庐山地区的僧人，罗什是生活在中国北方的僧人，南北两地的僧人都有译律典为汉籍的

---

① 原文为"与佛共出四分律"，现依（唐）《众经目录》卷五改。参见《大正藏》第 55 册，第 140 页。

② 《名僧传抄》卷十九，《卍新续藏经》第 77 册，第 355 页。

③ 《毗尼心》一卷，《大正藏》第 85 册，第 659 页。

④ 本觉编集、刘朝卿校订：《历代编年释氏通鉴》卷三，《卍新续藏经》第 76 册，第 306 页。

⑤ （梁）慧皎：《高僧传》卷六，《大正藏》第 50 册，第 360 页。

要求，后秦统治者姚兴也大力支持佛教界翻译律典，这些举措表明整个中国佛教界，包括居士在内等教内人士对律典的急切诉求，《十诵律》译出恰恰弥补了汉地佛教不足，在律学方面开创出一个新时代。

僧传曰：

> 自大教东传，五部皆度。始弗若多罗诵出《十诵》梵本，罗什译为晋文，未竟，多罗化焉。后昙摩流支又诵出所余，什译都竟。昙无德部佛陀耶舍所翻，即四分律也。摩诃僧祇部及弥沙塞部，并法显得梵本，佛驮跋陀罗译出《僧祇律》。佛驮什译出《弥沙塞》部，即五分律也。迦叶毗部，或言梵本已度，未彼翻译，其《善见摩得勒伽戒因缘》等，亦律之枝属也。虽复诸部皆传，而《十诵》一本，最盛东国。以昔卑摩罗叉律师，本西土元匠，来入关中，及往荆陕，皆宣通《十诵》，盛见宋录。昙猷亲承音旨，僧业继踵，弘化其间。璩俨隐荣等，并祖述猷业，列奇宋代。而皆依文作解，未甚钻研，其后智称律师，竭有深思，凡所披释，并开拓门户，更立科目。①

从龟兹来汉地的卑摩罗叉律师在长安译出《十诵律》后，接着就到了江南去为更多需要戒律知识的人弘宣律法，他"顷之南适江陵，于辛寺夏坐开讲《十诵》，既通汉言，善相领纳，无作妙本，大阐当时，析文求理者，其聚如林，明条知禁者，数亦殷矣。律藏大弘，又之力也"②。为了弘扬《十诵律》，卑摩罗叉律师与他的弟子鸠摩罗什一样，最终圆寂于寿春坊石涧寺，"春秋七十有七。又为人眼青，时人亦号为青眼律师"③。

在汉地南北佛教界人士共同推动下，经卑摩罗叉律师的努力弘扬，《十诵律》在江南掀起了高潮，慧皎法师客观地指出了《十诵律》在汉地译出之后的盛况：

> 大圣迁辉，岁纪绵邈，法僧不坠，其唯律乎。初集律藏，一轨共

---

① （梁）慧皎：《高僧传》卷十一，《大正藏》第50册，第403页。
② （梁）慧皎：《高僧传》卷二，《大正藏》第50册，第333页。
③ 同上。

学，中代异执，五部各分。既分五部，则随师得传。习唯萨婆多部，偏行齐土。盖源起天竺，流化罽宾，前圣后贤，重明迭耀。或德升住地，或道证四果，或显相标瑞，或晦迹同凡，皆秉持律仪，阐扬法化。旧记所载五十三人。① 自兹已后，叡哲继出，并嗣征于在昔，垂轨于当今。季世五众，依斯立教，遗风余烈，炳然可寻。夫荫树者护其本，饮泉者敬其源，宁可服膺玄训，而不记列其人哉。祐幼龄凭法，季瑜知命，仰前觉之弘慈，奉先师之遗德，猥以佣浅，承业《十诵》，讽味讲说，三纪于兹。每披圣文以凝感，望遐路以翘心，遂搜访古今，撰《萨婆多记》，其先传同异则并录，以广闻后贤未绝则制传，以补阙摅其新旧九十余人，使英声与至教永被，懋实共日月惟新。②

这是慧皎为僧祐《十诵义记目录》所作的序，指出弘扬《十诵律》的大师从五十三人发展到九十余人的事实。诵唱《十诵律》的气氛也发生根本变化，"仰惟《十诵》源流，圣贤继踵，师资相承，业盛东夏"③。"是以讲肆之座，环春接冬，禀业之徒，云聚波沓。"④ 就连像僧祐这样的大学问家，也深为《十诵律》所迷，专门撰述了《十诵义记》，认为："僧祐藉法乘缘，少预钻仰，扈锡待莚，二十余载，虽深言远旨，未敢庶几，而章条科目，窃所早习。每服佩思寻，惧有坠失，遂集其旧闻，为《义记》十卷。夫心识难均，意见多绪，窃同刍荛，时缀毫露。辄布其别解，录之言末，盖率其木讷，指序条贯而已。昔少述私记，辞句未整，而好事传写，数本兼行。今删繁补略，以后撰为定，敬述先师之旨。"⑤ 除了僧祐的《义记》之外，当时还有"惠猷著《十诵义记》八卷事"⑥。释智称《十诵义记》八卷等，⑦ 可惜经过岁月沉淀，僧祐的《义记》仅剩

---

① （唐）道宣《律相感通传》云："自晋至唐……寺内僧众兼于主客出万余人，当途讲说者五十三人，得其圣果，各领千僧。余小法师五百余人。《十诵》律师有四十九人得圣果。"《大正藏》第 45 册，第 878 页。

② （梁）僧祐：《出三藏记集杂录》卷九，《大正藏》第 55 册，第 89 页。

③ （梁）僧祐：《出三藏记集杂录》卷十二，《大正藏》第 55 册，第 94 页。

④ 同上。

⑤ 同上。

⑥ （梁）宝唱：《名僧传目录》，《卍新续藏经》第 77 册，第 361 页。

⑦ （梁）慧皎：《高僧传》卷十一，《大正藏》第 50 册，第 402 页。

下目录，其他两本《义记》也寻觅不见。在《高僧传》等佛教史书中，还有一些汉地《十诵律》的传播情况，此不赘述。

总之，《十诵律》自译出后，马上在汉地开始流传，后人总结说："自律藏久分初通东夏，则萨婆多部《十诵》一本最广弘持，寔由青目律师敷扬晋世，庐山慧远赞击成宗，尔后璩、颖分骥而命路，祐、瑗波腾于释门，澄一江淮，无二奉矣。"① 《十诵律》之所以流行于宋齐梁陈的南朝，是因为当时的佛学研讨主要在南方地区。南朝重义理，对《十诵律》的讲学与研究，一度促使《十诵律》成为中国佛教戒律学的主流。《十诵律》的研习与讲说推动了中国汉地佛教律学研究的发展，为未来佛教律学的多样化提供了借鉴，而且江南地区《十诵律》的流传，造成汉地佛教律学的早期格局，有了"律本流行，随方不同。关内《僧祇》，江左《十诵》。《四分》一律，由在藏中"② 之说法。

鸠摩罗什为了能够将《十诵律》译得更加完善，强调要对译本进行加工，这个愿望最终没有完成，成为鸠摩罗什一生翻译佛经三百多部中唯一一部不完美的译本，这是鸠摩罗什永远的遗憾。他对《十诵律》的偏爱，影响了他的学生，如道场寺慧观、释僧业和释慧询等人，他们受鸠摩罗什的影响，终生弘扬学习实践《十诵律》。卑摩罗叉律师的弟子释慧猷颇得乃师的真髓，大明《十诵》，成为宗师。《十诵律》能够传入中国，得益于罽宾弗若多罗律师将梵文底本带入汉地，其翻译大部完成得益于西域的昙摩流支，但是如果没有龟兹的鸠摩罗什与卑摩罗叉两位大师的参与，这部律典不可能完整译出，并且善始善终，特别是离开了鸠摩罗什和卑摩罗叉的推广与弘传，《十诵律》在当时就不会有这么重要的影响，并且吸引一批高僧讲说与研讨，特别是释僧祐，他竭诚宣讲《十诵律》，在他的影响下，统治者争相习律，齐竟陵文宣王萧子良和一批贵族、文人七八百人听其宣讲，六宫受戒，整个江南地区弥漫《十诵》之风，所有这些都与龟兹僧人的努力弘宣是分不开的。

四　余论

历史记载龟兹是小乘佛教国家，《十诵律》是小乘部派佛教说一切有

① （唐）道宣：《续高僧传》卷二十二，《大正藏》第50册，第620页。
② （唐）志鸿：《四分律搜玄录》，《卍新续藏经》第41册，第865页。

部的律典。但这并不是说龟兹只有小乘，因为这是个佛教气氛浓郁的国度，又是西域与汉地佛教连接的中转站，往往是大、小二乘混杂在一起。在龟兹佛教里，应该说大乘佛教的律典也同样流行，鸠摩罗什来华后在汉地译出的经目中，就有大乘菩萨戒的戒本《梵网经》二卷，以及《菩萨戒本》一卷的翻译。

龟兹与汉地一直有着密切的联系，在佛教未传入之前，龟兹已经与汉地有了诸多往来。汉地的佛教一路就是通过龟兹传入的，并以鸠摩罗什为其代表与领军人物。《十诵律》的译出与传播，是鸠摩罗什及其业师卑摩罗叉对中国佛教文化的诸多贡献之一，也是龟兹佛教对汉地佛教的影响之一。实际上龟兹佛教对汉地佛教的影响是全面的，除了《十诵律》以外，在佛教义理、艺术等方面都产生过深刻的影响，特别是通过鸠摩罗什大师的努力，中国佛教理论得到了极大的提升，到现在为止，中国佛教徒日常念诵的七部经典，其中有六部采用的都是鸠摩罗什的译本，这是龟兹佛教徒惠赠给汉地佛教最宝贵的礼物，至今影响着汉地佛教徒的精神生活。

《十诵律》传入与流传的历史，为我们展现了龟兹佛教对汉地佛教的影响，不过，随着佛教律学在汉地研究的深入，《十诵律》渐渐退出了历史舞台，最后被北方流传的《四分律》取代。究其原因，道宣指出：

> 《十诵》三相，正在斯人，或谓为福行罪，功过相补，是又不闻律缘之初禁也。缘修佛堂方制地戒，意在随念附相策心，不惟事业无益之咎，故世思微务静之士，招引寔希；躁扰经营之夫，腾掷者众，粗法易染，妙理难弘，为迷三也。若能依准教行，不越常刑，贤圣所同，寔当弘护。①

看来《十诵律》之所以被后人抛弃，还是在于它的内容过于粗杂，不够条理与精细有关，"粗法易染，妙理难弘"是它真正的致命之处，而"今此神州通行《四分》（关中先用《僧祇》，江表由来《十诵》及行受戒律仪皆多《四分》《羯磨》），即以此律为本，搜括诸部成文，则何事而不详，何义而非决"②。《四分律》之所以被广泛采用，还在于它融合

---

① （唐）道宣：《续高僧传》卷二十二，《大正藏》第 50 册，第 622 页。
② （唐）道宣：《量处轻重仪（谓亡五众物也）本》，《大正藏》第 45 册，第 840 页。

"诸部成文"，切实有用，能解决问题，故得到了诸家的重视，"今则混一唐统，普行《四分》之宗，故得终始受随，义难乖隔，摄护虽广，其源可寻"①。但是也有人认为，《十诵律》与《四分律》各有长短，不可一概而论。如隋朝有一位蒋州奉诚寺释道成，善讲《十诵》；唐代有京兆恒济寺释道成，善说《四分》，"隋成也，精乎《十诵》，著述尤多。唐成也，传乎《四分》，译讲偕妙。然其撰集则开悟迷沦，究其翻传则陶甄教道，譬犹后焰靡及乎，前光似宝，或惭乎真宝，互有长短，用则无遗也"②。而促成这个关键转变的是唐代道岸律师，道岸"以江表多行《十诵律》，东南僧坚执，罔知《四分》。岸请帝墨敕，执行南山律宗。伊宗盛于江淮间者，岸之力也"③。

第三节　四分律与唐代律宗

最早研究四分律的法聪法师是北魏孝文帝（471—499 年在位）时的人。唐《续高僧传》说："自初开律释，师号法聪。元魏孝文北台杨绪，口以传授，时所荣之。"④ 资料记载他最早学习的是僧祇律，但是后来转向四分律的研究，此后终身弘扬四分律，不过他的活动仅限于口授相传，还没有见到文字著作传世。法聪的弟子道覆继承师学，随讲说录，作疏六卷，这是为四分律作疏的开始。道覆虽然开始作疏，但他只是对四分律做了分类与科判的"长科"，⑤ 至于含有新意的"义举"还没有做到，故"斯时释侣道味犹淳，言行相承，随闻奉用，专务栖德，不暇旁求"⑥。

北齐慧光开始对四分律作疏，是四分律研究的一个标志。慧光是少林

---

① （唐）道宣：《续高僧传》卷二十二，《大正藏》第 50 册，第 620 页。
② （北宋）赞宁：《宋高僧传》卷十四，《大正藏》第 50 册，第 791 页。
③ 同上。
④ （唐）道宣：《续高僧传》卷二十二，《大正藏》第 50 册，第 620 页。
⑤ "长科"是佛教里面的一种解释与判别经文的方式，即将佛经里面的原文按意思做类分别，再用问答的形式加以解释。如终南山草堂寺沙门宗密撰《圆觉经大疏释义钞》卷第十二（之上）云："长科七者，若据上所科判，即合且每观分为四段，然后于一二四中，每段复各分二。今恐节级碎分展转，惑于观照之意，故但长科七也。"（《卍新续藏经》第 9 册，第 722 页）嵩岳镇国道场沙门宾作《饰宗义记卷第五本》曰："第二段文，章中科制稍大繁杂。今者不改疏中默文，而作长科，分为十段……科文既竟。释义如章。"（《卍新续藏经》第 42 册，第 122 页）
⑥ （唐）道宣：《续高僧传》卷二十二，《大正藏》第 50 册，第 620 页。

寺佛陀跋陀罗的弟子，跋陀罗欣赏慧光的聪颖，告诉他："若受大戒，宜先听律。律是慧基，非智不奉。若初依经论，必轻戒网，邪见灭法障道之。"① 慧光听从了老师教诲，专心攻律。慧光听了道覆的讲说，作了笔记，又研究了《僧祇律》，自知功力不够，于是到处参学，遇事就拿出笔记下来，再仔细揣摩，终成一大家，"四分一部草创基兹"②。慧光撰写四分律疏开始为十卷本，后来删节为四卷本，一共一百二十纸，后人称为"二度出疏"。③ 慧光为四分律作疏，被"后代引之为义节，并羯磨戒本咸加删定，被于法侣今咸诵之"④。后人称赞"自正道东指，弘匠于世，则以道安为言初，缁素革风广位声教，则慧光抑其次矣"⑤。

慧光之后，佛教界内部形成了注疏四分律的高潮，先后有北齐洪理著抄两卷，昙隐造抄四卷，道乐造抄一卷，洪遵赞疏八卷，道云造疏九卷并抄一卷，道晖造疏七卷，法愿制四部律疏是非抄两卷；隋朝道洪、法胜二律师各出抄，未详卷轴。智首律师造疏二十卷，法励律师造疏十卷，基律师有疏未详，等等。到了隋末唐初，近十八家四分律研究的注疏呈世，这些著作"其间卷轴多小不定，莫非并依律文次第消释也（云云）"⑥。总之，自慧光之后到隋末唐初，整个佛教界内部研究四分律注疏成风，"下及江表、关内河南，蜀部诸余流传者，并具披括，一如义钞"⑦。佛教律学运动的兴起及其成果，为后来唐朝律宗的产生奠定了基础，做了舆论的准备。

一　律宗的产生与发展

经过魏晋以来对《四分律》翻译与注疏研究的运动之后，到了唐代，佛教界人士对《四分律》的研究进入高潮，律宗由律学转入宗派成为必然。唐代道宣法师曾经总结这一时期律学活动曰：

---

① （唐）道宣：《续高僧传》卷二十一，《大正藏》第 50 册，第 607 页。

② 同上。

③ （唐）志鸿：《四分律搜玄录》（《卍新续藏经》第 41 册，第 865 页）亦说"初制疏十卷。后裁为四卷。故云两出"。（宋）元照参见《四分律行事钞资持记上一上（并序）》，《大正藏》第 40 册，第 176 页。

④ （唐）道宣：《续高僧传》卷二十一，《大正藏》第 50 册，第 608 页。

⑤ 同上。

⑥ 同上。

⑦ （唐）道宣：《四分律删繁补阙行事钞序》，《大正藏》第 40 册，第 3 页。

穷其受戒之源，宗归四分。今则随学陈相，不祖先模，抑断是投，妄情斯托。可谓师资训缺，教授无功，亦是愿行道殊，机见互僻，斯之糅杂二百余年。岂不以传通失人，故使颂声流郑，今则混一唐统，普行四分之宗，故得终始受随，义难乖隔。摄护虽广，其源可寻，自初开律，释师号法聪，元魏孝文北台杨绪，口以传授，时所荣之。沙门道覆，即绍聪绪，赞疏六卷，但是长科，至于义举，未闻于世。斯时释侣道味犹淳，言行相承，随闻奉用，专务栖德，不暇旁求。魏末齐初，慧光宅世，宗匠跋陀，师表弘理，再造文疏，广分衢术，学声学望，连布若云峰；行光德光，荣曜齐日月。每一披阐，坐列千僧；竞鼓清言，人分异辩；勒成卷帙，通号命家。然光初禀定宗，后师法律轨仪，大圣征猷具焉，所以世美斯人，行解相冠，诚有徒矣。有云、晖、愿三宗律师，蹑踵传灯，各题声教。云则命初作疏九卷，被时流演，门人备高东夏。晖次出疏略云二轴，要约诚美，蹊径少乖，得在略文，失于开授。然云勇于义宗，谈叙诚博，晖则核切词相，法聚推焉。世谚首尾，信探风骨，汾阳法愿，眄视两家，更开薨穴。制作抄疏，不减于前，弹纠核于律文，是非格于事相，存乎专附，颇滞幽通，化行并塞，故其然也。其余律匠，理洪隐乐，遵深诞等，或陶治郑魏，或开疆燕赵，或导达周秦，或扬尘齐鲁，莫不同师，云术齐驾当时。虽出钞记略可言矣，而导开业关中，盛宗帝里，经律双授，其功可高。于时世尚僧祇，而能间行《四分》，登座引决，共从如流。勍敌每临衔箭而返，然遵一其神志，声色不渝，由是人法归焉，可谓行之及也。智首律师承斯讲授，宗系盛广探索弥深，时属云雷接统传化，学门远被制述全希。岂非博赡百家共师一轨，虽欲厝笔无词可通，属有砺、亮行判烁胜藏兴。或传道于东川，或称言于南服，其中高第无越魏都，制疏乃行，其绪诚少。余则名擅一方，盖无笔记，而复化行难阻，多翳时心，岂不以制在篇初故，陷者恶闻其失。①

道宣法师在这篇总结里面，对律学到律宗的发展做了全面的介绍，二百余

---

① （唐）道宣：《续高僧传》卷二十二，《大正藏》第 50 册，第 620—621 页。

年的律学发展，经历了由口授到注释的发展过程，再由注释到"义举"，则是中国佛教律学的最终完成阶段。在这二百余年间，慧光律师是转折点，"然光初禀定宗，后师法律轨仪，大圣征猷具焉"，慧光注疏虽未"义举"，但是他开了新风，给后来的云、晖、愿三位律师指明了方向，律学的"义举"得以张扬，"义举"成为律宗创宗的催化剂，促成创新的律宗产生。

二　道宣律师生平与佛教文史贡献

按佛教的说法，律宗产生于南北朝，到了唐代一共有九祖，他们是：①法正尊者，即四分律主；②法时尊者，为我国四分律宗之初祖；③法聪尊者，为四分律第二祖；④道覆律师；⑤慧光律师；⑥道云律师；⑦道照律师；⑧智首律师；⑨道宣律师。虽然佛教的五部律典都传入中国，但是在中国主要遵行四分律，道宣律师在陕西终南山建立南山律宗的道场，弘扬四分律，所以律宗的实际创始人是道宣律师。

道宣律师，俗姓钱，丹徒（今江苏常州）人，亦说是长城（今浙江湖州境内）①人。他的祖先是汉顺帝刘保永和年间的广陵太守钱让。②父亲曾经担任陈朝的吏部尚书。道宣受家庭的影响，从小就显出了极强的文学天才，9 岁就能赋诗，15 岁时在慧頵律师的指导下，开始读诵习佛经。16 岁在长安日严道场落发出家。20 岁时修行功夫大有长进，极力护持专精禅定。

隋代皇帝崇奉佛教，大业年中道宣从智首律师受戒，唐高祖李渊武德年间随智首学习律学，自恃才高，刚听讲一遍就发议论，受到慧頵律师的呵斥："夫适遐自迩，因微知章。修舍有时功愿须满，未宜即去，律也。"③这是说，道宣自我膨胀，才知道一点就以为全懂，修行必须要功

---

① 《元和郡县志》卷二十六云："长城县，本汉乌程县地。晋武帝太康三年分其地置长城县。昔阖闾使弟夫概居此，筑城狭而长，因以为名。"（四库全书·地理类·总志之局）

② 《吴兴备志》卷八曰："钱让，字德高，吴郡乌程人。累迁广陵太守，都督九江，诸军事，徐兖二州刺史，封富春侯，食邑五千户，卒年六十二，赠富春公，谥曰哀。天子临吊，哀恸，给兵吏一千人，加威仪，还葬本乡，赐钱十万，黄金百镒，锦被十张与让母赵氏。"（四库全书·地理类·都会郡县之属）据《浙江通志》卷二百三十七载："汉富春公钱让墓，万历《湖州府志》，在县西五里。"（四库全书·地理类·都会郡县之属）

③ （北宋）赞宁：《宋高僧传》卷十四，《大正藏》第 50 册，第 790 页。

到，愿力才能圆满，做不到就重新再来，这是佛律所要求的。于是慧颢律师命他连听二十遍。道宣在长安坐山林，行定慧，后来住在终南山白泉寺，又迁徙崇义精舍，再迁丰德寺，最后居住净业寺。道宣在终南山广结善缘，著名的药物学家道士孙思邈与道宣结为林下之交，每一往来，议论终夕。

　　唐代是开放的年代，佛教在这个环境下得以发展起来。道宣律师是唐代著名的护法者，参与了唐朝很多有名的佛教活动，可说是僧团领导者之一。永徽三年（652）六月，西明寺建成，朝廷下诏道宣任上座。此时唐玄奘法师回到长安，朝廷下诏道宣参与译场工作，与玄奘一起译经。道宣又受朝廷委托，送真身舍利到扶风无忧王寺（现今的法门寺）。唐高宗李治龙朔年间，朝内有一些人上书高宗，要求出家人拜君亲，佛教界起来反对，认为"今若返拜君父乖异群经，便登惊俗之誉，或陈轻毁之望"①。道宣是领导这一活动的首要人物，他几次上书给有关人物，强调"上闻御览布君亲之拜，乃回天眷垂朝议之敕，僧等内省惭惧如灼如焚，相顾失守莫知投厝"②。"自敕被僧徒许隔朝拜……然于父母犹令跪拜，私怀徒惬佛教甚违，若不早有申闻，恐遂同于俗法。"③ 故此事"事理难返，还袭旧津"④。在他和其他出家人的共同坚持下，朝廷最后下诏"敕僧道无得受父母尊长拜"⑤。

　　道宣是一位持律严格的僧人，僧传记载他"三衣皆纻，一食唯菽；行则杖策，坐不倚床；蚤虱从游，居然除受；土木自得，固己亡身"⑥。被认为是"自佛灭后，像法住世，兴发毗尼，唯师一人也"⑦。他持律几

①　（唐）道宣：《广弘明集·大庄严寺僧威秀等上沙门不合拜俗表一首》卷二十五，《大正藏》第 52 册，第 284 页。

②　（唐）道宣：《广弘明集·西明寺僧道宣等上荣国夫人杨氏请论沙门不合拜俗启一首（夫人，帝后之母也。敬崇正化，大建福门，造像书经，架筑相续。入出宫禁，荣问莫加，僧等诣门，致书云尔。）》卷二十五，《大正藏》第 52 册，第 284 页。

③　（唐）道宣：《广弘明集·西明寺僧道宣等上荣国夫人杨氏请论拜事启一首》卷二十五，《大正藏》第 52 册，第 284 页。

④　（唐）道宣：《广弘明集·西明寺僧道宣等上雍州牧沛王论沙门不应拜俗启一首》卷二十五，《大正藏》第 52 册，第 284 页。

⑤　（南宋）志磐：《佛祖统纪》卷三十九，《大正藏》第 49 册，第 367 页。

⑥　（北宋）赞宁：《宋高僧传》卷十四，《大正藏》第 50 册，第 790 页。

⑦　同上。

近完美，据说他对身上虱子的处理办法是，从身上抠出来后，再用棉纸包住，然后扔到地上。来中国的印度僧人善无畏三藏听说这件事后，无不感慨地说，只从他将棉纸扔到地上的声音，就知道这位大律师是如何持戒极严了。道宣持律的声名已经传到印度，善无畏三藏到长安，皇帝接见他，问："自远而来得无劳乎，欲于何方休息？"①善无畏奏曰："在天竺时常闻西明寺宣律师秉持第一，愿往依止焉。"②于是朝廷同意了他的请求。

但是道宣扬名天下还在于他所做的佛教文化工作，他对佛教资料的整理与阐发更是美流天下。道宣在佛教文史学上的贡献也很大。他撰作《续高僧传》三十卷、《释迦方志》二卷、《佛化东渐图赞》一卷、《集古今佛道论衡》四卷、《大唐内典录》十卷、《广弘明集》三十卷和《集神州三宝感通录》（一名《东夏三宝感通记》）三卷、《释迦氏谱》（一名《释迦略谱》）一卷、《圣迹现在图赞》一卷（今佚）、《后集续高僧传》十卷（今佚，一说已羼入于现行的《续高僧传》内）、《法门文记》若干卷（今佚）等，这些著作涵括了佛教的历史、人物、经典、地理、传说，以及儒释道三教，其中《续高僧传》《释迦方志》《集古今佛道论衡》《大唐内典录》和《广弘明集》等数百卷，是佛教文史的名篇，所以他是中国佛教文化最有成就的大师之一。唐智昇法师称赞他有"外博九流，内精三学，戒香芬洁，定水澄奇，存护法城，著述无辍"特点，③给予很高的评价。

道宣律师在文化方面的最大贡献是搜集与整理了大量的历史资料，他撰写的《续高僧传》中国佛教史上第二本高僧的传记，翔实地记载了唐朝高僧情况，是我们了解唐代佛教最重要的窗口。他编纂的《广弘明集》是中国历史上第二本收集了有关三教关系的历史资料集，对了解中国传统思想的发展过程有重要帮助。由于他到四处广泛参学，"居无常师，追千里如咫尺；唯法是务，跨关河如一苇；周游晋魏，披阅累于初闻；愿步江淮，缘构彰于道听"④，故而积累了诸多的素材，深厚的文化底蕴使他创作了中国佛教史上的名篇。他在撰写佛教书籍时态度非常严谨，自述撰写

《续高僧传》时："尝以暇日遍访京贤，名尚不闻何论景行。抚心之痛自积由来，相成之规意言道合。仰托周访务尽搜扬，勿谓繁多致乖弘略。世之三史，卷余四百，尚有师寻，岂喻释门三五帙也。故当微有操行可用师模，即须缀笔更广其类。"[1]"或博咨先达，或取讯行人，或即目舒之，或讨雠集传。南北国史附见徽音，郊郭碑碣旌其懿德，皆撮其志行，举其器略，言约繁简，事通野素，足使绍胤前良，允师后听。始岠梁之初运，终唐贞观十有九年，一百四十四载，包括岳渎历访华夷，正传三百四十人，附见一百六十人……若夫搜擢源派，剖析宪章，组织词令，琢磨行业，则备于后论。更议而引之，必事接恒篇。终成词费，则削同前传。"[2]

唐乾封二年（667）十月三日，道宣律师示寂，年72岁，僧腊五十二，窆于坛谷石室，建塔三所，唐高宗诏令天下寺院图写他的真容奉祀，名匠韩伯通并为塑像，以追念他的道风。懿宗咸通十年（869）十月朝廷敕谥曰澄照，塔曰净光。天宝元年（742）灵昌太守李邕、会昌元年（841）工部郎中严厚本先后为道宣律师写碑颂德。道宣在世，受法传教弟子千百人，亲度者大慈律师，授法者文纲等人。

三　道宣律师与南山律宗

唐代佛教宗派都标榜自己的独特理论或实践，如天台宗以"三谛圆融"、"止观不二"为其特色，禅宗以"直指人心，明心见性"之教外别传而传世；律宗的成立也脱不了这一形式，它是源于对佛教律典的注疏而形成了宗派，道宣律师则是创生这一宗派的人物。

道宣出家跟随慧頵法师。当时佛教界内有两位慧頵，一位是北方的唐京师崇义寺释慧頵，另一位是南方的唐苏州通玄寺释慧頵。道宣跟随的是北方崇义寺的慧頵。北方慧頵，俗姓张氏，清河人，晋永嘉年间避乱到建业，天性通简，风神详正，洽闻博达，砥砺后贤。早年皈依道教，三五秘要，符箓真文，算数、式易、禁劾等法，指掌通晓；旁询庄老，三洞三清，杨子太玄，葛生内诀，莫不镜识根源，究寻支派。后来认为驻采炼形，终期羽化，讨寻至理，若响难追，于是改密诵《法华》，意归佛门。陈太建年间敕度出家，住金陵同泰寺。隋代陈后，至江都华林寺学习

①　（唐）道宣：《续高僧传》卷三十，《大正藏》第 50 册，第 707 页。
②　（唐）道宣：《续高僧传》卷一，《大正藏》第 50 册，第 425 页。

《成实论》。隋开皇末年，慧頵被召到西京日严寺，每日讲乘，通观异部，遍览众传，雠讨旧闻，考定新轨，归宗龙树，弘扬大乘。他的渊博知识与人格得到了诸多僧人的仰慕与尊敬，沙门智首、道岳等人"学穷稽古，架业重霄，饮德钦风，留连信宿。详议法律，删定宪章。欢笑而旋，寻复造展"①。唐武德开始，桂阳长公主造崇义寺，崇仰慧頵戒范，请其居住。律师玄、琬等人经常来此向慧頵请益。唐贞观十一年（637）夏末，慧頵风疾屡增，七月二十六日卒于所住，春秋七十有四。葬于高阳原之西，凿穴处之。后又迁终南山丰德寺东岩，斫石为龛，就铭表德。道宣跟从慧頵十余年，感情很深，他对律学的知识基础，以及后来定下终身研究律学的学术方向，就是来自恩师慧頵对他的培养。他自述：

> 余学年奉侍，岁盈二纪，慈诲温洽，喜怒不形；诲以行纲，曲示纤密；蒸尝御涉，炎凉不卷。初受具后，性爱定门，启陈所请，乃曰："戒净定明，道之次矣。宜先学律，持犯照融，然后可也。"一听律筵，十有余载。因循置句，遂欣祖习。贞观初年，拔思关表，广流闻见，乃跪陈行意，便累余曰："出家为道，任从观化，必事世善，不可离吾。"因而流涕。余勇意闻道，暂往便归，不谓风树易喧，逝川难静，往还十载，遂隐终天。悲哉。②

与慧頵法师相交的智首律师则是道宣律师的另一位重要导师。在律宗史上，智首律师是八祖，道宣律师是九祖，两人有明显的继承关系。道宣在崇义寺时就跟从智首律师学习十余年，他自述："余尝处末座，向经十载，具观盛化，不觉谓之生常初未之钦遇也。乃发愤关表，具觌异徒。"③

释智首，姓皇甫氏，东汉名医皇甫谧后人，因家人做官而迁至漳滨（今河南临漳）。智首幼年就显示了超人的天赋，7 岁离俗，驰誉乡邦。开始投相州（今山西太原）云门寺智旻出家。智旻是僧稠的高足，对禅学很有研究。智首在寺庙学习戒律，"览属遗教，戒为师本。定慧众善，自

---

① （唐）道宣：《续高僧传》卷十四，《大正藏》第 50 册，第 534 页。
② 同上。
③ （唐）道宣：《续高僧传》卷二一二，《大正藏》第 50 册，第 615 页。

此而繁。义理相符，敢违先诰"①。他在戒学方面成就很大，有人向他请教有关律学问题，他随闻弘范，如说修行，"由是五众分骓，莫不就而请诣"②。智旻通过对智首的考察，于智首 22 岁时让他受戒。智首受戒之后走访各地参学，寻访律部，多会其文。道洪律师讲律，七百僧人前往听学，锋颖如林。智首寻文比义，言思超拔，脱颖而出，通冠群宗。他的刚正严明、剖析鞭辟的学风，给大家留下深刻印象。

　　智首律师 30 岁时已经开始讲律。隋代灵裕法师地位显赫，"立教施行取信千载者，裕其一矣"③。灵裕曾被朝廷诏至京城尊为国统，但是他对智首律师尊敬有加，曾经带着缁素听其讲律，在佛教界里传为佳话。隋仁寿中，献后崩，立大禅定道场于西京，以荐冥福，朝廷下诏请智旻前去主持。智首律师随师入寺，专注禅定，更开讲肆，每日处众敷弘，余时寻阅，四年之内考定三藏众经，找出与律相关的词汇，又对前人的疏条过错加以改正，著述了二十一卷的《五部区分钞》。此书内容超过律宗六祖道云的疏抄两倍，教内评论此书："高墉崇映，天网遐张。再敞殊文，统疏异术。群律见翻四百余卷，因循讲解，由来一乱，今并括其同异，定其废立。"④ 智首的律学著作出世，使传到中国六百余年的律学有了进一步系统化，同时也进入统一的时代。在此之前，中国佛教律学是混乱的，"又像季浇漓多轻戒律"，⑤ "传度归戒，多迷体相。五部混而未分，二见纷其交杂，海内受戒，并诵法正之文。至于行护，随相多委，师资相袭，缓急任其去取，轻重互而裁断"⑥。智首"衔慨披栝，往往发蒙，商略古今，具陈人世"⑦。律学经他整理，原有五部律典混开情况开始规范，佛教七众弟子有了统一认识，特别是过去因为受到传译人的影响，各地分别执行不同的律典，如关中地区早前"专尚素奉《僧祇》"，⑧ 洪遵律师创开《四分律》，讲经海律，吸引了不少出家众前往，但是对于印度传来的律

---

① （唐）道宣：《续高僧传》卷二十二，《大正藏》第 50 册，第 614 页。
② 同上。
③ （唐）道宣：《续高僧传》卷九，《大正藏》第 50 册，第 498 页。
④ （唐）道宣：《续高僧传》卷二十二，《大正藏》第 50 册，第 614 页。
⑤ 同上。
⑥ 同上。
⑦ 同上。
⑧ 同上。

典文本以及与之相伴而生的佛教仪轨，仍然没有受到相应的重视，智首律师将原来汉译律典存在的"沈文伏义，亘通古而未弘；硕难巨疑，抑众师之不解"①的情况做了整理，对事开设解答，"标宗控会，释然大观，是由理思淹融，故能统详决矣"②。正是由于他的努力，隋代律学发展很快，洪遵律师也亲自到场听讲，并让其他法师亦听命之，"使夫持律之宾日填堂宇"，③佛教界形成了在中国佛教里持律要以律本为宗、以为法镜的共识，过去律典"随文末纪"的情形最终得到了根本改善。唐初贞观年间佛教律学各部在长安得到极大发展，佛教界人士竞相学习研究，皆赖智首之力矣。智首律师自我总结说：

> 世雄息化，律藏枝分，遂使天竺圣人，随部别释。自佛教东流，年代绵久，西土律论，颇传此方。然此萨婆多即解其十诵，智首宿缘积善，早预缁门，始进戒品，即为毗尼藏学。至于诸律诸论每备披寻，常慨斯论要妙，而文义阙少，乃至江左淮右，爰及关西，诸有藏经，皆亲检阅，悉同雕落罕有具者，虽复求之弥恳，而缘由莫测，每恨残缺，滞于译人。静言思此，恒深悲叹，比奉诏旨，来居禅定。幸逢西蜀宝玄律师，共谈此论，阙义玄言，本乡备有，非意闻之，不胜庆跃，于是殷勤三覆，问其所由，方知此典译在于蜀。若依本翻，有其九卷，往因魏世道武，殄灭法门，乃令兹妙旨，首末零落。遂使四方皆传阙本，其真言圆备，尚蕴成都，智首乃托卭硖行人，并络良信，经涉三周，所愿方果。以皇隋之驭天下二十六载大业二年岁次丙寅冬十二月，躬获此本，传之京邑。智首深愿，流兹觉水，散此慧灯，悟彼学徒，补其法宝，已有一本。附齐州神通寺僧沙禅师，令于海岱之间，诸藏传写，犹恨晋魏燕赵，未获流布，相州静洪律师毗尼匠主，复是智首生年躬蒙训导，今谨附一本，屈传之河朔……④

智首律师在佛教界讲律 30 余年，是隋末唐初佛教律学的新派人物，也是

---

①　（唐）道宣：《续高僧传》卷二十二，《大正藏》第 50 册，第 614 页。

②　同上。

③　同上。

④　（唐）智首：《续萨婆多毗尼毗婆沙序》，《大正藏》第 23 册，第 558 页

唐代律学的权威人士。唐贞观元年（627）有天竺来的僧人持梵本律典拟译成唐文，朝廷下诏搜寻译者，逐处翻传，涉及律宗的部分，都是咨询智首之后而校正的。史称智首"三十余载独步京华，无敢抗衡敷演，所被成匠非一，所以见迹行徒知名唐世者，皆是首之汲引，寔由匡弼之功。而复每升法宇规诫学徒，微涉滥非者为停讲坐，或有堕学者皆召而诲喻，闻者垂泣，无不惩革"①。贞观八年（634），朝廷为纪念太穆皇后，在长安修弘福寺，以智首道素严正，不滥邀延，征召为弘福上座，即总纲任，采擢僧伦。

贞观九年（635）四月二十二日，智首律师在弘福寺圆寂，春秋69岁。他的葬礼是高规格的，首开隋唐僧人国葬之例。朝廷在京城西郊龙首原拨出土地十亩，三百工人修坟，种柏千株。"皇上哀悼，敕令百司供给，丧事所须，务令周备。自隋至唐，僧无国葬，创开模楷，时共重之。"② 出殡之日，素幢充诸街衢，前有诸寺门学竞引，大臣仆射房玄龄、詹事杜正伦并诸公卿亲自到现场哀诉。慕义门学为他立碑于弘福寺门前，右相加光禄大夫、礼部尚书许敬宗亲自为文。道宣总结智首律师的一生成就云："智首律师承斯讲授，宗系盛广探索弥深，时属云雷接统传化，学门远被制述全希。"③ "智首律师德光荣问于帝京者，寔资成赞能扇芳风，自见令达，罕能推挹，如此人矣。故使唐运搜举，岁拔贤良，多是律宗……"④ 又云："初律师弘化终始有闻，博见之举，通古罕例。自讲士交竞，救习昔传，雠勘群宗，多乖名实。非夫积因往世，故得情启天乘。数百年来收宗始定，兼勤于听说，重于行事，随务造仪，皆施箴艾。每于晦望说戒，先具法物，花香交饰，鋈发堂中。预在听徒，合掌跪坐，一众兢竦。终于前事说欲陈净，偏所诫期。每讲出罪，濯诸沈累，故持律之士多往参焉。自终世后，此事便绝。"智首成为中国律学史上博见通古、收宗始定的人物，在他之后，能像他那样信手拈来，博古通今，持律甚严，自成一家的人物，不再复出也。

道宣自述："余忝预道门，早承师训，自慨庸识，暗短冥若，夜游竭

---

① （唐）道宣：《续高僧传》卷二十二，《大正藏》第50册，第614页。
② 同上。
③ 同上。
④ 同上。

愚不已，稍染毫藤，每一事可观辄再详。心首施身口之关钥，识持犯之龟镜，务存至简，逐事省功。恐大本难通，劳而寡效，故制之以限分，遵之以积渐，犹天地二化，始合于自然；齐鲁二变，终臻于至道，若文义俱辨，复非钞者所明。"① 他跟从两位律宗大师学习律学，受益匪浅，得以成为律学一大家。但是他对在此之前律学研究的情况是不满意的，他说："然则前修托于律藏，指事披文而用之，则在文信于实录。而寄缘良有繁滥，加以学非精博，臆说尤多取类寡于讨论。生常异计斯集，致令辨析衅戾轻重倍分，众网维持同异区别，自非统教意之废兴。考诸说之虚实者，孰能辟重疑，遣通累，括部执，诠行相者欤。常恨前代诸师所流遗记，止论文疏废，立问答要抄，至于显行世事，方轨来蒙者，百无一本。时有锐怀行事，而文在义集；或复多列游辞，而逗机未足；或单题羯磨，成相莫宣，依文用之，不辨前事，并言章碎乱，未可披捡，所以寻求者非积学不知，领会者非精炼莫悉。"② 可见，在他看来，过去的律学研究实为肤浅，缺少新意，且多为皮毛，无法深入，耽误了学佛。

四　道宣律师的律学思想

道宣除了在佛教文史方面著作等身，具有重要影响之外，他在律学方面的成就最突出。他住在终南山白泉寺十余年潜心研究律学，心得日进，成果甚多。唐高祖李渊武德九年（626），他撰成《四分律删繁补阙行事钞》三卷（今作十二卷），阐发了他为律学开宗的见解。唐太宗贞观元年（627），撰制《四分律拾毗尼义钞》三卷（今作六卷）。九年（635），入沁部棉上（今山西沁县绵上镇）山中，撰《四分律删补随机羯磨》一卷、《疏》二卷，随后又撰《四分律比丘含注戒本》一卷、《疏》三卷。十一年，在隰州益词谷撰《量处轻重仪》（一作《释门亡物轻重仪》）二卷、《尼注戒本》一卷。十六年，仍入终南山丰德寺，至十九年撰成《比丘尼钞》三卷（今作六卷）。翌年，将所撰《羯磨》一卷增广为二卷，又将《疏》二卷增广为四卷（今作八卷）。永徽二年（651）九月又增订《含注戒本》并《疏》。他所开启的南山宗义的五大部疏钞至此完备。至显庆二年（657）又撰成《释门章服仪》一卷。龙朔元年（661）又撰《释门

---

① （唐）道宣：《四分律比丘尼钞》卷上（并序），《卍新续藏经》第 40 册，第 706 页。

② （唐）道宣：《四分律删繁补阙行事钞序》，《大正藏》第 40 册，第 1 页。

归皈敬仪》一卷。乾封二年（667）二月，他在终南山麓清宫精舍创立戒坛，依他所制的仪轨为诸州沙门二十余人传授具戒。同年他撰有《关中创立戒坛图经》一卷、《律相感通传》一卷。此外他还撰有《释门正行忏悔仪》二卷、《教诫新学比丘行护律仪》一卷、《净心诫观法》二卷等。他自述：

> 余因听采之暇，顾眄群篇，通非属意，俱怀优劣，斐然作命，直笔具舒，包异部诚文，括众经随说，及西土贤圣所遗此方先德文纪，搜驳同异，并皆穷核。长见必录，以辅博知；滥述必剪，用成通意；或繁文以显事用，或略指以类相从；或文断而以义连；或征辞而假来问，如是始终交映，隐显互出，并见行羯磨。诸务是非，导俗正仪；出家杂法，并皆揽为。此宗之一见用，济新学之费功焉，然同我则击其大节，异说则斥其文繁。文繁谁所乐之，良由事不获已。何者？若略减取其梗概，用事恒有不足，必横评不急之言，于钞便成所讳。[①]

他撰写的律学著作，与他撰写的佛教文史著作一样，重视资料的采集，多在新意上予以阐发，又在逻辑上前后贯通，将经中的隐显同时揭示出来，又有戒本的证明，所以他的著作受到佛教界的重视，被奉为圭臬。

作为律学著作大家，他撰写了众多的律学著作，为律学的整理与阐新做了很多的贡献。佛教的理论是以戒定慧三学构织而成，戒是戒律，是佛教徒的行为规定；定是禅定，是佛教徒的宗教实践；慧是理论，是佛教徒的思想指南。三者一体，组成了佛教的理论与实践的体系。他认为："自法王之利见也，将欲清澄二死，翦除三障，所以张大教网，布诸有流。虽复惑累增繁，起惟三业，随业设教，三学兴焉。戒本防非谅符身口，定惟静乱诫约心源，慧取闲邪信明殄惑，三法相假义刑圣量，是故论云，戒如捉贼，定是缚贼，慧如杀贼。贼谓烦惑，不可卒除，功由渐降，故立斯旨，莫非戒具定修，深知障惑，明智观察，了见使缠，我倒既销，诸业不集，推其本也，则净戒为功，举其治也，则正慧为德。"[②] 这是说佛陀创教，就是要众生知道人生有分段生死和变易生死之两种形态，要去除贪嗔

---

① （唐）道宣：《四分律删繁补阙行事钞序》，《大正藏》第40册，第1页。
② （唐）道宣：《续高僧传》卷二十二，《大正藏》第50册，第620页。

痴之三种业障。众生认识颠倒，皆由身口意三业所惑，故唯有因业而设教，践行戒定慧三学焉。戒的目的是预防不正确的认识与行动，规范身口两业；定是治乱，让心得静。慧则去邪，立信辩惑。但从佛教的角度来看，戒定慧三种仍然是假相，最后还要通过最高的正道来证得，所以经论说戒是捉贼，定是缚贼，慧是杀贼。贼是烦惑，需要修习才可卒除，其功用是渐渐修习与证得的过程。所以佛陀立下的宗旨，无非是戒立规矩，定是修习，深知障惑，明智观察，洞见烦恼，我执颠倒不生，诸业不现是智慧，其本质还在于以清净戒行为功用，以正确的智慧为善行来对治烦恼。佛教传入中国，佛教徒知道了戒法，从此戒法在道俗中流布。但是在中国"(佛教)宪章则有具有缺，道人律仪有小有大，所以五戒八戒随量制开，对境无非"①。戒律的分类与判示由其力用而定，即是所谓接俗之化，其条件是在变化的，但对出家者来说，因为出家人不同于俗人，具备了受戒的条件，没有等级之分，大家平等，五众约过，同持一戒，故而"戒者警也，常御在心。知奉法之有人焉"②。

（一）"戒德"思想

道宣律师对律学的研究不仅仅停留在对律典的注疏，他所做的更大贡献是对律学思想提出了一套理论，引导了律学研究的方向，因此受到人们的尊敬。"戒德"是佛教律学里面的一个重要的概念，早在原始佛教时期就已经被使用了。《长阿含经》载："若沙门、婆罗门，精勤修善，戒德具足，久存世者，多所饶益，天人获安。"③ 这里的"戒德"，是指因修善行而在思想上聚足了动力。戒德是修来的，有"功德"之"德"的意思。因为有了戒的动力，功德之德有可能增长，故在"戒德"之后，可以获得很多的福祉，诸事顺利。所以经中又有："彼刹利王七世以来父母真正不为他人所见轻毁，是为成就初法。彼王颜貌端正，刹利种族，是为二法。彼王戒德增盛，智慧具足，是为三法。"④ 戒德的增长，能使智慧也跟着增长，因此戒德在印度文化里面，也是一种因修行而得到的智慧，总之，"戒德"是动态的，是随着人们的智慧与修行而变化的。

---

① （唐）道宣：《广弘明集·诫功篇序》卷二十七，《大正藏》第 52 册，第 304 页。
② 同上。
③ 《佛说长阿含经》卷七，（后秦）佛陀耶舍共竺佛念译，《大正藏》第 1 册，第 46 页。
④ 《佛说长阿含经》卷十五，（后秦）佛陀耶舍共竺佛念译，《大正藏》第 1 册，第 99 页。

在早期佛教里，"戒德"代表着修行的成就。"夫戒之兴，所以防邪检失。禁止四魔，超世之道，非戒不弘。斯乃三乘之津要，万善之窟宅者也。然群生愚惑，安寝冥室，宛转四流，甘履八苦，开恶趣之原，杜归真之路，游游长夜，莫能自觉。时有出家庶几玄微者，徒怀远趣，迷于发足，①是以如来，悼群瞽之无目，睹八难以增哀，开戒德之妙门，示涅槃之正路。"②佛陀设教，就是让人由迷转悟，脱离生死苦海，戒则是这一"超世之道"的必然之路，故戒是"斯乃三乘之津要，万善之窟宅者也"。因佛陀时代出家人不多，佛陀为了众生的解脱，于是说戒，显示戒德之门，示涅槃正路。戒德之称为妙门，就是因为它有"防邪检失"妙用，也是入门之妙处，故显示修行的成就，如："有时得道沙门及神妙天，戒德隆盛，欲自试力，手按少地，则普地动，是为二也。"③这里的"戒德"代表着一种修行的成就或高度，因为有了隆盛的戒德，就能出现超出常人之力，从而得道。所以《四分律》中又有："时耶输伽，有少小同友四人，在波罗棕住。一名无垢，二名善臂，三名满愿，四名伽梵婆提。闻耶输伽在大沙门所修梵行，各念言，此戒德必不虚，修沙门梵行亦不虚。何以故？乃使此族姓子从其受学修梵行。彼族姓子，能于彼修梵行，我等宁可于大沙门所修梵行耶。"④"戒德必不虚"，就是实实在在的名声，代表了耶输伽修行的程度。此外，按照律仪，比丘受戒要有三位出家的比丘证明，方得成立，但如果达不成这样的条件，则戒德也可以作为重要特例，即："若比丘无处受法，乃至得从沙弥尼受，但求持戒德，重人作证明伴，亦得从白夜受法，但不得称阇梨，如是例知。"⑤比丘受戒之后，要寻找有道的高僧作自己的依止师，监督自己的行为，律本规定："依止时当问余比丘，此比丘何似有戒德不？能教诫不。眷属复何似，无有诤讼不？能相教诫不？如是问已，从求依止，与依止者，亦如是。"⑥可知如

---

①　（北宋）元照：《四分律行事钞资持记下一》云："论语云，士不耻恶衣恶食，若耻，不足与议也。刘子云，食足充虚接气，衣足障形御寒等，子俗写倒。发足，谓入道之始。"《大正藏》第40册，第388页。

②　《四分律序》，《大正藏》第22册，第567页。

③　不载译者，附东晋录《般泥洹经》卷上，《大正藏》第1册，第180页。

④　《四分律》卷三十二（二分之十一），（后秦）佛陀耶舍共竺佛念等译，《大正藏》第22册，第790页。

⑤　（唐）道宣：《四分律删繁补阙行事钞》卷中，《大正藏》第40册，第75页。

⑥　《萨婆多部毗尼摩得勒伽》卷六，（南朝宋）僧伽跋摩译，《大正藏》第23册，第599页。

果没有戒德，就连依止师也找不到，佛教对戒德的要求是很高的。同时，佛教在社会兴盛，主要得益于整个社会各界人士的认可，但是没有戒德仅有寺院，是不圆满的。道宣就认为，东晋社会"若能依准教行，不越常刑，贤圣所同，宴当弘护。至如澄寺九百①神道映于赵都远林，②不刊戒德，流于晋世，可龟镜矣"③。后赵佛图澄位登国师，佛教在他的影响下，在赵都建造了近九百所寺院，远近闻名。佛图澄依靠术数符契、神咒、役使鬼物来产生影响，戒德并没有被广为推行，整个东晋时代都没有强调戒德，这也是应引以为戒的。

印度赉来的佛教戒本，提到"戒德"的不多，像《四分律》这样流行的戒本，只有上述一例而已。《摩诃僧祇律》也只有一处，如："若比丘尼有戒德，妇女小儿欲乞破衣段以襀灾者，不得自手与，应遣净人女与。若比丘自手与俗人外道沙门衣者越毗尼罪。若有戒德比丘人，索破袈裟段，欲以襀灾者，应使净人软，不得与大段当与小者，是故世尊说。"④比丘尼与比丘因为拥有很高成就的"戒德"，不能破戒，所以要请人代劳予施，戒德仍然是代表着成就或清净。五部戒中的《根本说一切有部苾刍尼毗奈耶》译者义净是晚唐时人，戒本译出较晚，其曰："缘在室罗伐城，有一苾刍尼，名曰黑色，曾作外道。每恒共诸苾刍尼鬬诤纷扰，常言舍佛法僧，非但此沙门释女持戒德行，情怀质直，纯善梵行，余处亦有如

---

① （梁）慧皎：《高僧传》卷九云："（佛图）澄自说，生处去邺九万余里，弃家入道一百九年。酒不踰齿，过中不食，非戒不履，无欲无求。受业追游，常有数百，前后门徒，几且一万。所历州郡兴立佛寺八百九十三所，弘法之盛莫与先矣。"《大正藏》第 50 册，第 387 页。

② 《四分律》卷五十云："有三亲友象、猕猴、鹦鸟，依一尼拘律树住。彼作是念，我等共住，不应不兴恭敬更相轻慢，宁可推年大小次第尊卑更相恭敬。若年长者，当尊重恭敬供养。作如是法已，依林间共住。猕猴、鹦鸟共问象言，汝忆事近远？象言，我忆小时此尼拘律树，我行时触我脐。象与鹦问猕猴言，汝忆事近远？猕猴答言，我忆小时此尼拘律树举手及头。象语猕猴，汝生年多我。象与猕猴共问鹦言，汝忆事近远。答言，我忆雪山王右面有大尼拘律树，我于彼食果，来此便出，即生此树。彼作是念，鹦生年多我。时象即以猕猴置头上，猕猴以鹦肩上，共游行人间。从村至村，从城至城，而说法言，其有敬长老者，是人能住于法。现世有名誉，将来生善道。尔时鹦说如是法，人皆随顺，法训流布。汝等于我法律中出家，应更相恭敬如是，佛法可得流布。"彦起：《释门归敬仪护法记（并序）》云："远林者，律中鸟云：我忆雪山右面有大尼拘律树，我于彼食果，来此便出，是也。三实时下，行敬事也。"《大正藏》第 22 册，第 940 页。

③ （唐）道宣：《续高僧传》卷二十二，《大正藏》第 50 册，第 622 页。

④ 《摩诃僧祇律》卷三十八，（东晋）佛陀跋陀罗共法显译，《大正藏》第 22 册，第 528 页。

斯善人，我当就彼而修梵行。诸尼以缘白诸苾刍，苾刍白佛，佛告诸尼，应可屏谏。"① 黑色比丘尼"持戒德行"已经是完全中国化的语言了，但是这里的"德"字表示的是持戒情况，并不是说明他的水平有多高。

东晋佛教界人士曾经译过《戒德经》一卷。最早记载这一经名的是隋费长房的经录，云："戒德经一卷（或云戒德香经）　七梦经一卷（旧录云：阿难七梦经）。"② 该经由"孝武帝世，西域沙门竺昙无兰，晋言法正，于杨都谢镇西寺兰取世，要略大部出"③。唐智昇曰："戒德香经一卷（或云戒德经，出增一阿含第十三卷异译。)"④ 另一唐代经目家圆照又曰："诚德香经一卷（或云戒德经）　东晋西域沙门竺昙无兰译。右出增一阿含经第十三卷。地主品异译。"⑤ 现存的《增一阿含经卷》第十三之《地主品》系由东晋罽宾三藏瞿昙僧伽提婆译出，其内容由十个小经组成，讲述了十个小故事，突出供养的意义与灭贪嗔痴等佛教思想。因经中有"世尊告曰：'戒香、闻香、施香。是谓，阿难！有此香种，然复此逆风香，亦顺风香，亦逆顺风香。诸世间所有之香，此三种香最胜、最上，无与等者，无能及者。犹如由牛有酪，由酪有酥，由酥有醍醐，然此醍醐最胜、最上，无与等者，亦不能及。此亦如是，诸所有世间诸香，此三种香最胜、最上，无能及者。'"⑥ 故名《戒香经》。又佛陀说："莫与恶知识从事。所以然者，与愚人从事，无信、无戒、无闻、无智，与善知识从事，便增益诸功德，戒具成就。如是，阿难！当作是学。"⑦ 指出像外道提婆达兜名闻四远，戒德具足，名称悉备，乃能使阿阇世王日来供养，实为荒唐。故强调："告诸比丘：'汝等比丘，莫施此心，贪提婆达兜利养。所以然者，提婆达兜愚人造此三事，身、口、意行，终无惊惧，亦不恐怖，如今提婆达兜愚人，当复尽此诸善功德，如取恶狗鼻坏之，倍复凶恶。提婆达兜愚人亦复如是，受此利养，遂起贡高。是故，诸比丘！亦莫兴意着于利养。设有比丘着于利养，而不获三法。云何为三？所谓贤圣

① 《根本说一切有部苾刍尼毗奈耶》卷六，（唐）义净译，《大正藏》第23册，第937页。
② （隋）费长房：《历代三宝纪》卷七，《大正藏》第49册，第68页。
③ （隋）费长房：《历代三宝纪·译经东晋》卷七，《大正藏》第49册，第70页。
④ （唐）智昇：《开元释教录》卷三，《大正藏》第55册，第613页。
⑤ （唐）圆照：《贞元新定释教目录》卷二十三。
⑥ 《增一阿含经》卷十三，（东晋）瞿昙僧伽提婆译，《大正藏》第2册，第614页。
⑦ 《增一阿含经》卷十三，（东晋）瞿野僧伽提婆译，《大正藏》第2册，第614页。

戒、贤圣三昧、贤圣智慧而不成就。若有比丘不著利养，便获三法。云何为三？所谓贤圣戒、贤圣三昧、贤圣智慧。若欲成此三法，当发善心，不著利养。如是，诸比丘！当作是学。'"① 由此可知，这本《戒德经》实为说供养的事情，与一般所说的"戒德"没有关系。此外，在唐代还有以"戒德"为名的寺院，如："贞观中，洺州宋尚礼者，薄学有神明，好为谲诡诗赋，罢县还贫无食，好乞贷，至邺戒德寺贷粟，数与不还。"②

　　中国僧人对"戒德"使用最多的是在《僧传》里面，这个词组是用来表现高僧品质的。在梁僧祐的《出三藏记集》中有："僧伽跋摩，齐言僧铠，天竺人也。少而弃俗，清峻有戒德，明解律藏，尤精《杂心》。"③ 梁慧皎《高僧传》里有："时蜀江阳寺释普明、长乐寺释道闇，并戒德高。明蔬食诵经，苦节通感。闇学兼内外，尤善谈吐，吴国张裕请为戒师云。"④ "跋澄戒德整峻，虚靖离俗，关中僧众则而象之，后不知所终。"⑤ 僧祐的师父定林寺达法师，"达亦戒德精严，为法门梁栋"⑥。总之，在道宣之前，"戒德"的使用在僧人笔下并不频繁，说明这时僧人们对这一词组的用法是谨慎的，而且这里的"戒德"还是沿用了过去的说法，像僧伽跋摩"清峻有戒德"，释普明、释道闇"并戒德高"等，都说明他们持戒精严具有高超的水平。不唯比丘有戒德，就是比丘尼也同样有戒德，道宣说："洎如来晦迹，慧日潜晖，女人戒德，渐将讹替。逢缘起障，解境生迷，遂有明暗异途，升沈殊趣。故知浮海弃囊，巨壑终为难渡，涉途毁足，长路实不易行，若非精酛，护持戒品，理难牢固。"⑦ 同样，比丘尼在寻找依止师时，也要考察戒德的情况："《伽论》云凡欲依止人者，当好量宜，能长善法者，及问余人，云此比丘尼戒德何似，能教诫否？眷属复何似，无有诤讼否？若都无者，然后依止此律。"⑧

　　到了道宣时，他撰写《僧传》更多使用这一词语，如慧超"戒德内

①　《增一阿含经》卷十三，（东晋）瞿昙僧伽提婆译，《大正藏》第 2 册，第 614 页。
②　（唐）道宣：《续高僧传》卷二十五，《大正藏》第 50 册，第 665 页。
③　（梁）僧祐：《出三藏记集》卷十四，《大正藏》第 55 册，第 104 页。
④　（梁）慧皎：《高僧传》卷一，《大正藏》第 50 册，第 372 页。
⑤　同上书，第 328 页。
⑥　（梁）慧皎：《高僧传》卷十一，《大正藏》第 50 册，第 402 页。
⑦　（唐）道宣：《四分律比丘尼钞》卷上（并序），《卍新续藏》第 40 册，第 706 页。
⑧　（唐）道宣：《四分律比丘尼钞》卷中之上，《卍新续藏》第 40 册，第 734 页。

修，威仪外洁，凡在缁侣，咸禀成训"①。"安成康王萧雅秀钦敬（惠超）戒德，出蕃要请相携于镇，讲发风被远近服叹。"② 昙延"经行宴坐夷险莫二，戒德律仪始终如一"③。昙荣"以隋末凌乱，人百从军，预践兵饥，希全戒德"④。慧满"斯戒德之威，颇难登继"⑤。此外，俗人也有用"戒德"一词，如隋薛道衡《吊延法师亡书》云："法师弱龄舍俗，高蹈尘表；志度恢弘，理识精悟；灵台神宇可仰而不可窥，智海法源可涉而不可测；同夫明镜屡照不疲，譬彼洪钟有来斯应；往逢道丧玄维落纽，栖志幽岩确乎不拔；高位厚礼不能回其虑，严威峻法未足惧其心；经行宴坐夷险莫二，戒德律仪始终如一，圣皇启运，像法重兴，卓谓缁林，蠫为称首。"⑥ 继唐之后的《宋高僧传》也以"戒德"表现僧人的品格，如释玄约，"以戒德之选而预临坛，讲律并《俱舍》共四十余遍"⑦。释傅章，"卜京之南原用荼毗之法，薪尽火灭得舌且不灰，众叹戒德，门人檀信共立塔焉"⑧。

使用"戒德"的表述并不是始于道宣，但是他发挥了这一思想，并将其与中国传统文化更好地结合起来使用。道宣自述：

> 余以贞观二十一有年仲冬，于终南山丰德寺删定戒本。故其序曰，自戒本之行东夏也，曹魏中世法护创传羯磨乃明戒本盍阙，姚秦关辅方译广文，觉明法师首开律部，因出戒本附译传写。高齐御历盛昌佛日，三方释侣二百余万，法上大统总而维之，沙门慧光当时僧望，联班上统摄御是图。以夫，振纽提纲，修整烦惑，非戒不立，非戒不弘，更以义求，纂缉遗逸，重出一本广流于世，则其本首题归敬者是也。隋运并部沙门法愿鄈光所出宗理爽文，后学凭附卒难通允，

---

① （唐）道宣：《续高僧传》卷六。此慧超，姓廉氏，赵郡阳平人。《大正藏》第 50 册，第 468 页。

② （唐）道宣：《续高僧传》卷六。此惠超，姓王，太原人。《大正藏》第 50 册，第 475 页。

③ （唐）道宣：《续高僧传》卷八，《大正藏》第 50 册，第 489 页。

④ （唐）道宣：《续高僧传》卷二十，《大正藏》第 50 册，第 589 页。

⑤ （唐）道宣：《续高僧传》卷二十二，《大正藏》第 50 册，第 489 页。

⑥ （唐）道宣：《广弘明集》卷二十四，《大正藏》第 52 册，第 280 页。

⑦ （北宋）赞宁：《宋高僧传》卷七，《大正藏》第 50 册，第 746 页。

⑧ 同上。

乃准的律部，连写戒心，通被汾晋，最所倾重，则其本首题戒德者是也。参互三本雠校同异，通会皆附正经，摘理义无不可，是以先达晚秀奉而莫遗，意在忘筌，岂惟文绮。世有惰学浮侈之徒，博观未周，随言计执同我，则审难为易，异听则达是言非，比周成俗，卒未惩晓，尝以余景，试为通之。如光所诠，我今说戒，愿之所出，云说木叉及披律解木叉戒也。愿出初戒，则云不还，光所传辞，便言不舍。检律诚释，违愿附光。取意统文，莫非还净。如斯举例，其相可知。若夫，戒德戒宗，诚明定慧，销烦静务，超世超生。初涉问津，会归舟济，非文不启，非义不通。玅识两缘，双祛二执，荡焉无累，纷诤何从。①

道宣在这里回顾了戒学在中国发展的路程。戒本的整理有两个阶段，第一个阶段是从法护到慧光，特别是慧光整理的戒本，首题"归敬者"，表达了对佛陀制律的尊敬。第二个阶段是法愿，首题"戒德者"。从"归敬者"到"戒德者"的表达，这是戒学研究的里程碑，标志着戒学研究的深入与理论化，以及中国化的特点日益明显。道宣在前辈戒学的基础上，将戒德的思想做了进一步的强调，虽然他比较谦虚地说自己是"令余所述，还宗旧辙。芟略繁芜，修补乖竞。辞理无昧，投说有踪"，但是他在文中指出"戒德戒宗，诚明定慧，销烦静务，超世超生"，也就表明了他是接受了"戒德"这一表述，所以他在注疏《四分律》时，于序里的第一句话就用了"夫戒德难思，冠超众象，为五乘之轨导，寔三宝之舟航"的表达，将"戒德"提到了指南与导航的高度。

道宣使用"戒德"以后，这一词组中国式思维成分明显地增加了。中国传统文化一直重视对"德"的使用与宣传，所谓的"德"，就是中国传统哲学里的"道"之载体与之表现，是谓"厚德载物"亦即"通于天地者，德也；行于万物者，道也"②。"形非道不生，生非德不明。存形穷生，立德明道，非至德者邪？"③ 周朝确立了礼制，"德"作为国家的核心

---

① （唐）道宣：《新删定四分僧戒本序》，《卍新续藏》第 39 册，第 262 页。

② 郭庆藩撰，王孝鱼点校，新编诸子集成《庄子集释》卷五上·天地第十二，中华书局 2006，第 404 页。

③ 同上。

价值表现出来，"皇天无亲，惟德是辅"①，皇权不仅来自天，而且还受到了"德"的辅助，是诚信、仁义等一切美好品行的道德范畴。孔子将"德"作为中国伦理道德的核心，"道之以德，齐之以礼，有耻且格"②是王道的原则，恪守道德规范者的"操守"、"品行"，如"功德、品德、德才兼备、德行"具有了实际的意义，特别是儒家将"德"指向内心的情感或者信念，用于人伦，提升了人的本性、品德，"德"也就包括了忠、孝、仁、义、温良、恭敬、谦让等道德的内容。而后来的魏晋南北朝时期道教也对德多有提倡，像葛洪就将"德"解释为"积善立功，慈心于物，恕己及人，乐人之吉，愍人之苦，赒人之急，救人之灾"。③治国之君以及忠臣辅佐则应修道德，积善积德是宗教的一个重要标志，而这个"德"就包括了人的道德水平在内，并且是首先判断这个人的品行的标志，"德行，内外之称，在心为德，施之为行"④。也就是常说的"德行"。

佛家的戒有四种，一威仪戒，二护根戒，三定共戒，四道共戒。僧人持戒，以德行优劣而有不同，"持威仪弱，护根持胜，以制心故，乃至道共为胜"⑤。这种德行在中国佛教里被强调出来，如："二受，即受十戒并具戒。德退德行，容有退者故。"⑥"有德及无德，俱共舍寿命。有德慧命存，并复有名称。无德丧慧命，亦复失名誉。我等诸沙门，以持戒为力。于戒为良田，能生诸功德。生天之梯隥，名称之种子。得圣之桥津，诸利之首目。"⑦道宣认为高僧要有"戒德内修，威仪外洁"，"戒德律仪始终如一"，就是在强调僧人必须要将戒与德高度地统一起来，而且"戒德"是僧人内在的修养，通过它才能显示出僧人的威仪，展示佛教的形象，这已经超越了印度文化所说的"戒德隆盛"的形式化

---

①　（汉）孔代传，（唐）陆德明音义，孔颖达疏《尚书注疏》卷十六，周书序，《十三经注疏》，乾隆四年校刊，武英殿版，第3页。

②　魏何晏集释，（唐）陆德明音义，宋邢昺疏《论语注疏》卷二。为政第二，《十三经注疏》，乾隆四年校刊，武英殿版，第2页。

③　《抱朴子内篇》，王明，新编诸子集成之葛洪《抱朴子内篇校释》（增订本）》卷六，微旨，中华书局1996年版，第126页。

④　《周礼·地官》注，汉郑氏注，唐陆德明音义，贾公彦疏《周礼注疏》卷十四，《十三经注疏》，（清）同治五年重刊，武英殿版，第1页。

⑤　（唐）道宣：《四分律删繁补阙行事钞》卷中。

⑥　（北宋）允堪：《四分律随机羯磨疏正源记》卷五，《卍新续藏》第40册，第849页。

⑦　（唐）道世：《法苑珠林》卷八十二，《大正藏》第53卷，第893页。

表达。戒德之"德"就是法师之师德，道宣说："第十简师德者，此律阿阇梨有五种：一出家阿阇梨，谓依教受十戒者是。二受戒阿阇梨，谓为受具足秉羯磨者是。三教授阿阇梨，谓教授威仪者是。四受经阿阇梨，谓所从受经者是。五依止阿阇梨，谓受依止者是。义云前四通名阿阇梨，今此所明准论依止阇梨以替和尚处，故必须谙究经律，圆解明白，方始得为。《僧祇》云不得辄请依止，须成就五法，一受念，二恭敬，三惭，四愧，五乐住。"①"阿阇梨"是梵文的音译，汉译是亲教师或导师、依止师。道宣提出的五种阿阇梨要"必须谙究经律，圆解明白"，才能称职，而且还要具备受念、恭敬、惭、愧、乐住五法，这"五法"是阿阇梨必备的道德，也是师德。

　　道宣提出律学中要有"戒德"的思想。他说："夫戒德难思，冠超众象，为五乘之轨导，寔三宝之舟航。"② 将"戒德"提到了"冠超众象"的高度，"象"是万物的事象，"戒德"是万物之象的最高，可见"戒德"的地位多么重要，是难以思量的。唐江东杭州华严寺沙门大觉③律师对道宣的话做了具体解释，他说：

　　　　夫戒德者，夫是发语之端也。戒德者，诸经论叹戒文多。戒为万善之因基，当三乘之标首，趣菩提之正道，越生死之良规，是佛法寿命。则行人之方轨，故曰戒德也。言难思者，有其二义。一体难思，二相难思。言体难思者，无作戒体，非色非心。万善初基，三乘正因，故曰体难思。言相难思者，从体起行，行则假相而诠。相周法

---

① （唐）道宣：《四分律比丘尼钞》卷中之上，《卍新续藏》第 40 册，第 734 页。
② （唐）道宣：《四分律删繁补阙行事钞序》，《大正藏》第 40 册，第 2 页。
③ 后学（宋）慧显集，（日本）释戒月在改录《行事钞诸家记标目》中云："四分律钞批（一作《华严记》）十四卷，右一部唐杭州华严寺大觉律师述。"（《卍新续藏》第 44 册，第 304 页）。可知大觉是唐代的人，但其生平资料已经不知，华严寺是唐代杭州著名寺院，也是南方的律学研究基地，曾经出过很多有名的僧人，如"道光，姓褚氏，喻龀出家，方冠受具，诣光州和尚，学通毗尼。于时夏浅德崇坛场属望，盖天赉真士为东南义虎"（赞宁《宋高僧传》卷十四，《大正藏》第 50 册，第 797 页）。"朗然，俗姓魏。世袭冠冕，其先随东晋南渡，则为南徐人也。开元中入道，受业于丹阳开元寺齐大师。天宝初受具于杭州华严寺光律师。后徙灵隐寺依远律师，通四分律钞，重禀越州昙一律师精研律部，讲训生徒，四远响应"（《宋高僧传》卷十五，《大正藏》第 50 册，第 800 页）。"释玄览。姓褚氏。其先河南人也。食菜于钱塘，因是家焉。览诞膺明德，生而悬解，深达实相，以崇善本"（《宋高僧传》卷二十六，《大正藏》第 50 册，第 875 页）。

界，亘尘沙境，一一境上发诸律仪，弥亘既宽，故曰相难思。冠超众
像者，此正叹戒尊高，借喻首饰。冠是人首严也，衣服等诸相，人身
上饰具，如冠居衣服等众像最上。今此戒居定慧等万善上首，故喻以
冠。众像者是定慧等万善也。戒能生定慧，定慧所依故。德超二学，
故曰冠超众像。为五乘轨导者，为训作也。三乘并人天为五乘。轨者
则也，正训辙也，导者引也。今此明戒正是五乘之本，能持则出离三
途，得人天乘三乘之果，故曰尔。寔三宝舟航者，寔由实也，止也，
是也，亦取其是义，明戒能运载行人，度生死大海，至三乘圣位。喻
之如船，舟是船之总名，航是舟之别称，此正明众生沉沦于欲海，取
济无由。佛示以三宝，令其归仰，乘戒舟而迥济，截爱海之溶流，故
曰也。依教建修定慧之功莫等者，谓若能依此律教，建立修行，定慧
方从此生也。戒则居先，功高定慧，故曰莫等，所以《遗教经》云：
依因此戒得生诸禅定及灭苦智慧也。推功归本，故言莫等也。住持佛
法群籍息唱者，住持佛法，非戒不能，故文云，毗尼藏者，佛法寿
命，毗尼藏住，佛法方住也。群籍者，余二藏也。①

道宣在西北长安终南山著述立说，大觉律师在南方杭州对他的戒德学说作
注疏。大觉对道宣的律学持折中的态度，史载"抗（应为'杭'——引
者案）州花严寺大觉律师、杭州灵隐寺弁常律师、常州兴宁寺义宣律师，
文云折中者是"②。大觉律师不仅对道宣的话做了字义上的解释，而且还
有一定程度的深入发挥，如他认为，经论中谈戒文多，对"戒德"的论
述太少，固然戒很重要，是"万善之因基""三乘之标首""趣菩提之正
道""越生死之良规"，被看作"佛法寿命"，但这只是戒的根本所在，具
体的做法则来自"戒德"的指导，所以戒德是"则行人之方轨"。对
"思"之一字，大觉做了戒体与戒相的解读，认为"戒体"是无作戒之
体，是"非色非心"的超越之体，万善之本源。"从体起行"，则有相而
起，但为假相。相就是无差别之法界，囊括了宇宙，故难思量。他还特意
强调，"德超二学，故曰冠超众像"，把"德"单独提出来讲说，并作为

---

① （唐）大觉：《四分律钞批》卷二本，《卍新续藏》第42册，第611页。
② （唐）志鸿：《搜玄录解四分律删繁补阙行事钞录》卷一，《卍新续藏》第41册，第833
页。

最高层次的表述，这是引入了中国哲学传统中"德"的思想，故有重要意义。大觉律师对"戒德"做了发挥，引向了哲学思考的领域，这是对道宣的律学理论的深入，提升了戒学的思维高度。大觉律师在其他地方也对"戒德"多有论述，如大觉说："四未信者令信，谓戒德内充，外生物善。发人信敬，堪为师范。冯之以度世，是以未出家者，信乐出家，从其出家。"① 佛教强调信仰，认为"信为道源功德母"②，在佛教的基础理论里面就有"八正道"之"正信"一说，所谓"正信"就是指坚持正确的信仰，大觉提出信仰要以"戒德"作为内在的充实，再加上外在的起善，最后让人发敬，这个思考的逻辑较好地揭示了"德"在戒学里面的重要地位，也是中国传统文化与佛教戒学的最好结合。大觉又说："第一从初戒德难思下至群籍息唱来，明其三学相形，优劣不等义。第二从大师在世下至同异区别来，明其师资传法，兴替所由义。第三从自非统教意之废兴下，明其除疑决滞撰结今文，谓正序此钞之意义也。于此三段之中更分为二。从初至遗风无替来明其是，二从逮于像季下则明其非，两段不同，今即是初。"③ 这仍是在诠解道宣的说法，指出道宣的四分律注疏序中，一是分出戒定慧三学的优劣。二是明确了南山律宗的传承与兴替。三是道宣作疏抄所在。总之，道宣作疏抄就是要说明佛陀制戒的"是"与佛教发展到像季时戒律所起到的"非"的作用，故大觉认为："捡察身口等者，即防身口七非，此名戒也。言威仪之行者，上捡察身口，能防名戒。其相是粗，今则于微细威仪，行住坐卧四仪可观，故曰威仪之行。克志专崇高慕前圣者，克由能也。明诸佛罗汉并此戒，能得出离生死，因兹戒德降魔成道。我亦劾之，故曰高慕前圣也。持心后起义顺于前者，此明前要心受时誓持不犯。今已受后，能顺前期，不违本心，故曰义顺于前也。"④ 戒是防止身口行为异常的规范，这只是"粗"，即是表面的形式；戒是僧侣威仪的表现，这是"细"，亦即是深入的内在气质，出家人就是要"高慕前圣"，追求佛、罗汉出离生死的境界，也是"儒书亦云，见贤思齐，意亦同此"⑤。其中"心"是最重要的，只有内心坚守"誓持不犯"，才能

---

① （唐）大觉：《四分律钞讲前加行方便》卷一，《卍新续藏》第 42 册，第 606 页。
② （唐）实叉难陀译：《大方广佛华严经》卷十四，《大正藏》第 10 册，第 72 页。
③ （唐）大觉：《四分律钞讲前加行方便》卷一，《卍新续藏》第 42 册，第 611 页。
④ （唐）大觉：《四分律钞讲前加行方便》卷一，《卍新续藏》第 42 册，第 626 页。
⑤ （后唐）景霄：《四分律钞简正记》卷五，《卍新续藏》第 43 册，第 79 页。

取得功德。"戒德"在这里具有"降魔成道"的意义，"魔"是指心散乱不能持守戒，"道"是追求的最高目标与境界，大觉律师较好地将内在的心与外在的行为统一在"戒德"之下，这也是"谓不犯一切戒者，由有方便作护持之心，能对境不染也"①之意义所在。

道宣的后人，宋代律师元照在解释道宣的话时则说：

> 戒德即所叹之法，难思乃能叹之词。戒有四义，法体行相。今从总相，唯叹戒法。所以不云难议者，以心思切近，口议疏远，思之既难，必非可议。或可句局，理必兼之。冠下一句，显上难思之义。既超象外，无物可比，故非凡小心力所及。冠字去呼，谓束载也。冠为首饰，取高出之义。象谓世间，诸所有物。问：轨导舟航岂非象耶？答：经律叹戒，举象虽多，但得少义，未可全同。此中略举二物，少喻戒功。轨导即车辙，明其发趣也。舟航取其运载也。又标宗云是汝大师，以能轨物也。或如人足能有所至也，或云大地生成住持也。道品楼柱，圣道所依也。禅定城郭，定慧所凭也。乃至如池如镜，如缨络，如头如器。又《智论》中如重宝，如命，如鸟翅，如船等，寻之可知。又《篇聚》中先明戒护，具列八喻，如王子，如月光，如如意珠，如王一子，如人一目，如贫资粮，如王好国，如病良药。又戒本序如海无涯，如宝无厌。僧祇戒本如猿猴锁，如马辔勒，广在经律，不复繁引。良以戒德高广，故非一物可喻。遍举诸象，各得一端。不能全似，故云冠超也。五乘者，人、天、声闻、辟支及佛能乘人也，五戒十善、谛缘六度所乘法也。乘此法者，必由奉戒，故以戒法通为轨导也。常途如此。②

元照法师逐字地解释了道宣的话，指出了戒法"以心思切近，口议疏远"，戒德有"既超象外，无物可比，故非凡小心力所及"的高广特点，它超越一切，唯圣人所具，众生的小心力所不能及，"故非一物可喻。遍举诸象，各得一端。不能全似"，故而"戒德难思"，是为"所叹之法"，成为"轨导"和"舟航"。道宣进一步指出：

---

① （唐）大觉：《四分律钞批》卷三本，《卍新续藏》第42册，第667页。
② （北宋）元照：《四分律行事钞资持记上一上（并序）》，《大正藏》第40册，第160页。

夫群生所以久流转生死海者，良由无戒德之舟楫者也。若乘戒舟，鼓以慈棹，而不能横截风涛远登彼岸者，无此理也。故正教虽多，一戒而为行本，其由出必由户，何莫由斯戒矣。是以创起道意，先识斯门，于诸心境筹度怀行。其状如何？故论云，夫受戒者慈悲为务，于三千界内万亿日月，上至非想，下及无间，所有生类并起慈心，不行杀害，或尽形命，或至成佛。长时类通，统周法界，此一念善，功满虚空，其德难量。惟佛知际，不杀既尔。余业例然。由斯戒德故能远大，所以上天下地幽显圣贤，莫不凭祖此缘用为基趾。经不云乎，戒如大地，生成住持。出有心发，是曰生也。圣道良资，是曰成也。法延六万，是曰住也。保任三业，是曰持也。诸余善法盖阙此功，有入此门，便称圣种。乖斯妄立，是谓凡流，长没苦海，出济无日。①

佛教认为，众生生活的世界是此岸的五浊世界，修行得道之后是彼岸的解脱世界，连接此岸与彼岸要靠舟船摆渡。道宣认为，"戒德"就是度众生解脱的舟船，亦称"戒舟"。众生都能乘坐戒舟，在慈风吹拂下，到达彼岸世界。"戒"是基础，如同大地，为佛法的住世提供了条件。但是这种条件的起点是来自佛教的慈心与善心，所以受戒者"慈悲为务"，以心为媒，促成圣贤，由此而生的受戒者，所得到的功德是不可限量的，这种远大的戒德，能"上天下地，幽显圣贤"，所以"莫不凭祖此缘用为基趾"。所有善法依靠的都是这个戒德，能够进入此门者，就是圣种。与此相悖者，就是凡夫，永无出头之日。佛教虽然派系众多，但都以戒为本，这就如同出家之人，必有其家，皆由戒所定。故欲要出家修道，首先就要识得戒门，"于诸心境筹度怀行"，亦即在心境上把握而修行，道宣提出了持戒心分三品的思想。道宣说："心有浓淡故，心分三品不妨。本受是下品心，故《杂心》云，罗汉有下品戒，年少比丘上品戒……但心随境起故，今广论令知戒德之高广，亦使持者有勇励。"② 这是说，因心的摄受不同，而出现了上中下三心，也就随之有上中下三品戒之不同。"下品持戒生人中。中品持戒生天上。上品持戒得至佛道。"③ 持心受戒重在发心，发上

---

① （唐）道宣：《广弘明集诚功篇序》卷二十七，《大正藏》第 52 册，第 303 页。

② （唐）道宣：《四分律删繁补阙行事钞》卷中，《大正藏》第 40 册，第 53 页。

③ （唐）大觉：《四分律钞批》卷七本，《大正藏》第 42 册，第 813 页。

品心者得上品戒，发下品心者得下品戒。有人因发下品心虽然到了罗汉果位，但仍是下品戒。年轻人因发上品心，得上品戒。所以发心的不同取决于得戒的不同，这就是"但心随境起故"，或是"一品心因，始终定也"①。而戒德也随着不同的心品发挥着高深作用。如发戒心有能缘心、所缘境、发戒、防非者等四种现象，亦称"随戒释相"。它们都与心有重要的关系，而且讲的都是现在或此刻。能缘心是"念念虽谢，即后念起时，前念谢也"② 之 "现在相续心中缘"③ 的戒生因；所缘境是通达三世之境，为三世而发之戒。"如怨家境虽过去，得起恶心斩截死尸，现在怨家子有可坏义，未来诸境可以准知。"④ 发戒是"谓能发之心，发得戒善者。但是现在心中，能发也"⑤，所以它是"现在相续心中得"。防非者是"但防过去未来非，现在无非可防"。随戒释相与一般的事物不一样，因为以念念之心相续而缘而得，心通三世，戒亦通三世，而戒的特点是"要必普周，若作偏局一向不合"，所以道宣转述《善生经》的话："大地无边，戒亦无边。草木无量，戒亦无量。虚空大海，戒德高深。亦复如是。"以此文证，理通法界，戒德高大深广。"法界之中情与非情，各得诸戒，无量无边，故《善生》中五种为量，众生、大地、草木、大海及以处空，譬戒德量，如前分雪。"比丘的基本戒条是二百多戒，比丘尼的基本戒条是九十九

① （唐）大觉：《四分律钞批》卷七本。（《卍新续藏》第42册，第809页）本书又云："罗汉有下品戒者，此言证上受中。一品心因，始终定也。案《心论》第四颂云，受别解脱戒，当知从他教，随心下中上，得三品律仪。解云，受别解脱戒，当知从他教，得如白四羯磨受具足及善来、边地五人，中国十人三皈等，皆从他得也。问：何等种得律仪？答：随心下中上，得三品律仪。云何三品？若下心受别解脱戒，彼得下戒，下心果故。若极方便得善，离于三界，欲种三乘种子众生，种类相续，彼犹下品随转。若中心受戒，得中品律仪，若极方便行善，若不舍戒，作诸恶行，彼由中品随转。若增上心受戒，得上律仪，乃至种类相续，犹增上随转。或有年少比丘，得增上律仪，虽复阿罗汉，成就下戒（上言种类相续者，谓一报形相续未终已前也，此自意耳）。立问：罗汉修道出三界，烦恼都尽，何故戒仍下品？答由在凡时，下品受戒，后虽精懃得果，据本戒仍下品。以戒酬，本一品心，因定故也。言年少比丘上品戒者，立谓，诸新受戒人，为年少也。此人当时受戒，发上品心故也。故《心论》第四云，虽复阿罗汉，犹成就下戒。《婆沙》百一十七问：颇有新学苾刍，成就上品律仪，而阿罗汉成就下品律仪耶？答：有谓有新学苾刍，以上品心，起有表业，受诸律仪。有阿罗汉以下品心，起有表业，受诸律仪是也。"（《卍新续藏》第42册，第809页）
② （北宋）允堪：《四分律随机羯磨疏正源记》卷七，《卍新续藏》第40册，第874页。
③ （北宋）道宣：《四分律删繁补阙行事钞》卷中，《大正藏》第40册，第53页。
④ 同上。
⑤ （唐）大觉：《四分律钞批》卷七本，《卍新续藏》第42册，第736页。

戒，一共加起来是四百二十戒。但是按佛教的说法，每一戒有摄僧的十种功德，每一功德又生十种正行，一戒就会有百戒，所以四百二十戒就变成四万二千戒，成为恒河的洪流，故"四万二千学处一时并起，无一戒不生，故称无愿。据斯以求戒德恒流"。戒德的恒流，给众生道德提供了规范，也让出家人有规矩可循，就像"于三千大千世界，下至阿鼻，上至非想，于一切众生上，可杀不可杀，乃至可欺不可欺。此一一众生乃至如来有命之类，以三因缘一一得戒。又以此推，出家僧尼及下三众奉戒德瓶，行遵圣迹，位高人天。良由于此，端拱自守福德恒流故"①。"戒德瓶"是个譬喻，以此来说明戒与人之关系。"奉戒德瓶等者，瓶喻戒也。瓶若完全，堪盛未面。戒若完具，能集众善功德也。案《智论》云，持戒之人所愿皆得，天人涅槃，无事不得。破戒之人，一切皆失。譬如有人，常供养天，其人贫穷，一心供养，满十二年，求索富贵，天愍此人，自现其身。问求何等？答求富贵。天与一器，名曰德瓶。而语之言，所须之物，从此瓶出。其人得已，随意所欲，无所不得，造作屋舍，七宝具足，供养宾客。客问汝先贫穷，今日何尔？具答所由，并将瓶出示客。其人憍逸，立瓶上舞，瓶即破坏，一切众物，亦一时灭。持戒之人，亦复如是。种种妙乐，无愿不得，若人破戒，憍恣自恣，亦如彼人，破瓶失物。"② 戒积功德，瓶乃满愿，瓶破戒失，功德亦无，这则譬喻形象地说明了戒德的重要意义，只有拥有戒德的时候，才能克期取证，以超克圣，做到"出家僧尼及下三众奉戒德瓶，行遵圣迹，位高人天"，福德恒流遍及众生人间。

　　道宣指出：

---

① （唐）道宣：《四分律删繁补阙行事钞》卷中，《大正藏》第 40 册，第 53 页。

② （唐）大觉：《四分律钞批》卷七本（《卍新续藏》第 42 册，第 813 页）。景霄：《四分律钞简正记》卷九亦云："奉戒德瓶者，准《智论》。尸罗度中，明持戒人所要。皆获破戒之者，一切皆失故。举喻云：譬如有人常供养天帝，其人贫穷，一心供养，满十二年，求乞富贵。天帝敏之，自现其身，问求何事？彼具述所求。天帝遂与一器，号曰德瓶。即语之言，所须之物，从此瓶出。其人得已，随意所欲，无所不得。造作屋舍，七宝具足。乃会亲宾。亲宾问曰：汝先贫穷，今日何得臣富？彼乃具答其由，兼将德瓶出示其客。其人憍逸，立瓶上舞，瓶则破坏，所有财物，一时都失。今将戒喻瓶，虚空大地情非情，一切境上，皆遍发戒于一戒上。招生十利功德，于一一功德上。复有十种，正行因戒而生故，将其戒因之为瓶，瓶中能感无量功德。若人奉此戒瓶，欲求人、天、沙门、释、梵、缘觉、声闻乃至如来，无不如意。若人德戒不护，如彼瓶破失，诸功德则也。圣迹者，三乘圣人，皆持禁戒。今受能持乃至遵圣迹。迹谓教迹等（云云）。"《卍新续藏》第 43 册，第 252 页。

　　天道无亲，惟仁是与。若出家之人观空无常，厌离生死行出世法，是则为内，乖此为外。在家之人归崇三宝，持戒修善奉行礼义，是则为内，乖此为外。今内外道俗，共知内美之称由心，外恶之名在行，岂得不舍外恶，勤修内善。若欲修行先自克责，当知求进是假名，退检是实法。欲涉千里者，必里粮卫足而致也。欲升彼岸者，必聚智粮，具戒足而登也。所以能果者，实由退检觉察校试轻重，故能却断无明退截老死。愚暗灭则慧光发，四相迁则戒德显，故知廉退者进之兆也，贪进者退之萌也。夫求而获者，虚则宝爱情深，故有倾危堕坠之苦。此外道之法也。退而获者，实则意无染恋，故得常安涅槃之乐，斯佛道之法也。今者但应退检不及以自责躬，若志求进必损我伤物，退察检失则彼我兼利，当知克责心口，是八正之路；检察身行，是解脱之踪。是故如上善自克责，则无善而不归也。[①]

　　"天道为亲，惟仁是与"，这是中国传统儒家思想，因为上天之道是没有亲疏分别的，只以"仁"来作为判断标准。孔子认为，天下归仁焉，"仁"是最高的道德原则、道德标准和道德境界。孔子以"仁"为核心的伦理思想结构包括孝、弟（悌）、忠、恕、礼、知、勇、恭、宽、信、敏、惠等内容。其中孝悌是仁的基础，是仁学思想体系的基本支柱之一。佛教出家之人与世俗之人不同之处在于出世，以"观空无常，厌离生死"为己任。但是出家人与在家人有一个共同点，就是"共知内美之称由心，外恶之名在行"，也就是说内美之心是众生共同追求的理想，而这个"内美之心"落实到了"心"的上面，就把原来只是作为行为规范的戒相提高到心性的层面，与中国传统哲学里面提到的道德伦理的思想较好地结合起来。道宣又指出"四相迁则戒德显"，"四相"指佛教里所说的诸法生灭变迁之生、住、异、灭的四种情况，属于佛教的心不相应行法，这是不以人的意志为转移的客观存在。戒德是动态的，在善增进时，恶就自动后退，这一进一退实际上就是显示了戒德的作用。善进恶退代表了戒德的增长与显示，正如"愚暗灭则慧光发"一样，所以戒德有增进道德的作用，这也是坚持了印度文化的传统。道宣说："从前发心以来，知至德可归。检校克责灭诸恶门，疑惑既遣惭愧续修。劝奖兼行戒德又显，得舍如是之

---

　　①　（唐）道宣：《广弘明集诫功篇序》卷二十七，《大正藏》第52册，第309页。

罪障。餐听若斯之胜法，岂得不踊跃欢喜嗟抃自庆者乎。"① "至德"是指最美好的品德和最精要的道理，儒家说："先王有至德要道，以顺天下，民用和睦，上下无怨。"② 佛教的"至德"就是最高的解脱之道，佛教徒就是要实践"八正道"，③ "功由渐降故立斯旨，莫非戒具定修深知障惑。明智观察了见使缠，我倒既销诸业不集。推其本也，则净戒为功。举其治也，则正慧为德，经美能生，岂不然矣。是使五乘方驾于戒道，众圣肩随于行衢，乘福佑于四生，广绍隆于万载，非夫戒德何以懋哉"④。在佛教戒定慧三学中，慧是了见烦恼去我执，这是思想上的认识，因有净戒而有功效，故戒是其本；又因正确的智慧是德行，通过戒之"美"而得，故德是其治，本与治的结合，就是"戒德"，所以戒之"美"，可使佛法"乘福佑于四生，广绍隆于万载"。劝奖兼行生出美，既显戒德，因善心而有善行，就实现了"当知克责心口，是八正之路；检察身行，是解脱之踪"之两者心行统一的关系，"善"成为佛教戒德的基础，又与儒家主张的"礼"做了区别，并且突出了心性的作用，将德行引入戒学。佛教的目的就是要取得最后的解脱，戒德就是取得解脱之路，特别是克期取证的有力帮助，故经云："三解脱义者，近而彰名，随分果也。谓身口七非，犯缘非一。各各防护，随相解脱。远取戒德，因戒克圣。⑤ 望彼绝累，由遵戒本。故律云，除结无罣碍，缚着由此解。"⑥

---

①　（唐）道宣：《广弘明集诫功篇序》卷二十七，《大正藏》第 52 册，第 316 页。

②　（唐）李隆基注，（宋）邢昺疏，金良年整理，十三经注疏之《孝经注疏》，上海古籍出版社 2009 年版，第 3 页。

③　八正道亦称八支正道、八支圣道或八圣道，是佛教提出的达到佛教最高理想境地（涅槃）的八种方法和途径：（1）正见：正确的见解，亦即坚持佛教四谛的真理。（2）正思维：又称正志，即根据四谛的真理进行思维、分别。（3）正语：即说话要符合佛陀的教导，不说妄语、绮语、恶口、两舌等违背佛陀教导的话。（4）正业：正确的行为。一切行为都要符合佛陀的教导，不作杀生、偷盗、邪淫等恶行。（5）正命：过符合佛陀教导的正当生活。（6）正方便：又称正精进，即毫不懈怠地修行佛法，以达到涅槃的理想境地。（7）正念：念念不忘四谛真理。（8）正定：专心致志地修习佛教禅定，于内心静观四谛真理，以进入清净无漏的境界。

④　（唐）道宣：《续高僧传》卷二十二，《大正藏》第 50 册，第 620 页。

⑤　（唐）道宣：《广弘明集》卷二十五曰："国主频婆父王净饭，昔之斯等咸已克圣，专修信顺每事归依，纵见凡僧还想崇佛。不以跪亲为孝，许非不孝之罪。不以拜君为敬，岂是不敬之愆。所法自殊，所法已别，体无混杂，制从于此。是谓第六服不可乱者也。"（《大正藏》第 52 册，第 282 页）

⑥　（唐）道宣：《四分律删繁补阙行事钞》卷中，《大正藏》第 40 册，第 51 页。

佛教"自法移东夏，千龄过半，在魏嘉平方闻戒法。自尔迄今，道俗流布。然大圣垂教知机厥先，故使俗士宪章则有具有缺，道人律仪有小有大，所以五戒八戒随量制开，对境无非。戒科约分，任其力用，是谓接俗之化，不可定其时缘。出家据道，异于俗流，备足时缘，无开阶级"①。戒德作为中国佛教戒律思想的道德规范，对佛教的发展产生过积极影响，强调以善为目的之"随戒释相"的戒德，实际上就是加强调僧人修行的境界与成就，将中国传统文化的"德行"的概念引入了佛教戒学，使戒学与中国传统文化做了更好的适应。道宣提出戒德也随着不同的心品发挥着高深的作用，是大乘佛教主张的心性思想的进一步运用。稍晚于道宣的唐定宾律师也指出"一切律中戒经为最，三学居初生余学故最含四义，一者势摧破戒。二者纳恒沙德，以持戒人身器清净，是故容纳世、出世间种种功德。三者乐如清凉。四者戒德无量"②。特别是到了宋代，在三教合一思潮影响下，佛教的戒德思想被强化与进一步深化，继道宣之后的佛教门人更是发扬了道宣的戒德思想。如天台宗匠四明知礼提出："但吾宗有五德者，无择迩遐，吾将授以居之，后后之谋，莫不咸然。五德者，一曰旧学天台，勿事兼讲。二曰研精覃思，远于浮伪。三曰戒德有闻，正己待物。四曰克远荣誉，不屈吾道。五曰辞辩兼美，敏于将导。何哉？兼讲则畔吾所嘱，浮伪则误于有传，戒德则光乎化道，远誉则固其至业，然后辩以畅义，导以得人。五者宁使有加，设若不及去辩矣。"③

（二）戒体思想

佛教有三学，曰戒曰定曰慧。其中戒学是基础，也是佛教的规范。道宣律师将戒学总结为四种情况："一者戒法。二者戒体。三者戒行。四者戒相。"④ 就是说由戒法、戒体、戒行与戒相四种组成了戒学的基本学说，此四者又被称为戒学之四大门。其中"戒法"是戒律的总称，道宣指出："言戒法者，语法而谈，不局凡圣，直明此法，必能轨成出离之道。要令受者信知有此，虽复凡圣通有此法，今所受者就已成而言，名为圣法。但令反彼生死仰厕，僧徒建志要期高栖累外者，必豫长养此心，使随人成就，乃

① （唐）道宣：《广弘明集戒功篇》第二十七卷，《大正卷》第 52 册，第 304 页。
② （唐）定宾：《四分比丘戒本疏》卷上，《大正藏》第 40 册，第 465 页。
③ （南宋）志磐：《佛祖统纪》卷八，《大正藏》第 49 册，第 193 页。
④ （唐）道宣：《四分律删繁补阙行事钞》卷上，《大正藏》第 40 册，第 4 页。

可秉圣法在怀，习圣行居体，故得名为随法之行也。"① "戒体，即谓出生众行之本。"② 戒行，"既受得此戒，秉之在心，必须广修方便，检察身口威仪之行。克志专崇，高慕前圣，持心后起，义顺于前，名为戒行。故经云，虽非触对，善修方便，可得清净。文成验矣"③。故戒体是 "谓方便修成，顺本受体"④。戒相 "威仪行成，随所施造，动则称法，美德光显，故名戒相"⑤。道宣认为此四法是根本，因为 "此之四条并出道者之本依，成果者之宗极，故标于钞表，令寄心有在，知自身心怀佩圣法，下为六道福田，上则三乘因种，自余绍隆佛种，兴建法幢功德，不可思议"⑥。

1. 何为戒体

所谓 "戒体" 是指受戒以后在受戒者的身上出现的一种特殊的功能或现象。佛陀制戒的目的是防非止恶，"防非" 是防止不如法、违反戒律的事情发生。"止恶" 是不生出邪恶的念头，遵循戒律，做一名合格的信徒。防非止恶的活动是不可见的，属于意识和意念行为，但它是附属于身口意行为而表达出来的，所以被称为 "无作"。又因为身口意都属于色身，戒体是心念的活动，有各种表现却没有形象，故也被称为 "无表色"，总之戒身因为拥有了这种功能，被称为 "戒体"，这里的 "体" 是心念的表达。

戒体在印度佛教里面就已有之，但除了小乘佛教说一切有部的戒学涉及之外，其他的部派似乎没有谈到。然而在大乘佛教，戒体的研究与表述则成为重要问题，《华严经》《涅槃经》等都谈到了这一点。但是在中国佛教里，戒体是戒学最重要的表达方式之一，中国佛教的华严宗、天台宗、唯识宗与禅宗等宗派里面都对戒体做了研究与表述，律宗作为以戒学为宗的派别更是不能避免。道宣是南山律宗的开创者，他所创立的戒学理论对戒体做了充分研究，独显特色。道宣在他撰写的著名的《四分律删繁补阙行事钞》里，专门在卷中对戒体做了完整论述，他自述："此卷正

---

①　（唐）道宣：《四分律删繁补阙行事钞》卷上，《大正藏》第 40 册，第 4 页。
②　（唐）道宣：《四分律删繁补阙行事钞》卷中，《大正藏》第 40 册，第 50 页。
③　（唐）道宣：《四分律删繁补阙行事钞》卷上，《大正藏》第 40 册，第 4 页。
④　同上。
⑤　同上。
⑥　同上。

宗戒体，五众同须舒轴，极繁事，意未尽，幸上下细披。"① 说明他把戒体的描述看得非常重要，戒体不仅是正宗之作，而且还要佛教界不要怕麻烦，要仔细上下通读，好好地披览。他又强调："中卷则遵于戒体，持犯立忏。"② 道宣用"持犯立忏"四个字概括了整部卷中的戒体学说特点。"律宗其唯持犯。持犯之相寔深，非夫积学洞微，穷幽尽理者，则斯义难见也，故历代相遵更无异术，虽少多分径，而大旨无违，但后进新学教网未谙，时过学肆，讵知始末，若核持犯。何由可识?"③ 可见"持犯"其义非浅，因积学厚发而成。"持"有二种，一曰止持，"方便正念护本所受，禁防身口不造诸恶，目之曰止。止而无违，戒体光洁，顺本所受，称之曰持"。④ 二曰作持，"恶既已离，事须修善，必以策勤三业，修习戒行。有善起护，名之为作"⑤。由此可知，"持犯"就是正念所护，不起邪心，有善起护而表现出来的一种行为。"立忏"是悔除罪障的行为，"夫结成罪种，理须忏除，则形清心净，应同僧法。故萨婆多云，无有一法疾于心者，不可以暂恶便永弃之，故须忏悔"⑥。只有忏悔才能不断改过进步。道宣用"持犯立忏"来概括戒体学说特点，就是要说明戒律之中，要有正善的行为和忏悔的认识，以此来保持"戒体光洁"。

对律宗戒学的戒体，道宣首先说："出俗五众所以为世良田者，实由戒体故也。是以《智论》云，受持禁戒为性，剃发染衣为相。今若冰洁其心，玉润其德者，乃能生善种，号曰福田。不然纵拒，自贻伊戚，便招六聚之辜，报入二八之狱。"⑦ 这段话的意思是，出家人种植福田是由戒体所决定的。种福田是持守戒律，现僧人相，要让心灵得到纯洁，提升道德，生出善种的活动。从此可以摆脱一波罗夷、二僧伽婆尸沙、三偷兰遮、四波逸提、五波罗提提舍尼、六突吉罗之六罪（聚），以及获得净土十六观境（二八之狱）。道宣将"戒体"提高到出罪与解脱种福田的高度，以"戒体"指导着出家人的修行，因为戒体"若依通论，明其所发

---

① （唐）道宣：《四分律删繁补阙行事钞》卷中，《大正藏》第40册，第104页。

② （唐）道宣：《四分律删繁补阙行事钞序》，《大正藏》第40册，第1页。

③ （唐）道宣《四分律删繁补阙行事钞》卷中，《大正藏》第40册，第91页。

④　同上。

⑤　同上。

⑥　同上。

⑦　同上。

之业体。今就正显直陈，能领之心相，谓法界、尘沙、二谛等法，以己要期，施造方便，善净心器，必不为恶，测思明慧，冥会前法；以此要期之心与彼妙法相应，于彼法上有缘起之义，领纳在心，名为戒体"①。戒体是为重要的心灵行为，受者以戒法为缘，将戒条领纳在心，自觉或不自觉地表现出来，这时的状态就是戒体。

2. 戒体"四门分之"内容

道宣认为戒体可以从四个方面来看，或者说是"四门分之"。这就是："一戒体相状。二受随同异。三缘境宽狭。四发戒数量。"② 此四门是戒学之"中门"，这是与"戒法、戒体、戒行、戒相"中戒学之"四大门"相对而得来的。道宣虽然对戒体的内容有所论述，但是由于有些地方不够完善，论述不全，故后人多有补述与疏解。

（1）戒体相状第一。道宣将中门第一"戒体相状"，分为"一辨体多少。二立两所以，即解名义。三出体状。四先后相生。五无作多少"③ 之"初中五门"。

"五门"之中的"辨体门"是说持戒的主体，即"己身"。因为戒体是起到防非止恶的功能，通过受戒者自身表现出来的，所以受戒者就是"己身"。道宣说："初中所以别解脱戒，人并受之，及论明识，止可三五，皆由先无通敏，不广咨询，致令正受，多昏体相，盲梦心中。缘成而已，及论得不，渺同河汉④，故于随相之首，诸门示现。准知己身，得戒成不，然后持犯，方可修离。"⑤ "别解脱戒"是小乘戒，"小乘则以五戒、八

---

① （唐）道宣：《四分律删繁补阙行事钞》卷上，《大正藏》第 40 册，第 4 页。
② （唐）道宣：《四分律删繁补阙行事钞》卷中，《大正藏》第 40 册，第 51 页。
③ 同上。
④ （后唐）景霄：《四分律钞简正记》卷九（卍新续藏）第 43 册，第 238 页）云："河汉者，玄曰：在地曰河，在天曰汉，盖取天地隔远之义。若依宝云，河是黄河，汉是河上气也。远处看之，亦似于水，即水汉不分之貌。所以尔者？缘黄河，徙（疑'徙'）昆仑山下覆流出此水，水直从阿耨池流来，谓西土地形高，故号天倾西北，地缺以东南低故（有人云，渭与天河连者，全是地错也）。宝曰，昔有张骞（音轩），寻河至昆仑山，迭石涯却转去，缘此水从此山下覆流而出。远处看之，似从天上来，故儒书云：阿昆仑等。今《钞》昔此意，显上昏教之人，不委得戒，尔得齐限不分，由同河汉也。"笔者案，"河汉"有《尚书》解，《子贡》《周易》解和《诗经》解。景霄法师取之《子贡》与《诗经》解。（宋）严粲《诗辑》卷二十二云："东人服役，夜行不息，仰见星汉，而愬之于天。曰维天有河汉，其监视我，而有光也。"（《四库全书·经部·诗类》，第 1 页）
⑤ （唐）道宣：《四分律删繁补阙行事钞》卷中，《大正藏》第 40 册，第 52 页。

戒、十戒、具戒，俱名别解脱戒。"① 小乘最高是声闻乘，因为一心持戒而得别解脱戒，若说到识"止可三五"，即眼耳鼻舌身意六识和第七识末那识，以及阿赖耶识之八识，它们都是众生认识的基础和根源，原本存在，通达一切，使人聪敏，故"皆由先无通敏"等（云云）。②

"辨体多少"是指戒体会因持戒行为而出现的不同表现。但是众生并不明白这一点，看不见自己身上的昏沉与盲目，整天都在梦中而不得醒，又不咨询这方面的知识，如同不知道黄河与汉水的区别，处在懵懂之中，不得清醒，所以重要的是要知道持戒而成就的道理，然后才能持戒不犯而修行。佛法因缘和合，缘成得戒，明理与否，不同的出家者有天壤之别，戒体是随门显示的，它可置首位，所以"准知己身，戒成不者，此检验行，身有戒无戒（云云）。名不有戒曰成，后持犯方可修离者。为身若有戒，有二持之善可修，二犯之愆可离。本来无体，上无持可修，犯可离也"③。持戒就是善可修、恶可离这两个基本点，如果没有戒体，就谈不上可修可离之事。解脱戒的特点是"论体约境，实乃无量"。④ 因为戒是防恶，诸事缘成，有多少恶，就要发多少戒，所以"体"是防非止恶的主体，它所面对的就是各种戒相，并随着受戒者的环境和行为而有不同对治的办法，"戒本防非，非通万境。戒随境摄，则无量也"⑤。不过，在道宣看来，戒体既为防非止恶，有多种的境，但归根结底只有"作"与"无作"两种，这两种"作"将所有的戒都囊括于尽，所以就戒本身来说，其所涉及的境是无量无边的，但最终都归于此二种之内，"故知作与无作，收境得尽也"。⑥

"立两所以"是指立"作"与"无作"二种，从佛教的不二中道观来看，超越相对、差别之一切绝对、平等真理是一如实相。任何事物都有

---

① （北宋）元照：《芝苑遗编》卷之上，《卍新续藏》第59册，第630页。又：《昙无德部四分律删补随机羯磨原序》亦云：（唐）道宣：《毗尼作持释》，《卍新续藏》第41册，第347页。"声闻乘一心持戒者是别解脱戒。"声闻是佛之小乘法中弟子，闻佛之声教，悟四谛之理，断见思之惑，而入于涅槃者也，是为佛道中之最下根。（隋）吉藏《胜鬘宝窟》上末曰："声闻者，下根从教立名，声者教也。"《大正藏》第37册，第25页。

② （后唐）景霄：《四分律钞简正记》卷九云："敏者达也，先无通方之达。"《卍新续藏》第43册，第238页。

③ （后唐）景霄：《四分律钞简正记卷》卷九，《卍新续藏》第43册，第238页。

④ （唐）道宣：述《四分律删繁补阙行事钞》卷中，《大正藏》第40册，第52页。

⑤ （唐）大觉：《四分律钞批》卷七本，《卍新续藏》第42册，第799页。

⑥ 同上。

不二的特点，这也是事物相互为缘产生的条件和基础。对戒学来说，有"作"与"无作"之两个方面，"若单立作，作体谢往，不能防非。又不可常作，故须无作，长时防非。若单立无作，则起无所从，不可孤发，要赖作生"。① 也就是说，只单立"作"，或有"作色"，没有无"作色"；或有"作色"及无"作色"，这就像"如人手执极香、臭物、瓦木等谕"②。受戒者的戒体虽有止恶之心而生，但是防非之心不能长期坚持，故"作体谢往"。

　　佛教认为，世间诸事都是无常的，如果"作"是长期存在的，那么就不需要立"无作"了，更无必要长期防非了。五代吴越国景霄法师说："若单立一作戒，促在一念，非通一形，何能防非？又不可长时作者，一受已难，义非数作，故须无作长时防也。"③ 作是戒因，无作是戒果，作戒的目的是要生出无作戒，只有无作才是最后的结果，有了无作，才能永远防非。佛教的认识论是缘起说，世界诸物都以对方互为条件缘生而出，如果单立"无作"，它是无源之水，无本之木，没有缘生的条件，无所生起。作戒是基础，"如陶家轮动转之时名之为作。故《杂心》云，作者身动身方便"④。景霄解释说："如陶家轮者，举喻也，谓报色身善恶皷动，起身方便色，即胡跪合掌。取此方便色，名为戒作。故举陶家轮平动转时，亦名作也。《杂心》等者，彼云作者，身动身方便，身是报色，动身方便，胡跪合掌是方便也（玄对此广引古解，繁而不叙）。"⑤ 可见，方便是作戒的特点，无作戒是要靠"作"才能产生，其特点是始终存在的"有"，不能"孤发"，所以只能"立两"。道宣又说："二法相藉不得立，但由体相，道理相违。一作无作别，二心非心别，性不可合，但得立二。"⑥ "作"与"不作"是互为缘起的条件，两者互缘方成戒体。同样，"心"与"非心"也是互为缘起的条件，两者相缘而成心体。可知缘起之

① （唐）道宣：《四分律删繁补阙行事钞》卷中，《大正藏》第 40 册，第 52 页。
② （唐）道宣：《四分律删繁补阙行事钞》卷中。（《大正藏》第 40 册，第 52 页）（后唐）景霄：《四分律钞简正记》卷九云："极香臭物者，极香喻善作戒，极臭物前恶作戒。彼质虽无，余气犹在，喻淳重发善恶无作也。瓦末（应为'木'）者，执时既非香嗅，置之余气亦无，喻轻淳心。但有作，无无作也。"（《卍新续藏》第 43 册，第 339 页）
③ （后唐）景霄：《四分律钞简正记》卷九，《卍新续藏》第 43 册，第 239 页。
④ （唐）道宣：《四分律删繁补阙行事钞》卷中，《大正藏》第 40 册，第 52 页。
⑤ （后唐）景霄：《四分律钞简正记》卷九，《卍新续藏》第 43 册，第 239 页。
⑥ （唐）道宣：《四分律删繁补阙行事钞》卷中，《大正藏》第 40 册，第 52 页。

后才能成为戒体，"若单立无作起无所从者，无作是果，作戒是因，因能生果，所以无作藉作而起，心不孤然自发，是以二法相藉，不得立一"①。又如果"谓约作体作相无作相，二种体相，道理相违"，② 因此"性不可合，但得立二"。只能为"二"，不可为"三"，也不可立一。但是就戒体的作用来说，它的功用是无量的，因为戒体的功用是防非止恶，它所面对的是各种不正确的行为，就会有各种对境所治的办法，这就是经中所说的"论体约境，实乃无量"，从这个角度而言，戒体要防备的是因境的变化而出现的各种情况，故道宣说戒体"若就所防，随境无量"。③

佛教认为，人是不圆满的，也经常会犯错，犯错的原因在于执心太重，轻慢（或浮）心在，作戒就是初念时起到防止轻慢的作用，不生起无作戒，因为"初受无心持奉，不发戒体"④，所以"若轻浮心，不具二戒之因，但有其作，无无作也"。只有作戒，没有无作戒，这是不圆满的，称为"戒不具足"，⑤ 也是没有理由的，⑥ 不能起到防非的作用。只有具足的戒，或者说拥有无作戒，才能起到防非的作用。但是拥有无作戒，就要有"淳重心"，这是对待戒最好的态度与境界。景霄用"极香、极臭物和瓦木喻"说明"淳重心"的作用，"极香臭物者，极香喻善作戒，极臭物前恶作戒。彼质虽无，余气犹在，喻淳重发善恶无作也。瓦未（应为'木'）者，执时既非香嗅，置之余气亦无，喻轻淳心。但有作，无无作也"⑦。可见，"淳重心"是可以发起作与无作戒两种作用，其原因就是它有"彼质虽无，余气犹在"，这个"余气"，恰恰就是善恶之用。

道宣强调众生要有"淳重心"，因为"淳重心"是发无作戒的来源。他说："如《萨婆多》云，若淳重心，身口无教。初一念色，有身口教及

① （后唐）景霄：《四分律钞简正记》卷九，《卍新续藏》第 43 册，第 230 页。
② 同上。
③ （唐）道宣：《四分律删繁补阙行事钞》卷中，《大正藏》第 40 册，第 52 页。
④ （唐）元照：《四分律含注戒本疏行宗记》卷二上之一，《卍新续藏》第 39 册，第 814 页。
⑤ （唐）元照：《四分律含注戒本疏行宗记》卷二上之一（《卍新续藏》第 39 册，第 814 页）云："人唯具作戒，不具无作戒，戒不具足。"（后唐）景霄：《四分律钞简正记》卷九（《卍新续藏》第 43 册，第 239 页）云："证单立作戒，不能防非，名不具足。"
⑥ （后唐）景霄：《四分律钞简正记》卷九（《卍新续藏》第 43 册，第 239 页）云："初一念色有身口发及以无教者，明二戒双教，现无立一理也。"
⑦ （后唐）景霄：《四分律钞简正记》卷九，《卍新续藏》第 43 册，第 239 页。

以无教。第二念中，唯有无教，无其教也（教者'作'也。不可教，云于他）。"① "淳重"是厚道与殷重。景霄律师说："淳是厚义，浓厚善心，复须殷重。身口是作，无教是无作。"② "无教"就是"无作戒"，"教"在这里是"戒"的另一表达。唐道世说："若淳重心受，具教无教。若轻慢心受，但有其教，无其无教（言教、无教者，犹是作、无作戒也）。"③道宣亦说："《萨婆多》云，若淳重心，则发无教。轻则不发，岂可虚滥，理当殷重。"④ 又说："以无淳重之心，不作奉行之，意不发戒也。"⑤ 道宣认为没有淳重心，则就不会发无作戒，只能是作戒。有淳重心时，虽有身口意，不须作戒，可有无作戒。所以无作戒是轻易不能发戒的，更不能虚浮泛滥，这是一件殷重的事情。景霄法师则直接解释为："名为初念，当此之时，便有作戒，故曰有身口教。复有受中无作，故云及以无教也。……名第二念，当此之时，但有无随作戒，故言唯有无数。作既落谢，故云无其教也。则作、无作长短有别，不可合为三也。"⑥

景霄指出了作戒与无作戒的产生过程与区别，无作戒是在第二念时起主要作用的。"淳重心"是在接受中发无作戒，这就把无作戒看作是戒体。道宣说："言无作者，一发续现始末恒有，四心三性⑦不藉缘辨，故《杂心》云，身动灭已，与余识俱是法随生，故名无作。《成论·无作品》云：因心生罪福，睡眠闷等是时常生，故名无作。"⑧ "一发续现"是《成实论》的说法，指"第一刹那发生，第三⑨刹那已后相续不断，名一发续现"⑩。无作戒"始末恒有"，亦"谓获得时为始，临四时为末，中

① （唐）道宣：《四分律删繁补阙行事钞》卷中，《卍新续藏》第41册，第262页。

② （后唐）景霄：《四分律钞简正记》卷九，《卍新续藏》第43册，第239页。

③ （唐）道世：《法苑珠林》卷八十七，《大正藏》第53册，第926页。

④ （唐）道宣：《四分律删繁补阙行事钞》卷上，《大正藏》第40册，第26页。

⑤ （唐）道宣：《四分律删繁补阙行事钞》卷中，《大正藏》第40册，第52页。

⑥ （后唐）景霄：《四分律钞简正记》卷九，《卍新续藏》第43册，第239页。

⑦ "四心"按景霄法师的说法，是指"识想受行为四也。""三性"是善性、恶性、无记性。善性是现世及来世对自他都有益处者，如信等善心及善心所起一切的善根是；恶性是于现世及来世对自他都有害处者，如贪等恶心及恶心所起一切的恶业是；无记性是非善非恶，不可记别之法。

⑧ （唐）道宣：《四分律删繁补阙行事钞》卷中，《大正藏》第40册，第52页。

⑨ "三"应为"二"。

⑩ （后唐）景霄：《四分律钞简正记》卷九，《卍新续藏》第43册，第239页。

间纵人恶无记中，无作亦不失故"①。始终存在的，是"恒有"的"无作"；"不藉缘辨"系"谓无作一发已后，更不改缘，任运常在，不问作戒也"②。无作戒不受任何因缘好坏所限，与作戒无关。"望余善心及恶、无记，名为余识。"③ 当身体不活动时，各种识如善心、恶心与无记心就开始生起，但是就在此时无作戒仍然存在，故无作戒是"法随生者"。无作也是常在的，如罪福的想法，在睡眠中也时常生出，作戒因有善恶心会丢失，但无作戒超越了善恶心，它虽在睡眠中生出，却不会丢失，所以它是一种"识"，属于"心"的范畴。景霄补充说："作是运动，动是作相，无作非运动，无作即无相。相与无相道理相违。……作戒是色心，无作非色心，又作要须与色心俱，无心不成。"④ 这些都是"作"与"无作"之间的区别，作戒有落谢的时候，无作戒却没有，"无作不灭，而是一发续现之义"⑤。宋代元照说无作戒是"业体"，它"一发续现，不假缘辨。无由教示，方有成用。即体任运，能酬来世，故云无教。今时经论，多云无作，义例同也"⑥。元照指出了无作戒与作戒之间的区别。戒体无作的最大特点就是不用教示，原本存在，随业体活动，应是心识活动之一，是"第二念"。但是元照不同意一般人所说的无作戒不需要教示就能任运无碍的，他认为："第二念，教犹使也，谓非教使之然。任运自然，酬因感报故也（世云无由教示于人者，非也）。"⑦ 也就是说，在第二念里，教（无作戒）就是"使"，指导众生去修，于中获得因果感报而已。所以，无作最后归结为两种，是在初念续现时出现，二是在第二念中成为业体，主导修行。

"出体状"是指戒律的辨识作与无作之两种根本戒行的体性与相状。景霄说："戒体相状者，辨作、无作二戒体性相状。"⑧ 超越以身口意三者为戒体之中心，树立戒体是以心为体，用心为体来持戒的观念，

---

① （后唐）景霄：《四分律钞简正记》卷九，《卍新续藏》第43册，第239页。

② 同上。

③ 同上。

④ 同上。

⑤ （后唐）景霄：《四分律钞简正记》卷九，《卍新续藏》第43册，第239页。

⑥ （北宋）元照：《四分律行事钞资持记》卷二之一，《大正藏》第40册，第267页。

⑦ （北宋）元照：《四分律补随机羯磨疏济缘记》卷二之一，《卍新续藏》第41册，第184页。

⑧ （后唐）景霄：《四分律行事钞简正记》卷九，《卍新续藏》第43册，第238页。

故 "体谓业体，正是戒法所依本也"①。佛教认为，身口意三业或 "三事" 是行动的表现，由心思所指导而流出。但是此 "身口意" 三事不能代表戒体，而只是分别做的一些事情而已，而掩藏在背后、指导身口意的才是真正的戒体，是实相，"若指色为业体，是义不然"②。如佛教所说的 "十四无记"③ 虽然是非善非恶的，非罪福性的，但也属于色体。"色" 指的是有物质特点的东西，我们的身体即是 "色身"，它虽然承载了生命，但是并不能指导人去做事，所以 "色身" 只是载体，不是戒体。道宣说色有五个定义："一色有形段方所。二色有十四、二十种别。三色可恼坏。四色是质碍。五色是五识所得。"④ 戒体是无作戒，"言无作戒者，以非色非心为体，非色者非尘大所成"⑤。无作戒没有上述的色之五个现象，所以是非色。又 "言非心者，体非缘虑，故名非心。亦有五证，一心是虑知。二心有明暗。三心通三性。四心有广略。五心是报法"⑥。无作戒也没有上述的心之五个现象，所以是非心。"戒有二种，作者是色，无作非色。"⑦ 既是非色又是非心，故 "以第三聚非色非心为体"。⑧ 这个 "体" 就是戒体。经中特意指出："三事是非体，是中历举三事，无非据实，实即体者，指出体状。"⑨ "实即体者" 代表了戒体的根本，指明了戒体的特点。佛经说："净心之体不可以缘虑所知，不可以言说所及。何以故？以净心之外无一法故。若心外无

---

① （后唐）景霄：《四分律钞简正记》卷十三，《卍新续藏》第 43 册，第 239 页。

② （唐）道宣：《四分律删繁补阙行事钞》卷中，《大正藏》第 40 册，第 52 页。

③ "十四无记"，亦名 "十四不可记"、"十四难"。即：（1）世间常。（2）世间无常。（3）世间常亦无常。（4）世间非常非无常。（5）世间有边。（6）世间无边。（7）世间亦有边亦无边。（8）世间非有边非无边。（9）如来死后有。（10）如来死后无。（11）如来死后亦有亦非有。（12）如来死后非有非非有。（13）命身一。（14）命身异。此十四无记是外道提出的问难，《杂阿含经》卷三十四说，佛陀对外道以颠倒之见问难的十四个问题，因 "此事无实故不答。诸法有常无此理，诸法断亦无此理"（《大智度论》卷二，《大正藏》第 25 册，第 75 页），佛陀不置可否，不予明确的答复。

④ （唐）道宣：《四分律删繁补阙行事钞》卷中，《大正藏》第 40 册，第 52 页。

⑤ 同上。

⑥ 同上。

⑦ 同上。

⑧ 同上。

⑨ （北宋）元照：《四分律删补随机羯磨疏济缘记》卷一之六，《卍新续藏》第 41 册，第 143 页。

法，更有谁能缘能说此心耶？是以应知，所有能缘能说者。"① 由此说明的"心"的重要性，心外无法，此"心"才是身口意三业的最终所在，"能持"与"所持"都受到了"心"的指挥。在佛教看来，清净在于你的内心，"于己心外建立净心之相，还以妄想取之以为净心，考实言之，所取之相正是识相，实非净心也"②。也就是说，以心为体，别无他体，自净其心是最重要的，在心外再建立一个"净心之相"，这只是六识之中的"识相"，并不是"净心相"。清净之心既是"真如"，也是佛性，又是戒体，佛经说："问曰：净心之体，既不可分别，如诸众生等。云何随顺而能得入？答曰：若知一切妄念分别体是净心，但以分别不息说为背理，作此知已，当观一切诸法，一切缘念有即非有，故名随顺。久久修习，若离分别，名为得入，即是离相体证真如也。"这是说"净心"是一切妄念分别的终极，将这种分别不息之道理作为认识的基础，来观察一切诸法，就是远离执相，体证到真如了。

道宣又说："如人无心杀生不得杀罪，故知以心为体。文云是三种业皆但是心，离心无思，无身口业。"③ 远离三毒，礼拜念佛是戒体的表现，但更重要的是要在心上用功，要从心的根本上去树立持戒不犯的观念，所以持戒修行不仅要超越戒体，更重要的是以心为体，到了这个层面的认识，就做到了"出体状"，真正地掌握了戒学的精髓。道宣强调的心之戒体的重要性，实际上就是表明了"心"才是戒体的终极，要让受戒之人的"心"成为戒体所归与终极，就要充分认识到"心"对戒体的重要性，所以道宣后人元照发挥乃师的思想，曰："问：《论》云三业皆但是心，此即心王，那得上定，意思为体？答：心王意思，体用分耳。《论》推三业之本，故就体论，此定成业之能，故从用说。若尔，何不如《论》，从本明者？答：体通四阴，用局行心，舍通从局，论业弥显。又复心未必是思，思必是心，体不兼用，用必得体。今云意思则体用齐收，义无乖异。"④ 这里的"《论》"是《成实论》，佛教对"出体状"里有两种说法，

<hr />

① （陈）慧思：《大乘止观法门》卷一，《大正藏》第 46 册，第 645 页。
② 同上。
③ （唐）道宣：《四分律删繁补阙行事钞》卷中，《大正藏》第 40 册，第 52 页。
④ （北宋）元照：《四分律行事钞资持记》卷中一上，《大正藏》第 40 册，第 332 页。

道宣南山宗所采用的是《成实论》的说法。① 道宣说："今依本宗，约《成论》以释，先明作戒体。《论》云：用身口业思为体，论其身口，乃是造善恶之具。所以者何？如人无心杀生，不得杀罪，故知以心为体。文云，是三种业，皆但是心，离心无思，无身口业。"② "心王"是身口意三业的统师，三业与"心"是体用关系，"心"为体，是根本，"体不兼用，用必得体"，通过身口意三业而表现了心之用，所以是用。心之为体，贯通五蕴中色、受、想、行四蕴，第五蕴识蕴就是心，也是体，所有的"用"都是局部和有限的，只有"体"才完整的，通达一切的，是故"体通四阴，用局行心，舍通从局，论业弥显"，所以"明白心成，可学止持体。迷妄心成，不可学止持体"③。

"先后相生"是说受戒者要遵从先来后到的规律与次序。从般若不二的学说角度来看，作戒与无作戒是一体的两面，就像"如牛二角，生则同时"。④ 道宣说："初一念戒俱有二教，第二念中唯有无教。后解云：前后而起故。《善生》云：世间之法有因则有果，如因水镜则有面像，故知作戒前生，无作后起。《论》云：作时具作无作者，此是作俱无作，并是戒因。至第三羯磨竟其业满足，是二戒俱圆故。云具作、无作，不妨形俱，无作仍后生也，亦是当一念竟时，二戒谢后，无作生也。"⑤ 这里对受戒者是有要求的，受戒者持戒后也要有结果的，产生了受戒者的行为在逻辑与因果上的前后递进的关系，即有戒必有果、有教必有行的过程，具体的说，就是在动心起念之后，才会有不同的结果，初念而起，有作与无作两戒同时生出，但是在第二念再生起时，就只有无作戒的念想了，说明更重要的是由心念支配自己行为，而心体就是戒体。这就像水面倒映出相貌，此时是作戒，再后就有无作戒出现了。道宣又举例说："譬如筑营宫宅，先立院墙周匝，即谓坛场受体也。后便随处营构尽于一生，谓受后随行。若但有受无随，直是空愿之院，不免塞露之弊。若但有随无，无受此

　　① 另一种说法是以身口二业作为戒体，如"又有论师，以身口二业相续善色声为作戒体，以相续色声法入所摄意识所得，是罪福性也。言无作戒者，以非色非心为体，非色者非尘大所成"（道宣：《四分律删繁补阙行事钞》卷中，《大正藏》第 40 册，第 52 页）。
　　② （唐）道宣：《四分律删繁补阙行事钞》卷中，《大正藏》第 40 册，第 52 页。
　　③ （后唐）景霄：《四分律钞简正记》卷十三，《卍新续藏》第 43 册，第 737 页。
　　④ （唐）道宣：《四分律删繁补阙行事钞》卷中，《大正藏》第 40 册，第 52 页。
　　⑤ （唐）道宣：《四分律删繁补阙行事钞》卷中，《大正藏》第 40 册，第 52 页。

行，或随生死，又是局狭不周。譬同无院室字，① 不免怨贼之穿窬也，必须受随相资，方有所至。"② 这是说盖房子要先把围墙造起来，然后再盖好房子住进去。如果盖好了，不住进去，房子空着，盗贼任行。出家者受戒好比盖房，先要在戒坛受戒得到戒体，然后才能遵行戒律了此一生，如果受戒后，不执行戒律，就是一座无人住的空房，让"怨贼之穿窬"，得不到解脱。

"无作多少"是指无作戒的数量，所有的戒最终归纳为"作"与"无作"两种，"二戒通收，无境不尽"③。"作戒"是明确规定什么可以做、什么不能做，这是有数可计的。戒律最少的有五戒、八戒，多者达比丘二百五十戒、比丘尼三百三十戒，这些都是属于"作戒"，它们都是有数可数的，是别解脱戒，"人并受之"。④ 而"无作戒"是因"心"的作用而存在的，一般认为有八种无作：

> 一作俱无作，如作善恶二业，与作方便齐生。二形俱无作，如善恶律仪，形灭戒失。三事在无作，如施物不坏，无作常随僧坊塔像桥井等物功德常生，除三国缘。一前事毁破。二此人若死。三若起邪见。无此三者，事在常有，恶缘同之。四从用无作，如着施衣入诸禅定，则令施主得无量福，恶缘弓力，例此可知。五异缘无作，如身造口业，发口无作。口造身业，发身无作等。若依《成论》，身口互造。六助缘无作，如教人杀盗，随命断离处，教者得罪。七要期无作，亦名愿无作。如人发愿，作会作衣等施，无作常生。八随心无作，有定慧心，无作常生，亦名心俱。《成论》云，出入常有善心，转胜故。此言随心者，随生死心，恒有无作，非谓随定惠。别脱不尔，唯随于身，即《涅槃》云，初果生恶国，道力不作恶。上八种中，前七通善恶欲界，系法。后一无作，若是世禅，局上二界。若出道法，非三界业。⑤

由此可知，无作戒的八种定数，七种是以伦理道德之善恶标准而定，属于三界中的欲界，只有最后一种"随心无作"，则是通过禅观、心之修

① "字"应为"宇"。
② （唐）道宣：《四分律删繁补阙行事钞》卷中，《大正藏》第40卷，第52页。
③ 同上。
④ 同上。
⑤ 同上。

习而得到的，所以它在三界中的色界与无色界里，是上二界的成就，但是仍然还没有摆脱三界轮回。

　　上述戒体四门之一的"戒体相状"，是戒体学说最基础的部分，其"初中五门"表现了戒体的不同方面。因为戒最终为作戒与无作戒两种，而无作戒又是戒体的核心，是心的支配与流露，所以重要的是对"心"的认识。南岳慧思在《大乘止观法门》中曾经提出："就广分别止观门中作五番建立，一明止观依止。二明止观境界。三明止观体状。四明止观断得。五明止观作用。"① 道宣的戒体说在于"准知己身"防非止恶，其境界是中道一如实相，业体是戒法所依，净心之体是根本，净心之外，别无一法，明了净心，方可明戒，"言止持者，方便正念，护本所受。禁防身口，不造诸恶，目之曰止。止而无违，戒体光洁。顺本所受，称之曰持。持由止成，号止持戒"②。由此可知，"初中五门"的提出，受到过大乘佛教止观学说的影响。

　　（2）受随同异第二。戒体中门四门中的第二门是"受随同异"。

　　"受"是受戒，"故疏云，受但虚愿，欲于万境不造恶也"③。"随"是随顺。道宣说"就境彰名，已在随相"，④ 即是指因受戒而就所现的境界之名而得到不同的相状。这个相状既有"同"又有"异"之两种情况，故"若论二作者，同亦有四，一名同，二义同，三体同，四短同。异亦有多种，受作总断，随作别断。受作根本，随作枝条。受作悬防，随作现防。受作一品，随作多品。广如大疏"⑤。在受随关系中，"受"是主体，"随"是客体，"受"是诸戒之根本，"随"是因戒而出现的变化或条件，因受而随，由一根会出现多种不同的现象，"一名同者，受、随二行同名作也"⑥。所谓"同名作"，是指他们是作戒，"境通色心，不可缘尽，心所及处，方有行生。即諸此行，号之随作"⑦。受随两者的关系非常确定，"二种作者，谓受随二行，同名为作。受中之作，谓坛场白四等也。随中

　　①　（陈）慧思：《大乘止观法门》卷一，《大正藏》第 46 册，第 642 页。

　　②　（唐）道宣：《四分律删繁补阙行事钞》卷中，《大正藏》第 40 册，第 91 页。

　　③　（北宋）元照：《四分律行事钞资持记》卷中一上，《大正藏》第 41 册，第 266 页。

　　④　（唐）道宣：《四分律删繁补阙行事钞》卷中，《大正藏》第 40 册，第 9 页。

　　⑤　（唐）道宣：《四分律拾毗尼义钞》卷上之一，《卍新续藏》第 44 册，第 759 页。

　　⑥　（唐）大觉：《四分律钞批》卷七本，《卍新续藏》第 42 册，第 808 页。

　　⑦　同上。

之作，谓说恣等"①。

又就"同"而言，包含了"受中无作"与"随中无作"两种情况，体现在"一名同，二义同，三体同，四短同，五狭同"之"五同义"。道宣指出："一者名同，受随俱名无作（'受'谓坛场戒体，'随'谓受后对境，护戒之心，方便善成，称本清净故也）。二者义同，同防七非。三者体同，同以非色心为体。四敌对防非同，受中无作体在，对事防，与随中无作一等。五多品同，如《成论》，戒得重发，肥羸不定。"② 此"五同义"的基础是"善"，故道宣又说："唯局善性所以准知。"③ 道宣后人宋余杭沙门释元照进一步解释说：

> 大门第二受随同异，无作五同中，四敌对同，言体在者，谓本受不失。对事者，事即是境，由有本体，方起防护，即名本体能防非也。与随中一等者，疏云：对非兴治，与作齐等，此无作者，非是作俱，谓起对防，即有善行，随体并生。作用既谢，此善常在，故名此业为随无作，与非敌对，故与受同（准此，随无作外，别有作俱，随作即谢）。五中戒重发者，明受体有三品也。肥羸不定者，随体亦三也。以业随心发，受随二戒各具三心，故使无作各有三品。标《成论》者，对简有宗，受唯一品，随有三品，则一多不同也。④

由此得知，所谓"五同义"是说因受戒的主体而出现的不同对治境况，无作戒是用来防非止恶，以善心为戒体，而起善行，所以"义同者，谓同防身口七非也。宾云同者，防非离恶为义。箓云，同此造作为义，故曰义同"⑤。持戒是受者之色身，是受戒者心理的反映，因心理的变化而限制了身体的变化，所以"体同者，谓同以色心为体，受中以色心为体，

①　（唐）大觉：《四分律钞批》卷七本，《卍新续藏》第42册，第808页。
②　（唐）道宣：《四分律删繁补阙行事钞》卷中，（《大正藏》第40册，第53页）。道宣又说："同有四义，一名同，俱名无作，故二义同。同防身口七支，故三体同。同以非色心为体故，或名色性，故四敌对同，受中无作体在，即是对事防非，与随中无作一等。"（道宣：《四分律拾毗尼义钞》卷上之二一，《卍新续藏》第44册，第759页）。
③　（唐）道宣：《四分律繁补阙行事钞》卷上之一，《大正藏》第40册，第53页。
④　（北宋）元照：《四分律行事钞资持记》卷中一上，《大正藏》第40册，第271页。
⑤　（唐）大觉：《四分律钞批》卷七本，《卍新续藏》第42册，第809页。

随中所作，亦色为体"①。戒体有上中下三种不同的层次与品级，即"心分三品，不妨本受是下品心故，《杂心》云：罗汉有下品戒，年少比丘上品戒"②。三品心是没有定数的，也是可以转换的，如罗汉本是处于修行中较高的层次，但是罗汉可能会持下品戒，而刚出家不久的少年比丘因他的发心善确，也有可能持上品戒，"受作一品，终至无学者"，③ 所以关键还在于能否拥有善心，如能坚持善护持戒之心，就能达到清净的上品境界。这是因为"随中作戒多品，田境有优劣，心有浓淡故"④。宋代允堪法师又补充说："随中对境有优劣，则心分浓淡，是以无作亦通浇薄淳重矣。"⑤

随中作戒面对的是不同的优劣各境，就像出家之人穿绢做的僧衣是劣境，戒心最淡，是下品持戒。穿布僧衣的戒心稍好于绢衣者，是中品持犯。穿百衲衣者是戒心最严、境界最优，是上品持戒。又如持淫戒，面对的人色有好丑，心就会有轻重。"若对美境，防心则难，此曰境优，其心

---

① （唐）大觉：《四分律钞批》卷七本，《卍新续藏》第 42 册，第 809 页。
② （唐）道宣：《四分律删繁补阙行事钞》卷中，《大正藏》第 40 册，第 53 页。
③ （唐）大觉：《四分律钞批》卷七本（《卍新续藏》第 42 册，第 809 页）。该经又云："准砺疏云，应言四者一多异，谓受中作戒，心因一品定也。立云，此无学本受，发下品心，后修行成罗汉。戒犹下品，故曰受作一品心也。"（《卍新续藏》第 42 册，第 809 页）再云："谓随中虽上中，不然，本受但一品心因也。即疏云，问：所防三品异，能妨戒一品，何能对敌防？答：受起一品心，总断诸恶意。心因既是一，无作故无三。所防罪虽差，非受独能遣。要假随行心，故随过轻重。心还有优劣也。又解，起非虽异，防约在心，不妨重境，轻心能遣，自有吉罗。防犹数作，因斯以言，不可以轻重分心，妙以勤怠显矣也。罗汉有下品戒者，此言证上受中。一品心因，始终定也。案《心论》第四颂云，受别解脱戒，当知从他教，随心下中上，得三品律仪。解云，受别解脱戒，当知从他教，得如白四羯磨受具足及善来，边地五人、中国十人三归等，皆从他得也。问：何等种得律仪？答：随心下中上，得三品律仪。云何三品？若下心受别解脱戒，彼得下戒，下心果故。若极方便得善，离于三界。欲种三乘种子众生，种类相续，彼犹下品随转。若中心受戒，得中品律仪。若极方便行善，若不舍戒，作诸恶行，彼由中品随转。若增上心受戒，得上律仪，乃至种类相续，犹增上随转。或有年少比丘，得增上律仪，虽复阿罗汉，成就下戒（上言种类相续者，谓一报形，相续未终已前也，此自意耳）。立问：罗汉修道出三界，烦恼都尽，何故戒仍下品？答：由在凡时，下品受戒，后虽精勤得果，据本戒仍以戒酬，本一品心因定故也。言年少比丘上品戒者，立谓诸新受戒人为年少也，此人当时受戒，发上品心故也。故《心论》第四云，虽复阿罗汉，犹成就下戒。《婆沙》百一十七问：颇有新学苾蒭，成就上品律仪，而阿罗汉成就下品律仪耶？答：有谓有新学苾蒭，以上品心，起有表业，受诸律仪。有阿罗汉以下品心，起有表业，受诸律仪是也。"（《卍新续藏》第 42 册，第 809 页）
④ （唐）大觉：《四分律钞批》卷七本，《卍新续藏》第 42 册，第 936 页。
⑤ （北宋）允堪：《四分律随机羯磨疏正源记》卷七，《卍新续藏》第 40 册，第 874 页。

则浓，是上品持戒。若对丑境，名劣，心则淡，是下品持戒也。"① 戒分上中下三品，就是"随中作戒多品"，由此产生不同的分别心也变成三品，成为"随中作戒心"。道宣以此来说明心与境的关系，表明心在持戒中的重要性。

与"五同义"相对的是"四异义"，道宣说："一受中总发，以愿心情非情境一切总得。随中无作别发，行不顿修，次第渐成。二长短不同，受中无作，悬拟一形。随中无作，从方便色心，俱事止则无，故名短也。三宽狭不同，受中任运，三性恒有，随局善性，二无名狭。四根条两别，受为根本，随依受起，故曰枝条。"②

"五同义"的基础是"立善"，"四异义"的目的是断"恶"。"一受中总断、随中别断者，立明受时要期，总断一切恶，随中但可对事别修也。"③ 受者发心纯正，要在一定的时间段内，且有连续性、有针对性地因事而断一切恶念恶行之修行，用自己的行为来对治所出行的境，故"羯磨疏云，受中作戒总断，发心过境，普愿遮防，随中作戒，以行约境生。一切有情与非情因受而随，以心不两缘，境无顿现故也"④。"随中作者，以对境治"⑤，受者在随顺与不停顿的修行中产生无作戒心。戒心是心中自然地流出，同时还要有次第先后的关系，不是矫揉造作，故"随中无作别发行不顿修等者，谓如说戒时，不得自恣，说净时不得受食是也，要次第渐作"⑥。受者发戒心时，心量广大，囊括诸法，律仪顿得，故"法界为量，岂非总发，随行无作，次第渐成，不可顿起，名为别也"⑦。作为戒体无作戒是无形的，但是因其在戒行中起到指导作用，"受是悬防，随中对治者，疏云受始坛场，可即非现，但悬遮约故也。"⑧ 故将其虚拟为一受者的实体，长期指导断恶行为，这是戒的"长"，故"无作悬拟一形者，谓受时要期。拟尽一形，断恶作善，其中虽入恶、无记

① （唐）大觉：《四分律钞批》卷七本，《卍新续藏》第 42 册，第 809 页。
② （唐）道宣：《四分律删繁补阙行事钞》卷中，《大正藏》第 40 册，第 53 页。
③ （唐）大觉：《四分律钞批》卷七本，《大正藏》第 40 册，第 53 页。
④ 同上书，第 809 页。
⑤ （唐）大觉：《四分律行事钞批》卷七，《卍新续藏》第 42 册，第 808 页。
⑥ 同上。
⑦ 同上。
⑧ 上引均见（唐）大觉《四分律钞批》卷七本，《卍新续藏》第 42 册，第 808 页。

中，无作常有，故名长也"①。在持戒中，"随中无作从方便色心俱者，立明对事修行。动身口时，名方便色。意缘法相，名方便心。且约持衣，余例取解。执衣互跪，口陈词句，是方便色。分别衣体，晓了如非，是方便心"②。方便是为了修行而发出的行为，用以对事修行，三业中身口的行为，如执衣口念佛经，这是"方便色"，是"作戒"；跪念时区分出了衣物的颜色和体量，这是思想的行为，是"方便心"，是"无作戒"。戒体以其无作的行为，与受者的色心俱起互动，事毕则戒行结束，这是戒的"短"，故"对事则有事休便谢，故言短也"③。

又就善、不善与无记三性而言，"一受已后，任运而起，三性之心，恒有不失，名之为宽"④。身体相续，有生有死，一生持戒不失，即为"宽"，故"羯磨疏云，受体相续，至命终来，四心间起，本戒不失故宽也"⑤。"无记"是非恶非善。随顺是因"善性"的作用而致，随顺无作戒方便生善时是"宽"。"谓三性中，必局善性，方名受戒。随中亦局善性，以不通三性故。故名狭也。"⑥ 随顺不起，不生善时就是恶，就是犯戒，是"狭"，因此无记与"恶"就是"狭"。故经中说："随中唯局善性。若入恶、无记中，便是犯戒，岂更有随中无作之善？故名狭也。言二无名狭者，恶与无记。此二心中，无随家无作，故曰也。羯磨疏云，唯局善性，防非护本。彼恶、无记，不顺受故。义非说有，故名狭也。"⑦

长短宽狭四种是"四根"，将它们分别条列而区分，用以说明受体与随顺的不同区别。但究其实质，则"四根"之中，"谓受是根本，随依受起，故随是枝条。疏云，受为行本，随后而生，目为末也"⑧。

总之，中门第二"受随同异"就是要说明受戒时主体与客体的关系，道宣在此将受戒者与心体即戒体的关系从同与异、长与短、宽与狭、本与

---

① 上引均见（唐）大觉《四分律钞批》卷七本，《卍新续藏》第 42 册，第 808 页。

② 同上。

③ 同上。

④ （唐）道宣：《四分律拾毗尼义钞》，《卍新续藏》第 44 册，第 759 页。（唐）大觉：《四分律钞批》卷七本（《卍新续藏》第 42 册，第 808 页）亦曰："受中无作，一发已后，虽入四心三性，无作不失，故曰宽也。"（《卍新续藏》第 42 册，第 808 页）

⑤ （唐）道宣：《四分律拾毗尼义钞》卷上之一，《卍新续藏》第 41 册，第 266 页。

⑥ （唐）大觉：《四分律钞批》卷七本，《卍新续藏》第 42 册，第 808 页。

⑦ 同上。

⑧ 同上。

起等多方面做了说明，其目的就是要将受戒与心体的变化上升到理论高度，受戒与持戒不仅仅是看作一种行为的规范、行动的准则，而且将此看作是一种心体的修炼与思想的提升，后人对此非常重视，做了更多的注疏与发挥，也引起了诸家的不同看法与争议。

（3）缘境宽狭第三。戒体中门四门中的第三门是"缘境宽狭"。

"缘"是持戒产生的对象或条件，因为发心持戒是"但心随境起故"，① 所以这里的"缘"是因心而起的发戒缘。道宣说："今广论令知戒德之高广，亦使持者有勇励，就中分四，一能缘心，现在相续心中缘。二所缘境。"② "能缘"是心主动去与境"缘"；"所缘"是心被动受"缘"。江东华严沙门大觉注解云："略示所缘之境，教其能缘之心。今文所论，为已受者，须识体相，使持心勇励故也。励者，尔疋云，将率相励劝也。"③ 亦即是说，戒体是心，通过提供的条件，让戒体与条件相互缘生，使受戒者认识戒体的相状，激发持戒学戒的励志。"境"是因缘而起的持戒对境，也即是心所面对持戒的外在条件与环境，这个"境"要受到不同条件的影响，它包含了过去、现在和未来三世，是境的"宽狭"。道宣说："境通三世，如怨家境，虽过去得，起恶心，斩截死尸。现在怨家子，有可坏义，未来诸境可以准知。故缘三世而发戒也。"④ 这是说"怨"的情况，是因过去所做的事而来的，虽然事已境迁，不再回来，但是因为种下了这个恶因，心中的"恶心"一直没有过去，既使因"怨"而生起的对象已经不在世了，有"怨"之人还不会放过这个对象，于是为现在"怨"的"可坏义"种下了恶果，将来还会出现"怨"境。所以

---

① （唐）道宣：《四分律删繁补阙行事钞》卷中，《大正藏》第40册，第53页。

② 同上。

③ （唐）大觉：《四分律行事钞批》卷七，《卍新续藏》第42册，第809页。

④ （唐）道宣：《四分律删繁补阙行事钞》卷中，《大正藏》第40册，第53页。大觉云："斩截死尸者，立云：且约怨家境，自通三世。此是现非之境，由与此人先是怨故。其人已死，今若坏尸，佛还制罪。及现在怨家子，亦是现境。自意云：此句明斩截死尸。今是过去境，则顺今文也。宾云：如见怨家已死，则言赖得自死。向若不死，必遭我杀。此谓于过去境起恶心也。现在怨家子有可坏义者，立明是现境，或在腹中。亦得是未来境，由与父为怨，要心拟害其子，谓已生之子是现境，腹中是未来境也。未来诸境可以准知者，立明见怨怀妊，拟生当杀是也。又解谓未来一切，诸怨境也。宾云：如见张人。云与王人有怨，即言彼王人可中与我作怨，必见彼，我杀也。此是于未来境起恶心也。"（大觉：《四分律钞批》卷七本，《卍新续藏》第42册，第809页）

"怨"通过去、现在，都是境的"狭"，"怨"贯穿在整个三世，就是"宽"，故大觉说："能缘之心，唯局现在心名狭。所缘境通三世，曰宽也。"①

　　"缘境宽狭"实际上就是要说明心发戒缘，境有宽狭的意思。道宣执《成实论》为说，曰："《成论》问：为但于现在得律仪，从三世众生得耶？答三世众生所得，如人供养过去所尊，亦有福德，律仪亦尔。三发戒，现在相续心中得。四防非者，但防过去未来非，现在无非可防。"②以《成实论》角度来看，众生之受戒得律，不在今世，而在三世。因过去业得现在果，或过去因造现在业，过去尊佛，现在有福德，犹如"祭祀先祖，亦成孝子。此言证知境通三世"③。"律仪亦尔"，是说戒律也通三世，故亦是"三发戒"。众生所发之戒，贯穿三世之律仪，以心发戒，主动发戒是善戒，在现在心中发起，故"现在相续心中得"。戒是防非止恶，发戒心念念不住，刹那而起，"'非'若未起，则属未来。'非'若才起，即属过去"。④就像烈焰剿过刀锋，刀刃退火，不再锋利，刹那之间现在世已过，度入未来世，可知现在世无法防护，故"现在无非可防"。

　　这里就会出现一个问题，既然是三世心中相续而得，过去世与未来世中，律已经把恶心动念限制了，现在何会再出现以戒来防非呢？道宣自设问答："问：毗尼殄已起，戒防未起，何得言断过去非耶？答：境虽过去，非非过去，犹是戒防未起非。又解云，一专精不犯戒，防未起非。二犯已能悔，还令戒净，即除已起非。余如戒本疏解。然则缘境三世，得罪现在、过、未二境，唯可起心说。言三世发也，若据得戒，唯在现在一念。《成论》云，慈悲布施是亦有福，戒亦可尔，以通三世，皆与乐意。又云，慈功备物，但通现在，过、未已谢。戒则不尔，要必普周。若作偏局，一向不合，故多论云，以恶心随戒，有增减故。"⑤"毗尼"是"律"，亦名"善治"，能治贪嗔痴等恶。又言"调伏"，能调练三业，制伏过"非"。"殄"是灭也是起。毗尼有七支，即"身三口四"之恶业。身三者是杀生、偷盗、邪淫；口四者是妄言、绮语、恶口、两舌。此七支

①　（唐）大觉：《四分律钞批》卷七本，《卍新续藏》第 42 册，第 809 页。
②　（唐）道宣：《四分律删繁补阙行事钞》卷中，《大正藏》第 40 册，第 53 页。
③　（唐）大觉：《四分律钞批》卷七本，《卍新续藏》第 42 册，第 809 页。
④　（唐）大觉：《四分律行事钞批》卷七本，《卍新续藏》第 42 册，第 810 页。
⑤　（唐）道宣：《四分律删繁补阙行事钞》卷中。

是十恶中之前七恶。"毗尼"灭掉贪嗔痴，生起善治，但是"戒"防之心尚未起，这时断言防过去世的"非"是没有依据的。大觉律师注解曰："如怨家已死，是境过去。对现在死尸，若作心斩截，即得罪，故知还成非也。今止不斩，是防未非，故曰非非过去。今要以戒防此非，令不起也。若坏死尸，还得兰罪，明知死尸是我非境，此义证知。"① 过去的"非"既然能被毗尼所灭，其境已无，"随境而论，故言过非，其实是未非"②。如果心中还有那个"非"想，就是还有"非"，重要的是要在心中去除那个"非"，而那个去除的"非"，最终还是要依靠"戒"来完成的。道宣又说，专门精持不犯戒，是防未起的"非"。犯戒但能忏悔，再回到戒的清净，是已除却了的"非"。心缘的戒境是三世，犯罪是现在，过去与未来只能依心而起，所以三世发戒，其实就是唯现在一世得戒之念头引发而已。

《成实论》说，慈悲布施是亦有福德，"如人布施三世，然过、未二世，虽无人受用施物。望能施人心普故，于三世众生，通得施福也"③。戒也如此。戒通三世，其目的是与人为乐，生起乐意想。"将戒类上布施也。布施既通三世得福，受戒亦缘三世众生，有拔苦与乐之心，方得其戒。故引布施义来，证明知戒从三世发也。"④ 慈悲布施与现在世相通时，过去世和未来世是不存在的。"然唯现在得福，以现在众生业益。过、未不蒙其益，岂得福也。"⑤ 但是戒则不是，戒"要缘三世，不同施物"⑥。戒若要存在，必定是普及周全的，如果只是偏局一隅，就与过去与未来不合，所以很多论书都说，以恶心随顺戒行，"恶心不死，能、非能互转生是也"⑦。戒的力量也会发生增减的变动，故"若怀恶心，因是不发得戒，还有增减"⑧。

道宣又从防非的角度再设问答：

---

① （唐）大觉：《四分律钞批》卷七本，《卍新续藏》第42册，第810页。
② 同上。
③ 同上。
④ 同上。
⑤ 同上。
⑥ 同上。
⑦ 同上。
⑧ 同上。

　　问：戒从三世发，唯防二世非者？答：若论受体，独不能防，但是防具，要须行者秉持，以随资受，方成防非。不防现在，以无非也。若无持心，便成罪业。若有正念，过则不生故也。然又以随资受，令未非应起不起，故防未非。若无其受，随无所生，既起恶业，名曰过非。为护受体，不令尘染，忏除往业，名防过非。①

　　道宣对三世戒防二世非的疑问做了解答，指出受戒者的主体，即自身是不能够"防"的，"受若不持，即得罪故。向若不受，无戒可犯。今望此戒，便是罪业之业因也"②。之所以要强调"防"，就是要持戒行者秉承和持守，随顺戒行的加持，才能完成防非一事。③ 受是本体，随是枝条，"若根本未立，故枝条无寄也"④。若不防现在的"非"，就是无"非"。若没有持心之防，仍然在造罪业，故应"由先摄心，后则不犯，故曰过则不生，如作不净观成就，则不犯淫。慈离杀，少欲离盗等"⑤。若有正念生起，过去的"念"就不再生，所以随顺资受的缘境，可以让未来的"非"应起不起，这就是防"未非"。如果没有"非"的受体，"非"就随"无"而生，所起的恶业，就是过去的"非"。"只为戒体不自能防，但是防具。若有人制御，即能防非。若无人御，故不能防非。所以非还起也。"⑥ 为了保护受体的清净，不为世尘所染，忏悔除去往日所造的恶业，防止过去的"非"再起。故道宣强调："若尔戒必防非，非何故起？答：要须行者随中方便，秉持制抗，方名防非。如城池弓刀，拟捍击贼之譬。"⑦ 道宣说得很明白，制戒的目的就是止恶防非，所谓的"防非"就像在城池用弓箭和大刀御敌于城外。"弓刀本拟御贼，喻受本拟防非，对

---

　　① （唐）道宣：《四分律删繁补阙行事钞》卷中，《大正藏》第 40 册，第 53 页。
　　② （唐）大觉：《四分律钞批》卷七本，《卍新续藏》第 42 册，第 811 页。
　　③ 如（唐）大觉：《四分律钞批》卷七本曰："然又以随资受等者，谓随行中，资助其受体也。若无其受随，无所生等者。"《卍新续藏》第 42 册，第 811 页。
　　④ （唐）大觉：《四分律钞批》卷七本，《卍新续藏》第 42 册，第 811 页。
　　⑤ 同上。
　　⑥ 同上。
　　⑦ （唐）道宣：《四分律删繁补阙行事钞》卷中，（《大正藏》第 40 册，第 53 页）。（后唐）景霄：《四分律钞简正记》卷九："疏羯磨云，如世弓刀深能御敌，终须执持，乃陷前阵也。"（《卍新续藏》第 43 册，第 248 页）。

境与治方便是随，喻人执持击贼也，则喻作持也。"① 受戒者持戒方便修行，坚持以戒抗恶，名为"防非"。

戒体"缘境宽狭"第三门，目的还是要说明受戒者的心与外境之关系，"谓明能缘之心，及所缘之境"②。就"心"而言，指的是现在世，就境而说，指的是通过去、现在、未来之三世，连接"心"与"境"的链接点则是"戒"，以受为根本，以随顺为条件，最终的落脚点在"心"之认识。故大觉律师说："若论得戒，是现在一念中得，今若犯此戒得罪，但约比丘现在身上得罪，不可结过、未之身。罪也，唯可起心说，言三世发者，此明虽缘三世境得戒但可言，戒从三世发不可言。若毁戒，三世俱得罪。"③ 讲发心，讲三世，正是"即云欲使持者有勇励"④。所有的戒学理论都是"一则自济，识相护持。二则教他"⑤。止恶防非在于人之自觉，受体的自济，所以"但是防非之具，俱须人御，方能有用"⑥。

（4）发戒数量。戒体中门四门中的第三门是"发戒数量"。

这是发戒时，"谓约情境数量多少也"⑦。说明发戒由"情境"和"数量"两方面所决定，同时说明了戒的种类。别解脱戒是基本的佛戒，其特点是"论体约境，实乃无量"。"体"是戒体，"境"是"体"所面对的现实，虽然佛戒归根结底就是"作戒"与"无作戒"两种，但是因为"戒本防恶，恶缘多故，发戒亦多。故《善生》云，众生无量，戒亦无量等"⑧。

佛教理论体系复杂，派别众多，经典亦多，对戒律的看法也不同。道宣以经典为例，列举了不同经典的发戒"情境"之说法。

道宣指出，《俱舍论》说，"戒从一切众生得定，分、因不定"⑨。因为戒是让众生起善而决定发起的，不害一切众生的生命才能得戒。但是受

---

① （后唐）景霄：《四分律钞简正记》卷九，《卍新续藏》第 43 册，第 248 页。
② （唐）大觉：《四分律钞批》卷七本，《卍新续藏》第 42 册，第 809 页。
③ （唐）大觉：《四分律钞批》卷七本，《卍新续藏》第 42 册，第 810 页。
④ （后唐）景霄：《四分律钞简正记》卷九，《卍新续藏》第 43 册，第 248 页。
⑤ 同上。
⑥ （唐）大觉：《四分律钞批》卷七本，《卍新续藏》第 42 册，第 811 页。
⑦ （后唐）景霄：《四分律钞简正记》卷九，《卍新续藏》第 43 册，第 238 页。
⑧ （唐）道宣：《四分律删繁补阙行事钞》卷中，《大正藏》第 40 册，第 52 页。
⑨ （唐）道宣：《四分律删繁补阙行事钞》卷中，《大正藏》第 40 册，第 53 页。（北宋）元照：《四分律删补随机羯磨疏济缘记》卷三之一亦云："《俱舍》云得戒有三，一切境，一切分、一切因。一切生境得戒是定，分、因不定。"（《卍新续藏》第 41 册，第 268 页。）

戒的"情境"因人而有分别，如"有人从一切分得戒，谓受比丘戒。有人从四分得，谓受所余诸戒，即五、八、十戒也"①。

《俱舍论》将得戒分为三种情况，即一切境、一切分和一切因皆能得戒，但是每个得戒的情况与后果也不一样。"一切境"是众生所发戒时所持的一切对境，"约受时，于一切境上，总作断恶之心，即发戒周遍也"②。又因为"令一切境上起慈愍心者。羯磨疏云，增上心中，救诸众生，即慈善根，谓佛心也"③。由此可知，受"一切境"得戒者，是由心而发出的，所以他是"初明缘境者，谓初且明所缘之境遍于法界也"④。也正因为"所缘之境"包摄了一切，遍及所有（法界），所以"一切境"是具足的，所发的戒是定戒。⑤

"一切分"⑥是毗尼七支，即身三口四之恶业。"尽防七支之罪，故曰一切分。"⑦若说可以断灭七支，按《四分律》说受五戒、八戒和十戒者，可断身三口一四支。⑧"一切因"是由戒因而发生的戒，有上中下三品，"下品心受五戒，中品心受十戒，上品心受具戒"⑨。又因为"一切分"和"一切因"都是"若立无贪嗔痴为戒生因，从一切得，以不相离故"，⑩所以它们都是不具足的，是不定戒。⑪但是也有人认为，"一切

---

① （唐）道宣：《四分律删繁补阙行事钞》卷中，《大正藏》第 40 册，第 53 页。

② （后唐）景霄：《四分律钞简正记》卷九，《卍新续藏》第 43 册，第 230 页。

③ （唐）大觉：《四分律钞批》卷三本，《卍新续藏》第 42 册，第 728 页。

④ 同上。

⑤ （唐）大觉：《四分律钞批》卷七本云："发戒要从法界上，一切众生，立誓断恶。若于一众生中，恶心不尽，戒则不发。此是定义，故曰得定也。"《卍新续藏》第 42 册，第 811 页。

⑥ （北宋）允堪：《四分律随机羯磨疏正源记》卷七（《卍新续藏》第 40 册，第 874 页）云："以上品心受，必无中、下二心，故曰三品不俱，故一切分，具发七支也。"（北宋）元照：《四分律删补随机羯磨疏济缘记》卷三之一（《卍新续藏》第 41 册，第 269 页）云："一切分，谓七支戒。""又唯具戒，具发七支，则一切分，唯在比丘，尽犹足也。"（唐）大觉：《四分律钞批》卷七本（《卍新续藏》第 42 册，第 812 页）云："尽防七支之罪，故曰一切分。"（后唐）景霄：《四分律钞简正记》卷九云："谓七支戒，名一切分。"《卍新续藏》第 43 册，第 250 页。

⑦ （北宋）允堪：《四分律随机羯磨疏正源记》卷七，《卍新续藏》第 43 册，第 250 页。

⑧ 亦有说"四分"是"即身三口一也。"参见（北宋）允堪《四分律随机羯磨疏正源记》卷七，《卍新续藏》第 40 册，第 874 页。

⑨ （北宋）允堪：《四分律随机羯磨疏正源记》卷七，《卍新续藏》第 40 册，第 875 页。

⑩ （唐）道宣：《四分律删繁补阙行事钞》卷中，《大正藏》第 40 册，第 53 页。

⑪ （北宋）元照：《四分律删补随机羯磨疏济缘记》卷三之一（《大正藏》第 40 册，第 272 页）："若论生境，唯具方得。分、因不具，容可得戒？"

分"是具足戒，"一切因"是不具足戒，如大觉说："分，不定义也。谓七支是身分，故曰分也。若受具戒，要从一切分得，谓断身三口四也。若受五、八、十戒，但从四分得，即身三口一，亦名四支也。"①

道宣指出，从"一切境"得到的众生得戒是最重要的，"若不从一切众生得戒，则无也。何以故？由遍众生起善方得，异此不得"②。得戒的基础就是要有"善"，否则就不可能得戒。"一切境"是对所有的生命生起善心，所以"一切生境，言无一众生上不发也，此是定义"③。它的功德最广，也最重要，"发戒要从法界上，一切众生，立誓断恶，若于一众生中，恶心不尽，戒则不发，此是定义，故曰得定也"④。这是从"能"（主动）的方面得戒。但是在起善的同时，还要看到"恶"的影响仍然存在，因为"恶意不死"，如有人还可能怀有"杀"和"斗"的恶想法，"且如水中众生，我离杀，陆地不离杀，即不发戒"⑤，对这样的人，只能"得善不得戒"。⑥ 这是从"所"（被动）方面去得戒。道宣最后强调，"能"与"非能"可以互相转换，在这个情况下，"若从所、能境得戒，此则有损减过"，⑦ 所以重要的是受者要"则离得舍，因缘得戒舍戒，此义自成。……恶心不死，故不成溥用"⑧。"溥"通"大"，指不对众生起善意，就是"恶心不死"，故不成大用也。

道宣又以《毗婆沙》为例，说："《毗婆沙》问云：若尔草木等，未有有时生灭，岂非增减？众生入般，岂非减耶？义解作四句，一心谢境不谢，圣无烦恼，以境不尽，故戒在不失。二境谢心不谢，入般草死，戒不失，由心过罪在故。三心境俱不谢可知。四心境俱谢，根转之时，不同戒失。"⑨ "般"是"般涅槃"，指众生"灰身灭智"的生命逝去。春天草物萌生，冬天草物入灭，万物增减规律乃不可违。"四句"指的是四种不同的情况。第一，众生入般涅槃，虽然生命已失，但是从善如流的戒是不失

---

① （唐）大觉：《四分律钞批》卷七本，《卍新续藏》第 42 册，第 811 页。
② （北宋）道宣：《四分律删繁补阙行事钞》卷中，《大正藏》第 40 册，第 53 页。
③ （北宋）允堪：《四分律随机羯磨疏正源记》卷七，《卍新续藏》第 40 册，第 874 页。
④ （唐）大觉：《四分律钞批》卷七本，《卍新续藏》第 42 册，第 811 页。
⑤ 同上书，第 812 页。
⑥ （唐）道宣：《四分律删繁补阙行事钞》卷中，《大正藏》第 40 册，第 53 页。
⑦ 同上。
⑧ 同上。
⑨ 同上。

的。这是因为，心虽然已经谢灭了，但是面对的心境却仍然是存在的，圣人之所以不生烦恼，是因为境不消失，戒也不会失去。第二，境已经不在了，但是心还在，即使生命像草一样死去了，但是戒还是存在的，这是因为心里还存有去恶为善的意念。第三，心境都在，可知戒将会在。第四，心境都不存在了，生命之根开始流转，不同的戒也会失去。道宣之所以在这里将《毗婆沙》的心境关系展开，就是要说明"约前四戒说不失，皆谓境谢心不谢故"①。心在戒里是最重要的，境只是心的一个外缘，善心才是真正的戒之所依。众生依据所修的业有轮转受报，是不定的，这是"能"与"非能"的关系，可以相互转化而生，但是草木有枯叶永无轮转，没有"能"与"非能"之转化，所以"人死而识在故，得前后论。草死性永亡故，不可为例"②。

以上道宣从"心"与"境"的关系论说戒之存在的情况，接着他论述了"境"与"戒"之间存在的数量关系。他说：

> 《萨婆多》云，于非众生上亦得无量戒善功德，如三千世界。下尽地际，伤损如尘，皆得其罪。翻恶成善，一一尘处，皆得戒善，乃至一草一叶一华，反罪顺福，皆入戒门。故《善生》云，大地无边戒亦无边，草木无量戒亦无量，虚空大海戒德高深，亦复如是。……多论又云，于三千大千世界，下至阿鼻，上至非想，于一切众生上，可杀不可杀，乃至可欺不可欺。此一一众生乃至如来有命之类，以三因缘一一得戒。又以此推，出家僧尼及下三众奉戒德瓶行遵圣迹，位高人天。良由于此，端拱自守，福德恒流故。③

"三千大千世界"是佛教对宇宙的基本看法，它是由一个中千世界组成，一个中千世界又由一千个小千世界组成，大中小三千世界组成了一个大千世界。宇宙是由无数个大千世界组成，就像一张重重无尽的网，交织变幻。世界上有属于人类和动物的众生，还有诸如草木非动物的众生，从佛性论的角度来说，万物皆有佛性，因此三千大千世界的万物都是"伤

---

① （北宋）允堪：《四分律随机羯磨疏正源记》卷七，《卍新续藏》第 40 册，第 875 页。
② 同上。
③ （唐）道宣：《四分律删繁补阙行事钞》卷中，《大正藏》第 40 册，第 54 页。

损如尘，皆得其罪”。道宣从“原罪”的角度解释了世界众生的罪恶特性，但是他更强调的是要“翻恶成善”，亦即“一一尘处，皆得戒善，乃至一草一叶一华，反罪顺福，皆入戒门”。既然万物都可以从善入流得戒，那么在这个“戒门”里面的戒当然就是无数的，像大地与草木一样无边无量，其所获的戒德也像大海一样高深而不可测。众生之中有生命体征的人类因有无贪、无嗔、无痴之三因缘①而得戒，“依情境发三因缘者，单历三毒”，②由此可知，出家僧尼与佛教徒以戒自守，仿照圣人行迹，皆可拥有戒德，位高人天，获得福德恒流。

道宣又说：

> 《明了论》云，四万二千福河恒流。解云，谓四万二千学处一切恒流，其犹河水，洗除破戒烦恼。言四万二千者，谓根本戒有四百二十，所以尔者，如婆薮斗律，戒有二百，多明轻戒。优婆提舍，戒有一百二十一，多明重戒。比丘尼别戒九十九，合成四百二十，是一一戒。有摄僧等十功德，一一功德，能生十种正行，谓信等五根，无贪等三善根，及身口二护。一戒即百，合成有四百二十，岂非四万二千？又解云，无愿毗尼者，谓第三羯磨竟时，四万二千学处一时并起，无一戒不生，故称无愿。据斯以求戒德恒流。问僧尼二众戒数各别？何以无愿毗尼直言四万二千耶？一解，此总举二众以说。若取实理，各随本戒。又释，以转根义证比丘悬发得尼戒，俱有四万二千。③

佛教以五戒、八戒和十戒为基本戒，对出家之人的要求则更严格，有根本戒四百二十戒，持戒者会有功德衍生，每一戒有十种功德，每一功德

---

① “三因缘”有多种说法，如（唐）大觉《四分律钞批》卷七本（《卍新续藏》第42册，第813页）曰：“言三因缘者，即三毒也。反三毒，即为三善根，发得戒也。”又（北宋）元照：《四分律删补随机羯磨疏济缘记》卷三之一（《卍新续藏》第41册，第263页）曰：“常生除三因缘，一前事毁坏，二造者命终，三起大邪见，便善业断，翻善例恶，可以相明，如畜鞭杖弓刀苦具，随削事在，恶业恒续。”本文采用大觉的说法，特此说明。

② （北宋）元照：《四分律删补随机羯磨疏济缘记》卷三之一，《卍新续藏》第41册，第270页。

③ （唐）道宣：《四分律删繁补阙行事钞》卷中，《卍新续藏》第40册，第54页。

又生起十种正行，所以四百二十戒可以衍生出来四万二千戒，这么多的戒，实际上还是表明戒是无边无量的约数，所以出家人"故三归羯磨俱，无戒数之文"①。

但是道宣也指出了，对佛教七众来说，虽然戒可以是无量无边的，然而毕竟对众生来说还是要有具体可操作性，例如："五戒者，于一切众生乃至如来皆得四戒，以无三毒善根得十二戒，并一身始终。三千界内，一切酒上，咽咽皆得三戒，以受时一切永断。设酒灭尽，罗汉入般。戒常成就，准以义推。女人身上淫处有三，男上有二，发由三毒。单配则女人所得十八戒，男子十五戒。非情一酒亦得三戒。八戒发者，众生同上。非情得五，十戒三众，情及非情，同大僧发。"② 这是说五戒中的杀、盗、淫、妄语四戒（即身三口一四支）是一切众生都要持的戒，又以无贪、无嗔与无痴三毒相配，共得十二戒，此十二戒一直贯穿众生的一生。但是酒戒则要另说，因为有的人喝酒，有的人不喝酒，而且在佛教看来，酒能乱性，杀伤力更大，很多人都在喝了酒以后才犯恶错，所以道宣更强调："三千界内，一切酒上，咽咽皆得三戒，以受时一切永断"。只要沾上酒，就有了贪、嗔、痴三毒，除非戒掉了酒，才能永远断绝三毒，才能做罗汉，得涅槃。由此类推，淫戒也是这样，因为淫是来自身体器官与感官，男女因身体构造不同而有区分。按佛教所说，女人身上的三处"淫处"或"非处"为"大小便道及口"，③ 亦称"三疮门"。身三口一四支中，因有三处"淫处"与杀盗妄三支为六境，再与三毒接触，共成十八戒。④ 男人身上淫处是大便道及口二处，减去十八戒中的小便道三戒，故成十五戒。⑤ 与五戒相同的是，八戒也是一个道理，扩展到十戒也是一样，如身

① （唐）道宣：《四分律删繁补阙行事钞》卷中，《大正藏》第 40 册，第 54 页。

② 同上。

③ （后秦）佛陀耶舍共竺佛念等译：《四分律》卷二十二（《大正藏》第 22 册，第 714 页）云："比丘尼有淫心，捉人男根，着三处大小便道及口。入者犯。不入者不犯。"

④ （唐）大觉：《四分律钞批》卷七本（《卍新续藏》第 42 册，第 814 页）云："女人所得十八戒者。立云，身三口一，淫处有三疮门，更剩得两支，并前是六境。三毒历之，成十八也。"（北宋）从义：《天台三大部补注》卷十二（《止观辅行三》（《卍新续藏》第 28 册，第 358 页）云："三处谓大小便道及口。淫处分三，并杀盗妄成六，以贪嗔痴历之，成三六十八戒。"

⑤ （北宋）从义：《天台三大部补注》卷十二《止观辅行三》（《卍新续藏》第 28 册，第 358 页）云："十五者，但除小便道中三戒。"

三口四七支，"以贪嗔痴起，故成二十一戒"①。再如，女人淫处为三，加上杀盗与口四（妄语、恶口、两舌、绮语）六支成为九处，再与七毒（贪、嗔、痴、贪嗔、嗔痴、痴贪、贪嗔痴）② 相接，共有六十三戒。男人淫处为二，加上杀盗与口四（妄语、恶口、两舌、绮语）六支成为八处，再与七毒相接，共有五十六戒。③ 总之，不管是有生命的"有情"还是没有生命的"非有情"，就如《善生经》所说的众生、大地、草木、大海及以处空五种为量，皆可生戒、获戒，因为法境是无限的，戒也应是无边的，故"法界之中情与非情，各得诸戒无量无边"④。

道宣总结了戒的情况，即以身三口四根本七支为基础，可以将戒都摄入其中。但是也有例外的时候，如像杀与打这两种戒就有根本区别，反映了定罪（罪性）的不同。前者是果罪，置于死命，后者是因罪，只是恼他，有轻重不同的根本区别，因此"杀"是根本戒，"打"是余戒，而这一类的戒都被归于"业戒"之中，⑤ 属于配戒之"所谓善恶法也"。⑥ 也因为这两种戒的起心不同，戒体也不同，是为"体异"。道宣最后总结了戒的四种情况："一者善而非戒，谓十中后三是也。律不制，单心犯也。二戒而不善，即恶律仪。三亦善亦戒，十善之中前七支也，以不要期，直尔修行，故名善也。反此，策励故名戒也。四俱非者，身口无记。"⑦ "善而非戒"是指有十善业⑧中的最后三个善业——不贪、不嗔、不痴之三意

---

① （唐）道宣：《四分律删繁补阙行事钞》卷中，《大正藏》第40册，第54页。

② （北宋）允堪：《四分律随机羯磨疏正源记》卷七（《卍新续藏》第40册，第875页）云："三单，贪嗔痴也。三双，贪嗔嗔痴痴贪。一合，具贪嗔痴。共成七毒。"

③ （北宋）允堪：《四分律随机羯磨疏正源记》卷七（《卍新续藏》第40册，第875页）云："男开淫支为二，女开为三，便成女人九处，男子八处也。六十三戒，七九成之。五十六，七八成之也。"（北宋）从义：《天台三大部补注》卷十二《止观辅行三》（《卍新续藏》第28册，第358页）云："一名为七门九处八处者，七支中女开淫支成三，男开成二，故六十三者，七九以成之也。五十六者，七八而成之也。"

④ （唐）道宣：《四分律删繁补阙行事钞》卷中，《大正藏》第40册，第54页。

⑤ （唐）大觉：《四分律钞批》卷七本（《卍新续藏》第42册，第815页）云："杀是果罪，谓断命也。打是因罪，谓恼他也。既因果不同，轻重有异。今能防之心，望此因果轻重，随心差别，故曰体异。"

⑥ （唐）道宣：《四分律删繁补阙行事钞》卷中，《大正藏》第40册，第54页。

⑦ 同上。

⑧ "十善业"是佛教对世间善行的总称。它是以三种身业（不杀生、不偷盗、不邪淫）、四种语业（不妄语、不恶口、不两舌、不绮语）及三种意业（不贪欲、不嗔恚、不邪见）所组成的。又称十善道、十善业道、十善根本业道或十白业道。

业，因为它是受心所指使，所以不需要用律来限制。① "戒而不善"是指因作恶不善而获得戒，只能以律仪来限制。② "亦善亦戒"是指存善行又持戒的情况。存善是存十善业中前七善业，亦即不杀生、不偷盗、不邪淫三种身业和不妄语、不恶口、不两舌、不绮语四种语业的修行，以及持戒不犯。③ "俱非者"是指身口活动处在非善非恶的情况中，故为"无记"。④ 以上四种情况，最后可以归结为善戒、恶戒两种，"无记"因为处于"非善非恶"的情况，故不用计入戒之种类。

最后，道宣做了"戒"与"律"的区别，他说：

> 问：戒与律仪行相差别如何？答：通行无涯是律仪也，对境禁约是戒仪也。如比丘具缘受已，见生不杀，望此一境，名持杀戒。望余四生，名持律仪。若杀此生，名犯杀戒，余生不杀，不犯律仪。若就恶律仪解，望杀一羊，名持恶戒。望余通类有生皆罪，是持律仪。⑤

道宣用"杀戒"作为例子，讲解"戒"与"律"的不同，如已经受戒的出家人，见到某一生命持不杀戒，这就是"戒"。由此心将怜悯扩展到有情四种生命（"四生"⑥），这时就是律了。所以，"戒"和"律"的区别是，针对某一特定行为制定的条约是戒，具有广泛与普通效力的约束条约就是律。戒和律的区别，实际上就反映了众生在不同层次上的行为，

---

① （后唐）景霄：《四分律行事钞简正记》卷十（《卍新续藏》第 43 册，第 254 页）云："善非戒者，如十善中后三。谓无贪嗔痴，但得名善。而为戒因不得名戒，戒是业防警祭。然佛不制故，声闻意地单心犯者，故非戒也。疏云，但制意地，非所持故，总制此三为戒。生因从一切得，非是所持也。"

② （后唐）景霄：《四分律行事钞简正记》卷十（《卍新续藏》第 43 册，第 254 页）云："戒而不善者，谓屠儿以恶，禁其善法，则名为戒，故非善也。即恶律仪者，以恶简之，由戒名通善恶故。"

③ （后唐）景霄：《四分律行事钞简正记》卷十（《卍新续藏》第 43 册，第 254 页）云："亦善亦戒者，疏云前七随分修行名善，要须普周名戒。"

④ （后唐）景霄：《四分律钞简正记》卷十（《卍新续藏》第 43 册，第 254 页）云："俱非者，谓身口等业，恒无记故，非善恶戒。"

⑤ （唐）道宣：《四分律删繁补阙行事钞》卷中，《大正藏》第 40 册，第 54 页。

⑥ 四生者，一切有情，有四种生。一胎生（亦作"腹生"），如人类在母胎成体而后出生者。二卵生，如鸟在卵壳成体而后出生者。三湿生（亦作"寒热和合生"），如虫依湿而受形者。四化生，无所依托唯依业力而忽起者，如诸天与地狱及劫初众生皆是也。

在戒学体系里面，戒是最底层的条约，律则是在戒之上的条约，如杀戒是专门用在限止杀的行为上的，它属于佛教三学之一律学的内容。所有这些都是旨在表明控制众生行为的不同对治方法，目的是"翻恶为善"，其基础是善。但是在具体实践中，佛教界更多地将两者连用，称为"戒律"。

戒体中门四门中的第四门是"发戒数量"，是论述戒与情境两者在数量上的关系，其基础是善恶两种思想，通过分析具体的行为及其所在的情境，决定了受戒者的行为，这既是一种佛教伦理，也是社会伦理在佛教界内部的反映，它能保证佛教与社会接轨，与社会伦理重合，是佛教响应社会伦理的诉求、积极参与社会生活的表现。大觉说："以互生故，既不发戒，故曰戒则无也。疏云，戒是群从行之首，岂随分学，望成大善，义不可也。"① 这就说明了人的行为离不开社会生活，没有社会生活就不可能发戒。要保证社会有序运转，必须要制定一定的行为准则，而且要有一个大家都能接受的指导思想，佛教的"善"与社会伦理的"善"行是吻合的，在此之下制定出来的戒律则得到了社会与佛教界内部的认可，戒被视为"群从行之首"，执行戒律，即可"望成大善"。虽然众生面对的情境众多，其行为也大异，但佛教将这些行为都做了规范的解读与限制，从理论上讲有无边无量的戒，道宣说："今又述者以世俗多迷，故广铨叙，意存识相，知法自济，兼人故也。然所发戒数，随境无量，要而言之，不过情与非情，有无二谛摄相，皆尽任境而彰。"② "情与非情"皆为有无二谛所摄，并通过境来彰显，但是最后则归结为五戒十善伦理和善恶两种思想，并且将所有的戒推到了心识戒体的层面，这既保证了佛教的纯洁，也说明了心识戒体在执行戒律中所起到的重要指导作用。

（三）结语

沙门元照说："夫戒体者，律部之枢要，持犯之基本，返流之源始，发行之先导。但由诸教沈隐，道理渊邃，是以九代传教，间出英贤。虽各逞异途，而未闻旨决，逮于有唐，独我祖师，穷幽尽性，反复前古，贬黜浮伪，剖判宗旨，斟酌义理，鼎示三宗，诚所谓会一化之教源，发群迷之慧日者也。"③ 元照说出了戒体在戒学中的重要性，也指出了戒体在唐代

① （唐）大觉：《四分律钞批》卷七本，《卍新续藏》第 42 册，第 812 页。
② （唐）道宣：《四分律删繁补阙行事钞》卷中，《大正藏》第 40 册，第 53 页。
③ （北宋）元照：《芝苑遗编》卷上，《卍新续藏》第 59 册，第 620 页。

出现的主要原因。戒学传入中国，道宣之前的数代祖师们一直在努力翻译戒条，钻研戒学，积累了大量资料，"犹赖垂文不坠，明若星日，贞如金玉，故幸得而闻也"①，道宣的戒学体系得以充足建立。道宣强调："必须因随对境防拟，以此随行至得圣果不亲受体，故知一受已后，尽寿已来，方便正念护本所受，流入行心三善为体，则明戒行随相可修。若但有受无随行者。反为戒欺流入苦海，不如不受无戒可违，是故行者明须善识，业性灼然，非为滥述。"② 以戒体为中心，强调"持犯立忏"特点，以此来保持"戒体光洁"。"以净心之外无一法故"，"如人无心杀生不得杀罪，故知以心为体"，"是故行者明须善识，业性灼然"，这就把"心识"作为戒体，把大乘的唯识思想引入戒学之中，与过去小乘的别解脱戒有了根本区分，这是道宣戒学的特胜之处。

戒体四门分之架构是一个整体。元照又说："戒体四门，初二论体，二中兼行，三四属法，四中有相。初料五章，初立二戒，乃至第四并明二种。第五独论无作。又前四局戒，义通善恶。后科通杂，正为显戒，明多少中。初文为三。初究受多识少。太（应为'大'，引者案）唐之世，释门兴振，英俊如林，尚云三五。况今衰末，焉可言哉。"③ "戒体相状门"重点论述了作戒与无作戒，强调无作戒的重要作用，使之成为戒体的核心。"受随同异门"说明受戒时主体与客体的关系，"谓受是根本，随依受起，故随是枝条"。这就确定了受戒活动的主体，以及因此而带来的随依作戒，分别出不同和品级的情况，反映了"心"的浓淡。"缘境宽狭门"分析了心与外境的关系，心是能缘，因受制狭。境是所缘，范围宽大，但最终还是受制于心，因为"心"呈现出主体的地位。"发戒数量门"指出了因境的变化而出现的不同的戒境和戒的数量，却恶立善是发戒的基础，翻恶为善则是持戒功德的成就，所有的戒条最终都归为心念之中，坚立善念，立誓断恶，是为定戒。"戒体四门"是一个构造精良的体系，由内到外逐渐分析了戒体的组成与范围，无作戒作为戒体的基础，确立了戒体的性质。受者是戒体的主体，指导着戒行的运动。由于"心"的能动认识作用，把宽广的戒境转换为"心"之所驱，又由戒境的变化，

---

①　（北宋）元照：《芝苑遗编》卷上，《卍新续藏》第 59 册，第 620 页。

②　（唐）道宣：《四分律删繁补阙行事钞》卷中，《卍新续藏》第 40 册，第 54 页。

③　（北宋）元照：《四分律行事钞资持记》卷中一上，《卍新续藏》第 40 册，第 267 页。

使戒条的数量变成了不定。由此可知，以戒体为中心，一步步将戒的特点剥离出来，再将其境界和范围逐渐增大，最后归结到心识，戒体的学说成为一个既有其性又有宽狭，还有数量的上下立体、张合有度的一个实实在在的体系，为我们如何认识戒的性质、功能与作用提供了借鉴。

但是，道宣在建构他的戒学体系的时候，虽然思考缜密，体系严谨，中心突出，论证深入，引材广泛，不尚空谈，但由于其文字精练，惜文却有文存理隐的悬念，给后人理解他的学说带来了一些困难，"故使祖师遗训，戒体极谈，几于熄矣"①。对戒体说的理解产生歧异，"故使任意私说殆六七家，各谓指南，宁知所适，既无是处，不益后来"②。元照进一步指出：

> 诸宗义学，所惑当时故。略责四过，使是非区别。一大小混滥，二圆义偏乖，三妄分两体，四辄隐圣文。
>
> 初大小混滥者。彼谓《四分》假宗③种子为体（增晖④亦然，但取种子上功能为别）。且种子者，尚非经论权浅所谈，何况小乘律部耶。又，若谓假宗体是种子者，非色非心，又是何物耶？又，假宗既言种子，后立圆教，戒体何为耶？如此妄言，颠乱教旨，不可轻恕。
>
> 二圆义偏乖者。圆者，融通贯摄，非异非偏义也。彼说圆教⑤戒

---

① （北宋）元照：《芝苑遗编》卷上，《卍新续藏》第 59 册，第 621 页。

② 同上。

③ （北宋）元照：《四分律删补随机羯磨疏济缘记》卷三之一（《卍新续藏》第 41 册，第 246 页）云："小教入道，不出四宗，一空、二有、三双亦四双非。今取此方盛行，故唯有二言，假宗者，彼明诸法缘生故空，故名空宗，但有名字，故名假宗。又深取大乘空义，故名经部师。实法宗者，彼明我人等假名，是空阴界入等并是实有，亦名一切有宗，亦即毗昙部。"

④ "增晖"即唐代希觉律师，见（北宋）赞宁等：《宋高僧传》卷十六《汉钱塘千佛寺希觉传》。

⑤ 圆教指以名大乘穷极之实教。后魏光统律师立三教，第三为圆教。圆教之名，自此始。其后由晋《华严经》卷五十五（《大正藏》第 9 册，第 749 页）："尔时如来，知众生应受化者，而为演说圆满因缘修多罗。"又"显现自在力，演说圆满经"之经文而立名。天台宗判四教，第四为圆教，华严宗复立五教，第五为圆教。智者大师《四教仪》一（《卍新续藏》第 57 册，第 590 页）曰："圆以不偏为义，此教明不思议因缘二谛中道事理具足不别，但化最上利根之人，故名圆教也。"次就行位言之，则谓为圆顿。《华严经》说初发心时便成正觉，《涅槃经》说发心究竟二无别是也。顿者顿极顿足，诸法本圆融，故一法圆满一切法，以一念之开悟，顿疾极足佛果，谓为圆顿。此是天台所判四教中，第四圆教之所诠也。是为宗之极致，故教名圆顿宗，戒名圆顿戒，观名圆顿观。

体，乃云，因作业种，熏本藏识，永为种子，此即戒体，不同假宗。外立种子也（假宗何曾言种子为体，又种子唯一，何言不同）。既曰不同，何名圆义？又云，自浅至深，三宗迭废。既容相废，可谓圆乎。今释圆义，与彼天别，如下可见。

三妄分两体者。彼将圆教中文，自意强分作、无作二体，其妄又甚。且圆不分者，由融会假实，指破前二，即前之体是圆之体，故不可别分。彼不知此意，故多妄说。又自知不晓，乃云，然此戒体，亦多议论，可以意通，不烦叙矣。用语验心，心亦可见。

四辄隐圣文者。祖师疏文之立宗诠体，文义废立，靡不周备。而彼窃疏名目，少参自语，题为己立。匿圣之咎，何可胜言，其间妄说更多，且略提小耳。①

唐宋时为道宣著作作疏的不少于六十家，均"言依业疏三宗出体。尝考始末，得在破他，失于自解。今须破者，由名字相滥"②。"业疏三宗"是元照用来判教的说法。他说：

夫教者以诠表为功随机为用，虽广开户牖而轨度无差，虽克定楷摸而摄生斯尽。圆音随应，情虑难求，且依"业疏三宗"以示一家处判。然教由体立，体即教源，故须约体，用分教相。一者实法宗即萨婆多部，彼宗明体，则同归色聚，随行则但防七支，形身口色成远方便，此即当分小乘教也。二者假名宗，即今所承昙无德部，此宗论体则强号二非，随戒则相同十业，重缘思觉即入犯科，此名过分小乘教也。三者圆教宗，即用涅槃开会之意，决了权乘，同归实道，故考受体，乃是识藏熏种，随行即同三聚圆修，微纵妄心即成业行，此名终穷大乘教也。然今四分正当假宗，深有兼浅之能，故旁收有部，教蕴分通之义，故终会圆乘，是则大小通塞，假实浅深，一代雄诠，历然可见。③

---

① （北宋）元照：《芝苑遗编》卷上，《卍新续藏》第 59 册，第 620 页。

② 同上。

③ （北宋）元照：《四分律行事钞资持记上一上（并序）》，《大正藏》第 40 册，第 157 页。

元照判教，以南山律宗为宗，认为该宗有终会圆乘，大小通塞，假实浅深的特点，是"一代雄诠"。他把当时出现的混乱情况概括为四种："一大小混滥，二圆义偏乖，三妄分两体，四辄隐圣文。"其目标主要指向"圆宗"，焦点还在于对道宣将戒体立为心识的理解不同。有人指说假宗认为戒体是唯识学上的种子识，然而戒律为小乘律部所说，并非大乘唯识之为。又戒律若为种子，应不是假名，执其功能是"非色非心"，非假非实，不知何物？这是误解，因为假宗是大小兼通，有圆融的特点，又能深能浅，既非大乘，也非小乘。南山律宗以《成实论》作为要领，但认为《成实论》"过分小乘。教虽是小，义乖小道，虽通大乘，非全大教；比前为胜，望后还劣，是故立体两楹之间。初明作戒，色心能造，色是本教，心即过分；及论所发非色非心，非色过分，非心本教"①。所以"夫戒体者何耶？所谓纳圣法于心胸，即法是所纳之戒体，然后依体起用，防遏缘非"②。由此可知，道宣的戒体是色心与非色非心都接受使用的，具有圆融的特征。

圆宗是大乘教，把圆教判为戒体，是藏识，是种子。种子是圆满的，在种子之后立一圆教，两者同义重复。戒体是种子，是不是圆教呢？作戒与无作戒是一体二面，圆教将这二者拆分为两个实体，自违圆宗的"融通贯摄，非异非偏义"。道宣认为："愚人谓异，就之起著；或依色心，及非色心。智知境缘本是心作，不妄缘境，但唯一识；随缘转变，有彼有此。欲了妄情，须知妄业，故作法受，还熏妄心，于本藏识成善种子，此戒体也。"③道宣并不反对唯识说，也接受唯识学的熏染理论，但是他强调的是缘境要相配，识要"随缘转变"，然后才熏成善种子戒体。元照主张"故今言教则唯归律藏，语行则专据戒科，决持犯之重轻，建僧宗之轨范。此为正本，余并旁兼，犹恐专隅，更须明证"④。有名有实，作戒即是实有，以色心为体。"非色非心"只是"摄法之聚"的熏习所用，是一种表象，不是真正的实体。戒体说的正确说法是："初多宗，作、无作体二，俱是名可知。二成宗，作戒色心为体，亦可知。无作以非色非心为

---

① （北宋）元照：《四分律行事钞资持记》卷中一上，《大正藏》第40册，第253页。
② （唐）大觉：《四分律行事钞批》卷七本，《卍新续藏》第42册，第791页。
③ （北宋）元照：《四分律行事抄资持记》中一上，《卍新续藏》第40册，第270页。
④ （北宋）元照：《四分律行事钞资持记上（并序）》，《大正藏》第40册，第157页。

体者，然非色非心止是摄法之聚名，实非体状，遂令历世妄说非一。今依疏文，即名考体，直是密谈善种，但以小宗未即径示，故外立名非色非心也。故疏云，考其业体，本由心生，还熏本心，有能有用，乃至云不知何目？强号非二。细详此文，未即言善种，而曰熏心有用。密谈之意，灼然可见，应知此即考出非色非心之体耳。子隆①不知，便言四分种子为体，紊乱宗绪，深为不可。"②

总之，道宣的戒体说自出世后，既被后人奉为圭臬，加以研习，又歧出异纷，成为教内争论的学说，促进了中国佛学的深入与发展。隋唐时期佛教中国化，很重要的一点是在理论方面的中国化，也正因为理论的繁荣，促进了宗派的产生，各宗派都以自己所奉持的理论与实践为其特色，宣传本宗的学说，其中包括了道宣立的律宗南山一宗，而戒体说则成为南山律宗的最大特色之一。

五　南山律宗之后学

道宣创立了南山律宗一派，建立了自己的戒体说体系，之后在他的领导下，南山律宗一派在唐代佛教界大放异彩。"素唯寻祖萨婆开宗独步，其有终南上士澄照大师，盼蜜三生逵巡千里，交接天人之际，优游果证之中，知无不为，绳愆纠谬，以护持教法为己任者，实一代之伟人焉。是以天下言行事者，以南山为司南矣。"③

历史上南山律宗亦称"南山教"和"行事防非止恶宗"。经中记载："南山教始自优婆离尊者，于世尊灭后，集四部众结集毗尼藏，优婆离口诵圣言十番，众证无差，然后宣布。三国魏邵陵厉公嘉平二年，西竺沙门昙柯罗至洛阳，始出僧祇戒本。东晋安帝义熙三年，天竺沙门佛陀耶舍尊者以《十诵律》来，自是中夏律仪始备。拓跋魏聪律师等世禀传之，至是宣律师持守奉谨，诸天送食护卫，弘其仪度律藏，遂赫奕天下，谓之'行事防非止恶宗'。"④ 道宣曾自述："余以乾封二年二月八日及以夏初，既立戒坛，仍依法载受具戒，于时前后预受者二十七人，并多是诸方，谓

---

① "子隆"，不知何许人氏，已不可考。
② （北宋）元照：《芝苑遗编》卷上，《卍新续藏》第 59 册，第 621 页。
③ （北宋）赞宁：《宋高僧传》卷十六，《大正藏》第 50 册，第 812 页。
④ （元）觉岸：《释氏稽古略》卷四，《大正藏》第 49 页，第 818 页。

雍州、洛州、虢州、蒲州、晋州、贝州、丹州、坊州、陇州、澧州、荆州、台州、并州，如是等州，依坛受具。"① 这次受戒的，"诸有同法之俦、游方之士，闻余创建，兴心向赴者"都是道宣律师的法侣或弟子，② 计有：终南山云居寺大德僧伽禅师、京师西明寺大德真懿律师、京师弘法寺大德恒善律师、终南山云际寺大德悟玄律师、京师西明寺大德薄尘法师、京师大慈恩寺大德弘度律师、昭陵瑶台寺大德道诚律师、终南山龙池寺智善律师、京师光明寺新罗国智仁律师、华州西岳沙门法藏禅师、终南山宝德寺道光律师、荆州长沙寺智藏律师、荆州景元山无行禅师、荆州覆船山玉泉寺弘景律师、并州六通寺智琮禅师、润州明庆寺玄寂律师、衡州南岳云峰寺义本律师、洋州傥城寺道寂律师、荆州天王寺道誉法师、荆州四层寺智璇禅师、京师西明寺大慈律师、京师西明寺四依律师、齐州东岳沙门明藏禅师、荆州安宝寺慧忍禅师、荆州善集寺道恪禅师、台州天台山白岩寺慧庄禅师、襄州岘山报善寺慧璇律师、荆州升觉寺慧琏禅师、荆州开圣寺慧俨禅师、荆州陟屺寺慧奖法师、荆州无量寺玄赜法师、洛州天宫寺守节法师、晋州沙门昙奖法师、东岳沙门名恪律师、京师空观寺行滔禅师、秦州麦积崖沙门法度禅师、虢州大兴国寺义方律师、荆州长沙寺德行律师、京师弘济寺怀素律师等人。此外，还有"终南山大翠微寺等诸沙门，及岩隐野居追朋问道之宾，翕习容裔，整带而赴，高坛观行，礼度折旋；而鉴其敬仰者，或在空外界中，送心随喜，伫立合掌；而欣其威仪者，将有百计"③。登坛受戒，传达正范，这是佛教特有的仪式。佛教传到唐朝，已有七百年的时间，"戒场之坛，名实乖爽，律、论所显，场、坛两驰，各备机缘，随事便举"④。传戒不仅形式不统一，内容也各异，在中国这样的统一体制大国，佛教的戒坛不统一的情形，实与大国佛教的风范相矛盾。道宣有鉴于此，改革戒坛体制，建立统一戒坛，规定定制，促进了佛教中国化的进一步完善。道宣这次举行的传戒戒坛的活动，得到了教内外的重视，"行事既了，维那引至僧住堂中，列坐饭之。诸有清信士女，崇扈之乡，来者满院，皆合掌随喜，立而称善，亦一涂之造化也，

---

① （唐）道宣：《关中创立戒坛图经（并序）》，《大正藏》第 45 册，第 816 页。
② 同上。
③ （唐）道宣：《关中创立戒坛图经》，《大正藏》第 45 册，第 817 页。
④ 同上。

追万古之清尘焉！"①（此次活动）对后世产生了重要的影响，使佛教的传戒活动开始正规化，戒坛也成为定制。

"（道）宣从登戒坛及当泥曰，其间受法传教弟子可千百人。"② 其门下特出的有大慈、灵崿、文纲、名恪、周律师、秀律师等。其中文纲和文纲的弟子道岸因为弘化出色，影响大增，朝野崇奉，南山一宗得以在江淮间推行，其弟子鉴真又把南山一宗传到日本，成为日本律宗初祖。此外，南山律宗还传到了新罗。

大慈律师是道宣律师在唐乾封二年（667）戒坛亲度的弟子之一，生平事迹已经无载。作为道宣律师的衣钵真传者，大慈律师的最大贡献是他在道宣律师圆寂之后，认真地继承了导师思想，撰写了《行事抄记》，在为道宣的《四分律抄》作注疏的六十余本中，被排在了第一位，故后人说："（道宣）高弟大慈律师亲从以受密诲，郑重传持，引祖之所尝示者，乃为《钞记》。"③ 道宣的《四分律抄》只是一个解释抄本，给后人留下许多理解的空间，虽然大慈律师的《抄记》有名，但也有人指出他的《抄记》"以标指外之月，虽取名当世，而辞质义玄，尚未易通晓，故昙胜、融济等诸大律师相竞撰之、记者凡六十家焉"④。但是不管怎样，大慈律师毕竟在为道宣的著作作注疏上起了带头作用，产生了示范效应。

南山律宗"首传终南山西明寺道宣实相澄照（律宗至此大盛。故时人咸称律，名南山宗，为八祖。以后递递相传而为祖位）。照传（京师）崇圣文纲为九祖"⑤。释文纲，姓孔氏，会稽人，家传儒业，旁通释教，祖辈都在朝廷做官，祖上曾经做了南朝陈朝的尚书，后为了躲避隋朝统治，举家回到老家。唐贞观时家人再次做官。文纲生活在这样的家庭，从小受到儒释道三教熏陶，童年开始随师访道。文纲 12 岁出家，20 岁时受具足戒。出家后精虑苦行，专念息心，藜羹糗粮，麻衣草荐，操有彝检，口无溢言。文纲进京城跟随道成律师学毗尼藏，成就斐然。25 岁讲律，

① （北宋）赞宁：《宋高僧传》，《大正藏》第 45 册，第 817 页。

② （北宋）赞宁：《宋高僧传》，《大正藏》第 50 册，第 791 页。

③ （北宋）元照：《四分律删补随机羯磨疏济缘论》卷一，《卍新续藏》第 41 册，第 80 页。

④ 同上。

⑤ （唐）怀海集编，（清）仪润证义、妙永校阅：《百丈丛林清规证义记》卷七上，《卍新续藏》第 63 册，第 499 页。

30 岁登坛传法。空闲时，勤修深思，凝视反听，或心净如水，巍若断山。刮风下雨，独自宴居，昼夜所得，从不满足。高超的修行，故能吉祥在手，不舍其瓶。威德迎风，不绝于气。出笼瘠雁，坐致虚空。起屋下层，自然成就。唯甘露之渧口喻利剑之伤人，慎之重之。文纲超人风度，引起八方来学，请益者举袂云临，赞叹者发声雷骇，但是文纲巍然山立，不为所动，识者以为得神通、因定力。当时长安城流行应兆解事，文纲明确反对这种做法，左右不解，有所嗔怪，文纲说："夫真实无相，尘色本空。正觉圆常，大悲湛定。不可取也。"①

　　神龙年间（705—707），义净三藏领翻译事，朝廷诏文纲充证义。②长安四年（704），文纲奉敕往岐州无忧王寺③迎舍利。景龙二年（706），中宗孝和皇帝延入内道场行道，又送真身舍利往无忧王寺入塔。再于乾陵宫为内尼受戒和指导宫中坐夏。他在宫中为二圣内尼讲《四分律》一遍，中宗嘉尚，为度弟子赐什物彩帛三千匹，御札寺院题牓为灵感寺。先天年间，睿宗圣真皇帝于别殿请为菩萨戒师，妃主环阶侍从罗拜，亲听法言，普闻净戒，朝廷恩旨赐绢三千余匹。

　　开元十五年（727）八月十五日，文纲律师怡然圆寂，春秋九十二，"智河舟迁，法宇栋桡"。④数万人参加葬礼，法侣有京兆怀素、满意、承礼、襄阳崇拔、扶风凤林、江陵恒景、淄川名恪等百余人。弟子有淮南道岸、蜀川神积、岐陇慧颐、京兆神慧、思义、绍觉、律藏恒遑崇业等五十余人。众人皆"闻哀奔丧，执绋会葬。香华幢盖，缁素华夷。填城塞川，篲云翳景"⑤。九月四日起塔于寺，滑台太守李邕撰写碑文。

　　文纲律师是唐朝"一时法主，四朝帝师"⑥的重量级人物，其所管理过的白马、庄严、荐福、罔极等寺，因为得到皇帝敕命，深契物心，天下以为荣，古今所未有，后人赞曰："纲统僧政，律藏冀兮传芳，象教因乎

---

①　（北宋）赞宁：《宋高僧传》卷十四，《大正藏》第 50 册，第 792 页。
②　（北宋）赞宁：《宋高僧传》卷一曰："睿宗永隆元年庚戌……沙门文纲、慧沼、利贞、胜庄、爱同、思恒证义。"《大正藏》第 50 册，第 711 页。
③　无忧王寺，即今天的陕西扶风法门寺。
④　（北宋）赞宁：《宋高僧传》卷十四，《大正藏》第 50 册，第 792 页。
⑤　同上。
⑥　同上。

光盛，比夫灵台影像麟阁丹青，功德义殊。"① 文纲"累历伽蓝二十余所，凡是塔庙各已华丰，犹且刺血书经向六百卷，登坛受具仅数千人"②。京城各个寺院的高僧硕德都对他非常尊敬，长安佛教似乎掌控在他的手里，"夫其左篹宿右上林，南台终山北池渭水，千门宫阙化出云霄，万乘旌旗天回原隰，悉付常住随事修营，或金地缭垣用增上价，或宝坊飞阁克壮全模，或讲堂经楼舍利净土，或轩廊器物厨库园林，皆信施法财周给僧宝……虽有应化何其速欤。"③

　　道成律师是文纲律师的师父，其生平事迹已经不知。僧传载道成"居于天邑演彼律乘，戒月扬光圆而不缺，德瓶告实满而不倾"④，说明他是一位德行兼备的高僧。文纲律师与道宣的关系，史乘并没有说清楚，僧传载显庆年间（656—661），四分律宗的法系尚不清楚，"有同雾市"，⑤"时文纲律匠，虽先依澄照大师后习律文，乃登成之堂奥矣"⑥。文纲虽然跟从道宣学习律学，但是在法系上仍然是道成的弟子，故《僧传》说文纲有气量，"不忝怀素前，不惭宣师后"⑦。道成在律宗的贡献上，还表现在对律宗的另一派东塔宗的影响。

　　东塔宗创始人怀素，⑧ 曾是玄奘的弟子，于显庆中（656—660），22岁时从道成受戒并学律。怀素学了西塔宗法砺的《四分律疏》和道宣的《行事钞》等，感到不满意，认为"古人义章未能尽善"⑨，决心自己另撰新疏。咸亨元年（670）怀素开始撰《四分律开宗记》，上元三年（676）奉诏住西太原寺，仍继续听道成讲律并撰述。永淳元年（682）怀素撰成了新疏，又自讲了五十余遍。怀素的律学知识，与道成的指导有重要的关系，《僧传》说："又怀素著述，皆出其门。"⑩ 由于道成在唐中叶

---

① （北宋）赞宁：《宋高僧传》卷十四，《大正藏》第 50 册，第 793 页。
② （北宋）赞宁：《宋高僧传》卷十四，《大正藏》第 50 册，第 792 页。
③ 同上。
④ （北宋）赞宁：《宋高僧传》卷十四，《大正藏》第 50 册，第 791 页。
⑤ （北宋）赞宁：《宋高僧传》卷十四，《大正藏》第 50 册，第 792 页。
⑥ （北宋）赞宁：《宋高僧传》卷十四，《大正藏》第 50 册，第 791 页。
⑦ （北宋）赞宁：《宋高僧传》卷十四，《大正藏》第 50 册，第 792 页。
⑧ 唐代有两位怀素，一是律师怀素，一是禅师怀素，参见谭洁《唐僧两怀素综考》，《宗教学研究》2010 年第 3 期。
⑨ （北宋）赞宁：《宋高僧传》卷十四，《大正藏》第 50 册，第 792 页。
⑩ （北宋）赞宁：《宋高僧传》卷十四，《大正藏》第 50 册，第 791 页。

声名日望，武则天为了弘扬佛教，专门"诏名德十员助其法化，成与明恂、嘉尚同预证义。由是声飞神甸，位首方坛，谓之梧桐多栖凤鸟，谓之芳沚颇秀兰丛，门生孔多，无过此集"①。宋代律师赞宁将此道成与隋朝道成两律师进行比较，认为唐代有京兆恒济寺释道成，善说《四分》，"隋成也，精乎《十诵》，著述尤多。唐成也，传乎《四分》，译讲偕妙。然其撰集则开悟迷沦，究其翻传则陶甄教道，譬犹后焰靡及乎，前光似宝，或惭乎真宝，互有长短，用则无遗也"②。

《僧传》又载，道宣半夜得到太子所付的佛牙，"师夜捧行道，昼藏地穴，唯弟子文纲知之"③。通过这一故事，文纲与道宣的关系拉近了，作为道宣的嗣法门人文纲具备了合法性，作为"四朝帝师"，只有文纲律师可以领军南山律宗，许多曾是道宣的弟子在道宣圆寂后，也投靠到文纲门下，例如淄州名恪律师，曾经亲近道宣律师，是参加道宣戒坛的受戒者。他经常听道宣法师讲律，请教问题，道宣对他非常欣赏，"亲录随喜灵感坛，班名于经"④。道宣圆寂以后，名恪律师转到文纲门下。到元代时，佛教界已经认可文纲是道宣的门弟子，"故南山律疏妙尽随相之义，以其通神明而然也。（道宣）既殁，弟子文纲弘其教，天下宗师之目为'行事防非止恶宗'谓之'南山教'"⑤。

在佛书中还有一种说法，就是道宣传衣钵于崇福满意法师。例如："至元魏法聪律师始阐四分之宗。聪传道覆，覆传慧光，光传云晖愿，愿传隐乐洪云，云传遵，遵传智首，首传道宣，宣传法励、满意，意传法成，成传大亮、道宾。亮传昙一、道岸、超慧澄，澄传慧钦，皆口相授，受臻于壶奥。"⑥亦有"（文）纲传崇福满意，为十祖"⑦。给律宗排宗谱，唐代拟无，宋代开始提出，成体系的宗谱是在元代。这一时期是佛教界注重撰史的时候，律宗在这时仍有人在钻研，故史学家按照以往的史实并加

---

① （北宋）赞宁：《宋高僧传》卷十四，《大正藏》第50册，第791页。

② 同上。

③ （北宋）志磐：《佛祖统纪》卷二十九，《大正藏》第49册，第297页。

④ （北宋）赞宁：《宋高僧传》卷十四，《大正藏》第50册，第792页。

⑤ （南宋）祖琇：《隆兴佛教编年通论》卷十三，《卍新续藏》第75册，第175页。

⑥ （南宋）祖绣：《隆兴佛教编年通论》卷十八，《卍新续藏》第75册，第198页。

⑦ （唐）怀海集编、（清）仪润证义、妙永校阅：《百丈丛林清规证义记》卷七上，《卍新续藏》第63册，第499页。

上自己的想法，造作了一个律宗宗谱。

满意出席了文纲律师的葬礼，《宋高僧传》作者赞宁律师将他判为文纲的"法侣"，但没有进入弟子系列，说明满意不是文纲的弟子。《宋高僧传·唐京兆崇福寺满意传》云："释满意，不知何许人也。风神峭拔识量宽和，经论旁通专于律学。武德末所遇邺都法砺律师作疏解昙无德律，遂往抠衣明其授受，如是讲导三十许年。乃传付观音寺大亮律师，亮方授越州昙一。"①

满意律师也是一位理论性很强、精通律学的大师，他的法脉应是传自于法砺律师。《四分律》自译出之后，北方佛教界人士都在学习研究，为其作疏者不绝，道宣是其一，法砺也是其一。赞宁特地强调："洎隋朝相部砺律师作疏十卷，西京崇福寺满意律师盛传此疏，付授亮律师。其所传授一一依励律师疏。"② 赞宁点出了满意律师的师承与学术特点，而这个特点是因为法砺的研究"及唐初终南宣律师《四分律钞》三卷详略同异"③。故作为律学大师，佛门中人将其奉至很高的地位，列在文纲之后，后出的许多律师都与他有重要的关系，所以《僧传》才说："盛化之间出龙象之资，无过意之门也矣。"④

唐京师崇圣寺灵崿律师也是道宣门下受法者之一。释灵崿律师的生平事迹也无载。《僧传》说他是一位勤奋好学，善于求师问道之人。他不拘常所，不耻下问，曾经在乾封中，于西明寺躬预南山宣师法席，又向文纲求教，再亲近大慈，皆求益也。不过也有人认为他"所师承，亦莫克定，晚惧失宣意指"⑤。这是从他宣讲的学问上来看，在晚年有可能违背了道宣所讲的《四分律钞》的原意，故受到后人诟病。尽管如此，但是他在《四分律钞》方面还是有贡献的。僧传记载灵崿"末涂惧失宣意，随讲收采所闻，号之曰记，以解删补钞也。若然者推究造义章之始，唯慈与崿也。又别撰轻重诀故，苑陵、玄胄亲睹其文，故援引之，以解量处轻重仪焉。金革之故，其诀湮灭，无复可寻矣"⑥。灵崿对《四分律钞》所作的

---

① （北宋）赞宁：《宋高僧传》卷十四，《大正藏》第 50 册，第 795 页。
② （北宋）赞宁：《宋高僧传》卷十四，《大正藏》第 50 册，第 798 页。
③ 同上。
④ （北宋）赞宁：《宋高僧传》卷十四，《大正藏》第 50 册，第 795 页。
⑤ （唐）法海、昙噩：《新修科分六学僧传》卷二十三，《卍新续藏》第 77 册，第 275 页。
⑥ （北宋）赞宁：《宋高僧传》卷十四，《大正藏》第 50 册，第 795 页。

别记具有"钞中别号为记"① 的特点，属于阐述道宣《四分律钞》的"义章"型最早的著作之一，其又撰有《轻重诀》一书，应该是以口诀的形式将四分律的重点介绍出来，便于文化程度较低的学人学习，可惜的是他的著作都散佚了，"遭世丧乱，遂尔湮没，哀哉！"②

唐光州释道岸禅师是对四分律宗有贡献的大成者。道岸世居颍川，大族出身，为汉尚书令琳、司空珍、吴尚书仆射、固雍州刺史、彬凉镇北将军瑶之后也。中原丧乱，其先人于永嘉南渡，迁于光州（今河南光山县）。道岸生而不群，少而奇概，爰在髫龀，有若老成。从小就对做官没有兴趣，偏爱文史坟典。道岸曾经为了长见识，到处游学，过长江到淮河洙泗等地，探禹穴升孔堂多年。他进出翰林，游学海之波澜，与人讨论百家，商榷三教，但是最后都不满意，乃叹曰："学古入官，纡金拾紫，儒教也。餐松饵柏，驾鹤乘龙，道教也。不出轮回之中，俱非筏喻之义，岂若三乘妙旨，六度宏功，缁铢世间，掌握沙界哉。"③ 于是决定落发出家，洗心访道，"一音克举四句精通，坚修律仪深入禅慧，夜梦迦叶来为导师，朝阅真经宛契冥牒。由是声名籍甚，远近吹嘘，为出世之津梁，固经行之领袖，十方龙象罔不师范焉，万国鹓鸾无敢訿对者"④。

道岸出家行解双优，在理论上善于圆融，适彼殊途；在行动上必宗四科（谓戒法、戒体、戒行、戒相），济世推崇汉代布衣萧何、韩信、张良三杰。⑤ 越中初法师秘藏精微，罔不明练，道高寰宇，德重丘山，道岸慕其闻善若惊，同声相应，于是离开了楚地前往吴地杖锡游学，常居会稽龙兴寺。他与初法师相契，两人只要一出门，江淮释子都上街迎接，万人空巷，时人喻为"云雾一披，钟鼓齐振，期牙合契，（佛图）澄、（罗）什联芳"，⑥ 在江南一带的佛教界里产生影响。道岸出家，风范存世，平易待人，不择贤愚，无论贵贱，温颜接待，善诱克勤，明鉴莫疲，洪钟必

---

① （唐）法海、昙噩：《新修科分六学僧传》卷二十三，《卍新续藏》第 77 册，第 275 页。
② 同上。
③ （北宋）赞宁：《宋高僧传》卷十四，《大正藏》第 50 册，第 793 页。
④ 同上。
⑤ （元）念常：《佛祖历代通载》卷四（《大正藏》第 49 册，第 503 页）载："秦二世元年，布衣起于沛，而灭秦为汉。以萧何为相，韩信为将，张良为谋，即汉有三杰焉，共灭项羽于乌江。"
⑥ （北宋）赞宁：《宋高僧传》卷十四，《大正藏》第 50 册，第 793 页。

应，皆窥天挹海，虚往实归，赢得了人们的赞扬，号为"大和尚"。又在寺院登无畏座，讲木叉律，容止端严，辞辩清畅，连环冰释，理窟毫分，瞻仰者皆悉由衷，听受者得未曾有，高僧大士心醉神倾，捐弃旧闻佩服新义，江左一变，其道大行。唐中宗孝和皇帝精通佛学，游艺玄枢，听闻道岸的名声，心向往焉，遣使征召前后数次。道岸受敕入朝，与大德数人同居内殿。中宗朝暇躬阅道岸的文章，从早到晚不觉疲倦，两人相对颇有默契。道岸得到中宗尊敬，但僧腊不高，只能位居其他前辈之下，中宗惜才爱才，予以特别衣钵赏赐，彰显荣宠。又请他担任菩萨戒师，亲率六宫围绕供养，并将他的画像挂在宫内，中宗亲自御制画赞，辞曰："戒珠皎洁，慧流清净。身局五篇，心融八定。学综真典，观通实性，维持法务。纲统僧政律藏冀兮传芳，象教因乎光盛。比夫灵台影像麟阁丹青，功德义殊。"①

　　道岸是文纲的高足，文纲当时被有司任命为京城的僧界领袖与统管僧人的僧官，以道岸盛德广大，至行高邈，思遍雨露，特地为他改变章程。中宗有怀罔极追福之心，在长安造荐福寺，敕命道岸与工部尚书张锡负责工程，广开方便，博施慈悲，凡有人来，就让人出工出力，役无留务，费约功倍，中宗甚喜，给予嘉奖。道岸利用中宗的宗教感情和对他的信任，"以江表多行《十诵律》，东南僧坚执，罔知《四分》，岸请帝墨敕执行南山律宗，伊宗盛于江淮间者，岸之力也"②。故四分一宗传往天下，皆赖自"孝和所重，（道岸）其道克昌"③。

　　道岸晚年曾经回到家乡光州，度人置寺。开元五年（717）八月十日，道岸在会稽龙兴道场安详示寂，时年 64 岁，噩耗传来，"海竭何依，山崩安仰，天人感恸，道俗哀号，执绋衣缞，动盈万计"④。门人僧行超玄俨者，是称上足，弟子有龙兴寺慧武、寺主义海、都维那道融、大禹寺怀则、大善寺道超、齐明寺思一、云明寺慧周、洪邑寺怀莹、香严寺怀彦、平原寺道纲、湖州大云寺子瑀、兴国寺慧纂等。礼部侍郎姚奕为其撰碑纪德。

---

① （北宋）赞宁：《宋高僧传》卷十四，《大正藏》第 50 册，第 793 页。
② （北宋）赞宁：《宋高僧传》卷十四，《大正藏》第 50 册，第 794 页。
③ （北宋）赞宁：《宋高僧传》卷十四，《大正藏》第 50 册，第 793 页。
④ 同上。

　　唐京兆西明寺崇业，生平不详，为文纲律师的弟子。崇业曾经与道岸一起跟随文纲学习《四分律钞》，精心服侍文纲，从不罔怠，在寺院里被推为学长。崇业声望甚高，与淄州东岳沙门名恪律师齐名，《僧传》说他"挺拔刚毅过之，美声洋洋达于禁闼"[1]。崇业擅长修建寺院，曾经参与了修造菩提寺殿宇的工程。睿宗圣真皇帝操心履道，敕命要将旧邸改造为安国寺，下诏崇业负责这项工作。崇业曾经为睿宗授菩萨戒，睿宗赏赐优渥。开元中崇业染疾，嘱弟子曰："吾化穷数尽，汝曹坚以防川，无令放逸。"[2] 语讫，终于所居寺之别院。

　　唐荆州玉泉寺恒景，俗姓文，当阳人也。贞观二十二年（648）敕度听习三藏，一闻能诵，如说而行。恒景开始随文纲律师学习四分律学，后来到当阳玉泉寺，学习天台智者禅师止观一门。武则天至中宗皇帝时期，恒景曾经三次被诏入内供养，尊为戒师。景龙三年（709），奏乞归山，朝廷敕允其请，诏中书门下及学士于林光宫观内道场设斋，追召天下高僧兼义行者二十余人，常于内殿修福。散斋之后，送恒景回乡。中宗亲自赋诗送行，中书令李峤、中书舍人李乂等数人应和，恒景手捧御诗振锡而行，天下荣之。先天元年（712）九月二十五日，恒景卒于玉泉寺，春秋七十九岁，弟子奉葬于寺之西也。

　　唐扬州大云寺鉴真，姓淳于氏，广陵江阳县人也。从小就显露出聪明，随父亲入大云寺，见到佛像感动在心，请求父亲让他出家，于是跟随智满禅师，受到乃师奖训。武则天长安元年（701），朝廷下诏天下度僧，鉴真被敕额配住大云寺。中宗孝和帝神龙元年（705），鉴真从道岸律师受菩萨戒。景龙元年（706）诣长安，至二年三月二十八日于实际寺依荆州恒景律师得戒。鉴真虽然为新戒，但在众人的眼里，他"虽新发意，有老成风"[3]。在长安与洛阳等地，得到了京城名师的陶诱，三藏教法，数稔该通，佛学研究水平大涨。回到淮海江南一带之后，以戒律化诱众生，郁为一方宗首。时人赞叹："冰池印月适足清明，貌座扬音良多响答。"[4] 日本国有沙门荣叡、普照等人来中国求法，在开元年中到达扬州，

①　（北宋）赞宁：《宋高僧传》卷十四，《大正藏》第50册，第795页。
②　同上。
③　同上书，第797页。
④　同上。

慕鉴真之名前来请问,向鉴真提出:"我国在海之中,不知距齐州几千万里,虽有法而无传法人,譬犹终夜有求于幽室非烛何见乎。愿师可能辍此方之利乐,为海东之导师乎。"① 鉴真答应其请,天宝二年六月,携弟子思托等十四人买舟自广陵赍经律法离岸前往日本,无奈有人告密,只能停止。后来又遇见台风等,前后六次,最终于天宝十二年成功东渡日本,鉴真在日本受到天皇的礼待,敕文:"大德和上远涉沧波来投此国,诚副朕意,喜慰无喻。朕造此东大寺经十余年,欲立戒坛传授戒律,自有此心日夜不忘。今诸大德远来传戒,冥契朕心。自今以后,受戒传律,一任大和尚。"② 天皇不仅给予鉴真很高的地位,而且带头从鉴真大师受戒,"初于毗卢遮那殿前立戒坛,天皇初登坛受菩萨戒,次皇后皇太子亦登坛受戒,寻为沙弥证修等四百四十余人授戒。又旧大僧灵佑、贤璟、志忠、善顶、道缘、平德、忍基、善谢、行潜、行忍等八十余人僧,舍旧戒受大和上所授之戒。后于大佛殿西,别作戒坛院。即移天皇受戒坛土筑作之"。③ 天皇为鉴真专门修建了唐招提寺,日本"自是已来长敷律藏受教者多,彼国号大和尚,传戒律之始祖也"④。日本天平宝字七年癸卯岁(唐广德元年,763 年)五月五日,鉴真在日本无疾辞众坐亡,春秋 77 岁。日本朝廷与佛教界人士悲恸,写诗称赞:"万里传灯照,风云远国香。禅光粂百亿,戒月皎千乡。哀哉归净土,悲哉赴泉场。寄语腾兰迹,洪慈万代光。"⑤ 鉴真在日本被奉为律宗之始,其遗体被日本佛教界做成肉身,至今仍然放在招提寺里供人瞻拜。

唐越州法华山寺玄俨,俗姓徐。祖上为中原人,因晋室南迁,为官诸暨,遂为大族。玄俨 12 岁辞亲出家,跟从富春僧晖律师学法。证圣元年(695),朝廷敕恩得度,充任僧数,隶属悬溜寺。玄俨幼而明敏,长则韶令,标格峻整,风仪凛然。20 岁时从光州岸师咨受具戒,以后游诣长安,探赜律宗。后遇南山律宗巨匠崇福寺满意律师和融济律师,得到他们的印可,由是道尊戒洁,名动京师,在安国寺授记,充任大德。玄俨回到江南

① (北宋)赞宁:《宋高僧传》卷十四,《大正藏》第 50 册,第 797 页。

② 真人元开:《唐大和上东征传》,载《游方记抄》,《大正藏》第 51 册,第 993 页。

③ 同上。

④ (北宋)赞宁:《宋高僧传》卷十四,《大正藏》第 50 册,第 797 页。

⑤ 《五言伤大和上》,图书寮兼但马守藤原朝臣刷雄,载《游方记抄》,《大正藏》第 51 册,第 995 页。

专门宣扬四分律学，撰有《辅篇记》十卷、《羯磨述章》三篇，被僧徒远近传写。后受道岸提示，专攻般若与《金刚经》，是唐代般若学的有名学者。洛州刺史徐峤、工部尚书徐安贞，以宗室设道友之礼待。国子司业康希铣、太子宾客贺知章、朝散大夫、杭州临安县令朱元喜，也以乡曲具法朋之相契。开元二十六年（738），采访使、润州刺史齐澣、越州都督景诚、采访使卢见义、泗州刺史王弼，禀承法训，奉迎玄俨于丹阳、余杭、吴兴诸郡，令新度释子，躬授具戒。自广陵迄于信安千里之地，道俗受法者殆出万人，凡礼《佛名经》一百遍，设无遮大会十筵，入境住持举无与比。天宝元年（742）十一月七日坐终于戒坛院，春秋68岁。葬于寺南秦山之下。秦山双塔高树，光明逾于白云；列植千松，秀色罗于明月。安葬时神邕崇晓，住持唯湛道昭，率领门人三千，弟子五百躬护圣场，故有"承般若之深法，受毗尼之密行，尽号颛门，无待弥勒"之说。[1] 天宝十五年（757）万齐融为其撰述颂德碑。

唐杭州天竺山灵隐寺守直，字坚道，钱塘人。俗姓范氏，齐信安太守范瑝之八代孙，知书达礼，君子器之。立志出家，割舍玄纁之锡，诣苏州支硎寺圆大师受具足律仪。后抵江陵依真公三年，再寻礼天下二百余郡，圣迹所至，无不至焉。又见无畏三藏为受菩萨戒，闻普寂大师传楞伽心印，讲《起信》《宗论》二十余遍，《南山律钞》四十遍。平等一雨，大小双机，在乎圆音，未尝少异。宏览大藏经三过，广正见也。大历二年（767）移籍天竺，住灵隐峰。五年（771）三月寓于龙兴净土院，二十九日告终，春秋71岁，僧腊45岁。生前临坛度人多矣，显名者有洞庭辩秀，湖州皎然、惠普、道庄，会稽清江、清源，杭州择邻、神偃，常州道进。

唐洪州大明寺严峻，姓樊氏，潍州人也。父亲曾任硖州长史、昭王府司马。严峻性地夷然，学习明利，19岁应进士举，但独喜佛法，倏罹荼蓼，思报劬劳，投南阳佛寺，后抵荆州玉泉山兰若，遇真禅师示其禅观，入城泊大云寺。严峻秉持戒印，众请临坛，举律之宗主，黾俛承命。逢观净禅师，顿明心法。大历元年（766）思见颜鲁公，一言相契。二年（767）春，宜春太守俾僧正驰疏请召。四年（770）春洪州刺史李华员外延入大明寺住。三月中，俄命沐浴换衣，举望空虚合掌而逝，春秋59岁。

---

① （北宋）赞宁：《宋高僧传》卷十五，《大正藏》第50册，第796页。

迁塔弟子圆约等于寺前大泉池立碑。

唐会稽开元寺昙一，俗姓张，陕西韩城人。祖上是汉代大姓家族，魏晋时依然留存。曾祖张恒为隋太常卿，由扬州举家迁往越地。昙一宿植净因，生知慧性，弱而敏悟，长而聪明，15 岁从李滔学习诗礼，终日不违。16 岁听云门寺茂亮法师经论，闻后悬解，法师诧异，对他母亲说："此佛子也，可令削发，当与授记。"① 茂亮法师是孝和皇帝的菩萨戒师，昙一听后，欢喜之心油然，度世之志萌出。景龙中，朝廷特许昙一出家，隶在僧录。20 岁满，受具于丹阳玄昶律师，又学通事钞于当阳昙胜律师，钻木见烟，窥墙睹奥，律法于胸，事钞当得。开元五年（718），西游长安，依观音寺大亮律师传毗尼藏，崇圣寺檀子法师学《唯识》《俱舍》等论，安国寺印度沙门受菩萨戒，莲华不染之义，甘露甚深之旨，一传慧炬，了作梵雄，远近瞻仰，如宗师矣。内学之余，再兼外学，常问《周易》于左常侍褚无量，论《史记》于国子司业马贞，渔猎百家，囊括六籍，增广闻见，自是儒家调御人天皆因佛事，公卿向慕，京师籍甚。丞相燕国公张说、广平宋璟、尚书苏瓌、兖国陆象先、秘书监贺知章、宣州泾县令万齐融等，皆以同声，并为师友。

昙一得自大亮真传，详论法励律师疏与道宣律师《四分律钞》之同异，撰《发正义记》十卷，此书为他获得了很高荣誉，时人赞曰："明两宗之蹯驳，发五部之钤键，后学开悟，夜行得烛，前疑泮释，阳和解冰，佛日昭晰而再中，法栋峥嵘以高峙。"② 开元二十五年（737）昙一载誉东归，越年朝廷诏置开元寺，长史张楚举昙一为寺主。昙一声震京华，道高吴会，布大慈以摄众，修万行以表仪，顺风问道者毂击肩摩，函丈请益者波委云萃，虚受之量，随而演说，前后讲《四分律》三十五遍、《删补钞》二十余遍，江淮释子受木叉者，非昙一登坛，即不为得法，从持僧律，度人十万计矣。天宝十四年（755），澌河潮水南激钱塘，大云寺受水患冲击，众人请昙一讲律，每天学徒千人咸集，发愿念摩诃般若，祈求伍胥龙王止涛激福，庄严卫护伽蓝。未逾九十日，涨沙五十里，道俗惊叹，得未曾有。

昙一蔚为法主，大扬教迹，受到了朝廷高度重视。朝廷认为他可以让

① （北宋）赞宁：《宋高僧传》卷十四，《大正藏》第 50 册，第 798 页。
② 同上。

缁徒慢法、罕率经教的情况有所转变，有助于国家的稳定与社会安定。上元二年（761）肃宗命王玙出镇于越，都督越州诸军事、越州刺史，充浙江东道节度观察处置使。王玙以昙一德名素高，礼请为僧统。昙一上任后，变清净为大阐熏修，浃旬之间回邪入正，善诱潜化众生改习，整个社会风气有所改变。明达法师称他为"汝人中师子也"。① 遵善寺尼慈和赞曰："昙一师解毗尼，大聪明更无疑，为达人之所谙多矣。"② 大历六年（771）十一月十七日，昙一迁化于寺之律院，报龄80岁，僧腊六十一。茶毗之日，江淮之南，河洛之表，衣缞制服，执绋送丧，号哭满山，旛华蔽野，场面极其哀壮。翌年十一月二十四日，迁座起塔于秦望山，从先和尚之茔也。门人有越州妙喜寺常照、建法寺清源、湖州龙兴寺神玩、宣州隐静寺道昂、杭州龙兴寺义宾、台州国清寺湛然、苏州开元寺辩秀、润州栖霞寺昭亮、常州龙兴寺法俊等，皆为一代俊杰。

唐常州兴宁寺义宣，晋陵人也。早年出家，后不烦师训，砥砺厥心。义宣受戒后孜孜关注律科，时无虚度，并且玄儒旁综，没有放弃。义宣的特长在于撰写篇章，凡有人要就很快给出，其文禀延陵恭让之风，雅得毗尼之体。扬州法慎传律法于旧章，淮甸之间推为硕匠。天宝初年，义宣开始讲说四分律法，众人咨询弥久，皆为率服，法慎叹赏曰："可畏乎。"③ 义宣讲说道宣的《四分律钞》，考核尤精，撰《折中记》六卷，指出融济、灵崿、胜律师等人的《四分律钞疏》的纰缪，是非各尽其分，从此立世。义宣于天宝末年盛行化导，不知何终。

唐京师安国寺如净，生平不详。出家之后，当纳戒津，明练毗尼，砥砺名节。每逢讲戒，徒侣云集，又辞笔偕长，博达儒典。四分律开始流行后，河北地区各竞宗派，道宣律师以智首大疏为本，会要律抄，行事逗机。自贞观以后，三辅、江淮、岷蜀多传唱之。怀素于咸亨年开讲《四分律记》，称为新章。至代宗大历中，新章与旧疏互相长短。大历十三年（773），代宗集三宗律匠，复位二家隆杀，如净被推为宗主。建中二年（781）上书朝廷，欲二疏并行，赖如净之力也。国相李林甫笃重怀素，崇其律教，乃命如净为新疏主。

①　（北宋）赞宁：《宋高僧传》卷十四，《大正藏》第50册，第798页。
②　同上。
③　（北宋）赞宁：《宋高僧传》卷十五，《大正藏》第50册，第800页。

　　唐吴郡双林寺志鸿，俗姓钱氏，湖州长城下若人，很可能与道宣律师同族。志鸿本名俨，字志鸿，少年出家于石门乡寺，此寺为梁静林寺也。受具以后，"乃宣门之辅嗣也"。① 往茂苑亲近道恒法师，② 研核精微，时昙清③省躬律师互相切磋，卒成好友。志鸿慊先德释道宣南山律钞，商略不均，否臧无准，捕蝉忘后，补衮不完，于是搜集了大慈灵崿以下四十余人的记钞，勒成二十卷，号《搜玄录》。大历中华严疏主澄观亲自为序，曰："未五百岁有姑苏志鸿律师，乃宣门之辅嗣也。义自天假，文资学成，慨众释之词枝，伤简易之理翳，有斯录焉。削谬莹真，索幽致远，烛之以诚例，镜之以明文，索规贤规猷，载采载演，妄云披于智月，义天净于文星，搜扬古今，成一家之美，终南之风未泯，吴江之作长流矣。因造余门，进夫玄趣，得探赜佳致，见乎深衰，辄题数行，以旌厥美。冀其后学知宗源之有归焉。"④ 但《宋高僧传》作者赞宁对此书评价不高，认为"然其解判不无所长，其如科节繁碎，是其短也"⑤。据说志鸿 108 岁辞世，朝廷敕署为长寿大师。

　　唐京兆安国寺乘如，氏族不详，精研律部，颇善讲宣，绳准缁徒，罔不循则。曾经参与过代宗朝的翻经活动，临坛度人，弟子千数。乘如是佛教本位者，因为对律非常熟悉，能够依律为佛教界争得权益。在他之前，出家人灭寂之后，财产入官充公，乘如援引律本，强调出家比丘，生随得利，死利归僧。所谓出家之人往来无物的说法，是有的比丘贪畜，将他人财物占为己有，由此造成矛盾，而得充公。另外，僧人亡产归官，等于世俗出籍，那么前人遗事，无人举扬，文明社会应以律法断其轻重。大历二年（767）十一月二十七日，朝廷敕文："今后僧亡物随入僧。仍班告中书门牒，天下宜依。"⑥

　　在《宋高僧传》中记录的以律学著名，或精通、重视律学的僧人还

　　① （唐）澄观：《终南山四分律钞搜玄录序》，《卍新续藏》第 41 册，第 833 页。

　　② 此道恒法师疑是长安崇福寺译场的"成都府正觉寺道恒鉴虚润文"。参见《宋高僧传》卷三，《大正藏》第 50 册。

　　③ 昙清律师者，唐卫狱寺僧人。参见后学释戒月改录《行事钞诸家记标目》，《卍新续藏》第 44 册。

　　④ （唐）澄观：《终南山四分律钞搜玄录序》，《卍新续藏》第 41 册，第 833 页。

　　⑤ （北宋）赞宁：《宋高僧传》卷十五，《卍新续藏》第 50 册，第 801 页。

　　⑥ 同上。

有唐苏州开元寺辩秀、唐襄州辩觉寺清江、唐越州焦山大历寺神邕、唐会稽云门寺灵澈、唐湖州杼山皎然、唐扬州慧照寺省躬、唐吴郡包山神皓、唐京师安国寺藏用、唐湖州八圣道寺真乘、唐杭州灵隐山道标、唐衡岳寺昙清、唐京师西明寺圆照等。

结　语

赞宁曾经说过："律有三宗，砺、素、宣是欤。"① 唐代律宗分为三派，即法砺的日光寺相部宗、怀素的东塔寺之东塔派、长安终南山道宣的南山派，但是发展到后来，只有终南山一派规模最大、影响最深、流传最广，成为律宗之正宗。人能弘道，非道弘人，南山一宗之所以能够留存下来，虽有多种因素，但主要还要得益于人才的施用与培养。道宣撰写的四分律之系列书抄，其出炉的时间并不早于法砺，但是由于他的著作得到了多人的研习，致使流传甚广，成为独大。

道宣的后人，皆以他的《四分律比丘含注戒本注》三卷、《四分律删补随机羯磨疏》二卷、《四分律删繁补阙行事钞》十二卷、《四分律拾毗尼义钞》六卷、《四分比丘尼钞》六卷（合称五大部）为学习律学的范本，其中最重要的是十二卷《四分律删繁补阙行事钞》，此书因为内容适中、条理有序、旁征广引、重点突出、注解分明而受到了重视，所以道宣的后人将《四分律删繁补阙行事钞》看作是学习律宗的入门之书，由此围绕道宣的著作出现了多达六十家的注释，这股力量不可小看，它可以将道宣的著作推向极致，使其成为范本与教科书。

从现有的史料来看，法砺的著作当时影响很大，即使是道宣的后人文纲，特别是满意、怀素等人，都曾经认真研习过法砺的著作，并且受其影响，像满意的律学思想可能受到法砺的影响更大，怀素本人也读过法砺与道宣的著作，但是对这两位律师的著作都不满意，于是才自己创新一派，编纂新疏。早期唐代律宗的派系与学说呈现混乱局面，即使三家律师同在长安，相互之间也不断有过激荡，义学论争萌发，消长不齐。南山一宗的派系是后人再编排的，在唐代没有这种说法，但是从《僧传》上看，道宣无疑是当时长安佛教的领头人物，他有能力召集全国有名的僧人在长安

---

① （北宋）赞宁：《宋高僧传》卷十六，《大正藏》第 50 册，第 811 页。

举行活动，他所创办的戒坛，会集了十四州的有名律师，为律宗的宣传与奠定打下了基础，并且成为定制，对后世的佛教产生了影响，道宣本人也在举办这些活动中确立了自己的地位。赞宁曾经对南山一宗能够做大有过评价，他认为，南山宗之所以能够产生影响，就是因为当时有名的律师所为，例如："文纲道岸自北徂南，《发正辅》篇从微至著，道流吴会实赖伊人，净公作评家之师，源尚致感通之瑞，或抗表论没官之物，或成图证结界之非，或杰立一方，或才雄七众，述锋芒之义记，出豕亥之疑文，或熨帖纷拏，或整齐龃龉。若匪乘时之哲，便应逸气之英，不令像运之中微降年唯永，终使寿星之下照法命唯长，道假人扬，其在兹矣。"① 赞宁的说法很有意义，证实了这一事实。如接续道宣位置的律师也是全国性的著名人物，像文纲律师曾经是二十多所寺院的方丈，统管整个京城的佛教。大慈律师因为注疏了道宣著作的《行事抄记》，被排在六十多家抄记中的第一位，确立了在南山律宗里仅次于道宣的学术地位，位列第二。文纲的弟子道岸律师，利用他的影响，促使唐中宗以行政命令的方式，将四分律在天下推广，最终消除十诵律在江南的影响，四分律从北方传到南方。昙一作为南方地区的佛教领袖，对推行四分律在南方的传播也起到了重要的作用，在他的影响下，弟子们都努力讲律，积极传戒，四分律在南方最终确立。鉴真作为道岸的弟子，除了在江南地区推广律宗之外，还把律宗传到了日本，成为日本律宗初祖。总之，由于当时佛教界里一些律师的努力，四分律在中国佛教律宗里已经形成了一家独大的地位，这与当时全国性的律师所发挥的作用有重要关系，并且四分律还影响到一些其他宗派的僧人，如华严宗的澄观、天台宗的湛然，皆是深受四分律影响的一代学者。

从《僧传》所揭示的律宗南山后人的情况来看，学习律宗不仅仅是简单的执行戒律的问题，律宗的学问里包含了佛教各宗之学，特别是印度佛教的大小乘思想对律宗的理论形成无疑起到过重要的作用，道宣的《四分律钞》大量引用《俱舍论》的思想，还将唯识和般若纳入其中，特别是他所建立的戒体理论，是中国佛教圆融理论特色的反映。道宣的后人对《四分律钞》多有发挥，他们文化素质普遍很高，了解中国佛教宗派的理论，习律既是入门，也是提升与综合，特别是中国佛教心性思想，在

---

① （宋）赞宁：《宋高僧传》卷十六，《大正藏》第 50 册，第 812 页。

《四分律钞》里诸家都被引用，对中国佛教律宗的理论发展起到了推动作用。道宣本人就看重"心"的作用，他在戒体说里，把对"心"的强调摆在了非常重要的位置。其后人更是看重这一点，赞宁指出戒学里面"生死流转者，三缚缚心，心难解脱"，[①] 其根本之意还是在于心的解脱。法砺与怀素两家的旧新章疏之争，其根本原因也在于缺少中国佛学的风格，"新旧两名各擅其美，砺乃成实、有部受体双陈，素唯寻祖萨婆开宗独步"，[②] 所以"释门三学，以心印相传，无上菩提，以戒法为根本"[③] 是朝廷要整肃相部、东塔两疏的理由，代宗特地强调："圣慈愍念，务息其源，使水乳无乖，一味和合"，[④] 敕命两疏整合成一疏的目的就是要"和合"，突出心源。道宣的后人如净虽然最终没有按照圣旨行事，仍然还归三宗各疏并行，但是在相部与东塔两宗之间做了裁判，这就表明了南山宗的地位，也突出了道宣后人在整个律宗居于主流的事实。

　　总之，南山律宗在唐代佛教里的重要地位是不可忽视的，这与道宣后人所起的重大作用分不开，也是道宣努力自觉走佛教中国化道路之结果。南山律宗的宗谱排序是在宋代以后才开始的，道宣南山律宗书抄是很多出家人学习戒律的课本与高级教材。尽管赞宁在撰写《宋高僧传》时已经有意地做了一些编排，但是仍然没有从根上去做进一步梳理，我们对南山律宗后人情况还需要进一步整理研究。

---

① （北宋）赞宁：《宋高僧传》卷十六，《大正藏》第 50 册，第 811 页。
② （北宋）赞宁：《宋高僧传》卷十六，《大正藏》第 50 册，第 812 页。
③ （北宋）赞宁：《宋高僧传》卷十五，《大正藏》第 50 册，第 805 页。
④ （北宋）赞宁：《宋高僧传》卷十五，《大正藏》第 50 册，第 804 页。

第十章　净土宗

　　净土宗是以阿弥陀佛为教主，以往生西方极乐世界为修行目标，以称颂阿弥陀佛名号为修行手段的一个中国佛教宗派。净土宗的净土思想早在原始佛教时期就已存在，在大乘佛教时期成为一种很重要的思想。净土思想在中国是随着佛教经典的传译而产生的。佛教传入中国不久，就有人信仰净土。魏晋时期，以庐山慧远为代表的高僧，将净土思想尤其是西方净土思想推向高潮。隋唐时期，中国佛教经过几百年的酝酿，开始以自己的面貌登上历史舞台，这就是中国佛教宗派的形成。作为中国佛教的一个重要宗派，净土宗也是在这个时期形成的。统观隋唐时期净土思想的发展，大致有三股比较明显的潮流：一是善导流。这一流派的开创者是北魏的昙鸾法师。道绰法师在昙鸾的基础上，更加明确了称名往生的修行方式。善导则全面完善了净土宗的各种理论，并将称名念佛这一修行方式作为旗号打了出来，树立了善导流的地位。二是慈愍流。这是由慈愍慧日法师所开创的一个净土流派。与善导流不同，慈愍派更重视观想念佛，对念佛三昧情有独钟，并且慈愍流的慧日、承远、法照之间的师承关系更为紧密，思想的一致性也比较强，因此，慈愍流也一度与善导流并驾齐驱。三是慧远流。其实说是慧远流并不恰当，只是沿袭以往的说法而已。因为这一流派的代表性人物迦才最早把慧远纳入净土宗的体系中来，才这样称呼。以迦才、怀感为代表的慧远流最为突出的特点是对净土思想的维护，表现为对各种不利净土宗发展思想的破斥。同时，该流还开创了禅净双修的新局面。净土宗在这三种主导性潮流影响下获得了极大的发展，为以后净土宗的大流行创造了条件。

第一节　善导流的净土思想发展

一　道绰的生平与著述

道绰法师（561—645），俗姓卫，山西并州人，也就是今天山西太原一带的人。这个地方的玄中寺是北魏时期的昙鸾法师所建。昙鸾法师是著名的净土修行者，在当地有很大的影响，因此，道绰所生活的环境具有浓厚的净土氛围。道绰法师 14 岁出家为僧，初期是以遗诰为师，后来师从太原蒙山开化寺慧瓒禅师（536—607）研究空理，在禅学方面有很深的造诣。

早期的道绰法师以研习佛教经典为主，如《涅槃经》，他讲说过二十多遍。后来，道绰法师到汶水石壁山玄中寺，这座寺院中有很多与昙鸾法师和净土有关的事迹。道绰法师受到影响，思想开始转向了净土。道绰禅师向信众宣讲净土经典，尤其是《观无量寿经》，据说道绰禅师讲过两百多遍。道绰还不断地劝导本地百姓念佛，他自己也每天念佛七万遍。道绰禅师还创立了一种念佛计数的方法，就是用麻豆计数，念一声佛号，就拿一粒麻豆。后来，道绰禅师又将这一方法改进，开始用木头做成珠子，穿到一起进行计数，这就是我们今天很常见的念珠。在道绰的影响下，当地念佛的道俗很多，信仰净土的人也多。贞观十九年（645）四月二十七日道绰在玄中寺往生，时年 84 岁。道绰一生以宣讲经典为主，所留下的著述并不多。我们知道的比较著名的是《安乐集》，从这部著述中，我们可以了解道绰的净土思想。

二　道绰的思想

道绰作为隋唐时代的佛学大师，他的思想是比较庞杂的，这一点，我们可以从《安乐集》中所引用的经典看出来。但道绰真正的贡献还是在净土宗，道绰对于净土宗的贡献，主要体现在以下几个方面。

（一）圣道门与净土门——道绰的判教理论

判教是隋唐时期很多佛教宗派的共同点，最早开始判教的一般认为是天台宗的智𫖮——智者大师。智者大师的判教就是用天台的观点来统一佛典。这种风气影响了一代人，当然这也是佛教创立宗派的必然之举。信仰净土的道绰也不例外，他也是用净土的观念来统一佛说。

第一，道绰引用《大集经》的佛法五阶段作为判教的前提。道绰引《大集经·月藏分》：

> 佛灭度后：第一五百年，我诸弟子学慧得坚固。第二五百年，学定得坚固。第三五百年，学多闻读诵得坚固，第四五百年，造立塔寺修福忏悔得坚固。第五五百年，白法隐滞，多有诤讼，微有善法得坚固。①

道绰认为他所处的时代正是《大集经》中所说的第四个五百年，应该修行第五个时期的法门，"计今时众生，即当佛去世后第四五百年，正是忏悔修福，应称佛名号时者"②。这种称佛名号的修行方法也是道绰认为的《大集经》中所提出佛度化众生的第四种方式："四者诸佛如来有无量名号，若总若别。其有众生，系心称念，莫不除障获益，皆生佛前；即是名号度众生。"③

第二，道绰以龙树的《大毗婆沙论》作为判教的基础。

> 求阿毗跋致，有二种道：一者难行道，二者易行道。言"难行道"者：谓在五浊之世，于无佛时，求阿毗跋致为难。此难乃有多途，略述有五，何者？一者外道相善，乱菩萨法。二者声闻自利，障大慈悲。三者无顾恶人，破他胜德。四者所有人天，颠倒善果，坏人梵行。五者唯有自力，无他力持。如斯等事，触目皆是。譬如陆路，步行则苦，故曰难行道。言"易行道"者：谓以信佛因缘，愿生净土。起心立德，修诸行业。佛愿力故，即便往生。以佛力住持，即入大乘正定聚。正定聚者，即是阿毗跋致不退位也。譬如水路，乘船则乐，故名易行道也。④

第三，道绰以圣道门和净土门进行判教。

---

① （唐）道绰：《安乐集》卷上，《大正藏》第 47 册，第 4 页。
② 同上。
③ 同上。
④ 同上书，第 12 页。

依大乘圣教，良由不得二种胜法，以排生死，是以不出火宅。何者为二？一谓圣道，二谓往生净土。其圣道一种，今时难证：一由去大圣遥远，二由理深解微。是故《大集月藏经》云："我末法时中，亿亿众生起行修道，未有一人得者。"当今末法，现是五浊恶世，唯有净土一门，可通入路。是故《大经》云："若有众生，纵令一生造恶，临命终时，十念相续，称我名字，若不生者，不取正觉。"①

在道绰看来，依据大乘的教法，人们的修行无非两种，一个是传统的圣道门，另一个是净土的念佛门。所谓圣道门，在道绰看来就是净土念佛之外的修行方式。

可见，道绰判教的逻辑是这样的：首先通过《大集经》的五阶段论确立了"时"与"机"问题；其次通过龙树菩萨的《毗大婆沙论》判定净土的念佛是易行道；最后，以念佛为现今唯一可行的修行方式。这样，念佛往生在末法时期的地位就确定了。

（二）十念往生——往生的手段

通过圣道门和净土门的分判，道绰确立了净土一门在末法时期的独特地位。在此基础上，道绰提出了念佛法门在净土宗中的地位。

所谓念佛，其实早就存在于中国佛教中，魏晋时期的慧远就是代表。不过慧远的念佛与道绰的念佛是不同的。慧远所主张的念佛是观想念佛，其实质是一种禅定，其中并不包含称名念佛的意思，称名念佛是昙鸾引入的。道绰继承了这一点，并在此基础上，大大提升了称名念佛的地位。

第一，道绰的念佛思想主要体现在念佛三昧中。

念佛三昧只是三昧中的一种，从属于禅定范畴。道绰继承了这一观念。道绰认为，只要众生认真念佛，就可以往生极乐世界。他的主要依据就是净土经典中所提出的十念往生。所谓十念往生是《无量寿经》中的理论。《无量寿经》作为净土经典之一，里面很重要的思想就是四十八愿，也就是阿弥陀佛在没有成佛之前所发下的宏愿，其中第十八愿这样说："设我得佛，十方众生至心信乐欲生我国，乃至十念，若不生者，不取正觉。"② 据此，净土宗将其提升为往生的主要手段。

---

① （唐）道绰：《安乐集》卷上，《大正藏》第47册，第13页。

② 《佛说无量寿经》，《大正藏》第12册，第268页。

　　实际上，从文本的角度来看，"十念往生"的含义并不明确；"念"的意思到底是什么，说法也不一样。在昙鸾时，开始将口称佛号的含义包含进去，到了道绰这里，进一步深化了这一观念。

　　首先，道绰所理解的"十念"是念佛三昧的"十念"。也就是说，这种念佛是三昧念佛，是进入三昧的一种手段，"但忆念阿弥陀佛，若总相，若别相，随所缘观，迄于十念，无他念想间杂，是名十念"①。这是道绰对"十念"的解释，很明显，这里的"十念"是一种观想，并不具备称名的意义。具体而言，十念就是念佛三昧。在此基础上，道绰又分别了念佛三昧的两种形式：一相三昧和一行三昧。所谓一相三昧：

　　　　有菩萨闻其世界有其如来现在说法，菩萨取是佛相，以现在前，若坐道场，若转法轮，大众围绕。取如是相，收摄诸根，心不驰散，专念一佛，不舍是缘。如是菩萨于如来相及世界相了达无相。常如是观，如是行，不离是缘。是时佛像即现在前而为说法。菩萨尔时深生恭敬，听受是法，若深若浅，转加尊重。菩萨住是三昧，闻说诸法皆可坏相。闻已受持，从三昧起，能为四众，演说是法。佛告坚意：是名菩萨入一相三昧门。②

　　这是道绰根据《华首经》对一相三昧的解释。所谓一行三昧：

　　　　时文殊师利白佛言：世尊！云何名为一行三昧？佛言：一行三昧者：若善男子、善女人，应在空闲处，舍诸乱意，随佛方所，端身正向，不取相貌，系心一佛；专称名字，念无休息。即是念中，能见过、现、未来三世诸佛。何以故？念一佛功德无量无边，即与无量诸佛功德无二。是名菩萨一行三昧。③

　　这是道绰依据《佛说文殊般若经》对一行三昧的界定。从道绰对一行三昧的界定中，我们可以看出道绰所说的称念佛的名号，不过是达到三

---

①　（唐）道绰：《安乐集》卷上，《大正藏》第 47 册，第 11 页。

②　（唐）道绰：《安乐集》卷下，《大正藏》第 47 册，第 14 页。

③　同上。

昧的一种手段而已。对此，道绰还有一个比较详细的解释：

> 念阿弥陀佛时，亦如彼人念渡，念念相次，无余心想间杂。或念佛法身，或念佛神力，或念佛智慧，或念佛毫相，或念佛相好，或念佛本愿。称名亦尔，但能专至，相续不断，定生佛前。①

其次，道绰倡导人们念佛，修行念佛三昧，是因为念佛三昧有诸多的好处。

一念佛三昧能除掉一切障。在道绰看来，在所有的三昧中，念佛三昧是最为殊胜的：

> 念佛三昧，胜相不可思议。此云何知？如《摩诃衍》中说云："诸余三昧，非不三昧。何以故？或有三昧但能除贪，不能除嗔痴；或有三昧但能除嗔，不能除痴贪；或有三昧但能除痴，不能除贪嗔；或有三昧但能除现在障，不能除过去、未来一切诸障。若能常修念佛三昧，无问现在、过去、未来一切诸障，悉皆除也。"②

二念佛三昧能延年益寿。道绰引《惟无三昧经》云：

> 有兄弟二人，兄信因果，弟无信心，而能善解相法。因其镜中，自见面上，死相已现，不过七日。时有智者，教往问佛。佛时报言：七日不虚，若能一心念佛、修戒，或得度难。寻即依教系念。时至六日，即有二鬼来耳，闻其念佛之声，竟无能前进。③

三念佛三昧能感召菩提。

> 《华严经》"十地品"云：始从初地，乃至十地，于一一地中，皆说入地加行道、地满功德利、已不住道，讫即皆结云："是诸菩

---

① （唐）道绰：《安乐集》卷上，《大正藏》第47册，第11页。
② （唐）道绰：《安乐集》卷下，《大正藏》第47册，第16页。
③ 同上。

萨，虽修余行，皆不离念佛、念法、念僧，上妙乐具，供养三宝。"
以斯文证，得知诸菩萨等，乃至上地，常学念佛、念法、念僧，方能
成就无量行愿，满功德海，何况二乘、凡夫，求生净土，不学念佛
也？何以故？此念佛三昧，即具一切四摄、六度，通行通伴故。①

总之，念佛三昧是在所有的三昧中最为殊胜的，"若能菩提心中行念
佛三昧者，一切恶神，一切诸障，不见是人；随所旨处，无能遮障也。何
故能尔？此念佛三昧，即是一切三昧中王故也"②。

第二，道绰念佛思想的主导是称名念佛。虽然念佛三昧有种种好处，
但是，三昧毕竟不是一种容易的修行，而且对于一般百姓而言，也不是那
么容易做的。因此，道绰继承了昙鸾的思想，在念佛中强化了称名的作
用，也就是说道绰将称名念佛作为念佛的主导性思想。

道绰的这种认识，与我们前文所言的判教理论是密切相关的。在道绰
看来，并不是其他的三昧不好，但念佛三昧是最为殊胜的。但是，要真正
修习念佛三昧是有条件的。这个条件就是时与机的问题。时、机相应，修
行才能有效果，时、机不相应，就没有什么效果。而道绰的判断是当时是
末法时期，正是佛去世后第四个五百年，应该修习称名念佛。因此，道绰
才将称名念佛提到很高的高度。

道绰将所有的修行分为两类：一是正学，二是兼学。称名念佛是正
学，其他的都是起辅助作用的兼学。道绰的这个判断也是与他的判教联系
在一起。在道绰看来，现在是去圣遥远，人们的根机不好，学不了慧，只
能称名。距离佛比较近的时期，人们一般是学慧的。"又若去圣近，即前
者修定、修慧是其正学，后者是兼。如去圣已远。则后者称名是正，前者
是兼。何意然者？实由众生去圣遥远，机解浮浅暗钝故也。"③ 事实上，
道绰的这个说法除了判教的因素外，还有澄清的因素。与道绰同时的净影
寺慧远不同于道绰，他认为往生净土有定善和散善之别，十六种观法是定
善，而修三福，也就是"一者，孝养父母，奉事师长，慈心不杀，修十
善业。二者，受持三归，具足众戒，不犯威仪。三者，发菩提心，深信因

---

① （唐）道绰：《安乐集》卷下，《大正藏》第 47 册，第 16 页。
② （唐）道绰：《安乐集》卷上，《大正藏》第 47 册，第 5 页。
③ 同上书，第 4 页。

果，读诵大乘，劝进行者"① 是散善。在慧远看来，定善和散善的作用是不同的，散善力量比较小，不能够灭除五逆等重罪，因此不能往生。定善则不同，力量很大，可以灭除五逆重罪，因此能够往生。而称名念佛作为十六观中的一个内容，其作用是建立在定善基础上的。因此慧远不承认称名念佛往生地位。道绰的正学和兼学很明显是与慧远对立的。道绰认为称名念佛是正学，当然人们就应该修行念佛，并且称名念佛作为正学自然有比其他的修行法门殊胜的地方。道绰认为称名念佛 "一、譬如净摩尼珠，置之浊水，以珠威力，水即澄清。若人虽有无量生死罪浊，若闻阿弥陀如来至极无生清净宝珠名号，投之浊心，念念之中，罪灭心净，即便往生。二、如净摩尼珠，以玄黄帛裹，投之于水，水即玄黄，一如物色。彼清净佛土，有阿弥陀如来无上宝珠名号，以无量功德成就帛裹，投之所往生者心水之中，岂不能转生为无生智乎！三、亦如冰上燃火，火猛则冰液，冰液则火灭。彼下品往生人，虽不知法性无生；但以称佛名力，作往生意，愿生彼土；既至无生界时，见生之火，自然而灭也"② 称名念佛之所以有这样的作用，道绰认为主要的原因是：

> 有名即法者：如诸佛菩萨名号、禁咒音辞、修多罗章句等是也。如禁咒辞曰："日出东方，乍赤乍黄。"假令酉亥行禁，患者亦愈。又如有人被狗所啮，灸虎骨熨之，患者即愈。或时无骨，好攦掌摩之，口中唤言："虎来虎来"，患者亦愈。或复有人患脚转筋，灸木瓜枝熨之，患者亦愈，或无木瓜，灸手摩之，口唤："木瓜木瓜"，患者亦愈，吾身得其效也。何以故？以名即法故。③

既然念佛有这样的好处，人们就应该念佛。除了念佛三昧的念佛之外，道绰认为也可以散心念佛。所谓散心念佛，就是随时随地，或者简单地说就是随意念佛，"若人散心念佛，乃至毕苦，其福不尽"④。道绰的这一发挥，完全符合净土宗的受众，应该说是一个很大的贡献。

---

① （北宋）元照：《观无量寿佛经义疏》，《大正藏》第 37 册，第 184 页。
② （唐）道绰：《安乐集》卷上，《大正藏》第 47 册，第 11 页。
③ 同上书，第 12 页。
④ （唐）道绰：《安乐集》卷下，《大正藏》第 47 册，第 17 页。

（三）往生的境界——报土论

通过念佛，尤其是口称念佛，就可以往生西方极乐净土。对于一般百姓而言，吸引力是足够的。但是，一些法师和层次较高的信徒并不满足于此。他们对西方净土是否存在、西方净土到底是一种什么样的境界，还是存在疑问的。对此，道绰也有阐述。

在道绰看来，首先，净土必须是报土。如果净土是化土，那就意味着净土只是一种暂时的手段，不值得追求。其次往生必须是真实的。这也是道绰理论的必然。如果往生不是真实的，只是一种方便的说法，那么，就不具有吸引力。另外凡夫也必须能够往生西方极乐净土。如果凡夫不能进入，那么净土就失去了大部分信众。基于此，道绰进行了一系列的论述。

第一，西方阿弥陀佛净土是报土。依照净土经典，西方阿弥陀佛极乐世界是阿弥陀佛所处的世界，是一个只有欢乐、没有痛苦的世界。那么，这样的世界，到底是一种真实的存在还是一种幻相，不同的佛教派别说法是不同的。对于净土宗来说，当然是真实的，道绰也不例外。

道绰认为阿弥陀佛是报身佛，西方极乐世界是报土世界。所谓报身，乃是佛教三身的概念之一。佛教关于佛有法身、报身和化身的说法。一般认为法身是指常住不灭，人人本具的真性；报身是由佛的智慧功德所成的；化身是指应众生之机缘而变现出来的佛身。在净土思想中，报身和化身是经常出现的。在道绰的时代，很多人认为阿弥陀佛是化身佛，它所成就的国土是化身土，也就是为了教化众生而临时变现的国土，换句话说，就是不具有现实性和永恒性，是幻化的境界。道绰不这样认为，他认为阿弥陀佛是报身佛。主要根据是如果说阿弥陀佛是报身佛，所成就的国土是化土，那么，如来的报身土就无路可寻。因为按照这种理论，秽土是化身所居，净土也是化身所居。但是根据《大乘同性经》，净土成佛的都是报身，秽土成佛的都是化身，而阿弥陀佛是在净土中成佛的，所以它是报身佛，它所成就的国土当然是报土了。道绰的这种引用经证的方式是他常用的方式，这种方式当然有其益处，但也有一定的隐患。我们知道，佛教的经典并不是一时一地形成的，它存在着一个历史演变过程。但佛经传入中国却是随机的，这就不可避免地出现了经典间的矛盾。因此，对于道绰的这种说法，当时就有人引用经典进行质疑。比如，有人就引用《鼓音经》中的"阿弥陀佛有父母"来质疑道绰。道绰认为这种质疑是不成立的。所谓阿弥陀佛有父母，是指的化身佛，也就是说阿弥陀佛也有三身，法身、报身和化身。在《鼓音经》中说阿弥陀佛有父母的"父母"，乃是秽土中示现的化身父母。就如同释迦牟尼，在净土中成就报身佛，应化世界，示现父母，秽土中成佛，示现化身。还有人提出如来的报身应该是常住不灭的，为何《观音授记经》中却说阿弥陀佛入涅槃后，观音菩萨递补？道绰的回答是，这只是表明报身的示现隐没的相状，并不是真的灭度了。对于这种回答，有人又提出质疑，既然报身有隐没相，那么其所成就的西方净土是不是也有成坏的现象呢？道绰的回答是西方净土没有成坏。佛身是常住不灭的，但是人们也看到了佛的涅槃。净土也是一样的，净土本身是常住不灭的，但众生所见是有成有灭的。如《华严经》中说："由如见导师，种种无量色，随众生心行，见佛刹亦然。"① 道安的《净土论》中也说："一质不成故，净秽有亏盈。异质不成故，搜原则冥一。无质不成故，缘起则万形。"② 因此，如果是从法性净土的角度而言，就没有清浊之分，只有从报土和化土的角度，才可以说净土秽土。实际上，道绰的意思很明显，净土的性质与佛是一样的，佛有三身，净土也有三土，报身佛就是报土，化身佛就是化土。人们所说的隐现，实际上就是对化土而言；对于报土而言，是不存在这个问题的。

　　第二，道绰认为阿弥陀佛国土位该上下，凡圣皆通。

　　在道绰看来，西方净土由于阿弥陀佛愿力的作用，凡夫和菩萨都能够往生。道绰之前，主流的佛教界流行的是凡夫不能入报土论，也就是说，如果承认西方净土是阿弥陀佛的报土世界，那么凡夫就不能往生。如果凡夫能够往生到西方净土世界，那么，西方净土就不可能是报土。持这种观点的主要是净影寺的慧远大师和天台宗的智颉大师。慧远大师认为净土可分为三种：事净土、相净土和真净土。其中事净土是凡夫所感，相净土是二乘和菩萨所居，真净土是初地以上诸佛所居之净土。在事净土中，还细分为两类：凡夫求有所感的净土，这种净土的众生还是有烦恼的，并没有出世；另一类是凡夫求出世所感的净土，西方极乐净土就是其中之一，这种净土中的众生能够出世。因此，慧远大师不承认凡夫能够入报土。智颉大师的净土观念与慧远基本一致，他认为净土有四类：凡圣同居土、方便有余土、实报无障碍土和常寂光土。凡圣同居净土又名为染净国，这一净

---

① （唐）道绰：《安乐集》卷上，《大正藏》第47册，第6页。
② 同上。

土中有凡夫和圣贤两种众生。其中凡夫所居净土的众生有善有恶，西方净土就是属于这个层次的。圣贤就是指的二乘及菩萨。只不过其中还有一些细致的区别。方便有余土，是指那些已经成正果的二乘和菩萨暂时所居住的国土，他们的居住是一种方便，所以叫作方便有余土。所谓实报无障碍土就是果报世界，也就是法身菩萨所居住的国土，这时的菩萨已经达到完全的解脱，没有任何的限制，所以就称为实报无障碍土。最后常寂光土又称法性土，是佛的境界。智顗的凡圣同居土类似于慧远的事净土，方便有余土相当于相净土，实报无障碍土和常寂光土相当于真净土。在慧远和智顗看来，一般的众生或者说凡夫是没有任何资格进入佛的报土世界。道绰不认同这种观念，主要是导入了佛愿的结果。在佛的愿力下，一般的凡夫才可以进入佛的报土世界。因为凡夫都是有相的，因此，凡夫往生一定也是求相而生的，而不是达到无相之后往生的。虽然相善力微，但是由于能够值遇报佛和化佛，所以是可以往生西方报土世界的。

（四）弥陀净土之殊胜

弥陀净土是阿弥陀佛报身佛所成就的报土世界，具有多方面的殊胜。

第一，弥陀净土胜于秽土。道绰认为我们所居住的世间是秽土的世界，是不值得留恋的世界：

> 此处境界，唯有三涂丘坑，山涧沙卤，棘刺水旱，暴风恶触，雷电霹雳，虎狼毒兽，恶贼恶子，荒乱破散，三灾败坏，语论正报，三毒八倒，忧愤嫉妒，多病短命，饥渴寒热，常为司命害鬼之所追逐，深可秽恶，不可具说，故名有漏，深可厌也。①

与这种秽土相对照的则是美妙的西方弥陀净土：

> 一生彼国者，行则金莲捧足，坐则宝座承躯。出则帝释在前，入则梵王从后。一切圣众与我亲朋，阿弥陀佛为我大师。宝树宝林之下任意翊翔，八德池中神游濯足。形则身同金色，寿则命与佛齐。学则众门并进，止则二谛虚融。十方济众则乘大神通，晏安暂时则坐三空

---

① （唐）道绰：《安乐集》卷下，《大正藏》第 47 册，第 17 页。

门。游则入八正之路，至则到大涅槃。①

两相对比，众生自应舍秽土趣净土。

第二，弥陀净土优于兜率净土。兜率净土作为净土思想的一种，一度影响很大，是南北朝时期净土思想的主流。在道绰时期，仍然有很大的影响力。因此，作为弥陀净土的弘扬者，道绰不能无视兜率净土的存在。于是，道绰从各个方面论述弥陀净土的优越之处。首先，道绰认为弥陀净土中的众生全获不退的阶位。弥勒菩萨在兜率天说法，虽然闻者都能够获得利益，但因那里有女人，有欲望，因此，总是有众生沉迷于欲乐之中，最后还要退转，在三界之中轮回受苦。而弥陀净土则不同，那里没有女人，所有众生永不退转。其次，兜率天寿命有限。按照佛经的说法，生于兜率天寿命不过是四千岁，命终之后还是要退转，在三界中轮回。弥陀净土则寿命无限。再次，兜率天的音声无助于修道。兜率天虽然像弥陀净土一样，水、鸟、树林等发出悦耳的声音，但是这种声音是随顺人们的欲望而来，并不能帮助众生修行。总之，西方净土远胜兜率净土。

第三，弥陀净土胜于十方净土。严格来说，弥陀净土与十方净土一样，只是净土中的一种，那为何唯独钟情于西方净土呢？对此，道绰是这样理解的：首先，西方净土与众生有缘。阿弥陀佛是西方净土的教主，观世音和大势至是教主的辅助，他们三位都与众生有缘，因此，释迦牟尼佛处处赞叹西方净土，劝说众生往生那里。其次，弥陀净土相对于众生而言，比较容易往生。这是因为弥陀净土乃是净土初门。道绰引《华严经》说明，西方弥陀净土是净土中的初级阶段。既然是初级阶段当然比较容易了，所以要往生西方净土。

总之，道绰在北魏昙鸾的思想基础上，进一步强调了称名念佛的重要性，并在多方面对净土理论做了论述，初步奠定了净土宗的思想基础。但是，道绰毕竟还没有创立宗派的自觉意识，他的很多论述和说法还具有不彻底性，留有其他宗派的特点。真正把净土宗作为一个宗派独立出来的是唐代的善导大师。

---

① （唐）道绰：《安乐集》卷下，《大正藏》第 47 册，第 17 页。

三　善导的生平与著述

善导（613—681），山东临淄人，唐代著名僧人，净土宗的实际创始人，在中国佛教史上具有重要的地位。善导的净土思想对于中国佛教的发展有重大的、深刻的影响。

据载善导幼年从密州明胜出家为僧，学习《法华》《维摩》等经典。后来偶然读到《观无量寿经》（简称《观经》），大为欣赏，认为《观经》中的修行手段最易超脱，其他的修行手段则迁僻难行。他仰慕庐山慧远结社念佛的高风，亲往庐山寻找慧远遗迹。贞观十五年（641）赴并州（今太原）石壁山玄中寺访道绰禅师，道绰向他传授了《观经》的奥义。据传善导曾应道绰之请入定，观察道绰能否往生。道绰圆寂后，善导即离开玄中寺，到长安一带倡导念佛法门，一时僧俗云集，影响很大。善导生活简朴，将得到的布施用来书写《阿弥陀经》，画净土变相三百余壁。善导还善于造像艺术，在长安实际寺时，被委任监督洛阳龙门大卢舍那佛像的建造。善导寂后，他所在的寺院被高宗赐名为光明寺，以彰显善导的功德。善导著述较多，主要有《观经疏》四卷、《往生礼赞偈》一卷、《净土法事赞》二卷、《般舟赞》一卷和《观念法门》一卷等。此外，还有和道镜共集的《念佛镜》等。

四　善导的净土思想

（一）他力本愿说

善导从当时流行的末法思想出发，并充分考虑到社会中一般民众的状况，提出了他力本愿的学说。在善导看来，处于末法时代的众生，"根机"即成佛的内在素质和条件太差，靠自身的力量无法解脱；只有在阿弥陀佛愿力的帮助下，才能脱离苦难，超越生死，往生到美满幸福的阿弥陀佛国。

1. 他力思想的确立

善导的他力思想主要是通过判教理论确立的。如前所述，判教是按照一定的顺序，排列佛教经典从而显出本宗所尊奉经典的权威地位。最典型的判教是天台判教，天台宗人将佛的说法分成：第一，华严时，释迦牟尼讲《华严经》的时期；第二，鹿苑时，佛在鹿苑讲小乘经典《阿含经》；第三，方等时，佛讲《维摩经》《胜鬘经》等方正平等经典时期；第四，讲《般若经》的般若时；第五，讲《法华经》的法华涅槃时。这五时是逐次提高的，随着每一层次的提高，就有一部分人由于理解能力不够而被排除，这样，能够到达最后法华时的人也就所剩无几了。这种判教是以自力成佛为依据的，每一层次的提高都需要众生自身的努力。

善导并不认同天台宗这种判教方式，他继承了昙鸾、道绰的净土判教理论，分别难、易两条成佛道路，倡导易行道，否定难行道，为末法时代的众生找到一种简单易行的法门。难行道、易行道的提法主要来源于龙树的《十住毗婆沙论》。论中说："阿惟越致地，是法甚难，久乃可得。若有易行道疾得至阿惟越致地者，是乃怯弱下劣之言，非是大人志幹之说，汝若必欲闻此方便，今当说之。佛法有无量门，如世间道有难有易，陆道步行则苦，水道乘船则乐，菩萨道亦如是。或有勤行精进，或有以信方便易行疾至阿惟越致者……如是诸世尊，今现在十方，若人疾饮至，不退转地者，应以恭敬心，执持称名号。"[①]

阿惟越致，梵文音译，意思是不退转，这里指达到不再退回到凡夫的菩萨阶位。龙树菩萨明确提出学佛有难易两条道路，但他不主张众生走易行道，而主张众生靠自身的努力成佛。龙树认为易行道只是佛为了慈悲那些心地怯弱的人而提出的一种方便法门。善导认为，龙树不主张易行道是因为龙树所处的不是末法时代，众生根机都高，所以难行道适合他们。但是，现在是末法时期，众生的根机都很低劣，不能用根机高的教法，难行道对于他们是走不通的。末法众生只有易行道一条路可走，不然的话，众生就只能永远处于水深火热之中，不能解脱。善导认为，以执持阿弥陀名号为特征的净土宗就是末法众生求得解脱的唯一道路。龙树虽提出了易行道，但没有说明为何心性怯弱的人可以通过易行道而得救。善导明确认识到这一点，并将本愿思想引进来，圆满地阐发了易行道何以能够拯救众生苦难的问题。

2. 本愿的思想

本愿思想是大乘佛教的重要特征。所谓本愿是指菩萨在修行时代，于将来成佛道时，在他建设的佛国内预先设定的誓愿。本愿有总愿和别愿两类。总愿就是一切菩萨共同的誓愿，即"上求菩提，下化众生"。别愿是关于菩萨下化众生的特殊方式。净土经典宣场，在所有关于本愿的思想

---

① 《十住毗婆沙论》，《大正藏》第 26 册，第 41 页。

中，阿弥陀佛的本愿最为著名，善导就是依此而确立了易行道的理论根据。据《无量寿经》说阿弥陀佛在未成佛前是法藏菩萨，在世自在王所修行时，发下四十八个宏伟的誓愿，救度一切来生，后来经过长时间的修行，法藏菩萨功德圆满，成了阿弥陀佛。按照佛经的说法，他的四十八愿也就因此而具有了生命力，众生的修行只要在四十八愿的范围内，就一定能圆满，从而成为阿弥陀佛国的一员。在四十八愿中，称名往生是核心，四十八愿的第三十四至第三十七、第四十二至第四十五以及第四十七、第四十八，都明确表示只要称念阿弥陀佛的名号，就可以实现往生。这一点特别适合净土宗他力成佛的基调，善导看重的也正是这一点。在善导看来，末法众生由于自身根机低劣，加上五浊恶世乱佛法，众生是无法解脱的。幸而佛陀慈悲，开出执持阿弥陀佛名号的法门。众生靠阿弥陀佛的愿力，突破自身的限制，就能往生到阿弥陀佛国。

善导认为，阿弥陀佛的愿力无处不在，无时不在，且随时都在起作用，以显现它的存在。也就是说，阿弥陀佛有非凡的作用，他可以随时应化，影响世俗的生活。善导对《观经》中一段话"诸佛如来，是法界身，入一切来生心想中。是故汝等心想佛时，即是三十二相、八十随形好。是心作佛，是心是佛"①阐发说："法界，是所化之境，即众生界也。言身者，是能化之身，即诸佛身也。言入众生心想中者，乃由众生起念，愿见诸佛，佛即以无碍知，即能入彼想心中现。"②在善导看来，众生之所以能够看到佛，完全是佛的愿力的作用。他不同意天台诸师对这段话的解释。在天台师看来，每个人都具有成佛的内在本性，它是纯粹的，但由于与众生形体结合，而失去了纯洁性。修行的目的就是去掉遮蔽，重新回到本性，这就是"是心是佛，是心作佛"。善导认为天台诸师的解释忽视了众生处于末法时期，难以靠自力修行成佛这一事实。

善导的这种他力本愿学说，一改自力成佛的修行，给当时的佛教界带来了一股清新的风气，善导强调阿弥陀佛的外力作用，使佛教的信仰成分更为突出，这就为佛教走向一般民众创造了条件。

(二) 往生论

佛教宣扬，众生所处的世界是痛苦的，众生是不自由的，摆脱这种状

---

① 《佛说观无量寿佛经》，《大正藏》第 12 册，第 343 页。
② (唐) 善导：《观无量寿佛经疏》卷三，《大正藏》第 37 册，第 267 页。

态的理想境界是涅槃。涅槃有有余涅槃和无余涅槃两种，有余涅槃是指断除贪欲，断绝烦恼，已消灭了生死之因，但作为前世所作的惑业造成的果报身即肉身依然存在。无余涅槃是比有余涅槃更高级的境界，在这种境界中，不仅原来的肉体不存在了，而且思想也停止了，灰身灭智，生死因果消失了，不再轮回受生。但是，在善导看来，有余涅槃的理论不能满足末法时期众生的需要。有余涅槃靠的是自力，无余涅槃除靠自力外，境界又太高，对处于社会基层的一般民众都没有太大的意义。于是，善导提出了往生理论。所谓往生就是离开娑婆世界即世俗世界，到阿弥陀佛极乐净土，化生于莲花之中。善导认为，众生所居住的世界是秽土，西方极乐世界是净土，在净土世界里只有幸福，没有痛苦，只有欢乐，没有烦恼。由于阿弥陀佛愿力宏大，因此，一切众生，即使是罪大恶极的众生，只要诚心称其名号，都可被接引到净土世界。

善导的往生学说主要包含了凡夫论和报土论两个方面的内容。

1. 往生的主体——凡夫论

善导的净土宗是末法意识的产物，此宗认为众生都是根机低劣的凡夫。善导的这种凡夫思想主要体现在他对《观无量寿经》中三类九品和韦提希人格的解释上。韦提希是《观经》中的人物，《观经》就是佛因她而宣讲的。

《观经》中提出往生极乐园土共有三类九品人生，即上、中、下三类，其中每一类中又分为上、中、下三品。对于这三类九品的身份，中国佛教各派的看法是不同的，其中以净影寺慧远的看法最具代表性。慧远认为上类三品是大乘的菩萨，中类三品是小乘圣人，下类三品是大乘始学凡夫。在慧远看来，众生由于各自的根机不同，各人的努力程度不一样，因而到达佛国的阶位也是不同的。在这里，慧远不怀疑众生往生的根机，但却不是善导所认可的。善导站在净土宗的他力思想立场，断然否定众生靠自力往生的可能性。在善导看来，慧远的错误就在于从果上判定众生的阶位，认为成就阶位是自己努力的结果，这就否定了他力的作用。善导认为众生能够往生阿弥陀佛国，是佛慈悲的结果。由于众生处于末法时期，根机太差，只有依靠佛的慈悲，众生才可能借助阿弥陀佛的愿力往生。否则，无论众生怎样努力，也是不能往生的。下面，我们再来看善导是如何对慧远的三类九品学说进行具体的分析批判。

善导认为，如果承认慧远所说的上类三品是大乘圣人，那么就会造成矛盾。因为大乘圣人照佛经的说法应该是具有许多神通，摆脱了生死轮回、达到高级修行阶段的人，但《观经》中却说这上类三品是韦提希为他们请佛求生安乐国的。那么上类三品是什么人呢？善导认为是大乘凡夫，《观经》说："三种众生当得往生。何等为三？一者，慈心不杀，具诸戒行；二者，读诵大乘方等经典；三者，修行六念，回向发愿，愿生彼国。具此功德，一日乃至七日，即得往生。"① 善导认为这段话明确表明三类众生是求愿往生，而且是阿弥陀佛迎接前往，这说明他们是靠阿弥陀佛的愿力往生的。

此外，这段话还表明三类众生信奉的是大乘佛教，所以说是大乘凡夫。只不过根据往生的情形不同而分为三品，上品上生是佛与无数化佛迎接，上品中生则是佛与千尊化佛迎接，上品下生则是佛与五百化佛迎接。这种差别是由于他们生前所作之业不同，因而与之相应的阿弥陀佛的愿力也不同。同样的道理，善导认为慧远的中类三品是小乘圣人，下类三品是大乘始学凡夫也是不能成立的。善导从三辈九品的生因着眼，以他们所遇到的外在条件不同而判为凡夫，慧远则是从三类九品的业果着眼而判为圣人。善导通过对慧远的批评，也就确立了三类九品的凡夫性质，从而也就有助于奠定《观经》在末法时期的权威地位。

善导的凡夫理论另一观念是对韦提希人格的判定。韦提希夫人是中印度摩揭陀国频婆娑罗王的夫人，阿阇世王的母亲。依《观经》所载，阿阇世王将其父王幽闭于七重的室内，企图将其饿死。韦提希夫人因前往探望而触怒了阿阇世王，也被囚禁。韦提希和频婆娑罗王因此感到世事痛苦，就在幽禁处念佛，并请求佛宣讲出离之道，于是佛显示神通，为之演说《观经》，讲了末法众生的出离之道——称名念佛。对此，净影寺慧远和天台智者大师都认为韦提希是大菩萨。她因为看到众生痛苦，这才假托凡身，请佛为众生说法。慧远在《观经疏》中说："韦提希夫人实是大菩萨，于此一会即得无生法忍。"② 智者大师《观经疏》也说："韦提实大菩萨，于此一会即得无生忍。"③ 所谓无生忍，指了悟诸法是不生不灭的道理，得以晋升菩萨阶位。他们的这一结论主要依据是《观经》中的

---

①　《佛说观无量寿佛经》，《大正藏》第 12 册，第 344 页。

②　（隋）慧远：《观无量寿经义疏》，《大正藏》第 37 册，第 179 页。

③　（隋）智颛：《佛说观无量寿佛经疏》，《大正藏》第 37 册，第 191 页。

"心生欢喜，叹未曾有，廓然大悟，得无生忍"。①

善导不同意这一说法，认为韦提希是凡夫。他在《观经疏》中说：

> 夫人是凡非圣，由非圣故，仰惟圣力冥加，彼国虽遥得睹。此明如来恐众生置惑，谓言夫人是圣非凡。由起疑故，即自生怯弱，然韦提现是菩萨，假示凡身。我等罪人无由比及，为断此疑，故言汝是凡夫也。言心想羸劣者，由是凡，故曾无大志也。②

善导在这里明确指出，韦提希之所以能看到阿弥陀佛国的景象，是由于佛的愿力的结果，而不是因为她是菩萨。如果说韦提希是菩萨，那么世俗凡夫就会由此而却步，这也就是佛所说的："汝是凡夫：心想羸劣。"③善导定性韦提希为凡夫与《观经》的他力思想是一致的。由于韦提希为凡夫，因此往生不能靠自力，而韦提希往生了，这是阿弥陀佛的愿力在起作用。既然韦提希能够往生，那么与她同样位格的世俗凡夫当然也可以靠阿弥陀佛的愿力而往生净土佛国。善导的这种说法，对于吸引广大的民众信奉佛国无疑具有极大的作用。

从上述可以看出，善导的凡夫理论，主要是想解决往生的问题，并采取了一种十分独特的方式。即先否定众生往生的自力的可能性，然后引进阿弥陀佛的愿力，使众生依靠外力而往生。善导之所以采取这种方式，与他对末法时期众生的看法是紧密相连的。善导虽然在理论上假定了所有众生往生的可能性，但是他又不能不顾众生的现实状况。世上并非任何人都对佛教感兴趣，有的甚至持激烈反对的态度，如果不对众生进行区别，只一味地强调往生，那就会降低净土宗对人们的吸引力。善导在强调众生都可往生的同时，也指出了往生的不同。如前所述，上品上生是西方三圣（阿弥陀佛、大势至菩萨、观世音菩萨）以及无数化佛和大众来迎接，莲花也立刻开了；下品下生却无人迎接，莲花也要经过十二劫的漫长时间才开，在这之后，大势至、观世音两菩萨才为他们说法。善导既满足众生往生的希望，又对不同众生的往生加以一定的区别，以吸引不同众生信仰阿

---

① 《佛说观无量寿佛经》，《大正藏》第 12 册，第 346 页。
② （唐）善导：《观无量寿佛经疏》，《大正藏》第 37 册，第 260 页。
③ 《观无量寿佛经》，《大正藏》第 12 册，第 341 页。

弥陀净土。

　　2. 往生的对象——报土论

　　善导宣扬，众生由于阿弥陀佛的愿力作用，可以往生到阿弥陀佛国中去。这里讲的阿弥陀佛国是指阿弥陀佛的报土世界。净影寺慧远、天台宗的智者大师以及三论宗的吉藏都主张凡夫不能往生报土世界。善导则与上述看法不同，他认为阿弥陀佛净土是报土，而且承认凡夫也能往生此土。

　　所谓报土、化土是依据佛的三身说来的。佛的三身是法身、报身和化身。法身是佛的真身，它是一种不可思议的存在；报身则是佛在清净世界中证得无上菩提所获得的一种存在；化身是在恶秽世界中证得无上菩提的一种存在。善导认为阿弥陀佛净土为报土，是酬报佛于过去因位的预行所成就的净土，是讲的报身所居的净土。理由是，首先，阿弥陀佛没有八相身，八相身是化身的标志，即佛为了普度众生，自始至终而表现的八个阶段。这八个阶段是从兜率天退回世俗世界、入胎、住胎、出胎、出家、成道、转法轮、涅槃。所以阿弥陀佛为报身而非化身。其次，善导认为阿弥陀佛为以果酬因之身，故是报身。《无量寿经》中说："设我得佛，十方众生闻我名号，系念我国，殖诸德本，至心回向，欲生我国，不果遂者，不取正觉。"① 善导说："今既成佛，即是酬因之身也。"② 但酬因之身有报、化两种存在，报身是修因感果为体的存在，化身是随缘示现的存在。阿弥陀佛不是随缘示现，所以善导认为阿弥陀佛的酬因之身为报身。再次，善导还引《观经》。《观经》中上类三品临命终时皆言"阿弥陀佛及与化佛来迎"，善导认为这就表明阿弥陀佛为报身而非化身。因为"无量寿佛（阿弥陀佛）身量无边，非是凡夫心力所及"③。在善导看来，众生由于根机低劣，只能见到阿弥陀佛为了迎接众生而示现的化身，至于高妙的报身，众生是无法见到的。

　　与道绰一样，既然善导承认阿弥陀佛为报身，那就会面临一个矛盾，即《观音授记经》中提出阿弥陀佛也有涅槃，这与报身佛常住不灭是不符的。对此，善导是这样解释的：入不入涅槃的问题，只有到了佛的境界才说得上。佛为了鼓励众生修行，才说涅槃不灭。若从根本上讲，涅槃也

────────────

① 《佛说无量寿经》，《大正藏》第 12 册，第 268 页。

② （唐）善导：《观无量寿佛经疏》卷一，《大正藏》第 37 册，第 250 页。

③ 《佛说观无量寿经》，《大正藏》第 12 册，第 344 页。

是空，众生也不应将涅槃作为追求的目标。善导思想的重点在于解决一般民众对美好理想的追求，入不入涅槃对于净土宗来说是不重要的，重要的是往生到阿弥陀佛的报土世界，享受幸福，摆脱尘世的痛苦。又按照佛教的一般理论，报土是十分高妙的世界，只有大乘圣人才能居住，一般的凡夫是没有资格进入的。善导为了说明众生也能进入报土世界，他的解决方法仍是从阿弥陀佛的愿力入手。在善导看来，阿弥陀佛的报土世界是法藏菩萨长期修行的结果，也是酬报过去愿行的结果。一般的凡夫也可以依靠阿弥陀佛的愿力突破自身的限制，直接进入报土世界。如果凡夫不能够往生，那么法藏菩萨的誓愿也就落空了，法藏菩萨也就不能成为佛。事实上，法藏已经成佛，所以法藏的誓愿是有结果的，凡夫也是能够往生报土的。

当时有人认为，善导的这种说法与天亲菩萨《净土论》中"女人及根缺、二乘种不生"①的论点相矛盾，凡夫入报土的说法不能成立。善导对此的回答是：所谓二乘种不生指的是二乘心不生。也就是说往生报土之后的凡夫不会希求小乘的声闻和缘觉二乘，而只求大乘。善导接着引《观经》中的下品上生说明发无上道心即是大乘种生。因为既已进入阿弥陀佛的报土世界，那么以前所犯的罪业就会全部消失，这样就可以听观音讲的大乘法了。善导认为这并不会妨碍小乘往生，小乘往生之后即转向大乘，一旦完成转向，就不会再退回二乘了。同样，女人及根缺者进入阿弥陀佛报土世界后，也就不会再出现女人和根缺者了。所以善导认为凡夫入报土与上述《净土论》的说法并不矛盾。

善导的他力本愿说为末法众生进入高妙的报土世界提供了可能性，这种可能性要变成现实，还必须借助一定的方法，这就是善导的念佛学说。

（三）念佛思想

念佛的思想，早在东汉灵帝光和二年（179）支谶译出《般舟三昧经》时就已开始传入我国。后来吴国的支谦、西晋的竺法护等人译出有《大阿弥陀经》（《无量寿经》）、《平等圆觉经》。十六国后秦的鸠摩罗什、南朝宋的宝云等译出《阿弥陀经》《十住毗婆沙论》《无量寿经》《观无量寿经》等经典，流传各地。

念佛的思想传入中国之后，经历了一个从观想念佛到持名念佛的过

---

① 《无量寿经优波提舍愿生偈》，《大正藏》第26册，第231页。

程。所谓观想念佛乃是指一种禅定，即通过静坐入定，观想佛的种种美好形相和功德威神，以及佛所居净土的庄严美妙。持名念佛即口念佛名，如说口念佛号七万、十万声即可成佛。此外还有实相念佛，就是洞观佛的法身非有非无的中道实相道理。

中国早期的念佛思想一般为观想念佛，其中的代表人物是东晋著名高僧庐山慧远。慧远从因果报应理论出发，信仰弥陀净土，期望往生西方净土，摆脱人生的痛苦。他在《念佛三昧诗集序》中对念佛三昧的含义、性质和作用都作了明确的论述，指出三昧就是专思寂想，是一种禅定之功夫。"故今入斯定者，昧然忘知，即所缘以成鉴。"① 慧远之念佛是观想念佛，不是称名念佛。到了东魏时的昙鸾，开始奉行观想念佛和称名念佛并行的法门。昙鸾在《略论安乐净土义》中说：

> 若念佛名字，若念佛相好，若念佛光明，若念佛神力，若念佛功德，若念佛智慧，若念佛本愿，无他心间杂：心心相次，乃至十念，名为十念……垂命终时，迭相开晓，为称阿弥陀佛号，愿生安乐，声声相次，便成十念也……此命断时，即是生安乐时。②

道绰继承了这一趋势，以《大集经月藏分》为据，指出：

> 四者、诸佛如来有无量名号，若总若别，其有众生系心称念，莫不除障获益，皆生佛前，即是名号度众生。计今时众生，即是佛去世后第四五百年，正是忏悔修福，应称佛名号时，若一念称阿弥陀佛，即能除却八十亿劫生死之罪。③

善导继承昙鸾以来的念佛思想，并将其系统化，组织成完整的念佛理论。综观善导的念佛思想，主要有以下几个方面。

1. 三心说

前文提到，尽管阿弥陀佛愿力广大，能够广摄来生，但是这种愿力却

---

① （南宋）宗晓：《乐邦文类》卷二，《大正藏》第47册，第166页。
② （后魏）昙鸾：《略论安乐净土义》，《大正藏》第47册，第3页。
③ （唐）道绰：《安乐集》卷上，《大正藏》第47册，第4页。

不会自发地在众生身上起作用，它要求众生首先要有往生的愿望，这就是立足于念佛主体的三心说。

第一，至诚心。

至诚心即真实心。善导说："至者真，诚者实。"① 他认为，众生起而修行，身、口、意三方面的活动，都要以真实为基础，不能"外现贤善精进之相，内怀虚假之心"，② 必须心口如一，不然即使认真修行，也不能往生净土。阿弥陀佛在作菩萨修行时，他的一举一动乃至四十八愿，都是以真实为基础的。现在众生要依靠阿弥陀佛愿力往生，也必须以阿弥陀佛为榜样进行修行，否则就与阿弥陀佛的愿力不一致，就不得解脱。

善导认为真实有两方面的含义，即利他真实和自利真实。自利真实可以从念念舍弃诸恶、舍离秽土和念念勤修众善、勤修净土两方面理解。修善即止恶，止恶也就是修善，修善止恶同样重要，缺一不可。利他真实，即将自己的行善去恶推广到他人身上，使其他人也同样勤修净土，不断去恶行善，也就是所谓"己欲立而立人，己欲达而达人"。善导认为真实心在整个修行中很重要，不具真实心的修行，是一种杂毒之善，是欺骗行为，一是自欺，二是欺人。阿弥陀佛是全知全能的，众生的任何虚假行为都逃不过阿弥陀佛的法眼。众生若以杂毒之善求生净土，那永远也达不到目的。往生净土，是深感人生的痛苦，是为了彻底解脱，是人生的大事。如果自欺，仅从名利上着眼，结果只会又堕入人生苦海。自欺的危害仅限于自身，而欺人却殃及池鱼了。由于内怀虚假，外现精进，不能往生，这就会使众生由此而怀疑往生的可能性，进而影响对净土信仰的信心，结果阻碍了众生上进的道路，罪莫大焉！相反，如果一切从真实心出发，那就会给别人提供榜样，引导他们皈依净土。据载，善导是以身作则的："三十余年无别寝处，不暂睡眠，除洗浴外，会不脱衣。般舟行道、礼佛、方等以为己任，护持戒品，秋毫不犯。会不举目视女人。一切名利无心起念，绮念、戏词亦未曾有。"③ 善导的这种精神，影响所及，以至"京华诸州士女或投身高岭，或寄命深渊，或自堕高枝，焚身供养者，略闻四远，向百余人。诸修梵行，舍弃妻子者，诵《阿弥陀经》十万至三十万

---

① （唐）善导：《观无量寿佛经疏》卷四，《大正藏》第37册，第271页。
② 同上。
③ （北宋）王古：《新修往生传》，《卍续藏》第78册，第158页。

者，念阿弥陀佛日得一万五千至十万者，及得念佛三昧，往生净土者不可胜数"①。

第二，深心。

善导在《观经疏》中说："深心者，即是深信之心。"② 深心，又称深信，也即深信之心，是对佛法的深厚信心。善导十分重视深心，并从主客两个方面展开论述：一方面，善导认为主体要树立这样的一种深信之心，即要相信自己是处于末法社会的凡夫，不具备依靠自立成佛往生的可能性，必须对自身全盘否定。另一方面，善导又从客观方面立深信之心，它有三方面内容：其一，要坚定相信阿弥陀佛四十八愿摄受众生，众生乘其愿力定能往生；其二，要坚信《观经》中的三福九品、定散二善是释迦牟尼佛所说；其三，要深信《阿弥陀经》中诸佛证信称名往生。善导通过这样的论述，进一步确定了净土经典在末法时期的地位，要求人们对净土宗坚信不疑。

表面看来，深心的主客两方面说法有矛盾，善导强调两方面实际上是统一的。在善导看来，罪恶深重而难以得救的众生，由于充分意识到自身根机低劣，靠自力无法解脱，就能放弃一切异想邪见，一心依靠阿弥陀佛的慈悲愿力。从这个角度看，是离阿弥陀佛国近了。相反，那些自恃自身根机好，不相信阿弥陀佛愿力的众生，距离阿弥陀佛国是很远的。善导认为一旦树立了深信之心，就能一心相信佛语，佛经上怎么说就怎么做。但这样一来，也会出现有人利用其他佛经来质难净土信仰的情况。善导认为，这首先要坚定自己的信心不动摇。其次要认识到佛是封机说法，净土经典是佛对末法众生讲的，其他的经典不适合末法来生，不能用其他经典来非难净土经典。总之，只要众生牢记自身是罪恶凡夫，无出离之期，只有靠阿弥陀佛愿力才能往生，那就不会动摇自己的深信之心，也就能经过修持进入佛国净土。

第三，回向发愿心。

回向发愿是佛教的一大特色，回者，回转也；向者，趣向也。佛教徒所做的任何有利于佛教的事情都要回向发愿，即回转自己所修之功德而趣向于自己的期望。净土宗的回向有两种：第一，往相回向，即以自己所作

---

① （北宋）王古：《新修往生传》，《卍续藏》第 78 册，第 158 页。
② （唐）善导：《观无量寿佛经疏》卷四，《大正藏》第 37 册，第 271 页。

的功德回施于一切众生，希望共同往生阿弥陀佛国。第二，还相回向，成就一切功德，往生净土之后，愿意再回到世俗的娑婆世界度化众生，使众生回向净土。善导认为，往相回向的善行有两方面：第一，是自己所修善行，包括众生过去、现在所作的一切功德善行，众生身、口、意三业所作的一切功德善行，以及来生所作的世俗善行和出世善行。世俗善行即戒福和行福。所谓戒福就是具足众戒，不犯威仪；所谓行福即发菩提心，相信因果，读诵大乘经典，勤进行者。第二是随喜善行。所谓随喜，也有两方面含义：其一，见人喜事，随之欢喜；其二，为随所喜。比如布施，富人施舍金帛，贫人施舍水草，各自都是出自内心所喜。还相回向是大乘佛教的重要精神，也是净土宗理论的重要支撑点。有人会对净土宗的往生说提出疑问，认为往生是落入小乘。还相回向则有力地回答了这一问题。正如道绰《安乐集》中所云："譬如二人，俱见父母眷属没在深渊，一人直往，尽力救之，力所不及，相与俱没。一人遥走，趣一舟船，乘来济接，并得往生。"① 往生净土与后者类似，目的是为了救度众生，所以往生并非小乘的做法。

　　发愿，是指众生应当发起往生净土的誓愿。发愿在净土信仰的地位很重要，一部《阿弥陀经》先后三次劝导众生应当发愿。第一处是在描述西方净土的庄严之后，劝导说："众生闻者，应当发愿，愿生彼国。"② 第二处是在开示"闻说阿弥陀佛，执持名号"时说："众生闻是说者，应当发愿，生彼国土。"③ 第三处是在开示众生已发愿当生时说："信者应当发愿，生彼国土。"④ 所以善导说："此心深信，由若金刚，不为一切异见异学别行人等之所动乱破坏，唯是一心，投正直进。"⑤

　　总之，善导所讲的至诚心是具实之心，是为往生不伪之心；深心是深信佛的愿力之心；回向发愿心是回向所修之行，愿求往生之心。此三心总名为安心，即将心安置于所求（净土）所归（阿弥陀）与所行（念佛）三者。三心是安心之极要，由此善导说："三心既具，无行不成，若不生

---

① （唐）道绰：《安乐集》卷下，《大正藏》第47册，第19页。
② 《佛说阿弥陀经》，《大正藏》第12册，第347页。
③ 同上。
④ 同上书，第348页。
⑤ （唐）善导：《观无量寿佛经疏》卷四，《大正藏》第37册，第273页。

者，无有是处也。"①

2. 称名说

善导认为众生是凡夫，不能依靠自力进入高妙的阿弥陀佛报土世界，只有借助阿弥陀佛的愿力，才有可能进入。而启动这一伟大愿力的即是称名。"南无阿弥陀佛"就像一个开关，本来众生和佛的愿力是互相隔绝的，靠了这六个字，二者得到了沟通，互相融合。

第一，善导通过确定《观经》的宗旨进而奠定称名念佛的地位。净影寺慧远和吉藏等人认为整部《观经》讲的是观佛三昧，善导认为《观经》讲的是念佛三昧。其中前十三观是观佛三昧，是韦提希请佛为具有定机的众生所说，后三观是佛为了救度末法来生而自说的法门。由于《观经》的目的是佛为末法众生而说，因此观佛三昧就是佛为了建立念佛的一种假说。这在释尊向阿难传授《观经》时并未附嘱观佛三昧，而是附嘱"汝好持是语，持是语者，即是持无量寿佛名"②中也可看得出来，善导认为观佛三昧是说废，念佛三昧是说立，一废一立，确立了《观经》的念佛宗旨。

第二，善导的称名思想还表现在对临终十念的解释上。《观经》下品下生文中有："此人为苦所逼，不遑念佛，善友告言：汝若不能念佛，当称无量寿佛。如是至心，以声不绝，具足十念，称南无阿弥陀佛，以称佛名故，于念念中除八十亿劫生死之罪。如一念顷，亦得往生安乐国。"③善导认为临终十念，就是十声称佛。善导在《往生礼赞》中也说："若我成佛，十方众生称我名号，下至十声，若不生者，不取正觉。"④在《观经疏》解释经文"具足十念"时又说："今此十声称佛之中，十愿十行具足。"⑤可见，善导是以称名解释十念的。

第三，善导还通过对众生所作正行杂行的区分来确立称名念佛的地位。善导认为来生的一切行为，一种是专门依照净土经典修行的"正行"，舍此之外的行为都是"杂行"。善导依昙鸾的五念门（礼拜门、赞叹门、作愿门、观察门、回向门）将正行分成五种：一心专门读诵净土

① （唐）善导：《观无量寿佛经疏》卷四，《大正藏》第 37 册，第 273 页。
② 《佛说观无量寿佛经》，《大正藏》第 12 册，第 346 页。
③ 同上。
④ （唐）善导：《往生礼赞偈》，《大正藏》第 47 册，第 448 页。
⑤ （唐）善导：《观无量寿佛经疏》卷三，《大正藏》第 37 册，第 250 页。

经典的读诵正行；一心专注思想、观察、忆念阿弥陀佛的观察正行；一心专门礼拜阿弥陀佛的礼拜正行；一心专门供养、赞叹阿弥陀佛的赞叹正行；一心专门口称阿弥陀佛的称名正行。善导将五种正行中的称名正行称为正定之业，认为称名是佛的本愿，是人人都可修行的，因此要舍杂行，修正定业。善导说："众生障重，境细心粗，识飘神飞，观难成就也，是以大圣悲怜，直劝专称名字。"① 随后，善导又从三方面分析正杂二行，突出念佛一行：其一，"废立之说"，善导认为往生应当废舍诸行，专修正定之业，即诸行是说念佛一行是说立；其二，"正助之说"，诸行是为资助念佛而开示的，诸行是助，念佛是正；其三，"傍正之说"，众生的根基有定善之机、戒律之机和造塔之机各种各样，佛为此等根机傍说诸行，佛之本意是为了平等救助众生，故诸行往生非佛本意，是依众生根机从旁而说，本意还是念佛。所以，众生应当舍弃诸杂行，专修念佛一行。

第四，名号的意义和作用。前文提到净土经典认为，众生处于末法社会，根机低劣，是一种有着很大缺陷的存在，而阿弥陀佛是无限的存在。佛的名号在二者之间架起了桥梁，为凡夫往生提供了可能性。名号为何有如此巨大的作用呢？善导认为，这必须从佛的慈悲上理解。佛哀悯众生的不幸，于是将自己浓缩成"阿弥陀佛"名号，即佛舍弃了自己的一切，而以名号的形式存在。这样，名号就包含了佛的全部功能，是其愿力的集中体现。一切行、一切愿，宇宙中的一切全都包含在"阿弥陀佛"当中。因此，善导说："上尽一形，下至十声、一声等，以佛愿力，易得往生。"② 佛的存在，只有变成名号，才易于被众生把握，而众生也只有依靠名号，才能到达佛国的境界。

善导还论述了众生念佛的具体作用，认为有三种作用：其一，亲缘的作用。即"众生起行，口常称佛，佛即闻之；身常礼佛，佛即见之；心常念佛，佛即知之，众生忆念佛，佛亦忆念众生，彼此不相舍离，故名亲缘"③。念佛在佛是其本愿，因而念佛之人便与佛结有深缘。其二，近缘的作用。"众生如愿见佛，佛即应现前，故名近缘。"④ 念佛的众生，如发

① （唐）善导：《往生礼赞偈》，《大正藏》第 47 册，第 439 页。
② 同上。
③ （唐）善导：《观无量寿佛经疏》卷三，《大正藏》第 37 册，第 268 页。
④ 同上。

愿见佛，佛就会出现在面前。其三，增上缘的功用。"众生称念佛名，即除多劫之罪。命欲终时，佛与圣众自来迎接，则诸邪业无能系碍，故名增上缘。"① 众生由于专心称佛名号，结果就消除了以往的罪过，排除了意识上的种种杂想，进入一种纯粹的无善无恶的清净状态。这种状态是超越一切善恶的净心，所有的造作也都停止了，众生也由此而得到解脱。所以说诸佛能为众生的解脱起一种增上缘的作用。

善导认为在坚持称名的同时，还要有正确的修行方式。善导提出四种方式：第一，恭敬修，众生礼拜阿弥陀佛时，应表示殷重恭敬的态度。第二，无余修，即身、口、意三业起行时，要不问杂别的行为，只专门口称阿弥陀佛名，专门思念、观想、礼拜、赞叹阿弥陀佛以及净土中的大众。第三，无问修，安心、起行没有间断。这种修法应该不杂余业，不起嗔念烦恼。但由于众生是生死凡夫，经常会使正行间断。善导认为这是不可避免的，只要随时忏悔即可。第四，长时修，从开始发心直到临终之时，都要信行相续，绝不中止。总之，在善导看来，只要众生发起三心，专修持名正定业，不杂余业，无间断而不懈怠地修行，就一定能够乘阿弥陀佛的愿力往生阿弥陀佛报土世界。

（四）对别时意说和弥勒净土的批评

西方净土和称名往生，是善导理论的核心。但在当时，这种理论还面临各种挑战，其中最严重的挑战是当时流行的净土是佛别时意说的观点。

所谓别时意是《摄大乘论》中提出的佛的四种说法形式之一。这四种形式是：其一，平等意。诸佛所证之法平等无上，说彼即是说我，说我即是说彼，佛法是互相会通的。其二，别时意，是佛为了劝进懈怠之人而就别时利益而说，如说努力修持，将来可以成佛，并不是说今时就可成佛。其三，别义意，即佛的言说与其真正含义不同，是教化的方便。其四，众生乐欲意，佛随众生的不同情况而灵活说法。《摄大乘论》中提出两种别时意：一是"若人诵持多宝佛名，决定于无上菩提，不更退堕"② 的念佛别时意；二是"有说言由唯发愿，于安乐佛土得往彼受生"③ 的往生别时意。摄论师据此判定净土宗的念佛往生为别时意，这对净土宗的传

---

① （唐）善导：《观无量寿佛经疏》卷三，《大正藏》第 37 册，第 268 页。

② 《摄大乘论》，《大正藏》第 31 册，第 22 页。

③ 同上。

播影响很不利，"自《摄论》至此百有余年，诸德咸见此论文，不修西方净业"①。作为一生以弘扬净土为己任的善导当然不能坐视。首先，他分析了论中的话，认为论中所说的无上菩提是佛果的名称，这是要万行具备才行。如果只靠念佛一行而成，那就是别时意。但如果说称多宝佛当于无上菩提得不退者，那就是实说而非别时了。如《华严经·入法界品》中有功德云比丘只靠念佛三昧一行而得不退的记载，因此，一行也可达到不退。净土信仰就是专靠念佛一行而往生极乐净土，永不退堕。善导强调不能将论中的别时意与净土信仰的念佛混为一谈，前者是从佛果的角度说的，后者是从不退的角度而言。其次，善导对论中的第二种别时意进行分析，往生净土需要愿行俱足，唯愿、唯行都不能往生。但佛为了劝导懒惰众生，隐去行，而只言发愿，希望借此引导众生上进，所以论中的别时意是正确的。摄论师将其与净土信仰的十声称佛往生同样看待是错误的，因十声称佛并非只发愿没有行，而是行愿俱足的。"南无"即归命，也是发愿回向的意思，口称"阿弥陀佛"就是行，因此净土宗的十声称佛往生并非别时意而是实说。实际上，摄论师用别时意说来否定净土宗的称名念佛理论自有其道理，这反映了两种完全不同的思路。从摄论师的角度来看，中国承认称名念佛的有效性，等于降低了学佛的门槛，实际上否定了自身修行的必要性。而善导之所以反对别时意说也是为称名念佛扫除障碍，而并不是简单地否定摄论师。其实，只要是不利于净土宗的称名念佛的思想，一概都是善导反对的对象。

如果说摄论师的别时意说是对净土宗的外部挑战的话，那么兜率净土说就是对净土宗弥陀净土说的内部挑战了。

所谓兜率净土，就是弥勒佛的净土。关于弥勒信仰的经典主要有《弥勒下生经》《弥勒上生经》《弥勒下生成佛经》等。弥勒信仰的中心内容是兜率天净土。所谓兜率天是佛教六欲天（四天王天、三十三天、焰摩天、兜率天、化乐天、他化自在天）的第四个天界。据说弥勒即是在此说法。兜率天也像弥勒净土一样，只有众乐，全无痛苦。据弥勒经典说，弥勒上兜率天，过五亿万年以后下降人间，在龙华树下成佛，普度众生，并举行三次法会：第一次有九十六亿人得阿罗汉，第二次有九十四亿人得阿罗汉，第三次有九十二亿人得阿罗汉，皈依修行者不计其数。

---

① （唐）怀感：《释净土群疑论》卷二，《大正藏》第47册，第39页。

兜率天净土说的突出特点是，弥勒下生人间，普度众生，建设人间净土。弥勒信仰传入中国之后，信仰的人很多。前秦高僧道安即为兜率天净土信仰者，南朝宋初的比丘尼玄藻、光静，梁比丘尼净秀以及北魏僧统法上、北齐的昙衍等也都是兜率天净土信仰者。南北朝时的北方广大地区，弥勒信仰极为盛行，这从当时的弥勒造像即可见一斑。据日本学者冢本善隆统计，北魏在龙门石窟共造佛像 206 尊，其中弥勒造像就有 35 尊，居各种造像之首。此外，日本学者佐藤智子在《北朝造像铭考》中列举云岗、龙门、巩县石窟和所知传世铜像数字，其中释迦 178 尊、弥勒 150 尊、阿弥陀 33 尊、观音 171 尊，可见当时弥勒信仰多么盛行。后来由于弥勒信仰常被农民起义作为工具，因而遭到统治者的镇压。尽管如此，弥勒信仰仍很有影响，唐代的高僧玄奘即是兜率净土的信奉者。

善导既然倡导弥陀净土，就不能坐视弥勒兜率天净土信仰的流行，他从多方面说明弥陀净土高于弥勒兜率净土：第一，阿弥陀佛高于弥勒菩萨。阿弥陀佛现已成佛，果圆德满，而弥勒目前才处于菩萨位，果行不够圆满。第二，兜率天不出三界，弥陀净土则横超三界，一往彼国，即永不退堕。第三，兜率天受乐时间虽长，但还是有限的，弥陀净土长时受乐，无有限期。第四，弥勒下生时，三会说法之诸众生，只能得到阿罗汉果，相对于大乘佛教而言，是很初步的。阿弥陀佛往生净土，则可达到很高的阶位。第五，释迦讲《阿弥陀经》时，弥勒菩萨也在中间听讲。善导反问：连弥勒本人都要念阿弥陀佛名号，更何况处于末法的众生呢？

以上是善导对兜率天净土与弥陀净土优劣的评判。实际上，在一般民众的心目中，兜率天净土与弥陀净土没有什么太大的不同。但善导为何要竭力抨击弥勒净土呢？我们认为原因如下：弥勒净土的独特之处在于它明确地提出弥勒降生世俗社会，三会说法，同获善果，这就使人们的注意力集中在今世今生上，从而带来两个问题：一是一般民众在统治者的压迫下，生活十分痛苦，弥勒降生的说法给他们带来了希望，但弥勒降生要在遥远的未来，这又使人感到可望而不可即，以致影响到佛教的传播；二是弥勒降生的说法经常被农民作为起义的工具，南北朝时农民起义军往往打着"新佛出世"的旗号。史载："癸玄朔日一，有盗数十人，皆素冠练衣，焚香持华，自称弥勒佛，入自建国门，监门者皆稽首。既而夺卫士仗，将为乱。齐王崇遇而斩之。于是都下大索，与相连坐者千余家。"①
这种情况不能不引起统治者的警觉，而禁止弥勒信仰的传播。善导明确地
认识到这些问题，推动他排斥弥勒净土，宣扬弥陀净土。弥陀净土将人们
的理想的实现放在了来世，这就不会面临像弥勒信仰那样长期无法兑现的
问题。同时，弥陀净土关注的来世生活丝毫也不牵涉现世的世俗社会，不
会给统治者带来麻烦，也就减少了被统治者干涉的危险。历史表明，弥陀
净土能够吸引更多的信徒，力量越来越大，而弥勒净土却逐渐走向衰
微了。

五　善导的影响及地位

　　善导继承昙鸾、道绰以来的净土思想，将"称名念佛"提高到前所
未有的位置，加上他的身体力行，为信徒树立了榜样。从此以后，称名念
佛的净土宗迅速发展，以至达到了"户户弥陀佛"的程度。后来唐武宗
灭佛，许多宗派都遭到沉重打击而一蹶不振，只有净土宗和禅宗盛况依
然。由于称名念佛简单易行，深入人心，因此后来其他宗派都不得不注意
吸收净土思想。如天台宗与净土信仰关系就很密切，在善导之前，天台宗
创始人智者大师就很重视净土，他修般舟三昧法，临终时唱《无量寿经》
赞文，求生西方净土。天台的中兴大师湛然也常称弥陀名号，修念佛三
昧。另外，知礼用天台宗的方法组织净土教，并结念佛社，时有一千多人
参加。此后，天台宗更是与净土宗合流了。又如，尽管早期禅宗与净土宗
冲突很大，但从慧能弟子慧思开始就提倡禅净双修。五代时的永明延寿是
提倡禅净双修的代表人物，他撰《神栖赡养赋》等，弘扬净土法门，并
日诵佛号十万声，他还撰有《禅净四料简》，强调禅宗人士必须同时修行
净土法门，在他的提倡下，禅净双修成为中国佛教的一个重要特色。再
如，由于华严宗有普贤行愿求生西方的典据，因此华严宗很早就有人修习
净土法门，其中比较著名的是南宋的图澄义和，他著有《华严念佛三昧
无尽灯》，提倡华严圆融念佛法门。还有律宗自从南山道宣创立以来，一
直是主张戒律与净土并重的。北宋的元照法师更撰有《观无量寿经义疏》
和《阿弥陀经义疏》，倡导律宗的信徒也要修习净土法门，在当时引起很
大反响。总之，善导的净土宗后来获得了很大的发展，并逐步成为涵括其

---

① 《隋书》卷三"炀帝"上，中华书局 1973 年版，第 74 页。

他宗派的最有势力的佛教宗派之一。

六　少康的净土思想

善导所开创的称名念佛思想由于简单易行，比较容易普及，因而得到了很大的发展。在善导之后，继承这种发展方向的是少康。

少康（？—805），俗姓周，缙云仙都山人。据说少康生时有异象，少时便与佛教有缘。少康 15 岁时，就已经将五部佛典全部读完，后于越州（绍兴）嘉祥寺受戒，学习佛教戒律。20 岁左右到上元龙兴寺听《华严经》《瑜伽师地论》等经典。贞观初年，少康到东都洛阳白马寺，见到善导的《西方化导文》，接受了净土念佛思想。后少康到首都长安善导影堂拜见善导，据说有神异出现，善导的影像化为真身与之相见。从此之后，少康对称名念佛勤习不辍。少康在新定，用铜钱诱导儿童念佛，念佛一声，即给钱一枚，一时间，人人念佛，佛号沸天。于是，少康在乌龙山建念佛道场。道场中日夜念佛不断，影响很大。斋戒日，甚至有三千多人前来念佛。少康于贞元二十一年（805 岁）十月圆寂。

少康作为善导思想的继承者，对于净土宗的贡献主要体现在普及净土念佛法门上。称名念佛，虽然可以有不同的做法，但归根结底都是口称佛号。因此，在理论上不容易有太多的建树，这一点在少康身上也有体现。少康除了教导众生念佛的传教活动之外，几乎就没有留下什么理论性的著述，唯一留下来的是一本记载往生西方净土的僧俗传记——《往生西方净土瑞应传》。这部书记载了从东晋庐山慧远到善导等共四十八人的往生事迹，对鼓励当时人们念佛往生起了积极作用。

由于少康仰慕善导，并且在很多做法上与善导相似，所以，时人称其为"后善导"。从少康的经历和做法我们可以看出，善导之后，善导流已经不需要在理论上进一步发展了，人们只要虔诚念佛即可往生西方净土。从此之后，善导流的念佛往生势不可当，成为中国净土宗的主流。

第二节　慈愍流的净土思想发展

昙鸾、道绰、善导等人所开创的道路，是一条中国净土宗的普及之路。他们的基本路线是从复杂到简单，无论是理论还是实践，都是如此。

实践上，将众多的念佛理论从念佛三昧、观想念佛等简化为称名念佛，也就是称颂阿弥陀佛的名号；理论上，将众多的出离道路简化为往生西方一条路。与此对应的，净土宗中还有另一个倾向，这就是以慧日承远和法照为代表的道路。他们坚持的路线与善导等人不同，并不是那么绝对化，也就是说并不否认其他的修行方式和理论，是一种兼容性的修行方式，这种方式更容易被佛教界所接受，也更容易使净土思想深入佛教内部。

一 慈愍慧日的净土思想

慧日（680—748），唐代著名僧人。慧日俗姓辛，山东东莱人（今莱州）。慧日在唐中宗时期出家为僧，受具足戒之后，因仰慕高僧义净求学印度的经历，希望到印度学习。在武则天统治时期，慧日从海路出发，中间经过南海诸国，历经千辛万苦，终于到达印度。在印度，慧日广泛学习印度各派佛教知识，时间长达 13 年。后来，义净又到印度北部雪山一带学习了 4 年。前往印度的种种艰难、在印度求学所经历的种种苦难，使慧日深刻感受到人生苦短，于是向印度的佛学大师广泛求教，到底哪种方式能够永脱人生痛苦。当时的僧人都向他介绍净土法门，认为阿弥陀佛极乐国土最为殊胜。慧日接受了这种思想，后到北印度犍陀罗，在那里，慧日遇到观音显灵的奇迹，劝导他信仰净土法门，并要向大众传播。有了这样的经历，慧日的净土思想就更明确了。慧日在印度共生活了 18 年，在开元七年（719），慧日回到了首都长安，向皇帝呈现了自己从印度带来的经卷和佛像等。皇帝敕他慈愍三藏的称号。在天宝七年（748），慧日在洛阳圆寂。慧日的著述不多，遗留到现在的就更少了。我们现在所能见到的，比较完整的只有《略诸经论念佛法门往生净土集》的上卷。从慧日的这部著述中，我们大约可以看出慧日的基本思想倾向。

第一，慧日净土思想的根基并不单单是净土宗的三经一论，而是比较广泛的佛教经典。慧日虽然是净土念佛的倡导者，但是，他的念佛不单是口称念佛，更主要的是念佛三昧，因此，他的思想体系是比较复杂的。慧日主张禅、教、律、净等并行不悖，他说：

> 圣教所说正禅定者，制心一处，念念相续，离于昏掉，平等持心。若睡眠覆障，即须策动念佛诵经、礼拜行道、讲经说法。教化众

生，万行无费，所修行业，回向往生西方净土。若能如是修习禅定
者，是佛禅定，与圣教合。是众生眼目，诸佛印可。一切佛法等无差
别，皆乘以如成最正觉，皆云：念佛是菩提因，何得妄生邪见？故台
教行四种三昧，小乘具五观对治，亦有常行、半行种种三昧，终不一
向而局坐禅。①

　　这是永明延寿的《万善同归集》中记录慧日的话，从这段话中我们
可以看出，慧日对其他的宗派和修行方式并不是绝对排斥的。在慧日看
来，禅定不能简单地理解为禅宗的坐禅，念佛也是一种禅定。天台宗的智
者大师确立了四种三昧修法，即常坐三昧、常行三昧、半行半坐三昧和非
行非坐三昧。慧日从净土宗立场出发，认为常行三昧和半行半坐三昧就是
念佛。很明显，慧日这里所说的三昧绝对不是简单的称名念佛，而是类似
于慧远等人所言的实相念佛或观想念佛，其实质就是禅定。
　　第二，慧日批评禅宗，反对修行的简单化、世俗化。虽然慧日不反对
坐禅，但他对当时风头很劲的禅宗的很多做法却不以为然。

　　　　或有出家在家男女四众，惧生死苦厌恶俗尘。或住山间或依聚
落，或居寺舍或复在家，展转相传教人看净。昼则恣情睡眠，夜乃暂
时系念。见世空寂都无一物，将为究竟言。一切诸法，犹如龟毛，亦
如兔角。本无有体，谁当生灭？无善可修，无恶可断，心所取相及以
经佛，尽当远离。但令内心安住空中，知世虚妄万法都无。虽是凡夫
能如是解，此即是佛，已证禅定，已断生死，不受后有。何劳勤苦，
远觅世尊。亦不假念佛诵经为出离因，即此禅定，是无为法，是可修
法，是速疾法，是出离因。除此之外诸余行门，悉皆虚妄。即如念佛
诵经求生净土、布施持戒忍辱精进乃至智慧、写经造像建立塔庙、恭
敬礼拜孝养父母奉事师长等，是生死因非解脱因。何以故。见善可修
见恶可断，涅槃可欣生死可厌、誓断生死、誓证菩提，悉皆动念心有
所得，着相修习虚妄分别。是有为法，是生死法，虽复勤修，不免流
浪者。②

---

① （北宋）延寿：《万善同归集》卷上，《大正藏》第 48 册，第 963 页。
② （唐）慧日：《略诸经论念佛法门往生净土集》卷上，《大正藏》第 85 册，第 1236 页。

以上所引，对理解慧日的净土思想很有帮助，值得认真分析。首先，慧日是反对禅宗的修行方式的。从慧日的角度来看，禅宗的这种不拘小节的修行方式是异类，无论是对思想还是实践都没有任何好处。慧日对禅宗的这种看法并不奇怪，这与当时佛教界对禅宗的排斥是一致的。其次，对于禅宗的直指心性的观念，反对净土念佛的思想，慧日也是反对的。"余颇寻三藏。推求事理。观彼向来。禅师所见错谬弥甚。违经反理乖背佛意。岂有凡夫但住空门。不断不修懈怠懒堕，而得解脱者哉。"①　可见，慧日在当时就已经看到禅宗与净土宗之间的冲突，并且反对禅宗的一系列做法。慧日的这种说法与当时的其他僧人区别不大，但如果我们将慧日的这种批评与善导一系所倡导的称名念佛联系起来，就会发现慧日的思想确实与善导等人是有很大区别的。慧日所反对禅宗的这些做法，无非是比较散漫、自由，同时对佛教的经典和佛说并不十分注重，而这些恰恰也是善导一系净土念佛思想的体现。可以这样说，既然慧日反对禅宗的这些做法，那么对于净土宗同样的做法，慧日也是不赞成的。因此，慧日才特别重视念佛三昧，将自己的净土念佛观念与善导等人区别开来。

第三，慧日还非常重视戒律。义净到印度求法，是要解决一些戒律方面的问题。慧日对义净非常钦佩，当然也受到义净的影响，对戒律很重视。比如，佛教的戒律中有不食五辛的说法，但由于这是印度佛教的产物，到底哪些是五辛，国内的佛教学者当然说法不一。慧日很重视这个问题，专门做了研究，认为五辛中只有蒜、葱、韭菜、薤菜四种，并没有兴渠，慧日认为兴渠产于当时的于阗，兴渠不是苔荽（香菜）。由此可见，慧日对于戒律是很重视的。此外，慧日对禅宗的批评除了禅宗反对净土宗的念佛和求生西方之外，对戒律的要求也是一个很重要的原因。禅宗的做法，在慧日看来明显与戒律的要求不同，甚至是破戒的做法，因此，慧日加以反对。我们注意到，慧日的这一做法与善导等人也是有差异的。善导等人所倡导的称名念佛，简单易行，因此，响应的人很多，教内有，教外的更多。人一多，就容易出现鱼龙混杂的现象，那么，就不可能以严格的佛教戒律来要求。当然，对于念佛的"愚夫愚妇"就更不能这样要求了，而且也没有必要用严格的戒律来要求。慧日所倡导的净土，实际上要求还

---

① （唐）慧日：《略诸经论念佛法门往生净土集》卷上，《大正藏》第85册，第1236页。

是很高的，非教内的人士恐怕不是慧日的教化对象，如此一来，用严格的戒律要求就可以理解了。当然，这并不等于说，慧日重戒律、善导不重戒律，这只是从倾向性的角度而言。

慧日之后，继承他的思想并加以发扬的是南岳承远和竹林法照。

二　承远的净土思想

承远（712—802），唐代著名僧人，净土宗的祖师之一。承远出生于四川绵竹，俗姓谢。承远幼时与当时的儿童一样，学习儒家经典。后来，他逐渐对儒家的诗书礼仪产生抵触心理，不愿学习。不久，他遇到一位佛教信徒，信徒向他讲授了佛教的道理。承远对此很感兴趣，并认为是自己应该追求的道路。于是，承远就立志出家。承远先是向家乡的唐禅师学习禅学，后来又到荆州玉泉寺拜惠真和尚为师，并在此出家为僧。后来，真和尚建议他到衡山修行。承远在衡山生活艰苦，但修行很刻苦。当承远知道慈愍慧日法师在广州弘法时，就远赴广州，跟随慧日法师学习净土法门。慧日法师告诫他要专修净土法门，不要贪多，同时，出家人应该弘法，而不应隐居独善其身。承远听从慧日的教导，重新回到衡山，建弥陀台，引导众生念佛。直到承远圆寂，衡山的念佛都是非常兴盛的，吸引了大批的信众。

承远是慧日的继承者，因此，在很多方面与慧日有相似的地方，当然，承远也有自己的一些特点。

首先，承远与慧日一样对戒律是很重视的。承远到玉泉寺，拜惠真和尚为师，惠真除了是天台的学者之外，还对佛教的戒律有比较深刻的理解。惠真曾经因为对佛教戒律的疑问而远赴印度求学。"进举经旨，遍览毗尼，意谓未圆，寻文果阙，乃往天竺求梵本。至海上，遇净三藏自摩竭陀还，净公谓曰：'西方学者，亦殊宗贯，假欲诠正，如异执柯。'因悉授所赍律集，与之俱返。才二年间，罔不悬解，手绩成部，名曰《毗尼孤济蕴》。"[①] 在惠真处，当然会了解惠真的戒律思想，并认真学习戒律。后来惠真建议承远到衡山去学习，而当时的衡山恰好是一个律学中心。刘禹锡《唐故衡岳律大师湘潭唐兴寺俨君碑》载："中夏之人，汩于荣利，破荣莫若妙觉，故言禅寂者宗嵩山。北方之人，锐以武力，摄武莫若示

---

① 《兰若和尚碑》，《全唐文》卷三百一十九，上海古籍出版社 1990 年版，第 1431 页。

现，故言神通者宗清凉山。南方之人，剽而轻制，轻莫若威仪，故言律藏者宗衡山……南岳律门，以津公为上首；津之后，云峰证公承之；证公之后，湘潭俨公承之。"① 有了这样的经历，承远对于佛教的戒律当然不同常人。承远的这种对戒律的理解还体现在他的苦行生活中。"天宝初岁，还于旧山。山之西南，别立精舍，号弥陀台焉。草编茅，仅蔽经像，居靡童侍，室无斗储，一食不遇，则茹草而过，敝衲莫完，而岁寒自若。奉持赞叹，苦剧精至，恒于真际，静见大身，花座踊于意田，宝月悬于眼界。"② 承远在创立弥陀台时，条件非常艰苦，他给人的印象完全是苦行僧的面目。正是依靠苦行，承远才得到了当地僧俗的肯定，弥陀台才顺利兴建，并得到充分的发展。

其次，承远身上还具有神异色彩。在一般人看来，如果没有大智慧大神通，是不可能脱离世俗社会出家为僧，更不能承受非人的苦行。没有神异，身上就缺少了光环，也就不能将自己与世俗之人区别开来，更不能将自己从众多的僧人中显示出来。在这样的社会氛围和认识下，僧人并不缺少神异，更不用说承远这样的高僧了。实际上，承远有神异表现更是事所必至、理所必然，因为神迹正是慈愍慧日一系的共同特点。如《慧日传》中记载：

> 渐至北印度健驮罗国，王城东北有一大山，山有观音像，有志诚祈请，多得现身。日遂七日叩头，又断食毕命为期。至七日，夜且未央，观音空中现紫金色相，长一丈余，坐宝莲华，垂右手摩日顶曰："汝欲传法，自利利他。西方净土极乐世界弥陀佛国，劝令念佛，诵经回愿，往生到彼国已，见佛及我，得大利益。汝自当知，净土法门胜过诸行。"说已忽灭。日断食既困，闻此强壮。③

而作为弟子的承远，也不乏这方面的描述："先是忽告门人曰：'国土空旷，各宜勉力。'数月而灾火梵寺，周岁而吾师解形，此盖宝去山

---

① 《全唐文》卷六百十，上海古籍出版社 1990 年版，第 2730—2731 页。
② 《全唐文》卷六百三十，上海古籍出版社 1990 年版，第 2628 页。
③ （北宋）赞宁：《宋高僧传·唐洛阳罔极寺慧日传》，《大正藏》第 50 册，第 890 页。

枯，龙移水涸，'空旷'之旨，乃明前知。"① 这是在他圆寂后，别人为他所写传记中的记载。从这一小段记载来看，承远是预知自己往生日期的，所以事前做了一些安排。其实，这应该是净土宗行人的一个惯例，预知生死、临死之前有异象等，这是表明他真的往生到西方极乐世界去了。既然如此，我们有理由相信，在承远生前也一定存在着类似的神异。作为承远的弟子，法照与承远的相遇也充满了神异色彩："永泰中，有高僧法照者，越自东吴，求于庐阜，尊远公教迹，结西方道场，入观积旬，至想傍达，见弥陀座下，有老比丘焉，启问何人，答曰：'南岳承远，愿告吾土，胜缘既结，真影来现。'照公退而惊慕，径涉衡峰，一披云外之尘，宛契定中之见，因缘昭晰，悲喜流涕。遂执抠衣之敬，愿承入室之顾。"② 由此可见，从慈愍慧日到南岳承远再到竹林法照，他们之间有一个共同的特点，那就是神异色彩比较浓厚。

再次，承远的净土思想也是建立在对其他宗派思想充分了解的基础上。早期的承远是一名禅宗的修行者，吕温的《南岳弥陀寺承远和尚碑》载："初事蜀郡唐禅师。禅师学于资州诜公，诜公得于东山弘忍，坚林不尽，秘键相传。师乃委质僮役，服勤星岁，旁窥奥旨，密悟真乘。"③ 这是承远早期的学佛履历，他先是从本地僧人唐禅师学习。而这位唐禅师就是资州诜公的弟子处寂，处寂追随诜公学习禅法。所谓诜公就是唐代的智诜，智诜又是弘忍的弟子。可见，从师承来说，承远是非常正统的禅宗人士。出家后的承远法师具有天台宗的背景。

承远法师虽然在禅宗人士唐和尚处寂那里学习禅法，但并不是出家人，他还没有剃度，他真正出家为僧是在湖北荆州的玉泉寺。"既壮游方，沿峡东下。开元二十三年，至荆州玉泉寺，谒兰若真和尚，荆蛮所奉，龙象斯存。历劫方契其幽求，一言悬会于灵受，爰从剃毁，始备缁锡，昂然古貌，森映高松。"④ 玉泉寺是天台宗的创始人智颛法师为了报答自己的出生地而兴建的一座天台寺院。智颛在这座寺院讲过《法华玄

① 《南岳弥陀寺承远和尚碑》，《全唐文》卷六百三十，上海古籍出版社 1990 年版，第 2815 页。

② 《南岳弥陀寺承远和尚碑》，《全唐文》卷六百三十，上海古籍出版社 1990 年版，第 2815 页。

③ 同上。

④ 同上。

义》和《摩诃止观》，因此，这座寺院是唐时天台宗的重要道场。承远到玉泉寺，追随惠真法师，当然要学习惠真的佛学，那么学习天台的理论就成为必然。此外，承远还间接通过惠真等人与密宗有一定的关联。总之，承远不单纯是一个净土宗的行人，而是一个兼具各宗各派思想的佛学大家。正是因为承远在佛教理论方面的造诣，才使得他能够在衡山立足，并且成为教内教外景仰的人物。

最后，承远对慧日净土思想的继承。

承远虽然是兼具各家思想的佛学大家，但是他真正在佛教史留下厚重色彩的则是他的净土念佛理论与实践。

承远在南岳衡山时，得知慈愍慧日在广州传法，于是决心向慈愍学习净土法门。"闻京师有慈愍，出在广州。乃不远重阻，星言睹谒。学如不足，求所未尽。一通心照，两舍言筌。敏公曰：'如来付受吾徒，用宏拯救，超然独善，岂曰能仁？'俾依无量寿经，而修念佛三昧，树功慈劫，以济群生。由是顿失息诸缘，专归一念。"① 这是关于承远与慧日关系的最详细的记载，通过这段话我们才可以知道承远的净土思想与慧日的关系。第一，慧日教育承远，出家人要自度度人，不能独善其身。第二，修行净土法门，贵在专精。在见慈愍慧日之前，承远应该是一个杂家，对各家各派的思想和修行方式都有涉猎。但是，很明显，这并没有使承远满足，所以他才要千里迢迢到广州向慈愍问道。显然，在慈愍慧日这里，承远获得了他应该走的佛教道路，那就是"顿息诸缘，专归一念"。这八个字的字面意思很明确，就是其他的方法都不要了，只要念佛法门。但是，我们不能认为念佛法门就是称名念佛，而应从念佛三昧的角度理解。

此外，承远非常重视道场的建设，这也是其与众不同的特点。净土宗尽管有三个流派，但是真正影响比较大的还是以善导为代表的称名念佛。称名念佛的特点决定了道场的次要地位。因为称名非常简单易行，实际上无论何时何地都可以称名。这种随意性很强的修行方式，既不要导师的指导，也不需要同修的切磋，所以，道场就是可有可无的了。而承远是追随慈愍慧日的，他们的念佛主要是念佛三昧，是需要以道场为依托的。

承远从慧日处回到衡山后，在众人的帮助下，最终建起了一座规模比

①　《南岳弥陀寺承远和尚碑》，《全唐文》卷六百三十，上海古籍出版社 1990 年版，第 2815 页。

较宏大的寺院。这座寺院影响很大，是南岳五寺之一，依靠这座道场，承远广泛开展传教活动。承远的传教并不排斥其他修行方法，他根据众人的根基不同，实施不同的教法，"凡化人，立中道而教之权；俾得以疾至，故示专念。书涂巷，刻溪谷，丕劝诱掖，以援于下"①。这一点，承远很明显与善导等人的教法不同。

在承远的努力下，慧日所代表的净土思潮得到了发扬，承远之后，继承这一潮流的是竹林法照。

三　法照的净土思想

法照，我们只知道他是唐中期著名的净土宗僧人，关于其事迹和生平则所知甚少。根据《宋高僧传·法照传》我们知道，法照在唐代宗永泰元年（765），因为仰慕东晋高僧慧远的事迹，于是进入庐山，以慧远为榜样，建念佛道场，修习念佛三昧法门。后来，因为定中见到南岳承远弥陀和尚，于是到衡山追随承远，学习念佛法门，并创立了五会念佛法。在大历五年（770），法照与其他人一起上五台山，后在并州等地教授五会念佛法门，影响很大。法照受到了朝廷的召见，在长安的宫中教皇室人员学习五会念佛法门。在朝廷的支持下，法照为其师承远争得荣誉，并在五台山建立了弘扬净土的竹林寺。直到最后圆寂，法照一直在竹林寺弘传五会念佛法门。法照对净土宗的贡献主要体现在其五会念佛法门上。

第一，五会念佛是法照受《无量寿经》的启发而创立的。

> 问曰："五会念佛出自何文？"答曰："《大无量寿经》云：或有宝树，车渠为本，紫金为茎，白银为枝，琉璃为条，水精为叶，珊瑚为华，玛瑙为实。行行相值，枝枝相准，叶叶相向，花花相顺，实实相当，荣色光耀，不可胜视。清风时发出五会音声，微妙宫商，自然相和，皆悉念佛、念法、念僧。其闻音者得深法忍，住不退转至成佛道。"②

《无量寿经》中确实在赞叹西方极乐世界的宝树遍国中有这样的说

---

① 《南岳弥陀和尚碑》，《全唐文》卷五百八十七，上海古籍出版社 1990 年版，第 2628 页。
② （唐）法照：《净土五会念佛略法事仪赞》卷上，《大正藏》第 47 册，第 476 页。

法，但是，所谓的五音实际上是泛指，并不具有实际的意义。法照由于灵感突现，因此发明了五会念佛法，这也可以称得上因缘际会了。

第二，五会念佛的内容就是五种不同的口称念佛的方法。根据法照的解释，第一会，是平声缓念"南无阿弥陀佛"；第二会，平上声缓念"南无阿弥陀佛"；第三会，非缓非急念"南无阿弥陀佛"；第四会，渐急念"南无阿弥陀佛"；第五会，四字转急念"南无阿弥陀佛"。这五种念佛就是对口称念佛的进一步细分，通过这种细分念佛，效果可以达到最大化。这种五会念佛，其实际不过是将简单的"六字真言"用比较复杂的方式表达而已。五会念佛是五种不同的发音，这比简单的一句"阿弥陀佛"要复杂得多，因此需要比较严格的教导，否则，就会流于形式，最终与一般的称名念佛没有什么不同。所以，法照要求一定要有师承。

第三，五会念佛的效果。法照对自己所创立的五会念佛法很有信心，认为只要按照他的方法念佛，就可以获得很大的效果。

> 问曰：五会念佛有何利益，复何所表？答曰：即于此生，为能离五浊烦恼，除五苦，断五盖，截五趣，净五眼，具五根，成五力，得菩提具五解脱，速能成就五分法身。五会念佛功力如斯，最胜无比。尽此一形，顿舍最后凡夫之身，生极乐国，入菩萨圣位，得不退转，疾至菩提，实为佛任。此事终不虚也。[1]

在法照看来，通过五会念佛，可以获得其他法门所能获得的一切利益，更重要的是能够往生西方极乐世界。关于法照五会念佛的详细描述，我们现在已经很难明确了解，但从现存的资料来看，法照的五会念佛主要体现在念佛的节奏上，而这种有节奏的念佛是需要一定的训练，并且也具有一定的轰动效应，对于传播净土宗的念佛理论还是很有益处的。当然，曲高必然和寡，这种提高念佛门槛的做法，当然不如善导流的生命力旺盛。

另外，法照的净土思想也与慧日和承远一样，是混合的佛教思想而非单纯的净土理念。这首先体现在法照所创立的竹林寺中。根据日本僧人圆仁的《入唐求法巡礼行记》的记载，竹林寺不单纯是一座净土念佛的寺

---

① （唐）法照：《净土五会念佛略法事仪赞》卷上，《大正藏》第 47 册，第 475 页。

院，而是一座综合性的大寺院，"竹林寺有六院：律院、库院、花严院、法花院、阁院、佛殿院"①。可见，竹林寺既有华严宗的修行者，也有天台宗的修行者，更有律宗的修行者，当然，更不缺少净土宗的行人了。因此，我们可以判定，法照并不是一个极端的净土宗倡导者，而是一个兼容并包的净土行人。此外，法照的五会念佛所体现的思想本质是禅和教：

> 五者会是数，会者集会。彼五种音声，从缓至急，唯念佛、法、僧，更无杂念。念则无念，佛不二门也。声则无常，第一义也。故终日念佛，恒顺于真性；终日愿生，常使于妙理……是以如来常于三昧海中，举网绵手谓父王曰：王今坐禅，但当念佛。岂同离念求乎无念，离生求乎无生，离相、好求乎法身，离文字求乎解脱？夫如是者，则住于断灭见，谤佛毁经，成柜法业，坠无间矣。②

从法照对五会念佛的解释来看，很明显的是一种融会禅净、台净的思路。所谓念即无念、生即无生，是典型的禅宗禅，参禅有助于念佛。无生不能离开生、法身不能离开思路，念佛即使参有相、解脱不能离开文字，总之，不能将真与俗绝对地分开，在如来所教导的三昧中，这些都是统一的。这就充分表明了法照的念佛不是简单地口称念佛，而是在融合禅、台等思想基础上的观想念佛，也就是念佛三昧。当然，法照的这种解释在实践上最终是落实到口称念佛的，毕竟，五会念佛是口称而不是行三昧。换句话说，法照的五会念佛是称名为主、观想为辅的一种念佛方式。

由于法照的五会念佛具有一定的技术性要求，因此，尽管轰动一时，但却无法与善导所倡导的称名念佛抗衡。最终，法照的五会念佛失去了在净土宗的位置，而慧日所开创的慧日流也逐渐消失了，净土宗最终是善导流一统江山。

第三节　慧远流的净土思想发展

在隋唐时期，净土宗中除了以善导为代表的善导流和以慧日为代表的

---

①　[日] 圆仁著，白化文等校注：《入唐求法巡礼行记校注》，花山文艺出版社 2007 年版，第 270 页。

②　（唐）法照：《净土五会念佛略法事仪赞》卷上，《大正藏》第 47 册，第 476 页。

慈愍流之外，还存在一些净土宗的行人，由于他们对庐山慧远的念佛三昧很重视，因此，可以称他们为慧远流。其代表性的人物主要有迦才、怀感和飞锡。

一 迦才的净土思想

迦才，唐高宗时期长安弘法寺僧人，关于他的生平，目前没有比较可靠的资料，我们知道他在贞观年间是在长安弘法寺修行净土法门，与善导是同时代的人。但是，两人的交往都极少，几乎看不到任何资料表明他们之间有联系。很明显，两人思想存在隔阂，对净土的看法和修行的方式也不一致。虽然与善导不相契，但是迦才却对庐山慧远情有独钟。迦才曾经这样谈论慧远：

> 上古以来，大德名僧及俗中聪明儒士并修净土行。谓庐山远法师、叡法师、刘遗民、谢灵运乃至近世绰禅师，此等临终并感得光台异相，圣众来迎，录在别传。此等大德智人，既欣净土，后之学者，但可逐他先匠，不须疑也。[1]

在这里，迦才是把慧远作为净土宗的先行者来看待的，认为人们可以以他们为学习榜样，修习净土法门。在当时，并没有什么人认同慧远在净土宗的地位，迦才是较早地将慧远与净土联系起来的僧人。迦才虽然认同慧远在净土思想中的地位，但对慧远的修行业并非十分满意，认为是独善其身的行为，"然上古之先匠远法师、谢灵运等，虽以签期西境，终是独善一身，后之学者，无所承习"[2]。显然，迦才认为慧远等人所代表的净土思想并没有得到人们的继承，原因就是独善其身。从中我们可以看出，迦才俨然是要以慧远的继承者自居的。因此，我们理解迦才的净土思想，必须看到他与慧远的关系。

第一，善导认为凡夫不能入报土，迦才则不同，他认为净土的体性有三种情形：法身、报身和化身，其中报身净土有实报土和事用土两种形式。而阿弥陀佛西方净土世界同样具有三种性质，即法身、报身和化身。

---

① （唐）迦才：《净土论》卷中，《大正藏》第47册，第90页。

② （唐）迦才：《净土论》卷上，《大正藏》第47册，第83页。

但是，报身土世界非二乘、凡夫和地前菩萨所生，他们所生的是西方化土世界。在迦才看来，往生西方世界的都是化生，在三辈九品中，上辈三品生于大乘土，中辈二品生于小乘土，中辈之中品下生及下辈三品生于大小乘杂土。但无论是大乘土、小乘土还是大小乘杂土，都是化生土。当然，迦才并不否认可以往生西方极乐报土世界，"众生起行，既有千殊；往生见土，亦有万别业。若作此解者，诸经论中，或判为报，或判为化，皆无妨也"①。但生为报土世界是有前提条件的，就是必须修成十地菩萨，然后才能往生报土世界。迦才在这里的观点是非常明确的，那就是凡夫不能入报土。这一点，迦才与善导是决然不同的，但这种不同是大同之下的不同，迦才承认凡夫是可以往生西方世界的，只不过进入的是化土的西方世界。在化土世界，其实还是可以进一步修行的，因为那里也有说法的善知识，只要努力，就可以进入菩萨的境界，那就可以进入西方报土世界了。

第二，迦才也不认同道绰等人的弥陀净土不在三界的观念。西方净土究竟身处何处，是没有共同看法的。道绰等人认为弥陀净土不在三界内，而吉藏等人则认为弥陀净土就在三界内。对此，迦才的观点是弥陀净土既在三界内又不在三界内。迦才之所以这样判断，主要是根据往生的对象进行划分，因为佛、菩萨、二乘等阶位的众生不在三界之内，那么，这类众生往生的西方净土世界当然就不在三界之内；而凡夫等众生则是在三界内的欲界之内。在迦才看来，秽土的欲界有上心欲，就是有男女之欲，乐住火宅之中。而净土中的欲界则没有上心欲，有的是种子欲，即"无前等过失，亦无恶心及无记心，唯有善心"②。所以，弥陀净土既在三界内又不在三界内。这种判别西方净土的益处在于给凡夫往生留出了足够的空间，可以提高大家修行的自信心。可见，关于这一问题的讨论，迦才完全是从教化或者说传教的角度立论的，至于事实上是不是其实并不重要，重要的是要给民众以希望。在这一点上，其实道绰也好、迦才也好，都能够达到目的。当然，从迦才的这种论断中，也会产生一个副产品，那就是：既然凡夫往生的是化土，而且是在三界内的化土，那就存在着退转的可能性。因为在一般的理解中，处于三界之内的众生是会退转的，这对于修行者来说是不能令人满意的。迦才认识到这个问题，于是，他提出了往生净

---

① （唐）迦才：《净土论》卷上，《大正藏》第 47 册，第 85 页。
② 同上。

土可以不退转的理论。迦才提出，三界内存在着净土和秽土，东方妙喜净土是下净土，因为里面是男女杂居，西方弥陀净土是中净土，因由声闻、缘觉二乘杂居，上方众香净土是上净土，因没有二乘。所有的这三种净土中的众生，都获得不退转的阶位，而弥陀净土因有四种因缘，即长命、菩萨善知识、无女人、只有善心，故只进不退。所以，众生主要是指那些没有断了善根的凡夫。至于为何凡夫也能够往生西方极乐净土，迦才的看法与其他人的看法差别不大，同样是按照通与别的方式进行分类。凡事发菩提心、修三福净业、能够感通十方三世诸佛净土的，就是通因。别因是专门求生西方净土的根由，其中上根的有六条：念佛、礼拜、赞叹、发愿、观察、回向；中根和下根的有五条：忏悔、发菩提心、专念阿弥陀佛名号、总相观察西方净土的美妙无比、回向。

第三，比较西方净土与兜率净土的优劣。在净土思想中，西方净土和兜率净土一直是相互竞争的，在前期，兜率净土占据上风，后来，西方净土的影响扩大，兜率净土逐渐没落。但是，在唐代，兜率净土的影响还是很大的。因此，凡是净土宗的大师必定要比较弥陀净土与弥勒净土的优劣，前文所述道绰、善导等都是如此，当然迦才也不例外。迦才作为西方弥陀净土的信奉者，他当然是要捍卫弥陀净土的地位。迦才认为西方净土和兜率净土的差别主要体现在往生上，总体而言是往生西方净土比较容易，往生兜率净土相对困难。具体而言：一处别，极乐国土是人的处所，兜率则是天的处所，人比天容易；二因别，极乐净土只需要众生持守五戒即可，而兜率净土则需要众生修十善才可往生；三行别，兜率净土需要具备施、戒、修三种，才能往生，极乐净土临终十念即可往生；四自力他力之别，极乐净土主要是凭借法藏菩萨所发四十八宏愿而往生，兜率净土则不存在弥勒佛的愿力，众生只有依靠自己的修行才能往生；五善知识的有无之别，在极乐世界有观音菩萨、大势至菩萨在西方净土协助众生，而兜率净土则没有类似的菩萨善知识来帮助众生；六经论劝生多少之别，弥陀净土，各种经中、论中都有赞叹，但兜率净土无论是经中还是论中，赞叹之处相对较少；七大德趣向之别，极乐净土自慧远法师以降，代有大德往生，而兜率净土愿生者较少。因此，"往生西方则易，上生兜率稍难也"①。

总之，迦才净土思想的主体不在于立论，而在于驳论，并且主要是驳

---

① （唐）迦才：《净土论》卷下，《大正藏》第47册，第100页。

难净土思想内部的不同意见。与迦才这一倾向类似的还有千福寺的怀感法师。

二 怀感的净土思想

怀感，唐代净土宗的名僧。《宋高僧传·怀感传》中说，不知何许人也，也就是说怀感的生平人们并不了解，只知道他曾经向善导学习念佛，最终获得成就，他的住锡地是千福寺。这样的一个人物，之所以能够在中国佛教史留下一笔，根本原因在于他所写的《释净土群疑论》。这部书可以说是关于净土宗的百科全书，比较详细地记录了当时各色人等对净土宗念佛思想的质疑以及怀感的回答。据说怀感还没有写完这部书就去世了，他的同门怀恽最终将其完成。因此，可以说《释净土群疑论》是他们的共同作品。《释净土群疑论》中包含的内容很多，其对净土宗的贡献主要体现在以下几个方面。

第一，关于凡夫能否入报土问题。

凡夫入报土是善导的一个鲜明的特色，通过这一论点，善导将所有的众生都纳入净土信仰范围，扩大了净土宗的影响力。但是，围绕这一问题，分歧还是很大的。在怀感的时代，问题仍然没有获得彻底解决。因此，在《群疑论》中怀感对这一问题进行分析总结，提出了自己的看法。

怀感认为，佛有法性身、受用身和变化身三种，对应的土有法性土、受用土和变化土三种。其中受用土有自受用土和他受用土两种，自受用土只有佛之间才能相见，菩萨是不能参与其中的；他受用土是为众生而现，因此，众生当然能够参与，他受用土就相当于报土。变化土随众生的不同而不同。其中，弥陀净土既是他受用土，又是变化土。初地以前菩萨见变化土，初地以上菩萨见他受用土，共居一处。本来，凡夫等初地以下的众生是没有资格进入他受用土的，但由于阿弥陀佛的慈悲，才得以进入弥陀这一他受用土世界。

> 然以阿弥陀佛殊胜本愿增上缘力，令彼地前诸小行菩萨等，识心虽劣，依托如来本愿胜力，还能同彼地上菩萨所变净土，微妙广大清净庄严亦得见，故名生他受用土。[1]

---

[1] （唐）怀感：《释净土群疑论》卷一，《大正藏》第 47 册，第 31 页。

但是，怀感的这种弥陀净土是他受用土、报土的说法，与善导等人还是有差别的。

> 如来所变土，佛心无漏，土还无漏。凡夫之心未得无漏，依彼如来无漏土上，自心变现作有漏土，而生其中。若约如来本土而说，则亦得名生无漏土；若约自心所变之土而受用者，亦得说言生有漏土。虽有漏以托如来无漏之土，而变现故，极似佛无漏，亦无众恶过患。①

在怀感看来，众生是有漏的众生，所以感得的土是有漏的土。但因为依托佛的缘故，这种有漏土也可以说是无漏土了。因此，弥陀净土是有漏与无漏的统一。这样一来，就可以解决人们在弥陀净土是否报土问题上的分歧。

第二，回应三阶教的挑战。

净土宗以末法思想为前提，认为众生的出路在于念佛。这一理念尽管受到各种各样的质疑，但都不足以对净土宗构成严重的挑战。三阶教的出现则改变了这一局面。三阶教是信行法师所创，他也以同样的末法思想为号召，将整个佛教的发展分为三个发展阶段，这就是三阶的由来。现时是第三阶，理应实行第三阶教法，这个第三阶教法就是信行所创立的教法。这种说法完全否定了净土宗念佛存在的意义，因此，三阶教与净土宗的争论还是比较激烈的。在《群疑论》中，怀感针对三阶教的观点进行驳斥，树立净土宗在末法时代的地位。

首先，和会《无量寿经》与《观无量寿经》在五逆问题上的差异。有人提出净土宗所尊奉的经典《观无量寿经》和《无量寿经》在往生的问题上有分歧，"设我得佛，十方众生，至心信乐，欲生我国，乃至十念。若不生者，不取正觉，唯除五逆诽谤正法。《观经》言，下品下生者，或有众生，造五逆十恶，无恶不造，经历地狱受苦无穷。临命终时，逢善知识教令称佛，如是至心令声不绝，具足十念，得生西方"②。就是

---

① （唐）怀感：《释净土群疑论》卷一，《大正藏》第47册，第32页。
② （唐）怀感：《释净土群疑论》卷三，《大正藏》第47册，第43页。

说，对于同样的五逆，《观无量寿经》和《无量寿经》的看法是不一样的。对这一问题，怀感的看法是两经本质上没有分歧，分歧的原因在于没有很好地理解"具足十念"。《无量寿经》中所说"唯除五逆及诽谤正法"是说这两种人如果不能具足十念，则不能往生，"不造逆者，不限十声，若少若多，俱生净土。造逆之辈，即不得然，满十即得生，少便不往。此乃由此说除，不关诸义也"①。"唯除五逆及诽谤正法者，此经之意，欲现命中之人，若能念佛一声，其命已过，或念至十，其命已终，并能得生净土。"② 在怀感看来，《无量寿经》的"唯除五逆及诽谤正法"不过是为了教化人们念佛而已，并不是真的不能往生。

其次，第三阶众生非五逆罪人。三阶教从《观经》和《大经》关于五逆的不同说法入手，认为《观经》中的说法对象是第二阶众生，而《大经》中的说法对象是第三阶众生。这是因为，按照三阶教的理解，《大经》中"五逆及诽谤正法"之众生是不能往生西方净土的。而五逆及诽谤正法之众生，正是第三阶众生的特点，"并是纯邪无正、纯恶无善之人，无始迄今有愆犯，皆一切诸佛之所不救"③。这些被排除在净土之外的众生正是三阶教的拯救对象。从这个角度说，净土宗的念佛法门是时机不相应的，只有时机相应的三阶教才能救度众生。怀感当然不能认同，原因同前所述。但既然三阶教提出这一问题，怀感就要面对，怀感认为，第三阶众生与五逆之人是不能画等号的。这是因为，如果说第三阶人全是造五逆之人，那么第二阶就没有造五逆之众生了吗？《观经》中明文表明也有造五逆之人，因此，不能说第三阶众生就是造五逆之人。三阶教人士退一步辩解说第三阶众生具有造五逆之根机的众生，这当然是不成立的，难道第二阶众生就没有造五逆之根机的人吗？《观经》允许造五逆的往生，而《大经》却仅仅因为众生有造逆之机就不许往生，这怎么可能呢？难道法藏菩萨还不如信行禅师。显然，三阶教的说法是矛盾的，经不起推敲。

再次，三阶教法非当根教法。信行禅师认为其所创立的三阶教法是当根教法，应该普行世界。三阶教所说的当根，主要有时、处和人三个方面

---

① （唐）怀感：《释净土群疑论》卷三，《大正藏》第 47 册，第 44 页。

② 同上书，第 46 页。

③ 同上书，第 44 页。

的内容。所谓时，就是将佛法分为三个时期，最后一个时期也就是佛灭第一千五百年后，这个时期的众生全部是恶人，所生活的世界是秽土的世界。三者结合，就是三阶教法的普行。这种说法，实际上是三阶教的判教思想，在这种判教下，净土宗的念佛则完全没有了地位，因其是第二阶的教法。对此，怀感则针锋相对：

> 何者《观经》言：如来今日教韦提希及未来世一切凡夫，为烦恼贼之所害者说清净业。及未来世，恶时也；为烦恼贼之所害者，恶人也；此教化兹秽土，恶处也。然此经具斯三义，计是当根佛法，禅师言不当根，何意也？《维摩经》八法，不言为未来世，非恶时也；菩萨成就八法，非恶人也；唯有化兹秽土，是恶处也。此经有斯一义，阙彼二门，而言当根，何义也？①

怀感认为如果按照信行的逻辑，那么《观经》完全符合第三阶教法的要求，是当根佛法，当然念佛法门也是当根法门。信行否认这些，却引用《维摩经》作为当根佛法，《维摩经》从信行的理论出发，既不符时，也不符处，更不符人，怎么能是当根佛法呢？所以说，信行禅师从其三阶教法出发，判念佛不是当根佛法是错误的。相反，念佛法门不但是当根佛法，而且是最为殊胜的法门。具体而言，有五种殊胜：

> 发心胜者，此下品人，是大乘根性人；发大乘心，彼是小乘人，今为发大乘心。一念超过二乘心无量百千亿劫，故速灭重罪。二求生胜者。今此一念念佛，愿生净土。彼虽修道如救头燃，是小乘心。不信有十方诸佛净土，为无求胜生，故罪不灭。此为求胜生，故罪速灭也。三本愿胜者。以阿弥陀佛本发殊胜大愿引一切重罪众生称我名者，罪皆消灭。众生今日虽造重罪，与过去久远无量劫来，于阿弥陀佛本愿之中。蒙佛发愿，过去久远善根纯熟故，能一念即得罪灭也。四功德胜者。前小乘行但作四念处观，不能灭无量罪。今念佛一声能除八十亿劫生死重罪，功德无量如经具说。故一念念佛功德，胜彼十万亿岁如救头燃作五停心观四念处观也。五威力胜者，同性经说，佛

---

① （唐）怀感：《释净土群疑论》卷三，《大正藏》第47册，第50页。

有十地。阿弥陀佛是佛初地，功德威力稍异常徒。故威力加持念佛修
行者，定得往生。①

因此，怀感认为，在末法时期，人们更应该念佛，念佛越多，成就
越大。

第三，比较弥陀净土与兜率净土的优劣。

同前人一样，弥陀净土与兜率净土的优劣问题也是摆在怀感面前的一
个重要问题。怀感首先从教主、处所、眷属、寿命、内外、身色、相好、
五通、不善、灭罪、受乐、受生十二个方面阐述了弥陀净土的优越性。但
怀感的不同在于他并不否认兜率净土的合理性：

> 虽二处胜劣其义如斯，然此二处往生，并是佛经劝赞，随人所愿
> 依教修行，并得往生，咸蒙利益。如愿志求兜率者，勿毁西方行人；
> 愿生西方者，莫谤兜率之业。各随性欲任情修学，莫相是非，即为佛
> 法，递相非拨，便行魔业也。②

其次，怀感进一步分析了弥陀净土与兜率净土的差异。一本愿差异，
"往生兜率，弥勒本无誓愿。往生西方，法藏比丘发四十八愿。无愿若自
浮度水，有愿若乘舟而游"③。二光明差异，"作兜率业，慈氏神光不来摄
受。修西方业者，阿弥陀佛白毫毛孔圆光相好光明等一切神光，皆照念佛
众生，摄取不舍。光照如昼日之游，无光似暗中来往"④。三守护差异，
"兜率业者，慈氏菩萨不来守护。西方业者，观经言，无量寿佛化身无
数，与观世音大势至，常来至此行人之所……有护若多人共游不畏强贼所
逼，无护以孤游险径必为暴客所侵"⑤。四舒舌差异，"上生兜率，无十方
诸佛舒舌证。劝西方极乐，有十方种觉舒舌证诚"⑥。五众圣差异，"兜率
之业无有众圣守护。发愿愿生西方，即有花聚菩萨山海慧菩萨发弘誓愿，

---

① （唐）怀感：《释净土群疑论》卷三，《大正藏》第 47 册，第 50 页。
② （唐）怀感：《释净土群疑论》卷四，《大正藏》第 47 册，第 53 页。
③　同上书，第 54 页。
④　同上书，第 53 页。
⑤　同上书，第 54 页。
⑥　同上。

若有一众生生西方不尽，我若先去不取正觉"①。六灭罪差异，"上生经言，称念弥勒，但除千二百劫生死之罪。观经言，称南无阿弥陀佛，于念念中除八十亿劫生死之罪"②。七重恶差异，"上生经言，若善男子善女人，犯诸禁戒，造众恶业。观经言，或有众生，作不善业五逆十恶，具诸不善。斯即造五逆罪，不生兜率，然得往生西方净土"③。八教说差异，"言兜率易生西方难往。此乃凡夫之辈斟酌佛经，穷之圣典，竟无经说……然无量寿经自有诚教言，横截五恶趣，恶趣自然闭。升道无穷极，易往而无人"④。

此外，怀感还从三十个方面论述念佛的种种利益。因此，众生应该修行净土往生弥陀净土。

总之，怀感的《释净土群疑论》从各个方面回答了当时人们对净土宗的质疑和其他宗派尤其是三阶教的攻击，维护了净土宗念佛法门的地位，在净土宗的历史上起到了护法的作用。

三 飞锡的净土思想

飞锡，唐代著名僧人，净土宗的代表性人物。根据《宋高僧传》记载，飞锡的出生年月和住址一概不知。飞锡出家后开始时学习佛教律宗理论，后来倾心于天台宗的一心三观。唐天宝年间在京城一带学习，大部分时间是住在终南山紫阁峰的草堂寺。当时，密宗的大师不空翻译佛教经典，飞锡是其中的一员。唐代宗永泰元年（765）四月十五日，飞锡奉诏参加翻译《仁王护国般若经》和《密严经》。飞锡的文笔很好，经常撰写各种碑文，据说"散文"一词还是从他开始使用的。飞锡在净土宗上的最大贡献是撰写了一部《念佛三昧宝王论》，此外，还撰有《无上深妙禅门传集法宝》和《誓往生净土文》等。

在《念佛三昧宝王论》一书中，飞锡以念佛三昧为念佛之根本，倡导完善同归。飞锡的念佛分为三部分内容：念未来佛、念现在佛和通念三世无不是佛。

---

① （唐）怀感：《释净土群疑论》卷四，《大正藏》第47册，第54页。
② 同上。
③ 同上。
④ 同上。

第一，念未来佛。与一般佛经所言的三世佛不同，飞锡所说的未来佛并不是指弥勒佛之类的将来佛。飞锡说："若欲念于弥勒佛者，必得上生兜率天宫，见慈氏之尊，则弥天释道安为其首倡耳。"① 飞锡所说的念未来佛是指念一切众生。这是从一切众生皆有佛性的角度立论，把一切众生都看作是未来的佛，他引《如来藏经》："佛告金刚慧菩萨言：善男子，我以佛眼观一切众生，贪欲恚痴诸烦恼中，有如来智、如来眼、如来身、结跏趺坐，俨然不动，乃至德相备足，如我无异。"② 既然一切众生都是未来佛，那么就不能轻视任何一种人。因此，飞锡提出对于婬女群盗、持戒破戒、处汤狱、观空无我择善而从、无善可择无恶可弃以及一切禁肉食等众生，都应该将他们看作是未来佛。也就是说，这些众生无论是做过什么，只要坚持念佛三昧，将来就一定能够成佛。

第二，念现在佛。飞锡所说的念现在佛就是念阿弥陀佛。众生虽然是未来佛，但那毕竟是未来的事，要实现未来的佛果位，必须从现在做起，那就是要专念阿弥陀佛一佛。这是因为，众生是有漏的众生，具有各种劣习，而专念阿弥陀佛就可以对治这些恶习。所谓现在佛阿弥陀佛，要专念，也就是要一心不动，面向西方，大声念诵阿弥陀佛的名号，做到是心是佛，是心作佛的境界。对于有人提出出声念等疑问，飞锡说那不是口称念佛的含义，而是通过声声念佛达到三昧的状态。因此，飞锡的念佛是在慧远意义上的念佛而不是善导意义上的念佛，归根结底是一种三昧的禅境。

第三，通念三世无不是佛。这相当于一般佛典所说的过去佛。不过从飞锡的角度而言，过去佛就是一切佛，也就是涵盖过去、现在和未来的所有佛。飞锡引《观佛三昧海经》云："'所念之佛，如出胎师子王，喻佛果也；能念佛人，如在胎师子王，喻佛子也。'因果虽殊，威神相继，论其佛也，更何异焉？欲令在胎师子便能哮吼、飞落走伏者，未之有也！出胎之后，可翘足而待，曾何阙矣？而因果相同，其义一也。"③ 这就是佛所谓过去佛、现在佛和未来佛只是因与果的差别而已，就其内在而言，都是佛。飞锡的这种说法，等于将世界上的一切众生全部纳入佛的范畴内。

---

① （唐）飞锡：《念佛三昧宝王论》卷上，《大正藏》第 47 册，第 137 页。

② 同上书，第 136 页。

③ （唐）飞锡：《念佛三昧宝王论》卷下，《大正藏》第 47 册，第 141 页。

众生是从因的角度而言，佛是从果的角度，他们只是在不同的场合呈现不同的面貌而已。

飞锡的另一贡献是开创了禅净双修的路线，初步融合了禅宗和净土宗。净土宗的善导流倡导末法众生，只有称名一门可入。他们当然反对禅宗的参禅修行方式。慧日流的慧日则对禅宗的修行方式提出质疑，进而对禅宗产生质疑。作为慧远流虽然在念佛三昧上与禅宗有融合的可能性，但毕竟还是在净土宗的总体框架下。因此，当时的禅宗与净土宗对立的形势是很严峻的。飞锡虽然认同净土宗，提倡念佛，但他所谓的念佛是贯通空有、涵盖诸宗的念佛，并开始将禅宗的参禅纳入净土宗的念佛体系里。这一点，开创了净土宗的禅净双修的局面。

首先，飞锡以理事观贯通念佛。

> 言理门者，真无念也。释曰："有之与无，即此念而本无矣！何者？佛从念生，心即是佛，如刀不自割，指不自触，佛不自佛，心不自心。安得佛外立心，心外立佛？佛既不有，心岂有哉？无心念佛，其义明矣！"故世人谓念佛有念也，吾则谓念佛无念也。更何惑焉？又念即是空，焉得有念？非念灭空，焉得无念？念性自空，焉得生灭？又无所念心者，以无所住也，而修念佛者，而生其心也。无所念心者，从无住本也，而修念佛者，立一切法也。无所念心者，念即是空也，而修念佛者，空即是念也。不异之有，此明中道矣！①

从理的角度而言，无念即是念，念即是无念，念佛就是念空。

> 言事门者，夫佛生于心，般舟无念而已，至境出于我，法华不速而自来。无所念心者，绝诸乱想也，而修念佛者，善想一佛也。则《文殊所说摩诃般若经》云："若人学射，久习则巧，后虽无心，箭发皆中。若人欲入一行三昧，随佛方所，专称名字，念念相续，即于念中，见三世佛。如彼习射，既孰之后，无心皆中。"②

---

① （唐）飞锡：《念佛三昧宝王论》卷下，《大正藏》第47册，第141页。

② 同上书，第142页。

从事的角度来说，念阿弥陀佛，是为了专注一心，摒除杂念，以达三昧的境界而已。

其次，所念之佛与能念之心，本为一体。飞锡利用禅宗的教义，说明能念之心的众生和所念的阿弥陀佛本是一体，而非二途。佛，不是众生心中幻想出来，而是众生的真心的体现；而众生的真心也就是佛，佛、众生、真心本是一事，不能将心与佛分开。

> 依达磨大师称法之行，理观用心，皆是念中道第一义谛、法身佛也。必不离念存于无念，离生立于无生。若谓离之而别立者，斯不了烦恼即涅槃，众生即诸佛，安得悟彼瓦砾如真珠哉？既离之不可，即念佛而真无念也，即往生而真无生也。夫如是则其义焕然，若秋天澄霁，明月出云矣。岂同愚人观指而不观月哉？①

再次，万善同归于念佛。一般人不理解心、佛关系，认为念佛三昧是一种心外之行，飞锡认为这是错误的：

> 夫心之为行者，行于三境也：一、行善境，即念佛三昧，善中之善，天中之天；二、行不善境，谓贪、嗔、痴等诸恶境界；三、行无记境，谓其心不住，善、恶不缘。若论夫理性，理遍前三，语其顺理，唯留善境……若谓念佛心行，而非解脱者，不善、无记二种心行，岂得有哉？如斯解脱，迷之则滞于浩劫，悟之则证如反掌，习禅明镜，允兹在兹。如来世雄，考彼群定，以念佛三昧为禅中王。②

念佛是心行，更是解脱行，因此一切解脱行都可以说是心行，也就是念佛三昧。念佛三昧涵盖一切法，在这个意义上，万善同归念佛。

> 法华三昧者，即念佛三昧也。是以如来名此胜定，为三昧宝王、为光明藏、为除罪珠，为邪见灯、迷衢者导、王子金印、贫夫宝藏，空三昧、圣三昧，陀罗尼真思惟，最胜观如意珠，佛性、法性、僧

---

① （唐）飞锡：《念佛三昧宝王论》卷下，《大正藏》第 47 册，第 142 页。
② 同上书，第 143 页。

性，无尽藏胜方便，大慧光明，消恶观法三昧等。故知，教、理、行、果，八万四千波罗蜜门，皆是念佛三昧之异名也。夫如是则献一华，遍奉于三世尘刹，念一佛体，通于未来世雄，如大地而为射的，岂有箭发而不中者哉？①

总之，飞锡以理事双运，融合心、佛，念佛三昧乃是所念之佛与能念之心的统一，万行不过一行，一行即念佛三昧。通过这样的逻辑，飞锡不但将禅宗的参禅，而且将天台的一心三观等一切都纳入净土宗的念佛中来。正是在这个意义上，我们说飞锡开创了净土宗禅净双修的局面。

结　语

隋唐时期，净土三流竞相发展，共同推动了净土宗的发展。善导流简单易行，将净土思想逐渐简化为称名念佛，成为净土宗的主流；慈愍流则具有混合佛教特点，他们在思想上不坚持净土唯一性，在修行上不搞念佛的排他性，与其他宗派具有一定的兼容性，但由于该流学理要求较高，修行要求复杂，故曲高和寡，在法照之后，就鲜有闻者；以迦才为代表的慧远流在破斥其他宗派的攻击中逐渐强化慧远的念佛三昧，并最终在学理上与禅宗等宗派融合，禅净一致成为他们的选择。

隋唐时期净土宗的发展直接决定了以后中国佛教净土宗的发展路径，一是以称名念佛为核心，走普及性的道路，最终出现"家家观世音，户户弥陀佛"的局面；二是以念佛三昧为基础，融合禅、净、台，净土宗成为中国佛教的寓宗。因此，隋唐净土宗不但是净土宗发展的重要阶段，更是理解中国佛教的一把钥匙。

---

① （唐）飞锡：《念佛三昧宝王论》卷下，《大正藏》第47册，第144页。

第十一章　密宗

密宗是在唐代开元年间形成的中国佛教宗派，由代表新派密教的善无畏、金刚智和一行创立。密宗是印度密教在汉地长期发展的结果。密宗作为一个宗派延续的时间并不长，但是影响比较大。

第一节　密教的传入和流行

密教是从大乘佛教的陀罗尼法门演变而来，最早的原始密教就是陀罗尼密教。陀罗尼法门早在公元 2 世纪后半叶的东汉后期开始传入中国，是随着大乘佛教的传播而加以传译的。大月氏人支娄迦谶及印度人竺佛朔在他们的大乘译籍中首先作了介绍，支谶在其译籍中将陀罗尼意译"总持"，音译"陀怜尼"。《阿阇世王经》中有比较系统的译介，说："陀怜尼者，则道之元，不断佛元，持法之元，总持僧之元。"① 说陀罗尼是道之元、三宝之元，就是从陀罗尼为总持佛法，不令散失的原意引申而来。

至公元 3 世纪中叶，已经走向独立发展道路的陀罗尼密教随之传入中国，三国时支谦会译的《微密持经》就是最早形成的陀罗尼密教经典，其中突出陀罗尼的主体地位，以法、义、咒、忍作为陀罗尼的基本内容，并以咒陀罗尼为中心，与鬼神护国思想相结合，宣传陀罗尼无所不能的功用。该经是中国密教史上最早翻译、最为流行的一部密教经典，从汉末至唐代后期，不断传译，先后达十六次之多，② 这在中国译经史上也是少见的。该经之所以屡被传译，广为流行，就是因为极力宣传陀罗尼的功能，如其经题所标：疾使人民得一切智、成道降魔得一切智、摧破一切众魔、

---

① （东汉）支娄迦谶译：《佛说阿阇世王经》卷下，《中华大藏经》第 18 册，第 420 页。
② 参见吕建福《中国密教史》第二章第一节，中国社会科学出版社 2011 年修订版。

出生无量门持等，为人们趣入菩提道提供了一条捷径。

在陀罗尼密教传入中国的同时，印度和西域一带的咒术也随着佛教一并传入，而且往往与陀罗尼相混同。因为陀罗尼文句采用音译的方式，其形式和功用都与禁咒相类似，故陀罗尼也被译为神咒，诵习陀罗尼被看作行持咒术。西晋时大量翻译大乘经典的竺法护，在其译籍中不仅将陀罗尼与戒、定、慧三学并称菩萨四事庄严，进一步提高陀罗尼的地位，而且还突出宣传咒陀罗尼及其功用，把咒陀罗尼一般译为神咒章句，有时也译为总持章句，并把持诵章句译作"咒之"、"咒曰"。但这样一来，无形中模糊了陀罗尼与咒语的界限，加之无限渲染陀罗尼及咒术的现实功用，致使传入中国的陀罗尼密教与同时从西域传入的咒术和民间流行的咒术完全混同起来，致使中国人把陀罗尼更多地看作类似咒术一样的东西。

到东晋十六国及南北朝时期，陀罗尼密教广泛流行开来，也由此推进了佛教的普及和在民间的传播，佛图澄以及严佛调、耆域、涉公、杯度等，都是以密教咒术化导中土而闻名者。其中佛图澄在中原地区传播陀罗尼密教最有成就。据载他"善诵神咒，能役使鬼物。以麻油杂胭脂涂掌，千里外事，皆彻见掌中，如对面焉，亦能令洁斋者见。又听铃音以言事，无不核验"。[①] 因而深得石勒父子的崇信，后赵佛教便得到很大发展。在河陇一带，传陀罗尼咒术最有名的是昙无谶，史载他"明解咒术，所向皆验，西域号为大咒师"。[②] 据说他在北凉役使鬼神，也得到凉王沮渠蒙逊的礼遇，其名声远扬，乃至北魏太武帝遣使迎请而被蒙逊加害。在江南一带传播陀罗尼咒术最有名的是帛尸梨蜜多罗，也译有《大孔雀王神咒》《孔雀王杂神咒》各一卷，《祐录》记载说："初江东未有咒法，蜜传出《孔雀王》诸神咒，又授弟子觅历，高声梵呗，传响于今。"[③] 进入南北朝之后，陀罗尼密教仍在南北各地广为流行，当时来华译经的西僧大都兼通咒术，兼译密典。中国僧人亦多通晓陀罗尼神咒者，还有佛僧与道士斗法，比试咒术高低。东晋十六国及南北朝时期，除了翻译大量的陀罗尼密典和大乘经典中的有关陀罗尼章节外，也抄集、伪撰了大量的陀罗尼咒经。历代经录作了著录。据《祐录》著录，至梁代流行的失译杂咒经就

① （梁）慧皎：《高僧传》卷九，汤用彤校注本，中华书局1992年版，第345页。
② （梁）僧祐：《出三藏记集》卷十四，苏晋仁校注本，中华书局1995年版，第539页。
③ （梁）僧祐：《出三藏记集》卷十三，苏晋仁校注本，中华书局1995年版，第522页。

有八十种之多，① 有目而缺经的杂咒经还有十种，② 疑伪咒经又有三种。陀罗尼咒经之流行，乃至出现了不少抄集的陀罗尼密典，其中著名的如《七佛八菩萨所说大陀罗尼神咒经》，这是最早出现的一部陀罗尼抄集经。《陀罗尼杂集》则是一部抄集两晋十六国及南北朝初期流行的陀罗尼密典的总集，抄集的咒文多达二百七十一种。还有经两次编译而成的《大灌顶经》，其中羼杂了不少中土思想。

　　南北朝后期，以咒印相合并具备供养、尊像、曼荼罗等密法内容的持明密教也开始传入中国，最早传入的持明密典就是梁代失译的《牟梨曼陀罗咒经》。该经完全具备了持明密教的基本特点，有了比较完整的密法体系，其内容分诵咒、结印、坛像、护摩、供养五法，通说牟梨、于梨、乌波罗三种曼荼罗及其功德。在此前后，北朝也开始有了持明密教的传译，这就是经录史传中有明确记载的北周阇那耶舍师徒的传译。据《长房录》及《续高僧传》等记载，在北周传译密教的阇那耶舍及弟子耶舍崛多、阇那崛多及其授戒师攘那跋陀罗四人，均自北印犍陀罗国（治今巴基斯坦白沙瓦）大林寺辗转来华，自周明帝武成二年至周武帝灭佛年（560—577），先后共译经十二部。其中《佛顶咒经并功能》《十一面观世音咒经并功能》属于内容完备的持明密典，后一部经还入藏流传至今。经中所说佛顶法和观世音法，也是持明密教中形成最早、流行最广、影响最大的两类密法。阇那崛多后来到隋朝又翻译多部密教经典，其中《不空羂索咒经并功能》也是持明密典。同时达摩笈多也在东都洛阳翻译持明密典《千转陀罗尼神咒经》，流传华夷，还由玄琬律师、静琳法师等引入到受戒坛场。③

　　持明密教自 6 世纪后半叶的梁末周隋时期传入，至 7 世纪时的唐代初中期，传译弘扬已趋兴隆。不仅有外僧入唐传译，而且还有许多中土僧人设坛弘扬，在东西两京形成密教中心，并开始由此向外地及国外传播。入唐之后最早传译密典、建坛弘密的是智通，史称他"律行精明，经论该

---

　　① （梁）僧祐：《出三藏记集》卷四，苏晋仁校注本，中华书局 1995 年版，第 175—180 页。

　　② 同上书，第 210 页。

　　③ （唐）道宣：《续高僧传》卷二十二，《大正藏》第 50 册，第 616 页。

博"，① 而"于总持门特所留意"。② 智通在唐初传译密典，受持密法，很有影响。以他为主在总持寺弘扬密教，形成一个中心。他从婆罗门僧跋吒那罗延和婆伽受持千手观音法，又传之于弟子玄暮等人。智通又从玄奘受学随心印法，并依法作坛，威力异常，据说有数百诵咒师来求此法。③ 另外，实际寺有慧琳法师传持千手观音法，据载他"深入总持，周穷艺术"，④ 从北天竺婆罗门僧苏伽施受持千手法，后与其一同到洛京传译弘扬。

唐高宗时期大力弘扬持明密教的是阿地瞿多，他传译的《陀罗尼集经》是一部持明密法的总集。据其弟子玄楷《陀罗尼集经翻译序》记载，阿地瞿多是中印度人，唐高宗永徽三年（652）自西印度辗转来华，敕住慈门寺。其人"精炼五明，妙通诸部"，⑤ 专以弘扬密教为务。据载他弘传密教，有沙门大乘琮等十六人、显贵英公李世绩、鄂公尉迟敬德等十二人拜师问法。在慧日寺开坛传法，启建陀罗尼普集会坛。据载"法成之日，屡降灵异，京中道俗咸叹希逢"，⑥ 自此慧日寺也就成了弘传密教的中心，阿地瞿多常居此寺传法。翌年，应弟子玄楷等请求，从《金刚大道场经》撮要抄译《陀罗尼集经》十二卷，由玄楷等笔受。

武则天时期，大弘密教的是佛陀波利，他传译的佛顶尊胜法影响最大。据载佛陀波利是罽宾人，于仪凤元年（676）辗转西域来到长安，巡礼五台山，传说因得文殊菩萨授记，返回印度取《佛顶尊胜陀罗尼经》。至仪凤四年（679），复来长安，与西明寺僧顺贞译出《佛顶尊胜陀罗尼经》。该经也是翻译最多、流行最广的密教经典，各种经本、仪轨、陀罗尼本以及撰集、注释等多达十五种。武则天时期，持明密教之盛行，也反映在石窟造像之中，敦煌石窟、龙门石窟以及川北石窟中都出现了密教造像，如着菩萨装的佛像、多面多臂的菩萨造像以及各类忿怒形象的金刚、明王造像等。

自唐初以来大凡翻译佛教经典者，也都兼译密典，并弘密教。盖因当

① （北宋）赞宁：《宋高僧传》卷三，范祥雍点校本，中华书局1987年版，第41页。
② （唐）智昇：《开元释教录》卷八，《大正藏》第55册，第562页。
③ （唐）智通译：《观自在菩萨随心咒经》，《大正藏》第20册，第463页。
④ （唐）波仑：《千眼千臂观世音菩萨陀罗尼神咒经序》，《大正藏》第20册，第83页。
⑤ （唐）玄楷：《佛说陀罗尼集经翻译序》，《大正藏》第18册，第785页。
⑥ （唐）智昇：《开元释教录》卷八，《大正藏》第55册，第562页。

时的印度密教已见兴起，且渐趋主导，浸染诸派，通达佛学之士以兼明密教为尚，性、相、密三学兼通成为像那烂陀寺这些高等学府追求的学风。故即便弘传瑜伽唯识学说的波颇、玄奘以及弥陀山等，弘传中观学说的那提等也都译有密典，受学于那烂陀寺的义净回国后也兼传密教。另一些译师则擅长密教，翻译流传，均有一定影响，其中著名的如地婆诃罗、提云般若、实叉难陀、宝思惟、菩提流志以及智俨等。

第二节 密宗的建立与初传

　　唐初以来尽管持明密教不断传译，渐趋兴盛，但尚未形成一个宗派体系。只有到了公元 8 世纪初的唐玄宗开元初年，代表新派密教的两位大师善无畏和金刚智先后来到中国，在弟子一行的支持和参与下，译经著述，开坛传法，标立门庭，后来又有弟子代相传承，延续法脉，才形成密宗一派。

一 善无畏及其所传的真言密教

　　善无畏（637—735），音译输波迦罗（Śubhakara），全名作戍婆诚罗僧贺（Śubhakarasiṃha），直译净师子，意译善无畏。据李华《玄宗朝翻经三藏善无畏赠鸿胪卿行状》和《大唐东都大圣善寺故中天竺国善无畏三藏和尚碑铭并序》等记载，善无畏祖籍中印度摩揭陀国，刹帝利种姓，相传为释迦牟尼季父甘露饭王的后裔。[①] 据说其先原称王于中印度，后来分封乌荼国（今奥里萨一带），传到其父佛手王。善无畏 10 岁统戎，13 岁即位，至 18 岁舍王位出家，至那烂陀寺为僧。史载善无畏在那烂陀寺"发三乘之藏，究诸部之宗"。[②] "虽学不多年，所学者尽达。"[③] 当此之时，密教亦已活跃寺中，与空、有之说三分其学。时有僧宝密教大师达磨鞠多，"掌定门之秘钥，佩如来之密印"。善无畏即拜他为师，求学密乘，遂授以总持尊教，无量印契一时顿受，即日灌顶为天人师，人称曰三藏。

---

　　① （唐）李华：《大唐东都大圣善寺故中天竺国善无畏三藏和尚碑铭并序》，《大正藏》第 50 册，第 290 页。

　　② 同上。

　　③ （唐）不可思议：《大毗卢遮那经供养次第法疏》卷上，《大正藏》第 39 册，第 790 页。

后遵师命，游学诸国，遍访贤圣，弘扬密部，史称"说龙宫之义理，得师子之频申，名震五天，尊为称首"。① 以至远闻中国，唐中宗特以邀请前来传法。

公元 8 世纪初，善无畏遵先师遗命，并应中宗之邀，前来中国。他从中印那烂陀寺出发，经北印迦湿弥罗国和乌仗那国，入犍陀罗城，传法于西突厥王庭。又经迦毕试国，越大雪山（今兴都库什山），东北经吐蕃控制的大勃律、小勃律，渐达西州（高昌）。睿宗特派遣龟兹僧若那、将军史宪一行人西出玉门关迎候。开元四年（716），善无畏到达长安，受到唐玄宗的特别优待和尊崇。史载玄宗"宾大士于天宫，接梵筵于帝座。礼之于国师，比之于广成"。"饰内道场，尊为教主。"而自宁王、薛王以下，"皆跪席捧器焉"。史家感慨"致人主于如来之乘，巍巍法门，于此为盛"。② 善无畏居内道场大约一年，首先在宫廷皇族中传授密法，后经再三请求，获准居外。先敕诸寺递相迎接，后暂住兴福寺南塔院，再敕移西明寺。

开元五年（717），善无畏在该寺菩提院奉敕译《虚空藏菩萨能满诸愿最胜心陀罗尼求闻持法》一卷，由沙门悉达译语，无著笔受缀文。所译经轨缮写进内，玄宗深加赞赏，令所带梵夹均进奉内宫，因而善无畏自己带来的梵本密典未得广译。后来与弟子一行在华严寺收藏的无行求取的经中，找到有关的真言密典，作为传持翻译之用。善无畏在西京传密数年，多住西明寺菩提院。至开元十二年（724）随驾入洛，先住大福先寺，应僧一行之请，译出《大日经》六卷，十三年（725），又译《供养法》一卷，合为七卷，沙门宝月译语，一行笔受，崔牧书《序》。十四年（726），译出《苏婆呼童子经》三卷、《苏悉地经》三卷。

其后善无畏移居圣善寺，静居禅修，教授禅僧。据载他天资聪颖，神情超然，而性格恬静，气和言简，也因此擅长禅观，达到极高境界。善无畏发挥密教专长，如遇有水旱灾害，则行使法术，祈禳消灾，请雨止涝，也因此后世多有神迹传闻。善无畏洞达五明，天文地理、世间技艺，也无不该博。曾于本院铸造金铜灵塔，史称手为模范，妙极人天。精于天文历

---

① （唐）李华：《大唐东都大圣善寺故中天竺国善无畏三藏和尚碑铭并序》，《大正藏》第50 册，第 290 页。

② 同上。

算的科学家僧一行凡遇疑难，均求教于他。晚年请求回国，但"优诏不
许"。开元二十三年（735）十一月七日，善无畏圆寂，春秋 99 岁，僧夏
八十，赠鸿胪卿，葬龙门西山，后于西山广化寺庭院起塔，树碑刻铭。

善无畏在皇宫内外、东西两京弘法传密二十年，弟子得灌顶受法者无
数。《大日经序》载，开元初善无畏"杖锡来仪，时朝野翕然，咸从请
益"。① 其《碑铭》记载，自出内之后，"道俗瞻礼，奔起华夷。和上临
之，贵贱如一"。"法侣高标，唯尊奉长老宝思惟，其余皆接以门人之
礼"。可见从善无畏请益受法者很多，但得其密教法脉传承的主要有一
行、玄超、义林、不可思议等，得其禅法传承的弟子有慧警、宝思、明思
等，其他可考的请益弟子有温古、智俨、道慈、善义、光秀、惠照、昙
真、如璋、坚固、道岌及俗弟子李华等。其中最著名的密教弟子僧一行因
工作繁忙，无暇传授弟子，且早于善无畏而亡。后来传延密宗法脉的是新
罗弟子玄超，义林及不可思议还将胎藏教法东传新罗。

善无畏之学，以真言密教为中心，兼持持明诸法，禅修为余。所传
持的教法是真言密教的代表经典《大日经》及其胎藏密法，但同时也
传持《苏悉地经》等晚期持明诸法，甚至以持明密法来补充和完善真
言胎藏密法，其弟子一行更在他的胎藏法中增添了持明法的成分。这
样，善无畏在中国传持的密教实际上包括真言乘和悉地乘（晚期持明
教）二派，或者说他传的真言密教由胎藏法和持明诸法组成，所传胎藏
法中含有持明法的补充内容。善无畏以传持《大日经》为专长，崔牧
《大日经序》说他"洞达七藏，全明总持。德洽西域，化流殊方。研服
此经，深穷奥旨"。② 温古《大日经义释序》亦称他"业该八藏，名冠五
天。传授此经，实为宗匠"。③ 善无畏在中国传持真言密教，译出真言密
教的根本经典《大日经》，同时译出其本人所作的《大日经供养
次第法》。

善无畏所传的真言密教，与以前传入的密教不同，事理兼备，三密并
用，有一套完整的教义体系和密法体系，唐代密宗因此跻身于诸宗各派之

---

① （唐）崔牧：《大毗卢遮那成佛神变加持经序》，《卐续藏经》第 23 册，河北佛教协会
2006 年版，第 35 页。

② 同上。

③ 同上书，第 265 页。

列。其所译《大日经》，以菩提心为因、大悲为根、方便为究竟的三句义为其理论体系，第一《住心品》阐明其教义，即说因句；第二《大悲曼荼罗品》广说大悲胎藏生曼荼罗仪轨，即说根句，其后诸品并说根句与究竟句，身、口、意方便三密法贯穿诸品。善无畏所传的《大日经》胎藏密法，后世称胎藏法，全称大悲胎藏生曼荼罗法。大悲，即大悲万行，兼慈、悲二义。胎藏，有包含、含藏、摄持之义，《大日经疏》中喻之以胞胎、莲花：

> 且约胎藏为喻，行者初发一切智心，如父母和合因缘，识种子初托胎中。尔时渐次增长，为行业巧风之所匠成，乃至始诞育时，诸根百体皆悉备足。始于父母种姓中生，犹如依真言门，学大悲万行，净心显现。又此婴童渐具人法，习诸伎艺。伎艺已通，施行事业。如于净心中发起方便，修治自地，随缘利物，济度众生，故名大悲胎藏生也。复次，初入净菩提心门，见法明道，如识种子歌罗罗时，前七地以来，为大悲万行之所含养，如在胎藏。无功用以去，渐学如来方便，如婴童已生，习诸伎艺。至如来一切智地，如伎艺已成，施于从政，故名大悲胎藏生。

又解释说：

> 今以莲花喻此曼荼罗义，如莲种在坚壳之中，枝条花叶之性已宛然具足，犹若世间种子心。从此渐次增长，乃至初生花苞时，莲台果实隐于叶藏之内，如出世间心尚在蕴中。又由此叶藏所包，不为风寒众缘之所伤坏。净心鬓蕊，日夜滋荣，犹如大悲胎藏。既成就已，于日光中显照开敷，如方便满足。①

这里的意思，一是说众生本来含藏着菩提净心，成佛的基因包含在众生里面，犹如胚胎精卵体、莲花种子，早已具备生长发育成人体、莲花的各种因素。二是说胎藏曼荼罗法是众生开发自己的菩提净心、渐趣佛果的必要条件和基础，众生由此能够如实知自心，证知菩提，得一切智智。这

---

① （唐）一行：《大毗卢遮那成佛经疏》卷三，《大正藏》第39册，第610页。

如同母胎使胚胎种子发育成婴儿，如同坚壳使莲籽得到保护，逐渐发芽，生长茎叶花果。所谓胎藏法，就是开发众生菩提心的方法，是如实知自心，自心自证，自心自觉的途径、条件和前提。用莲花曼荼罗来象征就是：

> 毗卢遮那本地常心，即是花台具体。四佛四菩萨，醍醐果德，如众实俱成。十世界微尘数金刚，密慧差别智印，犹如鬘蕊。十世界微尘数大悲万行波罗蜜门，犹如花藏。三乘六道、无量应身，犹如根茎条叶，发晖相间。以如是众德轮圆周备故，名曼荼罗也。然以如来加持故，从佛菩提自证之德，现八叶中胎藏身。从金刚密印现第一重金刚手等诸内眷属，从大悲万行现第二重摩诃萨埵诸大眷属，从普门方便现第三重一切众生喜见随类之身。若以轮王灌顶方之，则第三重如万国君长，第二重如朝廷百揆，第一重如宗枝内弼，中胎如垂拱之君，故花台常智，为大曼荼罗王也。①

这种组织结构也象征三句义，花台八叶为菩提心，第一、第二重为大悲，第三重为方便。或莲花台是实相自然智慧，莲花叶是大悲方便，其余三重自此自证功德流出。中台毗卢遮那佛象征本地常心（法身智慧），正方四叶中四佛象征如来四智，四隅四叶中四菩萨象征如来四行，叶间八金刚慧印象征八种善知识。三重诸尊诸印亦各有象征意义，中胎、八叶、三重，是胎藏曼荼罗的基本组织形式，而其中诸尊诸院之增减，《大日经》和善无畏所传稍有差异。

二　金刚智及其所传的瑜伽密教

金刚智（671—741），梵名 Vajrabodhiḥ，音译跋日罗菩提，尊称金刚三藏。据吕向《故金刚智三藏行记》、混伦翁《大唐东京大广福寺故金刚三藏塔铭并序》等记载，金刚智原籍中印度，刹帝利种姓，② 国王伊舍那靺摩第三子，后因南印度摩赖耶国人、节度使米准那将军表荐入朝，遂称

---

① （唐）一行：《大毗卢遮那成佛经疏》卷三，《大正藏》第 39 册，第 610 页。
② 《开元录》作婆罗门种姓，《宋高僧传》本传并说其父婆罗门，善《五明论》，为建支王师。

南印度人。① 按载，金刚智 10 岁时就在那烂陀寺出家，先后在寺内外学习《声明论》《法称论》、大小乘戒律，又拜师研习中观、唯识诸论。31岁往南印度，约在金刚乘兴起的驮那羯磔迦国一带依龙智学习金刚乘，先后承事供养达七年之久。《金刚智行记》说时龙智年 700 岁，金刚智从他"受学《金刚顶瑜伽经》及毗卢遮那总持陀罗尼法门，诸大乘经典并五明论，受五部灌顶，诸佛秘要之藏，无不通达"。② 后来应捺罗僧伽补多靺摩国王之请，在摩赖耶国王宫建立灌顶道场，作法祈雨，受到赏识，国王建寺安置。

　　大约公元 714 年，金刚智率领僧俗弟子八人渡海，登上了师子国，至楞伽城，瞻礼无畏王寺佛牙，再往东南楞伽山、噜呵那国传法弘密，经历一年，返回南印。又在摩赖耶国王宫受供养，遂发愿往中国礼文殊师利菩萨并传法，国王遂派遣将军米准那护送，奉《大般若经》梵夹及诸珍宝香药等物进奉唐国。金刚智率徒众一行登舶泛海，先至师子国，再同波斯商船一起出发，经一月到达佛逝国。停留五个月后，又航海十万余里，历沿途岛屿小国，经种种海难，于开元七年（719）抵达广州。翌年初抵洛阳，再达长安。

　　金刚智在唐受到玄宗的诏见，敕令安置大慈恩寺，供养四事。越年，移住大荐福寺，又迁居资圣寺，间或随驾东都。史载凡所住之寺，必开曼荼罗道场，灌顶授法，广弘瑜伽密教。而"僧徒请法，王公问道"，"王公士庶无不宗仰"。③《开元录》并载："沙门一行钦斯秘法，数就咨询，智一一指陈，复为立坛灌顶。一行敬受斯法，请译流通。"④ 开元十一年（723），应一行之请，金刚智开始在资圣寺译经，译出《金刚顶瑜伽中略出念诵法》四卷、《七俱胝佛母准泥大明陀罗尼经》一卷，由东印度婆罗门大首领直中书伊舍罗译语，嵩岳沙门温古笔受。开元十八年（730），

---

① （唐）吕向：《故金刚智三藏行记》、混伦翁《东京大广福寺金刚三藏塔铭并序》，《续开元录》卷二著录，其文见载于《贞元录》卷十四，《大正藏》第 55 册，第 765 页。吕向其人，《续开元录》题灌顶弟子、正议大夫、行中书舍人、侍皇太子、诸王文章、集贤院学士吕向，传见《新唐书·文艺传》卷二百二。

② （唐）吕向：《故金刚智三藏行记》，《贞元新定释教目录》卷十四，《大正藏》第 55 册，第 875 页。

③ （唐）混伦翁：《东京大广福寺金刚三藏塔铭并序》，《贞元新定释教目录》卷十四，《大正藏》第 55 册，第 876 页。

④ （唐）智昇：《开元释教录》卷九，《大正藏》第 55 册，第 571 页。

又在大荐福寺译出《金刚顶经曼殊室利菩萨五字心陀罗尼品》一卷、《观自在如意轮菩萨瑜伽法要》一卷，沙门智藏（不空）译语，一行笔受，并删缀成文。

金刚智在唐"广弘秘教，建曼荼罗，依法作成，皆感灵瑞"。① 也因此多有他开坛行法、祈雨还魂的神迹传说，《宋高僧传》多有记载。金刚智也擅长绘画和建筑设计，曾在东都建造毗卢遮那塔，绘诸佛像，其工艺之精，史称方古未有。

开元二十四年（736），金刚智随驾西京。二十九年（741），敕准返归本国，行至东京广福寺患病，遂礼毗卢遮那塔，嘱咐弟子智藏等，于八月十五日灭寂。春秋 71 岁，夏腊五十一，敕令龙门安葬，后于奉先寺西岗起塔，树碑立传。至代宗朝，经弟子不空奏请，赠开府仪同三司，赐大弘教三藏谥号。

金刚智"名扬中国，业善南天"，② 在唐弘密，广有法嗣。《宋高僧传》亦说："两京禀学，济度殊多，在家出家，传之相继。"③ 《开元录》称"执总持契，所至皆验。秘教流传，寔斯人矣！"④ 金刚智的弟子中著名的有一行、义福、不空诸人，而后来继承师业、光大门庭的是不空。《宋高僧传》本传记载：金刚智凡"所住之刹，必建大曼荼罗灌顶道场，度于四众。大智、大慧二禅师，不空三藏，皆行弟子之礼焉"。⑤ 其中大慧禅师指一行，大智禅师就是禅宗神秀弟子义福。金刚智还有几名弟子惠恒、惠翔、惠浚、惠正等童子，后来转事不空。

金刚智博通经论，学兼空有，而以总持密教为特长，《开元录》称他"虽内外博达，而偏善总持，于此一门罕有其匹"。⑥ 所传持弘扬的密教则是瑜伽密教——金刚乘。金刚智传译的密典中，绝大部分是瑜伽密典，只有很少一部分属持明密典或陀罗尼密典。

金刚智传译的主要经典《金刚顶经瑜伽中略出念诵法》，按《金刚顶

---

① （唐）智昇：《开元释教录》卷九，《大正藏》第 55 册，第 571 页。

② （唐）混伦翁：《东京大广福寺金刚三藏塔铭并序》，《贞元新定释教目录》卷十四，《大正藏》第 55 册，第 877 页。

③ （宋）赞宁：《宋高僧传》卷一，范祥雍点校本，中华书局 1987 年版，第 6 页。

④ （唐）智昇：《开元释教录》卷九，《大正藏》第 55 册，第 571 页。

⑤ （宋）赞宁：《宋高僧传》卷一，范祥雍点校本，中华书局 1987 年版，第 4 页。

⑥ （唐）智昇：《开元释教录》卷九，《大正藏》第 55 册，第 571 页。

瑜伽十八会指归》的介绍，属《真实摄经》四大品中第一品《金刚界品》，其序品分归敬、述意二段，正文分十段，主要说金刚界大曼荼罗和五相成身观及其印咒仪轨。该经的密法称为金刚界，所谓金刚界，其字面意思为瑜伽境界中集会之圣众受如来加持灌顶而均得金刚之名号，或者说由诸金刚圣众集会之境界。深层的含义则为证得实相智体的瑜伽密法。金刚，一般作坚固不坏、常住不变之义，在此表实相智。不空在《理趣释》中解释说："金刚者，证得佛地一切法自在，得证身口意三密金刚，于藏识中修道烦恼习气，坚若金刚难摧，用以大空金刚智三摩地，证得法身光明遍照毗卢遮那如来也。"[1] 这是说证得平等三密（如来清净三业）智慧就是金刚，在瑜伽中以金刚智成就如来法身，就是金刚界。

金刚界圣众分五部：佛部、金刚部、宝部、莲花部、羯磨部。佛部以中方毗卢遮那佛为部主，金刚部以东方阿閦佛为部主，宝部以南方宝生佛为部主，莲花部以西方阿弥陀佛（观自在王如来）为部主，羯磨部以北方不空成就如来为部主。金刚界根本曼荼罗由五轮满月为中心组成，正中月轮为大日如来，其四方四波罗蜜菩萨，四方月轮中分别为四方如来及其四眷属菩萨，共十六大菩萨。四方月轮间为四内供养菩萨，大圆轮外为四外供养菩萨，四方四门为四摄菩萨，共成三十七尊。此外，有时增加贤劫千佛，再外为外金刚部二十天。金刚界法主要就是观想此中三十七尊出生义，自心与佛心相应，证悟五智三十七菩提分。五佛表示五智，观阿閦佛证大圆镜智，观宝生佛证平等性智，观阿弥陀佛证妙观察智，观不空成就佛证成所作智，观毗卢遮那佛证法界体性智。三十七尊表三十七菩提分法，但此三十七菩提分为佛智之三摩地智支分，法佛之德。观三十七尊，证三十七三摩地智。由得五智三十七三摩地智分，即于无上菩提皆不退转，离诸一切烦恼罪障，念念消融，证佛四种身：自性身、受用身（自受用、他受用）、变化身、等流身。

金刚界法中五相成身观，也就是菩提心月轮观，五相即通达心、菩提心、金刚心、金刚身、证无上菩提金刚坚固身（或佛身圆满）。首先于瑜伽中观察自心如月轮，清净圆明，但为云雾所覆。由此得悟众生自心本性清净，自心本具菩提净心，但为烦恼客尘所熏。只要除去烦恼云雾，净心

① （唐）不空：《大乐金刚不空真实三昧耶经般若波罗蜜多理趣释》卷上，《大正藏》第19册，第607页。

自然显现。其次，发心进修菩提心，观佛性月轮澄静皎洁，无诸云雾尘垢，由此证悟一切妄想烦恼本体自空，了诸法本自不生，空有无碍。再次，观自心月轮中五股金刚杵形，纯真金色，放大光焰，周遍法界，复聚自心，由此证悟自心即是菩提心，染心即是净心。第四，观自身为金刚所成，随自意境界，自金刚身遍满虚空。而一切虚空界、一切如来身口意金刚界，由佛神力加持故，入于自身金刚中，由此得成金刚身。第五，观自身如佛庄严相好，受诸佛灌顶加持，证无上菩提，自身成等正觉，成金刚萨埵坚固身，于五智五身圆满。金刚界曼荼罗于瑜伽中转识成智，观身成佛，故称现证菩提。

金刚智所传的金刚界密法，除大曼荼罗之外，还有法曼荼罗、三昧耶曼荼罗、羯磨曼荼罗。简而言之，大曼荼罗是由诸尊本来形象组成，法曼荼罗是由诸尊真言心种子组成，三昧耶曼荼罗由标志诸尊之印契标帜组成，羯磨曼荼罗由绘画、雕刻、铸造、制作之表现各种动作威仪的形象组成。四种曼荼罗分别表示如来四智。金刚界密法亦说四种护摩法：敬爱、钩召、降伏、息灾，称四种眼。

三　一行及其《大日经疏》的主要思想

一行（683—727），亦称僧一行、释一行，俗姓张，名遂。据《旧唐书》本传载，唐魏州昌乐（今河南南乐一带）人。① 一行出生官宦世家，史称"家代忠孝，公卿相袭"。② 曾祖为襄州都督、郏国公张公瑾，祖太象，官至户部侍郎。从祖太素，历位东台舍人、兼修国史，著述颇丰。③ 一行自小酷爱读书，加之天资聪颖，往往表现出不凡的才干。史称"十五志学，敏而好古。披习经史，日诵万言。备学九流，皆尽幽旨"。④ 尤其于易学钻研颇深，少小闻名。唐玄宗赞誉他"深道极阴阳之奥，属辞

---

① 郑处诲《明皇杂录补遗》、空海《真言付法传》、最澄《内证佛法相承血脉谱》、赞宁《宋高僧传》等作巨鹿人。巨鹿（今河北巨鹿县）属邢州，此疑一行祖籍魏州昌乐，后因故迁居邢州巨鹿，遂称巨鹿人。

② ［日］空海：《真言付法传》，《大日本佛教全书》第 106 册，第 28 页。

③ 《旧唐书·经籍志》著录有《后魏书》一百卷、《隋书》三十二卷（一行本传作三十卷）、《说林》二十卷、《策符》五百八十二卷、《文思博要并目》一千二百一十二卷、《敦煌张氏家传》二十卷、《张太素集》十卷，《新唐书·艺文志》另著录《隋后略》十卷，《太平御览》载有《齐书》一部。

④ ［日］最澄：《内证佛法相承血脉谱》，《日本大藏经》经藏部第一。

尽春秋之美"。① 《旧唐书》本传记载，曾从道士尹崇借扬雄《太玄经》，数日间深究其义，撰《大衍玄图》及《义诀》一卷，尹崇惊叹不已，称赞如孔门颜子，一行由是大知名。②

一行年至 21 岁，父母相继辞世，遂豁然厌世，随荆州恒景禅师出家为僧。初至嵩山，拜大照禅师普寂为师，从习禅门。"契悟无生一行三昧，因以名焉"。③ 在嵩山以其博闻强记而声名远扬，曾使道高学富的嵩山隐士卢鸿叹服。④ 一行在嵩山约八九年时间，景云二年（711），睿宗敕东都留守韦安石以礼征召，一行辞疾不应命。越年，步往荆州当阳山，依沙门悟真以习律。一行在当阳玉泉寺专习律藏，摘要律部典籍所有要文，集为《调伏藏》十卷，兼自注释。⑤ 至开元五年（717），唐玄宗再度征召，敕一行族叔礼部郎中张洽前往荆州，强令入朝，一行遂于是年应诏入京。

一行至京，受到唐玄宗的特别优待，史称圣上待以师礼，累岁居内，常与玄宗行坐相随，论理治国之道，往往成为皇帝的政治顾问，尤其不拘直言，谏诤于上，为史所称道。在长安的十来年中，一行最主要的还是从事科学研究活动和佛教事业，在天文历法方面，他不但改进和创制天文、大地测量仪器《大衍图》和《覆矩图》，还同朝廷有关机构一起领导了两次大规模的天文、地理测量，归算出南北两地高度相差一度的距离，即地球子午线一度的长度，并根据测量数据编纂律历《大衍历》，为唐代科学技术的发展做出了重要贡献。

在佛教事业上，一行也有重大的建树。如他曾奏请皇帝召集天下义学名僧，开设论场，培养弘法人才。⑥ 尤其协助善无畏、金刚智译注密典、"扣枢真言"，为唐代密宗的建立和发展奠定了基础。唐代密宗实际上是由善无畏和金刚智与他们共同的弟子一行一起建立起来的，一行不仅同时

---

①　[日]空海：《真言付法传》，《大日本佛教全书》第 106 册，第 28 页。

②　《旧唐书》卷一百九十一，中华书局标点本，第 5112 页。

③　[日]成尊：《真言付法纂要抄》，《大正藏》第 77 册，第 417 页。

④　（唐）郑处海：《明皇杂录补遗》，于如明辑校《开元天宝遗事十种》，上海古籍出版社 1995 年版，第 32 页。《宋高僧传》一行本传并载。

⑤　[日]成尊：《真言付法纂要抄》，《大正藏》第 77 册，第 417 页。

⑥　（宋）赞宁：《宋高僧传·道氤传》卷五，范祥雍点校本，中华书局 1987 年版，第 97—98 页。

接受善无畏和金刚智所传的两系密法，开创了唐密中胎、金、苏三种密法并行合流的传统，而且请善无畏和金刚智译出密典，开坛传法。一行尤其注疏密典，阐述经义，建立了密宗的理论体系。

开元四年（716），善无畏至长安，一行即于翌年拜为师资，从受真言教胎藏密法。李华《善无畏三藏和尚碑铭并序》载："禅师一行者，定慧之余，术穷天地，有所未达，咨而后行。"① 开元八年（720），金刚智从南印度来华，一行又拜他为师，从受瑜伽教金刚界密法。《开元录》记载："开元八年中，（金刚智）方届京邑，于是广弘秘教，建曼荼罗，依法作成，皆感灵瑞。沙门一行钦斯秘法，数就咨询，智一一指陈，复为立坛灌顶。"② 一行师从善无畏、金刚智，秉承两部大法，并请翻译密典，广事弘传。开元十一年（723），一行请金刚智译出《金刚顶经》。次年，又请善无畏译出《大日经》等，并亲自笔受承旨，兼删缀词理，史称"文质相半，妙谐深趣"。③ 一行请求翻译的《金刚顶经》和《大日经》，就成为唐代密宗尊奉的根本经轨。

《大日经》译出后，一行又请善无畏解说其义，并参照大小乘经论，撰集为《大日经义释》十四卷（或题《大日经疏》为二十卷）。崔牧《经序》载其"重请三藏和上敷畅厥义，随录撰为《记释》十四卷"。④ 温古《毗卢遮那成佛神变加持经义释序》载："禅师又请三藏解释其义，随而录之。无言不穷，无法不尽，举浅秘两释，会众经微言。支分有疑，重请搜决，事法图位，具列其后。次文删补，目为《义释》，勒成十四卷。"⑤ 这部著作就成为中国密宗思想和理论形成的一个重要标志，对后世产生了很大影响。

开元十五年（727）九月，一行积劳成疾，卧病华严寺。唐玄宗特集京城名德，设立大道场祈福。至十月八日，随驾行至新丰（今临潼东北

---

① （唐）李华：《大唐东都大圣善寺故中天竺国善无畏三藏和尚碑铭并序》，《大正藏》第50 册，第 291 页。

② （唐）智昇：《开元释教录》卷九，《大正藏》第 55 册，第 571 页。

③ （唐）李华：《玄宗朝翻经三藏善无畏赠鸿胪卿行状》，《大正藏》第 50 册，第 290 页。

④ （唐）崔牧：《大毗卢遮那成佛神变加持经序》，《卐续藏经》第 23 册，河北佛教协会2006 年版，第 35 页。

⑤ （唐）温古：《毗卢遮那成佛神变加持经义释序》，《卐续藏经》第 23 册，河北佛教协会2006 年版，第 438 页。

今县）圆寂，英年45岁。一行圆寂后，在罔极寺停灵七日悼念，唐玄宗敕令东宫以下、九品以上京官送葬至铜人原，在蓝田设斋，举行盛大葬礼，并建塔于铜人原，唐玄宗亲自撰写碑铭并序，赐谥号大慧禅师。

一行撰写《大日经疏》，建立了唐代密宗的理论体系。在心性论上，一行主张心实相论。他阐释《大日经》，禀承鸠摩罗什以来的传统思想，尤其从中国佛心论的立场来看待《大日经》思想，他提出的心实相论或自心实相论，就带有这样一些特点。《大日经》也讲心性问题，其第一品就名之为《入真言门住心品》。住心，就是讲如何把握、体证和认识心性。《疏》抓住了该经这个中心议题，并作了高度概括说："此品统论经之大意，所谓众生自心即是一切智智，如实了知名为一切智智。是故此教诸菩萨真语为门，自心发菩提，即心具万行，见心正等觉，证心大涅槃，发起心方便，严净心佛国。从因至果，皆以无所住而住其心。"① 但《大日经》讲心、讲自心、菩提心，结合它的密法思想看，包含有晚出大乘经如来藏的思想，多少带有点瑜伽唯识的色彩。一行在很大程度上则从传统的实相论的角度来讨论《大日经》的心性论，他认为该经所说的就是"顿觉成佛入心实相门"，一般所说的诸法实相即是此经心之实相。《大日经》说菩提就是如实知自心，一行认为如实知自心，就是如实证知自心之实相，众生自心之实相即是菩提说，"心实相者，即是无相菩提，亦名一切智智"②。"心实相者，即是菩提，更无别理也。"③ 心实相，就是世界之本质、本原，心识之性质、纯粹的认识。而心和心之实相并不是对立的，而是一体不二；心、实相、菩提又是三种而一，心即是心实相、心实相即是菩提，相本同一而有三名，一行称为一法界心。

《大日经》认为心即是道，心即一切，心无分别，心无能所。求证菩提，当如实证知自心。《疏》认为如实证知自心的过程，也就是从不同的角度认识心实相。《疏》认为就一切法而言，心实相本自无生无灭，毕竟常净。观五蕴、十二处，心不可得，无生无相，无有处所。就"真我"而言，心实相无有变易，永恒常住。一切性相悉从缘生，从缘生法，即是变化不定，有生有灭，自然无有自性。就三昧观相而言，心实相离一切

① （唐）一行：《大毗卢遮那成佛经疏》卷一，《大正藏》第39册，第579页。
② 同上书，第588页。
③ 同上书，第589页。

相，无有分别。凡所观心相，都是有相，亦从缘起，而心实相出过众相，离诸因缘。《疏》认为经过即阴求心、离阴求心，皆不可得，相在亦不可得，乃至种种分析推求亦不可得。通过这样一个观察、认识过程，就可以悬悟自心本不生际，而本不生际就是即空即假即中，是究竟不思议中道义。本不生际是观察认识得出的结论，也就是一行《疏》心实相的具体内容，是一行心实相论的特点。《疏》说："今真言行者，于初发心时直观自心实相，了知本不生故，即时人法戏论净若虚空，成自然觉，不由他悟，当知此观复名法明道顿悟法门也。"[①] 法明道者，经中说："此菩萨净菩提心门，名初法明道。菩萨住此修学，不久勤苦，便得除一切盖障三昧。"[②] 而《疏》解释说："法明者，以觉心本不生际，其心净住大慧光明，普照无量法性，见诸佛所行之道，故云法明道。"[③] 一以得净菩提心为法明道，一以觉本不生际为法明道，二者的不同点显而易见。

《疏》还把经中真言阿字义，与自心本不生际的实相论巧妙地联系起来，说："本不生际者，即是自性清净心，即是阿字门。以心入阿字门故，当知一切法悉入阿字门也。"[④] 阿，即梵文元音字母"a"，《大日经》以阿字为大日如来之根本真言，也表本不生义。但仅就真言阿字义而言，并没有把它和菩提心相提并论。善无畏解释阿字本不生义，也不出真言字门的范围。[⑤] 一行摄取了善无畏给阿字以不生、空、有三义的解释，确定了他实相论本不生的中道含义。他发挥说：

> 经云谓阿字门一切诸法本不生故者，阿字是一切法教之本。凡最初开口之音皆有阿声，若离阿声，则无一切言说，故为众声之母。凡三界语言皆依于名，而名依于字，故悉昙阿字亦为众字之母。当知阿字门真实义，亦复如是，遍于一切法义之中也。所以者何？以一切法无不从众缘生，从缘生者，悉皆有始有本。今观此能生之缘，亦复从众缘生。辗转从缘，谁为其本？如是观察时，则知本不生际是万法之本，犹如闻一切语言时，即闻阿声。如是见一切法生时，即是见本不

---

① （唐）一行：《大毗卢遮那成佛经疏》卷一，《大正藏》第 39 册，第 590 页。
② （唐）善无畏译：《大毗卢遮那成佛神变加持经》卷一，《大正藏》第 18 册，第 1 页。
③ （唐）一行：《大毗卢遮那成佛经疏》卷一，《大正藏》第 39 册，第 590 页。
④ 同上书，第 589 页。
⑤ （唐）一行：《大毗卢遮那成佛经疏》卷七，《大正藏》第 39 册，第 649 页。

生际，若见本不生际者，即是如实知自心。如实知自心，即是一切智智，故毗卢遮那唯以此一字为真言也。①

这里一行很巧妙地从真言阿字义，推导出万法之本的本不生际，再由本不生际符应本经如实知自心的命题和毗卢遮那之阿字真言。

一行《疏》的判教论，可概括为一道四乘判教，或顿渐四心判释、显密二教判释。一道，就是佛道，成佛之道。《疏》认为不论何教何乘，都归趣菩提大道，"唯以一道成佛，更无余道也，以佛佛同道故"②。根据该经大日法身说的观点，一行认为法身佛大毗卢遮那以神力加持三昧，"普为一切众生示种种趣所喜见身，说种种性欲所宜闻法，随种种心开观照门"。③ 又说大毗卢遮那"为无量众生广演分布，随种种趣、种种性欲、种种方便道，宣说一切智智。所谓安立无量乘，示现无量身，各各同彼言音，住此威仪。而此一切智智道犹如一味，所谓如来解脱味"。④ 所以"十方三世一切如来种种因缘，随宜演说，无非为此三句法门（菩提心为因，大悲为根本，方便为究竟），究竟同归，本无异辙"⑤。

这就是说，不论哪一佛说哪一经，释迦牟尼佛之说《般若经》还是毗卢遮那佛说《大日经》，不论佛在什么时说什么教，鹿苑时还是方等时，说声闻教还是菩萨教、顿教还是渐教，都是大日法身佛之加持身所说，所言无非解脱之道、成佛之道，其实质都是相同的。不同佛、不同时、不同教，只是随众生不同而设立的方便道。方便虽不同，而究竟同归，如同万流归趣大海。"种种色味入大海之中，皆同一色一味，无有差别，不可变。如来大海亦如是，一切万法万行入此中，皆同一不思议解脱三昧，无有差别也。"⑥

一行《疏》判释教相，说《大日经》横统一切佛教，横竖统摄十二部经。说唯蕴无我，即摄小乘三藏；说法无我性，即摄大乘中八识、三无性义诸经；说极无自性，即摄《华严》《般若》诸经；说如实知自心，即

① （唐）一行：《大毗卢遮那成佛经疏》卷七，《大正藏》第39册，第651页。
② （唐）一行：《大毗卢遮那成佛经疏》卷三，《大正藏》第39册，第614页。
③ （唐）一行：《大毗卢遮那成佛经疏》卷一，《大正藏》第39册，第579页。
④ 同上书，第585页。
⑤ 同上书，第589页。
⑥ （唐）一行：《大毗卢遮那成佛经疏》卷十二，《大正藏》第39册，第705页。

摄如来秘密藏。故《疏》中称此经法为佛性一乘，或秘密一乘，或一切乘自心成佛之教。《疏》之判教概括为一道四乘，其一道，即基于此一乘、一教的说法，而取自于"一道成佛"、"佛佛同道"、"本无异辙"的说法。道，既指道路、菩提、佛，亦含有教说、教法、乘之意。一道，即是一教、一乘。因为经中含有一教一乘的意思，《疏》明确提出一道、一乘、一教（一切乘之教），故密宗中出现了圆教的判释思想。最早温古在其《义释序》中判释《大日经》为秘藏圆宗，后来晚唐时元政等判释为一大圆教，日本入唐僧圆仁、圆珍承其教判，均主一大圆满之教。辽代觉苑、道殿也判《大日经》为圆教。

　　四乘，即声闻乘、缘觉乘、菩萨乘、秘密乘，前二者统称二乘、小乘；菩萨乘，即大乘，与前二乘统称三乘；秘密乘，也属于大乘，称大乘密教、秘密大乘。《疏》说："略说法有四种，谓三乘及秘密乘。"① 一道四乘，就是如同在一条道路上朝着一个目标前进的四辆车，同一个目标、同一条道路，每辆车的快慢速度却不一样。《疏》中引用龙树的话，以为四乘之差如远行，小乘如乘羊而去，久久才到；大乘如乘马而行，速度较快；而密乘如乘神通，于发意顷便至所旨。又说："今此教诸菩萨则不如是，直以真言为乘，超入净菩提心门。若见此心明道时，诸菩萨无数劫中所修福慧自然具足。譬如有人以舟车跋涉，经险难恶道得达五百由旬。更有一人直乘神通，飞空而度，其所经过及至到之处，虽则无异，而所乘法有殊。"②

　　当然，一行这样判释并不是简单类比了事，而是以顿渐四心论为其理论根据。从对心性的不同层次的认识来立论的。《疏》认为三乘各别，诸教有差，是因为对心实相的认识有深浅程度不同，因而有顿渐区别。密乘直以真言为乘，超入净菩提心门，因而是顿觉成佛入心实相门，是顿教。其他一切经中，说种种不同教法，渐次开实相门，是渐教。所谓"不同余教以心性之旨未明故，五乘殊，辄不相融会也"。③《疏》以三兽渡河之喻来说明渐教之次第深浅不同，④ 对心实相认识之深浅程度，大分有四心

---

① （唐）一行：《大毗卢遮那成佛经疏》卷九，《大正藏》第 39 册，第 671 页。
② （唐）一行：《大毗卢遮那成佛经疏》卷二，《大正藏》第 39 册，第 603 页。
③ 同上书，第 468 页。
④ 同上书，第 601 页。

不同：出世间心、无缘乘心、极无自性心、如实知自心。出世间心，解了唯蕴无我，但心没蕴中，认识最浅，小乘三藏中即说此心。无缘乘心（或他缘乘心），解了法无我性。但心没法中，认识次深，《楞伽经》《解深密经》《胜鬘经》以及唯识诸论说此心。极无自性心，解了自性无性，但心没心实际中，认识更深，大乘《般若》《华严》诸经即说此心。如实知自心，依三密加持，一念心中直观十缘生义，上穷无尽法界，下极无尽众生界，其中一切心相皆能了了觉知，以皆从缘起，即空即假即中，法尔如是，本不生际。故《大日经》说如实知自心即是菩提，亦名一切智智。秘密乘初发心时直观自心实相，证知自心即是心实相，即心是道，认识极深至深。

显密二教判释，判渐教为显教，判顿教为密教。显教亦称常教、余教（密教之外其他教）。《疏》说："秘密者，即是如来秘奥之藏。久默斯要，如优昙花，时乃说之，苟非其人，则不虚授，不同显露常教也。"[1] 这是最早以显露常教指三乘的说法。《疏》中密教、密乘、秘密教、秘密乘，都是通称，真言乘有时也作为通称，但多指开元时传入的密教，亦即密宗本派。《大日经》法称为《大日经》宗、大日宗、胎藏教；《金刚顶经》法称为金刚顶宗、瑜伽宗；持明密教称持明宗、持明教，或分别称苏悉地教等。

一行在成佛论上，提出一生成佛论。一生成佛也是《大日经疏》中强调的一种说法，显教中一般认为众生罪业深重，须经三阿僧祇劫才能渐除业垢，修至佛道。但《疏》认为修行成佛不在于时间的长短，而在于修行的方法如何，如果在生身尚存的时间内，以最有效的方法，促使各种条件成熟，万行具足，就能净除三业，超越三劫，便在此生之内成就佛果。《疏》说：

> 若依常途解释，度三阿僧祇劫得成正觉。若秘密释，超一劫瑜祇行，即是度百六十心等一重粗妄执，名一阿僧祇劫。超二劫瑜祇行，又度百六十心等一重细妄执，名二阿僧祇劫。真言门行者复越一劫，更度百六十心等一重极细妄执，得至佛慧初心，故云三阿僧祇劫成佛也。若一生度此三妄执，即一生成佛，何论时分耶！[2]

---

[1] （唐）一行：《大毗卢遮那成佛经疏》卷十五，《大正藏》第39册，第731页。

[2] （唐）一行：《大毗卢遮那成佛经疏》卷二，《大正藏》第39册，第600页。

《疏》认为众生自心即是心实相，众生本来就具足净菩提心，如同矿石一样，菩提真金就含藏在众生矿石之中，如果具足条件，使用正确的冶炼方法，就能除去矿垢，使真金显现。这个过程也同种子生根发芽、开花结果一样，只要以曼荼罗修法为条件，具三密方便，就能开发自心菩提，这也就是由浅入深地认识心相及至心实相的过程。《疏》认为显教中勤修十地、越度三劫，或能成佛，或不一定能成佛，而密教以三密方便，一生满足十地，超越三劫，一生成佛。《疏》说：“行者以此三方便，自净三业，即为如来三密之所加持，乃至能于此生满足地波罗蜜，不复经历劫数，备修诸对治行。”又说：“今此真言门菩萨，若能不亏法则，方便修行，乃至于此生中逮见无尽庄严加持境界，非但现前而已，若欲超升佛地，即同大日如来，亦可致也。”①

第三节　密宗的发展与昌盛

从唐玄宗天宝年间到德宗贞元年间（742—805），是密宗的发展昌盛时期。在这半个世纪之内，由于不空及其弟子们的大力弘扬，以及诸代帝王的直接支持，密宗迅速达到了鼎盛阶段，不仅在首都长安形成以大兴善寺、青龙寺为主的密教中心，而且遍布全国，洛京汴州、吴越南岭、巴蜀河西、燕晋五台，都有密宗僧人的活动踪迹。及至海外诸国，近者如朝鲜、日本，远者如爪哇、印度，也都有人前来求取密法。密宗僧人也有前往印度等地传法者，实际上唐都长安也是当时东亚密教的中心。

一　不空的求法活动

不空（705—774），法名智藏，密号（登坛灌顶号）不空金刚，梵文Amogha-vajrah，音译阿目佉跋折罗，肃宗为了表示尊崇，不指其名，但称其号，故至德三年（758）正月之后行用不空之号。不空祖籍北天竺，居

---

① （唐）一行：《大毗卢遮那成佛经疏》卷一，《大正藏》第 39 册，第 584 页。

家摩揭陀国耆阇崛山,① 父婆罗门种姓, 母康居 (今乌兹别克之撒马尔罕一带) 人。早年父母双亡, 抚育于舅家, 便随母姓。② 10 岁时, 随舅东迁武威,③ 定居祁连山北之昭武城。④ 据《大广智三藏和尚之碑》记载, 不空 13 岁随舅游历太原府, 不久入长安, 事师金刚智, 15 岁落发,⑤ 取名智藏, 进而授菩提心戒, 引入金刚界曼荼罗, 灌顶掷花, 得号不空金刚。开元十二年 (724), 20 岁时于一切有部戒坛进具戒。开元十八年 (730), 金刚智在大荐福寺译《文殊五字经》《观自在瑜伽法要》等经, 不空充当笔受。开元二十九年 (741), 金刚智敕准归国, 不空随侍前往。自长安而洛阳, 至河南广福寺, 金刚智灭寂, 不空时年 37 岁。

天宝元年 (742), 不空为求取四千颂瑜伽教法, 前往师子国求法。是年初, 不空率弟子含光、惠辩及俗弟子李元琮等初至南海郡 (治今广州), 应南海郡采访使刘巨鳞的再三请求, 在法性寺建立道场, 灌顶传

---

① 关于不空的祖籍, 唐代就有分歧。圆照《贞元录》说不空为南天竺师子国人, 又说: "不闻氏族, 故不书之。" 严郢《大唐大兴善寺大辨正广智三藏国师之塔铭并序》则笼统地说 "西域人也, 氏族不闻于中夏, 故不书之"。而赵迁《大唐故大德赠司空大辨正广智不空三藏行状》和飞锡《大唐故大德开府仪同三司试鸿卿肃国公大兴善寺大广智三藏和上之碑》, 则说得一致, 且比较明确。《碑文》说为北天竺之婆罗门子,《行状》说本西良 [凉] 府北天竺之婆罗门族, 飞锡《唐赠司空大兴善寺大辨正广智不空三藏和上影赞》有言: "道传上国, 家本耆阇。" 则知原籍北印, 出生则在中印。

② 《不空行状》说其 "先门早逝, 育于舅氏, 便随母姓"。见赵迁《大唐故大德赠司空大辨正广智不空三藏行状》,《大正藏》第 50 册, 第 292 页。

③ 《不空碑铭》说 "早丧所天, 十岁随舅氏至武威郡"。见飞锡《大唐故大德开府仪同三司试鸿卿肃国公大兴善寺大广智三藏和上之碑》,《代宗朝赠司空大辨正广智三藏和上表制集》卷四,《大正藏》第 52 册, 第 848 页。

④ 不空舅家康氏, 按康氏即昭武九姓之一, 原西域大国 (其地在今巴尔喀什湖和咸海之间), 唐永徽时 (650—655) 内附, 其故地 (今乌兹别克斯坦之撒马尔罕城) 设康居都督府, 后来大都东迁, 居祁连山北之昭武城 (今甘肃省高台县境), 隶属凉州府, 故《塔铭》说西域人,《行状》说西凉府人,《新唐书·王缙传》以此称为胡人。

⑤ 《不空行状》并载, 按不空生于 705 年, 当唐中宗神龙元年, 10 岁时值开元二年 (714), 13 岁值开元五年 (717)。但金刚智至开元八年 (720) 才达洛阳, 不空师事金刚智最早也得 16 岁。但不空自己也以为 13 岁时就已承事金刚智, 大历六年 (771) 十一月十二日奏表中自称: "不空爱自幼年承事先师大弘教三藏和上, 二十有四载, 禀受瑜伽法门。" 大历九年 (774) 临终陈请表中亦称: "不空幼事先师, 已过二纪。" 按金刚智灭寂于开元二十九年 (741), 由此上推二纪二十四年, 也正是 13 岁时的开元五年, 这种矛盾很可能出于年龄和时间上推算的差异。而圆照在《贞元录》中为解决此矛盾, 说不空为师子国人, 14 岁在阇婆国事师金刚智, 并随之来华, 与不空弟子们的记载完全相违。

法，度人亿千。① 这是不空首次传法度人，也是密宗初次传播于岭南。十二月，不空登昆仑商船启程。经诃陵国界，于次年末到达师子国海口城，受到国王尸罗迷伽的热情欢迎，留宫中供养七日。后敕不空住佛牙寺，该寺为三十年前金刚智居住并传播金刚乘的地方。是时金刚乘在当地已有很大的发展，有普贤阿阇梨者，“位邻圣地，德为时尊”，② 不空就拜他为师，供献金宝锦绣等物，从受十八会金刚顶瑜伽教法及五部灌顶。③ 之后不空又遍访师资，研习密教及诸经论。《行状》说：“自尔觉无常师，遍更讨寻诸真言教，并诸经论五百余部。本三昧诸尊密印，仪形色像，坛法标帜，文义性相，无不尽源。”④ 后不空又渡海到印度诸国，遍礼圣迹，咨访密教。天宝五年（746），携带师子国王尸罗迷伽王奉进的国书及金璎珞、《般若》梵夹、诸宝、白氎等以及所求经论五百余部，又从海路返国。至年底或翌年初回到长安。

二　不空的传法译经

不空从师子国留学归来，受到了唐玄宗的重视。先是有司敕住鸿胪寺，不数日便敕请入内，建立曼荼罗坛场，玄宗受五部灌顶，之后移住净影寺。是岁夏季大旱，不空入内祈雨，得赐紫袈裟绢 200 匹。后来又依敕止风效验，“帝倍加敬，恩名号为智藏”，⑤ 即赐予大广智不空三藏的名号。这时也开始了他的译经事业，从师子国带来的梵夹有不少是此时译出。⑥

---

① （唐）赵迁：《大唐故大德赠司空大辨正广智不空三藏行状》，《大正藏》第 50 册，第 292 页。

② （唐）飞锡：《大唐故大德开府仪同三司试鸿卿肃国公大兴善寺大广智三藏和上之碑》，《代宗朝赠司空大辨正广智三藏和上表制集》卷四，《大正藏》第 52 册，第 848 页。

③ 严郢《大唐大广智三藏和上影赞并序》说，授不空十八部金刚乘法的是龙智阿阇梨，但龙智为金刚智之师，半个世纪前金刚智从其受法时龙智已是高龄，故此说当系误传。另外，还说不空受大悲胎藏法，也可能是附会，因为后来不空从未传授此法。其所译之此类经轨，是捡从善无畏所遗留的梵夹。

④ （唐）赵迁：《大唐故大德赠司空大辨正广智不空三藏行状》，《大正藏》第 50 册，第 293 页。

⑤ 同上。

⑥ 大历六年（771）十月，不空在其所上《三朝所翻经论请入目录流行表》中称：“天宝五载却至上都，奉玄宗皇帝恩命，于内建立道场，所赍梵经，尽许翻译。”见《代宗朝赠司空大辨正广智三藏和上表制集》卷三，《大正藏》第 52 册，第 840 页。

不空在回来后的两三年之内，开坛灌顶、译经传法、祈雨止风，打开了中兴密宗的局面。但到了天宝八年（749），玄宗因故敕其"许归本国"。① 不空被勒令归国，行至韶州（今广东韶关一带），以路次染疾，寄止不前。② 至天宝十二年（753），河西节度使哥舒翰上奏玄宗，说不空"行次染患，养疾韶州，令河西边陲请福疆场"。③ 于是不空结束了长达四年的岭南流放生活，北赴河西。途经长安，敕准止栖保寿寺。月余之后，即赴河西。十三年，抵达武威，受到哥舒翰等人的迎候，得到一切供给。不空在武威期间，与哥舒翰、封常清、田良丘等一批有势力的军政人物结下深厚关系，也与皇太子李亨有联系，为他以后显居高位起了很大作用。不空在武威住开元寺，设灌顶坛，开翻译场，大事弘密。《贞元录》载不空"译佛经，兼开灌顶，演瑜伽教，置曼荼罗，使幕官僚咸皆谘受五部三密，虚往实归"。④ 《行状》载："节度已下，至于一命，皆授灌顶。士庶之类，数千人众，咸登道场。"⑤ 不空在武威应哥舒翰之请，也翻译了不少经轨，主要有《金刚顶一切如来真实摄大乘现证大教王经》三卷，由司马行军、礼部郎中李希言笔受；《菩提场所说一字顶轮王经》五卷、《一字顶轮王瑜伽经》一卷、《一字顶轮王念诵仪轨》一卷，均由节度判官、监察御史田良丘笔受。

天宝十四年（755）七月，发生安史之乱，哥舒翰、田良丘等入朝平叛。翌年正月，皇太子监国，五月皇太子下敕河西，急诏不空入朝，不空立即起程，赶赴长安。自此不空结束了长期流放充边的生活，开始了他一生中的辉煌时期。

不空到长安，敕住大兴善寺。不久长安失守，玄宗逃往四川，皇太子拥兵北上，并在灵武建号称帝。不空也就在此紧急关头，暗中为肃宗出谋划策，取得了政治资本。《行状》记载说："至德中（757），銮驾在灵武、

---

① 《行状》记载说："八载，恩旨许归本国，垂驿骑之五匹到南海郡，后敕令且住"（《大正藏》第50册，第293页）。《贞元录》亦载："九载己丑（己丑年为八载，此误），复有恩旨，放令却归"（《贞元新定释教目录》卷十五，《大正藏》第55册，第881页）。

② （唐）圆照：《贞元新定释教目录》卷十五，《大正藏》第55册，第881页。

③ 同上。

④ 同上。

⑤ （唐）赵迁：《大唐故大德赠司空大辨正广智不空三藏行状》，《大正藏》第50册，第293页。

凤翔。大师常密使人问道，奉表起居，又频论克复之策。肃宗皇帝亦频密
谍使者到大师处，求秘密法，并定收京之日，果如所料。"① 《碑铭》亦
载："至德中（757），肃宗皇帝行在灵武，大师密进《不动尊八方神旗
经》，并定收京之日，如符印焉。"② 这些记载为档案史料所证实，后来不
空在至德三年（758）正月二十三日的上表中奏道："及陛下北巡，不空
虽不获陪侍，弟子僧含光等归从西出，又得亲遇銮舆。崎岖戎旅之间，予
闻定册之议。不空虽身陷胡境，常心奉阙庭，频承密诏，进奉咸达。"③
充分证明在长安沦陷期间，不空确与肃宗有过密切往来，曾为肃宗提前登
上皇位并克复长安出谋划策。他的弟子含光等后来从武威东来时，正遇肃
宗北上，便随侍左右，效力驾前。

　　平定安史之乱后，不空深得肃宗的崇信，凡建坛兴法，均得大力支
持，肃宗及诸中宫臣僚亦对不空及其所弘之密教深信不疑。肃宗在回答不
空进宝生像的批语中就说："诸佛仪形，优昙希现。如来密藏，神咒难
思。师大启空宗，能持秘印，以兹正法，弘护朕躬，倍受奉行，深为利益
也。"④ 宫苑都巡使史元琮上表说："臣窃观度灾御难之法，不过秘密大
乘。大乘之门，灌顶为最。""其道场有息灾、增益之教，有降服、欢喜
之能。奉此功力，以灭群凶，上滋圣寿无疆，承此兆久清泰。"⑤ 他把平
定安史之乱、肃宗登基皇位归结为密法的功效。肃宗信其教，崇其人。至
德二年（757），为示尊崇，不斥智藏之名，但称不空之号。

　　不空亦积极向肃宗传法，并发展密宗。乾元元年（758）九月一日，
不空向肃宗进献虎魄宝生如来一躯，并梵书《大随求陀罗尼》一本。表
中称："像能光明洞彻，如陛下光宅四维。明能威似魔怨，如陛下威降万
国。"还说："谨按《金刚顶经》，一切如来成等正觉，皆受宝生灌顶。乃

　　① （唐）赵迁：《大唐故大德赠司空大辨正广智不空三藏行状》，《大正藏》第 50 册，第
293 页。

　　② （唐）飞锡：《大唐故大德开府仪同三司试鸿胪卿肃国公大兴善寺大广智三藏和上之碑》，
《代宗朝赠司空大辨正广智三藏和上表制集》卷四，《大正藏》第 52 册，第 849 页。

　　③ （唐）不空：《谢恩赐香陈情表》，《代宗朝赠司空大辨正广智三藏和上表制集》卷一，
《大正藏》第 52 册，第 828 页。

　　④ （唐）肃宗：《进虎魄像并梵书随求真言状》批文，《代宗朝赠司空大辨正广智三藏和上
表制集》卷一，《大正藏》第 52 册，第 829 页。

　　⑤ （唐）史元琮：《请于兴善寺置灌顶道场状》，《代宗朝赠司空大辨正广智三藏和上表制
集》卷一，《大正藏》第 52 册，第 829 页。

至陛下玄功格天，正法理国，事与时并，若合符契。伏愿少修进念，缄而带之，则必持明照回，广王化于东户；本尊敷佑，延圣寿于南山。"① 乾元三年（760）闰四月，应史元琮奏请敕准，不空在大兴善寺为国开灌顶道场。八月，奉敕率弟子三人到终南山智矩寺修功德。

同时，不空也在肃宗的支持下再开译场译经。乾元元年（758）三月，上表请求搜补译诸寺遗存之梵夹。既得敕准，广搜中京慈恩、荐福等寺，东京圣善、长寿、广福诸寺，及州县舍寺村坊所藏的义净、流志、善无畏、宝胜等带来的遗存梵夹，未译的译出，破损的加以修补。六月十一日，祠部又下告牒，令不空在兴善寺开译场传译密典及大小乘经论，由此不空之传译事业大进一步。自后至代宗朝，不空大量翻译显密经轨，据其《三朝所翻经论入目录流行表》及诸经录的著录，不空在大历七年（772）前译71部、96卷，之后译40部、44卷，前后共译111部、140卷。② 其中显教经典13部20卷，密教经轨88部120卷。密典中属于金刚顶系统的有29部33卷，持明系的有23部31卷，以瑜伽法改编为经法系的有14部14卷，陀罗尼系的有12部15卷，胎藏系的有3部3卷，其他的有2部2卷。另外，其中有8部8卷属不空撰述。不空组织译经，参加助译者大都是当时在两京乃至全国有名的僧人，有的是其弟子。其中有怀感、飞锡、子翙、建宗、归性、义嵩、道液、良贲、潜真、慧灵、法崇、超悟、慧静、圆寂、道林等人。不空兼通梵汉，有不少经属自己单独翻译。不空译经直接得到皇室的支持，所需经费或由国家支付，或由诸王大臣捐助，其中还有地方官吏，如鄜坊等州都防御史杜冕曾有一次捐助五千五百余贯。

不空在代宗时期，以大兴善寺为中心，译经传法，建寺造院，度僧授戒，广修功德，大大发展了密宗的势力，提高了密宗在佛教诸宗中的地位。而他自己作为释门领袖，影响和左右着代宗的宗教政策，实际上他扮演了代宗高级顾问的角色。他的地位，如圆照所说"冠绝今古，首出僧伦"。③ 不空的一切宗教活动，除了发展本宗之外，紧紧围绕着护王护国

① （唐）不空：《进虎魄像并梵书随求真言状》，《代宗朝赠司空大辨正广智三藏和上表制集》卷一，《大正藏》第52册，第829页。

② ［日］空海《御请来目录》著录不空译著118部、150卷，其中13部、15卷注明《贞元录》未著录者。

③ （唐）圆照：《贞元新定释教目录》卷十六，《大正藏》第55册，第891页。

这一主题，直接为皇室政权服务，因而才得到皇权的全力支持。

　　不空在代宗时期广开灌顶道场，光大门庭，扩大了密宗的势力和影响。广德元年（763）十一月十四日，经奏请敕准，每年夏中及三长斋月建立灌顶道场。表称："毗卢遮那包括万界，密印真言吞纳众经。准其教，宜有顿有渐，渐谓声闻小乘登坛学处，顿谓菩萨大士灌顶法门，是诣极之夷途，为入佛之正位。顶谓头顶，表大行之尊高；灌谓灌持，明诸佛之护念。超生出离，何莫由斯。"故建立灌顶道场，"严净花以开觉，使有识而归真。庶边境肃净，圣躬万寿"。① 此灌顶道场初设内禁，后置大兴善寺。大历三年（768），开坛灌顶，"近侍大臣、诸禁军使，敕令入灌顶道场，道俗之流，别有五千余众"②。可见其弘法之盛。不空经常举行规模宏大的祈雨息灾及修功德等法事活动，其中大历五年（770）七月，往五台山修功德，至太原设万人斋。代宗敕"取太原府诸邑官钱物，准数祇供，勿使阙少"③。可见其规模之空前，重视程度之高。

　　不空度僧授戒，继兴一切有部戒律，史称他"一切有部独为宗师"。④大历六年（771）三月，不空先在大兴善寺设立施戒方等道场，四月，保寿寺临坛大德慧彻等人奏请不空开坛授戒，其奏文称："伏以三藏国师释门墙堑，四海瞻仰，两京宗承。清净戒坛，事资宿德。伏请登坛秉法，为众授戒。"⑤ 祠部下牒敕准。翌年六月，不空奏请修葺荐福寺戒坛院，代宗敕赐院额，抽诸寺名行大德律师七人，四季为僧敷唱戒律，六时奉敕为国修行三密法门，每年为僧置立戒坛。《行状》记载，不空之登坛受戒弟子有两千。

　　不空还大兴念诵讲经活动，为李氏王朝祈福。大历二年（767）二月，不空奏请在化度寺文殊师利护国万菩萨堂，置念诵僧十四人，于每年

---

　　① （唐）不空：《请置灌顶道场》，《代宗朝赠司空大辨正广智三藏和上表制集》卷一，《大正藏》第 52 册，第 830 页。

　　② （唐）赵迁：《大唐故大德赠司空大辨正广智不空三藏行状》，《大正藏》第 50 册，第 293 页。

　　③ （唐）代宗：《与不空三藏于太原设万人斋制》，《代宗朝赠司空大辨正广智三藏和上表制集》卷二，《大正藏》第 52 册，第 837 页。

　　④ （唐）赵迁：《大唐故大德赠司空大辨正广智不空三藏行状》，《大正藏》第 50 册，第 294 页。

　　⑤ （唐）词部制《请广智三藏登坛祠部告牒》，《代宗朝赠司空大辨正广智三藏和上表制集》卷二，《大正藏》第 52 册，第 838 页。

三长斋月建道场为国念诵。所选大德为"或业茂真言，学通戒律。或敷宣妙旨，转读真乘"者。① 三月二十六日，奏请在五台山金阁、玉华、清凉、华严、吴摩子五寺，各置道行僧二十一人，常转《仁王护国般若经》和《大乘密严经》。大历五年（770），奏请在太原大唐兴国太崇福寺净土院，置灌顶道场，简择十四僧为国常诵《佛顶尊胜陀罗尼》。号令堂于三长斋月、每年十斋日，合寺僧奉为高祖至肃宗七圣转《仁王经》。

不空倡导讲经演法，亦成一时风气。大历六年（771）二月，奏请章敬寺大德惠林在保寿寺开讲诸经。七年八月，奏请超悟法师在化度寺开讲《大涅槃经》。八年，奏请京城两街各置一寺，讲新译《大虚空藏经》。其中章敬寺大德元盈法师在保寿寺开讲，资圣寺大德道液法师在西明寺开讲。不空译出《文殊功德经》之后，奏请天下新置的文殊院中长时宣讲，大寺七僧，小寺三僧，宣讲念诵。此外，大历二年（767）三月，不空奏请原五台山吴摩子寺改名大历法华之寺，常为国转《法华经》。

从这里可以看出，当时凡国家举行较大的佛教法事活动，大都由不空奏请进行。而这些活动也完全超出了密宗的法事范围，当然密宗的势力和影响也由此得到发展和扩大。

不空在代宗时期大力建造寺院，永泰二年（766），不空上表呈请，愿舍衣钵于五台山建造金阁寺，得到敕准，由其弟子含光主持兴建。《宋高僧传·道义传》载，是年"蒙敕置金阁寺，宣十节度助缘"。② 《旧唐书·王缙传》载："缙为宰相，给中书符牒，令台山僧数十人分行郡县，聚徒讲说，以求货利"，供给金阁。③ 金阁寺从大历元年（766）开始建造，经五年建成。《旧唐书·王缙传》载："五台山有寺金阁，铸铜为瓦，涂金于上，照耀山谷，计钱巨亿万。"④ 后来日本入唐僧圆仁巡礼至五台山，亲见金阁寺规模，在其《入唐求法巡礼行记》中描述说："阁九间、三层，高百尺余。壁跂椽柱，无处不画。内外庄严，尽世珍异。颙然独出

---

① 《请抽化度寺万菩萨堂三长斋月念诵僧制》，《代宗朝赠司空大辨正广智三藏和上表制集》卷二，《大正藏》第 52 册，第 835 页。

② （宋）赞宁：《宋高僧传》卷二十一，范祥雍点校本，中华书局 1987 年版，第 538 页。

③ 《旧唐书》卷一百一十八，中华书局 1975 年版，第 3418 页。

④ 同上。

杉林之表，白云自在下而叆叇，碧层超然而高显。"① 金阁寺有坚固菩萨院、七佛教诫院、普通道场、经藏阁、持念曼荼罗道场、普贤堂等院堂道场。可见，不惜巨亿而建造的金阁寺，规模宏伟，尊像雕饰富丽堂皇，独出五台诸寺。

在建造金阁寺的同时，不空又奏请在五台山另建玉华寺。大历三年（768）十一月敕准，由兴善寺上座行满准金阁例检校营造。另外，又奏请修造五台山六处普通供养舍。大历七年（772），不空奏请天下寺院置文殊院。翌年冬，奏请在大兴善寺建造文殊阁。《行状》载，凡出库财约三千万数，代宗自为阁主。上梁之日，特赐千僧斋饭，并上梁赤钱食物。不空称："自佛法东来，向欲千载，古之王者岂不修福？弘益广大，实未有如今之皇上！"② 代宗崇佛之极，此话不为过。

不空在肃、代二朝，通过其宗教活动及相关的政治活动，形成了一定的政治势力和经济势力。《旧唐书》说他"通籍禁中，势移公卿"③ 并不过分。不空所享有的崇高地位和对皇帝产生的影响，是一般公卿所望尘莫及的，他以一个僧侣的身份所受到的特殊礼遇和拥有的权势，也是史无前例的。永泰元年（765），代宗制授特进试鸿胪卿，仍赐号大广智不空三藏，此为正二品文散官。大历九年（774）六月，加开府仪同三司，此为从一品文散官。又封肃国公，食邑三千户，此为从一品爵位。七月，赠司空，此为正一品职事官位。前后十年之间，不空的政治地位不断上升，他与皇室的密切程度和所能产生的影响，再无第二人可与之匹敌。

不空在经济上也颇具势力。《旧唐书》说他"争权擅威，日相凌夺。凡京畿之丰田美利，多归于寺观"④。除了享受正二品的厚禄外，他还得到皇帝的大量赏赐。据《行状》记载，大历三年（768）不空在兴善寺立道场，代宗赐瑞锦褥 12 领、绣罗幡 32 口，价值千万。大历五年（770），不空从五台山修功德回来，赐束帛甚厚。六年（771）春，敕赐道场绣罗幡 24 口、绣缦天 1 个、绣额 1 个。同年十月圣诞日，奉进所译经论并目，

① ［日］圆仁：《入唐求法巡礼行记》卷三，顾承甫、何泉达点校本，上海古籍出版社1986 年版，第 126 页。

② （唐）不空：《恩赐文殊阁上梁蒸饼见钱等物谢表》，《代宗朝赠司空大辨正广智三藏和上表制集》卷三，《大正藏》第 52 册，第 843 页。

③ 《旧唐书》卷一百一十八，中华书局 1975 年版，第 3417 页。

④ 同上。

赐绢 510 匹。是年，赐乳牛 5 头并犊。七年（772）春，赐绢 100 匹。修文殊阁，凡出正库财约三千万数。八年（773）春，赐绢 200 匹。五月，译《萨路荼王经》，赐绢 220 匹。九年（774）正月，赐采 60 匹，四月赐绢 300 匹。按不空《遗书》中所说，不空临终时积金 87 两，银 220.5 两，嘱施入金阁、玉华二寺。不空属下还有田庄，广福寺金刚智塔院亦有庄园，翻经院所属田庄有鄠县汝南庄并新买地，御宿川贴得稻地、御南菜园，还有祥谷柴庄（似为封户）。

大历九年（774）春，不空患病，代宗存问再三，史称中使名医，相望道路。五月七日，不空作遗书，托付弟子慧朗等及大兴善寺直岁慧达、典座明彦、都维那法高、寺主道遇、上座潜真等。六月十五日上《临终陈情辞表》，并奉进五钴金刚铃杵及银盘子、菩提子、水精念珠并合子等。同日入寂，行年 70 岁，法腊 50 岁。代宗特此辍朝三日，降中使宣慰徒众，并赐绢 300 匹、布 200 端。十八日，敕令诸弟子特着孝服，行孝子丧仪。又手诏所需米面油柴诸物供给，并手诏择地建塔及葬日诸事。七月五日，敕赠司空。六日，葬于凤翔之南少陵原。是日赐谥号大辨正广智不空三藏和上。毗荼之后，于住院起塔。

不空灭寂而受赠司空，皇帝辍朝三日，弟子行孝子丧仪，亚相作文，王傅书字，令史家感叹。圆照无不感慨地说："自古高僧硕德宠遇殊恩，生时则荣，殁则已矣。今大辨正三藏和上则不如是，生承恩渥，历事三朝，授以列卿，品加特进。及卧疾也，劳问相仍，中使名医，晨夕相继。特加开府，封肃国公。泊乎薨焉，上弥震悼，辍朝三日，赐赠增优，授以司空，谥大辨正，仍号和上，先古未闻。"[1] 赵迁在《行状》中也感叹说："如是大师，其存也，三朝帝师。其殁也，万人哀痛。教法悬于日月，生死沾于雨露。三七僧人常入天宫之会，三千门士犹承圣上之恩。且佛教东来向近二千载，传胜法，沐光荣，实未有与大师同年而语者也！"[2] 赞宁叹不空"生荣死哀，西域传法僧至此，今古少类矣！"[3]

① （唐）圆照：《贞元新定释教目录》卷一，《大正藏》第 55 册，第 755 页。

② （唐）赵迁：《大唐故大德赠司空大辨正广智不空三藏行状》，《大正藏》第 50 册，第 294 页。

③ （宋）赞宁：《宋高僧传》卷一，范祥雍点校本，中华书局 1987 年版，第 12 页。

三　不空译著的主要密法

不空翻译经典及其传法活动以密教为主，同时也兼及大乘和小乘教法。他翻译并极力传扬《仁王般若经》《密严经》《文殊功德经》《虚空藏经》等，又把《仁王经》和《法华经》的有关内容改编为密教仪轨。他很重视与金刚乘思想有关的大乘唯识经论，于小乘教法则极力推行一切有部律。

不空传持的密教，以金刚乘瑜伽密教为主，辅之以持明诸部和经法部以及陀罗尼、胎藏部密教。其瑜伽密教，最基本的密法和思想与金刚智所传的一致，但范围及内容有所扩大。金刚智传译的基本上是《真实摄经》及其金刚界大曼荼罗法和五相成身观，不空除以此为基础传持之外，还对新传入的十八部《金刚顶经》的有关内容做了全面介绍，为此专门写了《十八会指归》。不空传译了十八会《金刚顶经》的一、四、六、八、十一诸会的主要内容和其他诸会的部分内容，重点传译第一会和第六会。第一会《真实摄经》，金刚智只传译了第一品《金刚界品》，而不空介绍了包括其他三品在内的所有内容。他全部译出第一品，而节译的有关降三世、观世音、虚空藏类的仪轨，大都出自其他三品。三、四品同第一品一样说六曼荼罗，第二品说十曼荼罗，比其他三品增加了大、三昧耶、法、羯磨四种教敕曼荼罗。

第六会《大乐不空三昧耶真实瑜伽》，不空全部译出本经，也译出部分仪轨，如《金刚顶瑜伽化他自在天理趣会普贤修行念诵仪轨》等。《般若理趣释》和《十七尊释》是对此经的解释之作。其中主要说毗卢遮那佛和八大菩萨及外金刚部诸曼荼罗仪轨及十七尊曼荼罗义。《理趣经》及其《释》中主要说大乐法。大乐法，全称大安乐不空金刚法，一般称为金刚萨埵法或普贤金刚萨埵法，也称金刚手法。大乐不空金刚，亦金刚萨埵的异名，金刚萨埵，瑜伽密教中亦为金刚手，与普贤菩萨同体异名。菩萨现寂静相即是普贤，菩萨现忿怒相即是金刚萨埵。《理趣释》解释说："金刚手菩萨摩诃萨者，此菩萨本是普贤，从毗卢遮那佛二手掌亲受五智金刚杵，即与灌顶，名之为金刚手。"[①] 不空传持的瑜伽密法中特别注重

---

① （唐）不空译：《大乐金刚不空真实三昧耶经般若波罗蜜多理趣释》卷上，《大正藏》第19 册，第 609 页。

大乐法，他不仅传译《大乐经》及其仪轨，而且从其他诸会中选译出有关的金刚萨埵法。如从第八会《胜初瑜伽经》中选译出《大乐金刚萨埵修行成就仪轨》《金刚顶胜初瑜伽经中略出大乐金刚萨埵念诵仪》《金刚顶胜初瑜伽普贤菩萨念诵法》。从其他会中选译出《普贤金刚萨埵略瑜伽念诵仪轨》《金刚顶瑜伽金刚萨埵五秘密修行念诵仪轨》。

　　普贤金刚萨埵法或大乐法，是不空所传瑜伽密法的一大特点。大乐金刚法，以金刚萨埵曼荼罗为中心，金刚萨埵曼荼罗由金刚萨埵主尊和十六大眷属菩萨组成，其中金刚萨埵月轮四方之欲金刚、触金刚（吉利吉罗）、爱金刚、慢金刚四秘密菩萨，与主尊合称五秘密菩萨，其余由见、适悦、贪爱、自在四内供养金刚，春、云、秋、雪四外供养金刚，色、声、香、味四门金刚三部组成。大乐法就是观想此十七尊曼荼罗、证悟《理趣经》所说甚深般若理趣十七清净句。此十七清净句的根本精神就是大欲大乐。就结果、境界、目的来讲，贪染即是清净，三毒即是醍醐，世间即是出世间，众生即是佛。二者在本质上无二无别，是同一的和统一的。就修行、趣入的方法来讲，以染伏染，以毒攻毒，对执着于贪欲的人，就要通过观察和认识贪欲的方法来对治其错误，对贪恋世间法的人，就要以他所能接受的世间法来引导，使其最终认识到世间之虚幻本质，这种方法就叫"欲解脱"。《大乐经》解释说："所言大欲者，谓离诸过失，了达究竟法，是名为大欲。""所言大乐者，谓真实妙理，即金刚萨埵，出生所依故。"① 在瑜伽观想中，诸尊皆从金刚萨埵流出，故说"出生所依故"。意谓大乐即是万物之源、世界之本、证悟之最高境界，所以也就是真实妙理。"所言欲解脱，谓大欲大乐，善获诸成就。诸成就乐句，是即大乐法，是名欲解脱。"② 修大乐法就是让修行者领会大乐的精神，如观想金刚萨埵，即知此尊表诸佛普贤之身，周遍器世间及有情世间，以其无边自在、理常体寂、不妄不坏故，名之为大乐不空金刚。观想手持箭的欲金刚，即知以大悲欲箭害二乘心。观想住抱持相的触金刚，即知不舍众生而得解脱，触性即是菩提。此大乐思想在《大乐经》中以一首偈作了总结：

---

① （北宋）法贤译：《佛说最上根本大乐金刚不空三昧大教王经》卷七，《大正藏》第8册，第822页。

② 同上。

　　菩萨胜慧者，乃至尽生死，恒作众生利，而不趣涅槃。般若及方便，智度悉加持；诸法及诸有，一切皆清净。欲等调世间，令得清净故；有顶及恶趣，调伏尽诸有。如莲体本染，不为垢所染；诸欲性亦然，不染利群生。大欲得清净，大安乐富饶；三界得自在，能作坚固利。①

　　从此可以看出，大乐思想是大乘菩萨思想和世间思想的继续与发展。

　　与金刚萨埵法相联系，不空传持的密法中，忿怒明王法也很突出。不空不仅传译《金刚顶经》中的有关忿怒明王法，而且传译、改编持明密典中的有关忿怒菩萨法。其中比较重要的是降三世明王法、阎曼德迦明王法、甘露军荼利明王法、不动明王法，以及圣迦抳金刚童子法、乌刍涩摩明王法等。忿怒明王法主要用来调伏恶敌、恶魔及贪欲障难等难调伏者，被认为具有强大的威慑震撼力。其主尊大都由瑜伽密教中的主要菩萨化现，如降三世明王由普贤菩萨化现，阎曼德迦明王由文殊菩萨化现，迦抳童子由金刚手化现。忿怒明王形象均现畏怖、大力、多面多臂、执著器杖等，曼荼罗坛多作三角形。

　　与忿怒明王相类的天王法，在不空密法中也占有一定的地位，其中毗沙门天王法及摩利支天法最突出。不空注重忿怒明王和天王诸法，与他护国护法的思想有密切的关系，唐代就有不空以毗沙门天王法在西部边地退敌、以不动明王法助肃宗平定安史之乱的故事流传，档案史料亦记载，战乱之际，不空往往入内建辟魔法会。

　　菩萨法中，文殊法、观音法及虚空藏法，在不空密法中比较重要，其中文殊法尤为不空所重。他不仅传译了《金刚顶瑜伽经》中的文殊五字法，还译出大乘显教的《文殊师利佛刹功德庄严经》。而且奏请天下寺院设置文殊阁，塑文殊像，诵文殊经，亲上五台山文殊道场修功德，建金阁、玉华二寺于其上。又奏请天下僧尼普诵据称文殊推重的《佛顶尊胜陀罗尼》，五台山文殊信仰广泛流行，不空起了重要的推动作用。

　　顶轮法也是不空密教的一个重要内容。顶轮法即佛顶轮王法，是从佛顶法中发展出来的一类密法，盛行于南印流行的晚期持明密教中，菩提流志首先传入中国。按《十八会指归》，《摄真实瑜伽》第二会一印曼荼罗

---

①　（唐）不空译：《大乐金刚不空真实三么耶经》，《大正藏》第 8 册，第 786 页。

中，亦说大佛顶及光聚佛顶真言及印契，不空以为亦通一字顶轮法。据可靠的经录著录，不空至少翻译、编纂了七部有关顶轮法的仪轨及真言，不空传持的顶轮王法，以一字顶轮王法为主，一字顶轮王为金轮王，一切佛顶轮王中最胜。金轮王佛顶根本曼荼罗由法轮中主尊金轮王及其轮、珠、女、象、马、兵、主藏七宝和诸眷属组成。不空除传持独部顶轮法之外，亦将此法引入金刚界密法中。不空传持顶轮王法，除有其功用方面的原因和其本身的意义之外，主要以此来象征世间之转轮圣王。不空将肃宗、代宗比之为转大乘法轮、以正法理国的金轮帝王。行持顶轮法，则有助于宣扬帝王盛德，"广王化于东户"，又借帝王之助，传扬佛法于中土。

修持大乘经法也是不空密教的一个重要方面。所谓大乘经法，就是以密教的三密法来修持大乘经典及其有关内容。不空修持的大乘经典主要是《仁王般若经》和《法华经》，他重译《仁王经》，代宗亲自为其制序。为了修持此经，不空编纂《仁王护国般若波罗蜜多经陀罗尼念诵仪轨》《仁王般若念诵法》《仁王般若陀罗尼释》各一卷。不空为修持《法华经》，编撰《成就妙法莲花经王瑜伽观智仪轨》，由归敬、曼荼罗、持诵观想三大部分组成。其曼荼罗由中胎八叶上释迦牟尼佛和八大菩萨为中心组成。《仁王经》和《法华经》的持念仪轨具有共同特点，就是以胎藏和持明法来建立曼荼罗坛法，以瑜伽法为主建立观想法。

四 不空的主要思想

不空所处时代，正值唐朝国运从开元盛世的巅峰，经安史之乱以及吐蕃东侵、皇权更迭等事件，跌落到了一个低谷。盛世清明和内忧外患的强烈反差，铸就了不空思想的性格，影响了不空思想的个性发展。

不空的思想体系，以大乘显密思想为基本架构，以密教思想为其核心，以中国佛教实践的现实需要为建构思路，儒道等中国传统思想也成为其组成部分。他的本体论思想，以瑜伽密教思想为主，结合真言密教思想，尤其吸收了《大日经》及其疏释的思想；他的佛身论、成佛论则主要以瑜伽密教建构；其世界观、国土论则以大乘显教思想尤其结合佛国本土论思想建构；其密法思想则以瑜伽密教为主，将持明密法和陀罗尼密教以及一部分真言密法和大乘经法纳入其体系，形成密教教法的整体观念。与此相关，不空以整体的密教观与显教并列，形成其大乘显密理论。其戒律思想显密兼取，以密教持明律为主，结合一切有部律思想和大乘菩提心戒。而其护国护法思想、大乘理国思想，集大小乘及中国佛教思想之大成，并融入了中国儒道等传统思想内容。

不空虽不是佛教理论家，却一生翻译经轨，实践佛法，具有丰富的思想和精神世界，他提出的思想往往具有创发性，也颇具个性。不空的思想特点，总体上表现出鲜明的实践性和现实性，有强烈的护国护法倾向，深厚的本土思想，浓厚的密教中心论，也有兼容并蓄的特点。不空的思想注重实践，关切现实，强调教义理论与修行实践的结合，强调理论为现实服务。不空继承了密教向来注重实践的传统，重视修行，他的一生就是躬行佛教理想的一生，他提出的理论也具有很强的实践意义。如他提出的即身成佛论，既是密教修行实践的理论总结，也是密教修行实践的指导思想。他阐释密教的本体论，也重在说明本体与事相、理论与实践的辩证关系。如以阿字本不生论菩提心，强调法本无生而心体自如，心源空寂而万德斯具。既说一切万法举体皆空，又认为无一事而不真，无一物而不实，真空妙有，实相圆明。主张以事显理，即事即理；理事不碍，即凡即圣，性相同一真如。不空阐释的这些创发性理论，思想内涵深邃，逻辑结构严谨，也具有很强的针对性，不致使修行者惑于空论，囿于事相。

不空关切现实，悲愿深广，不仅以度脱众生、即身成佛为终极目的，而且也以消解现实灾难、护国御敌为己任。密教本来就以度灾御难之法见长，息灾、增益、降伏、欢喜是其道场的四大功能。不空正是发挥密教的特长，开灌顶道场，度人数万；入内建坛，王室受法；倡导尊胜陀罗尼，举国诵习。如他自已所称："所翻圣典四十余年，三朝已来赞修功德，志在宣传，上资王室，下润生灵。"① 不空关切现实政治和社会稳定，他深感宗教与政治的密切关系，深感弘传教法与社会稳定的密切关系，认为设教者如来，弘传者君王，施行佛事，非帝王而谁，遂提出护国与护法互为利益，佛法护佑国家，才能得到国家的扶持。加之不空亲身经历安史之乱，对唐朝的盛衰荣辱有切实的体会，因而他的思想表现出强烈的护国倾向，极力维护唐朝的政治统治和社会稳定局面，一切宗教活动都围绕护国而展开，不论建坛作法还是译经传诵，都要看是否有益于王化，有利于护持国家和帝王统治。不空再译《护国仁王经》，祈福河西疆场，遣弟子效

---

① （唐）不空：《谢恩许新翻经论入目录流行表》，《代宗朝赠司空大辨正广智三藏和上表制集》卷三，《大正藏》第 52 册，第 840 页。

力肃宗，为稳定安史之乱后的政局行法提供帮助，将护国理念直接化为实际行动，并因此赢得了帝王的崇信和支持，密教得到弘传和发展，在此基础上提出的大乘理国的理想也在很大程度上得以实现。

不空作为密宗传人，以传译密教经轨、弘扬密教教法为己任，其密教中心论的思想是显而易见的。不空判释五乘二教，菩萨大乘教分显密，以大小、顿渐、迟速、权实判释密教之优越，认为毗卢遮那包括万界，密印真言吞纳众经，是诣极之夷途，入佛之正位；瑜伽教法是成佛速疾之路，曼荼罗灌顶乃万行之宗、密证之主，将登觉路，何莫由斯。但不空并不因此排斥显教，而是兼容并蓄，以显教为密教的基础，取显教补益密教。不空再译《护国仁王经》，改编大乘经法，化显为密；翻译《如来藏》《虚空藏》《文殊佛刹》《密严》诸经，取显补密。不空弘传佛法，也吸收中国传统思想，尤其将儒道的忠孝观、道德观等融入佛教思想。

不空的本体论思想，以胜义菩提心立论，在瑜伽密教月轮观和大乐思想基础上，会通《大日经》及其疏释的阿字本不生思想，认为法本无生而心体自如，心源空寂而万德斯具，其自性本空论的实质则是对菩提心的肯定。不空认为一切众生本有普贤大菩提心，为贪嗔痴烦恼所缚，只要以大悲巧智观修，则照见本心，湛然清净，犹如满月之光遍照虚空，无所分别。对此不空在其《金刚顶瑜伽发菩提心论》中做了集中表述，从行愿、胜义、三摩地三个方面阐释菩提心。行愿即是发求菩提之心，其中认为一切有情皆含如来藏性，皆堪安住无上菩提，即知一切众生本具如来智慧，皆可成佛。胜义则是对菩提心的本体论阐释，认为胜义菩提心即是观一切法无自性，无自性者，即破除人、法二执，知诸法无相，如虚空相，一切法空，法本无生，心体自如。如住寂灭平等究竟真实之智，妄心息灭，则心源空寂，而万德斯具，妙用无穷。三摩地即是菩提心的观修实践，亦即瑜伽月轮观法。认为一切有情本有普贤大菩提心，只为贪嗔痴烦恼所缚，故以大悲方便修治，使令觉悟。此大悲方便即是瑜伽月轮观，瑜伽月轮观，即观自心如白月轮，照见本心，湛然清净，犹如满月光遍虚空，无所分别。

观自心为月轮，以月轮喻菩提心，因满月圆明体与菩提心相类。按印度月历，凡月轮有十六分，以之喻金刚顶瑜伽中十六大菩萨。不空认为一切有情心质中，有一分净性，众行皆备，其体极微妙，皎然明白，乃至轮回六趣，永不变易，犹如圆月十六分之一。凡月轮之一分明相，当合宿之际，为日光夺其明性，所以不现。而后起月初，日日渐加，至十五日圆满无碍。所以观行者初以阿字发起本心中的明分，并渐令洁白分明，即证无生智。初发之阿字，即是一切法本不生义。①

在成佛论上，不空提出即身成佛论，成为密宗的一个特色理论。不空在《金刚顶发菩提心论》中明确说："唯真言法中，即身成佛故。"② 即身成佛的基本内涵，不空在同《论》中所作的《赞菩提心》偈解释说："若人求佛慧，通达菩提心，父母所生身，速证大觉位。"③ 按此解释，所谓即身成佛，即身，是就父母所生之身而言，现身、现世即可成佛。成佛者，就佛性而言，即达诸佛自性清净；就佛智而言，破除人法二执，自证法界体性智；就佛理而言，证真如实际；就佛身而言，成就诸佛法身，于净秽土以受用身、变化身成佛。即身成佛的要领，就是通达菩提心，亦即发菩提心、修菩提行、知菩提相、证菩提义。如《论》所说："此菩提心，能包藏一切诸佛功德法故。若修证出现，则为一切导师；若归本，则是密严国土，不起于座能成一切事。"④

即身成佛的时间和速度，不受劫数限制，不暇劫难苦行，速成速觉，一念顷即可相应成佛。《总释陀罗尼义赞》中说："于大乘修菩萨道二种修行，证无上菩提道。所谓依诸波罗蜜修行成佛，依真言陀罗尼三密门修行成佛。"⑤ 但陀罗尼、真言、密言、明义，"复于显教修多罗中称说，或于真言密教中说。如是四称，或有一字真言，乃至二字、三字，乃至百字、千字、万字，复过此数，乃至无量无边，皆名陀罗尼、真言、密言、明。若与三密门相应，不暇多劫难行、苦行，能转定业，速疾易成安乐成佛速疾之道"⑥。不空认为显密之间在成佛论上的一个根本区别，在于显教历经劫数，多世多身修行，久久成佛，甚或不得成佛；而密教则现身现世成佛，无须经历三世劫数。

不空的即身成佛论，应该说受到了显密经疏中即身成佛、现身成佛、

① （唐）不空：《金刚顶瑜伽中发阿耨多罗三藐三菩提心论》，《大正藏》第 32 册，第 574 页。
② 同上书，第 572 页。
③ 同上书，第 574 页。
④ 同上。
⑤ （唐）不空：《总释陀罗尼义赞》，《大正藏》第 18 册，第 898 页。
⑥ 同上。

一生成佛诸说的启发，尤其受到一行一生成佛论的影响。当然，不空的即身成佛论是建立在瑜伽密教成佛论的理论基础上，尤其现证菩提和五相成佛观是其即身成佛论直接的思想来源。按瑜伽密教的理论，即身成佛是现证菩提的另一种说法，现证菩提是《金刚顶经》类的基本理论。现证菩提是在瑜伽观想中完成的，所谓现证，质言之，不过是三昧、三摩地、瑜伽相应现前的另一种说法而已。《大乐理趣释》中解释说："现证者，瑜伽师所证三摩地境也。"① 瑜伽密教所谓现证菩提、现成正觉、现身成佛，往往就三摩地境界而言，就瑜伽中相应成就本尊身而言，是三摩地中现证本尊身。如《金刚顶发菩提心论》中所说："凡今之人，若心决定，如教修行，不起于座，三摩地现前，应是成就本尊之身。"② 所谓三摩地现前，就是现证，指现前见证本尊身。

在三摩地中见证本尊现前的修法，瑜伽密教称为五相成身观。不空在《金刚顶发菩提心论》中解释说："五相成身者，一是通达心，二是菩提心，三是金刚心，四是金刚身，五是证无上菩提，获金刚坚固身也。然此五相具备，方成本尊身也。"③ 通达心、菩提心、金刚心、金刚身、证无上菩提，是五相成身的略称。其中通达本心，即通达菩提心行相，知行者本具净菩提心，自心即是佛心，万法本自不生，即观自心如月轮。修菩提心，发菩提心，修菩提行，断除所观清净月轮染污之烦恼垢尘。金刚心，即观菩提心种子，转金刚莲花三昧耶形。证金刚身，观菩提心三昧耶形转为本尊羯磨身。《大乐理趣释》解释说："金刚者，证得佛地一切法自在，得证身口意三密金刚。于藏识中，修道烦恼习气，坚若金刚难摧，用以大空金刚智三摩地，证得法身光明遍照毗卢遮那如来也。"④ 佛身圆满，观菩提心月轮清净圆明，自身与本尊涉入相应，自心与佛心合为一体，成就圆满佛身。可知五相成身观是即身成佛论的基础理论，但不空将其发展为密教一般的成佛论。

---

①　（唐）不空译：《大乐金刚不空真实三昧耶经般若波罗蜜多理趣释》卷上，《大正藏》第19 册，第 609 页。

②　（唐）不空译：《金刚顶瑜伽中发阿耨多罗三藐三菩提心论》，《大正藏》第 32 册，第574 页。

③　同上。

④　（唐）不空译：《大乐金刚不空真实三昧耶经般若波罗蜜多理趣释》卷上，《大正藏》第19 册，第 607 页。

以佛法护国是不空思想的一个重要特点，也是其思想的一个中心，贯穿于他的整个宗教活动实践。护国思想实际上涉及政教关系问题，也就是从宗教的立场如何来看待并处理与政治的关系，历史上不少高僧都认识到了这一点。如十六国时道安在颠沛流离途中就曾慨叹："不依国主，则法事难立。"① 但尚无一人如不空认识之深刻、践行之真切。不空提出政教互为利益的观点，认为护国与护法是互为利益的，佛法护佑国家，国家扶持佛法，相得益彰。但能使国家扶持佛法，其前提在于佛法有益于国家，因而护国更为关键。不空在永泰元年（765）四月的一份奏表中说："弘阐真言，宣扬像教"，既可使"皇风远振"，又能"佛日再明"。② 在大历八年（773）六月的一份奏表中不空再次强调说："设教者如来，弘传者君王，施行佛事，非圣主而谁？"③ 所以不空的一切宗教活动都是以护国为中心而进行的，不论建坛作法还是译经传诵，都要看是否有益于王化，其目的非常明确。不空总结一生的宗教实践说："不空所翻圣典四十余年，三朝已来赞修功德，志在宣传，上资王室，下润生灵。"④ 而密教也是擅长于祈福消灾等佛事活动的，最符合统治者的心理。正如唐肃宗近侍史元琮奏表中所说："度灾御难之法，不过秘密大乘。大乘之门，灌顶为最。""其道场有息灾、增益之教，有降伏、欢喜之能。奉此功力，以灭群凶，上滋圣寿无疆。"⑤ 不空在奏表中也说，他所修密法"三时浴像，半月护摩，庶三十七尊，保明王之国土；一十六护，增圣帝之威神；寿如南山，永永无极"。⑥ 所谓护国，有两层含义，一是拥护国土之义，指佛教神灵护卫世俗国家及其人民，这是佛经上通常使用的护国概念；二是护持国家之义，指佛教徒通过修功德等佛事活动来为国家及其帝王祈福消

---

① （梁）慧皎：《高僧传》卷五，汤用彤校注本，中华书局 1992 年版，第 178 页。

② （唐）不空：《请再译〈仁王经〉》，《代宗朝赠司空大辨正广智三藏和上表制集》卷一，《大正藏》第 52 册，第 831 页。

③ （唐）不空：《请京城两街各置一寺讲》，《代宗朝赠司空大辨正广智三藏和上表制集》卷三，《大正藏》第 52 册，第 842 页。

④ （唐）不空：《谢恩许新翻经论入目录流行表》，《代宗朝赠司空大辨正广智三藏和上表制集》卷三，《大正藏》第 52 册，第 840 页。

⑤ （唐）不空：《请于兴善寺置灌顶道场状》，《代宗朝赠司空大辨正广智三藏和上表制集》卷一，《大正藏》第 52 册，第 829 页。

⑥ （唐）不空：《谢恩赐香陈情表》，《代宗朝赠司空大辨正广智三藏和上表制集》卷一，《大正藏》第 52 册，第 828 页。

灾。护持的所谓国家，以封建帝王的最高利益——江山社稷为代表，也包括帝王个人及其皇室家族的福寿安康。

不空在宗教实践中也践行护国理念，开道场、建寺院、翻译经典，无不从护持国家、帮助王化为出发点的。如广德元年（763）十一月十四日，不空上表请为国置灌顶道场于大兴善寺，说如此可"严净花以开觉，使有识而归真。庶边境肃净，圣躬万寿"。寺内置大德四十九员，也是"永修香火，以福圣躬"，"报国行道"。① 大历六年（771）三月二十八日，不空上《谢恩赐大兴善寺施戒方等并粮料表》中也说："谨率求受戒僧众等，于三七日恳诚念诵，精驰行道。奉为国家，以修胜福，冀无边功德，上资圣躬。"代宗批复中肯定说："三藏慈惠精诚，念深家国。弘修福利，广被生灵；开建坛场，阐扬妙典；发挥后学，封植良缘。"② 不空所译显密经典，在很大程度上是从护国目的出发的，即所谓"有助皇化"者。乾元初（758），不空奏请搜集天下寺院梵夹，选择"有堪弘阐助国扬化者，续译奏闻，福资圣躬，最为殊胜"。③ 大历六年（771）十月十二日，不空所上《三朝所翻经请入目录流行表》中说："奉为国家，详译圣言，广崇福佑。""为国译经，助宣皇化。""详译真言及大乘经典，冀劾涓微，上资皇道。其所译金刚顶瑜伽法门，是成佛速疾之路。其修行者，必能顿超凡境，达于彼岸。余部真言，诸佛方便，其徒不一。所译诸大乘经典，皆是上资邦国，息灭灾厄。星辰不愆，风雨慎叙，仰恃佛力，辅成国家。""庶得真言福佑，长护圣躬。大乘威力，永康国界。""但有护持于国，福润生灵者，续译奏闻。"④ 其中不空还特地重译了护国的专门经典《仁王护国经》，永泰元年（765）四月二日，所上《请再译〈仁王经〉》奏表说："如来妙旨，惠矜生灵；《仁王》宝经，义崇护国。前代所译，理未融通；润色微言，事归明圣。""依梵匣再译旧文，贝叶之言，

---

① （唐）不空：《请置灌顶道场》，《请置大兴善寺大德四十九员》，《代宗朝赠司空大辨正广智三藏和上表制集》卷一，《大正藏》第52册，第830页。

② （唐）不空：《谢恩赐大兴善寺施戒方等并粮料表》，《代宗朝赠司空大辨正广智三藏和上表制集》卷二，《大正藏》第52册，第838页。

③ （唐）不空：《请搜捡天下梵夹修葺翻译》，《代宗朝赠司空大辨正广智三藏和上表制集》卷一，《大正藏》第52册，第828页。

④ （唐）不空：《三朝所翻经请入目录流行表》，《代宗朝赠司空大辨正广智三藏和上表制集》卷三，《大正藏》第52册，第840页。

永无漏略；"金口所说，更益详明。"使其"福资圣代，泽及含灵，寇滥永清，寰区允穆，传之旷劫，救护实深"①。前后两译《仁王护国经》，出入并不大，只是后译明显强化了护国的特点和密教色彩。

五　不空诸弟子的弘法

不空一生，灌顶传法，授戒度僧，上至皇室权贵，下及缁素士民，以他为师的人相当多。赵迁《行状》记载说："大师据灌顶师位四十余年，入坛弟子，授法门人、三朝宰臣、五京大德、缁素士流、放牧岳主、农商庶类，盖以万计。"②　按《行状》的记载，其中不空在广州法性寺开灌顶道场，"度人亿千"。在武威开元寺，"自节度已下，至于一命，皆授灌顶，士庶之类，数千人众，咸登道场"。边疆之地尚且如此，何况在人口集中的京师长安屡开道场，其数之众，说以万数来计算，并非虚言。

代宗时不空开有部戒坛，凡受戒者均师从不空，史称"一切有部独为宗师"。《行状》记载登其戒坛受戒的弟子达两千之众。飞锡《大广智三藏和尚之碑》载，不空圆寂之后，为其哀悼的门人大济等四部弟子，凡数万人。

然而从其授受密法的弟子毕竟有限，大历九年（774）七月七日，慧朗所上《谢恩制追赠先师并谥号表》中称："凡百弟子、数千人众，悲感圣恩"，据此可知其受法弟子约有百人。这些弟子大都集中在长安的大兴善寺、化度寺、保寿寺、青龙寺、崇福寺、千福寺、安国寺及内道场等，东都洛阳的荐福寺、广福寺等，五台山的金阁寺、玉华寺等。这百弟子中大都是受法念诵僧，或受五部之一、二者，或受一尊一印者，或受陀罗尼法者，或受持明诸法者，但真正得到亲传五部密法的人不过十几人而已。《行状》说"余知法者，盖数十人而已"。不空在《遗书》中提到的主要弟子有十一人，而其中得到五部密法的只有六人，即含光、慧超、惠果、慧朗、元皎、觉超，史称"六哲"。

其余僧俗弟子主要有昙贞、慧胜、惠晓、慧辩、李元琮、李宪诚、赵

---

① （唐）不空：《请再译〈仁王经〉》，《代宗朝赠司空大辨正广智三藏和上表制集》卷一，《大正藏》第 52 册，第 831 页。

② （唐）赵迁：《大唐故大德赠司空大辨正广智不空三藏行状》，《大正藏》第 50 册，第 294 页。

迁等。其中昙贞被海云《付法记》称为不空五大弟子之一，赐居青龙寺圣佛院，并长期在内道场持念，为内供奉大德，历玄宗、肃宗、代宗、德宗四朝，屡受宠遇。不空在《遗书》中特意嘱咐："青龙昙贞，大法真言吾先授与，至于契印渠未得之，汝等为吾转为授却。"[①] 惠胜为当院弟子，长期侍奉不空，从受普贤念诵法，后以之转授代宗。不空圆寂后，惠胜在塔所焚香守护。大历九年（774）奏请他为大兴善寺文殊阁下道场持诵僧，检校大兴善寺文殊阁工程，并协助慧朗检校兴善寺两道场、知院事，具体负责本院事务和两道场事务。惠晓为西明寺僧，亦长期随侍不空左右，从受五部真言。[②] 安史之乱中，惠晓随不空持念有功，受肃宗表彰。[③] 大历六年（771）依敕在西明寺修功德，大历十二年（777）委派为五台山修功德使，检校金阁寺，修护摩功德。惠辩亦不空最年少弟子，随不空前往师子国求法，同受五部灌顶。俗弟子李元琮，长期随侍不空，蒙受五部大法，其地位与六哲齐等。他充任功德使，受到器重，受封官职，代宗宝应元年（762）时，已有了（新）龙武军将军的职衔。大历年间李元琮以监修功德事，备受代宗宠遇，授有开府仪同三司之高位，并兼右龙武军将军，后又封为知军事上柱国、凉国公。除以句当京城诸寺观修功德使之职、掌管京城功德活动外，并总领天下修功德事。李元琮因为崇信佛教，在他任功德使期间为佛教事业，尤其为密宗的发展起到了重要的作用。李宪诚亦是不空重要的俗弟子之一，从不空受普贤法。他自大历三年（768）开始奉诏监护不空，凡宣旨奉进，大都由他担任。他往来于代宗与不空之间，为维系不空与代宗间的直接关系起着重要作用，被不空称为"护法菩萨"。赵迁，自大历元年（766）以来奉侍不空，翌年开始充任执笔，参诸翻译，执笔抄写。不空殁，赵迁依生前所述，作《大唐故大德赠司空大辨正广智不空三藏行状》，有前试左领军卫、兵曹参军、翰林待诏的头衔。不空之后以此数十人弟子为主，继承和发展了不空的密宗事业，他们和他们的弟子们仍然保持了密宗的繁荣昌盛。

① （唐）不空：《三藏和上遗书》，《代宗朝赠司空大辨正广智三藏和上表制集》卷三，《大正藏》第 52 册，第 844 页。

② （唐）惠晓：《往五台山修功德辞谢圣恩表》批文，《代宗朝赠司空大辨正广智三藏和上表制集》卷六，《大正藏》第 52 册，第 858 页。

③ （唐）肃宗：《恩旨命三藏弟子僧惠晓为国念诵制》，《代宗朝赠司空大辨正广智三藏和上表制集》卷六，《大正藏》第 52 册，第 858 页。

不空的其他受法弟子，又有慧璨、慧海、慧见、慧觉、慧晖五人，并慧朗、慧超等，于大历九年（774）六月六日，不空指定为大兴善寺翻经院灌顶道场持诵僧。又有慧幹、慧严、慧云、慧信、慧珍、慧深、慧应、慧行、慧积、慧俊、慧贤、慧英十二人，并慧果、慧胜等，同时指定为大兴善寺文殊阁道场持诵僧，为国常诵敕赐大藏经。不空称这些弟子僧："并久探秘藏，深达真乘，戒行圆明，法门标准。"① 其中慧海曾长期在长生殿内道场念诵，慧应（惠应）后转从同学惠果受胎藏法，有弟子文璨在淮南栖霞寺传法，日本求法僧常晓即从他受法。又有弟子惠旰，西明寺僧，早年奉诏与不空另二弟子慧月、瞿那入内念诵，不空奏请为大兴善寺大德。

不空的六大弟子中，元皎为福州人，② 保寿寺寺主，曾随侍肃宗自灵武还京，受肃宗重视，多在长生殿内道场持念，不空奏请为大兴善寺大德，有侄孝常度为僧。觉超原为灵感寺僧，后住保寿寺，常随不空出入禁中，受皇帝殊礼，不空奏请为大兴善寺大德，有弟子契如、惠德。新罗慧超，大历中（775 年前）为内道场持念僧，大历九年（775）正月，奉敕往盩厔县玉女潭祈雨。同年六月六日，不空奏请为大兴善寺译经院灌顶道场持诵僧。慧超早年当事师金刚智，后来转师不空，最后到五台山，止住乾元菩提寺。③

慧朗是不空的法定继承人，继承传法灌顶之位。不空入葬次日，代宗敕令："僧慧朗专知检校院事，兼及教授后学，一尊一契有次第者闻奏。"④ 这样就确定了慧朗的法定继承人地位。《不空行状》也载"僧弟子慧朗次承灌顶之位"。《不空碑铭并序》记载说："后学升堂诵说，有法

① （唐）不空：《请于兴善当院两道场各置持诵僧》，《代宗朝赠司空大辨正广智三藏和上表制集》卷四，《大正藏》第 52 册，第 845 页。

② 元皎于大历十三年（778）十月九日所上《沙门元皎请度僧表》中自称"元皎生居福州"，则元皎为福州人，《宋高僧传》本传以其曾随侍肃宗自灵武还京而误作灵武人。见《代宗朝赠司空大辨正广智三藏和上表制集》卷六，《大正藏》第 52 册，第 856 页。《宋高僧传》卷二十四，范祥雍点校本，中华书局 1987 年版，第 618 页。

③ 据伪经《千钵曼殊经》序说，慧超曾于荐福寺道场从金刚智受《千钵文殊经》法，后事不空，重咨此法，建中元年（780）到五台山乾元菩提寺云云，或有些依据。

④ （唐）代宗：《敕慧朗教授后学制》，《代宗朝赠司空大辨正广智三藏和上表制集》卷五，《大正藏》第 52 册，第 850 页。

者非一，而沙门惠朗受次补之记，得传灯之旨，继明佛日，绍六为七。"①
此载惠朗"受次补之记，得传灯之旨"，则知惠朗之继位乃不空早有安
排。惠朗在不空生前已享有较高的地位，不空《遗书》便是对以惠朗为
首的众弟子的叮嘱。据大历九年（774）六月六日牒，不空奏准制定兴善
寺翻经院灌顶道场和文殊阁道场持诵僧二十一人，以惠朗为诸弟子之首，
奏文说："其惠朗等二十一人，并久探秘藏，深达真乘，戒行圆明，法门
标准。"② 惠朗继承不空之位，称"绍六为七"，以不空为金刚界法第六代
祖师，以惠朗为第七代传人。不空之前五代传承，不空之师金刚智和普贤
为第五祖，金刚智之师龙智为第四祖，龙智上承龙猛为第三祖，龙猛上承
金刚手为第二祖，金刚手上承大毗卢遮那佛为初祖。但按海云《两部大
法付法记》普贤金刚萨埵与龙猛之间尚有妙吉祥菩萨，③ 如此或以不空之
师普贤阿阇梨与金刚智之师龙智阿阇梨为同一人，则从不空上承普贤再至
龙猛、妙吉祥、金刚萨埵、毗卢遮那佛，亦为六代。

　　惠朗继位之后，即在大兴善寺翻经院主持密宗教务，亦受代宗器重。
十一月即赐紫绶袈裟，二十九日惠朗上表称谢，其中说："幸奉明诏，频
对九重，紫绶袈裟，特蒙恩赐，不但荣饰先师，实亦光耀后学。"代宗回
批中称他："师夙勤梵行，先践法流，福惠所资，生灵蒙赖，爰赐命
服。"④ 大历十三年（778）四月十四日，代宗敕补惠朗为大兴善寺上座，
并总领寺务。大兴善寺都维那法高等上表称谢，代宗批复说："惠朗恭
勤，允副公选。总领寺务，斯谓得人也。"⑤ 惠朗在主持译经院及大兴善
寺期间，依不空嘱托，监造完成了文殊阁的建造工程，与造阁僧秀严、同
检校造阁僧惠胜等进造阁状，代宗为文殊阁亲题八分金书匾额："大圣文

---

　　① （唐）严郢撰：《唐大兴善寺故大德大辨正广智三藏和尚碑铭并序》，《代宗朝赠司空大
辨正广智三藏和上表制集》卷六，《大正藏》第52册，第860页。

　　② （唐）惠朗等撰：《请于兴善当院两道场各置持诵僧制》，《代宗朝赠司空大辨正广智三
藏和上表制集》卷四，《大正藏》第52册，第845页。

　　③ 海云《两部大法师资相承付法记》另有说法，说普贤金刚萨埵付嘱妙吉祥菩萨，妙吉祥
菩萨复经十二代，传付龙猛菩萨，龙猛菩萨又经数百年，传付龙智阿阇梨，如此至不空则为十九
代。

　　④ （唐）惠朗：《沙门惠朗谢赐紫衣表》并代宗批文，《代宗朝赠司空大辨正广智三藏和上
表制集》卷五，《大正藏》第52册，第851页。

　　⑤ （唐）法高：《谢制补沙门惠朗充兴善寺上座表》，《代宗朝赠司空大辨正广智三藏和上
表制集》卷六，《大正藏》第52册，第860页。

殊镇国之阁。"慧朗得不空金刚界五部密法传授,在崇福寺和兴善寺有弟子多人,其中传延法脉、最为著名的是天竺,时称天竺阿阇梨,住崇福寺弘密。

含光是不空最早的弟子,飞锡《碑铭》称其为梵僧,则知含光当为印度侨民后裔。《宋高僧传》本传说他"幼觉嚣尘,驰求简静。开元中见不空三藏颇高时望,乃依附焉"。① 开元二十九年(741)含光随不空前往师子国求法,从普贤阿阇梨同受五部灌顶。回国后又随不空辗转长安、韶州、河西,助不空译经传法。安史之乱中,随侍肃宗,为其师与肃宗间的联系传递消息,祈福修法。后来返长安之后,含光居住于保寿寺,并为该寺大德。广德二年(764)正月,不空奏请置大兴善寺大德四十九员,含光位列第二,自后称大兴善寺大德。永泰二年(766),不空在五台山建造金阁寺及诸普通供养处,含光检校督造其事,后来便主持金阁寺,在五台山兴隆密宗。后来日本求法僧圆仁巡礼五台山,记述说:"次开持念曼荼罗道场,礼拜尊像,此则不空三藏弟子含光为令李家昌运长远,奉敕持念修法之道场。坛面三肘,以白檀汁和泥涂作,每风吹时香气远闻。金铜道具甚多,总在坛上。"② 不空灭寂后,含光仍在五台山弘法,更受代宗器重,本传说"代宗重光,如见不空"。

惠果(746—805)在不空六大弟子中最为突出,一是他综二系传承,持金刚界、胎藏法及苏悉地三部大法,二是他培养传授了很多出色的弟子,因而对后世的影响颇大。据佚名《大唐青龙寺三朝供奉大德行状》等记载,惠果,俗姓马,京兆府万年县(治今西安市东)归明乡人,9 岁出家,投青龙寺圣佛院,奉事不空弟子昙贞和尚。至 17 岁,因昙贞入内道场持念不出,不得从学,便投不空门下,求授大佛顶及大随求真言。19岁,又从不空灌顶散花,得转法轮菩萨。20 岁受具足戒,22 岁从善无畏弟子保寿寺玄超边求授大悲胎藏法和苏悉地等法。其后,惠果为求金刚界法,将其师昙贞在内道场念诵所赐得诸物及自节食所省诸钱物尽送不空,以充授法之供养,即得受不空金刚界教法的全部传授。这样,惠果便一身兼持三部大法。他也把密宗两派的法脉合到一起,由此密宗法脉两系也开

　　① (宋)赞宁:《宋高僧传》卷二十七,范祥雍点校本,中华书局 1987 年版,第 678 页。
　　② [日]圆仁:《入唐求法巡礼行记》卷三,顾承甫、何泉达点校本,上海古籍出版社 1986 年版,第 127 页。

始合流并交互传承了。

不空圆寂后，惠果受到代宗的宠遇。大历十年（775）特敕在本寺另置一院居住，此院即东塔院。敕准建毗卢遮那灌顶道场，准七僧持念。这标志着惠果地位的提高和肯定，青龙寺因为有了昙贞的圣佛院和惠果的东塔院，完全成为密宗的另一个中心，闻名于海内外。惠果在大历后期经常效力持念，备受代宗器重。是年十一月，代宗为了表彰惠果在弘法传嗣、发展密宗势力及为国持念诸方面做出的突出贡献，特赐绵彩二十匹。代宗说："和上遗教，阇梨克遵。秘密之宗，流传弟子，览师精恳。表以勤劳，薄赐缣缃，以崇香火也。"① 十一年（776）代宗生病，惠果为之加持，代宗病情痊愈，敕赐褐衣一对，并以为他"堪为国师"。大历十三年（778），代宗以自己从不空所受法门多所废忘，特请惠果为他重授，并让惠果登长生殿内道场帝师位。

惠果因受代宗器重，其活动往往超出本院乃至本宗的范围。大约在大历十年（775），敕惠果同时检校大兴善寺两道场，兼知翻经院事。十一年（776）十二月二十日至越年正月八日，奉敕巡视京城诸寺塔像，并负责洒扫，自庄严寺佛牙处起首，至兴善寺等一百二十二寺应有的殿、塔、佛牙、经藏、灵迹、舍利处总共九百五十七所。

唐德宗建中初年（780），惠果在圣佛院向来自诃陵国的僧人辨弘传授胎藏大法。翌年又向来自新罗的僧人惠日传授胎藏、金刚界、苏悉地三部大法，向新罗僧悟真传授胎藏大法及诸尊持念法。贞元五年（789）天旱，唐德宗也不得已敕惠果在本院道场共七僧祈雨。是年底德宗又启迎法门寺真身舍利，敕惠果于右卫龙迎真身舍利入内供养，至翌年二月送还。其后惠果多次敕入长生殿道场持念，德宗赐物颇多。十六年（800）十一月，惠果还到神威军、焦护军军宅受供修法。十九年（803），日本僧空海前来求法，惠果授空海两部大法及诸瑜伽法。永贞元年（805）十二月十五日，惠果灭寂，住世60岁，僧夏40年。元和元年（806）正月十七日，葬于孟村龙原不空塔侧，后来移葬浐川之侧表蔺村建塔。

惠果一生，谦恭无私，广授教法，威信很高。吴殷《行状》说："大

---

① （唐）惠果：《恩赐锦彩谢表》批文，《代宗朝赠司空大辨正广智三藏和上表制集》卷五，《大正藏》第 52 册，第 852 页。

师唯一心于佛事，不留意于持生。所受赐施，不贮一钱，即建立曼荼罗，愿之弘法利人。灌顶堂内，浮屠塔下，内外壁上，悉图绘金刚界及大悲胎藏两部大曼荼罗，及一一尊曼荼罗。众圣俨然，似华藏之新开；万德晖耀，连密严之旧容。一睹一礼，消罪积福。常谓门人曰：金刚界、大悲胎藏两部大教者，诸佛秘藏，即身成佛之路也。普愿流传法界，度脱有情。"空海《碑铭》亦说他"有受无贮，不屑资生。或建大曼荼罗，或修僧伽兰处。济贫以财，导愚以法。以不积财为心，以不吝法为性。故得若尊若卑，虚往实归。自近自远，寻光集会矣"①。

　　惠果弘法授徒，弟子甚多，密宗教法更由此远播海外。其弟子有五六十人，据《行状》记载，贞元九年至十三年间（793—797），就有五十人受法。他的弟子遍布各地、各阶层，上自皇室权臣，下及庶民寒士，近如两京汴州、剑南、河北，远如新罗、日本，及至南海诃陵。其中不少人创宗立派，广延法流。《碑铭》称他"或作一人师，或为四众依，法灯满界，流派遍域，斯盖大师之法施也"②。在京弟子主要有当院僧义明，内供奉，继承惠果法位，得两部大法。当院弟子又有义满、义澄，受胎藏、苏悉地大法。又有弟子义恒、义一、义政、义操、义云、智兴、义敏、行坚、圆通、义伦、义播、义润、义璨、义玫、义舟、深达、义照、法润等，同学惠应、惠则等，俗弟子吴殷、开丕、杜黄裳、韦执宜等。其中惠应、惠则、惟尚、辨弘、惠日、空海、义满、义明、义操、义照、义敏、义政、义一、吴殷十四人得金刚界法阿阇梨位，惟尚、辨弘、惠日、悟真、空海、义满、义明、义证、义照、义操、义敏、法润十二人得胎藏法及苏悉地法阿阇梨位。在唐诸弟子中，后来义操和法润传延法脉，光大门庭。

　　在京外的主要弟子有剑南惟尚、河北义圆，均受金刚界法，后来可能回本地传法。诃陵辨弘，建中年初（780）来唐求法，从惠果受得胎藏大法，后来长住汴州弘法。新罗僧惠日，于建中二年（781）入唐，受胎藏、金刚界及苏悉地三部法，并得诸瑜伽三十本，后来回国，广弘教法。又有新罗僧悟真，与惠日同年入唐，从惠果受胎藏及诸尊持念教法。贞元

---

　　① ［日］空海：《大唐神都青龙寺故三朝国师灌顶阿阇梨惠果和尚之碑》，《遍照发挥性灵集》，《弘法大师全集》，吉川弘文馆 1923 年版。
　　② 同上。

五年往中印度求取《大日经》梵夹等诸经，取道吐蕃身亡。日本空海，元和元年（806）回国，建立日本真言宗，光大密宗教法。

第四节　密宗的传承与续传密教

唐代密宗自不空及其弟子之后的一百年间，虽中经会昌法难，但继嗣不绝，代代相承，更出两京，远渡东瀛。又有西僧续入，再传密教，影响皇室。所以，密宗仍然保持了繁荣和继续。

一　密宗的传承

密宗的传承自慧朗一代之后，传灯绍嗣、支撑门庭的，主要是惠果一支，其次是慧朗一支，再次是惠则、惠应、觉超诸支系。慧朗一支传承三代，直到唐末。据海云《两部大法师资付法记》以及造玄《胎金两界付嘱师资血脉图》等记载，慧朗的弟子天竺，住崇福寺，得阿阇梨位，传付弟子德美、惠谨、居士赵政（或作玫）三人。其中德美又传付弟子雅宵，赵政传付弟子制本、善贞、志清、义灌四人。

惠则一支，据圆仁《入唐求法巡礼行记》的记载，惠则有弟子三人：缘会、元政、文悟，其中元政住大兴善寺翻经院，传金刚界法。据载他"深解金刚界，事理相解"，持念文书备足。会昌元年（841）四月一日至二十三日，大兴善寺翻经院为国开灌顶道场，当由元政主持进行。开成末（840）、会昌初（841），圆仁先后供养金二十五两，受金刚界大法。元政又传付弟子造玄。造玄，又作操玄，慈恩寺僧，得阿阇梨位，成通六年（865）八月作《胎金两界付属师资血脉图》。文悟，亦住大兴善寺，传金刚界法，据载他"解金刚界，城中好手"，但犹不及元政，亦得阿阇梨位，开成、会昌间传法于大兴善寺。另外，开成、会昌间又有元简，住安国寺，亦为"解金刚界好手"，兼解悉昙、绘画曼荼罗、书写梵字。按其名以"元"字起头，或为元政同门。圆仁从他受学悉昙法。

惠应一支，据日本求法僧常晓及圆仁的记载，惠应有付法弟子文璨，初事不空，后转从惠应受法，得灌顶阿阇梨位。大和、开成年间（827—840），文璨在淮南扬州栖灵寺传法，闻名一时。常晓记载他"妙钩经律，深通密藏。法之栋梁，国之所归"。① 大和九年（835）八月，文璨向日本求法僧常晓传授金刚界大法及大元帅法，并许灌顶阿阇梨位，常晓并得密教经轨尊像及诸道具。开成三年（838），圆仁至栖灵寺，文璨又授其两部曼荼罗图像画法。据载，当时淮南扬州又有华林寺三教讲论大德元照座主，"显密两法，颇以兼习"，无量义寺僧道悟解真言法，又有供奉李全可绘制两界曼荼罗，可知扬州的密宗具有一定规模。

惠果一支，后来枝繁叶茂，派系丛生。惠果生前传付弟子就达五六十人以上，史称"法灯满界，流派遍域"。

惠果诸弟子中，辨弘一系在汴州开辟道场传法，咸通三年（862）日本宗叡入唐至汴州，时有玄庆阿阇梨传金刚界法，宗叡即从他受法灌顶。此玄庆当为辨弘的付法弟子，主持汴州坛场。辨弘的另一弟子全雅在扬州开元寺嵩山院弘密。开成四年（839）闰正月，圆仁至开元寺从他受法，借写金刚界诸尊仪轨等数十卷。②

惠果弟子中年龄较小且未受大法传付的，后来大都从义操等受法，其中有义云、义一、义舟、深达等，至宝历年间（825—827）仍见有他们活动的记载。

惠果弟子中后来发扬其遗法、光大其门庭的则是义操所传一系。

义操，居青龙寺东塔院，是当时密宗中最为著名的僧人。他经历数朝，充任国师、内供奉。据《阿娑缚抄·明匠等略传》所引《三国高僧碑》载："和尚性禀冲和，志深弘阐。学究三密，智达五明，可谓佛家之栋梁，法海之舟楫者也。是故一人尊之以为国师，四众依之以受灌顶。"③可见义操名望地位之高，不仅为密宗中的支柱，而且也是佛教界的领袖。义操从惠果受三部大法及悉昙法，元和中（812 年前后），集有《胎藏金刚名号》二卷。长庆元年（821）译有《西方陀罗尼藏中金刚族阿蜜哩多军吒利法》一卷，其弟子海云笔受勘写。

据海云《师资付法记》的记载，义操传付金刚界法并得阿阇梨位的弟子有十四人，即当院同学僧法润、义贞、义舟、义圆，景公寺僧深达，

---

① ［日］常晓：《常晓和尚请来目录》，《大正藏》第 55 册，第 1068 页。
② ［日］圆仁：《日本国承和五年入唐求法目录》，《大正藏》第 55 册，第 1076 页。
③ ［日］承澄：《阿娑缚抄·明匠等略传（上）》卷一百九十四，《大正藏》图像第 9 册，第 728 页。

净住寺僧海云，崇福寺僧大遇，醴泉寺僧从贺、文苑，会昌寺新罗僧均亮（或作谅），当院僧常坚，玄法寺僧智深、法全、文秘。其中义操传付胎藏法，并得阿阇梨位的有五人：当院同学僧义真，景公寺僧深达，净住寺海云，崇福寺大遇，醴泉寺文苑。其中同学僧法润、义真、法全后来传付弟子，继之后代。

　　海云，原住青龙寺东塔院，长庆元年（821）十二月，曾为其师义操译《西方陀罗尼藏中金刚族阿蜜哩多军咤利法》充任笔受，后来移住净住寺，自称梵字传教沙门，擅长梵文，有传法阿阇梨之位。文宗大和八年（834）八月二十日，在净住寺撰《略述金刚界大教王师资相承传法次第记》。十月八日，撰《略述传大毗卢遮那成佛神变加持经大教相承传法次第记》，两部合称《两部大法相承师资付法记》，作上下两卷。

　　法润，原为惠果弟子，后转从同学义操受法，亦是密宗中的出色人物。《阿娑缚抄·明匠略传》引《三国高僧碑》称："和尚智莹鸾镜，随缘分晖，器蕴鸿镜，待叩成响。同津者云集，怀集者务合。若尊若卑，虚往实归；自远自近，寻光来集。实乃秘密英贤，释门法将。"[1] 并说法润得胎藏、金刚两部大法及诸尊瑜伽密法。但据圆仁《入唐求法巡礼行记》记载，圆仁听资圣寺净土院僧怀庆说："青龙寺润和尚但解胎藏，深得一业，城中皆许好手。"后来圆仁派弟子惟正共怀庆同去青龙寺，知"法润和尚解金刚界，年七十三，风疾老耄"。[2] 此知开成五年（840）时法润已73岁高龄。一般称《大毗卢遮那经广大仪轨》一卷，亦名《大悲胎藏》，《宗叡求法录》著录。另有三卷本，法润付惟谨。据海云《付法记》载，法润传胎藏法于净法寺僧道升及玄法寺僧法全、惟谨。其中惟谨后移慧日寺和净影寺，亦在内道场作持念僧。集有《大毗卢遮那经广大仪轨》（略称《胎藏仪轨》）三卷、《大毗卢遮那经阿阇梨真实智品中阿阇梨住阿字观门》一卷，《惠运录》中有《大日如来成佛经释中略出世间六月持明禁戒念诵仪轨》一卷，作"净影寺北经院内道场五部持念沙门惟谨述"，此知惟谨在净影寺北经院内设道场传法。《圆仁录》中又有《大随求八印

---

　　① ［日］承澄：《阿娑缚抄·明匠等略传（上）》卷一百九十四，《大正藏》图像第9册，第728页。

　　② ［日］圆仁：《入唐求法巡礼行记》卷三，顾承甫、何泉达点校本，上海古籍出版社1986年版，第144页。

法》一卷，作惟谨集，是惟谨共有四部著作见录。

法全，从法润受胎藏法，从义操受金刚界法，他把法润、义操二系的法脉合到一起。法全是密宗第五代中的支柱人物，先后移住玄法寺、青龙寺，历德宗、顺宗、宪宗、穆宗、敬宗、文宗、武宗、宣宗和懿宗数朝，广弘密教。其弟子遍布海内外，颇高时望。《阿娑缚抄·明匠等略传》所引《三国高僧碑》说他是善无畏三藏第五代弟子，了达秘密幽玄，古人有赞云："惟慧惟定，人称德行。胎藏金刚，心台镜映。秋日比洁，清云圆性。请益如云，华夷归命。"[①] 惠果灭度后法全剃度，从义操受金刚界法，从法润受胎藏并苏悉地法。初住玄法寺，开成年时已为该寺座主。圆仁《入唐求法巡礼行记》记载说："玄法寺法全和尚深解三部大法"，"玄法寺法全座主解三部大法"。[②] 会昌元年（841），圆仁从法全受法，受施《胎藏大仪轨》三卷，兼《别尊法》三卷及胎藏手契等。此《大仪轨》或略称《毗卢遮那成就仪轨》，又称《玄法寺仪轨》。大中年间（847—860），法全移居青龙寺，大中九年（855），日本入唐求法僧圆珍、圆载从他受法。咸通六年（865 年），日本真如亲王、东密僧宗叡从法全受法。法全在青龙寺期间，纂集《毗卢遮那成就瑜伽》，称《青龙寺仪轨》。法全在会昌法难以及开成年之前，曾为长生殿持念大德。

法全的付法弟子很多，据海云《付法图》付两部大法于安国寺敬友、文逸，永寿寺文懿，永保寺智满，兴唐寺自恣，新罗国僧弘印，青龙寺弘悦，俗居士郭茂炫，日本僧圆仁、圆珍、圆载、真如、宗叡。授金刚界法于荐福寺惠怼，授胎藏法于慈恩寺造玄。按造玄《血脉图》，法全授金刚界法者六人：宗叡、遍明、圆载、圆珍、自恣、弘约；授胎藏法者八人：造玄、自恣、智满、圆仁、圆珍、圆载、遍明、宗叡。法全的这些弟子中，安国寺的敬友和文逸后来当有传法活动，[③] 自恣所在的兴唐寺于会昌元年二月十五日至四月八日，为国开灌顶道场，当亦有不少密宗僧人。俗弟子郭茂炫传付弟子丁建武，是为迄今所见史料中唐代密宗的最后一代

----

①　[日] 承澄：《阿娑缚抄·明匠等略传（上）》卷一百九十四，《大正藏》图像第 9 册，第 728 页。

②　[日] 圆仁：《入唐求法巡礼行记》卷三，顾承甫、何泉达点校，上海古籍出版社 1986年版，第 142、155 页。

③　1959 年在安国寺遗址出土了不动明王等十件贴金敷彩的密宗白石雕像，高度在 52—88厘米。《唐帖金画彩石刻造像》，《文物》1961 年第 3 期。

（第七代）法嗣。

日本诸弟子中，真言宗真如亲王遍明于咸通六年（865）自广州出发往印度，取道云南，至罗越国身亡。天台宗圆载自开成二年（837）入唐，广学天台、密宗二派教法，长住西明寺，先后达四十年之久。唐僖宗乾符四年（877）回国，途中不幸覆船沦亡。真言宗宗叡，天台宗圆仁、圆珍，回国后均有建树。

义真原为惠果受法弟子，后又从同学僧义操受两部大法，为青龙寺灌顶教主、内供奉。圆行称他："明闲三教，妙通五部。法之栋梁，国之所归。"① 开成四年（839）空海弟子圆行入唐，至青龙寺从受其法。② 在此前后空海的另一弟子惠运亦入唐至青龙寺，从义真受两部大法及阿阇梨灌顶位。会昌六年（846），日本天台僧圆仁从义真受胎藏及苏悉地法。

密宗的传承法脉一直延续到唐末，但经会昌法难，其势力逐渐衰微，唐代以后再无传延法脉的记载，只有东传日本的密宗法嗣在真言宗和天台宗中相续不断。

二　智慧轮的传法活动

宣宗、懿宗、僖宗三代有智慧轮在大兴善寺传法，闻名一时。智慧轮，梵名般若斫迦（Praj-cakra），亦作般若惹羯罗、般若斫羯罗，或作般若轮。《宋高僧传》列有附传，说他是西域人，"大中（847—859）中，行大曼拏罗法，已受灌顶为阿阇梨，善达方言，深通密语"。③ 圆珍《上智慧轮决疑表》称"又大师祖师即先三藏也，文师是阿难，必垂付脉图。小师眛劣，福稀列末，莫抛弃"④。一般以为此中所说先三藏指不空，故以智慧轮为不空之三世法孙，但造玄《血脉图》中并不见智慧轮其名。又圆珍在文首称："小师圆珍蒙恩，圆珍谨请先三藏大师传持《大毗卢遮那义释》一本。"此《义释》亦非不空所传，主要由惠果、义操、法润、法全一系传持。

---

① ［日］圆行：《灵岩寺和尚请来法门道具等目录》，《大正藏》第 55 册，第 1071 页。

② 同上。

③ （宋）赞宁：《宋高僧传·唐满月传》附传，卷三，范祥雍点校本，中华书局 1987 年版，第 52 页。

④ ［日］圆珍：《上智慧轮决疑表》，《大日本佛教全书》第 106 册。

今按《兴善寺普照大师碑》等可知，智慧轮俗姓丁，京北杜陵人[①]，应即丁建武其人，初以俗名行世，从密宗居士郭茂炫学习密教，从兴善寺阿难陀学习梵文。会昌法难后出家，师从法全，取法名智慧轮。后来灌顶传法，任职左街僧录，遂为一代高僧。他住锡大兴善寺，因尊称兴善大师，兴善三藏和尚。其所居院，圆珍《决疑表》称"灌顶院"，其碑文称"大教注顶院"。灌，注同义。智慧轮的灌顶院，《剧谈录》称"所居院金碧华焕，器用俱是宝玉"[②]。可见其院宝玉满堂，金碧辉煌，坛场庄严，具足威仪。智慧轮在大兴善寺传法，大中年中即已闻名，有大遍觉法师或遍觉大师的尊号。大中十一年（857），圆珍《求法录》中有《大遍觉法师画赞》一卷，当属智慧轮之画赞，由其弟子所作并留传。1987 年法门寺地宫出土的咸通十五年（874）兴善寺僧觉支所书《衣物帐》末，记载智慧轮向真身舍利供施诸物，末署"以上遍觉大师智慧轮施"，则证《圆珍录》中之大遍觉法师就是智慧轮。智慧轮在密宗乃至当时的佛教界颇负声望，同时的密宗大师法全亦推崇备至："兴善三藏和上（智慧轮）非常会义，此经论之江海，梵文之山岳，我九州无有双者。"[③] 大中九年（855），日僧圆珍入唐，从智慧轮受法。后来圆珍回忆说："大中九年冬至日，面承院底。有彼（指《大日经义释》）正本，铭心不忘，于今恒记。"咸通二年（861 年）智慧轮给圆珍捎去新经法并《决义》等八本，圆珍说："蒙和上咸通二年十一月五日恩酬，戴领新经法并《决义》等都八本。于今存肝胆，顶戴受持。"后来僖宗中和二年（882），圆珍隔海远上《决疑表》，向智慧轮请教有关密教问题，并求写回寄经论仪轨。咸通六年（865），日本真言宗僧宗叡入唐，亦向智慧轮求授密法，其《求法录》中有《最上乘瑜伽秘密三摩地修本尊悉地建立曼荼罗仪轨》一卷，作智慧轮传，当是受法之日所传。

据法门寺出土文物，咸通末年（874），唐懿宗启迎法门寺真身舍利，智慧轮敬造供施金银宝函、阏伽瓶、银香炉、水碗等物。咸通十二年（871）闰八月，特造金函、银函各一枚。素面盝顶金宝函上錾刻铭文："敬造金函，藏佛真身。上资皇帝圣祚无疆，国安人泰，雨顺风调，法界

①　（唐）张同：《兴善寺普照大师碑》，《宝刻丛编》卷六，《四库全书》本。

②　（唐）唐骈：《剧谈录》卷下，《四库全书》本。

③　［日］圆珍：《上智慧轮决疑表》，《大日本佛教全书》第 106 册，第 297 页。

有情同利乐。咸通十二年闰八月十日传大教三藏僧智慧轮。"壶门座盝顶银函上錾刻铭文："上都大兴善寺传最上乘祖佛大教灌顶阿阇梨三藏比丘智慧轮敬造银函二重伍拾两献上，盛佛真身舍利，永为供养，殊标功德，福资皇帝千秋万岁。咸通十二年闰八月十五日造，句当僧教原匠刘再荣、邓行集。"据咸通十五年兴善寺僧觉支所书《衣物帐》末载，智慧轮供施的金函重28两，银函重50两，银阏伽瓶4只，水碗1对，共重11两，银香炉重24两，另一件（应为供养灯台）3只，共重6两。此可见智慧轮财力之厚，亦表明他地位之尊高。

　　智慧轮在僖宗时当已封为国师，圆珍《决疑表》中称他为"上都大兴善寺灌顶国师轮大阿阇梨大师"。智慧轮的终年，《宋高僧传》说成通年中刻石记传，似乎咸通年中已灭度；但法门寺文物证明其至迟咸通十二年（871）闰八月时尚健在，十五年（874）时亦当健在，否则觉支在《衣物帐》末应书"故遍觉大师"等字样才合乎情理。从圆珍在中和二年（882）向智慧轮写《决疑表》的情况看，其至少在僖宗乾符年间（874—879）还在大兴善寺。现知智慧轮卒于乾符三年（876），以是年僖宗赐其塔院为澄衿寺，翌年树塔。其碑文所称"僖宗初谥普照大师，塔曰彰化碑，以乾符四年立"。是说僖宗最初赐谥号普照大师，后又赐塔铭为彰化碑，并非指僖宗初年。康骈《剧谈录》称"咸通、乾符中，兴善寺复有阿阇黎以教法传授"，"及迁化，谥为普照大师"云云，[1] 也表明智慧轮在乾符初年尚传授教法。智慧轮卒葬万年县神禾乡孙村，起塔之地僖宗赐澄衿寺，其他与智慧轮故乡杜陵相邻。[2]

　　智慧轮的弟子，有绍明、圆珍、宗叡三人见载，绍明曾为其师刻石记传。

　　智慧轮译有《般若心经》《最上乘瑜伽秘密三摩地修本尊悉地建立曼荼罗仪轨》《摩诃吠室啰末那野提婆喝罗阇陀罗尼仪轨》各一卷。智慧轮撰有《明佛法根本碑》《示教指归》合为一卷。《宋高僧传》本传说智慧轮"著《佛法根本》，宗乎大毗卢遮那，为诸佛所依。法之根本者，陀罗尼是也。至于出生无边法门，学者修戒定慧，以总持助成，速疾之要，无

① （唐）康骈：《剧谈录》卷下，《四库全书》本。
② 详见吕建福《大兴善寺遍觉大师智慧轮生平及其思想》，《人文杂志》2012年第3期。

以超越。又述《示教指归》，共一千余言，皆大教之钤键也"。①

《明佛法根本碑》是一篇具有判教性质的短文，其论点有二，一佛之根本者为大毗卢遮那，二法之根本者为真言陀罗尼，宣传和突出密教的思想及地位。所谓佛之根本，是就佛身观而言，十方诸佛总依法身大日佛，一切如来亦是大日法身所现之自他受用及变化身。所谓法之根本，是就三藏教法而言，凡诸佛贤圣所说所诠教理，总归真言陀罗尼门。由此一门，随众生根性流演为三藏教法。文中对四种陀罗尼作了解释，并且说陀罗尼可遍持三身大功德：法佛之法性，法住法界，总持诸法。《示教指归》，从另一个角度说三乘教法终归密乘佛果，说佛开演法门无数，以普应群心，而总摄在三藏。未入正法者，入正法，故说契经；入正法者，令受持学处，故说律藏；已受持学处者，令通达诸法真实性相，故说论藏。而有情根性不同，故大小（乘）有别，各依戒定慧学，修行成果，如小乘四果三觉，大乘地前十地，皆是佛说，咸指佛心。而又有最上乘三藏，名佛乘，圆开灌顶，超升等妙之尊，三密四印相应，顿证三身佛果，并说入此佛乘之道。总之，两篇论文均判释密教优胜根本，显教三乘浅略应机。

与智慧轮同时又有安国寺密宗高僧行琳，著有《释教最上乘秘密藏陀罗尼集》30 卷，题"上都安国寺传密传超悟大师赐紫三藏沙门行琳集"，可知有超悟大师之号，并赐紫衣，称其三藏，地位尊高。其书撰集于乾宁五年（898），辑录历代所译陀罗尼 644 首，辽金时流行，刻入房山石经。

三　般若及其续传的密教

自唐德宗及其后，又有不少印度密教僧人陆续来华，或翻译经典，或传习密教，具有一定的影响和地位，也与本土流传的密宗交相呼应，共同延续密教的命脉。续入唐传密的印度僧人，德宗时期有般若、牟尼室利等，其中般若传持密教，继兴译场，影响及于一代。宪宗至武宗期间（806—846），又有不少印度密教僧人在唐活动，其中有释满月、菩提金刚、金刚悉地、菩提仙等传译密典。宣宗、懿宗、僖宗三代有智慧轮在大兴善寺传法弘密，参与迎奉法门寺舍利活动，敬献供物，也闻名一时。

般若，又译般剌若，意译智慧，姓乔达摩，北印度罽宾（今克什米

① （北宋）赞宁：《宋高僧传》卷三，范祥雍点校本，中华书局 1987 年版，第 52 页。

尔）人。据《贞元录》等记载，早年从习小乘教法，23岁到中印那烂陀寺，依智护、进友、智友三大论师，广学大乘唯识诸论。后听说南印度一带崇尚密教，便南下至乌荼国，依止法称阿阇梨。禀受五部灌顶，传习瑜伽教法。经住一年，诵满三千五百余颂。时闻文殊菩萨镇住中国，遂泛海来中国，历经曲折，至建中初年（780）始达广州，翌年，方至长安。

般若有表兄罗好心，侨居中国，任骠骑大将军等职，贞元二年（786），得其供养，开始译经。初与大秦寺景教徒景净依胡本合译《般若六波罗蜜多经》，译稿被德宗否决。贞元四年（788），敕王希迁组织义学僧助般若重译，在西明寺开设译场，由般若宣释梵本，利言译语，西明寺圆照笔受，道液、良秀、庄严寺圆照润文，应真、超悟、道岸、辨空证义。自六月八日起，至十一月十五日终，共译出十卷十一品。译毕奏闻，得到德宗的赏识，赐给绢、衣等，敕住醴泉寺思惟院。其后般若又依敕译《六波罗蜜经》中的真言、契印法门，贞元五年（789）二月译毕进奉。又译《佛说大华严长者问佛那罗力经》等诸经。

贞元六年（790）七月二十五日，敕赐三藏名号及紫袈裟，并受命出使迦湿弥罗国。首出太原、振武，取道回鹘。至八年，返回长安。贞元十年（794）三月，巡礼五台山，十一年四月还。十二年六月又依敕宣译乌荼国王进奉的《华严》梵夹，至十四年（798）二月，译出四十卷。至贞元末年（805）空海入唐时，据载般若尚在醴泉寺，后来到了洛阳，并在那里灭寂，葬于龙门西岗。

般若在南印从法称受瑜伽教，入曼荼罗，三密护身，五部契印。在唐传译密典，屡受皇帝赐赍尊崇。德宗称赞他说："师凤诣澄源，早观秘藏。周游西土，历访大乘。得心地之遗言，是如来之妙行。"① 般若初住西明寺，后长住醴泉寺思惟院，开曼荼罗灌顶坛，弘传密教。据空海《曼荼罗付法传》记载："和尚（惠果）贞元二十年（804）于醴泉寺，为弟子僧义智建立金刚界大曼荼罗，及拼布尊位。于时，般若三藏及诸大德等集会法筵，和尚拼布尊位迄，则手把香炉，口说要誓。"② 可见续中晚唐入唐的密教僧人与密宗之间相互交流，共同参与法事活动。空海曾到

① （唐）圆照：《般若三藏续翻译经记》，《贞元新定释教目录》卷十七，《大正藏》第55册，第891页。

② ［日］空海：《秘密曼荼罗教付法传》卷二，《大日本佛教全书》第106册，第19页。

醴泉寺拜访般若，般若将新译三经及梵夹付嘱空海，空海在其《御请来目录》中记载："般若三藏告曰：吾生缘罽宾国也，少年入道。经历五天，常誓传灯，来游此间。今欲乘桴东海无缘，志愿不遂。我所译新《华严》《六波罗蜜经》及斯梵夹，将去供养，伏愿结缘彼国，拔济元元。"①

据《续开元录》记载，般若有弟子二人。般若出使故国之前，德宗并赐其弟子二人各绢三十匹，冬衣四副。般若所在醴泉寺有超悟大德，极力推崇《六波罗蜜经》，不仅作《疏》十卷，而且奏请本院为六波罗蜜经院，令僧七人讲诵，德宗敕准并亲赐院额。章敬寺僧智通更请求每一寺置一院为大乘理趣经院，他与道岸共撰《疏》三种，西明寺良秀亦作《疏》十卷，般若制序。般若译经所在的崇福寺有译语广济和尚，原洛阳天宫寺僧，擅长梵文，诏入长安，协助般若译经，遂为崇福寺翻译五部持念僧，并授翰林待诏、检校鸿卢少卿，赐紫袈裟。其弟子灵晏著名，元和十四年（819）迎送法门寺舍利，开成五年（840）录右街僧务。会昌法难后，又任右街僧录，赐紫衣。大中十年（856）寂灭。有僧俗弟子，亦多著名者。

与般若同时译经的牟尼室利，也是密教僧人。据《宋高僧传》本传记载，牟尼室利，意译寂默，北印度人，那烂陀寺僧。贞元九年（793），自那烂陀寺出发，至十六年（800），到达长安。初住兴善寺，后徙居崇福、醴泉诸寺。与般若共译《守护国界主陀罗尼经》，该经当属他带来，他常参与般若译经。贞元末年（805），空海曾在醴泉寺拜访过他。元和元年（806），卒于慈恩寺。

据《贞元录》等，般若先后翻译了九部经典，其中除四十卷《华严经》和一卷《那罗延力经》为依敕所译之大乘经典之外，其余均为密教经轨或密教化了的大乘经，包括《六波罗蜜经》十卷、《六波罗蜜经音义》一卷、《般若心经》一卷、《大乘本生心地观经》八卷、《造塔延命功德经》一卷、《守护国界主陀罗尼经》《诸佛境界摄真实经》三卷等。此诸经轨见录于圆行、圆仁、惠运诸录，均作般若三藏译，当后出。由此可见，般若是以传持密教为己务的。在般若传译的这些经典中，《诸佛境界摄真实经》共九品，属瑜伽密教经典，也是讲金刚界大曼荼罗法，与

① ［日］空海：《御请来目录》，《大正藏》第 55 册，第 1065 页。

金刚智、不空所译《摄真实经》极为相近，只有个别地方不同。也有一些新的译名，反映了金刚乘在南印一带新的发展特点。《大乘理趣六波罗蜜多经》主要讲菩萨的六度修行，也强调陀罗尼护国的功用，突出密教的地位。说素旦览、毗奈耶、阿毗达磨、般若波罗蜜多、陀罗尼门五法藏中，"契经如乳，调伏如酪，对法教者如彼生酥，大乘般若犹如熟酥，总持门者譬如醍醐。醍醐之味，乳、酪、酥中微妙第一，能除诸病，令诸有情身心安乐。总持门者，契经等中最为第一，能除重罪，令诸众生解脱生死，速证涅槃，安乐法身"。① 故德宗特令般若将其中的第二品《陀罗尼护持国界品》另外译出，并与其曼荼罗法一并奉进入内，为之作序，超悟、良秀各作《疏》十卷，这也看出般若传译之影响和德宗对密教之崇信。《大乘本生心地观经》说菩萨本生，而其中第十、第十一、第十二共三品属密教内容，说观心及其印明，观菩提心月轮及其印明和三密观法及其印明。《守护国界主陀罗尼经》共九品，完全采用大乘契经的说教形式，以陀罗尼经典的组织形式为主，融入了真言密教的有关内容，尤其直接以《大日经》的思想来组织其体系的，移植《大日经》《大集经·陀罗尼自在王菩萨品》及《阿阇世王授记品》等构成，是一部编译的伪经。

四　满月等人的传译

宪宗至武宗期间（806—846），又有不少印度密教僧人在唐活动，其中有释满月、菩提金刚、金刚悉地、菩提仙等传译密典，行持密法。

据《宋高僧传》释满月本传记载，释满月，西域人，"爰来震旦，务在翻传瑜伽法门，一皆贯练。既多神效，众所推钦"。② 开成三年（838）进梵夹，因遇伪甘露事旋回。不久又来，但均未能传译。后来得到悟达国师知玄的支持和请求，与菩提金刚、金刚悉地等重译出密教经典《陀罗尼集》四卷、《佛为毗戍陀天子说尊胜经》一卷。据载，知玄"好学声明，礼满月为师。指受梵字并音字之缘界、悉昙八转，深得幽趣"。

菩提金刚曾译《大毗卢遮那佛说要略念诵经》，因其名与金刚智的梵名相同，后来将此译归于金刚智名下。《惠运录》中又有《莲花部多利心菩萨念诵法》一卷，题南天竺国三藏拔折罗菩提集撰枢要念诵门，或亦

---

①　（唐）般若译：《大乘理趣六波罗蜜多经》卷一，《大正藏》第 8 册，第 868 页。

②　（北宋）赞宁：《宋高僧传》卷三，范祥雍点校本，中华书局 1987 年版，第 645 页。

属此菩提金刚译撰。

　　菩提仙，音译菩提㗚使，密号净智金刚，那烂陀寺僧人。宪宗、穆宗时在唐传译，有《大圣妙吉祥菩萨秘密八字陀罗尼修行曼荼罗次第仪轨法》一卷，末云："长庆四年（824）八月三十日东塔院青龙寺持念沙门义云法金刚，与中天三藏菩提仙同译笔受，结偈润文僧义云写勘终记之耳。"① 其中法金刚为义云灌顶号。义云为惠果弟子，贞元九年至十三年（793—797），从惠果受法，此亦可知当时密宗僧人也参与续入唐密教僧人的译经传法活动。

　　开成、会昌间，兴善寺有难陀三藏，青龙寺有宝月三藏及其弟子，并传持密教。据圆仁《入唐求法巡礼行记》记载，难陀，北印度人，多不解唐语。青龙寺宝月，南印度人，有弟子四人兼住青龙寺。他们"于中天成业，并解持念大法。律行精细，博解经论"。会昌法难中，当回本国了。

　　宣宗大中年间（847—859），在福州开元寺有般若怛罗三藏传法。据《圆珍录》等，般若怛罗为中印那烂陀寺僧。大中七年（853）八九月间，圆珍入唐至福州，在开元寺从其受悉昙法。般若怛罗送给圆珍《大悲心陀罗尼》梵夹一件、那烂陀寺佛殿前贝多树皮真言梵夹一件、熟铜五股小金刚杵一枚。圆珍在开元寺又受到参寥赠送的《观世音如意轮菩萨像》一卷、履权施舍的《尊胜陀罗尼》一卷，又得《大乘金刚髻珠菩萨修行分》《不空羂索陀罗尼经》一卷，说明在开元寺以般若怛罗三藏为主传持密教。

---

　　① （唐）菩提仙译：《大圣妙吉祥菩萨秘密八字陀罗尼修行曼荼罗次第仪轨法》，《大正藏》第 20 册，第 791 页。

主要参考文献

一　古代典籍

《隋书》、《旧唐书》、《新唐书》、《旧五代史》、《新五代史》、《资治通鉴》，均为中华书局点校本。

（陈）慧思：《南岳思大禅师立誓愿文》，《大正藏》第 46 册。

（陈）慧思：《诸法无诤三昧法门》，《大正藏》第 46 册。

（隋）费长房：《历代三宝纪》，《大正藏》第 49 册。

（隋）灌顶：《观心论疏》，《大正藏》第 46 册。

（隋）灌顶：《国清百录》，《大正藏》第 46 册。

（隋）慧远：《大乘义章》，《大正藏》第 44 册。

（隋）吉藏：《二谛义》，《大正藏》第 45 册。

（隋）吉藏：《法华玄论》，《大正藏》第 34 册。

（隋）吉藏：《三论玄义》，韩廷杰校释，中华书局 1987 年版。

（隋）吉藏：《中观论疏》，《大正藏》第 42 册。

（隋）王通：《中说》，吉林出版集团责任有限公司 2005 年版。

（隋）智顗：《妙法莲华经文句》，《大正藏》第 34 册。

（隋）智顗：《妙法莲华经玄义》，《大正藏》第 33 册。

（隋）智顗：《摩诃止观》，《大正藏》第 46 册。

（隋）智顗：《维摩经玄疏》，《大正藏》第 38 册。

（隋）智顗：《修习止观坐禅法要》，《大正藏》第 46 册。

（唐）湛然：《止观辅行传弘决》，《大正藏》第 46 册。

（唐）湛然：《法华文句记》，《大正藏》第 34 册。

（唐）湛然：《金刚錍》，《大正藏》第 46 册。

（唐）《曹溪大师别传》，《续藏经》二编乙十九套第 5 册。

（唐）澄观：《大方广佛华严经疏》，《大正藏》第 35 册。

（唐）澄观：《大方广佛华严经随疏演义钞》，《大正藏》第 36 册。

（唐）澄观：《五蕴观》，《续藏经》第 58 册。

（唐）澄观：《三圣圆融观门》，金陵刻经处本。

（唐）达摩流支译：《佛说宝雨经》，《大正藏》第 16 册。

（唐）道绰：《净土论》，《大正藏》第 47 册。

（唐）道世：《法苑珠林》，周叔迦、苏晋仁校注，中华书局 2003 年版。

（唐）道宣：《大唐内典录》，《大正藏》第 55 册。

（唐）道宣：《广弘明集》，《大正藏》第 52 册。

（唐）道宣：《集古今佛道论衡》，《大正藏》第 52 册。

（唐）道宣：《量处轻重仪》，《大正藏》第 45 册。

（唐）道宣：《律相感通传》，《大正藏》第 45 册。

（唐）道宣：《释迦方志》，《大正藏》第 51 册。

（唐）道宣：《四分律删繁补阙行事钞》，《大正藏》第 40 册。

（唐）道宣：《续高僧传》，《大正藏》第 50 册。

（唐）杜顺：《华严五教止观》，《大正藏》第 45 册。

（唐）杜佑：《通典》，中华书局 1988 年版。

（唐）段成式：《酉阳杂俎》续集，中华书局 1985 年版。

（唐）法藏：《大乘起信论义记》，《大正藏》第 44 册。

（唐）法藏：《华严金狮子章》，方立天校释，中华书局 1983 年版。

（唐）法藏：《华严经探玄记》，《大正藏》第 35 册。

（唐）法藏：《华严一乘教义分齐章》，《大正藏》第 45 册。

（唐）法藏：《十二门论宗致义记》，《大正藏》第 42 册。

（唐）法琳：《辩正论》，《大正藏》第 52 册。

（唐）韩愈：《韩昌黎文集校注》，马其昶校注，上海古籍出版社 1986
　年版。

（唐）怀素：《俱舍论疏》，《大正藏》第 41 册。

（唐）怀素：《四分律开宗记》，《续藏经》第 42 册。

（唐）慧立、彦悰：《大唐大慈恩寺三藏法师传》，《大正藏》第 50 册。

（唐）慧琳：《一切经音义》，《大正藏》第 54 册。

（唐）慧能：《六祖坛经》，杨曾文校写，宗教文化出版社 2001 年版。

（唐）慧沼：《成唯识论了义灯》，《大正藏》第 43 册。

（唐）迦才：《净土论》，《大正藏》第 47 册。

（唐）金刚智：《金刚顶瑜伽中略出念诵法》，《大正藏》第 18 册。

（唐）净觉：《楞伽师资记》，《大正藏》第 85 册。

（唐）静泰：《众经目录》，《大正藏》第 55 册。

（唐）窥基：《辩中边论述记》，《大正藏》第 43 册。

（唐）窥基：《成唯识论掌中枢要》，《大正藏》第 43 册。

（唐）窥基：《大乘法苑义林章》，《大正藏》第 45 册。

（唐）窥基：《因明入正理论疏》，《大正藏》第 44 册。

（唐）窥基：《瑜伽师地论略纂》，《大正藏》第 43 册。

（唐）李林甫等撰：《唐六典》，陈仲夫点校，中华书局 1992 年版。

（唐）李通玄：《大方广佛华严经中卷卷大意略叙》，《大正藏》第 36 册。

（唐）李通玄：《新华严经论》，《大正藏》第 36 册。

（唐）明佺等：《大周刊定众经目录》，《大正藏》第 55 册。

（唐）善导：《观经疏》，《大正藏》第 57 册。

（唐）善导：《观无量寿佛经疏》，《大正藏》第 37 册。

（唐）善无畏译：《大毗卢遮那成佛神变加持经》，《大正藏》第 18 册。

（唐）神会：《神会和尚禅话录》，杨曾文编校，中华书局 1996 年版。

（唐）实叉难陀译：《大方广佛华严经》，《大正藏》第 10 册。

（唐）苏鹗：《杜阳杂编》，《唐五代笔记小说大观》，上海古籍出版社 2000 年版。

（唐）唐临：《冥报记》，《大正藏》第 51 册。

（唐）韦述撰：《两京新记辑校》，辛德勇辑校，三秦出版社 2006 年版。

（唐）吴兢：《贞观政要》，上海古籍出版社 1978 年版。

（唐）玄奘、辩机：《大唐西域记校注》，季羡林校注，中华书局 1985 年版。

（唐）玄奘：《寺沙门玄奘上表记》，《大正藏》第 52 册。

（唐）玄奘译：《阿毗达摩大毗婆沙论》，《大正藏》第 27 册。

（唐）玄奘译：《阿毗达磨俱舍论》，《大正藏》第 29 册。

（唐）玄奘译：《阿毗达磨品类足论》，《大正藏》第 26 册。

（唐）玄奘译：《成唯识论》，《大正藏》第 31 册。

（唐）玄奘译：《大般若经》，《大正藏》第 5—8 册。

（唐）玄奘译：《佛地经论》，《大正藏》第 26 册。

（唐）玄奘译：《解深密经》，《大正藏》第 16 册。

（唐）玄奘译：《摄大乘论本》，《大正藏》第 31 册。

（唐）玄奘译：《瑜伽师地论》，《大正藏》第 30 册。

（唐）彦悰：《唐护法沙门法琳别传》，《大正藏》第 50 册。

（唐）一行：《大日经疏》，《大正藏》第 39 册。

（唐）义净：《大唐西域求法高僧传校注》，王邦维校注，中华书局 1988
　　年版。

（唐）义净：《南海寄归内法传》，王邦维校注，中华书局 1995 年版。

（唐）义净译：《根本说一切有部毗奈耶》，《大正藏》第 23 册。

（唐）元结：《新校元次山集》，（台湾）世界书局 1984 年版。

（唐）圆测：《仁王经疏》，《大正藏》第 33 册。

（唐）张怀瓘：《书断》，影印文渊阁《四库全书》本。

（唐）张彦远：《历代名画记》，影印文渊阁《四库全书》本。

（唐）长孙无忌等：《唐律疏议》，刘俊文点校，中华书局 1983 年版。

（唐）智昇：《开元释教录》，《大正藏》第 55 册。

（唐）智俨：《华严一乘十玄门》，《大正藏》第 45 册。

（唐）智俨：《搜玄记》，《大正藏》第 45 册。

（唐）智俨：《华严孔目章》，《大正藏》第 45 册。

（唐）朱景玄：《唐朝名画录》，影印文渊阁《四库全书》本。

（唐）宗密：《禅源诸诠集都序》，《大正藏》第 48 册。

（唐）宗密：《华严原人论》，《大正藏》第 45 册。

（唐）宗密：《圆觉经大疏钞》，《续藏经》第 9 册。

（南唐）释静、释筠二禅师编撰：《祖堂集》，中华书局点校本，2007
　　年版。

（后周）王定保：《唐摭言》，中华书局 1961 年版。

（北宋）《宣和书谱》，影印文渊阁《四库全书》本。

（北宋）道原编著：《景德传灯录》，《大正藏》第 51 册。

（北宋）郭若虚：《图画见闻志》，四部丛刊本。

（北宋）惠洪：《禅林僧宝传》，江苏广陵古籍刻印社 1992 年影印本。

（北宋）李昉：《太平广记》，中华书局 1961 年版。

（北宋）李之纯：《大圣慈寺画记》，影印文渊阁《四库全书》本。

（北宋）宋敏求：《唐大诏令集》，学林出版社 1992 年版。

（北宋）宋敏求：《长安志》，（台湾）成文出版社 1970 年版。

（北宋）王溥：《唐会要》，中华书局 1955 年版。

（北宋）王溥：《五代会要》，上海古籍出版社 1978 年版。

（北宋）赞宁：《宋高僧传》，范祥雍点校，中华书局 1987 年版。

（北宋）赞宁：《大宋僧史略》，《大正藏》第 54 册。

（北宋）周敦义：《翻译名义集序》，《大正藏》第 54 册。

（北宋）朱长文：《续书断》，影印《文渊阁四库全书》本。

（南宋）普济：《五灯会元》点校本，中华书局 1984 年版。

（南宋）谢守灏编：《混元圣纪》，《正统道藏》第 17 册。

（南宋）赜藏主编集：《古尊宿语录》，中华书局点校本 1994 年版。

（南宋）志磐：《大宋僧史略》，《大正藏》第 54 册。

（南宋）志磐：《佛祖统纪》，《大正藏》第 49 册。

（辽）非浊集：《三宝感应要略录》，《大正藏》第 51 册。

（元）《敕修百丈清规》，《大正藏》第 48 册。

（元）《神僧传》，《大正藏》第 50 册。

（元）觉岸：《释氏稽古略》，《大正藏》第 49 册。

（元）刘谧：《三教平心论》，《大正藏》第 52 册。

（元）念常：《佛祖历代通载》，《大正藏》第 49 册。

（清）董浩等：《全唐文》，中华书局 1983 年版。

（清）陆增祥：《八琼室金石补正》，文物出版社 1985 年版。

（清）彭定求等编校：《全唐诗》（增订本），中华书局点校本，1999
　　年版。

（清）王昶：《金石萃编》，光绪癸巳孟月上海宝善石印本。

（清）严可均：《全上古三代秦汉三国六朝文》，中华书局 1958 年版。

［日］圆仁：《入唐求法巡礼行记》，顾承甫、何泉达点校本，上海古籍出
　　版社 1986 年版。

［日］圆珍：《佛说观普贤菩萨行法经记》，《大正藏》第 56 册。

［高丽］义天集：《圆宗文类》，《新纂卍续藏》第 58 册。

［高丽］义天录：《新编诸宗教藏总录》，《大正藏》第 55 册。

［新罗］崔致远：《唐大荐福寺故寺主翻经大德法藏和尚传》，《大正藏》
　　第 50 册。

［新罗］义湘撰：《华严一乘法界图》，《大正藏》第 45 册。

［新罗］元晓疏并别记：《大乘起信论疏记会本》，《新纂卍续藏》第
　　45 卷。

二　现代著作

白文固、赵春娥：《中国古代僧尼名籍制度》，青海人民出版社 2002
　　年版。

北京图书馆金石组、中国佛教图书文物馆石经组：《房山石经题记汇编》，
　　书目文献出版社 1987 年版。

陈士强：《大藏经总目提要·文史藏》，上海古籍出版社 2008 年版。

陈扬炯：《中国净土宗通史》，江苏古籍出版社 1999、2000 年版。

陈寅恪：《金明馆丛稿初编》、《金明馆丛稿二编》、《隋唐制度渊源略论
　　稿》、《唐代政治史述论稿》，读书·生活·新知三联书店 2001 年版。

陈垣：《释氏疑年录》，（台北）弥勒出版社 1982 年版。

陈垣：《中国佛教史籍概论》，上海书店出版社 2001 年版。

陈长安主编：《隋唐五代墓志汇编》，天津古籍出版社 1992 年版。

董平：《天台宗研究》，上海古籍出版社 1999 年版及 2002 年版。

董群：《融合的佛教——圭峰宗密的佛学思想研究》，宗教文化出版社
　　2000 年版。

杜继文、魏道儒：《中国禅宗通史》，江苏古籍出版社 1993 年版。

杜继文主编：《佛教史》，江苏人民出版社 2006 年版。

段塔丽：《唐代妇女地位研究》，人民出版社 2000 年版。

范文澜：《唐代佛教》，人民出版社 1979 年版。

方广锠：《藏外佛教文献》（第四辑），宗教文化出版社 1998 年版。

方广锠：《敦煌遗书散论》，上海古籍出版社 2010 年版。

方立天：《方立天文集》第二卷“隋唐佛教”，中国人民大学出版社 2006
　　年版。

方立天：《中国佛教哲学要义》，人民大学出版社 2005 年版。

高国藩：《敦煌俗文化学》，上海三联书店 1999 年版。

龚国强：《隋唐长安城佛寺研究》，文物出版社 2006 年版。

郭朋：《隋唐佛教》，齐鲁书社 1980 年版。

郭朋：《中国佛教思想史》（中卷），福建人民出版社 1994 年版。

郝春文：《唐后期五代宋初敦煌僧尼的社会生活》，中国社会科学出版社

1998 年版。

何剑平：《中国中古维摩诘信仰研究》，巴蜀书社 2009 年版。

洪修平：《中国儒佛道三教关系研究》，中国社会科学出版社 2011 年版。

洪修平：《中国佛教与儒道思想》，南京大学出版社 2004 年版。

黄心川主编：《玄奘研究文集》，中州古籍出版社 1995 年版。

季羡林、汤一介主编：《中华佛教史》，山西教育出版社 2013 年版。

贾二强：《唐宋民间信仰》，福建人民出版社 2002 年版。

金维诺：《中国古代佛雕——佛造像样式与风格》，文物出版社 2002 年版。

赖永海：《中国佛性论》，中国青年出版社 1999 年版。

赖永海主编：《中国佛教通史》，江苏人民出版社 2010 年版。

蓝吉富：《隋代佛教史述论》，（台北）商务印书馆 1998 年版。

蓝吉富主编：《大藏经补编》（1—36 册），（台北）华宇出版社 1989 年版。

蓝吉富主编：《世界佛学名著译丛》（1—100 册），（台北）华宇出版社 1989 年版。

蓝吉富主编：《现代佛学大系》，（台北）弥勒出版社 1984 年版。

李斌城：《隋唐五代社会生活史》，中国社会科学出版社 2004 年版。

李富华、何梅：《汉文佛教大藏经研究》，宗教文化出版社 2003 年版。

李利安：《观音信仰的渊源与传播》，宗教文化出版社 2008 年版。

李四龙：《中国佛教与民间社会》，大象出版社 2009 年版。

刘淑芬：《中古的佛教与社会》，上海古籍出版社 2008 年版。

陆永峰：《敦煌变文研究》，巴蜀书社 2000 年版。

吕澂：《中国佛学源流略讲》，中华书局 1979 年版。

吕建福：《中国密教史》，中国社会科学出版社 2007 年修订版。

马德：《敦煌莫高窟史研究》，甘肃教育出版社 1996 年版。

马世长、丁明夷：《中国佛教石窟考古概要》，文物出版社 2009 年版。

潘桂明、吴忠伟：《中国天台宗通史》，江苏古籍出版社 2001 年版。

潘桂明：《中国佛教思想史稿》，凤凰出版集团 2009 年版。

潘桂明：《中国居士佛教》，中国社会科学出版社 2000 年版。

启功：《启功丛稿：题跋卷》，中华书局 1999 年版。

任继愈：《汉唐佛教思想论集》，人民出版社 1981 年版。

荣新江：《隋唐长安：性别、记忆及其他》，复旦大学出版社 2010 年版。

荣新江主编：《唐代宗教信仰与社会》，上海辞书出版社 2003 年版。

沈福伟：《中西文化交流史》，上海人民出版社 2006 年版。

圣严：《大乘止观法门之研究》，台湾东初出版社 1993 年版。

圣严：《戒律学纲要》，宗教文化出版社 2006 年版。

宿白：《中国佛教石窟寺遗迹：3 至 8 世纪佛教考古学》，文物出版社 2010 年版。

隋唐佛教学术讨论会编著：《隋唐佛教研究论文集》，三秦出版社 1990 年版。

孙昌武：《佛教与中国文学》，上海人民出版社 2007 年版。

汤用彤，《隋唐佛教史稿》，北京大学出版社 2010 年版。

汤用彤：《汤用彤全集》（1—7 卷），河北人民出版社 2000 年版。

王晓波等：《宋元珍稀地方志丛刊》（甲编），四川大学出版社 2007 年版。

王亚荣：《大兴善寺》，三秦出版社 1986 年版。

王亚荣：《长安佛教史论》，宗教文化出版社 2005 年版。

王月清：《中国佛教伦理研究》，南京大学出版社 1999 年版。

王重民、周一良：《敦煌变文集》，人民文学出版社 1957 年版。

魏道儒：《华严学与禅学》，宗教文化出版社 2011 年版。

魏道儒：《中国华严宗通史》，江苏古籍出版社 1998 年版。

魏道儒主编：《佛教护国思想与实践》，社会科学文献出版社 2012 年版。

吴钢主编：《全唐文补遗》（第三辑），三秦出版社 1998 年版。

向达：《唐代长安与西域文明》，生活·读书·新知三联书店 1957 年版。

萧登福：《道家道教与中土佛教初期经义发展》，上海古籍出版社 2003 年版。

谢重光、白文固：《中国僧官制度史》，青海人民出版社 1990 年版。

谢重光：《中古佛教僧官制度和社会生活》，商务印书馆 2009 年版。

严耀中：《佛教戒律与中国社会》，上海古籍出版社 2007 年版。

杨曾文：《唐五代禅宗史》，中国社会科学出版社 1995 年版。

杨维中：《中国唯识宗通史》，凤凰出版社 2008 年出版。

业露华：《中国佛教伦理思想》，上海社会科学院出版社 2000 年版。

尹富：《中国地藏信仰研究》，巴蜀书社 2009 年版。

印顺：《印顺法师佛学著作全集》，中华书局 2009 年版。

印顺：《中国禅宗史》，江西人民出版社 1999 年版。

张风雷：《智𫖮评传》，京华出版社 1995 年版。

张弓：《敦煌典籍与唐五代历史文化》，中国社会科学出版社 2006 年版。

张弓：《汉唐佛寺文化史》（上下），中国社会科学出版社 1997 年版。

张国刚：《佛学与隋唐社会》，河北人民出版社 2002 年版。

张曼涛主编：《现代佛教学术丛刊》（隋唐五代篇），（台北）大乘文化出版社 1977 年版。

张曼涛：《现代佛学大系》，（台北）弥勒出版社 1982 年版。

张沛：《中说译注》，上海古籍出版社 2011 年版。

张总：《地藏信仰研究》，宗教文化出版社 2003 年版。

郑学檬：《五代十国史研究》，上海人民出版社 1991 年版。

周绍良、白化文：《敦煌变文论文录》，上海古籍出版社 1982 年版。

周绍良：《唐代墓志汇编》，上海古籍出版社 1992 年版。

［法］谢和耐：《中国 5—10 世纪的寺院经济》，耿昇译，上海古籍出版社 2004 年版。

［美］斯坦利威·斯坦因：《唐代佛教》，张煜译，上海古籍出版社 2010 年版。

［日］忽滑谷快天：《中国禅学思想史》，朱谦之译，上海古籍出版社 2002 年版。

［日］荒见泰史：《敦煌讲唱文学写本研究》，中华书局 2010 年版。

［日］砺波护：《隋唐佛教文化》，韩升等译，上海古籍出版社 2004 年版。

［日］镰田茂雄：《宗密教学的思想史研究》，东京大学出版会 1975 年版。

［日］柳田圣山：《初期禅宗史书的研究》，京都法藏馆 1967 年版。

［日］山崎宏：《隋唐佛教史の研究》，京都法藏馆 1997 年版。

［日］宇井伯寿：《禅宗史研究》，岩波书店 1942 年版。

［日］冢本善隆：《唐中期の净土教——特に法照禅师の研究》，京都法藏馆 1975 年版。

后　　记

度过九年奋力挣扎的岁月，留下许多刻骨铭心的记忆，到了今天，《世界佛教通史》终于出版了！

在这里，我首先代表本课题组所有成员，也就是本部书所有作者，向关心、关怀、指导、帮助我们工作的领导、前辈、同事和朋友表示衷心感谢。

从2006年11月7日到2006年12月24日，在我筹备成立课题组，为争取立项做准备工作期间，世界宗教研究所党委书记曹中建先生最早表示全力支持，卓新平所长最早代表所领导宣布批准我申报《世界佛教通史》课题。前辈杜继文先生给了我最早的指导、鼓励和鞭策。王志远先生在成立课题组方面提出了原则性建议，并提议增加《世界佛教大事年表》。同事和好朋友尕藏加、何劲松、黄夏年、周齐、郑筱筠、华方田、纪华传、周广荣、杨健、周贵华、王颂等人从不同方面给我提出具体建议，提供诸多帮助。没有这些领导、前辈、同事和朋友最初的厚爱、最可贵的指教、最温暖的援手，成立课题组就是一句空话。时间已经过去9年了，每次我回忆那些难忘情景的时候，眼前总会出现他们当时脸上流露出的真诚和信任。

2007年11月，课题组筹备工作完成，正式进入研究工作阶段。我在分别征求课题组成员的意见之后，聘请中国社会科学院世界宗教研究所所长卓新平研究员、党委书记兼副所长曹中建先生、副所长金泽研究员、中国社会科学院荣誉学部委员杜继文研究员、中国社会科学院荣誉学部委员杨曾文研究员为课题组顾问。八年来，三位所领导和两位前辈关心、关怀课题的进展，从不同方面为课题的顺利进行创造条件。

2012年12月31日，在《世界佛教通史》课题结项时，中国社会科学院学部委员卓新平研究员、世界宗教研究所副所长金泽研究员、北京大学姚卫群教授、中国人民大学张风雷教授、北京师范大学徐文明教授应邀出席答辩会。他们在充分肯定本书学术价值和现实意义的同时，为进一步修改完善献计献策，提出了许多有价值的修改意见。

中国社会科学出版社赵剑英社长非常重视本书的编辑和出版工作，自始至终关注本书的运行情况，组织了责任心强、专业水平高的编辑和校对人员进行本书的编校工作，并为项目的落实四处奔走，出谋划策。黄燕生编审从本课题立项开始就不间断跟踪，在最后的审校稿件过程中，她让丈夫在医院照顾96岁高龄患病的母亲，而自己到出版社加班加点编辑加工书稿。其他编辑也是这样，如孙萍编辑经常为本书稿加班到夜晚才回家。

从本课题正式申请立项到最终完成，我们一直得到了中国社会科学院前任和现任领导的关心、关怀和支持，得到院科研局前任和现任领导的具体指导和帮助。科研局的韦莉莉研究员长期关心本课题的进展，为我们做了许多具体服务工作。

我们这个课题组是一个没有任何行政强制条件的课题组，是一个纯粹由深情厚谊凝结起来的课题组。在共同理想、共同追求的支撑下、促动下，我们终于完成了这项最初很少有人相信能完成的任务。回忆我们一起从事科研工作的八年岁月，回忆我们相互切磋、相互学习、相互鼓励、相互促进的学术活动经历，回忆我们在联合攻关、协同作战过程中品尝的酸甜苦辣，总会让人感到真诚的可贵，情义的无价。

在课题组成员中，有两位青年同事帮我做了较多的科研辅助性工作。杨健在2007年到2012年，夏德美在2013年到2015年分别帮助我整理、校对各卷稿件，查找要核对的资料，补充一些遗漏的内容，处理与课题申报、检查、汇报等有关的事宜。他们花费的时间很多，所做工作也不能体现在现行的年度工作考核表上。

八年来，本课题组成员几经调整，变动幅度比较大，既有中途因故退出者，也有临时受邀加入者。对于中途因故退出的原课题组成员，我在这里要特别为他们曾经做出的有益工作、可贵奉献表示衷心感谢。中国社会科学院学部委员史金波前辈、西北大学李利安教授等学者是在课题组遇到困难时应邀参加的，他们为了保证本课题按时结项，不惜放下手头的工作。

《世界佛教通史》是集体创造的成果，是集体智慧的结晶。作为本课题负责人，我对每一位课题组成员都充满了感谢、感激之情。由于自己学术水平所限，本部著作还存在着许多不足之处，所有已发现和以后发现的错误，都应该由我承担责任。

　　本课题是迄今为止我负责的规模最大的项目，我曾为她振奋过、激动过、高兴过，也曾为她沮丧过、痛苦过、无奈过。我的家人总是在我束手无策时，给我注入精神能量。我要感谢我的妻子李明瑞：三十多年来，她的操持家务，能够让我自认能力有限；她的鼎力相助，能够让我不敢言谢；她的体贴入微，能够让我心生惭愧。

魏道儒

2015 年 11 月